ADMINISTRAÇÃO DE SERVIÇOS

F562a Fitzsimmons, James A.
　　　　　Administração de serviços : operações, estratégia e
　　　　tecnologia da informação / James A. Fitzsimmons, Mona J.
　　　　Fitzsimmons ; tradução: Scientific Linguagem Ltda. – 7. ed. –
　　　　Porto Alegre : AMGH, 2014.
　　　　　xxi, 535 p. : il. ; 28 cm.

　　　　ISBN 978-85-8055-328-4

　　　　1. Administração. 2. Administração de serviços.
　　　　3. Tecnologia da informação. I. Fitzsimmons, Mona J.
　　　　II. Título.

　　　　　　　　　　　　　　　　　　　　　　　　CDU 658.64

Catalogação na publicação: Ana Paula M. Magnus – CRB 10/2052

James A. Fitzsimmons
Mona J. Fitzsimmons

ADMINISTRAÇÃO DE SERVIÇOS

Operações, estratégia e tecnologia da informação

SÉTIMA EDIÇÃO

Tradução:
Scientific Linguagem Ltda.

AMGH Editora Ltda.
2014

Obra originalmente publicada sob o título *Service Management: Operations, Strategy, Information Technology*,
7th Edition
ISBN 0073403350 / 9780073403359

Original edition copyright ©2011, The McGraw-Hill Global Education Holdings, LLC. New York New York 10020. All rights reserved.

Portuguese language translation copyright ©2014, AMGH Editora Ltda., a Grupo A Educação S.A company. All rights reserved.

Gerente editorial: *Arysinha Jacques Affonso*

Colaboraram nesta edição:

Editora: *Verônica de Abreu Amaral*

Capa: *Flavia Hocevar*, arte sobre capa original

Leitura final: *Mônica Stefani*

Editoração: *Techbooks*

Tradução da 6ª edição: *Lene Belon Ribeiro*

Revisão técnica da 6ª edição:
Gustavo Severo de Borba
Doutor em Engenharia de Produção pela UFRGS
Professor do Programa de Pós-Graduação em Design da Unisinos
Diretor da unidade de graduação da Unisinos

Reservados todos os direitos de publicação, em língua portuguesa, à
AMGH EDITORA LTDA., uma parceria entre GRUPO A EDUCAÇÃO S.A. e McGRAW-HILL EDUCATION
Av. Jerônimo de Ornelas, 670 – Santana
90040-340 – Porto Alegre – RS
Fone: (51) 3027-7000   Fax: (51) 3027-7070

É proibida a duplicação ou reprodução deste volume, no todo ou em parte, sob quaisquer
formas ou por quaisquer meios (eletrônico, mecânico, gravação, fotocópia, distribuição na Web
e outros), sem permissão expressa da Editora.

Unidade São Paulo
Av. Embaixador Macedo Soares, 10.735 – Pavilhão 5 – Cond. Espace Center
Vila Anastácio – 05095-035 – São Paulo – SP
Fone: (11) 3665-1100   Fax: (11) 3667-1333

SAC 0800 703-3444 – www.grupoa.com.br

IMPRESSO NO BRASIL
PRINTED IN BRAZIL

Os autores

James A. Fitzsimmons, Professor Emérito de Administração, McCombs School of Business, Universidade do Texas em Austin, formou-se em Ciências da Educação na Universidade de Michigan. Fez seu MBA na Western Michigan University e seu doutorado, com distinção, na Universidade da Califórnia em Los Angeles. Sua pesquisa na área de localização de ambulâncias de emergência ganhou o prêmio Stan Hardy em 1983 como melhor estudo publicado na área de gestão de operações. Prestou consultoria para a RAND Corporation; a Força Aérea dos Estados Unidos; as cidades de Los Angeles, Denver, Austin, Melbourne e Auckland; o Departamento de Controladoria do Texas; General Motors; La Quinta Motor Inns; Greyhound; TRICON Restaurants International; e McDonald's. Sua experiência como professor inclui as seguintes instituições: Universidade da Califórnia em Los Angeles, Universidade do Estado da Califórnia em Northridge, Universidade do Novo México, Programa de Pós-Graduação no Exterior da Universidade de Boston, Universidade Politécnica do Estado da Califórnia em San Luis Obispo, Universidade Nacional de Seul e Faculdade de Economia e Administração de Helsinque. É engenheiro profissional registrado no Estado de Michigan e ocupou cargos como engenheiro industrial nas empresas Corning Glass Works e Hughes Aircraft Company. Serviu à Força Aérea dos Estados Unidos como oficial responsável por projetos de construção de bases. Enquanto trabalhou na Universidade do Texas, foi orientador do programa de doutorado e membro do comitê de programas de graduação, tendo sido indicado para seis prêmios de ensino. Em 2004, recebeu o prêmio IBM Faculty Award em reconhecimento a suas contribuições ao campo da gestão de operações de serviços. É membro do corpo editorial do *Journal of Service Research.*

Mona J. Fitzsimmons graduou-se em jornalismo com ênfase nas áreas de química e psicologia na Universidade de Michigan. Fez pós-graduação em geologia e trabalhou como professora em escolas públicas e particulares, bem como em faculdades. Auxiliou na produção e edição de textos para a Encyclopaedia Britannica Education Corporation e para várias revistas especializadas e organizações. Em conjunto com James Fitzsimmons, editou o livro *New Service Development: Creating Memorable Experiences,* publicado em 2000 pela Sage Publications. Além das atividades profissionais, realizou trabalho voluntário para o programa aquático e de reabilitação de animais selvagens da Cruz Vermelha. Interessa-se especialmente por questões ambientais e pelas responsabilidades de pacientes e médicos na área da saúde.

À nossa família:

Michael, Kate e Colleen
Gary
Samantha e Jordan
Melba Jett

Prefácio

A prestação de serviços está presente em nossas vidas todos os dias: serviços de alimentação, de comunicação e de emergência, para citar somente alguns. O nosso bem-estar e o bem-estar da nossa economia baseiam-se em serviços. As atividades de manufatura e agricultura sempre serão necessárias, mas somente conseguimos consumir certa quantidade de alimentos e comprar certa quantidade de bens. Os serviços, por outro lado, dependem bastante das experiências, e sempre teremos um apetite ilimitado por consumi-los.

A administração de operações de serviços é firmemente estabelecida como um campo de estudo que engloba todos os setores de serviços. Essa disciplina foi reconhecida pela primeira vez como campo acadêmico pelo Decision Sciences Institute (DSI) durante sua conferência realizada em Boston em 1987. Em 1989, foi criado o *International Journal of Service Industry Management*. O Primeiro Seminário Internacional de Pesquisa em Administração de Serviços foi realizado em 1990.

O *Journal of Service Research* foi publicado pela primeira vez em agosto de 1998 e rapidamente tornou-se o periódico mais importante nesse campo. Na conferência da Sociedade de Administração de Produção e Operações realizada em Boston em 2004, uma associação sobre operações de serviços foi estabelecida. Em 2005, o Centro de Pesquisa IBM Almaden lançou uma iniciativa para estabelecer uma nova disciplina chamada Ciências de Serviços, Gestão e Engenharia (SSME, sigla em inglês). Visite o *site* da SSME Iniciativa Acadêmica em http://www.ibm.com/developerworks/spaces/ssme para ter acesso a artigos, estudos de caso e materiais de palestras.

Esta edição continua a reconhecer e enfatizar a singularidade essencial da administração de serviços por meio de algumas características importantes:

- Foi escrito em um estilo envolvente, com amplo uso de exemplos e baseado na experiência dos autores com pesquisa e consultoria.
- O tópico da administração de serviços visando à vantagem competitiva é enfatizado nos capítulos e enfoca cada área da administração.
- A integração de tecnologia, operações e comportamento humano é reconhecida como um ponto central da administração de serviços eficiente.
- Enfatiza a necessidade de melhoria contínua em qualidade e produtividade para competir com eficácia em um ambiente global.
- Para motivar o leitor, cada capítulo inicia com um exemplo de uma empresa conhecida, ilustrando a natureza estratégica do tópico a ser abordado.
- Cada capítulo contém uma apresentação, um resumo de fechamento, palavras-chave e definições, *benchmark* em serviços, tópicos para discussão, um exercício interativo, problemas e exercícios resolvidos quando apropriado e apresentação de um ou mais casos.
- Acesse o jogo do serviço de hipoteca, uma planilha do Excel da localização de instalações, testes dos capítulos e outros materiais em inglês a partir do *site* **www.grupoa.com.br**. Basta buscar pelo livro e acessar a área de conteúdo online. Se você é professor, acesse a área exclusiva do professor por meio de um cadastro.
- A seção do *site* direcionada a professores contém um manual do instrutor, análises de caso, soluções de exercícios, amostra do conteúdo, jogo da gestão de rendimento e listas de materiais complementares em inglês.

Atualizações importantes na sétima edição

As inúmeras sugestões de alunos, colegas e revisores contribuíram muito para a atualização do livro. Com base nesses comentários e em nossa própria experiência, realizamos várias mudanças nesta edição:

- No Capítulo 2, A Natureza dos Serviços, há uma nova seção sobre a lógica dominante do serviço. Trata-se de uma alternativa centrada em serviços, em contraposição ao paradigma centrado em bens, para descrever trocas econômicas e criação de valor, a base de um novo campo de estudo apoiado pela disciplina Ciências do Serviço, Administração e Engenharia (SSME) da IBM.
- Há uma nova seção no Capítulo 3, Estratégia em Serviços, sobre o modelo das Cinco Forças de Porter e a análise SWOT.
- O tópico sobre propriedade intelectual foi adicionado ao Capítulo 4, Desenvolvimento de Novos Serviços.
- No Capítulo 6, Qualidade em Serviços, o tópico auditoria nas instalações foi ampliado, sendo comparado com a tradicional pesquisa de satisfação do cliente.
- O tópico análise do processo, do Capítulo 7, Instalações de Apoio e Fluxos de Processo, foi ampliado e inclui novas ferramentas, como o fluxograma *swim lane*.
- No Capítulo 8, Melhoria de Processos, a discussão sobre o Seis Sigma agora inclui o tópico sobre "capacitação do processo" e como mensurá-lo. Uma seção sobre *lean service* também foi adicionada. Um novo caso, Delegada do Condado de Senora, e vários exercícios são encontrados no final do capítulo.
- A discussão sobre a tríade do encontro em serviços foi expandida no Capítulo 9, O Encontro em Serviços.
- No Capítulo 11, Gerenciamento de Capacidade e Demanda, são exploradas as estratégias para o gerenciamento da variabilidade induzida pelo cliente usando tanto a acomodação quanto a redução. A base econômica para a gestão de rendimento é ilustrada tendo como exemplo o preço para um assento em classe econômica em um voo internacional.
- Um estudo de campo e perguntas de final de capítulo foram adicionados ao Capítulo 12, Gerenciamento de Filas.

Gostaríamos de agradecer às seguintes pessoas pelas suas valiosas revisões da primeira edição: Mohammad Ala, Universidade do Estado da Califórnia, Los Angeles; Joanna R. Baker, Instituto Politécnico da Virgínia e Universidade do Estado da Virgínia; Mark Davis, Bentley College; Maling Ebrahimpour, Universidade de Rhode Island; Michael Gleeson, Universidade de Indiana; Ray Haynes, Universidade Politécnica do Estado da Califórnia em San Luis Obispo; Art Hill, Universidade de Minnesota; Sheryl Kimes, Universidade Cornell; e Richard Reid, Universidade do Novo México.

A segunda edição beneficiou-se dos comentários construtivos dos seguintes revisores: Kimberly Bates, Universidade de Nova York; Avi Dechter, Universidade do Estado da Califórnia em Northridge; Scott Dellana, Universidade da Carolina do Leste; Sheryl Kimes, Universidade Cornell; Larry J. LeBlanc, Universidade Vanderbilt; Robert Lucas, Metropolitan State College de Denver; Barbara Osyk, Universidade de Akron; Michael Showalter, Universidade do Estado da Flórida; e V. Sridharan, Universidade Clemson.

Os seguintes revisores contribuíram com sua experiência e conhecimento para a terceira edição: Sidhartha Das, Universidade George Mason; Avi Dechter, Universidade do Estado da Califórnia em Northridge; Byron Finch, Universidade Miami de Ohio; Edward M. Hufft, Jr., Metropolitan State College de Denver; Ken Klassen, Universidade do Estado da Califórnia em Northridge; Richard Reid, Universidade do Novo México, Albuquerque; Ishpal Rekki, Universidade do Estado da Califórnia em San Marcos; e Ronald Satterfield, Universidade do Sul da Flórida.

A quarta edição traz as reflexões e sugestões dos seguintes revisores: Sanjeev Bordoloi, College of William and Mary; Sid Das, Universidade George Mason; John Goodale, Ball State University; Ken Klassen, Universidade do Estado da Califórnia em Northridge; Peggy Lee, Universidade Estadual da Pensilvânia; Matthew Meuter, Universidade do Estado da Califórnia em Northridge; Jaideep Motwani, Universidade Estadual de Grand Valley; Elzbieta Trybus, Universidade do Estado da Califórnia em Northridge; Rohit Verma, Universidade de Utah; e Janet Sayers, Universidade Massey, Nova Zelândia. Um agradecimento especial aos colegas Ed Anderson e Doug Morrice, por permitirem a inclusão de seu jogo do serviço de hipoteca, e a Mark Linford, estudante de pós-graduação da Universidade do Texas em Austin, por elaborar o programa de computador.

A quinta edição beneficiou-se das reflexões originadas em uma sessão de um grupo de discussão realizada em Washington, DC, em 2003, durante a conferência anual do Decision Sciences Institute. Gostaríamos de agradecer pelas muitas sugestões dadas pelos seguintes participantes: Uday Apte, Universidade Metodista Meridional; Sanjeev Bordoloi, College of William and Mary; Joe Felan, Universidade do Arkansas em Little Rock; Richard Franze, Universidade Estadual Kennesaw; Craig Froehle, Universidade de Cincinnati; Yung Jae Lee, St. Mary's College of California; Katherine McFadden, Universidade do Norte de Illinois; Mary Meixell, Universidade George Mason; Elliott (Chip) Minor, Universidade Virginia Commonwealth; e Jake Simons, Universidade do Sul da Geórgia. Também devemos nossos agradecimentos a Margaret Seay, que continua a oferecer seu generoso apoio.

A sexta edição beneficiou-se das pertinentes sugestões de um ótimo grupo de revisores: Sanjeev Bordoloi, Universidade de Illinois-Urbana; Robert Burgess, Instituto de Tecnologia da Geórgia; Maureen Culleeney, Universidade Lewis; Dick Fentriss, Universidade de Tampa; Craig Froehle, Universidade de Cincinnati; Susan Meyer Goldstein, Universidade de Minnesota; Jaideep Motwani, Universidade Estadual de Grand Valley; Rodney Runyan, Universidade da Carolina do Sul; e Rajesh Tyagi, Universidade DePaul. O nosso agradecimento especial também vai para Ravi Behara, da Universidade Florida Atlantic, por seu plano de revisão abrangente.

Os seguintes revisores contribuíram com seu tempo e conhecimento especializado para a sétima edição: Michael Bendixen, Universidade Nova Southeastern; Dan Berg, Instituto Politécnico Rensselaer; Elif Kongar, Universidade Bridgeport; Stephen Kwan, Universidade Estadual de San Jose; Mary McWilliams, Universidade LeTourneau; Kenneth Shaw, Universidade do Estado do Oregon; e Donna Stewart, Universidade de Wisconsin-Stout. Agradecemos as contribuições de melhoria de Jeanne Zilmer, Faculdade de Administração de Copenhagen.

Gostaríamos de agradecer a dois estudantes que nos auxiliaram. Fang Wu, estudante de doutorado da Universidade do Texas em Austin, nos auxiliou a desenvolver alguns exercícios e a elaborar as apresentações das palestras em PowerPoint para a segunda edição. Edmond Gonzales, estudante de MBA no Texas, preparou os testes dos capítulos para o CD-ROM da terceira edição. Agradecemos também a Rob Bateman da ProModel Corporation pela elaboração do caso de simulação da Pronto Pizza e pelo auxílio com a adoção do software ServiceModel.

Gostaríamos de expressar nosso agradecimento especial a todos os nossos amigos que nos encorajaram e toleraram nossa falta de convívio social enquanto produzíamos este livro. Agradecemos em especial o apoio de Richard e Janice Reid, que há muitos anos proporcionam conversas e atividades animadas e estimulantes e que generosamente nos ofereceram seu retiro nas montanhas. O início da primeira edição foi escrito no esplêndido isolamento do seu recanto nas Montanhas Jemez do Novo México. Nenhum autor poderia desejar uma inspiração melhor.

James A. Fitzsimmons
Mona J. Fitzsimmons

Sumário resumido

Parte I Serviços   1

Capítulo 1   O papel dos serviços na economia   3

Capítulo 2   A natureza dos serviços   17

Capítulo 3   Estratégia em serviços   37

Parte II Projeto de um empreendimento de serviços   65

Capítulo 4   Desenvolvimento de novos serviços   67

Capítulo 5   Tecnologia em serviços   95

Capítulo 6   Qualidade em serviços   115

Capítulo 7   Instalações de apoio e fluxos de processo   151

Capítulo 8   Melhoria de processos   179

Capítulo 9   O encontro em serviços   209

Capítulo 10   Localização das instalações de serviços   231

Parte III Gerenciamento de operações de serviços   259

Capítulo 11   Gerenciamento de capacidade e demanda   261

Capítulo 12   Gerenciamento de filas   295

Capítulo 13   Gerenciamento das relações de fornecimento de serviços   317

Capítulo 14   Globalização dos serviços   341

Capítulo 15   Gerenciamento de projetos   365

Parte IV Modelos quantitativos para administração de serviços   401

Capítulo 16   Modelos de filas e planejamento de capacidade   403

Capítulo 17   Previsão de demanda por serviços   447

Capítulo 18   Gerenciamento de estoque   471

Apêndice A   Áreas de distribuição normal padrão   503

Apêndice B   Números aleatórios uniformemente distribuídos [0,1]   504

Apêndice C   Valores de L_q para o modelo de filas $M/M/c$ 505

Apêndice D   Equações para modelos de filas selecionados   507

Índice de nomes   513

Índice   519

Sumário

Parte I Serviços	1
Capítulo 1 O papel dos serviços na economia	**3**
Objetivos de aprendizagem	3
Apresentação do capítulo	4
Definições de serviços	4
O papel facilitador dos serviços na economia	4
Evolução econômica	5
Estágios do desenvolvimento econômico	6
Sociedade pré-industrial	7
Sociedade industrial	7
Sociedade pós-industrial	8
A natureza do setor de serviços	9
Tipologia de serviços no século XXI	10
A nova economia da experiência	11
A experiência nos serviços ao consumidor	11
Experiência de serviços entre empresas	12
Fontes do crescimento do setor de serviços	13
Tecnologia da informação	13
Inovação	14
Mudanças demográficas	15
Benchmark em serviços: A Wal-Mart é a número um na lista *Fortune* 500	15
Resumo	15
Palavras-chave e definições	15
Tópicos para discussão	16
Exercício interativo	16
Bibliografia selecionada	16
Notas	16
Capítulo 2 A natureza dos serviços	**17**
Objetivos de aprendizagem	17
Apresentação do capítulo	18
Características distintivas das operações de serviços	18
Participação do cliente no processo do serviço	18
Simultaneidade	19
Perecibilidade	19
Intangibilidade	20
Heterogeneidade	20
Característica de não propriedade dos serviços	21
O pacote de serviços	22
Agrupamento dos serviços a partir do processo de fornecimento	23
Classificação dos serviços para *insights* estratégicos	26
Natureza do ato de prestação de serviços	26
Relação com os clientes	27
Customização e discernimento	27
Natureza da demanda e da capacidade de fornecimento	28
Método de prestação do serviço	28
Lógica dominante do serviço	30
Uma visão dos serviços como sistema aberto	31
Benchmark em serviços: Criatividade "fora da caixa"	32
Resumo	32
Palavras-chave e definições	32
Tópicos para discussão	33
Exercício interativo	33
Estudo de caso 2.1: Village Volvo	33
Estudo de caso 2.2: Xpresso Lube	34
Bibliografia selecionada	35
Notas	36
Capítulo 3 Estratégia em serviços	**37**
Objetivos de aprendizagem	37
Apresentação do capítulo	37
Visão estratégica em serviços	38
Entendendo o ambiente competitivo dos serviços	40
Estratégias competitivas em serviços	41
Liderança global em custos	41
Diferenciação	42
Foco	43
Análise estratégica	43
Análise das cinco forças de Porter	43
Análise SWOT: Forças, Fraquezas, Oportunidades, Ameaças	44
Conquistando clientes no mercado	45
Qualificadores	46
Ganhadores de serviços	46
Perdedores de serviços	46
O papel competitivo das informações nos serviços	46
Criação de barreiras à entrada	47
Geração de receita	48
Ativo de banco de dados	49
Melhoria na produtividade	49
Cadeia virtual de valor	51
Primeiro estágio (novos processos)	52
Segundo estágio (novo conhecimento)	52
Terceiro estágio (novos produtos)	53
Quarto estágio (novas relações com os clientes)	53
Limites no uso de informações	53
Anticompetitividade	53

Justiça	53
Invasão de privacidade	53
Segurança dos dados	54
Confiabilidade	54
Uso de informações para categorizar os clientes	54
Estágios na competitividade da empresa de serviços	54
Disponível para serviços	54
Padrão	56
Conquista da competência diferencial	56
Fornecimento de serviços de classe mundial	56
Benchmark em serviços: O Central Market foge do lugar-comum e das grandes marcas	57
Resumo	57
Palavras-chave e definições	58
Exercício interativo	58
Tópicos para discussão	58
Estudo de caso 3.1: United Commercial Bank e El Banco	59
Estudo de caso 3.2: O Alamo Drafthouse	61
Bibliografia selecionada	63
Notas	63

Parte II Projeto de um empreendimento de serviços 65

Capítulo 4 Desenvolvimento de novos serviços 67

Objetivos de aprendizagem	67
Apresentação do capítulo	68
Inovação em serviços	68
Desenvolvimento de novos serviços	70
Elementos do projeto de serviços	72
Equação de valor do cliente	73
Posicionamento estratégico pela estrutura do processo	74
Blueprint do serviço	75
Taxonomia para o projeto do processo de serviços	77
Grau de divergência	78
Objeto do processo de serviço	78
Tipo de contato com o cliente	78
Abordagens genéricas para o projeto de sistemas de serviços	79
Abordagem da linha de produção	79
O cliente como coprodutor	81
Abordagem do contato com o cliente	82
Capacitação pela informação	84
Propriedade intelectual	85
Benchmark em serviços: Dez coisas que o Google descobriu	86
Resumo	86
Palavras-chave e definições	86
Tópicos para discussão	87
Exercício interativo	87
Estudo de caso 4.1: Casa de *sushi* 100 Yen	87
Estudo de caso 4.2: Commuter Cleaning – Proposta de um novo empreendimento	88
Estudo de caso 4.3: Golfsmith	90
Bibliografia selecionada	91
Notas	92

Capítulo 5 Tecnologia em serviços 95

Objetivos de aprendizagem	95
Apresentação do capítulo	96
O encontro em serviços apoiado pela tecnologia	96
O surgimento do autoatendimento	97
Automação em serviços	98
A Internet como um serviço facilitador	100
Comércio eletrônico	100
Serviços virtuais versus *serviços físicos*	101
Modelos de *e-business*	103
Economias de escala	103
Inovação tecnológica em serviços	104
Desafios da adoção da nova tecnologia em serviços	104
Preparo para adoção de nova tecnologia	105
O caso da identificação de radiofrequência	106
Benchmark em serviços: Para a melhor prática, basta um clique	107
Resumo	107
Palavras-chave e definições	107
Tópicos para discussão	107
Exercício interativo	107
Estudo de caso 5.1: Amazon.com	108
Estudo de caso 5.2: Evolução do comércio eletrônico (*e-commerce*) B2C no Japão	109
Bibliografia selecionada	112
Notas	112

Capítulo 6 Qualidade em serviços 115

Objetivos de aprendizagem	115
Apresentação do capítulo	115
Definição de qualidade em serviços	116
Dimensões da qualidade em serviços	116
Lacunas na qualidade em serviços	117
Mensuração da qualidade em serviços	119
SERVQUAL	119
Serviços de qualidade a partir do projeto	120
Inclusão de qualidade no pacote de serviços	120
Método Taguchi	120
Poka-yoke (dispositivo contra falhas)	121
Desdobramento da função qualidade	122
Auditoria nas instalações	124
Projeto de uma auditoria nas instalações	125
Auditoria nas instalações como instrumento de diagnóstico	128
Obtenção da qualidade em serviços	129
Custo da qualidade	129

Controle estatístico do processo	130	Exercícios	172
Garantia incondicional de serviço	134	Estudo de caso 7.1: Organização de serviços de saúde (A)	174
Recuperação do serviço	136		
Abordagens para a recuperação de serviços	136	Estudo de caso 7.2: Organização de serviços de saúde (B)	175
Princípios de tratamento de reclamações	137		
Estágios no desenvolvimento da qualidade	138	Estudo de caso 7.3: Esquire Department Store	175
Benchmark em serviços: Bronson Methodist Hospital	139	Estudo de caso 7.4: Central Market	176
		Bibliografia selecionada	178
Resumo	139	Notas	178
Palavras-chave e definições	139		
Tópicos para discussão	140	**Capítulo 8 Melhoria de processos**	**179**
Exercício interativo	140	Objetivos de aprendizagem	179
Problemas resolvidos	140	Apresentação do capítulo	179
Exercícios	141	Processo de melhoria de produtividade e qualidade	180
Estudo de caso 6.1: Clean Sweep, Inc.	142	*Fundamentos da melhoria contínua*	180
Estudo de caso 6.2: A carta de reclamação	144	*Ciclo planejar-executar-verificar-agir (PDCA)*	180
Estudo de caso 6.3: O Museu de Arte e Design	146	*Solução de problemas*	181
Bibliografia selecionada	147	Ferramentas de qualidade para análise e solução de problemas	182
Notas	149		
		Planilha de controle	182
Capítulo 7 Instalações de apoio e fluxos de processo	**151**	*Cartas de controle (run chart)*	182
		Histograma	182
Objetivos de aprendizagem	151	*Gráfico de Pareto*	183
Apresentação do capítulo	152	*Fluxograma*	183
Psicologia e orientação ambiental	152	*Diagrama de causa e efeito*	184
Servicescapes	152	*Diagrama de dispersão*	185
Comportamentos em servicescapes	153	*Gráfico de controle*	185
Dimensões ambientais dos servicescapes	154	*Benchmarking*	186
Design das instalações	156	Programas para a melhoria da qualidade organizacional	187
A natureza e os objetivos das organizações de serviços	156	*Programas de pessoal para garantia da qualidade*	187
A disponibilidade de área e as necessidades de espaço	157	*Programa de 14 pontos de Deming*	188
		Prêmio Nacional de Qualidade Malcolm Baldrige	189
Flexibilidade	157	*ISO 9000*	190
Segurança	157	*Seis sigma*	190
Fatores estéticos	158	*Lean service*	193
A comunidade e o ambiente	158	Resumo	194
Análise do processo	159	*Benchmark* em serviços: Vencedores do Prêmio Nacional de Qualidade Malcolm Baldrige nas categorias serviços, educação e assistência médica	195
Tipos de processos	159		
Fluxograma	159		
Gráfico de Gantt	161	Palavras-chave e definições	195
Terminologia de processo	161	Tópicos para discussão	196
Leiaute das instalações	163	Exercício interativo	196
O leiaute por produto e o problema do balanceamento de linha	163	Estudo de caso 8.1: Delegada do condado de Senora	196
		Estudo de caso 8.2: Restaurante Mega Bytes	197
O leiaute do processo e o problema da localização relativa	164	**Suplemento do Capítulo 8: Análise por envelopamento de dados (DEA)**	**201**
Benchmark em serviços: Aonde devemos ir?	168	Medição da produtividade do serviço	201
Resumo	169	*O modelo DEA*	201
Palavras-chave e definições	169	*A DEA e o planejamento estratégico*	204
Tópicos para discussão	169	Exercícios	207
Exercício interativo	169	Estudo de caso 8.3: Empresa de ônibus Mid-Atlantic	207
Problemas resolvidos	170	Bibliografia selecionada	208
		Notas	208

Capítulo 9 O encontro em serviços — 209

Objetivos de aprendizagem — 209
Apresentação do capítulo — 210
A tríade do encontro em serviços — 210
   Encontro dominado pela organização de serviços — 211
   Encontro dominado pelo pessoal da linha de frente — 211
   Encontro dominado pelo cliente — 211
A organização de serviços — 212
   Cultura — 212
   Delegação de poder — 213
   Sistemas de controle — 213
Pessoal da linha de frente — 214
   Seleção — 214
   Treinamento — 215
   Criação de uma atmosfera ética — 216
O cliente — 217
   Expectativas e atitudes — 217
   O papel dos roteiros na coprodução — 218
Resumo dos encontros em serviços — 219
Criação de uma orientação do serviço em prol do cliente — 219
A cadeia de lucro dos serviços — 220
Benchmark em serviços: Como a senhorita Boas Maneiras lida com as reclamações — 223
Resumo — 223
Palavras-chave e definições — 223
Tópicos para discussão — 224
Exercício interativo — 224
Estudo de caso 9.1: Amy's Ice Cream — 224
Estudo de caso 9.2: Enterprise Rent-A-Car — 225
Bibliografia selecionada — 228
Notas — 229

Capítulo 10 Localização das instalações de serviços — 231

Objetivos de aprendizagem — 231
Apresentação do capítulo — 232
Considerações sobre a localização estratégica — 232
   Aglomeração competitiva — 233
   Marketing de saturação — 233
   Intermediários de marketing — 234
   Substituição do transporte pela comunicação — 234
   Separação entre a linha de frente e a retaguarda — 234
   Impacto da Internet sobre a localização dos serviços — 235
   Considerações sobre o local — 235
Análise de regressão em decisões de localização — 236
Sistema de informações geográficas — 236
Considerações sobre modelagem — 238
   Representação geográfica — 238
   Número de instalações — 240
   Critérios de otimização — 240
Técnicas para a localização de instalações — 242
   Abordagem da mediana cruzada para uma instalação única — 243
   Modelo de Huff para um ponto de vendas a varejo — 245
   Definição da área de cobertura da localização para múltiplas instalações — 247
Resumo — 248
Benchmark em serviços: Saturar uma cidade com lojas pode dar bons resultados — 249
Palavras-chave e definições — 249
Tópicos para discussão — 249
Exercício interativo — 250
Problemas resolvidos — 250
Exercícios — 251
Estudo de caso 10.1: Organização de serviços de saúde (C) — 253
Estudo de caso 10.2: Athol Furniture, Inc. — 254
Bibliografia selecionada — 256
Notas — 257

Parte III Gerenciamento de operações de serviços — 259

Capítulo 11 Gerenciamento de capacidade e demanda — 261

Objetivos de aprendizagem — 261
Apresentação do capítulo — 262
Estratégias genéricas de nível de capacidade ou de adequação à demanda — 262
Estratégias para o gerenciamento da demanda — 262
   Variabilidade induzida pelo cliente — 262
   Segmentação da demanda — 264
   Oferta de incentivos de preços — 265
   Promoção em períodos de baixa demanda — 266
   Desenvolver serviços complementares — 266
   Sistemas de reserva e overbooking — 266
Estratégias para o gerenciamento da capacidade — 269
   Definição de capacidade de serviço — 269
   Programação diária de turnos de trabalho — 269
   Programação semanal de turnos de trabalho com restrição relativa aos dias de folga — 271
   Aumento da participação do cliente — 272
   Criação de capacidade ajustável — 273
   Capacidade compartilhada — 273
   Treinamento de empregados multifuncionais — 273
   Utilização de empregados de jornada parcial — 274
   Programação de caixas de jornada parcial em um banco do tipo drive-in — 274
Gestão de rendimento — 275
   Aplicações da gestão de rendimento — 280
Resumo — 282
Benchmark em serviços: Pague adiantado e aproveite — 282
Palavras-chave e definições — 282

Tópicos para discussão	282
Exercício interativo	283
Problemas resolvidos	283
Exercícios	284
Estudo de caso 11.1: River City National Bank	286
Estudo de caso 11.2: Gateway International Airport	287
Estudo de caso 11.3: O analista de gestão de rendimento	289
Estudo de caso 11.4: Sequoia Airlines	292
Bibliografia selecionada	293
Notas	294

Capítulo 12 Gerenciamento de filas — 295

Objetivos de aprendizagem	295
Apresentação do capítulo	296
A economia da espera	296
Sistemas de fila	296
A psicologia da espera	297
Aquele velho sentimento de vazio	298
Com o pé na porta	298
A luz no fim do túnel	298
Desculpe, mas cheguei primeiro	299
Princípios de gerenciamento de filas	299
Aspectos essenciais dos sistemas de filas	301
População demandante	302
Processo de chegada	302
Configuração da fila	306
Disciplina da fila	308
Processo do serviço	310
Resumo	311
Benchmark em serviços: Cinco minutos na fila duram mais do que cinco minutos de trabalho duro	311
Palavras-chave e definições	311
Tópicos para discussão	311
Exercício interativo	312
Problemas resolvidos	312
Exercícios	312
Estudo de caso 12.1: Locadora de automóveis Thrifty	312
Estudo de caso 12.2: Já daremos uma olhadinha	313
Estudo de caso 12.3: Estudo de campo	314
Bibliografia selecionada	315
Notas	315

Capítulo 13 Gerenciamento das relações de fornecimento de serviços — 317

Objetivos de aprendizagem	317
Apresentação do capítulo	318
Gerenciamento da cadeia de fornecimento	318
Modelo em rede	318
Gerenciamento da incerteza	319
Relações de fornecimento de serviços	320
Dualidade consumidor-fornecedor	320
Relações de fornecimento de serviços são eixos convergentes, não cadeias	321
A capacidade de serviço é análoga ao estoque	322
Subsídios fornecidos por consumidores (entradas) podem variar em qualidade	322
Gerenciamento de relações de serviços	322
Otimização bidirecional	322
Capacidade produtiva	324
Perecibilidade	324
Empresas de serviços profissionais	325
Atributos dos serviços profissionais	325
Características operacionais	326
Terceirização	328
Vantagens e riscos da terceirização	328
Classificação dos serviços empresariais	330
Considerações administrativas da terceirização	331
Resumo	333
Benchmark em serviços: Os cidadãos vêm em primeiro lugar em Lynchburg	333
Palavras-chave e definições	333
Tópicos para discussão	333
Exercício interativo	333
Estudo de caso 13.1: Boomer Consulting, Inc.	334
Estudo de caso 13.2: Peapod – Smart Shopping for Busy People	336
Estudo de caso 13.3: Jogo do serviço de hipoteca	338
Bibliografia selecionada	340
Notas	340

Capítulo 14 Globalização dos serviços — 341

Objetivos de aprendizagem	341
Apresentação do capítulo	342
Crescimento doméstico e estratégias de expansão	342
Serviço focalizado	342
Rede focalizada	343
Serviços agrupados	344
Rede diversificada	344
Franquia	345
A natureza da franquia	345
Benefícios para o franqueado	345
Considerações para o franqueador	346
Globalização dos serviços	347
Estratégias internacionais genéricas	348
A natureza do mundo sem fronteiras	349
Planejamento de operações multinacionais	350
Estratégias globais para serviços	353
Expansão para vários países	353
Importação de clientes	354
Acompanhamento dos clientes	354
Offshoring (exteriorização de funções)	355
Benchmark em serviços: Mundo pequeno e outros mitos	356
Serviço a qualquer hora (beating-the-clock)	356
Resumo	356
Palavras-chave e definições	357
Tópicos para discussão	357

Exercício interativo ... 357
Estudo de caso 14.1: Goodwill Industries International, Inc. ... 357
Estudo de caso 14.2: Federal Express: aquisição da Tiger International ... 360
Bibliografia selecionada ... 363
Notas ... 363

Capítulo 15 Gerenciamento de projetos ... 365
Objetivos de aprendizagem ... 365
Apresentação do capítulo ... 365
A natureza do gerenciamento de projetos ... 366
  Características de projetos ... 366
  Processo de gerenciamento de projetos ... 366
  Escolha do gerente do projeto ... 367
  Construção da equipe do projeto ... 367
  Princípios do gerenciamento eficaz de projetos ... 368
Técnicas para o gerenciamento de projetos ... 368
  Projetos em gráficos de Gantt ... 368
  Uma crítica aos gráficos de Gantt ... 370
  Construção de uma rede de projeto ... 370
  Método do caminho crítico ... 371
  Análise utilizando o Microsoft Project for Windows ... 374
Restrições de recursos ... 377
Aceleração de atividades ... 377
Incorporação de incertezas aos tempos das atividades ... 382
  Estimativa das distribuições para o tempo de duração das atividades ... 382
  Distribuição para o tempo de conclusão do projeto ... 383
  Uma crítica à análise do tempo para a conclusão do projeto ... 384
Problemas com a implementação da análise do caminho crítico ... 386
Monitoramento de projetos ... 386
  Gráfico de valor agregado ... 386
  Conclusão do projeto ... 388
  Histórico do projeto ... 388
Resumo ... 388
Benchmark em serviços: A casa que Warren construiu ... 389
Palavras-chave e definições ... 389
Tópicos para discussão ... 389
Exercício interativo ... 389
Problemas resolvidos ... 389
Exercícios ... 391
Estudo de caso 15.1: Info-Systems, Inc. ... 396
Estudo de caso 15.2: Hospital Municipal de Whittier ... 397
Bibliografia selecionada ... 398
Notas ... 399

Parte IV Modelos quantitativos para administração de serviços ... 401

Capítulo 16 Modelos de filas e planejamento de capacidade ... 403
Objetivos de aprendizagem ... 403
Apresentação do capítulo ... 404
Planejamento de capacidade ... 404
  Papel estratégico das decisões sobre capacidade ... 405
Modelos analíticos de filas ... 406
  Relações entre características dos sistemas ... 408
  Modelo padrão M/M/1 ... 408
  Modelo padrão M/M/c ... 410
  Modelo M/G/1 ... 413
  Modelo geral de autoatendimento M/G/∞ ... 414
  Modelo M/M/1 com fila finita ... 415
  Modelo M/M/c com fila finita ... 415
Critérios de planejamento de capacidade ... 416
  Tempo médio de espera dos clientes ... 416
  Probabilidade de espera excessiva ... 417
  Minimização da soma dos custos de serviço e de espera dos clientes ... 418
  Probabilidade de vendas perdidas devido à inadequação da área de espera ... 419
Resumo ... 420
Benchmark em serviços: Quando mais é melhor ... 421
Palavras-chave e definições ... 421
Tópicos para discussão ... 421
Problemas resolvidos ... 422
Exercícios ... 423
Estudo de caso 16.1: Houston Port Authority ... 425
Estudo de caso 16.2: Freedom Express ... 425
Estudo de caso 16.3: Renaissance Clinic (A) ... 426
Suplemento do Capítulo 16: Simulação computacional ... **427**
Simulação de sistemas ... 427
  Metodologia de simulação ... 427
  Simulação de Monte Carlo ... 429
  Geração de variáveis aleatórias ... 429
  Simulação de eventos discretos ... 431
Software de simulação Service Model ... 433
  Demonstração: central de atendimento ao cliente ... 435
  Análise do processo: célula de manufatura ... 435
Problemas resolvidos ... 437
Exercícios ... 440
Estudo de caso 16.4: Pronto Pizza ... 443
Estudo de caso 16.5: Renaissance Clinic (B) ... 443
Bibliografia selecionada ... 444
Notas ... 445

Capítulo 17 Previsão de demanda por serviços — 447

Objetivos de aprendizagem — 447
Apresentação do capítulo — 447
A escolha do método de previsão — 448
Modelos subjetivos — 448
  Método Delphi — 449
  Análise de impacto cruzado — 450
  Analogia histórica — 450
Modelos causais — 451
  Modelos de regressão — 451
  Modelos econométricos — 452
Modelos de séries temporais — 452
  Média móvel com N períodos — 452
  Suavização exponencial simples — 453
  Relação entre α e N — 455
  Erro de previsão — 456
  Suavização exponencial com ajuste de tendência — 457
  Suavização exponencial com ajuste sazonal — 458
  Suavização exponencial com ajuste de tendência e de sazonalidade — 460
Benchmark em serviços: Dando um "google" no futuro — 463
  Resumo da suavização exponencial — 463
Resumo — 463
Palavras-chave e definições — 464
Tópicos para discussão — 464
Exercício interativo — 464
Problemas resolvidos — 464
Exercícios — 466
Estudo de caso 17.1: Centro de Avaliação Médica Oak Hollow — 467
Estudo de caso 17.2: Gnomial Functions, Inc. — 468
Bibliografia selecionada — 469
Notas — 470

Capítulo 18 Gerenciamento de estoque — 471

Objetivos de aprendizagem — 471
Apresentação do capítulo — 472
Teoria do estoque — 473
  A função do estoque em serviços — 473
  Características dos sistemas de estoque — 474
  Custos relevantes de um sistema de estoque — 475
Modelos de pedido por quantidade — 475
  Lote econômico de compra — 476
  Modelo de estoque com descontos por quantidade — 479
  Modelo de estoque com faltas planejadas — 481
Gerenciamento de estoque sob incertezas — 484
Sistemas de controle de estoques — 485
  Sistema de revisão contínua — 485
  Sistema de revisão periódica — 486
  A curva ABC do controle de estoque — 488
Modelo de período único para produtos perecíveis — 489
  Análise de valor esperado — 490
  Análise marginal — 490
Modelo de desconto para o varejo — 492
Benchmark em serviços: Uma batata frita vendida no tempo certo não estraga — 493
Resumo — 493
Palavras-chave e definições — 493
Tópicos para discussão — 494
Exercício interativo — 494
Problemas resolvidos — 494
Exercícios — 495
Estudo de caso 18.1: Consultoria A.D. Small — 499
Estudo de caso 18.2: Last Resort — 500
Estudo de caso 18.3: Elysian Cycles — 500
Bibliografia selecionada — 501
Notas — 502

Apêndice A Áreas de distribuição normal padrão — 503

Apêndice B Números aleatórios uniformemente distribuídos [0,1] — 504

Apêndice C Valores de L_q para o modelo de filas M/M/c — 505

Apêndice D Equações para modelos de filas selecionados — 507

Índice de nomes — 513
Índice — 519

Parte I

Serviços

No Capítulo 1, iniciamos o estudo da administração de serviços com uma avaliação do papel central que os serviços exercem na economia das nações e no comércio mundial. Nenhuma economia funciona sem a infraestrutura que os serviços proporcionam na área dos transportes e das comunicações e muito menos desprovida de serviços estatais, como educação e saúde. À medida que uma economia se desenvolve, no entanto, a área de serviços adquire maior importância, passando a empregar em suas atividades a maior parte da população ativa.

O Capítulo 2 aborda a natureza das operações de serviços e identifica suas características peculiares. Talvez a principal característica das operações de serviços seja a presença do cliente no sistema de atendimento. O foco no cliente e no atendimento de suas necessidades sempre foi uma importante atividade diária dos fornecedores de serviços.

Uma estratégia competitiva eficaz é fundamental para as empresas de serviços, pois elas competem em um ambiente cujas barreiras para entrada no mercado são relativamente baixas. O Capítulo 3 inicia com uma discussão sobre a visão estratégica de serviços seguida de um quadro em forma de perguntas a respeito da finalidade e da posição de uma empresa de serviços no mercado. Estratégias competitivas reconhecidas – liderança global em custos, diferenciação e foco – são aplicadas aos serviços. O capítulo encerra com uma discussão sobre o papel competitivo da informação nos serviços.

Capítulo 1

O papel dos serviços na economia

Objetivos de aprendizagem

Ao final deste capítulo, você deverá estar apto a:

1. Identificar as características comuns a todos os serviços.
2. Descrever o papel central dos serviços em uma economia.
3. Explicar a hipótese Clark-Fisher a respeito da evolução de uma economia.
4. Identificar e diferenciar os cinco estágios da atividade econômica.
5. Descrever as características das sociedades pré-industriais, industriais e pós-industriais.
6. Descrever as características da nova economia da experiência.
7. Comparar as teorias de inovação puxada (*push*) *versus* empurrada (*pull*).
8. Identificar as fontes de crescimento do setor de serviços.

Estamos presenciando a maior migração de mão de obra desde a revolução industrial. A migração da agricultura e da manufatura para os serviços é invisível e, ao mesmo tempo, de escopo amplamente global, sendo impulsionada pelas comunicações globais, pelo crescimento dos negócios e da tecnologia, pela urbanização e pelo baixo custo da mão de obra. Os setores de serviços são líderes em todas as nações industrializadas, criam novos empregos que dominam as economias nacionais e têm o potencial de melhorar a qualidade de vida de todos. Muitos desses empregos destinam-se a trabalhadores altamente especializados e contam com o maior crescimento projetado para serviços profissionais e empresariais. A Tabela 1.1 mostra o crescimento do índice de migração para os serviços ao longo dos últimos 40 anos nas 10 maiores nações pós-industriais.

Tabela 1.1 Porcentagem de empregos no setor de serviços nas 10 maiores nações pós-industriais, 1965-2005

País	1965	1975	1985	1995	2005
Estados Unidos	59,5	66,4	70,0	74,1	78,6
Reino Unido	51,3	58,3	64,1	71,4	77,0
Holanda	52,5	60,9	68,3	73,4	76,5
Suécia	46,5	57,7	66,1	71,5	76,3
Canadá	57,8	65,8	70,6	74,8	76,0
Austrália	54,6	61,5	68,4	73,1	75,8
França	43,9	51,9	61,4	70,0	74,8
Japão	44,8	52,0	57,0	61,4	68,6
Alemanha	41,8	n/a	51,6	60,8	68,5
Itália	36,5	44,0	55,3	62,2	65,5

Fonte: http://www.bls.gov/fls/flscomparelf.htm
Table 6: Civilian Employment Approximating U.S. Concepts by Economic Sector

APRESENTAÇÃO DO CAPÍTULO

Por meio da discussão sobre o desenvolvimento econômico, aprendemos que as economias modernas industrializadas são dominadas pelo emprego nas indústrias do setor de serviços. Isso representa uma evolução natural das economias: das sociedades pré-industriais para as industriais e, finalmente, para as sociedades pós-industriais. Além disso, a atividade econômica de uma sociedade determina a forma como vive a sua população e como é mensurado o seu padrão de vida. A natureza do setor de serviços é explorada em termos de oportunidades de emprego, contribuições à estabilidade econômica e fontes de liderança econômica. A ideia de que nossa sociedade pós-industrial está evoluindo para uma economia da experiência é discutida em termos de serviços empresariais e ao consumidor. O crescimento do setor de serviços é atribuído à inovação, às tendências sociais e à tecnologia da informação (p.ex., a Internet). Este capítulo inicia com a apresentação de diferentes definições de serviços.

DEFINIÇÕES DE SERVIÇOS

Muitas definições de serviços são encontradas, mas todas têm em comum o tema da intangibilidade e do consumo simultâneo. Os conceitos que seguem representam uma amostra das definições de serviços:

> Serviços são atos, processos e desempenho de ações. (Valarie A. Zeithaml and Mary Jo Bitner, *Services Marketing*, New York: McGraw-Hill, New York, 1996, p. 5.)
>
> Um serviço é uma atividade ou uma série de atividades de natureza mais ou menos intangível que, normalmente, mas não necessariamente, ocorre nas interações entre consumidores e empregados e/ou recursos físicos ou bens e/ou sistemas do fornecedor do serviço, que são oferecidos como soluções para os problemas do consumidor. (Christian Gronroos, *Service Management and Marketing*, Lexington, Mass: Lexington Books, 1990, p. 27.)
>
> A maior parte dos especialistas nessa área considera que o setor de serviços abrange todas as atividades econômicas cujo produto não é um bem físico ou fabricado; em geral, ele é consumido no momento em que é produzido e fornece um valor agregado em formas que representam essencialmente interesses intangíveis do seu comprador (como conveniência, diversão, oportunidade, conforto ou saúde). (James Brian Quinn, Jordan J. Baruch, and Penny Cushman Paquette, *Scientific American*, vol. 257, no. 2, December 1987, p. 50.)
>
> Os serviços são atividades econômicas oferecidas por uma parte à outra em que se considera o desempenho baseado no tempo com a intenção de obter os resultados desejados nos próprios usuários, em objetos ou em outros bens pelos quais os compradores são responsáveis. Em troca de seu dinheiro, tempo e esforço, os clientes de serviços esperam obter valor com o acesso a bens, mão de obra, capacidades profissionais, instalações, redes e sistemas; mas normalmente eles não se apropriam dos elementos físicos envolvidos. (Christopher Lovelock and Lauren Wright, *Services Marketing: People, Technology, Strategy,* 6th ed., Upper Saddle River, NJ: Prentice-Hall, 2007, p. 6.)
>
> Um sistema de serviço configura-se como a coprodução de valores por pessoas, tecnologia, sistema de serviços internos e externos e informações compartilhadas (como linguagem, processos, medições, preços e leis). (Jim Spohrer, Paul Maglio, John Bailey, and Daniel Gruhl, *Computer*, January 2007, p. 72.)
>
> Um serviço é uma experiência perecível, intangível, desenvolvida para um consumidor que desempenha o papel de coprodutor. (James Fitzsimmons)

O PAPEL FACILITADOR DOS SERVIÇOS NA ECONOMIA

Como mostra a Figura 1.1, os serviços são fundamentais para a atividade econômica em qualquer sociedade. Os serviços de infraestrutura, como transporte e comunicações, formam o elo essencial entre todos os setores da economia, incluindo o consumidor final. Em uma economia complexa, tanto os serviços comerciais quanto os de infraestrutura funcionam como intermediários e como canais de distribuição para o cliente final. Os serviços de infraestrutura são um pré-requisito básico para que uma economia se torne industrializada; de fato, nenhuma sociedade consegue avançar sem eles.

Em uma economia industrializada, empresas especializadas podem prestar serviços a empresas de manufatura de forma mais barata e eficiente do que se as próprias empresas de manufatura realizassem o serviço elas mesmas. Assim, é cada vez mais comum que atividades de consultoria, publicidade e outros serviços empresariais sejam fornecidos ao setor de manufatura por empresas de serviços.

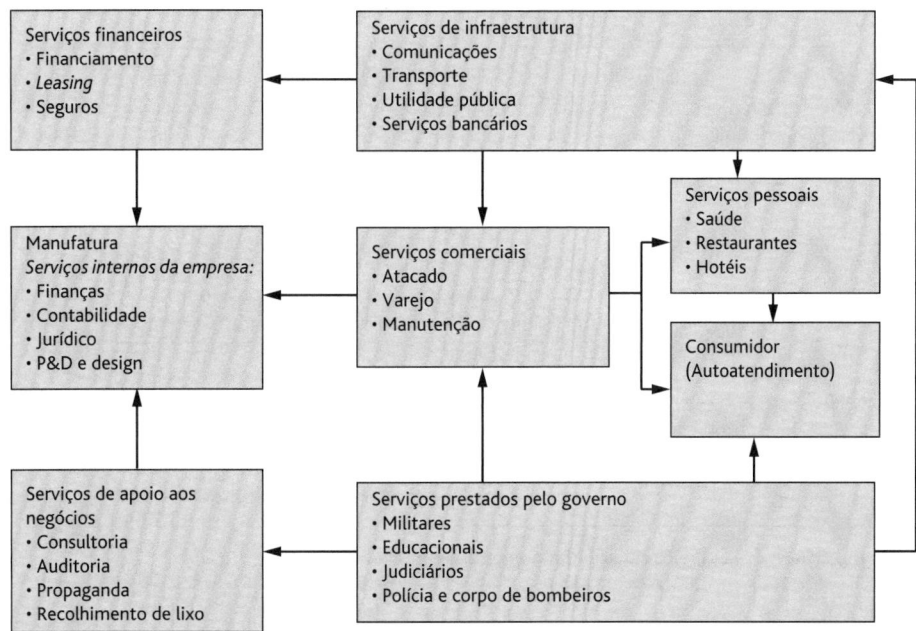

Figura 1.1 O papel dos serviços na economia.
Fonte: Segundo Bruce R. Guile and James Brian Quinn, eds., *Technology in Services: Policies for Growth, Trade, and Employment*, Washington, D.C.: National Academy Press, 1988, p. 214.

Exceto para a subsistência básica, em que as atividades domésticas são autossuficientes, os serviços são absolutamente indispensáveis para o funcionamento de uma sociedade e para a melhoria da qualidade de vida. Consideremos, por exemplo, a importância de um sistema bancário para transferir fundos e de uma indústria de transportes para levar alimentos a uma região que não os produz. Além disso, criou-se uma grande variedade de serviços dirigidos às áreas social e pessoal, como restaurantes, hotéis, empresas de limpeza e creches, para inserir na economia funções que antes eram domésticas.

A administração pública desempenha um papel fundamental ao proporcionar um ambiente estável para investimentos e crescimento econômico. Serviços como educação pública, assistência à saúde, manutenção de estradas, abastecimento de água, ar livre de poluentes, segurança pública e cuidados com o meio ambiente são imprescindíveis para que a economia de qualquer país sobreviva e sua população prospere.

Cada vez mais, a lucratividade dos produtores de bens manufaturados depende da exploração de serviços com valor agregado. Por exemplo, os fabricantes de automóveis descobriram que o financiamento e/ou o *leasing* de automóveis pode proporcionar lucros significativos. A Otis Elevator Company percebeu há bastante tempo que as receitas dos contratos de manutenção pós-venda excedem em muito os lucros das vendas de equipamentos para elevadores. Na medida em que os computadores pessoais se tornam uma *commodity* com margens muito baixas, as empresas voltam-se para os serviços em rede e de comunicação para incrementar os lucros.

Dessa forma, é imperativo reconhecer que os serviços não são atividades meramente periféricas, mas parte integrante da sociedade; estão presentes no cerne da economia e são fundamentais para que ela se mantenha sadia e funcional. Enfim, o setor de serviços não apenas facilita, como também torna possível as atividades de produção de bens dos setores manufatureiros. Os serviços representam a força vital de transição rumo a uma economia globalizada.

EVOLUÇÃO ECONÔMICA

No início do século XX, somente três em cada dez trabalhadores nos Estados Unidos estavam empregados no setor de serviços. Os demais atuavam na agricultura e na indústria. Em 1950, o nível de empregos na área de serviços atingia 50% da força de trabalho. Hoje, o setor de serviços norte-americano emprega aproximadamente oito em cada dez trabalhadores. Durante os últimos 90

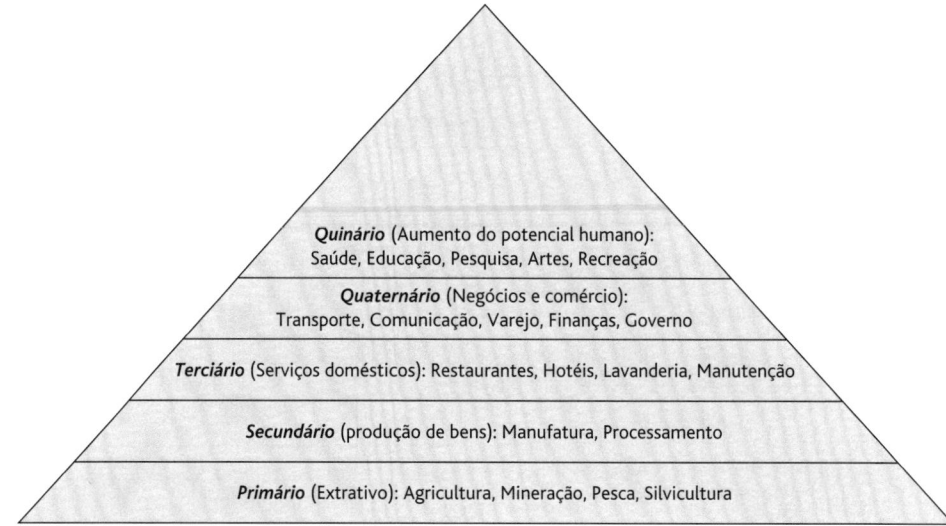

Figura 1.2 Estágios da atividade econômica.

anos, testemunhamos uma importante evolução em nossa sociedade, que deixou de ser predominantemente baseada na manufatura para ser baseada em serviços.

Essa transformação não chegou a surpreender os economistas que estudam o crescimento econômico. Colin Clark argumenta que, à medida que as nações se industrializam, a transferência dos empregos de um setor da economia para outro se torna inevitável.[1] Conforme a produtividade aumenta em um setor, a força de trabalho se desloca para outro. Essa observação, conhecida como *hipótese Clark-Fisher*, implica classificar as economias de acordo com a atividade desenvolvida pela maior parte da força de trabalho.

A Figura 1.2 descreve as atividades econômicas hierarquicamente. Muitos economistas, incluindo Clark, limitaram suas análises a apenas três estágios, sendo o terceiro estágio classificado simplesmente como de serviços. Aceitamos a sugestão de Nelson N. Foote e Paul K. Hatt e subdividimos o estágio de serviços em cinco categorias.[2]

Atualmente, um número ainda excessivo de países encontra-se em um estágio primário de desenvolvimento. Tais economias são baseadas na extração de recursos naturais da terra. A produtividade é baixa e os rendimentos estão sujeitos a flutuações baseadas nos preços de mercadorias, como açúcar e cobre. Em grande parte da África e em algumas regiões da Ásia, mais de 70% da força de trabalho desenvolve atividades extrativistas.

A Figura 1.3 mostra o rápido crescimento do emprego em serviços nos Estados Unidos no decorrer do século passado e ilustra, quase como um espelho, o declínio do emprego na agricultura. Observe que a "revolução industrial" começou nos Estados Unidos por volta de 1850 com uma porcentagem de empregos na manufatura aproximadamente igual à projetada para 2010. A trajetória do emprego nesse setor repete-se para todas as nações representadas na Tabela 1.1. Embora não tenham sido incluídas na tabela, as economias emergentes de Índia, China e Brasil já possuem 50% de seus empregos no setor de serviços. Podemos observar que a migração para os serviços é uma evolução previsível na mão de obra de todas as nações e que economias industriais bem-sucedidas são construídas sobre um forte setor de serviços. Mais ainda, a concorrência em serviços é global. Consideremos o crescimento dos centros de atendimento ao cliente (*call centers*) na Índia e dos serviços bancários comerciais entre os japoneses. No entanto, o comércio em serviços continua a ser um desafio devido às barreiras existentes em muitos países para proteger as empresas nacionais. A Índia e o México, por exemplo, proíbem a venda de seguros por empresas estrangeiras.

ESTÁGIOS DO DESENVOLVIMENTO ECONÔMICO

Descrever em que nível nossa sociedade esteve, sua situação atual e seu futuro mais provável é tarefa dos historiadores sociais. Daniel Bell, professor de sociologia da Universidade de Harvard, escreveu extensivamente sobre esse tópico; o material a seguir é baseado em seu trabalho.[3] Para co-

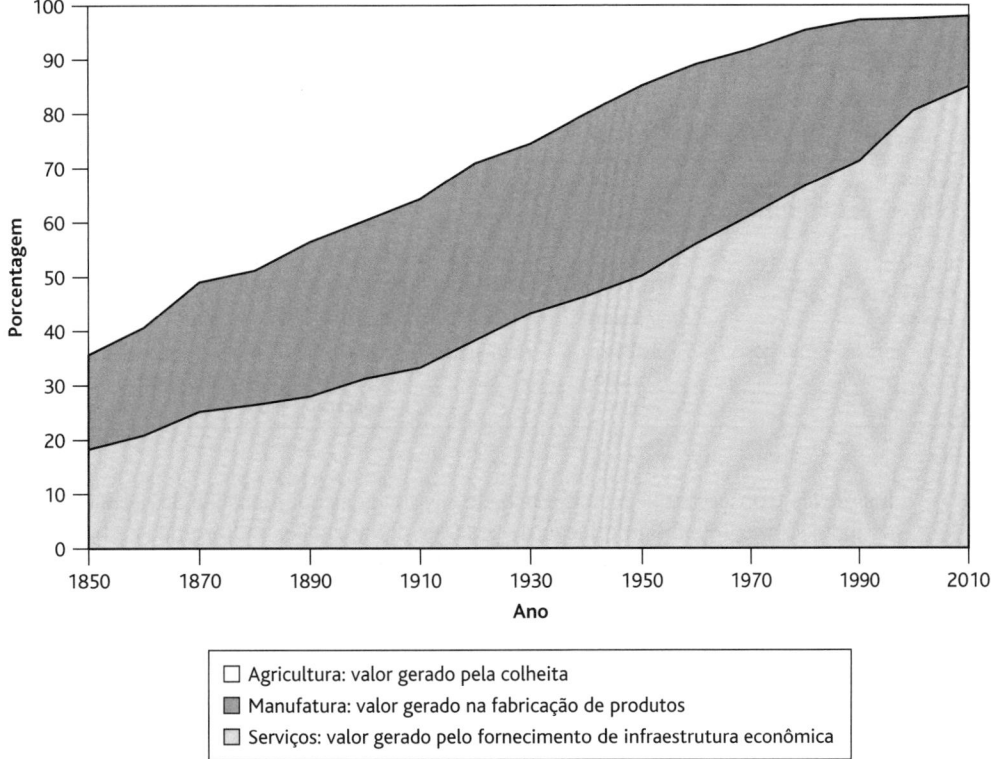

Figura 1.3 Tendências de emprego nos Estados Unidos por setor, 1850-2010.
Fonte: U.S. Department of Commerce, Bureau of the Census, *Historical Statistics of the United States*, 1975, p. 137, e http://www.bls.gov/fls/flscomparelf.htm.

locar em perspectiva o conceito de sociedade pós-industrial, devemos comparar suas características com as das sociedades pré-industriais e industriais.

Sociedade pré-industrial

A condição atual da maioria da população mundial é de subsistência, ou seja, uma *sociedade pré-industrial*. A vida é caracterizada como uma disputa contra a natureza. Baseada em trabalho braçal e tradição, a força de trabalho está comprometida com a agricultura, a mineração e a pesca. A vida é condicionada por elementos como o clima, a qualidade do solo e a disponibilidade de água. O ritmo de vida é comandado pela natureza, e o ritmo de trabalho varia de acordo com as estações do ano. A produtividade é baixa e há pouca evidência de uso de tecnologia. A vida social limita-se à família, e essa combinação de baixa produtividade e grande população resulta em altas taxas de subemprego (emprego não qualificado, de remuneração muito baixa). Muitos procuram ocupação em serviços, porém nas áreas de serviços pessoais ou domésticos. As sociedades pré-industriais são agrárias e estruturadas em torno da tradição, da rotina e da autoridade.

Sociedade industrial

A atividade predominante em uma *sociedade industrial* é a produção de mercadorias. O foco de atenção está em fazer mais com menos. A energia e as máquinas multiplicam a produção por hora trabalhada e estruturam a natureza do trabalho. A divisão do trabalho é a "lei" operacional que cria tarefas de rotina e a noção de trabalhador semiespecializado. O trabalho é realizado no ambiente artificial da fábrica, e as pessoas cuidam das máquinas. A vida torna-se um jogo contra uma natureza fabricada – um mundo feito de cidades, fábricas e construções. O ritmo da vida é comandado pelo ritmo das máquinas, dominado por rígidos horários de trabalho e relógios-ponto.

Uma sociedade industrial é um mundo de horários planejados e de profundo conhecimento sobre o valor do tempo. O padrão de vida passa a ser medido pela quantidade de bens materiais,

Tabela 1.2 Comparação de sociedades

	Características						
Sociedade	Disputa	Atividade predominante	Uso do trabalho humano	Unidade de vida social	Medida do padrão de vida	Estrutura	Tecnologia
Pré-industrial	Contra a natureza	Agricultura e mineração	Força física	Doméstica	Subsistência	Rotineira Tradicional Autoritária	Ferramentas simples e manuais
Industrial	Contra a natureza fabricada	Produção de bens	Operação das máquinas	Individual	Quantidade de bens	Burocrática Hierárquica	Máquinas
Pós-industrial	Entre pessoas	Serviços	Artístico Criativo Intelectual	Comunidade	Qualidade de vida em termos de saúde, educação e lazer	Interdependente Global	Informação

mas deve-se observar que a complexidade envolvida na coordenação da produção e na distribuição de mercadorias resulta na criação de grandes organizações hierárquicas e burocratizadas. Essas organizações são projetadas com funções determinadas para seus membros, suas operações tendem a ser impessoais e os indivíduos são tratados como objetos. Em uma sociedade considerada como a soma de todas as decisões individuais tomadas no mercado, o indivíduo é a unidade da vida social. Naturalmente, a pressão incessante da vida industrial é suavizada pela força sindical dos trabalhadores que equilibra a situação.

Sociedade pós-industrial

Enquanto uma sociedade industrial define o padrão de vida pela quantidade de bens, a *sociedade pós-industrial* está preocupada com a qualidade de vida medida por serviços como saúde, educação e lazer. A figura central é o profissional, pois, mais do que energia ou força física, a informação é o recurso-chave. A vida agora é uma competição entre pessoas. A vida social torna-se mais difícil em razão da multiplicação das reivindicações políticas e dos direitos sociais. A sociedade está ciente de que ações isoladas de alguns indivíduos podem combinar-se para prejudicar a todos, como nos casos de congestionamentos de trânsito e poluição ambiental. A comunidade, mais do que o indivíduo, passa a ser a unidade social.

Bell sugere que a transformação de uma sociedade industrial em uma sociedade pós-industrial ocorre de várias maneiras. Em primeiro lugar, há um desenvolvimento natural dos serviços, como transporte e serviços públicos, para sustentar o desenvolvimento industrial. Como a automação é introduzida nos processos produtivos, mais trabalhadores concentram-se em atividades não industriais, como manutenção e consertos. Em segundo lugar, o crescimento populacional e o consumo em massa de mercadorias incrementam o comércio atacadista e varejista, bem como o setor bancário, de imóveis e de seguros. Em terceiro lugar, à medida que a renda aumenta, a proporção gasta com alimentos e habitação decresce, e cria-se uma demanda por bens duráveis e, em seguida, por serviços.

Ernst Engel, estatístico prussiano do século XIX, observou que, à medida que a renda de uma família aumenta, o percentual gasto em alimentação e bens duráveis decai, enquanto o consumo de serviços, que reflete o desejo de uma vida mais confortável, aumenta. Tal fenômeno é análogo à hierarquia das necessidades de Maslow, a qual afirma que, uma vez satisfeitas as necessidades básicas de alimento e abrigo, as pessoas buscam os bens físicos e, finalmente, o desenvolvimento pessoal. Entretanto, duas condições necessárias para uma "vida satisfatória" são saúde e educação. Em nossa tentativa de eliminar doenças e aumentar a expectativa de vida, os serviços de saúde tornam-se uma questão crucial da sociedade moderna.

A educação superior passa a ser uma condição para a inserção em uma sociedade pós-industrial, o que requer habilidades profissionais e técnicas de sua população. Além disso, reivindicações por mais serviços e por justiça social levam a um crescimento do setor governamental. Preocupações com a proteção do meio ambiente exigem a intervenção governamental e ilustram o caráter interdependente, e até mesmo global, dos problemas pós-industriais. A Tabela 1.2 resume as características dos estágios pré-industrial, industrial e pós-industrial do desenvolvimento econômico.

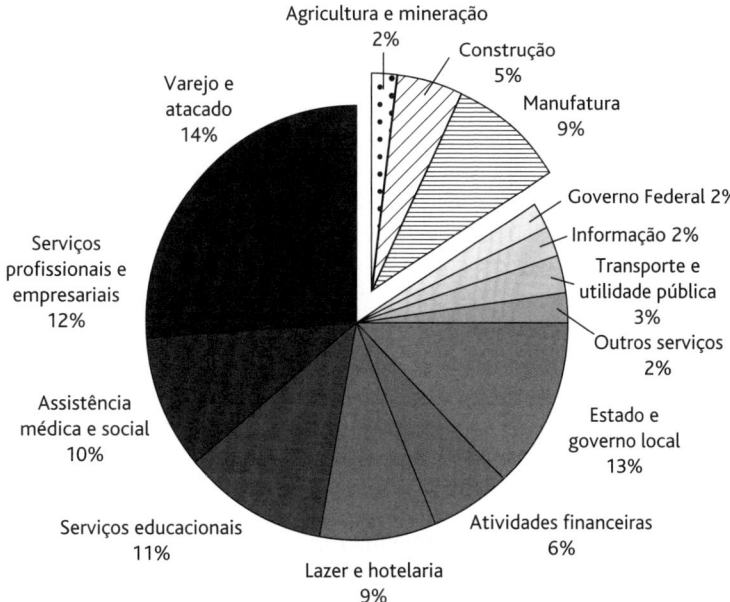

Figura 1.4 Porcentagem de distribuição de empregos nos Estados Unidos por setor, 2006.
Fonte: http://www.bls.gov/news.release.ecopro.t01.htm.

A NATUREZA DO SETOR DE SERVIÇOS

Para muitas pessoas, serviço é sinônimo de servidão e está relacionado com a imagem de trabalhadores preparando hambúrgueres e atendendo mesas. Entretanto, o setor de serviços, que cresceu muito nos últimos 50 anos, não pode ser corretamente descrito como composto somente de empregos mal remunerados e pouco qualificados em lojas de departamentos ou restaurantes do tipo *fast-food*. Ao contrário, como mostra a Figura 1.4, em 2006 os empregos estavam divididos entre diferentes categorias que exigiam alto nível de especialização, como serviços profissionais e empresariais, assistência social e à saúde e serviços educacionais.

As mudanças nos modelos de emprego terão implicações quanto ao lugar em que as pessoas vivem e como vivem, nas necessidades educacionais e, consequentemente, nos tipos de organizações que serão importantes para a sociedade. A industrialização criou a necessidade do trabalhador semiespecializado, que poderia ser treinado em poucas semanas para realizar tarefas rotineiras na operação de máquinas. O crescimento subsequente no setor de serviços tem causado um deslocamento para ocupações no setor administrativo. O ano de 1956 foi decisivo para os Estados Unidos. Pela primeira vez na história da sociedade industrial, o número de pessoas envolvidas em atividades administrativas excedeu o número de trabalhadores da produção, e essa diferença vem se ampliando desde então. O crescimento mais interessante aconteceu nas áreas de gestão e de profissionais técnicos, cujas funções exigem nível superior.

Atualmente, o setor de serviços lidera a economia. Durante os últimos 30 anos, mais de 44 milhões de novos empregos foram criados no setor para absorver o ingresso de mulheres na força de trabalho e proporcionar uma alternativa para a carência de oferta de trabalho na manufatura. As indústrias de serviços contabilizam, hoje, aproximadamente 70% da renda nacional nos Estados Unidos. Considerando que há um limite para quantos carros um consumidor pode usar e o quanto alguém pode comer e beber, isso não deveria causar surpresa. O apetite por serviços, contudo, especialmente os inovadores, é insaciável. Entre os serviços com aumento de demanda estão aqueles que refletem o envelhecimento da população, como as clínicas geriátricas, e outros que atendem a famílias em que ambos os pais trabalham, como as creches.

O crescimento do setor de serviços produziu uma economia nacional menos cíclica. Durante as últimas quatro recessões nos Estados Unidos, os empregos no setor de serviços realmente aumentaram, enquanto no de manufatura, diminuíram. Esse fato sugere que os consumidores estão inclinados a adiar a compra de produtos, mas não a sacrificar serviços essenciais, como educação, telefonia, atividades bancárias, saúde e serviços prestados pelo Estado, como policiamento e bombeiros.

Diversas razões explicam por que o setor de serviços resiste à recessão. Primeiro, em razão de sua natureza, os serviços não podem ser estocados, diferentemente dos bens de consumo. Como o consumo e a produção ocorrem simultaneamente nos serviços, a demanda por eles é mais estável do que a demanda por mercadorias manufaturadas. Quando a economia vacila, muitos serviços continuam a sobreviver. Os hospitais continuam ocupados e, mesmo que as comissões diminuam nos ramos de imóveis, seguros e corretoras, os funcionários não precisam ser demitidos.

Em segundo lugar, durante a recessão, os consumidores e as empresas adiam os gastos consertando e utilizando os equipamentos que já possuem. Por conseguinte, são criados empregos na área de serviços de manutenção e consertos.

Tipologia de serviços no século XXI

Como vemos na Figura 1.5, projeta-se que a assistência social e a assistência médica, bem como os serviços profissionais e empresariais, serão responsáveis pela maior mudança nos empregos na próxima década. Essas carreiras com alto grau de especialização exibirão as seguintes características de acordo com Michelle L. Castro:[4]

- Mais oportunidades profissionais para todos.
- Liberdade para escolher dentre uma variedade de empregos, tarefas e ocupações.
- Mais flexibilidade quanto ao lugar e à forma como o trabalho será realizado (p.ex., trabalhar em casa ou de forma remota).
- Mais controle sobre o próprio tempo.
- Maior oportunidade de expressão por meio do trabalho.
- Capacidade de moldar e remodelar o trabalho de acordo com os próprios valores e interesses.
- Maior oportunidade para desenvolver outras habilidades ao trabalhar em diversos setores e ambientes.
- Mentalidade dirigida para o autogerenciamento.
- Possibilidade de criar situações ou posições em que se pode satisfazer uma necessidade que não está sendo atendida.
- Oportunidade de apresentar-se como profissional autônomo ou fornecedor com serviços a oferecer.

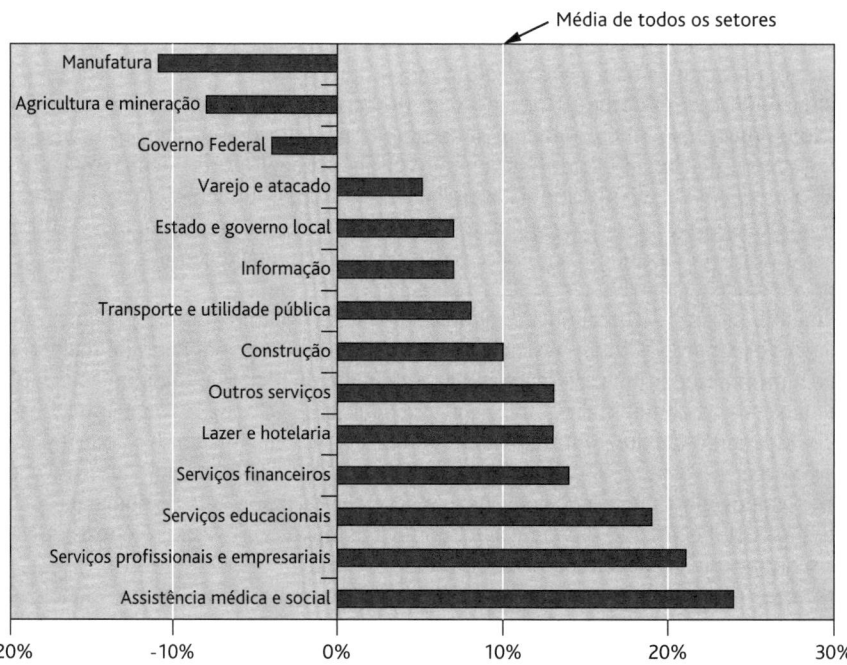

Figura 1.5 Mudança de porcentagem projetada para o emprego nos Estados Unidos, 2006-2016.
Fonte: http://www.bls.gov/news.release/ecopro.t01.htm.

A NOVA ECONOMIA DA EXPERIÊNCIA[5]

A natureza da economia de serviços está passando por uma transformação: de uma natureza baseada em transações para relações baseadas na experiência. Por exemplo, pense na forma como o Starbucks e a Disney World definiram os seus respectivos serviços como uma experiência. A Tabela 1.3 descreve as características de diferentes economias que evoluíram de uma economia agrária para uma economia da experiência. Para observarmos as diferenças, devemos prestar atenção às palavras utilizadas para descrever cada economia. Considere, ainda, que a *nova economia da experiência* foi dividida em serviços ao consumidor e serviços empresariais.

A experiência nos serviços ao consumidor

As experiências criam valor agregado ao envolver e estabelecer uma relação com o consumidor de uma maneira pessoal e memorável. À medida que os negócios cobram explicitamente pelos encontros memoráveis que produzem, fazemos a transição de uma economia de serviços para a nova economia da experiência. A Figura 1.6 apresenta quatro tipos de experiências caracterizadas pelo nível de participação dos clientes e pelo nível de interação com o ambiente. O entretenimento (p.ex., assistir a um filme) é o nível de experiência com o menor envolvimento, e o de aventura (p.ex., mergulho) exige o maior compromisso por parte do cliente.

A experiência nos serviços ao consumidor baseia-se em cinco princípios. A *experiência temática* é ilustrada por um *shopping center* em Las Vegas, o Forum Shops, que é decorado com colunas romanas e onde os vendedores usam togas. Um exemplo de *sensações agradáveis proporcionadas por registros positivos* pode ser encontrado no estacionamento do O'Hare Airport, onde cada andar é pintado com uma cor característica e um determinado gênero musical é executado para ajudar os viajantes que tentam localizar seus automóveis ali estacionados (p. ex., *rock'n'roll* no primeiro andar e música clássica no segundo). Já a *eliminação dos registros negativos* é ilustrada criativa-

		Participação do cliente	
		Passiva	*Ativa*
Relação ambiental	*Absorção*	Entretenimento (filme)	Educação (língua)
	Imersão	Dimensão estética (turista)	Aventura (mergulho)

Figura 1.6 As quatro esferas de uma experiência.
Fonte: Reproduzida com permissão da *Harvard Business Review*. Figura adaptada de "Welcome to the Experience Economy", de B. Joseph Pine II e James H. Gilmore, July-August 1998, p. 102. Todos os direitos reservados à President and Fellows of Harvard College, 1998.

Tabela 1.3 Evolução econômica

Economia	Agrária	Industrial	Serviço		Experiências
Oferta econômica	Alimento	Bens embalados	Mercadorias	Serviços ao consumidor	Serviços empresariais
Função	Extrair	Fazer	Fornecer	Encenar	Criar em conjunto
Natureza	Consumível	Tangível	Intangível	Memorável	Eficaz
Atributo	Natural	Padronizado	Personalizado	Pessoal	Crescimento
Método de fornecimento	Armazenado em silos	Estocado	Fornecido sob demanda	Revelado com o tempo	Sustentado com o tempo
Vendedor	Negociador	Produtor	Fornecedor	Ator	Colaborador
Comprador	Mercado	Consumidor	Cliente	Convidado	Colaborador
Expectativa	Quantidade	Características	Benefícios	Sensações	Funcionalidade

Mergulhadores escapam para um mundo subaquático que exige equipamento especial para a sobrevivência.
Royalty-Free/CORBIS

mente com o uso de contêineres de lixo que "falam" no Cinemark Theater em Austin, Texas (p. ex., o contêiner diz "obrigado" quando uma embalagem usada é jogada em seu interior). Um exemplo de *mix de fatos memoráveis* é o fornecimento de fotos dos hóspedes no *site* de viagens Club Med. Já um *sistema que envolve os cinco sentidos* é encontrado no Rainforest Café em Las Vegas (p. ex., sons de floresta e nevoeiro no ambiente).

Experiência de serviços entre empresas

Para serviços *business-to-business* (B2B), o valor deriva da coprodução e da natureza colaborativa do relacionamento, tal como acontece em consultoria. A nova experiência nos serviços empresariais apresenta três dimensões:

Criação de valor em conjunto

- O cliente é coprodutor do valor extraído do relacionamento.
- O cliente é um elemento do processo de serviço.

Relacionamentos

- O relacionamento com o cliente é de enorme importância, pois é fonte de inovação e diferenciação.
- Os relacionamentos de longo prazo facilitam a habilidade de adequar as ofertas de serviços às necessidades dos clientes.

Capacitação de serviço

- Oferecer capacitação de serviço para atender às flutuações de demanda, mantendo a qualidade do serviço.
- A qualidade do serviço é avaliada principalmente a partir da perspectiva do cliente.

A experiência central dos serviços B2B é a criação, a capacitação, a solução de problemas e o uso inovador de informações que não são consumidas na troca, mas sim ampliadas, permanecendo disponíveis para uso posterior por outras pessoas.

Na Tabela 1.4, encontramos uma listagem completa de experiências de serviços a consumidores e empresas que serão encontradas no século XXI, todas fortemente ancoradas em uma mão de obra com conhecimentos especializados.

Tabela 1.4 Tipologia de serviços no século XXI

Experiência central	Característica essencial	Exemplos
Criativa	Ideias atuais	Propaganda, cinema
Habilitadora	Agir como intermediário	Transporte, comunicações
Experiencial	Presença do cliente	Massagem, parque temático
Extensiva	Estender e manter	Garantias, exame de saúde
Confiável	Acordo contratual	Serviço/conserto, administração de portfólio
Informação	Acesso à informação	Mecanismo de busca na Internet
Inovação	Facilitar novos conceitos	Serviços de P&D, teste de produtos
Solução de problemas	Acesso a especialistas	Consultores, aconselhamento
Qualidade de vida	Melhorar o bem-estar	Assistência médica, lazer, turismo
Regulação	Estabelecer regras e regulamentos	Ambiente, leis, patentes

Fonte: Adaptado de Bryson, J. R.; P. W. Daniels; and B. Warf. *Service Worlds: People, Organizations, Technologies*. New York: Routledge, 2004, p. 33.

FONTES DO CRESCIMENTO DO SETOR DE SERVIÇOS

O crescimento do setor de serviços é impulsionado por avanços na tecnologia da informação, na inovação e nas mudanças demográficas que criam novas demandas. A tecnologia da informação tem um impacto substancial sobre o crescimento dos serviços digitais. A Figura 1.7 mostra como os serviços de informação (digitais) cresceram a ponto de esse "setor de informações" dominar a economia nos Estados Unidos, contribuindo com 53% do PIB (Produto Interno Bruto). As setas nos dois eixos mostram a direção do crescimento projetado nos componentes de informação e de serviços na economia. Observe como os serviços de informação (quadrante D) estão crescendo à custa de produtos físicos (quadrante A).

Tecnologia da informação

A tendência à miniaturização dos equipamentos da tecnologia da informação, como o Blackberry para o acesso à Internet, elimina a necessidade de proximidade física para a realização dos serviços e permite formatos de entrega alternativos. Os serviços bancários, por exemplo, tornaram-se

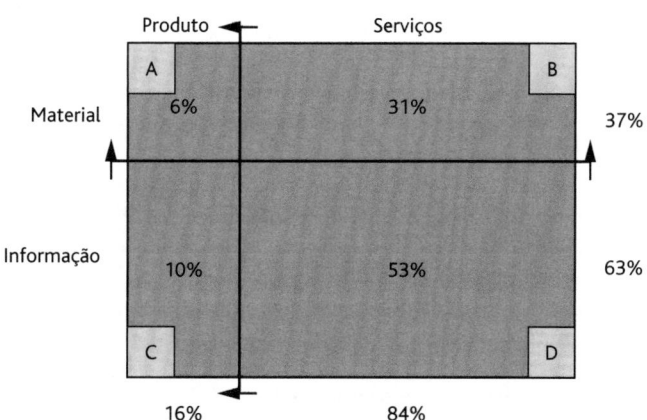

Setor	Descrição	Exemplo
A	Produtos físicos	Automóveis, aço, indústria química
B	Serviços físicos	Transporte, varejo
C	Produtos digitais	Computadores, DVDs, aparelhos de TV
D	Serviços de informação	Finanças, telecomunicações

Figura 1.7 Distribuição do PIB na economia dos Estados Unidos.
Fonte: Karmakar, Uday and Uday M. Apte. "Operations Management in the Information Economy: Information Products, Processes, and Chains," *Journal of Operations Management* 25 no. 2 (March 2007), p. 440.

um serviço eletrônico com acesso *on-line* às contas pessoais para transferências ou pagamento de contas. Na assistência à saúde, os raios X são digitalizados e transmitidos para um radiologista interpretá-los fora do país. A tecnologia da informação, portanto, tem causado um impacto no processo de prestação de serviços e criado novas cadeias de valor com novas oportunidades de negócios na forma de agentes criativos. Nesse contexto, Uday Karmarkar e Uday Apte apresentam as três proposições a seguir:[6]

- No futuro, a maior parte do PIB dos Estados Unidos será gerada por "redes de informação", e não por cadeias de suprimento, e a maioria dos administradores estará empregada nos setores de informação.
- A administração de redes e setores de informação possui forte relação com a economia de processos e com seu impacto na configuração e operação de redes e processos de informação.
- O desenvolvimento tecnológico fundamenta e impulsiona a economia de processos e as cadeias de valor.

Inovação

O modelo de desenvolvimento de produtos orientado pela tecnologia e pela engenharia poderia ser chamado de *teoria da inovação empurrada*. Um conceito para um novo produto nasce no laboratório a partir de uma descoberta científica, que se torna uma solução para um problema que não existia. A experiência da 3M com os adesivos Post-it é um exemplo desse processo de inovação. O laboratório descobriu um produto de baixo poder adesivo que veio a ser utilizado de modo criativo para colar temporariamente papel em objetos, sem deixar marcas quando removido.

A introdução da tecnologia de produtos, porém, tem um efeito secundário na inovação em serviços. Por exemplo, os aparelhos de DVD expandiram o negócio de aluguel de vídeos e criaram uma demanda renovada por filmes antigos. A inovação seguinte foi a criação da Netflix, que, nos Estados Unidos, entrega o DVD em casa pelo correio. A Internet e a World Wide Web desenvolveram-se como uma sólida rede de computadores conectados para o compartilhamento de arquivos militares e científicos. Elas tornaram-se as principais facilitadoras para o comércio eletrônico e, mais recentemente, a plataforma para redes sociais como o Facebook e o LinkedIn, além de permitirem pesquisar o mundo inteiro por meio do Google.

Para os serviços, o Cash Management Account*, lançado pelo banco Merrill Lynch, é um exemplo de *teoria da inovação puxada*. Durante o período de altas taxas de juros na década de 1980, surgiu a necessidade de financiar fluxos de caixa corporativos de curto prazo, porque os investidores individuais estavam interessados em obter uma taxa de juros maior do que as disponíveis nas cadernetas de poupança. Um novo conceito em serviço geralmente tem origem em um funcionário observador que identifica uma necessidade do cliente que não foi atendida. Por exemplo, um hotel poderia instituir um serviço de busca no aeroporto, porque o recepcionista observou uma grande demanda pelo serviço de táxi.

A inovação em serviços também pode surgir da procura por informações disponíveis em outras áreas. Por exemplo, registros de vendas de lojas de peças de automóveis podem ser utilizados para identificar tipos de falhas frequentes em determinados modelos de carros. Essa informação é valiosa tanto para o fabricante, que pode executar mudanças de engenharia, quanto para as empresas de manutenção, que podem diagnosticar os problemas dos clientes. Além disso, o uso criativo das informações é uma fonte de novos serviços ou agrega valor aos serviços já existentes. Por exemplo, um relatório anual resumido de transações fornecido por uma instituição financeira agrega valor, pois facilita a declaração do imposto de renda.

Os inovadores em serviços enfrentam dificuldades para testar suas ideias. O processo de desenvolvimento de produtos inclui a construção de um protótipo em laboratório para a realização de testes antes da produção em grande escala. Um exemplo de esforço nesse sentido foi dado pelo Burger King, que adquiriu um depósito em Miami para reproduzir seus padrões de funcionamento.

---

* N. de T.: O Cash Management Account (CMA) é uma série de pacotes de produtos financeiros, como empréstimos automáticos, conta-corrente, caixa eletrônico, cartão de crédito, oferecidos pelo banco norte-americano Merrill Lynch em função da intensificação da concorrência.

Esse restaurante simulado foi usado para testar as mudanças de leiaute necessárias para a introdução de novas características, como uma janela para o atendimento de motoristas (*drive-thru*) e um cardápio para o café da manhã.

Mudanças demográficas

A Revolução Francesa é um interessante exemplo histórico de como uma mudança social resultou em um novo setor de serviços. Antes da Revolução, existiam apenas dois restaurantes em Paris; pouco tempo depois, havia mais de 500. A nobreza deposta foi forçada a desistir de seus cozinheiros particulares, os quais descobriram que abrir os seus próprios restaurantes era a solução lógica para o desemprego.

O envelhecimento da população norte-americana tem grande influência nas futuras necessidades por serviços. À medida que a geração *baby boomers* (geração nascida entre os anos 1946 e 1964) começa a se aposentar, a demanda por serviços financeiros e de saúde também cresce. As pessoas estão vivendo mais e demandando mais serviços de assistência à saúde a fim de manter um estilo de vida ativo. A substituição de planos de pensão por planos de contribuição definida (contribuição norte-americana também chamada de 401K) cria uma demanda por serviços de aconselhamento para investimentos e de gerenciamento financeiro. Finalmente, o tempo disponível para atividades de lazer terá reflexo na demanda por viagens aéreas, cruzeiros marítimos, restaurantes e acomodações em hotéis.

Benchmark em serviços

A Wal-Mart é a número um na lista *Fortune* 500

A Wal-Mart alcançou um extraordinário primeiro lugar na primavera de 2002 – ela chegou ao topo da lista das 500 maiores empresas do mundo divulgada anualmente pela revista *Fortune*. Essa façanha marca a primeira vez em que uma empresa de serviços lidera a consagrada lista. Apesar de a posição da Wal-Mart não ter precedentes nos sete anos desde que a *Fortune* admitiu empresas de serviços na sua lista, não se trata de uma grande surpresa, dada a posição dos serviços na economia atual. Na verdade, 51 das primeiras 100 empresas na lista de 2009 são empreendimentos de serviços. Os consumidores agora gastam mais em serviços do que em mercadorias manufaturadas, de maneira que muitos fabricantes passaram a fornecer serviços, além de bens duráveis. A General Electric, por exemplo, entrou no mercado financeiro, assim como algumas das indústrias automotivas norte-americanas. A linha que distinguia a manufatura do fornecimento de serviços não é mais tão nítida.

Resumo

Neste capítulo, constatamos que as modernas economias industriais possuem a maior parte de seus empregos no setor de serviços. Da mesma maneira que os empregos migraram do campo para a indústria no século XIX devido às tecnologias de racionalização do trabalho, os empregos na indústria, no seu devido tempo, migraram para o setor de serviços. Agora, recém-iniciado o novo milênio, uma economia da experiência está emergindo para satisfazer às expectativas crescentes por serviços. O Capítulo 2 descreve novas habilidades gerenciais e demonstra que as características especiais dos serviços requerem uma filosofia de gerenciamento diferente daquela encontrada na indústria.

Palavras-chave e definições

Hipótese Clark-Fisher: classificação das economias de acordo com a atividade em que se encontra a maior parte da força de trabalho. *p. 6*

Nova economia da experiência: estágio da evolução econômica no qual um valor agregado é criado quando os serviços envolvem e estabelecem uma relação com o consumidor de maneira pessoal e memorável. *p. 11*

Sociedade industrial: sociedade dominada pelo trabalho fabril em indústrias de produção em massa. *p. 7*

Sociedade pós-industrial: sociedade de serviços em que as pessoas estão envolvidas em atividades fortemente baseadas em informação, produção intelectual ou criatividade. *p. 8*

Sociedade pré-industrial: sociedade agrária estruturada em torno da vida agrícola e de subsistência. *p. 7*

Teoria da inovação empurrada: inovações de produtos originadas em laboratórios científicos. *p. 14*

Teoria da inovação puxada: inovações em serviços determinadas pelas necessidades dos clientes. *p. 14*

Tópicos para discussão

1. Explique como o estilo de vida de uma pessoa é influenciado pelo tipo de trabalho que ela executa. Por exemplo, compare um fazendeiro, um operário de fábrica e um professor.
2. É possível uma economia ser baseada inteiramente em serviços?
3. Qual é o valor do autoatendimento em uma economia?
4. Pesquise na Internet a porcentagem de pessoas empregadas no campo de serviços nos últimos 40 anos em um país que não esteja na Tabela 1.1.
5. Pesquise o tópico "*service economy*" na Internet. Qual é a sua opinião sobre os dados traçados no mapa-múndi?

Exercício interativo

A turma é dividida em pequenos grupos. Cada grupo identifica empresas de serviços que devem estar na lista das 100 maiores da *Fortune* e as classifica por ordem de rendimento anual estimado.

Bibliografia selecionada

Bryson, J. R.; P. W. Daniels; and B. Warf. *Service Worlds: People, Organizations, Technologies*. New York: Routledge, 2004.

Chase, Richard B., and Uday M. Apte. "A History of Research in Service Operations: What's the Big Idea?" *Journal of Operations Management* 25, no. 2 (March 2007), pp. 375–386.

Heineke, Janelle, and Mark M. Davis. "The Emergence of Service Operations Management as an Academic Discipline." *Journal of Operations Management* 25, no. 2 (March 2007), pp. 364-374.

Karmarkar, Uday. "Will You Survive the Service Revolution?" *Harvard Business Review*, June 2004, pp. 101–107.

Notas

1. Colin Clark, *The Conditions of Economic Progress*, 3rd ed. (London: Macmillan Co., 1957).
2. N. N. Foote and P. K. Hatt, "Social Mobility and Economic Advancement," *American Economic Review*, May 1953, pp. 364–378.
3. Daniel Bell, *The Coming of Post-Industrial Society: A Venture in Social Forecasting*, (New York: Basic Books, 1973).
4. http://www.quintcareers.com/career_success.html
5. Joseph Pine and James Gilmore, "Welcome to the Experience Economy," *Harvard Business Review*, July–August 1998, pp. 97–105.
6. Uday Karmarkar and Uday M. Apte, "Operations Management in the Information Economy: Information Products, Processes, and Chains," *Journal of Operations Management* 25 no. 2 (March 2007), p. 438.

Capítulo 2

A natureza dos serviços

Objetivos de aprendizagem

Ao final deste capítulo, você deverá estar apto a:

1. Explicar o que significa um conjunto produto-serviço.
2. Identificar e criticar as cinco características diferenciadoras de uma operação de serviço e explicar suas implicações para os gestores.
3. Explicar como os serviços podem ser descritos como recursos alugados pelos clientes.
4. Descrever um serviço usando as cinco dimensões do pacote de serviços.
5. Usar a matriz de processo de serviços para classificar um serviço.
6. Explicar como uma classificação estratégica de serviços pode ser útil para os gestores.
7. Explicar as características essenciais da lógica dominante do serviço.
8. Explicar o papel de um gerente de serviços a partir de uma perspectiva do serviço como sistema aberto.

Neste capítulo, exploramos as características particulares do setor de serviços. O ambiente de serviços é suficientemente singular para que questionemos a aplicação direta, sem adaptações, de técnicas tradicionais baseadas na indústria manufatureira, ainda que muitas metodologias sejam análogas. Ignorar as diferentes necessidades dos setores de manufatura e de serviços resultará em fracasso. O mais importante, porém, é que reconhecer as particularidades do setor de serviços proporcionará *insights* para um gerenciamento esclarecido e inovador. Não pode haver avanços na administração de serviços sem uma análise do processo de fornecimento de serviços, que cria a experiência para o cliente.

É difícil determinar a diferença entre um *produto* e um *serviço*, pois a compra de um produto é acompanhada de algum serviço de apoio (p. ex., instalação) e a compra de um serviço muitas vezes inclui bens facilitadores (p. ex., comida em um restaurante). Cada compra inclui um conjunto de bens e serviços, conforme mostra a Tabela 2.1.

Cada um dos exemplos traz, como foco principal ou atividade essencial, um produto (p. ex., ternos para empresários) ou um serviço (como um quarto para pernoite). No entanto, os bens e os serviços periféricos incrementam o conjunto oferecido ao cliente. Por fim, muitas vezes utiliza-se uma variante para diferenciar esse conjunto daquele oferecido pelos concorrentes.[1]

Tabela 2.1 Conjunto produto-serviço

Elemento	Exemplo de foco em bens	Exemplo de foco em serviços
Negócio	Roupas sob medida	Hotel executivo
Foco	Ternos	Quarto para pernoite
Bens periféricos	Sacola para roupas	Roupão de banho
Serviço periférico	Planos de pagamento em prestações	Restaurante no local
Variante	Cafeteria	Serviço de transporte no aeroporto

A possibilidade de unir serviços e produtos não é descartada por fabricantes que, devido à queda na margem de lucro de suas mercadorias, buscam obter receita a partir dos serviços. Por exemplo, a Otis Elevator Company está disposta a redefinir suas políticas de fornecimento de escadas rolantes para novos *shopping centers*, sabendo perfeitamente que o contrato de manutenção pós-venda representa um fluxo de caixa previsível para a empresa. Essa estratégia de aumento da receita por meio da integração deliberada de produtos e serviços é chamada *servitização*.

APRESENTAÇÃO DO CAPÍTULO

Este capítulo inicia respondendo à pergunta *"Por que estudar serviços?"* com uma discussão sobre as características particulares das operações de serviço. Ilustra-se a natureza de não propriedade dos serviços, tendo ela implicações para a administração. Pode-se responder à pergunta *"O que é um serviço?"* com o conceito de pacote de serviços: serviços explícitos e implícitos oferecidos dentro de uma instalação de apoio, com disponibilidade de bens facilitadores e informações. Os serviços de diversos setores podem ser agrupados em categorias que têm desafios operacionais semelhantes quando o processo de fornecimento é definido pelo grau de personalização e de intensidade de trabalho. Por fim, os serviços são classificados em cinco categorias para que se obtenham *insights* estratégicos.

Com base nessas observações, o papel de um administrador de serviços é visto da perspectiva do serviço como sistema aberto. Ou seja, o administrador deve lidar com um ambiente em que os clientes estão presentes no sistema de fornecimento. Isso contrasta com as operações de manufatura, que são isoladas ou "protegidas" do cliente por um estoque de produtos finais. Assim, a manufatura tradicionalmente opera como um centro de custos, voltando-se para a eficiência do processo. Os gestores de serviços, que frequentemente operam como centros de lucros, têm de se preocupar em prestar serviços que sejam tanto eficientes quanto eficazes.

CARACTERÍSTICAS DISTINTIVAS DAS OPERAÇÕES DE SERVIÇOS

Em serviços, deve-se distinguir entre *insumos* e *recursos*. Para a indústria de serviços, insumos são os próprios clientes e recursos são os bens facilitadores, a mão de obra dos funcionários e o capital sob o comando do gestor. Assim, para funcionar, o sistema de serviços deve interagir com os clientes como se estes fossem participantes do processo. Considerando que os clientes aparecem conforme sua própria vontade e conforme demandas únicas em relação ao sistema de serviços, combinar a capacidade do serviço com a demanda é um desafio.

Entretanto, para alguns serviços, como os bancos, o foco das atividades é no processamento de informações, e não nas pessoas. Nessas situações, a tecnologia da informação, como na transferência eletrônica de fundos, substitui as operações físicas de transferência, o que dispensa a presença do cliente no banco. Tais exceções serão contempladas ao longo da discussão sobre as singularidades das operações de serviços. Cumpre destacar que muitas das particularidades dos serviços, como a participação do cliente e a perecibilidade, estão inter-relacionadas.

Participação do cliente no processo do serviço

A presença do cliente como um participante no processo do serviço requer atenção ao design das instalações, o que não é necessário nas operações de manufatura tradicionais. O fato de os automóveis serem produzidos em fábricas quentes, sujas e barulhentas não importa aos compradores finais, pois estes veem o produto pela primeira vez em um elegante *showroom* na revenda de automóveis. A presença do cliente no local do serviço requer atenção ao ambiente físico das instalações, o que não acontece no caso das fábricas. Para o cliente, o serviço é uma experiência que ocorre no *front office* das empresas, e a qualidade do serviço melhora se as instalações forem projetadas levando em conta a visão do cliente. Cuidados especiais com decoração interior, mobília, leiaute, nível de ruído e até com as cores influenciam a percepção do serviço pelo cliente. Imagine-se em uma típica estação rodoviária e em um aeroporto e compare os sentimentos evocados por essas duas situações. Naturalmente, os passageiros não têm acesso ao *back office* do aeroporto (p. ex., a área de distribuição de bagagens), operados em um ambiente praticamente fabril. Entretanto, alguns serviços inovadores têm aberto seus bastidores ao público para promover a confiança no serviço (p. ex., alguns restaurantes convidam a visitar sua cozinha e algumas oficinas mecânicas permitem observar o conserto através de janelas nas áreas de espera).

Um aspecto fundamental da prestação de serviços é entender que o cliente pode ser uma parte ativa do processo. Alguns exemplos demonstram que o conhecimento, a experiência, a motivação e até a honestidade do cliente afetam diretamente o desempenho do sistema de serviços:

1. A popularidade de supermercados e lojas de desconto é um indicador de que os clientes estão dispostos a assumir um papel ativo no processo varejista.
2. A exatidão da ficha de um paciente pode aumentar muito a eficiência do atendimento médico.
3. A educação de um estudante é determinada em grande parte por seus próprios esforços e contribuições.

Essa estratégia é demonstrada na prática pelos restaurantes de *fast-food* que reduziram significativamente o número de funcionários no atendimento e na limpeza. O cliente não apenas faz o pedido diretamente a partir de um terminal de autoatendimento, mas também é responsável por limpar a mesa após a refeição. Naturalmente, o cliente espera um serviço mais rápido e uma refeição mais barata para compensar esses fatores, mas o prestador do serviço se beneficia de várias maneiras sutis. Em primeiro lugar, há menos funcionários exigindo supervisão e benefícios. Em segundo lugar, e mais importante: o cliente realiza sua parte do trabalho no exato momento em que é solicitado. Assim, a capacidade de atendimento varia de forma mais proporcional à demanda, em vez de ser determinada pelo tamanho da equipe de funcionários. O cliente age como um funcionário temporário, chegando apenas quando tem de realizar a tarefa, reforçando a equipe de trabalho.

Essa estratégia foi bem aceita em sociedades como a norte-americana, que valoriza a autonomia. Em vez de ser um comprador passivo, o cliente passa a contribuir para o aumento do produto interno bruto.

No entanto, tirar o cliente desse processo é cada vez mais comum. No setor bancário, por exemplo, o cliente é incentivado a efetuar transações por telefone ou computador, com depósitos diretos e débito automático em conta, em vez de se deslocar até a agência. Além disso, o advento do comércio eletrônico mudou a forma como os clientes veem as vitrines.

Simultaneidade

Um aspecto crucial da administração de serviços é que estes não podem ser estocados, pois são criados e consumidos simultaneamente. Isso impede que se aplique aos serviços a mesma estratégia da indústria manufatureira tradicional: confiar nos estoques como um amortecedor para absorver flutuações na demanda. Um estoque de produtos acabados funciona como uma conveniente divisa para o fabricante, separando as operações internas de planejamento e controle do ambiente externo. Assim, as instalações de manufatura podem produzir a uma taxa constante e no volume que for mais eficiente. A fábrica é operada como um *sistema fechado*, em que os estoques desvinculam o sistema produtivo das demandas dos clientes. Os serviços, entretanto, operam como *sistemas abertos*, sofrendo todo o impacto das variações na demanda.

Os estoques também servem para desvincular as etapas em um processo de manufatura. No caso dos serviços, isso é obtido por meio da espera do cliente. O controle de estoque é um grande problema nas operações de manufatura, enquanto nos serviços o problema equivalente é a espera do cliente, ou seja, as filas. A capacidade do serviço, a utilização das instalações e o uso do tempo ocioso são definidos levando em conta o tempo de espera do cliente.

Nos serviços, a simultaneidade entre produção e consumo também elimina muitas possibilidades de controle de qualidade. Um produto pode ser inspecionado antes da entrega, mas os serviços precisam confiar em outros indicadores para assegurar a qualidade da entrega. Trataremos desse importante tópico no Capítulo 6.

Perecibilidade

Um serviço é uma mercadoria perecível. Consideremos um assento vazio em um voo, um quarto desocupado em um hotel ou hospital ou uma hora sem pacientes na agenda de um dentista. Em cada um desses casos, perdeu-se uma oportunidade. Como um serviço não pode ser estocado, está perdido para sempre se não for usado. A utilização total da capacidade de serviços torna-se um desafio gerencial na medida em que as demandas dos clientes sofrem variações consideráveis, e criar estoques para absorver essas flutuações não é uma opção.

As demandas do mercado geralmente comportam-se de maneira muito cíclica, em ciclos curtos e com variações consideráveis entre picos e vales. O costume de almoçar entre meio-dia e 13 horas faz os restaurantes terem grande dificuldade em acomodar as pessoas nesse horário. O hábito das empresas de enviar correspondências no fim do dia contribui para que 60% das cartas sejam postadas nos correios entre as 16 e as 20 horas.[2] A demanda por serviços médicos emergenciais em Los Angeles varia de 0,5 ligação por hora às 6 da manhã a 3,5 ligações por hora às 6 da tarde[3]. Essa proporção de 7:1, entre o pico e o vale, também se aplica aos alarmes de incêndio durante um dia típico em Nova York[4].

No caso dos serviços de transporte e lazer, as variações sazonais na demanda criam oscilações na atividade. Como muitos estudantes já sabem, os voos para a cidade natal geralmente são marcados com meses de antecedência das férias e dos feriados de fim de ano.

Diante da demanda variável e da *perecibilidade* dos serviços, os gerentes têm três opções básicas:

1. Suavizar a demanda:
    a. fazendo reservas ou agendamentos de entrevistas ou consultas;
    b. usando incentivos de preço (p. ex., dando descontos para chamadas telefônicas à noite e em finais de semana);
    c. desestimulando a demanda em períodos de pico (p. ex., alertando os clientes para realizarem suas compras mais cedo a fim de evitarem a correria no Natal).
2. Ajustar a capacidade dos serviços:
    a. contratando funcionários de jornada parcial para ajudarem durante o horário de pico;
    b. programando os turnos de trabalho de modo a ajustar a força de trabalho à demanda (p. ex., companhias telefônicas contratam funcionários de acordo com a demanda por ligações);
    c. ampliando os recursos de autoatendimento.
3. Deixar que os clientes esperem.

A última opção pode ser vista como uma contribuição passiva ao processo, que incorre no risco de perder um cliente insatisfeito para a concorrência. Ao esperar, o cliente propicia uma maior utilização da capacidade do serviço. As empresas aéreas reconhecem explicitamente esse fato ao oferecer um desconto nas passagens aos passageiros em lista de espera.

Intangibilidade

Serviços são ideias e conceitos; produtos são objetos. Por isso, inovações em serviços não são patenteáveis. Para assegurar os benefícios de um conceito original em serviços, as empresas devem expandi-lo rapidamente e utilizar a vantagem do pioneirismo para superar os competidores. Assim, as franquias têm sido o veículo utilizado para garantir certas áreas de mercado e estabelecer a solidez da marca. Elas permitem que as empresas franqueadoras vendam suas ideias a um empreendedor local, preservando o capital ao mesmo tempo em que mantêm o controle e reduzem os riscos.

A natureza intangível dos serviços também é um problema para os clientes. Ao escolher um produto, o consumidor é capaz de vê-lo, senti-lo e testar seu desempenho antes da compra. No caso de um serviço, entretanto, o cliente precisa confiar na reputação da empresa. Em muitas áreas de serviços, o governo tem adotado diretrizes para asseverar desempenhos aceitáveis. Mediante o uso de registros, licenciamentos e regulamentações, o governo pode garantir aos consumidores que o treinamento e os testes de desempenho de alguns prestadores de serviços atinjam certos padrões. Assim, projetos de construções públicas devem ser aprovados por engenheiros registrados, médicos devem ser licenciados para exercer a profissão, e a companhia de energia elétrica tem sua atividade regulamentada. Porém, em seus esforços para "proteger" o cliente, o governo pode estar dificultando a inovação, erguendo barreiras à entrada no mercado e, de modo geral, reduzindo a competição.

Heterogeneidade

A natureza intangível dos serviços, aliada ao papel do cliente como participante no sistema, resulta em uma variação dos serviços de cliente para cliente. Porém, a interação entre cliente e funcionário nos serviços cria a possibilidade de uma experiência de trabalho mais humana e mais satisfatória. Nesse ramo, a atividade de trabalho em geral é voltada para pessoas, e não objetos. Existem exceções, no entanto, para serviços que processam informações (p. ex., comunicações) ou que lidam com a propriedade dos clientes (p. ex., corretoras imobiliárias). Nas indústrias de serviços em que o contato com o cliente é limitado, percebe-se, agora, com a introdução de tecnologias da informação, uma drástica redução na intensidade do trabalho.

Mesmo a introdução da automação consegue fortalecer a personalização ao eliminar as tarefas impessoais relativamente rotineiras, permitindo, desse modo, uma maior atenção pessoal para o trabalho restante. Ao mesmo tempo, a atenção pessoal cria oportunidades para a variabilidade nos serviços fornecidos. Isso não é inerentemente ruim, a não ser que os clientes percebam uma variação significativa na qualidade. Um cliente espera ser tratado de forma justa e ter o mesmo serviço que os outros recebem. O desenvolvimento de padrões e de treinamento dos empregados em procedimentos apropriados é a chave para assegurar a coerência no serviço fornecido. É impraticável monitorar a produção de cada empregado, por isso os clientes desempenham um papel no controle da qualidade emitindo suas opiniões.

O contato direto entre cliente e empregado também tem implicações para as relações de serviços (industriais). Sabe-se que funcionários de indústrias automotivas com queixas contra a empresa sabotam o produto na linha de produção. Presumivelmente, a inspeção final vai assegurar que todos esses carros sejam reparados antes da entrega. Um empregado de serviços insatisfeito, no entanto, pode causar um dano irreparável à organização por ser o único contato da empresa com seus clientes. Portanto, o gerente de serviços tem de se preocupar tanto com as atitudes dos empregados quanto com o seu desempenho. J. Willard Marriott, fundador da rede de hotéis Marriott, disse que "na indústria de serviços, não se pode ter clientes satisfeitos tendo funcionários insatisfeitos".[5] Por meio de treinamento e de uma preocupação genuína com o bem-estar dos empregados, é possível internalizar as metas organizacionais.

CARACTERÍSTICA DE NÃO PROPRIEDADE DOS SERVIÇOS[6]

Do ponto de vista do marketing, os serviços, diferentemente dos produtos, não envolvem a transferência de propriedade. Se os clientes não adquirem propriedade quando compram um serviço, então o que estão comprando? Uma explicação é que os clientes obtêm acesso a recursos ou os alugam por um período de tempo, como um quarto de hotel para pernoite ou uma poltrona em um avião. Os setores de serviços compartilham seus recursos entre os clientes alocando seu uso. Os clientes não compram um bem, mas podem utilizá-lo por um tempo determinado, quer se trate de trabalho humano (p. ex., o dentista), de tecnologia (como a rede de telefonia celular) ou de um bem físico (p. ex., um parque temático). Observa-se, em cada exemplo, que os clientes costumam compartilhar o bem do fornecedor de serviços simultaneamente com outros clientes. A Tabela 2.2 apresenta as cinco classes de serviços sem propriedade, com exemplos.

O compartilhamento dos recursos entre os clientes impõe desafios aos gerentes. No caso do aluguel de bens, a conveniência de um local para apanhar e devolver os bens é essencial. As locadoras de automóveis, por exemplo, podem ser encontradas em aeroportos. No entanto, a Enterprise é uma exceção, pois começou oferecendo veículos à população local em vez de atender em primeiro lugar os viajantes. A manutenção do bem de aluguel e sua devolução em condições aceitáveis entre os aluguéis é uma atividade necessária e contínua. No caso do aluguel de local e espaço, os clientes podem se beneficiar das economias de escala derivadas do compartilhamento de um espaço maior com muitos usuários enquanto desfrutam do mesmo grau de isolamento e privacidade. Para as companhias aéreas, os assentos mais largos e com espaço para as pernas na classe executiva explicam em parte o preço relativamente alto das passagens. Para qualquer instalação compartilhada, a limpeza é uma atividade rotineira realizada entre os períodos de uso dos clientes (p. ex., coleta de lixo após a aterrissagem de um avião e troca de roupas de cama na partida de um hóspede de hotel). O desafio proporcionado à administração dos recursos de mão de obra e conhecimento é, primeiramente, manter a atual capacidade de recursos por meio de treinamento e, em segundo lugar, evitar períodos ociosos, dado que essas horas não podem ser cobradas. A administração de filas e o controle de multidões é um desafio para os gerentes de instalações físicas que são compartilhadas por uma grande população de clientes. A Disney, por exemplo, transformou o controle de filas em uma ciência, usando várias técnicas que incluem desvios e possibilidade de as pessoas reservarem

Tabela 2.2 A classificação dos serviços e a ausência de propriedade

Tipo de serviço	Valor ao cliente	Exemplos	Desafio administrativo
Aluguel de bens	Obter direito temporário ao uso exclusivo	Veículos, ferramentas, móveis, equipamentos	Escolha do local e manutenção
Aluguel de local e espaço	Obter uso exclusivo de uma porção definida de um espaço maior	Quarto de hotel, assento de avião, depósito	Serviços de limpeza e obtenção de economias de escala
Trabalho e conhecimento	Contratar outras pessoas para realizar um trabalho	Conserto de automóvel, consultoria administrativa	O conhecimento é um recurso renovável, mas o tempo é perecível
Uso de instalação física	Ter acesso a uma instalação por um período de tempo	Parque temático, vaga em camping, academia de ginástica	Controle de filas e de aglomerações
Utilização da rede	Ter acesso para participar	Rede elétrica, telefone celular, Internet	Disponibilidade e decisões de capital

intervalos de tempo para passeios com horas de antecedência. O tempo é crucial para serviços em rede, pois os clientes dependem do acesso 24 horas por dia e sete dias por semana. Desse modo, a disponibilidade contínua é fundamental, mas, como o uso varia dependendo da hora do dia e do dia da semana, a precificação do serviço deve ser criativa e flexível.

O PACOTE DE SERVIÇOS

Os gerentes de serviços têm dificuldades para descrever seu produto. Esse problema se deve em parte à natureza intangível dos serviços, mas é a presença do cliente no processo que cria uma preocupação com a experiência total no serviço. Consideremos os exemplos a seguir. Para um restaurante, o ambiente é tão importante quanto a refeição, pois muitos clientes aproveitam a oportunidade para reunir-se com os seus amigos. Já a opinião do cliente sobre um banco pode se formar rapidamente com base na simpatia do atendimento ou no tamanho da fila de espera.

O *pacote de serviços* é definido como um conjunto de mercadorias e serviços oferecido em um ambiente. Esse conjunto consiste em cinco características. Como mostra a Figura 2.1, a representação gráfica dessas características se assemelha a uma cebola, cujo núcleo é a experiência de serviço.

1. *Instalações de apoio.* São os recursos físicos necessários para oferecer um serviço. Exemplos: campos de golfe, elevadores de estações de esqui, hospitais e aviões.
2. *Bens facilitadores.* O material adquirido ou consumido pelo comprador, ou os itens fornecidos pelo cliente. Exemplos: tacos de golfe, esquis, itens de alimentação, autopeças para reposição, documentos legais e suprimentos médicos.
3. *Informação.* A informação, disponibilizada pelo cliente ou pelo fornecedor, que permite um serviço eficiente e customizado. Exemplos: prontuários médicos eletrônicos, informações sobre a disponibilidade de assentos no *site* de uma companhia aérea, registro das preferências do cliente a partir de acessos prévios ao *site* da empresa, localização de um cliente via GPS para agilizar o despacho de táxis, link do Google Maps no *site* de um hotel.
4. *Serviços explícitos.* São os benefícios prontamente percebidos pelo cliente; as características essenciais ou intrínsecas de um serviço. Exemplos: a ausência de dor após a restauração de um dente, um automóvel rodando sem problemas após o conserto e o tempo de resposta dos bombeiros a uma chamada.
5. *Serviços implícitos.* Benefícios psicológicos sentidos apenas vagamente pelo cliente; características extrínsecas dos serviços. Exemplos: o *status* decorrente da graduação em uma universidade renomada, a privacidade oferecida por empresas de crédito e a tranquilidade ao levar o carro para o conserto em uma oficina de confiança.

Todos esses elementos são sentidos pelo cliente e formam a base da sua percepção sobre o serviço. É importante que o gerente de serviços ofereça ao cliente uma experiência condizente com o pacote de serviços desejado. Tomemos como exemplo um hotel econômico. A instalação de apoio é um prédio de concreto com móveis modestos. Bens facilitadores são restritos a um mínimo de sabonete, toalhas e papel higiênico. Informações sobre a disponibilidade de quartos são usadas para fazer reservas. O serviço explícito é uma cama confortável em um quarto limpo, e os serviços im-

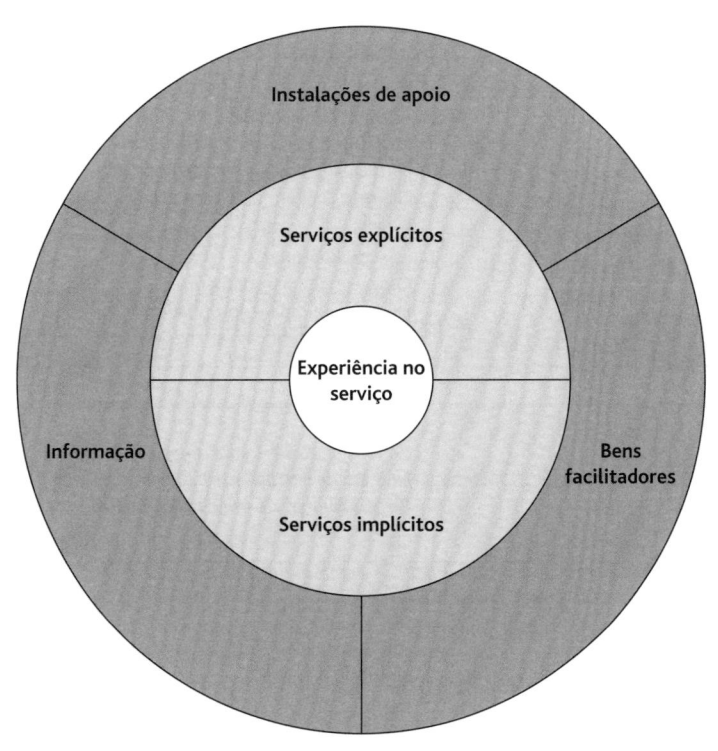

Figura 2.1 O pacote de serviços.

Diagrama circular com os seguintes elementos: no centro "Experiência no serviço"; no anel interno "Serviços explícitos" e "Serviços implícitos"; no anel externo "Instalações de apoio", "Informação" e "Bens facilitadores".

plícitos incluiriam um recepcionista prestativo e a segurança proporcionada por um estacionamento bem iluminado. Elementos que fogem a esse pacote de serviços, como a presença de mensageiros de hotel, destruiriam a imagem de "estadia econômica". A Tabela 2.3 lista critérios para a avaliação do pacote de serviços.

É possível classificar os pacotes de serviços com base na relevância dos bens facilitadores para o negócio. Assim, cria-se uma escala que vai de serviços "puros" a diferentes graus de serviços mistos. Por exemplo, um atendimento psiquiátrico sem bens facilitadores seria considerado um serviço "puro". A manutenção de automóveis em geral requer mais bens facilitadores do que um corte de cabelo.

Fazer generalizações sobre a administração de serviços é difícil quando há tantas variações envolvidas. Entretanto, analisar as singularidades do ambiente de serviços é importante para melhor entender os desafios gerenciais nessa área.

AGRUPAMENTO DOS SERVIÇOS A PARTIR DO PROCESSO DE FORNECIMENTO

Os conceitos de administração de serviços devem ser aplicáveis a todas as organizações de serviços. Por exemplo, os administradores de hospitais poderiam aprender sobre seu próprio negócio observando restaurantes e hotéis. Os serviços profissionais, como nas áreas de consultoria, direito e medicina, apresentam problemas especiais, pois o profissional é treinado para oferecer, por exemplo, um serviço clínico específico, mas não tem conhecimento em administração de empresas. Por isso, as empresas de serviços que necessitam de gestão profissional oferecem atraentes oportunidades de carreira para os graduados em administração.

Um esquema de classificação dos serviços ajuda a organizar a discussão sobre a administração de serviços e a derrubar as barreiras impostas pelo setor a uma aprendizagem em conjunto. Como já sugerimos, os hospitais podem aprender sobre rotinas de limpeza com os hotéis. As lavanderias também podem aprender com os bancos, ainda que isso seja menos evidente. Elas, por exemplo, inspirariam-se nos caixas 24 horas, que permitem a realização de depósitos fora dos horários comerciais, e disponibilizariam locais para depósitos de roupas fora do horário de funcionamento das

Tabela 2.3 Critérios para avaliação do pacote de serviços

Instalações de apoio

1. *Localização:*
   É acessível por transporte público?
   É localizada em uma região central?
2. *Decoração de interior:*
   Criou-se a atmosfera adequada para o ambiente?
   Qualidade e harmonia do mobiliário.
3. *Equipamento de apoio:*
   O dentista usa uma broca mecânica ou pneumática?
   Qual é o modelo e o ano da aeronave utilizada pela companhia aérea?
4. *Adequação da arquitetura:*
   Arquitetura renascentista para um campus universitário.
   Um telhado único e marcante de telhas azuis.
   Fachada de granito de uma agência bancária no centro da cidade.
5. *Leiaute da instalação:*
   O tráfego flui naturalmente?
   Há áreas de espera apropriadas?
   É preciso se deslocar sem necessidade?

Bens facilitadores

1. *Consistência:*
   Crocância das batatas fritas.
   Controle de porções.
2. *Quantidade:*
   Bebida pequena, média ou grande.
3. *Seleção:*
   Variedade de itens para reposição.
   Número de itens no cardápio.
   Disponibilidade de esquis para aluguel.

Informação

1. *Precisa:*
   Endereços atualizados dos clientes.
   Relatório de crédito correto.
2. *No momento certo:*
   Alerta de tempestade.
3. *Útil:*
   Raio X para identificar um osso quebrado.
   Status do estoque.

Serviços explícitos

1. *Treinamento dos funcionários:*
   O mecânico é credenciado pela instituição adequada?
   Até que ponto são utilizados assistentes?
   Os médicos têm certificado de especialização?
2. *Abrangência:*
   Correção imobiliária com desconto comparada ao serviço completo.
   Hospital geral comparado a uma clínica.
3. *Consistência:*
   Histórico de pontualidade de uma companhia aérea.
   Autorregulação dos médicos pela Organização de Revisão de Padrões Profissionais (Professional Standards Review Organization - PSRO).
4. *Disponibilidade:*
   Caixas automáticos 24 horas.
   Há uma página na Internet?
   Há um serviço 0800?

Serviços implícitos

1. *Atitude dos funcionários:*
   Simpatia do comissário de voo.
   Tato do policial ao dar uma multa.
   Atendimento rude em um restaurante.
2. *Atmosfera:*
   Decoração de restaurante.
   Música em um bar.
   Sensação de bagunça em vez de ordem.
3. *Espera:*
   Entrar no *drive-in* de um banco.
   Ficar aguardando atendimento.
   Saborear um martini no bar de um restaurante.
4. *Status:*
   Diploma de uma universidade renomada.
   Camarotes em um evento esportivo.
5. *Sensação de bem-estar:*
   Avião espaçoso.
   Estacionamento bem iluminado.
6. *Privacidade e segurança:*
   Advogado aconselhando cliente em escritório privado.
   Cartão magnético para quarto de hotel.
7. *Conveniência:*
   Fazer uso de agendamentos.
   Estacionamento gratuito.

lojas. Para as firmas profissionais, o planejamento de uma consultoria é semelhante à preparação de uma defesa de um caso judicial ou à preparação de uma equipe médica para uma cirurgia cardíaca.

Para demonstrar que os problemas de administração são comuns nos diferentes setores de serviços, Roger Schemenner propôs a chamada *matriz de processo de serviços*, conforme a Figura 2.2. Nessa matriz, os serviços são classificados a partir de duas dimensões que afetam significativamente o caráter do processo de fornecimento de serviços. O eixo vertical avalia o grau de intensidade de trabalho, definido como a razão entre o custo da mão de obra e o custo de capital. Assim, os serviços que necessitam de grande capital, como linhas aéreas e hospitais, encontram-se na linha superior, devido ao considerável investimento em instalações e equipamentos em relação ao custo com mão de obra. Serviços com grande força de trabalho, como escolas e assistência jurídica, estão na linha inferior, uma vez que os gastos com mão de obra são altos em relação às necessidades de capital.

O eixo horizontal mede o grau de interação com o cliente e o grau de customização, uma variável do marketing que descreve a capacidade do cliente de afetar pessoalmente a natureza do serviço oferecido. Há pouca interação entre cliente e fornecedor quando o serviço é padronizado, e não customizado. Uma refeição no McDonald's, por exemplo, montada a partir de itens já preparados, é pouco customizada e exige pouca interação entre o cliente e os fornecedores do serviço. Por outro lado, um médico e seu paciente devem interagir constantemente durante o diagnóstico e o tratamento para que se atinjam resultados satisfatórios. Os pacientes também esperam ser tratados como indivíduos e desejam receber assistência médica personalizada, adequada às suas necessidades específicas. É importante observar, porém, que a interação decorrente da alta customização cria potenciais problemas para a administração do processo de fornecimento de serviços.

Para descrever a natureza dos serviços, os quatro quadrantes da matriz de processo de serviços foram denominados com base nas duas dimensões. As *fábricas de serviços* oferecem um serviço padronizado, com alto investimento de capital, de maneira semelhante a uma linha de montagem. As *lojas de serviços* permitem maior customização do serviço, mas o fazem em um ambiente de alto capital. Os clientes de um *serviço de massa* receberão um serviço indiferenciado em um ambiente com grande força de trabalho, mas os que buscam um *serviço profissional* serão atendidos individualmente por especialistas treinados.

Os gerentes de serviços em qualquer categoria – fábrica, loja, serviço em massa ou profissional – têm desafios parecidos, conforme se observa na Figura 2.3. Os serviços com alta necessidade de capital (ou seja, com baixa intensidade de mão de obra), como linhas aéreas e hospitais, requerem um monitoramento cuidadoso dos avanços tecnológicos para permanecerem competitivos. Esse alto investimento de capital também exige que os gerentes planejem a demanda a fim de que os equipamentos sejam utilizados de forma constante. Alternativamente, os gerentes de serviços com grande mão de obra, como profissionais da área médica ou jurídica, devem concentrar-se nas questões relativas ao pessoal. O grau de customização afeta o poder de controle sobre a qualidade do serviço sendo fornecido e a percepção do serviço pelo cliente. Discutiremos as possíveis soluções para cada um desses desafios nos próximos capítulos.

Grau de interação e customização

		Baixo	Alto
Grau de intensidade de trabalho	Baixo	*Fábrica de serviços:* • Companhias aéreas • Transportadoras • Hotéis • *Resorts* e recreação	*Loja de serviços:* • Hospitais • Mecânicas • Outros serviços de manutenção
	Alto	*Serviços de massa:* • Varejista • Atacadista • Escolas • Aspectos de varejo dos bancos comerciais	*Serviços profissionais:* • Médicos • Advogados • Contadores • Arquitetos

Figura 2.2 A matriz de processo de serviços.
Fonte: "How Can Service Businesses Survive and Prosper?" de Roger W. Schmenner, *Sloan Management Review*, vol. 27, no. 3, Spring 1986, p. 25, com permissão do editor. Copyright 1986, Sloan Management Review Association. Todos os direitos reservados.

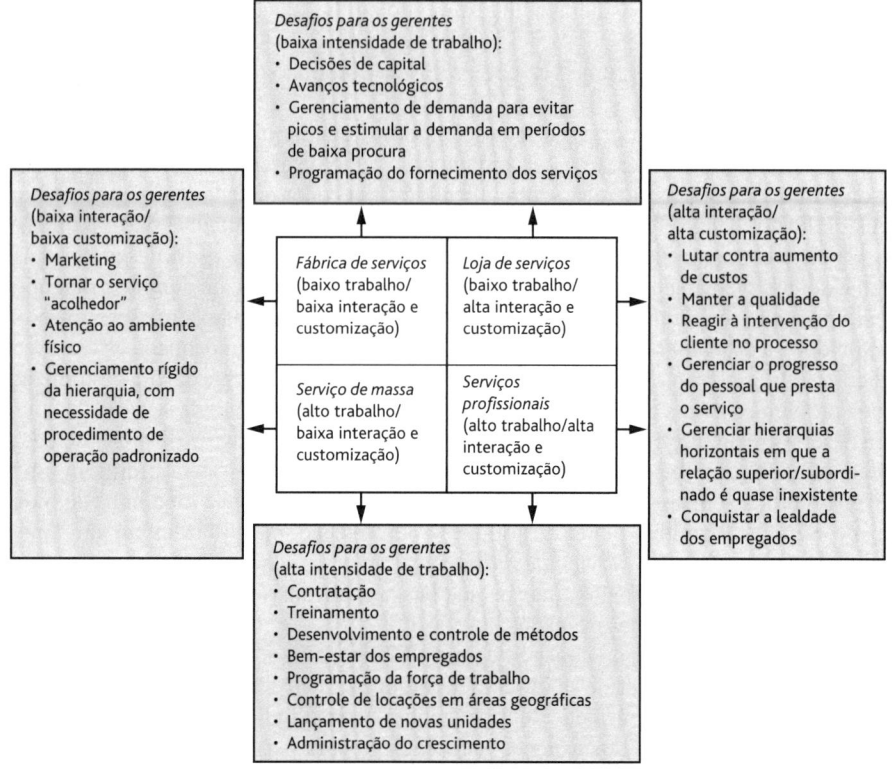

Figura 2.3 Desafios dos gerentes de serviços.
Fonte: "How Can Service Businesses Survive and Prosper?" de Roger W. Schmenner, *Sloan Management Review*, vol. 27, no. 3, Spring 1986, p. 27, com permissão do editor. Copyright 1986, Sloan Management Review Association. Todos os direitos reservados.

CLASSIFICAÇÃO DOS SERVIÇOS PARA *INSIGHTS* ESTRATÉGICOS[7]

É difícil generalizar a discussão sobre estratégias de serviços por causa da diversidade de empresas nesse ramo e das diferentes relações que elas têm com o cliente. No entanto, precisamos de *insights* estratégicos que transcendem as fronteiras entre os setores para evitar a ideia errônea de que, como pensa a maioria dos gerentes, os conceitos não se traduzem de um setor para outro. Por exemplo, as estratégias competitivas utilizadas por bancos poderiam se aplicar aos serviços oferecidos por lavanderias, pois ambos lidam com a propriedade do cliente. Os novos serviços, disponíveis nos Estados Unidos, de entrega e coleta de roupas para lavar em estações de trem de subúrbios são similares, em conceito, aos caixas automáticos de bancos nos supermercados. Os esquemas de classificação a seguir, desenvolvidos por Christopher Lovelock, permitem avaliar possíveis dimensões estratégicas que transcendem as fronteiras entre os setores.

Natureza do ato de prestação de serviços

Como mostra a Figura 2.4, o ato de prestação de serviços é considerado a partir de duas dimensões: quem ou o que é o beneficiário direto do serviço; e a natureza tangível do serviço. Isso resulta em quatro classificações possíveis: (1) ações tangíveis direcionadas ao cliente, como transporte de passageiros e cuidados pessoais; (2) ações tangíveis direcionadas aos bens do cliente, como serviços de lavanderia e limpeza; (3) ações intangíveis direcionadas ao intelecto do cliente, como entretenimento; e (4) ações intangíveis exercidas sobre o patrimônio do cliente, como serviços financeiros.

Esse esquema de classificação levanta algumas questões a respeito da forma tradicional como os serviços têm sido oferecidos. Por exemplo, o cliente precisa estar fisicamente presente durante a prestação do serviço? Se sim, é apenas para iniciar ou terminar a transação? Ou sua presença não é necessária? Se o cliente deve estar presente, tem de se deslocar até as instalações do serviço e se tornar parte do processo, ou então o prestador do serviço tem de se deslocar até o cliente (p. ex., um serviço de ambulâncias). Essas questões têm implicações significativas para o *design* das instala-

Beneficiário direto do serviço

	Pessoa	Bens
Ações tangíveis	*Serviços dirigidos ao corpo:* Saúde Transporte de passageiros Salões de beleza Academias Restaurantes	*Serviços dirigidos a bens físicos:* Transporte de carga Conserto e manutenção Lavanderia e lavagem a seco Cuidados veterinários
Ações intangíveis	*Serviços dirigidos à mente:* Educação Comunicação Serviços de informação Teatros Museus	*Serviços dirigidos a ativos intangíveis:* Bancos Serviços legais Contabilidade Seguros Valores mobiliários

(Natureza do ato de prestação de serviços)

Figura 2.4 Natureza do ato de prestação de serviços.
Fonte: Adaptada com permissão da American Marketing Association: Christopher H. Lovelock, "Classifying Services to Gain Strategic Marketing Insights" *Journal of Marketing*, vol. 47, Summer 1983, p. 12.

ções e para o processo de interação entre empregados, pois as impressões provocadas no cliente influenciarão suas percepções sobre o serviço. Além disso, levantam-se questões sobre a conveniência, para o cliente, da localização das instalações e do horário de atendimento. Não é surpreendente que os bancos de varejo tenham adotado caixas automáticos e alternativas à interação pessoal.

Pensar criativamente sobre a natureza do serviço ajuda o gerente a identificar modos mais convenientes de prestar os serviços, considerando inclusive adotar um produto que os substitua. Por exemplo, filmes em DVD e shows gravados em CD são um substituto conveniente para a presença física, servindo também como registro permanente dos eventos.

Relação com os clientes

As empresas de serviços têm oportunidade de construir relações de longo prazo porque os clientes conduzem as transações diretamente com o fornecedor do serviço, quase sempre de maneira presencial. Em comparação, os fabricantes de produtos estão em geral isolados do usuário final por um canal de distribuição que inclui distribuidores, atacadistas e/ou varejistas. A Figura 2.5 contrasta a natureza da "condição de membro" do cliente com a natureza da prestação do serviço. Essa figura ilustra o valor, para a empresa, de ter um cliente como membro; no entanto, várias mudanças ocorreram desde a sua primeira publicação, em 1983. Por exemplo, as empresas de locação de carros e as grandes redes de hotéis uniram-se às companhias aéreas para oferecer descontos por meio de programas de fidelidade. Além disso, algumas estradas privatizadas oferecem passes de pedágio anuais, que podem ser afixados ao carro. Quando o motorista passa pelo pedágio, o valor da taxa é descontado automaticamente, de modo que o carro não precisa parar.

Conhecer os clientes é uma vantagem competitiva significativa para uma empresa de serviços. Um banco de dados com os nomes e endereços dos clientes, além do uso que fizeram do serviço, permite ações de marketing direcionadas e um tratamento individual dos clientes. Estes se beneficiam do fato de serem membros (ou sócios) devido à conveniência de taxas anuais fixas e à consciência de que são clientes valorizados, recebendo regalias ocasionais (p. ex., prêmios para viajantes frequentes).

Customização e discernimento

Com a simultaneidade entre a criação e o consumo de serviços e com a participação do cliente no processo, criam-se oportunidades de customizar o serviço de acordo com as necessidades do cliente. A Figura 2.6 mostra que a customização percorre duas dimensões: ou o caráter do serviço permite a customização, ou o prestador do serviço tem discernimento para adaptar o serviço.

	Tipo de relação entre a organização de serviços e seus clientes	
	"Condição de membro"	Sem relação formal
Prestação contínua do serviço	Seguro Telefonia Energia elétrica Banco	Estação de rádio Proteção policial Farol Autoestrada pública
Transações discretas	Telefonemas de longa distância Pacote de ingressos para o teatro Vale-transporte Clube de compras no atacado Viajante frequente de uma companhia aérea	Autoestrada com pedágio Aluguel de carro Cinema Transporte público Restaurante

(Natureza da prestação de serviços)

Figura 2.5 Relações com os clientes.
Fonte: Adaptada com permissão da American Marketing Association: Christopher H. Lovelock, "Classifying Services to Gain Strategic Marketing Insights", *Journal of Marketing*, vol. 47, Summer 1983, p. 13.

Selecionar um quadrante da Figura 2.5 para posicionar um serviço é uma escolha estratégica. Por exemplo, os cinemas tradicionais oferecem apenas uma opção de filme; desse modo, estão inseridos no quadrante baixo/baixo. A maioria dos cinemas novos, no entanto, é construída com várias salas, permitindo algum grau de customização. No âmbito dos restaurantes *fast-food*, o Burger King tem o slogan "faça do seu jeito", dando espaço a certa customização do "Whopper". Considerando um dado setor econômico, cada quadrante poderia ser ocupado por diferentes segmentos desse setor, como ilustram os vários tipos de operações dos serviços de alimentação na Figura 2.6. No entanto, essa escolha estratégica, de oferecer maior customização e de permitir que o funcionário exerça seu julgamento, traz implicações para o sistema de prestação de serviços.

Natureza da demanda e da capacidade de fornecimento

Observamos que a perecibilidade temporal da capacidade do serviço cria um desafio para os gerentes, pois eles não têm a opção de produzir e estocar para uma venda futura. Mesmo assim, o tamanho dos desequilíbrios entre demanda e capacidade varia entre as indústrias de serviços, como mostra a Figura 2.7.

Para determinar a estratégia mais apropriada em cada caso, é preciso considerar as seguintes questões:

1. Qual é a natureza da flutuação da demanda? Seu ciclo é previsível (p. ex., a demanda diária por refeições em um restaurante *fast-food*), isto é, pode ser antecipado?
2. Quais são as causas subjacentes dessas flutuações na demanda? Se as causas são os hábitos ou as preferências dos clientes, o marketing poderia produzir uma mudança?
3. Quais são as oportunidades para mudar o nível de capacidade ou fornecimento? Pode-se contratar funcionários de jornada parcial para trabalhar nas horas de pico?

Uma vez que o bom gerenciamento da capacidade e da demanda é fundamental para o sucesso de uma empresa de serviços, o Capítulo 11, "Gerenciamento de capacidade e demanda", é dedicado inteiramente a esse tópico.

Método de prestação do serviço

Como mostra a Figura 2.8, o método de fornecimento do serviço tem tanto um componente geográfico quanto um componente relacionado ao nível de interação com o cliente.

Os serviços com múltiplos locais de atendimento trazem implicações gerenciais significativas para assegurar a qualidade e a coerência na oferta de serviços. Os detalhes das implicações estratégicas relacionadas à localização das instalações são discutidos no Capítulo 10. Com os avanços nas

	Grau de customização	
Nível de influência do prestador de serviços em contato com os clientes no julgamento das necessidades dos clientes	**Alto**	**Baixo**
Alta	Cirurgia Serviço de táxi Restaurante refinado	Educação (turmas grandes) Programas de prevenção em saúde Restaurante familiar
Baixa	Serviço telefônico Serviços de hotel Bancos varejistas Cafeterias	Transporte público Cinema Esportes para espectadores Serviços institucionais de alimentação

Figura 2.6 Customização e discernimento na prestação de serviços.
Fonte: Adaptada com permissão da American Marketing Association: Christopher H. Lovelock, "Classifying Services to Gain Strategic Marketing Insights", *Journal of Marketing*, vol. 47, Summer 1983, p. 15.

	Extensão de flutuação da demanda ao longo do tempo	
Extensão em que a procura excede a capacidade	**Ampla**	**Restrita**
Demanda em período de pico suprida rapidamente	Eletricidade Telefone Unidade de obstetrícia Emergências policiais	Seguros Serviços legais Bancos Lavanderia e lavagem a seco
Demanda em período de pico frequentemente excede a capacidade	Preparação do imposto de renda Transporte de passageiros Hotéis e pousadas	Restaurante *fast-food* Cinema Postos de gasolina

Figura 2.7 Natureza da demanda em relação à capacidade.
Fonte: Adaptada com permissão da American Marketing Association: Christopher H. Lovelock, "Classifying Services to Gain Strategic Marketing Insights", *Journal of Marketing*, vol. 47, Summer 1983, p. 17.

	Disponibilidade do local de prestação dos serviços	
Natureza da prestação de serviços	**Um local**	**Vários locais**
Cliente vai à empresa de serviços	Teatro Barbearia	Serviço de ônibus Rede de *fast-food*
Prestador de serviços vai até o cliente	Serviço de controle de pragas Táxi	Entrega de correio Emergências mecânicas
Transação remota	Empresa de cartão de crédito Televisão local	Rede nacional de televisão Companhia telefônica

Figura 2.8 Método de prestação dos serviços.
Fonte: Adaptada com permissão da American Marketing Association: Christopher H. Lovelock, "Classifying Services to Gain Strategic Marketing Insights", *Journal of Marketing*, vol. 47, Summer 1983, p. 18.

comunicações eletrônicas, as transações remotas tornam-se cada vez mais comuns pela conveniência e eficiência oferecidas ao cliente. Por exemplo, utilizar os serviços da empresa de logística UPS pela Internet permite que os clientes emitam etiquetas de expedição e rastreiem pacotes de casa, diminuindo o grau de interação física entre os clientes e os funcionários. A implicação estratégica do *design* de um sistema de fornecimento de serviços e o seu efeito sobre a interação entre cliente e empresa são tópicos na Parte II deste livro: Design da empresa de serviços.

LÓGICA DOMINANTE DO SERVIÇO[8]

A *lógica dominante do serviço* é uma alternativa ao paradigma tradicional centrado nos bens para descrever as trocas econômicas e a criação de valor. A ideia central é que o serviço, definido como a aplicação de competências em benefício de outra parte, é a base fundamental para a criação do valor econômico. Por serem um componente do pacote de serviços, bens facilitadores podem estar envolvidos na troca, mas o valor de uso (valor percebido e determinado pelo cliente) é o elemento central.

A Tabela 2.4 contém as 10 premissas fundacionais (PF) da lógica dominante do serviço, com uma breve explicação/justificativa de cada uma. Eis uma elaboração mais detalhada:

- PF1: O serviço é visto como uma atividade ou processo (referido no singular), não como uma unidade intangível de produção (referido no plural, "serviços", na analogia com os bens), que é derivada da aplicação (portanto ativa, e não passiva) de competências (conhecimentos e habilidades) em benefício de outra parte.
- PF2: O processo de criação do valor em uma sociedade pós-industrial é complexo, com muitos sistemas intermediários (a Internet, por exemplo) facilitando o processo de troca.
- PF3: Embora os bens sejam um conjunto de custos de mão de obra, material e energia, eles adquirem valor apenas ao serem usados (p. ex., um carro oferecendo um serviço de transporte).
- PF4: A vantagem competitiva de uma empresa é determinada por suas habilidades, conhecimentos e capital intelectual, que podem ser utilizados para criar valor para o cliente.
- PF5: Se o serviço é a aplicação de competências em benefício de outros, então toda atividade econômica é em essência um serviço, independentemente de a economia ser agrária, industrial ou pós-industrial.

Tabela 2.4 Premissas fundacionais (PF) da lógica dominante do serviço

PF	Premissa	Explicação/justificativa
1	O serviço é a base fundamental da troca.	A aplicação de recursos operantes (conhecimentos e habilidades), ou "serviço," é a base para toda troca. Serviço é trocado por serviço.
2	A troca indireta mascara a base fundamental da troca.	Bens, serviços e instituições mascaram a natureza da troca, que é do serviço-por-serviço.
3	Os bens são mecanismos de distribuição para a prestação de serviços.	Os bens (tanto duráveis quanto não duráveis) obtêm seu valor pelo uso, pelo serviço que eles fornecem.
4	Os recursos operantes são a fonte fundamental da vantagem competitiva.	A capacidade comparativa de causar a mudança desejada é o que impulsiona a concorrência.
5	Todas as economias são economias de serviço.	O serviço está ficando mais evidente apenas agora, com o aumento da especialização e da terceirização.
6	O cliente é sempre um cocriador do valor.	Implica que a criação do valor se dá pela interação.
7	A empresa não pode fornecer o valor, apenas propostas de valor.	A empresa pode disponibilizar seus recursos aplicados e, de forma colaborativa (interativa), criar o valor após a aceitação pelo consumidor, mas não pode criar/fornecer o valor por si só.
8	Uma visão centrada no serviço é inerentemente voltada ao cliente e à relação com ele.	O serviço é determinado e cocriado pelo cliente. Portanto, o serviço é inerentemente voltado ao cliente e à relação com ele.
9	Todos os agentes econômicos e sociais são integrantes dos recursos.	Implica que o contexto da criação do valor é em uma rede de redes (integrantes do recurso).
10	O valor é sempre única e fenomenologicamente determinado pelo beneficiário.	O valor é idiossincrático, experiencial, contextual e carregado de significado.

Fonte: Stephen L. Vargo and Melissa Archpru Akaka, "Service-Dominant Logic as a Foundation for Service Science: Clarifications," Service Science 1(1), Tabela 1 pp. 35, 32–41, 2009.

- PF6: Se o valor é criado em conjunto com o cliente, então a atividade de serviço deve envolvê-lo de alguma forma (sua mente, corpo, pertences, informações sobre ele, etc.) em uma relação interativa.
- PF7: Assim como um produto não tem valor intrínseco até que seja usado, um serviço só adquire valor ao ser utilizado pelo cliente (p. ex., um assento em um avião não tem valor se estiver vazio no momento da decolagem).
- PF8: Já que o serviço é criado em conjunto com o cliente, a troca de serviço torna-se naturalmente voltada para ele.
- PF9: O valor é criado quando, para consumar a troca, o cliente integra e aplica os recursos do prestador de serviços junto com outros integrantes de recursos (p. ex., comprar no eBay utilizando o PayPal).
- PF10: Cada cliente determina o valor ou a qualidade do serviço de acordo com suas necessidades pessoais em um dado momento (p. ex., almoço rápido ou jantar a dois) e contexto (p. ex., sozinho ou em grupo) como uma experiência.

A lógica dominante do serviço tornou-se a base para um novo campo de estudos, a "ciência do serviço", defendida pelo Centro de Pesquisas da IBM em Almaden, na Califórnia, e denominada "Ciência do serviço, administração e engenharia" (SSME, na sigla em inglês). A SSME é a aplicação de disciplinas científicas, administrativas e de engenharia às operações que uma organização realiza com e para outra organização ou indivíduo. O objetivo é facilitar a previsão da produtividade, da qualidade, do desempenho, da conformidade, do crescimento e do aprendizado nas relações de partilha de trabalho ou riscos (coprodução). O ponto central da *ciência do serviço* é a transferência e o compartilhamento de recursos dentro e entre os sistemas de serviço. A função normativa desses sistemas é conectar pessoas, tecnologias e informações por meio de propostas de valor, com o objetivo de cocriar o valor para os sistemas de serviço que participam do intercâmbio interno ou externo de recursos.

UMA VISÃO DOS SERVIÇOS COMO SISTEMA ABERTO

As organizações de serviços têm um caráter suficientemente único para exigirem abordagens gerenciais que ultrapassem a mera adaptação de técnicas utilizadas na manufatura de produtos. As características distintivas sugerem uma ampliação da visão de sistema para incluir o cliente como um participante no processo de serviços. Segundo essa visão, retratada na Figura 2.9, o cliente entra no sistema, é transformado pelo processo de serviços e sai com algum grau de satisfação.

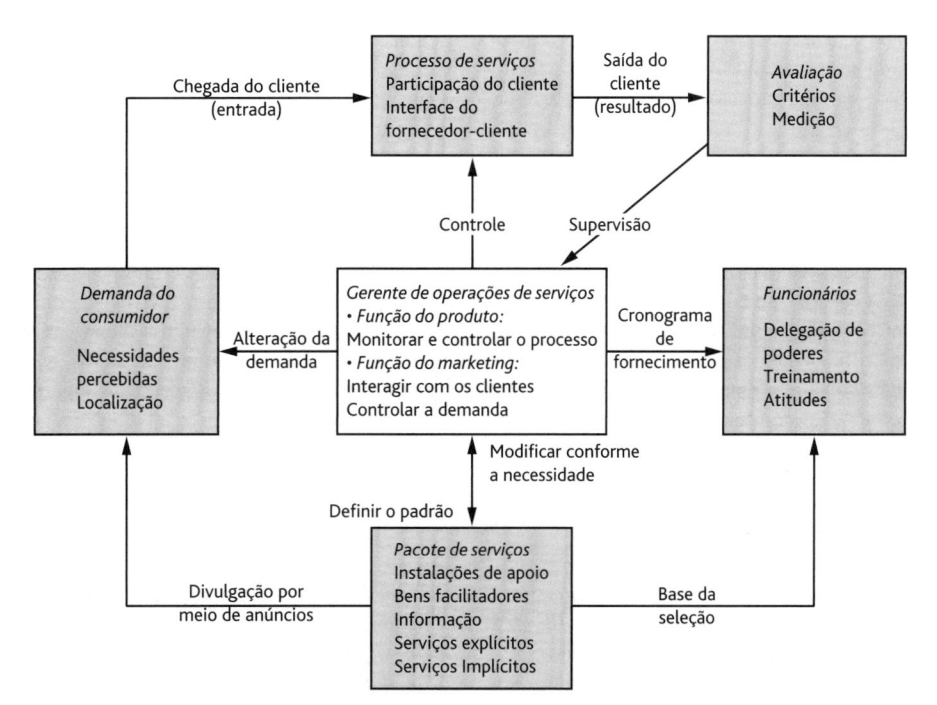

Figura 2.9 Uma visão dos serviços como sistema aberto.

Benchmark em serviços

Criatividade "fora da caixa"

Pode-se pensar que Herb Kelleher, fundador e ex-presidente da Southwest Airlines, tem todas as respostas. Sua empresa é a mais bem sucedida companhia aérea nos Estados Unidos em quase todos os aspectos – partidas pontuais, menor número de bagagens perdidas, maior aproveitamento das aeronaves e maior satisfação dos clientes.

A Southwest Airlines não atingiu essa posição privilegiada, no entanto, simplesmente promovendo reuniões de diretoria e sessões de *brainstorming* na privacidade de seus escritórios. Os organizadores da companhia também "saíram da caixa". Por exemplo, para melhorar o tempo de reabastecimento e preparo dos voos, eles recorreram às competições automobilísticas – as 500 Milhas de Indianápolis, mais especificamente. Em vez de assistir à corrida, eles observaram as equipes de *pit stop* enquanto elas abasteciam e faziam a manutenção dos carros. Isso lhes deu novas ideias sobre equipamentos, peças de reposição e trabalho em equipe, o que se traduziu em um serviço mais pontual. Esses *insights* não poderiam ser obtidos ao observar apenas as operações de outras companhias aéreas. Muitas vezes, a corrida é ganha nos *pit stops*.

Em um sistema aberto no qual o cliente é um participante, as funções do gerente de serviços incluem tanto as de produção quanto as de marketing. A separação tradicional entre produção e marketing, observada na manufatura, com estoques de produtos acabados servindo como interface entre essas funções, não é possível nem apropriada aos serviços. O marketing desempenha duas funções importantes nas operações de serviços diárias: 1) educar o consumidor para ser um participante ativo no processo; e 2) "suavizar" a demanda para que se equipare à capacidade do serviço. Essa atividade de marketing deve estar coordenada com a programação da força de trabalho e com o controle e a avaliação do processo de fornecimento do serviço. Por necessidade, as operações e funções de marketing são integradas nas empresas de serviços.

Em um ambiente de serviços, *o processo é o produto*. A presença do cliente nesse processo anula a perspectiva de sistema fechado, observada na manufatura. As técnicas para controlar as operações em uma fábrica isolada, que produz uma mercadoria tangível, são inadequadas para os serviços. O ritmo do processo não é mais determinado pelas máquinas, nem a produção é facilmente medida com base no cumprimento das especificações. Ao contrário, os clientes chegam com diferentes demandas, então múltiplas medidas de desempenho são necessárias. Os empregados do setor de serviços interagem diretamente com o cliente, com poucas oportunidades para intervenções gerenciais. Tal situação requer treinamento extensivo e delegação de poderes aos funcionários para que atuem apropriadamente na ausência de supervisão direta.

Além disso, as impressões do cliente sobre a qualidade do serviço baseiam-se na experiência vivenciada, considerando todos os elementos do pacote de serviços, e não apenas o serviço explícito prestado. A preocupação com as atitudes e o treinamento dos funcionários torna-se indispensável para assegurar que os serviços implícitos também sejam valorizados pelo cliente. Quando visto da perspectiva do cliente, o processo de serviços desperta preocupações que vão desde a estética das instalações até passatempos nas áreas de espera.

Um conceito de sistema aberto de serviço também permite uma visão do cliente como coprodutor. Permitir ao cliente participar ativamente no processo de serviços (p. ex., oferecer um bufê de saladas em um restaurante) pode aumentar a produtividade, o que, por sua vez, pode ampliar a vantagem competitiva.

Resumo

O gerenciamento de um sistema aberto requer técnicas e sensibilidades diferentes daquelas necessárias a um sistema fechado. Os gerentes de serviços deparam-se com operações não rotineiras que só podem ser controladas indiretamente. Em serviços, é o elemento humano o fundamental para operações eficazes. Por exemplo, a inevitável interação entre prestador de serviços e cliente é uma fonte de grandes oportunidades, como ocorre nas vendas diretas. Porém, dificilmente essa interação pode ser controlada inteiramente, o que talvez resulte em danos à qualidade dos serviços. Por essa razão, a atitude e a aparência dos funcionários em organizações de serviços são questões importantes. Para um serviço, a presença do cliente no processo permite a cocriação do valor. Em muitos aspectos, o gerente de serviços adota um estilo de administração que incorpora as operações e as funções de marketing.

Palavras-chave e definições

Back office: atividades de fornecimento dos serviços *não* observadas pelo cliente (p. ex., cozinha do restaurante). *p. 18*

Bens facilitadores: material adquirido ou consumido pelo comprador ou itens fornecidos pelo cliente (p. ex., alimentos, tacos de golfe). *p. 22*

Ciência do serviço: campo de estudo da transferência e compartilhamento de recursos dentro e entre sistemas de serviço. *p. 31*

Front office: atividades de prestação de serviços observáveis pelo cliente (p. ex., a área em que as refeições são servidas em um restaurante). *p. 18*

Instalações de apoio: recursos físicos necessários para que um serviço seja oferecido (p. ex., campo de golfe, prédio do hospital, avião). *p. 22*

Lógica dominante do serviço: visão de que todas as economias são economias de serviço, nas quais o valor é sempre criado em conjunto durante a troca (ao fazer-se algo por outro). *p. 30*

Matriz dos processos de serviços: classificação de serviços baseada no grau de interação e customização e no grau de intensidade do trabalho, o que resulta em quatro categorias: fábricas de serviços, lojas de serviços, serviços em massa e serviços profissionais. *p. 24*

Pacote de serviços: descrição de um serviço baseada em cinco componentes: instalações de apoio, bens facilitadores, informações, serviços implícitos e serviços explícitos. *p. 22*

Perecibilidade: um serviço não utilizado ao longo de um determinado período de tempo é perdido para sempre (p. ex., um assento vazio em um avião). *p. 20*

Serviços explícitos: características essenciais ou intrínsecas prontamente observáveis (p. ex., decolagens pontuais, qualidade de uma refeição). *p. 22*

Serviços implícitos: benefícios psicológicos ou características extrínsecas sentidas apenas sutilmente pelo cliente (p. ex., segurança de um estacionamento bem iluminado, privacidade de um escritório de empréstimos). *p. 22*

Servitização: aumento da receita pela união de um serviço com a venda de um produto (p. ex., o financiamento de um carro novo). *p. 18*

Tópicos para discussão

1. Quais são as características de serviços mais apropriadas para o fornecimento via Internet?
2. Quando coletar informações de assinaturas de um serviço torna-se invasão de privacidade?
3. Quais são alguns dos problemas de gerenciamento associados à liberdade de julgamento dos empregados ao atender às necessidades dos clientes?
4. Ilustre as "características distintivas de operações de serviços" para um serviço com o qual você tem familiaridade.
5. Que fatores um gerente deve considerar ao tentar melhorar a imagem de uma empresa de serviços?
6. Critique o tópico "Características distintivas de operações de serviços", argumentando que os elementos de participação do cliente, simultaneidade, perecibilidade, intangibilidade e heterogeneidade também se aplicam a produtos.

Exercício interativo

A turma é dividida em cinco grupos. Cada grupo recebe uma das classificações de serviços (p. ex.: natureza do ato, relação com o cliente, customização, natureza da demanda ou método de fornecimento) e cria um exemplo para cada um dos quatro quadrantes da matriz.

Village Volvo — Estudo de caso 2.1

A Village Volvo é a "nova sensação do momento". Trata-se de um empreendimento de dois ex-mecânicos de distribuidoras autorizadas Volvo para proporcionar serviços de manutenção de qualidade, com custos razoáveis, a carros fora da garantia. Com base em seus 22 anos de treinamento e experiência com o distribuidor Volvo local, eles conquistaram uma reputação respeitável e uma clientela fiel e satisfeita, o que torna viável uma operação de serviço independente. A Village Volvo ocupa um prédio Butler novo (isto é, uma estrutura de metal pré-fabricada), com quatro áreas de trabalho, além de escritório, área de espera e área para estocagem.

Os proprietários acreditam ter projetado suas operações para proporcionar um serviço customizado de manutenção de carros, não disponível na concessionária local. Eles reservaram alguns horários na semana durante os quais os clientes podem chegar para serviços rápidos de rotina, como ajustes e trocas de óleo, mas incentivam os clientes a marcarem hora para o diagnóstico e reparo de problemas específicos.

Na hora marcada, o cliente e o mecânico discutem os problemas percebidos pelo cliente. Ocasionalmente, mecânico e cliente fazem um rápido *test drive* para se certificar de que ambos tenham entendido o problema.

Outra fonte de informação para o mecânico é o Dossiê de Reparos do Carro (DRC). A Village Volvo mantém um registro dos serviços realizados em cada veículo. Esse histórico ajuda o mecânico no diagnóstico de problemas, além de ser um registro útil caso um veículo seja retornado no prazo de garantia de um serviço realizado. Os proprietários consideram usar o DRC para "lembrar" aos clientes quando o próximo procedimento de rotina deve ser feito.

Após o mecânico fazer o diagnóstico preliminar, o gerente de serviços dá ao dono do veículo uma estimativa do custo e do tempo do conserto, caso não sejam identificados novos problemas. A política da empresa determina que o dono do veículo seja consultado antes que se faça qualquer reparo além do combinado. Embora o cliente possa falar com o mecânico durante o processo de reparo, o gerente de serviços é o principal elo de contato entre cliente e oficina. É sua responsabilidade assegurar que o cliente entenda o diagnóstico preliminar, avisá-lo de qualquer problema ou custo inesperados e notificá-lo quando o veículo estiver pronto para retirada.

A Village Volvo atualmente não conta com um serviço de transporte alternativo para os clientes; porém, está considerando disponibilizá-lo duas ou três vezes por dia, pois os donos da empresa acham que sua localização em um bairro de subúrbio pode ser uma restrição para alguns clientes. A sala de espera é equipada com uma televisão, poltronas confortáveis, café, máquina de venda de refrigerantes, revistas e o jornal local. Esse ambiente é utilizado praticamente só por clientes que chegam sem hora marcada (quartas-feiras, das 15 às 17 horas, e quintas-feiras, das 8 às 10 horas) para ajustes rápidos e rotineiros ou para dar uma olhada em carros usados para compra.

Os mecânicos proprietários não executam reparos das 7 às 8 horas e das 17 às 18 horas, pois esses são os períodos de maior contato com os clientes. Eles acreditam que discutir os problemas existentes antes de fazer o reparo é tão importante quanto discutir os reparos já feitos. Enquanto realiza os consertos, o mecânico fica atento a problemas que talvez necessitem de atenção no futuro (p. ex., as correias do alternador e da ventoinha mostram sinais de desgaste e devem ser substituídas após 9.000 km). Essas observações são repassadas ao cliente na entrega do veículo e são registradas no DRC para uso futuro, como talvez um lembrete via correio sobre a necessidade daquela manutenção.

Todas as peças pequenas que foram substituídas são colocadas em uma caixa dentro do carro. Já as peças maiores ou mais pesadas são identificadas e colocadas à disposição do cliente para inspeção. Há um cuidado em manter-se o carro limpo durante a manutenção, e seu interior é aspirado antes da entrega, como cortesia. Após o conserto, o veículo é levado para um rápido test-drive. Em seguida, ele é estacionado, ficando pronto para ser entregue.

Os proprietários da Village Volvo pensam que suas responsabilidades estendem-se além dos serviços imediatos prestados aos clientes. Assim, eles desenvolveram uma rede de outros prestadores de serviços que ajudam a reciclar peças usadas e resíduos, e para os quais podem encaminhar os clientes quando o serviço solicitado foge a seu escopo (p. ex., trabalhos na carroceria, alinhamentos e restauração de estofados). Os proprietários também estudam a possibilidade de oferecer um minicurso, em uma manhã de sábado por mês, para instruir os clientes sobre o que devem fazer para receber suas medalhas Volvo 200 mil milhas.

Questões

1. Descreva o pacote de serviços da Village Volvo.
2. Como as características distintivas de uma firma de serviços são ilustradas pela Village Volvo?
3. Caracterize a Village Volvo em termos da natureza do ato de serviços, da relação com os clientes, da customização e do julgamento, da natureza da demanda e do fornecimento e do método de prestação dos serviços.
4. Como a Village Volvo poderia gerenciar suas operações de retaguarda (p. ex., operações de conserto) à maneira de uma fábrica?
5. Como a Village Volvo se diferencia das revendas autorizadas da Volvo?

Xpresso Lube[9]

Estudo de caso 2.2

Charlie Green, proprietário da Xpresso Lube, não é um mecânico comum. Homem de muitos talentos, Charlie adquiriu um valioso conhecimento sobre o negócio de troca de óleo enquanto trabalhava na Divisão de Misturas Especiais da Goodyear. Charlie também aprendeu com seu pai e com seu irmão enquanto trabalhava com carros na juventude, tendo mais tarde complementado esse conhecimento com cursos formais de mecânica automotiva. No entanto, as semelhanças entre Charlie e outros mecânicos do mesmo ramo terminam por aqui. Charlie também é músico profissional – ele toca baixo acústico e canta –, além de ser proprietário de uma plantação de café na Costa Rica.

Em geral, chegado o momento de trocar o óleo do carro, uma pessoa tem apenas duas escolhas: trocá-lo ela mesma ou pagar alguém (p. ex., uma revendedora, uma mecânica de carros independente ou um posto de "troca rápida" de óleo) para fazer isso. Muitas pessoas optam por postos de troca rápida porque é mais fácil do que trocar o óleo por conta própria, além de normalmente ser mais rápido e barato do que ir a uma revendedora ou a uma mecânica independente.

As pessoas só querem entrar e sair o mais rápido e economicamente possível. A maioria das empresas que fornecem o serviço de troca de óleo não possui características diferenciadas. Elas cobram mais ou menos o mesmo preço e podem ser encontradas em quase qualquer grande avenida. A maioria das pessoas escolhe uma que seja próxima de casa e que não tenha muita fila de espera. O desafio enfrentado pelos serviços de troca rápida é gerenciar a demanda. A maioria dos clientes quer o serviço durante a hora do almoço, após o trabalho ou nos sábados. Um negócio de troca de óleo, portanto, tem de prestar os serviços o mais rapidamente possível, pois é assim que ele tentará se diferenciar da concorrência.

Charlie lembra a última vez que pagou para trocar o óleo do seu carro. Ele estava na sala de espera com vários outros clientes quando um mecânico chegou para discutir um problema com uma senhora de idade. "Madame, a senhora vê isso?" O mecânico segurava uma válvula. Ele a sacudiu, produzindo um ruído. "Você ouviu isso? É um mau sinal. Teremos de trocar esta válvula." A mulher pareceu desconcertada, mas concordou com o mecânico. Infelizmente, ela não sabia que, em todos os carros, a tal válvula *deve* fazer o ruído. Charlie ficou consternado. Ele acreditava que os clientes mereciam serviços bons e honestos, e estava cansado de ver as pessoas sendo "passadas para trás". Então Charlie decidiu fazer algo a respeito: abrir seu próprio negócio, a Xpresso Lube, que se especializaria em trocas de óleo.

Ninguém gosta de esperar muito para ter o óleo do carro trocado, especialmente porque o ambiente em geral não é muito agradável. As salas de espera são pequenas, sujas e mobiliadas com cadeiras desconfortáveis. Se há uma televisão, ela é pequena e a imagem é ruim. As revistas provavelmente são velhas e sobre carros. Se há café, ele está parado na cafeteira desde a primeira hora da manhã!

Charlie projetou o ambiente do seu negócio para que fosse diferente de um posto tradicional de troca de óleo. Ele escolheu não concorrer diretamente com as outras empresas do ramo e, em vez disso, mudou o "jogo". Quando ele transformou um antigo posto de troca de óleo na Xpresso Lube, disseram a ele que o negócio nunca daria certo, pois a área de espera era muito grande e os boxes tinham elevadores em vez dos típicos fossos no chão, o que atrasaria o serviço. Porém Charlie usou essas características singulares a seu favor.

Durante a fase de desenvolvimento do seu negócio, Charlie observou duas coisas a respeito das economias local e nacional – tanto o mercado de troca de óleo quanto o de cafeterias estavam saturados. Os consumidores viam esses serviços como uma mercadoria e baseavam sua decisão de compra no preço. Charlie levou em consideração esse fator, além do ambiente pouco agradável das instalações de troca de óleo existentes – e, em um momento de revelação empreendedora, decidiu combinar a onda de cafeterias com um negócio de troca de óleo.

A Xpresso Lube começou com o objetivo de proporcionar uma experiência única, agradável e honesta. Charlie tinha um grande conhecimento dos negócios de café e de troca de óleo; assim, a fusão dessas duas experiências ocorreu naturalmente para ele. Na realidade, no começo da Xpresso Lube, Charlie, inspirado por suas raízes de músico, trouxe algumas bandas para tocar à noite. Na medida em que aumentou o sucesso da Xpresso Lube, Charlie teve de abrir mão da música ao vivo, pois estava muito ocupado com os outros aspectos do negócio.

Charlie nunca esqueceu a experiência de ver outras pessoas serem tratadas desonestamente. Hoje em dia, a maioria dos seus clientes é formada por mulheres, que frequentemente foram vítimas de mecânicos desonestos, e por estudantes universitários. "As senhoras me adoram", diz Charlie, "porque conquistei a confiança delas".

A grande área de espera foi transformada em uma cafeteria com atrações para tornar a espera dos clientes uma experiência agradável. É oferecida uma variedade de cafés e uma atmosfera que impede que os clientes se sintam em uma sala de espera. Na realidade, alguns clientes aparecem apenas para o café. O chão é acarpetado, e há várias mesas e cadeiras. Uma área ao ar livre é coberta, para uso quando o tempo está agradável. Um sistema de som proporciona música, e o material para leitura é atual e atraente para diversos interesses.

Devido à atmosfera criada, Charlie não tem de competir em relação à rapidez, o que permite que a Xpresso Lube use elevadores e apenas duas garagens. Além disso, os elevadores possibilitam que os empregados mostrem ao cliente quando há algo de errado com o carro. O cliente consegue ver a parte de baixo do carro com o mecânico e realmente entender o problema. Outros postos de troca de óleo não oferecem esse luxo — não permitem que os clientes entrem no fosso para ver os carros, já que os fossos são lugares sujos e inseguros para qualquer cliente. Consequentemente, um cliente tem de aceitar o conselho dos empregados a respeito de outros reparos que precisam ser feitos – e torcer para que não esteja sendo enganado.

Quando um cliente não quer esperar, a Xpresso Lube fornece transporte de ida e volta para o trabalho. Esse serviço ajuda a suavizar a demanda durante as tardes da semana, de maneira que os clientes não apareçam todos após as 17 horas durante a semana ou aos sábados. O serviço de transporte é fornecido pelo centro de serviço automotivo logo atrás da Xpresso Lube, que também é de propriedade de Charlie. A University Automotive, que Charlie abriu em 1984, foi a precursora da Xpresso Lube. A University Auto fornece serviços de mecânica para muitos tipos e modelos de carros. Um posto de gasolina foi construído em um estacionamento junto à University Auto; quando o posto fechou, no início dos anos 1990, Charlie comprou a propriedade e abriu a Xpresso Lube, em 1996. A Xpresso Lube agora é responsável por 30% das receitas dos negócios conjuntos.

Austin é a sede da Universidade do Texas, uma comunidade de alta tecnologia em franco crescimento, considerada a cidade com a melhor música ao vivo dos Estados Unidos. Todos esses fatores fazem Austin ter uma população muito diversa. A localização da Xpresso Lube em uma avenida principal próxima à universidade atrai um amplo espectro de clientes, mas também significa que os clientes podem ir a pé para muitas lojas locais enquanto o trabalho é realizado em seus carros. A livraria Half-Price, o supermercado Wheatsville Coop, a sorveteria Amy's Ice Cream e a loja Toy Joy estão todas localizadas a poucas quadras. O negócio proporciona uma grande satisfação para Charlie. "Adoro vir trabalhar, pois todo dia tenho clientes novos e diferentes em nossa loja."

Questões

1. Descreva o pacote de serviços da Xpresso Lube.
2. Quais são as características singulares de uma operação de serviços ilustradas pela Xpresso Lube?
3. Caracterize a Xpresso Lube em termos da natureza do ato de serviço, da relação com os clientes, da customização e da natureza da demanda e do fornecimento e do método de prestação do serviço.
4. Que elementos da localização da Xpresso Lube contribuem para o seu sucesso?
5. Dado o exemplo da Xpresso Lube, que outros serviços poderiam ser combinados para "agregar valor" ao cliente?

Bibliografia selecionada

Chase, Richard B. "The Mall Is My Factory: Reflections of a Service Junkie." *Production and Operations Management* 5, no. 4 (Winter 1996), pp. 298–308.

Cook, David; Chon-Huat Goh; and Chen H. Chung. "Service Typologies: A State of the Art Survey." *Production and Operations Management* 8, no. 3 (Fall 1999), pp. 318–38.

Kwortnik, Robert Jr., and Gary M. Thompson. "Unifying Service Marketing and Operations with Service Experience Management," *Journal of Service Research* 11, no. 4 (May 2009), pp. 389–406.

Largo, Stephen L., and Robert F. Lusch. "The Four Service Marketing Myths: Remnants of a Goods-Based Manufacturing

Model." *Journal of Service Research* 6, no. 4 (May 2004), pp. 324–35.

Laroche, Michael; Gordon H.G. McDougall; Jasmin Bergeron; and Zhiyoug Yan. "Exploring How Intangibility Affects Perceived Risk." *Journal of Operations Management* 6, no. 4 (March 2005), pp. 373-89.

Sampson, Scott E., and Craig M. Froehle. "Foundations and Implications of a Proposed Unified Services Theory." *Production and Operations Management* 15, no. 2 (Summer 2006), pp. 329–42.

Spohrer, Jim, and Paul P. Maglio. "The Emergence of Service Science: Towards Systematic Service Innovations to Accelerate Co-creation of Value." *Production and Operations Management* 17, no. 3 (May-June 2008), pp. 238–246.

Notas

1. Baseado no "Customer Benefit Package" encontrado em David A. Collier, *The Service/Quality Solution,* (Burr Ridge, Ill: Irwin, 1994), pp. 63–68.

2. R.C. Cohen, R. McBridge, R. Thornton, and T. White, *Letter Mail System Performance Design: An Analytical Method for Evaluating Candidate Mechanization,* Report R-168 (Washington, D.C.: Institute for Defense Analysis, 1970).

3. James A. Fitzsimmons, "The Use of Spectral Analysis to Validate Planning Models," *Socio-Economic Planning Sciences* 8, no. 3 (June 1974), pp. 123–28.

4. E. H. Blum, *Urban Fire Protection: Studies of the New York City Fire Department,* R-681 (New York: New York City Rand Institute, 1971).

5. G. M. Hostage, "Quality Control in a Service Business," *Harvard Business Review* 53, no. 4 (July–August 1975), pp. 98–106.

6. De Christopher Lovelock and Evert Gummesson, "Whither Services Marketing? In Search of a New Paradigm and Fresh Perspectives," *Journal of Service Research* 7, no.1 (August 2004), pp. 34–36.

7. Adaptado de Christopher H. Lovelock, "Classifying Services to Gain Strategic Marketing Insights," *Journal of Marketing* 47 (Summer 1983), p. 920.

8. De Stephen L. Vargo and Melissa Archpru Akaka, "Service-Dominant Logic as a Foundation for Service Science: Clarifications," *Service Science* 1, no. 1 (2009), pp. 32–41.

9. Preparado por Rich Ellis, Thomas Prudhomme, e Marly Yanaza, com a orientação do Professor James A. Fitzsimmons.

Capítulo 3

Estratégia em serviços

Objetivos de aprendizagem

Ao final deste capítulo, você deverá estar apto a:

1. Discutir de forma crítica o ambiente competitivo em serviços.
2. Formular uma visão estratégica de serviços.
3. Descrever como funciona a competição em serviços usando as três estratégias genéricas de serviços.
4. Realizar a análise SWOT (Strengths, Weaknesses, Opportunities, and Threats, ou Forças, Fraquezas, Oportunidades e Ameaças) e o modelo das Cinco Forças.
5. Explicar o que significam qualificadores, ganhadores e perdedores em serviços.
6. Discutir o papel competitivo das informações nos serviços.
7. Explicar o conceito de cadeia virtual de valor e o seu papel na inovação em serviços.
8. Identificar limites potenciais no uso de informações como parte de uma estratégia competitiva.
9. Categorizar uma empresa de serviços de acordo com seu estágio de competitividade.

Da mesma forma que a tecnologia de máquinas transformou a economia baseada na agricultura em uma economia baseada na indústria, a tecnologia da informação está transformando a nossa economia industrial em uma economia de serviços. A disponibilidade de computadores e tecnologias de comunicação global criou indústrias para reunir, processar e transmitir informações. Hoje, todas as pessoas no globo conseguem se comunicar instantaneamente, e essa revolução está mudando a sociedade mundial de muitas maneiras. Consideremos o impacto da indústria emergente de satélites privados que fornecem dados e informações para treinamento pessoal, lançamento de produtos, conferência de crédito, cobranças, transações financeiras e telecomunicações em geral.

A Kmart foi uma das primeiras gigantes do varejo a estabelecer uma rede de satélites privada usando a nova antena com recepção pequena VSAT (Very Small Aperture Terminal ou, em tradução livre, "terminal de abertura muito pequeno"), colocada nos telhados das lojas para receber e transmitir grandes volumes de dados. A VSAT de cada Kmart está conectada ao centro de dados da empresa em Troy, Michigan, por meio de um transponder de satélite alugado da GTE Spacenet. A rede de comunicação permitiu que a Kmart coordenasse da melhor forma as suas operações em múltiplas localizações e conseguisse benefícios substanciais, como uma melhor transmissão de dados sobre o ritmo das vendas, a situação dos estoques, as atualizações de produtos e, o mais importante, as autorizações de crédito para os clientes. A disponibilidade instantânea dos históricos de crédito pode reduzir significativamente o risco de inadimplência que as companhias de cartão de crédito enfrentam, diminuindo, desse modo, a taxa de desconto que retorna ao varejista. Sozinhas, essas melhorias pagarão pelo custo da rede de satélites.[1]

APRESENTAÇÃO DO CAPÍTULO

A estratégia em serviços deve começar com uma visão do local e do objetivo do empreendimento. Uma visão estratégica de serviços é formulada abordando questões a respeito do mercado-alvo, do conceito de serviços, da estratégia operacional e do sistema de prestação de serviços. No entanto, o ambiente competitivo dos serviços apresenta desafios, como poucas barreiras para ingresso no setor, substituição de produtos e oportunidades limitadas para economias de escala que devem ser superadas.

Três estratégias genéricas têm tido sucesso na formulação de estratégias que permitem a uma empresa superar seus competidores. As estratégias de liderança global em custos, diferenciação e foco no mercado são abordagens que empresas de serviços têm adotado de várias formas para obter vantagens competitivas. Em cada uma dessas estratégias, entretanto, a administração não deve perder de vista o fato de que somente o foco nos clientes e na satisfação de suas necessidades resultará em uma clientela leal.

Antes de entrar no mercado, uma análise da posição da empresa em relação aos seus competidores e outros atores do mercado é aconselhável. A fim de compreendermos a natureza competitiva da indústria, tal análise inicia com o conhecido *modelo das cinco forças*. Em seguida, passamos à análise SWOT para avaliar as forças, fraquezas, oportunidades e ameaças.

Ganhar clientes no mercado significa competir em várias dimensões. Os clientes baseiam suas decisões de compra em muitas variáveis, incluindo preço, conveniência, reputação e segurança. A importância de uma variável específica para o sucesso de uma empresa depende da competitividade do mercado e das preferências de cada cliente.

Um quadro que permite visualizar a contribuição das informações para a estratégia competitiva de uma empresa de serviços também é apresentado. Usando as dimensões do foco estratégico, tanto interno quanto externo, e do uso competitivo das informações, tanto *on-line* quanto *off-line*, são identificados quatro papéis estratégicos das informações: criação de barreiras para entrada, geração de receita, ativos de banco de dados e incremento de produtividade. Os exemplos do setor para cada um dos papéis descritos ilustram de que maneira as empresas vêm usando as informações com eficiência.

A inovação de produtos de serviços é orientada por uma valorização da cadeia virtual de valor que reúne informações sobre as necessidades dos clientes com base nas mudanças demográficas e de estilo de vida. Esse banco de dados pode ser explorado no desenvolvimento de novos serviços voltados a uma clientela já existente. Contudo, há limites quanto ao uso de informações, o que abrange questões de privacidade, justiça, confiabilidade, e precisão e exatidão dos dados.

O capítulo finaliza com uma estrutura que categoriza empresas de serviços de acordo com seu nível de competitividade em relação às principais dimensões operacionais.

VISÃO ESTRATÉGICA EM SERVIÇOS

O objetivo e o lugar de uma empresa de serviços no mercado começam com a ideia de um empreendedor e uma necessidade não atendida. A Tabela 3.1 apresenta um quadro considerando questões que devem ser avaliadas ao formular uma *visão estratégica de serviços*. As categorias básicas são: sistema de prestação de serviços, estratégia operacional, conceito em serviços e segmentos do mercado-alvo. Dentro de cada quadro são apresentadas questões para auxiliar no desenvolvimento da categoria. Entre as categorias, uma questão é formulada para avaliar a efetividade da categoria em apoiar a categoria anterior em relação à visão estratégica do serviço. Por exemplo, a questão "o sistema de prestação de serviço dá suporte à estratégia operacional?" capacita a pessoa a abordar a pertinência do sistema de prestação do serviço para a estratégia operacional pretendida. A Tabela 3.1 limita-se ao mercado interno. Se aplicada a um contexto global, questões adicionais são necessárias para dar conta de elementos culturais. Os elementos internacionais que precisam ser acrescentados à visão estratégica de serviços mostrada aqui estão na Tabela 14.1 no capítulo Globalização dos Serviços.

Para demonstrar a eficiência desse quadro, ilustramos, na Tabela 3.2, a visão estratégica de serviços da companhia aérea Southwest Airlines no momento em que a empresa começou a operar servindo apenas três cidades no Texas (Dallas, Houston e San Antonio). Com empresas que estão iniciando, como a Southwest Airlines, o melhor é aplicar a visão estratégica de serviços da direita para a esquerda, começando pela análise do mercado-alvo.

Tabela 3.1 Elementos da visão estratégica de serviços

Sistema de fornecimento de serviço		Estratégia de operação		Conceito do serviço		Segmentos do mercado-alvo
Quais são as características mais importantes do sistema de prestação de serviço, incluindo: O papel das pessoas? Tecnologia? Equipamento? Leiaute? Procedimentos? Que capacidade ele oferece? Em situação normal? Em momentos de pico? Em que medida ele: Ajuda a assegurar os padrões de qualidade? Diferencia-se da competição? Proporciona barreiras à entrada de competidores?	↕ O sistema de fornecimento do serviço apoia a estratégia operacional? ↕	Quais são os elementos importantes da estratégia? Operações? Financiamento? Marketing? Organização? Recursos humanos? Controle? Em quais deles será concentrado o maior esforço? Onde serão feitos os investimentos? Como a qualidade e o custo serão controlados? Indicadores? Incentivos? Gratificações? Quais resultados serão esperados diante da competição em termos de: Qualidade do serviço? Perfil de custo? Produtividade? Disposição/lealdade dos funcionários?	↕ Até que ponto o valor dos resultados e a qualidade do processo para os clientes são alavancados à custa de despesas para o fornecedor? ↕	Quais são os elementos importantes do serviço em termos de resultados para os clientes? Como esses elementos devem ser percebidos pelo segmento de mercado-alvo? Pelo mercado em geral? Pelos empregados? Por outros interessados? Como os clientes percebem o conceito do serviço? Que esforços isso sugere em termos da maneira como o serviço é: Criado? Oferecido? Vendido?	↕ Como o conceito do serviço está posicionado em relação às necessidades dos clientes e ao que os concorrentes oferecem? ↕	Quais são as características comuns dos segmentos de mercado mais importantes? Quais dimensões podem ser usadas para segmentar o mercado? Demográficas? Psicográficas? Qual é a importância dos vários segmentos? Quais são as necessidades de cada um? Com que qualidade essas necessidades estão sendo atendidas? De que maneira? Por quem?

Fonte: Adaptada e reimpressa com permissão de J. L. Heskett, W. E. Sasser, and L. A. Schlesinger, *The Service Profit Chain* (New York: The Free Press, 1997), p. 9.

Tabela 3.2 Visão estratégica de serviços da Southwest Airlines

Sistema de fornecimento de serviço	Estratégia de operação	Conceito do serviço	Segmento de mercado-alvo
• Clima amigável na cabine para diferenciar o serviço • Uso somente de aeronaves Boeing 737 para controlar os custos de manutenção e operacionais • Contratação da tripulação com base na atitude	• Embarque e desembarque feitos rapidamente resultam na alta utilização dos aviões • A impossibilidade de reserva de poltronas é recompensada pela pontualidade e promove partidas na hora marcada	• Voos curtos com partidas frequentes • Oferta somente de amendoim e refrigerante • Uso de aeroportos das cidades ou com baixo tráfego evita congestionamentos • Bagagem de mão	• Residentes do Estado do Texas • Viajantes de negócios que viajam de carro em função de serviço inadequado • Viagem familiar barata de final de semana

ENTENDENDO O AMBIENTE COMPETITIVO DOS SERVIÇOS

Em geral, as empresas de serviços competem em um ambiente econômico difícil, e existem muitas razões para essa dificuldade:

- *Barreiras de entrada relativamente fracas aos competidores.* Inovações em serviços não são patenteáveis e, na maioria dos casos, os serviços não são do tipo capital intensivo. Assim, as inovações podem ser facilmente copiadas pelos concorrentes. Entretanto, existem outros tipos de barreiras de entrada, como construir um hotel na melhor praia de uma ilha (p. ex., o Club Med localizado na ilha Moorea, na Polinésia Francesa).
- *Oportunidades mínimas para economias de escala.* A necessidade de deslocamento físico limita a área de mercado e, assim, o escoamento dos serviços ocorre em pequena escala. Empresas com franquias conseguem realizar algumas economias de escala ao dividir os custos de compras e de propaganda; em outros casos, a Internet pode substituir o deslocamento físico (p. ex., pedidos para a Amazon.com).
- *Flutuações erráticas das vendas.* A demanda por serviços varia em função da hora do dia e do dia da semana (e, às vezes, sazonalmente), conforme a chegada aleatória dos clientes. Você consegue imaginar algumas exceções a essa regra?
- *Desvantagem de tamanho ao negociar com compradores ou fornecedores.* O pequeno porte de muitas empresas de serviços coloca-as em desvantagem ao negociar com poderosos vendedores ou fornecedores. Entretanto, existem muitas exceções, como o McDonald's ao comprar carne e a Marriott ao comprar colchões.
- *Substituição de produtos.* Produtos inovadores podem substituir um serviço (p.ex., o teste de gravidez feito em casa). Assim, as empresas de serviços devem observar não apenas os outros competidores, mas também antecipar inovações em produtos capazes de tornar o seu serviço obsoleto.
- *Fidelidade dos clientes.* Empresas estabelecidas que oferecem serviços personalizados criam uma clientela fiel, o que se torna uma barreira à entrada de novos serviços. Por exemplo, uma empresa fornecedora de material hospitalar pode colocar os seus próprios terminais de computador para pedidos nas instalações dos clientes. Esses terminais facilitam a solicitação dos pedidos a ponto de eliminar efetivamente a concorrência.
- *Barreiras à saída.* Algumas empresas de serviços continuam a operar, mesmo com lucros baixos ou inexistentes. Por exemplo, uma empresa privada pode ter como objetivo principal empregar os membros da família, em vez de maximizar o lucro. Outras empresas de serviços, como lojas de antiguidades e lojas de equipamentos de mergulho, baseiam-se em um *hobby* ou possuem um apelo romântico que proporciona plena satisfação dos seus donos, o que compensa a baixa lucratividade. Assim, os competidores motivados pelo lucro encontrariam dificuldades para afastar essas empresas do mercado.

Em todas as atividades de serviços, existem empresas que superaram as dificuldades competitivas e prosperaram. Por exemplo, o McDonald's alcançou uma posição dominante na indústria de *fast-food* superando muitas das dificuldades listadas anteriormente. Novos empreendimentos, entretanto, devem desenvolver uma estratégia de serviços adequada às características competitivas de suas respectivas atividades. Três estratégias genéricas que conseguiram proporcionar vantagens competitivas e exemplos de como as empresas de serviços têm usado essas estratégias serão nosso próximo tópico.

ESTRATÉGIAS COMPETITIVAS EM SERVIÇOS[2]

Michael Porter sustenta de forma convincente que existem três estratégias competitivas genéricas: liderança global em custos, diferenciação e foco.[3] Cada uma dessas estratégias será descrita, com exemplos de como as empresas de serviços as usam para superar a concorrência.

Liderança global em custos

Uma estratégia de *liderança global em custos* requer instalações com eficiência de escala, um rígido controle dos custos e das despesas gerais e, frequentemente, uma tecnologia inovadora. Dispor de uma posição de baixo custo proporciona uma defesa contra a concorrência, pois os competidores menos eficientes sofrerão primeiro com as pressões competitivas. Implantar uma estratégia de baixo custo normalmente requer altos investimentos em equipamentos de última geração, preços agressivos e perdas iniciais para conquistar fatia do mercado. Uma estratégia de liderança em custos algumas vezes pode revolucionar um setor, como bem ilustra o sucesso do McDonald's, da Wal-Mart e da Federal Express. Além disso, as empresas de serviços têm conseguido conquistar liderança com baixos custos usando métodos variados.

Procura por clientes de baixo custo
O atendimento de alguns clientes custa menos do que o de outros, e eles podem ser o alvo dos prestadores do serviço. Por exemplo, a United States Automobile Association (USAA) ocupa uma posição de destaque entre as seguradoras de automóveis porque atende somente militares e seus familiares. O atendimento a esse grupo também implica em baixos custos porque seus membros, relativamente nômades, estão acostumados a fazer negócios por telefone, correio ou Internet. Consequentemente, a USAA é capaz de eliminar a necessidade do vasto quadro de vendas normalmente empregado pelas seguradoras tradicionais. Outro exemplo dessa estratégia é proporcionado por varejistas de baixo custo, como a Sam's Wholesale Club e a Costco, que têm como foco clientes interessados em comprar em grande quantidade, e que, de forma prática, não necessitam de intermediários para a compra.

Padronização de um serviço personalizado
Geralmente, a preparação da declaração do imposto de renda é considerada um serviço personalizado. A empresa H & R Block, que oferece serviços de declaração de imposto de renda, entretanto, tem sucesso com clientes de todos os Estados Unidos que necessitam apenas da declaração simplificada. Da mesma forma, serviços de cartório e serviços de saúde oferecidos por universidades a preços populares são formas atrativas de fornecer serviços profissionais de rotina com baixo custo. A palavra-chave aqui é *rotina*. No entanto, a substituição do produto é sempre uma ameaça (p.ex., o software para imposto de renda Turbo Tax).

Redução da interação na prestação dos serviços
A estratégia, potencialmente de alto risco, de redução do contato pessoal na prestação dos serviços pode ser aceita pelos clientes se resultar mais conveniente para eles. Por exemplo, o acesso facilitado a caixas automáticos tem afastado gradualmente os clientes da interação pessoal com os funcionários, reduzindo, assim, os custos para os bancos.

Redução dos custos de rede
As empresas de serviços que necessitam de uma rede para unir prestadores de serviços e consumidores se deparam com custos iniciais elevados. As empresas de fornecimento de energia elétrica, com altos custos fixos em linhas de transmissão, são o exemplo mais óbvio. A Federal Express concebeu uma abordagem diferenciada para reduzir custos de rede usando um sistema centro--radial (*hub-and-spoke*). Assim, definindo Memphis como centro, com uma avançada tecnologia de triagem, a transportadora de cargas expressas capacitou-se a cobrir os Estados Unidos sem rotas diretas entre as cidades servidas. Cada vez que uma nova cidade é inserida na rede, a Federal Express apenas adiciona uma rota de duas vias a partir do centro, em vez de adicionar rotas entre todas

as cidades servidas. A eficiência do sistema centro-radial foi aproveitada também pelos operadores de passagens aéreas.

Operações de serviço off-line
Muitos serviços, como cabeleireiros e transporte de passageiros, são inerentemente "*on-line*", pois só podem ser realizados com o cliente presente. Para os serviços em que o cliente não necessita estar presente, a transação do serviço pode acontecer de forma "desconectada", com alguns aspectos sendo executados "*off-line*". Por exemplo, um serviço de conserto de calçados pode ter vários postos de retirada e coleta, encaminhando os pedidos até mesmo para oficinas de conserto em localidades distantes. A execução de serviços *off-line* representa uma significativa redução de custos devido às economias de escala envolvidas na consolidação do serviço, ao baixo custo de localização das instalações (p. ex., a American Airlines tem um de seus centros de reservas com ligação gratuita localizado no Caribe) e à ausência do cliente no sistema. Em resumo, a operação do serviço que foi desconectado funciona como uma fábrica.

Diferenciação

A essência da estratégia de *diferenciação* reside na criação de um serviço percebido como único. As abordagens para a diferenciação podem ter várias formas: imagem da marca (p.ex., os arcos dourados do McDonald's), tecnologia (a rede de fibras óticas da Sprint), características especiais (os serviços completos de viagem da American Express), serviço ao cliente (a reputação da Nordstrom entre as lojas de departamentos), rede de distribuição (a presença da imobiliária Century 21 em todo o território dos Estados Unidos) e outras dimensões. Uma estratégia de diferenciação não ignora custos, mas sua característica principal consiste em criar a lealdade do cliente. Conforme ilustrado aqui, a diferenciação frequentemente é alcançada com algum custo que o cliente desejado está disposto a pagar.

Tornando tangível o intangível
Por sua própria natureza, os serviços são quase sempre intangíveis e não fornecem ao cliente uma lembrança material da compra. Reconhecendo a necessidade de reforçar o período de estadia na memória do cliente, muitos hotéis fornecem artigos de toalete cortesia contendo o nome do hotel. A Hartford Steam Boiler Inspection and Insurance Company faz seguros na área de empresas geradoras de energia, mas vem aperfeiçoando seus serviços com inspeções regulares e recomendações aos gerentes para evitar potenciais problemas.

Personalização do produto padrão
Proporcionar um toque customizado aproxima a empresa de seus consumidores a um custo muito baixo. Um administrador de hotel que se dirige ao hóspede pelo nome causa uma impressão que pode traduzir-se no retorno do cliente em outra ocasião. Os salões de beleza acrescentaram muitas características personalizadas (p. ex., estilista pessoal, bar, ambiente relaxante, música ambiental) para se diferenciarem dos salões tradicionais. Os esforços do Burger King para promover uma política de produção "sob encomenda" são uma tentativa de se diferenciar da abordagem clássica de produção em série dos serviços *fast-food* do McDonald's.

Redução do risco percebido
A falta de informação sobre a compra de um serviço cria uma sensação de risco para muitos clientes. A falta de conhecimento ou autoconfiança a respeito de serviços como manutenção de automóveis faz os clientes procurarem um prestador de serviços que tenha tempo para explicar o trabalho a ser realizado, com instalações limpas e organizadas, e que dê garantia de seu trabalho (p. ex., Village Volvo). Os clientes frequentemente acham válido pagar um preço um pouco maior para usufruírem da sensação de tranquilidade e segurança estabelecida em um relacionamento desse tipo.

Valorização do treinamento de pessoal
Os investimentos em desenvolvimento de pessoal e em treinamento que resultam em um aumento da qualidade dos serviços são uma vantagem competitiva difícil de copiar. As empresas líderes em seu ramo de atividade são conhecidas entre os competidores pela qualidade de seus programas de treinamento. Em alguns casos, essas empresas estabeleceram centros de treinamento semelhantes a faculdades (p.ex., a Universidade do Hambúrguer do McDonald's, localizada em Oak Brook, Illinois, perto de Chicago).

Controle de qualidade
Manter a consistência na qualidade do serviço em vários locais, com um sistema de trabalho intensivo, é um desafio significativo. As empresas têm abordado esse problema de diversas maneiras – treinamento de pessoal, procedimentos padronizados, tecnologia, limitação da esfera de ação, supervisão direta, atenção sobre a pressão exercida pelos colegas, entre outras. Por exemplo, para assegurar a consistência, a cadeia de restaurantes Magic Pan projetou uma máquina à prova de falhas humanas para produzir seus famosos crepes. A questão da qualidade dos serviços complica-se ainda mais pela distância potencial entre as expectativas e as experiências dos clientes. Influenciar as expectativas de qualidade do cliente torna-se, portanto, um aspecto a considerar, o que será explorado no Capítulo 6, "Qualidade em serviços".

Foco

A estratégia de *foco* é construída em torno da ideia de servir muito bem a um mercado-alvo particular, dirigindo-se às necessidades específicas dos clientes. O segmento de mercado poderia ser um grupo de compradores específico (p. ex., a USAA e os oficiais militares), um serviço (p. ex., o Shouldice Hospital e os pacientes com hérnias inguinais, uma rede de hotéis econômicos, a Federal Express e pessoas que necessitam de entregas de encomendas garantidas de um dia para o outro) ou regiões geográficas (p. ex., uma universidade local ou um restaurante do bairro). A estratégia de foco fundamenta-se na premissa de que a empresa consegue servir seu mercado-alvo restrito de maneira mais eficaz e/ou eficiente do que outras empresas que tentam servir um mercado amplo. Como resultado, a empresa consegue uma vantagem competitiva nesse segmento do mercado por conhecer melhor as necessidades dos clientes e/ ou por reduzir os custos por meio da especialização. Desse modo, a estratégia de foco é a aplicação da diferenciação e/ou da liderança global em custos a um determinado segmento de mercado, e não ao mercado como um todo.

Davidow e Uttal destacam a importância da seleção do cliente a fim de chegar a uma estratégia de foco bem-sucedida.[4] Eles trazem o exemplo de um banco na cidade de Palo Alto, Califórnia, que procura clientes com maior poder financeiro e descarta os demais mediante diretrizes como o fechamento de uma conta após a emissão de dois cheques sem fundos. A abordagem em três etapas de Davidow e Uttal para o foco inclui a segmentação do mercado para projetar os serviços essenciais, a classificação dos clientes de acordo com o valor que eles atribuem ao serviço e o estabelecimento de expectativas ligeiramente abaixo do desempenho percebido.

ANÁLISE ESTRATÉGICA

A análise estratégica começa com um objetivo determinado, como: "devemos entrar no mercado com a oferta de um novo serviço?". Duas ferramentas de planejamento muito conhecidas são (1) o modelo das cinco forças de Porter, que permite analisar de que forma o setor-alvo está organizado, e (2) a análise SWOT para avaliarmos as forças, fraquezas, oportunidades e ameaças existentes no mercado.

Análise das cinco forças de Porter[5]

O modelo das cinco forças é aplicado a um setor do mercado (p.ex., companhias aéreas) para determinar o grau de competitividade e, portanto, o quanto ele é atrativo. O modelo das cinco forças afeta a capacidade de uma empresa de atrair clientes e obter lucro. A Figura 3.1 mostra um modelo das cinco forças com questões a serem consideradas em cada caso.

Considere a Netflix como um exemplo de empresa ingressando no serviço de aluguel de filmes. Nossa discussão começa com o bloco central (Rivalidade entre Concorrentes) sobre o qual as forças externas agem.

- *Rivalidade entre Concorrentes*. Com frequência esse fator é o principal determinante na competitividade do setor. Os concorrentes podem estabelecer preços agressivos ou usar estratégias que não se baseiam no preço, como inovação, divulgação da marca ou qualidade superior. A capacidade em suprir todas as demandas do cliente indica se a estreante encontrará, ou não, clientes. Uma exceção foi a Southwest Airlines que entrou no mercado texano oferecendo passagens baratas e voos frequentes, explorando, assim, uma demanda latente por parte dos que viajam a

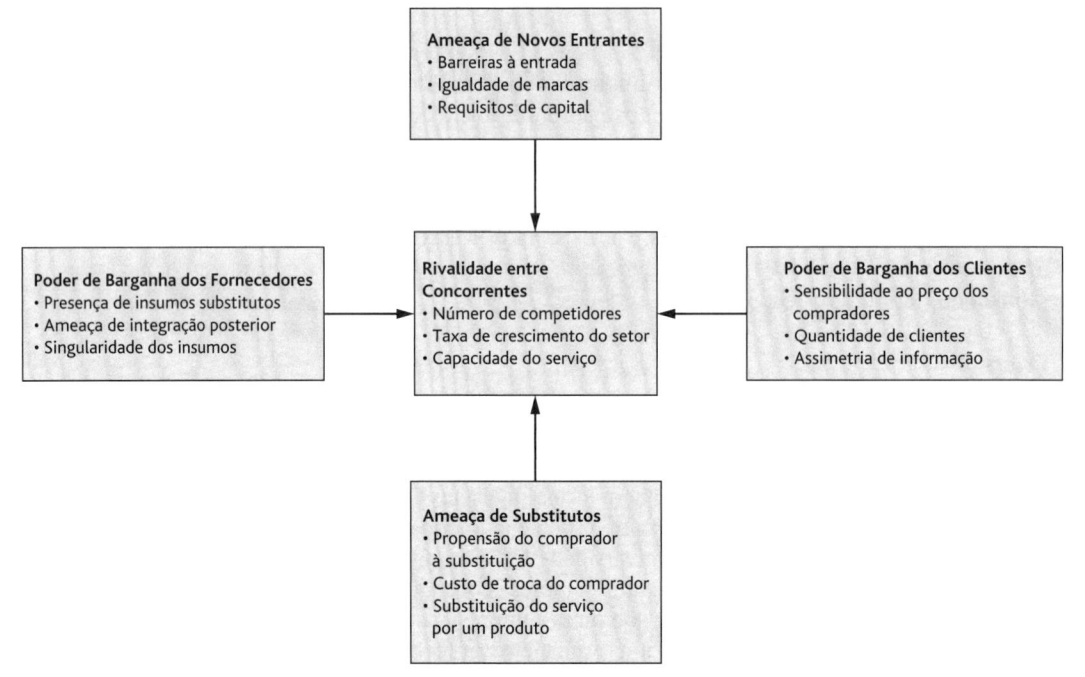

```
                    ┌─────────────────────────────┐
                    │ Ameaça de Novos Entrantes   │
                    │ • Barreiras à entrada       │
                    │ • Igualdade de marcas       │
                    │ • Requisitos de capital     │
                    └──────────────┬──────────────┘
                                   │
                                   ▼
┌──────────────────────────────┐  ┌─────────────────────────┐  ┌──────────────────────────────┐
│ Poder de Barganha dos        │  │ Rivalidade entre        │  │ Poder de Barganha dos        │
│ Fornecedores                 │  │ Concorrentes            │  │ Clientes                     │
│ • Presença de insumos        │─▶│ • Número de competidores│◀─│ • Sensibilidade ao preço dos │
│   substitutos                │  │ • Taxa de crescimento   │  │   compradores                │
│ • Ameaça de integração       │  │   do setor              │  │ • Quantidade de clientes     │
│   posterior                  │  │ • Capacidade do serviço │  │ • Assimetria de informação   │
│ • Singularidade dos insumos  │  └────────────▲────────────┘  └──────────────────────────────┘
└──────────────────────────────┘               │
                                               │
                    ┌──────────────────────────┴──┐
                    │ Ameaça de Substitutos       │
                    │ • Propensão do comprador    │
                    │   à substituição            │
                    │ • Custo de troca do comprador│
                    │ • Substituição do serviço   │
                    │   por um produto            │
                    └─────────────────────────────┘
```

Figura 3.1 Modelo das cinco forças de Porter.

trabalho e que fazem o trajeto de carro. Quando a Netflix entrou no mercado oferecendo aluguel de DVDs exclusivamente pelo correio, suas únicas rivais eram locadoras como a Blockbuster.

- *Ameaça de Novos Entrantes.* Os mercados lucrativos com alta rentabilidade são convidativos aos novos competidores. Por exemplo, a Wal-Mart tentou concorrer com a Netflix no setor de locações, mas desistiu por ser incapaz de superar a marca que a Netflix já havia estabelecido no mercado.
- *Ameaça de Substitutos.* Quanto aos serviços, os substitutos geralmente ganham a forma de um produto. Por exemplo, o software Turbo Tax é um substituto para o serviço de um contador. A Netflix precisa enfrentar a competição das empresas de TV a cabo que permitem a seus clientes fazer o download dos filmes diretamente para suas televisões usando o software Tivoli.
- *Poder de Barganha dos Fornecedores.* Os fornecedores de insumos podem exercer um poder sobre a empresa em função da singularidade do produto ou por monopolizarem a fonte. Os fornecedores mais importantes para a Netflix são as distribuidoras de DVD, mas a Netflix possui uma influência considerável em função do grande volume de compras.
- *Poder de Barganha dos Clientes.* Os clientes da Netflix podem exercer pressão sobre os preços e, assim, restringir altas margens de lucro. No setor de viagens, o uso de *sites* como o Priceline.com e o Hotwire.com tem trazido vantagens aos clientes a partir dos dados que eles fornecem para a utilização do serviço. Por outro lado, a Netflix utiliza as informações obtidas com os filmes alugados pelos clientes para recomendar outros filmes com assuntos similares, estimulando a demanda.

Análise SWOT: Forças, Fraquezas, Oportunidades, Ameaças

Uma *análise SWOT* identifica forças e fraquezas internas da organização, assim como ameaças e oportunidades existentes no ambiente externo. O objetivo da análise é revelar vantagens competitivas, analisar as perspectivas, preparar-se para futuros problemas e possibilitar o desenvolvimento de planos de contingência. Uma análise SWOT começa com o estabelecimento de um objetivo definido e termina com um resumo das forças a serem mantidas, desenvolvidas ou incentivadas; fraquezas a serem solucionadas; oportunidades a serem priorizadas, apreendidas ou construídas; e ameaças a serem combatidas, minimizadas ou administradas. Uma análise SWOT é subjetiva e duas pessoas geralmente chegam a versões finais diferentes, enfatizando, dessa forma, o valor da colaboração. A Tabela 3.3 apresenta uma amostra de perguntas típicas que podem ser feitas em cada um dos quatro quadrantes de uma análise SWOT.

Tabela 3.3 Análise SWOT

Forças	Fraquezas
• Quais são as vantagens da sua empresa?	• O que poderia ser melhorado?
• O que a sua empresa faz melhor do que as concorrentes?	• O que deveria ser evitado?
• O que a empresa possui de singular?	• Que fatores prejudicam as vendas?
• O que as pessoas pertencentes ao mesmo mercado pensam ser as forças de seu negócio?	• O que as pessoas pertencentes ao mesmo mercado provavelmente pensam ser as fraquezas de seu negócio?
Oportunidades	**Ameaças**
• Quais são as vulnerabilidades dos seus competidores?	• Que obstáculos você enfrenta?
• Quais são as tendências atuais do mercado?	• O que seus competidores estão fazendo?
• A tecnologia oferece novas opções de serviço?	• A mudança tecnológica está ameaçando sua posição?
• Há nichos do mercado que sua empresa poderia suprir?	• Você tem problemas de fluxo de caixa?

CONQUISTANDO CLIENTES NO MERCADO

Dependendo da competição e das necessidades pessoais, os clientes escolhem um prestador de serviços usando os critérios aqui listados. Essa listagem não pretende ser completa, pois a própria inclusão de uma nova dimensão por uma empresa representa uma tentativa de envolver-se em uma estratégia de diferenciação. Por exemplo, a criação do programa "AAdvantage", desenvolvido pela American Airlines para passageiros frequentes, foi uma tentativa de inserir a dimensão "fidelização do cliente" à competição entre as empresas aéreas.

- *Disponibilidade.* O quão acessível é o serviço? O uso de caixas automáticos pelos bancos disponibilizou alguns serviços bancários durante 24 horas (isto é, serviços além do tradicional "horário bancário"). O uso do número 0800 (discagem gratuita) e de *sites* por muitas empresas de serviços facilitam o acesso a informações e a contas pessoais durante as 24 horas do dia, todos os dias da semana.
- *Conveniência.* A localização do serviço define a conveniência para os clientes que precisam se deslocar até lá. Postos de gasolina, restaurantes de *fast-food* e lavagens a seco são exemplos de serviços que devem estar localizados em ruas movimentadas se desejam ser bem-sucedidos.
- *Confiança.* Quão seguro é o serviço? Por exemplo, uma vez que o dedetizador acabou o seu trabalho, em quanto tempo os insetos retornarão? Uma reclamação comum a respeito da manutenção de automóveis é a incapacidade de solucionar o problema na primeira visita. Para companhias aéreas, o cumprimento de horários é controlado estatisticamente pelo órgão federal que regulamenta a aviação comercial, a FAA (no Brasil, a ANAC).
- *Personalização.* Você está sendo tratado como um indivíduo? Os hotéis, por exemplo, descobriram que seus clientes respondem satisfatoriamente ao serem cumprimentados pelos seus nomes. O grau de customização permitido na prestação do serviço, por menor que seja, é percebido como um serviço mais personalizado.
- *Preço.* A competição no preço não é tão eficaz em serviços quanto em produtos devido à dificuldade de comparar os custos dos serviços de forma objetiva. Pode ser fácil comparar custos na prestação de serviços rotineiros, como na troca de óleo. Porém, em serviços profissionais, a competição no preço pode ser contraproducente já que muitas vezes o preço é visto como sinônimo de qualidade.
- *Qualidade.* A qualidade dos serviços diz respeito à relação entre as expectativas prévias dos clientes e as suas percepções durante e após a respectiva prestação do serviço. Ao contrário da qualidade de um produto, a qualidade de um serviço é julgada pelo processo de prestação e pelos resultados.
- *Reputação.* A incerteza na escolha de um prestador de serviços é, muitas vezes, resolvida em conversas com outras pessoas a respeito de suas experiências, antes de se tomar uma decisão. Ao contrário do que ocorre com um produto, uma experiência ruim com um serviço não pode ser devolvida ou trocada por um modelo diferente. A propaganda boca a boca positiva é a forma de publicidade mais eficaz.

- *Segurança.* Bem-estar e segurança são questões importantes, pois, em muitos serviços, como em viagens aéreas e na medicina, os clientes colocam as suas vidas nas mãos do prestador de serviços.
- *Rapidez.* Quanto tempo devo esperar pelo serviço? Para serviços de emergência, como combate a incêndios e proteção policial, o tempo de resposta é o principal critério de desempenho. Em outros serviços, a espera é compensada com serviços mais personalizados ou taxas reduzidas.

Escrevendo sobre estratégia de manufatura, Terry Hill usou o termo *critérios ganhadores de pedidos* para se referir às dimensões competitivas que vendem produtos.[6] Indo além, sugeriu que alguns critérios poderiam ser chamados de *qualificadores,* porque a presença dessas dimensões seria necessária para um produto entrar no mercado. Finalmente, Hill disse que alguns qualificadores seriam considerados *suscetíveis à perda do pedido.*

Usaremos uma lógica similar e os critérios de serviços listados anteriormente para descrever a decisão de compra dos serviços. A sequência de decisão de compras começa com a qualificação das empresas de serviços potenciais (p.ex., o médico deve estar na minha lista de preferências?), seguida da seleção final, neste subconjunto, de uma empresa vencedora do serviço (p.ex., qual dos médicos da lista têm a melhor reputação?). Após a primeira experiência com o serviço, a decisão de retorno será baseada na ocorrência ou não de um "fracasso no serviço" (p. ex., o médico foi frio e impessoal).

Qualificadores

Para que uma empresa de serviços venha a ser tratada seriamente como uma competidora no mercado, ela deve alcançar determinado nível para cada dimensão competitiva do serviço, como definido pelos outros participantes do mercado. Por exemplo, no transporte aéreo, citamos a segurança, definida pelas condições das aeronaves e pela proficiência dos pilotos, como um *qualificador* óbvio. Em um mercado estável, como o de restaurantes de *fast-food*, os competidores já estabelecidos podem definir um nível de qualidade – por exemplo, para a limpeza – em que os novos entrantes devem pelo menos se igualar para serem competidores viáveis. Para os restaurantes de *fast-food*, uma dimensão que já foi um critério vencedor, como os balcões *drive-in*, com o tempo pode tornar-se um qualificador, pois alguns clientes nem sequer parariam se esses recursos não existissem.

Ganhadores de serviços

Ganhadores de serviços são dimensões como preço, conveniência ou reputação, utilizadas por um cliente para escolher entre os competidores. Dependendo das necessidades do cliente na hora da compra, a dimensão ganhadora varia. Por exemplo, a procura por um restaurante para almoçar pode ser baseada na conveniência, mas, para um jantar romântico, seria influenciada pela reputação. Note que um critério ganhador pode se tornar um qualificador do ramo (p.ex., o uso de caixas automáticos pelos bancos).

Perdedores de serviços

A incapacidade de atender à altura ou acima do nível exigido em uma dimensão competitiva pode gerar a perda definitiva de um cliente devido a sua insatisfação. Por vários motivos, as dimensões de confiabilidade, personalização e rapidez são critérios particularmente vulneráveis a se tornarem *perdedores de serviços.* Alguns exemplos seriam a oficina que não consegue resolver um problema mecânico do carro (confiabilidade), o tratamento impessoal de um médico (personalização) e o serviço de entrega que não cumpre o prazo contratado (rapidez).

O PAPEL COMPETITIVO DAS INFORMAÇÕES NOS SERVIÇOS[7]

Em se tratando de gerenciamento de serviços, a tecnologia da informação está ajudando a definir a estratégia competitiva de empresas de sucesso. A Figura 3.2 ilustra os diferentes papéis assumidos pela tecnologia da informação a fim de dar apoio à estratégia competitiva de uma empresa de serviços. Exploraremos cada um desses papéis com exemplos de aplicações de sucesso.

Uso competitivo das informações

	On-line (tempo real)	Off-line (análise)
Externa (Cliente)	*Criação de barreiras à entrada:* Sistema de reserva; Programa do usuário frequente; Custos de troca	*Ativo de banco de dados:* Desenvolvimento de serviços; Venda de informações; Micromarketing
Interna (Operações)	*Geração de receita:* Gestão de rendimentos; Ponto de vendas; Sistemas especializados	*Incremento de produtividade:* Situação do estoque; Análise por envelopamento de dados (DEA)

Figura 3.2 Papéis estratégicos das informações em serviços.
Fonte: Adaptada de James A. Fitzsimmons "Strategic Role of Information in Services", Rakesh V. Sarin (ed.), *Perspectives in Operations Management: Essays in Honor of Elwood S. Buffa,* Norwell, Mass: Kluwer Academic Publisher, 1993, p.103.

Criação de barreiras à entrada

Como observado anteriormente, existem muitos serviços no mercado que apresentam poucas barreiras à entrada. James L. Heskett, no entanto, argumentou que as barreiras à entrada são criadas usando economias de escala, construindo uma participação no mercado, criando custos de troca, investindo em redes de comunicações e usando bancos de dados e tecnologias da informação para obter uma vantagem estratégica.[8] Discutiremos três usos da informação para criar barreiras à entrada: sistemas de reservas, programas de passageiros frequentes ou programas similares para ganhar a lealdade dos clientes e desenvolver relações com os clientes a fim de aumentar os *custos de troca*.

Sistemas de reserva
Uma barreira à entrada pode ser criada ao investir em sistemas de reserva *on-line* fornecidos para os intermediários de vendas, como os agentes de viagem. O sistema SABRE, da American Airlines, é um exemplo do tipo de barreira à entrada criada por um sistema abrangente de informações. A United e a Delta reproduziram esse sistema de reservas com grande custo, mas a maioria das companhias aéreas menores usa esses sistemas pagando uma taxa. A importância competitiva dos sistemas de reservas *on-line* tornou-se evidente no final de 1982. Nessa época, o Conselho Aeronáutico Civil (CAB) e o Ministério da Justiça norte-americano iniciaram uma investigação conjunta sobre possíveis violações antitruste pelos sistemas de reservas de companhias aéreas. Nessa investigação, a Frontier Airlines entrou com um processo acusando a United de restringir injustamente a competição ao usar o sistema de reservas computadorizado Apollo.[9]

Programa do usuário frequente
Foi um pequeno passo para a American Airlines, levando em consideração o seu vasto sistema de reservas, somar as milhas dos passageiros para acumular créditos de viagem e assim premiar os passageiros que voam com frequência. Esses programas, que concedem viagens gratuitas e vários benefícios adicionais, criam uma forte lealdade à marca entre os viajantes, particularmente entre aqueles que viajam a negócios e não estão pagando suas passagens. Desse modo, as tarifas com desconto oferecidas por um novo competidor não causam impacto algum nesses viajantes, como foi aprendido pela People Express. Um consultor de viagens fez a seguinte afirmação: "É um dos programas mais anticompetitivos já colocados em prática".[10]

Alfred Kahn, o pai da desregulamentação, chefiou o CAB no final dos anos 1970 e não previu a forma como as companhias aéreas criariam sistemas de reservas e planos para passageiros frequentes para suprimir a competição. Segundo ele, "Ninguém reconheceu todas as formas com as quais uma companhia aérea poderia isolar-se da competição".[11]

Custos de troca
O estabelecimento de uma relação com o cliente cria uma situação inconveniente para ele quando ocorrer a troca de fornecedor. Pense no incômodo de trocar de banco após você ter programado o pagamento de suas contas por meio de débito em conta.

A tecnologia da informação na forma de terminais de computadores *on-line* tem sido usada na indústria de fornecimento de medicamentos para conectar os hospitais diretamente às redes de distribuição dos fornecedores. Tanto o American Hospital Supply quanto a McKesson, uma distribuidora de medicamentos, instalaram seus terminais *on-line* em hospitais, de maneira que as provisões e os remédios sejam comprados conforme a necessidade. Custos de troca significativos são inseridos nesse acordo, pois o hospital pode reduzir os custos de manutenção de estoque e tem a conveniência de solicitar as reposições *on-line*. O fornecedor beneficia-se reduzindo seus custos de venda, pois é difícil para um competidor atrair um cliente que já foi cooptado por esse sistema.[12]

Geração de receita

As tecnologias da informação em tempo real com foco nas operações internas exercem um papel competitivo no aumento das oportunidades de receita. O conceito de *gestão de rendimentos* (*yield management*) é mais bem compreendido como uma estratégia de maximização da receita para a utilização total da capacidade dos serviços. Os avanços nos microcomputadores possibilitaram o uso de dispositivos inovadores nos pontos de vendas, e o uso de sistemas especializados por meio de *notebooks* permite ampliar o nível de serviço para os clientes.

Gestão de rendimentos
Com o uso do seu sistema de reservas SABRE, a American Airlines foi a primeira a perceber o potencial do que agora é chamado de gestão de rendimento. Ao monitorar constantemente o *status* tanto de seus próximos voos quanto dos voos dos concorrentes na mesma rota, a American toma decisões de precificação e distribuição dos assentos não vendidos. Desse modo, o número de passagens econômicas alocadas para um dado voo pode ser ajustado para assegurar que os assentos vazios restantes tenham uma chance de serem vendidos, mas não à custa de um assento com tarifa normal. Essa estratégia de precificação em tempo real maximiza as receitas para cada voo ao assegurar que nenhum assento fique vazio devido à falta de um passageiro que busca uma oferta, ao mesmo tempo em que reserva alguns assentos para passageiros que chegam em cima da hora e estão dispostos a pagar uma tarifa normal.[13]

Desse modo, a gestão de rendimento é a aplicação de informações para incrementar a receita gerada por um recurso perecível (p.ex., assentos nas companhias aéreas, quartos de hotéis). O sucesso da gestão de rendimento para a American Airlines não passou despercebido por outros setores de serviços; por exemplo, a Marriott Hotels instalou um sistema nacional de gestão de rendimento para aumentar as taxas de ocupação. Além disso, a American Airlines está explorando sua inovação vendendo o software de gestão de rendimento para setores não concorrentes, como a companhia ferroviária francesa. O tópico de gestão de rendimento é abordado com mais detalhes no Capítulo 11.

Ponto de venda
A Wal-Mart descobriu um novo brinquedo para o cliente que busca descontos: o VideOcart (uma espécie de carrinho de compras com vídeo). À medida que o comprador empurra o VideOCart pela loja, informações a respeito do departamento em que ele está aparecem na tela de vídeo colocada no carrinho. O carrinho também ajuda os clientes a encontrar itens na loja ao listar centenas de produtos por departamento, mostrando, então, um mapa da loja. A empresa que fornece os carrinhos afirma que as vendas aumentaram em US$ 1 por visita segundo testes feitos em supermercados.[14]
Em outro exemplo, consideremos o uso de um *palmtop*. Com esse equipamento, um garçom consegue transmitir um pedido diretamente para o monitor da cozinha e a conta para o caixa ao mesmo tempo. Isso elimina etapas desnecessárias e permite utilizar o tempo para sugerir outras vendas.

Sistemas especializados
A empresa Otis Elevator Company montou um *sistema especializado* instalado em *notebooks* para sua equipe de manutenção a fim de acelerar os reparos realizados nos prédios. A coleta de informações sobre o comportamento dos seus elevadores ao longo dos anos levou a uma base de conhecimento que foi incorporada ao sistema especializado. Usando um computador portátil, um técnico de manutenção na rua consulta o sistema e recebe ajuda para identificar a fonte do problema. Como

resultado, os elevadores são reparados mais rapidamente e menos técnicos de manutenção são necessários. Algumas das primeiras aplicações dos sistemas especializados ocorreram na área médica e, possivelmente, esses sistemas seriam acessados pelos médicos mediante o pagamento de uma taxa. Ainda consideramos como exemplo um sistema especializado de exploração de petróleo capaz de identificar campos de perfuração promissores para uma importante companhia de petróleo.

Ativo de banco de dados

James L. Heskett observou que o banco de dados de que uma empresa de serviços dispõe é um ativo oculto de importância estratégica. O custo de reunir e manter um grande banco de dados é uma barreira à entrada de concorrentes. O mais importante, no entanto, é que o banco de dados seja explorado em busca dos perfis de hábitos de compra dos clientes, apresentando oportunidades para desenvolver novos serviços.[15]

Funcionários de locadoras de carro usam computadores de mão para acelerar o recebimento dos carros, evitando que os clientes percam seus voos.
Comstock/PunchStock

Venda de informações
A Dun & Bradstreet criou um novo negócio ao vender o acesso ao seu banco de informações sobre crédito empresarial. A American Home Shield, fornecedora de contratos de serviços para aquecimento, encanamento e sistemas elétricos residenciais, também descobriu que dispunha de um ativo valioso em seu banco de dados acumulado ao longo dos anos; agora, os fabricantes são convidados a acessar esse banco de dados para avaliar os padrões de desempenho de seus produtos. A American Express detalhou informações a respeito dos hábitos de gastos dos titulares de cartões e agora oferece análises dos padrões de gastos para os seus clientes varejistas.

Desenvolvimento de serviços
O Club Med, uma empresa de *resorts* de luxo com empreendimentos no mundo inteiro, desenvolveu-se no sentido de refletir o amadurecimento dos seus associados. Estudando o banco de dados das características dos membros, o Club Med percebeu que os associados, que antes eram solteiros à procura de diversão, agora eram casados e tinham filhos. A fim de continuar atraindo futuras visitas de férias, o Club Med modificou algumas das suas instalações para acomodar famílias com crianças pequenas. Agora os pais usufruem a praia e os esportes aquáticos enquanto seus filhos são cuidados pelo pessoal qualificado do Club Med em um parque para crianças. Mais recentemente, o Club Med acrescentou cruzeiros às suas possibilidades de férias para atrair os associados mais velhos, que já não se interessam por esportes aquáticos. Como ilustra esse exemplo, as empresas de serviços que capturam os dados dos clientes no momento da sua compra inicial têm a oportunidade de estabelecer uma relação para toda a vida, com o potencial de criar serviços novos ou modificados para uma compra futura.

Micromarketing
Hoje em dia, observamos uma estratégia de serviços verdadeiramente focalizada que pode concentrar-se nos clientes em um nível micro. A tecnologia de leitura de código de barras gerou uma gama de informações de compras que permitem concentrar-se com precisão nos clientes. Como mostra a Tabela 3.4, a análise desse banco de dados possibilita que os profissionais de marketing direcionem com precisão sua publicidade e a distribuição de produtos. Para aumentar as vendas, a Borden Inc., empresa do ramo alimentício, usou essas informações para escolher as lojas nas quais deveria vender seu molho especial para massas. A Kraft USA viu as suas vendas de *cream cheese* aumentarem após focar os sabores nas preferências dos compradores de uma determinada loja.[16] A American Express, analisando meticulosamente as informações sobre seus clientes e as mudanças nos seus padrões de gastos, pode dizer até quando eles se casaram.

Melhoria na produtividade

Novos desenvolvimentos na coleta e na análise das informações aumentaram nossa capacidade de gerenciar operações de serviços em vários locais. Com os computadores de mão, o estoque varejista é gerenciado diariamente para fazer melhor uso do espaço nas prateleiras ao relacionar os produtos em exposição com as vendas. As informações reunidas sobre o desempenho de diferentes unidades

Tabela 3.4 Exemplo de análise de micromarketing

Acertando na mosca
Os profissionais de micromarketing agora conseguem dirigir-se aos melhores clientes de um produto e às lojas onde é mais provável que eles façam suas compras. Eis a análise feita por uma empresa sobre os melhores alvos para três produtos na área de Nova York.

Marca	Perfil do usuário frequente	Estilo de vida e meios de comunicação utilizados	Três principais lojas
Manteiga de amendoim Peter Pan	Famílias com crianças, chefiadas por pessoas de 18 a 54 anos moradoras de áreas residenciais de classe alta e áreas rurais	• Alugam muitos vídeos • Frequentam parques temáticos • Telespectadores abaixo da média • Ouvintes de rádio acima da média	**Foodtown Super Market** 3350 Hempstead Turnpike Levittown, NY **Pathmark Supermarket** 3635 Hempstead Turnpike Levittown, NY **King Kullen Market** 598 Stewart Ave. Bethpage, NY
Congelados Stouffer's Red Box	Famílias chefiadas por pessoas de 55 anos ou mais, e famílias de classe alta chefiadas por pessoas de 35 a 54 anos	• Frequentam cassinos • Promovem festas • Envolvem-se em atividades públicas • Viajam com frequência • Leem muito jornal • Telespectadores acima da média	**Dan's Supreme Super Market** 69-62 188th St. Flushing, NY **Food Emporium** Madison Ave. & 74th St. New York, NY **Waldbaum Super Mark** 196-35 Horace Harding Flushing, NY
Cerveja light Coors	Chefes de família de 21 a 34 anos, renda média a alta, moradores de áreas centrais e de condomínios residenciais afastados da cidade	• Frequentadores de academias • Compram músicas de rock • Viajam de avião • Promovem festas, churrascos • Alugam vídeos • Assistem a muitos eventos esportivos na TV	**Food Emporium** 1498 York Ave. New York, NY **Food Emporium** First Ave. & 72nd St. New York, NY **Gristede's Supermarket** 350 E. 86th St. New York, NY

Fonte: Michael J. McCarthy, "Marketers Zero in on Their Customers,"*The Wall Street Journal*, March 18, 1991, B1. Reimpressa com permissão de*The Wall Street Journal*, © 1991 Dow Jones Company, Inc. Todos os direitos reservados no mundo.

servem para identificar os produtores mais eficientes, intensificando a produtividade em todo o sistema quando as fontes de sucesso são compartilhadas com outros locais. A base para uma organização em aprendizagem é, então, estabelecida.

Situação de estoque
Com um computador de mão, os representantes de vendas da Frito-Lay eliminaram os formulários de papel. Eles transferem os dados coletados em suas rotas a cada dia, via Internet, para o escritório central na cidade de Plano, Texas, e a empresa, então, usa esses dados para rastrear níveis de estoque, precificação, promoções de produtos e mercadorias paradas ou devolvidas. Essas atualizações diárias sobre vendas, produção e distribuição mantêm os produtos novos "girando" ao longo do sistema, combinando com as demandas dos consumidores. Para um produto perecível como batatas fritas, ter o produto certo no lugar certo e na quantidade apropriada é essencial para o sucesso da Frito-Lay. Um porta-voz da empresa disse que a organização poupou mais de US$ 40 milhões no primeiro ano devido à diminuição do uso de papel, à redução em perdas de produtos parados e à consolidação da rota comercial.[17]

Análise por envelopamento de dados
A *análise por envelopamento de dados* (DEA – *data envelopment analysis*) é uma técnica de programação linear desenvolvida por A. Charnes, W. W. Cooper e E. Rhodes para avaliar organizações sem fins lucrativos e do setor público. Subsequentemente, a técnica encontrou aplicações em organizações de serviços com fins lucrativos. A DEA compara cada unidade de prestação dos serviços a todas as outras unidades de uma organização em múltiplos locais e calcula uma classificação de eficiência baseada nos índices de entrada e de saída de recursos. Vários dados de entrada (p. ex., horas de trabalho, materiais) e de saída (p. ex., vendas, indicações) são possíveis e desejáveis ao medir a eficiência de uma unidade. Considerando essas informações, o modelo de programação linear determina a margem de eficiência com base naquelas poucas unidades que produzem com uma eficiência de 100%. As áreas que necessitam de melhorias são identificadas ao comparar as práticas

operacionais das unidades eficientes àquelas das unidades menos eficientes. O compartilhamento das práticas de gerenciamento das unidades mais eficientes com as menos eficientes proporciona uma oportunidade para a melhoria dessas unidades e o incremento da produtividade do sistema total. O uso repetido da DEA estabelece um clima de aprendizado organizacional que incentiva uma estratégia competitiva de liderança em custos.

Banker e Morey aplicaram a DEA a uma cadeia de *fast-food* com 60 restaurantes e descobriram que 33 unidades eram eficientes.[18] Em sua análise, três dados de saída (isto é, vendas de alimentos para café da manhã, almoço e jantar) e seis dados de entrada (isto é, fornecedores e materiais, mão de obra, idade da loja, despesas com publicidade, localização urbana *versus* rural e existência de um balcão *drive-in*) foram usados. É interessante observar que os dados de entrada incluíram tanto variáveis discricionárias quanto não controláveis (p.ex., a variável demográfica das localizações urbana/rural e se a unidade tinha ou não um balcão *drive-in*). O tópico da análise por envelopamento de dados é abordado com mais detalhes no suplemento do Capítulo 8, "Melhoria de Processos".

CADEIA VIRTUAL DE VALOR[19]

Hoje, a competição ocorre em dois mundos: um mundo físico de pessoas e coisas, chamado mercado, e um mundo virtual de informações, chamado espaço de mercado. Por exemplo, após a Barnes and Noble ter criado um *website*, ela estabeleceu uma presença no espaço virtual criado pela Internet, mas mantem a sua posição competitiva como a principal livraria no mercado. A natureza do espaço de mercado, que exige informações dos clientes para fazer um pedido, também capacita o prestador do serviço a reunir informações úteis, como comportamento de compra e endereços. As informações do espaço de mercado também servem para incrementar o processo de prestação do serviço e criar valor para o cliente.

O processo de criação de valor há muito é descrito como uma série de etapas que se ligam para formar uma *cadeia de valor*. A tradicional cadeia de valor físico, conforme se vê no alto da Figura 3.3, consiste em uma sequência de estágios, começando com a logística de entrada (ou seja, matérias-primas) e terminando com as vendas ao cliente. A *cadeia virtual de valor*, como vemos na parte inferior da Figura 3.3, tradicionalmente tem sido tratada como informações que sustentam elementos geradores de valor físico, mas não como fonte de valor por si só. Por exemplo, os gerentes usam informações sobre níveis de estoque para monitorar o processo, mas raramente utilizam a própria informação para criar novo valor para o cliente. Esse não é mais o caso em empresas de serviços de ponta. Por exemplo, a FedEx explora as informações de seu banco de dados, permitindo que os clientes rastreiem as suas próprias encomendas usando o *website* da empresa. Agora, os clientes localizam um pacote em trânsito ao inserir o número da remessa e até mesmo identificam o nome da pessoa que o encaminhou. O mapeamento conveniente de um pacote adicionou valor para o cliente e, inicialmente, diferenciou a FedEx de seus concorrentes.

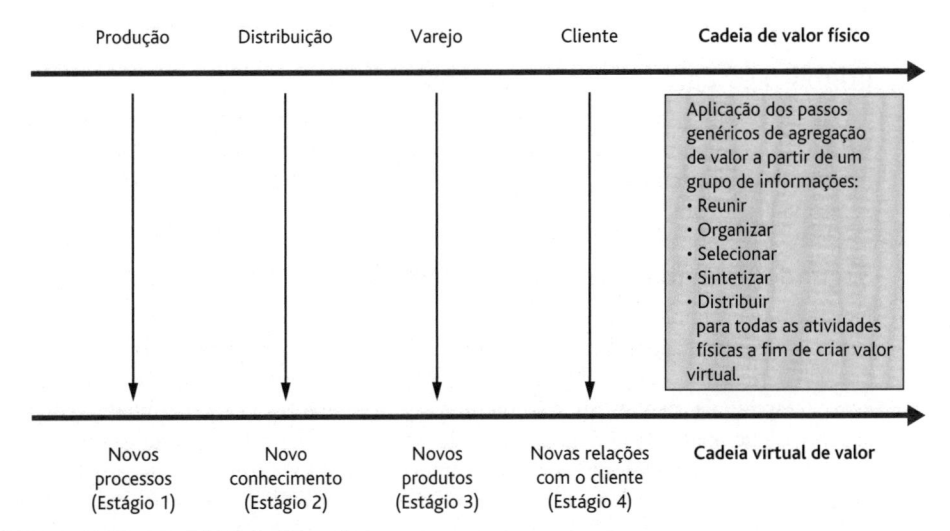

Figura 3.3 Como explorar a cadeia virtual de valor.

Dados sobre as escolhas dos clientes possibilitam recomendações direcionadas.
Reproduzido com permissão da Netflix, Inc., Copyright © 2010 Netflix, Inc. Todos os direitos reservados

Para criar valor com informações, os gerentes devem observar o espaço de mercado. Apesar de a cadeia de valor do espaço de mercado conseguir espelhar a do mercado, o processo de agregação de valor deve primeiramente juntar informações brutas, que são processadas e finalmente distribuídas. Os passos de agregação de valor são virtuais no sentido de que são realizados por meio de informações. A criação de valor em qualquer estágio de uma cadeia virtual de valor envolve uma sequência de cinco atividades – reunião, organização, seleção, síntese e distribuição das informações.

A United Services Automobile Association (USAA), que presta serviços financeiros para militares e suas famílias, tornou-se uma competidora de classe mundial ao explorar a cadeia virtual de valor. A USAA transferiu-se do mercado para o espaço de mercado por meio de um processo envolvendo três estágios.

Primeiro estágio (novos processos)

O primeiro estágio envolve considerar mais efetivamente as operações físicas como informações. A USAA tornou-se uma "operação sem papel", na medida em que mudou de um sistema de pedidos manual, baseado em formulários, para um sistema central de banco de dados computadorizado com acesso via terminais.

Segundo estágio (novo conhecimento)

No segundo estágio, as operações físicas são substituídas por alternativas virtuais. Na USAA, os sistemas de informações foram instalados para automatizar as vendas do negócio principal de venda e subscrição de seguros. No processo, a USAA coletou quantidades significativas de informações a respeito de clientes que são membros da associação. Diferentemente de uma companhia de seguros tradicional, a USAA não dispõe de uma força de vendas que viaja, e todos os seus negócios são conduzidos por telefone, correio ou Internet. Todos os empregados que fazem contato com os membros são treinados para avaliar suas necessidades e fornecer os produtos e serviços apropriados. Consequentemente, a USAA foi capaz de construir um banco de dados sobre os seus membros, que estão acostumados a fazer negócios com relativamente pouca interação humana.

Terceiro estágio (novos produtos)

No último estágio, as informações dos clientes são analisadas para descobrir necessidades de novos produtos e métodos para fornecer valor. À medida que o banco de dados foi aumentando, a USAA preparou perfis de risco de seus membros e customizou suas políticas. Analisando o fluxo de informações colhidas junto à cadeia virtual de valor, particularmente, o envelhecimento dos seus membros, a USAA instituiu produtos voltados para as necessidades dos seus membros, como seguros de propriedade e acidentes, produtos e serviços bancários, seguros de vida e saúde, fundos mútuos e comunidades de aposentados. O "serviço voltado a acontecimentos" antecipa as necessidades individuais dos membros, como um motorista que tirou carteira recentemente precisando de um seguro para seu carro. Atualmente, os membros conseguem gerenciar o seu portfólio financeiro usando o *website* da USAA.

Quarto estágio (novas relações com os clientes)

No estágio final, as oportunidades para a colaboração dos clientes na coprodução de valor são exploradas. Membros aposentados e ainda em atividade do USAA necessitam de planejamento financeiro. Em resposta a essa necessidade, a USAA criou ferramentas de planejamento de investimentos localizadas em seu *site* e realiza com frequência seminários interativos *on-line* tratando de questões financeiras atuais.

LIMITES NO USO DE INFORMAÇÕES

Até o momento, somente os benefícios da utilização de informações como uma estratégia competitiva foram abordados. Algumas dessas estratégias, no entanto, levantam questões sobre justiça, invasão de privacidade e anticompetitividade. Além disso, se houver abuso nessas estratégias, o resultado prejudicará os clientes.

Anticompetitividade

Para criar barreiras de entrada, o uso de sistemas de reservas e programas de fidelidade foi identificado como potencialmente anticompetitivo. Por exemplo, como o prêmio de uma viagem gratuita para um passageiro frequente deve ser considerado, quando o passageiro viajou a negócios à custa da empresa? A Receita Federal está considerando tributar a viagem gratuita como uma receita em espécie, e as corporações acreditam que as passagens gratuitas pertencem à empresa. A implicação de longo prazo, no entanto, é a eliminação da competição baseada em preços nas viagens aéreas.

Justiça

Talvez a forma mais fácil de começar uma revolta é perguntando aos passageiros em um voo quanto custaram as suas passagens. Sob a gestão de rendimentos, os preços das passagens podem mudar a cada hora; consequentemente, o preço é um alvo em movimento, e o processo de venda de passagens, uma loteria. A gestão de rendimentos é justa e imparcial para o público, ou todo preço de um serviço sempre foi negociável? Somente agora os consumidores estão se tornando conscientes do seu poder de compra?

Invasão de privacidade

O conceito de micromarketing tem o potencial de criar uma resposta negativa por parte dos consumidores devido à invasão de privacidade percebida. Quando o registro de toda a sua compra no supermercado local é compartilhado com fabricantes ansiosos, muitas práticas de vendas manipuladoras podem ocorrer, como atingir compradores de uma marca de refrigerante concorrente por meio de atrativos para que um produto alternativo seja vendido. A Lotus Development Corporation sentiu a insatisfação dos consumidores após anunciar a disponibilização de seu banco de dados MarketPlace para qualquer pessoa que tivesse um PC e um modem. A Lotus recebeu mais de 30 mil pedidos de pessoas revoltadas querendo ser removidas do banco de dados. Em seguida, a Lotus retirou sua oferta de disponibilidade geral, mas ainda vende acesso ao seu banco de dados para grandes corporações.[20]

Segurança dos dados

Permitir que as informações caiam nas mãos de outros para uso inapropriado é um problema significativo para os órgãos do governo, como a Receita Federal (IRS nos Estados Unidos); no entanto, a liberação de registros médicos pessoais para seguradoras ou empregadores potenciais, sem o consentimento do paciente, é uma prática muito mais comum – e prejudicial. Algumas empresas vendem listas de pessoas que entraram com processos na justiça do trabalho ou por erros médicos, e esses bancos de dados podem ser usados para rejeitar futuros empregados ou pacientes.

Confiabilidade

Os dados são precisos? Os dados mantidos sobre os indivíduos podem ser corrompidos, criando um grande transtorno na vida das pessoas. Uma lei norte-americana tenta suavizar tais dilemas ao exigir que as agências de registro de crédito permitam às pessoas revisarem seus registros de crédito para que esses sejam mais acurados.

USO DE INFORMAÇÕES PARA CATEGORIZAR OS CLIENTES[21]

As empresas de serviços tornaram-se sofisticadas no uso de informações para abordar aqueles clientes com maior potencial devido ao grande volume de compras, enquanto os compradores eventuais são ignorados. As seguintes técnicas são empregadas para atender clientes com base em sua lucratividade para a empresa:

- *Codificação* dos níveis de clientes a partir do quanto cada um é lucrativo para a empresa. Cada conta recebe um código com instruções para a equipe de serviços sobre como lidar com a categoria.
- O *encaminhamento* é usado para colocar os clientes em filas diferentes, com base em um código. Os grandes clientes são levados rapidamente até os solucionadores de problemas de alto nível. Outros jamais chegam a falar com uma pessoa.
- O *direcionamento* permite que os clientes selecionados sejam dispensados do pagamento de taxas e usufruam descontos com base no valor dos negócios. Os clientes de menor valor podem nem mesmo chegar a saber que existem determinadas promoções.
- O *compartilhamento* de dados corporativos sobre o histórico comercial com outras empresas é uma fonte de receita. Você pode ser um alvo antes mesmo de passar pela porta, pois seu potencial de compra já foi avaliado.

ESTÁGIOS NA COMPETITIVIDADE DA EMPRESA DE SERVIÇOS[22]

Para que uma empresa de serviços permaneça competitiva, a melhoria contínua da produtividade e da qualidade deve fazer parte de sua estratégia e cultura corporativa. A estrutura mostrada na Tabela 3.5 foi desenvolvida por Chase e Hayes para descrever o papel das operações no desenvolvimento estratégico das empresas de serviços. Essa estrutura também serve como ilustração das várias fontes de melhoria da produtividade e da qualidade (ou seja, a nova tecnologia é apenas uma das fontes). Além disso, a estrutura aponta um modo de mensurar e avaliar o progresso de uma empresa no desenvolvimento de seu sistema de fornecimento de serviços. Ela organiza as empresas de serviços em quatro estágios de desenvolvimento, de acordo com sua competitividade no fornecimento do serviço; para cada estágio, as práticas e atitudes administrativas da empresa são comparadas a dimensões operacionais essenciais.

Deve-se observar que os serviços não precisam começar no estágio 1, mas, durante seu ciclo de vida, podem reverter para o estágio 1 por negligência. Por exemplo, pode-se argumentar que a Federal Express começou os serviços no estágio 3 devido ao seu conceito inovador de sistema centro-radial, segundo o qual toda a classificação de cargas é realizada em um único centro em Memphis (garantindo, assim, a entrega em 24 horas).

Disponível para serviços

Algumas empresas de serviços – e, muitas vezes, os serviços governamentais – estão nessa categoria porque veem as operações como um mal necessário a ser realizado a um custo mínimo. Há

Tabela 3.5 Quatro estágios da competitividade de uma empresa de serviços

	1. Disponível para serviços	2. Padrão	3. Conquista da competência diferencial	4. Fornecimento de serviços de classe mundial
Reputação	Os clientes frequentam a empresa por várias razões, mas não pelo desempenho.	Os clientes nem procuram, nem evitam a empresa.	Os clientes procuram a empresa com base em sua reputação por atender às expectativas.	O nome da empresa é sinônimo de excelência em serviços. Seus serviços não apenas satisfazem os clientes, como também os *encantam* e, assim, expandem suas expectativas a níveis que os concorrentes não são capazes de alcançar.
Operações	Na melhor das hipóteses, as operações são reativas.	As operações funcionam de forma medíocre, sem entusiasmo.	As operações mantêm um alto nível, reforçadas pela gestão de pessoal e por sistemas que sustentam um intenso foco no cliente.	As operações assimilam a novidade e inovam-se rapidamente; dominam cada passo do processo de fornecimento dos serviços e suas capacidades são superiores às da concorrência.
Qualidade do serviço	Depende do custo, altamente variável.	Atinge algumas das expectativas dos clientes; é coerente em uma ou duas dimensões principais.	Excede as expectativas do cliente; é coerente em várias dimensões.	Eleva as expectativas dos clientes e busca desafios; melhora continuamente.
Back office	Seção de contabilidade.	Contribui com o serviço, desempenha um papel importante no serviço como um todo, recebe atenção, mas ainda é uma função separada.	É tão valorizado quanto o *front office* (setor que se encontra em contato direto com os clientes); desempenha um papel integral.	É proativo, desenvolve suas próprias capacidades e gera oportunidades.
Cliente	Não especificado, deve ser atendido com o menor custo possível.	Um segmento do mercado cujas necessidades básicas são compreendidas.	Conjunto de indivíduos cuja variação nas necessidades é compreendida.	Fonte de estímulo, ideias e oportunidades.
Introdução de nova tecnologia	Quando necessária para a sobrevivência, ocorre por pressão.	Quando justificada por economia de custos.	Quando promete melhorar o serviço.	Fonte de vantagens por uso pioneiro, criando a capacidade de fazer coisas que os concorrentes não conseguem fazer.
Funcionários	Limitação negativa.	Recurso eficiente; disciplinado; segue os procedimentos.	Têm permissão para escolher dentre diferentes procedimentos.	Inovadores; criam procedimentos.
Gerência	Controla os funcionários.	Controla o processo.	Ouve os clientes; treina e auxilia os funcionários.	É ouvida pela alta administração como fonte de novas ideias. Atua como mentora dos funcionários para melhorar seu crescimento na carreira.

Fonte: Reimpressa de "Operations' Role in Service Firm Competitiveness," R. B. Chase and R. H. Hayes, *Sloan Management Review* 33, no. 1 (Fall 1991), p. 17 com permissão do editor. Copyright, 1991, Sloan Management Review Association. Todos os direitos reservados.

pouca motivação para a busca de melhorias na qualidade, pois os clientes praticamente não têm alternativas. Os funcionários devem ter supervisão direta, pois suas habilidades são limitadas e há potencial apenas para resultados inferiores, em consequência do baixo investimento em treinamento. O investimento em novas tecnologias é evitado até que seja necessário para a sobrevivência (p. ex., consideremos a adoção tardia do radar Doppler pela Federal Aviation Association para controle do tráfego aéreo). Essas empresas, em essência, não são competitivas e permanecem nesse estágio até serem desafiadas pela concorrência.

Padrão

Depois de manter a existência protegida no estágio 1, uma empresa de serviços pode encarar a concorrência e, desse modo, ser forçada a reavaliar seu sistema de fornecimento. Os gerentes de operações devem adotar, então, práticas do setor para manter a paridade com os novos concorrentes e evitar uma perda significativa da fatia de mercado. Por exemplo, se todas as companhias aéreas bem-sucedidas usassem o mesmo tipo de avião, uma empresa aérea que acabasse de entrar no mercado também poderia usar as mesmas aeronaves. A contribuição das operações, nessa situação hipotética, torna-se neutra em termos competitivos, já que todas as empresas do setor adotaram práticas semelhantes e podem ser até visualmente parecidas (pois compraram equipamento do mesmo fornecedor).

Quando as empresas não competem na eficácia das operações, geralmente são criativas na competição em outras dimensões (p. ex., amplitude da linha de produtos, serviços periféricos, propaganda). A equipe de trabalho é disciplinada para seguir procedimentos padrão e não se espera que ela tome qualquer iniciativa no caso de circunstâncias incomuns. Essas empresas ainda não reconheceram a potencial contribuição das operações para a competitividade de um negócio.

Conquista da competência diferencial

As empresas no estágio 3 contam com gerentes experientes, que têm uma visão do que cria valor para o cliente e entendem o papel que os gerentes de operações devem desempenhar no fornecimento dos serviços. Por exemplo, Jan Carlzon, CEO da Scandinavian Airlines (SAS), percebeu que, para retomar o mercado dos empresários que viajam a negócios, que havia perdido clientes para competidores agressivos, era necessário melhorar a pontualidade das partidas. Para atingir essa meta, ele tinha que conseguir uma posição de liderança que promovesse as inovações nas operações, o que, depois, melhoraria o sistema de fornecimento.

Os gerentes de operações costumam ser defensores da melhoria contínua (Seis Sigma) em suas empresas e assumem a liderança na instituição de garantias nos serviços, na delegação de poderes aos funcionários e na adoção de tecnologias para o aperfeiçoamento dos serviços. Nessas organizações, os funcionários recebem treinamento em diversas áreas e são estimulados a, quando necessário, tomar a iniciativa para atingir metas operacionais claramente definidas (p. ex., a entrega em 24 horas da Federal Express). As empresas dessa categoria implementam estratégias administrativas para chegarem à visão corporativa e, assim, se diferenciarem dos concorrentes.

Fornecimento de serviços de classe mundial

Sem se satisfazer apenas com o atendimento das expectativas dos clientes, as empresas de classe mundial expandem tais expectativas para níveis que os concorrentes acham difícil de atingir. A administração é proativa em promover padrões de desempenho mais elevados e em identificar novas oportunidades de negócios ao ouvir os clientes. Empresas de classe mundial, como Disney, Marriot e American Airlines, definem os padrões de qualidade pelos quais as outras empresas são avaliadas.

As novas tecnologias deixam de ser vistas somente como um meio de reduzir custos; elas são consideradas uma vantagem competitiva que não é facilmente reproduzida. Por exemplo, a Federal Express desenvolveu o COSMOS (*C*ustomer *O*perations *S*ervice *M*aster *O*nline *S*ystem) para oferecer um sistema que rastreia os pacotes até a entrega. Os clientes, usando a Internet e o *site* da FedEx, obtêm informações sobre a exata localização de suas remessas. Esse sistema também é usado para avisar a um motorista que ele deve apanhar as remessas de clientes durante seu trajeto.

Trabalhar em uma empresa de classe mundial é algo considerado especial, e os funcionários são incentivados a identificar-se com a empresa e sua missão. Por exemplo, um coletor de lixo da Disney é considerado um "membro da equipe" que ajuda os visitantes a desfrutarem a experiência.

Sustentar o desempenho superior em todo o sistema de fornecimento é um grande desafio. Entretanto, reproduzir o serviço em vários locais, especialmente fora do país, é o verdadeiro teste de um competidor de categoria mundial.

Benchmark em serviços

O Central Market foge do lugar-comum e das grandes marcas

A inauguração do Central Market, em janeiro de 1994, desencadeou apostas entre os pesos-pesados da indústria de alimentos que haviam sido deixados de lado pela empresa.

As apostas estavam a favor de os salgadinhos Frito-Lay chegarem às prateleiras de um supermercado especializado em alimentos frescos no final do verão. Outras apostas previam que os caminhões da Coca-Cola e da Budweiser estacionariam nos armazéns de carga da empresa em seis meses. Ninguém ganhou a aposta.

O fato de ter evitado as grandes marcas foi uma das razões pelas quais o Central Market chamou a atenção do setor nacional de supermercados, um setor de US$ 279,4 bilhões. O supermercado – que em apenas um ano se transformou na maior atração dentre as 225 lojas da empresa H. E. B. Food Stores no Estado do Texas – tem a prática de não seguir muitos dos padrões que os 30 mil supermercados do país adotam.

Embora a maioria dos supermercados sustente a tese de que os clientes querem um local único de compra, o Central Market conseguiu provar que um mercado destinado apenas a produtos alimentícios também vende muito bem.

No Central Market, que vende exclusivamente alimentos, a média de gastos é de US$ 30 por cliente, segundo seu gerente-geral, John Campbell. A média nacional do setor, incluindo gastos em mercadorias gerais e produtos de beleza e saúde, é de US$ 18,11, conforme o Food Marketing Institute, de Washington, D.C. Essa média menor deve-se aos compradores que vão aos supermercados para adquirir poucos itens, como fraldas ou maquiagem, e saem pelos caixas rápidos (de 10 itens ou menos), acrescenta Campbell. "Aqui, as pessoas compram para valer", diz ele.

O Central Market difere das lojas tradicionais também na aparência. O seu leiaute força os clientes a caminharem pelas seções em um trajeto em forma de serpentina, e não em linha reta. A empresa também abriga uma escola de culinária. Suas prateleiras oferecem 250 tipos de mostarda, dezenas de azeites de oliva e geleias de todas as partes do mundo.

Enquanto pelo menos metade dos 3,2 milhões de empregados de supermercados trabalha meio expediente, 90% dos 400 funcionários do Central Market trabalham em turno integral, recebem benefícios de saúde, férias pagas, reembolso de despesas de ensino e participação nos lucros. Essa é uma decisão onerosa da administração, que, segundo Campbell, compensa por gerar grande entusiasmo e tornar os produtos conhecidos pelos trabalhadores, dois fatores vitais para a satisfação dos clientes.

No Central Market, ao menos 20% das vendas vêm da espaçosa seção de hortifrutigranjeiros, de 18 mil metros quadrados, que ocupa quase um terço da área de vendas. Essa seção, mantida à temperatura de 18°C, estoca aproximadamente 450 tipos de frutas e vegetais diariamente.

Ao longo de quase 23 metros de refrigeradores, encontram-se peixes frescos, enquanto um balcão de 20 metros oferece mais de 100 tipos de carnes, carnes de caça e aves. A seção de queijos oferece 600 variedades.

No total, aproximadamente dois terços do espaço da loja são ocupados por alimentos perecíveis. A cada dia, um caminhão de um armazém de alimentos da cidade recolhe os itens que não atenderam aos padrões de validade do Central Market.

Embora exista o risco de perder dinheiro se muitos alimentos, como carne e frutas, não forem vendidos rapidamente, esses itens são protegidos por uma margem de lucro superior às dos alimentos não perecíveis. As margens para perecíveis são maiores porque eles têm seus preços mais elevados a fim de compensar as perdas, os custos de refrigeração e o aumento das despesas de trabalho resultantes da exposição dos produtos.

"Quanto mais vendas você puder direcionar para os produtos perecíveis, melhor, porque o lucro que você pode ter com Coca, Pepsi ou Tide é pequeno", diz Kevin Coupe, editor executivo da *Progressive Grocer*, uma revista de comércio de Stamford, Connecticut.

A H.E.B. começou a discutir o conceito do Central Market em meados dos anos 1980, quando seus estudos de mercado concluíram que os clientes estavam cada vez mais interessados em comida caseira, nutrição e alimentação mais saborosa.

"Com o Central Market, tentamos tomar a dianteira em uma tendência que certamente continuará a crescer," disse Kristy Ozmun, porta-voz da empresa.

Fonte: Adaptado de Diana Dworin, "Central Market proves it can thrive even as it shuns conventional wisdom and big-name products," ©*Austin American Statesman*, October 2, 1994, p. H1.

Resumo

Iniciamos este capítulo com uma visão estratégica de serviços e uma série de questões a serem consideradas antes da implementação do serviço. Nossa discussão, então, voltou-se para a natureza econômica da competição no setor de serviços. A natureza fragmentada das atividades de serviços, com muitas empresas de pequeno e médio porte, sugere um ambiente promissor para novos empreendedores.

As três estratégias competitivas genéricas de liderança global em custos, diferenciação e foco exemplificaram estratégias criativas em serviços. Devido à possibilidade de transferência de conceitos entre as empresas de serviços, estratégias bem-sucedidas em uma área podem encontrar aplicação em empresas que procuram vantagem competitiva em outras áreas de serviços.

Em seguida, observamos as diversas dimensões da competição em serviços e examinamos os conceitos de ganhadores, qualificadores e perdedores de serviços como critérios competitivos.

O papel estratégico da informação nas estratégias de serviços é organizado em quatro categorias: criação de barreiras à entrada, geração de receita, bancos de dados de ativos e incremento da produtividade. As estratégias competitivas baseadas em informação foram ilustradas para cada uma das categorias.

O conceito de cadeia virtual de valor fornece uma visão da inovação em serviços que cria valor ao usar informações reunidas enquanto os clientes são atendidos. A discussão sobre os limites no uso de informações sugere, mais uma vez, que os gerentes sempre devem estar atentos às percepções das suas ações pelo público que servem.

O capítulo encerra com uma discussão dos estágios da competitividade de uma empresa de serviços com base em dimensões operacionais.

Palavras-chave e definições

Análise por envelopamento de dados (DEA): técnica de programação linear que mede o desempenho das unidades de serviços para determinar uma fronteira de eficiência para o *benchmark* interno. *p. 50*

Análise SWOT: avaliação das forças, fraquezas, oportunidades e ameaças de uma empresa. *p. 44*

Cadeia virtual de valor: estágios na relação com o cliente em que informações são reunidas, organizadas, escolhidas, sintetizadas e distribuídas a fim de criar produtos de serviços inovadores para atender às necessidades dos clientes. *p. 51*

Custos de troca: inconvenientes causados ao cliente para trocar de fornecedor. *p. 47*

Diferenciação: estratégia competitiva que cria um serviço percebido como sendo único. *p. 42*

Foco: estratégia competitiva construída em torno do conceito de servir muito bem a um determinado mercado-alvo, ao atender às necessidades específicas dos clientes. *p. 43*

Ganhadores de serviços: critérios usados por um cliente para tomar a decisão final de compra entre os competidores que foram previamente qualificados. *p. 46*

Gestão de rendimentos: sistema de informação que tenta maximizar os rendimentos para os serviços com capacidade perecível (p. ex., companhias aéreas, hotéis). *p. 48*

Liderança global em custos: estratégia competitiva baseada em operações eficientes, controle de custos e tecnologia inovadora. *p. 41*

Modelo das cinco forças: análise da estrutura de um setor considerando competitividade, novos entrantes, substitutos e o poder de barganha de fornecedores e clientes. *p. 38*

Perdedores de serviços: critérios que representam a falha na prestação de um serviço à altura ou acima do nível esperado, resultando em um cliente insatisfeito que é perdido para sempre. *p. 46*

Qualificadores: critérios usados por um cliente para identificar um subconjunto de empresas de serviços que alcançam um padrão mínimo de desempenho. *p. 46*

Sistema especializado: programa computacional capaz de fazer deduções usando uma base de conhecimento e regras de decisão. *p. 48*

Visão estratégica de serviços: formulada a partir da abordagem de questões a respeito do mercado-alvo, do conceito em serviços, da estratégia operacional e do sistema de prestação do serviço. *p. 38*

Exercício interativo

A turma divide-se e discute a afirmação: "Os programas de prêmios para os passageiros frequentes são anticompetitivos".

Tópicos para discussão

1. Dê exemplos de empresas de serviços que utilizam tanto estratégias de foco e diferenciação quanto estratégias de foco e liderança global em custos.

2. Quais questões éticas estão associadas ao micromarketing?

3. Para cada uma das três estratégias genéricas (isto é, liderança em custos, diferenciação e foco), qual dos quatro usos competitivos das informações é o mais poderoso?

4. Dê um exemplo de uma empresa que iniciou sua atividade com o conceito de classe mundial e permanece nessa categoria.

5. As empresas que se encontram no estágio de competitividade de "fornecimento de serviços de classe mundial" podem ser descritas como "organizações de aprendizagem"?

United Commercial Bank e El Banco[23] — Estudo de caso 3.1

À medida que os Estados Unidos se diversificam, as ofertas de serviços adaptados às necessidades e preferências de grupos étnicos específicos tornam-se mais importantes. Na verdade, o maior banco varejista do país, o Bank of America, foi fundado como Banco da Itália por A. P. Gianini, logo depois do terremoto de 1906 em San Francisco a fim de atender a comunidade ítalo-americana.

Hoje, duas das ofertas de serviço mais criativas direcionadas para comunidades étnicas estão localizadas nos Estados Unidos. O United Commercial Bank é o maior banco atendendo a comunidade asiático-americana de San Francisco e concentra-se em empréstimos para fins empresariais e imobiliários dentro desse grupo, conhecido por seu empreendedorismo. Mais recentemente, o El Banco de Nuestra Comunidad destinou uma operação bancária única para o varejo, dirigida à emergente comunidade latina em Atlanta. Ambas as comunidades são caracterizadas pelo rápido crescimento, pelas necessidades de produtos únicos e pela identidade cultural separada daquela predominante no mercado bancário geral.

ATENDIMENTO DA COMUNIDADE CHINESA: UNITED COMMERCIAL BANK

O United Commercial Bank (UCB), com sede em San Francisco e que se concentra na comunidade sino-americana, possui US$ 6,32 bilhões em ativos e uma capitalização de mercado de aproximadamente US$ 1,4 bilhão. O banco tem 46 filiais na Califórnia, escritórios de representação em Taiwan e na China e uma filial em Hong Kong. Entre os concorrentes que atendem ao mercado asiático, estão: East West Bancorp, Nara Bancorp, Hanmi Bancorp, Cathay General Bancorp e Wilshire Bancorp.

O UCB foi fundado em 1974 como um banco de poupança, tendo depósitos a prazo como seu principal produto. O banco cresceu e tornou-se o maior banco (e talvez o mais bem administrado) no atendimento à comunidade asiática, com filiais principalmente em San Francisco e Los Angeles. Uma parte de sua missão diz:

> Todos nós do UCB compartilhamos os valores da dedicação ao trabalho árduo, da economia e da educação. Estamos comprometidos em fornecer um serviço altamente personalizado e com uma ampla gama de produtos e serviços bancários comerciais e ao consumidor para ajudar você, sua família e sua empresa a realizarem o "Sonho Americano".

O United Commercial concentra-se em empréstimos para empresas cujos proprietários são americanos descendentes de chineses e suas famílias. Quase 90% de seus empréstimos são para o setor imobiliário (40% para conjuntos residenciais e 60% para lojas comerciais). Os 10% restantes são empréstimos predominantemente comerciais e industriais (ou seja, empréstimos corporativos normais). A média do empréstimo imobiliário no UCB está em torno de US$ 960.000, e a do empréstimo para conjuntos residenciais é de US$ 600.000.

O UCB tem uma proporção extraordinariamente alta de contas poupança e depósitos a prazo, como mostra a Figura 3.4. Essa estratégia corresponde ao desejo sino-americano de guardar o dinheiro em bancos, e não em agências corretoras. A confiança nas contas poupança e nos CDBs (certificado de depósito bancário) coloca o UCB acima do percentil 95 entre os bancos como um todo. Não é de surpreender que as despesas financeiras do United Commercial fiquem no percentil 71 para os grandes bancos em geral.

Esses fatos financeiros destacam as ofertas únicas de serviços do United Commercial. Em primeiro lugar, os sino-americanos exigem contas poupança e CDBs com altas taxas de juros. As contas de depósito sem juros são somente uma pequena fração dos ativos do UCB.

O foco do cliente em contas poupança e em CDBs também reforça a percepção da saúde financeira e da segurança geral do banco. O United Commercial responde a isso ao favorecer uma estratégia de empréstimos altamente conservadora nos empréstimos imobiliários que concede. Por exemplo, a razão média entre o valor do empréstimo e o valor da garantia exigida para financiamentos imobiliários comerciais do banco é de 58%, versus os 80% da média de outros bancos.

O United Commercial efetivamente conquista os melhores e mais seguros clientes na comunidade sino-americana por cobrar taxas muito mais baixas do que os outros bancos. Os bancos classificam a receita das taxas provenientes de contas comerciais e de varejo como "receita sem juros", e é isso o que forma grande parte da receita da maioria dos bancos. O United Commercial recolhe receita de taxas igual a 0,32% dos ativos, enquanto um grande banco recolhe em média taxas de 1,70% dos ativos. A receita sem juros do UCB está no percentil 5 considerando os bancos em geral. Ao raramente cobrar taxas e com frequência reembolsar taxas anteriormente cobradas, o UCB diferencia seus serviços bancários a ponto de ser muito bem-sucedido na conquista de clientes.

Reconhecendo que várias empresas sino-americanas estão envolvidas na importação de mercadorias da China, o UCB oferece um setor completo de finanças comerciais que emite cartas de crédito e fornece outros serviços para auxiliar as empresas de importação e exportação.

Finalmente, o United Commercial Bank tem um foco cultural bem articulado sobre o Sul da Ásia. Os clientes com contas-correntes ou poupança com extratos relativamente altos ganham latas ou aparelhos de chá. O site do banco permite que os visitantes enviem um cartão eletrônico animado do ano novo chinês para seus amigos. O mais importante é que todos os clientes do UCB sabem que cada filial emprega vários representantes com quem podem realizar negócios em chinês.

ATENDIMENTO DO MERCADO LATINO: EL BANCO

El Banco de Nuestra Comunidad é uma empresa da Nuestra Tarjeta de Servicios, Inc., que provê serviços financeiros em um ambiente bancário para clientes hispânicos. O El Banco é uma franquia que os bancos existentes podem obter. Ele foi lançado em janeiro de 2002 como filial do Flag Bank em Atlanta, Georgia. A ideia resultou da parceria de um proprietário de uma empresa

UCBH: Análise de depósitos (Em 31 de dezembro de 2004)	United Commercial		Todos os bancos*
	Quantia	Porcentagem	Porcentagem
Total de depósitos	5.222.672	100,0	100,0
Transferências de valores	133.083	2,5	14,6
Money Market Accounts (MMA – contas--correntes remuneradas por uma taxa variável, com liquidez diária)	1.288,595	24,7	34,3
Contas de poupança	946,165	18,1	15,2
Total de MMA e poupanças	2.234,760	42,8	49,5
Depósitos a prazo abaixo de US$100 mil	916.077	17,5	16,8
Depósitos a prazo acima de US$100 mil	1.610.270	30,8	17,4
Total de depósitos a prazo	2.526.347	48,4	34,2
Depósitos em estabelecimentos estrangeiros	328.572	6,3	1,7

Todos os bancos comerciais com ativos entre US$1 e US$10 bilhões.

Figura 3.4 Depósitos do United Commercial Bank.

de "descontos de cheques" e um banqueiro latino. As filiais do El Banco oferecem uma série de serviços financeiros ao varejo, inclusive contas-correntes, descontos de cheques e hipotecas. Atualmente, há seis filiais do El Banco em Atlanta, o que demonstra seu rápido crescimento desde a primeira filial da empresa, inaugurada em 2002.

O ambiente físico do El Banco é orientado para hispânicos. Nas palavras do CEO, Drew Edwards, "O conceito do El Banco destina-se aos clientes latinos, do piso ao teto, com esquemas de cores vivas, jornais em espanhol, música latina animada, áreas de estar confortáveis, áreas para as crianças brincarem, lanches, telefones, estações de e-mail e, é claro, funcionários que falam espanhol (muitos dos quais nem falam inglês)". Isso contrasta com os bancos de varejo tradicionais, que buscam uma atmosfera conservadora e empresarial, sugerindo solidez e opulência. As filiais do El Banco são lojas frontais em *shoppings* frequentados por latinos. As filiais não oferecem estacionamento, pois não têm como objetivo os clientes comerciais. Para os latinos que se sentem desconfortáveis em uma terra estrangeira, a atmosfera informal do El Banco é um aspecto atraente.

O El Banco concentra-se em serviços com taxas. A maioria dos bancos de varejo ocasionalmente troca cheques de terceiros como cortesia, mas o serviço não tem o propósito de gerar receita. O El Banco, porém, concentra-se nessa necessidade, que é um serviço financeiro básico para os hispânicos, tenham ou não contas-correntes. As taxas para o desconto de cheques partem de 1,5% para certos tipos de cheques (p. ex., cheques de folhas de pagamento com alto sistema de segurança); essa linha de negócios gera um terço das receitas do El Banco. A empresa também recolhe taxas de outros serviços, como cheques sem fundos e baixos saldos em conta-corrente. Ao todo, as taxas de serviços respondem por mais de 50% da receita do El Banco, *versus* menos de 30% nos bancos de varejo em geral.

O El Banco também oferece financiamento de imóveis para indivíduos sem documentação (estrangeiros ilegais). São raros os provedores de serviços financeiros que financiam imóveis residenciais para estrangeiros ilegais – o Banco Popular é o único que oferece esse serviço para a maior parte do país. A comunidade latina é predominantemente constituída por pessoas de baixa renda; no entanto, a comunidade inclui indivíduos que poderiam comprar residências de 100 a 150 mil dólares, não fosse sua situação de estrangeiros sem documentação. O El Banco aborda esse mercado baseando as solicitações de empréstimo nos "Números de Identificação de Pessoa Física" (ITIN – *Individual Taxpayer Identification Numbers*). Consequentemente, as taxas para os empréstimos ITIN do El Banco variam de 8,0 a 9,5%, *versus* uma média de 4,86% no Estado da Georgia, de acordo com o Bankrate.com.

Finalmente, como estratégia de aquisição de clientes, o El Banco optou por imitar o Western Union. Uma das marcas de serviços financeiros mais confiáveis entre os hispânicos, o Western Union conquistou a profunda lealdade dos clientes ao realizar com confiabilidade transferências internacionais de valores dos hispânicos nos Estados Unidos para seus familiares e amigos no exterior. O El Banco tentou conscientemente seguir o Western Union, oferecendo principalmente serviços baseados em cobrança de taxas e promovendo sua logomarca.

Como mostra a Figura 3.5, o El Banco é mais rápido na aquisição de clientes do que os bancos tradicionais. Os clientes são atraídos para o El Banco primeiramente pelo serviço de desconto de cheques, algo que geralmente é oferecido somente por varejistas que não pertencem ao ramo bancário. À medida que esses clientes ficam mais prósperos, passam a procurar mais serviços bancários (p. ex., contas poupança, cartões de crédito, financiamento), e o El Banco está preparado para atender a essas crescentes necessidades, a fim de não perder os clientes para outras instituições.

Questões

1. Compare e contraste a visão estratégica de serviços do El Banco e do United Commercial Bank.
2. Identifique ganhadores, qualificadores e perdedores de serviços do El Banco e do United Commercial Bank.
3. Quais são as características diferenciadoras dos bancos dirigidos a comunidades étnicas?

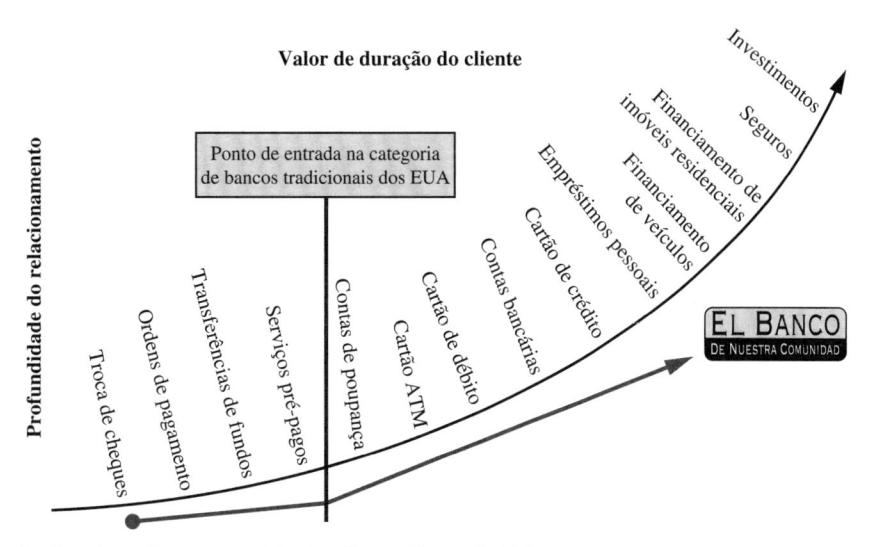

Figura 3.5 Progressão de valor referente ao ciclo de vida do cliente do El Banco.

O Alamo Drafthouse[24]

Estudo de caso 3.2

O Alamo Drafthouse é um tipo diferente de negócio, mesmo se você o chamar de bar, restaurante ou cinema. Ele é um cinema que serve sanduíches ou um bar que projeta filmes? O Alamo combina múltiplos serviços e faz concessões para que tal combinação funcione. Os clientes do Alamo comem e bebem enquanto assistem a filmes. Tim, que é o proprietário e opera o negócio há quatro anos com sua esposa, Carrie, admite com sinceridade que o serviço é ruim no seu estabelecimento: "O nosso serviço é bastante ruim, mas intencionalmente. Nós abrimos mão de alguns detalhes porque queremos que o serviço seja o mais básico possível. É diferente de um restaurante, onde se espera que o garçom pergunte se você precisa de algo. Nós dependemos dos clientes para isso."

HISTÓRIA

Tim e Carrie se conheceram na Rice University, em Houston, Texas, onde ele estava se graduando em engenharia mecânica e arte e ela estava estudando biologia e francês. Após a formatura e o casamento, os dois abriram o seu primeiro cinema em Bakersfield, Califórnia. Esse primeiro empreendimento mostrava filmes artísticos e shows de música ao vivo. Apesar de esse não ser originalmente o principal foco, a música ao vivo gerou muito mais dinheiro do que os filmes. O cinema foi um fracasso – Bakersfield não tinha um público de cinema artístico grande o suficiente, e a localização de difícil acesso também contribuiu para esse fracasso. Por fim, o negócio foi vendido a uma igreja evangélica.

Com essa lição, o casal mudou-se para Austin, Texas, e decidiu tentar novamente com outra abordagem – um cinema que servisse comida e bebidas alcoólicas.

Os cinemas que servem cerveja são muito comuns na Europa, mas não nos Estados Unidos, que em geral têm leis mais severas relativas à bebida. Mesmo assim, eles estavam surgindo em cidades como Dallas, Washington, D.C., e Portland, Oregon.

Antes de abrir o Alamo, Tim e Carrie visitaram vários desses cinemas. O casal empreendedor observou vários problemas nesses estabelecimentos. Alguns não ofereciam serviços dentro do cinema, forçando os clientes que queriam beber ou comer algo a ir até o *hall* de entrada. Outros ofereciam serviços demais, e a equipe de atendimento perguntava constantemente se os clientes queriam alguma coisa. Essas interrupções incomodavam muitos clientes. Tim e Carrie reconheceram que os frequentadores dos cinemas queriam antes de tudo assistir a um filme, e que um bom serviço significava que eles teriam de projetar um sistema melhor.

O LEIAUTE E O SISTEMA DE PRESTAÇÃO DE SERVIÇO

O Alamo Drafthouse abriu em 1996 no centro de Austin, onde se localizam as áreas de entretenimento. O Alamo Drafthouse é um cinema com uma única sala que serve uma variedade de vinhos e cervejas e oferece um cardápio de aperitivos, sanduíches quentes, pizzas individuais, massas e sobremesas. Os garçons anotam os pedidos, servem a comida e recebem a conta antes e durante a projeção de um filme. Lanches tradicionais de salas de cinemas também estão à venda, e os clientes podem escolher o *self-service* no *hall* para todas as ofertas.

O Alamo Drafthouse, como a maioria dos cinemas, têm filas de cadeiras. Diferentemente da maioria dos cinemas, existem menos fileiras, de forma que haja espaço suficiente entre as filas para acomodar longas mesas estreitas para lanches e bebidas. Também há espaço suficiente para que os atendentes anotem os pedidos e os sirvam sem dificuldade e para que os clientes possam ir ao *hall* quando quiserem. Devido a esse leiaute, o Alamo tem uma oferta de aproximadamente metade dos assentos da maioria das salas de tamanho similar, com uma capacidade de 215 clientes.

Antes de cada projeção, a equipe de atendentes conversa com os clientes e explica como funciona o sistema de serviços. Papel, caneta e o cardápio são fornecidos nas mesas, de maneira que os clientes escrevam seus pedidos no papel e o coloquem em um suporte de metal visível pela equipe de atendentes, que fica atenta no fim dos corredores. O garçom recolhe o pedido e o entrega na cozinha. Quando estiver pronto, o garçom leva o pedido até o cliente. Tudo isso pode ser feito sem que uma única palavra seja trocada, minimizando qualquer interferência durante o filme.

Austin é uma cidade em rápido crescimento, de alta tecnologia, com uma força de trabalho extremamente jovem e com boa formação. O Festival de Cinema de Austin, focalizado na indústria do cinema, que coincide com o festival de música ao vivo South-by-Southwest, ocorre basicamente no centro de Austin todo mês de março, durante o feriado de primavera da Universidade do Texas.

O cinema é localizado próximo ao centro boêmio, no bairro central, e é preciso somente uma pequena caminhada para se chegar lá vindo de uma das principais áreas de boates e restaurantes. O cinema não tem estacionamento próximo ou gratuito para os clientes, tampouco existem ruas aptas para estacionar por perto. A maioria dos outros cinemas na cidade está localizada em enormes complexos afastados do centro ou em *shoppings*.

PROGRAMAÇÃO

A programação do Alamo é dividida em duas categorias: reapresentações e eventos especiais. As reapresentações são responsáveis pela maioria da programação do Alamo, em torno de 20 das 25 projeções por semana. Esses filmes são cuidadosamente escolhidos para atraírem o público do Alamo: pessoas inteligentes de 25 a 40 anos que têm um gosto sofisticado para filmes. Exemplos de filmes recentes que estão nessa categoria são *Bowling for Columbine*, *The Italian Connection* e o original *The Manchurian Candidate*. Infelizmente, o Alamo está nas mãos de Hollywood em relação à programação, de certa forma, e algumas vezes se vê forçado a exibir filmes não tão atraentes para seu público quanto Tim e Carrie gostariam. Ao final de cada semana, Tim e Carrie escolhem os filmes que serão exibidos na semana seguinte.

Eventos especiais são programados a cada três meses. Eles se enquadram em duas categorias: eventos da Sociedade de Cinema de Austin (geralmente filmes clássicos ou artísticos) e filmes *cult*. Os eventos da Sociedade de Cinema normalmente substituem uma reapresentação durante a semana, e os filmes *cult* são exibidos às quintas, sextas e sábados à meia-noite. Os filmes *cult* atraem um público diferente (mas que se sobrepõe): predominantemente homens de 18 a 30 anos, consumidores regulares de álcool e clientes de locadoras independentes. Os eventos especiais são responsáveis por cerca de cinco das 25 projeções semanais no Alamo. Tim vê os eventos especiais como um empreendimento criativo, por exemplo, os filmes de velho-oeste italianos, que são acompanhados por um *buffet* de espaguete (conhecidos comumente como "*spaghetti westerns*"), e os filmes mudos, acompanhados ao vivo por bandas locais.

A crescente comunidade de cineastas de Austin tem sido um importante incremento para a programação de eventos especiais. Tim consegue que cineastas venham regularmente falar em encontros exclusivos. Alguns dos convidados incluíram Robert Rodriguez, que foi o anfitrião da sessão dupla do filme *El Marciachi* e de um evento de lançamento desse filme em Hong Kong. Quentin Tarantino, diretor de *Pulp Fiction*, é o anfitrião de um festival anual de filmes *cult* no Alamo.

RECEITAS E CUSTOS

Tim considera a venda de ingressos um atrativo para levar as pessoas até o estabelecimento e para o consequente consumo de alimentos e bebidas, portanto, mantém os preços dos ingressos baixos, em torno de US$ 4,00. Essa faixa de preço está abaixo do valor pago para assistir a uma estreia na maioria dos cinemas de Austin (US$ 6,50 – US$ 7,00), mas está acima do preço de uma reapresentação de um filme em um cinema barato (US$ 1,00 – US$ 1,50). Na média, os clientes do Alamo gastam um total de US$ 5 a US$ 12 por projeção. Após o bilhete ter sido comprado, os clientes gastam em torno de 55% desse valor em alimentos e 45% em álcool. A fim de aumentar o valor gasto, foram alterados os preços do cardápio duas vezes desde a abertura e acrescentados itens com valores mais altos. Os eventos especiais são responsáveis por um terço das receitas.

Apesar de os clientes gastarem mais do que quando vão a um cinema típico, os lucros do Alamo são limitados por sua capacidade menor e pelos altos custos de mão de obra. Em uma noite de sexta-feira, é necessária uma equipe de 15 a 17 pessoas, muito mais do que o exigido para operar um cinema padrão.

PROPAGANDA E PROMOÇÃO

Para promover o Alamo, Tim e Carrie usam vários métodos de baixo custo. Eles colocam anúncios nos três jornais mais lidos de Austin, incluindo o *Daily Texan*, o jornal de estudantes da Universidade do Texas. Também foram criados calendários de três meses que listam eventos especiais. As projeções futuras são anunciadas antes de cada filme. Eles construíram um relacionamento com o *Chronicle*, de Austin, uma publicação de entretenimento e, consequentemente, conseguem bastante exposição gratuita por meio de resenhas sobre seus eventos especiais.

Tim também se envolve com atividades de baixo custo, mas eficientes para incrementar a relação de lealdade com seus clientes. Ele gerencia o *site* do Alamo e responde a todos os e-mails pessoalmente. Ele também anuncia os próximos filmes e eventos especiais antes de cada exibição e permanece após as apresentações para responder a perguntas e conversar com seus clientes. Ele é muito aberto a sugestões e as usa para planejar eventos especiais e modificar o cardápio. Além disso, Tim observa que a construção da lealdade tem sido muito mais eficiente com o público da Sociedade de Cinema de Austin e dos filmes *cult*.

Questões

1. Os analistas de mercado usam mapas de posicionamento para mostrar visualmente as percepções dos clientes de uma empresa em relação aos seus competidores considerando dois atributos. Prepare um mapa para o Alamo Drafthouse usando os atributos de diferenciação de "qualidade dos pratos" e "escolha de filmes".
2. Use o quadro "Visão estratégica em serviços" para descrever o Alamo Drafthouse em termos de segmentos de mercado-alvo, conceito de serviço, estratégia operacional e sistema de prestação do serviço.
3. Identifique os qualificadores, ganhadores e perdedores de serviços para o Alamo Drafthouse. Os critérios para decisões de compra do Alamo são apropriados para o mercado de cinemas? Qual é a sua conclusão?
4. Utilize o modelo das Cinco Forças de Porter para avaliar a posição estratégica do Alamo Drafthouse na "indústria de entretenimento".
5. Faça uma análise SWOT para identificar as forças e as fraquezas internas, assim como as ameaças e as oportunidades encontradas no ambiente externo.

Bibliografia selecionada

Evans, Philip and Thomas Wurster: "Strategy and the New Economics of Information." *Harvard Business Review*. September–October 1997, pp. 71–82.

Heskett, James L., W. Earl Sasser, Jr. and Leonard A. Schlesinger: *The Service Profit Chain*. New York: Free Press, 1997.

Hill, Terry: *Manufacturing Strategy*, 3rd ed. New York: Irwin/McGraw-Hill, 2000.

Karmakar, U. S. and R. Pitbladdo: "Service Markets and Competition." *Journal of Operations Management*, vol. 12, no 3-4, June 1995, pp.397– 412.

Prokesch, Steven: "Competing on Customer Service." *Harvard Business Review*, November–December 1995, pp. 101–12.

Rayport, Jeffrey F. and John J. Sviokla: "Exploiting the Virtual Value Chain," *Harvard Business Review*, November–December 1995, pp. 78-85.

Roth, Aleda V. and Marjolijn Van Der Velde: "Operations as Marketing: A Competitive Service Strategy," *Journal of Operations Management* 10, no. 3 (March 1991), pp. 303-28.

Voss, Chris, Aleda V. Roth, and Richard B. Chase. "Experience, Service Operations Strategy, and Services as Destinations: Foundations and Exploratory Investigation" *Production and Operations Management* 17, no. 3 (May–June 2008), pp. 247–66.

Notas

1. De Bernie Ward, "Microspace, Maxiprofits," *Sky*, December 1990, pp. 22–31.
2. Adaptado de James L. Heskett, "Positioning in Competitive Service Strategies," em *Managing in the Service Economy* (Boston: Harvard Business School Press, 1986).
3. Michael E. Porter, "Generic Competitive Strategies," em *Competitive Strategy* (New York: Free Press, 1980).
4. W. H. Davidow and B. Uttal, "Service Companies: Focus or Falter," *Harvard Business Review*, July–August 1989, pp. 77–85.
5. Michael E. Porter, *Competitive Advantage: Creating and Sustaining Superior Performance*, (New York: Free Press, 1985.
6. Terry Hill, *Manufacturing Strategy*, (Homewood, Ill: Irwin 1989), pp. 36–46.
7. Adaptada de James A. Fitzsimmons "Strategic Role of Information in Services", Rakesh V. Sarin (ed.), *Perspectives in Operations Management: Essays in Honor of Elwood S. Buffa* (Norwell, Mass; Kluwer Academic Publishers, 1993).
8. James L. Heskett, "Operating Strategy Barriers to Entry," em *Managing in the Service Economy* (Boston: Harvard Business School Press, 1986).
9. Para justificativas específicas, ver "Frontier Airlines, Inc. (A)," Harvard Business School Case no. 9-184-041, HBS Case Services, 1983.
10. R. L. Rose and J. Dahl, "Skies Are Deregulated, but Just Try Starting a Sizable New Airline," *The Wall Street Journal*, July 19, 1989, p. A1.
11. Ibid., p. A8.
12. De Harold S. Bott, "Information for Competitive Advantage," *Operations Management Review*, Fall 1985, p. 35.
13. Barry C. Smith, J. F. Leimkuhler, and R. M. Darrow, "Yield Management at American Airlines," *Interfaces* 22, no. 1 (January–February 1992), pp. 8–31.
14. De Kevin Helliker, "Wal-Mart's Store of the Future Blends Discount Prices, Department-Store Feel," *The Wall Street Journal*, May 17, 1991, p. B1.
15. Heskett, op. cit., p. 43.
16. Michael J. McCarthy, "Marketers Zero in on Their Customers,"*The Wall Street Journal*, March 18, 1991, B1.
17. Peter H. Lewis, "Looking beyond Innovation, an Award for Results," *New York Times*, June 23, 1991, p. 8.
18. R. D. Banker and R. C. Morey, "Efficiency Analysis for Exogenously Fixed Inputs and Outputs," *Operations Research* 34, no. 4 (July–August 1986), pp. 518–19.

19. Adaptado de Jeffrey F. Rayport and John J. Sviokla, "Exploiting the Virtual Value Chain," *Harvard Business Review,* November–December 1995, pp. 75–85.
20. "How Did They Get My Name?" *Newsweek,* June 3, 1991, p. 41.
21. Adaptado de Diane Brady, "Why Service Stinks," *BusinessWeek,* October 23, 2000, p. 124.
22. Adaptado de R. B. Chase and R. H. Hayes, "Operations' Role in Service Firm Competitiveness," *Sloan Management Review* 33, no. 1 (Fall 1991), pp. 15–26.
23. Preparado por Bryan R. Bradford, Will Reale, Brian Barrow, Jason Dillee, e Chris McClung com a orientação do Professor James A. Fitzsimmons,
24. Preparado por Robert Ferrell, Greg Miller, Neil Orman, e Trent Reynolds com a orientação do Professor James A. Fitzsimmons.

Parte II

Projeto de um empreendimento de serviços

Agora que o conceito de serviços e a estratégia competitiva foram articulados, direcionamos nossa atenção para questões relativas ao projeto de serviços. O Capítulo 4 inicia com uma discussão do processo de desenvolvimento de novos serviços. O *blueprint* do serviço é apresentado como um método de elaboração de diagramas de serviços. Nesses diagramas, as operações de *front office* e de *back office* são separadas por uma linha de visibilidade. Também exploramos abordagens genéricas para o projeto de serviços, incluindo a capacitação por meio de sistemas de informações.

No Capítulo 5, abordamos a questão da tecnologia em serviços, incluindo a automação, o surgimento de tecnologias de autoatendimento e a natureza do fornecimento de serviços pela Internet. A qualidade dos serviços, medida pela distância entre as expectativas do cliente e as percepções sobre o serviço fornecido, é o tópico do Capítulo 6. Examinamos diversas técnicas de gerenciamento da qualidade dos serviços, incluindo problemas de mensuração, criação da qualidade e restabelecimento do serviço em caso de falha. A estética e o ambiente criados pela própria instalação são abordados utilizando a estrutura do *servicescape* mencionada no Capítulo 7. O Capítulo 8 descreve as ferramentas para a melhoria contínua na qualidade e na produtividade. São discutidos programas para a melhoria da qualidade organizacional e o ciclo PDCA. As atividades acima da linha de visibilidade são descritas no Capítulo 9 como um encontro entre cliente e provedor no contexto de uma cadeia serviços-lucro. A cadeia serviços-lucro vincula o desenvolvimento de clientes internos (funcionários) a clientes externos satisfeitos e leais.

A questão da localização é fundamental para os serviços fornecidos em instalações físicas, uma vez que o local determina, em grande parte, a área de mercado atendida. Modelos de localização para minimizar o tempo de deslocamento ou maximizar a receita diante dos concorrentes são apresentados no Capítulo 10, que conclui a Parte II.

Capítulo 4

Desenvolvimento de novos serviços

Objetivos de aprendizagem

Ao final deste capítulo, você deverá estar apto a:

1. Descrever as características fundamentais da inovação em serviços.
2. Descrever os quatro elementos estruturais e gerenciais do projeto de serviços.
3. Descrever os componentes da equação de valor do cliente.
4. Explicar e diferenciar entre a complexidade e a divergência de um processo de serviço.
5. Descrever a sequência de etapas e os catalisadores do processo de desenvolvimento de novos serviços.
6. Preparar um *blueprint* para uma operação de serviço.
7. Comparar e contrastar as quatro abordagens para o projeto de um sistema de serviços: linha de produção, cliente como coprodutor, contato com o cliente e capacitação por meio da informação.
8. Explicar como os direitos de propriedade intelectual protegem uma marca do ramo de serviços.

A elaboração de um sistema de prestação de serviços é um processo criativo. Ele inicia com um conceito e uma estratégia para um serviço com características que o diferenciem da concorrência. Devem ser identificadas e analisadas as várias alternativas a fim de alcançar esses objetivos antes de tomar uma decisão. O projeto de um sistema de serviços envolve aspectos como localização, projeto e leiaute de instalações que permitam um fluxo eficaz de trabalhadores e clientes, definições de procedimentos e tarefas para os prestadores de serviços, medidas para assegurar a qualidade, grau de envolvimento dos clientes, seleção de equipamentos e capacidade adequada de serviço. O processo de desenvolvimento de um projeto nunca termina. Assim que o serviço entra em funcionamento, são introduzidas, na medida do possível, modificações no sistema.

Como exemplo de um projeto inovador, tomemos o caso da Federal Express. O conceito da entrega garantida de cartas e encomendas da noite para o dia via aérea foi o tema de um trabalho acadêmico do fundador da empresa, Frederick W. Smith. Conta-se que o trabalho recebeu o conceito "C" devido ao absurdo da ideia, mas hoje a empresa é modelo para o setor.

Tradicionalmente, o transporte aéreo de carga sempre foi lento e pouco confiável por se tratar de um serviço secundário prestado por empresas cujo foco maior são os passageiros. A genialidade de Smith, engenheiro elétrico, consistiu em identificar a analogia entre o transporte de mercadorias e uma rede elétrica, que conecta muitas tomadas a uma caixa de junção. Dessa ideia, nasceu o sistema de distribuição centro-radial (*hub-and-spoke*) da Federal Express, com Memphis, no Tennessee, servindo como centro de triagem para todas as encomendas. Chegando durante a noite de todas as cidades dos Estados Unidos, os aviões descarregam suas encomendas e esperam cerca de duas horas antes de retornarem às respectivas cidades de origem com encomendas prontas para entrega na manhã seguinte. Assim, um pacote de Los Angeles destinado a San Diego viajaria de Los Angeles para Memphis em um avião e, dali, para San Diego. Exceto em casos de cancelamento de voos por mau tempo ou por erros de triagem, o projeto de rede garante que uma encomenda chegue ao seu destino de um dia para o outro. Assim, a vantagem estratégica da Federal Express está no próprio projeto do sistema de serviços, que a diferencia de seus concorrentes no frete aéreo. Hoje, a Federal Express dispõe de vários centros (por exemplo, em Newark e Los Angeles) e transporta encomendas entre centros urbanos próximos (como Boston e Nova York) utilizando caminhões.

APRESENTAÇÃO DO CAPÍTULO

Iniciamos com uma discussão sobre inovação e sobre o processo de pesquisa e desenvolvimento, observando os desafios peculiares ao desenvolvimento de novos serviços. Consideramos um modelo de desenvolvimento de novos serviços que define o produto do serviço de forma a incluir os elementos de tecnologia, pessoas e sistemas. O projeto de serviços consiste em quatro elementos estruturais e quatro elementos administrativos, os quais serão abordados em capítulos posteriores. Emprega-se uma equação de valor do cliente para que, no desenvolvimento do processo, o foco seja mantido no cliente. A estrutura do processo de serviço pode ser manipulada para alcançar um posicionamento estratégico no mercado.

O *blueprint* de serviços é uma técnica eficiente para representar visualmente o processo de prestação de um serviço. Utilizando uma linha de visibilidade, separamos as operações de *back office* das de *front office*. É no *front office* de um sistema que se dá o contato com o cliente, e é esse setor que se preocupa com o atendimento e a eficiência (p. ex., o saguão de um banco comercial). O *back office* não é visto pelo cliente e, muitas vezes, para ser eficiente, funciona como uma fábrica (p. ex., o processamento de cheques bancários).

Seguindo uma taxonomia para o projeto do processo de serviços, são apresentadas quatro abordagens genéricas: a abordagem da linha de produção, o cliente como coprodutor, o contato com o cliente e a capacitação pela informação. Cada abordagem defende uma dada filosofia, cujas características serão examinadas.

INOVAÇÃO EM SERVIÇOS

A Fundação Nacional da Ciência (National Science Foundation, NSF) dividiu o processo de pesquisa e desenvolvimento (P&D) em três categorias:

- A *pesquisa básica* visa ao aumento do conhecimento ou da compreensão de aspectos fundamentais de fenômenos e fatos observáveis, sem aplicação específica a um processo ou a produtos. Esse tipo de pesquisa está restrito ao governo, a algumas universidades e a setores sem fins lucrativos.
- A *pesquisa aplicada* visa a obter conhecimentos para atender a uma necessidade específica. Isso inclui a pesquisa com objetivos comerciais específicos.
- *Desenvolvimento* é a utilização sistemática do conhecimento voltada para a produção de um produto, serviço ou método. Isso inclui o projeto e o desenvolvimento de protótipos e processos. No entanto, exclui o controle de qualidade, a testagem rotineira de produtos e a produção.[1]

Com base nas definições da NSF, a inovação em serviços resulta de pesquisas aplicadas e de trabalhos de desenvolvimento que têm uma ou mais das seguintes metas:

- Busca planejada por novo conhecimento, independentemente de a busca ter ligação com uma aplicação específica.
- Aplicação do conhecimento existente a problemas envolvidos na criação de um novo serviço ou processo, inclusive à análise de viabilidade.
- Aplicação do conhecimento existente a problemas relativos à melhoria de serviços ou processos atuais.

Em 2001, nos Estados Unidos, 40% do total de P&D industrial foram dedicados ao setor não manufatureiro, de acordo com um relatório da Organização para a Cooperação e Desenvolvimento Econômico.[2] A Figura 4.1 mostra o quanto determinados países gastaram com P&D em setores não manufatureiros. O grande investimento das nações "industrializadas" é parcialmente explicado pelo aumento na terceirização. Por exemplo, as empresas farmacêuticas contratam empresas de serviços para realizar os testes de medicamentos, e a maioria das empresas de manufatura contrata provedores de serviços de informação para o desenvolvimento de software.

Muitas das características fundamentais do processo de inovação são diferentes entre produtos e serviços. Os desafios particulares à inovação nos serviços incluem:[3]

- *Capacidade de proteger tecnologias de propriedade intelectual:* A transparência dos sistemas de serviços facilita a imitação, e as patentes são difíceis de obter.
- *Natureza incremental da inovação:* Como os clientes participam dos sistemas de serviços, a inovação tende a ser evolutiva, e não radical, para que os clientes aceitem as mudanças.
- *Grau de integração exigido:* A inovação em serviços exige interações entre pessoas, produtos e tecnologia e, portanto, exige a integração entre sistemas.
- *Capacidade de construir protótipos ou realizar testes em um ambiente controlado:* Os serviços não podem ser testados de forma realista em um laboratório isolado, por isso correm o risco de fracassar ou ter mau desempenho após o lançamento.

A inovação é vista como o processo de criação de algo novo e também como o próprio produto ou resultado. Nos serviços, o resultado não necessariamente se traduz em um novo produto de serviço; ele pode ser o grau de modificação em algum serviço existente. A Tabela 4.1 apresenta uma classificação das inovações em serviços dentro de duas categorias principais. As inovações radicais são ofertas não previamente disponíveis aos clientes ou novos sistemas de fornecimento de serviços já existentes (p. ex., o *site* da livraria Barnes & Noble). As inovações incrementais são mudanças vistas como melhorias (p. ex., o acréscimo de *playgrounds* aos restaurantes de *fast-food*).

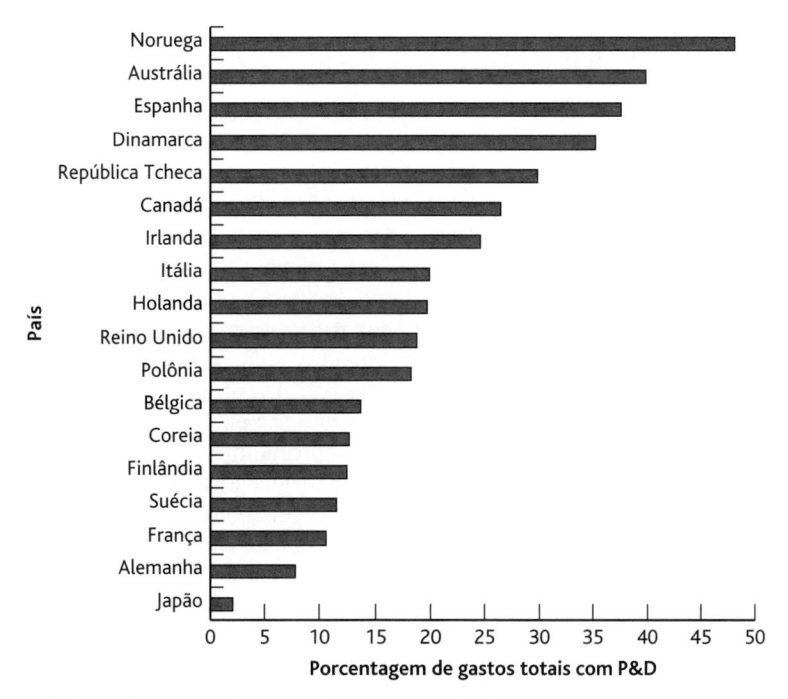

Figura 4.1 Porcentagem de P&D de setores não manufatureiros em 2001.
Fonte: http://www.nist.gov/director/prog-ofc/report05-1.pdf, Planning Report 05-1, "Measuring Service-Sector Research and Development", preparada para a National Science Foundation e o National Institute of Standards & Technology pelo Research Triangle Institute, Março de 2005, p. 1.4.

Tabela 4.1 Níveis de inovação em serviços

Categoria de novo serviço	Descrições	Exemplos
Inovações radicais		
Grande inovação	Novos serviços para mercados ainda não definidos. Essas inovações são normalmente impulsionadas por tecnologias da informática e da informação.	O Internet banking do Wells Fargo, lançado em maio de 1995.
Negócio em fase inicial	Novos serviços em um mercado já servido por serviços existentes.	A Mondex USA, subsidiária da Master Card International, que cria e distribui cartões inteligentes para transações de varejo.
Novos serviços para o mercado já atendido	Novas ofertas de serviços para os clientes existentes de uma organização (apesar de os serviços poderem ser oferecidos por outras empresas).	Agências ou quiosques de bancos localizados em supermercados ou outros estabelecimentos varejistas (p. ex., quiosques do Wells Fargo em cafeterias Starbucks).
Inovações incrementais		
Extensões da linha de serviços	Incrementos à linha de serviços existente, como o acréscimo de novos itens ao menu, novas rotas e novos cursos.	O *check-in* de primeira classe da Singapore Airlines em uma sala especial e exclusiva.
Melhorias nos serviços	Mudanças nas características dos serviços oferecidos atualmente.	A Delta Airlines utiliza quiosques semelhantes a caixas eletrônicos para distribuir cartões de embarque aos passageiros.
Mudanças de estilo	O mais comum entre os "novos serviços". São modestas mudanças visíveis que têm um impacto sobre as percepções, emoções e atitudes do cliente. Mudanças de estilo não alteram fundamentalmente o serviço, apenas sua aparência.	Casas funerárias, como a Calvary Mortuary, em Los Angeles, agora oferecem cerimônias breves que celebram a vida em vez de lamentar a morte. Também oferecem floriculturas completas e instalações com paredes mais claras, cores mais suaves, mais janelas e luzes.

Fonte: Reimpressa com permissão de S. P. Johnson, L. J. Menor, A. V. Roth and R. B. Chase, "A Critical Evaluation of the New Service Development Process," in J. A. Fitzsimmons and M. J. Fitzsimmons (eds.), *New Service Development*, Thousand Oaks, Calif.: (Sage Publications, 2000), p. 4.

DESENVOLVIMENTO DE NOVOS SERVIÇOS

Ideias para inovações em serviços surgem de várias fontes. Os clientes são convidados a dar sugestões (p. ex., acréscimos ao cardápio de um restaurante). Os funcionários do *front office* podem ser treinados para ouvir as reclamações dos clientes (isto é, colocar-se em uma posição de ouvinte). É possível analisar bancos de dados de clientes para possíveis extensões de serviços (p. ex., serviços financeiros adicionais). As tendências demográficas dos clientes talvez sugiram novos serviços (p. ex., serviços de saúde de longo prazo), além de novos avanços em tecnologia. Essas ideias constituem os dados de entrada para o estágio de "desenvolvimento" do ciclo de desenvolvimento de novos serviços (DNS), mostrado na Figura 4.2.

No estágio de desenvolvimento de um novo serviço, peneiram-se as novas ideias, e os conceitos vencedores são desenvolvidos e testados para a verificação de sua viabilidade. Os conceitos que ultrapassam os obstáculos do desenvolvimento são então avaliados no estágio de "análise", que determina seu potencial como parte de um empreendimento empresarial lucrativo. Após a autorização do projeto, os conceitos bem-sucedidos passam para a fase do "projeto". Gasta-se muito tempo e dinheiro no projeto de um novo produto, assim como no desenvolvimento de um processo de serviço que seja testado em campo, com treinamento adequado de pessoal e campanha de marketing, em uma dada cidade ou região. Por fim, o novo serviço, se aprovado, recebe um "lançamento completo", que pode ocorrer em nível nacional ou mundial.

O processo de DNS depende de certos fatores habilitadores: equipes interdisciplinares, ferramentas (como planilhas) e uma cultura organizacional que seja aberta à inovação.

No centro da Figura 4.2 encontra-se o produto do serviço, constituído por pessoas, sistemas e tecnologia. O componente *pessoas* é formado tanto por empregados quanto por clientes. Os empregados devem ser contratados, treinados e capacitados (p. ex., tendo acesso por computador, na

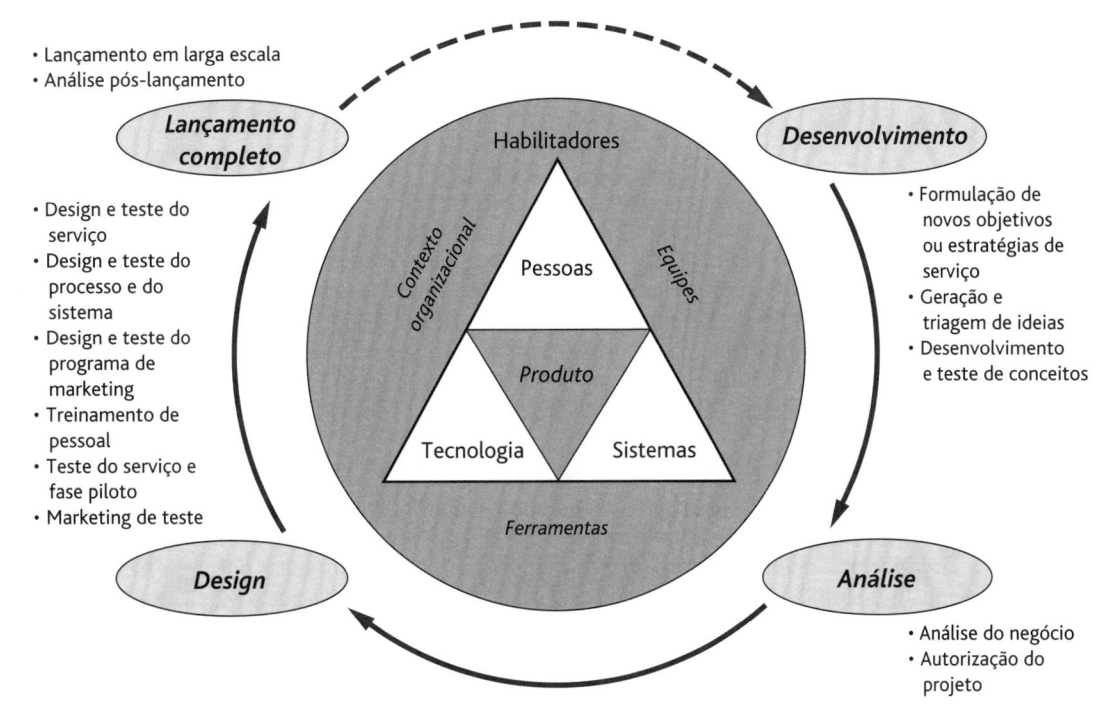

Figura 4.2 Ciclo do processo de DNS.
Fonte: Reimpressa com permissão de S. P. Johnson, L. J. Menor, A. V. Roth and R. B. Chase, "A Critical Evaluation of the New Service Development Process," in J. A. Fitzsimmons and M. J. Fitzsimmons (eds.), *New Service Development*, Thousand Oaks, Calif.: (Sage Publications, 2000), p. 18.

livraria Barnes & Noble, a livros impressos) para que a excelência do serviço seja incorporada ao produto. O papel dos clientes deve ser definido para que eles sejam motivados a comportarem-se da maneira desejada (p. ex., máquinas de autoatendimento para *check-in* no hotel Hyatt Regency).

Observe que, em ambos os casos, são necessários *sistemas* para que se cumpram as tarefas. Alguns sistemas (p. ex., um sistema de prontuários em uma clínica) encontram-se no *back office*, auxiliando os funcionários no fornecimento de serviços. A reserva de quartos pela Internet é um exemplo de um sistema *front office*, pois interage diretamente com o cliente.

Os avanços *tecnológicos* muitas vezes são a base para a inovação radical em serviços. A Tabela 4.2 apresenta exemplos de inovações impulsionadas pela tecnologia de várias fontes (isto é, energia/combustível, design físico, materiais, métodos e informação), bem como seu impacto na indústria. Desse modo, uma empresa de serviços deve acrescentar às suas atividades o monitora-

Tabela 4.2 Inovações em serviços impulsionadas pela tecnologia

Fonte da tecnologia	Exemplo do serviço	Impacto no setor de serviços
Energia/combustível	Aeronave a jato	Viabilidade de voos internacionais
	Energia nuclear	Menor dependência de combustíveis fósseis
Design das instalações	Saguão de um hotel	Sensação de grandeza/amplitude
	Estádios cobertos	Uso durante o ano todo
Materiais	Vidro fotocrômico	Conservação de energia
	Óleo lubrificante sintético	Menos trocas de óleo
Métodos	*Just-in-time* (JIT)	Redução dos estoques da rede de fornecimento
	Seis Sigma	Institucionalização da qualidade
Informação	Comércio eletrônico	Aumento do mercado em escala global
	TV por satélite	Alternativa à TV a cabo

mento de novas tecnologias, a fim de proteger sua posição competitiva. Como demonstrado pela Amazon.com, uma empresa que começa a usar uma tecnologia antes das outras pode conquistar uma clientela leal e ganhar uma vantagem competitiva significativa.

ELEMENTOS DO PROJETO DE SERVIÇOS

Consideremos um prédio, cujo projeto começa na mente do arquiteto e é traduzido no papel em forma de desenhos de engenharia, que incluem todos os sistemas da construção: alicerces, estrutura, encanamento e instalação elétrica. Análogo a esse processo é o conceito de serviço que considera os elementos do sistema, apresentado na Tabela 4.3, seguido pelo capítulo correspondente. Esses elementos do projeto devem ser planejados de forma a criar uma oferta de serviço consistente que alcance a visão estratégica de serviço. Os elementos do projeto de serviços tornam-se um modelo que comunica, aos funcionários e clientes, que tipo de serviço eles devem esperar oferecer e receber.

Um hospital bem-sucedido localizado em Toronto, no Canadá, que realiza apenas cirurgias de hérnia inguinal, será usado para ilustrar como cada elemento do conceito de serviço contribui para a missão estratégica. O Shouldice Hospital é de propriedade privada e utiliza um procedimento cirúrgico especial para corrigir hérnias inguinais, o que resultou em uma excelente reputação para a instituição. Seu sucesso é medido pela taxa de reincidência, que é 12 vezes menor do que a de seus concorrentes.[4]

Os elementos estruturais do conceito de serviços do Shouldice, que sustentam sua estratégia focada em clientes com hérnia inguinal, são os seguintes:

- *Sistema de fornecimento.* Uma marca da abordagem do Shouldice é a participação do paciente em todos os aspectos do processo. Por exemplo, os próprios pacientes depilam-se antes da operação e caminham da sala de operação até a área de recuperação.
- *Design da instalação.* As instalações são intencionalmente projetadas para incentivar os exercícios e a recuperação rápida em quatro dias, permitindo que o paciente retorne às atividades cotidianas na metade do tempo em relação aos hospitais tradicionais. Os quartos são desprovidos de comodidades como telefone e televisão, e os pacientes devem caminhar até os salões, os chuveiros ou a cafeteria. A ampla área dos jardins do hospital foi projetada para incentivar os passeios, e o interior é acarpetado e decorado para evitar quaisquer "associações" comuns a hospitais.
- *Localização.* O fato de estar localizado em uma grande metrópole com excelente serviço aéreo dá ao Shouldice acesso ao mercado mundial. A grande população local também permite que os pacientes possam marcar a cirurgia com pouco tempo de antecedência a fim de preencher reservas canceladas.
- *Planejamento da capacidade.* Como as operações de hérnia são procedimentos facultativos, os pacientes podem ser programados em lotes para preencher o tempo operacional disponível;

Tabela 4.3 Elementos do projeto de serviço

Elementos do projeto	Tópicos	Capítulo
Estruturais		
Sistema de fornecimento	Estrutura do processo, *blueprint* do serviço, posicionamento estratégico	4
Design das instalações	*Servicescapes*, arquitetura, fluxos de processo, leiaute	7
Localização	Demanda geográfica, escolha do local, estratégia de localização	10
Planejamento de capacidade	Papel estratégico, modelos de filas, critérios de planejamento	16
Gerenciais		
Informação	Tecnologia, escalabilidade, uso da Internet	5
Qualidade	Mensuração, qualidade do projeto, recuperação, ferramentas, Seis Sigma	6, 8
O encontro de serviço	Tríade do encontro, cultura, relações de fornecimento, terceirização	9, 13
Gerenciamento da capacidade e da demanda	Estratégias, gerenciamento da produção, gerenciamento de filas	11, 12

assim, a capacidade é utilizada ao máximo. Essa facilidade na programação das operações permite ao Shouldice funcionar como um hotel lotado; portanto, as atividades de apoio, como hospedagem e alimentação, também são totalmente utilizadas.

Os elementos gerenciais do conceito de serviço do Shouldice também sustentam a estratégia de prestação de um serviço médico de qualidade:

- *Informação.* Uma característica única do serviço do Shouldice é a realização de um encontro anual dos pacientes atendidos, o que representa um relacionamento continuado do hospital com essas pessoas. Manter informações sobre os pacientes permite ao hospital construir uma clientela leal, que é um meio eficiente de propaganda boca a boca. Proporcionar *check-ups* anuais gratuitos também permite ao Shouldice construir um banco de dados especial sobre o seu procedimento.
- *Qualidade.* A principal característica da qualidade é a adesão de todos os médicos ao método de tratamento de hérnia do Shouldice, que resulta em uma baixa taxa de reincidência de hérnias inguinais entre seus pacientes. Além disso, pacientes com dificuldades são encaminhados ao médico que os atendeu. A percepção da qualidade é realçada pela experiência no Shouldice, que mais lembra um breve período de férias do que uma internação típica em um hospital.
- *Encontro de serviço.* Há uma cultura de serviço que promove uma atmosfera familiar, reforçada pelas refeições conjuntas de funcionários e pacientes. Todos os empregados são treinados para estimular a atividade dos pacientes, o que promove a rápida recuperação. Os pacientes que fizeram a cirurgia pela manhã são incentivados a discutir sua experiência no jantar com pacientes cuja cirurgia está agendada para o dia seguinte, o que ajuda a amenizar os temores pré-operatórios.
- *Gerenciamento da capacidade e da demanda.* A triagem é feita com um questionário enviado pelo correio, e os pacientes são admitidos somente por meio de reserva. Dessa forma, a demanda de pacientes, em termos de *timing* e adequação, é controlada com eficiência. Como mencionado, pacientes sem hora marcada ou moradores da região em lista de espera são utilizados para preencher vagas decorrentes do cancelamento de reservas. Assim, assegura-se o uso da capacidade total do hospital.

Equação de valor do cliente[5]

Para assegurar a aceitação de uma inovação, o projeto deve ter uma *centralização no cliente*, no que ele considera importante. Pode-se calcular o valor de um serviço a partir da perspectiva de um cliente com a seguinte equação:

$$\text{Valor} = \frac{\text{Resultados produzidos para o cliente} + \text{Qualidade do processo}}{\text{Preço para o cliente} + \text{Custos de aquisição do serviço}}$$

Resultados produzidos para o cliente
Os clientes não buscam um serviço ou compram um produto sem uma razão. A compra do serviço tem de resultar na satisfação de uma necessidade. Mesmo que o ambiente de um restaurante seja agradável e o serviço seja cortês, a refeição tem de ser satisfatória. Alguns serviços, como o abastecimento de carros, têm uma função de manutenção que os consumidores evitariam, se possível.

Qualidade do processo
A forma como um serviço é prestado muitas vezes é tão importante quanto os resultados produzidos para o cliente. Considere a conveniência da compra de um livro pela Internet, comparada ao esforço de comprá-lo em uma livraria local. Uma vez que o cliente é um participante na prestação do serviço, as melhorias na qualidade do processo têm de ser aceitáveis para o cliente. O serviço postal, por exemplo, exige a instalação de caixas de correio nas casas para substituir as entregas de porta em porta, a fim de proporcionar um serviço mais pontual e mais barato. A necessidade de uma chave para abrir a caixa será uma inconveniência para os clientes, mas a segurança de sua correspondência estará garantida.

Preço para o cliente
Não há razão para acreditar que custo e qualidade sejam mutuamente exclusivos. Uma maior consistência na qualidade do serviço deve resultar em custos mais baixos, pois as percepções dos clientes estão mais alinhadas com as expectativas. Atender os clientes também torna-se mais barato e fácil, já que sua participação agrega valor a atividades de autoatendimento (p. ex., fazer o pedido de uma passagem pela Internet poupa US$ 6 para a companhia aérea).

Custo de aquisição do serviço
Muitas vezes, as empresas de serviços incorrem no erro de pensar que os clientes estão interessados somente no preço, quando o custo de aquisição do serviço pode ter igual importância. A conveniência, por exemplo, tem valor para os clientes, fato que não foi esquecido pelos lojistas da Internet, como a Amazon.com. Quando os custos de frete estão inclusos, os livros comprados pela Internet podem custar mais do que a ida à loja local, mas evita-se a inconveniência. Encontrar formas de reduzir o custo de aquisição para os clientes deve ser considerado como uma estratégia competitiva.

A equação do valor do cliente coloca em perspectiva os vários elementos e oportunidades para um serviço competitivo. Ao desenvolver um novo serviço, o valor para o cliente deve ser o foco das decisões do projeto.

POSICIONAMENTO ESTRATÉGICO PELA ESTRUTURA DO PROCESSO

A preparação do *blueprint* do serviço é o primeiro passo no desenvolvimento de uma estrutura de processo de serviço capaz de posicionar uma empresa no mercado competitivo. As decisões continuam sendo baseadas no grau de complexidade e divergência desejado no serviço. G. Lynn Shostack definiu esses conceitos e os utilizou para demonstrar de que maneira uma empresa de serviços pode situar-se na base da estrutura do processo.[6]

Os passos e as conexões do processo, descritos no *blueprint* do serviço e medidos pelo número e pela complexidade dos passos, representam o grau de *complexidade* da estrutura de prestação de serviços. Por exemplo, a preparação de um pedido em um restaurante de *fast-food* é menos complexa do que a preparação de um jantar em um restaurante francês refinado. O grau de arbítrio ou liberdade que um prestador tem para customizar o serviço é o grau de *divergência* admitido em cada passo do processo de serviço. Por exemplo, as atividades de um promotor, se comparadas às de um assistente de promotoria, são altamente divergentes, pois a interação com o cliente requer um agudo senso de julgamento, discernimento e adaptação às diferentes situações.

Empresas como a H&R Block têm procurado atender um grande volume de contribuintes de classe média, criando um serviço de *baixa divergência* para aqueles que buscam auxílio na preparação das declarações de renda. Com baixa divergência, o serviço pode ser prestado por funcionários com pouca qualificação que desenvolvem tarefas rotineiras, e o resultado é qualidade consistente e custo reduzido.

Um salão de cabeleireiros com foco no público masculino, por exemplo, representa uma estratégia de *alta divergência* ao reformular o ramo tradicional de barbearias. A alta divergência caracteriza-se por uma estratégia de nicho que busca clientes dispostos a pagar mais por um serviço personalizado.

Reduzir a abrangência de um serviço por meio da especialização é uma estratégia focalizada que resulta em *baixa complexidade*. Recentemente, observou-se uma explosão, no setor de varejo, do número de lojas especializadas em um único produto, como sorvete, biscoitos ou café. Para que essa estratégia dê certo, o produto ou o serviço precisa ser visto como exclusivo ou de qualidade muito superior.

Para alcançar uma maior penetração no mercado ou maximizar a receita com cada cliente, podem-se agregar novos serviços, criando-se, assim, uma estrutura de *alta complexidade*. Os supermercados, por exemplo, tornaram-se superlojas pelo acréscimo de serviços bancários, farmácias, floriculturas, livros, locadoras de vídeo e preparação de alimentos.

O reposicionamento não precisa estar limitado a mudanças em apenas uma dimensão da estrutura do processo (isto é, o nível de divergência ou complexidade). Para um restaurante familiar em busca de uma estratégia que combine mudanças tanto no nível da complexidade quanto no nível da divergência, consideremos a Tabela 4.4.

Tabela 4.4 Alternativas estruturais para um restaurante familiar

Baixa complexidade/divergência	Processo atual	Alta complexidade/divergência
Não aceitar reservas	Aceitar reservas	Escolha de uma mesa específica
Escolha da mesa pelo cliente; cardápio disposto em uma placa	Escolha da mesa pelo garçom; cardápio entregue em mãos	Informa-se o cardápio; descrevem-se as entradas e as especialidades
Cliente serve-se da água	Serve-se água e pão	Variedade de pães quentes e entradas
Cliente preenche uma ficha de pedidos	Garçom anota os pedidos	À mesa, os pedidos são feitos pessoalmente ao *maître*
Opções pré-preparadas, sem escolha	Bufê de saladas	Saladas (4 variedades)
Entrada limitada a quatro opções	Entrada (6 variedades)	Ampliado para 10 opções: acréscimo de pratos flambados, filé de peixe na mesa
Bufê de sorvetes, *self-service*	Sobremesa (6 variedades)	Ampliado para 12 opções
Somente café, chá e leite	Bebidas (6 variedades)	Acréscimo de cafés especiais, carta de vinhos, licores
Salada e entrada servidas juntas; conta e bebidas juntas	Servir os pedidos	Refeição em etapas; sorbet entre os pratos; pimenta moída na hora
Pagamento somente em dinheiro, paga-se na saída	Pagamento em dinheiro ou cartão	Escolha da forma de pagamento, com opção de abertura de uma conta; oferecimento de balas

Fonte: Reimpressa com permissão da American Marketing Association: G. Lynn Shostack, "Service Positioning through Structural Change," *Journal of Marketing* 51, Janeiro 1987, p. 41.

BLUEPRINT DO SERVIÇO[7]

O desenvolvimento de um novo serviço com base nas ideias subjetivas contidas em seu conceito pode levar a dispendiosos esforços de tentativa e erro para transformar esse conceito em realidade. Antes de um prédio ser construído, o projeto é esboçado em desenhos arquitetônicos chamados *blueprints*. O nome, derivado das palavras em inglês *blue* (azul) e *print* (impressão), deve-se ao fato de as cópias serem impressas em um papel especial que cria linhas azuis. Esses *blueprints* mostram como deve ser o produto, bem como todas as especificações necessárias para a sua manufatura. G. Lynn Shostack entende que um sistema de prestação de serviços também seria representado por um diagrama visual (isto é, um *blueprint do serviço*), o qual seria usado à maneira de um *blueprint* arquitetônico para projetar um serviço.[8]

À medida que exploramos o *blueprint* de um hotel de luxo, mostrado na Figura 4.3, as diversas utilidades desse diagrama serão reveladas. Primeiramente, o *blueprint* de serviços é um mapa ou fluxograma de todas as transações integrantes do processo de prestação de serviços. A partir dele, surgem questões como: que tipo de sinalização é necessária para facilitar as ações dos clientes? Há transações que possam ser eliminadas ou transformadas em *self-service* (p. ex., *check-out* expresso)? Quais transações têm *potencial de falha* (isto é, em quais atividades pode haver erros)? Por exemplo, a atividade "receber pedidos de refeições" talvez exija adaptações, como numerar os itens do cardápio para evitar erros.

No topo, encontramos as "evidências físicas" visíveis aos clientes (p. ex., o exterior de um hotel, o uniforme utilizado pelo porteiro e a decoração dos quartos) e a experiência vivenciada (p. ex., a espera pelo *check-in*, um banho, ver televisão e fazer uma refeição). O gestor deve se perguntar: as evidências são coerentes com a expectativa do cliente e com a imagem do hotel?

As atividades na primeira linha, acima da "linha de interação", são as iniciativas tomadas pelo cliente, suas escolhas e interações no processo de compra, consumo e avaliação do serviço. Qualquer linha de fluxo vertical cruzando a "linha de interação" descreve um contato direto entre o cliente e a organização (isto é, um encontro de serviço). Podem-se formular perguntas como: o cliente deve interagir com a mesma pessoa ou receber ajuda (p. ex., ter suas malas carregadas)? Exigem-se diferentes habilidades interpessoais do porteiro, do recepcionista, do carregador de malas e do entregador de comida?

Paralelas às ações do cliente, há duas áreas de ação dos empregados que envolvem contato com o cliente. Acima da "linha de visibilidade" estão as ações totalmente visíveis pelos clientes, ou ações que acontecem "sob os holofotes" (p. ex., o *check-in* e a entrega das malas dos hóspedes). Abaixo da *linha de visibilidade* estão as ações invisíveis ao cliente, que acontecem nos "bastido-

Parte II Projeto de um empreendimento de serviços

EVIDÊNCIAS FÍSICAS	Estacionamento externo do hotel	Carrinho para malas; uniforme	Área de espera no lobby/recepção	Elevadores, corredores, quarto	Manejo; colocação no quarto	Televisão, banheiro, cama	Cardápio	Espera a chegada	Comida	Espera a conta exata
AÇÕES DOS CLIENTES	Chega ao hotel	Entrega as malas para o carregador	Check-in	Vai para o quarto	Recebe a bagagem	Toma banho, dorme	Chama o serviço de quarto	Recebe a refeição	Come	Check-out, vai embora

Linha de interação

| FUNCIONÁRIOS DA LINHA DE FRENTE | | Cumprimenta o cliente e leva suas malas | Processo de registro | | Entrega as malas (F) | | | Serve a refeição | | Processa o check-out |

Linha de visibilidade

| FUNCIONÁRIOS DE RETAGUARDA | | | | Leva as malas para o quarto | | | Anota os pedidos (F) | | | |

Linha de interação interna

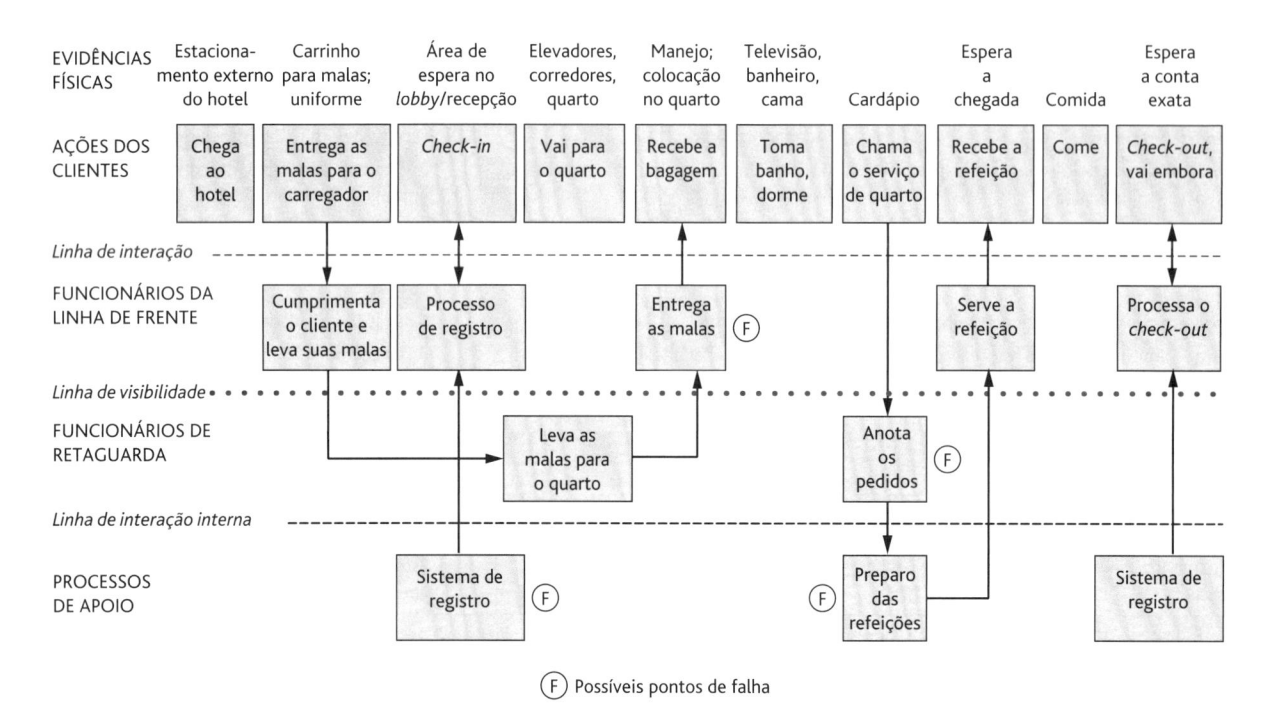

| PROCESSOS DE APOIO | | | Sistema de registro (F) | | | | Preparo das refeições (F) | | | Sistema de registro |

(F) Possíveis pontos de falha

Figura 4.3 *Blueprint* de um hotel de luxo.
Fonte: Reproduzido com permissão de Mary Jo Bitner, "Managing the Evidence of Service," em Eberhard E. Scheuing e William F. Christopher, ed. *The Service Quarterly Handbook,* (Nova York: AMACOM, 1993), p. 363.

res", como pedidos de refeições pelo telefone. As questões nessa área dizem respeito ao gerenciamento de uma equipe "de bastidores" (ou de retaguarda), que deve estar preparada o bastante para evitar atrasos desnecessários na linha de frente.

Abaixo da "linha de interação interna", encontramos os processos de apoio que geram questões relativas às exigências de capacidade desses sistemas de *back office*, como um sistema de informações sobre reservas e uma cozinha.

Os restaurantes de *fast-food* querem que o cliente veja a limpeza da cozinha.
Dynamic Graphics Group/Creatas/Alamy

Finalmente, o posicionamento da "linha de visibilidade" em um *blueprint* de serviços pode indicar prontamente o nível de envolvimento do cliente no processo de prestação do serviço. Por exemplo, a linha de visibilidade para um restaurante fino é relativamente alta se comparada à de um restaurante de *fast-food*.

Em resumo, um *blueprint* é uma definição precisa do sistema de prestação do serviço que permite ao gestor testar o conceito de serviços no papel antes que quaisquer decisões finais sejam tomadas. O *blueprint* também auxilia na solução de problemas e no pensamento criativo ao identificar pontos potenciais de fracasso e ao destacar oportunidades para melhorar as percepções dos clientes sobre o serviço.

TAXONOMIA PARA O PROJETO DO PROCESSO DE SERVIÇOS

Os processos de serviços são classificados utilizando o conceito de divergência, o objeto para o qual a atividade de serviço é direcionada, e o grau de contato com o cliente. Na Tabela 4.5, os serviços estão divididos em baixa divergência (isto é, serviços padronizados) e alta divergência (isto é, serviços customizados). Dentro dessas duas categorias, os objetos do processo de serviço são identificados como bens, informações ou pessoas. O grau de contato com o cliente varia: nenhum contato, contato indireto ou contato direto (e é dividido, ainda, em autoatendimento e interação pessoal com o prestador do serviço).

Tabela 4.5 Taxonomia dos processos de serviços

Grau de contato com o cliente		Baixa divergência (serviço padronizado)			Alta divergência (serviço customizado)		
		Processamento de bens	Processamento de informações ou imagens	Pessoas	Processamento de bens	Processamento de informações ou imagens	Pessoas
Nenhum contato com o cliente		Lavagem a seco Reabastecer uma máquina automática	Processamento de cheques Cobrança de fatura do cartão de crédito		Conserto de carros Confecção de ternos sob medida	Programar um software Projetar um edifício	
Contato indireto com o cliente			Encomendar compras de supermercado pela Internet Verificar o saldo bancário pelo telefone			Supervisão de um pouso por um controlador de tráfego aéreo Dar um lance em um leilão de TV	
Contato direto com o cliente	Não há interação entre o cliente e o prestador do serviço (*self-service*)	Operar uma máquina de venda automática Montar um móvel pré-fabricado	Sacar dinheiro em um caixa automático Tirar fotos em uma cabine de fotos automática	Operar um elevador Andar em uma escada rolante	Servir-se em um bufê Ensacar as compras de supermercado	Documentar o histórico médico em uma clínica Procurar informações em uma biblioteca	Dirigir um carro alugado Frequentar uma academia
	Há interação entre o prestador e o cliente	Servir alimentos em um restaurante Lavar carros	Dar uma aula Lidar com transações bancárias de rotina	Providenciar transporte público Providenciar vacinação em massa	Limpeza de carpetes da casa Serviço de paisagismo	Pintura de retrato Aconselhamento pessoal	Corte de cabelo Realizar uma cirurgia

Fonte: Reproduzido com permissão de Urban Wemmerlov, "A Taxonomy for Service Process and Its Implications for System Design," *International Journal of Service Industry Management* 1, no. 3 (1990), p. 29.

Grau de divergência

Um serviço padronizado (isto é, de baixa divergência) é projetado para altos volumes, com um serviço minuciosamente definido e focalizado. As tarefas são de rotina e requerem mão de obra com um nível relativamente baixo de habilidades técnicas. Devido à natureza repetitiva do serviço, muitas vezes é possível substituir a mão de obra pela automação (p. ex., máquinas automáticas de vendas, lavagem automática de carros). Reduzir a liberdade e o arbítrio dos trabalhadores é uma estratégia para manter a consistência de um serviço, mas também pode trazer consequências negativas. Esses conceitos serão referidos mais adiante como a *abordagem de linha de produção* para o projeto de serviços.

Para serviços customizados (isto é, de alta divergência), é preciso maior flexibilidade e discernimento no desenvolvimento das tarefas. Além disso, há uma troca maior de informações entre o cliente e o prestador do serviço. Essas características exigem altos níveis de capacidade técnica e analítica, pois o processo do serviço não é programado, nem está bem definido previamente (p. ex., terapia, paisagismo). Para que o cliente fique satisfeito, a tomada de decisão é delegada aos funcionários, que desenvolvem suas atividades com alguma autonomia e arbítrio (isto é, há delegação de poder aos empregados).

Objeto do processo de serviço

Em relação ao processamento de bens, é preciso distinguir entre bens pertencentes aos clientes e bens fornecidos pela empresa (isto é, os *bens facilitadores*). Em serviços como lavanderias ou oficinas mecânicas, o serviço é realizado sobre bens pertencentes ao cliente; nesse caso, a propriedade deve ser segurada contra avarias ou perdas. Outros serviços, como restaurantes, fornecem bens facilitadores como uma parte significativa do pacote de serviços. Portanto, cria-se uma preocupação com os níveis de estoque e com a qualidade desses bens facilitadores, como ilustrado pela atenção do McDonald's à compra de alimentos.

O processamento de informações (isto é, o recebimento, o manuseio e a manipulação de dados) é feito por todos os sistemas de serviços. Em alguns casos, essa é uma atividade de retaguarda, como o processamento de cheques bancários. Em outros casos, informações são trocadas indiretamente por meios eletrônicos, como na verificação do saldo da conta por telefone. Nessas situações, os prestadores de serviços passam horas diante de uma tela, desempenhando tarefas de rotina, e a motivação torna-se um desafio. No entanto, existem serviços, como os de consultoria, nos quais as informações são processadas por meio de interações diretas entre o cliente e a equipe de projeto. Para empregados altamente treinados nesses serviços, o desafio de lidar com problemas desestruturados é importante para manter a satisfação no trabalho.

O processamento de pessoas envolve mudanças físicas (p. ex., um corte de cabelo ou uma cirurgia) ou mudanças geográficas (p. ex., uma viagem de ônibus ou o aluguel de um carro). Devido à natureza de "alto contato" desses serviços, os prestadores devem ter habilidades interpessoais e técnicas. Também se deve prestar atenção ao design das instalações e à sua localização, já que o cliente está fisicamente presente no sistema.

Tipo de contato com o cliente

O contato do cliente com o sistema de prestação do serviço ocorre basicamente de três formas. Em primeiro lugar, o cliente está fisicamente presente e tem contato direto com os prestadores na criação do serviço. Nesse caso, o cliente tem total consciência do ambiente do serviço. Em segundo lugar, o contato é indireto, por meios eletrônicos, a partir do escritório ou da casa do cliente. Em terceiro, alguns serviços são desempenhados sem contato algum com os clientes. Os bancos são um exemplo de organização que inclui as três formas: fazer uma aplicação para um financiamento de automóvel exige uma interação com o funcionário responsável pelo setor de financiamentos; o pagamento do financiamento pode ser realizado por meio de uma transferência eletrônica de fundos; e a manutenção do histórico financeiro para o financiamento é feita fora da visão dos clientes, no *back office* do banco.

O contato direto com os clientes é subdividido em duas categorias: inexistência de interação com os prestadores do serviço (isto é, *self-service*) e existência de interação entre clientes e prestadores do serviço. O *self-service* é particularmente atraente porque os clientes fornecem a mão de obra necessária no momento necessário. Muitas tecnologias eficientes em termos de custos, como a discagem direta e os caixas automáticos, dependem de um segmento de mercado cujos clientes estão dispostos a aprender a como interagir com as máquinas. No momento em que os clientes desejam uma interação direta com os prestadores de serviços, todas as questões abordadas anteriormente em relação ao processamento de pessoas (isto é, treinamento em habilidades interpessoais e questões de localização, leiaute e design de instalações) tornam-se importantes para assegurar uma experiência de serviços bem-sucedida. Quando os clientes estão fisicamente presentes no processo de serviços, surgem problemas de gerenciamento adicionais (p. ex., o gerenciamento de filas para evitar uma imagem negativa).

Os processos de serviços cujo contato com o cliente é indireto ou inexistente não precisam se preocupar com as limitações impostas pela presença física do cliente no sistema. Devido ao fato de o cliente ser desacoplado do sistema de prestação do serviço, pode-se assumir uma abordagem mais próxima da de uma manufatura. As decisões em termos de localização e design da instalação, cronograma de trabalho e treinamento dos empregados podem ser todas feitas considerando a eficiência. Na realidade, a combinação da ausência de contato com o processamento de produtos cria categorias normalmente reconhecidas como manufatura. Por exemplo, a lavagem a seco é um *processo em lotes*, e a manutenção de carros é um *trabalho sob encomenda*.

Essa taxonomia dos processos de serviços é uma forma de organizar os vários tipos de processos encontrados nos sistemas de serviços e auxilia na compreensão do projeto e do gerenciamento de serviços. Essa taxonomia também serve como um mapa de posicionamento estratégico para os processos de serviços e, desse modo, como uma ajuda no projeto e na reestruturação dos sistemas.

ABORDAGENS GENÉRICAS PARA O PROJETO DE SISTEMAS DE SERVIÇOS

No Capítulo 2, definimos o pacote de serviços como um conjunto de atributos experimentados por um cliente. Esse conjunto consiste em cinco características: instalações de suporte, bens facilitadores, informações, serviços explícitos e serviços implícitos. Em um sistema de serviços bem projetado, essas características são coordenadas harmoniosamente de acordo com o pacote de serviços desejado. Logo, a definição do pacote de serviços é a chave para projetar o próprio sistema de serviços. Esse projeto pode ser feito de diversas formas.

Os serviços de rotina podem ser vistos em uma *abordagem de linha de produção*. Nessa abordagem, os serviços são realizados em um ambiente controlado para garantir consistência em termos de qualidade e eficiência da operação. Outra abordagem consiste em incentivar a participação ativa dos clientes no processo. Permitir que o cliente tenha um papel ativo no processo do serviço pode resultar em vários benefícios, tanto para o cliente quanto para o fornecedor. Em uma abordagem intermediária, o serviço é dividido em operações de alto e baixo contato com o cliente. Essa abordagem permite que as operações de baixo contato sejam projetadas com um enfoque técnico, isolado do cliente. Avanços na tecnologia da informação impulsionaram a abordagem voltada para a *capacitação pela informação*.

Deve-se observar que também é possível utilizar uma combinação dessas abordagens. Por exemplo, os bancos isolam o processamento de cheques, usam caixas automáticos para o autoatendimento e oferecem um serviço personalizado de empréstimos.

Abordagem da linha de produção

Tendemos a considerar os serviços como algo pessoal: são desempenhados por pessoas diretamente para outras pessoas. No entanto, essa percepção humanística talvez seja demasiadamente restritiva e, assim, impeça o desenvolvimento de um projeto inovador. Por exemplo, às vezes nos beneficiamos de um sistema mais tecnocrático de prestação de serviços. Os sistemas de manufatura são projetados tendo em mente o controle do processo. A produção em geral tem seu ritmo ditado pelas máquinas, e as atividades são planejadas com tarefas explícitas a serem executadas. São fornecidas ferramentas e máquinas especiais para aumentar a produtividade dos trabalhadores. Um serviço inspirado na dinâmica de uma linha de produção pode obter vantagem competitiva por meio de uma estratégia de liderança no custo.

O McDonald's é um exemplo perfeito dessa técnica de manufatura aplicada a serviços.[9] As matérias-primas (p. ex., os bifes de hambúrguer) são medidas e pré-embaladas fora do local do serviço, impedindo que os empregados decidam sobre tamanho, qualidade e consistência. Além disso, as instalações de armazenagem são projetadas expressamente para o *mix* predeterminado de produtos. Não há espaço extra para alimentos e bebidas não previstos no serviço.

A produção de batatas fritas ilustra a atenção aos detalhes do projeto. As batatas são recebidas pré-cortadas, parcialmente cozidas e congeladas. A frigideira foi projetada para fritar uma quantidade ideal de batatas: não é muito grande, para não gerar estoques de batatas fritas murchas, nem tão pequena que implique a fritura muito frequente de novos lotes. A frigideira é esvaziada em uma bandeja larga e plana próxima ao balcão de serviço. Esse arranjo evita que as batatas caiam de algum recipiente inadequado para o chão, o que resultaria em desperdício de alimentos e em um ambiente sujo. Uma colher larga com um funil garante uma quantidade padronizada nos pacotes de batata frita. O planejamento cuidadoso garante que os empregados nunca sujem as mãos nem as batatas, que o chão permaneça limpo e que a quantidade seja controlada. No fim do processo, uma porção aparentemente generosa de fritas é entregue ao cliente por um empregado ágil, eficiente e atencioso.

Todo esse sistema é planejado detalhadamente do início ao fim, desde os hambúrgueres pré-embalados até as latas de lixo chamativas, o que incentiva os clientes a limparem suas mesas. Todo detalhe é levado em consideração por meio de um planejamento e projeto cuidadosos. Essa abordagem procura aplicar conceitos bem-sucedidos da manufatura ao setor de serviços, e vários elementos contribuem para o êxito desse processo.

Limites para o arbítrio dos funcionários
O funcionário de uma linha de montagem de automóveis recebe tarefas bem-definidas a serem realizadas, junto com as ferramentas apropriadas. Empregados com arbítrio e liberdade poderiam produzir carros mais personalizados, mas isso colocaria em risco a uniformidade do produto. A padronização e a qualidade (definidas como a coerência no atendimento às especificações) são as marcas registradas de uma linha de produção. Nos serviços de rotina padronizados, a coerência no desempenho do serviço é valorizada pelos clientes. Por exemplo, serviços especializados, como a substituição de silenciadores e o controle de pragas, são anunciados tendo a mesma alta qualidade de serviço em qualquer uma das franquias da empresa. Desse modo, o cliente pode esperar serviços idênticos em qualquer representante de uma determinada operação franqueada (p. ex., um Big Mac deve ser tão bom quanto outro), assim como não se consegue distinguir produtos de fábricas diferentes. Entretanto, quando o cliente deseja serviços mais personalizados, o conceito da delegação de poderes aos empregados torna-se apropriado. A ideia de dar ao empregado mais liberdade para tomar decisões e assumir responsabilidades será discutida no Capítulo 9, "O Encontro em Serviços".

Divisão do trabalho
A abordagem de um serviço como linha de produção sugere que o trabalho seja dividido em grupos de tarefas simples. Esse agrupamento de tarefas permite a especialização das habilidades de trabalho (p. ex., nem todos os funcionários do McDonald's precisam ser cozinheiros). Além disso, a divisão do trabalho permite que se pague somente pela competência necessária à realização de uma determinada tarefa. Obviamente, esse conceito provoca críticas no sentido de que muitos empregos na área de serviços seriam mal pagos, sem perspectivas e de baixa qualificação. Considere, por exemplo, a área da saúde onde os pacientes são avaliados a partir de uma sequência fixa de exames médicos que integram a elaboração do diagnóstico. Os exames são realizados por técnicos em enfermagem que operam equipamentos sofisticados. Como todo o processo é dividido em tarefas padronizadas, os exames podem ser realizados sem o acompanhamento de um médico, já que sua presença encareceria o procedimento.

Substituição de pessoas por tecnologia
A substituição sistemática de pessoas por equipamentos tem sido a fonte de progresso na manufatura. Essa abordagem também é utilizada em serviços, como demonstrado pela aceitação dos caixas automáticos que substituem os caixas do banco. Entretanto, é possível obter ganhos na prestação do serviço por meio da tecnologia "soft" de sistemas. Por exemplo, a presença de espelhos na cozinha dos aviões. Esse dispositivo lembra e auxilia os comissários, de forma discreta, a manterem uma boa aparência. Outro exemplo são os expositores de cartões com dispositivos embutidos de reposição de estoque e de solicitação de pedido; quando os estoques caem, um cartão colorido sinaliza a necessidade de reabastecimento. Utilizando um computador portátil, os agentes de seguros conseguem personalizar suas recomendações e ilustrar o acúmulo de valores monetários.

Padronização de serviços
O cardápio limitado do McDonald's é a garantia de um lanche servido rapidamente. Limitar as opções do serviço reforça a possibilidade de previsão e de pré-planejamento; o serviço torna-se um processo de rotina com tarefas bem-definidas e com um fluxo ordenado de clientes. A padronização também ajuda a uniformizar a qualidade do serviço, já que o processo é mais fácil de controlar. Os serviços franqueados aproveitam a padronização para construir organizações nacionais e, assim, superar o problema de uma demanda limitada à região mais próxima do local de serviço.

O cliente como coprodutor

Na maioria dos sistemas de serviços, o cliente está presente quando o serviço é realizado. Dessa forma, ele não deve ser percebido como um espectador passivo, pois representa trabalho produtivo disponível no momento em que é necessário, e as oportunidades para aumentar a produtividade estão associadas à possibilidade de que o cliente realize algumas das atividades do serviço (isto é, tornando o cliente um *coprodutor*). Além disso, a participação do cliente pode aumentar o grau de customização. Por exemplo, o bufê de almoço da Pizza Hut permite que o cliente sirva sua própria salada e selecione as fatias de pizza enquanto os cozinheiros trabalham na reposição das pizzas que estão sendo vendidas, em vez de ficar preenchendo pedidos individuais. Assim, o envolvimento do cliente no processo do serviço sustenta uma estratégia competitiva de liderança em custos com alguma customização, quando focada em clientes interessados no autoatendimento.

Dependendo do grau de envolvimento do cliente, é possível desenvolver um amplo espectro de sistemas de prestação de serviço, que vai desde o autoatendimento até a dependência completa em relação a um provedor. Consideremos, por exemplo, um agente imobiliário. O proprietário de uma casa pode optar por vender pessoalmente sua casa ou distanciar-se de qualquer envolvimento direto ao contratar um agente imobiliário, que receberá uma comissão significativa. Uma alternativa intermediária é a abordagem da "galeria de casas". Mediante o pagamento de uma taxa (p. ex., 500 dólares), o proprietário inclui sua casa em uma "galeria de casas à venda". Os compradores que visitam a galeria são entrevistados sobre as suas necessidades e veem fotografias e uma descrição das casas disponíveis. A seguir, marca-se uma visita e organiza-se um itinerário. Os compradores deslocam-se por conta própria, os proprietários mostram suas casas, e o agente da galeria conduz o fechamento final do negócio e os arranjos financeiros. Uma divisão do trabalho resulta em ganhos de produtividade. O agente imobiliário concentra-se nas atividades que requerem treinamento especial e conhecimento, enquanto o proprietário e o comprador dividem as demais tarefas.

Os aspectos a seguir ilustram algumas das possíveis contribuições dos clientes na prestação dos serviços.

Autoatendimento
A substituição do serviço personalizado pelo trabalho do cliente é o mais alto nível de coprodução. Por exemplo, a Alaska Airlines voltou-se para tecnologias de autoatendimento em resposta à entrada da Southwest Airlines, de menor custo, em sua rede da costa do Pacífico. Creditam-se à Alaska a introdução dos primeiros quiosques de *check-in* automático e a venda de passagens pela Internet.

O cliente moderno tornou-se um coprodutor, recebendo benefícios por seu trabalho na forma de conveniência. Um segmento da população de clientes realmente aprecia o fato de controlar os serviços por meio do autoatendimento. Por exemplo, a popularidade dos bufês deriva da satisfação do cliente com a possibilidade de individualizar seu prato em termos de quantidades e itens. Finalmente, a coprodução resolve o problema do equilíbrio entre a oferta e a demanda nos serviços, pois o cliente traz consigo a capacidade adicional de serviço quando surge a necessidade.

Suavização da demanda de serviço
A capacidade dos serviços é um bem perecível. Por exemplo, em um ambiente médico, é mais apropriado medir a capacidade em termos de "horas-médico" do que pelo número de médicos na equipe. Essa abordagem enfatiza o permanente desperdício de capacidade para o fornecedor do serviço sempre que o prestador estiver ocioso em períodos de baixa demanda. A natureza da demanda para um serviço, entretanto, varia fortemente conforme a hora do dia (p. ex., restaurantes), o dia da semana (p. ex., cinemas) ou a estação do ano (p. ex., estações de esqui). Se as variações na demanda puderem ser suavizadas, a capacidade necessária de serviço será reduzida, proporcionando uma utilização mais uniforme e plena dessa capacidade. O resultado é a melhoria na produtividade do serviço.

Para implementar uma estratégia de suavização da demanda, os clientes devem atuar como coprodutores passivos, ajustando o horário de sua demanda à disponibilidade do serviço. Meios comuns para alcançar esse objetivo são as reservas e os agendamentos; como contrapartida, os clientes desejam evitar esperar pelo serviço. Os clientes também podem ser induzidos a adquirir o serviço durante períodos de baixa demanda por meio de descontos no preço (p. ex., tarifas telefônicas reduzidas após as 21 horas ou descontos nos ingressos de cinema em dias de semana).

Se as tentativas de amenizar a demanda falharem, a alta utilização da capacidade será viável, desde que os clientes esperem pelo atendimento. Assim, a espera do cliente contribui para a produtividade, permitindo uma maior utilização da capacidade. Seria uma boa estratégia colocar, nas áreas de espera, avisos que reforcem o seguinte conceito: "Sua espera permite oferecermos preços menores!".

O cliente precisará de "treinamento" para assumir um novo papel, talvez mais independente, como participante ativo no processo do serviço. Essa função educacional do fornecedor é um conceito novo em serviços. Tradicionalmente, o provedor mantinha o cliente na ignorância e, em consequência, na dependência total de seu serviço.

Conteúdo gerado pelo cliente

A Internet criou uma nova oportunidade para a coprodução do cliente – a real geração de conteúdo utilizado por terceiros. Por exemplo, consideremos a enciclopédia *on-line* Wikipedia.com, que se apoia em uma comunidade virtual para construir seu conteúdo. O *site* é automonitorado à medida que os indivíduos acrescentam e criticam material para produzir conteúdos muito mais ricos do que os encontrados em uma enciclopédia tradicional, na qual cada item é apresentado da perspectiva de apenas *uma* pessoa. Outro exemplo bem-sucedido nos Estados Unidos é o Craigslist.com, um modelo empresarial que compete diretamente com os anúncios classificados de jornal ao oferecer uma plataforma para os clientes colocarem fotos e descrições de itens para venda em suas comunidades locais, sem custo algum.

Abordagem do contato com o cliente

A fabricação de produtos é realizada em um ambiente controlado. O projeto do processo é totalmente focado na criação de uma conversão contínua e eficiente de insumos em produtos, sem o envolvimento dos clientes. Utilizando estoques, o processo produtivo é desacoplado das variações na demanda dos clientes e, assim, é programado para operar com plena capacidade.

De que forma os gerentes de serviços podem projetar suas operações de forma a atingir a mesma eficiência da manufatura quando os clientes participam do processo? Richard B. Chase argumenta persuasivamente que os sistemas de prestação de serviços podem ser divididos em operações de baixo e alto contato com o cliente.[10] As operações de baixo contato, ou de retaguarda, ocorrem como em uma fábrica, onde todos os conceitos de gerenciamento da produção e de tecnologia de automação são aplicáveis. Essa divisão de atividades leva o cliente a uma percepção personalizada do serviço que, na verdade, se orienta pela economia de escala do processamento em massa.

O sucesso dessa abordagem depende do nível de contato com o cliente na criação do serviço e da capacidade de isolar o aspecto técnico das operações de baixo contato. Em nossa taxonomia de processos de serviços, essa abordagem parece ser a mais apropriada para a categoria de processamento de bens (p. ex., lavanderias, em que o serviço é realizado sobre os bens de propriedade do cliente).

Grau de contato com o cliente

O *contato com o cliente* refere-se à sua presença física no sistema. O grau de contato com o cliente é medido pelo percentual de tempo em que ele está presente no sistema em relação ao tempo total do serviço. Em serviços de alto contato, o cliente determina o momento da demanda e a natureza do serviço pela participação direta no processo. A percepção em relação à qualidade do serviço é altamente determinada pela experiência vivida pelo cliente. Os clientes de sistemas de baixo contato, entretanto, não exercem influência direta sobre o processo produtivo, pois não estão presentes. Mesmo para os serviços classificados como de alto contato, seria possível separar algumas operações a serem executadas como em uma fábrica. Por exemplo, as operações de manutenção de um sistema de transporte público e a lavanderia de um hospital são fábricas dentro de um sistema de serviços.

Separação das operações de alto e baixo contato

Quando os sistemas de serviços são divididos em operações de alto e de baixo contato, cada área pode ser projetada separadamente para obter um melhor desempenho. Na Tabela 4.6, são listadas as principais considerações para o projeto de operações de alto e baixo contato. Observe que as operações de alto contato requerem empregados com excelentes habilidades interpessoais. As tarefas e os níveis de atividade nessas operações são incertos, pois os clientes definem o momento da demanda e, até certo ponto, o próprio serviço. Observemos também que as operações de baixo contato podem ser separadas fisicamente das operações de contato com o cliente; entretanto, há certa necessidade de comunicação, cruzando a linha de visibilidade, para rastrear o progresso dos pedidos dos clientes ou de seus pertences (p. ex., sapatos entregues em um quiosque para conserto em uma oficina distante). A vantagem da separação é que essas operações de retaguarda seriam programadas do mesmo modo que em uma fábrica, maximizando a utilização da capacidade.

As empresas aéreas têm usado essa abordagem com eficiência em suas operações. Os balconistas do setor de reservas dos aeroportos e os comissários de voo vestem uniformes desenhados em Paris e participam de treinamentos sobre a forma adequada de atender aos passageiros. Os carregadores de bagagem raramente são vistos, e a manutenção das aeronaves é realizada em um hangar distante que opera como uma fábrica.

Oportunidade de vendas e opções de fornecimento de serviços
A matriz do projeto de serviços mostrada na Figura 4.4 apresenta as compensações entre eficiência operacional e oportunidade de vendas. A oportunidade de vendas é uma medida da probabilidade de vendas adicionais (*add-on sales*) e, desse modo, do aumento da receita gerada a partir de cada contato com o cliente. As implicações são mais significativas em cada extremo. Os serviços personalizados presenciais exigem funcionários altamente treinados, mas a chance de desenvolver uma relação de lealdade com o cliente é grande (p. ex., planejadores financeiros). Um *site* na Internet,

Tabela 4.6 Considerações para o projeto de operações de alto e baixo contato

Consideração sobre o projeto	Operação de alto contato	Operação de baixo contato
Instalação	As operações devem estar próximas ao cliente.	As operações podem estar próximas aos fornecedores, aos transportadores ou à mão de obra.
Leiaute da instalação	A instalação deve se ajustar às expectativas e necessidades físicas e psicológicas dos clientes.	A instalação deve otimizar a produção.
Design do produto	O ambiente, assim como o produto físico, define a natureza do serviço.	O cliente está preocupado principalmente com os prazos de finalização do serviço.
Projeto do processo	Os estágios do processo de produção têm um efeito imediato e direto sobre o cliente.	O cliente não está envolvido na maioria das etapas do processo.
Programação	O cliente faz parte do programa de produção e nele deve ser inserido.	O cliente está preocupado principalmente com os prazos de finalização do serviço.
Planejamento da produção	Os pedidos não podem ser estocados. Então, tentar nivelar o fluxo da produção levará a perdas.	É possível tanto acumular quanto nivelar a produção.
Habilidades dos funcionários	A mão de obra direta compõe uma parte importante do serviço, devendo ser capaz de interagir satisfatoriamente com o público.	A mão de obra direta precisa ter apenas habilidades técnicas.
Controle de qualidade	Os padrões de qualidade normalmente são subjetivos e, portanto, variáveis.	Os padrões de qualidade normalmente são mensuráveis e, assim, podem ser fixados.
Padrões de prazos	O tempo do serviço depende da necessidade dos clientes; por isso, não se consegue manter um padrão rígido de prazos.	O trabalho é desenvolvido com substitutos dos clientes (p. ex., documentos), e os prazos podem ser curtos.
Salários	A produção variável requer um sistema salarial baseado no tempo.	A produção "fixa" permite um sistema salarial baseado na produção.
Planejamento de capacidade	Para evitar a perda de vendas, a capacidade deve se ajustar aos picos de demanda.	A possibilidade de estocar a produção permite ajustar a capacidade a um determinado nível médio de demanda.
Previsão	As previsões são de curto prazo e orientadas pelo tempo.	As previsões são de longo prazo e orientadas pela produção.

Fonte: Utilizada com a permissão da *Harvard Business Review*. Exhibit II de "Where Does the Customer Fit in a Service Operation," de Richard B. Chase (Novembro-Dezembro 1978), p. 139. Copyright © 1978, Harvard Business School Publishing Corporation; todos os direitos reservados.

apesar de poder atingir muitos clientes potenciais por um baixo custo, tem as oportunidades de venda limitadas pela paciência do cliente e pela qualidade do *site*. Até mesmo o pagamento feito pelo próprio cliente, utilizando a tecnologia de escâner eletrônico, reduz a incidência das compras por impulso.

Não devemos concluir que somente uma opção de fornecimento de serviço será implementada. Para evitar a omissão de certos segmentos de mercado, vários canais de serviço têm de ser considerados. Por exemplo, os bancos utilizam todas as opções de fornecimento apresentadas na Figura 4.4.

Capacitação pela informação

Esqueça a "Era de Aquário" – esta é a era da informação e, gostando ou não, somos todos parte dela. A tecnologia da informação (TI) não é mais apenas para "viciados" em computador. Estamos todos os dias em contato com a TI. O cereal na mesa do café da manhã representa mais do que flocos ou grãos. Com certeza não é o Tigre Tony que processa e empacota os Sucrilhos, nem é um tucano colorido que mede a quantidade de cereal em cada caixa de Froot Loops. A TI está presente desde a plantação de milho, onde ajuda a gerenciar o plantio, o cultivo, a colheita e o transporte dos grãos para as instalações de processamento e de empacotamento, até a casa do consumidor (p. ex., os semáforos no caminho para o supermercado são operados por uma tecnologia baseada em informação). Serviços essenciais, como o corpo de bombeiros e a polícia, necessitam de TI; e a eletricidade e a água corrente chegam às nossas casas por meio da TI. No mundo inteiro, a TI é uma parte tão fundamental do cotidiano que é um desafio encontrar algum aspecto em que ela não esteja presente.

Certamente, nenhum serviço hoje consegue sobreviver sem fazer uso da TI, e os administradores bem-sucedidos verão que ela oferece muito mais do que uma maneira conveniente de manter registros. Na verdade, uma de suas principais funções é delegar poder tanto aos empregados quanto aos clientes.

Delegação de poder ao empregado
A TI foi primeiramente utilizada para manter registros. Uma empresa possuía uma base de dados computadorizada contendo os nomes e os endereços de clientes e, eventualmente, outra base de dados com nomes e endereços de fornecedores de bens essenciais e serviços. Esses vários bancos de dados permitiam manter os acionistas – e a Receita Federal – um pouco mais satisfeitos. Com eles, o processo de manutenção de registros ficou um pouco mais rápido e preciso, mas as secretárias continuavam apenas digitando os dados, os gerentes de compras apenas solicitavam materiais

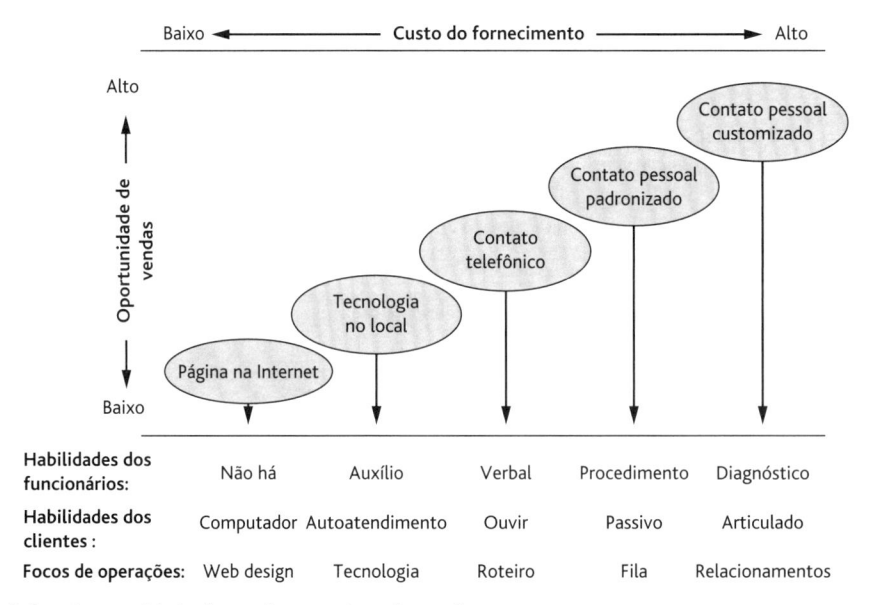

Figura 4.4 Oportunidade de vendas e projeto de serviços.
Fonte: Adaptado de R. B. Chase and N. J. Aquilano, "A Matrix for Linking Marketing and Production Variables in Service System Design," *Production and Operations Management*, 6a ed., Richard D. Irwin, Inc., Homewood, IL, 1992, p. 123.

ou serviços, os vendedores permaneciam sendo simpáticos e os trabalhadores das fábricas ainda realizavam suas rotinas de trabalho. O administrador tinha como tarefa manter essas diversas atividades em equilíbrio.

O desenvolvimento de *bancos de dados relacionais*, entretanto, mudou tudo. Com os bancos de dados relacionais ou integrados, as informações acerca de todos os aspectos de uma operação poderiam ser usadas por qualquer um. Um funcionário solicitaria as provisões necessárias do estoque e ainda faria um pedido de reposição de estoque sem ter de passar pelo setor de compras. Chegava o dia em que o empregado ganhava poder de decisão.

É claro que os computadores eram a chave para a manutenção desses bancos de dados. As máquinas eram ferramentas poderosas para manter registros de nomes e de números, mas, quando elas começaram a "se comunicar", iniciou-se outra revolução. Agora, os empregados de uma organização interagiriam uns com os outros, transpondo os limites funcionais, e podiam até interagir com os empregados de outras organizações em "tempo real", sem que precisassem se encontrar pessoalmente. Isso significa, por exemplo, que quando um voo da TAM é cancelado, um agente da TAM pode não apenas colocar os passageiros em outro voo da TAM, como também em voos de outras empresas, por meio de um terminal de computador. Não é mais necessário que o agente ou o passageiro procure, desesperado, nos balcões de outras empresas por um assento disponível.

Delegação de poder ao cliente
Na discussão anterior, observamos a forma como os computadores e a TI dão poder aos empregados, resultando em um serviço melhor para os clientes. Os clientes também têm mais poder por meio da TI. A Internet, que une pessoas do mundo inteiro, é um exemplo de ferramenta muito poderosa. Os clientes não são mais inteiramente dependentes dos prestadores de serviços locais. Uma pessoa com problemas de saúde consegue buscar respostas no mundo inteiro, e agora é possível fazer compras em todos os países. Você possui um carro Mazda com problemas que desafiam os melhores mecânicos de sua cidade? Entre na Internet, no endereço http://www.mx6.com/forums, e peça ao pessoal dali para sugerir soluções.

A TI fornece ao cliente novas maneiras de ser parte ativa no processo do serviço. Por exemplo, entre na página da FedEx com o número do formulário de remessa de um pacote enviado pela companhia e descubra exatamente onde ele está naquele momento. Se já foi entregue, é possível saber quem assinou o recebimento. Também conseguimos fazer nossa própria reserva de passagem aérea online e obter informações sobre o destino, o que incrementa muito a viagem.

A TI certamente estará cada vez mais presente em nossos cotidianos, e seu impacto será medido em dias e semanas, em vez de anos. Atualmente, clientes em muitos supermercados agilizam as compras ao pesar e etiquetar frutas e legumes por conta própria. Em alguns casos, o cliente retira uma etiqueta adesiva com o código de barras de uma máquina sobre os pepinos - por exemplo - e a balança integrada automaticamente registra o peso do produto, lê o código e determina o preço da compra. Em outros casos, o cliente coloca limões em uma balança no departamento de frutas e verduras; uma placa acima dos limões apresenta um número para o item, o qual é utilizado pelo cliente para o registro na balança, que fornecerá então uma etiqueta adesiva com o custo total da compra. Algumas balanças são extremamente simplificadas e dispõem de teclas para diferentes itens, de maneira que o cliente não precisa lembrar o código numérico do produto colocado sobre a balança. Em breve, muitos estarão envolvidos em uma experiência "total" de compras: além de pesar e colocar o preço nos próprios produtos, os clientes farão a leitura ótica de todas as compras, passando os cartões de crédito e, também, empacotando as compras. (Alguns talvez achem que isso é levar o princípio da delegação de poder ao cliente longe demais!)

PROPRIEDADE INTELECTUAL

O desenvolvimento de novos serviços resulta, muitas vezes, em inovações que precisam ser protegidas para que a concorrência não as copie. Sem essa proteção, o responsável pela inovação não desfruta dos benefícios da criatividade. Os direitos de *propriedade intelectual* são direitos exclusivos sobre criações da mente, como invenções, obras artísticas e literárias, símbolos, nomes, imagens e designs utilizados no comércio. Esses direitos permitem que os donos da propriedade intelectual lucrem, por um tempo, com o monopólio sobre uma ideia, o que incentiva a atividade criativa e o pagamento de despesas associadas a pesquisa e desenvolvimento.

A propriedade intelectual é dividida nas seguintes categorias: (1) propriedades industriais são invenções (p. ex., um coração artificial) com objetivo comercial e são protegidas por patentes temporárias que impedem outros de usarem a invenção sem licença; (2) uma marca registrada (p. ex., os arcos dourados do McDonald's) é um símbolo de distinção entre marcas, usado para impedir confusões entre produtos no mercado; (3) um registro de desenho industrial (p. ex., a ambientação das cafeterias Starbucks) impede que a aparência, o estilo ou o design sejam replicados; e (4) segredos industriais (p. ex., a fórmula exata da Coca-Cola) são informações sobre as práticas ou o conhecimento proprietário de um negócio.

A reputação e a marca de uma empresa de serviços são protegidas por meio da defesa dos direitos de propriedade intelectual que definem o serviço esperado pelos clientes. Por exemplo, o McDonald's é famoso por ter processado um concorrente que havia tirado proveito da marca registrada dos arcos dourados. A questão é séria, pois se um cliente, enganosamente, dirige-se ao concorrente e é mal atendido, ele pode atribuir a experiência ao McDonald's.

Benchmark em serviços

Dez coisas que o Google descobriu

1. **Foque o usuário e o resto virá naturalmente.**
   Qualquer mudança deve beneficiar o usuário.
2. **É melhor fazer apenas uma coisa e fazê-la muito bem.**
   Foque sua competência e procure sempre melhorá-la.
3. **Rápido é melhor do que devagar.**
   Os clientes querem resultados sem demora.
4. **A democracia funciona na Internet.**
   Deixe a comunidade de usuários julgar o valor do serviço.
5. **Não é preciso estar no computador para precisar de uma resposta.**
   A tecnologia móvel aliada à Web 2.0 permite que a informação venha até o usuário.
6. **Pode-se fazer dinheiro sem fazer o mal.**
   As propagandas podem ser úteis se relevantes para quem as vê.
7. **Sempre há mais informação por aí.**
   É preciso ser criativo para encontrar informações que não estão prontamente disponíveis.
8. **A necessidade de informação atravessa todas as fronteiras.**
   Vivemos em uma comunidade global com várias línguas.
9. **Pode-se ser sério sem usar um terno.**
   O trabalho deve ser divertido e desafiador.
10. **Ótimo não é bom o suficiente.**
    Melhore o que já funciona bem por meio da inovação e da iteração.

Fonte: http://www.google.com/corporate/tenthings.html/

Resumo

Descobrimos que a pesquisa e o desenvolvimento em serviços são mais desafiadores do que a inovação em produtos. A inovação em serviços pode ser radical ou incremental e muitas vezes decorre de avanços na tecnologia. Logo após o desenvolvimento do serviço, descreve-se o projeto do sistema de prestação de serviço em um diagrama visual chamado *blueprint* de serviços. A linha de visibilidade nesse diagrama introduziu o conceito de divisão do sistema de serviço em *front office* (interação com o cliente) e *back office* (atividades não vistas pelo cliente). O posicionamento competitivo do sistema de prestação de serviços foi alcançado utilizando as dimensões de complexidade e divergência para medir a diferenciação estrutural. A classificação dos serviços foi feita de acordo com o conceito de divergência, o objeto do serviço e o grau de contato com o cliente. Foram estudadas quatro abordagens genéricas para o projeto dos sistemas de prestação de serviços: abordagem de linha de produção, de participação do cliente, de contato com o cliente e de capacitação pela informação.

Palavras-chave e definições

Abordagem de linha de produção: projeto de serviço análogo a um sistema de manufatura, com controle rígido, uso de mão de obra de baixa qualificação e oferta de um serviço padronizado. *p. 79*

***Blueprint* do serviço:** diagrama do processo de serviço retratando as atividades, os fluxos, as evidências físicas e as linhas de visibilidade e interação. *p. 75*

Centralização no cliente: visão do projeto de serviços a partir da perspectiva do cliente. *p. 73*

Complexidade: uma dimensão da estrutura do processo de serviço que mede o número e o grau de complexidade das etapas envolvidas no processo. *p. 74*

Contato com o cliente: medida da presença física do cliente no sistema como um percentual do tempo total do serviço. *p. 82*

Coprodutor: função produtiva que um cliente pode desempenhar no processo de prestação do serviço. *p. 81*

Desenvolvimento: uso sistemático de conhecimento voltado à produção de um produto, serviço ou método. *p. 68*

Divergência: uma dimensão da estrutura do processo de serviço que mede o grau de customização ou de tomada de decisões permitido aos empregados. *p. 74*

Linha de visibilidade: linha no *blueprint* do serviço que demarca a separação entre as atividades de *front office* (interação com o cliente) e de *back office* (atividades não vistas pelo cliente). *p. 75*

Pesquisa aplicada: atividade direcionada à obtenção de conhecimento que atenda a uma necessidade específica. *p. 68*

Pesquisa básica: atividade direcionada ao aumento de conhecimento sem aplicação específica. *p. 68*

Propriedade intelectual: direitos sobre as produções do intelecto, tanto artísticas quanto comerciais. *p. 85*

Tópicos para discussão

1. Quais são os limites para a abordagem de linha de produção?
2. Dê um exemplo de um serviço em que o isolamento das atividades técnicas principais seria inapropriado.
3. Cite alguns dos possíveis problemas decorrentes do aumento da participação do cliente no processo do serviço.
4. Que aspectos éticos estão envolvidos na promoção de oportunidades de vendas durante uma transação de serviços?

Exercício interativo

A turma é dividida em pequenos grupos e prepara um *blueprint* de serviço para a Village Volvo.

Casa de *sushi* 100 Yen[11]

Estudo de caso 4.1

Sang M. Lee conta que participou de uma reunião com dois empresários japoneses, em Tóquio, para planejar uma conferência conjunta entre Estados Unidos e Japão a fim de analisar os sistemas de gerenciamento japonês e americano. Como a hora do almoço se aproximava, os anfitriões disseram, com muita satisfação, que desejavam mostrar a ele "a operação mais produtiva no Japão".

Lee descreve a ocasião: "Eles me levaram a uma casa especializada em *sushi*, a famosa casa de *sushi* 100 Yen, na área de Shinzuku, em Tóquio. O *sushi* é a refeição mais popular no Japão. É um prato simples: arroz avinagrado enrolado em diferentes alimentos, como alga seca, atum cru, salmão cru, camarão cozido, polvo, ovo frito, etc. O *sushi* normalmente é preparado de forma que cada pedaço tenha o tamanho certo para ser colocado na boca utilizando-se *hashis*, os famosos palitos japoneses. Arranjar o *sushi* e o gengibre em conserva de modo apetitoso e estético é praticamente uma arte".

"A casa de *sushi* 100 Yen não é um restaurante de *sushi* qualquer: é um excelente exemplo da produtividade japonesa. Assim que entramos na casa, havia um coro de *Iratsai*, ou boas--vindas por parte de todos os funcionários – cozinheiros, garçonetes, donos e filhos do dono. A casa tem uma área em forma de elipse no meio da sala, permeada por um balcão e cerca de 30 bancos, no meio da qual três ou quatro cozinheiros preparam os *sushis*. Sentamo-nos em bancos junto ao balcão e deram-nos prontamente uma xícara de *misoshiru* (um caldo de soja), um par de *hashis*, uma xícara de chá verde, um pequeno prato para prepararmos nosso próprio molho e uma pequena peça de porcelana para apoiarmos os *hashis*. Por enquanto, o serviço era comum, como o de qualquer casa de *sushi* – até que notei algo especial. Havia uma esteira rolante passando ao longo do balcão, como um trilho de autorama. Sobre ela, vi uma sequência de pratos de *sushi*, de todos os tipos que se possa imaginar – desde os mais baratos, de alga ou polvo, até os mais caros, de salmão cru ou camarão. O preço é uniforme, porém: 100 ienes por prato. Em um exame mais detalhado, enquanto os meus olhos corriam para acompanhar a velocidade dos pratos em deslocamento, percebi que um prato de alga tinha quatro peças, ao passo que o prato de salmão cru, mais caro, tinha só duas peças. Sentei-me e observei os outros clientes ao redor do balcão – eles desfrutavam o *sushi* e a sopa enquanto liam revistas ou jornais."

"Vi um homem com oito pratos empilhados e vazios. Assim que ele se levantou para sair, o caixa examinou a pilha e disse: '800 ienes, por favor'. A encarregada do caixa não precisava de caixa registradora, pois tinha apenas de contar o número de pratos e, então, multiplicar o total por 100 ienes. Enquanto o cliente partia, ouvimos novamente um coro de *arigatou gozaimasu* (obrigado) de todos os funcionários."

Lee continua suas observações a respeito das operações da casa de *sushi*: "Na casa de *sushi* 100 Yen, o professor Tamura [um de seus anfitriões] explicou-me o quão eficiente é esse restaurante, um negócio de família. O dono normalmente tem um propósito organizacional superior, como o atendimento ao consumidor, uma contribuição para a sociedade ou o bem-estar da comunidade. Além disso, o propósito organizacional é atingido por meio de um esforço de longo prazo por parte de todos os membros da organização, considerados como 'da família'".

"A programação diária do proprietário baseia-se em uma análise cuidadosa de informação. O proprietário tem um resumo completo da demanda pelos diferentes tipos de pratos de *sushi* e sabe exatamente quando e quanto de cada tipo deverá ser preparado. Além disso, a operação inteira baseia-se no princípio de fabricação repetitiva *just-in-time* e em sistemas de controle de qualidade. Por exemplo, a loja tem uma capacidade de refrigeração muito limitada (víamos vários peixes e polvos inteiros nas câmaras de vidro em frente ao nosso balcão) e utiliza o sistema de controle de estoque *just-in-time*. Em vez de aumentar a capacidade comprando novos sistemas de refrigeração, a empresa tem um contrato com o fornecedor para que este entregue peixes frescos várias vezes ao dia, de forma que o material chegue bem na hora de ser usado para o preparo do *sushi*. Assim, o custo de estoque é mínimo.

"Na casa de *sushi* 100 Yen, os funcionários e seus equipamentos ficam tão próximos que o preparo do sushi é passado de mão em mão, em vez de ocorrer por meio de operações independentes. A ausência de barreiras de estoques permite que o dono e os funcionários envolvam-se totalmente nas operações, desde saudar o cliente até servir o pedido. As tarefas estão inter-relacionadas, e todos procuram identificar rapidamente o foco de um problema a fim de eliminá-lo, evitando o efeito cascata ao longo de todo o processo de trabalho."

"A casa de *sushi* 100 Yen é uma operação com mão de obra intensiva, baseada principalmente na simplicidade e no bom senso, e não na alta tecnologia, ao contrário das percepções americanas. Fiquei muito impressionado. Assim que terminei meu quinto prato, vi o mesmo prato de sushi de polvo circulando pela trigésima vez. Talvez eu tivesse descoberto uma falha no sistema. Perguntei ao dono como ele lidava com problemas sanitários, para que não ocorresse, por exemplo, de um prato de *sushi* ficar exposto por um dia inteiro, até um cliente azarado comê-lo e ter uma intoxicação alimentar. Ele se curvou com um sorriso e disse: 'Bem, senhor, nunca permitimos que nossos pratos de *sushi* permaneçam à venda por mais de 30 minutos'. Então, ele coçou a cabeça e disse: 'Sempre que um dos funcionários faz um intervalo, pode levar os pratos de *sushi* que não foram vendidos e comê-los ou jogá-los fora. Somos muito rigorosos com relação à qualidade do nosso *sushi*'."

Questões

1. Prepare um *blueprint* de serviço para a operação da casa de *sushi* 100 Yen.
2. Quais características do sistema de prestação de serviços da casa de *sushi* 100 Yen a diferenciam de seus competidores, e quais são as vantagens competitivas que o estabelecimento oferece?
3. Como a casa de *sushi* 100 Yen incorporou o sistema *just-in-time* às suas operações?
4. Sugira outros serviços que poderiam adotar os conceitos de prestação de serviços da casa de *sushi* 100 Yen.

Commuter Cleaning – Proposta de um novo empreendimento[12]

Estudo de caso 4.2

O foco da Commuter Cleaning é oferecer serviços de lavagem a seco para pessoas que, em função de seus trabalhos ou de outras responsabilidades, não dispõem de tempo suficiente para ir até uma lavanderia tradicional. O objetivo da companhia é fornecer um serviço de lavagem a seco de alta qualidade que seja confiável e, ao mesmo tempo, conveniente.

O público-alvo consiste em funcionários de escritório que residem nos subúrbios das grandes áreas metropolitanas. O serviço será oferecido primeiramente a mulheres e homens solteiros e a casais em que ambos trabalham fora, pois esses segmentos da população têm grande necessidade de um serviço de lavanderia de alta qualidade, mas não têm tempo de ir a lavanderias tradicionais. As cidades-alvo são aquelas permeadas por subúrbios, onde há um grande deslocamento de pessoas que utilizam diariamente o transporte público para ir e voltar do trabalho.

As instalações para depósito e busca de roupas ficarão nos mesmos locais em que os clientes tomam, diariamente, trens ou ônibus, na área central da cidade (ou seja, estacionamentos, pontos de ônibus e estações de metrô). Para cada cidade, será preciso descobrir os responsáveis por essas estações e determinar como se dará o aluguel dos espaços. Em alguns locais, as instalações físicas para aluguel já estão prontas; em outros, pode não haver instalações prévias, então será preciso construí-las.

Essas instalações não precisam ser grandes. O prédio ou sala na estação só precisa ter espaço suficiente para acomodar os cabides de roupas lavadas.

Inicialmente, talvez seja necessário restringir o serviço de lavanderia a camisas, pois, de todos os artigos de vestuário, elas são os de lavagem mais fácil, o que permitirá a simplificação das operações. Normalmente, homens e mulheres necessitam de uma camisa limpa para cada dia de trabalho, havendo, portanto, uma grande demanda pelo serviço. Uma desvantagem seria a redução da conveniência para o freguês, pois a lavagem a seco das outras peças de roupa exigiria uma viagem adicional a uma lavanderia tradicional. Entretanto, se a lavagem fosse terceirizada, seria possível oferecer um serviço de lavagem completo rapidamente, pois a estrutura e os equipamentos não precisariam ser comprados.

É necessário, também, decidir se o serviço será finalizado no mesmo dia ou no dia seguinte. Um fator importante nessa decisão é saber se os concorrentes na área oferecem serviços para o mesmo dia. Essas lavanderias representam uma ameaça apenas se abrirem cedo e fecharem tarde o suficiente para serem convenientes e acessíveis aos clientes. O mais importante é que o serviço para o mesmo dia só deve ser oferecido se for viável cumprir esse prazo constantemente.

Todos os anúncios devem incluir um número de telefone, para que os clientes em potencial obtenham mais informações. Quando um cliente ligar, poderá solicitar o serviço. Nesse mesmo dia, o cliente pegará uma sacola da lavanderia Commuter Cleaning e um cartão codificado com o nome e o número de sua conta.

O sistema de entrega será do tipo centro-radial, semelhante ao que a FedEx utiliza para a manipulação de pacotes. Os clientes poderão deixar suas roupas em uma das várias estações da vizinhança. Toda a roupa será coletada e entregue em uma instalação central; assim que as camisas estiverem limpas, elas retornarão ao ponto de entrega do cliente. O serviço para o mesmo dia é possível se a coleta iniciar às 8 horas e se as roupas forem retornadas às 17 horas.

O cliente coloca as camisas sujas na sacola, em casa, e simplesmente deixa a sacola na estação, a caminho do trabalho. O funcionário da estação coloca um rótulo colorido na sacola para identificar o local onde as camisas foram deixadas, de forma que elas retornem para a mesma estação. Será estabelecida uma rota de coleta para levar as sacolas de todos os locais à lavanderia central. Logo que a sacola chegar à instalação central, os itens serão contados e o número será registrado no banco de dados de cobranças. Depois que as camisas estiverem limpas, serão colocadas em cabides junto com a sacola da lavanderia pertencente ao cliente. As camisas limpas serão separadas de acordo com a localização à qual elas se destinam e, então, colocadas em um caminhão, na rota inversa à de coleta. O cliente deve apresentar ao funcionário da estação o seu cartão de associado, que será usado para identificar e localizar a sacola com as roupas. Como a cobrança pelos serviços é mensal, o tempo para retirar a roupa lavada acaba sendo curto, evitando, assim, grandes filas de espera.

Inicialmente, a lavagem será terceirizada para uma grande lavanderia a seco com capacidade excedente. Deve-se negociar uma taxa favorável, em função do volume esperado, da conveniência da agregação da demanda em um lote e da realização do serviço de coleta e entrega. A terceirização da lavagem reduziria o investimento de capital inicial necessário para a construção de uma instalação central e para a compra de equipamentos. A terceirização dá, ainda, tempo para que o negócio adquira a clientela exigida para abastecer uma instalação central de lavagem. Além disso, a terceirização limita os riscos de perda de capital investido se a ideia não prosperar. Se a lavagem for terceirizada, não será preciso contratar e gerenciar a mão de obra para realizar o serviço; nesse caso, os gerentes conseguirão concentrar seus esforços na construção de uma clientela, em vez de supervisionar atividades de retaguarda. A lavagem terceirizada viabiliza a oferta de serviços de lavagem a seco para roupas em geral, além do negócio de lavagem de camisas.

A longo prazo, no entanto, a terceirização da lavagem por contrato poderá limitar a rentabilidade potencial, expor o negócio a problemas de qualidade e inviabilizar a oportunidade de construir as operações da lavanderia central em torno do conceito de coleta e entrega. Uma vez que a Commuter Cleaning tenha conquistado uma clientela forte e tenha acesso a um capital significativo, toda a lavagem será feita internamente.

A maioria das contratações de funcionários terá como alvo os universitários da região. Inicialmente, serão necessários dois turnos de trabalho para os pontos de coleta nas estações, mas apenas um motorista. À medida que o negócio for se expandindo, mais caminhões serão adquiridos e mais motoristas serão contratados. O primeiro turno para os trabalhadores do ponto de coleta funciona entre 6 e 9 horas da manhã. Ao final desse turno, o motorista deve levar os itens dos locais de coleta para a lavanderia. O número de motoristas necessários e as horas em que eles trabalharão dependerão de quantos locais de entrega e coleta existirem, da distância entre eles, da localização da lavanderia central e da habilidade em desenvolver um programa de rotas eficiente. Os motoristas do segundo turno transportam as roupas lavadas aos pontos de coleta no intervalo entre 15h30 e 17 horas. O segundo turno dos funcionários das estações começará às 17 horas e terminará quando o último trem ou ônibus chegar, normalmente às 20h30. Quando a lavagem for feita internamente, os empregados da lavanderia central também poderão coletar e entregar as roupas nas estações no mesmo dia. Isso permitirá que a Commuter Cleaning contrate alguns funcionários em turno integral. Também haverá maior proximimidade entre os funcionários de *back office* e os clientes, de modo que os trabalhadores fiquem mais conscientes dos problemas e das necessidades da clientela.

Os estudantes universitários são os candidatos mais indicados para ocupar as vagas, pois seus horários são variados e suas aulas geralmente são durante o dia, das 10 às 15 horas. Além disso, dependendo da carga horária dos cursos, alguns estudantes talvez tenham apenas três horas por dia para trabalhar, enquanto outros consigam trabalhar nos dois turnos. O salário inicial ficará ligeiramente acima da margem habitual para empregos de meio turno disponíveis para estudantes, diminuindo, assim, a rotatividade de funcionários.

Quando a Commuter Cleaning for instaurada pela primeira vez em uma cidade, haverá a necessidade de trabalhadores temporários adicionais para gerenciar as dúvidas dos clientes sobre o serviço. Na semana anterior ao início do serviço, os representantes estarão nos pontos das estações para responder a perguntas e providenciar a documentação inicial para os clientes interessados. Como todos os anúncios incluirão o número para atendimento ao cliente, serão necessários representantes adicionais ao telefone para dar informações. Todos os empregados terão o título de "representante de serviço ao cliente", para realçar a função dos seus empregos. Esses trabalhadores serão incentivados a conhecer seus clientes, estabelecendo uma relação em que seja possível tratá-los pelo primeiro nome.

Quando os clientes iniciarem o serviço, serão encorajados a abrir uma conta para pagamento mensal, em vez de pagar cada vez que os itens são retirados. Nesse momento, o representante coletará todas as informações necessárias, incluindo nome, endereço, número de telefone, trajeto diário e número do cartão de crédito. Se um cliente desejar, a quantia devida será debitada mensalmente em seu cartão de crédito. Essa é a forma mais desejada de pagamento, porque é eficiente e elimina a preocupação com atrasos no pagamento. Esse método também está se tornando cada vez mais comum, e as pessoas em geral sentem-se confortáveis tendo seus débitos faturados automaticamente. A cada mês, os extratos de contas contendo as transações são enviados a todos os clientes que não usam cartão de crédito. Se um cliente atrasar o pagamento, um representante de serviço ao cliente entrará em contato e perguntará se ele não quer efetuar os pagamentos com um cartão de crédito. Será exigido, de clientes inadimplentes, que estes paguem no ato da compra. Esse procedimento deve estar incluso no acordo inicial entre o cliente e a empresa. Os representantes de serviço ao cliente serão responsáveis pelo esclarecimento de todas as dúvidas dos clientes, inclusive sobre o início do serviço, e um representante será responsável pelas contas do cliente. A cada dia, a roupa entregue nas estações centrais será registrada em um banco de dados que reúne as transações de cada cliente para o respectivo mês.

Tabela 4.7 Análise econômica da Commuter Cleaning

Item de despesa	Quantia mensal	Suposições
Aluguel nas estações	US$ 2.800	7 locais a US$ 400 cada
Van de transporte	500	1 minivan (inclui pagamento do aluguel e do seguro)
Representantes de serviço ao cliente na estação	5.544	7 locais, 2 turnos, média de 3 horas por turno, a US$ 6 por hora
Motorista	528	1 motorista, 2 turnos, com média de 2 horas por turno, a US$ 6 por hora
Combustível	165	48 quilômetros por turno, a 20 quilômetros por galão e US$ 1,50 por galão
Seguro para o negócio	100	
Representantes de serviço ao cliente no escritório	4.000	2 funcionários de escritório, cada um com salário anual de US$ 24.000
Sacolas para lavanderia	167	Custo de 1.000 sacolas de lavanderia a US$ 2,00 cada, amortizado em um ano
Total de despesas mensais	$ 13.804	Mês de 22 dias

Seria bom suavizar a demanda ao longo da semana para estabilizar a carga de trabalho; no entanto, provavelmente haverá a necessidade de intervenções no sentido de controlar as flutuações na demanda e de evitar desequilíbrios na carga de trabalho. Um método para controlar a demanda é por meio de preços especiais e promoções. Oferecer preços especiais em determinados dias da semana é uma prática comum em lavanderias, e um método interessante seria oferecer preços especiais para diferentes tipos de clientes, a fim de incentivá-los a levar suas roupas à lavanderia em um determinado dia. Por exemplo, sexta-feira pode ser o dia de maior demanda da semana, enquanto a segunda-feira e a terça-feira são os dias com menores demandas. Nesse caso, a clientela poderia ser dividida (p. ex., alfabeticamente) e, para cada segmento, seria oferecido um preço com desconto em um determinado dia. Outras ideias incluem oferecer café como cortesia a todos que trouxerem sua roupa para lavar na segunda-feira. Essas promoções podem ser implementadas à medida que se observam flutuações na demanda. Também deve-se atentar aos feriados, que criam ondas de movimento ou de calmaria nos negócios.

Questões

1. Prepare um *blueprint* de serviço para a Commuter Cleaning.
2. A Commuter Cleaning ilustra qual abordagem genérica para o projeto de sistemas de serviços? Que vantagens competitivas esse projeto oferece?
3. Utilizando os dados da Tabela 4.7, calcule um preço de equilíbrio por camisa, caso a expectativa de demanda seja de 20 mil camisas e o contrato com uma lavanderia terceirizada estipule uma taxa de US$ 0,50 por camisa.
4. Critique o conceito do negócio e sugira melhorias.

Golfsmith

Estudo de caso 4.3

Você gosta de se arrastar por quilômetros na grama úmida, de procurar pequenos objetos escondidos sob arbustos de meio metro, de machucar os cotovelos, de ser bombardeado por bolinhas errantes e de ser atacado por regadores imprevisíveis? Se a resposta é sim, temos um jogo para você... E o negócio certo para ajudá-lo a gostar dele! A Golfsmith International Inc., com sede em Austin, Texas, é a maior distribuidora de equipamentos de golfe do mundo. A empresa, fundada em 1967, evoluiu de uma operação de montagem de tacos, que distribuía os produtos somente via correio, para uma operação que fornece qualquer produto e serviço imaginável relacionado ao golfe, tanto por correio quanto em *showrooms* nos Estados Unidos e no Canadá. Os *showrooms* oferecem serviços "extras" que distinguem a empresa de suas concorrentes.

De uns anos para cá, o golfe tornou-se um esporte para todos, não mais restrito à elite social e financeira. Caddies e donos de Cadillacs podem sonhar igualmente com um lugar na Associação de Golfistas Profissionais (PGA). Isso abriu um mercado grande, novo e diverso, que inclui pessoas que querem montar seus próprios tacos e aquelas que os querem prontos. Todos esses aspirantes a Tiger Woods, no entanto, querem um equipamento de alta qualidade com um preço razoável, e a Golfsmith tem os produtos certos para eles.

COMPETIÇÃO/MERCADO

Os principais competidores diretos da Golfsmith incluem empresas como a Dynacraft Golf Products, Inc. e a GolfWorks, Inc., ambas localizadas em Newark, Ohio. Os concorrentes diretos são aqueles que competem com a Golfsmith por clientes em todos os mesmos segmentos de mercado. A Dynacraft é voltada fundamentalmente para ajudar os clientes a fazerem seus próprios tacos. A empresa possui uma linha tipo 0800 para auxílio técnico e patrocina uma escola, o Dynacraft Clubmaking Institute, que proporciona um "treinamento prático na arte de fazer tacos". A Dynacraft também oferece publicações e vídeos do tipo "como fazer" e uma revista trimestral para artesãos de tacos.

A GolfWorks também se dedica à manufatura de tacos e, assim como a Dynacraft, oferece auxílio técnico e publicações. A empresa adquiriu recentemente a tecnologia CAD/CAM e o maquinário CNC, sendo conhecida por sua inovação no design de componentes. A GolfWorks também opera uma loja profissional, campos para a prática de golfe e uma unidade móvel de reparo de tacos nas turnês de golfe profissionais.

A Golfsmith está sujeita à competição indireta de outros negócios, como lojas profissionais em campos de golfe, lojas de produtos esportivos e lojas de departamento que vendem tacos e acessórios prontos.

DESENVOLVIMENTOS RECENTES NA GOLFSMITH

Observamos que a Golfsmith nasceu há quatro décadas, como fornecedora e montadora de componentes de tacos de golfe. A empresa cresceu rapidamente e dominou o mercado com um negócio de pedidos via correio, utilizando tecnologia de ponta para receber e montar os pedidos. Os funcionários que recebem os pedidos transcrevem-nos para um sistema computadorizado que cria etiquetas com códigos de barra. A etiqueta para um pedido específico é colocada em um grande tubo de plástico. Então, o tubo segue por um sistema de transporte, no qual leitoras de código de barra enviam sinais para "robôs", que retiram os itens apropriados das prateleiras e os depositam no carrinho. Quando o pedido é concluído, os itens são empacotados para entrega e carregados em um caminhão dos Correios, e o tubo está pronto para outra volta na Golfsmith. Um pedido pode ficar pronto para envio poucos minutos após o cliente tê-lo feito. Esse sistema automatizado e altamente eficiente representa uma enorme vantagem competitiva para a Golfsmith.

A Golfsmith não se acomodou com o sucesso inicial e ampliou seu público-alvo para incluir todos os entusiastas do golfe, em vez de apenas aqueles que querem tacos customizados. A empresa agora opera 25 lojas nos Estados Unidos e no Canadá, incluindo sua sede e as "superlojas" em Austin e Los Angeles. Os 100 hectares da sede em Austin abrigam o Centro de Prática e Aprendizado da Golfsmith, que inclui 100 posições protegidas para prática de tacadas, dois campos, um de 80.000 m^2 e outro de 39.000 m^2, e dois obstáculos de areia. A instalação abriga a Academia de Golfe Harvey Penick da Golfsmith e atrai golfistas de todo o mundo. Pequenos lagos, cachoeiras, escarpas e plantas nativas contornam os campos e criam um ambiente digno de premiação.

TRANSIÇÃO DA GOLFSMITH

Nos últimos anos, a Golfsmith deixou de vender somente componentes e ferramentas de montagem para fabricar e consertar tacos de golfe, além de fazer o marketing e a comercialização dos acessórios. O catálogo da empresa inclui desde bolas de golfe customizadas até medidores de distância eletrônicos.

Após 32 anos montando componentes de golfe e enviando-os para aproximadamente 90 países, a Golfsmith tornou-se a maior fornecedora via correio de equipamentos e acessórios de golfe no mundo. A Golfsmith, atualmente, emprega 1.800 pessoas, incluindo 26 golfistas profissionais, e processa em torno de 8 mil pedidos diários, pela Internet e por catálogo. A empresa já chegou a receber 14 mil chamadas em um dia.

EM CASA COM A GOLFSMITH

A sede e o Centro de Prática e Aprendizado da Golfsmith abrigam todas as operações, incluindo espaços abertos de escritório, uma área para cerca de 250 estações de recebimento de pedidos via telefone, um armazém, um local para montagem dos pedidos, um grande *showroom* e o Clubhouse Café, onde os clientes compram bebidas e lanches e assistem a programas de golfe em vários televisores. Os visitantes são entusiasticamente recebidos na porta por um empregado trajando roupas de golfe. Os especialistas estão disponíveis para aconselhar os clientes e avaliar suas necessidades, se assim desejarem. Todos os empregados da Golfsmith, incluindo aqueles que recebem pedidos pelo telefone, conhecem bastante o assunto e falam "golfês" fluentemente.

Um passeio pelas instalações dá ao visitante uma noção da cultura corporativa. O espaço dos escritórios, incluindo os dos diretores, é aberto. Nesse ambiente, é fácil comunicar-se de forma a transcender os limites funcionais, e os diretores estão sempre disponíveis para todos os empregados. Mesmo a distribuição dos telefones pelos quais se recebem os pedidos evita passar a sensação de subordinados anônimos presos em seus esconderijos. A sensação que prevalece é a de que todos os associados da Golfsmith vivem, respiram e falam golfe. O forte compromisso da empresa com o serviço ao cliente e o grande conhecimento e entusiasmo de seus empregados criam uma atmosfera única.

Questões

1. Prepare um *blueprint* de serviços para a Golfsmith.
2. A Golfsmith ilustra qual abordagem genérica para o projeto de sistemas de serviços? Que vantagens competitivas esse projeto oferece?
3. Por que a Golfsmith é uma boa candidata para vendas pela Internet?

Bibliografia selecionada

Behara, Ravi S. "Process Innovation in Knowledge-Intensive Services." In *New Service Development*, eds. J. A. Fitzsimmons and M. J. Fitzsimmons. Thousand Oaks, Calif.: Sage Publications, 2000, pp. 138–51.

Berry, Leonard L., and Sandra K. Lampo. "Teaching an Old Service New Tricks: The Promise of Service Redesign." *Journal of Service Research* 2, no. 3 (February 2000), pp. 265–74.

Boone, Tonya. "Exploring the Link between Product and Process Innovation in Services." In *New Service Development*, eds. J. A. Fitzsimmons and M. J. Fitzsimmons. Thousand Oaks, Calif.: Sage Publications, 2000, pp. 92–110.

Bowen, David E., and William E. Youngdahl. "Lean Service: In Defense of a Production-Line Approach." *Journal of Operations Management* 9, no. 3 (March 1998), pp. 207-25.

Chai, Kah-Hin; Jun Zhanag; and Kay-Chuan Tan. "A TRIZ-Based Method for New Service Design." *Journal of Service Research* 8, no. 1 (August 2005), pp. 48–66.

Chen, Ja-Shen; Hung Tai Tsou; and Astrid Ya-Hui Huang. "Service Delivery Innovation: Antecedents and Impact on Firm Performance," *Journal of Service Research* 12, no. 1 (August 2009), pp. 36–55.

Clark, Graham; Robert Johnston; and Mike Shulver. "Exploiting the Service Concept for Service Design and Development." In *New Service Development*. eds. J. A. Fitzsimmons e M. J. Fitzsimmons. housand Oaks, Calif.: Sage Publications, 2000, pp. 71–91.

Cook, L. S.; D. E. Bowen; R. B. Chase; S. Dasu; D. M. Stewart; and D. A. Tansik. "Human Issues in Service Design." *Journal of Operations Management* 20, no. 2 (April 2002), pp. 159–74.

Eisingerich, Andreas; Gaia Rubera; and Matthias Seifert. "Managing Service Innovation and Interorganizational Relationships for Firm Performance: To Commit or Diversify?" *Journal of Service Research* 11, no. 4 (May 2009), pp. 344-56.

Frei, Francis X. "The Four Things a Service Business Must Get Right." *Harvard Business Review* 86, no. 4 (April 2008), pp. 28–41.

Goldstein, S. M.; R. Johnston; J. Duffy; and J. Rao. "The Service Concept: The Missing Link in Service Design Research?" *Journal of Operations Management* 20, no. 2 (April 2002), pp. 121–34.

Gupta, Sudheer, and Mirjana Vajic. "The Contextual and Dialectical Nature of Experiences." In *New Service Development*, eds. J. A. Fitzsimmons and M. J. Fitzsimmons. Thousand Oaks, Calif.: Sage Publications, 2000, pp. 33–51.

Hull, Frank M. "Innovation Strategy and the Impact of a Composite Model of Service Product Development on Performance." *Journal of Service Research*, 7, no. 2 (November 2004), pp. 167–80.

Johnson, Susan P.; Larry S. Menor; Aleda V. Roth; and Richard B. Chase. "A Critical Evaluation of the New Service Development Process: Integrating Service Innovation and Service Design." In *New Service Development*, eds. J. A. Fitzsimmons and M. J. Fitzsimmons. Thousand Oaks, Calif.: Sage Publications, 2000, pp. 1–32.

Leonard, Dorothy and Jeffrey Rayport. "Spark Innovation through Empathic Design." *Harvard Business Review*, November–December 1997, pp. 102–13.

Menor, L. J.; M. V. Tatikonda; and S. E. Sampson. "New Service Development: Areas for Exploitation and Exploration." *Journal of Operations Management* 20, no. 2 (April 2002), pp. 135–58.

_____ and Aleda V. Roth. "New Service Development Competence and Performance: An Empirical Investigation in Retail Banking." *Production and Operations Management* 17, no. 3 (May–June 2008), pp. 267–84.

Patricio, Lia; Raymond P. Fisk; and João Falcão and Cunha. "Designing Multi-Interface Service Experiences: The Service Experience Blueprint." *Journal of Service Research* 10, no. 4 (May 2008), pp. 318-334.

Pullman, Madeleine E. and William L. Moore. "Optimal Service Design: Integrating Marketing and Operations Perspectives." *International Journal of Service Industry Management* 10, no. 2 (1999), pp. 239–60.

———; Rohit Verma; and John C. Goodale. "Service Capacity Design with an Integrated Market Utility-Based Method." In *New Service Development*, eds. J. A. Fitzsimmons and M. J. Fitzsimmons. Thousand Oaks, Calif.: Sage Publications, 2000, pp. 111-37.

———; Rohit Verma; e John C. Goodale. "Service Design and Operations Strategy Formulation in Multicultural Markets." *Journal of Operations Management* 19 (2001), pp. 239–54.

Rust, Roland T. and Richard W. Oliver. "The Real Time Service Product: Conquering Customer Time and Space." In *New Service Development*, eds. J. A. Fitzsimmons and M. J. Fitzsimmons. Thousand Oaks, Calif.: Sage Publications, 2000, pp. 52-70.

Spath, Dieter and Klaus-Peter Fahnrich (eds.). *Advances in Service Innovations*. Berlim: Springer, 2007.

Stuart, F. Ian. "The Influence of Organizational Culture and Internal Politics on New Service Design and Introduction." *International Journal of Service Industry Management* 9, no. 5 (1998), pp. 469-85.

Verma, Rohit; Gary M. Thompson; and Jordan J. Louviere. "Configuring Service Operations Based on Customer Needs and Preferences." *Journal of Service Research* 1, no. 3 (February 1999), pp. 262–74.

———; Jordan J. Louviere; and Paul Burke. "Using a Market-utility-based Approach to Designing Public Services: A Case Illustration from United States Forest Service." *Journal of Operations Management*, 24, no. 2 (April 2006), pp. 407-16.

Notas

1. Fonte: htttp://WWW.nist. gov/director/prog-ofc/ report05-1.pdf, Planning Report 05-1, "Measuring Service-Sector Research and Development", preparada para a National Science Foundation e o National Institute of Standards & Technology pelo Research Triangle Institute, March 2005, p. E1-E2.
2. Ibid. pp. 1.3-1.4.
3. Ibid. pp. 3.3-3.4.
4. Harvard Business School Case, Shouldice Hospital Limited, ICCH no. 9-683-068, 1983, p. 3.
5. J. L. Heskett, W. E. Sasser, Jr. and L. A. Schlesinger, *The Service Profit Chain* (New York: Free Press, 1997) pp. 40–42.

6. G. Lynn Shostack, "Service Positioning through Structural Change," *Journal of Marketing* 51 (January 1987), pp. 34–43.
7. Valarie A. Zeithaml e Mary Jo Bitner, *Services Marketing,* 2ª ed. (New York: Irwin McGraw-Hill, 2000), pp. 205–13.
8. G. Lynn Shostack, "Designing Services That Deliver," *Harvard Business Review,* January–February 1984, pp. 133–39.
9. Theodore Levitt, "Production-Line Approach to Service," *Harvard Business Review,* September–October 1972, pp. 41–52.
10. Richard B. Chase, "Where Does the Customer Fit in a Service Operation?" *Harvard Business Review,* November–December 1978, pp. 137-42.
11. Reproduzido com permissão de Sang M. Lee, "Japanese Management and the 100 Yen Sushi House," *Operations Management Review,* Winter 1983, pp. 46–48.
12. Preparado por Mara Segal com a orientação do Professor James A. Fitzsimmons.

Capítulo 5

Tecnologia em serviços

Objetivos de aprendizagem

Ao final deste capítulo, você deverá estar apto a:

1. Descrever os cinco papéis que a tecnologia desempenha no encontro em serviços.
2. Dar exemplos da evolução do autoatendimento no setor de serviços, desde o contato humano, passando pelo auxílio de máquinas, até chegar ao serviço eletrônico.
3. Descrever os oito usos possíveis para *sites* da Web.
4. Descrever e diferenciar os oito modelos genéricos de *e-business*.
5. Explicar o que significa escalabilidade e o quanto esse conceito é relevante para o comércio eletrônico.
6. Descrever as questões administrativas associadas à adoção de nova tecnologia.

O maior bazar não fica na esquina – ele acontece na Internet. Em um só lugar, os internautas podem escolher dentre milhões de ofertas de brinquedos, louças, software, computadores e produtos esportivos, dentre outros. Não é de admirar que o eBay.com tenha se tornado um ponto estratégico para colecionadores e para quem procura pechinchas. O eBay usa a Internet para atingir as pessoas e criou um leilão virtual para a troca de itens entre os indivíduos. Um vendedor pode oferecer um item no *site* do eBay pagando uma taxa de inserção do produto e, se o item for vendido, paga uma comissão de 8,75% do preço se a venda for de até US$ 25 e 3% do preço para quantias acima desse valor, desde que o preço não exceda mil dólares. Para valores acima de mil dólares, a comissão é de 1,5%.

Para fazer um lance, o comprador entra com uma identidade de usuário, uma senha e a quantia para o lance. Um pouco depois, o *site* informa o *status* do lance. Com frequência a mensagem é: "Seu lance foi superado", pois alguém deu um lance maior. Então, a pessoa pode fazer um lance mais alto. Os leilões costumam ficar abertos por até uma semana, e os interessados recebem e-mails diariamente informando-os se seu lance ainda é o mais alto ou se foi ultrapassado. Os vendedores, por sua vez, podem colocar um preço mínimo, chamado de "preço de reserva", mas esse valor não é revelado inicialmente.

O leilão virtual do eBay tem alguns pontos negativos. Diferentemente da maioria dos leilões no mundo real, o bem leiloado não pode ser tocado. A oportunidade de negociar pessoalmente com o vendedor, comum em mercados de pulgas, é perdida. Além disso, o comprador deve dar um lance inicial máximo e é obrigado a pagar essa quantia se o seu lance for o maior, mesmo se a pessoa perder o interesse pelo item durante o leilão. Uma última dificuldade envolve o pagamento do item antes do envio. O vendedor tem três dias para entrar em contato com quem ofereceu o lance mais alto e solicitar o pagamento, geralmente por meio do PayPal. O vendedor deve receber o pagamento antes de enviar o item. Se o item não for exatamente o que se pensava, o único recurso do comprador é tentar reaver o dinheiro junto ao vendedor. Se isso não der certo, o eBay apresentará um histórico do vendedor para futuros compradores. O eBay também pode recusar o futuro acesso do vendedor ao *site*. Apesar desses empecilhos, o eBay é uma das inovações mais bem-sucedidas da Web e foi imitado por outras empresas da Internet, como Yahoo! e Amazon.com.

APRESENTAÇÃO DO CAPÍTULO

Os grandes lucros na produtividade agrícola e industrial vieram da substituição do esforço humano pela tecnologia. Para serviços, a introdução da tecnologia frequentemente habilita o cliente a realizar o serviço sem assistência. Por exemplo, o parquímetro facilita o pagamento do estacionamento em vias públicas sem a necessidade de auxílio, enquanto a Internet permite que os clientes façam sozinhos a reserva de seus voos. O papel da tecnologia no encontro em serviços é explorado em suas várias formas, levando a uma discussão sobre o aparecimento do autoatendimento possibilitado pela tecnologia. As aplicações da automação em serviços são classificadas de acordo com seu nível de sofisticação. A discussão da natureza dos serviços da Internet leva ao conceito de escalabilidade no comércio eletrônico. O capítulo encerra com uma discussão sobre os desafios administrativos da adoção de novas tecnologias em serviços.

O ENCONTRO EM SERVIÇOS APOIADO PELA TECNOLOGIA[1]

Os avanços na comunicação e na tecnologia da informação estão tendo um profundo efeito sobre as interfaces entre clientes e fornecedores de serviços. Por exemplo, a Internet e os balcões de aeroportos mudaram as expectativas e o comportamento dos passageiros de linhas aéreas. Os clientes não precisam mais esperar para fazer uma reserva com um funcionário, nem ficar na fila do balcão da companhia aérea para receber o cartão de embarque. Interações pessoais comuns foram substituídas pela tecnologia. A Figura 5.1 mostra os cinco modos de contribuição da tecnologia para o encontro em serviços.

O modo A é chamado *encontro em serviços sem tecnologia*. Nesse caso, o cliente está fisicamente próximo à pessoa fornecedora do serviço e interage com ela. Esse modo representa o serviço tradicional com alto nível de contato, como um salão de cabeleireiros ou um massagista, casos em que a tecnologia não desempenha um papel *direto*. A maior parte dos serviços de cuidados pessoais está nessa categoria, junto com alguns serviços profissionais, como assistência jurídica, consultoria e psiquiatria.

O modo B é chamado *encontro em serviços apoiado pela tecnologia,* pois *somente* o fornecedor do serviço tem acesso à tecnologia para facilitar o oferecimento do serviço face a face. Muitos procedimentos de saúde estão nessa categoria, por exemplo, um exame realizado durante uma consulta com um oftalmologista ou uma radiografia no consultório do dentista. Tradicionalmente, os representantes de linhas aéreas utilizavam um terminal de computador para o *check-in* dos passa-

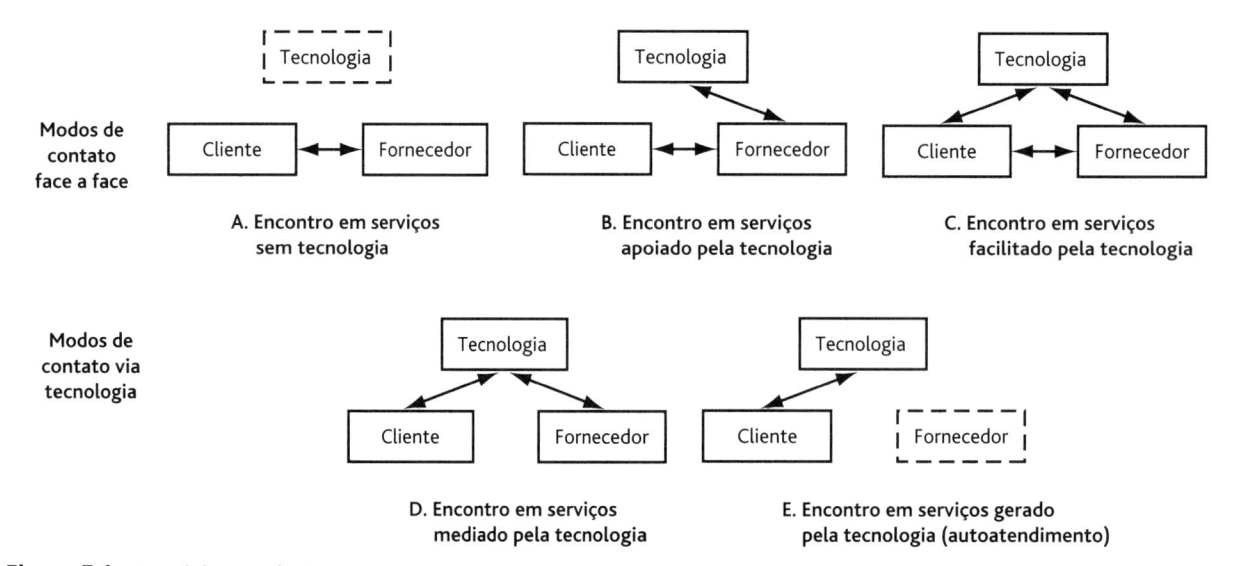

Figura 5.1 Papel da tecnologia no encontro em serviços.
Fonte: Com permissão de Craig M. Froehle and Aleda V. Roth, "New Measurement Scales for Evaluating Perceptions of the Technology-Mediated Customer Service Experience". *Journal of Operations Management* 22, no. 1 (February 2004), pg. 3.

geiros, o que caracterizaria o modo B, mas hoje os passageiros são incentivados a usar os quiosques de *check-in*, caracterizando o modo E, descrito a seguir.

O modo C é denominado *encontro em serviços facilitado pela tecnologia* porque *tanto* o cliente *quanto* a pessoa fornecedora do serviço têm acesso à mesma tecnologia. Por exemplo, um consultor financeiro em consulta com um cliente recorrerá a um modelo financeiro em seu computador pessoal para ilustrar os retornos projetados para diferentes perfis de risco.

No modo D, chamado *encontro em serviço mediado pela tecnologia,* o cliente e o fornecedor do serviço *não se encontram no mesmo local,* de modo que o encontro em serviços não inclui o tradicional contato "face a face". A comunicação em geral é possibilitada por um telefonema para acessar serviços como a reserva em um restaurante ou o auxílio técnico de um centro de atendimento ao cliente. Consideremos, ainda, como a General Motors incluiu um serviço de monitoramento remoto em seus veículos, chamado de "OnStar", em que um GPS é utilizado, de forma que os motoristas em dificuldade obtenham ajuda com um simples telefonema.

No modelo E, chamado *encontro em serviços gerado pela tecnologia*, o fornecedor do serviço é inteiramente substituído pela tecnologia, o que permite o *autoatendimento* (isto é, o trabalho é terceirizado para seus clientes). Esse modo está se tornando mais comum à medida que as empresas tentam reduzir o custo de fornecimento dos serviços. Os exemplos estão por toda a parte – caixas eletrônicos de bancos, escâner nos caixas de lojas, quiosques de *check-in* de aeroportos, corretagem *on-line*, reservas *on-line* e fontes de informações na Web.

Exemplo 5.1   Vinheta de autoatendimento em uma viagem de negócios[2]

O despertador toca e o dia de Emma começa com um banho, seguido de *waffles* congelados que ela aquece na torradeira. Antes de sair para o aeroporto, ela acessa o *site* da companhia aérea, por meio do qual havia comprado a passagem e escolhido a poltrona semanas antes, e imprime seu cartão de embarque. No pedágio da via expressa que leva ao aeroporto, um escâner lê o código de barras em seu para-brisa para que a conta seja cobrada posteriormente. No aeroporto, ela usa um cartão de crédito para passar pelo portão do estacionamento, onde o carro ficará por algum tempo. Dentro do aeroporto, ela coloca uma etiqueta de bagagem em um pacote que está deixando no *check-in* e o posiciona na esteira da máquina de raios X. Após chegar ao destino, Emma verifica o painel de mensagens na locadora de automóveis e pega seu carro reservado no estacionamento. A caminho da cidade, ela usa um telefone celular para agendar compromissos profissionais e deixa várias mensagens em secretárias eletrônicas. No almoço, ela compra uma bebida e um sanduíche em uma máquina de venda automática. O jantar é em uma lanchonete, onde escolhe itens do cardápio, coloca-os na bandeja, paga com cartão de crédito e dirige-se a uma mesa vazia. Quando termina de comer, recolhe seus pratos. Depois das reuniões de trabalho durante o dia, deixa o carro alugado em um ponto de entrega, vai para o terminal do aeroporto e usa o quiosque da companhia aérea para imprimir o cartão de embarque. Ao chegar, apanha seu carro no estacionamento, onde um escâner lê o *ticket* e o debita no cartão de crédito. Emma para em um mercado para comprar algumas coisas no caminho para casa, vai a um posto de gasolina de autoatendimento e usa novamente seu cartão de crédito. Em casa, verifica seus investimentos e vende ações de baixa rentabilidade.

O SURGIMENTO DO AUTOATENDIMENTO

O Exemplo 5.1 ilustra muitas oportunidades para o autoatendimento e sugere que a motivação do fornecedor e os benefícios do cliente impulsionam o crescimento do autoatendimento. A eliminação dos custos de trabalho em atividades que não requerem contato direto é o principal motivador dos fornecedores de serviços. Por exemplo, uma empresa tem um gasto de US$ 7 na aplicação de uma pesquisa de opinião utilizando uma central de atendimento, mas apenas de US$ 0,10 se realizá-la *on-line*. A aceitação do cliente e a frequente preferência resultou no aumento de oportunidade para a customização, a precisão, a conveniência e o controle.

O serviço migrou da interação humana para a substituição de funcionários por máquinas ou, onde é viável, por serviços eletrônicos que estão disponíveis a qualquer hora e em qualquer lugar. Essa trajetória é semelhante à experiência anterior nos setores agrícola e industrial, em que o trabalho humano tem sido ininterruptamente retirado do processo de produção. A Tabela 5.1 apresenta exemplos dos percursos que a tecnologia do autoatendimento (TAA) tem feito no setor de serviços.

Os alvos iniciais da TAA eram as transações de serviços que não agregavam valor ou que ofereciam uma oportunidade de aumento da receita porque a substituição do trabalho dos funcionários

Tabela 5.1 Evolução do autoatendimento

Setor de serviços	Contato humano	Auxiliado por máquinas	Facilitado pela Internet
Bancos	Caixa	Caixas eletrônicos	Serviço bancário *on-line*
Supermercado	Balconista	Caixa de autoatendimento (incluindo pagamento)	Pedido/retirada *on-line*
Companhias aéreas	Agente de passagens	Quiosque de *check-in*	Impressão do cartão de embarque
Restaurantes	Garçom	Máquina de venda automática	Pedido/entrega *on-line*
Cinema	Vendedor de ingresso	Quiosque de ingressos	Compra *on-line*
Livraria	Atendente	Terminal para verificar a disponibilidade	Compras *on-line*
Educação	Professor	Curso por computador	Ensino a distância
Apostas	Distribuidor de cartas	Pôquer por computador	Pôquer *on-line*

Fonte: Reimpressa com permissão de James A. Fitzsimmons, "Is the Future of Services Self-Service?" *Managing Service Quality* 13, No. 6 (2003), p. 444.

pela tecnologia proporcionava economia de custos. Por exemplo, a introdução de caixas eletrônicos pelos bancos há um quarto de século economizou custos com os funcionários de caixa, mas também ofereceu aos clientes a conveniência de lugar e horário. Os varejistas estão aguardando ansiosamente por uma nova tecnologia chamada comunicação de curto alcance (NFC – *near-field communication*) para uso dos clientes. Ela disponibiliza informações de cartão de crédito em dispositivos móveis, permitindo aos clientes a utilização desses, em vez dos cartões. A tecnologia ajuda os varejistas a acompanhar os hábitos de consumo dos clientes e a anunciar ofertas especiais. Os clientes se beneficiam do consumo frequente (p. ex., o café personalizado na Starbucks) e podem fazer o pedido e pagar sem entrar na fila, agilizando o serviço.

Por definição, os serviços de alto nível de contato, como cuidados de saúde, combate a incêndios e consultas ao dentista, permanecem imunes ao autoatendimento, mas há algumas possibilidades. Por exemplo, um paciente pode usar um aparelho para medir a pressão arterial em casa, registrando a atividade cardíaca e enviando-a por telefone para um receptor remoto no consultório do médico.

A proliferação do autoatendimento tem muitas implicações para a sociedade. Empregos não qualificados, de baixos salários e sem agregação de valor estão destinados a desaparecer. A emergência do setor de autoatendimento indica que o crescimento nos empregos de serviços será limitado aos requisitos de alta qualificação (como em assistência à saúde), nível intelectual (p. ex., profissionais especializados) e criatividade (como no setor de entretenimento). Finalmente, a questão sobre o que constitui a atividade econômica precisará ser redefinida para dar conta do valor do trabalho de autoatendimento.

AUTOMAÇÃO EM SERVIÇOS

O *back office* é o local mais adequado para a introdução da automação em serviços, pois essas operações com frequência são repetitivas e rotineiras, portanto, passíveis de serem realizadas por dispositivos que economizam mão de obra. Muitas aplicações têm ocorrido na categoria de automação, como a substituição de atividade humana manual por máquinas (p. ex., sistema para regar gramados em um hotel). Dispositivos programáveis mais avançados também encontraram aplicação em serviços, às vezes interagindo com o cliente (p. ex., sistema encontrado em telefones que permite atender uma segunda chamada sem finalizar a chamada na qual estiver naquele momento).

Assim, uma classificação das aplicações da automação em serviços deve ir além das categorias tradicionais usadas na manufatura devido às oportunidades para a interação com o cliente. Nas categorias de automação a seguir, primeiramente sugeridas por David Collier, incluímos o *sistema especialista,* uma forma de automação mental (p. ex., uso de computador para raciocínio e solução de problemas).[3]

Sequência fixa (F). Máquina que repetidamente realiza passos sucessivos em uma dada operação, de acordo com uma sequência, condição e posição predeterminadas, e cujas informações não podem ser mudadas facilmente. Exemplo em serviços: portão automático de estacionamento.

Sequência variável (V). Máquina que é como um robô de sequência fixa, mas cujas informações podem ser modificadas com facilidade. Exemplo em serviços: caixa automático.

Playback (P). Máquina que produz operações a partir da memória de atividades originalmente executadas sob controle humano. Exemplo de serviço: secretária eletrônica.

Controle numérico (N). Máquina que realiza uma dada tarefa de acordo com uma sequência, condição e posição conforme instruções armazenadas que são facilmente reprogramadas. Exemplo em serviços: personagens animados em um parque de diversões.

Inteligente (I). Máquina com dispositivos de percepção sensorial, como receptores visuais ou táteis, que detecta mudanças no ambiente de trabalho ou em uma tarefa e tem suas próprias capacidades de tomada de decisão. Exemplo em serviços: piloto automático para um avião comercial.

A conveniência dos quiosques de *check-in* em aeroportos foi bem-recebida pelos viajantes de negócios.
Thinkstock/Getty Images

Sistema especialista (SE). Programa de computador que usa um mecanismo de inferência (ou seja, regras de decisão) e uma base de conhecimento (ou seja, informações sobre um tópico específico) para diagnosticar problemas. Exemplo em serviços: identificação de problemas na manutenção de elevadores.

Tabela 5.2 Exemplos de automação nos setores de serviços

	Comércio, transporte e serviços de utilidade pública		
F	Máquina de refrigerante	I	Trens TGV da França
F	Lava-rápido	I	Sistema de rastreamento RFID
I	Terminais de autoatendimento	TA	Telemarketing
	Governo		
V	Classificador ótico de correspondência	I	Alerta e controle aéreo
N	Leitor de formulário de imposto de renda	TA	Estação de energia nuclear
	Educação e saúde		
V	Escâneres para ressonância magnética	I	Marcapasso
P	Reprodução de imagens	SE	Sistema de diagnóstico
N	Tradutores automáticos	TA	Matrícula *on-line* em cursos
	Profissional e empresarial		
F	Grampeador elétrico	SE	Análise de portfólio
V	Copiadora e dispositivo para conferir documentos	TA	Videoconferência
	Lazer e hotelaria		
V	Elevadores	I	Sistema de reconhecimento de voz
P	Serviço de despertador por telefone	TA	Sistema de reservas *on-line*
	Atividades financeiras		
F	Sistema de entrega por tubos pneumáticos	SE	Programa de seleção de ações
V	Caixa automático	TA	Transferência eletrônica de fundos
	Informação		
F	Projetor de cinema	TA	Pesquisa no Google
V	Copiadora	TA	Rede de telefonia

Sistema totalmente automatizado (TA). Sistema de máquinas e computadores que realiza todas as tarefas físicas e intelectuais exigidas para produzir ou fornecer um serviço. Exemplo em serviços: transferência eletrônica de fundos.

Para ilustrar a abrangência da automação em serviços, a Tabela 5.2 oferece exemplos de automação no setor de serviços, cada um classificado de acordo com as categorias precedentes. Os exemplos de automação sugerem que os serviços estão se tornando mais intensivos em termos de capital e que a antiga noção de que o setor de serviços é uma operação de baixa qualificação e de mão de obra intensiva deve ser reconsiderada. Os trabalhadores de serviços precisarão de habilidades mais sofisticadas para programar, operar e manter os sistemas automatizados. E, o mais importante, a flexibilidade dos funcionários será um atributo valioso, uma vez que a natureza do trabalho é modificada pela nova tecnologia. Por exemplo, consideremos as várias mudanças nos escritórios que ocorreram com a introdução de computadores pessoais e processadores de texto.

A INTERNET COMO UM SERVIÇO FACILITADOR

A Internet é a rede mundial de acesso público de redes de computadores interconectadas que transmitem dados utilizando o *Protocolo da Internet* (IP) padrão. Trata-se de uma "rede de redes" que consiste em milhões de redes acadêmicas (.edu), comerciais (.com), sem fins lucrativos (.org) e governamentais (.gov) menores que, juntas, proporcionam diversas informações e serviços, como correio eletrônico, conversas *on-line,* transferência de arquivos, fluxo de mídia *(streaming media)*, telefonia IP e acesso à *World Wide Web* (www).[4]

A Internet e a World Wide Web não são sinônimos: a Internet é um conjunto de redes de computadores interconectados, ligados por fios de cobre, cabos de fibra ótica e conexões sem fio; a Web é um conjunto de documentos e outros recursos interconectados, ligados por hiperlinks e localizadores uniformes de recursos (URLs). Na verdade, a Web funciona com base no protocolo da Internet, usando o protocolo de transferência de hipertexto (HTTP), que liga arquivos, documentos e outros recursos da World Wide Web e possibilita o acesso a eles.

Da perspectiva de um provedor de serviços, a Internet é a forma ideal para se comunicar com seus clientes de uma maneira rentável. Até recentemente, a conexão dava-se por meio de um computador com acesso à Internet cuja conexão se dava por linha telefônica, cabo ou satélite. Com o advento da moderna comunicação sem fio (portabilidade) e das redes sociais com tecnologia Web 2.0 (My Space, YouTube, LinkedIn e Twitter), novas oportunidades surgem ou são descobertas em função da conexão com os clientes.

Uma nova tecnologia de comunicação está disponível, é o Serviço Geral de Rádio Comunicação por Pacotes (GPRS), um pacote de dados móveis disponível para usuários de celulares com tecnologia 3G. O sistema (GPRS) fornece dados diretamente para o aparelho celular, o qual está, sempre conectado. Esses novos aparelhos (p. ex., iPhone) são próprios para mensagens instantâneas (p. ex., há uma Starbucks perto de você) ou avisos (p. ex., seu voo foi adiado). No futuro, as empresas de serviços podem *adiantar-se* e enviar informações aos clientes em vez de passivamente aguardar pela busca de seus serviços. Como essa intrusão será recebida, é outro assunto!

COMÉRCIO ELETRÔNICO

O comércio eletrônico tornou-se uma realidade com a convergência de várias tecnologias, incluindo Internet, sistemas mundiais de telefonia, padrão de comunicações TCP/IP, sistemas de endereçamento de URLs, computadores pessoais e TV a cabo, bancos de dados de clientes, sistemas sonoros e gráficos e *browsers* gratuitos de fácil utilização.

Um *site* serve para diferentes propósitos para diferentes empresas. Algumas organizações usam a Internet apenas para se comunicar com funcionários, fornecedores de matérias-primas ou de serviços de apoio, como contabilidade, assistência jurídica ou materiais de pesquisa. Os governos locais e nacionais do mundo inteiro mantêm *sites* quem interessam tanto a turistas quanto a empresas. Outras organizações usam *sites* para vender produtos e serviços diretamente ao cliente. Está claro que os *sites* podem ser usados de muitas formas:

Como um canal para venda de um produto ou serviço
Alguns varejistas, como Amazon.com e Newegg.com, não possuem lojas. Essas empresas vendem exclusivamente por meio da Internet e distribuem os produtos em nível regional ou os entregam utilizando serviço postal ou transporte marítimo.

Como um canal suplementar
Há as empresas varejistas tradicionais, como Barnes & Noble, que estenderam o alcance de seus mercados adicionando um *site*. A entrega dos itens é feita pelo correio a partir de um depósito regional ou em áreas urbanas por meio de caminhões despachados da loja local. Os compradores de uma área atendida por uma loja física Barnes & Noble fazem o pedido de um livro, por exemplo, pelo telefone ou *on-line*, e ele será entregue na loja local naquele dia. A Home Depot planeja oferecer um serviço semelhante.

Para suporte técnico
Empresas que oferecem suporte técnico após a venda de seus produtos veem a Internet como uma via de baixo custo para auxiliar os clientes a resolverem problemas comuns. Por exemplo, respostas sobre como instalar um novo computador são encontradas no *site* da Dell Computers (http://www.dell.com.br).

Para enriquecer o serviço já existente
Serviços que tradicionalmente foram oferecidos pelo correio são ampliados com a utilização da Web. A Harvard Business School Press, por exemplo, usa um *site* para divulgar casos que o corpo docente pode revisar antes da adoção ou para acessar edições anteriores da *Harvard Business Review* em http://harvardbusinesson-line.hbsp.harvard.edu.

Para processar pedidos
Um *site* é uma forma conveniente de os clientes fazerem pedidos. As companhias aéreas rapidamente passaram a usá-los para possibilitar que os clientes adquirissem passagens eletrônicas. Esse serviço dispensa a função de canal de distribuição dos agentes de viagens e poupa o custo do pagamento das comissões por parte das companhias. Os *sites* também dão acesso a horários e proporcionam aos clientes uma via de comparação para a aquisição da tarifa mais baixa. Essa conexão direta com os clientes também permite que as empresas aéreas "anunciem" tarifas com desconto (isto é, lugares que não foram vendidos) para a semana seguinte via e-mail.

Para transmissão de informações
Muitas empresas usam seus *sites* para transmitir informações sobre a organização (p. ex., nomes dos dirigentes, endereços, números de telefone e assistência técnica). Outros *sites* servem como depósitos de informações. O *site* kbb.com, por exemplo, é uma fonte de informações para pessoas interessadas em comprar um carro.

Para se comunicar com associados
As organizações utilizam um *site* para passar informações a seus associados, como anúncios de programas de conferências, relações de empregos e respostas a perguntas. A POMS, por exemplo, é uma organização acadêmica para professores de administração de operações e de produção que oferece informações para seus membros em http://www.POMS.org.

Para jogar
Os jogos *on-line* são um modo conveniente de entretenimento. O Treeloot.com é um *site* que obviamente se sustenta forçando os jogadores a verem propagandas, mas há *sites* que se concentram apenas em jogos.

Serviços virtuais *versus* serviços físicos

A Tabela 5.3 apresenta uma comparação entre serviços virtuais e físicos. As descrições representam características gerais que claramente diferenciam os sistemas.

A Tabela 5.4 mostra as vantagens e desvantagens das compras *on-line* e em lojas tradicionais, uma atividade da qual quase todos participam.

Dimensões do produto em e-service
Os serviços eletrônicos (virtuais) compartilham muitas características com os serviços tradicionais (físicos). Os serviços eletrônicos são intangíveis, pois as transações e experiências vivenciadas por

Tabela 5.3 Comparação entre serviços físicos e virtuais

Características	Serviço virtual	Serviço físico
Encontro em serviço	Na tela	Face a face
Disponibilidade	A qualquer hora	Horário comercial padrão
Acesso	Em casa	Ida até o local
Área de mercado	Internacional	Local
Ambientação	Interface eletrônica	Ambiente físico
Diferenciação competitiva	Conveniência	Personalização
Privacidade	Anonimato	Interação social

Tabela 5.4 Comparação entre compras *on-line* e em lojas tradicionais

	Compra *on-line*	Compra em loja tradicional
Vantagens	Conveniência	Os cinco sentidos influenciam a compra
	Consumo de tempo reduzido	Ativa a recordação
	Reduz as compras por impulso	Amostra do produto
		Exposição a novos itens
		Interação social
Desvantagens	Menor controle de preço e seleção	Consumo de tempo aumentado
	Esquecimento de itens	Filas de espera e estacionamento
	Dependência do computador	Transporte dos itens
	Taxa de entrega	Compra por impulso
		Segurança

meio de canais eletrônicos são difíceis de mensurar, inventariar ou descrever completamente. As distintas necessidades, expectativas, capacidades de autoatendimento, disposição para interagir e percepções dos clientes contribuem para a heterogeneidade dos serviços eletrônicos. A capacidade do modem de um cliente ou a conexão da Internet com o provedor de serviços eletrônicos, por exemplo, contribui para a heterogeneidade na velocidade de atendimento. Por fim, o consumo e o oferecimento de serviços são simultâneos e, portanto, inseparáveis tanto nos serviços tradicionais quanto nos serviços eletrônicos.

Ambos os tipos de serviços possuem elementos centrais e auxiliares. Os elementos centrais de um serviço são fundamentais para o produto, ao passo que os elementos auxiliares propiciam dimensões de serviços menos importantes. Os serviços eletrônicos incluem dimensões centrais e auxiliares, que ocorrem em ofertas *on-line*, como serviços de jogos com vários participantes, e ofertas *off-line,* como a entrega de produtos realizada por um supermercado local.

Dimensões do processo em e-service
Os processos de serviço incluem os de *frontoffice*, ou atendimento, que envolvem a interação direta com o cliente, e os de *back office*, ou setor interno, que dão pouca oportunidade de contato com os clientes. Os processos são caracterizados de acordo com o grau de contato e interação, nível de intensidade de trabalho e grau de customização. Além disso, os processos de serviços incluem a participação dos clientes na prestação do serviço.

Os serviços eletrônicos diferem quanto à forma de contato com o cliente, customização, interação, intensidade de trabalho e tecnologia, diferenciando as operações. As ofertas dos serviços eletrônicos são compostas por dimensões interativas *on-line* e dimensões não interativas *off-line*. As dimensões de serviço *on-line* envolvem constante contato do cliente com o sistema de serviço, enquanto os elementos *off-line* envolvem pouco contato com o cliente.

A customização ocorre durante as interações *on-line* do cliente com o serviço eletrônico e por meio de processos internos distanciados do cliente. A customização *on-line* utiliza tecnologias, como sistemas de videoconferência e outros que conectam tecnologias customizáveis diretamente a operações de serviços *on-line*. O trabalho e a tecnologia envolvidos nas operações tradicionais que não realizam contato direto com o cliente podem ser utilizados para realizar a customização *off-line*.

MODELOS DE *E-BUSINESS*

Peter Weill e Michael Vitale, em seu livro *Place to Space*, descrevem oito modelos genéricos de *e-business*.[5]

Provedor de conteúdo. Oferece conteúdo (p. ex., informações, produtos e serviços digitais) via intermediários. Alguns provedores tradicionais de serviços, como *The New York Times*, usam a Internet para divulgar as notícias. Outros, como Hoover's.com, fornecem informações comerciais *on-line* mediante o pagamento de uma taxa.

Direto ao cliente. Oferece produtos ou serviços diretamente ao cliente, muitas vezes evitando membros tradicionais do meio varejista. O uso mais divulgado da Internet é feito por varejistas *on-line* que vendem de tudo (p.ex., Amazon.com) ou produtos como computadores pessoais (p. ex., Dell Computers).

Provedor de serviços completos. Oferece uma completa gama de serviços em um domínio (p. ex., finanças, saúde, produtos químicos), diretamente e via intermediários. Muitos provedores *business-to-business* estão nessa categoria (p. ex., General Electric Supply).

Intermediário. Reúne compradores e vendedores por meio da concentração de informações. Esses *sites* são com frequência chamados de "construtores de mercado", já que o alcance da Internet não é limitado pela geografia. O sucesso do eBay deve-se, em parte, à sua capacidade de criar um mercado para itens que seriam difíceis de vender localmente.

Infraestrutura compartilhada. Reúne diversos concorrentes que compartilham uma infraestrutura comum de TI. O sistema de reservas SABRE, por exemplo, foi originalmente desenvolvido pela American Airlines, mas agora é usado por todo o setor de aviação.

Coordenador de informações virtuais. Coordena atividades na rede de fornecimento reunindo, sintetizando e distribuindo informações. O sistema de distribuição *Konbini*, desenvolvido pela 7-Eleven, no Japão, é um exemplo.

Comunidade virtual. Cria e viabiliza uma comunidade *on-line* de pessoas com um interesse comum, possibilitando interação social e fornecendo serviços. O exemplo mais famoso é o MySpace, uma comunidade que contava com aproximadamente 106 milhões de pessoas em setembro de 2006. Se o MySpace fosse um país, seria o 11º maior, entre Japão e México.[6]

Empresa centralizadora. Oferece um ponto de contato para toda a empresa, consolidando todos os serviços proporcionados por uma grande organização que possui várias divisões. O melhor exemplo é o Governo Federal dos Estados Unidos, com *sites* como http://www.treasuredirect.gov, onde é possível comprar Títulos do Tesouro Nacional sem intermediários.

As fontes de receitas incluem taxas de transação, taxas de informação e consultoria, taxas por serviços e encomendas e taxas de propaganda e cadastro. O aspecto estratégico crucial está no cliente e em quem possui relacionamentos, dados e transações.

ECONOMIAS DE ESCALA

Escalabilidade é a capacidade de uma empresa melhorar as margens de contribuição (receita – custos variáveis) à medida que seu volume de vendas aumenta. A escalabilidade infinita ocorre *somente* quando o custo variável de atender um cliente adicional é zero. Há três fontes de escalabilidade: (1) realização somente de serviços de informação ou transferência de dados (p. ex., enciclopédia *on-line*), (2) possibilidade de os clientes fazerem seu próprio atendimento (p. ex., reservas *on-line*) e (3) possibilidade de os clientes atenderem outros clientes (p. ex., leilões *on-line*).

Como mostra a Tabela 5.5, as características de um serviço determinam até que ponto os ganhos de escala são possíveis. Observe que o Kbb.com representa a Kelly Blue Book, caracterizada como uma fonte de preços de carros novos e usados, e o Everdream.com, adquirido pela Dell em

Tabela 5.5 Escalabilidade e comércio eletrônico

Dimensões	Alta	← Escalabilidade →		Baixa
Continuum de comércio eletrônico	Venda de informações (*e-service*)	Venda de serviços com valor agregado	Venda de serviços com produtos	Venda de produtos (comércio eletrônico)
Conteúdo de informação *versus* de produtos	Domínio das informações	Informações com algum serviço	Produtos com serviços de apoio	Domínio dos produtos
Grau de conteúdo do cliente	Autoatendimento	*Backup* do centro de atendimento ao cliente	Suporte do centro de atendimento ao cliente	Processamento de pedidos no centro de atendimento ao cliente
Padronização *versus* customização	Distribuição em massa	Alguma personalização	Customização limitada	Atendimento de pedidos individuais
Custos de embarque e manejo	Via digital	Correio	Entrega	Entrega, realização de pedido, armazenagem
Serviço pós-venda	Nenhum	Respostas a dúvidas	Manutenção remota	Devoluções possíveis
Exemplo de serviço	Preços de carros usados	Agente de viagens *on-line*	Suporte técnico para TI e computadores	Varejista *on-line*
Exemplo de empresa	Kbb.com	InfoHub.com	Everdream.com	Amazon.com

2009, é uma empresa que possibilita a pequenos negócios terceirizarem sua função de TI alugando seus computadores e recebendo diariamente *backup,* manutenção e auxílio técnico remoto.

A escalabilidade não é suficiente, pois, sem diferenciação, o serviço talvez leve à situação de comoditização, em que somente o líder de preço sobrevive. A diferenciação pode ser atingida ao obter capitalização com o "efeito de rede". Quando o valor para qualquer cliente aumenta com o crescimento no número total de clientes, como nos leilões *on-line* (p. ex., eBay), temos um efeito de rede. Além disso, cultivar uma reputação a partir da intervenção humana eficiente leva a uma vantagem estratégica. Como os clientes costumam precisar de ajuda, uma equipe de agentes receptivos, eficientes e empáticos promove a lealdade do cliente.

Os serviços realizados pela Internet são, é claro, formas de autoatendimento fornecido em casa. Ficaríamos surpresos com quão satisfeitos os clientes ficam com os serviços disponíveis na Internet. Na Tabela 5.6, vemos que os serviços oferecidos na Internet (varejo, serviços de corretagem e viagens) têm boas notas em relação às outras empresas de serviços, dada a sua reputação pelos serviços excepcionais. As empresas selecionadas na Tabela 5.6 são líderes em satisfação do cliente em seus setores respectivos. É digno de nota que a Newegg, empresa de varejo na Internet, recebeu nota 88, a mais alta entre empresas de serviço. O autoatendimento tornou-se muito utilizado e apreciado para a prestação de serviços digitais.

INOVAÇÃO TECNOLÓGICA EM SERVIÇOS

A inovação destrói a tradição; desse modo, ela exige um planejamento cuidadoso para garantir o sucesso. Por necessidade, os benefícios da produtividade da nova tecnologia devem mudar a natureza do trabalho. Toda introdução de nova tecnologia deve incluir a familiarização dos funcionários, de forma a prepará-los para as novas tarefas e oferecer a eles conhecimento sobre o design da interface da tecnologia (p. ex., a habilidade de digitação será necessária ou os funcionários só precisarão clicar?). Para serviços, o impacto da nova tecnologia pode não se limitar ao trabalho de *back office*. Talvez seja exigida uma mudança no papel que os clientes desempenham no processo de prestação do serviço. A reação do cliente à nova tecnologia, determinada por meio de grupos de discussão ou entrevistas, também oferece informações sobre o design, de modo a evitar futuros problemas de aceitação (p. ex., considerar a necessidade de câmeras de vigilância em caixas automáticos).

Desafios da adoção da nova tecnologia em serviços

Em serviços, "o processo é o produto", uma vez que os clientes participam diretamente do fornecimento do serviço. Portanto, o sucesso das inovações tecnológicas, em especial na seção de contato direto com os clientes, depende da aceitação destes. O impacto sobre os clientes nem sempre está

Tabela 5.6 Escores de satisfação do cliente

Categoria	Setor de serviço	Escala de satisfação do cliente (0 – 100)
1	Varejo via Internet (Newegg)	88
2	Entrega expressa (FedEx)	84
3	Lojas especializadas (Costco)	83
4	Supermercados (Publix)	82
5	Companhias aéreas (Southwest)	81
	Restaurantes de cardápio variado (Olive Garden)	81
6	Corretagem via Internet (Fidelity Investments)	80
	Lojas de departamento (Nordstrom e Kohl)	80
	Fornecimento de energia (Sempra Energy)	80
7	Hotéis (Hilton)	79
8	Compra de viagens via Internet (Expedia)	77
	Restaurantes de cardápio limitado (Domino's Pizza)	77

Fonte: American Customer Satisfaction Index, University of Michigan, Ann Arbor, MI, http://www.theacsi.org

limitado à perda de atenção pessoal. Os clientes também podem precisar aprender novas habilidades (p. ex., como operar um caixa automático ou uma bomba de gasolina) ou renunciar a algum benefício (p. ex., uma perda financeira devido a flutuações em transferências eletrônicas de fundos). A contribuição dos clientes como participantes ativos ou coprodutores no processo deve ser considerada quando se fazem mudanças no sistema de prestação do serviço.

Como clientes internos, os funcionários também são impactados pela nova tecnologia e com frequência precisam de um novo treinamento. O exemplo dos escâneres nas lojas de varejo teve menor impacto em comparação à adoção de processadores de texto pelas secretárias, que estavam acostumadas com as máquinas de escrever.

As inovações no setor interno que não afetam diretamente o cliente trazem complicações de outro tipo. Por exemplo, consideremos o uso de equipamentos de reconhecimento de caracteres em tinta magnética nos bancos. Essa inovação tecnológica não afetou os clientes de forma alguma; ela tornou mais produtivo o processo "oculto" de liberação de cheques. No entanto, os benefícios não foram percebidos antes que todos os bancos concordassem em imprimir seus cheques utilizando um código universal de caracteres. Sem tal acordo, os cheques de bancos que não estavam participando do sistema precisavam ser classificados manualmente, o que limitava muito a eficácia dessa tecnologia. Quando todos os bancos nos Estados Unidos finalmente chegaram a um acordo quanto ao uso do mesmo sistema, o processo de liberação de cheques tornou-se muito mais eficiente. O Bank of America assumiu o papel de liderança na busca de aceitação do conceito, mas o interesse dos bancos foi a principal motivação. O volume de processamentos de cheques havia excedido sua capacidade de classificação manual.

O incentivo para inovar em serviços é dificultado, porém, porque muitas ideias não podem ser patenteadas. Um exemplo é a ideia de varejo com autoatendimento. Grande parte do potencial para o progresso tecnológico e organizacional encontra-se nessa área. As prováveis compensações são reduzidas, pois as inovações podem ser livremente imitadas e rapidamente implementadas pelos concorrentes.

Preparo para adoção de nova tecnologia[7]

O preparo para a tecnologia refere-se à propensão de uma pessoa para a adoção e o uso de novas tecnologias a fim de alcançar objetivos em sua vida doméstica ou profissional. Uma pesquisa sobre a reação das pessoas à tecnologia identificou oito paradoxos relacionados à tecnologia: controle/caos, liberdade/escravidão, novo/obsoleto, competência/incompetência, eficiência/ineficiência, satisfaz/cria necessidades, assimilação/isolamento e comprometimento/falta de comprometimento. Tais paradoxos implicam que a tecnologia pode acionar sentimentos positivos e negativos. Por exemplo, o paradoxo competência/incompetência promove sentimentos de inteligência e eficácia ou leva a sensações de ignorância e inaptidão.

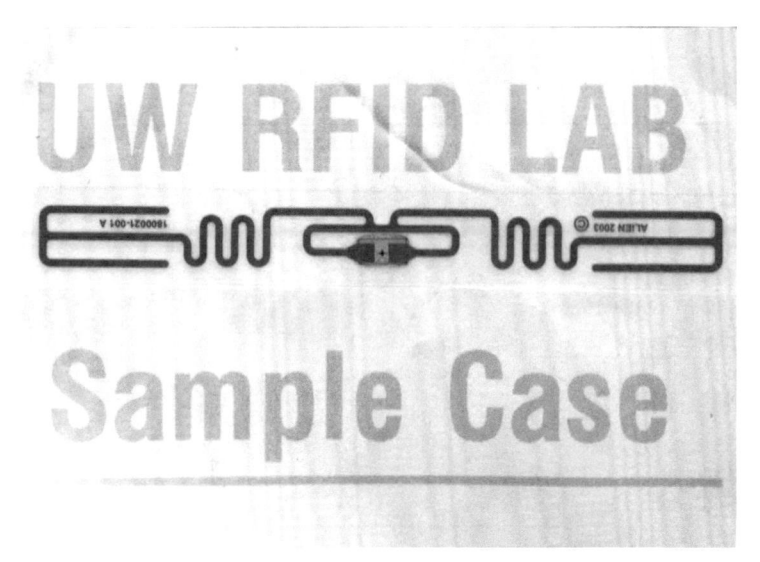

Etiqueta RFID eletrônica de código de produto usada pela Wal-Mart.
Andy Manis/AP Wide World

As implicações para os administradores que introduzem uma nova tecnologia seguem duas vias. Primeiro, qual é o nível geral de preparo dos clientes afetados pelo serviço baseado em um nova tecnologia? Assim que esse nível de preparo for avaliado, o grau da tecnologia apropriada a ser implementada, o ritmo da implementação e o apoio necessário para auxiliar os clientes serão compreendidos. Segundo, o entendimento da prontidão dos funcionários para a tecnologia é importante para que se façam as escolhas certas em termos de design, implementação e gerenciamento da interface com os empregados. A questão da prontidão para a tecnologia é de especial importância no que diz respeito aos funcionários de contato, a quem os clientes recorrem para obter auxílio quando surgem problemas. Os funcionários que possuem alta capacidade em habilidades interpessoais e em *disposição para lidar com tecnologia* provavelmente são bons candidatos para as funções de suporte técnico.

O caso da identificação de radiofrequência[8]

A *identificação de radiofrequência* (RFID) é um método de identificação automática baseado em armazenagem e recuperação remota de dados utilizando dispositivos chamados etiquetas RFID ou *transponders*. A etiqueta consiste em um circuito integrado sobre um *chip* de silício com uma antena. Um leitor emite um sinal de rádio para ativar a etiqueta, ler os dados armazenados e, em alguns casos, também registrar dados. Para o monitoramento de estoque em redes de fornecimento, as etiquetas são anexadas a paletes de embarque, mas podem ser incorporadas em um produto e implantadas em um animal ou ser humano. A tecnologia RFID é semelhante à dos códigos de barra, mas transmite muito mais informações e não requer leitura do tipo leitura de barras.

Hoje, por exemplo, as companhias aéreas usam leitores de códigos de barras nas esteiras de bagagem, mas o equipamento deixa passar uma alta porcentagem da bagagem etiquetada. Um escâner manual funciona melhor, mas causa demora no carregamento. Como uma etiqueta RFID passiva pode ser lida a uma distância de alguns metros, as malas seriam identificadas à medida que passassem pelo leitor da esteira, e a bagagem seria separada e destinada ao voo certo automaticamente. As companhias aéreas planejam o uso em todos os terminais quando as leitoras de RFID e as etiquetas se tornarem acessíveis. Em 2005, o custo médio de uma única etiqueta variava de aproximadamente 10 centavos até 20 centavos de dólar, e o custo da leitora ficava em cerca de US$ 1.000.

As etiquetas RFID atualmente são usadas em diversas aplicações no setor de serviços:

- *Passaportes.* O primeiro passaporte RFID foi expedido pela Malásia em 1998.
- *Pagamentos de transportes.* Passes RFID foram introduzidos em Paris em 1995 e agora são utilizados em toda a Europa.
- *Implantes humanos.* Casas noturnas em Barcelona e Rotterdam usam um chip implantado para identificar clientes VIP, que utilizam a etiqueta para pagar as bebidas.
- *Bibliotecas.* A tecnologia RFID está substituindo os códigos de barras em itens de bibliotecas.
- *Identificação de pacientes.* Etiquetas RFID implantadas ajudam a evitar erros.

A adoção de RFID envolve algumas controvérsias. Primeiro, nenhum órgão público global controla as frequências usadas para RFID, de forma que sua implementação depende de um acordo quanto a um padrão mundial. Em segundo lugar, o mapeamento ilícito de etiquetas RFID gera preocupações em relação à segurança e à privacidade. A etiqueta RFID (chamada "spychip" por seus opositores ou, em uma tradução livre, "chip espião") afixada a um produto permanece funcional indefinidamente e poderia ser usada para vigilância... para bons ou maus propósitos.

Benchmark em serviços

Para a melhor prática, basta um clique

Quando hospitais sem fins lucrativos e outras organizações de assistência médica se unem, conseguem dar enormes passos para atingir metas em termos de melhores práticas. Consideremos, por exemplo, a Premier, Inc. (www.premierinc.com), uma aliança desse tipo de organizações. A Premier tem três unidades empresariais que oferecem serviços para compras em grupo e gestão da cadeia de suprimentos, seguros e gerenciamento de riscos, informática e melhoria de desempenho. A atuação notável da Premier levou-a a ganhar, em 2006, o prêmio Malcom Baldrige no setor de serviços.

Membro da aliança, o Cleveland Regional Medical Center (CRMC), em Shelby, Carolina do Norte, usou o *benchmark* em serviços *on-line* da Premier, chamado ClinicalAdvisor™, para avaliar suas principais medidas e identificar as áreas que exigiam melhorias. Como resultado do uso do ClinicalAdvisor™, o CRMC constatou melhorias, como 37% de decréscimo na taxa de readmissão de pacientes com insuficiência cardíaca congestiva, redução de 70% na taxa de infecções em cirurgias de joelho e diminuição de 25% na mortalidade por infarto agudo do miocárdio.

O ClinicalAdvisor™ utiliza um extenso banco de dados nacional de medidas de desempenho para liderar o setor de assistência médica e ser referência em eficiência clínica e performance de qualidade. As principais características dessa aplicação *on-line* incluem planejamento estratégico, desempenho médico, clínico e financeiro e conformidade com as normas de controle.

Resumo

Neste capítulo, estudamos o papel da tecnologia no encontro em serviços, o que leva à discussão sobre o autoatendimento possibilitado pela tecnologia. A automação em serviços foi categorizada pelo nível de sofisticação. A natureza dos serviços eletrônicos (que têm evoluído desde o advento da Internet) foi discutida.

Oito modelos genéricos de *e-business* foram identificados, e o conceito de escalabilidade ilustrou a diferença entre *e-service* e comércio eletrônico. O capítulo encerra com uma discussão sobre os desafios da adoção de novas tecnologias em serviços, trazendo o exemplo da RFID.

Palavras-chave e definições

Coordenador de informações virtuais: modelo de *e-business* que coordena atividades na rede de fornecimento. *p.103*

Disposição para lidar com tecnologia: propensão de uma pessoa a adotar e utilizar uma nova tecnologia. *p.106*

Escalabilidade: capacidade de uma empresa em melhorar as margens de contribuição à medida que se expande. *p.103*

Identificação de radiofrequência (RFID): sistema de identificação automática que usa ondas de rádio para ler informações a partir de uma etiqueta ou *transponder*. *p.106*

Protocolo da Internet (IP): padrão que permite aos computadores interconectados transmitirem dados. *p.100*

Sistema especialista: programa de computador usado para diagnosticar problemas. *p.98*

World Wide Web: conjunto de documentos interconectados e outros recursos ligados por URLs (Localizador Uniforme de Recursos). *p.100*

Tópicos para discussão

1. Um encontro em serviço na Internet pode ser uma experiência memorável?
2. Como a economia de escalabilidade explica o fracasso do Living.com, um varejista de mobiliário *on-line*?
3. Quais são as características dos adotantes iniciais do autoatendimento?
4. Como podemos realizar a autorrecuperação quando ocorre falha no autoatendimento?
5. Qual poderia ser a explicação para os altos escores de satisfação do cliente na Tabela 5.6 para serviços na Internet?

Exercício interativo

Divida a turma em grupos. Cada grupo deve formular critérios para avaliar *sites* da Internet e, utilizando os critérios, selecionar um *site* de qualidade superior para defender perante a turma.

Amazon.com[9]

Estudo de caso 5.1

A Amazon.com abriu suas portas virtuais em julho de 1995. Desde então, a varejista atende milhões de clientes em 160 países e ostenta mais de 20 dólares em vendas por segundo em seu *site*.[10] Muitas pessoas consideram a Amazon.com a "menina dos olhos" da Internet.

A empresa é um conceito original de Jeffrey Bezos. O jovem CEO inaugurou a Amazon com a intenção de estabelecer uma forte marca com a qual ele pudesse alavancar outros produtos. Primeiro, ele comercializou livros, pois acreditava que fossem produtos ideais para o ciberespaço. Os clientes não precisam ter muita interação com o produto ou com um vendedor para comprar livros. Os livros, portanto, são muito adequados à comercialização pela Web.

Um fator chave de sucesso para a Amazon.com é que ela amplia sua fatia de mercado e promove a lealdade à marca concentrando-se nas necessidades do cliente. Bezos acredita que prestar atenção demais nos ganhos de curto prazo significa esquecer a satisfação dos clientes no longo prazo. Esse foco de longo prazo no cliente tem um preço. Apesar do impressionante crescimento nas vendas, a Amazon não mostrou lucros rapidamente, mas isso não a impediu de tornar-se a força dominante no varejo *on-line*. O *site* da Amazon na Web agora inclui produtos e serviços, como música, software, brinquedos e leilões *on-line*.

A FORÇA QUE IMPULSIONA A AMAZON – O CLIENTE

A filosofia que orienta a Amazon é oferecer atendimento de qualidade superior aos seus clientes. Bezos e sua equipe administrativa passaram um ano criando o *site* e os programas de bancos de dados que dirigem a Amazon.com. Eles procuraram criar um *site* amigável que não demandasse um alto nível de conhecimento de computação.

Bezos reconheceu que o comércio na Internet mudaria o equilíbrio de forças em direção aos consumidores. Consequentemente, a Amazon.com constrói o relacionamento com os clientes customizando seu serviço, envolvendo os visitantes de seu *site* no serviço e criando um espírito de comunidade. O foco no consumidor é o ponto fundamental para o desenvolvimento da lealdade do cliente.

O CLIENTE COMO COPRODUTOR E A CUSTOMIZAÇÃO DOS SERVIÇOS

A Amazon.com integra os clientes no processo de fornecimento de serviços de várias maneiras. Os clientes podem participar do Conselho de Discussão, um serviço que apresenta uma oportunidade de ler comentários de leitores sobre livros de interesse do cliente. O cliente também pode conversar com outros participantes do Conselho de Discussão. A "lista de desejos" é outro serviço que a Amazon.com disponibiliza. O cliente coloca os títulos de livros que gostaria de ter em uma lista pessoal de pedidos. Alguém que queira dar um presente, por exemplo, pode fazer a escolha a partir da lista de desejos de seu amigo.

A Amazon também faz recomendações personalizadas a cada cliente. Algumas delas baseiam-se nas suas compras anteriores; outras são baseadas no comportamento de compradores que fizeram compras semelhantes às do cliente. Se alguém compra um livro sobre roupas de cama ao estilo Amish, por exemplo, o software da Amazon.com procurará todas as pessoas que compraram o mesmo livro. Usando um processo matemático chamado filtragem colaborativa, o software determina que outros livros são populares entre as pessoas que leram aquele sobre as roupas de cama Amish. A seguir, desenvolve-se uma lista de sugestões de títulos para o cliente, com base nessas informações. A Amazon.com usa essa técnica para dar os mesmos conselhos simpáticos e personalizados sobre leitura oferecidos por uma livraria "de verdade", mas consegue maior precisão e conveniência por uma fração do custo.

Uma falha do sistema inicial de filtragem era sua incapacidade de distinguir entre compras e presentes. Alguém que comprasse para sua mãe um livro sobre colchas, por exemplo, receberia recomendações sobre esse tópico, apesar da falta de interesse da pessoa pelo tema. Recentemente, a Amazon.com resolveu esse problema incluindo um item na página de pedido do cliente, permitindo que ele assinale se o produto é para presente. Outro problema pode surgir devido ao fato de o poder da filtragem colaborativa estar baseado no histórico do cliente. Se uma pessoa muda endereços de e-mail com frequência e usa uma nova identificação para acessar o *site*, todos os dados são perdidos.

Além da filtragem colaborativa, a empresa emprega outras estratégias para atingir sua missão. Quando um cliente volta a visitar o *site*, uma página personalizada cumprimenta-o pelo nome e apresenta as novas recomendações feitas pela ferramenta de filtragem colaborativa. Bezos compara a abertura dessa página personalizada à "entrada em sua loja favorita, encontrando perto da porta apenas os itens que você quer". A Amazon também permite que os clientes armazenem informações no servidor da empresa. Os clientes podem autorizar a Amazon.com a manter um registro de seus cartões de crédito e endereços de correspondência, por exemplo. Essa tecnologia, chamada 1-Click, direciona o serviço de modo que os clientes não precisam colocar as informações novamente toda vez que fazem compras.

A Amazon.com não espera que os clientes entrem em seu *site* para oferecer seu serviço. Se um cliente não visitar o *site* por algum tempo, a Amazon envia um e-mail, incentivando-o a visitar o *site* Amazon.com, e oferece uma lista de recomendações sobre livros a serem conferidos na próxima visita.

OUTRAS FORMAS ÚNICAS DE USO DA TECNOLOGIA PARA O CLIENTE

A Amazon.com não só usa a tecnologia para personalizar a experiência do cliente, como também criou seu *site* tendo os clientes em mente. As páginas são fáceis de entender e utilizar. O *site* evita grandes efeitos gráficos, que levam muito tempo para serem carregados. De acordo com o sistema Keynote, a Amazon é um dos *sites* mais rápidos e acessíveis da Internet.[11]

Um poderoso dispositivo de busca é outra característica singular da Amazon.com. A empresa emprega uma função de busca "faça o que eu quero" (DWIM – *do what I mean*). O *site* reconhece os erros de grafia que os clientes costumam cometer e muda a função de busca para compensar tais enganos. Se um cliente escreve Fitsimmons em vez de Fitzsimmons, a Amazon.com apresenta o livro *Administração de Serviços*.

MAIS DO QUE UMA TECNOLOGIA AMIGÁVEL

A tecnologia da Amazon ajuda a criar clientes leais que não somente visitam o *site*, como também, conforme observamos, interagem com ele. A Amazon.com é uma comunidade virtual ativa que envolve o cliente.

Outra característica do serviço Conselho de Discussão é o "Espaço do Autor", que às vezes possibilita que os leitores participem de sessões de perguntas e respostas com seus escritores preferidos. A empresa também estimula os visitantes e clientes a enviarem seus comentários sobre qualquer um dos livros apresentados no *site*. Esse processo envolve os clientes no desenvolvimento do conteúdo do *site* e também cria uma ferramenta de informação para outros visitantes. A Amazon permite, ainda, que os usuários formem grupos de leitura, para que os clientes postem comentários uns para os outros sobre livros específicos. A biblioteca de comentários é uma importante barreira à entrada em um ambiente digital em que os empresários podem facilmente copiar esse modelo em uma semana.

Os funcionários da Amazon.com fazem de tudo pelos clientes e os consideram parte de uma comunidade. Um cliente relatou com alegria que uma cópia do livro de seu pai, há 20 anos sem ser editado, havia sido localizada para ele pela Amazon. O Programa Associados expande essa "comunidade" para além dos *sites* controlados pela Amazon. A Amazon.com permite que *sites* registrados, como o Yahoo!, recomendem determinados livros, CDs, vídeos e outros produtos da Amazon para seus visitantes utilizando um *hyperlink*. Se os clientes seguirem o *hyperlink* e comprarem o produto na Amazon.com, esses associados recebem uma comissão. Uma comissão de 15% é dada em mais de 400.000 títulos e uma de 5% é oferecida em mais de 1,1 milhão de outros produtos da Amazon. A Amazon diz que "dezenas de associados" estão participando do programa, o que expande a presença e a publicidade da Amazon na Web, mas também significa que a empresa pode perder parte do controle de sua marca e imagem.

A Amazon tem se deparado com outros problemas. Um jornalista revelou que a Amazon estava vendendo espaço para editoras em uma lista de livros favoritos. A Amazon também foi acusada de vender a autores um suporte extra de e-mail no *site* para vários títulos.[12] A empresa recebeu inúmeros e-mails indignados e, desde então, interrompeu todas as promoções pagas. Esse incidente levanta a seguinte questão: a clientela leal da Amazon.com ou de qualquer outro serviço eletrônico tolera ser usada para que os serviços alcancem vantagens financeiras?

A AMAZON CONTEMPLA O FUTURO – ELA SE TORNARÁ A WAL-MART DA INTERNET?

A Amazon.com foi bem-sucedida na geração de lucros em 2004. O serviço personalizado da Amazon e a estratégia da comunidade *on-line* funcionam bem. A empresa afirma ter realizado 85% das vendas de livros *on-line*, e é o maior vendedor de vídeos e música na Web. Impressionantes 64% dos negócios da Amazon.com provêm de clientes fiéis.[13] A taxa de retenção é crucial para qualquer negócio, mas especialmente para os varejistas da Internet. Nos primórdios da Internet, céticos sugeriram que os compradores sensíveis ao preço procurariam constantemente os menores preços na rede e deixariam as empresas sem poder de estabelecimento de preços ou lealdade à marca. Com a Amazon, não se observou esse padrão previsto.

A Amazon.com tem planos agressivos para duplicar essa comunidade para outros produtos. A empresa já se expandiu para o negócio de leilões *on-line*, lançando a Amazon.com Auctions em março de 1999. Além disso, adquiriu ações de outros varejistas. Por exemplo, a Amazon.com comprou 50% de propriedade da Pets.com e tem uma participação menor na Drugstore.com.

A rápida expansão em outras áreas de varejo reforça a meta da Amazon de ser um *site* de compras em que se encontre de tudo. No entanto, essa estratégia do tipo Wal-Mart tem seus perigos. A Amazon corre o risco de expandir-se rápido demais, o que poderia prejudicar ou diluir sua imagem de marca. O tempo dirá se essa estratégia de crescimento de longo prazo será bem-sucedida.

Questões

1. Como você contrastaria o modelo de negócios da Amazon com o da Barnes & Noble antes de esta última estar disponível *on-line*? Da perspectiva do cliente, quais são as vantagens e desvantagens de cada modelo?
2. A Amazon continuará a ser bem-sucedida em relação aos concorrentes que têm tanto lojas físicas quanto virtuais, como a Barnes & Noble?
3. A Amazon é um modelo para o futuro do varejo?

Evolução do comércio eletrônico (*e-commerce*) B2C no Japão[14]
Estudo de caso 5.2

O SISTEMA JAPONÊS DE DISTRIBUIÇÃO *KONBINI*

Nos Estados Unidos, a maioria das lojas de conveniência atende uma sociedade centrada no uso do automóvel, por isso possui tanto bombas de gasolina quanto itens à venda nas prateleiras. No Japão, as lojas *konbinis* estão localizadas em toda parte, e parece impossível percorrer dois quarteirões sem passar por uma das maiores redes de lojas de conveniência do país. Esses varejistas 24 horas onipresentes tornaram-se os substitutos de supermercados maiores e são uma parte importante da vida cotidiana no Japão.

Há mais de 50.000 *konbinis* e elas contam com uma avançada rede de distribuição que é o alvo de uma nova alternativa para distribuir mercadorias e receber pagamento por itens encomendados pela Internet. A maior rede de lojas de conveniência é a gigante varejista Ito-Yokado's, que possui 8.153 lojas operadas com o nome 7-Eleven.

A contínua recessão econômica reduziu os gastos dos consumidores, resultando em uma saturação do mercado das lojas de conveniência. A concorrência entre as redes *konbini* é acirrada porque as áreas de mercado são limitadas e as redes vendem produtos similares. As redes recorreram à tecnologia para expandir suas vendas e estão instalando terminais *on-line* que oferecem aos clientes a chance de comprar mercadorias e serviços que não seriam de se esperar de uma loja de conveniência. Essas novas ofertas melhoram o atendimento ao consumidor e conquistam negócios não só de redes rivais, mas também de outros varejistas.

Como as vendas são feitas *on-line*, os terminais superam uma das barreiras ao aumento das vendas das lojas de conveniência – a falta de espaço para mercadorias e o custo de manter o estoque. Uma loja *konbini* comum tem uma área de menos de 300 m^2, mas comercializa aproximadamente 2.800 itens. Um terminal *on-line* permite à loja a comercialização de mais mil itens sem estoque extra à mão porque os itens são entregues em data posterior e só precisam de espaço de armazenamento temporariamente. Esse sistema, diferente daquele dos Estados Unidos, não requer despesa com entrega a domicílio, já que o próprio cliente apanha os itens comprados. A consolidação da entrega dos pedidos e o uso da rede de transporte existente resultam em economias significativas.

O que começou como uma *solução* para o problema da falta de espaço e como um modo de diversificar as mercadorias e os serviços oferecidos pela loja resultou em uma nova revolução no *comércio eletrônico* assim que as *konbinis* acrescentaram *sites*. O número de lojas e a rede de distribuição existente tornaram-se um sistema natural de entrega de itens comprados pela Web. Essa inovação removeu as barreiras que restringiam o total desenvolvimento do comércio eletrônico no Japão, ou seja, baixo uso de cartão de crédito, falta de acesso alternativo à Internet e falta de flexibilidade nos horários de entrega.

A EXPERIÊNCIA DE COMPRA NA INTERNET

Os compradores visitam o *site* da *konbini* ou o *site* de uma loja *on-line* acessando a Internet em sua casa ou usando o terminal multimídia *on-line* na loja. Esses quiosques de Internet nas lojas também proporcionam uma forma de pedir mercadorias que não se encontram no estoque da loja. Após escolher a mercadoria, os compradores que se mostram relutantes em dar informações sobre seu cartão de crédito *on-line* podem selecionar "pagar em uma loja de conveniência" como método de pagamento.

Depois de selecionar o método de pagamento na *konbini*, o cliente imprime um comprovante de compra que contém um código de barras. O cliente leva esse comprovante à loja *konbini* mais próxima, onde será escaneado, e o pagamento em dinheiro será aceito. Um comprador *on-line* que não tem impressora também pode usar o serviço fornecendo o número de seu comprovante ao atendente da loja. Os produtos são entregues na loja alguns dias depois para que o cliente os busque. Itens grandes ou perecíveis, como flores, são entregues na casa do cliente.

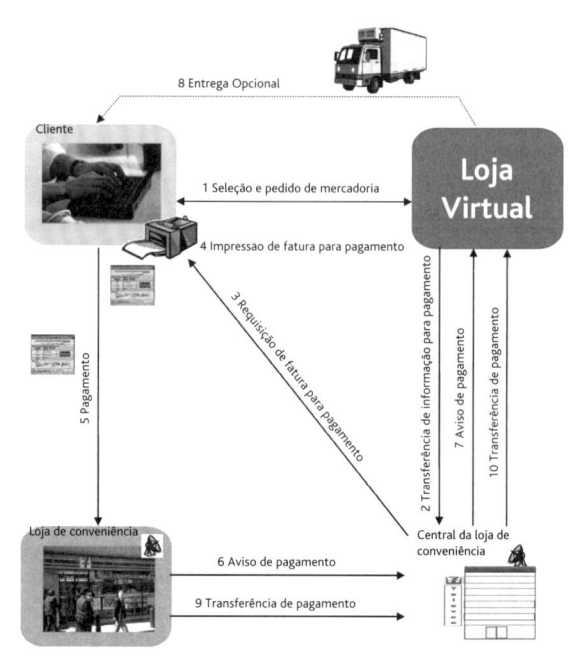

Figura 5.2 Fluxos de transação on-line.
Fonte: Reimpresso com permissão de James A. Fitzsimmons and Jorge Okada, "Evolution of B2C E-Commerce in Japan", *International Journal of Business Performance Management* 4, no.2, Fig. 4 (2003).

Produtos digitais, como software e música, são baixados imediatamente de um terminal multimídia na loja. O sistema de terminais também inclui uma impressora digital para disponibilização imediata de ilustrações ou fotos tiradas por uma câmera digital embutida no equipamento. Um *drive* de MiniDisc e um compartimento MemoryStick permitem que os clientes adquiram suas canções favoritas e as recebam imediatamente. A máquina ainda inclui um escâner e um leitor/gravador de cartões. A Figura 5.2 esquematiza o fluxo de transações do sistema, e a Tabela 5.7 aponta as vantagens do sistema para os clientes, as *konbinis* e outros comerciantes eletrônicos.

DESENVOLVIMENTO DO *M-COMMERCE*

No Japão, os trabalhadores assalariados e os estudantes passam muito tempo em trens no trajeto para o trabalho e para a escola. Os japoneses ocupam esse tempo lendo o jornal, conferindo seus compromissos do dia ou simplesmente ouvindo música em seus MP3.

A introdução de novos dispositivos sem fio criou um novo panorama nos trens. As pessoas estão substituindo o tradicional jornal, que é difícil de ler em um local cheio de gente, por minúsculos telefones sem fio que mostram as notícias e dão acesso à Internet. Atualmente, é comum ver as pessoas nos trens com a cabeça inclinada, lendo seu telefone.

Os telefones celulares ultrapassaram seus predecessores de linha fixa como o modo preferido de comunicação no Japão porque as taxas diminuíram e a Internet oferece novos serviços *on-line* para os celulares. O número de usuários de telefones celulares no Japão está rapidamente ultrapassando o de telefones de linha fixa.

O fenômeno sem fio abriu um enorme mercado de comércio eletrônico em celulares no Japão com base em quatro elementos principais:

Alta taxa de penetração de telefones celulares com acesso à Internet. A crescente popularidade dos telefones habilitados para acesso à Internet impulsionou um rápido crescimento do uso da rede no Japão.

Implementação de uma rede de dados para facilitar o fornecimento econômico de serviços interativos. O serviço de telefonia móvel iMode opera em uma rede de comutação de pacotes, o que significa que os clientes pagam somente pelos dados transmitidos, independentemente do tempo de conexão.

Oportunidades iguais para provedores de conteúdo que impulsionem a inovação e veiculem propagandas de terceiros para movimentar a plataforma. O iMode adotou uma plataforma aberta e garantiu que os serviços preferidos pelos clientes tivessem prioridade.

Ambiente adequado e tempo disponível para navegar na Internet utilizando dispositivos portáteis. O transporte em trens oferece o ambiente perfeito para o uso do comércio eletrônico móvel.

Desses elementos principais, somente o último é exclusivo da experiência japonesa.

O CASAMENTO ENTRE "*KONBINI* E MOBILIDADE"

O conceito de *m-commerce konbini* vai além da simples mobilidade de dispositivos de acesso à Internet, como PDAs (assistentes pessoais digitais, do inglês *personal digital* assistants) e telefones celulares. O conceito incorpora a noção de "a qualquer hora, em qualquer lugar" de um sistema de distribuição e pagamento que conecta a rede de lojas de conveniência aos telefones celulares e à Internet. Esse serviço possibilita que os consumidores façam o pedido de mercadorias a partir de seu telefone celular em um trem e apanhem as compras em uma loja de conveniência a caminho de casa.

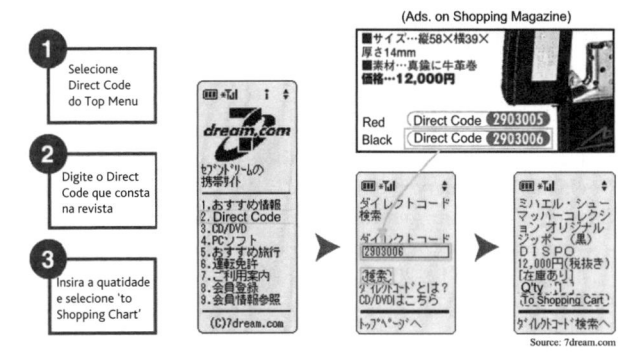

Figura 5.3 Seleção direta de produto por código usando telefone celular.
Fonte: Reimpresso com permissão de James A. Fitzsimmons and Jorge Okada, "Evolution of B2C E-Commerce in Japan", *International Journal of Business Performance Management* 4, no. 2, Fig. 7 (2003).

Um cliente usaria seu telefone celular para fazer o pedido de um produto usando um número de "código direto". Os catálogos gratuitos apresentam os itens à venda e um código direto para cada um. A transação para comprar um isqueiro Zippo é ilustrada na Figura 5.3. A propaganda na revista mostra o código direto para um isqueiro Zippo preto: 2903006. Esse código direto é registrado em uma tela de compras de uma loja de conveniência que aparece no *display* do telefone celular, e o item é apanhado posteriormente na loja.

Questões

1. Que aspectos do sistema japonês de distribuição de lojas de conveniência ilustram o modelo *e-business* "Integrador de Rede de Valor"?
2. O sistema de distribuição de lojas de conveniência japonês possui economias de escala?
3. Como o exemplo das lojas de conveniência do comércio eletrônico no Japão ilustra o impacto da cultura sobre o design do sistema de serviço?
4. O sistema de lojas de conveniência "*Konbini* e mobilidade" será adotado nos Estados Unidos?

Tabela 5.7 Vantagens das vendas *on-line*

Clientes	Konbinis	Outros comerciantes eletrônicos
• Livre acesso à Internet no terminal da loja	• Diversidade de produtos oferecidos sem depender de estoque	• Facilidade para implementar um sistema de pagamento seguro, confiável e de baixo custo
• Fácil retirada do produto	• Maior número de clientes e frequência de visitas	• Economia na utilização de centros de distribuição centralizados
• Praticidade do pagamento a qualquer hora, em qualquer lugar	• Nova fonte de receita das comissões sobre as vendas	• Parceria com uma rede de conveniência bem conhecida
• Múltiplas possibilidades de pagamento, incluindo em dinheiro		

Bibliografia selecionada

Ba, Sulin, and Wayne C. Johansson. "An Exploratory Study of the Impact of e-Service Process on Online Customer Satisfaction." *Production and Operations Management* 17, no. 1 (January-February 2008), pp. 107–19.

Bateson, John. "Are Your Customers Good Enough for Your Service Business?" *Academy of Management Executive* 16, no. 4 (2002), pp. 110–20.

Bitner, Mary Jo; Amy L. Ostrom; and Matthew L. Meuter. "Implementing Successful Self-Service Technologies." *Academy of Management Executive* 16, no. 4 (2002), pp. 96-109.

Boyer, Kenneth K; Roger Hallowell; and Aleda V. Roth. "E-Services: Operating Strategy—A Case Study and a Method for Analyzing Operational Benefits." *Journal of Operations Management* 20, no. 2 (April 2002) pp. 175–88.

Cao, Yong, and Hao Zhao. "Evaluations of E-tailers' Delivery Fulfillment: Implications of Firm Characteristics and Buyer Heterogeneity." *Journal of Operations Management* 6, no. 4 (May 2004), pp. 347-60.

Cook, L. S.; D. E. Bowen; R. B. Chase; S. Dasu; D. M. Stewart; and D. A. Tansik. "E-services: Operating Strategy–A Case Study and a Method for Analyzing Operational Benefits." *Journal of Operations Management,* 20, no. 2 (April 2002), pp. 175–88.

Curran, James M.; Matthew L. Meuter; and Carol F. Surprenant. "Intentions to Use Self-Service Technologies: A Confluence of Multiple Attitudes." *Journal of Service Research* 5 no. 3 (February 2003), pp. 209–25.

Finch, Byron J. "Internet Discussions as a Source for Consumer Product Customer Involvement and Quality Information: An Exploratory Study." An Exploratory Study." *Journal of Operations Management* 17, no. 5 (August 1999) pp. 535–56.

Gulati, Ranjay, and Jason Garino. "Get the Right Mix of Bricks & Clicks." *Harvard Business Review,* November–December 2000, pp. 107-14.

Hallowell, Roger. "Scalability: The Paradox of Human Resources in E-commerce." *Journal of Operations Management* 12, no. 1 (2001), pp. 34-43.

Heim, Gregory, and Kingshuk K. Sinha. "Service Process Configurations in Electronic Retailing: A Taxonomic Analysis of Electronic Food Retailers." *Production and Operations Management* 11, no. 1 (Spring 2002), pp. 54–74.

Holloway, Betsy Bugg, and Sharon E. Beatty. "Satisfiers and Dissatisfiers in the Online Environment: A Critical Incident Assessment." *Journal of Service Research* 10, no. 4 (May 2008), pp. 347–64.

Kaplan, Steven, and Mohanbir Sawhney. "E-Hubs: The New B2B Marketplaces." *Harvard Business Review,* May-June 2000, pp. 97-103.

Reichheld, Frederick, and Phil Schefter. "E-Loyalty: Your Secret Weapon on the Web." *Harvard Business Review,* July-August 2000, pp. 105-13.

Reinders, Machiel J.; Pratibha A. Dabholkar; and Ruud T. Frambach. "Consequences of Forcing Consumers to Use Technology-Based Self-Service." *Journal of Service Research* 11, no. 4 (May 2009), pp. 107-23.

Robertson, Nichola, and Robin H. Shaw. "Predicting the Likelihood of Voiced Complaints in the Self-Service Technology Context." *Journal of Service Research* 12, no. 1 (August 2009), pp. 100–16.

Rust, Roland T., and P. K. Kannan (eds.). *e-Service.* Armonk, New York: M. E. Sharpe, 2002.

van Beuningen, Jacqueline; Ko de Ruyter; Martin Wetzels, and Sandra Streukens. "Customer Self-Efficacy in Technology-Based Self-Service: Assessing Between- and Within-Person Differences." *Journal of Service Research* 11, no. 4 (May 2009), pp. 407-28.

Weijters, Bert; Devarajan Rangarajan; Tomas Falk; and Niels Schillewaert. "Determinants and Outcomes of Customers' Use of Self-Service Technology in a Retail Setting." *Journal of Service Research* 10, no. 1 (August 2007), pp. 3-21.

Werbach, Kevin. "Syndication: The Emerging Model for Business in the Internet Era." *Harvard Business Review,* May-June 2000, pp. 85-93.

Notas

1. Adaptado de Craig M. Froehle and Aleda V. Roth, "New Measurement Scales for Evaluating Perceptions of the Technology-Mediated Customer Service Experience," *Journal of Operations Management* 22, no. 1 (February 2004), pp. 1–21.

2. Adaptado de James A. Fitzsimmons, "Is Self-Service the Future of Services?" *Managing Service Quality* 13, no. 6 (2003), pp. 443–44.

3. David A. Collier, "The Service Sector Revolution: The Automation of Services," *Long Range Planning* 16, no. 6 (December 1983), p. 11.

4. Adaptado de http://en.wikipedia.org/wiki/Internet

5. Peter Weill and Michael R. Vitale, *Place to Space: Migrating to eBusiness Models,* (Cambridge, MA: Harvard Business School Press, 2001), p. 21.

6. De http://www.scottmcleod.org/didyouknow.wmv

7. Adaptado de A. Parasuraman, "Technology Readiness Index (TRI): A Multiple-Item Scale to Measure Readiness to Embrace New Technologies," *Journal of Service Research,* 2, no. 4 (May 2000), pp. 307–21.

8. Adaptado de http://en.wikipedia.org/wiki/Internet

9. Preparado por Laura Bennett, Sarah Bird, and Matt Rhone com a orientação do Professor James A. Fitzsimmons.

10. "Where a Fingertip Click Meets the Elbow Grease," *New York Times,* December 23, 1998.
11. "Amazon.com Amazing Online Gamble Pays Off with Rocketing Success," *USA Today,* December 24, 1998.
12. Peter DeJonge, "Riding the Perilous Waters of Amazon.com," *New York Times Magazine,* March 14, 1999.
13. "Amazon.com: The Wild World of E-Commerce," *BusinessWeek,* December 14, 1998.
14. Shane Stiles, "Konbini Commerce—Japanese Convenience Stores and E-commerce," July 7, 2000, http://www.gate39.com/business/konbinicommerce.html, January 2001.

Capítulo 6

Qualidade em serviços

Objetivos de aprendizagem

Ao final deste capítulo, você deverá estar apto a:

1. Descrever e ilustrar as cinco dimensões da qualidade em serviços.
2. Utilizar o modelo de lacunas na qualidade em serviços para diagnosticar os problemas de qualidade.
3. Ilustrar como os métodos *poka-yoke* são aplicados nos projetos de qualidade em serviços.
4. Construir uma "casa da qualidade" como parte de um projeto de desdobramento da função qualidade.
5. Elaborar um gráfico de controle estatístico de processos para uma operação de serviços.
6. Descrever as características e os benefícios gerenciais de uma garantia incondicional de serviço.
7. Discutir o conceito de recuperação de serviço.
8. Realizar uma auditoria nas instalações (WtA, de *Walk-through Audit*).
9. Explicar o que é recuperação de serviço e por que ela é importante.

O serviço "com um sorriso no rosto" era o suficiente para satisfazer a maioria dos clientes. Hoje, porém, algumas empresas de serviços diferenciam-se dos concorrentes ao oferecer uma "garantia de serviço". Ao contrário da garantia de produto, que promete reparar ou substituir o item defeituoso, as garantias de serviço normalmente oferecem reembolso, desconto ou serviço grátis ao cliente insatisfeito. É o caso do First Interstate Bank of California. Uma pesquisa entre os clientes revelou que eles estavam insatisfeitos com a reincidência de problemas, como informações erradas e defeitos nos caixas automáticos (CAs). A retenção dos correntistas melhorou depois que o banco passou a pagar cinco dólares aos clientes para cada falha reportada por eles. Mas o resultado mais surpreendente dessa ação foi o efeito motivador que a garantia de serviço exerceu entre os próprios funcionários. Quando um caixa automático falhou em uma filial, os funcionários, por puro orgulho, mantiveram o banco aberto até a máquina ser consertada, às 20h30.

Um benefício complementar gerado pela garantia é o *feedback* proporcionado pelos clientes. Nesse contexto, eles têm motivo e incentivo para conversar com a empresa, em vez de falar apenas com os amigos.

Além de divulgar o comprometimento da empresa com a qualidade, a garantia de serviço concentra-se nos funcionários ao definir padrões explícitos de desempenho e, o que é mais importante, constrói uma clientela fiel. A experiência da Hampton Inns, uma das primeiras a adotar a "garantia de satisfação 100%", demonstra que qualidade superior é uma vantagem competitiva. Uma pesquisa com 300 clientes que solicitaram essa garantia mostrou que mais de 100 deles voltaram a se hospedar em um dos hotéis da rede. A empresa calcula ter recebido oito dólares em rendimento adicional para cada dólar devolvido a hóspedes descontentes.[1]

APRESENTAÇÃO DO CAPÍTULO

Qualidade em serviços é um tema complexo, como mostrado pela necessidade de uma definição com cinco dimensões: confiabilidade, receptividade, segurança, empatia e aspectos tangíveis. Com essas dimensões, apresentamos o conceito de lacuna na qualidade em serviços. Essa lacuna baseia-

-se na diferença entre a expectativa de um cliente em relação ao serviço e as percepções de como ele é prestado. Uma ferramenta de pesquisa que mede a qualidade em serviços, a SERVQUAL, baseia-se na implementação do conceito de lacuna na qualidade.

A qualidade começa com o projeto do sistema de prestação do serviço. Desse modo, conceitos com origem na manufatura, como os métodos Taguchi, *poka-yoke* e desdobramento da função qualidade, são aplicados para projetar sistemas de prestação de serviços. O controle estatístico de processos em serviços serve para monitorar a variação nas medidas de desempenho e sinalizar quando a intervenção se faz necessária. Um instrumento de pesquisa da satisfação do cliente, chamado *auditoria ambiental* ou "auditoria nas instalações" (WtA – *walk-through audit*), é construído sobre a premissa de que cada cliente é um participante no processo de serviço.

Entretanto, falhas acontecem, e uma garantia incondicional de serviço pode ser oferecida como o equivalente de uma garantia de produto. Como o cliente está presente ao longo da prestação do serviço, é possível plenejar estratégias de recuperação antes de uma falha.

DEFINIÇÃO DE QUALIDADE EM SERVIÇOS

A avaliação da qualidade é realizada ao longo do processo de prestação do serviço. Cada contato com um cliente é referido como o momento da verdade, uma oportunidade de satisfazer ou não ao cliente. A satisfação do cliente com a qualidade do serviço é definida ao comparar a percepção do serviço prestado com as expectativas do serviço desejado. Quando se excedem as expectativas, o serviço é percebido como de qualidade excepcional e, também, como uma agradável surpresa. Quando, no entanto, não se atende às expectativas, a qualidade do serviço passa a ser vista como inaceitável. Quando se confirmam as expectativas no serviço percebido, a qualidade é satisfatória. Como mostra a Figura 6.1, essas expectativas derivam de várias fontes, entre elas a propaganda boca a boca, as necessidades pessoais e as experiências anteriores.

Dimensões da qualidade em serviços

As dimensões da qualidade em serviços, conforme apresentadas na Figura 6.1, foram identificadas por pesquisadores de marketing no estudo de várias categorias de serviços: reparo de eletrodomésticos, serviços bancários, telefonia de longa distância, corretoras de títulos e empresas de cartão de crédito. Foram identificadas as cinco dimensões principais que os clientes utilizam para avaliar a qualidade dos serviços: confiabilidade, receptividade, segurança, empatia e aspectos tangíveis, listadas em ordem decrescente de importância para os clientes.[2]

Confiabilidade. A capacidade de prestar o serviço prometido com confiança e exatidão. A prestação confiável de um serviço é uma expectativa do cliente e significa um serviço cumprido no prazo, da mesma maneira e sem erros. Por exemplo, receber a correspondência aproximadamente na mesma hora todos os dias é importante para a maioria das pessoas. A confiabilidade também vale para as atividades de retaguarda, das quais se espera exatidão na elaboração de contas e na manutenção de registros.

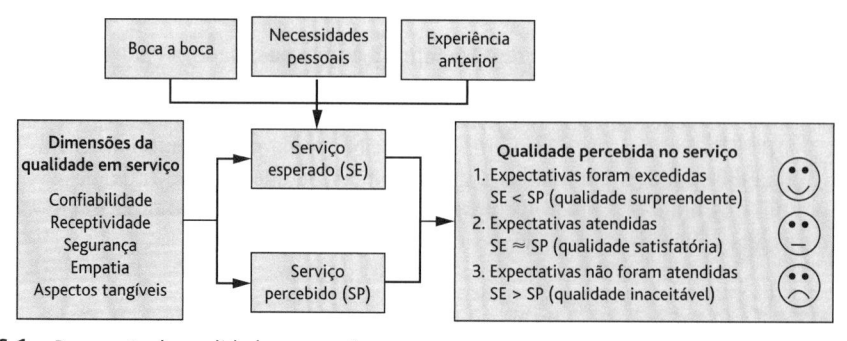

Figura 6.1 Percepção da qualidade em serviços.
Fonte: Reimpressa com permissão da American Marketing Association: adaptada de A. Parasuraman, V. A. Zeithaml and L. L. Berry, "A Conceptual Model of Service Quality and Its Implications for Future Research", *Journal of Marketing* 49, Fall 1985, p. 48.

Receptividade. A disposição para auxiliar os clientes e fornecer o serviço prontamente. Deixar o cliente esperando, ainda mais sem motivo aparente, cria percepções negativas desnecessárias. Se ocorrer uma falha no serviço, a capacidade de se recuperar com rapidez e profissionalismo gera percepções muito positivas da qualidade. Por exemplo, servir bebidas como cortesia durante a espera de um voo atrasado pode transformar a má experiência do cliente em algo a ser lembrado favoravelmente.

Segurança. Está relacionada ao conhecimento e à cortesia dos funcionários, bem como à sua capacidade de transmitir confiança. A dimensão da segurança inclui as seguintes características: competência para realizar o serviço, cortesia e respeito, comunicação efetiva e a ideia de que o funcionário está realmente interessado no melhor para o cliente.

Empatia. Demonstrar interesse e atenção personalizada aos clientes. A empatia inclui as seguintes características: acessibilidade, sensibilidade e esforço para entender as necessidades dos clientes. Um exemplo de empatia é a capacidade de um funcionário de uma companhia aérea de encontrar uma solução para um cliente que perdeu sua conexão, tratando o problema como se fosse seu.

Aspectos tangíveis. Aparência das instalações físicas, equipamentos, pessoal e materiais de comunicação. A condição do ambiente (p.ex., limpeza) é uma evidência tangível do cuidado e da atenção aos detalhes exibidos pelo fornecedor do serviço. Essa dimensão de avaliação também se estende à conduta de outros clientes que estejam utilizando o serviço (p.ex., o barulho de um hóspede no quarto ao lado em um hotel).

Os clientes utilizam essas cinco dimensões para fazer julgamentos sobre a qualidade dos serviços, com base na comparação entre o serviço esperado e o serviço percebido. A lacuna entre a qualidade do serviço esperado e o percebido é uma medida da qualidade do serviço; a satisfação é negativa ou positiva.

Lacunas na qualidade em serviços

A avaliação da lacuna entre o serviço esperado e o percebido é um processo rotineiro de retorno de informação do cliente, praticado pelas principais empresas de serviços. Por exemplo, o Club Med, rede internacional de resorts, utiliza o questionário apresentado na Figura 6.2. Esse questionário é enviado a todos os hóspedes, imediatamente após a sua saída do hotel, para que avaliem a qualidade da experiência. Observe que a primeira questão solicita ao hóspede que avalie as diferenças entre suas expectativas e aquilo que de fato vivenciou no Club Med.

Na Figura 6.3, a diferença entre as expectativas e as percepções dos clientes é definida como LACUNA 5. A satisfação do cliente depende da minimização das quatro primeiras lacunas, que estão associadas à prestação do serviço.

A lacuna na pesquisa de mercado é a discrepância entre as expectativas do cliente e as percepções que a administração tem sobre tais expectativas. A LACUNA 1 surge da falta de uma compreensão total, por parte do setor administrativo, de como os clientes formulam suas expectativas com base em uma série de fontes: anúncios, experiências anteriores com a empresa e com seus concorrentes, necessidades pessoais e comunicação com amigos. Estratégias para minimizar essa lacuna incluem a melhoria na pesquisa de mercado, a adoção de uma melhor comunicação entre a administração e seus empregados de linha de frente e a redução do número de níveis administrativos.

A lacuna no projeto de serviços resulta da incapacidade da administração de formular metas de qualidade do serviço que correspondam às expectativas do cliente e da inabilidade de traduzi-las em especificações viáveis. A LACUNA 2 pode resultar de uma falta de comprometimento da administração com a qualidade do serviço ou de uma percepção de impossibilidade de atender às expectativas do cliente; no entanto, o estabelecimento de metas e a padronização da prestação do serviço podem eliminar essa lacuna.

A lacuna na conformidade ocorre porque o serviço efetivamente prestado não atende às especificações estabelecidas pela administração. A LACUNA 3 surge por várias razões, entre elas a falta de trabalho em equipe, a seleção inadequada de funcionários, o treinamento inadequado e a organização inapropriada de tarefas.

As expectativas dos clientes a respeito de um serviço são formadas por anúncios na mídia e outras comunicações realizadas pela empresa. A LACUNA 4 é a discrepância entre o serviço prestado e as comunicações externas, na forma de promessas exageradas e de falta de informações fornecidas aos funcionários da linha de frente.

Questionário

Village Club Med: _____

Período de estadia: De: _____ a: _____
                        Dia/Mês/Ano   Dia/Mês/Ano

Nome: _____ Membro nº: _____

Endereço: _____

Cidade: _____ Estado: _____ CEP: _____

	IMPRESSÃO GERAL	ORGANIZAÇÃO	EQUIPE DE GOS	COMIDA	BAR	ESPORTES	AMBIENTE DIURNO	EVENTOS NOTURNOS	MÚSICA E DANÇA	MINICLUB	EXCURSÕES	ACOMODAÇÕES	VOOS E TRANSLADOS	LIMPEZA
EXCELENTE	6	6	6	6	6	6	6	6	6	6	6	6	6	6
MUITO BOM	5	5	5	5	5	5	5	5	5	5	5	5	5	5
BOM	4	4	4	4	4	4	4	4	4	4	4	4	4	4
SATISFATÓRIO	3	3	3	3	3	3	3	3	3	3	3	3	3	3
RUIM	2	2	2	2	2	2	2	2	2	2	2	2	2	2
MUITO RUIM	1	1	1	1	1	1	1	1	1	1	1	1	1	1

Comentários: _____

1. O Club Med atendeu às suas expectativas?
   ☐ Muito abaixo das expectativas ☐ Superou as expectativas
   ☐ Um pouco abaixo das expectativas ☐ Superou muito as expectativas
   ☐ Atendeu às expectativas

2. Caso esta não seja a primeira vez, quantas vezes você já esteve em um estabelecimento Club Med? _____

3. Como foram feitas as reservas?
   ☐ Por meio de agente de viagens ☐ Por meio do setor de reservas do Club Med

4. Qualidade da realização das reservas (informações anteriores à viagem):
   ☐ Muito ruim ☐ Ruim ☐ Satisfatória ☐ Boa ☐ Excelente

5. Qual foi o fator mais importante que fez você escolher o Club Med para suas férias?
   ☐ Estadia anterior ☐ Anúncio ☐ Artigo editorial
   ☐ Recomendação do agente de viagens ☐ Recomendação de amigo/parente

6. Por favor, indique sua faixa etária:
   ☐ Abaixo de 25 ☐ 25-34 ☐ 35-44 ☐ 45-54 ☐ Acima de 55

7. Por favor, indique seu estado civil: ☐ Casado ☐ Solteiro

8. Você voltaria ao Club Med nas suas próximas férias? ☐ Sim ☐ Não

9. Se você respondeu afirmativamente à questão 8, aonde você gostaria de ir nas suas próximas férias no Club Med?
   ☐ EUA ☐ México ☐ Antilhas Francesas ☐ Caribe ☐ Europa
   ☐ Outro: _____

Figura 6.2 Questionário de satisfação do cliente.
Fonte: Club Med, 40 West 57th Street, New York, NY 10019.

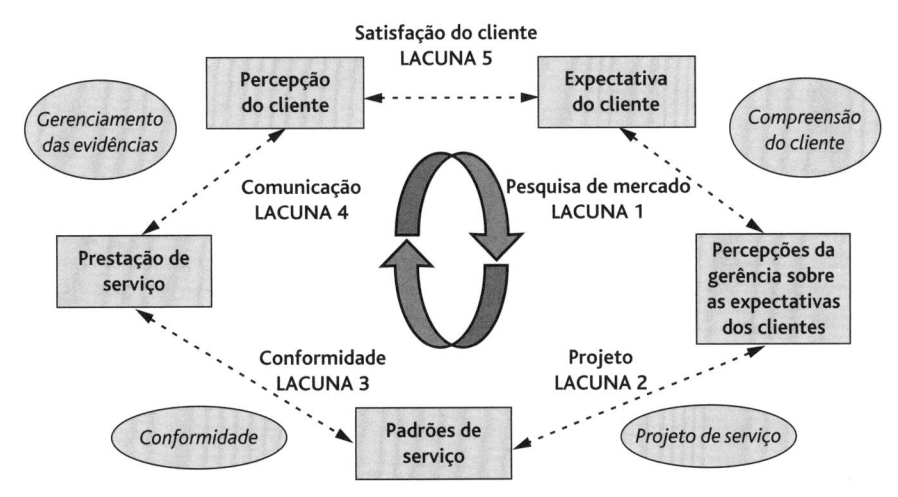

Figura 6.3 Modelo de lacunas na qualidade em serviços.
Fonte: Reimpressa com permissão do Prof. Uttarayan Bagchi, Universidade do Texas em Austin.

A numeração das lacunas de 1 a 5 representa a sequência de passos (isto é, pesquisa de mercado, projeto, conformidade, comunicação e satisfação do cliente) que devem ser seguidos no projeto de um novo processo de serviço. O restante deste capítulo apresentará maneiras de eliminar essas lacunas na qualidade em serviços. Começamos pela consideração de abordagens para medir a qualidade em serviços.

MENSURAÇÃO DA QUALIDADE EM SERVIÇOS

Mensurar a qualidade dos serviços é um desafio, pois a satisfação dos clientes é determinada por muitos fatores intangíveis. Ao contrário de um produto com características físicas objetivamente mensuráveis (p.ex., o ajuste e o acabamento de um carro), a qualidade em serviços contém muitas características psicológicas (p.ex., o ambiente de um restaurante). Além disso, a qualidade em serviços com frequência estende-se além do encontro imediato porque, como no caso de cuidados com a saúde, ela tem um impacto sobre a qualidade de vida futura de uma pessoa. As múltiplas dimensões da qualidade em serviços são captadas pela ferramenta SERVQUAL, muito útil para pesquisar a satisfação do cliente com base no modelo de lacunas na qualidade em serviços.

SERVQUAL[3]

Os autores do modelo de lacunas na qualidade em serviços, apresentado na Figura 6.3, desenvolveram uma escala de múltiplos itens, denominada *SERVQUAL*, para medir as cinco dimensões da qualidade em serviços (isto é, confiabilidade, receptividade, segurança, empatia e aspectos tangíveis). Essa ferramenta é composta por duas partes. Nela, uma afirmação de *expectativa* é associada a uma afirmação de *percepção* correspondente. Os clientes são orientados a indicar o quanto concordam com tais afirmações por meio de uma escala Likert de sete pontos. As 22 afirmações da pesquisa descrevem as cinco dimensões da qualidade em serviços em todos os seus aspectos.

A pontuação da qualidade do serviço é obtida ao calcular a diferença entre as classificações atribuídas às afirmações correspondentes de expectativa e de percepção. Essa pontuação é chamada LACUNA 5, conforme apresentado na Figura 6.3. As pontuações para as outras quatro lacunas são obtidas de forma similar.

Essa ferramenta foi projetada e validada para o uso em uma variedade de encontros em serviços. Os autores sugerem muitas aplicações para a SERVQUAL, mas a sua função principal é identificar as tendências da qualidade em serviços por meio de pesquisas periódicas com os clientes. No caso de serviços divididos em vários locais, a SERVQUAL ajuda a administração a determinar se alguma unidade apresenta um serviço de qualidade insatisfatória (indicada por uma baixa pontuação); se for esse o caso, a administração consegue dedicar-se a reparar aquilo que causou essa percepção insatisfatória. A SERVQUAL tem utilidade em estudos de marketing para comparar um serviço aos dos concorrentes e identificar as dimensões da qualidade em serviços que se encontram em um nível superior ou inadequado.

SERVIÇOS DE QUALIDADE A PARTIR DO PROJETO

Não é possível acrescentar qualidade a um produto, nem mesmo por meio de inspeção; a mesma observação aplica-se a serviços. A preocupação com a qualidade começa com o projeto de um sistema de prestação de serviço. De que forma a qualidade pode ser projetada em um serviço? Uma das maneiras é focar nas quatro dimensões do pacote de serviços exploradas no Capítulo 2, "A natureza dos serviços".

Inclusão de qualidade no pacote de serviços

Consideremos o exemplo de um hotel econômico concorrendo pela liderança global em custos:

1. *Instalações de apoio.* Arquitetonicamente, o prédio é projetado para ser construído com materiais que não necessitem de manutenção, como blocos de concreto. O terreno é regado por um sistema subterrâneo de irrigação automática. O ar-condicionado e o sistema de aquecimento são descentralizados, com uma unidade por aposento, restringindo qualquer falha a apenas um cômodo.
2. *Bens facilitadores.* A mobília das salas é durável e de fácil limpeza (p.ex., as mesas de cabeceira são fixas na parede para facilitar a limpeza do carpete). São utilizados copos plásticos descartáveis em vez de copos de vidro, que, por serem mais caros e necessitarem ser lavados, não seriam compatíveis com um conceito de hotel econômico.
3. *Informação.* Um computador *on-line* mapeia o processamento das cobranças, as reservas e o registro de hóspedes. A manutenção de um registro de estadias anteriores do hóspede acelera o futuro *check-in*, evita erros nas cobranças e antecipa as necessidades (p.ex., quarto para não fumantes). Esse sistema permite que os hóspedes façam o *check-out* com rapidez e notifica automaticamente a equipe de limpeza quando um quarto é desocupado. O registro da hora de *check-out* permite agendar o serviço de camareira e fazer a contagem de quartos disponíveis para as chegadas.
4. *Serviços explícitos.* As camareiras são treinadas para limpar e arrumar os quartos de forma padronizada. Todos os quartos têm a mesma aparência, incluindo itens "triviais", como a abertura das cortinas.
5. *Serviços implícitos.* Pessoas de boa aparência e com facilidade de comunicação são recrutadas como recepcionistas. Treinamentos nos procedimentos operacionais padrão (POPs) asseguram um tratamento uniforme e previsível para todos os hóspedes.

A Tabela 6.1 ilustra a forma como o hotel econômico adotou essas características de projeto e implementou um sistema de qualidade para manter-se dentro dos requisitos. A abordagem baseia-se na definição de qualidade como "conformidade com os requisitos". Esse exemplo ilustra a necessidade de definir explicitamente, em termos mensuráveis, o que constitui a conformidade com os requisitos. A qualidade é vista como uma atividade orientada para a ação, que requer medidas corretivas quando essa conformidade deixa de ser mantida.

Método Taguchi

O exemplo do hotel econômico ilustra a aplicação dos *métodos Taguchi*, assim denominados devido a Genichi Taguchi, que defendeu o "projeto robusto" de produtos para garantir o seu funcionamento adequado sob condições adversas.[4] A ideia é que, para um cliente, a prova da qualidade de um produto está no seu desempenho em condições extremas. Por exemplo, um telefone é projetado para ser muito mais durável do que o necessário, porque ele vai cair da mesa e bater no chão mais de uma vez. No exemplo do hotel econômico, o prédio é construído com blocos de concreto e mobiliado com móveis duráveis.

Taguchi também aplicou o conceito de robustez ao processo de manufatura. Por exemplo, a receita de doces caramelados foi reformulada para tornar a plasticidade, ou mastigabilidade, menos sensível à temperatura de cozimento. Da mesma forma, o hotel econômico utiliza um computador *on-line* para notificar automaticamente o pessoal da limpeza quando um quarto foi desocupado. Manter as camareiras alocadas nos quartos disponíveis para limpeza permite que a tarefa seja distribuída ao longo do dia, evitando a pressa ao final da tarde, o que poderia resultar em degradação da qualidade.

Tabela 6.1 Requisitos de qualidade para um hotel econômico

Característica do pacote de serviços	Atributo ou requisito	Medida	Ação corretiva para a não conformidade
Instalações de apoio	Aparência do prédio	Pintura que não descasca	Reparar a pintura
	Jardins	Gramado verde	Irrigar o gramado
	Ar-condicionado e calefação	Manutenção da temperatura entre 21 e 25°C	Reparar ou substituir
Bens facilitadores	Funcionamento da TV	Recepção clara à luz do dia	Reparar ou substituir
	Fornecimento de sabonetes	Duas unidades por leito	Reabastecer
	Gelo	Um balde cheio por quarto	Reabastecer
Informação	Preferências dos hóspedes	Completas	Atualizar
Serviços explícitos	Limpeza do quarto	Carpete sem manchas	Lavar
	Pureza da água da piscina	Marcador visível no fundo	Trocar filtros e verificar produtos químicos
	Aparência dos quartos	Cortinas recolhidas até a largura de 90 cm	Instruir as camareiras
Serviços implícitos	Segurança	Luzes acesas em todo o perímetro	Substituir lâmpadas com defeito
	Ambiente agradável	Dizer "tenha um bom dia" aos hóspedes que estão de saída	Instruir recepcionistas
	Sala de espera	Nenhum cliente tendo de esperar por um quarto	Revisar agenda de limpeza dos quartos

Taguchi acreditava que a qualidade do produto era obtida ao atender sistematicamente às especificações do projeto. Ele mensurou o custo da má qualidade como o quadrado do desvio da meta, conforme apresentado na Figura 6.4. Novamente, observemos a atenção dada aos procedimentos operacionais padrão (POPs) utilizados pelo hotel econômico para proporcionar um tratamento uniforme aos hóspedes e a preparação coerente dos quartos.

Poka-yoke (dispositivo contra falhas)

Shigeo Shingo acreditava ser possível obter alta qualidade sem inspeções caras por meio de mecanismos de controle de qualidade de baixo custo, feitos durante o processo, e de rotinas utilizadas pelos funcionários em seu trabalho. Ele observou que os erros ocorriam não por incompetência dos funcionários, mas devido a lapsos de atenção ou interrupções do procedimento habitual, e defendeu a adoção dos métodos *poka-yoke*, traduzidos como dispositivos "à prova de erros". Os métodos *poka-yoke* utilizam listas de verificação ou dispositivos manuais que não deixam que o funcionário cometa um engano.[5] Como observado por Chase e Stewart e resumido na Tabela 6.3, os erros em serviços podem originar-se tanto da parte do prestador do serviço quanto da parte do cliente. Os métodos *poka-yoke*, portanto, devem abordar essas duas fontes.[6]

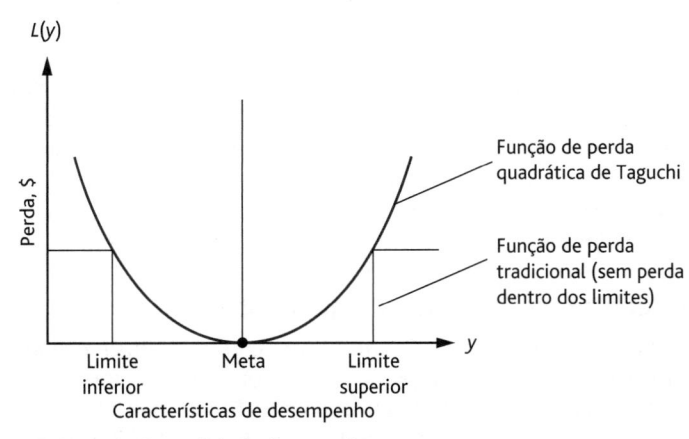

Figura 6.4 Função de perda de qualidade de Taguchi.

Tabela 6.2 Classificação de falhas em serviços

Erros do prestador do serviço	Erros do cliente
Tarefa:	*Preparação:*
• Fazer o trabalho incorretamente	• Não trazer os materiais necessários
• Fazer um trabalho que não é exigido	• Não entender seu papel no processo
• Fazer o trabalho na ordem errada	• Não buscar o serviço correto
• Fazer o trabalho muito devagar	
Tratamento:	*Encontro:*
• Não ouvir o cliente	• Não lembrar as etapas do processo
• Não reconhecer o cliente	• Não seguir o fluxo no sistema
• Não reagir apropriadamente	• Não especificar seus desejos adequadamente
Aspecto tangível:	• Não seguir as instruções
• Não limpar as instalações	*Resolução:*
• Não fornecer uniformes limpos	• Não assinalar falhas no serviço
• Não controlar fatores ambientais	• Não aprender com o passado
• Não conferir documentos	• Não ajustar-se às expectativas
	• Não executar as ações pós-encontro

Os erros dos prestadores de serviços enquadram-se em três categorias: tarefas, tratamentos e aspectos tangíveis. No McDonald's, o uso de uma concha para medir sistematicamente a mesma porção de batatas fritas é um exemplo de dispositivo *poka-yoke de tarefa* que também aumenta a limpeza e, portanto, a qualidade estética do serviço. Um *poka-yoke de tratamento* original projetado por um banco para assegurar que os caixas olhem os clientes nos olhos exige que eles anotem a cor dos olhos do cliente em uma lista de controle no início de uma transação. Um exemplo de *poka-yoke tangível* é a colocação de espelhos nas salas de descanso dos empregados para incentivar a aparência apropriada quando eles retornam para a área onde há clientes. O mecanismo de correção ortográfica do Microsoft Outlook assegura que um *e-mail* não seja enviado antes que os erros sejam corrigidos.

Como os clientes desempenham um papel ativo na prestação de serviços, eles também precisam de ajuda para evitar erros. Esses erros são enquadrados em três categorias: preparação, encontro e resolução. O Shouldice Hospital, localizado em Toronto, Canadá, realiza apenas operações de hérnia inguinal. É exigido que todos os pacientes potenciais preencham um questionário médico abrangente, isto é, um *poka-yoke de preparação*, para garantir que a condição médica seja apropriada para o tratamento no Shouldice. Muitos *poka-yokes de encontro* são discretos, como o uso de barras de altura em montanhas-russas para assegurar que os usuários excedam os limites mínimos de altura ou armações em balcões de *check-in* de aeroportos para medir o tamanho permitido da bagagem de mão. *Poka-yokes de resolução* ajudam a moldar o comportamento dos clientes quando deixam o serviço. Os restaurantes de *fast-food* dispõem estrategicamente de espaços para a devolução de bandejas e latas de lixo nas saídas.

Usar o projeto físico para controlar o arbítrio dos empregados e clientes é uma estratégia de antecipação importante para evitar erros. Por ser difícil para a administração intervir no processo de serviços e impor um sistema de avaliação de qualidade (isto é, inspeção e testes), limitar o arbítrio e incorporar métodos *poka-yoke* facilita a obtenção de um serviço sem erros. É interessante observar como essas características discretas orientam o comportamento em serviços sem sugerir coerção, como o *bip* de um editor de textos que avisa quando um comando inválido foi dado.

Desdobramento da função qualidade

O *Desdobramento da Função Qualidade* (QFD – *quality function deployment*), desenvolvido no Japão, é um processo que considera a opinião do cliente no estágio de projeto do produto e muito utilizado pela Toyota e seus fornecedores. O processo resulta em uma matriz, denominada "casa da qualidade", para um produto especí-

As companhias aéreas utilizam esse dispositivo *poka-yoke* para alertar os passageiros quanto ao tamanho permitido para a bagagem de mão.
Myrleen Ferguson Cate/PhotoEdit

fico, que relaciona os atributos do cliente às características de engenharia. A ideia central do QFD é a de que os produtos devem ser projetados de forma a refletir os desejos e os gostos dos clientes; portanto, as funções de marketing, engenharia de projeto e manufatura devem ser coordenadas. A "casa da qualidade" fornece uma estrutura para traduzir a satisfação do cliente em especificações mensuráveis e identificáveis para o design do produto ou do serviço.[7]

Embora o QFD tenha sido desenvolvido para ser utilizado no planejamento de produtos, sua aplicação em projetos de sistemas de prestação de serviços é muito apropriada, como observado no exemplo a seguir.

Exemplo 6.1 Desdobramento da função qualidade para a Village Volvo

Lembre-se do caso da Village Volvo, apresentado no Capítulo 2. A Village Volvo é uma oficina de automóveis independente, especializada na manutenção de veículos da Volvo e que compete com as concessionárias da empresa. A oficina decidiu avaliar o seu sistema de prestação de serviços em relação às concessionárias com a finalidade de determinar as áreas de melhoria da sua posição competitiva. As etapas para a condução do projeto de QFD e para a construção da "casa de qualidade" são apresentadas a seguir:

1. *Estabelecer o objetivo do projeto.* Neste caso, o objetivo do projeto é avaliar a posição competitiva da Village Volvo. O QFD também pode ser utilizado quando um novo sistema de prestação de serviços estiver sendo considerado.
2. *Determinar as expectativas do cliente.* Com base no objetivo deste projeto, identificar o grupo de clientes que se pretende satisfazer e determinar as suas expectativas. Para a Village Volvo, os clientes-alvo são os proprietários de Volvo que realizam reparos não rotineiros (isto é, deve-se excluir a manutenção de rotina deste estudo). As expectativas dos clientes podem ser questionadas por meio de entrevistas, grupos focais ou questionários. Neste exemplo, utilizaremos as cinco dimensões da qualidade em serviços para descrever as expectativas dos clientes. Como mostra a Figura 6.5, essas são as *linhas* da casa da qualidade. Em um projeto de QFD mais sofisticado, as expectativas dos clientes são divididas em níveis de detalhamento primário, secundário e terciário; por exemplo, a expectativa primária de "confiabilidade" poderia ser ainda mais especificada como "exatidão" no nível secundário, e como "problema corretamente diagnosticado" no nível terciário de detalhamento.
3. *Descrever os elementos do serviço.* As *colunas* da matriz da casa da qualidade contêm os elementos de serviço que a administração pode manipular para satisfazer às expectativas do cliente. Para a Village Volvo, selecionamos treinamento, atitude, capacidade, informação e equipamentos.

Expectativas do cliente	Importância relativa	Treinamento	Atitude	Capacidade	Informação	Equipamento
Confiabilidade	9	8			5	5
Receptividade	7	3		9	3	2
Segurança	6	5	9		6	
Empatia	4		7			
Aspectos tangíveis	2	2				3
Escore ponderado		127	82	63	102	65
Grau de dificuldade de melhoria		4	5	1	3	2

Relacionamentos
* Forte
· Médio
⌀ Fraco

Percepções do cliente
· Village Volvo
+ Concessionária Volvo

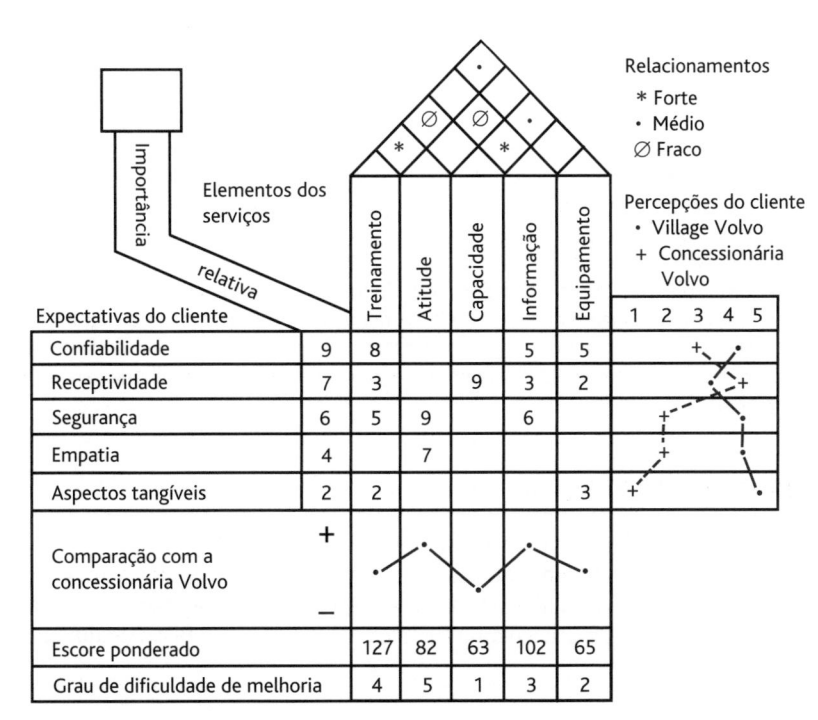

Figura 6.5 "Casa da qualidade" da Village Volvo.

4. *Observar a intensidade dos relacionamentos entre os elementos do serviço.* O *telhado* da casa da qualidade oferece a oportunidade para registrar a intensidade da correlação entre os pares de elementos do serviço. Observamos três níveis de intensidade para os relacionamentos: * = forte, • = médio e Ø = fraco. Como era de se esperar, há um forte relacionamento entre treinamento e atitude. Observar esses relacionamentos entre os elementos proporciona pontos úteis para alavancar as melhorias na qualidade em serviços.

5. *Observar a associação entre as expectativas do cliente e os elementos do serviço.* O *corpo* da matriz contém números entre 0 e 9 (9 aponta um vínculo muito forte) para indicar a intensidade do vínculo entre um elemento do serviço e uma expectativa correspondente do cliente. Esses números resultariam de uma discussão da equipe de projeto sobre como os vários elementos do serviço afetam a capacidade da empresa em satisfazer as diferentes expectativas dos clientes.

6. *Ponderar os elementos do serviço.* Esta etapa é realizada para medir a importância da avaliação dos clientes em relação aos elementos do serviço. A *chaminé* da casa da qualidade contém uma lista da importância relativa de cada expectativa do cliente. Esses pesos, em uma escala de 1 a 9, indicam a importância que os clientes atribuem a cada uma de suas expectativas e poderiam ser determinados por uma pesquisa com o cliente. A nota ponderada de cada elemento é obtida pela multiplicação da importância relativa pelos números que representam a intensidade dos vínculos apresentados no corpo da matriz sob cada elemento de serviço. Por exemplo, a nota ponderada do elemento de treinamento seria calculada da seguinte forma:

$$(9)(8) + (7)(3) + (6)(5) + (4)(0) + (2)(2) = 127$$

As notas ponderadas são escritas no *porão* da casa da qualidade e representam uma medida da importância de cada elemento do serviço na satisfação das necessidades dos clientes. Entretanto, esses resultados ponderados devem ser tratados com prudência e bom senso, porque dependem de estimativas incertas dos valores de importância relativa e de intensidade dos vínculos.

7. *Classificar a dificuldade de melhoria dos elementos do serviço.* No porão da casa está o grau de dificuldade de melhoria para cada elemento do serviço, sendo que o elemento com grau 1 é o de maior dificuldade. Capacidade e equipamento têm um alto grau de dificuldade devido a seus requisitos de capital. Este exercício demonstra que, embora os clientes atribuam um alto grau de importância a um elemento do serviço, a empresa talvez seja incapaz de atendê-lo.

8. *Avaliar a concorrência.* É realizado um estudo para avaliar as percepções dos clientes que utilizam os serviços das concessionárias Volvo em comparação com as percepções dos clientes da Village Volvo. O resultado de uma pesquisa com os clientes (utilizando clientes que experimentaram ambos os serviços), empregando uma escala de cinco pontos, é traçado à *direita* da matriz. Com base no conhecimento sobre a concessionária (talvez originado dos mecânicos), uma comparação relativa do nível (positivo ou negativo) de cada elemento do serviço é traçada na parte *inferior* da matriz. Essa informação será utilizada para avaliar os pontos fortes e fracos da Village Volvo em relação à concorrência.

9. *Avaliação estratégica e estabelecimento de metas.* Observando a casa da qualidade completa, a Village Volvo consegue ver alguns pontos fortes e fracos em sua posição estratégica em relação às concessionárias Volvo. Com exceção da receptividade, a oficina é avaliada favoravelmente por seus clientes. No entanto, esse resultado deve ser considerado com cautela, pois os dados foram obtidos por meio de uma pesquisa com os clientes da Village Volvo e, portanto, não são inesperados. A comparação dos elementos do serviço com as concessionárias Volvo e as notas ponderadas fornece alguma orientação para a melhoria do serviço. Na área de atitudes e informação, a Village Volvo está em uma posição superior, mas parece haver um problema com a capacidade, o treinamento e o equipamento. A alta nota ponderada atribuída ao treinamento sugere que os investimentos na área devem ter a mais alta prioridade. Além disso, o treinamento alavancaria outros elementos, já que apresenta relações, de fortes a fracas, com atitudes, capacidade e equipamento. Finalmente, o grau de dificuldade de melhoria para o treinamento é o quarto maior em uma escala de cinco.

AUDITORIA NAS INSTALAÇÕES

A prestação de um serviço deve estar de acordo com as expectativas dos clientes do início ao fim da experiência. Como o cliente é um participante no processo do serviço, as suas impressões da qualidade do serviço são influenciadas por muitas observações. Uma auditoria ambiental é uma ferramenta de gerenciamento proativa para a avaliação sistemática da visão de um cliente sobre o serviço fornecido. Uma *auditoria nas instalações* (WtA – *Walk-through Audit*) é uma pesquisa com enfoque no cliente para descobrir áreas a serem melhoradas.

Fitzsimmons e Maurer desenvolveram esse tipo de auditoria para restaurantes tradicionais.[8] A auditoria consistia em 42 questões que cobriam a experiência de uma refeição no restaurante. As questões abrangem a chegada ao restaurante a partir do estacionamento, a caminhada em direção ao restaurante e à recepção, a espera por uma mesa, a acomodação, o pedido e a chegada dos pratos e bebidas e, por fim, a conta e o pagamento. As questões incluem nove categorias de variáveis: (1) itens de manutenção, (2) serviço pessoal, (3) espera, (4) mesa e utensílios, (5) ambientação, (6) apresentação dos pratos, (7) apresentação da conta, (8) promoções e sugestões e (9) gorjeta. Desse modo, a experiência do cliente é avaliada do início ao fim. Diferentemente da pesquisa breve e geral de satisfação do cliente mostrada na Figura 6.6, a WtA concentra-se nos detalhes do processo de fornecimento do serviço, em um esforço para descobrir itens a serem melhorados.

A auditoria nas instalações é uma oportunidade para avaliar a experiência do serviço a partir da perspectiva de um cliente, pois os clientes muitas vezes têm consciência de detalhes que os proprietários e os gerentes podem ter deixado para trás. Não existe um projeto de serviços inerentemente superior. Há, em vez disso, projetos coerentes e que dão uma pista aos clientes a respeito do que esperar do serviço. Proporcionar tangibilidade em um serviço envolve dar informações verbais, ambientais e sensoriais que criem uma experiência agradável e o encorajem a retornar. A Tabela 6.3 compara as características da pesquisa de satisfação do cliente com as da auditoria nas instalações.

Projeto de uma auditoria nas instalações

O primeiro passo ao projetar uma WtA é a preparação de um fluxograma das interações dos clientes com o sistema de serviço. Uma WtA para o Museu de Arte e Design de Helsinque é mostrada na Figura 6.7. O questionário é dividido em cinco seções fundamentais no processo de prestação do serviço (isto é, venda de ingressos, informações, experiência, instalações e satisfação). Dentro de cada seção, é feita uma série de afirmações relativas às observações que um cliente faria (p.ex., "a sinalização fornecia informações claras sobre os locais das exposições"). Devem ser apresentadas afirmações, e não perguntas. Usa-se uma escala Likert de cinco pontos para medir as percepções

Como seu cliente, gostaria de dizer...

____

____

____

____

	Excelente	Bom	Regular	Ruim
Qualidade dos pratos				
Rapidez no atendimento				
Atenção ao atendimento				
Limpeza				
Ambiente				

Nome ______________________________
Endereço ____________________________
Cidade ____________ Estado ____ CEP __________
Telefone ____________ Data ____________

Figura 6.6 Pesquisa de satisfação para um restaurante.

126 Parte II Projeto de um empreendimento de serviços

Tabela 6.3 Comparação entre a pesquisa de satisfação do cliente e a auditoria nas instalações

	Pesquisa de satisfação do cliente	Auditoria nas instalações
Objetivo	Determinar a satisfação geral associada ao nível atual de qualidade do serviço.	Realizar uma avaliação sistemática da experiência de serviço do cliente do início ao fim.
Foco	Mensurar as atitudes, opiniões e percepções do cliente quanto à qualidade do serviço.	Mensurar as percepções do cliente quanto à eficiência de cada etapa do processo de prestação de serviço.
Processo	1. Identificar requisições de serviço ou dimensões de qualidade do cliente.	1. Fazer um fluxograma do processo de prestação de serviço da perspectiva do cliente.
	2. Elaborar, testar e aplicar um questionário para uma amostra de clientes.	2. Elaborar, testar e aplicar um questionário para uma amostra de clientes, funcionários administrativos e/ou clientes em empresas de *benchmark*.
	3. Resumir e analisar os resultados do questionário, concentrando-se nas avaliações baixas e nas mudanças em relação aos questionários anteriormente aplicados.	3. Resumir e analisar os resultados do questionário, concentrando-se nas avaliações baixas em relação às empresas de *benchmark* e nas lacunas entre a administração e os clientes.
	4. Determinar as áreas a serem melhoradas e implementar mudanças para corrigir as deficiências.	4. Determinar as deficiências e implementar melhorias.
	5. Repetir para obter uma melhoria contínua da qualidade.	5. Repetir para obter uma melhoria contínua da qualidade.
Características	1. O questionário pode ser preenchido pelos clientes a qualquer momento após a prestação do serviço.	1. O questionário é preenchido pelos clientes durante o serviço ou imediatamente após o seu término.
	2. A administração, com o auxílio dos clientes, projeta o questionário considerando dimensões comuns de serviço (p.ex., *disponibilidade, pontualidade, receptividade, conveniência*).	2. Auditoria abrangente de toda a experiência de serviço do cliente em relação às cinco dimensões do pacote de serviços (isto é, *instalações de apoio, bens facilitadores, informações, serviços explícitos e serviços implícitos*).
	3. Costuma ser realizada pela equipe de marketing.	3. Geralmente é conduzida pela equipe de operações.
	4. É priorizada a avaliação dos itens determinantes da impressão global do cliente em relação ao serviço.	4. É dada ênfase na avaliação pelo cliente de cada etapa do processo de prestação do serviço e da sua impressão global do desempenho da empresa.

Fonte: Elsa Lai-Ping Leong Koljonen and Richard A. Reid, "Walk-through Audit Provides Focus for Service Improvements for Hong Kong Law Firm," *Managing Service Quality*, 10(1), 2000, pg. 35.

Olá, somos da Helsinki School of Economics and Business Administration e estamos realizando uma pesquisa para descobrir o que as pessoas pensam a respeito da experiência de serviço quando visitam este museu. Por favor, responda as seguintes perguntas:

Todas as informações neste questionário são estritamente confidenciais!

1. Foi fácil chegar ao museu?   ■ Sim   ■ Não
2. O horário de funcionamento do museu é conveniente?   ■ Sim   ■ Não
3. Você veio sozinho ou com outras pessoas?   ■ Sozinho   ■ Com outras pessoas   Número de pessoas _____
4. Onde você soube do evento: (assinale todas as alternativas aplicáveis)
   - ■ Jornal
   - ■ Revista
   - ■ Guia da cidade/turístico
   - ■ Rádio
   - ■ Internet
   - ■ Amigos ou parentes
   - ■ Passando pelo museu
   - ■ Outro: (especifique) _____
5. Você veio para ver:
   - ■ A exposição Brooching it Diplomacy
   - ■ Vinho – Néctar dos Deuses
   - ■ A Cruz Sagrada
   - ■ A exposição permanente
   - ■ Todas as exposições

(continua)

Figura 6.7 Auditoria nas instalações para o Museu de Arte e Design de Helsinque
Fonte: Preparado por Eivor Biese, Lauren Dwyre, Mikes Koulianos e Tina Hyvonen, com a orientação do Prof. James A. Fitzsimmons.

6. Qual das seguintes instalações você visitou? ■ Lanchonete   ■ Loja de presentes   ■ Banheiros
7. Quantas horas você passou no museu? _____ horas

8. Bilheteria	Discordo totalmente	Discordo	Não tenho certeza	Concordo	Concordo totalmente
a. É fácil encontrar informações sobre os preços dos ingressos.	1	2	3	4	5
b. O preço do ingresso é justo.	1	2	3	4	5
c. Você não esperou muito na fila para comprar os ingressos.	1	2	3	4	5
d. Você gostaria de comprar os ingressos antecipadamente, via telefone ou Internet.	1	2	3	4	5

9. Informações	Discordo totalmente	Discordo	Não tenho certeza	Concordo	Concordo totalmente
a. A sinalização fornecia informações claras sobre os locais das exposições.	1	2	3	4	5
b. Ao chegar à exposição, havia informações adequadas a respeito da mostra.	1	2	3	4	5
c. As informações estavam no seu idioma.	1	2	3	4	5
d. Serviços de guias estavam disponíveis.	1	2	3	4	5
e. Havia informações suficientes sobre os objetos.	1	2	3	4	5
f. As explicações fornecidas sobre os objetos eram claras.	1	2	3	4	5
g. Você gostaria de ter algum tipo de mídia (vídeo, etc.) dando explicações.	1	2	3	4	5
h. Você gostaria de ter acesso a um material (p. ex., um guia em áudio) autoexplicativo.	1	2	3	4	5
i. Você gostaria de mais informações sobre o processo de criação dos objetos.	1	2	3	4	5
j. Você gostaria de aprender mais ao visitar as exposições.	1	2	3	4	5
k. Foi fácil obter informações adicionais dos funcionários.	1	2	3	4	5
l. Os funcionários que o ajudaram foram simpáticos.	1	2	3	4	5

10. A experiência	Discordo totalmente	Discordo	Não tenho certeza	Concordo	Concordo totalmente
a. Havia um caminho claro a seguir ao longo da exposição.	1	2	3	4	5
b. Havia espaço suficiente para se deslocar ao redor das exposições.	1	2	3	4	5
c. A iluminação era adequada.	1	2	3	4	5
d. Havia uma música ambiente agradável.	1	2	3	4	5
e. Os sons de fundo eram agradáveis.	1	2	3	4	5
f. Os objetos expostos estavam colocados de forma equilibrada.	1	2	3	4	5
g. É possível interagir com os objetos expostos.	1	2	3	4	5
h. Tocar, cheirar e ouvir tornam a experiência memorável.	1	2	3	4	5
i. Você também gostaria de tocar o material.	1	2	3	4	5

11. Instalações	Discordo totalmente	Discordo	Não tenho certeza	Concordo	Concordo totalmente
a. Havia sinalização clara dando informações sobre as instalações.	1	2	3	4	5
b. Os banheiros eram de fácil acesso.	1	2	3	4	5
c. Os banheiros estavam limpos.	1	2	3	4	5
d. A comida era de boa qualidade.	1	2	3	4	5
e. Havia uma variedade suficiente de comidas e bebidas.	1	2	3	4	5
f. O preço da comida era justo.	1	2	3	4	5
g. Deveria ser permitido fumar no restaurante.	1	2	3	4	5
h. A seleção de suvenires (incluindo livros) atendeu às suas necessidades.	1	2	3	4	5
i. Os suvenires tinham preços justos.	1	2	3	4	5

12. Satisfação	Discordo totalmente	Discordo	Não tenho certeza	Concordo	Concordo totalmente
a. Os serviços atenderam às suas necessidades.	1	2	3	4	5
b. O serviço como um todo foi excelente.	1	2	3	4	5
c. Existe a probabilidade de usar este serviço novamente.	1	2	3	4	5
d. Recomendaria este museu para um amigo.	1	2	3	4	5
e. Poderíamos aperfeiçoar o serviço para melhor atender às suas expectativas?	1	2	3	4	5

13. Comentários
_____
_____
_____
_____

Figura 6.7   (continuação)

dos clientes (isto é, 1 = discorda totalmente; 5 = concorda totalmente). Como ilustrado nessa WtA, outras questões de interesse para a administração são incluídas, como "Onde você soube do evento?", para avaliar a eficácia da propaganda. Também é útil deixar uma parte final para "comentários" que proporcionem reflexões que não foram previstas nas questões propostas aos clientes. Para evitar sobrecarregar o cliente, a WtA deve ser limitada a duas páginas impressas em frente e verso.

A WtA pode ser aplicada de várias maneiras (p.ex., pelo correio, por telefone, pessoalmente), mas o método mais eficiente é de forma presencial e logo após a experiência do serviço. Recompensar o cliente com um brinde ou um desconto em uma próxima visita aumenta muito a participação. Devem ser consideradas questões referentes à elaboração da pesquisa, como o tamanho e a estratificação da amostra para pesquisar todos os segmentos de clientes.

Auditoria nas instalações como instrumento de diagnóstico

A auditoria nas instalações é um instrumento de diagnóstico útil para a empresa avaliar as lacunas entre as percepções que os clientes e os gerentes têm do sistema de prestação do serviço. Os clientes visitam o local com menos frequência do que os gerentes e, portanto, são mais sensíveis a mudanças sutis (p.ex., a pintura gasta ou os tapetes velhos) do que os gerentes, que veem as instalações todos os dias e têm mais chance de não dar atenção à deterioração gradual das instalações de apoio. A qualidade do serviço ao cliente também pode se deteriorar e chamar menos a atenção tanto dos empregados quanto dos gerentes.

Para testar esse emprego da WtA, a mesma auditoria solicitada aos clientes do Museu de Arte e Design de Helsinque também foi aplicada ao grupo de gerentes e de empregados. Foram calculadas as médias das respostas para cada item nos três grupos. Elas são mostradas na Figura 6.8, que destaca as lacunas nas percepções dos gestores, dos funcionários e dos clientes. Algumas dessas lacunas são esperadas, por exemplo, "Havia informações suficientes sobre os objetos", pois os empregados estão bastante familiarizados com eles. Outras percepções diferentes sugerem que algumas melhorias estão ocorrendo; por exemplo, "Foi fácil obter informações adicionais dos funcionários" e "Os funcionários que o ajudaram foram simpáticos". É interessante observar os itens em que houve divergências nas percepções do gerenciamento e dos funcionários, como em "As explicações fornecidas sobre os objetos eram claras" e "É possível interagir com os objetos expostos". Em ambos os casos, os empregados concordaram mais com as afirmações do que os clientes; os gerentes foram os que menos concordaram com elas.

(continua)

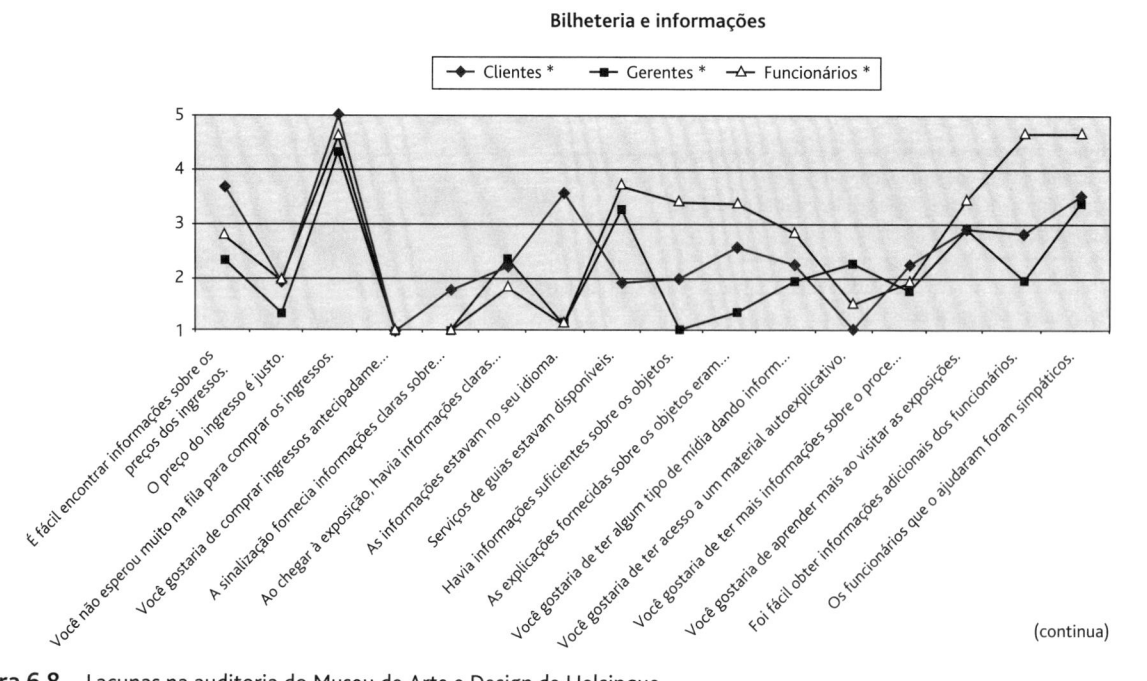

Figura 6.8 Lacunas na auditoria do Museu de Arte e Design de Helsinque.
Fonte: Preparado por Eivor Biese, Lauren Dwyre, Mikes Koulianos e Tina Hyvonen, com a orientação do Prof. James A. Fitzsimmons.

Experiência, instalações e satisfação

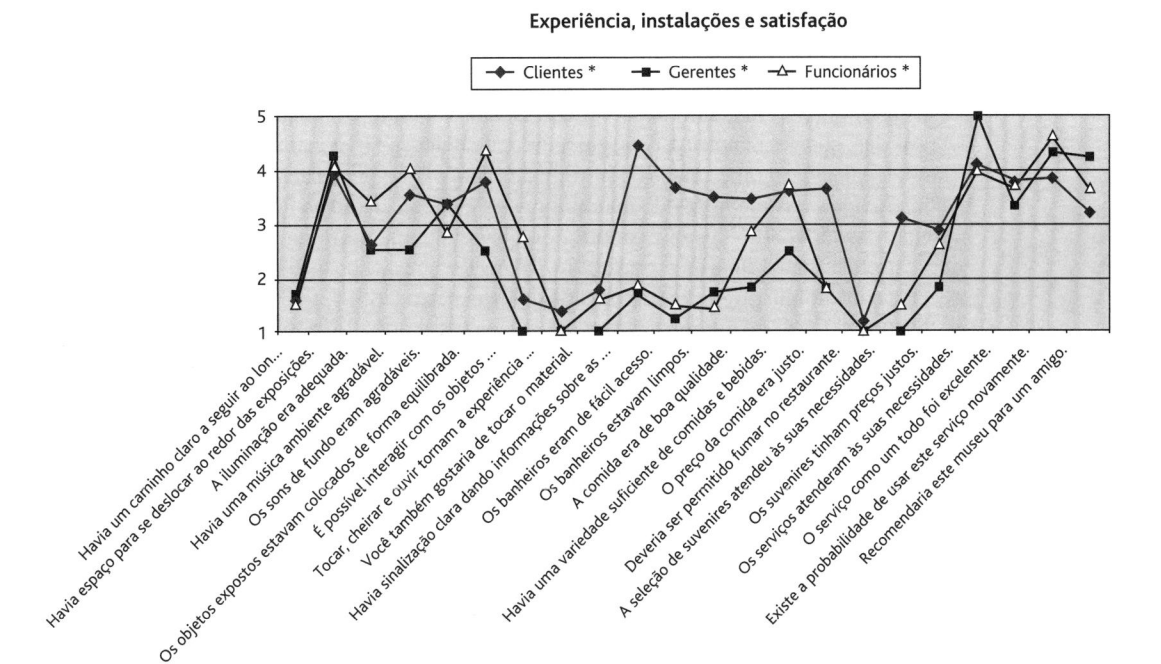

Figura 6.8 (continuação)

OBTENÇÃO DA QUALIDADE EM SERVIÇOS

É difícil, para os clientes, avaliar os serviços antes de sua prestação. Como já observamos, além de intangíveis, os serviços são consumidos simultaneamente à produção. Isso representa um desafio para o gerente do serviço, pois a intervenção da inspeção da qualidade entre o cliente e o funcionário não é possível, ao contrário do que ocorre na fabricação de produtos (p.ex., nenhum cartão de papel pode ser colocado na caixa pelo Inspetor Número 12).

Custo da qualidade

Caveat emptor ("o comprador que esteja precavido") tornou-se uma filosofia obsoleta. Conforme descobriram os empresários norte-americanos no fim dos anos 1980 e começo dos anos 1990, serviços impessoais, produtos com defeito e promessas não cumpridas têm o seu preço. Um exemplo concreto dessa realidade é a importância, em quase todos os serviços, de questões relacionadas a ações por perdas e danos e por seguros comuns. A má qualidade, hoje, leva qualquer um à falência. Uma empresa fabricante de sopas sofisticadas, por exemplo, teve que fechar suas portas depois de ter sido constatado que sua *vichyssoise* continha micro-organismos que produziam toxina botulínica. Anúncios de fabricantes de automóveis chamando os proprietários para a reparação de determinados danos também são comuns.

Produtos podem ser devolvidos, trocados ou consertados, mas que recurso o cliente tem de um serviço defeituoso? O recurso jurídico! Os processos judiciais por falhas médicas costumam ser resolvidos por vultosos acordos extrajudiciais, e, embora certamente tenham ocorrido alguns casos de abuso do sistema legal, a possibilidade de sentenças judiciais por falha médica promove uma noção de responsabilidade maior dos médicos pelos seus pacientes. A ameaça de um processo por negligência induz médicos responsáveis a dedicarem mais tempo a um exame, a buscarem mais treinamento ou a evitarem procedimentos para os quais não estão preparados. Infelizmente, como evidenciado pela alegação de muitos médicos de que são necessários exames adicionais justamente para sua proteção contra qualquer alegação de negligência, o custo dos serviços de saúde está sujeito a aumentos, sem melhoria correspondente da qualidade.

Nenhum serviço é à prova de processos. Por exemplo, um hotel de Las Vegas foi processado por falta de segurança quando uma hóspede foi assaltada em seu quarto. O profissional que prepara declarações do imposto de renda pode ser multado em até US$ 500 por item se o valor a ser tributado for indevidamente reduzido devido a alguma negligência ou ao descumprimento de regras e regulamentos da Receita Federal.

Joseph M. Juran, renomado especialista em qualidade, defendeu um sistema de contabilidade dos custos de qualidade para convencer a alta administração das empresas acerca da necessidade de levar a sério as questões relativas à qualidade.[9] Ele identificou quatro categorias de custos: custos por falhas internas (devido a defeitos descobertos antes da entrega), custos por falhas externas (devido a defeitos descobertos depois da entrega), custos de detecção (para a inspeção de materiais comprados e durante a manufatura) e custos de prevenção (para evitar que os defeitos ocorram). Juran descobriu que, na maioria das empresas de manufatura, os custos por falhas internas e externas, somados, representam de 50 a 80% dos custos totais de qualidade. Para minimizar esse custo total, ele defende ser preciso dar maior atenção à prevenção. Têm sido feitas suposições de que cada dólar investido na prevenção economiza US$ 100 nos custos de detecção e US$ 10.000 nos custos por falhas.

Na Tabela 6.4, adaptamos o sistema de custos da qualidade de Juran para ser utilizado por empresas de serviços tendo um banco como exemplo. Na linha correspondente à prevenção, o recrutamento e a seleção da equipe de serviço são considerados formas de evitar a má qualidade. A identificação de pessoas com atitudes e habilidades interpessoais apropriadas pode resultar na contratação de funcionários com as habilidades naturais necessárias para atender bem aos clientes.

A inspeção está incluída na linha de detecção, mas em geral é impraticável, exceto nas operações de retaguarda de um serviço.

Como o serviço é uma experiência para o cliente, qualquer falha transforma-se em uma história que ele transmitirá a outras pessoas. Os gerentes de serviços devem reconhecer que clientes insatisfeitos não apenas procurarão outros lugares, como também transmitirão suas más experiências para outros, o que resultará em uma perda significativa de futuros negócios.

Controle estatístico do processo

O desempenho de um serviço costuma ser avaliado por indicadores-chave. Por exemplo, o desempenho educacional de uma escola de ensino médio é medido pela pontuação atingida por seus estudantes no Scholastic Aptitude Test (SAT). A eficácia do programa de prevenção ao crime de um departamento de polícia é avaliada pela taxa de criminalidade, e o desempenho de um caixa de banco é avaliado pela exatidão de seus balanços ao final do dia.

O que acontece se o desempenho de um processo de serviço não for o esperado? Geralmente, inicia-se uma investigação para identificar a causa do problema e sugerir ações corretivas; no entanto, as variações de desempenho podem resultar de ocorrências aleatórias e não ter uma causa específica. Quem toma as decisões precisa detectar a verdadeira degradação no desempenho do serviço e evitar os custos por falhas associados a um serviço mal realizado. Por outro lado, é preciso evitar mudanças desnecessárias em um sistema que esteja funcionando corretamente. Portanto, dois tipos de riscos estão presentes no controle da qualidade, conforme mostrado na Tabela 6.5. Esses riscos receberam nomes para identificar a parte prejudicada. Se um processo é considerado fora de con-

Tabela 6.4 Custos de qualidade para serviços

Categoria de custo	Definição	Exemplo do banco
Prevenção	Custos associados a operações ou atividades que evitam que falhas aconteçam e minimizam os custos de detecção	Planejamento de qualidade Recrutamento e seleção Programas de treinamento Projetos de melhoria de qualidade
Detecção	Custos incorridos para verificar a condição de um serviço e determinar se ele está em conformidade com os padrões de segurança	Inspeção periódica Controle do processo Controle, ajuste, verificação Recolhimento de dados relativos à qualidade
Falha interna	Custos incorridos para corrigir o trabalho que não está em conformidade antes da prestação do serviço ao cliente	Relatórios e formulários mal preenchidos Retrabalho Tempo perdido por máquina parada
Falha externa	Custos incorridos para corrigir os trabalhos que não estão em conformidade após a prestação do serviço ao cliente ou para corrigir o trabalho que não satisfez às necessidades especiais de um cliente	Pagamento de juros Tempo de investigação Processos jurídicos Propaganda negativa Perda de negócios futuros

Fonte: Adaptada de C. A. Aubry and D. A. Zimbler, "The Banking Industry: Quality Costs and Improvement," *Quality Progress*, December 1983, pp. 16–20.

Tabela 6.5 Riscos nas decisões de controle de qualidade

	Decisão do controle de qualidade	
Situação real do serviço	Adotar medidas corretivas	Nada fazer
Processo sob controle	Erro de Tipo I (risco do fabricante)	Decisão correta
Processo fora de controle	Decisão correta	Erro de Tipo II (risco do consumidor)

trole quando, na verdade, vem funcionando corretamente, tem-se um erro do Tipo I, que representa o risco do fabricante. Se o desempenho de um processo é considerado correto quando, na verdade, está fora de controle, tem-se um erro do Tipo II, que representa o risco do consumidor.

Uma representação visual chamada *gráfico de controle* é utilizada no *controle estatístico de processo* para traçar os valores de uma medida de desempenho (p.ex., tempo de resposta da ambulância) ao longo do tempo para determinar se o processo continua sob controle (isto é, a média e o desvio-padrão do desempenho não mudaram). A Figura 6.9 apresenta um gráfico $\bar{X}$ utilizado para monitorar o tempo de resposta de um serviço de ambulância. Esse gráfico é uma representação diária do tempo médio de resposta que permite o monitoramento do desempenho, buscando desvios incomuns do comportamento padrão. Quando uma medição fica fora dos limites de controle – isto é, acima do Limite Superior de Controle (LSC) ou abaixo do Limite Inferior de Controle (LIC) –, considera-se que o processo está fora de controle; consequentemente, o sistema necessita de atenção. No exemplo da ambulância, os primeiros sete dias representam a variação esperada em torno da média de todas as observações dentro dos limites de controle. No dia 10, entretanto, o tempo observado excede o LSC, uma ocorrência incomum que indica a necessidade de uma análise de causa raiz.

A elaboração de um gráfico de controle é similar à determinação de um intervalo de confiança para a média de uma amostragem. Recordemos que, em estatística, as médias das amostras tendem a ser distribuídas normalmente conforme o teorema do limite central (isto é, embora as estatísticas subjacentes possam ser distribuídas de qualquer forma, os valores médios dessas estatísticas seguem uma distribuição normal). Sabe-se, pelas tabelas normais padrão, que 99,7% dos valores da distribuição normal estão dentro de três desvios-padrão da média. Empregando dados históricos representativos, são determinados tanto a média quanto o desvio-padrão para alguma medida de desempenho de um sistema. Esses parâmetros são, então, aproveitados para construir um intervalo de confiança de 99,7% para a média da medida de desempenho. Esperamos que as médias de futuras amostras, coletadas aleatoriamente, estejam contidas dentro desse intervalo de confiança; se não estiverem, concluímos que o processo mudou e que a sua verdadeira média foi alterada.

As etapas para a construção e a utilização de um gráfico de controle de qualidade são resumidas como segue:

1. Optar por alguma medida de desempenho do sistema de serviço.
2. Coletar dados históricos representativos, a partir dos quais é possível estimar a média e a variância da população para a medida de desempenho do sistema.
3. Decidir o tamanho da amostra e, utilizando as estimativas da média e da variância da população, calcular (por convenção) limites de controle com ± 3 desvios-padrão.

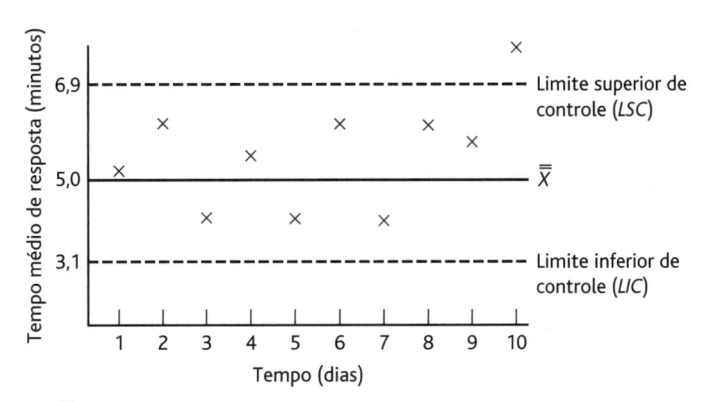

Figura 6.9 Gráfico $\bar{X}$ do tempo de resposta da ambulância.

4. Plotar o gráfico de controle como uma função dos valores médios das amostras *versus* o tempo.
5. Marcar no gráfico as médias das amostras coletadas aleatoriamente e interpretar os resultados como segue:
   i. Processo sob controle (isto é, a média das amostras fica dentro dos limites de controle).
   ii. Processo fora de controle (isto é, a média das amostras sai dos limites de controle, ou sete médias seguidas estão acima ou abaixo da média). Nesse caso:
      a. Avaliar a situação.
      b. Adotar ação corretiva.
      c. Verificar os resultados da ação.
6. Atualizar o gráfico de controle periodicamente e adicionar os dados recentes.

Os gráficos de controle para a média dividem-se em duas categorias, com base no tipo da medida de desempenho. Os gráficos de controle para variáveis (gráficos $\bar{X}$ e R) registram medidas que permitem valores fracionados, como comprimento, peso ou tempo. O gráfico de controle para atributos (gráfico p) registra dados independentes, como o número de defeitos ou erros em valores percentuais.

Exemplo 6.2 Gráfico de controle para variáveis (gráficos $\bar{X}$ e R)

O objetivo do gráfico $\bar{X}$ é detectar mudanças na média do processo de uma variável contínua (p.ex., tempo de resposta da ambulância). O gráfico R para a variável contínua mede a dispersão do processo. A Tabela 6.6 contém os dados de tempo de resposta de uma ambulância coletados em um período representativo de sete dias. Foram selecionadas aleatoriamente quatro chamadas por dia, uma em cada turno: manhã, tarde, noite e madrugada. Para cada dia, são calculados e anotados nas últimas duas linhas o tempo médio de resposta (baseado na amostra de quatro observações) e a amplitude (isto é, a diferença entre o valor mais alto e o mais baixo).

A média e a amplitude da população são estimadas da seguinte forma:

$$\bar{\bar{X}} = \frac{5,1 + 6,2 + 3,9 + 5,7 + 4,1 + 6,1 + 4,3}{7} = 5,0$$

$$\bar{R} = \frac{2,9 + 2,7 + 1,8 + 3,2 + 3,1 + 2,0 + 2,8}{7} = 2,6$$

Muitas vezes, faz-se o gráfico R antes da determinação do gráfico $\bar{X}$ para garantir que a variabilidade do processo esteja sob controle. O gráfico de controle para a amplitude é feito por meio das seguintes fórmulas:

$$\text{Limite Superior de Controle (LSC)} = D_4 \bar{R} \qquad (1)$$

$$\text{Limite Inferior de Controle (LIC)} = D_3 \bar{R} \qquad (2)$$

Onde $\bar{R}$ = estimativa da amplitude populacional
D_4 = valor do LSC da Tabela 6.7 para uma amostra de tamanho n
D_3 = valor do LIC da Tabela 6.7 para uma amostra de tamanho n

Para o caso das ambulâncias, os limites de controle da amplitude são calculados utilizando as constantes da Tabela 6.7 para um tamanho de amostra igual a quatro:

$$(\text{LSC}) = D_4 \bar{R} = (2,282)(2,6) = 6,0$$
$$(\text{LIC}) = D_3 \bar{R} = (0)(2,6) = 0$$

Tabela 6.6 Tempos de resposta da ambulância (minutos)

Dia	1	2	3	4	5	6	7
Manhã	3,6	4,5	2,9	7,1	4,3	6,7	2,8
Tarde	5,2	6,3	4,7	6,2	2,8	5,8	5,6
Noite	6,5	7,2	3,8	3,9	5,9	6,9	3,8
Madrugada	4,9	6,9	4,3	5,6	3,2	4,9	4,9
$\bar{X}$	5,1	6,2	3,9	5,7	4,1	6,1	4,3
Amplitude	2,9	2,7	1,8	3,2	3,1	2,0	2,8

Tabela 6.7 Constantes para o gráfico de controle para variáveis

Tamanho da amostra n	Gráfico $\bar{X}$ A_2	Gráfico R	
		D_3	D_4
2	1,880	0	3,267
3	1,023	0	2,574
4	0,729	0	2,282
5	0,577	0	2,114
6	0,483	0	2,004
7	0,419	0,076	1,924
8	0,373	0,136	1,864
9	0,337	0,184	1,816
10	0,308	0,223	1,777
12	0,266	0,283	1,717
14	0,235	0,328	1,672
16	0,212	0,363	1,637
18	0,194	0,391	1,608
20	0,180	0,415	1,585
22	0,167	0,434	1,566
24	0,157	0,451	1,548

Fonte: Adaptada da Tabela 27 do *ASTM Manual on Presentation of Data and Control Chart Analysis*, copyright 1976, Philadelphia; American Society for Testing and Materials.

Como todos os valores de amplitude da última coluna da Tabela 6.6 se mantêm entre o LSC e o LIC do gráfico *R* do período de sete dias, conclui-se que a variabilidade do processo está sob controle. Assim, pode-se prosseguir à construção do gráfico $\bar{X}$.

As fórmulas apropriadas para o cálculo dos limites de controle para um gráfico $\bar{X}$ utilizam o valor de A_2 encontrado na Tabela 6.7 e $\bar{R}$ como uma medida da dispersão do processo.

$$LSC = \bar{\bar{X}} + A_2 \bar{R} \quad (3)$$

$$LIC = \bar{\bar{X}} - A_2 \bar{R} \quad (4)$$

Os limites de controle para um tamanho de amostra igual a quatro são calculados como segue:

$$LSC = \bar{\bar{X}} + A_2 \bar{R} = 5,0 + (0,729)(2,6) = 6,9$$

$$LIC = \bar{\bar{X}} - A_2 \bar{R} = 5,0 - (0,729)(2,6) = 3,1$$

A Figura 6.9 mostra o gráfico $\bar{X}$ do tempo de resposta com a média $\bar{\bar{X}} = 5,0$, LSC = 6,9 e LIC = 3,1. As médias $\bar{X}$ da amostra nos primeiros sete dias, encontradas na Tabela 6.6, são plotadas no gráfico para obter uma descrição visual do desempenho na semana e verificar se o processo está sob controle antes de aplicar o gráfico de controle. Como observado nos primeiros sete dias, todas as observações estão entre o LSC e o LIC; logo, o processo está sob controle. Entretanto, no dia 10, a média da amostra excede o LSC; consequentemente, o sistema necessita de atenção. Suponhamos que nosso exemplo da ambulância represente dados de uma cidade litorânea, e que as férias de verão começaram no dia 8. Os tempos de resposta, portanto, poderiam ter aumentado devido a viagens mais demoradas até a praia. Deixar uma ambulância posicionada na praia durante as férias de verão pode melhorar o desempenho.

Exemplo 6.3 Gráfico de controle para atributos (gráfico *p*)

Em alguns casos, o desempenho do sistema é classificado como "bom" ou "ruim". A principal preocupação é o percentual de desempenho ruim. Por exemplo, consideremos o operador de uma máquina de triagem mecanizada em uma agência de correios. O operador deve ler o CEP de uma correspondência e, conhecendo sua localização na cidade, dirigi-la à esteira que a levará ao caminhão apropriado. Pelos registros anteriores, a taxa de erro dos operadores dessa função é de cerca de 5%, ou uma fração de falha de 0,05. A gerência quer desenvolver um gráfico de controle para monitorar os novos operadores a fim de garantir que o pessoal inapto para esse trabalho seja identificado. As equações (5) e (6) a seguir são utilizadas para construir um gráfico de percentual, ou gráfico *p*. Essas fórmulas devem ser conhecidas, pois representam um intervalo de confiança de 3 desvios-padrão para um percentual.

$$LSC = \bar{p} + 3\sqrt{\frac{\bar{p}(1-\bar{p})}{n}} \quad (5)$$

$$LIC = \bar{p} - 3\sqrt{\frac{\bar{p}(1-\bar{p})}{n}} \quad (6)$$

onde

$$\sqrt{\frac{\bar{p}(1-\bar{p})}{n}} = \text{erro-padrão de porcentagem}$$

$$\bar{P} = \text{estimativa da porcentagem populacional}$$

$$n = \text{tamanho da amostra}$$

Os limites de controle do gráfico *p* para a operação de triagem são calculados utilizando as equações (5) e (6) e amostras aleatórias de 100 correspondências retiradas dos caminhões de entrega. Observe que, se o cálculo do *LIC* resultar em um número negativo, então o *LIC* será fixado em zero.

$$LSC = 0{,}05 + 3\sqrt{\frac{(0{,}05)(0{,}95)}{100}} = 0{,}05 + 3(0{,}0218) = 0{,}1154 \approx 0{,}11$$

$$LIC = 0{,}05 - 3\sqrt{\frac{(0{,}05)(0{,}95)}{100}} = 0{,}05 - 3(0{,}0218) = -0{,}1154 \,[= 0{,}0]$$

O gráfico *p* para essa operação é apresentado na Figura 6.10. Dados esses nove dias de experiência do novo funcionário, você concluiria que ele está apto para o cargo de triagem?

Garantia incondicional de serviço[10]

Quando se compra um produto, espera-se uma garantia do seu desempenho – mas uma *garantia incondicional de serviço*? Impossível! Nem tanto, segundo Christopher Hart, que afirmou que garantias de serviço, como a do exemplo na Figura 6.11, têm cinco importantes características:

1. *Incondicional.* A satisfação do cliente é incondicional, sem exceções. Por exemplo, a L. L. Bean, uma casa de encomenda de mercadorias por correspondência, no Maine, aceita todas as devoluções sem questionar e garante a substituição da encomenda, a devolução do dinheiro ou crédito.
2. *Fácil de entender e comunicar.* Os clientes devem saber precisamente o que esperar de uma garantia em termos mensuráveis. Por exemplo, o Bennigan's garante que, se o almoço não for servido em 15 minutos, a refeição sairá de graça.
3. *Significativa.* A garantia deve ser importante para o cliente em termos financeiros, bem como em termos de serviço. A Domino's Pizza garante que, se um pedido não for entregue em 30 minutos, o cliente receberá US$ 3 de abatimento em vez de uma pizza grátis, pois seus clientes preferem o abatimento.

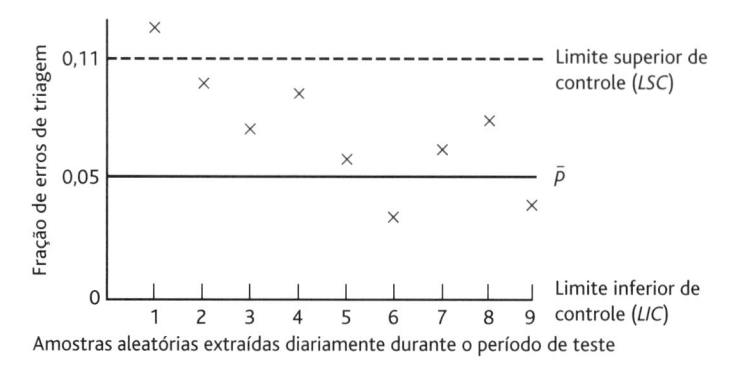

Figura 6.10 Gráfico *p* para o operador de triagem de CEP.

> **Hampton Inn**
>
> **100% DE SATISFAÇÃO GARANTIDA**
>
> Garantimos acomodações de alta qualidade, atendimento simpático e eficiente e um ambiente limpo e confortável.
>
> Se você não ficar completamente satisfeito, não precisará pagar.

Figura 6.11 Garantia incondicional de serviços do Hampton Inn.

4. *Fácil de solicitar.* Um cliente insatisfeito não deve ser incomodado com o preenchimento de formulários ou com a redação de cartas para solicitar uma garantia. O Cititravel, um serviço do Citibank, garante a menor tarifa aérea ou a devolução da diferença; uma ligação grátis para um agente é suficiente para confirmar uma tarifa menor e receber a devolução do dinheiro.
5. *Fácil de obter.* As melhores garantias são aquelas prestadas imediatamente, como ilustrado pela Domino's Pizza e pelo Bennigan's.

A garantia de um serviço tem um evidente apelo de marketing. Mais importante, no entanto, é que a garantia de um serviço redefine o significado do serviço para um setor pelo estabelecimento de padrões de qualidade. Por exemplo, a Federal Express definiu a entrega de pequenas encomendas com uma garantia de entrega da noite para o dia. A garantia de um serviço promove a eficiência organizacional de várias formas:

1. *Concentra-se no cliente.* Uma garantia leva a empresa a identificar as expectativas de seus clientes. Em uma pesquisa com seus passageiros, a British Airways identificou que eles avaliavam os serviços da empresa sob quatro dimensões: cuidado e atenção, iniciativa, solução de problemas e – para a surpresa da companhia – restabelecimento da situação normal quando algo saía errado.
2. *Estabelece padrões claros.* Uma garantia específica e sem ambiguidades para o cliente também estabelece padrões claros para a organização. A garantia dada pela Federal Express de entregar "todos os pacotes até as 10h30 da manhã" define as responsabilidades de todos os funcionários da companhia.
3. *Garante retorno.* As solicitações de garantia por parte dos clientes disponibilizam informações valiosas para a avaliação da qualidade. Os clientes insatisfeitos passam a ter um incentivo para reclamar e receber a atenção da gerência. A Manpower Inc., uma agência de trabalhadores temporários, utiliza uma abordagem proativa ao telefonar para o cliente após o primeiro dia a fim de obter um *feedback* quanto à sua satisfação.
4. *Promove uma compreensão do sistema de prestação de serviço.* Antes de definir qualquer garantia, os gerentes precisam identificar os possíveis pontos de falha do sistema e em que medida eles podem ser controlados. O Burger Bug Killers, Inc., uma dedetizadora da Flórida, não garante ou aceita um trabalho a menos que o cliente siga as recomendações de melhorias nas instalações, como lacrar portas e janelas para evitar a entrada de insetos. A Federal Express adotou uma rede centro-radial para garantir que todas as embalagens sejam levadas a Memphis até o final da tarde, para classificação e despacho durante a noite, e entregues até as 10h30 da manhã seguinte.

5. *Constrói a fidelidade do cliente.* A garantia reduz o risco para o cliente, explicita as expectativas e constrói uma fatia de mercado pela retenção de clientes insatisfeitos, os quais, se não dispusessem da garantia, poderiam tornar-se clientes da concorrência.

RECUPERAÇÃO DO SERVIÇO

A Tabela 6.8 apresenta algumas estatísticas sobre o comportamento de clientes insatisfeitos, sugerindo que uma rápida resolução de falhas nos serviços é uma forma importante de criar clientes leais. Como os clientes participam do processo de prestação do serviço, um empregado atento, treinado nas técnicas de *recuperação de serviço*, consegue transformar um provável desastre em um cliente leal.

Uma falha no serviço pode se tornar um serviço aprazível pela delegação de poder aos funcionários da linha de frente, dando a eles o arbítrio para "consertar as coisas". Por exemplo, quando um avião lotado de passageiros ansiosos está atrasado por algum pequeno problema mecânico, podem ser servidas bebidas de cortesia. Muitos esforços heroicos transformam-se em lendas, como a história do funcionário da Federal Express que contratou um helicóptero para reparar uma linha telefônica danificada durante uma nevasca. Os gastos realizados em uma recuperação não são nada se comparados às potenciais histórias negativas, agora transformadas em relatos úteis de como um empregado fez um esforço além do esperado para satisfazer o cliente. O treinamento de empregados para a compreensão das diferentes formas de recuperação de serviços deve ser a primeira linha de defesa contra defeitos e o boca a boca negativo.

A estrutura de recuperação de serviços mostrada na Figura 6.12 é ilustrada pelo exemplo do Club Med, um resort de férias para hóspedes que querem se preocupar somente com relaxar e se divertir. Na *fase de pré-recuperação*, são altas as expectativas do cliente, com base na experiência anterior e nos comentários boca a boca. No entanto, as condições climáticas são uma variável incontrolável para o Club Med, e as tempestades têm o potencial de arruinar as expectativas de banhos de sol na praia. A *fase de recuperação imediata* exige iniciativa da equipe para garantir uma experiência agradável aos hóspedes, apesar do mau tempo. Há várias histórias sobre reações criativas ao mau tempo, como organização de jogos e apresentação de espetáculos. Essa capacidade da equipe de criar uma experiência memorável para os hóspedes é chamada "magia do Club Med". Na *fase de acompanhamento*, os hóspedes recebem fotografias e lembranças das férias e, em casos graves, um convite com desconto para retornar no ano seguinte.

Abordagens para a recuperação de serviços[11]

Existem quatro abordagens básicas para a recuperação de serviços: a abordagem caso a caso, a resposta sistemática, a intervenção inicial e a de recuperação por serviço substituto.

1. *A abordagem caso a caso* lida com a reclamação de cada cliente. Essa abordagem tem custo baixo e é de fácil implementação, mas pode ser variável. Os queixosos mais persistentes ou agressivos, por exemplo, costumam receber respostas satisfatórias, enquanto os queixosos mais "razoáveis" não. A casualidade dessa abordagem pode gerar percepções de injustiça.

2. *A abordagem de resposta sistemática* segue um protocolo para lidar com as reclamações dos clientes. Ela é mais confiável do que a abordagem caso a caso porque se trata de uma resposta planejada, baseada na identificação de pontos de falhas críticos e em uma determinação anterior dos critérios de recuperação apropriados. Desde que as diretrizes de resposta sejam atuali-

Tabela 6.8 *Feedback* do cliente e o boca a boca

- Em média, a empresa fica sabendo apenas de 4% dos seus clientes insatisfeitos com produtos ou serviços. Dos 96% que não reclamam diretamente, 25% têm problemas sérios.
- Os 4% que reclamam têm mais chances de permanecerem com o prestador do serviço do que os 96% que não reclamam.
- Em torno de 60% dos reclamantes permaneceriam como clientes se o seu problema fosse resolvido e 95% deles permaneceriam se o problema fosse resolvido rapidamente.
- Cada cliente insatisfeito falará para 10 a 20 pessoas a respeito do seu problema.
- Cada cliente que teve um problema resolvido por uma empresa relatará o caso para aproximadamente cinco pessoas.

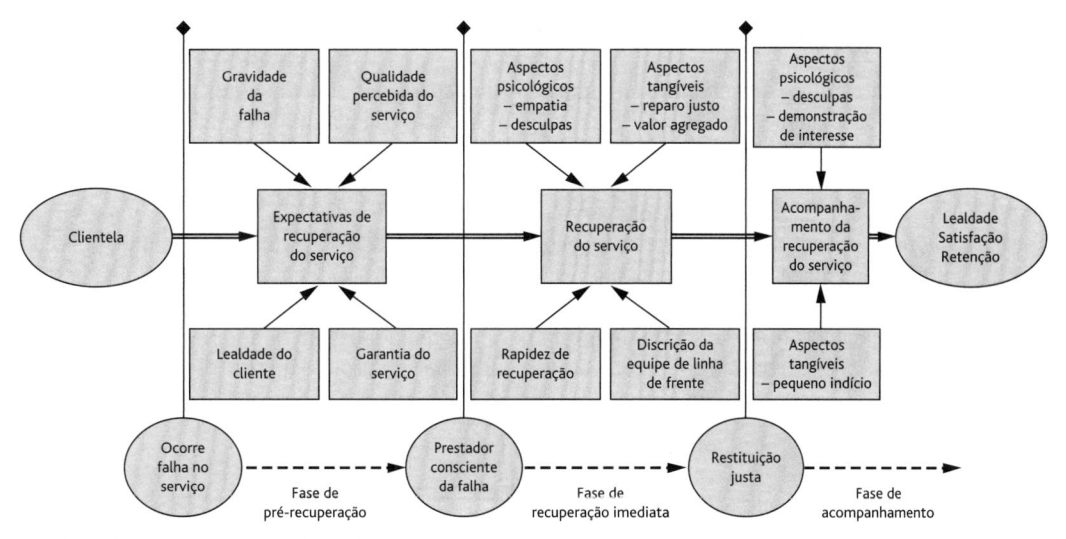

Figura 6.12 Quadro de recuperação de serviços

Fonte: Reimpresso com permissão de Elsevier: Janis L. Miller, Christopher W. Craighead, and Kirk R. Karwan, "Service Recovery: A Framework and Empirical Investigation," *Journal of Operations Management* 18, 2000, p. 388.

zadas continuamente, essa abordagem é bastante benéfica por oferecer uma resposta coerente e oportuna.

3. *Uma abordagem de intervenção inicial* acrescenta outro componente à abordagem de resposta sistemática ao tentar intervir e resolver os problemas de processo de serviços antes que eles afetem o cliente. Um fornecedor que se dá conta de que uma carga está atrasada devido à quebra de um caminhão, por exemplo, pode escolher notificar imediatamente o cliente, de maneira que ele consiga desenvolver planos alternativos, se necessário.

4. *Uma abordagem alternativa* explora a falha de um rival em ganhar o cliente do concorrente ao fornecer uma *recuperação por serviço substituto*. Em determinados momentos, a empresa rival apoia essa abordagem. Uma recepcionista de um hotel lotado, por exemplo, pode enviar um cliente para um hotel concorrente. O concorrente explorará uma oportunidade como essa se proporcionar um serviço oportuno e de qualidade. Essa abordagem é de difícil implementação, porque as informações a respeito das falhas nos serviços de um concorrente normalmente são mantidas em segredo.

Princípios de tratamento de reclamações[12]

Cada reclamação precisa ser tratada como um presente. Um cliente que reclama está disponibilizando voluntariamente o seu tempo para deixar a empresa ciente de um erro, porque ele se importa. Essa oportunidade deve ser aproveitada não apenas para satisfazer o cliente, mas também para criar um relacionamento com alguém que se tornará um defensor da empresa. Devem ser incorporados princípios de tratamento de reclamações no treinamento de todos os funcionários da linha de frente. Seriam incluídos, por exemplo, os seguintes princípios:

- Tratamos cada reclamação como um presente.
- Reclamações são bem-vindas.
- Encorajamos os clientes a reclamarem.
- Facilitamos o processo de reclamação.
- Atendemos reclamações com rapidez.
- Tratamos as reclamações de forma justa.
- Damos a nossos funcionários poder para atender às reclamações.
- Nossos sistemas de atendimento de reclamações são bons para o cliente e para o funcionário.
- Recompensamos os funcionários que atendem bem às reclamações.
- Registramos as reclamações e aprendemos com elas.

ESTÁGIOS NO DESENVOLVIMENTO DA QUALIDADE

Neste capítulo, observamos algumas das questões mais fundamentais relativas à incorporação da qualidade na prestação de serviços. Alguns aspectos da garantia de qualidade em uma organização de serviços ocorrem simultaneamente, mas é útil observar o seu desenvolvimento de forma sistemática.

A escada da qualidade em serviços, mostrada na Figura 6.13, resume as etapas graduais no desenvolvimento da qualidade. A inspeção é representada como o primeiro degrau, pois é com ela que as organizações normalmente começam as suas primeiras tentativas de lidar com questões de qualidade (p.ex., conferir os quartos de hotéis após a limpeza). O desdobramento da função qualidade é representado como o degrau mais alto porque a qualidade tem de finalmente ser reconhecida como uma exigência básica do cliente, a ser incorporada ao projeto do processo de prestação de serviço.

DESDOBRAMENTO DA FUNÇÃO QUALIDADE
Define a voz do cliente em termos operacionais.

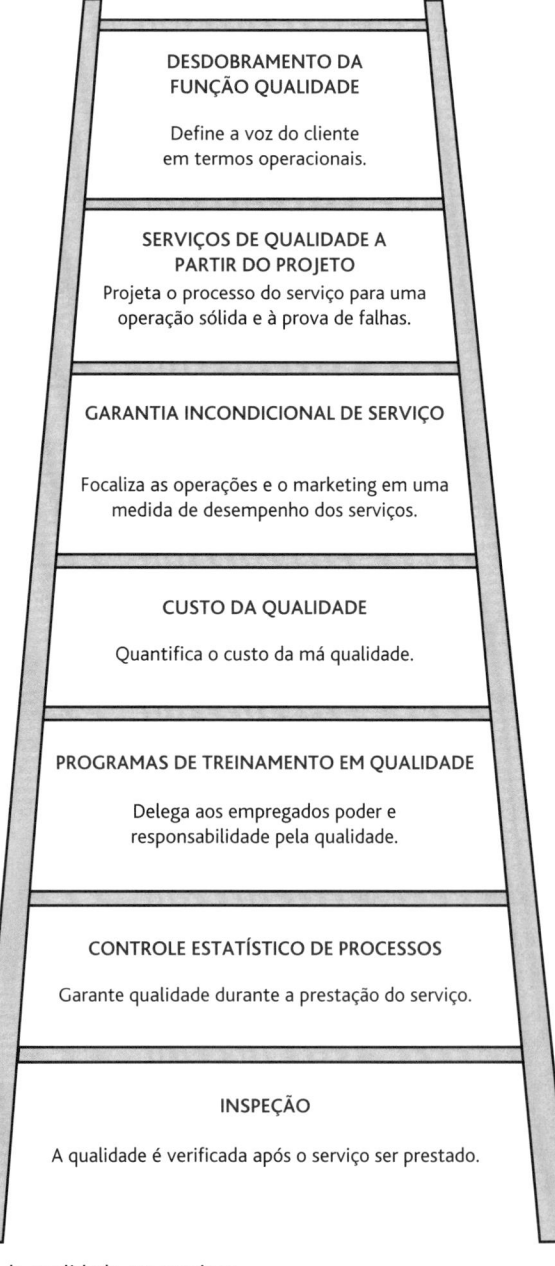

SERVIÇOS DE QUALIDADE A PARTIR DO PROJETO
Projeta o processo do serviço para uma operação sólida e à prova de falhas.

GARANTIA INCONDICIONAL DE SERVIÇO
Focaliza as operações e o marketing em uma medida de desempenho dos serviços.

CUSTO DA QUALIDADE
Quantifica o custo da má qualidade.

PROGRAMAS DE TREINAMENTO EM QUALIDADE
Delega aos empregados poder e responsabilidade pela qualidade.

CONTROLE ESTATÍSTICO DE PROCESSOS
Garante qualidade durante a prestação do serviço.

INSPEÇÃO
A qualidade é verificada após o serviço ser prestado.

Figura 6.13 A escada da qualidade em serviços.

Benchmark em serviços

Bronson Methodist Hospital

O Bronson Methodist Hospital (BMH) é um hospital regional que atende a área sudoeste de Michigan e que está acima da maioria das instituições... é o que diz o Programa Nacional de Qualidade Malcolm Baldrige; e também o Ministério da Saúde dos Estados Unidos; e a HealthGrades, empresa líder na classificação em serviços de assistência médica; a American Hospital Association; a revista *Fortune* e, o mais importante, os pacientes.

Esse hospital inovador combina seu objetivo de oferecer excelente assistência médica, sua filosofia de enfermagem e suas três estratégias corporativas (excelência clínica, eficácia corporativa e excelência no atendimento ao cliente) para ser líder nacional no fornecimento de cuidados de saúde. O Bronson é constantemente apontado como uma organização de saúde com "as melhores práticas" em diferentes medidas de qualidade. Por exemplo, o hospital recebeu uma classificação nacional de cinco estrelas, a mais alta possível, por seus procedimentos em infartos e cirurgias de quadril.

Uma pesquisa Gallup relata que a satisfação dos pacientes se encontra no 97º percentil ou mais para internações de pacientes, cirurgias ambulatoriais e exames de pacientes não internados. Esse feito notável resulta de muito esforço para se concentrar nas necessidades dos pacientes: pesquisas com os pacientes, telefonemas após a alta, grupos focais, pesquisas com a comunidade, "rondas" hospitalares conduzidas por líderes do BMH e membros da equipe de relações com os pacientes e um significativo compromisso com o apoio aos funcionários.

O BMH mantém um programa de Padrões e Expectativas de Atendimento ao Cliente que estabelece a responsabilidade pessoal de cada membro da equipe de oferecer assistência excelente para cada paciente. Os funcionários são vistos como recursos valiosos – por exemplo, o hospital tem um plano formal para desenvolver e reter a mão de obra e inclui estratégias como apoio à formação contínua dos funcionários e concessão de bolsas de estudo de ensino superior para filhos de funcionários. Os empregados também recebem benefícios reembolsáveis na forma de atendimento de *personal trainers* e massagistas, bem como programas antitabagismo e de perda de peso. A cultura de apoio aos funcionários preconizada pelo hospital resultou em taxas de rotatividade de mão de obra relativamente baixas – por exemplo, em um período recente, a taxa de cargos vagos para enfermeiras foi menos da metade de uma comparação nacional de melhores práticas.

Além de ser líder nacional no oferecimento de excelente assistência médica, o Bronson também é líder no comprometimento com o ambiente e a comunidade. A equipe de funcionários do hospital dedica voluntariamente um número extraordinário de horas para atender às necessidades comunitárias relativas à saúde, e o hospital recebeu um prêmio em liderança ambiental pela redução de resíduos e da poluição.

Fonte: http://www.quality.nist.gov/PDF_files/Bronson_Profile.pdf

Resumo

Começamos nosso estudo sobre as questões da qualidade em serviços mencionando que os clientes são os juízes definitivos do valor de um serviço. Os pesquisadores de mercado identificaram cinco dimensões principais utilizadas pelos clientes para julgar a qualidade em serviços. Os clientes adotam essas dimensões para fazer suas avaliações, que se baseiam principalmente na comparação entre suas expectativas em relação ao serviço desejado e as suas percepções a respeito do serviço prestado. Apresentamos, então, os diferentes tipos de lacunas que podem ocorrer quando as expectativas de um cliente não coincidem com suas percepções.

A seguir, abordamos o problema da mensuração da qualidade em serviços. A auditoria nas instalações e a SERVQUAL são duas abordagens úteis para medir a qualidade de uma variedade de serviços.

Apontamos a necessidade de "projetar" a qualidade e examinamos o conceito de robustez de Taguchi, as estratégias *poka-yoke* para evitar falhas e os métodos de desdobramento da função de qualidade para incorporar ao projeto os requisitos de qualidade do cliente.

Os custos da qualidade são classificados como custos de falha, de detecção e de prevenção. Ilustramos a aplicação do controle estatístico de processo para evitar os altos custos das falhas em operações de serviços.

Finalmente, tendo em vista que as falhas em serviços de fato ocorrem, examinamos o conceito de recuperação em serviços e os programas de garantia incondicional.

Palavras-chave e definições

Auditoria nas instalações: pesquisa orientada a processos feita com os clientes e os administradores para avaliar a percepção da experiência de serviço do cliente. *p. 125*

Controle estatístico de processo: uso de um gráfico de controle para monitorar uma medida de desempenho de um processo, que sinaliza quando uma intervenção é necessária. *p. 131*

Desdobramento da função qualidade: processo em que uma "casa da qualidade" é construída para incorporar as necessidades do cliente ao projeto de um processo de serviço. *p. 122*

Garantia incondicional de serviço: garantia de serviço que proporciona à empresa a focalização no cliente. *p. 134*

Gráfico de controle: gráfico com limites superior e inferior de controle dentro dos quais as médias das amostras são periodicamente registradas a fim de representar de forma visual o momento em que um processo está fora de controle. *p. 131*

Métodos Taguchi: abordagens para o projeto de um processo de serviço que asseguram "robustez" ou uma capacidade de operação sob condições adversas. *p. 120*

Poka-yoke: dispositivo ou lista de verificação "à prova de erros" para auxiliar os funcionários a evitarem um erro. *p. 121*

Recuperação de serviço: conversão de um cliente previamente insatisfeito em um cliente leal. *p. 136*

SERVQUAL: instrumento de pesquisa que utiliza o cliente para medir as falhas da qualidade em serviços. *p. 119*

Tópicos para discussão

1. De que forma as cinco dimensões da qualidade em serviços diferem daquelas relacionadas à qualidade de um produto?
2. Por que a medição da qualidade em serviços é tão difícil?
3. Dê exemplos dos quatro componentes de custo da qualidade para um serviço de sua escolha.
4. Por que as empresas de serviços hesitam em oferecer uma garantia de serviço?
5. Como o conserto de uma falha em um serviço pode ser um mal que vem para o bem?

Exercício interativo

Dividida a turma em pequenos grupos. Cada grupo identifica a *pior* e a *melhor* experiência em serviços que qualquer um dos membros já teve. A turma reúne-se novamente e discute o que foi aprendido a respeito da qualidade em serviços.

Problemas resolvidos

1. Gráfico de controle para variáveis (gráficos $\bar{X}$ e R)

Enunciado do problema

Para tornar-se produtivo, o Resort International pretende estabelecer critérios para o tempo gasto pelos encarregados das reservas por telefone montando um pacote turístico para os clientes. Foi proposta uma coleta de dados a fim de determinar o tempo médio gasto com os clientes e a amplitude média, bem como estabelecer um gráfico de controle de processo para a operação. A tabela a seguir registra os minutos que os encarregados das reservas gastaram atendendo chamadas, ao observar uma chamada por dia de uma semana normal de trabalho. A quinta linha contém os valores de $\bar{X}$ para cada dia. A última linha contém os valores das amplitudes (isto é, superior – inferior) para a semana (p.ex., o maior valor para Alice foi 14, e o menor valor foi 5, resultando em uma amplitude de 9).

Funcionário	Segunda	Terça	Quarta	Quinta	Sexta
Alice	5	11	12	13	10
Bill	6	5	12	10	13
Janice	14	13	10	9	9
Mike	8	6	9	12	14
$\bar{X}$	8,25	8,75	10,75	11,0	11,5
Amplitude	9	8	3	4	5

Solução

Primeiro, determinamos a média e a amplitude da população utilizando os resultados das amostras dos cinco dias apresentados:

$$\bar{\bar{X}} = \frac{8{,}25 + 8{,}75 + 10{,}75 + 11{,}0 + 11{,}5}{5} = 10{,}05$$

$$\bar{R} = \frac{9 + 8 + 3 + 4 + 5}{5} = 5{,}8$$

Depois, estabelecemos os limites para a amplitude dos tempos de chamada para cada uma das amostras de quatro chamadas ao construir um gráfico R, utilizando as equações (1) e (2).

$$\text{LSC} = D_4 \bar{R} = (2{,}282)(5{,}8) = 13{,}2$$

$$\text{LIC} = D_3 \bar{R} = (0)(5{,}8) = 0$$

Em terceiro lugar, determinamos os limites de controle para um gráfico $\bar{X}$, utilizando as equações (3) e (4) para o caso em que quatro amostras aleatórias são coletadas a cada dia para cada funcionário. O tamanho de amostra igual a 4 foi escolhido por conveniência.

$$\text{LSC} = \bar{\bar{X}} + A_2 \bar{R} = 10{,}05 + (0{,}729)(5{,}8) = 14{,}28$$

$$\text{LIC} = \bar{\bar{X}} - A_2 \bar{R} = 10{,}5 - (0{,}729)(5{,}8) = 5{,}82$$

Plotando o tempo médio de chamada, que se baseia em uma amostra aleatória de quatro chamadas por funcionário por dia, é obtido um registro do desempenho de cada funcionário. Se o tempo médio de chamada de um funcionário sair dos limites de controle, torna-

-se necessária uma explicação. Se a média estiver acima do LSC, tempo demais está sendo gasto para fazer as reservas, resultando em uma perda de produtividade. Se a média está abaixo do LIC, o funcionário pode estar sendo lacônico demais, o que resulta na percepção, por parte do cliente, de falta de interesse da empresa.

2. Gráfico de controle para atributos (gráfico *p*)

Enunciado do problema

Uma companhia aérea regional está preocupada com a pontualidade dos seus voos. O centro de Memphis observou 20 operações de voo a cada dia da semana e obteve o seguinte registro de partidas pontuais para os últimos 10 dias: 17, 16, 18, 19, 16, 15, 20, 17, 18 e 16. Prepare um gráfico *p* com um tamanho de amostra consistindo no percentual médio de voos pontuais em uma semana.

Solução

Primeiro, calculamos a fração esperada de voos sem atraso da população, que é a soma das observações dos 10 dias, dividida por um total de 200 voos:

$$\bar{p} = \frac{17+16+18+19+16+15+20+17+18+16}{(10)(20)} = 0,86$$

Determinam-se os limites de controle mediante as equações (5) e (6) com um tamanho de amostra igual a 7:

$$\text{LSC} = \bar{p} + 3\sqrt{\frac{\bar{p}(1-\bar{p})}{n}} = 0,86 + 3\sqrt{\frac{0,86(1-0,86)}{7}}$$
$$= 0,86 + 3(0,13) = 1,25 \,[=1,00]$$

$$\text{LIC} = \bar{p} - 3\sqrt{\frac{\bar{p}(1-\bar{p})}{n}} = 0,86 - 3(0,13) = 0,47$$

Como frequentemente ocorre nos gráficos *p*, estabelece-se um limite igual ao valor extremo (isto é, LSC = 1,00 ou LIC = 0,0). Nesse caso, seria calculado um percentual médio de partidas sem atraso por semana e, somente se fosse encontrado um valor inferior a 47% (ou se 9 das 20 partidas ocorressem com atraso), seriam adotadas medidas para investigar a causa da ocorrência anormal.

Exercícios

6.1 No Exemplo 6.1, a Village Volvo deseja testar os resultados do exercício de QFD quanto à sensibilidade a mudanças na importância relativa das expectativas dos clientes. Recalcule os valores ponderados para o exercício de QFD quando forem dadas as mesmas importâncias relativas (p.ex., cinco) para as expectativas dos clientes. Isso altera as recomendações anteriores de focalização em treinamento?

6.2 No Exemplo 6.2, o supervisor da ambulância agora decide dobrar o tamanho da amostra de tempos de resposta para oito chamadas por dia. Calcule os novos LSC e LIC para obter um gráfico $\bar{X}$ revisado. Para a semana seguinte, você registra esta amostra de tempos médios de resposta diários: 5,2; 6,4; 6,2; 5,8; 5,7; 6,3 e 5,6. Você ficaria preocupado?

6.3 O tempo para arrumar as camas em um hotel deveria ficar dentro de uma determinada amplitude. Uma amostra de quatro camareiras foi selecionada, e o tempo necessário para arrumar uma cama foi observado em três ocasiões, conforme apresentado a seguir:

	Tempo do serviço (segundos)		
Camareira(o)	Amostra 1	Amostra 2	Amostra 3
Ann	120	90	150
Linda	130	110	140
Marie	200	180	175
Michael	165	155	140

a. Determine os limites superior e inferior de controle para um gráfico $\bar{X}$ e para um gráfico *R* com um tamanho de amostra igual a 4.
b. Depois de estabelecido o gráfico de controle, uma amostra de quatro observações apresentou os seguintes tempos, em segundos: 185, 150, 192 e 178. É necessário adotar alguma ação corretiva?

6.4 A gerência da rede de restaurantes franqueados Diners Delight encontra-se no processo de estabelecimento de gráficos de controle de qualidade para o tempo que o seu pessoal de serviço dispensa a cada cliente. A opinião da gerência é que a quantidade de tempo dispensado a cada cliente deve se manter dentro de certos limites para aumentar a qualidade do serviço.

Foi selecionada uma amostra de seis funcionários, e o serviço fornecido ao consumidor foi observado quatro vezes. Foram identificadas as atividades executadas, e o tempo para atender um cliente foi registrado da seguinte forma:

	Tempo do serviço (segundos)			
Funcionário	Amostra 1	Amostra 2	Amostra 3	Amostra 4
1	200	150	175	90
2	120	85	105	75
3	83	93	130	150
4	68	150	145	175
5	110	90	75	105
6	115	65	115	125

a. Determine os limites superior e inferior de controle para um gráfico $\bar{X}$ e para um gráfico *R* utilizando uma amostra de tamanho igual a 6.
b. Depois de estabelecido o gráfico de controle, foi observada uma amostra de seis funcionários. Foram registrados os seguintes tempos de atendimento aos clientes, em segundos: 180, 125, 110, 98, 156 e 190. É necessário adotar alguma ação corretiva?

6.5 Depois de familiarizados com suas funções, os operadores da máquina de triagem do Exemplo 6.3 agora cometem uma média de apenas dois erros de classificação para cada 100 correspondências. Prepare um gráfico *p* para esses operadores da máquina de triagem já experientes.

6.6 Várias reclamações têm sido enviadas ao departamento de polícia de Gotham City a respeito do aumento da incidência de congestionamentos nas ruas da cidade. As reclamações atribuem a causa desses congestionamentos a falhas na sincronização dos sinais de tráfego. Os sinais são controlados por um sistema de computador central, e qualquer ajuste desse sistema é caro. Por isso, os controladores relutam em fazer modificações no sistema, a menos que se comprove sua real necessidade.

Durante o ano anterior, o departamento de polícia coletou dados em mil cruzamentos. Os dados foram compilados em uma base mensal, conforme apresentado a seguir:

Mês	Incidência de congestionamentos
Janeiro	14
Fevereiro	18
Março	14
Abril	12
Maio	16
Junho	8
Julho	19
Agosto	12
Setembro	14
Outubro	7
Novembro	10
Dezembro	18

a. Com base nesses dados, construa um gráfico p.
b. Decida se o sistema deveria ser modificado caso, durante os próximos três meses, os registros de congestionamentos nesses mil cruzamentos indicassem o seguinte:

Mês	Incidência de congestionamentos
Janeiro	15
Fevereiro	9
Março	11

6.7 O Speedway Clinical Laboratory é um laboratório de exames de sangue que recebe amostras de hospitais e clínicas locais. As amostras de sangue são submetidas a vários testes automatizados, e os resultados são impressos por um computador central, que lê e armazena as informações a respeito de cada amostra testada.

A gerência está preocupada com a qualidade do serviço prestado e deseja estabelecer limites de controle da qualidade como uma medida de qualidade dos seus exames. Tal prática gerencial é vista como significativa, pois análises incorretas de uma amostra podem levar a um diagnóstico errado pelo médico, o que, por sua vez, pode custar a vida de um paciente. Por essa razão, 100 amostras de sangue foram coletadas a cada dia, de forma aleatória, após terem sido submetidas a todos os testes. Depois de novamente testadas as amostras, dessa vez de forma manual, foram obtidos os seguintes resultados:

Dia	Análise incorreta	Dia	Análise incorreta
1	8	11	4
2	3	12	6
3	1	13	5
4	0	14	10
5	4	15	2
6	2	16	1
7	9	17	0
8	6	18	6
9	3	19	3
10	1	20	2

a. Construa um gráfico p para ser utilizado na avaliação da qualidade do serviço descrito.
b. Na média, qual é o número esperado de exames incorretos por 100 amostras?
c. Mais tarde, outras 100 amostras foram coletadas. Depois de estabelecer a exatidão dos testes, verificou-se que 10 amostras foram analisadas de forma incorreta. Qual é sua conclusão sobre a qualidade desse serviço?

6.8 A companhia de seguros Long Life recebe solicitações de compras de seguros de seu pessoal de vendas, treinado especialmente para vender seguros a novos clientes. Quando as solicitações são recebidas, elas são processadas por um computador. O computador está programado para imprimir mensagens sempre que for verificada a existência de um item não enquadrado nas diretrizes da companhia. A empresa está preocupada com a eficiência do treinamento recebido por seu pessoal de vendas e está decidida a treiná-los novamente se seu desempenho estiver abaixo de certos limites. Cinco amostras de 20 solicitações recebidas de áreas específicas do mercado foram coletadas e inspecionadas, com os seguintes resultados:

Amostra	Solicitações com erros
1	2
2	2
3	1
4	3
5	2

a. Determine os limites superior e inferior de controle para um gráfico p usando uma amostra de 20.
b. Depois de os limites superior e inferior terem sido estabelecidos, uma amostra foi retirada e descobriu-se que quatro solicitações apresentavam erros. O que podemos concluir disso?

Clean Sweep, Inc.

Estudo de caso 6.1

A Clean Sweep, Inc. (CSI) é uma empresa de zeladoria e segurança especializada na manutenção de escritórios. Embora não seja uma grande empresa se comparada a seus principais concorrentes, a CSI detém diversos dos maiores contratos de serviços com alguns escritórios do governo. Para entrar e manter-se no negócio de segurança, a CSI adotou como estratégia trabalhar com uma equipe enxuta que executa um trabalho de alta qualidade em um ritmo razoavelmente rápido. No momento, a administração sabe que a CSI apresenta maior produtividade por funcionário do que a concorrência e que essa característica é a chave do sucesso da companhia, sendo, portanto, fundamental a manutenção do alto nível de produtividade do trabalhador.

No quadro de funcionários, a estrutura organizacional é dividida em quatro grupos, cada um constituído por um líder e mais seis a nove membros. Todos os grupos estão sob a direção de um único supervisor.

No complexo de prédios do governo do Estado, a CSI tem contrato com nove prédios, e os serviços de zeladoria foram distribuídos conforme apresentado na Tabela 6.9, para equilibrar a distribuição de carga de trabalho entre as equipes (com base na área bruta por membro).

As responsabilidades de cada grupo envolvem as seguintes tarefas, que não estão listadas em ordem de importância: 1) passar aspirador de pó nos carpetes; 2) esvaziar as lixeiras e colocar o lixo no depósito de lixo industrial; 3) lavar, secar e polir os pisos de mármore; 4) limpar os banheiros; 5) limpar a(s) área(s) de refeições; 6) tirar o pó das escrivaninhas.

Cada grupo trabalha em turnos de oito horas e meia, durante os quais há dois intervalos remunerados de 15 minutos para descanso e uma pausa não remunerada de 30 minutos para o almoço. Entretanto, há alguma variação entre os grupos de trabalho na escolha dos horários para descanso e almoço, principalmente devido à personalidade dos líderes. De acordo com o supervisor das equipes, os líderes dos grupos 2 e 3 são mais rigorosos em sua supervisão, enquanto os líderes dos grupos 1 e 4 são menos rigorosos.

A administração da CSI está ciente de que o departamento do governo do Estado que supervisiona os serviços de zeladoria contratados faz inspeções aleatórias e periódicas, classificando a limpeza dos locais. Esse departamento também recebe reclamações sobre o serviço de zeladoria, feitas pelos trabalhadores dos escritórios. A Tabela 6.10 contém a avaliação mensal e o número de reclamações recebidas (por prédio) durante a vigência dos contratos da CSI. Como ainda faltam vários meses para a renegociação dos contratos, a administração da companhia gostaria de manter um alto nível de qualidade durante os meses remanescentes a fim de melhorar a sua situação competitiva.

Tabela 6.9 Serviços de zeladoria

Equipe	N° de membros*	Prédios designados e área aproximada (m^2)	Total de m^2
1	6	Prédio A, 3.000; Prédio C, 4.500; Prédio F, 3.500	11.000
2	8	Prédio B Leste, 9.500; Prédio H, 5.500	15.000
3	9	Prédio B Oeste, 9.500; Prédio G, 8.500	18.000
4	8	Prédio D, 4.000; Prédio E, 7.500; Prédio I, 4.200	15.700

*Excluindo o líder da equipe.

Tabela 6.10 Reclamações relativas ao trabalho dos integrantes das equipes

	Prédio									
Mês	A	B-L	B-O	C	D	E	F	G	H	I
1	2	5	7	3	2	3	2	4	3	4
	7	5	3	6	7	5	6	5	4	5
2	1	6	8	2	1	1	2	3	2	5
	7	5	3	6	6	5	6	5	5	4
3	0	6	8	1	0	2	2	4	0	1
	8	5	4	6	8	5	6	6	6	7
4	1	5	4	1	0	1	1	4	1	3
	7	5	5	8	8	6	7	5	6	6
5	1	3	2	2	0	1	1	3	1	2
	6	6	6	7	8	6	7	5	6	6
6	2	5	3	0	1	0	0	2	1	0
	7	6	6	7	7	8	6	5	5	7
7	0	4	2	1	0	0	0	0	0	1
	8	7	7	6	6	8	8	6	7	7
8	1	2	4	2	1	0	1	2	1	1
	6	6	5	7	7	8	7	5	6	7
9	1	2	4	1	1	0	1	1	3	0
	7	7	5	6	7	8	6	5	5	8

Nota: Os números da primeira linha para cada mês representam o número total de reclamações. Os números da segunda linha para cada mês representam as classificações em uma escala de 1 a 10; qualquer pontuação abaixo de 5 é percebida como baixa, enquanto qualquer pontuação igual ou superior a 8 é considerada boa.

Perguntas

1. Prepare um gráfico $\bar{X}$ e um gráfico R para as reclamações e marque as reclamações médias por prédio para cada grupo durante o período de nove meses. Faça o mesmo para as taxas de desempenho. O que essa análise revela sobre a qualidade do serviço das equipes da CSI?

2. Discuta possíveis formas de melhorar a qualidade do serviço.

3. Descreva algumas estratégias potenciais para reduzir os problemas do quadro de funcionários da CSI.

A carta de reclamação — Estudo de caso 6.2

A maioria dos problemas de serviço é resolvida pela comunicação direta entre o prestador do serviço e o cliente durante o momento do serviço. Ocasionalmente, no entanto, um cliente pode sentir-se motivado a comunicar alguma situação com detalhes para um provedor de serviços depois do encontro, conforme ilustra a carta a seguir.

A CARTA DE RECLAMAÇÃO

13 de outubro de 1986
123 Main Street
Boston, Massachusetts

Gail e Harvey Pearson
The Retreat House on Foliage Pond
Vacationland, New Hampshire

Prezados Sr. e Sra. Pearson,

Esta é a primeira vez que escrevo uma carta como esta, mas minha esposa e eu estamos tão decepcionados com o tratamento que recebemos de seus funcionários que resolvemos contar a vocês o que aconteceu conosco. Tínhamos reservas para jantar na Retreat House, sábado, dia 11 de outubro, para quatro pessoas, em nome de minha esposa, Dra. Elaine Loflin. Estávamos recebendo meu cunhado e sua esposa, vindos de Atlanta, Geórgia.

Às 19h, fomos acomodados na sala de jantar, do lado esquerdo, de frente para a recepção. Quando sentamos, havia pelo menos quatro mesas vazias na sala. Imediatamente, trouxeram-nos os cardápios, uma carta de vinhos, água com gelo, pãezinhos e manteiga. Aguardamos por 15 minutos até que a garçonete responsável por servir as bebidas viesse nos perguntar o que pediríamos para beber. Minha cunhada disse: "Gostaria de um martíni com vodca, com uma azeitona". A garçonete imediatamente respondeu: "Não sou taquígrafa." Minha cunhada repetiu seu pedido.

Logo a seguir, nosso garçom chegou, detalhando as especialidades da noite. Não recordo seu nome, mas ele tinha cabelos pretos, usava óculos, era meio atarracado, e as mangas de sua camisa estavam enroladas. Voltou cerca de 10 minutos depois, e nossas bebidas ainda não haviam chegado. Não havíamos decidido o que queríamos comer, mas pedimos os aperitivos, ao que ele informou que não poderíamos pedir os aperitivos sem pedir as entradas também. Decidimos não pedir os aperitivos.

Nossas bebidas chegaram, e o garçom voltou. Fizemos nosso pedido às 19h30. Quando o garçom perguntou à minha esposa qual seria o seu pedido, referiu-se a ela como "minha jovem". Quando ele serviu a refeição a ela, chamou-a de "querida".

Às 19h50, pedimos que nossa salada fosse trazida assim que possível. Então, pedi à assistente do garçom para trazer-nos mais pães (quando sentamos à mesa, cada um de nós foi servido com um pãozinho). Sua resposta foi: "Quem quer um pãozinho?" – e cada um precisou responder sim ou não para que ela soubesse exatamente quantos pães extras deveria trazer para a nossa mesa.

Nossas saladas foram servidas às 19h55, 25 minutos após termos pedido as entradas, que foram servidas às 20h30, uma hora e meia após termos sentado à mesa de um restaurante que estava um terço vazio. Deixe-me acrescentar, também, que precisamos pedir constantemente que nos trouxessem mais água, manteiga ou coisas desse tipo.

Fazendo justiça ao cozinheiro-chefe, a comida estava excelente e, como já manifestado, o ambiente estava ótimo. A despeito disso, o jantar foi um desastre. Estamos extremamente desconcertados e ofendidos com a experiência. Seu quadro de funcionários não é bem treinado. Eles foram muito rudes e demonstraram pouca etiqueta ou traquejo social, o que está em desacordo com o ambiente que vocês tentam apresentar e com os preços de seu restaurante.

Talvez devêssemos ter extravasado nossa indignação no momento, mas nosso primeiro desejo era sair do restaurante assim que possível. Desejávamos jantar na Retreat House há muito tempo, como parte do nosso fim de semana de férias em New Hampshire.

Dificilmente voltaremos ao seu restaurante. Estejam certos de que partilharemos essa experiência na Retreat House com nossa família, amigos e colegas de trabalho.

Sinceramente,
Dr. William E. Loflin

Fonte: Martin R. Moser, "Answering the Customer's Complaint: A Case Study," *The Cornell HRA Quarterly*, May 1987, p. 10. © Cornell HRA Quarterly. Usado com permissão. Todos os direitos reservados.

A experiência mostra que as cartas de reclamação trazem as mais diversas críticas. Algumas ocasionam respostas positivas e imediatas dos fornecedores de serviço, enquanto outras não recebem sequer resposta nem solução. A resposta da dona do restaurante à carta de reclamação nesse caso está reproduzida a seguir.

A RESPOSTA DO RESTAURANTE

The Retreat House on Foliage Pond
Vacationland, New Hampshire
15 de novembro de 1986

Dr. William E. Loflin
123 Main Street
Boston, Massachusetts

Prezado Dr. Loflin,

Naturalmente, meu marido e eu estamos preocupados pela impressão negativa que vocês tiveram de nosso restaurante e apreciamos muito que tenham dedicado seu tempo para nos relatar seu recente jantar aqui. Entendo perfeitamente e me solidarizo com seus sentimentos, e gostaria de fazer alguns comentários a respeito das circunstâncias envolvidas.

Nos últimos quatro ou cinco anos, a Região dos Lagos tem tido uma taxa de desemprego extremamente baixa, com uma correspondente baixa disponibilidade de mão de obra qualificada. Este ano, a situação dos negócios locais deteriorou-se a níveis de fato alarmantes. Por isso, tem sido realmente difícil conseguir ajuda adequada, competente ou não! No início da estação, já sabendo dos problemas que enfrentaríamos, tentamos contratar mais pessoas, sem sucesso. Os funcionários da área conhecem bem a situação e a usam para tirar vantagem, pois sabem que conseguirão emprego em qualquer lugar, a qualquer momento, mesmo sem referências, e que não serão demitidos por incompetência, pois não há quem os substitua. Vocês podem imaginar a atitude que prevalece entre os trabalhadores e a frustração que isso causa aos empregadores, em especial àqueles que estão tentando manter os altos padrões. Infelizmente, não podemos ser seletivos como gostaríamos com os funcionários, e a rotatividade é alta. Hoje, o treinamento não é apenas um luxo, mas também uma impossibilidade.

Por uma infeliz coincidência, a data em que jantaram na Retreat House, 11 de outubro, é tradicionalmente uma das noites mais movimentadas do ano e, embora algumas mesas do restaurante estivessem vazias no momento em que chegaram, posso garantir a vocês que servimos 150 pessoas naquela noite, apesar de quatro funcionários do restaurante não terem comparecido ao trabalho e nem ao menos nos avisado com antecedência. Se eles tivessem tido a cortesia de nos avisar, teríamos limitado as reservas e diminuído os transtornos causados. Como isso não aconteceu, nós, nossos clientes e os funcionários que estavam tentando contornar a situação sofremos com os atrasos do serviço muito além do que seria normal!

Quanto ao tratamento recebido da garçonete e do garçom, nenhum deles está mais conosco, e nunca teriam estado se a situação da mão de obra não fosse tão terrível! De fato, teria sido melhor se tivessem nos comunicado na mesma hora – isso resultaria em um impacto mais duradouro nos funcionários envolvidos do que uma discussão nossa com eles depois do fato ocorrido. Agora que estamos em um período relativamente calmo, temos tempo para treinar os novatos apropriadamente e esperamos contar com um quadro de funcionários melhor.

Assim como vocês, sabemos que o serviço oferecido naquela noite foi inaceitável e, certamente, fora de nossos padrões normais.

A partir de agora, esperamos estar aptos a evitar problemas como esses, mas sabemos que, na realidade, más noites acontecem, mesmo nos restaurantes mais finos. Acredite, isso não se deve à falta de cuidado ou de atenção de nossa parte!

Você mencionou nossos preços. Permita-me apenas dizer que fizemos uma pesquisa comparativa e que nossos preços são cerca da metade dos praticados na maioria das cidades e nas áreas de *resort* com cozinha e ambiente semelhantes aos oferecidos pelo nosso restaurante. Estabelecemos nossos preços de forma que fossem competitivos com os demais restaurantes locais, ainda que a maioria não ofereça a mesma qualidade de comida e ambiente e certamente não tenha nossa vista privilegiada da região!

Espero que esta carta (que não deve ser interpretada como uma justificativa) ajude a esclarecer a situação e que aceitem nossas sinceras desculpas por qualquer transtorno causado em seu jantar. Ficaríamos muito satisfeitos se retornassem ao nosso restaurante para que pudéssemos preparar a vocês um agradável jantar, tal como é oferecido a tantas outras pessoas que apreciam a Retreat House.

Sinceramente,
Gail Pearson

Fonte: Martin R. Moser, "Answering the Customer's Complaint: A Case Study," *The Cornell HRA Quarterly*, May 1987, p. 11. © Cornell HRA Quarterly. Usado com permissão. Todos os direitos reservados.

Perguntas

1. Resuma as reclamações e os elogios feitos pelo Dr. Loflin em sua carta.
2. Critique a carta de Gail Pearson para o Dr. Loflin. Quais são os pontos fortes e fracos dessa carta?
3. Prepare uma carta-resposta "melhorada" em nome de Gail Pearson.
4. Diante desse incidente, que outras medidas Gail Pearson deveria tomar?

O Museu de Arte e Design[13]

Estudo de caso 6.3

O Museu de Arte e Design é um pequeno museu particular localizado no centro de Helsinque, Finlândia. Ele ocupa um belo prédio de três andares do século XIX que abrigava uma escola. O museu é especializado em design e arte industrial e foi fundado no início do século XX com o objetivo original de educar o público sobre design. Durante a grande era do design finlandês, nos anos 1950, o museu concentrou-se nesse nicho. Recentemente, no entanto, o museu tornou-se mais aberto e organiza exposições internacionais com frequência. Na última primavera, por exemplo, o museu levou à Finlândia o Dalai Lama para uma grande exposição sobre o Tibete.

Os temas do museu fazem uma ponte entre o passado e o futuro. O museu produz as suas próprias exposições e recebe coleções de outros museus, tanto estrangeiros quanto finlandeses. Ele procura apresentar três ou quatro grandes exposições por ano, além de dedicar espaço para um número de mostras menores e para sua própria coleção. No museu, há um café e uma loja de suvenires de propriedade da fundação. Entre os clientes, estão profissionais de design e leigos. O visitante típico costumava ser a mulher de meia-idade, mas a ênfase cultural crescente tem atraído um público cada vez maior. Recentemente, após o prédio ter passado por uma renovação significativa, o novo diretor de administração contratou um gerente de comunicações. O museu nunca havia contado com uma pessoa de relações públicas antes. A divulgação realizada somente este ano foi igual ao montante de propaganda feita nos últimos 20 anos. Como resultado desse novo esforço para aumentar a visibilidade do museu e da popular exposição do Tibete, o museu teve um número recorde de visitantes – mais de 100.000 pessoas. Apenas cinco dos mil museus da Finlândia atraíram tantas pessoas.

O museu pertence a uma fundação, mas 60% do seu orçamento vêm de financiamentos do governo. Do seu orçamento, 40% derivam de receitas operacionais. Além dos ingressos vendidos, outras receitas vêm da lanchonete, da loja de suvenires e dos eventos que o museu organiza junto com suas exposições. Palestras noturnas sobre vinho e degustação de vinhos, por exemplo, foram oferecidas junto com uma exposição sobre o tema. O museu também tem uma sociedade fechada, chamada Amigos do Museu, que financia a compra de mais objetos para o acervo. A principal concorrência é oriunda dos museus especializados: o Design Forum, o University of Design Museum e o Finnish National Museum, que abrirá um novo museu de etnografia em Helsinque.

AUDITORIA NAS INSTALAÇÕES

Uma auditoria nas instalações (WtA) no Museu de Arte e Design foi conduzida por uma equipe de estudantes do programa de MBA da Helsinki School of Economics and Business Administration. A WtA é um questionário de pesquisa a fim de avaliar um serviço a partir da perspectiva da experiência do cliente. A mesma pesquisa também é realizada com os gestores e funcionários para identificar "diferenças" entre as percepções dos dois grupos. A WtA é uma ferramenta de diagnóstico para descobrir concepções equivocadas nas percepções experimentadas pelos clientes durante o processo de fornecimento do serviço.

A equipe entrevistou quatro dos funcionários do museu e preparou um questionário para os visitantes; 32 visitantes responderam ao questionário mostrado na Figura 6.7. A administração do museu e o pessoal que tem contato com os clientes (isto é, fundamentalmente, os guias) preencheram o mesmo questionário, respondendo como se fossem clientes. A equipe fez uma análise estatística dos resultados do questionário para identificar lacunas entre as percepções do pessoal do museu (isto é, tanto a administração quanto o pessoal que tem contato com os clientes) e as dos visitantes em relação aos serviços oferecidos.

ANÁLISE DAS LACUNAS

Com base nas respostas dos questionários, a equipe encontrou várias categorias de lacunas entre as percepções do pessoal do museu e as percepções dos visitantes. As diferenças estavam relacionadas à forma como os visitantes ouviram falar das exposições, às informações e experiências, a se os visitantes vieram sozinhos ou não e às instalações. O gráfico mostrando as diferenças está na Figura 6.8.

Conhecimento das exposições

Os visitantes do museu obtiveram informações sobre as exposições principalmente pelos jornais, mas também por revistas e por meio de recomendações de outras pessoas. A administração, no entanto, acreditava que os jornais tinham um papel menor em criar essa consciência, mas estava certa a respeito da influência das revistas. A administração também pensava que as recomendações pessoais eram bem mais importantes do que realmente se mostraram, e superestimou o rádio como fonte de informação.

Informação

Foram identificados dois tipos de lacunas relacionadas às informações. A primeira lacuna diz respeito à administração do museu e ao pessoal de contato, que acreditava que os visitantes eram altamente conscientes dos seus serviços. A administração e o pessoal de contato também acreditavam ser uma fonte fácil de informações para os clientes. Os visitantes, no entanto, não concordaram. Tal lacuna existe porque o pessoal de contato não percebeu que os visitantes talvez tivessem algum problema para identificá-los ou fazer contato com eles.

Em relação à segunda lacuna, a administração foi mais crítica em sua avaliação da clareza e da conveniência das informações e explicações sobre os objetos expostos. Os visitantes, por sua vez, foram mais positivos a respeito dessas questões. Os visitantes pareceram não ter interesse em materiais de auto-orientação (p.ex., fones de ouvido), mas os funcionários do museu pensavam que talvez valesse a pena estudar a possibilidade de dispor de materiais dessa natureza. Concluiríamos que os visitantes podem ter uma preferência pelo contato humano.

Experiências

Os visitantes demonstraram ter apreciado os aspectos multidimensionais das exposições, como a música, mas os gestores subestimaram o nível de apreciação e observação desses aspectos pelos visitantes. O pessoal de contato estava mais em sintonia com os pontos de vista dos clientes do que a administração em relação ao posicionamento dos objetos expostos. Tanto os visitantes quanto os funcionários do museu não tinham certeza a respeito de novas experiências, como as que envolvem os sentidos, que permitam mais interações e que demonstrem os processos. Talvez esse fator fosse explicado pela falta de familiaridade com tais tipos de interação.

Hábitos dos visitantes

Os funcionários do museu acreditavam que os visitantes vinham sozinhos mais seguidamente do que de fato ocorria. Na realidade, muitas pessoas vinham em duplas ou trios. Os funcionários do museu também tinham uma percepção diferente dos interesses dos visitantes nas exposições em curso. Apesar de a administração ter considerado que a maioria dos visitantes ia a todas as exposições, apenas 38% deles visitaram todas as mostras. Os restantes vieram para uma das principais exposições e não dedicaram tempo para as outras. A exposição permanente foi a que recebeu o menor número de visitantes (isto é, 13%, incluindo três visitantes estrangeiros). Concluiríamos que cada exposição atrai diferentes visitantes.

Instalações físicas

Os visitantes em geral tinham uma opinião mais favorável sobre as instalações do que a administração e os funcionários do museu. Especificamente, os visitantes deram respostas favoráveis para o valor dos alimentos, a seleção de suvenires, as sinalizações e a limpeza dos banheiros. Talvez as expectativas dos visitantes não fossem tão altas quanto pensavam a administração e os funcionários do museu.

Idioma

Os administradores e o pessoal de contato do museu estavam conscientes de que as informações são apresentadas principalmente em finlandês e sueco. Dos 32 visitantes pesquisados, apenas três não eram nativos do lugar; portanto, a maioria não identificou a língua como um problema. Durante a temporada de turismo de verão, provavelmente mais visitantes identificariam as limitações das informações disponíveis somente em finlandês ou sueco.

Perguntas

1. Faça uma crítica da análise de lacunas proposta pela WtA. Poderia haver outras explicações para as diferenças?
2. Faça recomendações para fechar tais lacunas encontradas na WtA.

Bibliografia selecionada

Andreassen, Tor Wallin. "What Drives Customer Loyalty with Complaint Resolution?" *Journal of Service Research* 1, no. 4 (May 1999), pp. 324–32.

Bell, Simon J., and James A. Luddington. "Coping with Customer Complaints." *Journal of Service Research* 8, no. 3 (February 2006), pp. 221–33.

Boshoff, Christo. "RECOVSAT: An Instrument to Measure Satisfaction with Transaction-Specific Service Recovery." *Journal of Service Research* 1, no. 3 (February 1999), pp. 236–49.

———, and Jason Leong. "Empowerment, Attribution, and Apologising as Dimensions of Service Recovery: An Experimental Study." *International Journal of Service Industry Management* 9, no. 1 (1998), pp. 24–47.

Bowen, David E., and Robert Johnston. "Internal Service Recovery: Developing a New Construct." *International Journal of Service Industry Management* 10, no. 2 (1999), pp. 118–31.

Carr, L. P. "Applying Cost of Quality to a Service Business." *Sloan Management Review,* Summer 1992, pp. 72–77.

Chebat, Jean-Charles; Moshe Davidow; and Isabelle Codjovi. "Silent Voices: Why Some Dissatisfied Consumers Fail to Complain." *Journal of Service Research* 7, no. 4 (May 2005), pp. 328–43.

Collier, Joel E., and Carol C. Bienstock. "Measuring Service Quality in E-Retailing." *Journal of Service Research* 8, no. 3 (February 2006), pp. 260–75.

Cronin, J. J., and S. A. Taylor. "SERVPERF versus SERVQUAL: Reconciling Performance-Based and Perceptions-Minus-Expectations Measurement of Service Quality." *Journal of Marketing* 58 (January 1994), pp. 125–31.

Dagger, Tracey S., and Jillian C. Sweeney. "Service Quality Attribute Weights: How Do Novice and Longer-Term Customers Construct Service Quality Perceptions?" *Journal of Service Research* 10, no. 1 (August 2007), pp. 22–42.

———, ——— and, Lester W. Johnson. "A Hierarchical Model of Health Service Quality: Scale Development and Investigation of an Integrated Model." *Journal of Service Research* 10, no. 2 (November 2007), pp. 123–142.

de Matos, Celso Augusto; Jorge Luiz Henrique; and Carlos Alberto Vargas Rossi. "Service Quality Paradox: A Meta-Analysis." *Journal of Service Research* 10, no. 1 (August 2007), pp. 60–77.

DeWitt, Tom, and Michael K. Brady. "Rethinking Service Recovery Strategies: The Effect of Rapport on Consumer Responses to Service Failure." *Journal of Service Research* 6, no. 2 (November 2003), pp. 193–206.

———; Doan T. Nguyen; and Roger Marshall. "Exploring Customer Loyalty Following Recovery: The Mediating Effects of Trust and Emotions." *Journal of Service Research* 10, no. 3 (February 2008), pp. 269–87.

Dubé, Laurette; Michael D. Johnson; and Leo Mark Renaghan. "Adapting the QFD Approach to Extended Service Transactions." *Production and Operations Management* 8, no. 3 (Fall 1999), pp. 301–17.

Duffy, Jo Ann. "Service Recovery." In *New Service Development,* J. A. Fitzsimmons and M. J. Fitzsimmons (eds.), Thousand Oaks, Calif.: Sage Publications, 2000, pp. 277–90.

Eisingerich, Andreas B., and Simon J. Bell. "Perceived Service Quality and Customer Trust: Does Enhancing Customers' Service Knowledge Matter?" *Journal of Service Research* 10, no. 3 (February 2008), pp. 256–68.

Estelami, Hooman. "Competitive and Procedural Determinates of Delight and Disappointment in Consumer Complaint Outcomes." *Journal of Service Research* 2, no. 3 (February 2000), pp. 285–99.

Fassnacht, Martin, and Ibrahim Koese. "Quality of Electronic Services: Conceptualizing and Testing a Hierarchical Model." *Journal of Service Research* 9, no. 1 (August 2006), pp. 19–37.

Gupta, Praveen, and Cary W. Adams. *Six-Sigma Deployment.* Boston: Elsevier Science, 2003.

Harvey, Jean. "Service Quality: A Tutorial." *Journal of Operations Management* 16, no. 1 (February 1998), pp. 583–97.

Hays, Julie M., and Arthur V. Hill. "The Market Share Impact of Service Failures." *Production and Operations Management* 8, no. 3 (Fall 1999), pp. 208–20.

———, ———. "An Extended Longitudinal Study of the Effects of a Service Guarantee." *Production and Operations Management*. 15, no. 1 (Spring 2006), pp. 117–31.

———, ———, and Susan E. Geurs. "The Impact of Service Guarantees on Service Quality at Radisson Hotels Worldwide." In *New Service Development,* J. A. Fitzsimmons and M. J. Fitzsimmons (eds.), Thousand Oaks, Calif.: Sage Publications, 2000, pp. 264–76.

Hill, Arthur V.; Julie M. Hays; and Eitan Naveh. "A Model for Optimal Delivery Time Guarantees." *Journal of Service Research* 2, no. 3 (February 2000), pp. 254–64.

Hogreve, Jens, and Dwayne D. Gremler. "Twenty Years of Service Guarantee Research: A Synthesis." *Journal of Service Research* 11, no. 4 (May 2009), pp. 322–43.

Holloway, Betsy B., and Sharon E. Beatty. "Service Failure in Online Retailing: A Recovery Opportunity." *Journal of Service Research* 6, no. 1 (August 2003), pp. 92–105.

Iglesias, Victor. "Preconceptions about Service: How Much Do They Influence Quality Evaluations?" *Journal of Service Research* 7, no. 1 (August 2004), pp. 90–103.

Johnston, Robert. "The Zone of Tolerance: Exploring the Relationship between Service Transactions and Satisfaction with the Overall Service." *International Journal of Service Industry Management* 6, no. 2 (1995), pp. 46–61.

———, and Sandy Mehra. "Best-Practice Complaint Management." *Academy of Management Executive* 16, no. 4 (2002), pp. 145–54.

Jones, Thomas O., and W. Earl Sasser, Jr. "Why Satisfied Customers Defect." *Harvard Business Review,* November–December 1995, pp. 89–99.

Karande, Kiran; Vincent P. Magnini and Leona Tam. "Recovery Voice and Satisfaction After Service Failure: An Experimental Investigation of Mediating and Moderating Factors," *Journal of Service Research* 10, no. 2 (November 2007), pp. 187–203.

Mattila, Ana S., and Paul G. Patterson. "Service Recovery and Fairness Perceptions in Collectivist and Individualist Contexts." *Journal of Service Research* 6, no. 4 (May 2004), pp. 336–46.

Miller, Janis, L.; Christopher W. Craighead; and Kirk R. Karwan. "Service Recovery: A Framework and Empirical Investigation." *Journal of Operations Management* 18 (2000), pp. 387–400.

Parasuraman, A.; Valarie A. Zeithmal; and Arvind Malhotra. "E--S-QUAL: A Multiple-Item Scale for Assessing Electronic Service Quality." *Journal of Service Research* 7, no. 3 (February 2005), pp. 213–33.

Posselt, Thorsten; Eitan Gerstner; and Dubravko Radic. "Rating E-Tailers' Money Back Guarantees." *Journal of Service Research* 10, no. 3 (February 2008), pp. 207–19.

Raajpoot, Nusser. "Reconceptualizing Service Encounter Quality in a Non-Western Context." *Journal of Service Research* 7, no. 2 (November 2004), pp. 181–99.

Rafaeli, Anat; Lital Ziklik; and Lorna Doucet. "The Impact of Call-Center Employees' Customer Orientation Behaviors in Service Quality." *Journal of Service Research* 10, no. 3 (February 2008), pp. 239–55.

Reimann, Martin; Ulrich F. Lunemann; and Richard B. Chase. "Uncertainty Avoidance as a Moderator of the Relationship between Perceived Service Quality and Customer Satisfaction." *Journal of Service Research* 11, no. 1 (August 2008), pp. 63–73.

Reynoso, Javier, and Brian Moores. "Towards the Measurement of Internal Service Quality." *International Journal of Service Industry Management* 6, no. 3 (1995), pp. 64–83.

Schoefer, Klaus, and Adamantios Diamantopoulos. "The Role of Emotions in Translating Perceptions of (In)Justice into Postcomplaint Behavioral Responses." *Journal of Service Research* 11, no. 1 (August 2008), pp. 91–103.

Simons, Jacob V., Jr., and Mark Kraus. "An Analytical Approach for Allocating Service Recovery Efforts to Reduce Internal Failures." *Journal of Service Research* 7, no. 3 (February 2005), pp. 277–89.

Smith, Amy K., and Ruth N. Bolton. "An Experimental Investigation of Customer Reactions to Service Failure and Recovery Encounters: Paradox or Peril?" *Journal of Service Research* 1, no. 1 (August 1998), pp. 65–81.

Soteriou, Andreas C., and George C. Hadjinicola. "Resource Allocation to Improve Service Quality Perceptions in Multistage Service Systems." *Production and Operations Management* 8, no. 3 (Fall 1999), pp. 221–39.

Sousa, Rui, and Christopher A. Voss. "Service Quality in Multichannel Services Employing Virtual Channels." *Journal of Service Research* 8, no. 4 (May 2006), pp. 356–71.

Stauss, Bernd, and Christian Friege. "Regaining Service Customers: Costs and Benefits of Regain Management." *Journal of Service Research* 1, no. 4 (May 1999), pp. 347–61.

Stewart, Douglas M. "Piecing Together Service Quality: A Framework for Robust Service." *Production and Operations Management* 12, no. 2 (Summer 2003), pp. 246–65.

———, and Richard B. Chase. "The Impact of Human Error on Delivering Service Quality." *Production and Operations Management* 8, no. 3 (Fall 1999), pp. 240–63.

Teas, R. Kenneth, and Thomas E. DeCarlo. "An Examination and Extension of the Zone-of-Tolerance Model: A Comparison to Performance-Based Models of Perceived Quality." *Journal of Service Research* 6, no. 3 (February 2004), pp. 272–86.

Voss, Christopher A.; Aleda V. Roth; Eve D. Rosenzweig; Kate Blackmon; and Richard B. Chase. "A Tale of Two Countries' Conservatism, Service Quality, and Feedback on Customer

Satisfaction." *Journal of Service Research* 6, no. 3 (February 2004), pp. 212–30.

Wangenheim, Florian V. "Postswitching Negative Word of Mouth." *Journal of Service Research* 8, no. 1 (August 2005), pp. 67–78.

Wood, Michael. "Statistical Methods for Monitoring Service Processes." *International Journal of Service Industry Management* 5, no. 4 (1994), pp. 53–68.

Yeung, Andy C. L.; T. C. Edwin Cheng; and Kee-hung Lai. "An Operational and Institutional Perspective on Total Quality Management." *Production and Operations Management* 15, no. 1 (Spring 2006), pp. 156–70.

Youngdahl, W. E., and D. L. Kellogg. "The Relationship between Service Customers' Quality Assurance Behaviors, Satisfaction, and Effort: A Cost of Quality Perspective." *Journal of Operations Management* 15, no. 1 (February 1997), pp. 13–32.

Notas

1. Daniel Pearl, "More Firms Pledge Guaranteed Service," *The Wall Street Journal,* July 17, 1991, p. B1.
2. A. Parasuraman, V. A. Zeithaml, and L. L. Berry, "SERVQUAL: A Multiple-Item Scale for Measuring Consumer Perceptions of Service Quality," *Journal of Retailing* 64, no. 1 (Spring 1988), pp. 12–40.
3. Ibid.
4. G. Taguchi and D. Clausing, "Robust Quality," *Harvard Business Review,* January–February 1990, pp. 65–75.
5. Shigeo Shingo, *Zero Quality Control: Source Inspection and the Poka-Yoke System* (Stanford, Conn.: Productivity Press, 1986).
6. R. B. Chase and D. M. Stewart, "Make Your Service Fail-Safe," *Sloan Management Review,* Spring 1994, pp. 35–44.
7. J. R. Hauser and D. Clausing, "The House of Quality," *Harvard Business Review,* May–June 1988, pp. 63–73.
8. J. A. Fitzsimmons and G. B. Maurer, "Walk-Through Audit to Improve Restaurant Performance," *Cornell HRA Quarterly,* February 1991, pp. 95–99.
9. J. M. Juran and F. M. Gryna, Jr., *Quality Planning and Analysis,* (New York: McGraw-Hill, 1980).
10. De Christopher W. L. Hart, "The Power of Unconditional Service Guarantees," *Harvard Business Review,* July–August 1988, pp. 54–62.
11. T. C. Johnston and M. A. Hewa, "Fixing Service Failures," *Industrial Marketing Management* 26, 1997, pp. 467–77.
12. Comunicação pessoal da Sra. Jeanne Zilmer, professora na Copenhagen Business School, Dinamarca.
13. Preparado por Eivor Biese, Lauren Dwyre, Mikes Koulianos e Tina Hyvonen com a orientação do Professor James A. Fitzsimmons.

Capítulo 7

Instalações de apoio e fluxos de processo

Objetivos de aprendizagem

Ao final deste capítulo, você deverá estar apto a:

1. Descrever o impacto do *servicescape* sobre o comportamento de clientes e funcionários.
2. Identificar e discutir as três dimensões de *servicescapes*.
3. Identificar as seis principais características no projeto de uma instalação de apoio em serviços.
4. Elaborar um fluxograma tipo *swim lane*, um diagrama de fluxo do processo e um gráfico de Gantt de um processo de serviço.
5. Calcular as métricas de desempenho, como o tempo de processamento e a utilização direta da mão de obra.
6. Identificar a operação gargalo em um leiaute de produto e reagrupar as atividades para criar novas tarefas que aumentarão a capacidade global do serviço.
7. Utilizar uma análise de sequência de operações para determinar as localizações relativas dos departamentos em um leiaute de processo que minimize a distância total do fluxo.

Diferenças sutis no projeto das instalações são importantes. Considere a concorrência entre as lojas de artigos para casa Home Depot e Lowe's. A Home Depot, a mais antiga no ramo entre as duas, tem como lema "arregace as mangas e faça acontecer"... Os corredores são estreitos e alinhados, com estantes até o teto; a iluminação é industrial, e as filas no caixa costumam ser longas. A Lowe's, mais nova, começou imitando sua rival, mas, desde então, escolheu uma abordagem diferente. Um comprador na Lowe's atual encontra amplos corredores, luz clara e produtos apresentados de um modo que estimula a procura e inspira muitas ideias de projetos. A estratégia da Lowe's parece estar funcionando, pois seu recente crescimento nas receitas, de 18,1%, ultrapassou o da Home Depot, que foi de 11,3%.[1]

A Lowe's usa com sucesso o projeto das instalações para diferenciar-se de suas concorrentes. O emprego do projeto das instalações como parte de uma estratégia de diferenciação é muito comum. Por exemplo, a estrutura em forma de A e o teto azul da IHOP (International House of Pancakes) atraem os viajantes para um café da manhã com panquecas tanto quanto os arcos dourados do McDonald's convidam para almoçar um hambúrguer.

O uso de um projeto de instalação padrão ou uma "fórmula" é um aspecto importante na estratégia global de liderança em custos. Os grandes varejistas de gasolina aperfeiçoaram o projeto de seus postos para facilitar a construção (frequentemente finalizada dentro de duas semanas) a um custo baixo e torná-los conhecidos por meio de uma imagem consistente que atrairá os clientes.

Para restaurantes temáticos e bares (p. ex., com a temática do velho oeste ou um pub irlandês), o projeto das instalações é central para a estratégia de atingir um determinado mercado e criar um ambiente peculiar. Nos bancos de varejo, no entanto, ainda reina o tradicional, exceto em um banco com sede em Columbus, Ohio, chamado Banc One. O Banc One projetou agências que parecem mais mini *shoppings* do que bancos, com saguão envidraçado, butiques que oferecem serviços especiais, sinalizações em néon azul, confortáveis áreas de espera e café sempre fresco. Com o foco na comunidade, o Banc One tem filiais abertas até em sábados e domingos.[2]

APRESENTAÇÃO DO CAPÍTULO

Este capítulo começa com o tópico da psicologia ambiental aplicada ao projeto e ao leiaute das instalações, a fim de evitar a desorientação e a frustração do cliente ao entrar em uma estrutura desconhecida. O conceito de *servicescape* baseia-se na ideia de que o ambiente físico influencia o comportamento e a percepção do serviço pelos clientes e funcionários. As questões sobre o projeto das instalações são abordadas em relação a objetivos do serviço, suas exigências de espaço, flexibilidade, fatores estéticos e ambiente. O leiaute das instalações é discutido com especial atenção ao fluxo de pessoas, ao planejamento de espaços e à exigência de evitar deslocamentos desnecessários. O conceito de análise do fluxo de processos, usado por engenheiros de produção, é alterado para o de operações de serviços, ilustrado pelo estudo de caso de um serviço de hipotecas em que todos os termos de análise de processo são avaliados.

Mostramos que os tradicionais leiautes por produto e por processo usados na manufatura apresentam um equivalente nos serviços e podem ser estudados empregando as técnicas de balanceamento de linhas de montagem e análise de localização relativa.

PSICOLOGIA E ORIENTAÇÃO AMBIENTAL

Orientação é a primeira necessidade comportamental de um indivíduo ao entrar em algum lugar. Isso inclui tanto questões de orientação espacial (p. ex., "onde estou?") quanto de orientação funcional (p. ex., "de que forma essa organização funciona e o que devo fazer a seguir?"). Ao entrar em um determinado local, os clientes ganham confiança quando conseguem usar indicações espaciais, acompanhadas de sua experiência prévia, para identificar onde estão exatamente, para onde devem ir e o que precisam fazer. Ansiedade e sensação de desamparo ocorrerão se não existirem sinalizações, ou se a experiência prévia não puder ser usada para auxiliar na orientação. Richard E. Wener argumenta que as causas da desorientação em ambientes de serviços podem ser reduzidas com projetos de instalações que incorporem: experiência prévia, legibilidade do projeto e auxílios para a orientação.[3]

Com instalações padronizadas, as franquias de serviços estão conseguindo eliminar a ansiedade da desorientação, de maneira que os clientes saibam exatamente o que fazer. A rede de hotéis Holiday Inn levou esse conceito um passo adiante ao anunciar que os seus hóspedes não encontrariam surpresas em alguma de suas instalações, explorando, assim, a necessidade de familiaridade para atrair os clientes que já haviam se hospedado em seus hotéis.

A orientação também é auxiliada por designs que permitam que o cliente veja tanto o interior dos espaços quanto o que vem após. Leiautes de bancos e hotéis com frequência usam *halls* de entrada que permitem que todo o espaço seja visualizado e compreendido apenas com uma rápida olhada. Além disso, esse tipo de leiaute permite que o cliente observe as ações dos outros, o que lhes proporciona pistas sobre como se comportar.

Auxílios à orientação e sinalizações, como mapas informando "você está aqui", se apropriadamente alinhados à perspectiva dos usuários (isto é, uma "seta para cima", no trânsito, equivale a seguir em frente) e complementados com referências no ambiente, também são eficientes. Plantas e obras de arte estrategicamente colocadas podem atuar como pontos de referência. Estações de metrô codificadas com setas indicativas coloridas são uma excelente utilização da sinalização para auxiliar os visitantes e instaurar um fluxo ordenado de tráfego.

SERVICESCAPES[4]

O ambiente físico, ou *servicescape*, da instalação de apoio do serviço influencia tanto o comportamento do cliente quanto o dos empregados e deve ser projetado com uma imagem e um sentimento coerentes com o conceito do serviço. Uma tipologia dos *servicescapes*, mostrada na Figura 7.1, é organizada de acordo com os sujeitos que participam do ambiente do serviço e com o grau de complexidade do *servicescape*.

Devido à ausência de funcionários, o *servicescape* de uma operação de autoatendimento tem como papel central orientar o comportamento dos clientes por meio do uso de sinais (p. ex., a indi-

	Complexidade física do *servicescape*	
Quem atua no *servicescape*	Elaborado	Enxuto
Autoatendimento (apenas o cliente)	Campo de golfe Parque aquático	Quiosque dos correios Caixas automáticos *Website* de comércio eletrônico
Serviços interpessoais (tanto o cliente quanto o funcionário)	Hotel de luxo Restaurante Disneylândia Terminal aéreo	Hotel econômico Carro de cachorro-quente Pequena propriedade agrícola Rodoviária
Serviço remoto (somente o funcionário)	Serviços profissionais L.L. Bean (varejo *on-line*)	*Telemarketing* Suporte técnico *on-line*

Figura 7.1 Tipologia de *servicescapes*.
Fonte: Adaptada de Mary Jo Bitner, "Servicescapes: The Impact of Physical Surroundings on Customers and Employees," *Journal of Marketing* 56, April 1992, p. 59.

cação do próximo buraco em um campo de golfe) e de um desenho intuitivo de interfaces (p. ex., *links* de Internet em um *website*). No caso dos serviços remotos, a satisfação, a motivação e a eficiência operacional dos empregados são os principais objetivos do projeto físico, já que os clientes não visitam o local fisicamente. Escritórios e serviços profissionais, como os de advogados e médicos, no entanto, devem transmitir a sensação de competência e autoridade. Os serviços interpessoais colocam um desafio maior, uma vez que a interação social entre empregados e clientes, bem como entre os próprios clientes, deve ser facilitada pelo *servicescape*. Por exemplo, o *servicescape* na Disneylândia é famoso por criar uma experiência de fantasia para os clientes e um palco para os funcionários (isto é, o elenco).

Consideremos as fotos dos *servicescapes* de dois restaurantes. A forma como as mesas estão dispostas, a decoração e até o modo como os clientes estão vestidos comunicam expectativas distintas tanto para os clientes quanto para os funcionários.

Comportamentos em *servicescapes*

A instalação de serviço de uma empresa reflete seus valores e auxilia na execução de uma estratégia. Sem utilizar palavras, um prédio transmite uma mensagem para clientes e funcionários. Por exemplo, o prédio pode transmitir a ideia de modernidade e desenvolvimento, ou possuir características, como clima agradável, segurança e conveniência. Por se tratar do local onde o serviço é realizado, obviamente o projeto da instalação deve ser pensado para refletir as metas da instituição.

Restaurantes usam seus *servicescapes* para criar expectativas e comportamentos desejados em empregados e clientes.
BananaStock/PunchStock; Steve Mason/Getty Images

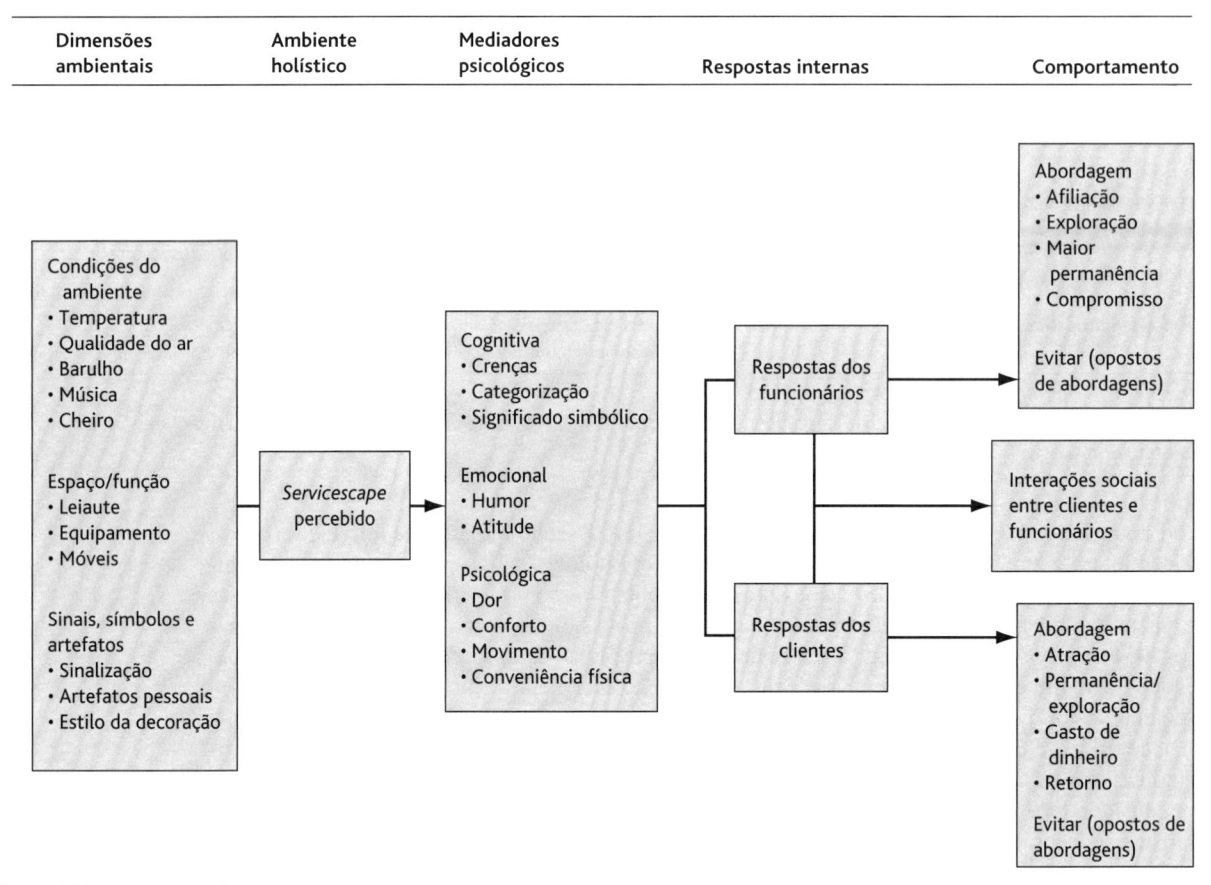

Figura 7.2 Estrutura do *servicescape*.
Fonte: Adaptada de Mary Jo Bitner, "Servicescapes: The Impact of Physical Surroundings on Customers and Employees," *Journal of Marketing* 56, April 1992, p. 60.

Dimensões ambientais	Ambiente holístico	Mediadores psicológicos	Respostas internas	Comportamento

Condições do ambiente
- Temperatura
- Qualidade do ar
- Barulho
- Música
- Cheiro

Espaço/função
- Leiaute
- Equipamento
- Móveis

Sinais, símbolos e artefatos
- Sinalização
- Artefatos pessoais
- Estilo da decoração

Servicescape percebido

Cognitiva
- Crenças
- Categorização
- Significado simbólico

Emocional
- Humor
- Atitude

Psicológica
- Dor
- Conforto
- Movimento
- Conveniência física

Respostas dos funcionários

Respostas dos clientes

Abordagem
- Afiliação
- Exploração
- Maior permanência
- Compromisso

Evitar (opostos de abordagens)

Interações sociais entre clientes e funcionários

Abordagem
- Atração
- Permanência/exploração
- Gasto de dinheiro
- Retorno

Evitar (opostos de abordagens)

Como mostrado na Figura 7.2, um conjunto de dimensões do negócio, consistindo em condições ambientais, espaço/função e sinais/símbolos/artefatos, descreve o *servicescape*, visto como um ambiente holístico por clientes e funcionários.

A resposta interna do funcionário ou do cliente ao *servicescape* é de aproximação ou de afastamento. Por exemplo, as pessoas que buscam um clima de festa apreciam e procuram altos níveis de estímulo (p ex., uma boate barulhenta e com luzes fortes), ao passo que as pessoas que evitam esse tipo de ambiente preferem níveis mais baixos de estímulo (p. ex., um museu silencioso). A resposta interna é modificada por atributos pessoais (p. ex., experiência anterior) e dimensões psicológicas, que podem ser cognitivas (como a confirmação de uma sinalização), emocionais (como o efeito calmante de uma música) e fisiológicas (como o desconforto com uma iluminação precária). O *servicescape* é projetado para provocar a interação social entre clientes e funcionários.

Um *servicescape* bem concebido incentivará um comportamento de aproximação tanto por parte dos funcionários (p. ex., o compromisso e desejo de permanecer na empresa) quanto dos clientes (p. ex., explorar o serviço, gastar dinheiro e voltar).

Como o ambiente físico traz consigo uma resposta emocional e influencia o comportamento, o projeto da instalação do serviço pode moldar intencionalmente o comportamento dos participantes para apoiar as metas da organização. Desse modo, ambientes desagradáveis que também são barulhentos (muito estímulo, som alto e confusão) devem ser evitados.

Dimensões ambientais dos *servicescapes*

As dimensões do ambiente físico incluem todos os fatores objetivos que possam ser controlados pela empresa para incrementar as ações e percepções de funcionários e clientes em relação ao serviço. Apesar de essas dimensões serem discutidas de forma independente, é importante perceber que as pessoas reagem ao seu ambiente holisticamente; isto é, o efeito total combinado de todos os nossos sentidos define a nossa percepção do *servicescape*.

Condições do ambiente
O plano de fundo do nosso ambiente, como a temperatura, a iluminação, o barulho, a música e o cheiro, afeta os nossos cinco sentidos. O ritmo da música, por exemplo, influencia o ritmo de compra de um cliente, seu tempo de permanência e o montante de dinheiro gasto. Considere uma loja de conveniência que começou a tocar "música de elevador" para expulsar os adolescentes que ficavam vadiando na loja e desencorajavam a entrada dos clientes dispostos a gastar. Uma loja de *cookies* em um *shopping* movimentado pode deixar suas portas abertas propositalmente para atrair os clientes com o cheiro dos biscoitos recém-assados. Todos esses fatores, incluindo a cor do ambiente, também influenciam o desempenho e a satisfação dos funcionários no trabalho.

Leiaute espacial e funcionalidade
A forma como os móveis e equipamentos são dispostos e as suas inter-relações criam um ambiente visual e funcional para a prestação do serviço. Esse ambiente pode comunicar ordem e eficiência (como em um jardim bem cuidado e organizado) ou caos e incerteza tanto para os funcionários quanto para os clientes. Para atividades de autoatendimento, a funcionalidade ou facilidade no uso do equipamento é importante para que os clientes realizem as atividades sem auxílio. Os restaurantes de *fast-food* projetam propositalmente as instalações para comunicar de forma visual as atividades que devem ser desempenhadas pelos clientes. Os cardápios são colocados sobre as caixas registradoras, as máquinas de autoatendimento de bebidas são posicionadas entre o balcão e as mesas, e as lixeiras são colocadas próximas às saídas.

Sinais, símbolos e artefatos
Muitos itens do ambiente físico servem como sinais explícitos e implícitos para comunicar normas de comportamento aceitáveis. Sinais explícitos, como "é proibido fumar", comunicam regras de comportamento, ao passo que "lixo reciclável" incentiva atos responsáveis. A qualidade da cobertura do piso, da decoração e dos móveis cria uma impressão estética global para o visitante e um local de trabalho agradável para o funcionário. Os serviços profissionais podem usar a decoração interior para comunicar competência e incrementar a sua imagem profissional com o cliente. Os restaurantes comunicam o perfil de serviço oferecido e os preços altos com sinais (fotos de clientes famosos), símbolos (toalhas de mesa) e artefatos (antiguidades ou cerâmicas). Estudos sobre as salas de professores indicam que o local e o tipo de mesa, a escolha de quadros e pôsteres e a arrumação da sala influenciam as crenças dos estudantes a respeito da pessoa que a ocupa.

Nossa discussão sobre *servicescapes* sugere que o ambiente físico assume uma variedade de papéis estratégicos em apoio ao conceito de serviço. Primeiro, o *servicescape* proporciona uma metáfora visual para a oferta de uma organização. As dimensões ambientais do *servicescape* criam um pacote, similar ao pacote de um produto, para transmitir uma imagem que sugere o uso provável e a qualidade relativa do serviço, bem como seu segmento de mercado. Uma visita à Home Depot, com sua decoração em laranja, pisos frios, iluminação industrial e uma aparência "abarrotada", transmite uma imagem masculina do setor de construção. Entretanto, a Lowe's, com suaves tons de azul, corredores organizados e produtos apresentados de maneira atraente, projeta uma imagem mais feminina e amistosa para o cliente de artigos domésticos.

Em segundo lugar, o *servicescape* facilita a prestação do serviço ao ajudar ou impedir que os clientes e funcionários levem adiante as suas respectivas atividades. Em um ambiente físico, o planejamento do espaço, a sinalização e o equipamento (p. ex., escâneres para uso dos clientes) causam impacto sobre a facilidade com que a instalação pode ser usada e sua capacidade de servir efetivamente aos clientes. No mundo virtual, por exemplo, deve-se considerar como o *servicescape* (ou seja, leiaute, uso das cores, funcionalidade) de um *site* facilita a interação do usuário com a tela e cria uma experiência gratificante.

A associação profissional norte-americana de design (AIGA), junto com o departamento de transportes norte-americano, produziu um conjunto de símbolos para pedestres/passageiros que é utilizado internacionalmente nas vias das cidades modernas (isto é, aeroportos, estações de trem, estádios). O conjunto completo dos 50 símbolos está em: http://www.aiga.org/content.cfm/symbol-signs.

Em terceiro lugar, o *servicescape* também encoraja a interação social entre clientes. Por exemplo, o leiaute de uma sala de espera com cadeiras dispostas em torno de mesas incentiva a interação social e faz o tempo passar de maneira mais agradável, minimizando o impacto da espera.

Finalmente, o ambiente físico serve como um método sutil de focalizar o comportamento dos funcionários. O projeto do Mid-Columbia Medical Center, em Columbia River, Oregon, por exemplo, deu muita atenção à área de entrada dos funcionários. Uma entrada especial para os empregados foi projetada como um átrio que poderia ser parte de um hotel cinco estrelas. Os funcionários são recebidos com um bufê de café da manhã em um ambiente com cadeiras estofadas, vasos com plantas, quadros e música inspiradora. O projeto foi uma tentativa deliberada de promover o bom humor no trabalho diário e estimular os funcionários a deixarem suas preocupações e problemas pessoais do lado de fora da porta.

DESIGN DAS INSTALAÇÕES

As operações de serviços são diretamente afetadas pelo projeto das instalações. Por exemplo, uma ventilação inadequada no setor de não fumantes em um restaurante pode afastar muitos clientes. Por outro lado, uma academia de ginástica com fácil acesso para cadeiras de rodas talvez amplie seus serviços atraindo uma nova clientela.

O projeto e o leiaute representam o componente de instalações de apoio do *pacote de serviços*. Juntos, eles influenciam o modo como as instalações de um serviço são usadas e, algumas vezes, até mesmo se elas de fato serão usadas. Consideremos, uma vez mais, o Shouldice Hospital, de Toronto (discutido no Capítulo 3). Boa parte do seu sucesso no tratamento de hérnias inguinais resulta de um cuidadoso estudo do projeto e do leiaute das instalações. Por exemplo, as salas de cirurgia são agrupadas de maneira que os cirurgiões consigam trocar ideias com facilidade durante os procedimentos. Como se sabe que a movimentação precoce do paciente promove uma cura mais rápida, o projeto do hospital criou amplos e agradáveis locais para caminhadas – e também com alguns degraus para subir. As refeições são servidas exclusivamente em salas de jantar comunitárias, e não nos quartos dos pacientes, o que requer mais caminhada e, como benefício adicional, permite que os pacientes fiquem próximos e troquem ideias. Embora funcionais e confortáveis, os quartos dos pacientes não são equipados com "adicionais", como aparelhos de televisão, que incentivam os pacientes a ficarem "por ali".

Outros fatores de projeto e leiaute podem ser "urgentes". Por exemplo, pense no número em geral inadequado de toaletes para mulheres na maioria dos prédios públicos, especialmente durante grandes eventos de entretenimento. Durante o intervalo do próximo show ou jogo a que você assistir, observe quanto tempo os homens e as mulheres levam para usar os toaletes. Você vê alguma evidência de projetos em prol da igualdade nessas instalações? Além disso, conte o número de toaletes para homens e para mulheres no prédio de sua universidade. É provável que haja um número igual para homens e para mulheres, mas isso não assegura, necessariamente, igualdade de acesso.

Um bom projeto e leiaute incrementam os serviços, inicialmente atraindo os clientes e, a seguir, fazendo-os se sentirem mais confortáveis ao garantir sua segurança (p. ex., iluminação adequada, saídas de emergência, locais apropriados para equipamentos perigosos). O projeto das instalações também tem impacto sobre os componentes implícitos dos pacotes de serviços – particularmente em critérios como privacidade e segurança, atmosfera e sensação de bem-estar.

Muitos fatores têm influência sobre o projeto: 1) a natureza e os objetivos da organização de serviços; 2) a disponibilidade de área e as necessidades de espaço; 3) a flexibilidade; 4) a segurança; 5) os fatores estéticos; e 6) a comunidade e o ambiente.

A natureza e os objetivos das organizações de serviços

A natureza do serviço central deve determinar os parâmetros de seu projeto. Por exemplo, um posto do corpo de bombeiros deve ter uma estrutura suficientemente grande para abrigar os veículos, os funcionários em serviço e os equipamentos de manutenção. Um banco precisa ser projetado para acomodar algum tipo de cofre. Os consultórios médicos podem ter várias formas e tamanhos, mas todos devem ser projetados para oferecer aos pacientes algum grau de privacidade.

Além de atender a essas exigências fundamentais, o projeto contribui muito mais para a definição do serviço. Ele pode desencadear o reconhecimento imediato, como no caso do "m" do McDonald's ou do telhado azul da IHOP. O projeto externo também dá indícios sobre a natureza do serviço interno.

Espera-se ver jardins bem cuidados, pintura recente ou colunas de mármore e, quem sabe, uma fonte em frente a uma casa funerária. Uma escola, entretanto, pode ter ladrilhos coloridos em sua fachada e certamente um pátio para recreio ou uma área para a prática de esportes.

A adequação do projeto também é crucial. Um posto de gasolina pode ser construído com peças pré-fabricadas de metal colorido brilhante; no entanto, você depositaria seu dinheiro em um banco que estivesse usando um *trailer* como agência temporária?

A disponibilidade de área e as necessidades de espaço

O terreno disponível para receber as instalações de um serviço em geral apresenta muitas restrições, como custos, necessidades de urbanização e tamanho inadequado. Bons projetos devem acomodar todas essas restrições. Em um ambiente urbano, onde os terrenos são valiosos, as construções só podem expandir-se verticalmente, e as organizações devem ter grande criatividade em seus projetos para utilizar com eficiência os pequenos espaços. Por exemplo, em algumas áreas urbanas (p.ex., Copenhague), o McDonald's incorporou um segundo piso como área adicional para lanches.

Subúrbios e áreas rurais normalmente oferecem terrenos maiores e mais baratos, que mitigam as restrições de espaço das áreas urbanas. Muitos locais, no entanto, em especial os urbanos, podem apresentar leis severas de urbanismo para o uso de terrenos e determinações sobre a aparência externa das estruturas. Espaços próprios para estacionamento também são necessários. Em qualquer projeto, o espaço para futuras ampliações deve ser sempre considerado.

Flexibilidade

Serviços bem-sucedidos são organizações dinâmicas que conseguem adaptar-se a variações e mudanças na quantidade e na natureza da demanda. O grau de adequação de um serviço depende da flexibilidade embutida no seu projeto. A flexibilidade também pode ser chamada de "projeto para o futuro". Algumas questões a serem consideradas durante a fase de projeto são: como projetar as instalações para que permitam futuras expansões dos serviços atuais e como projetar essas instalações para que acomodem novos e diferentes serviços no futuro? Por exemplo, muitos restaurantes de *fast-food* construídos para atender clientes que antes entravam na loja precisam modificar suas instalações para acomodar a demanda de clientes que preferem o serviço de atendimento dentro do carro, no estacionamento (*drive-through*).

Muitos aeroportos, atualmente, enfrentam problemas com suas instalações, pois seus projetos não previram o grande aumento do uso do transporte aéreo, nem as linhas aéreas do tipo "centro-radial", que surgiram depois da desregulamentação. Consequentemente, os passageiros muitas vezes precisam carregar sua bagagem por um labirinto de escadarias e longos corredores até alcançar a sala de embarque de seus voos de conexão. Para ilustrar, pense na frustração dos passageiros tentando resgatar sua bagagem em uma operação de controle de bagagens projetada para atender a uma demanda de passageiros como a que havia nos anos 1960!

Projetar com os olhos voltados para o futuro provavelmente resultará em economias financeiras. Por exemplo, consideremos uma igreja localizada em uma comunidade em desenvolvimento, mas que não dispõe dos recursos necessários para construir o santuário que gostaria, tampouco as instalações auxiliares de que precisará no futuro. Um bom projeto levaria a congregação a construir uma estrutura modesta que seria usada como um santuário temporário, mas que, mais tarde, seria fácil e economicamente adaptada para servir como uma casa assistencial, uma escola dominical ou mesmo uma instalação de serviços de utilidade pública para atender às necessidades de uma comunidade em crescimento.

Por outro lado, projetar para o futuro envolve um investimento inicial maior, mas que resultará em uma compensação financeira no longo prazo. Na verdade, pode até mesmo garantir expansões que não seriam viáveis de outro modo. Por exemplo, muitas vezes as cidades investem em usinas de tratamento de água e de esgoto superdimensionadas, já prevendo o futuro crescimento da demanda.

Segurança

Qualquer pessoa que tenha viajado em uma companhia aérea comercial desde o ataque terrorista contra os Estados Unidos em 11 de setembro de 2001 observou modificações nos aeroportos. Parte da tecnologia de segurança é óbvia para o viajante (p. ex., escâneres de raios X para bagagens de mão mais sofisticados, sistemas que detectam resíduos de drogas ou explosivos nas superfícies das malas e detectores magnéticos portáteis). Outras medidas de segurança nos aeroportos são menos visíveis para os viajantes. A tecnologia da informação tem participação ao fornecer perfis de terroristas potenciais, apesar de o uso desse controle de perfis ser problemático. Por ordem do governo, toda bagagem que chega aos aeroportos norte-americanos é revistada, seja por funcionários ou por algum tipo de aparelho automático. Algumas companhias aéreas estão fazendo uso de "instalações inteligentes", que reconhecem cartões de identidade magnéticos para controlar a entrada ou, recentemente, um aparelho de verificação dos olhos para estabelecer a identidade.

A segurança nas instalações pode ser incrementada com a instalação de câmeras de vigilância. Bancos e lojas de conveniência, por exemplo, usam câmeras para desencorajar futuros ladrões ou identificar aqueles que não foram desencorajados. As "câmeras de vovó" permitem que as famílias monitorem o cuidado dado a um paciente em um asilo, enquanto "câmeras de babá" permitem que os pais confiram o tratamento que o filho recebe de uma babá em casa.

Outro exemplo de um sistema de segurança para instalações pode ser visto em algo tão comum quanto uma piscina no clube do bairro. Uma cerca alta é disposta ao redor da piscina, e um equipamento de segurança, como uma boia e um gancho para ser lançado, fica bem acessível em volta da piscina. Outros exemplos de instalações adaptadas para a segurança são as prisões e os laboratórios de nível quatro, ambos com muitos níveis de modificações para assegurar que "coisas ruins" não saiam do local.

Medidas de segurança um pouco menos indiscretas são observadas em muitas lojas de varejo. Há os blocos de concreto fora das entradas de algumas lojas, e etiquetas com código de barras são fixadas às peças de roupa para desencorajar furtos. Além disso, um passeio para "olhar as vitrines" pode tornar-se um passatempo nostálgico à medida que cada vez mais lojas eliminam as grandes vitrines, que convidam a arrombamentos. Imagine a loja de departamentos Macy's sem as vitrines comemorativas porque a nossa necessidade de segurança saiu do controle.

Fatores estéticos

Comparemos as compras em duas lojas de vestuário bem-sucedidas. À medida que entramos no departamento de roupas finas femininas da Nordstrom's, já notamos o carpete sob nossos pés, o amplo espaço entre os expositores de roupas, a distribuição folgada entre os cabides, a iluminação auxiliar e, com certeza, os atendentes vestidos elegantemente e sempre prontos a servir. Os provadores estão localizados em uma área separada dos expositores, são espaçosos e acarpetados, tendo espelhos nos três lados, de forma que o cliente aprecie cada aspecto da sua aparência. Tudo no departamento é projetado para proporcionar uma sensação de elegância e de atenção às nossas necessidades.

Nossa segunda compra ocorre em uma loja Eddie Bauer Factory Outlet. Logo na entrada, nos defrontamos com mesas onde se veem enormes pilhas de uma grande variedade de roupas. Ao longo das paredes e entre as mesas, existem prateleiras e cabides expositores com o maior número possível de roupas. Vê-se somente um labirinto de estreitos corredores para transitar. Os atendentes ficam instalados no balcão perto da caixa registradora e se dispõem a auxiliar os clientes somente quando solicitados. Os provadores são pequenas "tendas" no mesmo local dos expositores, equipados com apenas um espelho. (Nesse caso, é de grande ajuda um acompanhante para lhe dizer "como ficou atrás".) Esse tipo de loja é como um enorme armazém, e não uma loja de tamanho modesto, um local tranquilo e elegante para as compras. Entretanto, a loja *outlet* proporciona grandes ofertas, sacrificando, em troca, o requinte e a atenção pessoal.

Ambas as lojas oferecem roupas atraentes e de qualidade. Sentimo-nos de maneira totalmente diferente em cada uma delas e, entretanto, seus respectivos designs exercem grande influência na formação de nossas atitudes. De fato, os aspectos estéticos de um projeto têm efeitos marcantes nas percepções e nos comportamentos dos clientes, mas também afetam os funcionários e o serviço que eles prestam. A falta de atenção aos fatores estéticos durante a fase de projeto pode levar a um serviço rude em vez de um "serviço com um sorriso".

A comunidade e o ambiente

O projeto das instalações de um serviço é da maior importância quando ele afeta a sociedade e o seu ambiente. No planejamento de uma igreja, existirá um espaço destinado a um estacionamento ou os vizinhos da igreja ficarão impossibilitados de entrar e sair de suas propriedades durante as atividades? Priscilla Price conseguirá projetar os limites das instalações do seu canil de modo a não perturbar os negócios vizinhos com barulhos e odores impróprios? De que modo uma comunidade consegue projetar as instalações de uma casa de detenção considerando, ao mesmo tempo, o bem-estar e a saúde dos detentos e a segurança dos moradores da cidade? A lavanderia de sua vizinhança projetou suas instalações de maneira a evitar que produtos químicos nocivos sejam despejados no meio ambiente?

Essas perguntas ilustram como o projeto das instalações de um serviço é crucial para sua aceitação por parte da comunidade. As regulamentações de urbanismo e muitas organizações de interesse público proporcionam orientações no projeto das instalações dos serviços para que sejam compatíveis com a comunidade e com o ambiente.

ANÁLISE DO PROCESSO

Tipos de processos

Os estudantes de engenharia de produção há muito descobriram a utilidade de categorizar processos a fim de obter princípios gerais de gerenciamento que se apliquem a setores que compartilham o mesmo processo. Por exemplo, todas as operações de montagem na fabricação de automóveis ou de computadores pessoais compartilham características de um "fluxo" de processo. Com os tipos tradicionais de processo de fabricação mostrados na Tabela 7.1, vemos que os serviços também podem ser categorizados por processo para identificar desafios administrativos. Por exemplo, qualquer serviço que tenha um processo organizado por lotes compartilha o desafio de gerenciar um bem perecível, como uma poltrona em um avião, um quarto de hotel ou uma cabine em um cruzeiro. Após identificar o tipo, esquematizamos o processo como o primeiro passo na análise de processos.

Fluxograma

A capacidade de esquematizar um processo, identificar a operação "gargalo" e determinar a capacidade do sistema é fundamental no gerenciamento de operações de serviços e na realização de melhorias. Uma conhecida premissa diz: "Se você não consegue fazer um esquema da questão, é porque você não a entende realmente".

Nossa discussão começa na Figura 7.3, com um típico processo de admissão em uma pós-graduação exemplificado por meio de um fluxograma *swim lane*. Os fluxogramas tipo *swim lane* mostram as atividades organizacionais que cruzam linhas funcionais (isto é, as *swim lanes*, ou "raias"), destacando a transferência de decisões entre as linhas. A tarefa mais difícil na elaboração de um fluxograma é fazer todos concordarem com o aspecto que ele terá. No entanto, o diagrama final é útil para o treinamento, ajudando a coordenar as atividades entre as funções e facilitando o surgimento de ideias criativas para a melhoria do processo. Por exemplo, do ponto de vista de um candidato, como o processo poderia ser melhorado? Talvez um sistema de consulta *on-line* permitisse ao candidato acompanhar o processo, reduzindo, assim, a necessidade de contato por parte do responsável pela admissão quando houvesse algo incompleto no formulário.

Os símbolos-padrão usados em fluxogramas estão na Figura 7.3.

Delimitação: Uma *elipse* representa o começo ou a interrupção em um processo.

Operação: Um *retângulo* representa um processo ou uma etapa da ação.

Decisão: Um *losango* representa uma pergunta ou uma ramificação.

Espera: Um *triângulo* representa uma espera ou o estoque de produtos.

Fluxo: Uma *seta* mostra o movimento de clientes, produtos ou informações.

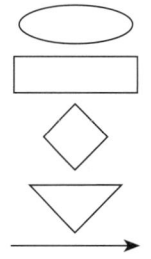

Tabela 7.1 Tipos de processos de serviços com desafios administrativos

Tipo de processo	Exemplo do serviço	Característica	Desafio administrativo
Projeto	Consultoria	Contrato individual	Ter pessoal e programar horários
Tarefa	Hospital	Muitos departamentos especializados	Equilibrar a utilização e a programação de pacientes
Lote	Companhia aérea	Grupo de clientes atendidos simultaneamente	Preços de bens perecíveis (relação de assentos)
Fluxo	Lachonete	Sequência fixa de operações	Ajustar a equipe às flutuações da demanda
Contínuo	Energia elétrica	Fornecimento ininterrupto	Manutenção e planejamento de capacidade

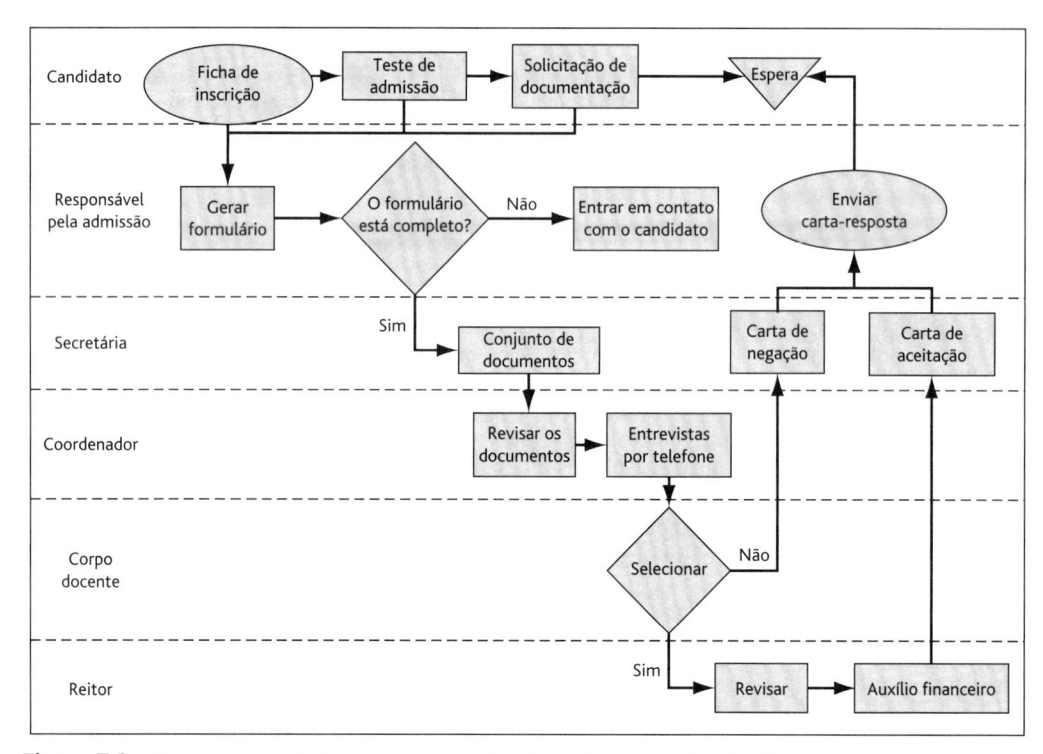

Figura 7.3 Fluxograma *swim lane* no processo de admissão em uma faculdade.

O Exemplo 7.1 ilustra um fluxo de processo simplificado em um serviço de hipoteca.

Exemplo 7.1 Serviço de hipoteca

A compra de imóveis em geral envolve a realização de um empréstimo ou "hipoteca" da propriedade. A instituição do empréstimo exige uma descrição precisa da propriedade e uma prova de que ela está livre de penhora. Além disso, a credibilidade do comprador deve ser determinada. Muitas empresas independentes de serviços de hipoteca oferecem esses serviços.

A Figura 7.4 mostra um diagrama de fluxo de processo simplificado de aplicação de hipoteca. Como vamos utilizar este exemplo para ilustrar a terminologia do processo, como a operação gargalo e o tempo de processamento, incluímos no diagrama o tempo de ciclo (TC) de cada atividade (isto é, o tempo médio em minutos para desempenhar uma atividade).

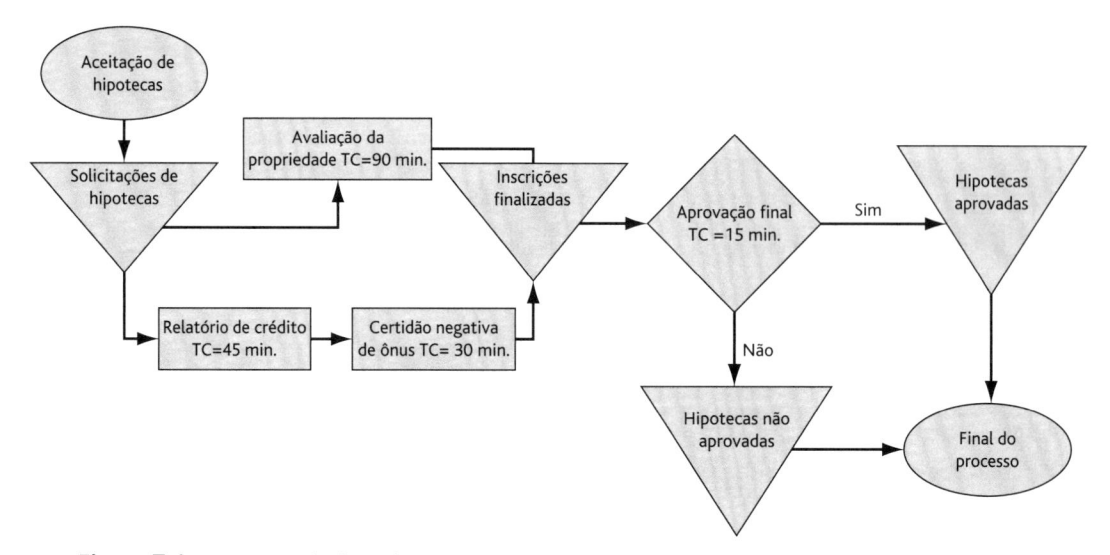

Figura 7.4 Diagrama de fluxo do processo em um serviço de hipoteca.

Gráfico de Gantt

Um cronograma baseado em atividades do processo de serviço hipotecário oferece outra representação visual para a compreensão e análise. Na Figura 7.5, acompanhamos o desenvolvimento de três aplicações ao longo do tempo. Constatamos que a "avaliação da propriedade" é uma atividade incomum, pois a aplicação 1 é seguida pela aplicação 2 e posteriormente pela aplicação 3 em uma sequência contínua. Em função de a "avaliação da propriedade" ser uma atividade "sem fim", ela é conhecida como *gargalo* (uma atividade que restringe a saída) e seu *tempo de ciclo* (TC), que se completa a cada 90 minutos, define o sistema de resultados de uma aplicação hipotecária. Além disso, observamos que o "relatório de crédito" e a "certidão negativa de ônus" podem ser combinados em uma mesma atividade somando um tempo total de 75 minutos (45 min. + 30 min.) sem perda de produtividade do sistema, pois, juntas, essas atividades ainda têm 15 minutos de tempo ocioso para cada 90 minutos do ciclo. O gráfico de Gantt possui muitos usos e será visto novamente no Capítulo 15, Gerenciamento de Projetos.

Terminologia de processo

Os seguintes termos de análise de processo são definidos e ilustrados utilizando nosso exemplo de processo de serviço de hipoteca, supondo que um funcionário seja destinado para cada operação e a um número ilimitado de aplicações de hipotecas.

Tempo de ciclo
Tempo de ciclo (TC) é o tempo médio entre a finalização de unidades sucessivas. Para uma operação, TC é o tempo médio de serviço para realizar a atividade. Em nosso exemplo, a confirmação de um relatório de crédito exige 45 minutos, em média. Entretanto, o tempo de ciclo também pode se aplicar a uma *área de trabalho* em que vários funcionários estão realizando a mesma operação. Por exemplo, se dois empregados fossem utilizados, o TC para a *área de trabalho* avaliação da propriedade seria 90 minutos divididos por dois, ou seja, 45 minutos. Finalmente, todo o sistema tem um tempo de processo, definido como o tempo entre as saídas de clientes sucessivos durante um período de trabalho. Porém, antes que o tempo do sistema possa ser determinado, a operação "gargalo" deve ser identificada.

Gargalo
Um **gargalo** é o fator que limita a produção. Geralmente, o gargalo é a operação mais lenta (ou de TC mais longo); em nosso exemplo é a avaliação da propriedade, com um TC = 90 minutos. Assim como o gargalo de uma garrafa restringe o fluxo de líquido, o gargalo de um processo estabelece um limite para a velocidade de movimentação das unidades no decorrer do processo e, desse modo, determina o TC de todo o sistema. O gargalo é uma restrição na saída do sistema e pode originar-se de diversas fontes além da operação mais lenta, como disponibilidade de mão de obra, informa-

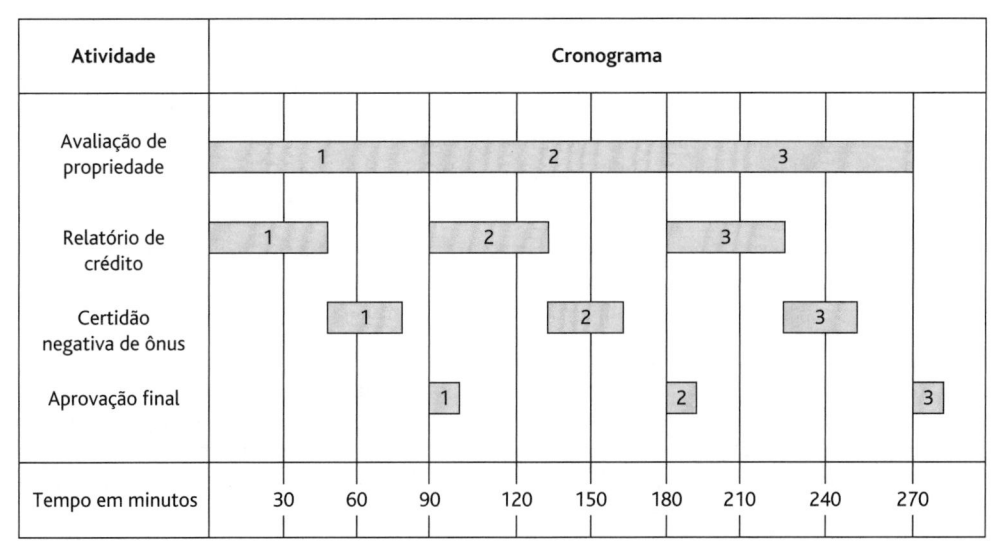

Figura 7.5 Diagrama de Gantt em um serviço de hipoteca.

ções e, o que é mais importante para os serviços, a taxa de chegada de clientes. As filas ou áreas de espera são intencionalmente posicionadas *antes* de um gargalo de modo a proteger a operação da ociosidade e, assim, não comprometer a saída. Deve-se ter em mente que uma hora perdida no gargalo é uma hora perdida na saída do sistema. O papel do gargalo na compreensão dos processos é o tema central de *A Meta*, romance de Eli Goldratt que deve ser lido pelos aspirantes a gerentes de operações.

Capacidade
Capacidade é uma medida de produção por unidade de tempo quando *inteiramente ocupado* (p. ex., uma atividade que jamais é ociosa). A capacidade ilimitada de qualquer operação é medida como 1/TC. Por exemplo, a capacidade da atividade certidão negativa de ônus é de 2 aplicações por hora, pois cada aplicação leva 30 minutos do processo. A capacidade de todo o sistema é determinada pela capacidade do *gargalo*. A avaliação da propriedade é o gargalo no processo de hipoteca, com o tempo mais longo (TC = 90 minutos). Dessa forma, a capacidade do sistema é (60 minutos/hora)(1/90 minutos) = 2/3 aplicações por hora, ou 5,33 aplicações por dia de oito horas.

Utilização da capacidade
Utilização da capacidade é uma medida da quantidade de saída realmente atingida em relação à capacidade do processo quando totalmente ocupado. Se, em um determinado dia, processamos cinco hipotecas, então, a utilização da capacidade naquele dia é de 5/5,33 = 93,75%. Devido à variabilidade nas chegadas de clientes e aos tempos de serviço, veremos no Capítulo 12, Gerenciamento de Filas, que é impossível chegar a 100% de utilização da capacidade em empresas de serviços. Esteja ciente de que, para operações "fora do gargalo", buscar uma utilização da capacidade total apenas resulta em um trabalho desnecessário que permanecerá em processo e não em mais finalizações. A utilização da capacidade, em especial de operações individuais, é uma métrica de desempenho administrativo *perigosa* e deve ser usada com muito cuidado.

Tempo de processamento
Tempo de processamento é o tempo necessário para completar um processo, desde o momento de chegada até o momento de saída. O tempo de processamento é a soma do tempo de operação do *caminho crítico* e do tempo médio gasto em todas as filas. O caminho crítico é definido no Capítulo 15, Gerenciamento de Projetos, como a via de tempo mais longa do início ao fim de um diagrama de fluxo de processo. Para nosso exemplo, o caminho crítico começa e termina com os símbolos demarcadores aprovação de hipotecas e encerramento do processo e inclui apenas as atividades de avaliação da propriedade e aprovação final.

Tempo de processamento = Tempo médio na fila de inscrição para hipoteca
+ Avaliação de propriedade (90 min)
+ Tempo médio na fila de inscrições finalizadas
+ Aprovação final (15 min)

Devemos observar que as operações de relatório de crédito e certidão negativa de ônus, juntas, somam 75 minutos e, desse modo, não estão no caminho crítico. O tempo médio nas filas pode ser estimado utilizando fórmulas para filas encontradas no Apêndice D ou por meio de simulação por computador; em qualquer caso, depende da taxa de chegadas de inscrições para hipoteca.

Tempo de fluxo livre
Tempo de fluxo livre é o tempo que se leva para percorrer o sistema do início ao fim, sem tempo na fila. Em nosso exemplo, o tempo de fluxo livre seguindo o caminho crítico é de 105 minutos, ou seja, a soma da avaliação da propriedade (90 min) e da aprovação final (15 min).

Conteúdo total de mão de obra direta
Conteúdo total de mão de obra direta é a soma do tempo de todas as operações (isto é, o tempo de contato) consumido na realização do serviço. Em serviços profissionais, isso muitas vezes é chamado de horas "cobráveis". Horas de mão de obra indireta e despesas gerais (p. ex., manutenção e gerenciamento) não são incluídas no cálculo. Para nosso exemplo, o conteúdo total de mão de obra direta é 90 + 45 + 30 + 15 = 180 minutos.

Utilização da mão de obra direta
Utilização da mão de obra direta é a medida da porcentagem de tempo em que os trabalhadores estão realmente agregando valor a uma organização de serviço totalmente ocupada. A utilização de mão de obra direta para o processo de serviço de hipoteca é calculada como:

$$\text{Utilização de mão de obra direta} = \frac{\text{Conteúdo total de mão de obra direta}}{(\text{Tempo de processo})(\text{Número de funcionários})}$$

$$= \frac{180}{(90)(4)} = 50\%$$

LEIAUTE DAS INSTALAÇÕES

Além do projeto das instalações, o leiaute, ou arranjo físico, do sistema de prestação de serviços é importante para a satisfação tanto do cliente quanto do prestador do serviço. Nenhum cliente deveria ser submetido a desgastes desnecessários decorrentes de um planejamento precário das instalações. Além disso, um leiaute precário pode custar caro devido ao tempo gasto pelos funcionários na execução de atividades improdutivas.

O leiaute por produto e o problema do balanceamento de linha

Alguns serviços padronizados podem ser divididos em uma sequência inflexível de etapas ou operações pelas quais todos os clientes devem passar. Esse é um exemplo de um *leiaute por produto*, mais frequentemente associado a linhas de montagem industriais, em que um produto é montado em uma sequência determinada de etapas. A analogia mais óbvia é com um restaurante que serve bufês em que os clientes empurram as suas bandejas à frente conforme vão se servindo e montando a sua refeição. Gerenciar os funcionários desse serviço é dar a eles tarefas com aproximadamente o mesmo tempo de duração. A tarefa que exigir o maior tempo por cliente formará um *gargalo* e definirá a capacidade da linha do serviço. Qualquer mudança de capacidade na linha de serviço exigirá atenção à atividade-gargalo. Várias opções podem ser usadas: colocar mais um trabalhador no serviço, fornecer algum auxílio para reduzir o tempo da atividade ou reagrupar as tarefas para criar um novo balanceamento na linha, com atribuições diferentes de atividades. Uma linha bem balanceada deve ter todas as atividades com durações aproximadamente iguais para evitar ociosidades e desequilíbrios desnecessários nas atribuições de trabalhos. Uma abordagem de linha de serviço tem a vantagem adicional de permitir a divisão de tarefas e o uso de equipamentos especiais, conforme ilustrado no Exemplo 7.2.

Exemplo 7.2   Centro de formação de condutores

O centro estadual de habilitação de condutores está sendo pressionado a aumentar a sua produtividade, passando a atender 120 candidatos por hora e adicionando apenas uma pessoa ao seu quadro de funcionários. O processo atual de renovação da carteira de habilitação apresenta-se como um serviço linear, com os clientes sendo processados em uma sequência fixa, descrita na Tabela 7.2. A atividade 1 (isto é, analisar a adequação da inscrição) é executada em primeiro lugar, e a atividade 6 (isto é, fornecer habilitação provisória) é a última etapa; por determinação oficial, a carteira deve ser entregue em mãos por um agente uniformizado. A atividade 5 (fotografar o candidato) necessita de uma máquina digital de custo elevado e de uma impressora em cores.

Tabela 7.2   Tempos de processamento para renovação da habilitação

Atividade	Descrição	Tempo de ciclo (em segundos)
1	Analisar a adequação da inscrição	15
2	Processar e registrar o pagamento	30
3	Verificar violações e restrições	60
4	Realizar exame oftalmológico	40
5	Fotografar o candidato	20
6	Emissão de habilitação provisória	30

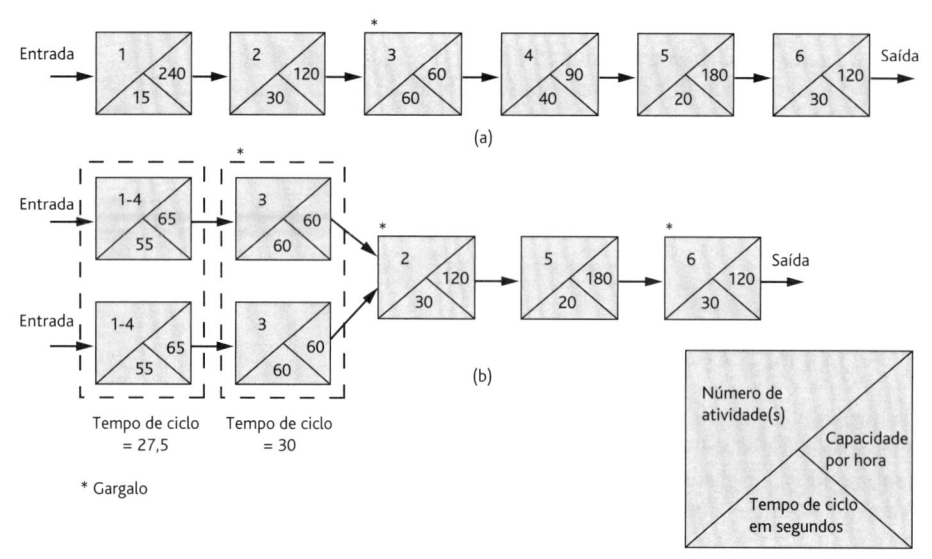

Figura 7.6 Fluxograma atual (*a*) e proposto (*b*).

O fluxograma de processo para o arranjo atual, como mostrado na Figura 7.6*a*, identifica a atividade-gargalo (isto é, a atividade com a menor taxa de vazão por hora) como a atividade 3 (verificação de violações e restrições), a qual limita a capacidade atual em 60 candidatos por hora. Concentrando-nos apenas na atividade-gargalo, poderíamos pensar que o acréscimo de um funcionário para desempenhar a atividade 3 dobraria o fluxo, e a meta de 120 candidatos por hora seria atingida. No entanto, o fluxo desse sistema ficaria limitado a 90 candidatos por hora, pois o gargalo seria transferido para a atividade 4.

O projeto de processo proposto, como mostrado na Figura 7.6*b*, com sete funcionários, consegue atingir a capacidade desejada de 120 candidatos por hora, pois as atividades 1 e 4 foram agrupadas para criar uma nova tarefa (isto é, analisar a adequação da inscrição e realizar o exame oftalmológico), distribuindo de forma melhor a carga de trabalho do quadro de funcionários. Como soubemos que deveríamos agrupar essas duas atividades? Primeiro, lembre-se de que deve ser atingida uma taxa de vazão de 120 candidatos por hora em cada etapa do processo. Como as atividades 2 e 6 já são executadas a essa taxa, não precisamos mais nos preocupar com elas. Um funcionário adicional é necessário para desempenhar a atividade 3, já que somente com dois funcionários trabalhando em paralelo obteríamos uma taxa de vazão combinada de 120 candidatos por hora. Depois, devemos questionar se é possível combinar atividades que requerem pequenas parcelas de tempo, chegando a uma tarefa que possa ser executada em 60 segundos ou menos (isto é, alcançando uma taxa de vazão de, no mínimo, 60 candidatos por hora). Combinando a atividade 1, que requer 15 segundos, com a atividade 4, que requer 40 segundos, obtemos um trabalho combinado de 55 segundos por candidato (ou uma taxa de vazão de 65 candidatos por hora). Essa solução supõe a aquisição de uma máquina de teste oftalmológico adicional. Outra solução seria combinar as atividades 4 e 5 para criar uma tarefa que produziria uma taxa de vazão de 60 candidatos por hora; porém, uma câmera digital adicional seria necessária. Você consegue imaginar outro projeto de processo que vá ao encontro da meta de capacidade, mas que seja visto pelos clientes e funcionários como um serviço mais personalizado?

O exemplo do centro de habilitação de condutores presta-se a uma revisão radical do leiaute por produto. Se houvesse verba disponível para investir em computadores, equipamentos adicionais para teste oftalmológico e câmeras fotográficas, poderia ser realizada uma reengenharia completa do processo. Considere, por exemplo, o treinamento de cada funcionário para desempenhar todas as atividades com um tempo combinado de 165 segundos, ou uma taxa de vazão individual de aproximadamente 22 clientes por hora. Nesse caso, um cliente que chegasse poderia escolher entre seis funcionários trabalhando em paralelo, conforme mostra a Figura 7.7. Esse sistema seria atraente para os clientes, uma vez que uma só pessoa executa toda a transação, não sendo necessário passar de um funcionário para outro, e se evitaria o tempo de espera entre cada atendimento. Além disso, espera-se que o tempo total seja reduzido, pois as informações não precisarão ser repetidas várias vezes, como antes. Finalmente, o quadro de funcionários do escritório agora pode ser flexível, estando em serviço apenas o número necessário de funcionários para atender à nova demanda. Essas economias no trabalho facilmente justificariam o investimento nos seis postos de trabalho.

O leiaute do processo e o problema da localização relativa

Um *leiaute do processo* permite ao cliente definir a sequência de atividades e serviços que vai ao encontro de suas necessidades, oferecendo algum grau de customização, e também possibilita

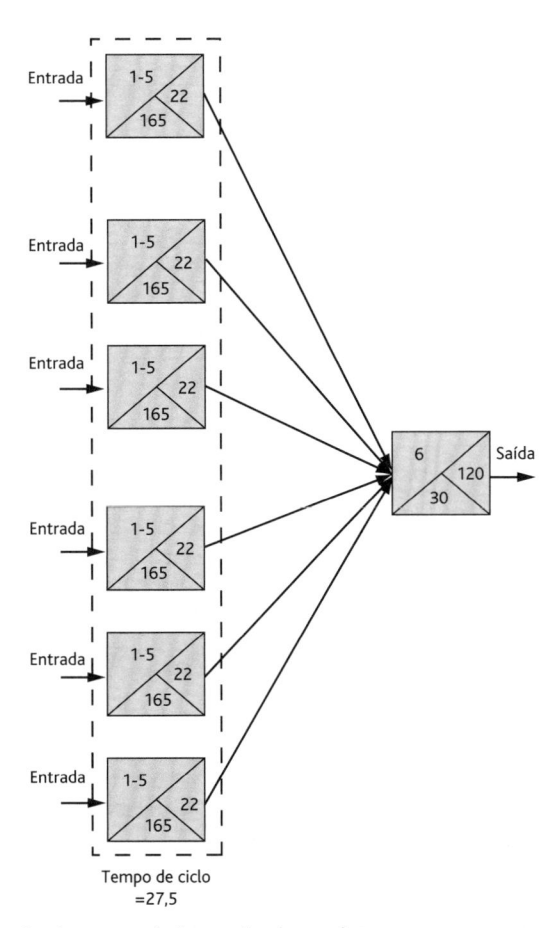

Figura 7.7 Reorganização do centro de formação de condutores.

que o serviço seja feito de acordo com as especificações do cliente, fornecendo, assim, um serviço personalizado. A capacidade de customizar um serviço requer que os seus prestadores sejam altamente capacitados, com discernimento para adequar o serviço às necessidades do cliente. São exemplos disso os serviços profissionais de advocacia, medicina e consultoria, organizados em especialidades.

Da perspectiva do prestador do serviço, o fluxo de clientes parece intermitente, criando a necessidade de uma área de espera em cada departamento. A variabilidade na demanda de cada departamento ocorre quando os clientes escolhem diferentes sequências de serviços e apresentam diferentes demandas do serviço prestado. Chegando a um determinado departamento, os clientes muitas vezes o encontrarão ocupado, tendo de enfrentar uma fila, que normalmente opera pelo princípio da "ordem de chegada".

Um exemplo claro e concreto de um arranjo físico do processo é o *campus* universitário com prédios destinados a várias disciplinas, oferecendo aos estudantes a flexibilidade de escolher terem as suas aulas em mais de um deles. O problema dessa localização relativa é observado no leiaute do campus. Para a conveniência de estudantes e professores, poderíamos esperar que departamentos como engenharia, física e química ficassem próximos um do outro, enquanto, talvez, economia e administração de empresas estivessem juntas em outra área. A biblioteca e os escritórios administrativos estariam localizados em uma parte central do campus. Uma razão provável para escolher esse leiaute seria a minimização da distância total percorrida por professores, funcionários e estudantes entre os diversos departamentos. Contudo, há diversas possibilidades. De fato, se identificarmos n departamentos para serem designados para n locais, então haverá n leiautes fatoriais possíveis (isto é, 3.628.800 leiautes para 10 departamentos). Já que encontrar o melhor leiaute dentre essas possibilidades é impraticável, no Exemplo 7.3 será adotada uma abordagem heurística para isso.

Tabela 7.3 Fluxo diário de visitantes entre as atrações (em centenas)*

Matriz do fluxo:

	A	B	C	D	E	F
A	×	7	20	0	5	6
B	8	×	6	10	0	2
C	10	6	×	15	7	8
D	0	30	5	×	10	3
E	10	10	1	20	×	6
F	0	6	0	3	4	×

Fluxo líquido → Matriz em triângulo:

	A	B	C	D	E	F
A	×	15	30	0	15	6
B		×	12	40	10	8
C			×	20	8	8
D				×	30	6
E					×	10
F						×

*Descrição das atrações: A = orcas, B = leões marinhos, C = golfinhos, D = esqui aquático, E = aquário, F = passeio aquático.

Exemplo 7.3 Parque temático Ocean World

Depois do sucesso do Neptune's Realm, na Costa Oeste, o arquiteto do Ocean World está começando a formular planos para o desenvolvimento de um segundo parque temático de vida marinha, em uma propriedade nos arredores de New Orleans, Louisiana. Em função do clima úmido e quente que caracteriza os meses de verão, estão sendo estudadas maneiras de minimizar as distâncias percorridas pelos visitantes entre as atrações. Dados mostrando o fluxo de visitantes entre as atrações de San Diego em um dia típico são apresentados na Tabela 7.3 e serão usados no planejamento do leiaute.

Uma heurística chamada *análise de sequência de operações* será empregada para identificar um bom leiaute para esse problema de localização relativa.[5] Esse método usa, como dado de entrada, a matriz de fluxos entre os departamentos e uma grade que mostra o centro geográfico de localização em relação aos departamentos indicados. Na Tabela 7.3, produzimos uma forma triangular da matriz de fluxo original, somando o valor das duas direções, pois o que nos interessa é apenas o resultado total.

A heurística começa com um leiaute inicial, mostrado na grade da Figura 7.8a. Esse leiaute inicial é arbitrário, mas poderia ser baseado em julgamentos e experiências passadas. A Tabela 7.3 sugere que as atrações com alto fluxo diário sejam colocadas em posições próximas. Por exemplo, não vemos a necessidade de colocar A adjacente a D, mas seria apropriado colocar A perto de C.

Para atrações não adjacentes, o fluxo entre elas é multiplicado pelo número de grades que separam as atrações. Em vez de usar o teorema de Pitágoras, supomos que a separação diagonal é aproximadamente igual à distância de um lado da grade. Esses produtos são somados para chegar a uma distância de fluxo total de 124 para esse leiaute inicial. Considerando a grande contribuição da separação entre as atrações A e C a essa soma,

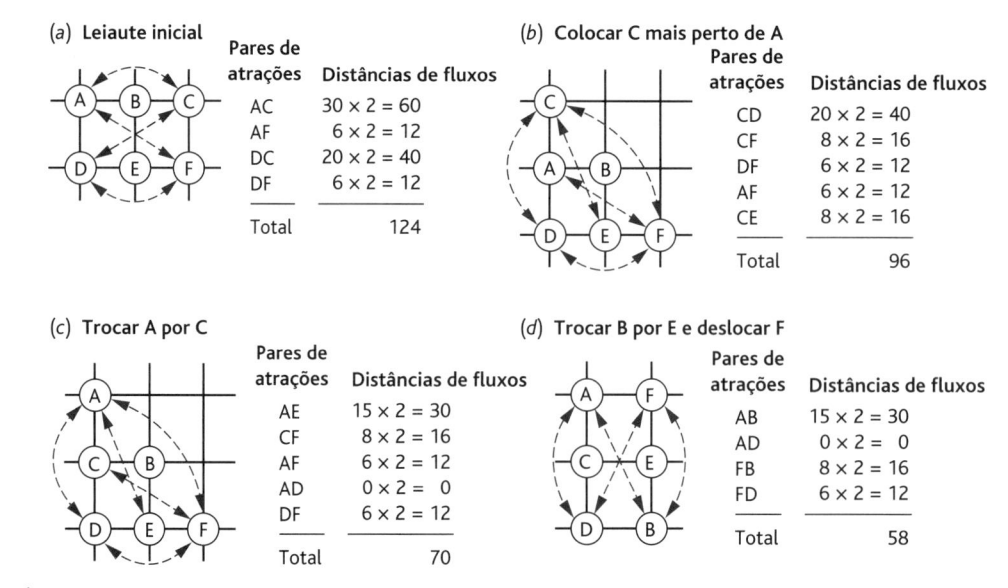

(a) Leiaute inicial

Pares de atrações	Distâncias de fluxos
AC	30 × 2 = 60
AF	6 × 2 = 12
DC	20 × 2 = 40
DF	6 × 2 = 12
Total	124

(b) Colocar C mais perto de A

Pares de atrações	Distâncias de fluxos
CD	20 × 2 = 40
CF	8 × 2 = 16
DF	6 × 2 = 12
AF	6 × 2 = 12
CE	8 × 2 = 16
Total	96

(c) Trocar A por C

Pares de atrações	Distâncias de fluxos
AE	15 × 2 = 30
CF	8 × 2 = 16
AF	6 × 2 = 12
AD	0 × 2 = 0
DF	6 × 2 = 12
Total	70

(d) Trocar B por E e deslocar F

Pares de atrações	Distâncias de fluxos
AB	15 × 2 = 30
AD	0 × 2 = 0
FB	8 × 2 = 16
FD	6 × 2 = 12
Total	58

Figura 7.8 Planejamento da localização do Ocean World usando a análise de sequência de operações.

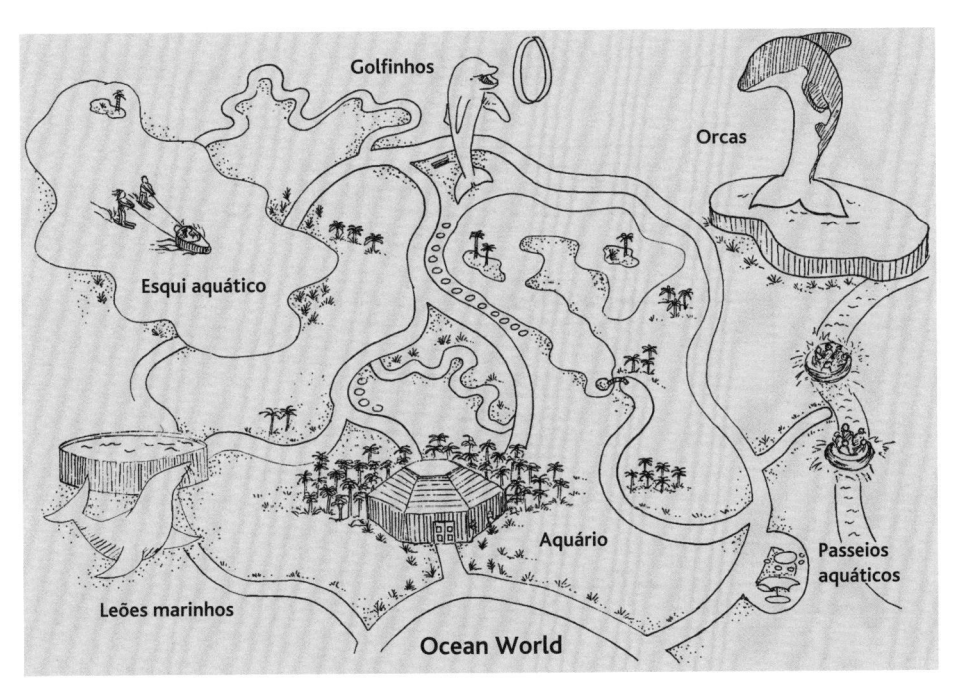

Figura 7.9 Planejamento final da localização das atrações no parque temático Ocean World.
Fonte: Mapa de Kate O'Brien, Desert Tale Graphics.

decidimos mover C e colocá-la adjacente a A, mostrado na Figura 7.8b, com uma distância de fluxo total de 96, a fim de formar um leiaute revisado. O leiaute revisado mostrado na Figura 7.8c é resultado da troca das atrações A e C. Essa troca posicionou a atração C adjacente às atrações D, E e F, reduzindo, desse modo, a distância do fluxo total para 70. No entanto, o leiaute não retangular na Figura 7.8c não é aceitável para o que a questão está propondo. O leiaute final, na Figura 7.8d, é criado trocando as atrações B e E e movendo a atração F para formar um espaço retangular; trocando B e E, mantemos E e F adjacentes, ao mesmo tempo em que movemos F para formar um espaço mais compacto. Ao colocar as atrações de alto fluxo em posição adjacente, reduzimos o total da distância de fluxos não adjacentes para um valor de 58 em nosso planejamento final de localizações. Realizando uma rotação de 90° para a direita, temos o resultado ilustrado na Figura 7.9.

A lógica de trocas departamentais por meio de uma análise de sequência de operações foi incorporada em um programa de computador conhecido como *CRAFT (Computerized Relative Allocation of Facilities Technique – Técnica de alocação relativa computadorizada de instalações).*[6] O CRAFT requer os seguintes conjuntos de dados: uma matriz de fluxo interdepartamental, uma matriz de custos (isto é, custo/unidade/unidade de distância percorrida) e um leiaute inicial com as dimensões exatas dos departamentos no espaço disponível. O CRAFT incorpora algumas restrições, como manter fixa a localização de um determinado departamento. A lógica do programa, descrita na Figura 7.10, mostra a natureza incremental da heurística, que seleciona, a cada iteração, os dois departamentos que, se trocados, produzirão uma maior melhoria na redução do fluxo de distâncias. O CRAFT tem sido muito usado no planejamento dos leiautes de organizações de serviços – por exemplo, em seguradoras, hospitais, estúdios de cinema e universidades.

Além de minimizar as distâncias percorridas, outro objetivo seria planejar de modo adequado o projeto do leiaute de um serviço. Por exemplo, se tivéssemos um negócio principal com muitos negócios subordinados a ele, desejaríamos um leiaute que incentivasse os clientes a visitarem também essas outras áreas. Consideremos o leiaute de um cassino. Os clientes devem caminhar ao longo de corredores cercados por lojas atraentes e sempre passar pela área das máquinas caça-níqueis para chegarem à porta da frente ou ao restaurante.

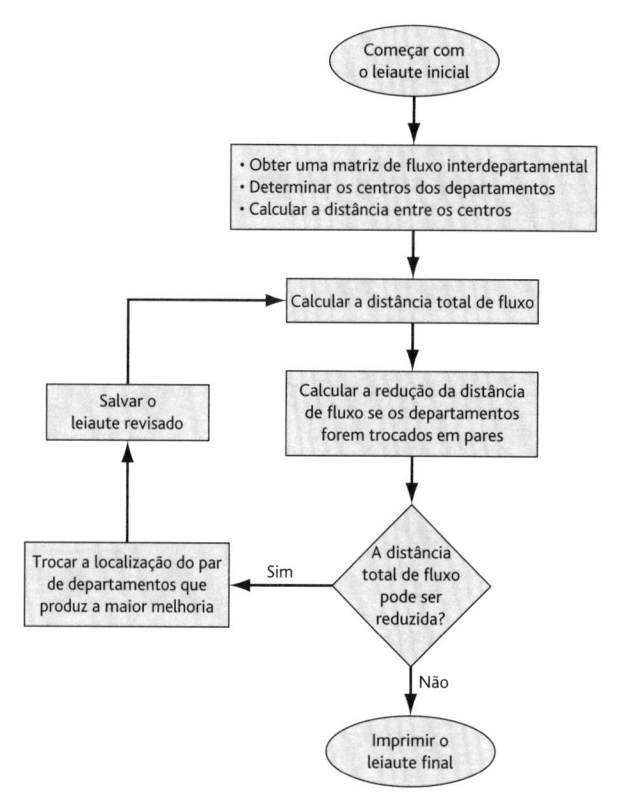

Figura 7.10 Diagrama de fluxo para a lógica CRAFT.

Benchmark em serviços

Aonde devemos ir?

Os aeroportos são portos de saída de grandes aventuras para milhões de pessoas em todo o mundo. Encontrar esses portos de saída, no entanto, pode tornar-se a própria aventura.

Bridget O'Brian, repórter do *Wall Street Journal*, explorou a questão da sinalização fora de aeroportos.[*] Ela cita exemplos de problemas como a falta de sinais necessários e úteis, o uso de palavras ou frases ambíguas e sinais "pouco visíveis" ou colocados inapropriadamente. As consequências da má sinalização podem levar a mau humor, voos perdidos, acidentes de carro e mortes.

Foram propostos padrões nacionais para sinalização em aeroportos nos Estados Unidos a fim de evitar esses problemas. Esses padrões, se adotados, representariam uma importante inovação em serviços.

No entanto, chegar ao aeroporto é apenas parte da aventura. A sinalização dentro dos aeroportos muitas vezes desafia o viajante. Consideremos dois passageiros experientes, com reservas em um voo da Delta Air Lines de Oakland, Califórnia, para Austin, Texas. Eles chegam ao Oakland International Airport e o agente da Delta lhes diz que o voo Oakland-Dallas foi cancelado. O agente dá a eles um comprovante para um voo da American Airlines e explica que eles também dispõem de reservas no voo Dallas-Austin da Delta, uma viagem de 30 minutos. Os viajantes vão ao balcão da American, onde recebem seus cartões de embarque. A viagem é tranquila até chegarem ao Dallas-Fort Worth International Airport.

Os passageiros chegam ao Portão 22, terminal C, e descobrem rapidamente que os monitores de saídas/chegadas exibem apenas voos da American Airlines; os "mapas" dispostos no aeroporto mostram os terminais A, B e C – eles não indicam a existência de quaisquer outros terminais. Indicações da existência de um trem para os outros dois terminais direcionam os dois passageiros para uma estação em um andar inferior. Eles descobrem que os terminais A e B também têm portões – e monitores – somente para voos da American Airlines. Eles não encontram um único sinal para qualquer outra companhia aérea ou serviço de transporte do aeroporto, a não ser os da American Airlines. Finalmente, eles pedem informações a um agente da AA em um portão no terminal A, que lhes diz para deixarem o portão 21A, do outro lado do terminal, descerem as escadas e pegarem o trem do aeroporto (isto é, não o trem da AA) para o terminal E. Não há sinais do caminho a ser feito nas escadas, e o pessoal na saída do terminal não fala inglês bem o suficiente para ajudar. Por fim, eles localizam um elevador, descem para o andar inferior e percebem que terão de deixar o prédio para chegar à estação de trem. A estação de trem, no entanto, está fechada, e um sinal os direciona para a próxima estação à direita. Eles saem na direção indicada, apesar de não conseguirem enxergar a outra estação. Já é noite, e a caminhada é solitária até um segurança aparecer. Ele diz que a próxima estação aberta fica na outra direção. A transferência de um portão da American Airlines para um da Delta pode ser feita em menos de 10 minutos, mas a completa ausência de sinais apropriados e de pessoal treinado aumenta o tempo de translado para mais de uma hora.

---

[*] Bridget O'Brian, "Signs and Blunders: Airport Travelers Share Graphic Tales," *The Wall Street Journal*, March 28, 1995, p. B1.

Resumo

Foram abordadas as implicações psicológicas do leiaute e do projeto de instalações de serviços de forma a evitar a desorientação do cliente e estabelecer um comportamento esperado. O conceito de *servicescape* serviu para ilustrar o impacto comportamental das características ambientais em um projeto de instalações de serviços sobre o cliente e o funcionário. O projeto das instalações foi visto como uma embalagem que molda a experiência de serviço, incluindo aspectos como flexibilidade, segurança e estética. A análise do processo começa com a construção de um diagrama de fluxo de processo a fim de identificar o gargalo do sistema e determinar o tempo de processamento. O leiaute das instalações foi dividido em categorias – por produto e por processo –, com elementos gráficos introduzidos para análise.

Palavras-chave e definições

Análise de sequência de operações: procedimento para melhorar as distâncias percorridas em um leiaute por processo, acertando a localização relativa dos departamentos. *p. 166*

Capacidade: medida de saída por unidade de tempo quando o sistema está *totalmente ocupado*. *p. 162*

Conteúdo total de mão de obra direta: a soma de todos os tempos de operação. *p. 162*

CRAFT (*Computerized Relative Allocation of Facilities Technique*): programa computacional que utiliza a lógica de trocas departamentais da análise de sequência de operações para solucionar os problemas de localização relativa em leiautes por processo. *p. 167*

Gargalo: atividade, em um leiaute por produto, que apresenta o maior tempo de execução e, desse modo, define a máxima taxa de vazão do processo total. *p. 161*

Leiaute do processo: serviço que permite a personalização, já que o cliente determina sua própria sequência de atividades (p. ex., um parque de diversões). *p. 164*

Leiaute por produto: serviço padronizado desenvolvido em uma sequência fixa de atividades (p. ex., cafeteria). *p. 163*

***Servicescape*:** ambiente físico de uma instalação de serviços que influencia o comportamento e as percepções do serviço por parte tanto dos clientes quanto dos funcionários. *p. 152*

Tempo de ciclo: média de tempo entre a realização de unidades sucessivas. *p. 161*

Tempo de fluxo livre: tempo necessário para percorrer o sistema do início ao fim, sem tempo de espera na fila. *p. 162*

Tempo de processamento: tempo necessário para completar um processo desde o momento de chegada até o momento de saída. *p. 162*

Utilização da capacidade: medida da quantidade de saída realmente atingida em relação à capacidade do processo quando totalmente ocupado. *p. 162*

Utilização de mão de obra direta: medida da porcentagem de tempo em que os funcionários estão realmente agregando valor ao serviço. *p. 163*

Tópicos para discussão

1. Compare a atenção dada à estética em diferentes salas de espera que você tenha visitado. De que maneira o seu humor foi alterado pelos diferentes ambientes?
2. A partir de uma perspectiva de cliente, dê um exemplo de um *servicescape* que apoie e um que deprecie o conceito de serviços. Explique o sucesso e o fracasso em termos das dimensões do *servicescape*.
3. Escolha um serviço e discuta de que modo o projeto e o leiaute das instalações vão ao encontro dos cinco fatores: a natureza e os objetivos da organização a disponibilidade de área e as necessidades de espaço, a flexibilidade, os fatores estéticos, e a comunidade e o ambiente.
4. Para o Exemplo 7.3, o parque temático Ocean World, defenda um argumento que impeça a localização das atrações mais procuradas lado a lado.
5. O programa CRAFT é um exemplo de uma abordagem de programação heurística para a resolução de problemas. Por que o CRAFT não garante a solução ótima para um problema de leiaute?

Exercício interativo

A classe é dividida em pequenos grupos. Metade dos grupos cria exemplos baseados na experiência de trabalho com *servicescapes positivos* em termos de satisfação no trabalho e de produtividade. A outra metade fornece exemplos de *servicescapes negativos* em termos de satisfação no trabalho e de produtividade.

Problemas resolvidos

1. Balanceamento de linha em leiaute de produto:

Enunciado do problema

Quem chega (de viagens internacionais) ao aeroporto JFK, em Nova York, enfrenta uma sequência de procedimentos de imigração e alfândega antes de poder embarcar em um voo doméstico para casa. A tabela a seguir lista as atividades e seus tempos médios. Exceto para a retirada da bagagem, as demais atividades devem ser desenvolvidas na sequência registrada. Qual é a atividade-gargalo e o número máximo de passageiros que podem ser atendidos por hora? O que você recomenda para melhorar o balanceamento desse processo?

Atividade	Tempo médio (em segundos)
1. Desembarque	20
2. Imigração	16
3. Retirada da bagagem	40
4. Alfândega	24
5. Verificação da bagagem	18
6. Embarque em um voo doméstico	15

Solução

Primeiro, desenhe o diagrama de fluxo de processo e identifique a atividade-gargalo. A atividade mais demorada é a "retirada da bagagem", resultando em uma capacidade do sistema de atender 90 passageiros por hora.

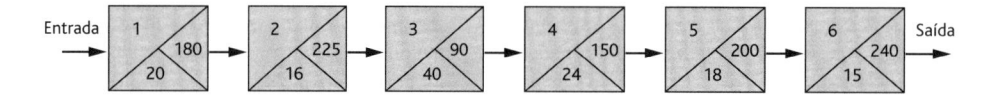

Uma sugestão para aumentar a capacidade do sistema seria duplicar a capacidade da área de retirada da bagagem e combinar as atividades de imigração e alfândega. Esse novo leiaute por produto resulta na duplicação da capacidade do sistema para 180 passageiros por hora e é mostrado no fluxograma a seguir.

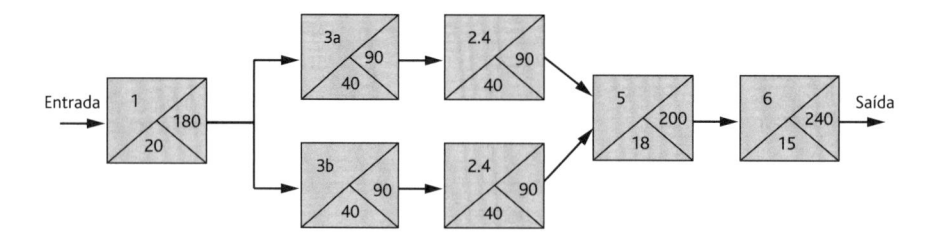

2. Análise do processo

Enunciado do problema

Considere o fluxograma mostrado anteriormente para a chegada de um voo internacional no aeroporto JFK. Calcule os valores para a capacidade do sistema, conteúdo de mão de obra direta, tempo de fluxo livre e utilização de mão de obra direta.

Solução

O primeiro passo na análise de processo é a identificação da *atividade-gargalo*, o que nesse caso é a retirada de bagagem, com um TC de 40 segundos. A *capacidade do sistema* é determinada pelo TC do gargalo e é calculada como (60 minutos/hora) (60 segundos/minuto) (1/40 segundos) = 90 passageiros por hora. Supondo que não há tempo de espera entre as atividades, o *tempo de fluxo livre* é a soma do tempo de todas as atividades:

20+16+40+24+18+15=133 segundos. Como há apenas um padrão no processo, o *conteúdo da mão de obra direta* também é a soma do tempo de todas as atividades, ou 133 segundos. A utilização de mão de obra direta é o conteúdo da mão de obra direta dividido pelo tempo de ciclo do processo (TC do gargalo) multiplicado pelo número de trabalhadores.

$$\text{Utilização de mão de obra direta} = \frac{133}{(40)(6)}(100) = 50\%$$

3. Localização relativa para leiaute de processo

Enunciado do problema

O arquiteto da nova biblioteca universitária está interessado em uma planta que seja considerada conveniente pelos usuários. Com base nos dados coletados na antiga biblioteca, o movimento dos estudantes entre as diferentes áreas foi registrado na matriz de fluxos a seguir (em centenas de viagens por mês). Prepare um bom leiaute inicial retangular que minimize as distâncias totais dos fluxos entre as áreas não adjacentes. A seguir, use a análise de sequência de operações para melhorar o leiaute.

Área da biblioteca	A	B	C	D	E	F
A Sala de reservas	—	5	9	3	7	1
B Sala de consultas	3	—	8	2	6	2
C Sala de cópias	1	1	—	7	2	3
D Estantes	2	2	10	—	2	5
E Sala de periódicos	1	2	6	3	—	2
F Sala de computadores	1	1	1	4	2	—

Solução

Inicialmente, crie uma matriz de fluxos totais triangularizada, somando os fluxos ao longo da diagonal.

Área da biblioteca	A	B	C	D	E	F
A Sala de reservas	—	8	10	5	8	2
B Sala de consultas	—	—	9	4	8	3
C Sala de cópias	—	—	—	17	8	4
D Estantes	—	—	—	—	5	9
E Sala de periódicos	—	—	—	—	—	4
F Sala de computadores	—	—	—	—	—	—

Depois, localize as áreas da biblioteca no esquema de leiaute retangular mostrado a seguir, colocando as áreas adjacentes de alto fluxo lado a lado.

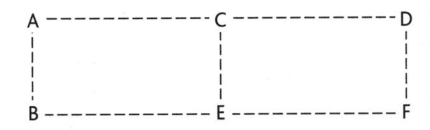

```
A-----------C-----------D
|           |           |
|           |           |
B-----------E-----------F
```

Agora, calcule a distância total dos fluxos dos pares não adjacentes, conforme mostrado a seguir:

Pares de áreas não adjacentes	Fluxo		Distância		Total
AD	5	×	2	=	10
AF	2	×	2	=	4
BD	4	×	2	=	8
BF	3	×	2	=	6
					28

Finalmente, busque melhorias por meio da troca de pares de áreas não adjacentes. Como não é possível alguma melhoria, aceite esse leiaute.

Exercícios

7.1 Os passageiros que chegam ao portão de embarque em um aeroporto primeiro devem aguardar sua fileira ser chamada antes de dirigirem-se ao portão e terem seu cartão de embarque autenticado. Se o cartão de embarque não corresponde ao voo, o passageiro é direcionado ao portão apropriado. Um passageiro que está tentando levar excesso de bagagem é direcionado à verificação de bagagem e retorna em seguida. Os passageiros com o cartão de embarque correto e a bagagem de mão adequada podem passar pelo *finger* e embarcar no avião. Elabore um fluxograma de processo do portão de embarque. Como esse processo poderia ser aperfeiçoado a fim de evitar atrasos?

7.2 Considere o processo de serviço de hipotecas, conforme mostra a Figura 7.3, e suponha que o tempo de ciclo da certidão negativa de ônus tenha passado para 60 minutos.
   a. Qual é a operação-gargalo e a correspondente capacidade do sistema?
   b. Qual é o tempo de fluxo livre?
   c. Qual é a capacidade do sistema, se a mesma pessoa realiza o relatório de crédito e a certidão negativa de ônus?

7.3 Releia o exemplo do centro de formação de condutores.
   a. Qual é a utilização de mão de obra direta para o processo mostrado na Figura 7.6*a*?
   b. Qual é a utilização de mão de obra direta para o processo mostrado na Figura 7.6*b*?
   c. Qual é a utilização de mão de obra direta para o processo mostrado na Figura 7.7?
   d. O que você conclui a partir desses cálculos?

7.4 Releia o exercício sobre o centro de habilitação de condutores e suponha que algumas de nossas recomendações prévias de investimentos foram implementadas. Por exemplo, a "verificação de violações e restrições" está sendo feita em um terminal de computador e consome 30 segundos, em vez de 60. Contudo, não foram compradas máquinas adicionais para exames oftalmológicos e fotografias.
   a. Considerando que há um funcionário para cada atividade, qual é a atividade-gargalo e qual é o número máximo de candidatos que podem ser atendidos por hora?
   b. Sugira uma realocação de atividades entre os seis trabalhadores para resultar em uma capacidade de serviço de 120 candidatos por hora. Que investimentos seriam necessários para implementar as suas recomendações de leiaute?

7.5 Fazer um exame médico em um consultório envolve uma série de etapas. A tabela a seguir lista essas atividades e seus tempos médios. As atividades podem ocorrer em qualquer ordem, mas a consulta médica deve ser a última. Três enfermeiras são designadas para desempenhar as atividades 1, 2 e 4.

Atividade	Tempo médio (em minutos)
1. Pressão arterial, peso, temperatura	6
2. Histórico médico	20
3. *Check-up*	18
4. Exames laboratoriais	10
5. Consulta médica	12

   a. Qual é a atividade-gargalo e qual é o número máximo de pacientes que podem ser atendidos por hora?
   b. Sugira a realocação de atividades das enfermeiras e/ou do médico que resultaria no aumento da capacidade do serviço e desenhe o diagrama de fluxo do produto. Qual é a capacidade de seu sistema após a melhoria?

7.6 Uma lanchonete escolar é operada por cinco pessoas que realizam as atividades listadas com os seguintes tempos médios:

Atividade	Tempo médio (em segundos)
1. Servir saladas e sobremesas	10
2. Servir bebidas	30
3. Servir a entrada	60
4. Servir vegetais	20
5. Registrar e receber o pagamento	40

   a. Qual é a atividade-gargalo e qual é a máxima capacidade do serviço por hora?

b. Sugira uma realocação das atividades que aumente a capacidade usando apenas quatro funcionários e desenhe o diagrama de fluxo do produto. Qual é a capacidade de seu sistema após a melhoria?

c. Recomende uma maneira de manter a capacidade do serviço encontrada na parte b usando apenas três funcionários.

7.7 A cada outono, voluntários aplicam vacinas em um supermercado local. O processo envolve as quatro etapas a seguir:

Atividade	Tempo médio (segundos)
1. Recepção	30
2. Questionamento sobre alergias a medicamentos	60
3. Preenchimento de formulário e assinatura de autorização	45
4. Aplicação da vacina	90

a. Qual é a atividade-gargalo e qual é o número máximo de pessoas que podem ser vacinadas por hora?

b. Se uma quinta pessoa for designada para auxiliar na aplicação da vacina, qual atividade seria agora o novo gargalo? Como essa reorganização influenciou a capacidade do sistema?

c. Utilizando cinco voluntários, sugira uma realocação das atividades que resulte em um aumento na capacidade do serviço e desenhe um diagrama de fluxo do produto. Qual é a capacidade de seu sistema após a melhoria?

7.8 Releia o exercício do parque temático Ocean World e use o fluxo diário de visitantes entre as atrações, encontrado no Exemplo 7.3, para fazer uma análise diferente.

a. Recomende um leiaute que *maximize* a distância total percorrida entre as atrações.

b. Quais benefícios esse leiaute apresentaria para os proprietários do Ocean World?

c. Que preocupações você tem sobre o uso dos dados da Tabela 7.3 para essa nova abordagem do leiaute para o Ocean World?

7.9 A loja Second Best Discount Store está pensando em reorganizar seu depósito de estoques para melhorar o serviço prestado aos clientes. Atualmente, os funcionários recebem os pedidos, os quais, para serem atendidos, precisam de materiais provenientes de seis áreas do armazém. A movimentação entre essas seis áreas é apresentada na matriz de fluxo a seguir:

	A	B	C	D	E	F
A	—	1	4	2	0	3
B	0	—	2	0	2	1
C	2	2	—	4	5	2
D	3	0	2	—	0	2
E	1	4	3	1	—	4
F	4	3	1	2	0	—

Utilizando o leiaute inicial a seguir, analise a sequência de operações para determinar um leiaute que minimize o fluxo total entre os departamentos não adjacentes. Calcule a melhoria devido ao novo fluxo.

```
A -------------- B -------------- C
|                |                |
|                |                |
|                |                |
D -------------- E -------------- F
```

7.10 Uma loja de conveniência estuda uma mudança em seu leiaute para incentivar compras por impulso. A matriz triangular de fluxos a seguir dá a medida da associação entre diferentes grupos de produtos (p. ex., cerveja, leite, revistas). Um sinal positivo (+) indica uma alta associação, como entre cerveja e amendoim; um sinal negativo (−) indica uma repulsão, como entre cerveja e leite; e zero (0) indica que não há associação.

	A	B	C	D	E	F
A		+	+	0	0	−
B			+	0	−	−
C				+	+	0
D					+	+
E						0
F						

Utilizando o leiaute inicial a seguir, faça uma análise de sequência de operações para determinar um leiaute que incentive compras por impulso, colocando grupos de produtos com alta associação próximos uns dos outros.

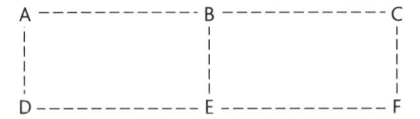

```
A ------------ B ------------ C
|              |              |
|              |              |
D ------------ E ------------ F
```

7.11 Uma universidade comunitária que adquiriu um terreno recentemente agora está realizando o planejamento das instalações. Há o interesse de alocar os departamentos acadêmicos em seis prédios, ao longo de uma alameda, com três prédios de cada lado. Baseado nos modelos registrados, o fluxo diário de estudantes entre esses seis departamentos (em centenas) é apresentado a seguir.

	A	B	C	D	E	F
A. Psicologia	—	6	4	8	7	1
B. Inglês	6	—	2	3	9	5
C. Matemática	6	1	—	12	2	4
D. Economia	3	2	10	—	3	5
E. História	7	11	2	1	—	6
F. Biologia	6	2	8	10	3	—

Utilizando o seguinte leiaute inicial, faça uma análise de sequência de operações para determinar um plano de localização das instalações da universidade comunitária que minimize a distância que os estudantes precisarão caminhar entre as diferentes aulas.

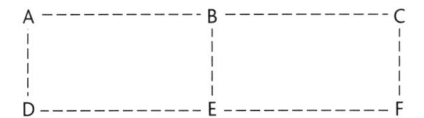

```
A ------------ B ------------ C
|              |              |
|              |              |
D ------------ E ------------ F
```

Organização de serviços de saúde (A) — Estudo de caso 7.1

Em janeiro de 2007, Joan Taylor, a administradora da companhia de seguros de saúde vitalícios HMO, em Buffalo, Nova York, estava satisfeita com a escolha de Austin, Texas, para a localização de um novo centro de saúde ambulatorial (o processo utilizado para selecionar o local é discutido no Capítulo 10). O centro não serviria somente como uma clínica para doenças graves, mas também como um centro de serviços preventivos de saúde.

Uma importante meta da HMO era oferecer programas que estimulassem os associados a se manterem saudáveis. Vários programas já haviam sido planejados, incluindo programas antitabagismo e voltados para alimentação adequada, dietas e exercícios.

A parte clínica do centro de saúde seria ampla; no entanto, certas restrições no leiaute seriam necessárias. Pacientes com doenças graves precisariam ficar separados dos demais. Além disso, os regulamentos locais de segurança proibiam que o departamento de radiografia ficasse adjacente à sala de espera principal.

Era muito importante para a Sra. Taylor minimizar a distância percorrida pelos pacientes e pelos funcionários do centro. A matriz a seguir fornece o fluxo esperado entre os departamentos, com base em 35 pacientes por dia.

Questões

1 Começando com um bom leiaute inicial, use a análise de sequência de operações para determinar um leiaute mais adequado que minimize a distância percorrida entre as diferentes áreas da clínica.

2 Defenda o seu leiaute final com base em outras características que não a minimização da distância percorrida.

		A	B	C	D	E	F
Recepção	A	—	30	0	5	0	0
Sala de espera	B	10	—	40	10	0	0
Exame	C	15	20	—	15	5	5
Laboratório	D	5	18	8	—	6	3
Radiografia	E	0	4	1	2	—	4
Cirurgias menores	F	2	0	0	0	1	—

Organização de serviços de saúde (B) — Estudo de caso 7.2

A administradora da companhia de seguros HMO, a Sra. Taylor, estava ansiosa para solucionar os problemas potenciais antes que a nova clínica fosse aberta em Austin, Texas. Em Buffalo, Nova York, onde a clínica original está localizada, a farmácia sempre se mostrou extremamente concorrida, e as longas esperas por uma prescrição surgiram como um grave problema.

A farmácia em Buffalo era espaçosa, moderna e bem projetada. O horário de pico para prescrições era entre as 10 e as 15 horas. Durante esse período, as prescrições atrasavam e o tempo de espera aumentava. Depois das 17 horas, a equipe se reduzia a um farmacêutico e a um auxiliar, mas os dois não tinham problemas em prestar os serviços com pontualidade.

A Sra. Taylor estava ciente das longas esperas depois de receber inúmeras reclamações, segundo as quais o tempo de espera excedia uma hora. A farmácia é atendida por cinco pessoas, que trabalham até as 17 horas.

A Sra. Taylor estudou pessoalmente as tarefas de todos os funcionários da farmácia e registrou o tempo exigido para concluir cada uma delas. As prescrições eram preenchidas em um padrão de linha de montagem por dois auxiliares e três farmacêuticos, e cada pessoa desempenhava apenas uma tarefa.

Questões

1. Identifique a atividade-gargalo e mostre como a capacidade pode ser aumentada utilizando apenas dois farmacêuticos e dois auxiliares.
2. Além de poupar custos com funcionários, que outros benefícios esse arranjo apresenta?

Atividade	Tempo (segundos)
Receber as prescrições	24
Digitar o rótulo	120
Preencher a prescrição	60
Verificar a prescrição	40
Liberar a prescrição	30

Nota: As atividades de preencher, verificar e liberar as prescrições precisam ser desempenhadas por farmacêuticos registrados.

Esquire Department Store — Estudo de caso 7.3

Fundada por Arthur Babbitt, em 1996, a loja de departamentos Esquire vem apresentando um declínio nas suas vendas. O gerente da loja, o jovem Arthur Babbitt Jr., tem notado um decréscimo no movimento dos clientes entre os departamentos. Ele acredita que os clientes não permanecem tempo suficiente dentro da loja e que isso pode ser resultado do leiaute atual, baseado no conceito de alocação em que os departamentos relacionados encontram-se próximos uns aos outros. Babbitt, o fundador, não está convencido. Ele argumenta que está no negócio há mais de 20 anos e que os clientes leais não deixariam de comprar simplesmente devido ao leiaute. Ele acredita que estão perdendo clientes para uma nova loja de fábrica, fora da cidade, que parece atraí-los com descontos nos preços.

Babbitt Jr. expôs que, quanto maior for a distância que o cliente percorrer entre os departamentos, mais produtos ele verá. Os clientes normalmente têm alguma coisa específica em mente quando vão às compras, mas expor mais produtos pode levar a compras extras. Assim, para Babbitt Jr., parece que a melhor solução para esse problema é a alteração do leiaute atual, de maneira que os clientes fiquem expostos a mais produtos. Ele sente que o ambiente de hoje é diferente do ambiente de 1996 e que a companhia deve dispor mais adequadamente seus produtos e incentivar compras por impulso.

"Filho, você pode ter razão sobre o leiaute da loja. Mas, antes de gastar dinheiro alterando este lugar, preciso verificar alguns dados. Desenvolva um novo leiaute e mostre-me o quanto ele pode aumentar o tempo que o cliente gasta na loja".

Babbitt Jr. retornou para seu escritório e verificou algumas informações que estava coletando sobre a revisão do leiaute da loja. Estimou que, em média, 57 clientes entram na loja por hora. A loja funciona 10 horas por dia, 200 dias por ano. Ele tem um desenho do leiaute atual, apresentado na Figura 7.11, e um quadro descrevendo o fluxo de clientes entre os departamentos, apresentado na Tabela 7.4.

Questões

1. Use a lógica CRAFT para desenvolver um leiaute que maximize o tempo de permanência do cliente na loja.
2. Que aumento percentual no tempo gasto pelo cliente é obtido pelo leiaute proposto?
3. Que outros conceitos de comportamento dos clientes devem ser considerados na localização relativa dos departamentos?

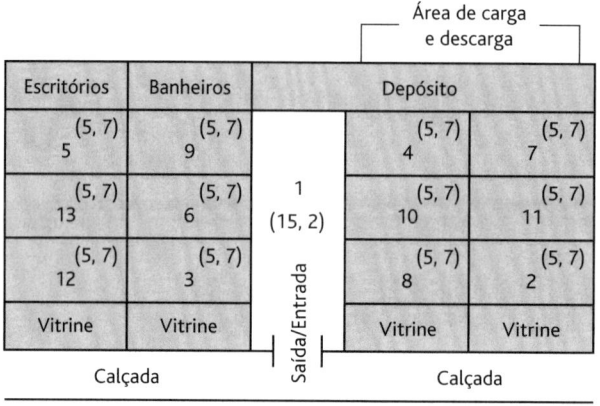

176 Parte II Projeto de um empreendimento de serviços

Figura 7.11 Leiaute atual da loja de departamentos Esquire (os valores entre parênteses referem-se a um leiaute em grade – linhas e colunas).

Tabela 7.4 Fluxo de clientes entre os departamentos (em milhares)

	1	2	3	4	5	6	7	8	9	10	11	12	13
1	0	32	41	19	21	7	13	22	10	11	8	6	10
2	17	0	24	31	16	3	13	17	25	8	7	9	12
3	8	14	0	25	9	28	17	16	14	7	9	24	18
4	25	12	16	0	18	26	22	9	6	28	20	16	14
5	10	12	15	20	0	18	17	24	28	30	25	9	19
6	8	14	12	17	20	0	19	23	30	32	37	15	21
7	13	19	23	25	3	45	0	29	27	31	41	24	16
8	28	9	17	19	21	5	7	0	21	19	25	10	9
9	14	8	13	15	22	18	13	25	0	33	27	14	19
10	18	25	17	19	23	15	25	27	31	0	21	17	10
11	29	28	31	16	29	19	18	33	26	31	0	16	16
12	17	31	25	21	19	17	19	21	31	29	25	0	19
13	12	25	16	33	14	19	31	17	22	15	24	18	0

1. Entrada/saída
2. Eletrodomésticos
3. Televisores e aparelhos de som
4. Joias
5. Utensílios domésticos
6. Cosméticos
7. Moda feminina
8. Moda masculina
9. Moda jovem
10. Artigos esportivos
11. *Lingerie*
12. Calçados
13. Móveis

Central Market[7]

Estudo de caso 7.4

Em 1994, o supermercado Central Market, localizado na área do Hyde Park de Austin, Texas, foi aberto pela companhia matriz H.E.B. O Central Market representou uma mudança radical das lojas corporativas comuns de cadeias de supermercados padronizadas, que são lugares não diferenciados para se fazerem compras, projetados para a eficiência e oferecendo produtos similares. O Central Market tentou modificar toda a experiência em compras de supermercado, desde os produtos estocados até a forma como as pessoas faziam suas compras, o serviço aos clientes, o leiaute da loja e os serviços secundários oferecidos. Os fundadores pretendiam criar uma espécie de mercado rural "veja e sinta" ao oferecer apenas produtos frescos de alta qualidade, além de proporcionar uma atmosfera vibrante e interativa.

O Central Market foi projetado para mudar a forma como as pessoas se alimentam e como elas preparam uma refeição. A exploração e a descoberta são encorajadas à medida que os clientes vão caminhando pela loja, que alguns consideram um deleitoso labirinto de gôndolas.

A entrada do Central Market leva a um átrio que abriga um balcão de informações e uma pequena cafeteria. Seguindo, os clientes encontram um caminho em curvas que flui até uma loja ao estilo de um mercado de cidade europeia. O Central Market chama isso de *fluxo de energia*, conforme apresentado na Figura 7.12. Os clientes avançam fazendo curvas pelos corredores de frutas frescas e hortaliças antes de entrar no "corredor da proteína", onde podem ser comprados diversos tipos de carne e frutos do mar. Em seguida há os departamentos de vinhos, pães, queijos e frios. Gêneros de primeira necessidade, como enlatados e alimentos essenciais, são colocados no centro desse "labirinto". Corredores de saída por toda a loja proporcionam atalhos para a área dos caixas.

O leiaute das instalações é análogo à construção de uma bela refeição, isto é, vegetais, carnes, vinhos, pães e queijos, nessa ordem. Brian Cronin, gerente-geral do Central Market, afirma que o projeto expressa a intenção de "guiar as pessoas pelos produtos essenciais". O projeto, no entanto, é apenas uma pequena parte da maneira como o Central Market fornece o seu conceito de serviços.

O Central Market conseguiu obter o visual e a sensação similares aos experimentados em um mercado rural. A temperatura é controlada especificamente para assegurar a qualidade dos produtos. Os departamentos de produtos agrícolas e de carnes são mantidos a 20°C, enquanto a temperatura nas áreas de preparação é deixada em 10°C. O restante do ambiente é um pouco mais quente – em torno de 22°C. O aroma de café, produtos frescos, peixe e pão assado dá as boas-vindas aos clientes à medida que caminham pela loja. O frescor dos produtos é garantido porque eles são repostos diariamente.

O panorama espacial e funcional também é compatível com o conceito de mercado rural. Tudo está organizado de forma a enfatizar a variedade dos produtos. À medida que são vendidos, os artigos são rearranjados para manter uma estética visual. Os corredores são projetados para permitir que pelo menos dois carrinhos passem um pelo outro. Um exemplo da forma como o plano espacial ajuda a atingir metas estratégicas (isto é, aumentar a lucratividade) é a localização das bebidas alcoólicas no modelo de fluxo forçado. A principal via divide a seção de vinhos e cervejas e cria uma oportunidade para pesquisa e compras por impulso.

O desenho da loja é notavelmente flexível. Os produtos exibidos são acrescentados ou removidos de acordo com a sazonalidade e a demanda dos clientes. Por exemplo, o departamento de flores pode ser ampliado durante o mês de fevereiro para o Valentine's Day (Dia dos Namorados no hemisfério norte) ou reduzido de acordo com o número esperado de clientes, como durante as festas de fim de ano.

Próximo aos caixas expressos, localiza-se uma área para um "café durante as compras". É provável que os clientes que usam essa fila sejam sensíveis em relação ao tempo, e esse sistema reduz o tempo médio de atendimento. Os compradores com mais itens usam o padrão de filas múltiplas, podendo *disputar* uma melhor posição. A percepção de esperar em uma fila é muitas vezes mais importante do que o atraso efetivo; desse modo, a colocação de uma floricultura atrás dos caixas proporciona uma oportunidade para distrair os clientes e também para que estes realizem uma compra por impulso.

Os sinais, símbolos e artefatos mais uma vez são coerentes com o tema de mercado rural. Os sinais são feitos à mão e pintados por três pessoas da equipe de artistas da loja. As cores em tom pastel são usadas em sinais por toda a loja e também nas enormes esculturas no café. A codificação por cores é usada para identificar produtos orgânicos oriundos do Texas. As dimensões do ambiente são manipuladas pelo Central Market para seduzir o cliente a ficar mais tempo na loja e comprar mais.

A experiência no Central Market exerce um impacto maravilhoso sobre os sentidos. Os clientes podem ver, cheirar, sentir e até provar os produtos. A variedade é evidente, na medida em que produtos de todo o mundo são oferecidos. Os clientes passam mais tempo na loja porque são apresentados a itens que nunca viram antes, além de o design das instalações controlar seu deslocamento. O comprador médio passa 45 minutos no Central Market: nos fins de semana, porém, os clientes frequentemente passam mais tempo devido a promoções, a demonstrações especiais e ao maior congestionamento. A experiência de comprar ali parece viciante: o Central Market é, na realidade, o segundo maior destino para passeio em Austin.

Os compradores também acabam gastando mais do que planejaram, mesmo que o Central Market não tenha em estoque os itens-padrão encontrados em supermercados, como refrigerantes, salgadinhos e itens de papelaria e limpeza. O cliente

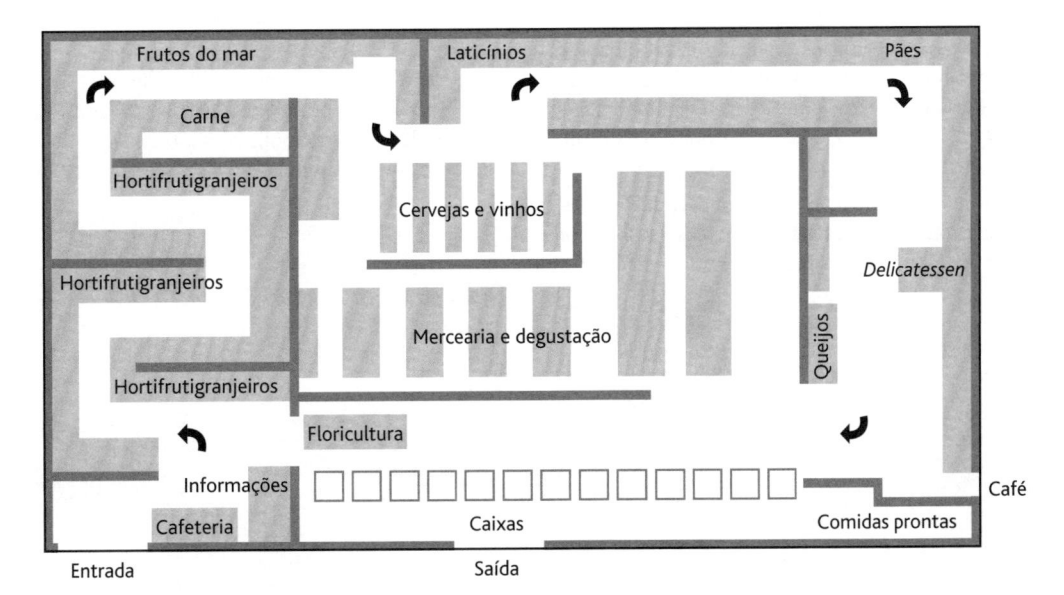

Figura 7.12 Planta baixa do Central Market.

médio gasta US$ 40, enquanto a média do setor é de US$ 20. Os produtos custam mais por serem singulares, frescos e de qualidade. A compra por impulso é facilitada por numerosas oportunidades de degustação de produtos e porque o design das instalações cria gargalos e áreas de espera próximas a produtos atraentes, como flores, vinhos e pães.

A maior reclamação dos clientes do Central Market a respeito da experiência na loja é o seu leiaute; normalmente eles têm de aprender a localização de diferentes itens por meio de visitas repetidas. Auxílios de orientação na loja, como mapas e sinais, são escassos. Talvez essa falta de direção não seja um descuido – afinal, o Central Market é uma experiência de descoberta. Se os clientes sabem onde todos os produtos estão, como eles poderão explorar?

Questões

1 Como as dimensões ambientais do *servicescape* explicam o sucesso do Central Market?

2 Comente de que forma o *servicescape* molda os comportamentos de clientes e funcionários.

Bibliografia selecionada

Aubert-Gamet, Veronique. "Twisting Servicescapes: Diversion of the Physical Environment in a Re-appropriation Process." *International Journal of Service Industry Management* 8, no. 1 (1997), pp. 26–41.

Bitner, Mary Jo. "Evaluating Service Encounters: The Effects of Physical Surroundings and Employee Responses." *Journal of Marketing* 54 (April 1990), pp. 69–82.

Blackstone, John H., Jr. "Theory of Constraints—A Status Report." *International Journal of Production Research* 39, no. 6 (2001), pp. 1053–80.

Goldratt, Eliyahu M., and J. Cox. *The Goal.* New York: North River Press, 2004.

Morrin, Maureen, and Jean-Charles Chebat. "The Interactive Effects of Shopper Style and Mall Atmospherics on Consumer Expenditures." *Journal of Service Research* 8 no. 2 (February 2005), pp. 181-91.

Nasar, J. L., ed. *Environmental Aesthetics: Theory, Research, and Applications.* Cambridge: Cambridge University Press, 1988.

Parish, Janet Turner; Leonard L. Berry; and Shun YinLam. "The Effects of the Servicescape on Service Workers." *Journal of Service Research* 10 no. 3 (February 2008), pp. 220-38.

Strati, A. *Organization and Aesthetics.* London: Sage Publications, 1999.

Vilnai-Yavetz, Iris, and Anat Rafaeli. "Aesthetics and Professionalism of Virtual Servicescapes." *Journal of Service Research* 8, no. 3 (February 2006), pp. 245–59.

Wener, Richard E. "The Environmental Psychology of Service Encounters." In *The Service Encounter,* eds. J. A. Czepiel, M. R. Solomon, and C. F. Surprenant. Lexington, Mass on Books, 1985, pp. 101–13.

Notas

1. Peg Tyre, "Retailing: Trading Spaces, and Jabs," *Newsweek,* April 5, 2004, p. 46.

2. Steve Lohr, "The Best Little Bank in America," *New York Times,* July 7, 1991, sec. 3, p. 1.

3. Richard E. Wener, "The Environmental Psychology of Service Encounters," in J. A. Czepiel, M. R. Solomon, and C. F. Surprenant (eds.), *The Service Encounter,* Lexington, Mass.: Lexington, Mass on Books, 1985, pp. 101–13.

4. Mary Jo Bitner, "Servicescapes: The Impact of Physical Surroundings on Customers and Employees," *Journal of Marketing* 56 (April 1992), pp. 57–71.

5. Elwood S. Buffa, "Sequence Analysis for Functional Layouts," *Journal of Industrial Engineering* 6, no. 2 (March–April 1955), pp. 12–13.

6. E. S. Buffa, G. C. Armour, and T. E. Vollmann, "Allocating Facilities with CRAFT," *Harvard Business Review* 42, no. 2 (March–April 1964), pp. 136–59.

7. Preparado por Charles Morris, Allison Pinto, Jameson Smith e Jules Woolf, com a orientação do Professor James A. Fitzsimmons.

Capítulo 8

Melhoria de processos

Objetivos de aprendizagem

Ao final deste capítulo, você deverá estar apto a:

1. Usar ferramentas de qualidade para a análise de processo e a solução de problemas.
2. Descrever e comparar programas de melhoria da qualidade corporativa.
3. Liderar uma equipe em uma iniciativa de melhoria de processo.
4. Medir a capacitação de um processo.
5. Descrever a filosofia do *lean service*.
6. Realizar uma análise por envelopamento de dados (DEA).

As mudanças demográficas e a previsão de escassez de mão de obra forçam o setor de serviços a tornar-se mais consciente quanto à produtividade. Consideremos as estratégias de redução de mão de obra que têm sido implementadas pela nova rede Sleep Inn, a fim de diminuir os custos de mão de obra para a operação de uma unidade hoteleira. Por exemplo, lavadoras e secadoras de roupas ficam localizadas atrás da recepção, de maneira que o recepcionista noturno possa carregar e descarregar as roupas em seu turno de atendimento. Para auxiliar na redução de tarefas de limpeza, as mesas de cabeceira são fixadas às paredes, evitando que as arrumadeiras precisem passar aspirador de pó em torno dos móveis, e os boxes de chuveiro nos banheiros são redondos para impedir o acúmulo de sujeira nos cantos. Além disso, o sistema de segurança eletrônico computadorizado eliminou as chaves: os hóspedes utilizam seus próprios cartões de crédito para entrar nos quartos. Para reduzir as despesas com energia, o aquecimento e o ar-condicionado são ligados e desligados automaticamente quando um hóspede entra ou sai do hotel. Há ainda um computador que registra o tempo que as camareiras levam para limpar cada quarto. Portanto, um projeto arquitetônico criativo, a utilização eficiente da mão de obra e o uso inovador de computadores têm um grande impacto no aumento da produtividade em serviços.[1]

APRESENTAÇÃO DO CAPÍTULO

O foco deste capítulo está no aperfeiçoamento contínuo das organizações de serviços a partir de iniciativas relacionadas à produtividade e à qualidade. As melhores empresas de serviços do mundo são conhecidas por seu compromisso com a melhoria contínua no serviço aos clientes, aumentando, desse modo, o padrão de excelência do setor. A melhoria contínua é uma mentalidade que precisa ser incorporada à cultura de uma empresa.

A filosofia da melhoria contínua é descrita no ciclo de planejar-executar-verificar-agir (PDCA – *plan-do-check-act*) proposto por Deming. Ferramentas de qualidade para a análise e a solução de problemas são descritas e ilustradas usando um exemplo do setor de transporte aéreo. No nível corporativo, as organizações adotam a melhoria contínua por meio de programas de desenvolvimento de pessoal, do Prêmio Nacional de Qualidade Malcolm Baldrige, do cumprimento das normas de qualidade ISO 9000 e de programas mais abrangentes, como o *lean service* e o Seis Sigma.

Por fim, é apresentado um modelo de programação linear chamado análise por envelopamento de dados (DEA – *data envelopment analysis*) no suplemento do capítulo. A DEA é um método empírico para medir a eficiência das unidades de prestação de serviço pela comparação de uma unidade com as outras. A análise comparativa do desempenho da unidade é uma oportunidade de promover a melhoria contínua por meio do aprendizado em grupo.

PROCESSO DE MELHORIA DE PRODUTIVIDADE E QUALIDADE

Fundamentos da melhoria contínua

A melhoria contínua é baseada nos ensinamentos e na filosofia de W. Edwards Deming. Deming é tido como o responsável por ajudar a indústria japonesa a se recuperar da Segunda Guerra Mundial e a buscar uma estratégia para a exportação de produtos de alta qualidade com preços acessíveis. Essa combinação de qualidade e baixo custo era considerada impossível, pois achava-se que a qualidade só era alcançada com um alto custo. Os fundamentos dos ensinamentos de Deming consistiam em três princípios:

1. *Satisfação do cliente* A satisfação das necessidades dos clientes deve ser a principal meta para os trabalhadores. Isso requer a atitude de colocar o cliente em primeiro lugar e de acreditar que esse princípio é o objeto de trabalho de cada um.
2. *Gerenciamento com base em fatos* Para encorajar o raciocínio científico, dados objetivos devem ser coletados e apresentados à gerência para que esta tome decisões. Essa abordagem requer uma coleta de dados formal e uma análise estatística desses dados pelas equipes de melhoria de qualidade.
3. *Respeito pelas pessoas* Um programa de melhoria de qualidade abrangendo toda a empresa supõe que todos os empregados têm capacidade de motivação própria e de pensamento criativo. Os funcionários recebem apoio e suas ideias são consideradas em um ambiente de respeito mútuo.

Ciclo planejar-executar-verificar-agir (PDCA) [2]

A abordagem de Deming quanto à qualidade aponta que verificar ou inspecionar a qualidade é uma ação tardia e que, em vez disso, o foco deve estar no processo. Essa abordagem é representada por um ciclo e consiste em quatro passos: *planejar*, escolher e analisar o problema; *executar*, implementar a solução; *verificar* os resultados da mudança; e *agir* para padronizar a solução e refletir sobre o aprendizado. Como mostra a Figura 8.1, o *ciclo PDCA* é repetitivo, sendo toda melhoria resultado de um processo incremental e contínuo.

Planejar. O planejamento começa com a escolha do problema. Os problemas aparecerão na forma de mudanças em indicadores importantes, como a taxa de defeitos ou de reclamações de clientes. Restrinja o enfoque do projeto e descreva a oportunidade para melhoria. O processo corrente é documentado, talvez com um fluxograma, e os dados são reunidos.

As causas possíveis são debatidas e, usando os dados, chega-se a um acordo quanto à raiz ou raízes subjacentes. Desenvolva um plano de ação que inclua uma solução viável, medidas de sucesso e a implementação de metas acordadas.

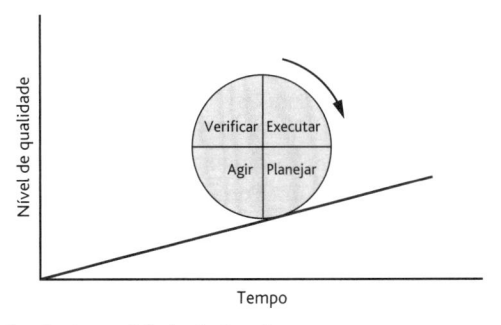

Figura 8.1 O ciclo de melhoria da qualidade de Deming.

Executar. Implemente a solução ou a mudança do processo, talvez pelo método de tentativa e erro. Monitore o plano de implementação reunindo dados sobre medidas de desempenho e observando o progresso em comparação com determinadas marcas.

Verificar. Analise e avalie o resultado da mudança. Verifique se a solução está provocando o efeito pretendido e observe quaisquer consequências imprevistas.

Agir. Reflita e aja sobre o aprendizado a partir da experiência. Se forem bem-sucedidas, as mudanças no processo serão padronizadas e comunicadas a todos os trabalhadores envolvidos por meio do treinamento nos novos métodos. Em alguns casos, isso pode incluir participantes externos, como clientes e fornecedores. Comemore o sucesso e aplique o ciclo PDCA a outro problema.

Solução de problemas

Uma abordagem sistemática para a solução de problemas é fundamental para um programa de melhoria contínua em qualidade e produtividade. O objetivo principal da melhoria contínua é eliminar a causa dos problemas, para que não ocorram novamente. Uma abordagem de solução de problemas baseada no ciclo PDCA de Deming é descrita na Tabela 8.1.

Tabela 8.1 Etapas da solução de problemas no ciclo PDCA

Etapa 1	**Reconhecer o problema e estabelecer prioridades**
	Durante o estágio de reconhecimento, o problema é delineado em termos bastante gerais, utilizando informações de muitas fontes.
Etapa 2	**Formar equipes de melhoria de qualidade**
	Cria-se uma equipe interdisciplinar de indivíduos próximos ao problema, que recebem autonomia para lidar com ele. O envolvimento por parte da gerência determina o foco da equipe e demonstra interesse em encontrar uma solução a ser implementada.
Etapa 3	**Definir o problema**
	Primeiro, a equipe tem de definir claramente o problema e seu escopo. A análise de Pareto pode, muitas vezes, apontar as áreas significativas a serem investigadas.
Etapa 4	**Desenvolver medidas de desempenho**
	O efeito das mudanças no processo pode ser verificado quando se faz uma análise comparativa do antes e do depois.
Etapa 5	**Analisar o problema/processo**
	Elaborar um fluxograma do processo neste estágio é, muitas vezes, o primeiro passo para chegar a uma compreensão total de todas as complexidades envolvidas. As informações reunidas neste estágio ajudarão a determinar soluções potenciais.
Etapa 6	**Determinar causas possíveis**
	O diagrama de causa e efeito é particularmente útil para identificar possíveis causas do problema. A equipe adota o diagrama para debater ideias a respeito da raiz do problema. Em um *brainstorm*, os membros da equipe são incentivados a lançar ideias, sem comentário algum por parte dos outros membros. Não é permitida qualquer argumentação, crítica ou avaliação de ideias durante essa reunião, que é dedicada a gerar possíveis causas. Após a identificação, os dados são organizados em planilhas de controle, diagramas de dispersão, histogramas e gráficos de controle, para que seja descoberta a raiz do problema.
Etapa 7	**Escolher e implementar a solução**
	Este é o estágio mais interessante, mas a tentação de imediatamente propor soluções tem de ser evitada. Os critérios para escolher uma solução incluem o foco sobre a raiz do problema, a prevenção da recorrência do problema, a efetividade em termos de custos e a pontualidade.
Etapa 8	**Avaliar a solução: o acompanhamento**
	Uma vez implementada a solução e passado o tempo, o processo é checado para verificar se o problema foi resolvido. Os gráficos de controle são úteis para a comparação de dados anteriores com o desempenho atual.
Etapa 9	**Assegurar a continuidade**
	Novos métodos devem ser estabelecidos, e os trabalhadores precisam ser treinados. Os gráficos de controle podem ser usados no monitoramento do processo para assegurar que ele permaneça estável.
Etapa 10	**Melhoria contínua**
	Como sugere o ciclo de Deming na Figura 8.1, a qualidade e a produtividade são impulsionadas somente com as repetições do ciclo PDCA. Uma vez resolvido um problema, outra oportunidade é identificada para uma nova rodada de análise de melhorias.

Fonte: D. C. S. Summers, *Quality*, 2a ed., Upper Saddle River, N.J.: Prentice Hall, Upper Saddle River, N.J., 2000, pp. 64–109.

FERRAMENTAS DE QUALIDADE PARA ANÁLISE E SOLUÇÃO DE PROBLEMAS [3]

As equipes de melhoria de qualidade empregam muitas ferramentas no processo PDCA. As ferramentas ajudam na análise de dados e dão base para a tomada de decisões. Nesta seção, são descritas oito ferramentas, com um exemplo de como aplicá-las a um problema enfrentado pela Midway Airlines. A Midway Airlines, uma companhia aérea regional, atendia viajantes de negócios a partir de um centro de conexão no Midway Airport, em Chicago, até ser incorporada pela Southwest Airlines em 1991. O sistema centro-radial exigia saídas pontuais para evitar atrasos, que comprometeriam o translado eficiente dos passageiros durante as viagens com várias escalas. A Midway passou a monitorar os atrasos nos voos e descobriu que o desempenho pontual do seu sistema havia se deteriorado, causando irritação entre os passageiros. As ferramentas de qualidade são apresentadas a seguir, na sequência em que seriam usadas no processo de solução desse problema.

Planilha de controle

Uma planilha de controle é um registro histórico das observações e representa a fonte de dados para iniciar a análise e a identificação do problema. Originalmente, uma planilha de controle era uma folha de papel listando problemas potenciais, e, a cada dia, os trabalhadores marcavam a coluna apropriada para registrar a frequência da ocorrência. Hoje os dados sobre a frequência do problema são inseridos *on-line* em uma planilha do Excel para facilitar sua interpretação. A Figura 8.2 é uma planilha do Excel que registra os problemas enfrentados pela Midway.

Cartas de controle (*run chart*)

A carta de controle rastreia mudanças nas variáveis importantes de um processo ao longo do tempo para detectar tendências, variações ou ciclos no desempenho. As cartas de controle são fáceis de interpretar e úteis na previsão de tendências. As equipes podem desenvolver esses gráficos para comparar uma medida de desempenho antes e depois da implementação de uma solução. Como mostra a Figura 8.3, a Midway constatou um aumento constante no número de voos com atraso.

Histograma

Um histograma reúne dados coletados ao longo de um período de tempo e os apresenta como uma distribuição de frequência em forma de um gráfico de barras. Usando o comando de gráficos do Excel, os dados da planilha de controle são visualizados graficamente para extrair um sentido da

Mês	Área problemática				
	Bagagem perdida	Atrasos nos voos	Problemas mecânicos	Overbooking	Outros
Janeiro	1	2	3	3	1
Fevereiro	3	3	0	1	0
Março	2	5	3	2	3
Abril	5	4	4	0	2
Maio	4	7	2	3	0
Junho	3	8	1	1	1
Julho	6	6	3	0	2
Agosto	7	9	0	3	0
Setembro	4	7	3	0	2
Outubro	3	11	2	3	0
Novembro	2	10	1	0	0
Dezembro	4	12	2	0	1
Total	44	84	24	16	12

Figura 8.2 Planilha de controle do Excel.

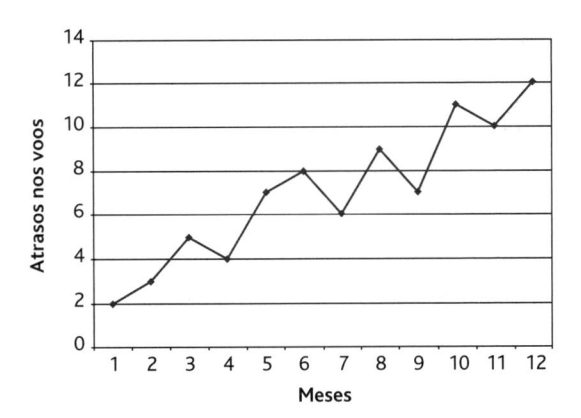

Figura 8.3 Carta de controle de atrasos nos voos.

distribuição. Características incomuns, como distorções ou falta de simetria, tornam-se óbvias. Uma distribuição com dois picos, ou bimodal, sugere que duas distribuições com diferentes médias são subjacentes aos dados. Para companhias aéreas, uma distribuição bimodal de voos atrasados poderia ser explicada por um efeito de sazonalidade com base nas condições do tempo. Na Figura 8.4, escolhemos "bagagens perdidas" para o histograma. Observe que a distribuição não é simétrica, mas tende às baixas ocorrências.

Gráfico de Pareto

O *gráfico de Pareto* classifica os problemas por sua frequência relativa em um gráfico de barras decrescente a fim de focar o problema que oferece o maior potencial para melhoria. O economista italiano do século XIX Vilfredo Pareto observou que relativamente poucos fatores costumam ser responsáveis por uma grande porcentagem do total de casos (p. ex., 80% da riqueza de um país está nas mãos de 20% de seus cidadãos). Esse princípio, conhecido como a *regra 80/20*, tem sido observado em muitas situações. Por exemplo, 80% das vendas de um varejista são geradas por 20% dos clientes. A Figura 8.5 apresenta o número total de ocorrências anuais de problemas com um gráfico de Pareto, identificando os "atrasos nos voos" como o problema mais sério relacionado aos clientes.

Fluxograma

Os fluxogramas são uma representação visual do processo e ajudam os membros da equipe a identificar pontos possivelmente problemáticos ou pontos de intervenção para solução. Por convenção, losangos representam pontos de tomada de decisão, retângulos indicam atividades e elipses marcam pontos iniciais e finais. Todos os símbolos são ligados por setas para representar a sequência de atividades. Na Figura 8.6, apresentamos um fluxograma do processo em um portão de embarque

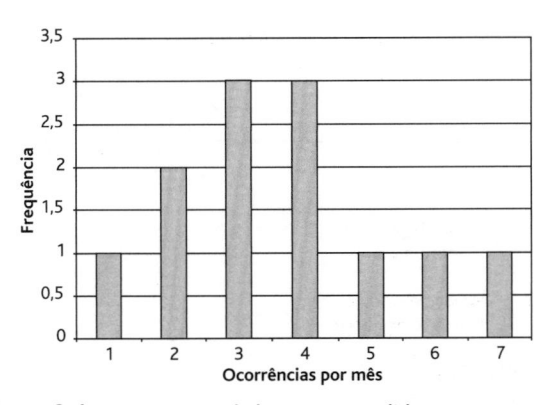

Figura 8.4 Histograma de bagagens perdidas.

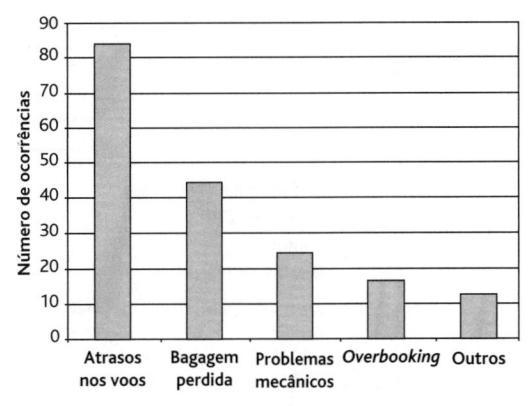

Figura 8.5 Gráfico de Pareto.

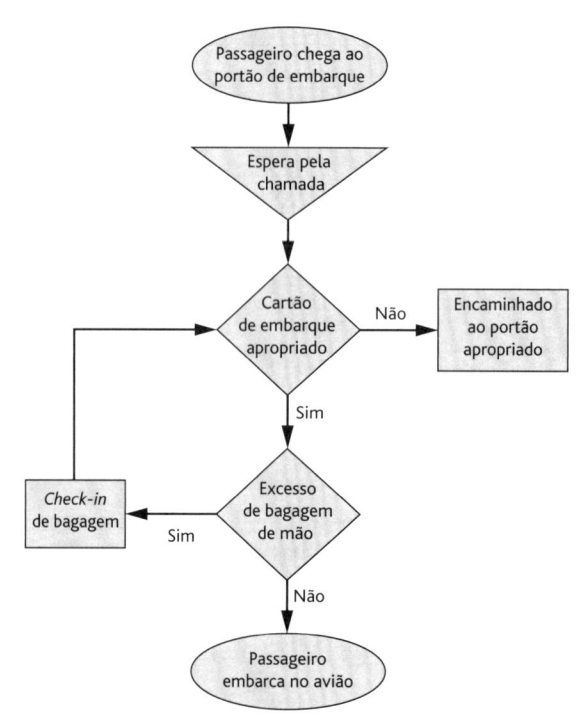

Figura 8.6 Fluxograma do portão de embarque.

para captar possíveis fontes de atrasos, como passageiros tentando embarcar com excesso de bagagem.

Diagrama de causa e efeito

A *análise de causa e efeito* oferece uma abordagem estruturada para que uma equipe identifique, explore e demonstre graficamente, em detalhes, todas as causas possíveis relacionadas a um problema, a fim de descobrir a causa subjacente. O diagrama de causa e efeito também é conhecido como *diagrama espinha de peixe*, devido ao seu desenho em forma de esqueleto, ou *diagrama de Ishikawa*, em homenagem a seu criador. A Figura 8.7 contém um diagrama de causa e efeito para

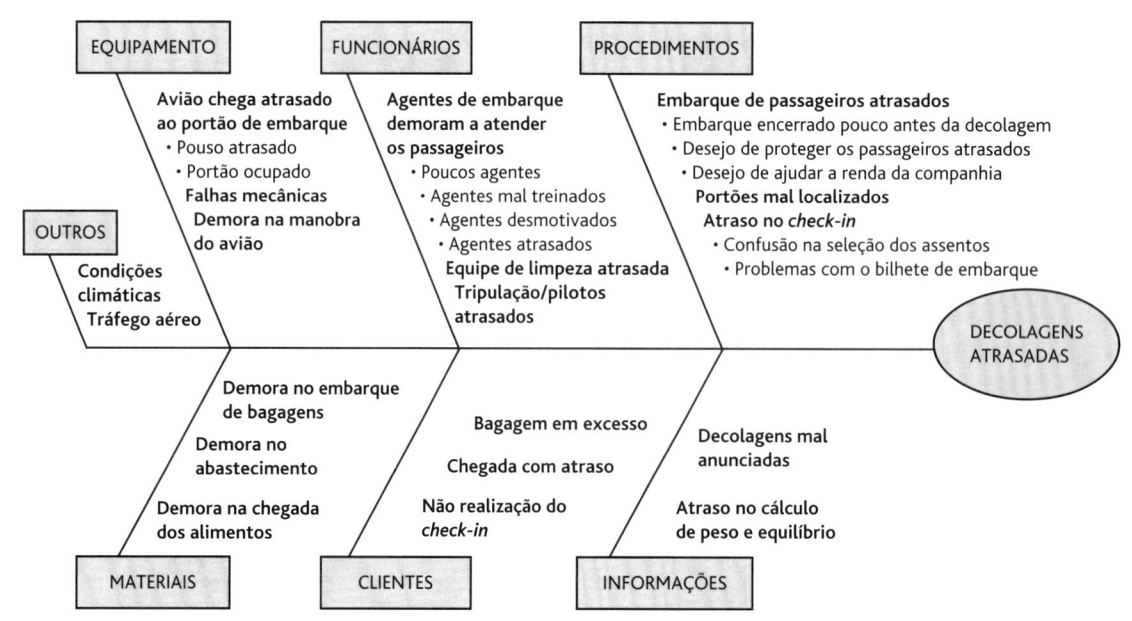

Figura 8.7 Diagrama de causa e efeito para voos atrasados.

atrasos nos voos. A construção do diagrama começa pelo problema (a "cabeça" da estrutura) e traça as principais categorias de causa ao longo da "espinha". No caso dos serviços, são comuns categorias como informações, clientes, materiais, procedimentos, pessoal e equipamento. Com a técnica do *brainstorm*, as causas detalhadas são posicionadas sob cada categoria e subcategoria. Muitas vezes, as causas são descobertas a partir de perguntas como *quem, o que, onde, quando, como* e *por quê*. Agora o diagrama espinha de peixe pode ser usado para eliminar as causas dos voos atrasados por meio de um processo de discussão e consenso; as possibilidades restantes são abordadas para a obtenção de dados adicionais.

Na Tabela 8.2, por exemplo, um gráfico de Pareto mostra as causas possíveis. Observe que aproximadamente 88% dos atrasos se devem a quatro causas subjacentes. Cabe reforçar que os diagramas espinha de peixe tornam-se um registro das relações de causa e efeito e, muitas vezes, são colocados nas áreas de trabalho para consulta.

Diagrama de dispersão

Um diagrama de dispersão representa visualmente a relação entre duas variáveis. Comparar as variáveis de possíveis causas com o problema ajuda a identificar o ponto em que há uma forte correlação (isto é, pontos dispersos formam uma firme linha de tendência). Como mostra a Figura 8.8, o diagrama de dispersão de passageiros atrasados *versus* voos atrasados confirma a identificação de uma raiz do problema.

A aceitação do embarque de passageiros atrasados, desse modo, é a principal raiz do problema de atrasos nos voos. Como os agentes dos portões de embarque procuravam evitar conflitos com os passageiros atrasados, os voos demoravam a sair e, consequentemente, atrapalhavam os passageiros pontuais. Como solução, a Midway estabeleceu e divulgou uma política de decolagens pontuais, que seria implementada ao impedir o embarque de passageiros atrasados, mesmo que o avião ainda estivesse no portão de embarque. Quando os passageiros perceberam que a Midway falava sério, a incidência de voos atrasados diminuiu significativamente. Então, os diretores voltaram-se para as outras causas de atrasos (p. ex., o tempo de espera de manobra ou para reabastecimento das aeronaves).

Gráfico de controle

Os gráficos de controle servem para monitorar um processo. Conforme a Figura 8.9, esse tipo de gráfico mostra quando um processo está fora de controle (isto é, o diagrama não permaneceu

Tabela 8.2 Análise de Pareto das causas para voos atrasados

Causa	Porcentagem de incidentes	Porcentagem cumulativa
Passageiros atrasados	53,3	53,3
Tempo de espera de manobra da aeronave	15,0	68,3
Tempo de espera para reabastecimento	11,3	79,6
Atraso no cálculo de peso e equilíbrio da aeronave	8,7	88,3

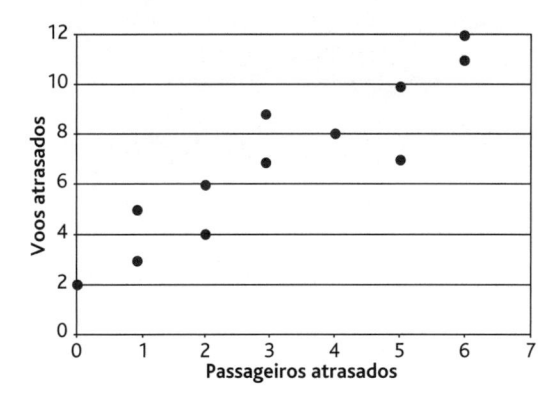

Figura 8.8 Diagrama de dispersão.

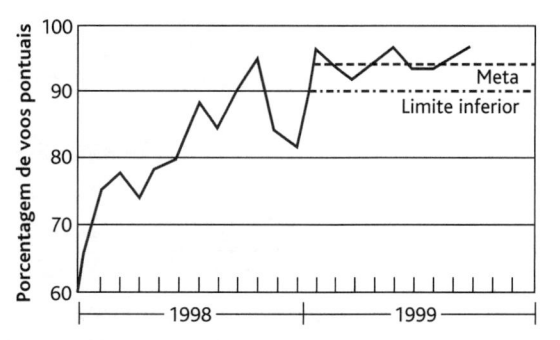

Figura 8.9 Gráfico de controle dos atrasos nos voos da Midway.

dentro dos limites durante o ano anterior). Após a solução ser implementada, o gráfico de controle serve para conferir se o processo está sob controle (p. ex., a porcentagem de decolagens pontuais permanece acima dos 90%, com uma meta de 95%). Para o ano atual, o processo está sob controle e a solução parece permanente.

BENCHMARKING

A medida da qualidade do desempenho de uma empresa pode ser calculada pela comparação com o desempenho de outras empresas conhecidas por serem as "melhores da classe", processo chamado de *benchmarking*. Por exemplo, a Singapore Airlines deve seu reconhecimento a um serviço de bordo de excelente reputação, a Federal Express, à entrega garantida em 24 horas, o Hampton Inns, a seus quartos limpos, e a loja de departamentos Nordstrom's, a seus vendedores atenciosos. Quando uma empresa obtém a reputação de "melhor da classe" em determinada dimensão de desempenho, torna-se um *benchmark* para comparação. O *benchmarking*, no entanto, é mais do que a comparação de estatísticas – também inclui visitas à empresa-líder para aprender, em primeira mão, como o administrador obteve um desempenho tão exemplar. Por razões óbvias, isso em geral exige que se saia do próprio campo de atuação. Alguns fabricantes, por exemplo, visitaram os *pit-stops* das corridas automobilísticas para aprender métodos de redução de tempo de trocas nas linhas de produção. Outros visitaram a Domino's Pizza para entender como se dá a entrega de produtos personalizados em 30 minutos.

O processo de *benchmarking* envolve cinco etapas: (1) selecionar um processo importante que precise de melhoria, (2) identificar uma empresa com excelência no processo, (3) contatar a empresa de *benchmark*, visitá-la e estudar o processo, (4) analisar as descobertas e (5) melhorar seu processo.

Para um exemplo típico, consideremos uma empresa de produtos eletrônicos que busca melhorar sua função de compras. Essa empresa formou uma equipe de estudo que visitou a Ford e aprendeu como ela conseguiu reduzir o número de fornecedores, conversou com a Toyota a respeito das relações com os vendedores e observou o processo de compras na Reliance Electric. A equipe retornou com medidas quantificáveis, que formavam um *benchmark* do desempenho superior dessas empresas-líderes, e com o conhecimento de como tais ganhos foram conquistados.

As companhias aéreas aprenderam a reduzir o tempo de reabastecimento e preparo de aeronaves observando o trabalho em equipe nas pistas de corrida de automóveis.
U.S. Air force foto de Mike Meares, piloto sênior

PROGRAMAS PARA A MELHORIA DA QUALIDADE ORGANIZACIONAL

A qualidade em serviços começa com as pessoas. Todas as medições que apresentamos para detectar desvios não produzem um serviço de qualidade; a qualidade começa com o desenvolvimento de atitudes positivas em todas as pessoas da empresa. Como isso é alcançado? Atitudes positivas podem ser promovidas por um programa coordenado que inicia com a seleção dos empregados e progride por meio do treinamento, da atribuição de tarefas iniciais e de outros aspectos da progressão de carreira. Para evitar a complacência, é necessário um programa de melhoria contínua da qualidade. Esses programas enfatizam a prevenção da má qualidade e o desenvolvimento de uma mentalidade do tipo "a qualidade é garantida".

Programas de pessoal para garantia da qualidade

Empresas de serviços com várias unidades enfrentam problemas específicos para manter a consistência entre todas as filiais. Por exemplo, os clientes de um hotel em Chicago esperam o mesmo atendimento recebido anteriormente em uma unidade da rede em Nova Orleans. Na verdade, a ideia de "não ter surpresas" é usada como um elemento de marketing.

O G. M. Hostage[4] acredita que o sucesso da Marriott Corporation se deve, em parte, a programas de pessoal que enfatizam treinamento, padrões de desempenho, desenvolvimento da carreira e gratificações. Ele acredita, ainda, que a qualidade do serviço é incrementada pela atitude que uma empresa assume em relação aos seus funcionários. Os oito programas seguintes têm se mostrado como os mais eficientes:

1. *Desenvolvimento individual* Por meio de manuais de instrução programada, os novos funcionários de gerenciamento adquirem as habilidades e o conhecimento técnico necessários para o cargo de nível inicial de gerente assistente. No caso de uma organização geograficamente dispersa, esses manuais asseguram que as habilidades de trabalho sejam ensinadas de forma sistemática.
2. *Treinamento* A equipe administrativa até os níveis médios participa a cada ano de uma reunião de desenvolvimento de gerenciamento. Nesses seminários, que duram de dois a três dias, é discutida uma variedade de tópicos relacionados ao gerenciamento profissional, contando com a participação dos gerentes de nível mais baixo de várias divisões operacionais.
3. *Planejamento de recursos humanos.* Os tipos de pessoas necessárias para ocupar posições-chave na empresa nos anos seguintes são identificados, criando um inventário de bons currículos para promoções futuras. Um elemento central desse plano é uma análise de desempenho periódica de todo o pessoal do gerenciamento.
4. *Padrões de desempenho* Foi desenvolvido um conjunto de guias para instruir os empregados sobre como se comportar ao lidar com os hóspedes e, em alguns casos, até como falar. O guia intitulado *Recepcionista do Marriott* enfatiza como fazer um hóspede se sentir bem-vindo e especial. O *Telefonista* explica em detalhes como falar com um hóspede e lidar com uma variedade de situações específicas. A *Camareira* ensina precisamente como se deve arrumar um quarto, passando por detalhes como o posicionamento do sabonete embalado no canto certo da pia e com o rótulo para cima. Em muitos casos, os guias são acompanhados por um vídeo para a demonstração dos procedimentos apropriados. A adesão a esses padrões é controlada por visitas surpresa de uma equipe de inspetores.
5. *Plano de carreira* Um programa de desenvolvimento de carreira, com uma escada de cargos com habilidades e responsabilidades cada vez maiores, dá aos empregados a oportunidade de crescerem com a empresa.
6. *Pesquisas de opinião* Uma pesquisa de opinião é conduzida anualmente pelo pessoal treinado em cada unidade. Em seguida, os resultados são discutidos em uma reunião. Essa pesquisa atua como um sistema de aviso prévio para impedir o surgimento de atitudes desfavoráveis.
7. *Tratamento justo* Dá-se aos empregados um guia com as expectativas da empresa e as obrigações que ela tem com seus funcionários. O procedimento de queixa formal inclui o acesso à ouvidoria para ajudar na solução de dificuldades.

8. *Participação nos lucros* Um plano de participação nos lucros reconhece que os empregados são responsáveis por grande parte do sucesso da empresa e que merecem mais do que apenas um cheque de pagamento por seu empenho.

Programa de 14 pontos de Deming

Credita-se a W. Edwards Deming o início da revolução da qualidade realizada com grande sucesso no Japão. De acordo com a visão de Deming, a gestão era responsável por 85% de todos os problemas de qualidade e, portanto, tinha de tomar a liderança para modificar os sistemas e processos que criaram esses problemas. Os gestores tinham de redirecionar sua atenção ao atendimento das necessidades dos clientes e à melhoria contínua, a fim de permanecer à frente da concorrência. A filosofia de Deming é resumida em um programa de 14 pontos:[5]

1. *Criar um propósito constante de melhorias de produto e serviço.* Os gestores devem parar de se preocupar somente com o próximo trimestre e edificar para o futuro. Deve-se esperar inovação em todas as áreas de negócios.
2. *Adotar a nova filosofia.* Recuse-se a admitir níveis ruins comumente aceitos no trabalho, atrasos e serviço sem dedicação.
3. *Deixar de ser dependente da inspeção em massa.* A inspeção ocorre quando é tarde demais, além de ser muito cara. Em vez disso, concentre-se na melhoria do processo em si.
4. *Cessar a prática de fazer negócios levando em conta somente o preço.* O departamento de compras deve trabalhar com base em evidências estatísticas de qualidade, não com base no preço. Reduza o número de terceirizados e recompense os fornecedores de alta qualidade com contratos de longo prazo.
5. *Melhorar constante e definitivamente o sistema de produção e serviços.* Procure continuamente problemas no sistema e busque formas de melhoria. O desperdício deve ser reduzido, e a qualidade tem de ser melhorada em toda atividade de negócios, tanto no *back office* quanto no *front office*.
6. *Instituir métodos modernos de treinamento no trabalho.* Reestruture o treinamento de forma a definir níveis aceitáveis de trabalho. Utilize métodos estatísticos para avaliar o treinamento.
7. *Instituir métodos modernos de supervisão.* Ao supervisionar os trabalhadores, concentre-se em ajudá-los a realizar um trabalho melhor. Forneça as ferramentas e técnicas para promover o orgulho de cada um no seu trabalho.
8. *Eliminar o medo.* Elimine o medo incentivando a comunicação de problemas e a expressão de ideias.
9. *Derrubar as barreiras entre os departamentos.* Incentive a solução de problemas pelo trabalho em equipe e pelo uso de círculos de controle de qualidade.
10. *Eliminar as metas numéricas para a força de trabalho.* Metas, *slogans* e cartazes induzindo os trabalhadores a aumentarem a produtividade devem ser eliminados. Esses estímulos causam ressentimento entre os funcionários, porque a maior parte das mudanças necessárias está fora de seu controle.
11. *Eliminar os padrões de trabalho e cotas numéricas.* As cotas de produção que se concentram na quantidade resultam em má qualidade. As metas de qualidade, como as que preveem uma porcentagem aceitável de itens com defeitos, não motivam os trabalhadores a melhorarem. Utilize métodos estatísticos para a melhoria contínua da qualidade e da produtividade.
12. *Remover as barreiras que atrapalham os trabalhadores horistas.* Os trabalhadores precisam de retorno sobre a qualidade do seu trabalho. Todas as barreiras ao orgulho pelo próprio trabalho devem ser removidas.
13. *Instituir um programa vigoroso de educação e treinamento.* Devido às mudanças nas tecnologias e à rotatividade de pessoal, todos os empregados precisam de treinamento e retreinamento contínuos. Todo treinamento tem de incluir técnicas estatísticas básicas.
14. *Criar uma estrutura na alta gerência que faça cumprir todos os dias os 13 pontos anteriores.* Defina claramente o compromisso permanente da gerência com a melhoria contínua, tanto na qualidade quanto na produtividade.

Prêmio Nacional de Qualidade Malcolm Baldrige

O *Prêmio Nacional de Qualidade Malcolm Baldrige* foi criado pelo Congresso dos Estados Unidos em 20 de agosto de 1987. O prêmio é uma homenagem a Malcolm Baldrige, que trabalhou como Secretário do Comércio de 1981 até a sua morte, em um acidente de rodeio, em 1987. O prêmio é concedido anualmente em reconhecimento às empresas norte-americanas que se destacaram na conquista e no gerenciamento da qualidade. Há cinco categorias para o prêmio: empresas de manufatura, empresas de serviços, assistência médica, educação e pequenos negócios.

Todas as empresas participantes do processo de premiação fazem sua inscrição, o que inclui uma avaliação. Exemplos de itens avaliados e da pontuação são listados na Figura 8.10. Observe a grande ênfase nos "resultados". A avaliação não é apenas uma base confiável para conceder o prêmio, mas também permite que os candidatos obtenham um diagnóstico do gerenciamento da qualidade como um todo. Todos os candidatos recebem *feedback* de equipes norte-americanas de especialistas em qualidade. Devido a esse aspecto de auditoria da qualidade vinculado pelo prêmio, a Motorola exige que todos os seus terceirizados se inscrevam.

Categorias e itens de 2010	Valores em pontos
1 Liderança	**120**
1.1 Sistema de liderança	70
1.2 Governança e responsabilidade social	50
2 Planejamento estratégico	**85**
2.1 Desenvolvimento da estratégia	40
2.2 Implementação da estratégia	45
3 Foco nos clientes e no mercado	**85**
3.1 Conhecimento dos clientes e do mercado	40
3.2 Satisfação do cliente e relacionamento com o cliente	45
4 Avaliação, análise e gerenciamento de conhecimento	**90**
4.1 Avaliação, análise e melhoria do desempenho organizacional	45
4.2 Gerenciamento de informações, tecnologia da informação e conhecimento	45
5 Foco em recursos humanos	**85**
5.1 Envolvimento dos funcionários	45
5.2 Ambiente de trabalho	40
6 Gerenciamento de processo	**85**
6.1 Projeto dos sistemas de trabalho	35
6.2 Gerenciamento e melhoria dos processos de trabalho	50
7 Resultados	**450**
7.1 Resultados de produtos e serviços	100
7.2 Resultados relativos aos clientes	70
7.3 Resultados financeiros e de mercado	70
7.4 Resultados relativos aos funcionários	70
7.5 Resultados da eficiência do processo	70
7.6 Resultados da liderança	70
TOTAL DE PONTOS	**1.000**

Figura 8.10 Critérios do Prêmio Nacional de Qualidade Malcolm Baldrige.

ISO 9000

A série *ISO 9000* de padrões para sistemas de gerenciamento da qualidade está se transformando rapidamente em uma exigência para a realização de negócios em muitos setores, apesar de ser um padrão voluntário. A ISO (prefixo de origem grega que significa "igual") é uma série de padrões de qualidade definidos pela Organização Internacional para Padronização, um consórcio das nações industrializadas. O fato de ser adotada globalmente faz dela um padrão importante para os negócios, assumindo o *status* de "qualificador". As empresas, portanto, buscam a certificação, sem importar se desejam alcançar melhorias na qualidade ou se acreditam nessa necessidade.

A certificação para um padrão ISO 9000 indica que a empresa tem um sistema de gerenciamento da qualidade que assegura a consistência da qualidade de produção. O sistema está contido nos procedimentos, por isso a paráfrase comum das exigências do ISO 9000 ser "diga o que faz e faça o que diz". A certificação ISO 9000 apresenta várias características importantes. Primeiro, ela não prescreve práticas específicas. Em segundo lugar, ela nada especifica diretamente sobre a qualidade do produto ou serviço em si. Terceiro, a certificação é fornecida por um sistema altamente descentralizado de auditores e institutos de certificação. A ISO em si está envolvida apenas no projeto e na atualização dos padrões, não na certificação.

A documentação dos processos e o desempenho consistente são as características-chave dos padrões ISO. A ISO 9000 busca alcançar esses pontos exigindo que as empresas implementem um ciclo de três componentes:

1. Planejamento As atividades que afetam a qualidade devem ser planejadas para assegurar que as metas, a autoridade e a responsabilidade sejam definidas e compreendidas.
2. Controle As atividades que afetam a qualidade devem ser controladas para assegurar que as exigências especificadas em todos os níveis sejam atendidas, que os problemas sejam antecipados e evitados e que as ações corretivas sejam planejadas e executadas.
3. Documentação As atividades que afetam a qualidade devem ser documentadas para assegurar a compreensão dos objetivos e métodos da qualidade, a interação facilitada dentro da organização, o feedback do ciclo de planejamento e para servir como uma evidência objetiva do desempenho do sistema de qualidade.

A motivação para a ISO 9000 advém do fato de a Comunidade Econômica Europeia ter adotado essa certificação como exigência para negócios com os países-membros. No entanto, muitos países seguem e implementam os padrões de qualidade ISO 9000 por razões diferentes. As empresas perceberam que o próprio processo de implementar o padrão e os benefícios da melhoria na qualidade são significativos o suficiente para justificar o esforço.

Seis sigma

Em meados da década de 1980, os engenheiros da Motorola queriam identificar problemas de qualidade a fim de impulsionar a melhoria de processos. Assim, decidiram descrever os níveis de qualidade em termos de defeitos por milhão de itens produzidos. A Motorola adotou esse novo padrão e implementou uma metodologia chamada *Seis Sigma*, a qual, com a liderança da alta administração, criou uma mudança de cultura na organização. Como resultado desse trabalho, a Motorola documentou uma economia de 16 bilhões de dólares, que foram diretamente incorporados ao lucro da empresa. Isso difere de um igual aumento na receita, do qual deveria-se subtrair o custo dos produtos. Esse desempenho financeiro não passou despercebido; centenas de empresas do mundo todo adotaram o Seis Sigma como um modo de fazer negócios. Há boatos, por exemplo, de que Larry Bossidy, da Allied Signal (hoje Honeywell), e Jack Welch, da General Electric, jogavam golfe, um dia, quando Jack teria apostado que conseguiria implementar o Seis Sigma mais rápido e com melhores resultados na GE do que Larry na Allied Signal. Os resultados financeiros da GE excederam muito as expectativas, e o Seis Sigma tornou-se o alicerce da lenda Jack Welch. O Seis Sigma evoluiu com o tempo, tornando-se mais do que simplesmente um sistema de qualidade: um modo de fazer negócios que pode ser considerado uma visão, uma filosofia, um símbolo, uma métrica, uma meta e uma metodologia.[6]

A variação faz parte de qualquer processo – basta observar as chegadas pontuais de uma companhia aérea, na Figura 8.11. As organizações costumam descrever seus esforços em termos de "médias", como o tempo médio de espera, o que talvez oculte problemas por ignorar a variação. O

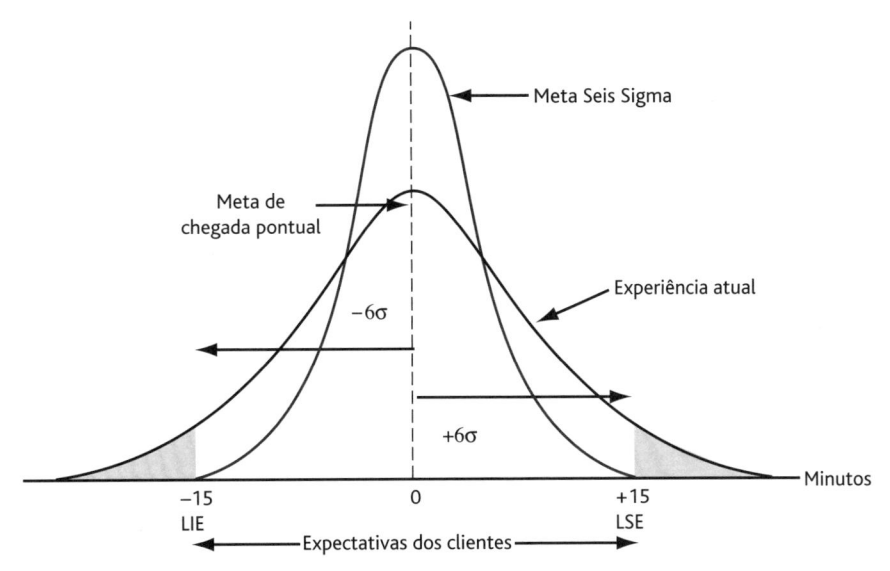

Figura 8.11 Distribuição das chegadas pontuais.

objetivo do Seis Sigma é reduzir ou restringir a variação no desempenho a ponto de seis desvios-padrão poderem ser encaixados dentro dos limites definidos pelas expectativas dos clientes. Esses limites são definidos como limite superior de especificação (LSE) e limite inferior de especificação (LIE). A Figura 8.11 mostra que a atual variação excede muito a expectativa do cliente, que é de um desvio de 15 minutos para mais ou para menos na partida ou na chegada programada. Um objetivo Seis Sigma é atingido quando parte da variação é eliminada do processo, de modo que a faixa de 15 minutos a mais ou a menos se estenda seis desvios-padrão (σ) a mais ou a menos da meta de chegada pontual.

Para reduzir a variabilidade, deve-se ter uma medida do progresso feito em relação ao objetivo pretendido. Um *índice de capacitação do processo* é uma medida estatística que mede o quanto a variabilidade do processo foi reduzida mediante o cumprimento da meta. Quando a média se encontra no centro entre os limites de especificação, utiliza-se o índice C_p:

$$C_p = \frac{LSE - LIE}{6\sigma} \quad \quad 8.1$$

O valor $C_p \geq 2{,}0$ é tido como o nível aceitável de capacitação do processo dentro dos padrões Seis Sigma. No exemplo ilustrado na Figura 8.11, vê-se que é necessário um $\sigma = 15/6 = 2{,}5$ para que se atinja o nível mínimo de variação para o Seis Sigma.

$$C_p = \frac{LSE - LIE}{6\sigma} = \frac{+15 - (-15)}{6(2{,}5)} = 2{,}0$$

Quando a média não está no centro entre os limites de especificação, utiliza-se o índice C_{pk}:

$$C_{pk} = \min\left[\frac{LSE - \mu}{3\sigma}, \frac{\mu - LIE}{3\sigma}\right] \quad \quad 8.2$$

Voltando para a Figura 8.11, imaginemos que a média de pontualidade tenha mudado de $\mu = 0$ para $\mu = +1$ e que o desvio-padrão σ tenha permanecido em 2,5.

$$C_{pk} = \min\left[\frac{LSE - \mu}{3\sigma}, \frac{\mu - LIE}{3\sigma}\right] = \min\left[\frac{15 - 1}{3(2{,}5)}, \frac{1 - (-15)}{3(2{,}5)}\right] = \min[1{,}87,\ 2{,}13] = 1{,}87$$

Não se tem mais um processo que atinja a expectativa de $C_{pk} \geq 2{,}0$ do Seis Sigma, a não ser que aumentemos o valor do LSE para 16, para refletir a nova média.

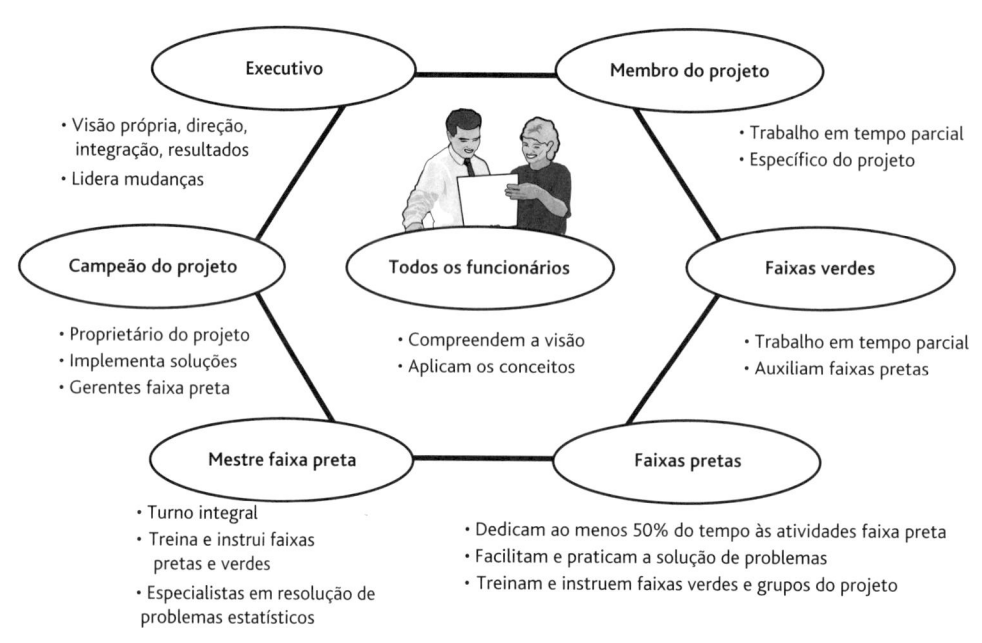

Figura 8.12 Papéis e responsabilidades na organização Seis Sigma.
Fonte: Paul Fox, "Six Sigma Deployment", apresentação na sessão Driving Improvement through Six Sigma, National Quality Conference of the European Society for Quality in Healthcare, Dublin, Irlanda, 8 de novembro de 2001.

Executivo
- Visão própria, direção, integração, resultados
- Lidera mudanças

Membro do projeto
- Trabalho em tempo parcial
- Específico do projeto

Campeão do projeto
- Proprietário do projeto
- Implementa soluções
- Gerentes faixa preta

Todos os funcionários
- Compreendem a visão
- Aplicam os conceitos

Faixas verdes
- Trabalho em tempo parcial
- Auxiliam faixas pretas

Mestre faixa preta
- Turno integral
- Treina e instrui faixas pretas e verdes
- Especialistas em resolução de problemas estatísticos

Faixas pretas
- Dedicam ao menos 50% do tempo às atividades faixa preta
- Facilitam e praticam a solução de problemas
- Treinam e instruem faixas verdes e grupos do projeto

O Seis Sigma é uma metodologia rigorosa e disciplinada, que utiliza dados e análise estatística para mensurar e melhorar o desempenho operacional de uma empresa, identificando e eliminando defeitos para promover a satisfação do cliente. O Seis Sigma exige que a organização adote uma cultura em que todos, em todos os níveis, alimentem a paixão pelo aperfeiçoamento contínuo, com uma meta de 3,4 erros por milhão de encontros com clientes – praticamente a perfeição. Em termos estatísticos, se supusermos que a variação do processo tem uma distribuição normal, então seis desvios-padrão (6σ) definem uma probabilidade de 0,0000034 na extremidade da distribuição. O foco do Seis Sigma está em relatar erros, o que é mais motivador do que apresentar o desempenho em termos de porcentagem de sucessos. Por exemplo, uma empresa de entrega de encomendas em 24 horas, como a FedEx, poderia orgulhar-se de entregar corretamente 99,9% dos pacotes. No entanto, se ela processa aproximadamente um milhão de pacotes por dia, o resultado é 1.000 erros diários! É interessante que metade desses erros poderia ser causada pelos clientes e que, portanto, o processo jamais alcançará o objetivo Seis Sigma, a menos que haja uma melhora na participação do cliente – um problema típico enfrentado pelas empresas de serviços.

O Seis Sigma foca-se no projeto, com ênfase no apoio e na liderança de cima para baixo, que identifica alvos de oportunidade para maximizar benefícios financeiros. O objetivo do projeto Seis Sigma pode ser reduzir os defeitos (falhas no serviço), os custos ou a variabilidade do processo, aumentar a produtividade ou elevar a satisfação do cliente. As responsabilidades do projeto Seis Sigma são estruturadas por meio de uma hierarquia para treinamento e atribuição de responsabilidades. A Figura 8.12 ilustra os papéis e as responsabilidades, que são, em ordem hierárquica: executivo, campeão do projeto, mestre faixa preta, faixa preta, faixa verde e membro do projeto. Estimula-se o desenvolvimento de habilidades: por exemplo, um membro do projeto pode avançar

Tabela 8.3 Etapas do processo DMAIC Seis sigma

Etapa	Definição
Definir	Definir os objetivos do projeto e os clientes internos e externos.
Medir	Medir o atual nível de desempenho.
Analisar	Determinar as causas dos problemas atuais.
Melhorar	Identificar como o processo pode ser melhorado para eliminar os problemas.
Controlar	Desenvolver mecanismos para controlar o processo melhorado.

Tabela 8.4 Comparação entre ISO 9000, prêmio nacional de qualidade Malcolm Baldrige e Seis sigma

ISO 9000	Prêmio Baldrige	Seis sigma
Estrutura para criar o "pensamento da qualidade".	Estrutura para criar o "pensamento do desempenho".	Estrutura para associar melhoria e lucratividade.
Facilita o gerenciamento de processo por meio da documentação e do cumprimento de normas.	Facilita a prática do *benchmark* para elevar os níveis de desempenho a patamares de "melhor da categoria".	Facilita melhorias drásticas para atingir a excelência em desempenho.
Especifica todas as funções empresariais, exceto a contabilidade.	Especifica os principais aspectos do negócio.	Especifica uma metodologia para melhoria, sem considerar a funcionalidade.
Promove a responsabilidade administrativa por meio da comunicação e da avaliação da administração.	Promove comportamentos de liderança excepcionais como modo de vida na sociedade.	Exige que a liderança ambicione o melhor desempenho em conjunto com a alta lucratividade.
O principal aspecto é o cumprimento das práticas documentadas e a melhoria da eficiência.	O principal aspecto é atingir a total satisfação do cliente por meio de práticas e desempenho superiores.	O principal aspecto é atingir e manter uma alta taxa de melhoria de aspectos empresariais que afetem a lucratividade.
Cerca de 50.000 empresas em todo o mundo o implementaram.	Cerca de quatro a oito empresas anualmente recebem o prêmio em nível nacional; um número semelhante é concedido em nível estadual e em outros países.	Foi adotado por diversas empresas com o objetivo de obter melhorias drásticas e aumentar a lucratividade.
É difícil quantificar o quanto foi economizado.	O desempenho de empresas públicas mostra uma vantagem de três a quatro vezes maior em relação a outras empresas.	As empresas relatam uma grande economia de custos nas áreas de produção e de serviços.
Aplicação em massa dos padrões.	Limitado a poucas empresas.	Seletivamente usado por empresas decididas a serem as melhores.
É um certificado concedido por terceiros.	É um reconhecimento pela excelência.	É uma metodologia para otimizar o desempenho e maximizar a lucratividade.
Está em declínio devido à diversificação em série.	Estabilizado devido ao reconhecimento limitado. Expandiu-se para as áreas de assistência médica e educação.	Popularizando-se rapidamente como um meio atrativo de concretizar resultados financeiros superiores.

Fonte: Lavanya Ravi, "Six Sigma in Service Organizations", Master of Science in Engineering Report, The University of Texas, Austin, December 2003, p. 23

com o treinamento, tornando-se um faixa verde, e depois chegar a níveis mais altos de responsabilidade no programa Seis Sigma da empresa. Conforme apresenta a Tabela 8.3, o Seis Sigma usa um ciclo DMAIC (*Define, Measure, Analyze, Improve, Control* – Definir, Medir, Analisar, Melhorar, Controlar) para estruturar os trabalhos de melhoria em processos existentes que não estejam tendo o desempenho desejado. A Tabela 8.4 apresenta uma comparação do Seis Sigma com a ISO 9000 e com o Prêmio Nacional de Qualidade Malcolm Baldrige.

Lean service

O *lean service* é uma extensão dos princípios *lean* – introduzidos primeiramente pelo Sistema Toyota de Produção (STP) – que focam na eliminação do desperdício, no fluxo contínuo e na produção condicionada pela demanda. Esse sistema, no setor manufatureiro, é chamado produção *just-in-time*. O objetivo de um processo *lean service* é obter um fluxo rápido e contínuo de atividades que agreguem valor ao produto final, a fim de satisfazer as necessidades do cliente. A filosofia *lean* é guiada por três princípios:

1. Satisfazer as necessidades dos clientes executando apenas atividades que, na visão deles, agregam valor.
2. Definir o "fluxo de valor" montando fluxogramas do processo, a fim de identificar tanto as atividades que agregam valor quanto as que não agregam.
3. Eliminar desperdícios. Desperdícios no fluxo de valor são atividades pelas quais o cliente não está disposto a pagar.

O *lean service* é um meio de atingir o processo perfeito, tendo três metas: o propósito certo (valor); o melhor método (processo); e o mais intenso sentimento de realização profissional (pessoas). O propósito certo se dá por meio do foco em atividades valorizadas pelo cliente e que sejam capazes (p. ex., Seis Sigma), disponíveis (p. ex., em nível de pessoal), adequadas (p. ex., pessoal treinado) e flexíveis (p. ex., arbítrio dos empregados). O melhor processo tem um fluxo capaz de unir baixo volume e grande variedade, além de responder à pressão da demanda. O processo satisfaz os trabalhadores, pois estes têm a sensação de que fornecem um serviço de valor, o que gera realização pessoal.

As etapas a seguir estabelecem um guia para a implementação do *lean service*:[7]

1. Identifique os processos-chave na sua organização.
   - Quais são primários?
   - Quais são de suporte?
   - Quais são mais importantes para o cliente?
   - Quais são mais importantes para o sucesso da organização?
   - Quais trazem mais problemas para os trabalhadores?

2. Selecione os processos mais importantes e organize-os por ordem de importância.
   - Forme um grupo de pessoas envolvidas no processo, incluindo os clientes.
   - Crie um mapa de fluxo de valor do "estado atual" do processo.

3. Analise de que forma o processo pode ser modificado para que se aproxime mais da perfeição.
   - Crie um mapa de fluxo de valor do "estado futuro" do processo (já melhorado).

4. Pergunte-se que mudanças serão necessárias para sustentar o "estado futuro" do processo.
   - Estabelecer uma nova posição de administrador de processo?
   - Reorganizar departamentos e funções já existentes?
   - Introduzir novos padrões de medida para alinhar os desempenhos de departamentos e de funções?

5. Implemente as mudanças necessárias para criar o "estado futuro" do processo.
   - Meça o desempenho em comparação com o "estado atual".
   - Introduza as mudanças necessárias para ajustar o processo.
   - Determine se o processo ajustado é estável e sustentável.

6. Uma vez testado o "estado futuro" do processo:
   - Determine o que fazer com bens e pessoas excedentes.

7. Uma vez melhorados todos os processos:
   - Reinicie o ciclo.
   - Considere os pontos em comum com outras organizações em termos de processos *downstream* e *upstream*.

Resumo

Os fundamentos da melhoria contínua de processos estão na abordagem incremental de Deming para a solução de problemas, conforme o ciclo PDCA. O processo de melhoria emprega sete ferramentas de qualidade: planilha de controle, gráfico de controle, histograma, gráfico de Pareto, fluxograma, diagrama de dispersão e diagrama de causa e efeito. Essas ferramentas podem ser usadas por qualquer um na organização para contribuir com a melhoria de processo. Entretanto, a alta administração precisa demonstrar liderança ao promover programas de melhoria da qualidade. Dentre os vários programas, como a série ISO 9000 e o Prêmio Nacional de Qualidade Malcolm Baldrige, o mais recente é o Seis Sigma, ao qual se atribuem resultados significativos em empresas como Motorola, Allied Signal e General Electric.

Benchmark em serviços

Vencedores do Prêmio Nacional de Qualidade Malcolm Baldrige nas categorias serviços, educação e assistência médica

Ano	Serviços	Assistência médica	Educação
1990	Federal Express		
1992	AT&T Universal Card Services The Ritz-Carlton Hotel		
1994	AT&T Consumer Communications Services GTE Directories		
1996	Dana Commercial Credit		
1997	Merrill Lynch Credit Xerox Business Services		
1999	The Ritz-Carlton Hotel BI		
2000	Operations Management International		
2001			Chugach School District Pearl River School District University of Wisconsin-Stout
2002		SSM Health Care	
2003	Boeing Aerospace Support Caterpillar Financial Services Corporation	Baptist Hospital, Inc. Saint Luke's Hospital of Kansas City	Community Consolidated School District 15
2004		Robert Wood Johnson University Hospital Hamilton	Kenneth W Monfort College of Business
2005	DynMcDermott Petroleum Operations	Bronson Methodist Hospital	Jenks Public Schools Richland College
2006	Premier, Inc.	North Mississippi Medical Center	
2007		Mercy Health System Sharp HealthCare	
2008		Poudre Valley Health System	Iredell-Statesville Schools
2009		AtlantiCare Heartland Health	

Fonte: http://baldrige.nist.gov/

Palavras-chave e definições

Análise de causa e efeito: processo que usa um gráfico em forma de espinha de peixe para descobrir a origem de um problema de qualidade em um serviço. p.184

Benchmarking: prática de comparar o desempenho de uma empresa com o de empresas conhecidas por serem as "melhores da classe". p.186

Ciclo PDCA: processo de melhoria contínua que consiste em quatro etapas: planejar, executar, verificar e agir. p.180

Gráfico de Pareto: apresenta os problemas em um gráfico de barras, conforme sua frequência relativa em ordem decrescente. p.183

Índice de capacitação do processo: mede a capacidade de um processo de atender a especificações. p.191

ISO 9000: programa internacional que certifica empresas por terem um sistema de gerenciamento da qualidade, para garantir resultados consistentes em termos de qualidade. p.190

Lean service: filosofia de melhoria de processos baseada na eliminação de atividades que não agregam valor. p.193

Prêmio Nacional de Qualidade Malcolm Baldrige: prêmio anual para a excelência em qualidade conquistado por empresas dos setores de manufatura, serviços, assistência médica e educação. p.189

Seis Sigma: metodologia rigorosa e disciplinada para melhorar o desempenho operacional de uma empresa ao eliminar defeitos do processo. p.190

Tópicos para discussão

1. Discuta por que o programa de 14 pontos de Deming foi rejeitado por empresas dos Estados Unidos, mas adotado pelos japoneses após a Segunda Guerra Mundial.
2. Explique como a aplicação do ciclo PDCA pode sustentar uma estratégia competitiva de liderança de baixos custos.
3. Quais são as limitações do *benchmarking*?
4. Explique por que o Seis Sigma foi acusado de inibir a criatividade na empresa 3M.

Exercício interativo

A turma deve preparar um diagrama de processos (mapa de fluxo de valor) de um serviço conhecido e identificar as atividades que não agregam valor. Devem ser feitas sugestões para eliminar o desperdício.

Delegada do condado de Senora — Estudo de caso 8.1

Localizado no norte da Califórnia e conhecido por seus vinhedos e por seu litoral escarpado, banhado pelo Pacífico, Senora é um condado rural que tem apenas uma cidade grande: Santa Rita, com uma população de 150.000 habitantes. Na Universidade Estadual de Senora, em Santa Rita, estudam cerca de 12.000 alunos. A delegada do condado mantém um registro mensal das atividades de seu departamento, organizando-as por tipo de incidente, como mostrado na Figura 8.13, do ano anterior. Ela está preocupada com o que parece ser um aumento recente nos índices de roubo.

Questões

1. Prepare um gráfico de controle para cada categoria de incidentes. A delegada tem razão para se preocupar com os roubos? Para criar um diagrama de dispersão e determinar uma possível explicação, que variável seria relacionada aos roubos?
2. O que há de incomum nos padrões mensais de atentados à ordem pública e direção alcoolizada? O que poderia explicar esse comportamento? O que a delegada poderia fazer com esse padrão para reduzir o número de incidentes?
3. Você recomendaria a elaboração de gráficos de controle para agressões e furtos? Justifique.
4. Elabore um gráfico de Pareto com base no número total de incidentes do ano passado. Por que, de acordo com os resultados do gráfico de Pareto, a delegada pode não priorizar os esforços para a redução de incidentes?

			Incidente		
Mês	Agressão	Roubo	Atentado à ordem pública	Direção alcoolizada	Furto
Janeiro	2	2	3	6	6
Fevereiro	2	1	1	2	4
Março	1	3	2	4	5
Abril	2	2	1	2	6
Maio	2	4	2	3	7
Junho	3	5	4	4	5
Julho	2	4	5	3	3
Agosto	1	7	4	4	6
Setembro	3	9	2	3	5
Outubro	2	8	1	2	4
Novembro	1	10	2	4	5
Dezembro	1	13	1	7	6

Figura 8.13 Planilha de controle de incidentes.

Restaurante Mega Bytes[8]

Estudo de caso 8.2

O Mega Bytes é um restaurante que atende viajantes de negócios com um bufê de café da manhã de autoatendimento. Para medir a satisfação do cliente, o gerente elaborou uma pesquisa e a distribuiu durante um período de três meses. Os resultados, conforme resume o gráfico de Pareto na Figura 8.14, indicam que o maior problema do restaurante é a longa espera dos clientes para sentarem-se à mesa.

Foi formada uma equipe de empregados para trabalhar na resolução desse problema. Os membros da equipe decidiram utilizar o Método de Sete Etapas (SSM – *seven step method*), uma abordagem estruturada para a solução de problemas e a melhoria de processos originalmente desenvolvida pela Joiner Associates, Inc., de Madison, Wisconsin. O SSM conduz uma equipe ao longo de uma sequência lógica de etapas que obriga a uma análise completa do problema, de suas causas potenciais e das soluções possíveis. A estrutura imposta pelo SSM ajuda a equipe a se concentrar nas questões pertinentes e a evitar a dispersão de energia em ações tangenciais ou contraprodutivas. A SSM é voltada para estudos analíticos, e não enumerativos. No geral, os estudos analíticos concentram-se nas relações de causa e efeito e em previsões, enquanto os estudos enumerativos focam-se em uma população existente.

As etapas desse método são apresentadas na Tabela 8.5 e aplicadas aqui ao caso do Mega Bytes:

Etapa 1: definir o projeto. Os resultados da pesquisa do Mega Bytes indicam que os clientes esperam muito tempo para conseguir uma mesa. Os clientes são, em sua maioria, viajantes de negócios que desejam ser atendidos imediatamente ou esperam uma oportunidade para discutir negócios durante a refeição. A equipe considera diversas questões, como "quando começa o período de espera? Quando ele termina? Como ele pode ser medido?", e, então, chega a uma definição operacional do problema que deve ser resolvido: "a demora para conseguir uma mesa".

Etapa 2: estudar a situação atual. A equipe coleta dados básicos e representa-os graficamente, como mostrado na Figura 8.15. Ao mesmo tempo, é elaborado um fluxograma do processo de acomodação de um grupo de pessoas nas mesas, e a equipe também desenha a planta baixa do Mega Bytes, como mostra a Figura 8.16.

Os dados básicos indicam que a porcentagem de pessoas que precisam esperar é maior no início da semana do que no fim. Essa descoberta já era esperada, pois a maioria dos clientes do Mega Bytes é composta por viajantes de negócios. O tamanho dos grupos não parece ser um fator, e não houve surpresas no histograma que relaciona o número de pessoas que esperam mais de um minuto ao período da manhã: mais pessoas esperam durante as horas de maior ocupação do que durante as horas de menor ocupação.

Contudo, a razão para a espera é interessante. A maioria das pessoas fica esperando ou porque não há mesas disponíveis, ou porque não há mesas disponíveis na área de sua preferência. Os clientes algumas vezes têm de esperar para sentar porque as recepcionistas para acompanhá-los não estão disponíveis, ou porque outras pessoas de seu grupo ainda não chegaram. Aqui, seria fácil saltar para a conclusão de que o problema poderia ser resolvido pelo simples acréscimo de mais funcionários no início da semana e durante as horas de maior ocupação.

Os membros da equipe constataram, porém, que necessitavam de informações adicionais relacionadas ao motivo de as mesas não estarem disponíveis e sobre como as preferências por certos lugares afetavam o tempo de espera. Os dados subsequentes indicaram que as mesas "indisponíveis" em geral estavam nessa condição por não estarem limpas, e não porque estivessem ocupadas por outros clientes. Os dados também mostraram que a maioria que esperava preferia sentar-se na área de não fumantes.

Etapa 3: analisar as causas prováveis. Um diagrama de causa e efeito é construído para a questão "por que as mesas não ficam disponíveis rapidamente?", como vemos na Figura 8.17. A equipe concluiu que a causa mais comum de ambos os problemas (isto é, mesas por limpar e espera por mesas de não fumantes) poderia ser atribuída à distância entre as mesas e a cozinha e, talvez, à atual proporção de mesas para fumantes e não fumantes.

Etapa 4: implementar uma solução. A equipe desenvolveu uma lista de possíveis soluções. Como a equipe não consegue verificar

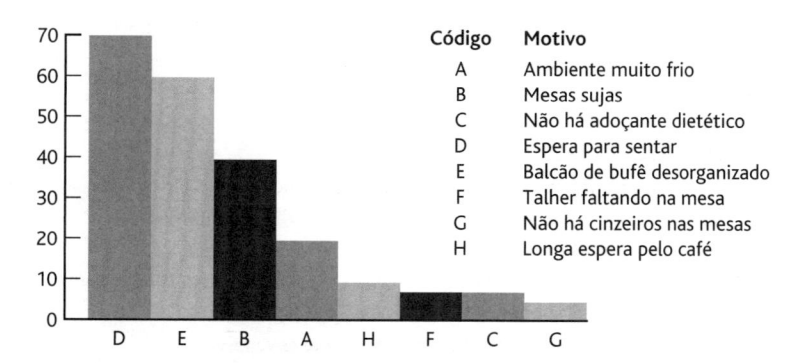

Código	Motivo
A	Ambiente muito frio
B	Mesas sujas
C	Não há adoçante dietético
D	Espera para sentar
E	Balcão de bufê desorganizado
F	Talher faltando na mesa
G	Não há cinzeiros nas mesas
H	Longa espera pelo café

Figura 8.14 Gráfico de Pareto para reclamações.
Fonte: Reimpressa com a permissão de M. Gaudard, R. Coates and L. Freeman, "Accelerating Improvement," *Quality Progress* 24, no. 10, October 1991, p. 83.

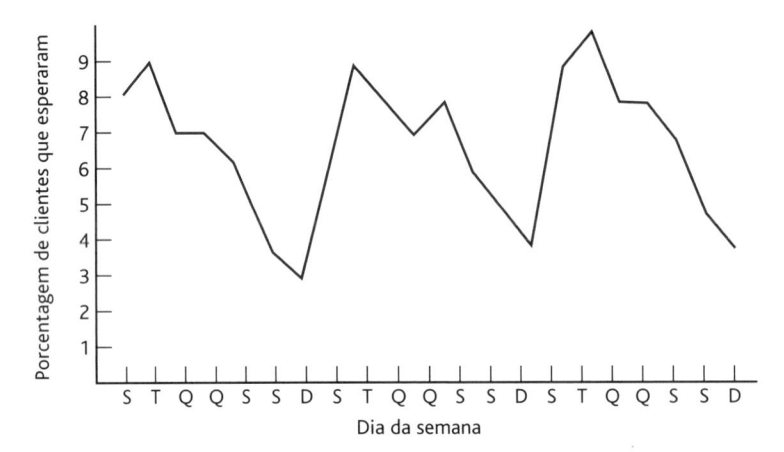

Figura 8.15 Gráfico de controle da porcentagem de clientes que esperam mais de um minuto para sentar.
Fonte: Reimpressa com a permissão de M. Gaudard. R. Coates and L. Freeman, "Accelerating Improvement," *Quality Progress* 24, no. 10, October 1991, p. 83.

Tabela 8.5 O método das sete etapas

Etapa 1: definir o projeto.

1. Defina o problema em termos da lacuna entre o que ocorre e o que deveria ocorrer. (P. ex., "Os clientes relatam um excessivo número de erros. O objetivo da equipe é reduzir o número de erros".)
2. Documente a importância de trabalhar nesse problema específico:
- Explique como você sabe que isso é um problema, fornecendo quaisquer dados que apoiem sua conclusão.
- Liste as principais características da qualidade para o cliente. Especifique o quanto a diminuição da lacuna beneficiará os clientes de acordo com essas características.
3. Determine os dados que você utilizará para medir o progresso:
- Decida quais dados você utilizará como referência em relação à melhoria a ser medida.
- Desenvolva as definições operacionais de que você necessitará para coletar os dados.

Etapa 2: estudar a situação atual.

1. Colete os dados de referência e represente-os graficamente (algumas vezes, podem ser utilizados dados históricos para esse propósito). Um gráfico de controle normalmente é utilizado para exibir os dados de referência. Decida como você exibirá esses dados no gráfico. Decida como você rotulará os eixos.
2. Elabore fluxogramas dos processos.
3. Forneça algum esquema de apoio ou ajuda visual.
4. Identifique quaisquer variáveis que influenciem o problema. Considere as variáveis relacionadas a quê, onde, o quanto e quem. Dados sobre essas variáveis serão coletados para localizar o problema.
5. Projete os instrumentos para a coleta de dados.
6. Colete os dados e resuma o que você aprendeu a respeito dos efeitos das variáveis sobre o problema.
7. Determine quais informações adicionais seriam úteis neste momento. Repita as subetapas 2 a 7 até que não restem informações adicionais que possam ser úteis no momento.

Etapa 3: analisar as causas prováveis.

1. Determine as causas prováveis das condições atuais:
- Utilize os dados coletados na Etapa 2 e a experiência das pessoas que trabalharam no processo para identificar as condições que podem conduzir ao problema.
- Construa diagramas de causa e efeito para essas condições de interesse.
- Determine as causas mais comuns ao verificar os dados da Etapa 2 e a experiência das pessoas que trabalham no processo.
2. Determine se mais dados são necessários. Se forem, repita as subetapas 2 a 7 da Etapa 2.
3. Se possível, verifique as causas mediante observação ou ao controlar diretamente as variáveis.

(Continua)

Tabela 8.5 O método das sete etapas *(Continuação)*

Etapa 4: implementar uma solução.

1. Elabore uma lista de soluções a serem consideradas. Seja criativo.
2. Decida quais soluções devem ser testadas:
- Cuidadosamente, avalie a viabilidade de cada solução, a probabilidade de sucesso e as prováveis consequências adversas.
- Identifique com clareza seus motivos para escolher uma determinada solução.
3. Determine como a solução escolhida será implementada. Será em um projeto-piloto? Quem será responsável pela implantação? Quem treinará os envolvidos?
4. Implemente a solução escolhida.

Etapa 5: verificar os resultados.

1. Determine se as ações da Etapa 4 foram eficazes:
- Colete mais dados sobre a medida de referência da Etapa 1.
- Colete quaisquer outros dados relacionados às condições iniciais que sejam relevantes.
- Analise os resultados. Determine se a solução testada foi eficaz. Repita as etapas iniciais se necessário.
2. Descreva quaisquer desvios do que foi planejado e o que foi aprendido.

Etapa 6: padronizar a melhoria.

1. Institucionalize a melhoria:
- Desenvolva uma estratégia para institucionalizar a melhoria e atribua responsabilidades.
- Implemente a estratégia e verifique se ela foi bem-sucedida.
2. Determine se a melhoria pode ser aplicada a outras áreas e planeje essa implementação.

Etapa 7: estabelecer planos futuros.

1. Determine seus planos para o futuro:
- Decida se a lacuna pode ser novamente reduzida e, em caso afirmativo, como outro projeto deveria ser abordado e quem deveria estar envolvido.
- Identifique os problemas relacionados que deveriam ser abordados.
2. Resuma o que você aprendeu com a experiência na equipe do projeto e faça recomendações para futuras equipes.

Fonte: Reimpressa com a permissão de M. Gaudard, R. Coates, and L. Freeman, "Accelerating Improvement", *Quality Progress* 24, no. 10, October 1991, p. 82.

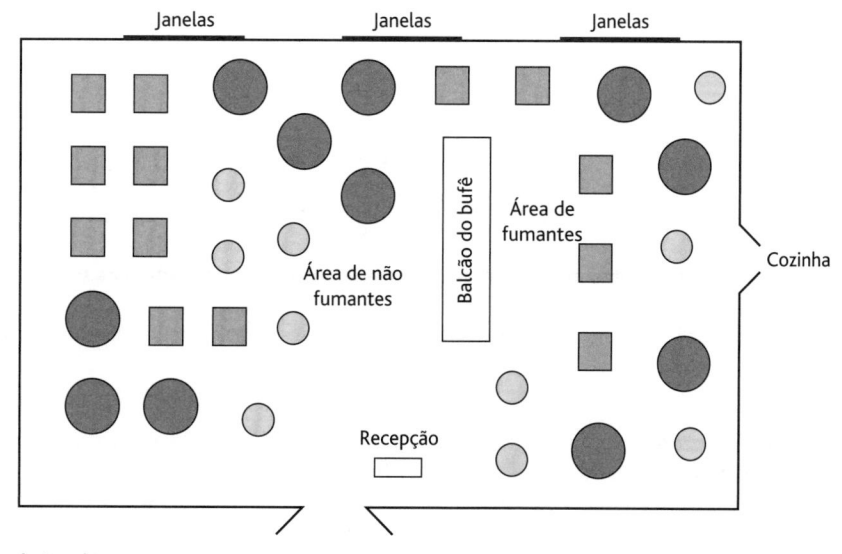

Figura 8.16 Planta baixa do restaurante.
Fonte: Reimpressa com a permissão de M. Gaudard, R. Coates and L. Freeman, "Accelerating Improvement," *Quality Progress* 24, no. 10, October 1991, p. 83.

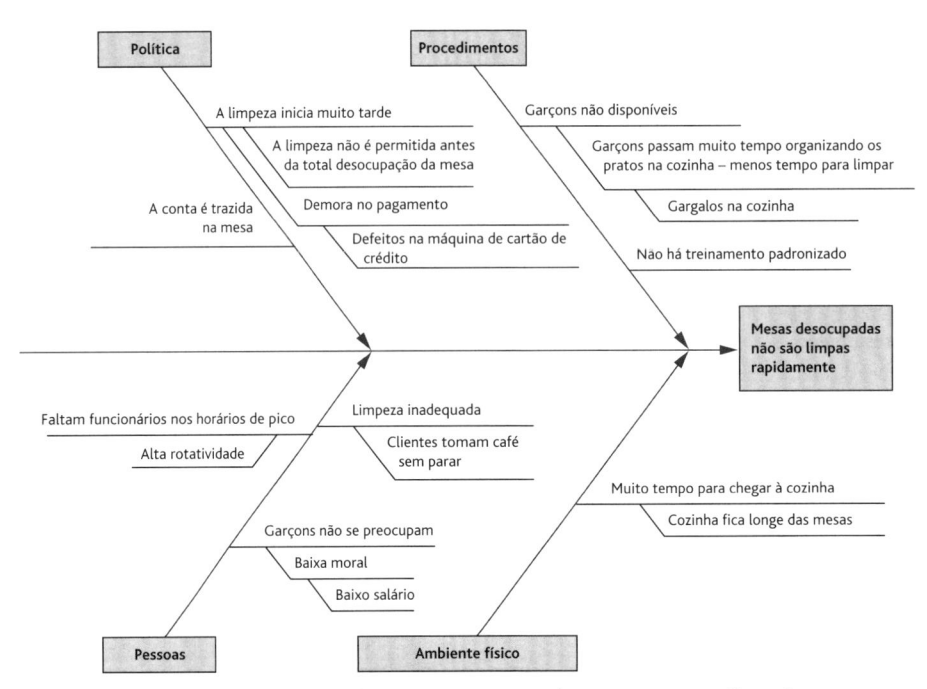

Figura 8.17 Diagrama de causa e efeito descrevendo por que as mesas demoram a serem liberadas.
Fonte: Reimpressa com a permissão de M. Gaudard, R. Coates and L. Freeman, "Accelerating Improvement," *Quality Progress* 24, no. 10, October 1991, p. 82.

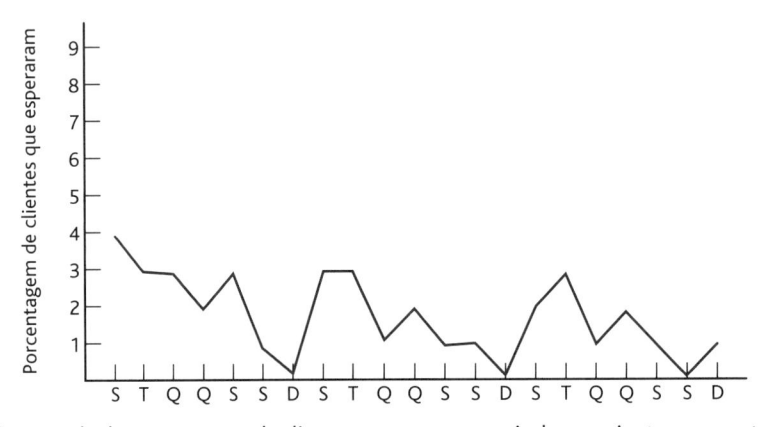

Figura 8.18 Gráfico de controle da porcentagem de clientes que esperam mais de um minuto para sentar, após a implementação da solução.
Fonte: Reimpressa com a permissão de M. Gaudard, R. Coates and L. Freeman, "Accelerating Improvement," *Quality Progress* 24, no. 10, October 1991, p. 85.

suas conclusões ao controlar as variáveis, é escolhida uma solução que pode ser facilmente testada: estabelecer postos de trabalho temporários na área de não fumantes. Nenhuma outra modificação é feita, e são coletados os dados referentes à porcentagem atual de pessoas que esperam mais de um minuto para sentar-se.

Etapa 5: verificar os resultados. A equipe analisa os resultados dos dados coletados no período de um mês da Etapa 4 do estudo. Como a Figura 8.18 mostra, a melhoria é significativa.

Etapa 6: padronizar a melhoria. Os postos de trabalho temporários são substituídos por postos permanentes.

Etapa 7: estabelecer planos futuros. A equipe decide investigar as reclamações dos clientes relacionadas à segunda barra mais alta do gráfico de Pareto, que indica que a mesa do bufê não está bem organizada.

Os autores do artigo no qual o caso Mega Bytes foi baseado relatam que os gerentes que utilizaram o SSM em várias situações consideraram valiosos o foco e as delimitações do método, pois este confere organização, lógica e profundidade ao estudo. Os gerentes também ficaram impressionados com o método pela utilização de dados em vez de opiniões, atribuindo a esse fator a redução das disputas territoriais, bem como o incentivo da cooperação e da confiança entre os membros da equipe.

Embora muito valioso, o SSM impõe algumas dificuldades. Por exemplo, as equipes de projeto consideraram muito complicado formular vários dos conceitos nas duas primeiras etapas do método. Em especial, uma equipe talvez tenha dificuldades no desenvolvimento da caracterização do problema, pois a tendência é estabelecer uma solução como um problema. No caso do Mega Bytes, a equipe precisou evitar a identificação do problema como "não há atendentes em número suficiente", "não há mesas suficientes" ou "os atendentes têm que trabalhar mais rápido". O verdadeiro problema foi corretamente identificado como "os clientes têm que esperar demais".

Outro conceito que representou dificuldades para as equipes foi a localização, um processo de focalização nas partes vitais cada vez menores que compõem o sistema. Esse conceito mostrou-se difícil no início porque os membros da equipe ainda não haviam incorporado a ideia de que as melhorias deveriam ser direcionadas pelas necessidades dos clientes.

Algumas equipes de estudo enfrentaram uma série de outras dificuldades. Ocasionalmente, os integrantes não conseguem ver os benefícios de uma coleta rigorosa de dados ou não entendem como os dados básicos serão utilizados para validar uma solução.

Alguns membros têm dificuldade em manter a mente aberta e, consequentemente, resistem a investigar os efeitos de variáveis que eles consideram irrelevantes. Em alguns casos, os integrantes têm de aprender novas habilidades, como obter informações de forma não ameaçadora junto aos empregados no sistema. Por fim, os problemas organizacionais, como encontrar tempo para as reuniões e conseguir o apoio de outros funcionários, também precisam ser enfrentados e resolvidos.

Questões

1. De que forma o SSM é diferente do ciclo PDCA de Deming?
2. Prepare um diagrama de causa e efeito, do tipo espinha de peixe, para um problema como: "por que os clientes têm de esperar tanto tempo pelo café?". Seu diagrama espinha de peixe deve ser similar àquele da Figura 8.17, utilizando as fontes principais das causas: política, procedimentos, pessoas e ambiente físico.
3. De que forma você resolveria as dificuldades que as equipes de estudo enfrentaram quando da aplicação do SSM?

Suplemento do Capítulo 8

Análise por envelopamento de dados (DEA)

De que forma a gerência corporativa pode avaliar a produtividade de um restaurante de *fast-food*, de uma agência bancária, de uma clínica de saúde ou de uma escola de ensino fundamental? Há três dificuldades na medição da produtividade. Primeira: quais são as entradas apropriadas para o sistema (p. ex., horas trabalhadas, dinheiro investido) e seus medidores? Segunda: quais são as saídas apropriadas do sistema (p. ex., cheques sacados, certificados de depósito bancário) e seus medidores? Terceira: quais são as formas apropriadas para medir o relacionamento entre essas entradas e saídas?

Medição da produtividade do serviço

A mensuração da produtividade de uma organização, quando vista a partir de uma perspectiva de engenharia, é similar à medição da eficiência de um sistema. Ela pode ser estabelecida como a razão das saídas pelas entradas (p. ex., quilômetros por litro para um automóvel).

Para avaliar a eficiência operacional de uma agência bancária, utilizamos, por exemplo, uma razão contábil, como o custo por transação de caixa. Uma filial que apresenta uma razão alta em comparação a outras filiais seria considerada menos eficiente, mas a maior razão pode resultar de um *mix* mais complexo de transações. Por exemplo, uma filial que estivesse abrindo novas contas e negociando CDBs necessitaria de mais tempo por transação do que outra filial, comprometida somente com transações simples, como aceitação de depósitos e pagamento de cheques. O problema com a utilização de razões simples é que o *mix* produzido não é considerado de forma explícita. Essa mesma crítica também é feita a respeito do *mix* de entradas. Por exemplo, algumas filiais podem ter caixas automáticos, além de caixas humanos, e esse uso da tecnologia talvez afete o custo por transação do caixa.

Indicadores de maior abrangência, como lucratividade ou retorno sobre o investimento, são altamente relevantes como medidores globais de desempenho, mas não são suficientes para avaliar a eficiência operacional de uma unidade de serviço. Por exemplo, não se pode concluir que uma agência bancária lucrativa seja necessariamente eficiente no uso de seu pessoal e de outras entradas. Uma proporção acima da média de transações lucrativas talvez seja uma explicação melhor do que a eficiência (de custos) no uso dos recursos.

O modelo DEA

Felizmente, desenvolveu-se uma técnica com a capacidade de comparar a eficiência de múltiplas unidades que fornecem serviços similares, considerando de forma explícita o uso de suas múltiplas entradas (isto é, recursos) na produção de múltiplas saídas (isto é, serviços). A técnica, chamada *análise por envelopamento de dados (DEA, data envelopment analysis)*, evita a necessidade de desenvolver custos-padrão para cada serviço, pois ela incorpora múltiplas entradas e saídas, tanto no numerador quanto no denominador do cálculo da eficiência, dispensando a conversão para uma base monetária comum. A medida de eficiência da DEA contabiliza explicitamente o *mix* de entradas e saídas, logo, é mais abrangente e confiável do que um conjunto de taxas operacionais ou medidores de lucratividade.

A DEA é um modelo de programação linear que procura maximizar a eficiência de uma unidade de serviço, expressa como a razão entre saídas e entradas, pela comparação da eficiência de uma dada unidade ao desempenho de um grupo de unidades similares que estão realizando o mesmo serviço. No processo, algumas unidades atingem 100% de eficiência e são referidas como *unidades relativamente eficientes*, enquanto outras unidades, com índices de eficiência menores do que 100%, são referidas como *unidades ineficientes*.

Desse modo, a gerência da corporação pode utilizar a DEA para comparar um grupo de unidades de serviço a fim de identificar as unidades relativamente ineficientes, medir a magnitude das ineficiências e, pela comparação das unidades ineficientes com as eficientes, descobrir formas para reduzir as ineficiências.

O modelo DEA de programação linear é formulado de acordo com Charnes, Cooper e Rhodes, sendo referido como Modelo CCR.

Definição das variáveis

Seja E_k, com $k = 1, 2, ..., K$, a razão de eficiência da unidade k, onde K é o número total de unidades sendo avaliadas.

Seja u_j, com $j = 1, 2, ..., M$, um coeficiente para a saída j, onde M é o número total de tipos de saídas sendo consideradas. A variável u_j é uma medida da diminuição relativa na eficiência para cada unidade de redução do valor de saída.

Seja v_i, com $i = 1, 2, ..., N$, um coeficiente para a entrada i, onde N é o número total de tipos de entradas sendo consideradas. A variável v_i mede o aumento relativo na eficiência para cada redução unitária do valor de entrada.

Seja O_{jk} o número observado de unidades de saída j geradas pela unidade de serviço k durante um período de tempo.

Seja I_{ik} o número real de unidades de entrada i utilizadas pela unidade de serviço k durante um período de tempo.

Função objetivo

O objetivo é encontrar o conjunto de coeficientes u associados a cada saída e de coeficientes v associados a cada entrada que resultará na máxima eficiência possível para a unidade de serviço avaliada.

$$\max E_e = \frac{u_1 O_{1e} + u_2 O_{2e} + \cdots + u_M O_{Me}}{v_1 I_{1e} + v_2 I_{2e} + \cdots + v_N I_{Ne}} \quad (1)$$

onde e é o índice da unidade que está sendo avaliada.

Esta função está sujeita à seguinte restrição: quando o mesmo conjunto de coeficientes de entrada e saída (u_j's e y_i's) for aplicado a todas as outras unidades de serviço que estão sendo comparadas, nenhuma unidade de serviço excederá 100% de eficiência ou uma razão de 1,0.

Restrições

$$\frac{u_1 O_{1k} + u_2 O_{2k} + \cdots + u_M O_{Mk}}{v_1 I_{1k} + v_2 I_{2k} + \cdots + v_N I_{Nk}} \leq 1.0 \quad (2)$$

$$k = 1, 2, ..., K$$

onde todos os valores dos coeficientes são positivos e diferentes de zero.

Para resolver esse modelo de programação linear fracionário utilizando um software-padrão de programação linear, é necessária uma reformulação. Observe que tanto a função objetivo quanto todas as restrições são razões, e não funções lineares. A função objetivo da equação (1) é novamente declarada como uma função linear ao arbitrariamente definir as escalas das entradas de forma que a soma das entradas da unidade sob avaliação seja 1,0.

$$\max E_e = u_1 O_{1e} + u_2 O_{2e} + \cdots + u_M O_{Me} \quad (3)$$

sujeita à restrição de que

$$v_1 I_{1e} + v_2 I_{2e} + \cdots + v_N I_{Ne} = 1 \quad (4)$$

Para cada unidade de serviço, as restrições na equação (2) são similarmente reformuladas:

$$u_1 O_{1k} + u_2 O_{2k} + \cdots + u_M O_{Mk} - (v_1 I_{1k} + v_2 I_{2k} + \cdots + v_N I_{Nk}) \leq 0 \quad (5)$$

$$k = 1, 2, ..., K$$

onde:

$$u_j \geq 0 \quad j = 1, 2, ..., M$$
$$v_i \geq 0 \quad i = 1, 2, ..., N$$

Tamanho da amostra n

Uma questão frequentemente levantada a respeito do tamanho da amostra diz respeito ao número de unidades de serviço necessárias em comparação ao número de variáveis de entrada e saída selecionadas na análise. O seguinte relacionamento, associando o número de unidades de serviço K utilizadas na análise e o número de tipos de entradas N e saídas M que estão sendo consideradas, está baseado em pesquisas empíricas e na experiência de usuários da DEA:

$$K \geq 2(N + M) \quad (6)$$

Exemplo 8.1 Burger Palace

Uma inovadora rede de lanches do tipo *drive-in* estabeleceu seis unidades em diferentes cidades. Cada unidade está localizada no estacionamento de um shopping do tipo *strip center*. Somente uma refeição-padrão é oferecida, consistindo em um sanduíche, batatas fritas e um refrigerante. A gerência estava decidida a utilizar a DEA para melhorar a produtividade pela identificação de quais unidades estavam utilizando seus recursos com mais eficiência, para, então, dividir suas experiências e conhecimentos com as lojas menos eficientes. A Tabela 8.6 resume os dados de duas entradas: horas de trabalho e dólares consumidos em material durante um horário comum, a fim de gerar uma saída relativa à venda de 100 refeições. Normalmente, as saídas variam

Tabela 8.6 Resumo de saídas e entradas para o Burger Palace

Unidade de serviço	Refeições vendidas	Horas de trabalho	Materiais em dólares
1	100	2	200
2	100	4	150
3	100	4	100
4	100	6	100
5	100	8	80
6	100	10	0

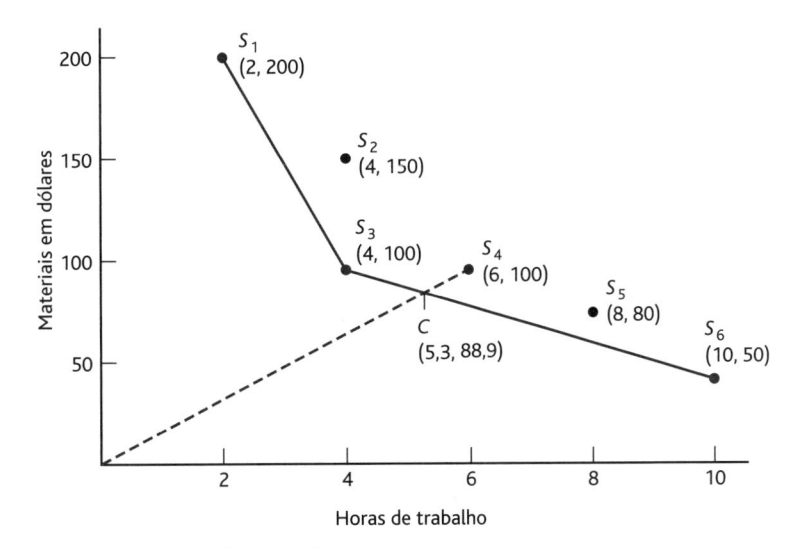

Figura 8.19 Fronteira de produtividade do Burger Palace.

entre as unidades de serviço, mas, neste exemplo, configuramos as saídas para serem iguais, permitindo a construção de uma representação gráfica da produtividade das unidades. Como mostra a Figura 8.19, as unidades de serviço S_1, S_3 e S_6 foram unidas para formar uma fronteira de produção eficiente de métodos alternativos de utilização das horas de trabalho e dos recursos materiais a fim de gerar 100 refeições. Conforme constatado, essas unidades eficientes definiram um envoltório que contém todas as unidades ineficientes – razão para chamar o processo de "análise por envelopamento de dados".

Para este exemplo simples, identificamos as unidades eficientes por inspeção e verificamos o excesso de entradas sendo utilizado por unidades ineficientes (p. ex., S_2 seria tão eficiente quanto S_3 se utilizasse US$ 50 a menos de material). Para obter uma compreensão de DEA, entretanto, formularemos problemas de programação linear para cada unidade e os resolveremos a fim de determinar as taxas de eficiência e outras informações.

Começaremos pela ilustração da formulação em PL para a primeira unidade de serviço, S_1, utilizando as equações (3), (4) e (5).

$$\max E(S_1) = u_1 100$$

Sujeita a

$$u_1 100 - v_1 2 - v_2 200 \leq 0$$
$$u_1 100 - v_1 4 - v_2 150 \leq 0$$
$$u_1 100 - v_1 4 - v_2 100 \leq 0$$
$$u_1 100 - v_1 6 - v_2 100 \leq 0$$
$$u_1 100 - v_1 8 - v_2 80 \leq 0$$
$$u_1 100 - v_1 10 - v_2 50 \leq 0$$
$$v_1 2 + v_2 200 = 1$$
$$u_1, v_1, v_2 \geq 0$$

Problemas de programação linear similares são formulados (ou, melhor ainda, o problema de programação linear de S_1 é editado) e resolvidos para as outras unidades de serviço ao substituir a função de saída apropriada pela função objetivo e ao substituir a função de entrada apropriada pela última restrição. As restrições 1 a 6, que restringem todas as unidades a não mais do que 100% de eficiência, permanecem as mesmas para todos os problemas.

Esse conjunto de seis problemas de programação linear foi resolvido com o Excel Solver 7.0 em menos de cinco minutos ao editar o arquivo de dados entre cada execução. Como a saída é de 100 refeições para todas as unidades, somente a última restrição deve ser editada por meio da substituição dos valores de entrada de trabalho e materiais da Tabela 8.6 pelos valores relativos à unidade em avaliação.

O arquivo de dados para a unidade 1 do Burger Palace utilizando o solver do Excel para programação linear é apresentado na Figura 8.20. Os resultados da programação linear para cada unidade são mostrados na Tabela 8.7 e resumidos na Tabela 8.8.

Na Tabela 8.7, verificamos que a DEA identificou as mesmas unidades descritas como eficientes na Figura 8.18. As unidades S_2, S_4, e S_5 são todas ineficientes em vários graus. Também mostrado na Tabela 8.7 e associado a cada unidade ineficiente está um *conjunto de eficiência de referência*. Cada unidade ineficiente terá um conjunto de unidades eficientes a ela associadas que define sua produtividade. Como a Figura 8.18 mostra para a unidade ineficiente S_4, as unidades eficientes S_3 e S_6 são extremos de uma linha que define a fronteira da eficiência. Uma linha tracejada desenhada da origem até a unidade ineficiente S_4 corta essa fronteira e, então, define a unidade S_4 como ineficiente. Na Tabela 8.8, o valor entre parênteses associado a cada membro do conjunto de eficiência de referência (isto é, 0,7778 para S_3 e 0,2222 para S_6) representa o peso relativo atribuído àquela unidade eficiente no cálculo da taxa de eficiência para S_4. Esses pesos relativos são os preços-sombra associados às respectivas restrições das unidades eficientes na solução da programação linear. (Observe que, na Tabela 8.7, para a unidade 4, esses pesos aparecem como custos de oportunidade para S_3 e S_6.)

Os valores para V_1 e V_2 associados às entradas de horas trabalhadas e materiais, respectivamente, medem o crescimento relativo da eficiência com cada redução unitária do valor de entrada. Para a unidade S_4, cada decréscimo unitário nas horas trabalhadas resulta em um aumento da eficiência de 0,0555. Para a unidade S_4 tornar-se eficiente, deve aumentar sua taxa de eficiência em 0,111 ponto, o que pode ser alcançado pela redução do trabalho utilizado em duas horas (isto é, 2 horas × 0,0555 = 0,111). Note que, com essa redução nas horas de trabalho, a unidade S_4 torna-se idêntica à unidade eficiente S_3. Uma abordagem alternativa seria a redução nos materiais utilizados de US$ 16,57 (isto é, 0,111/0,0067 = 16,57). Qualquer combinação linear dessas duas medidas também moveria a unidade S_4 para a fronteira de produtividade definida pelo segmento de linha que une as unidades eficientes S_3 e S_6.

A Tabela 8.9 contém os cálculos para uma unidade hipotética C, a qual é uma unidade de referência composta definida pelas entradas ponderadas do conjunto de referência S_3 e S_6. Como apresentado na Figura 8.18, essa unidade composta C está localizada na interseção da fronteira de produtividade com a linha tracejada desenhada da origem até a unidade S_4. Então, comparada à unidade de referência C, a unidade ineficiente S_4 está utilizando excesso de entradas no valor de 0,7 hora de trabalho e de US$ 11,1 de material.

A DEA oferece muitas oportunidades para a melhoria de unidades ineficientes considerando seu conjunto de referência de unidades eficientes. Na prática, a gerência escolheria uma abordagem específica, com base na avaliação de seus custos, aplicabilidade e viabilidade; entretanto, a motivação para a mudança é clara (isto é, outras unidades realmente são capazes de atingir resultados similares com menos recursos).

A DEA e o planejamento estratégico

Quando combinada com a lucratividade, a análise de eficiência DEA é útil no planejamento estratégico de serviços prestados em múltiplas instalações (p. ex., redes de hotéis).

A Figura 8.21 apresenta uma matriz de quatro possibilidades resultantes da combinação de eficiência e lucratividade.

O quadrante superior esquerdo dessa matriz (isto é, potencial de excelência subdesenvolvido) revela que unidades lucros elevados podem estar operando com ineficiência e, portanto, ter um potencial não percebido. Comparando-as a similares, as unidades eficientes sugerirão medidas para obter os mesmos lucros elevados mediante operações mais eficientes.

Desempenhos de excelência são encontrados no quadrante superior direito (isto é, grupo de *benchmark*). Essas unidades eficientes também são altamente lucrativas e, portanto, servem como exemplo para outros emularem tanto a eficiência operacional quanto o sucesso no mercado na geração de altos rendimentos.

O quadrante inferior direito (isto é, candidatos à venda) contém unidades eficientes, porém não lucrativas. Essas unidades têm um potencial de lucros limitado, talvez devido a uma má localização, e deveriam ser vendidas a fim de gerar capital para a expansão em novos territórios.

Não está clara a estratégia a ser empregada nas unidades do quadrante inferior esquerdo (isto é, filiais com problemas). Se o potencial de lucro é limitado, investimentos em operações eficientes podem conduzir a um futuro candidato à venda.

Tabela 8.7 Soluções de PL para o estudo de DEA do Burger Palace

Resultados resumidos para a unidade 1								Página 1
Variáveis			Custos de oportunidade	Variáveis			Custos de oportunidade	
Número	Nomes	Soluções		Número	Nomes	Soluções		
1	U1	+1,0000000	0	6	S3	0	0	
2	V1	+0,16666667	0	7	S4	+33,333336	0	
3	V2	+0,00333333	0	8	S5	+60,000000	0	
4	S1	0	+1,0000000	9	S6	+83,333336	0	
5	S2	+16,666670	0	10	A7	0	+100,00000	
Função objetivo maximizada = 100							Iterações = 4	

Resultados resumidos para a unidade 2								Página 1
Variáveis			Custos de oportunidade	Variáveis			Custos de oportunidade	
Número	Nomes	Soluções		Número	Nomes	Soluções		
1	U1	+0,85714287	0	6	S3	0	+0,71428573	
2	V1	+0,14285715	0	7	S4	+28,571430	0	
3	V2	+0,00285714	0	8	S5	+51,428574	0	
4	S1	0	+0,28571430	9	S6	+71,428574	0	
5	S2	+14,285717	0	10	A7	0	+85,714287	
Função objetivo maximizada = 85,71429							Iterações = 4	

Resultados resumidos para a unidade 3								Página 1
Variáveis			Custos de oportunidade	Variáveis			Custos de oportunidade	
Número	Nomes	Soluções		Número	Nomes	Soluções		
1	U1	+1,00000000	0	6	S3	0	+1,0000000	
2	V1	+0,062500000	0	7	S4	+12,500000	0	
3	V2	+0,007500000	0	8	S5	+10,000001	0	
4	S1	+62,5000000	0	9	S6	0	0	
5	S2	+37,5000080	0	10	A7	0	+100,00000	
Função objetivo maximizada = 100							Iterações = 3	

Resultados resumidos para a unidade 4								Página 1
Variáveis			Custos de oportunidade	Variáveis			Custos de oportunidade	
Número	Nomes	Soluções		Número	Nomes	Soluções		
1	U1	+0,888888900	0	6	S3	0	+0,77777779	
2	V1	+0,055555560	0	7	S4	+11,111112	0	
3	V2	+0,006666670	0	8	S5	+8,8888893	0	
4	S1	+55,5555530	0	9	S6	0	+0,22222224	
5	S2	+33,3333400	0	10	A7	0	+88,888885	
Função objetivo maximizada = 88,88889							Iterações = 3	

Resultados resumidos para a unidade 5								Página 1
Variáveis			Custos de oportunidade	Variáveis			Custos de oportunidade	
Número	Nomes	Soluções		Número	Nomes	Soluções		
1	U1	+0,909090880	0	6	S3	0	+0,45454547	
2	V1	+0,056818180	0	7	S4	+11,363637	0	
3	V2	+0,006818180	0	8	S5	+9,0909100	0	
4	S1	+56,8181800	0	9	S6	0	+0,54545450	
5	S2	+34,0909160	0	10	A7	0	+90,909088	
Função objetivo maximizada = 90,90909							Iterações = 4	

(continua)

Tabela 8.7 Soluções de PL para o estudo de DEA do Burger Palace *(Continuação)*

Resultados resumidos para a unidade 6								Página 1
Variáveis				Variáveis				
Número	Nomes	Soluções	Custos de oportunidade	Número	Nomes	Soluções	Custos de oportunidade	
1	U1	+1,00000000	0	6	S3	0	0	
2	V1	+0,062500000	0	7	S4	+12,500000	0	
3	V2	+0,007500000	0	8	S5	+10,000001	0	
4	S1	+62,5000000	0	9	S6	0	+1,0000000	
5	S2	+37,5000080	0	10	A7	0	+100,00000	
Função objetivo maximizada = 100						Iterações = 4		

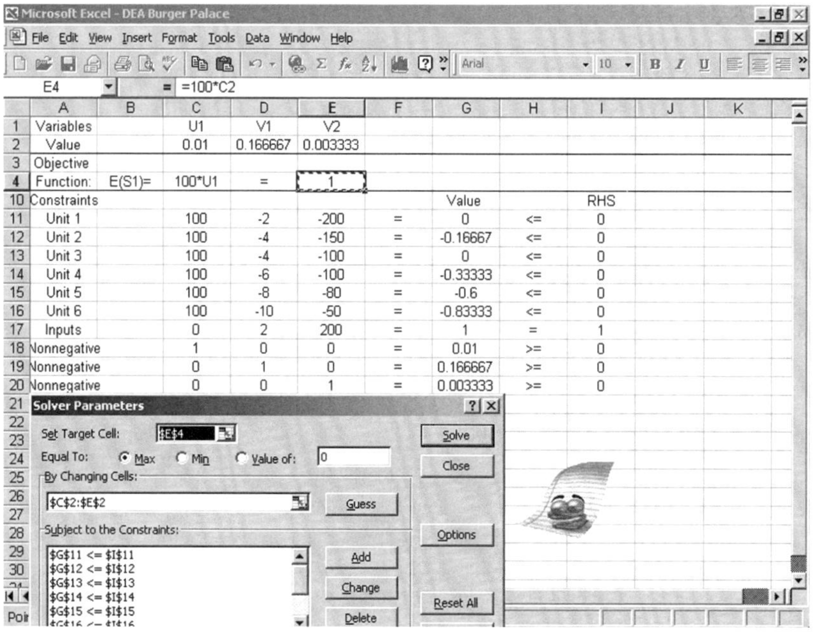

Figura 8.20 Arquivo de dados do Excel para análise DEA da unidade 1 do Burger Palace.

Tabela 8.8 Resumo dos resultados da DEA

Unidade de serviço	Taxa de eficiência (E)	Conjunto de eficiência de referência	Valor relativo das horas de trabalho (V_1)	Valor relativo dos materiais (V_2)
S_1	1,000	N.A.	0,1667	0,0033
S_2	0,857	S_1 (0,2857)	0,1428	0,0028
		S_3 (0,7143)		
S_3	1,000	N.A.	0,0625	0,0075
S_4	0,889	S_3 (0,7778)	0,0555	0,0067
		S_6 (0,2222)		
S_5	0,901	S_3 (0,4545)	0,0568	0,0068
		S_6 (0,5454)		
S_6	1,000	N.A.	0,0625	0,0075

Tabela 8.9 Cálculo do excesso de entradas usadas pela unidade S_4

Saídas e entradas	Conjunto de referência		Unidade de referência composta C	Excesso das entradas utilizadas
	S_3	S_6	S_4	
Refeições	(0,7778) × 100	+ (0,2222) × 100 = 100	100	0
Horas de trabalho	(0,7778) × 4	+ (0,2222) × 10 = 5,3	6	0,7
Material ($)	(0,7778) × 100	+ (0,2222) × 50 = 88,9	100	11,1

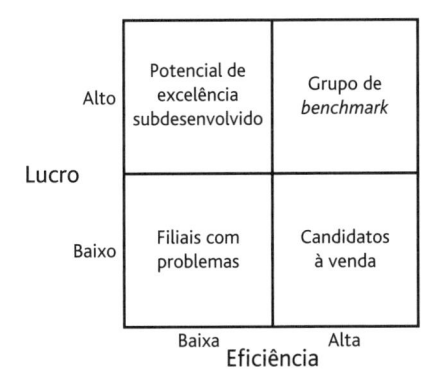

Figura 8.21 Matriz estratégica da DEA.

Exercícios

8.1 No exemplo do Burger Palace, desenvolva uma análise completa das alternativas de melhoria da eficiência para a unidade S_2, incluindo a determinação de uma unidade composta de referência.

8.2 No exemplo do Burger Palace, desenvolva uma análise completa das alternativas de melhoria da eficiência para a unidade S_5, incluindo a determinação de uma unidade composta de referência.

8.3 No exemplo do Burger Palace, qual seria o efeito de remover da análise uma unidade ineficiente (p. ex., S_2)?

8.4 No exemplo do Burger Palace, qual seria o efeito de remover da análise uma unidade eficiente (p. ex., S_6)?

Empresa de ônibus Mid-Atlantic   Estudo de caso 8.3

A empresa de ônibus Mid-Atlantic foi fundada por um grupo de gerentes da Trailways quando da aquisição desta companhia pela Greyhound. Iniciou-se um serviço de ônibus expresso de primeira classe operando entre as maiores cidades litorâneas – da Filadélfia, na Pensilvânia, até Jacksonville, na Flórida. Com a contratação dos motoristas demitidos da Trailways e o aluguel de ônibus, foram estabelecidas franquias em cada cidade, com empresários locais, os quais recebiam os direitos de operação dos terminais de ônibus da Mid-Atlantic. Um percentual da venda das passagens e da venda de espaço para frete ficava com o operador do terminal, para cobrir os seus custos e a sua margem de lucro.

Após diversos meses de operação, alguns franqueados reclamaram da lucratividade inadequada e ameaçaram fechar seus terminais. Entretanto, como outros franqueados estavam satisfeitos com sua experiência, foi realizado um estudo de todos os operadores de terminais do sistema. As informações da Tabela 8.10 foram coletadas durante diversas semanas e representam um dia comum de operação.

Questões

1. Utilize a DEA para identificar os operadores de terminais eficientes e ineficientes. Formule o problema como um modelo de programação linear e resolva-o utilizando um programa de computador como o Solver do Excel, que permite a edição dos dados do modelo entre as execuções do arquivo.

2. Utilizando o conjunto de referência apropriado dos terminais eficientes, faça recomendações para mudanças nas entradas de recursos para cada terminal ineficiente.

3. Quais recomendações você faria para um terminal seriamente ineficiente tendo em vista a melhoria de seu resultado?

4. Discuta qualquer falha na aplicação da DEA para a empresa de ônibus Mid-Atlantic.

Tabela 8.10 Saídas e entradas para as linhas de ônibus Mid-Atlantic

Terminal de ônibus	Cidade atendida	Vendas de passagens	Vendas de fretes	Horas de trabalho	Instalações (em dólares)
1	Filadélfia, Pa.	700	300	40	500
2	Baltimore, Md.	300	600	50	500
3	Washington, D.C.	200	700	50	400
4	Richmond, Va.	400	600	50	500
5	Raleigh, N.C.	500	400	40	400
6	Charleston, S.C.	500	500	50	500
7	Savannah, Ga.	800	500	40	600
8	Jacksonville, Fla.	300	200	30	400

Bibliografia selecionada

Banker, Rajiv D.; A. Charnes; and W. W. Cooper. "Some Models for Estimating Technical and Scale Inefficiencies in Data Envelopment Analysis." *Management Science* 30, no. 9 (September 1984), pp. 1078–92. (The "BCC" Model)

Charnes, A.; W. W. Cooper; and E. Rhodes. "Measuring the Efficiency of Decision Making Units." *European Journal of Operations Research* 2, no. 6 (November 1978), pp. 429–44. (The "CCR" Model)

Cooper, W. W.; L. M. Seiford; and K. Tone. *Introduction to Data Envelopment Analysis with DEA-Solver Code and References*. New York: Springer Science and Economics Publisher, 2006.

Corbett, Charles and David A. Kirsch. "International Diffusion of ISO 14000 Certification." *Production and Operations Management* 10, no. 3 (Fall 2001), pp. 327–42.

Dessler, Gary and D. L. Farrow. "Implementing a Successful Quality Improvement Programme in a Service Company: Winning the Deming Prize." *International Journal of Service Industry Management* 1, no. 2 (1990), pp. 45–53.

Frei, Francis X. and Patrick T. Harker. "Measuring the Efficiency of Service Delivery Processes: An Application to Retail Banking." *Journal of Service Research* 1 no. 4 (May 1999), pp. 300–12.

Gupta, Praveen and Cary W. Adams. *Six-Sigma Deployment*. Boston: Elsevier Science, 2003.

George, Michael L.; David Rowlands; and Bill Kastle. *What is Lean Six Sigma*. New York: McGraw-Hill, 2003.

Iacobucci, Dawn. "The Quality Improvement Customers Didn't Want." *Harvard Business Review*, January–February 1996, pp. 20–36.

Johnson, Perry L. *ISO 9000: Meeting the New International Standards*. New York: McGraw-Hill, 1993.

Metters, Richard D.; Frances X. Frei; and Vicente A. Vargas. "Measurement of Multiple Sites in Service Firms with Data Envelopment Analysis." *Production and Operations Management* 8, no. 3 (Fall 1999), pp. 264–81.

Notas

1. De David Wessel, "With Labor Scarce, Service Firms Strive to Raise Productivity," *The Wall Street Journal*, June 1, 1989, p. 1.

2. De Michael Brassard and Diane Ritter, *The Memory Jogger II* (Methuen, Mass.: GOAL/ QPC 1994), pp. 115–31.

3. De D. Daryl Wyckoff, "New Tools for Achieving Service Quality," *Cornell HRA Quarterly* 25, no. 3 (November 1984), pp. 78–91.

4. G. M. Hostage, "Quality Control in a Service Business," *Harvard Business Review* 53, no. 4 (July–August 1975), pp. 98–106.

5. W. Edwards Deming, *Quality, Productivity, and Competitive Position* (Cambridge, Mass.: MIT Center for Advanced Engineering Study, 1982).

6. http://www.isixsigma.com

7. De James P. Womack, "An Action Plan for Lean Services," apresentação no Lean Service Summit—Amsterdam, June 23, 2004.

8. Reimpresso e seletivamente adaptado com permissão de M. Gaudard, R. Coates, and L. Freeman, "Accelerating Improvement," *Quality Progress* 24, no. 10 (October 1991), pp. 81–88.

Capítulo 9

O encontro em serviços

Objetivos de aprendizagem

Ao final deste capítulo, você deverá estar apto a:

1. Usar a tríade do encontro em serviços para descrever o processo de prestação de serviço de uma empresa.
2. Explicar como a cultura e o nível de delegação de poderes aos funcionários em uma organização afetam o encontro em serviços.
3. Diferenciar quatro sistemas de controle organizacional para a delegação de poderes aos funcionários.
4. Descrever a classificação dos clientes em quatro grupos, com base em suas atitudes e expectativas.
5. Preparar questões abstratas e escrever esboços situacionais para selecionar candidatos ao serviço.
6. Descrever como a criação de um clima ético leva à satisfação no emprego e à qualidade do serviço prestado.
7. Discutir o papel dos roteiros na coprodução do cliente.
8. Descrever como cada um dos elementos da cadeia de lucros do serviço leva ao crescimento da receita e à lucratividade.

A maioria dos serviços caracteriza-se por um encontro entre o prestador de um serviço e um cliente. Essa interação, que na mente do cliente define a qualidade do serviço, é chamada de "momento da verdade" por Richard Normann.[1] O encontro, muitas vezes breve, é o momento em que o cliente avalia o serviço e forma uma opinião sobre a sua qualidade. Um cliente vivencia inúmeros encontros com vários prestadores de serviços, e cada momento da verdade é uma oportunidade de influir na maneira como o cliente percebe a qualidade do serviço. Por exemplo, o passageiro de uma companhia aérea passa por uma série de encontros, desde a compra da passagem, passando pelo *check-in* de bagagem no aeroporto, pelo serviço de bordo e pelo recebimento da bagagem no destino, até receber os créditos no programa de milhagem.

Percebendo a importância dos momentos da verdade para o estabelecimento de uma reputação de qualidade superior, Jan Carlzon, CEO da Scandinavian Airlines System (SAS), concentrou-se nesses encontros para a reorganização da empresa, a fim de criar uma posição diferenciada e competitiva em termos da qualidade do serviço. Conforme a sua filosofia, o objetivo da organização é servir aos trabalhadores de linha de frente que têm contato direto com o cliente. Seu pensamento revolucionário virou de cabeça para baixo o antigo organograma, colocando no topo o pessoal responsável pelo contato com o cliente (até então na posição inferior). Dessa forma, tornou-se responsabilidade de todos atender ao pessoal da linha de frente, que, por sua vez, atendia ao cliente. A inversão do organograma sinalizou um movimento de reorientação para a satisfação do cliente e para o gerenciamento dos momentos da verdade. É interessante que a implementação dessa filosofia representou a divisão da companhia em vários centros de lucro, chegando ao nível operacional e dando aos gerentes (agora próximos dos clientes) autoridade para tomar suas próprias decisões.[2]

O momento da verdade ocorre em todas as interações entre cliente e funcionário.
Rob Melnychuk/Getty Images.

APRESENTAÇÃO DO CAPÍTULO

Neste capítulo, o encontro em serviços é descrito como um triângulo formado pela interação dos interesses do cliente, da organização de serviços e do pessoal da linha de frente, que está em contato com os clientes. Cada participante desse encontro procura exercer controle sobre a transação, o que provoca a necessidade de flexibilidade e de delegação de poder ao pessoal da linha de frente. Segue uma discussão sobre a cultura das organizações de serviços, com exemplos de casos em que os fundadores de empresas de serviços bem-sucedidas estabeleceram um conjunto de valores e expectativas, incentivando seus funcionários a concentrarem esforços na prestação de um serviço excepcional.

As atividades de seleção e de treinamento do pessoal da linha de frente são abordadas em seguida. As muitas expectativas e atitudes do cliente são exploradas, assim como o conceito do cliente como coprodutor. A grande correlação das percepções de qualidade do serviço compartilhadas pelo pessoal da linha de frente e pelos clientes leva a uma discussão sobre a contribuição do gerenciamento para a criação entre os funcionários de uma orientação do serviço em prol do cliente.

A TRÍADE DO ENCONTRO EM SERVIÇOS

Uma das características singulares dos serviços é a participação ativa do cliente no seu processo de produção. Cada momento da verdade representa uma interação entre um cliente e um prestador do serviço; cada um tem um papel a desempenhar em um ambiente preparado pela organização de serviço. A *tríade do encontro em serviços*, apresentada na Figura 9.1, situa as relações entre as três partes no encontro e sugere possíveis fontes de conflito.

Os gerentes de organizações de serviço voltadas para o lucro têm interesse em prestar o serviço com a maior eficiência possível para protegerem suas margens e manterem-se competitivos. As organizações de serviço sem fins lucrativos podem substituir eficiência por eficácia, mas devem operar sob os limites impostos por um orçamento. Para controlar a prestação do serviço, os gerentes tendem a impor regras e procedimentos ao pessoal da linha de frente a fim de limitar sua autonomia e seu arbítrio ao servir o cliente. Essas mesmas regras e procedimentos objetivam limitar tanto a extensão do serviço prestado ao cliente quanto a resultante falta de customização, que pode resultar na insatisfação de um cliente. Finalmente, a interação entre o pessoal da linha de frente com o cliente conta com o elemento de controle percebido por ambas as partes. O pessoal da linha de frente deseja controlar o comportamento do cliente para tornar seu próprio trabalho mais gerenciável e menos estressante; ao mesmo tempo, o cliente está tentando controlar o encontro em serviços para obter o melhor benefício possível.

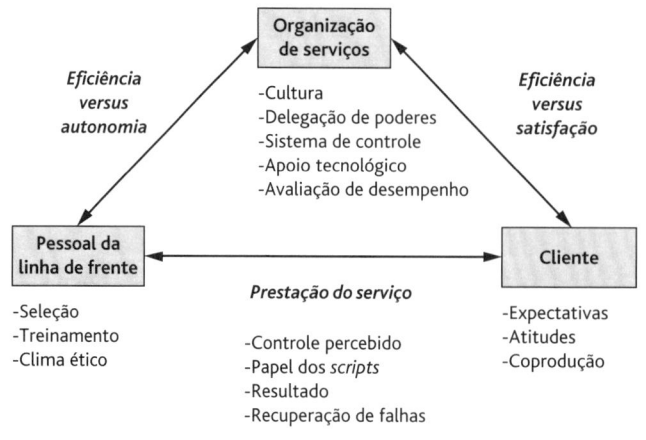

Figura 9.1 A tríade do encontro em serviços.

Idealmente, as três partes ganham muito ao trabalhar juntas na criação de um encontro em serviços benéfico. Contudo, o momento da verdade pode ser disfuncional quando uma parte domina a interação, pensando apenas em controlar o encontro. Os exemplos a seguir ilustram o conflito existente quando cada parte, por sua vez, tem o controle do encontro.

Encontro dominado pela organização de serviços

Para ser eficiente e, talvez, para seguir uma estratégia de liderança em custos, uma organização pode padronizar a prestação do serviço ao impor procedimentos operacionais rigorosos e, assim, limitar rigidamente o arbítrio do pessoal da linha de frente. Aos clientes, são apresentadas poucas opções de serviços padronizados e não estão disponíveis serviços personalizados. Muitos serviços de franquia, como McDonald's, Jiffy Lube e H & R Block, têm sido bem-sucedidos com um ambiente e uma organização estrutural que dominam o encontro em serviços. Grande parte do sucesso dessas empresas relaciona-se ao fato de ensinarem aos clientes o que *não* esperar do seu serviço; contudo, muito da frustração que os clientes sentem com outras instituições, pejorativamente rotuladas de "burocráticas", vem do fato de o pessoal da linha de frente não ter autonomia para lidar com as necessidades individuais dos clientes. Em tais organizações, o pessoal da linha de frente até simpatiza com o cliente, mas é forçado a seguir as regras, e a sua satisfação no trabalho fica diminuída nesse processo.

Encontro dominado pelo pessoal da linha de frente

Em geral, os fornecedores do serviço tentam limitar o escopo do encontro em serviços para reduzir seu próprio desgaste no atendimento de clientes exigentes. Quando as pessoas da linha de frente são colocadas em uma posição autônoma, elas podem ter a sensação de possuir um grau significativo de controle sobre os clientes. Espera-se que o cliente deposite considerável confiança no julgamento do pessoal da linha de frente em virtude do conhecimento que ele entende que o prestador do serviço possui. A relação entre médico e paciente ilustra bem as deficiências do encontro dominado pelo pessoal da linha de frente. O paciente, que nem chega a ser tratado como um "cliente", é colocado em uma posição subordinada, sem controle algum sobre o encontro. Além disso, uma organização como um hospital está sujeita a enormes demandas colocadas individualmente por médicos da equipe, sem preocupação em termos de eficiência.

Encontro dominado pelo cliente

Os casos extremos de serviços padronizados e customizados representam oportunidades para os clientes controlarem o encontro. Nos serviços padronizados, o autoatendimento é uma opção que dá aos clientes o controle completo sobre o serviço limitado que está sendo fornecido. Por exemplo, ao comprar uma bebida em uma máquina de autoatendimento, o cliente não precisa interagir com alguém. O resultado pode ser muito satisfatório e eficiente para o cliente que necessita ou deseja pouquíssimo serviço. Para um serviço customizado, como a defesa jurídica em um processo criminal, contudo, todos os recursos da organização podem ser necessários, com grande custo em eficiência.

O encontro *on-line* é uma variação cada vez mais popular do modelo da Figura 9.1. Nesse caso, o "pessoal de contato" é substituído por um *site*. A criação de um *site* que atraia clientes repetidamente é um desafio para as organizações de serviços. Em um esforço para mensurar a eficácia de *sites*, foi desenvolvido um instrumento de pesquisa chamado de E-S-QUAL.[3] A pesquisa de 22 itens abrange quatro dimensões: eficiência (p. ex., o *site* é fácil de navegar), disponibilidade do sistema (ou seja, o *site* não falha), realização (os itens pedidos chegam rapidamente) e privacidade (o cartão de crédito do cliente é protegido).

Um encontro em serviço satisfatório e eficaz deveria equilibrar a necessidade de controle dos três participantes. A necessidade de eficiência da organização para manter-se economicamente viável será satisfeita se o pessoal da linha de frente for treinado de modo apropriado e se as expectativas e o papel dos clientes no processo de prestação do serviço forem comunicados com eficiência. Nossa discussão das abordagens para gerenciar o encontro em serviços começa com a organização de serviço.

A ORGANIZAÇÃO DE SERVIÇOS

A organização estabelece o ambiente do encontro em serviços. A interação entre o cliente e o pessoal da linha de frente ocorre dentro do contexto de uma cultura organizacional e também dentro de seu ambiente físico.

Cultura

Por que escolhemos um emprego ou um serviço em uma empresa e não em outra? Muitas vezes, a escolha baseia-se na reputação da empresa como um bom lugar onde trabalhar ou comprar. Essa reputação está fundamentada na *cultura* ou identidade da organização. Muitas definições de cultura organizacional foram propostas:

- Cultura é um padrão de crenças e expectativas que é compartilhado pelos membros da organização e que produz normas que moldam fortemente o comportamento de indivíduos ou grupos nas organizações.[4]
- Cultura abrange as tradições e crenças de uma organização que a distinguem de outras organizações e dão vida ao esqueleto da estrutura.[5]
- Cultura organizacional é um sistema de orientações compartilhadas que mantém a unidade coesa e lhe atribui uma identidade diferenciada.[6]

Os fundadores e/ou os gerentes seniores de uma organização de serviço estabelecem, intencional ou involuntariamente, um clima ou cultura que prescreve uma norma de comportamento ou um conjunto de valores para guiar a tomada de decisão dos funcionários na empresa. Por exemplo, a ServiceMaster é uma companhia muito lucrativa que fornece serviços de manutenção e limpeza para hospitais e outras organizações. Ao escrever sobre a ServiceMaster, Carol Loomis descobriu que o nome da companhia incorporava o seu valor de "Serviço ao Mestre".

> Fundada por um batista devoto, o já falecido Marion E. Wade, a companhia sempre se disse guiada por princípios religiosos. O primeiro de seus objetivos corporativos é "honrar a Deus em tudo o que fazemos". A parede do refeitório proclama que "o júbilo começa ao amanhecer", e, apesar de não existirem anúncios do tipo "a limpeza está próxima da divindade", a organização e o brilho do escritório projetam esse pensamento.[7]

A escolha da linguagem é outra abordagem para comunicar valores, conforme ilustrado pela Walt Disney Corporation. Nos parques temáticos da Disney, os termos do *show business* são adotados porque a empresa está no ramo do entretenimento. Em vez de "pessoal", existe um "elenco". Os funcionários são chamados de "membros do elenco" para insinuar a forma de pensamento apropriada. Os membros do elenco trabalham tanto no "palco" quanto nos "bastidores", mas ambos os tipos de funcionários são necessários para "fazer o *show* acontecer".

Esses exemplos ilustram como os valores de uma organização, quando comunicados de forma sistemática pela gerência, permitem que o pessoal da linha de frente aja com autonomia considerável, já que seu julgamento é baseado em um conjunto compartilhado de valores. Esses valores em geral são comunicados por histórias e lendas sobre assumir riscos individualmente em nome da organização e de seus clientes. A Federal Express, com o lema de "entrega da noite para o dia", tem muitas histórias de proezas extraordinárias feitas por empregados para assegurar a concretização do serviço. Considere o motorista responsável pelas entregas que se deparou com uma caixa de coleta que não foi capaz de abrir – em vez de deixá-la na calçada até alguém vir consertá-la, ele lutou para colocar a caixa inteira dentro do veículo para que as encomendas da caixa pudessem ser liberadas e entregues no dia seguinte.

A organização beneficia-se de um conjunto de valores compartilhados porque o pessoal da linha de frente tem poder para tomar decisões sem a necessidade do nível tradicional de supervisão, pressupondo que apenas a gerência tem autoridade para agir em nome da organização.

O uso de linguagem e símbolos comunica a cultura da organização. The Purcell Team/Corbis

Delegação de poder

A *delegação de poder* não começa com a delegação em si, mas ao confiar incondicionalmente no poder inerente que os funcionários possuem para avaliar as escolhas e executar decisões criativas de forma competente. A delegação de poder dá a cada pessoa a oportunidade de fazer a diferença no serviço. Delegar é dar a um 'substituto' o direito de agir em nome de alguém ao desempenhar uma dada tarefa. Não se trata de poder, mas de uma permissão que pode ser dada, da mesma forma que pode ser cancelada.

Está surgindo um novo modelo de organização de serviço, com uma estrutura que seria mais bem descrita como um "T" invertido. Nessa organização, as camadas de supervisão são drasticamente reduzidas, porque os funcionários da linha de frente são treinados, motivados e abastecidos com informações computadorizadas oportunas que os habilitam a gerenciar o encontro no local de prestação do serviço.

Ao presidente inovador da SAS, Jan Carlzon, foi atribuído o seguinte:

> As instruções só conseguem transmitir aos empregados o conhecimento de suas próprias limitações. Informações, por outro lado, os munem com o conhecimento de suas oportunidades e possibilidades... Libertar alguém do rigoroso controle exercido por instruções, políticas e ordens e dar a essa pessoa liberdade para assumir responsabilidade sobre suas ideias, decisões e ações é liberar recursos ocultos que, de outra forma, permaneceriam inacessíveis tanto às pessoas quanto à empresa... Uma pessoa dotada de informação não pode se esquivar de assumir responsabilidades.[8]

Talvez seja surpreendente que a Taco Bell tenha se tornado o novo modelo de serviço em matéria de delegação de poder aos empregados. Outras empresas que adotaram esse novo modelo são ServiceMaster, Marriott e Dayton Hudson. Os gerentes seniores de todas essas empresas compartilham a crença de que as pessoas desejam fazer um bom trabalho – e o farão se tiverem oportunidades para tanto. Consequentemente, elas assumiram os seguintes compromissos: 1) investir em pessoas tanto quanto, ou mais do que, em máquinas; 2) usar a tecnologia para dar suporte ao pessoal da linha de frente, e não para monitorá-lo ou substituí-lo; 3) considerar o recrutamento e o treinamento do pessoal da linha de frente como decisivos para o sucesso da empresa; e 4) ligar a recompensa ao desempenho para funcionários de todos os níveis. Nesse tipo de organização, uma gerência média já bem reduzida não tem mais o papel tradicional de supervisão; em vez disso, os gerentes de nível médio tornam-se facilitadores para o pessoal da linha de frente. E, o mais importante, investimentos em sistemas de informação são necessários para dotar o pessoal de linha de frente da capacidade de resolver os problemas à medida que eles surgem e para garantir um encontro em serviços de qualidade.[9]

Sistemas de controle

A Tabela 9.1 descreve quatro sistemas de controle organizacional para encorajar a delegação criativa de poder aos empregados. O sistema de crença é facilitado por uma cultura organizacional bem articulada. Um sistema de fronteiras define o espaço para a iniciativa dos empregados (p. ex., não comprometer a organização a um passivo financeiro que exceda US$ 1.000) sem criar um ambiente de pensamento negativo, que pode ser gerado pelo uso de procedimentos operacionais padroniza-

Tabela 9.1 Sistemas de controle organizacional para a delegação de poderes aos funcionários

Sistema de controle	Objetivo	Desafio ao funcionário	Desafio à gerência	Questões principais
Crença	Contribuição	Incerteza quanto à finalidade	Comunicar os valores centrais e a missão	Identificar os valores centrais
Fronteiras	Concordância	Pressão ou tentação	Especificar e fazer cumprir as regras	Riscos a serem evitados
Diagnóstico	Realização	Falta de foco	Construir e apoiar metas claras	Variáveis críticas de desempenho
Interativo	Criação	Falta de oportunidade ou medo de assumir riscos	Abrir o diálogo organizacional para incentivar o aprendizado	Incertezas estratégicas

Fonte: Adaptada e reimpressa com a permissão da *Harvard Business Review*. De "Control in an Age of Empowerment", Robert Simons, March-April, 1995, pp. 80–88. Copyright 1995, Harvard Business School Publishing Corporation. Todos os direitos reservados.

dos. Os sistemas de diagnóstico definem metas mensuráveis a serem alcançadas (p. ex., 90% de desempenho com pontualidade). O sistema de controle interativo é mais apropriado para "indústrias de conhecimento", como empresas de consultoria, porque a própria sobrevivência da organização depende do fornecimento de soluções criativas para os seus clientes.

O pessoal que faz o contato com o cliente, e a quem foi delegada essa responsabilidade, deve ser motivado, informado, competente, comprometido e bem-treinado. O pessoal da linha de frente deve possuir a capacidade de assumir responsabilidades, de se autogerenciar e de responder a pressões vindas dos clientes.

PESSOAL DA LINHA DE FRENTE

De uma forma ideal, o pessoal da linha de frente deveria ter atributos de personalidade como flexibilidade, tolerância a ambiguidades, habilidade para monitorar e mudar de comportamento de acordo com a situação e empatia pelo cliente. Descobriu-se que este último atributo (empatia pelos clientes) parece ser mais importante do que a idade, a educação, o conhecimento de vendas, o treinamento em vendas e a inteligência.

Alguns indivíduos talvez achem o serviço de linha de frente entediante e repetitivo, enquanto outros o veem como uma oportunidade para conhecer e interagir com uma variedade de pessoas. Aqueles com as habilidades interpessoais necessárias podem ser atraídos para empregos que exijam alto nível de contato, mas ainda é preciso um processo de seleção para garantir momentos da verdade de alta qualidade.

Seleção

Não existem testes confiáveis para medir a inclinação das pessoas para um determinado serviço; contudo, várias técnicas de entrevista mostraram-se úteis. O *questionamento abstrato*, a *questão situacional* e a representação de papéis são utilizados na avaliação de potenciais empregados de linha de frente.

Questionamento abstrato
As perguntas feitas na entrevista abstrata são questões abertas. Elas fornecem *insights* a respeito da capacidade do entrevistado de relacionar a situação imediata do serviço a informações coletadas em experiências passadas. Um exemplo de questão que avalia a atenção do entrevistado para com o ambiente seria: "De suas experiências com trabalhos anteriores, qual foi o tipo de cliente mais difícil de lidar e por quê?". Para determinar se o entrevistado possui um perfil investigativo, o entrevistador poderia perguntar: "Qual foi a principal reclamação ou característica negativa do cliente?" Algumas perguntas finais para avaliar o estilo interpessoal do entrevistado seriam: "Como você tratou o cliente?" e "Qual seria a maneira ideal para lidar com aquele tipo de cliente?".

O questionamento abstrato também serve para revelar a boa vontade de uma pessoa em se adaptar. Um empregado eficaz será detalhista tanto na vida pessoal quanto no trabalho. As pessoas capazes de analisar os eventos que as cercam e de interpretar o seu significado normalmente são capazes de aprender mais e com rapidez.

Devido à sua natureza e à sua preparação para a entrevista, alguns entrevistados serão capazes de falar mais sobre suas experiências passadas do que outros. Ao examinar e ouvir cuidadosamente o conteúdo de uma resposta a uma pergunta abstrata, o entrevistador diminuirá a possibilidade de ser iludido com exageros. Por fim, não há garantias de que a habilidade de refletir sobre eventos passados venha necessariamente a transferir perceptividade e flexibilidade semelhantes para o trabalho.

Questões situacionais
Uma entrevista com questões situacionais requer que o entrevistado responda a perguntas relacionadas a uma situação específica. Por exemplo, consideremos a situação a seguir:

> Um dia após uma grande festa organizada por uma empresa de eventos, um cliente devolve alguns pequenos bolos, reclamando que eles estavam velhos. Apesar de o sujeito estar pedindo um reembolso, ele está falando tão calmamente e está tão tímido que você mal pode ouvi-lo atrás do balcão. Você sabe que a empresa não fez aqueles bolos porque eles não se assemelham aos feitos pelo seu cozinheiro. O que você faria?

Uma situação como essa pode revelar informações relacionadas aos instintos do entrevistado, suas capacidades interpessoais, bom senso e julgamento. Para obter mais informações sobre a adaptabilidade do candidato, outras questões sobre a situação podem ser feitas: "Como você lidaria com o homem se, repentinamente, ele ficasse irado e insistente? Quais passos você daria para remediar a situação?".

Questões situacionais fornecem uma oportunidade para determinar se os entrevistados são capazes de "pensar sob pressão". Um entrevistado com boas habilidades de comunicação, ainda assim, pode não indicar claramente um desejo genuíno de servir aos clientes ou uma natureza empática. Mais uma vez, o entrevistador deve prestar muita atenção ao conteúdo das respostas de um entrevistado, além da forma como as respostas são fornecidas.

Representação de papéis
A representação de papéis é uma técnica de entrevista que requer que os entrevistados participem de uma situação simulada e reajam como se o ambiente de serviço fosse real. O desempenho de papéis é usado com frequência na fase final de recrutamento, e outras pessoas da organização são convidadas a cooperar como "atores" na situação.

A técnica fornece um meio de observação do entrevistado sob pressão. Os entrevistadores que usam essa técnica podem experimentar e mudar a situação à medida que a sessão progride. Esse método proporciona respostas mais realistas do que as de entrevistas por questionamento abstrato e por questões situacionais; é necessário que os entrevistados usem suas próprias palavras e que reajam à situação imediata, em vez de simplesmente descrevê-la.

Embora a representação de papéis forneça uma excelente oportunidade para observar as forças e as fraquezas de um candidato em um encontro realista com o cliente, a comparação direta entre os entrevistados é difícil. O desempenho de papéis requer um planejamento cuidadoso, e os "atores" precisam ensaiar seus papéis antes da entrevista.

Treinamento

A maioria dos manuais de treinamento e guias para o pessoal da linha de frente dedica-se a explicar as habilidades técnicas necessárias para o desempenho do trabalho. Por exemplo, além de reforçar as exigências de segurança, os manuais costumam detalhar como preencher os relatórios dos hóspedes, como usar as caixas registradoras e como vestir-se apropriadamente, mas as habilidades de interação com os clientes resumem-se a um simples comentário a respeito de ser gentil e sorrir.

As dificuldades com as interações entre os clientes e o pessoal da linha de frente são classificadas em dois grandes grupos: clientes difíceis e falha na prestação do serviço. As dificuldades são mostradas na Tabela 9.2.[10]

Expectativas irreais dos clientes
Aproximadamente 75% das dificuldades de comunicação relatadas surgem de outras causas que não a falha na prestação de um serviço técnico. Esses encontros difíceis envolvem clientes com expectativas irreais, que não podem ser atendidas pelo sistema de prestação do serviço. Exemplos incluem passageiros que levam bagagens acima do tamanho permitido para o interior dos aviões ou clientes que estalam os dedos e gritam para os garçons. As expectativas não realistas de clientes são divididas em cinco categorias:

1. *Exigências não razoáveis:* serviços que a empresa não oferece ou pedidos que necessitam de tempo e atenção inadequados (p.ex., "Quero levar toda a minha bagagem a bordo" ou "Por favor, sente-se comigo; tenho medo de voar").

Tabela 9.2 Dificuldades de interação entre clientes e pessoal da linha de frente

Clientes difíceis	Falha do serviço
1. Exigências não razoáveis	1. Serviço indisponível
2. Tratamento inaceitável aos empregados	2. Desempenho lento
3. Comportamento inadequado	3. Serviço inaceitável
4. Exigências imprevistas	
5. Exigências contrárias à política do serviço	

2. *Tratamento inaceitável aos empregados:* tratamento hostil aos empregados, com abuso verbal ou físico (p. ex., "Seu idiota! Onde está minha bebida?", ou um cliente que belisca uma garçonete).
3. *Comportamento inadequado:* cliente alcoolizado ou que age inadequadamente (p.ex., um cliente embriagado tentando sair do avião em pleno voo ou um hóspede nadando nu na piscina do hotel).
4. *Exigências imprevistas:* atenção especial a clientes que apresentam complicações médicas ou dificuldades de comunicação (p.ex., "Minha mulher está em trabalho de parto" ou "Wie viel kostet das?").
5. *Exigências contrárias à política do serviço:* pedidos que não podem ser atendidos devido a regulamentações de segurança, leis ou políticas da companhia (p. ex., "Estamos esperando há uma hora para decolar, e preciso fumar" ou "Nosso grupo de 10 pessoas quer contas individuais para o jantar").

Falha do serviço

Uma falha no sistema de prestação do serviço é um fardo extra de comunicação para o pessoal da linha de frente. Falhas no serviço em si, contudo, são uma oportunidade única para o pessoal da linha de frente demonstrar inovação e flexibilidade na resolução do problema. Três categorias de falhas no serviço são identificadas:

1. *Serviço indisponível:* serviços que normalmente estão disponíveis ou são esperados pelo cliente (p. ex., "Reservei uma mesa perto da janela" ou "Por que o caixa automático está quebrado?").
2. *Desempenho lento:* o serviço é extraordinariamente lento, criando excesso de espera para o cliente (p. ex., "Por que o nosso avião não chegou?" ou "Estamos aqui há uma hora, e ninguém anotou o nosso pedido ainda").
3. *Serviço inaceitável:* o serviço não atende a padrões aceitáveis (p. ex., "Minha poltrona não reclina" ou "Tem um fio de cabelo na minha sopa!").

As dificuldades inevitáveis de comunicação com os clientes requerem um pessoal de linha de frente cujas habilidades interpessoais e treinamento consigam evitar que uma situação ruim piore mais. É aconselhável o desenvolvimento de programas de treinamento para a utilização de respostas prescritas para determinadas situações. Por exemplo, quando o funcionário se depara com exigências não razoáveis – como ilustrado na categoria 1 de dificuldades –, ele pode apelar para o senso de justiça do cliente, ressaltando que não seria correto com os outros clientes. Roteiros reais também seriam desenvolvidos e ensaiados para cada situação antecipadamente. Por exemplo, em resposta a "Gostaria de levar toda a minha bagagem a bordo", o empregado apenas precisaria dizer "Sinto muito, mas as normas federais de segurança permitem que o passageiro leve apenas dois volumes portáteis que caibam sob a poltrona ou no compartimento superior. Posso despachar seus volumes maiores para o seu destino final?".

Outra abordagem envolve o treinamento geral em habilidades de comunicação. Essa abordagem deve ajudar o pessoal da linha de frente a prever os prováveis tipos de contatos que serão encontrados, expandir o seu repertório de possíveis respostas e desenvolver regras de decisão para escolher respostas apropriadas para uma determinada situação. O exercício de representar um papel é uma oportunidade ideal de vivenciar essa experiência de comunicação. O pessoal da linha de frente, quando bem treinado, será capaz de controlar o encontro em serviço de maneira profissional, e os resultados serão o aumento da satisfação do cliente e a redução do desgaste e da frustração do prestador do serviço.

Criação de uma atmosfera ética

Ocorreu uma mudança na sociedade, distante das expectativas anteriores de autorregulamentação organizacional do mercado. Empresas financeiras, como bancos e seguradoras, além dos profissionais do direito, da medicina e da contabilidade, viam-se como um setor privado com responsabilidades públicas. Na verdade, os advogados ainda são chamados de "agentes da justiça". Historicamente, eles agiam raciocinando como administradores, pensando não apenas no avanço de seus negócios, mas sobre qual seria a melhor ação para o sistema inteiro. Para os advogados, isso significava aconselhar os clientes contra a demora do litígio ou a irracionalidade da fusão. Elihu Root, advogado do Tribunal de Nova York no século XIX, disse certa vez: "Cerca de metade da prática de um advogado decente consiste em dizer aos seus futuros clientes que eles são tolos e que deveriam desistir."[11]

Os funcionários que interagem com o público e trabalham sem supervisão imediata com frequência se veem em situações em que os padrões éticos talvez fiquem comprometidos no empenho de atender simultaneamente a várias demandas em conflito. A Tabela 9.3 ilustra como os funcionários podem apresentar comportamentos sem ética para encobrir seus erros, aumentar as receitas da empresa ou satisfazer um cliente cheio de exigências. A fim de impedir as consequências negativas do oportunismo inescrupuloso e construir uma cultura de confiança e integridade, os gerentes devem contar com um meio para inspirar um comportamento ético em seus funcionários.

Schwepker e Hartline propõem que tanto controles formais (reforço de códigos de ética e punição de suas violações) quanto controles informais (discussão sobre ética, interiorização de um código de ética e atmosfera ética) são fundamentais para a promoção do comportamento ético e levam ao comprometimento com a qualidade do serviço e à satisfação no emprego. Os controles formais são necessários para estabelecer limites ao que é considerado um comportamento aceitável. O clima social e cultural criado por meio dos controles informais garante que os funcionários monitorem e regulem seu comportamento ético individualmente e dentro dos grupos de trabalho.[12]

O CLIENTE

Cada compra é um evento de alguma importância para o cliente, enquanto, para o prestador do serviço, representa uma atividade de rotina. O envolvimento emocional associado à compra de gasolina em um posto ou ao pernoite em um hotel econômico é pequeno, mas pensemos no forte envolvimento pessoal de um cliente que sai em férias ou que busca tratamento médico. Infelizmente, é muito difícil para o pessoal da linha de frente, que vê centenas de clientes por semana em situações semelhantes, manter um nível correspondente de comprometimento emocional.

Expectativas e atitudes

Os clientes são motivados a procurar por um serviço da mesma forma que procuram por um produto; do mesmo modo, suas expectativas comandam suas atitudes de compra. Gregory Stone desenvolveu uma tipologia, bastante conhecida, na qual compradores de bens de consumo são classificados em quatro grupos.[13] As definições a seguir foram modificadas para os clientes de serviços:

1. *O cliente poupador.* Este cliente quer maximizar o valor obtido pelo seu tempo, esforço e dinheiro gastos. É um cliente exigente, algumas vezes instável, que procura por um valor que testará a força competitiva da companhia de serviços no mercado. A perda desse cliente serve como um alerta inicial de possíveis ameaças competitivas.
2. *O cliente ético.* Este cliente sente uma obrigação moral de apoiar empresas socialmente responsáveis. Empresas que desenvolveram uma reputação de serviços à comunidade conseguem

Tabela 9.3 Exemplos de comportamentos não éticos em ambientes de contato com os clientes

Má representação da natureza do serviço	Manipulação do cliente	Honestidade e integridade geral
• Prometer área para não fumantes, sem que haja local disponível	• Desviar uma reserva garantida	• Tratar os clientes de modo rude ou injusto
• Usar táticas do tipo *bait-and-switch**	• Realizar serviços desnecessários	• Não atender às solicitações dos clientes
• Criar a falsa necessidade de um serviço	• Embutir taxas em uma conta	• Falhar no cumprimento das políticas da empresa
• Falsificar as credenciais do provedor do serviço	• Ocultar prejuízos a bens do cliente	• Roubar informações do cartão de crédito do cliente
• Exagerar os benefícios de uma determinada oferta de serviço	• Dificultar a solicitação de garantia por um serviço	• Compartilhar informações do cliente com terceiros

Fonte: Adaptada de Charles H. Schwepker, Jr. and Michael D. Hartline, "Managing the Ethical Climate of Customer-Contact Service Employees," *Journal of Service Research*, 7, no. 4 May 2005, p.378.

---

* N. de R.: Técnica usada no varejo que envolve a propaganda de um produto ou serviço com preço baixo (sem lucratividade). Quando o cliente solicita o produto, o mesmo não está disponível, e um substituto é sugerido.

criar uma base de lealdade com tais clientes; por exemplo, o programa Ronald McDonald House, voltado às famílias de crianças hospitalizadas, tem ajudado a imagem do McDonald's dessa forma.

3. *O cliente personalizado.* Este cliente quer gratificação interpessoal, como reconhecimento e diálogo, em sua experiência de serviço. Cumprimentar um cliente pelo primeiro nome sempre foi um elemento importante nos restaurantes familiares de bairro, mas arquivos computadorizados de clientes podem gerar uma experiência personalizada similar quando usados habilmente pelo pessoal de linha de frente em muitos outros negócios.

4. *O cliente por conveniência.* Este cliente não tem interesse em buscar o serviço; conveniência é o segredo para atraí-lo. Os clientes por conveniência frequentemente se dispõem a pagar mais por serviços personalizados ou que não lhes causem transtornos; os supermercados com entrega em domicílio, por exemplo, atraem esses clientes.

A atitude dos clientes em relação à sua necessidade de controlar o encontro em serviços foi objeto de um estudo que investigou o processo de tomada de decisão dos clientes quando eram confrontados com a escolha entre autoatendimento e uma abordagem tradicional de serviço completo.[14] Os clientes entrevistados pareciam usar as seguintes dimensões em suas escolhas: 1) tempo gasto no processo; 2) controle da situação pelo cliente, 3) eficiência do processo; 4) contato humano envolvido; 5) risco envolvido; 6) esforço envolvido; e 7) dependência de terceiros para atendimento às necessidades do cliente.

Não surpreende que os clientes interessados no autoatendimento tenham identificado a segunda dimensão (isto é, o controle da situação pelo cliente) como o fator mais importante para escolher essa opção. O estudo foi conduzido em vários tipos de serviços, variando desde bancos e postos de gasolina até hotéis e companhias aéreas. Os serviços que competem em uma estratégia de liderança em custos devem aproveitar essas descobertas ao engajar o cliente em uma *co-produção* para reduzir custos.

O papel dos roteiros na coprodução

No encontro em serviços, tanto o prestador quanto o cliente têm papéis a desempenhar na transação do serviço. A sociedade definiu tarefas específicas a serem desempenhadas pelos clientes do serviço, por exemplo, os procedimentos necessários para o desconto de cheques em um banco. Os clientes, em alguns restaurantes, assumem uma variedade de papéis produtivos, como escolher suas refeições e levá-las até a mesa em uma lanchonete, servir-se em um bufê ou escolher suas mesas. Em cada caso, o cliente aprendeu um conjunto de comportamentos apropriados para a situação. O cliente está participando da prestação do serviço como um funcionário em tempo parcial, com um papel a desempenhar, seguindo um roteiro definido por normas sociais ou imposto pelo projeto específico do serviço oferecido.[15]

Os clientes dispõem de uma variedade de roteiros que são aprendidos para o uso em diferentes encontros em serviços. Seguir o roteiro apropriado permite que tanto o prestador do serviço quanto o cliente prevejam o comportamento um do outro à medida que desempenham seus papéis. Assim, cada participante espera algum elemento de controle percebido nesse encontro ocorrido durante o serviço. Mas surgirão problemas se os clientes abusarem do roteiro estabelecido. Por exemplo, espera-se que o cliente, ao terminar uma refeição em um restaurante de *fast-food*, limpe sua mesa; se esse roteiro não for seguido, um funcionário terá que realizar a tarefa.

A aceitação de uma nova tecnologia que substitua um encontro entre as pessoas na prestação do serviço pode levar

Os bufês dão aos clientes a oportunidade de personalizarem suas refeições.
Royalty-Free/CORBIS

tempo enquanto os clientes aprendem o novo roteiro. O que já foi uma rotina automática no encontro em serviços agora requer algum esforço para que se aprenda um novo papel. Por exemplo, a introdução de leitores ópticos em supermercados e lojas de artigos domésticos exige que um funcionário fique por perto para auxiliar os clientes no novo processo. Quando os clientes aprendem seu novo papel no roteiro e passam a apreciar a redução das filas do caixa, o funcionário deixa de ser necessário e o benefício integral do investimento será percebido.

Ensinar um novo papel aos clientes é mais fácil se a transição consistir em uma modificação lógica do comportamento passado. A aceitação pública do sistema operacional Windows para PCs é atribuída ao fato de todos os aplicativos compartilharem a mesma interface; assim, apenas um roteiro teve que ser aprendido.

RESUMO DOS ENCONTROS EM SERVIÇOS

Nossa discussão da tríade do encontro em serviços concentrou-se exclusivamente nas interações entre as pessoas. A Figura 9.2, no entanto, mostra que o prestador do serviço poderia ser uma máquina servindo um ser humano (p. ex., caixas automáticos), uma máquina servindo outra máquina (p. ex., intercâmbio eletrônico de dados) ou um ser humano servindo uma máquina (p. ex., reparo e manutenção de elevadores). A partir da disseminação da Internet, a substituição de prestadores de serviços humanos pela tecnologia está se tornando comum. Quase toda empresa de serviços tem um *site* para os seus clientes – com os serviços financeiros liderando essa tendência. A Figura 9.2 apresenta alguns fatores de sucesso para cada categoria de encontro em serviços.

CRIAÇÃO DE UMA ORIENTAÇÃO DO SERVIÇO EM PROL DO CLIENTE[16]

Um estudo em 23 filiais de um banco revelou uma alta correlação entre as percepções da qualidade do serviço dos clientes e dos prestadores do serviço. Cada ponto da Figura 9.3 representa os dados de uma agência bancária diferente. Perguntou-se aos empregados: "Como você acha que os clientes do seu banco veem a qualidade geral do serviço que eles recebem na sua agência?". Aos clientes, solicitou-se: "Descreva a qualidade geral do serviço prestado na sua agência." Ambos os grupos atribuíram ao serviço uma nota, utilizando a mesma escala de seis pontos.

Análises adicionais mostraram que os clientes perceberam um melhor serviço em agências onde os empregados relataram o seguinte:

1. Existe mais entusiasmo pelo serviço.
2. O gerente da filial dá ênfase à maneira como os empregados desempenham as suas funções.

Cliente	Prestador do serviço	
	Humano	*Máquina*
Humano	• Seleção cuidadosa dos empregados • Empregados com boas habilidades interpessoais • Fácil acesso • Ambiente agradável • Boa tecnologia de apoio • Os empregados transmitem confiança	• Interface intuitiva do usuário • Verificação do cliente • Segurança na transação • Fácil acesso • Acesso a pessoas, se necessário
Máquina	• Fácil acesso • Resposta rápida • Verificação da transação • Monitoramento remoto	• Compatibilidade entre hardware e software • Capacidade de rastreamento • Verificação automática • Registro da transação • Segurança na transação • Garantia contra falhas

Figura 9.2 Fatores de sucesso que influenciam vários tipos de encontros em serviços.

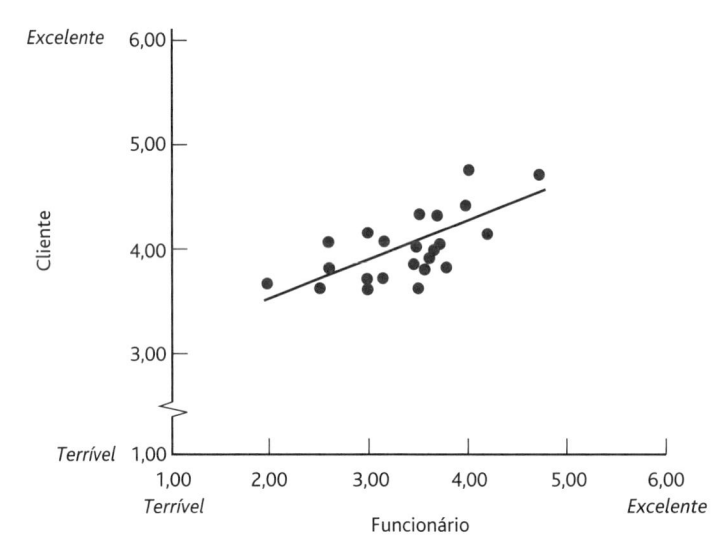

Figura 9.3 Relação entre as percepções dos clientes e dos funcionários sobre o serviço prestado ao cliente.
Fonte: De Benjamin Schneider, "The Service Organization: Climate Is Crucial," *Organizational Dynamics*, Autumn 1980, p. 62. Copyright by Benjamin Schneider. Todos os direitos reservados.

3. Existe um esforço ativo para conservar todos os clientes, e não apenas os que têm grandes contas.
4. A agência possui caixas eficientes e em bom número.
5. Os equipamentos são bem conservados, e o suprimento é adequado.

Além disso, nos casos em que os empregados descreviam sua agência tendo um gerente que enfatizava o serviço ao cliente, os clientes não relataram apenas que o serviço era superior, mas também que:

1. Os caixas eram gentis e competentes.
2. A quantidade de pessoal era adequada.
3. A agência aparentava ser bem-administrada.
4. A rotatividade dos caixas era baixa.
5. O pessoal demonstrava atitudes de trabalho positivas.

Desse estudo, depreende-se que, quando os funcionários percebem uma forte orientação para o serviço, os clientes relatam um serviço superior. Criar uma orientação de serviço ao cliente resulta em práticas e procedimentos de serviço superiores que são visíveis aos clientes e que parecem enquadrar-se na visão do empregado sobre o estilo apropriado para lidar com os clientes. Assim, mesmo que os empregados e os clientes vejam o serviço de perspectivas diferentes, suas percepções de eficiência organizacional são relacionadas positivamente.

Essa relação que se desenvolve entre o cliente e os funcionários é mostrada na Figura 9.4 como o "espelho de satisfação". Por exemplo, após um empregado de um banco conhecer um cliente, o custo de servir esse cliente diminui, porque é economizado tempo na verificação de sua identidade e as necessidades podem ser previstas (p. ex., a compra de um certificado de depósito quando o saldo do mercado monetário se torna excessivo). O cliente leal valoriza esse aumento de produtividade, bem como um serviço mais personalizado. Ambas as partes desfrutam da satisfação de uma relação mais humana.

O espelho de satisfação também sugere uma lição para a gerência. A maneira como a gerência se relaciona com o pessoal da linha de frente (ou clientes internos) reflete-se na forma como os clientes externos são tratados.

A CADEIA DE LUCRO DOS SERVIÇOS[17]

A cadeia de lucro dos serviços sugere uma relação entre lucratividade, lealdade do cliente e valor do serviço para a satisfação, capacitação e produtividade do empregado. A Figura 9.5 mostra que

Mais compras repetidas ←------ ------→ Maior familiaridade com as necessidades do cliente e com formas de atendê-las

Maior tendência a reclamar a respeito de erros ←------ ------→ Maior oportunidade para recuperar-se dos erros

Maior satisfação do cliente ←------------ ------------→ Maior satisfação do funcionário

Custos mais baixos ←------ ------→ Produtividade mais alta

Melhores resultados ←------ ------→ Qualidade aprimorada do serviço

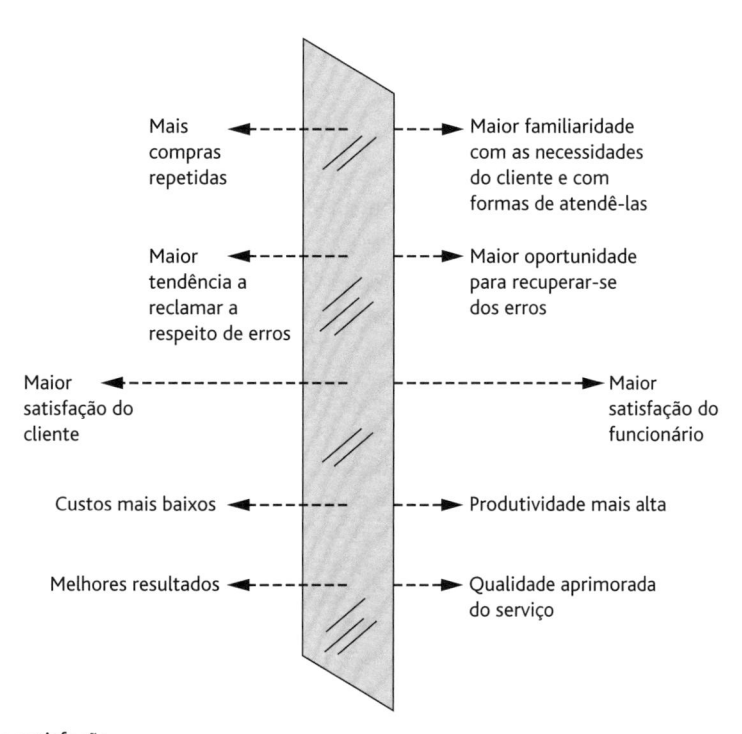

Figura 9.4 O espelho de satisfação.
Fonte: James L. Heskett, W. Earl Sasser, Jr.; and Leonard A. Schlesinger, *The Service Profit Chain*, The Free Press, New York, 1997, p. 101.

Interno		Externo
Estratégia operacional e sistema de prestação do serviço	*Conceito do serviço*	*Mercado-alvo*

Lealdade → Satisfação → Funcionários → Produtividade & qualidade da produção → Qualidade do serviço → Capacitação → (ciclo)

Valor do serviço → Satisfação → Clientes → Lealdade → Crescimento da receita / Lucratividade

Projeto do local de trabalho

Projeto do trabalho/amplitude de tomada de decisão

Seleção e desenvolvimento

Gratificações e reconhecimento

Informação e comunicação

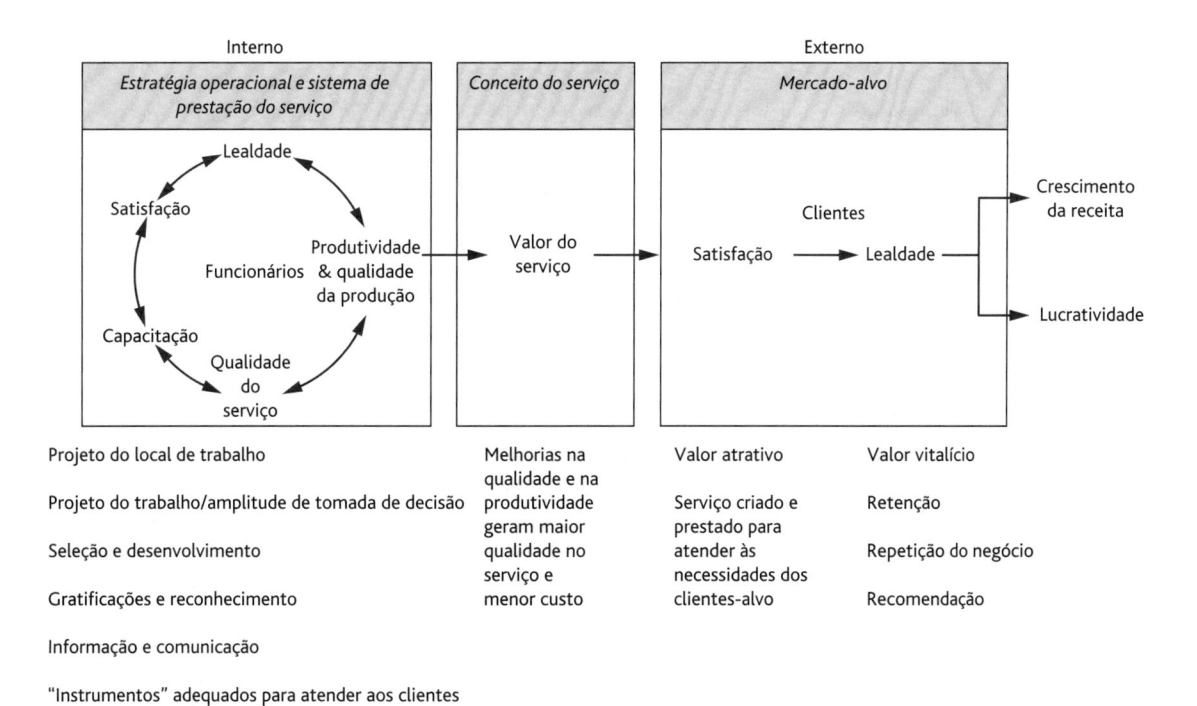

"Instrumentos" adequados para atender aos clientes

Melhorias na qualidade e na produtividade geram maior qualidade no serviço e menor custo

Valor atrativo

Serviço criado e prestado para atender às necessidades dos clientes-alvo

Valor vitalício

Retenção

Repetição do negócio

Recomendação

Figura 9.5 A cadeia de lucro dos serviços.
Fonte: Adaptada e reimpressa com a permissão da *Harvard Business Review*. De "Putting the Service Profit Chain to Work", James L. Heskett, Thomas O. Jones, Gary W. Loveman, W. Earl Sasser Jr. and Leonard A. Schlesinger, March-April 1994, p. 166. Copyright © 1994, Harvard Business School Publishing Corporation; todos os direitos reservados. Conforme adaptado em James L. Heskett, W. Earl Sasser, Jr., and Leonard A. Schlesinger. *The Service Profit Chain*, The Free Press, 1997, Figure 2–1, p. 19.

o crescimento da lucratividade e da receita se deve a clientes leais. Clientes leais, por sua vez, resultam da satisfação, que é influenciada pelo valor percebido do serviço. Funcionários satisfeitos, comprometidos, capazes e produtivos geram valor do serviço. Funcionários satisfeitos e leais começam a ser formados com a seleção e o treinamento, mas exigem investimentos em tecnologia da informação e outros mecanismos de apoio no local de trabalho que permitam uma amplitude de tomadas de decisões para servir aos clientes.

1. *A qualidade interna determina a satisfação do funcionário.* A qualidade interna do serviço descreve o ambiente onde os empregados trabalham; inclui a seleção e o treinamento de empregados, a gratificação e o reconhecimento, o acesso a informações para servir o cliente, a tecnologia do espaço de trabalho e o projeto do trabalho. Por exemplo, na USAA, companhia de serviços financeiros que atende oficiais militares, o serviço telefônico dos representantes é dotado de um sofisticado sistema de informação que apresenta os arquivos completos sobre o cliente no monitor quando é fornecido o seu número de associado. As instalações estão localizadas no subúrbio de San Antonio, em uma propriedade que lembra um pequeno *campus* universitário. Usando 75 salas de aula, o treinamento em técnicas aprimoradas de trabalho é esperado como parte da experiência de trabalho de cada um.
2. *A satisfação do funcionário determina sua retenção e produtividade.* Na maioria dos empregos no ramo de serviços, o custo real da rotatividade dos empregados é a perda de produtividade e a diminuição da satisfação do cliente. Em empresas de serviços personalizados, a baixa rotatividade de pessoal associa-se à alta satisfação dos clientes. Por exemplo, o custo de perder um corretor experiente em uma companhia de seguros é medido pela perda das comissões durante o tempo em que o substituto deverá construir as relações com os clientes. A satisfação dos empregados também contribui para a produtividade. A Southwest Airlines transformou-se na companhia aérea mais lucrativa, em parte, devido à alta taxa de permanência de seus funcionários, com uma rotatividade de menos de 5% ao ano – a menor no setor.
3. *A retenção de empregados e a produtividade determinam o valor do serviço.* Na Southwest Airlines, a percepção de valor dos clientes é muito alta, embora a companhia não reserve poltronas, não ofereça refeições, nem integre seu sistema de reservas aos de outras empresas. Os clientes atribuem um alto valor às partidas frequentes, à pontualidade, aos empregados simpáticos e às tarifas muito baixas (60 a 70% mais baixas do que as tarifas do mercado). Essas tarifas baixas são possíveis, em parte, porque empregados altamente treinados e flexíveis conseguem desempenhar muitas tarefas e liberar uma aeronave em 15 minutos ou menos.
4. *O valor do serviço determina a satisfação do cliente.* O valor do cliente é medido pela comparação dos resultados gerados aos custos totais da obtenção do serviço. A Progressive Corporation, empresa de seguros contra acidentes, está criando valor para o cliente ao processar e pagar as indenizações com rapidez, fazendo poucas exigências aos segurados. Ao mandar uma equipe ao local de grandes desastres, a Progressive é capaz de processar os pedidos imediatamente, fornecer serviço de apoio, reduzir os custos legais e realmente oferecer indenizações melhores para as pessoas prejudicadas.
5. *A satisfação do cliente determina sua lealdade.* Quando a Xerox realizou uma pesquisa entre seus clientes usando uma escala de cinco pontos, que variavam de "extremamente insatisfeito" a "muito satisfeito", descobriu que os clientes "muito satisfeitos" apresentavam uma probabilidade seis vezes maior de comprar equipamentos Xerox do que aqueles apenas "satisfeitos". A Xerox chama esses clientes muito satisfeitos de "apóstolos", pois eles converterão os não iniciados aos seus produtos. No outro extremo estão os "terroristas", clientes que estão tão insatisfeitos que falam mal da empresa.
6. *A lealdade do cliente determina a lucratividade e o crescimento.* Dado que um aumento de 5% na lealdade do cliente aumenta os lucros em 25 a 85%, a *qualidade* da fatia de mercado, medida em termos da lealdade do cliente, merece tanta atenção quanto a *quantidade* de espaço que a empresa possui no mercado. Por exemplo, o Banc One, banco lucrativo localizado em Columbus, Ohio, desenvolveu um sofisticado sistema para rastrear a lealdade dos clientes ao medir o número de serviços usados e a profundidade da relação desses clientes com o Banc One.

Benchmark em serviços

Como a senhorita Boas Maneiras lida com as reclamações

Normalmente, no intercâmbio padrão envolvendo uma pessoa que está fazendo uma reclamação e outra que a está recebendo, há, no ambiente de um estabelecimento comercial, dois papéis obrigatórios, observa a senhorita Boas Maneiras.

Uma pessoa poderia dizer algo como: "Esta é a coisa mais absurda que já aconteceu. Não consigo imaginar como alguém pode ser tão estúpido. Descobrirei exatamente como isso aconteceu e, acredite, farei algo a respeito."

E o outro pode dizer: "Olhe, erros acontecem. Isso não é tão importante. Não adianta ficar aborrecido, porque essas coisas acontecem o tempo todo. Na verdade, não é culpa de ninguém."

Agora vem a parte peculiar: a pessoa a quem a reclamação está sendo dirigida deve escolher qual papel vai desempenhar, e o queixoso tem de ficar com o outro.

A senhorita Boas Maneiras percebe que esse é um conceito difícil. Aparentemente, aqueles obrigados a receber reclamações, seja ocasionalmente, seja como um meio de ganhar a vida, não se dão conta da possibilidade de *reverter* a situação.

Apresentamos a seguir o desenrolar de um intercâmbio comum:

O queixoso (com a voz mais ou menos normal, apenas um pouco irritada): "Isso é uma afronta".

O atendente (em um tom aborrecido): "Olhe, acalme-se. Não é culpa de ninguém; isso acontece às vezes. É tarde demais para fazer alguma coisa".

O queixoso (gritando): "Quer dizer que isso já aconteceu antes? Alguém aqui é idiota? Nunca vi tamanha confusão em toda a minha vida. Não existe desculpa para isso". E assim por diante.

Mas aqui está a mesma situação, exceto pelo fato de o atendente ter decidido não se irritar, assumindo de início esta postura:

O atendente (com um toque de desespero servil): "Claro que é. Não posso imaginar como isso aconteceu, mas tenha a certeza de que vou fazer alguma coisa. Não posso me desculpar o suficiente. Temos orgulho de fazer as coisas da maneira correta, e isso é intolerável. Por favor, dê-nos mais uma chance – deixe-me ver o que posso fazer para ajudá-lo".

O queixoso (contrariado no começo, mas acalmando-se com a possibilidade de o atendente seguir com a mesma postura): "O.K., tudo bem. Todos nós cometemos erros. Não é tão importante".

Os ingredientes essenciais para acalmar o queixoso são o pedido de desculpas e a promessa de fazer algo, mas o mais importante é o tom. A discussão não terá prosseguimento se ambas comportam-se educadamente.

A senhorita Boas Maneiras quase não consegue acreditar que tão poucas pessoas tirem proveito dessa técnica simples de neutralizar o que seria, de outro modo, uma briga feia.

Fonte: Judith Martin, "Complaint-Handling Requires a Deft 'Switcheroo'", Associated Press, conforme impresso no *Austin American Statesman*, November 1, 1992, p. E14.

Resumo

O encontro em serviços é visto como uma tríade, com o cliente e o pessoal da linha de frente exercendo controle sobre o processo de serviço em um ambiente definido pela organização de serviço. A importância da flexibilidade para atender às necessidades dos clientes levou muitas organizações a delegarem poder ao pessoal da linha de frente para que esses exercitassem uma maior autonomia.

Conceder maior arbítrio aos empregados exige um processo de seleção que identifique candidatos com potencial de adaptabilidade em seu comportamento interpessoal. Dificuldades de comunicação com os clientes surgirão mesmo na mais favorável das circunstâncias. Expectativas irrealistas de clientes e falhas inesperadas no serviço devem ser tratadas pelo pessoal da linha de frente à medida que surgirem. Treinar para prever possíveis situações e desenvolver "roteiros" para responder aos problemas são duas medidas importantes que contribuem para o profissionalismo do prestador de serviço.

Os clientes são classificados de acordo com as suas expectativas em relação ao serviço. Aqueles com necessidade de controle são candidatos às opções de autoatendimento. Enxergar os clientes como coprodutores sugere o uso de "roteiros" que facilitem a prestação do serviço e forneçam alguma previsibilidade comportamental no encontro.

O conceito de criação de uma orientação de serviço voltada ao cliente foi discutido tendo como referência um estudo de agências de um banco. Nesse estudo, constatou-se que os clientes e o pessoal da linha de frente compartilham visões semelhantes sobre a qualidade do serviço prestado.

O capítulo é concluído com uma discussão da cadeia de lucros do serviço, que fornece uma explicação para a lucratividade e o crescimento de uma empresa, resultantes da seleção e do desenvolvimento da capacitação interna dos prestadores de serviços, que originam clientes satisfeitos e leais.

Palavras-chave e definições

Coprodução: percepção do cliente como um recurso produtivo no processo de prestação do serviço, que requer papéis a serem desempenhados (p. ex., escolher a mesa no almoço) e roteiros a serem seguidos (p. ex., o uso de caixas automáticos). *p. 218*

Cultura: crenças e valores compartilhados por uma organização que guiam a tomada de decisão e o comportamento do funcionário na empresa. *p. 212*

Delegação de poder: proporcionar ao pessoal da linha de frente treinamento e informações para tomar decisões pela empresa, sem supervisão próxima. *p. 213*

Questão situacional: situação do encontro em serviços que pode testar a habilidade de um candidato de "pensar por si próprio" e de fazer um bom julgamento. *p. 214*

Questionamento abstrato: questão aberta utilizada para avaliar candidatos a emprego que revela sua capacidade de adaptação e suas habilidades interpessoais. *p. 214*

Tríade do encontro em serviços: triângulo que descreve o equilíbrio dos objetivos entre a organização, o pessoal da linha de frente e o cliente. *p. 210*

Tópicos para discussão

1. Como a imagem histórica do serviço como servidão afeta as expectativas dos clientes de hoje e o comportamento dos funcionários?
2. Quais são as implicações organizacionais e de marketing ao considerar o cliente como um "empregado parcial"?
3. Comente as diferentes dinâmicas de um serviço individualizado e de um serviço coletivo em relação ao controle percebido no encontro em serviços.
4. Como o uso de um "roteiro de serviço" se relaciona à qualidade do serviço?
5. Se os papéis desempenhados pelos clientes são determinados por normas culturais, de que forma os serviços podem ser exportados?

Exercício interativo

A turma é dividida em pequenos grupos e cada grupo traz um exemplo de cada um dos quatro sistemas de controle organizacional (isto é, crença, fronteiras, diagnóstico e interação).

Amy's Ice Cream[18]

Estudo de caso 9.1

A Amy's Ice Cream é uma empresa fundada em Austin, Texas, que se expandiu para as cidades de Houston e San Antonio. Quando questionado sobre a força propulsora desse sucesso, Phil Clay, o gerente de produção, explicou que, "embora o produto seja de excelente qualidade e ofereça alguns sabores únicos, no final das contas, sorvete é sorvete. Uma pessoa pode facilmente ir à Swensen's ou à Marble Slab para comprar um ótimo sorvete. O serviço é o que diferencia a Amy's de outras sorveterias e faz os clientes sempre voltarem". E, de fato, o serviço na Amy's é de primeira.

Amy Miller, proprietária e fundadora, começou no ramo de sorvetes quando trabalhava em Boston para a Steve's Ice Cream, cujo truque era de misturar coberturas nos sorvetes. Ela relembra como os estudantes de Harvard e do MIT trabalhavam na loja – obviamente, por outras razões que não o ótimo salário e os benefícios. Ela rapidamente percebeu que se tratava de um negócio que fazia os clientes felizes instantaneamente. Trabalhar em uma sorveteria era uma ocupação "agradável", que atraía trabalhadores excelentes que poderiam facilmente ganhar muito mais dinheiro trabalhando em qualquer outro lugar.

Quando abriu a primeira Amy's Ice Cream, em outubro de 1984, Amy tinha duas filosofias: o funcionário precisava gostar do que fazia, e o serviço, da mesma forma que o sorvete, deveria fazer o cliente sorrir. Essas filosofias forneceram as bases para um negócio que, mais de uma década depois, está solidamente estabelecido e prosperando.

No começo, estudantes de teatro e artistas eram contratados como garçons, pois a ideia de gostar do que estavam fazendo era tão atraente para eles quanto a de ganhar dinheiro. Esses funcionários gentis e criativos conseguiam projetar suas personalidades interessantes para quem estava do outro lado do balcão. Eles brincavam e interagiam com os clientes enquanto atendiam a seus pedidos. Os clientes eram seduzidos pela diversão e pela variedade do serviço, que poderia ser descrito como um "teatro de sorvete". Uma vez seduzidos, os clientes voltavam continuamente para rever o espetáculo.

De que forma a Amy's conseguiu contratar empregados dispostos a "dar um espetáculo"? Originalmente, o formulário que os candidatos a emprego preenchiam era um tanto trivial, manuscrito e mimeografado. O gerente Clay relembra, contudo, que os formulários haviam terminado quando um homem muito robusto pediu um. Então, Clay puxou um saco de papel branco – a única superfície favorável à escrita sob o balcão – e ofereceu-o como um formulário "alternativo". O candidato ficou satisfeito e foi embora levando o formulário para preenchê-lo! Quando Clay contou essa história a Amy, ela disse que o saco de papel branco funcionaria muito bem e que seria o novo formulário "oficial". Na verdade, o material comprovou ser um indicador muito bom para verificar se o candidato realmente desejava aquele trabalho e se era capaz de se expressar de maneira fácil e criativa. A pessoa que usa o saco de papel apenas para escrever as informações biográficas usuais (nome, endereço, número da previdência social, e assim por diante) provavelmente não será tão divertida quanto uma que o transforma em um bichinho ou em um balão. "Encher o saco", na Amy's, assume um significado completamente novo. Os candidatos que passam pelo teste são entrevistados.

Os novos empregados passam por um processo de treinamento na função. Uma parte do treinamento tem a ver com os procedimentos para servir os sorvetes, para que os garçons entreguem o produto de modo sistemático. A outra parte ensina-os a se expressar por trás do balcão, o que inclui diferenciar o cliente que aprecia uma brincadeira daquele que quer ser deixado em paz e saber até que ponto é possível interagir com clientes diferentes. Em geral, os empregados são livres para interagir de forma teatral com os clientes que assim o desejarem.

No início, a Amy's operava com margem de lucro apro— ximada de 3%. Consequentemente, os garçons recebiam salário mínimo, e cerca de 80% deles eram trabalhadores de meio período que não tinham benefícios adicionais. Na verdade, a maioria dos gerentes recebia, anualmente, menos de US$ 15.000, e havia um teto de US$ 30.000 por ano para todos os empregados – incluindo Amy. Em vista da baixa remuneração que ainda existe, como a Amy's Ice Cream é capaz de recrutar mão de obra de alta qualidade, que se traduz em clientes satisfeitos?

Bem, eles adquirem camisetas da Amy's Ice Cream pelo preço de custo e consomem todo o sorvete que puderem comer! Talvez a maior razão, contudo, é que a Amy's funciona com base na liberdade, e não nas regras. O único "uniforme" que um empregado deve usar é um avental, cuja função principal é projetar uma impressão de continuidade atrás do balcão. Um chapéu também é obrigatório, mas os empregados são livres para escolher qualquer chapéu, desde que prenda de fato o cabelo. Além disso, o funcionário pode usar qualquer roupa que se encaixe com seu senso de humor, desde que não seja suja, política ou excessivamente reveladora.

Os funcionários podem trazer sua própria música, man—tendo em mente seu tipo de clientela, para tocar nas lojas. Por exemplo, uma Amy's localizada em um bairro com bares atrai uma clientela jovem, exuberante, que aprecia música alegre, ao passo que outra, localizada em um *shopping* de alto nível, atrai uma clientela cujo gosto musical é um pouco mais calmo.

O *design* de cada loja e as obras de arte expostas tendem a ser ecléticas e coloridas, mas aqui também os funcionários são livres para dar contribuições. A Amy's emprega um artista local para decorar todas as lojas; os gerentes têm autoridade para sugerir o que acreditam ser desejável para seus estabelecimentos. Frequentemente, as obras de arte compõem uma exposição de trabalhos dos artistas locais.

Todos fazem tudo o que precisa ser feito na loja. Se o chão deve ser limpo, tanto o gerente quanto um faxineiro pode limpá-lo. Existe um sentimento muito forte de equipe e camaradagem. As reuniões dos empregados normalmente ocorrem a 1h da madrugada, depois do fechamento da última Amy's Ice Cream. São distribuídos prêmios para incentivar a participação.

Aparentemente, trabalhar para a Amy's é um estilo de vida. Os funcionários são pessoas que não querem um "emprego de verdade", no qual teriam de usar determinado tipo de roupas, trabalhar determinadas horas e não se divertir tanto. Obviamente, o dinheiro não é a motivação maior; a falta de dinheiro é que pode ser uma das forças unificadoras entre os empregados.

A Amy's Ice Cream criou o que, definitivamente, é um "ambiente fora da tendência-padrão", o que muitos consideram ser o aspecto responsável pelas legiões de clientes felizes que fazem o negócio progredir.

Questões

1. Descreva a cultura da organização de serviço da Amy's Ice Cream
2. Quais são os atributos de personalidade dos empregados procurados pela Amy's Ice Cream?
3. Elabore um procedimento de seleção de pessoal para a Amy's Ice Cream usando o questionamento abstrato, as questões situacionais e/ou o desempenho de papéis.

Enterprise Rent-A-Car[19]

Estudo de caso 9.2

A Enterprise Rent-A-Car (ERAC) mantém uma proposta única de vendas na indústria de locação de automóveis, descrevendo a sua "grande ideia [como] serviço pessoal". Essa proposta está calcada em todos os aspectos das operações da ERAC, da entrega do carro ponto a ponto a uma frota de 427 mil veículos para locação. Isso é claramente observado na mensagem de boas-vindas do presidente Andy Taylor, no *website* da empresa (www.enterprise.com):

> Dizem que as melhores ideias são as mais simples. Estão certos, e a nossa melhor ideia foi o serviço pessoal. E foi tão fácil porque ela simplesmente exigiu que as pessoas agissem como pessoas. Tratar as pessoas em um ambiente de negócios da forma como você as trataria se elas fossem seus vizinhos. O nosso negócio foi moldado por esse conceito. Tratar os nossos clientes como bons amigos e vizinhos nos capacitou a crescer até um ponto em que as nossas operações automotivas têm receitas na casa dos bilhões, uma frota de carros e caminhões que chega a centenas de milhares e milhares de empregados – cada um deles dedicado a prestar um serviço personalizado.[20]

HISTÓRICO

A Enterprise Rent-A-Car começou suas atividades em 1957 como uma empresa de *leasing* em St. Louis, Missouri, com uma frota de 17 carros. O fundador Jack Taylor logo percebeu que os seus clientes precisavam alugar os carros durante um prazo curto para cobrir os momentos em que os seus veículos estavam passando por manutenção ou reparos. Apesar de ser uma operação de relativo sucesso, até os anos de 1970 o negócio não decolou. Foi então que uma decisão da justiça responsabilizou as seguradoras pelas perdas sofridas por motoristas segurados por estarem sem seu carro. A ERAC tornou-se uma das principais empresas no setor quase da noite para o dia e cresceu rapidamente para uma frota de 10 mil veículos em 1977. Em 1993, a ERAC começou a servir o Canadá e a competir internacionalmente. Nessa época, a ERAC tinha mais de 200 mil unidades cobrindo 1.500 pontos. A expansão para o exterior continuou no Reino Unido um ano depois, levando a operação total para mais de 300 mil unidades para locação e 50 mil unidades de *leasing* em mais de 2.500 pontos. Hoje, a ERAC opera com mais de 4 mil escritórios nos Estados Unidos e 300 escritórios no Canadá e no Reino Unido. A empresa tem uma frota mundial de mais de 500 mil veículos para locação e uma receita bruta anual de US$ 4,73 bilhões.

Agora que a ERAC se tornou a líder na indústria em termos de tamanho da frota e presença no mercado, a administração enfrenta o desafio de manter seu nível de desempenho à medida que os mercados internos se aproximam da saturação.

CONCEITO DE SERVIÇO

Andrew Taylor, atual CEO e filho do fundador, costuma dizer: "Meu pai incutiu sua filosofia de negócios em mim, e ela é muito simples. Quando meu pai começou o negócio, ele disse que devemos colocar os clientes em primeiro lugar porque, se eles ficarem satisfeitos, eles voltarão. Nesse ponto, vêm os empregados. Ao ter certeza de que estão felizes e bem-informados e de que se sentem parte de uma atmosfera de equipe, eles farão o melhor serviço possível. Se você coloca os clientes e os empregados em primeiro lugar, a essência do negócio vai dar certo".[21]

A Enterprise garante oferecer o pacote de locação perfeito, como simbolizado por sua campanha *wrapped car* (em tradução literal, carro embrulhado). O foco concentra-se sobre três benefícios-chave para o cliente:

1. Conveniência extraordinária na forma de locais próximos e de transporte de ida e volta para os clientes até suas casas, escritórios ou oficinas mecânicas, sem cobrança alguma.
2. Taxas excelentes, possíveis devido à estratégia operacional.
3. Seleção excepcional de veículos, com opções para todas as ocasiões.

Desde o início do negócio de locação de carros, o foco de mercado da ERAC tem sido o segmento de aluguel local de carros, e não o de "ternos e bermudas", ênfase dos segmentos de negócios e férias de empresas já estabelecidas. Esse mercado de locação de carros para clientes locais agora inclui o segmento de reposição (isto é, clientes que precisam de um carro devido a um acidente, manutenção de rotina ou furto) e o segmento discricionário (isto é, negócios e viagens de lazer de poucos dias e outras ocasiões especiais). A ERAC apoiou-se em um elemento de seu serviço que leva e traz os clientes para destacar a empresa entre as concorrentes. Esse foco na conveniência agora é facilitado por uma rede de escritórios a 15 minutos de distância de 90% da população norte-americana.

Apesar de a ERAC ter começado a investir no mercado comercial há pouco tempo, a empresa não mantém pontos de atendimento localizados em aeroportos. Coerentes com o seu foco original, os clientes são apanhados e trazidos de volta ao escritório para preencher os papéis e pegar o carro. Ainda assim, de acordo com Taylor, o foco está no cliente: "Afinal, outras empresas alugam, arrendam e vendem quase os mesmos carros que a Enterprise. A diferença é que o seu negócio são carros, e o nosso são pessoas, o que explica por que gastamos tanta energia no recrutamento, na contratação e no treinamento".[22]

CULTURA

Uma combinação de práticas de contratação fora do comum e mecanismos de promoção relativamente estritos dentro da própria empresa orienta a cultura da ERAC. Quase todo empregado tem ensino superior e, de acordo com a Cable News Network, em 1996, a ERAC era uma das quatro maiores contratadoras de formandos de universidades dos Estados Unidos. Esse fator não está de acordo com a indústria de locação de carros de trabalho intensivo, que busca manter baixos os salários dos empregados de uma força de trabalho sindicalizada.

O próprio recrutamento também é um tanto fora do comum. "Pessoas inteligentes e introvertidas não precisam nem preencher os formulários", diz Donald L. Ross, vice-presidente de operações. "Contratamos a partir da metade do curso universitário, o que torna o restante do curso superior possível", acrescenta. "Queremos os atletas, o pessoal das associações de estudantes – especialmente líderes e diretores sociais dessas associações. Pessoas, pessoas."[23] A empresa considera que os diretores sociais são bons vendedores, pois estão mais disponíveis para conversar a qualquer momento com gerentes de serviços e acalmar alguém que acaba de sofrer um acidente de trânsito.

O foco em atletas também tem um impacto notável sobre a cultura da empresa, porque incentiva uma atmosfera competitiva, caminhando lado a lado com a ênfase no trabalho em equipe. O salário inicial varia em todo o país, e o sistema de gratificação da ERAC alimenta essa natureza competitiva, na medida em que os empregados não recebem aumentos regulares de pagamento. Eles são compensados, em parte, de acordo com o lucro obtido no seu escritório. Os resultados financeiros por escritório e região são disponibilizados para todos verem, o que alimenta ainda mais a competição.

Os que não faziam parte dos grupos citados também tendem a trazer consigo uma ética de trabalho próxima da dedicação de um ex-fumante, pois já se formaram e foram alertados para a escassez de oportunidades de carreiras. Jeffrey M. Brummett, vice-presidente de operações de locação diárias e jogador de beisebol semiprofissional, comenta: "Ninguém vai para a universidade planejando entrar para o negócio de locação de carros [um comentário muitas vezes repetido entre os empregados da Enterprise]. Então, chega um momento em que a oportunidade se apresenta, e você a pega."[24]

Os funcionários novos em treinamento para gerência são recebidos na empresa com longas horas de trabalho, durante as quais passam a maior parte do tempo limpando carros e levando veículos para os clientes. Ainda assim, quase todos os empregados, incluindo os altos executivos, começam dessa forma. Conscientes do vínculo que isso gera, os dirigentes mais antigos rotineiramente envolvem-se no trabalho duro, e até o CEO Andy Taylor usa um aspirador. "Estávamos visitando um escritório em Berkeley, e ele estava cheio de gente; então, comecei a limpar carros", diz ele. "No momento em que isso estava acontecendo, me perguntei se aquele era um bom uso do meu tempo, mas o efeito sobre o moral foi tremendo".[25] Mesmo assim, muitos desistem nas primeiras semanas.

No nível corporativo, Taylor deixa muitas das decisões para Donald L. Ross, vice-presidente executivo e operacional sênior, e para William F. Holekamp, vice-presidente executivo. Ross e Holekamp servem como modelos para os novos funcionários, uma vez que os dois começaram lavando carros e atendendo clientes. Com o tempo, cada um decidiu assumir o risco e abrir um escritório da ERAC em um novo local, e o seu sucesso com essas operações provou que eles podiam ajudar a gerenciar a empresa de acordo com a filosofia de Taylor.

CRESCIMENTO

O foco da ERAC no mercado local continua a dar certo, à medida que ela aumenta cada vez mais sua participação. Embora o mercado de aeroportos tenha crescido anualmente em torno de 3 a 5%, o mercado local cresceu de 10 a 15%. De acordo com Jon LeSage, editor administrativo da *Auto Rental News:* "O mercado local de locação de carros é muito mais significativo do que o público presumiria. O crescimento real será no mercado local".[26]

É provável que a ERAC continue a beneficiar-se desse crescimento, já que a empresa tem tantos escritórios de locação de veículos espalhados pelo país. O CEO Taylor não vê sinais de diminuição nos negócios. Além disso, a empresa cresceu a uma taxa anual de mais de 20% nos últimos anos.

As famílias com duas rendas também estão ajudando a impulsionar o mercado: quando, em um casal, os dois trabalham, cada um depende do seu carro, e, quando um dos carros quebra, o preço mais baixo da ERAC a torna uma escolha natural. Além disso, as pessoas locam da ERAC mesmo quando o carro da família está em perfeitas condições. "Nós o chamamos de Carro Virtual"®, diz Taylor. "Os empresários de pequenos negócios que têm de buscar clientes nos ligam quando desejam algo melhor do que o seu próprio carro. O mesmo acontece com as pessoas que têm de fazer uma longa viagem e não confiam no carro da família ou, simplesmente, não querem usá-lo".[27]

Um escritório novo normalmente é aberto logo que os escritórios adjacentes tenham alcançado um estoque de 100 veículos. Depois de aberto um novo escritório, os empregados deslocam-se na comunidade para estabelecer uma relação com os gerentes de serviços de todas as oficinas mecânicas de bom tamanho na área. A ERAC sabe que as recomendações dos gerentes têm um grande peso para os clientes que precisam consertar seus carros e estão ocupados lidando com a confusão do momento. Tornou-se um ritual nacional das quartas-feiras para os empregados da ERAC levar pizza e rosquinhas para os trabalhadores das oficinas próximas. Realmente, grande parte do crescimento recente tem vindo dos negociantes de carros que oferecem aos clientes um substituto gratuito ou barato enquanto os seus carros estão na loja. A ERAC fez acordos com muitos negociantes para o fornecimento dos veículos de reposição, mas, nas principais contas, a ERAC coloca uma equipe no local por várias horas por dia e mantém os carros estacionados do lado de fora. De acordo com um negociante das marcas Porsche, Audi e Rover, em West Long Branch, New Jersey: "O pessoal da Enterprise é praticamente parte da minha equipe".[28]

OPERAÇÕES

As operações da ERAC são separadas nas suas duas principais linhas de negócios: locação de veículos e gerenciamento de frota corporativa. A Enterprise compra carros de uma ampla variedade de fabricantes norte-americanos, japoneses e europeus. Para reduzir os custos, ela mantém os seus carros na estrada até seis meses mais do que a Hertz ou a Avis.

Operações de locação

Os 4 mil escritórios da ERAC são conectados por meio de um número 0800 exclusivo que liga os clientes ao mais avançado e conveniente sistema de localização de escritórios possibilitando que os clientes contatem qualquer um dos escritórios na América do Norte por um número simples. Isso é possível devido ao ARMS® (Sistema de Gerenciamento de Locações Automatizado), que fornece uma interface eletrônica, permitindo que clientes importantes, como companhias de seguro, gerenciem reservas, faturamentos e pagamentos da maneira mais eficiente possível.

Os conceitos de serviços da ERAC são evidentes nas operações de locação. Seja em casa ou em uma oficina mecânica, a ERAC entrega o veículo para o cliente. Apesar desse serviço altamente personalizado, a ERAC oferece taxas que são muitas vezes 30% mais baixas do que as dos seus competidores. Desde o Geo Metro ao Cadillac Deville, do Chevrolet Safari ao Nissan Pathfinder, a ERAC fornece uma variedade de mais de 60 veículos para atender a uma ampla gama de necessidades dos clientes. A variedade também é o principal criador de lucro no mercado de substituição. A ERAC aposta que os clientes que precisam de transporte não tentarão pechinchar preços. Enquanto o pequeno Geo Metro está disponível por US$ 16 ao dia (isto é, o montante que muitas políticas de seguros pagam para as locações de substituição), em torno de 90% das pessoas pagam mais para ter um carro maior.

Operações de gerenciamento de frota

A sua origem foi o *leasing*, mas a ERAC expandiu o alcance dos serviços de gerenciamento de sua frota, permitindo que as empresas clientes terceirizem todos os seus departamentos de veículos. Um representante local e exclusivo dos serviços de contas da Enterprise gerencia todos os aspectos da frota do cliente, incluindo aquisição, serviços de seguro, registro, equipamento pós-venda, financiamento, gerenciamento e controle de combustível, gerenciamento total de manutenção, programas de locação corporativa e venda.

CONCORRÊNCIA

A ERAC enfrenta competição de uma variedade de fontes, das quais as mais diretas são as empresas de locação de carros em aeroportos tradicionais, como Avis, Hertz, Budget, Alamo e National. Mesmo assim, a ERAC concentra-se em um segmento diferente dessas empresas no mercado de locação de carros. As empresas tradicionais dedicam-se a locações de curto prazo para viajantes que chegam à cidade, ao passo que a ERAC se concentra no mercado local. Consequentemente, a sua competição mais direta vem das revendedoras de carros que emprestam um carro quando um cliente traz o seu para manutenção, o que elimina a oportunidade de a ERAC fornecer seus serviços.

O formato do campo competitivo também está mudando com uma indústria de automóveis saudável e os crescentes preços dos carros. A consolidação está acontecendo na medida em que as empresas menores se veem incapazes de suportar as despesas de capital mais altas. Uma das maiores ameaças para os independentes é a reserva de caixa das empresas aliadas, como a Hertz e a Budget, ambas de propriedade da Ford. Sem dívidas, participação de fora ou contas no vermelho, a ERAC é uma das empresas mais seguras em um negócio muito inseguro.

Questões

1. Como a Enterprise Rent-A-Car (ERAC) definiu o seu serviço diferenciando-o da típica empresa nacional de locação de carros?
2. Que características do seu conceito de negócio permitem que a ERAC concorra efetivamente com as empresas nacionais de locação de carros existentes?
3. Use a cadeia de lucros dos serviços para explicar o sucesso da ERAC.

Bibliografia selecionada

Anderson, Eugene W. "Customer Satisfaction and Word of Mouth." *Journal of Service Research* 1, no. 1 (August 1998), pp. 5–17.

Bateson, J. "Perceived Control and the Service Encounter." In *The Service Encounter,* eds. J. A. Czepiel, M. R. Solomon, and C. F. Surprenant. Lexington, Mass: Lexington Books, 1985, chap. 5, pp. 76–83.

Bettencourt, Lance A., and Kevin Gwinner. "Customization of the Service Experience: The Role of the Frontline Employee." *International Journal of Service Industry Management* 7, no. 2 (1996), pp. 3–20.

Bitner, Mary Jo; B. H. Booms; and L. A. Mohr. "Critical Service Encounters: The Employee's Viewpoint." *Journal of Marketing* 58 (October 1994), pp. 95–106.

Bitran, Gabriel R., and Johannes Hoech. "The Humanization of Service: Respect at the Moment of Truth." *Sloan Management Review* 31, no. 2 (Winter 1990) pp. 89–96.

Bowen, D. E., and E. L. Lawler. "Empowering Service Employees." *Sloan Management Review,* Summer 1995, pp. 73–84.

Brown, Tom J., and Amna Kirmani. "The Influence of Preencounter Affect on Satisfaction with an Anxiety-Provoking Service Encounter." *Journal of Service Research* 1, no. 4 (May 1999), pp. 333–46.

Chandon, Jean-Louis; Pierre-Yves Leo; and Jean Philippe. "Service Encounter Dimensions—a Dyadic Perspective: Measuring the Dimensions of Service Encounters as Perceived by Customers and Personnel." *International Journal of Service Industry Management* 8, no. 1 (1997), pp. 65–86.

Dallimore, Karen S.; Beverley A. Sparks; and Ken Butcher. "The Influence of Angry Customer Outbursts on Service Providers' Facial Displays and Affective States." *Journal of Service Research* 10, no. 1 (August 2007), pp. 78–92.

Danaher, Peter J. "Customer Heterogeneity in Service Management." *Journal of Service Research* 1, no. 2 (November 1998), pp. 129–39.

Dasu, Sriram, and Jay Rao. "A Dynamic Process Model of Dissatisfaction for Unfavorable, Non-routine Service Encounters." *Production and Operations Management* 8, no. 3 (Fall 1999), pp. 282–300.

De Ruyter, Ko, and Martin Wetzels. "The Impact of Perceived Listening Behavior in Voice-to-Voice Service Encounters." *Journal of Service Research* 2, no. 3 (February 2000), p. 276.

Eddeston, Kimberly A.; Deborah L. Kidder; and Barrie E. Litzky. "Who's the Boss? Contending with Competing Expectations from Customers and Management." *Academy of Management Executive* 16, no. 4 (2002), pp. 85–95.

Evans, Kenneth R.; Todd J. Arnold; and John A. Grant. "Combining Service and Sales at the Point of Customer Contact." *Journal of Service Research* 2, no. 1 (August 1999), pp. 34–49.

Goldstein, Susan Meyer. "Employee Development: An Examination of Service Strategy in a High-Contact Service Environment." *Production and Operations Management* 12, no. 2 (Summer 2003), pp. 186–204.

Grayson, Kent. "Customer Responses to Emotional Labour in Discrete and Relational Service Exchange." *International Journal of Service Industry Management* 9, no. 2 (1998), pp. 126–54.

Gremler, Dwayne D.; Mary Jo Bitner; and Kenneth R. Evans. "The Internal Service Encounter." *International Journal of Service Industry Management* 5, no. 2 (1994), pp. 34–56.

Hansen, David E., and Peter J. Danaher. "Inconsistent Performance during the Service Encounter: What's a Good Start Worth?" *Journal of Service Research* 1, no. 3 (February 1999), pp. 227–35.

Harris, Kim, and Steve Baron. "Consumer-to-Consumer Conversations in Service Settings." *Journal of Service Research* 6, no. 3 (February 2004), pp. 287–303.

Heskett, James L.; W. Earl Sasser, Jr.; and Leonard A. Schlesinger. *The Service Profit Chain.* New York: The Free Press, 1997.

Kelly, J.; J. Donnelly; and S. Skinner. "Customer Participation in Service Production and Delivery." *Journal of Retailing* 66, no. 3 (1990), pp. 315–35.

Knowles, Patricia A.; Stephen J. Grove; and Gregory M. Pickett. "Mood versus Service Quality Effects on Customers' Responses to Service Organizations and Service Encounters." *Journal of Service Research* 2, no. 2 (November 1999), pp. 187–99.

Lariviere, Bart. "Linking Perceptual and Behavioral Customer Metrics to Multi-period Customer Profitability: A Comprehensive Service-Profit Chain Application." *Journal of Service Research* 11, no. 1 (August 2008), pp. 8–21.

Loveman, Gary W. "Employee Satisfaction, Customer Loyalty, and Financial Performance: An Empirical Examination of the Service Profit Chain in Retail Banking." *Journal of Service Research* 1, no. 1 (August 1998), pp. 18–31.

Malone, Thomas W. "Is Empowerment Just a Fad?—Control, Decision Making, and IT." *Sloan Management Review* 38, no. 2 (Winter 1997), pp. 23–36.

Metters, Richard. "Models for Customer Selection," In *New Service Development,* eds. J. A. Fitzsimmons and M. J. Fitzsimmons. Thousand Oaks, Calif.: Sage Publication, 2000, pp. 291–304.

Mills, Peter K., and James H. Morris. "Some Moderating Effects of Client-Interaction Need on Perceived Technology and Structure in Service Providers' Tasks." *International Journal of Service Industry Management* 3, no. 1 (1992), pp. 4–13.

Morgan, Ivor, and Jay Rao. "Aligning Service Strategy through Super-Measure Management." *Academy of Management Executive* 16, no. 4 (2002), pp. 121–31.

Nyquist, J. D.; M. J. Bitner; and B. H. Booms. "Identifying Communication Difficulties in the Service Encounter: A Critical Incident Approach." In *The Service Encounter*, eds. J. A. Czepiel, M. R. Solomon, and C. F. Surprenant. Lexington, Mass.: Lexington Books, 1985, chap. 13, pp. 195–212.

Price, Linda L.; Eric J. Arnould; and Sheila L. Deibler. "Consumer's Emotional Responses to Service Encounters: The Influence of the Service Provider." *International Journal of Service Industry Management* 6, no. 3 (1995), pp. 34–63.

Pugh, S. Douglas; Joerg Dietz; Jack W. Wiley; and Scott M. Brooks. "Driving Service Effectiveness through Employee-Customer Linkages." *Academy of Management Executive* 16, no. 4 (2002), pp. 73–84.

Rosenbaum, Mark S., and Carolyn A. Massiah. "When Customers Receive Support From Other Customers: Exploring the Influence of Intercustomer Social Support on Customer Voluntary Performance." *Journal of Service Research* 9, no. 3 (February 2007), pp. 257–70.

Schneider, Benjamin, and Daniel Schechter. "Development of a Personnel Selection System for Service Jobs." In *Service Quality: Multidisciplinary and Multinational Perspectives*, eds. S. W. Brown, E. Gummesson, B. Edvardsson, and B. Gustavsson. Lexington, Mass.: Lexington Books, 1991.

Simons, Robert. "Control in an Age of Empowerment." *Harvard Business Review*, March–April 1996, pp. 80–88.

Tansik, David A., and William L. Smith. "Scripting the Service Encounter." In *New Service Development*, eds. J. A. Fitzsimmons and M. J. Fitzsimmons. Thousand Oaks, Calif.: Sage Publications, 2000, pp. 239–63.

Verhoef, Peter C.; Gerrit Antonides; and Arnoud N. de Hogg. "Service Encounters as a Sequence of Events: The Importance of Peak Experiences." *Journal of Service Research* 7, no. 1 (August 2004), pp. 53–64.

Walker, J. A. "Service Encounter Satisfaction: Conceptualized." *Journal of Services Marketing* 9, no. 1 (1995), pp. 5–14.

Weatherly, Kristopher A., and David A. Tansik. "Tactics Used by Customer-Contact Workers: Effects of Role Stress, Boundary Spanning and Control." *International Journal of Service Industry Management* 4, no. 3 (1993), pp. 4–17.

Notas

1. Richard Normann, *Service Management* (New York: John Wiley & Sons 1984), p. 89.
2. Jan Carlzon, *Moments of Truth* (Cambridge, Mass: Ballinger, 1987).
3. A. Parasuraman, Valarie A. Zeithaml, and Arvind Malhotra, "E-S-QUAL: A Multiple-Item Scale for Assessing Electronic Service Quality," *Journal of Service Research* 7, no. 3 (February 2005), pp. 213–33.
4. H. M. Schwartz and S. M. Davis, "Matching Corporate Culture and Business Strategy," *Organizational Dynamics* 59, 1981, p. 33.
5. Henry Mintzberg, *Mintzberg on Management: Inside Our Strange World of Organizations* (New York: The Free Press, 1989), p. 98.
6. Wayne K. Hoy, C. John Tarter, and Robert B. Kottkamp, *Open Schools/Healthy Schools* (London: Sage Publications, 1991), p. 5.
7. Carol J. Loomis, "How the Service Stars Managed to Sparkle," *Fortune*, June 11, 1984, p. 117.
8. W. E. Sasser, Jr., C. W. L. Hart, and J. L. Heskett, *The Service Management Course* (New York: The Free Press, 1991), p. 97.
9. L. A. Schlesinger and J. L. Heskett, "The Service-Driven Service Company," *Harvard Business Review*, September–October 1991, p. 72.
10. Adpatado de J. D. Nyquist, M.J. Bitner, and B.H Booms, "Identifying Communication Difficulties in the Service Encounter: A Critical Incident Approach," in J.A. Czepiel, M.R. Solomon, and C.F. Surprenant (eds.), *The Service Encounter*, Lexington Books, Lexington MA, 1985, chap. 13, pp. 195–212.
11. Adaptado de Fareed Zakaria, "The Capitalist Manifesto: Greed is Good (To a Point)," *Newsweek*, June 22, 2009, pp. 41–45.
12. Adaptado de Charles H. Schwepker, Jr. and Michael D. Hartline, "Managing the Ethical Climate of Customer-Contact Service Employees," *Journal of Service Research* 7, no. 4 (May 2005), pp. 377–97.
13. Gregory P. Stone, "City Shoppers and Urban Identification: Observations on the Social Psychology of City Life," *American Journal of Sociology*, July 1954, pp. 36–43.
14. John E. G. Bateson, "The Self-Service Consumer: Empirical Findings," in L. Berry, L. Shostack, and G. Upah (eds.), *Marketing of Services* (Chicago: American Marketing Association, 1983), pp. 76–83.
15. Adaptado de M. R. Solomon, C. F. Surprenant, J. A. Czepiel, and E. G. Gutman, "A Role Theory Perspective on Dyadic Interactions: The Service Encounter," *Journal of Marketing* 49, Winter 1985, pp. 99–111.
16. Adaptado de Benjamin Schneider, "The Service Organization: Climate Is Crucial," *Organizational Dynamics*, Autumn 1980, pp. 52–65.
17. Adaptado de J. L. Heskett, T. O. Jones, G. W. Loveman, W. E. Sasser, Jr., and L. A. Schlesinger, "Putting the Ser-

vice-Profit Chain to Work," *Harvard Business Review,* March–April 1994, pp. 164–74.

18. Preparado por Bridgett Gagne, Sandhya Shardanand, e Laura Urquidi com a orientação do Professor James A. Fitzsimmons.

19. Preparado por Yair Almagor, Jason Hearnsberger, Gijun Kim, e Michael Sebold com a orientação do Professor James A. Fitzsimmons.

20. Andrew C. Taylor, "Welcome Message," http://www.enterprise.com, accessed on March 20, 1998.

21. "Enterprising Growth with a Hometown Flavor," *St. Louis Commerce,* June 1996.

22. Dan Callahan, "Enterprise's Strategy of Local Domination," *Auto Rental News,* December/ January 1994.

23. Brian O'Reilly, "The Rent-A-Car Jocks Who Made Enterprise #1," *Fortune,* October 28, 1996.

24. Ibid.
25. Ibid.
26. Ibid.
27. Ibid.
28. Ibid.

Capítulo 10

Localização das instalações de serviços

Objetivos de aprendizagem

Ao final deste capítulo, você deverá estar apto a:

1. Explicar a diferença entre aglomeração competitiva e marketing de saturação.
2. Explicar o impacto da Internet nas decisões de localização.
3. Descrever como um sistema de informações geográficas é utilizado em decisões de localização de serviços.
4. Diferenciar as abordagens métricas euclidiana e metropolitana na mensuração de distâncias de deslocamento.
5. Localizar uma instalação única usando a abordagem de mediana cruzada.
6. Usar o modelo de Huff para localização de varejo a fim de estimar a receita e a fatia de mercado de um local potencial.
7. Localizar instalações múltiplas utilizando o modelo de área de cobertura.

De uma perspectiva de marketing, a localização de instalações de serviços concentra-se em atrair clientes a um local devido à conveniência (p.ex., restaurantes de *fast-food* são localizados em ruas de tráfego intenso) ou a atributos físicos (como um hotel em uma bela praia). No entanto, a localização também afeta o projeto de prestação do serviço e tem impacto sobre os funcionários. Consideremos a experiência de uma empresa de seguros de Los Angeles.

Um estudo feito por David A. Lopez e Paul Gray ilustra como uma companhia de seguros de Los Angeles descentralizou suas operações usando telecomunicações e localizando seus escritórios estrategicamente.[1] Foi realizado um exame dos benefícios e custos para a companhia de seguros quando o trabalho ia "ao encontro" dos funcionários, em vez de os funcionários irem ao trabalho. As seguradoras e outros setores baseados em informações são bons candidatos à descentralização de funcionários, já que os membros da equipe de escritório desempenham tarefas administrativas de rotina utilizando os bancos de dados do computador da empresa. O plano proposto substituiu a operação centralizada em Los Angeles por uma rede de escritórios-satélite regionais nos subúrbios onde os funcionários moravam.

A análise também incluiu um estudo de localização para determinar o tamanho, o local e o número de escritórios que minimizaria os custos variáveis associados ao deslocamento de funcionários e os custos fixos do estabelecimento dos escritórios. O plano de descentralização produziu vários benefícios para a empresa: (1) redução das necessidades de funcionários, (2) redução da rotatividade e do treinamento de funcionários, (3) redução de salários dos funcionários administrativos, (4) eliminação do programa de almoço e (5) aumento de receita com o aluguel da sede. Os funcionários cujo deslocamento ao trabalho foi reduzido em pelo menos 8,8 km perceberam um benefício líquido em relação à diminuição de seus salários e à perda do almoço. Esse benefício é importante diante das crescentes despesas de energia para o transporte.

Verificou-se que a contratação de seguro de vida e o oferecimento de apólices de seguros poderiam ser realizadas em locais remotos utilizando computadores *on-line*. As comunicações telefônicas em geral eram suficientes para contatos pessoais, e poucos encontros presenciais eram necessários. Essas descobertas corroboram as encontradas em outros estudos, feitos na Grã-Bretanha e na Suécia, que indicam que os indivíduos precisam de contatos presenciais somente nos encontros iniciais e para renovações periódicas; eles não necessitam de constantes contatos presenciais quando se trata de tomar decisões e realizar negócios de rotina.

Tradicionalmente, as decisões de definição de localização são baseadas na intuição, apresentando uma margem considerável de sucesso. Apesar de a seleção do local frequentemente ser baseada em fatores de oportunidade, como disponibilidade e aluguel favorável, uma análise quantitativa é útil para evitar um grande erro. Por exemplo: por mais baixo que seja o aluguel, ser a única loja em um *shopping* deserto não oferece vantagem alguma.

APRESENTAÇÃO DO CAPÍTULO

Este capítulo começa com uma discussão de considerações sobre localização estratégica. Por exemplo, as estratégias de aglomeração competitiva ou de marketing de saturação servem para atrair clientes a um local de serviços. Outras estratégias de prestação de serviços, como a utilização da Internet e de intermediários de marketing, eliminam a necessidade de o cliente se deslocar; por isso, a decisão quanto à localização pode basear-se em outras considerações, como custo ou disponibilidade de mão de obra qualificada. Os sistemas de informações geográficas (que envolvem demanda e suas características distribuídas em uma área de mercado) são importantes para os modelos de localização. O capítulo termina com uma discussão sobre aspectos relacionados à modelagem e uma análise de várias técnicas de localização para os casos de uma ou várias instalações.

CONSIDERAÇÕES SOBRE A LOCALIZAÇÃO ESTRATÉGICA

Em um estudo de La Quinta Motor Inns feito para identificar por que alguns hotéis eram bem-sucedidos e outros não, várias dimensões de localização estratégica foram descobertas, incluindo flexibilidade, posicionamento competitivo, gerenciamento da demanda e foco.[2]

A *flexibilidade* da localização de uma instalação de serviço é uma medida do grau de reação do serviço a mudanças no ambiente econômico. Como as decisões de localização envolvem comprometimentos de longo prazo com aspectos de capital intensivo, é essencial selecionar locais que consigam responder a futuras mudanças econômicas, demográficas, culturais e competitivas. Por exemplo, ao alocar instalações em vários Estados, é possível reduzir o risco total de crises financeiras desencadeadas por problemas regionais. Essa abordagem de portfólio para múltiplas localizações pode ser reforçada pela definição de locais individuais perto de demandas inelásticas (p.ex., instalar um hotel junto a um centro de convenções).

O *posicionamento competitivo* refere-se aos métodos pelos quais uma empresa consegue se estabelecer em relação a suas concorrentes. Múltiplas localizações servem como uma barreira à concorrência ao construir o posicionamento competitivo da empresa e estabelecer seu reconhecimento no mercado. Adquirir e manter localizações antes de o mercado ter se desenvolvido pode evitar que a competição tenha acesso a esses locais, criando uma barreira artificial à entrada dos competidores (análoga à patente de um produto).

O *gerenciamento da demanda* é a capacidade de controlar a quantidade, a qualidade e o momento da demanda. Por exemplo, os hotéis não conseguem manipular com eficiência a capacidade devido à natureza fixa das instalações; entretanto, um hotel pode controlar a demanda localizando-se nas proximidades de um conjunto diverso de geradores de mercado que lhe proporcionem uma demanda estável, independentemente do ambiente econômico, do dia da semana e da estação do ano.

O *foco* é desenvolvido ao oferecer o mesmo serviço, estritamente definido, em muitas localizações. Muitas empresas de serviço de múltiplas localizações elaboram uma estrutura-padrão (ou fórmula) que pode ser reproduzida nas várias localizações. Embora essa abordagem padronizada facilite a expansão, ela talvez gere desvios de negócios entre locais situados muito próximos uns dos outros. Esse problema de canibalização da demanda será evitado se a empresa estabelecer um padrão de crescimento desejado para a expansão de múltiplas localizações.

Na discussão a seguir, abordaremos outras considerações sobre localização estratégica, começando com o conceito de aglomeração competitiva, utilizado para a compra de mercadorias, e examinaremos uma estratégia chamada de marketing de saturação, que desafia a canibalização. Outras estratégias expandem o mercado de serviços para além dos limites geográficos por meio de intermediários de marketing, da substituição do deslocamento pela comunicação, da separação física entre *back office* e *front office* e, finalmente, do uso da Internet para atingir um público global.

Aglomeração competitiva

A *aglomeração competitiva* é uma reação ao comportamento observado dos consumidores quando escolhem entre os competidores. Ao comprarem itens como automóveis novos ou usados, os consumidores gostam de fazer comparações e, por conveniência, vão para a região da cidade onde há muita concentração de concessionárias.

As redes de hotéis, como o La Quinta, observaram que os estabelecimentos localizados em áreas com muitos competidores próximos experimentam taxas de ocupação mais altas do que os mais isolados. Para alguns serviços, contraintuitivamente, a localização próxima da competição é uma estratégia com resultados lucrativos.

Marketing de saturação

O Au Bon Pain, um café conhecido por seus sanduíches, seu pão francês e seus *croissants*, tem utilizado a estratégia não convencional de *marketing de saturação*, popularizada na Europa. A ideia é agrupar pontos de venda da mesma empresa em áreas urbanas e em outras áreas de grande circulação. O Au Bon Pain agrupou 16 cafés no centro de Boston, sendo que a distância entre muitos deles é menor do que 90 metros – de fato, um grupo de cinco lojas opera em diferentes andares da loja de departamentos Filene. Embora uma modesta canibalização das vendas tenha sido relatada, as vantagens da redução de propaganda, da fácil supervisão e da consciência do cliente, quando tomadas em conjunto, diminuem a força dos competidores e ajudam a superar as falhas. A estratégia funciona melhor em localizações centrais, com alta densidade, onde as lojas conseguem interceptar o impulso dos clientes que têm pouco tempo para comprar ou se alimentar.[3]

O sucesso dessa abordagem tornou-se evidente para nós durante uma visita de verão a Helsinque, Finlândia, quando observamos vendedores de sorvete da mesma empresa com carrinhos em quase todas as esquinas do centro. Avistar um vendedor parece semear a ideia de compra em quem está passando, que, então, aproveita a oportunidade mais próxima.

As concessionárias de automóveis que se localizam em aglomerados atraem clientes distantes devido à conveniência de poder fazer comparações em um só lugar. Bob Daemmrich/The Image Works

Intermediários de marketing

A ideia de que os serviços são criados e consumidos simultaneamente parece não permitir o uso do conceito de "canal de distribuição" tal como desenvolvido para as mercadorias. Como os serviços são intangíveis e não podem ser estocados ou transportados, a área geográfica para os serviços parece restrita. No entanto, os canais de distribuição de serviços desenvolveram-se, utilizando entidades organizacionais separadas como intermediárias entre o produtor e o consumidor.

James H. Donnelly fornece alguns exemplos que ilustram a criação de áreas geográficas de serviços ilimitadas.[4] O vendedor a varejo que estende um crédito bancário aos seus clientes é um intermediário na distribuição do crédito. O fato de o Bank of America ser um banco da Califórnia não limita o uso do cartão Visa, aceito no mundo inteiro. Uma organização de serviços de saúde (OSS) desempenha um papel intermediário entre o profissional e o paciente, aumentando a disponibilidade e a conveniência do atendimento em um só lugar. Os grupos de seguros formados por empregados e sindicatos são exemplos de como a indústria de seguros utiliza *intermediários de marketing* para a distribuição de seus serviços.

Substituição do transporte pela comunicação

Uma maneira alternativa e atraente de transportar as pessoas de um lugar para outro é o uso das telecomunicações. Uma proposta bem-sucedida é o uso da telemetria para estender os serviços de saúde até regiões remotas. Profissionais como paramédicos ou enfermeiras utilizam a comunicação com um hospital distante para prestar cuidados médicos sem transportar o paciente. Além disso, o setor bancário vem promovendo o depósito direto da folha de pagamento, permitindo que os empregados tenham seus pagamentos depositados diretamente em suas contas bancárias. Ao autorizar o empregador a depositar o salário, os empregados economizam o deslocamento até o banco; os bancos também são beneficiados pela redução no processamento de cheques e por menos congestionamento dos caixas de atendimento.

Separação entre a linha de frente e a retaguarda

Para muitos serviços, a linha de frente e a retaguarda não precisam estar localizadas no mesmo lugar (p.ex., lavagem a seco, conserto de sapatos, bancos e caixas automáticos). Como mostra a Tabela 10.1, a separação entre linha de frente e retaguarda pode produzir vantagens estratégicas.

Se a linha de frente e a retaguarda não precisam estar no mesmo lugar, existem oportunidades para um projeto criativo de serviços. Quando você faz um pedido no *drive-in* de um McDonald's no Texas, por exemplo, o funcionário que anota o pedido pode estar em uma central de atendimento ao cliente em Iowa. O registro de pedidos de várias lojas em uma localização central permite que os funcionários locais se concentrem na realização do pedido. Considerar as decisões de localização tanto de uma perspectiva interna (funcionários) quanto de um ponto de vista externo (clientes) também destaca oportunidades para o autoatendimento e a substituição do deslocamento físico por meios eletrônicos. Observemos o papel estratégico da localização do escritório de linha de frente na criação de uma barreira à entrada e o papel da localização dos serviços de retaguarda na redução de custos.

Tabela 10.1 Considerações sobre a localização dos escritórios de linha de frente e de retaguarda

	Escritório de linha de frente	Escritório de retaguarda
Cliente externo (consumidor)	O serviço vai até o cliente ou o cliente vem até o serviço?	O serviço é realizado no cliente ou em um bem material?
	A localização é uma barreira para a entrada? O deslocamento físico pode ser substituído por meios eletrônicos?	A colocalização é necessária? Como a comunicação é realizada?
Cliente interno (funcionário)	Há disponibilidade de mão de obra?	Economias de escala são possíveis?
	Os quiosques de autoatendimento são uma alternativa?	Os funcionários podem trabalhar em casa?
		As instalações em outro país são uma opção?

Impacto da Internet sobre a localização dos serviços

Com a introdução da Internet em meados da década de 1990, o potencial para o comércio eletrônico tornou-se uma realidade – os clientes compram em casa e navegam na Web, visitando páginas de seu interesse. O *website* tornou-se a localização virtual de empresas de comércio eletrônico (p.ex., Amazon.com) ou um canal alternativo de distribuição para varejistas "reais" (p.ex., Barnes & Noble). Os limites de uma área de mercado eram antes definidos pela distância que um cliente percorreria até o local, mas o deslocamento físico é irrelevante no mundo virtual da Internet. A localização, no entanto, ainda é uma preocupação para os varejistas de comércio eletrônico que têm de enviar um produto. Esse aspecto do negócio agora é orientado pelo acesso a uma empresa que realize entregas em 24 horas (p.ex., localizar um armazém em Memphis para ter acesso à FedEx). Os provedores de Internet de serviços eletrônicos, como os de corretagem de títulos (p.ex., Fidelity.com), dependem menos de escritórios físicos, e a localização de um facilitador de leilões (p.ex., eBay.com) pode ser baseada na preferência pessoal dos proprietários ou no acesso a empregados talentosos. Finalmente, a Internet facilita o acesso 24 horas por dia a centrais de atendimento ao cliente estrategicamente localizadas pelo mundo. Cada central (p.ex., Índia, Irlanda e Jamaica) tem um expediente diurno normal, com funcionários de salários baixos e fluentes em inglês.

O conceito de *distância eletrônica* (*e-distance*), entendido como barreira criada pela navegação interna e externa, surge do desejo de atrair clientes a um *site*. Por exemplo, um *site* não descoberto está infinitamente distante, e um *site* que precisa de cinco cliques para ser acessado pode afastar 90% do público. A navegação em *sites* é uma medida de distância, de modo que os desenvolvedores Web com frequência usam a regra dos dois cliques, isto é, o destino de um cliente não deve exigir mais de dois cliques a partir da página inicial. Localizar e atingir um *site* é outra forma de distância. Se o cliente usa um mecanismo de busca, ele precisa ler, avaliar e selecionar um *link* para seguir.

Julie Kendall relata um estudo de pequenos teatros fora da Broadway, no sul de Nova Jersey, incapazes de tirar vantagem da estratégia de "aglomeração competitiva" porque ali não existe um distrito central de teatros.[5] Eles estão espalhados por oito municípios e fazer o público potencial perceber sua existência é um desafio. Um *site* compartilhado, entretanto, permite que espectadores em potencial saibam quais são as peças em cartaz, com *links* diretos para cada teatro, onde é possível comprar ingressos e selecionar os lugares. Por meio desse *site* compartilhado, a *e-distance* de pesquisar vários *sites* é reduzida para a de uma visita a um único *site*. O resultado é uma aplicação da estratégia de aglomeração competitiva em que a atração de espectadores aumenta para todos os teatros.

Considerações sobre o local

A disponibilidade de imóveis representa uma grande limitação na escolha final de um local. Mais ainda, a seleção de um local exige uma visita para avaliar o ambiente (p.ex., observar se o local é suficientemente sofisticado para acolher um hotel de luxo). A Tabela 10.2 apresenta vários atributos físicos a serem considerados, como acesso, visibilidade e tráfego, importantes para atrair

Tabela 10.2 Considerações sobre a escolha do local

1. *Acesso:*
   Conveniente para as rampas de entrada e de saída da autoestrada
   Atendido por transporte público
2. *Visibilidade:*
   Afastado da rua
   Colocação de placa para a sinalização
3. *Tráfego:*
   Volume de tráfego na rua pode indicar potenciais compras por impulso
   Congestionamento de tráfego pode ser um obstáculo (p.ex., corpo de bombeiros)
4. *Estacionamento:*
   Estacionamento adequado fora da rua
5. *Expansão:*
   Espaço para expansão
6. *Ambiente:*
   A vizinhança deve complementar o serviço
7. *Concorrência:*
   Localização de concorrentes
8. *Governo:*
   Restrições de zonas
   Impostos
9. *Mão de obra:*
   Mão de obra disponível com as habilidades adequadas
10. *Complementos:*
    Serviços complementares nas proximidades

clientes ao local. A localização próxima de concorrentes muitas vezes é desejável, conforme observamos na discussão sobre aglomeração competitiva. Outra consideração é a existência de serviços complementares, como a localização de um restaurante próximo de hotéis.

Se os clientes não precisam se deslocar até o local, esses atributos físicos talvez não sejam importantes, mas, em vez disso, deve-se considerar a disponibilidade de mão de obra qualificada. Por exemplo, é comum a prática de empresas de serviços instalarem as centrais de atendimento ao cliente em Bangalore, Índia, devido à disponibilidade de funcionários talentosos, de baixo custo e fluentes em inglês.

ANÁLISE DE REGRESSÃO EM DECISÕES DE LOCALIZAÇÃO

Quando uma empresa com muitas instalações quer expandir-se, pode basear-se em informações estatísticas abundantes sobre as instalações existentes para prever o desempenho de uma localização potencial. Um modelo de regressão baseado em diversas variáveis independentes, como tamanho, número de concorrentes próximos e tráfego, é construído para prever o desempenho (ou seja, a receita prevista).

Como exemplo, a administração da La Quinta Motor Inns, uma rede nacional de hotéis, encomendou um estudo para determinar a direção de sua expansão.[6] A empresa desejava saber quais eram os fatores que determinavam a localização de um hotel lucrativo para que a administração procurasse imóveis a fim de situar os novos hotéis. Os investigadores coletaram dados sobre vários fatores em locais existentes, como tráfego, número de concorrentes próximos, visibilidade das placas, tráfego no aeroporto local, tipos de negócios na vizinhança e distância da área comercial central. Ao todo, 35 fatores, ou variáveis independentes, foram considerados.

A margem operacional do hotel, obtida adicionando a depreciação e a taxa de interesse ao lucro e, então, dividindo pela receita total, foi escolhida como medida mais confiável, ou variável dependente Y, sobre a qual se baseia a previsão. Uma avaliação estatística dos dados para todas as variáveis na Tabela 10.3 permitiu que os pesquisadores identificassem quatro fatores críticos – ESTADO, DIÁRIA, RENDA e UNIVERSIDADE – a serem usados no modelo de previsão. O modelo de regressão resultante (1) contém diversas variáveis independentes com coeficientes negativos que precisam de explicação. A variável ESTADO, definida como população estadual por hotel, é uma medida de exposição da marca. Valores baixos para essa variável representam alta densidade de hotéis La Quinta Motor Inns no Estado e, consequentemente, alta visibilidade da marca. A variável RENDA, definida como a renda média familiar, mede a prosperidade econômica da área. Como o alvo do La Quinta Motor Inns é o viajante de negócios, dá-se preferência a localizações em áreas não residenciais.

$$\text{Margem operacional } Y = 39{,}05 + (-5{,}41)\text{ESTADO} + (5{,}86)\text{DIÁRIA} + (-3{,}09)\text{RENDA} + (1{,}75)\text{UNIVERSIDADE} \qquad (1)$$

Com a coleta de dados feita pelos pesquisadores sobre as variáveis independentes em um local proposto para o hotel e com as transformações adequadas conforme a necessidade, é possível prever a margem operacional. Os resultados do estudo mostraram que esse é um ótimo modelo para prever a probabilidade de sucesso de um novo hotel em uma dada localização.

SISTEMA DE INFORMAÇÕES GEOGRÁFICAS

No mundo dos negócios, uma velha tecnologia adquiriu um novo uso. Os sistemas de informações geográficas (GIS) estão ajudando na tomada de muitas decisões de negócios e resolvendo uma variedade de problemas comuns de negócios. Esses sistemas, em uma determinada época, eram restritos originariamente a cientistas e cartógrafos. Hoje, no entanto, o Environment Research Institute, Inc., introduziu o ArcView, um GIS para aplicações comerciais.[7] Esse recurso, disponível em CD, serve para tarefas como mapear bancos de dados de clientes, determinar localizações de instalações, analisar a demanda e melhorar a prestação do serviço. Ele dispõe de aplicações para todas as áreas de negócios, incluindo bancos, saúde, imóveis e administração.

Tabela 10.3 Variáveis independentes para localização de um hotel

Nome	Descrição
Fatores competitivos	
PREÇO	Preço do hotel
DIÁRIA	Taxa de acomodações para o hotel
TAXA	Taxa média de acomodações da concorrência
ACOM1	Acomodações em um raio de 1,5 km
ACOMTOTAL	Acomodações em um raio de 4,5 km
ACOMHOTEL	Acomodações do hotel
Geradores de demanda	
CIVIS	Funcionários civis na base
UNIVERSIDADE	Matrícula na universidade
HOSP1	Leitos hospitalares em um raio de 1,5 km
HOSPTOTL	Leitos hospitalares em um raio de 6 km
FORIND	Forte emprego industrial
FRAIND	Fraca extensão industrial
SHOPPINGS	Área total de *shoppings*
MILBLQ	Base militar bloqueada
MILITARES	Funcionários militares
MILTOT	MILITARES + CIVIS
ESC1	Espaços de escritórios em um raio de 1,5 km
ESCTOTAL	Espaços de escritórios em um raio de 6 km
ESCDCC	Espaços de escritórios no distrito comercial central
PASSAGEIROS	Passageiros embarcados no aeroporto
VAREJO	Classificação da atividade varejista
TURISTAS	Turistas anuais
TRÁFEGO	Tráfego
VAN	Van do aeroporto
Demografia da área	
DESEMPCT	Porcentagem de desemprego
RENDA	Renda familiar média
POPULAÇÃO	População residencial
Conhecimento do mercado	
IDADE	Anos de funcionamento do hotel
MAISPRÓXIMO	Distância do hotel mais próximo
ESTADO	População estadual por hotel
URBANA	População urbana por hotel
Atributos físicos	
ACESSO	Acessibilidade
ARTÉRIA	Principal artéria de tráfego
DISTDCC	Distância do centro da cidade
VISPLACA	Visibilidade da placa

Fonte: Reimpressa com permissão, S. E. Kimes and J. A. Fitzsimmons, "Selecting Profitable Hotel sites at La Quinta Motor Inns", *Interfaces* 20, no. 2, March–April 1990, p. 14. *Copyright* 1990, the Operations Research Society of America and The Institute of Management Sciences, 290 Westminster Street, Providence, RI 02903.

Dito de modo simples, o ArcView traduz dados, como informações demográficas, em um mapa. Consideremos, por exemplo, uma tabela que liste endereços de ruas e valores médios de imóveis. É possível identificar um padrão nessa lista, se os dados considerarem uma comunidade de 150 pessoas na região central do Estado de Montana, Estados Unidos. Se os dados forem para a cidade de Denver, no entanto, não é possível discernir um padrão útil para determinar a localização de uma nova loja de produtos sofisticados. O ArcView soluciona o nosso problema de Denver transferindo os dados para um mapa e atribuindo códigos em cores para os valores médios de imóveis, de acordo com os diferentes códigos postais. É possível identificar de imediato quais áreas provavelmente têm clientes para uma loja de produtos caros.

Consideremos outro exemplo. Suponhamos que uma agência estadual queira estabelecer um depósito para estocar alimentos excedentes para a organização Meals on Wheels (Refeições sobre Rodas) em uma área de 18 municípios. A maioria dos clientes da Meals on Wheels é constituída de idosos de hábitos domésticos, de modo que o representante da agência deseja identificar a localização mais conveniente para as unidades da Meals on Wheels com maior demanda. Uma solução para esse problema é usar o ArcView para observar a distribuição da população por faixas etárias. A Figura 10.1 mostra que os municípios localizados no sudeste da área tendem a ter maiores populações na faixa etária de 55 anos ou mais. Com base nessa informação, o depósito seria localizado de forma mais conveniente para servir esses municípios.

CONSIDERAÇÕES SOBRE MODELAGEM

Muitos fatores influenciam a decisão da localização das instalações do serviço. A Figura 10.2 classifica os aspectos de localização que guiarão nossa discussão. As categorias principais são a representação geográfica, o número de instalações e os critérios de otimização.

Representação geográfica

A classificação tradicional de problemas de localização baseia-se na maneira como a geografia é modelada. As opções de localização e as distâncias de percurso podem ser representadas tanto por um plano quanto por uma rede. A localização em um plano (isto é, superfície plana) caracteriza-se por um espaço-solução com infinitas possibilidades. As instalações são alocadas em qualquer lugar no plano e identificadas pelas coordenadas cartesianas xy (ou, em um contexto global, por latitudes e longitudes), como mostrado na Figura 10.3. A distância entre duas localizações é medida nas ex-

Faixas etárias da população

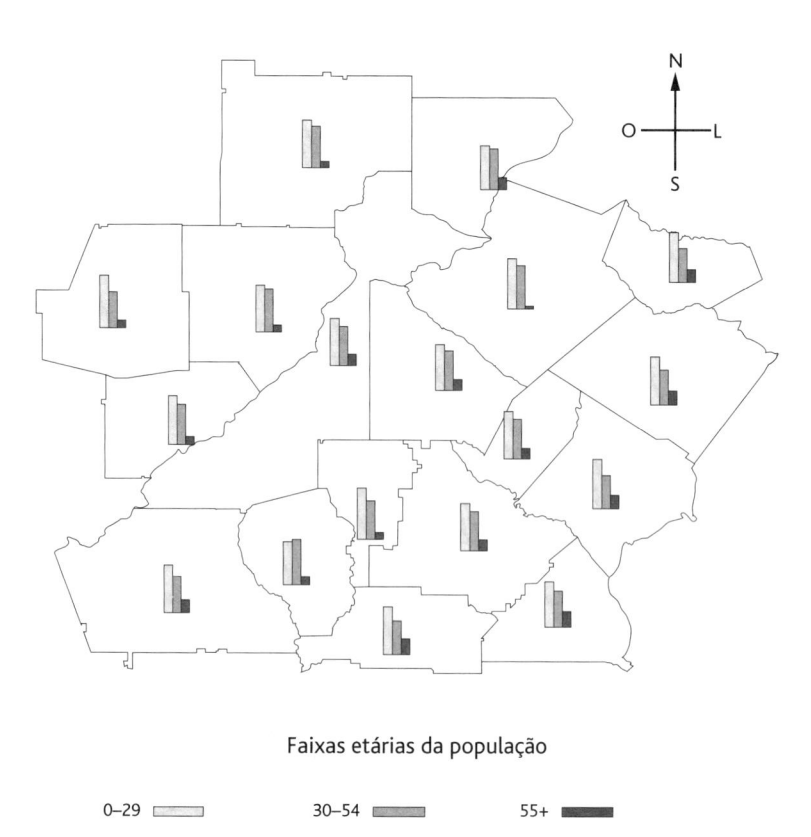

0–29   30–54   55+

Figura 10.1 Densidade populacional por faixa etária.

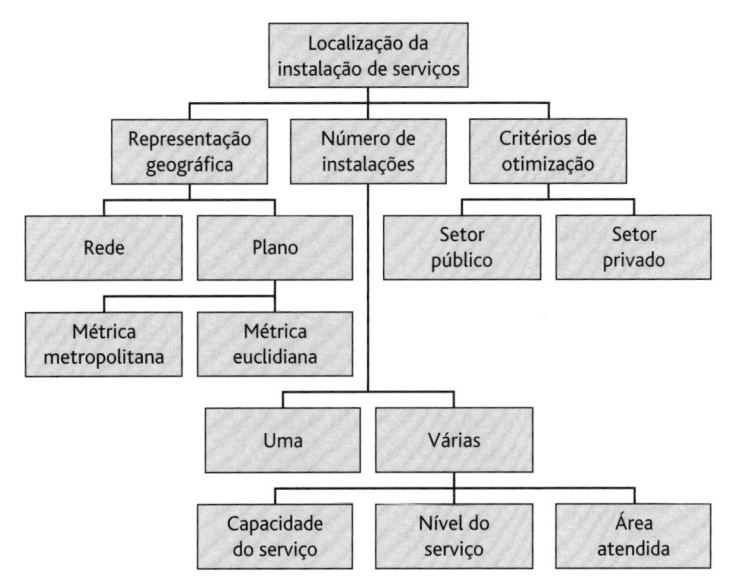

Figura 10.2 Classificação das questões de localização das instalações de serviços.

tremidades com dois métodos. Um método é o da *métrica euclidiana,* ou vetorial, para a distância percorrida (lembre-se do teorema de Pitágoras), que é definida como

$$d_{ij} = [(x_i - x_j)]^2 + (y_i - y_j)^2]^{1/2} \qquad (2)$$

onde
d_{ij} = distância entre os pontos *i* e *j*
x_i, y_i = coordenadas do *i*-ésimo ponto
x_j, y_j = coordenadas do *j*-ésimo ponto
Por exemplo, se

a origem é $x_i, y_i = 2,2$ e o destino é $x_j, y_j = 4,4$

então

$$d_{ij} = [(2 - 4)^2 + (2 - 4)^2]^{1/2} = 2,83$$

O outro método é a *métrica metropolitana,* ou deslocamento retangular, para determinar a distância percorrida (isto é, percurso norte–sul e leste–oeste em áreas urbanas), que é definida como

$$d_{ij} = |x_i - x_j| + |y_i - y_j| \qquad (3)$$

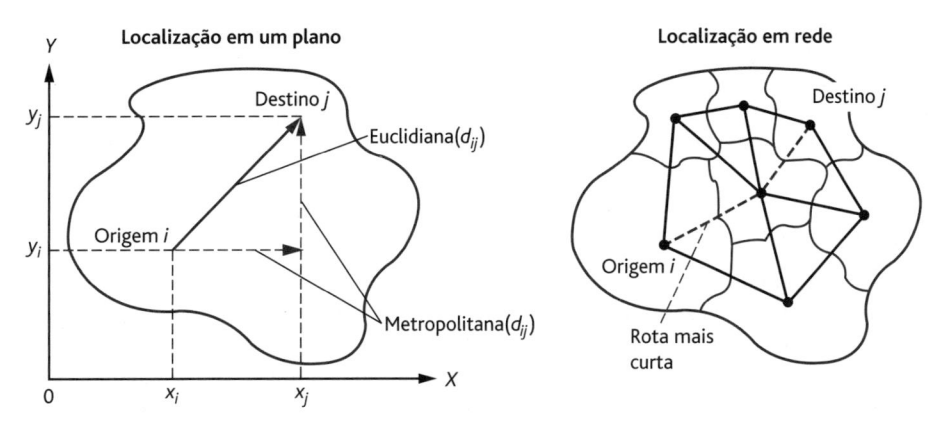

Figura 10.3 Estrutura geográfica.

Utilizando o mesmo exemplo para a métrica metropolitana:

$$d_{ij} = |2 - 4| + |2 - 4| = 4,0$$

A localização em uma rede é caracterizada por uma solução espacial restrita aos nós dessa rede. Por exemplo, um sistema de estradas seria considerado uma rede, com as interseções com a estrada principal sendo os nós. Os arcos da rede representariam as distâncias percorridas (ou tempos) entre dois nós, calculados utilizando as rotas mais curtas.

A escolha da representação geográfica e da métrica de distância normalmente é definida pela economia no esforço de coleta de dados e pelo contexto do problema. As redes representam de maneira mais precisa as peculiaridades geográficas de uma área (isto é, as restrições de percursos devido a um rio com poucas pontes ou a terrenos montanhosos). Infelizmente, o custo de coleta dos tempos de viagem entre os nós talvez seja proibitivo. Quando a localização é feita sobre um plano que representa uma área urbana, normalmente é utilizada a métrica metropolitana, pois as ruas de algumas cidades são arranjadas em um padrão norte-sul e leste-oeste. Tanto a métrica metropolitana quanto a métrica euclidiana requerem uma estimativa da velocidade média para converter a distância percorrida em tempo.

Número de instalações

A localização de uma instalação única em geral é calculada sem grande dificuldade. Infelizmente, os métodos utilizados para posicionar uma única instalação não garantem resultados ótimos quando modificados e aplicados em problemas de localização de múltiplas instalações. A dificuldade de determinar um conjunto de localizações aumenta ao atribuir nós de demanda às localizações (isto é, definir as áreas de serviço de cada localização), e o problema agrava-se ainda mais quando a capacidade varia em cada localização. Além disso, para alguns serviços, como saúde, existe uma hierarquia de serviços. Médicos particulares e clínicas oferecem atendimento primário, hospitais gerais oferecem atendimento primário e internação, e centros de saúde acrescentam tratamentos especializados. Desse modo, a escolha do serviço prestado também se torna uma variável em estudos de múltiplas localizações.

Critérios de otimização

Os problemas de localização de setores públicos e privados são similares, pois compartilham o objetivo de maximizar alguma medida de benefício. No entanto, os critérios de localização escolhidos diferem, pois o "proprietário" é diferente. No setor privado, a definição da localização é regida pela minimização dos custos (p.ex., no caso dos centros de distribuição) ou pela maximização dos ganhos (p.ex., no caso de definição do local para vendas a varejo). Em contrapartida, preferimos pensar que a definição do local de uma instalação pública seja regida pelas necessidades da sociedade como um todo. O objetivo para a tomada de decisão pública é maximizar um benefício social que pode ser de difícil quantificação.

Critérios no setor privado
A análise de localização tradicional no setor privado procura equilibrar os custos de construção e operação das instalações e os custos de transporte. Grande parte da literatura tratou desse problema, aplicável à distribuição de produtos (isto é, o problema de localização dos depósitos). Entretanto, esses modelos encontram algumas aplicações nos serviços à medida que forem entregues aos clientes (p.ex., serviços de consultoria, auditoria, zeladoria e jardinagem).

Quando o consumidor se desloca até as instalações, nenhum custo direto incide sobre o prestador. No entanto, a distância pode ser uma barreira, restringindo a demanda potencial dos consumidores e a correspondente geração de receita. Portanto, instalações como *shopping centers* são localizadas de maneira a atrair o maior número de clientes.

Critérios no setor público
As decisões de localização no setor público são dificultadas pela falta de consenso nas metas e pela dificuldade de mensurar os benefícios em unidades monetárias para fazer um balanço em relação aos investimentos nas instalações. Já que é difícil definir ou quantificar diretamente os benefícios do serviço público, utilizam-se indicadores substitutos ou indiretos da utilidade desses serviços.

A distância média percorrida pelos usuários para chegar às instalações é um indicador indireto muito popular. Quanto menor for essa distância, maior será o acesso dos usuários ao sistema. Desse modo, o problema passa a ser a minimização da distância média total percorrida, com uma restrição no número de instalações. O problema também terá uma restrição adicional que limita a distância máxima a ser percorrida por um usuário. Outra possibilidade é a criação de demanda. Aqui, a população de usuários não é considerada de maneira fixa, mas determinada pela localização, pelo tamanho e pelo número de instalações. Quanto maior for a demanda criada ou atraída, maior será a eficiência do sistema no atendimento das necessidades da região.

Esses benefícios substitutos são otimizados com restrições no investimento. Normalmente, desenvolvem-se análises de efetividade de custos para avaliar o balanço entre os investimentos e os benefícios. Os dilemas para os substitutos são 1) o decréscimo na distância média percorrida a cada mil dólares adicionais de investimentos e 2) o aumento na demanda a cada mil dólares adicionais de investimentos.

Efeito dos critérios na localização

A escolha dos critérios de otimização é importante para definir a localização das instalações do serviço. Por exemplo, William J. Abernathy e John C. Hershey estudaram a localização de centros de saúde para uma região composta por três cidades.[8] Como parte do estudo, eles registraram os efeitos da localização dos centros de saúde em relação aos seguintes critérios:

1. *Maximizar a utilização.* Maximizar o número total de visitas aos centros.
2. *Minimizar a distância per capita.* Minimizar as distâncias médias *per capita* até o centro mais próximo.
3. *Minimizar a distância por visita.* Minimizar a distância média percorrida por visita até o centro mais próximo.

O problema foi estruturado de maneira que a população de cada cidade tivesse uma composição diferente de características de consumo de serviços médicos. Essas características foram medidas de acordo com duas dimensões: 1) o efeito da distância como uma barreira para o uso do centro de saúde e 2) a taxa de utilização nas imediações do centro de saúde. A Figura 10.4 apresenta um mapa das três cidades com a localização de um centro de saúde de acordo com cada um dos três critérios. Esses critérios produzem localizações completamente diferentes conforme o padrão de comportamento de cada cidade. Pelo critério número 1 (maximizar a utilização), o centro é alocado na cidade C, pois esta contém inúmeros indivíduos idosos para os quais a distância é uma grande barreira. A cidade B é escolhida pelo critério 2 (minimizar a distância *per capita*), porque essa cidade fica localizada em uma posição central entre as duas maiores cidades. A cidade A é o maior centro populacional e tem os usuários mais frequentes e com maior mobilidade; dessa forma, o critério 3 (minimizar a distância por visita) torna esta a cidade escolhida.

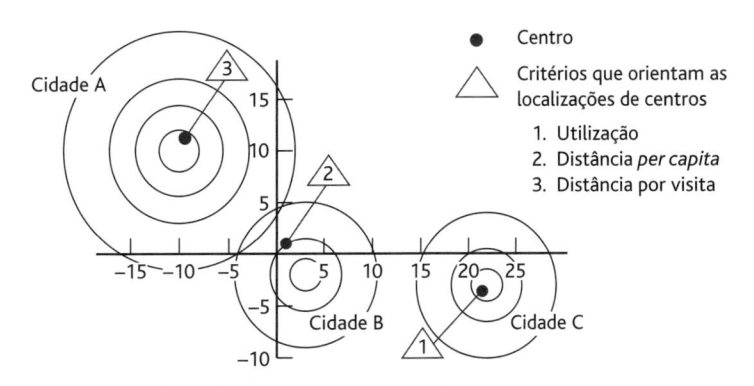

Figura 10.4 Localização de um centro de saúde a partir de três critérios.
Fonte: W. J. Abernathy and J. C. Hershey, "A Spatial-Allocation Model for Regional Health-Service Planning". Impressa com permissão de *Operations Research* 20, no. 3, 1972, p. 637, Operations Research Society of America. Nenhuma reprodução é permitida sem a autorização do proprietário dos direitos autorais.

TÉCNICAS PARA A LOCALIZAÇÃO DE INSTALAÇÕES

Por meio dos resultados da localização de uma instalação em uma linha, compreende-se melhor o problema da localização de instalações. Por exemplo, considere o problema de localizar uma concessão de esteiras de praia ao longo da praia de Waikiki. Suponha que você deseje encontrar um local que possibilite a minimização do percurso médio desde a concessão até qualquer lugar da praia. Além disso, suponha que você tenha dados que apresentem a densidade de banhistas ao longo da praia, que é relacionada ao porte e à localização dos hotéis. Esse problema é apresentado esquematicamente na Figura 10.5.

O objetivo é

$$\text{Minimizar} \quad Z = \sum_{i=0}^{s} w_i(s - x_i) + \sum_{i=s}^{n} w_i(x_i - s) \quad (4)$$

onde

w_i = peso relativo da demanda (banhistas) vinculado ao i-ésimo local na praia

x_i = localização do i-ésimo ponto de demanda na praia, em metros, a partir da origem

s = local da concessão de esteiras de praia

A função distância total Z é diferenciada em relação a s e igualada a zero. Isso produz

$$\frac{dZ}{ds} = \sum_{i=0}^{s} w_i - \sum_{i=s}^{n} w_i = 0 \quad \text{ou} \quad \sum_{i=0}^{s} w_i = \sum_{i=s}^{n} w_i \quad (5)$$

O resultado sugere que a concessão deveria estar situada na mediana em relação à distribuição de densidade dos banhistas. Isto é, a concessão é posicionada de maneira que 50% da demanda potencial estejam em cada lado (isto é, 29 na Figura 10.5). Isso já deveria ser esperado, uma vez que a mediana tem a propriedade de minimizar a soma dos desvios absolutos.

O resultado de localizar uma instalação ao longo de uma linha pode ser generalizado para o mesmo processo sobre um plano se usarmos a métrica metropolitana. A distância total percorrida será minimizada se as coordenadas da posição da instalação corresponderem à interseção das medianas de x e y em relação às suas respectivas distribuições de densidade. Referimo-nos a isso como abordagem da *mediana cruzada*.

A escolha de uma técnica de solução é determinada pelas características do problema, conforme descrito na Figura 10.2. Nossa discussão sobre as técnicas de localização não é exaustiva, mas algumas delas serão estudadas para ilustrar várias abordagens do problema. As técnicas selecionadas também representam abordagens que lidam com as várias características do problema: instala-

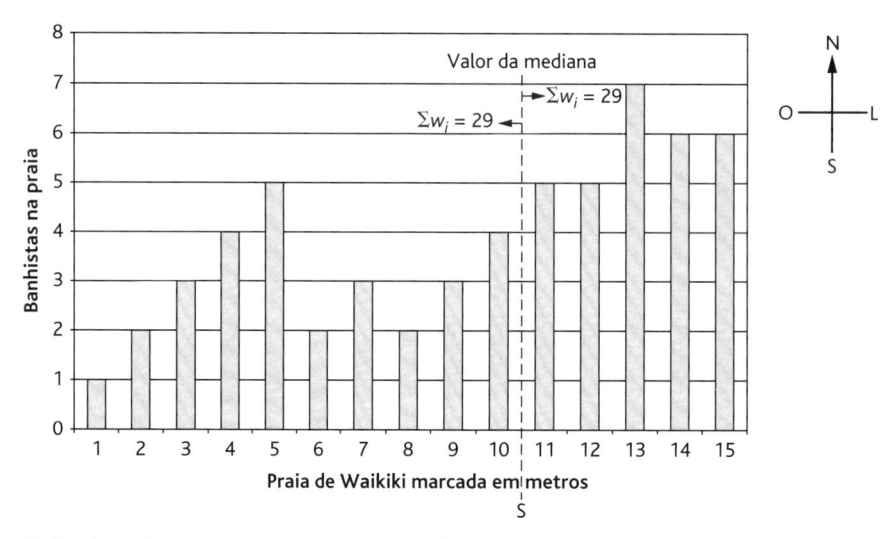

Figura 10.5 Localização de uma concessão na praia.

ção única *versus* múltiplas instalações, localização sobre um plano ou sobre uma rede e critérios de otimização públicos *versus* privados.

Abordagem da mediana cruzada para uma instalação única

A localização de uma instalação única sobre um plano para minimizar a distância total Z por meio da métrica metropolitana é feita de forma direta usando a abordagem da mediana cruzada. O objetivo é

$$\text{Minimizar} \quad Z = \sum_{i=1}^{n} w_i \{|x_i - x_s| + |y_i - y_s|\} \tag{6}$$

onde
w_i = peso vinculado ao *i*-ésimo ponto (p.ex., viagens por mês)
$x_{i,yi}$ = coordenadas do *i*-ésimo ponto de demanda
x_s, y_s = coordenadas da instalação do serviço
n = número de pontos de demanda servidos

Observe que a função objetivo pode ser reescrita como dois termos independentes.

$$\text{Minimizar} \quad Z = \sum_{i=1}^{n} w_i |x_i - x_s| + \sum_{i=1}^{n} w_i |y_i - y_s| \tag{7}$$

Lembremos, a partir do exemplo das esteiras de praia, que a mediana de um conjunto separado de valores é tal que a soma dos desvios absolutos a partir dela é mínima. Desse modo, nossa localização ótima terá coordenadas tais que 1) x_s está no valor da mediana para w_i ordenado na direção x e 2) y_s está no valor da mediana para w_i ordenado na direção y. Como x_s, y_s ou ambos podem ser valores únicos ou consistir em uma faixa de valores, a localização ótima pode estar em um ponto, em uma linha ou dentro de uma área.

Exemplo 10.1 Serviço de fotocópias

Um serviço de fotocópias decidiu abrir um escritório no distrito comercial central de uma cidade. O gerente identificou quatro prédios comerciais que gerarão grande parte de sua demanda, e a Figura 10.6 mostra a localização desses pontos de demanda em um sistema de coordenadas *xy*. A cada ponto, são vinculados pesos

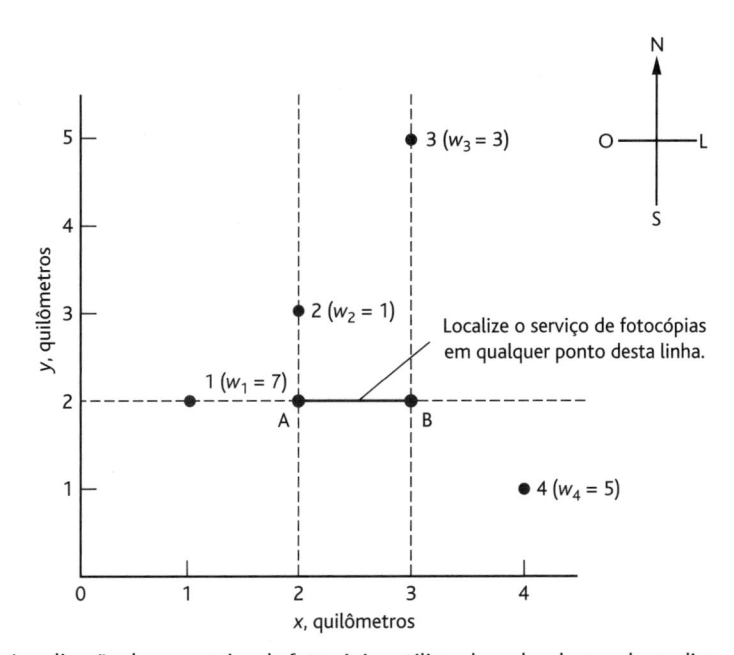

Figura 10.6 Localização de um serviço de fotocópias utilizando a abordagem da mediana cruzada.

Tabela 10.4 Valor da mediana para x_s

Ponto i	Localização x_i	Σw_i
\multicolumn{3}{c}{Ordenando de oeste para leste →}		
1	1	7 = 7
2	②	7 + 1 = 8
3	3	
4	4	
\multicolumn{3}{c}{Ordenando de leste para oeste ←}		
4	4	5 = 5
3	③	5 + 3 = 8
2	2	
1	1	

que representam a demanda potencial por mês em centenas de pedidos. O gerente gostaria de determinar a localização central que minimizará a distância total percorrida a cada mês pelos seus clientes.

Em função da localização urbana, a métrica metropolitana é apropriada. Uma localização definida pela abordagem da mediana cruzada será empregada para resolver esse problema. Primeiramente, a mediana é calculada com a equação (8):

$$\text{Mediana} = \sum_{i=1}^{n} \frac{w_i}{2} \qquad (8)$$

Pela Figura 10.6, constatamos que a mediana é igual a (7 + 1 + 3 + 5)/2 = 8. Para identificar a coordenada x da mediana para x_s, somamos os valores de w_i na direção x em ambos os sentidos, de oeste para leste e de leste para oeste. A metade superior da Tabela 10.4 lista, em ordem decrescente, os pontos de demanda de oeste para leste conforme aparecem na Figura 10.6 (isto é, 1, 2, 3, 4). Os pesos vinculados a cada ponto de demanda são somados em ordem decrescente até que a mediana alcance ou exceda o valor de 8. Esse valor é alcançado quando o peso da localização 2 é adicionado ao peso da localização 1: assim, a primeira mediana x é estabelecida em um valor de dois quilômetros (isto é, a coordenada x da localização 2 é circulada).

Esse procedimento é repetido com os pontos de demanda ordenados de leste para oeste, conforme mostrado em ordem decrescente na metade inferior da Tabela 10.4 (isto é, 4,3,2,1). A segunda mediana x é estabelecida no valor de três quilômetros (isto é, a coordenada x da localização 3 é circulada).

A Tabela 10.5 ilustra o mesmo procedimento de identificação da coordenada y da mediana para y_s. A metade superior da Tabela 10.5 lista, em ordem decrescente, os pontos de demanda, do sul para o norte, conforme aparecem na Figura 10.6 (isto é, 4, 1, 2, 3). Nesse caso, o valor da mediana de 8 é excedido primeiramente na localização 1, quando seu peso é adicionado ao da localização 4, resultando em um total de 12. A mediana y é estabelecida no valor de dois quilômetros (isto é, a coordenada y da localização 1 é circulada). Na metade inferior da Tabela 10.5, os pontos de demanda do norte para o sul são listados em ordem decrescente conforme aparecem na Figura 10.6 (isto é, 3, 2, 1, 4). Outra vez, o valor da mediana é primeiramente excedido na localiza-

Tabela 10.5 Valor da mediana para y_s

Ponto i	Localização y_i	Σw_i
\multicolumn{3}{c}{Ordenando de sul para norte ↑}		
4	1	5 = 5
1	②	5 + 7 = 12
2	3	
3	5	
\multicolumn{3}{c}{Ordenando de norte para sul ↓}		
3	5	3 = 3
2	3	3 + 1 = 4
1	②	3 + 1 + 7 = 11
4	1	

ção 1 quando seu peso é adicionado aos pesos das localizações 3 e 2 para produzir um total de 11. Desse modo, ficamos com apenas uma mediana y em dois quilômetros.

A abordagem da mediana cruzada na determinação da mediana dos quatro pontos da extensão garante que uma faixa de localização apropriada seja prontamente identificada. Nesse caso, qualquer localização sobre o segmento de linha AB minimiza a distância total percorrida (isto é, coordenadas 2 = x_s = 3 e y_s = 2).

Observe, pela Tabela 10.6, que a distância total ponderada percorrida calculada para o ponto A e para o ponto B é sempre igual a 35 quilômetros; desse modo, qualquer localização, tanto no ponto A quanto no ponto B ou ao longo da linha entre eles, será aceitável. Conforme ilustrado por esse exemplo, a solução de localização pode ser uma linha (isto é, a rua de uma cidade), um ponto (isto é, uma interseção) ou uma área (isto é, uma quadra da cidade). Dessa maneira, a abordagem da mediana cruzada resulta em certa flexibilidade na seleção do local.

Modelo de Huff para um ponto de vendas a varejo

Quando localizamos um ponto de vendas a varejo como um supermercado, o objetivo é maximizar o lucro. Nesse caso, um número separado de alternativas de locais deve ser avaliado para encontrar o mais lucrativo.

Para estimar a demanda dos consumidores, é adotado um modelo de gravidade. O *modelo de Huff* é baseado na analogia física de que a atração gravitacional de dois corpos é diretamente proporcional ao produto de suas massas e inversamente proporcional ao quadrado da distância que os separa. Para um serviço, a atratividade de uma instalação é expressa assim:

$$A_{ij} = \frac{S_j}{T_{ij}^{\lambda}} \qquad (9)$$

onde
A_{ij} = atração do consumidor i pela instalação j
S_j = tamanho da instalação j
T_{ij} = tempo de deslocamento do consumidor i até a instalação j
λ = parâmetro empiricamente estimado para refletir o efeito do tempo de deslocamento em vários tipos de idas às compras (p.ex., enquanto um centro de compras pode ter um λ = 2, lojas de conveniência teriam um λ = 10 ou maior)

David L. Huff desenvolveu um modelo de localização de pontos de vendas aproveitando o modelo de gravidade para prever os benefícios que os clientes teriam para um determinado tamanho e localização de loja.[9] Sabendo que os clientes também seriam atraídos por outras lojas concorrentes, ele propôs a razão P_{ij}. Para n lojas, esse índice mede a probabilidade de um cliente de uma dada área estatística i se deslocar para uma determinada instalação de compras j.

$$P_{ij} = \frac{A_{ij}}{\sum_{j=1}^{n} A_{ij}} \qquad (10)$$

Uma estimativa de E_{jk}, o total gasto por consumidor por ano com um produto de classe k em uma possível instalação de compra j, pode ser calculada como

Tabela 10.6 Distância total ponderada para localizações A e B

Localização A (2,2)					Localização B (3,2)				
Escritório	Distância		Peso	Total	Escritório	Distância		Peso	Total
1	1	×	7	= 7	1	2	×	7	= 14
2	1	×	1	= 1	2	2	×	1	= 2
3	4	×	3	= 12	3	3	×	3	= 9
4	3	×	5	= 15	4	2	×	5	= 10
				35					35

$$E_{jk} = \sum_{i=1}^{m}(P_{ij}C_i B_{ik}) \qquad (11)$$

onde

P_{ij} = probabilidade de um consumidor proveniente de uma dada área estatística i se deslocar até uma instalação de compras j, calculada por meio da equação (10)

C_i = número de consumidores na área i

B_{ik} = montante médio anual gasto por um consumidor na área i para um produto de classe k

m = número de áreas estatísticas

Uma estimativa de M_{jk}, a fatia de mercado capturada pelas vendas na instalação j do produto de classe k, pode ser calculada como

$$M_{jk} = \frac{E_{jk}}{\sum_{i=1}^{m} C_i B_{ik}} \qquad (12)$$

Um procedimento exaustivo é empregado para calcular o lucro anual esperado de cada localização potencial para vários tamanhos possíveis de lojas naquela localização. O lucro líquido operacional antes de descontar os impostos é calculado como um percentual de vendas ajustado ao tamanho da loja. O resultado é uma lista de localizações potenciais com o correspondente tamanho de loja que maximize o lucro. Resta agora estabelecer a negociação de um imóvel para a instalação que venha ao encontro da maximização do lucro anual.

Exemplo 10.2   Serviço de fotocópias – análise de Huff

Suponhamos que o serviço de fotocópias do Exemplo 10.1 tenha sido estabelecido em ($x = 2, y = 2$), conforme mostrado pela localização A da Figura 10.6, no extremo esquerdo da linha ótima. Além disso, suponhamos que cada pedido de cliente represente um gasto de US$ 10. Como a conveniência seria um critério importante para o consumidor, vamos supor que $\lambda = 2$. Se desejarmos abrir uma nova loja na localização ($x = 3, y = 2$) (isto é, na localização B no extremo direito da linha ótima), mas com o *dobro* da capacidade do centro de fotocópias existente, qual será a fatia de mercado que esperaremos ganhar? Utilizando as distâncias de trajeto da Tabela 10.7 como os dados de entrada para o modelo de Huff, são obtidos os cálculos apresentados nas Tabelas 10.8 a 10.10.

Esse exemplo ilustra o resultado de uma estratégia de localização agressiva, como a utilizada pelas redes nacionais de vendas a varejo bem financiadas. Por exemplo, temos o caso da Blockbuster, locadora de DVDs que tem a fama de abrir grandes lojas nas comunidades e tirar do mercado lojas de vídeo pequenas, operadas localmente.

Tabela 10.7   Distância percorrida em quilômetros (T_{ij}) (utilizando a métrica metropolitana)

Local (j)	Localização do cliente (i)			
	1	2	3	4
Proposto (3, 2)	2	2	3	2
Existente (2, 2)	1	1	4	3

Tabela 10.8   Atração (A_{ij})

Local (j)	Localização do cliente (i)			
	1	2	3	4
Proposto ($S_1 = 2$)	0,5	0,5	0,2222	0,500
Existente ($S_2 = 1$)	1,0	1,0	0,0625	0,111
Atração total	1,5	1,5	0,2847	0,611

Tabela 10.9 Probabilidade (P_{ij})

Local (j)	Localização do cliente (i)			
	1	2	3	4
Proposto	0,33	0,33	0,78	0,82
Existente	0,67	0,67	0,22	0,18

Tabela 10.10 Despesas mensais (E_{jk}) e fatia de mercado (M_{jk})

Local (j)	Despesas do cliente				Total mensal	Fatia de mercado %
	1	2	3	4		
Proposto	$2.333	$333	$2.340	$4.100	$9.106	0,57
Existente	4.667	667	660	900	6.894	0,43
Totais	$7.000	$1.000	$3.000	$5.000	$16.000	1,00

Definição da área de cobertura da localização para múltiplas instalações

A dificuldade de avaliação em decisões relativas à localização de instalações públicas resultou na busca de medidas alternativas, ou substitutas, dos benefícios da localização da instalação. Uma dessas medidas é a distância que o cliente mais distante teria de percorrer para chegar à instalação, conhecida como *distância máxima de serviço*. Queremos encontrar o número mínimo e a localização das instalações que servirão todos os pontos de demanda dentro de uma distância máxima de serviço especificada; isso é conhecido como problema de *definição da área de cobertura da localização*.

Exemplo 10.3 Clínicas médicas rurais

Um departamento estadual de saúde demonstra preocupação em relação à falta de serviços médicos nas áreas rurais, e um grupo de nove comunidades foi selecionado para um programa piloto em que clínicas médicas serão abertas para atender às necessidades de cuidados primários de saúde. Espera-se que cada comunidade esteja situada dentro da distância máxima de 30 quilômetros de pelo menos uma das clínicas. Os projetistas gostariam de determinar o número de clínicas necessárias e suas localizações. Qualquer comunidade pode servir como um local potencial para uma clínica, exceto pela comunidade 6, que não possui a estrutura necessária. A Figura 10.7 mostra uma rede identificando as cidades como círculos numerados; as linhas traçadas entre os locais mostram as distâncias de percurso em quilômetros.

O problema é abordado, primeiramente, identificando, para cada comunidade, as demais comunidades que se situam a um alcance de 30 quilômetros. Começando pela comunidade 1, observamos na Figura 10.7 que as comunidades 2, 3 e 4 estão situadas dentro do limite máximo de 30 quilômetros. Os resultados das verificações similares para cada comunidade estão relacionados na segunda coluna da Tabela 10.11 como o

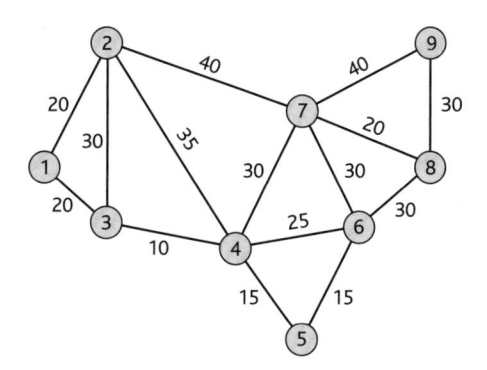

Figura 10.7 Rede de percursos para uma área rural.

Tabela 10.11 Gama de serviços para locais potenciais

Comunidade	Conjunto de comunidades atendidas por essa localização	Locais potenciais que poderiam atender à comunidade*
1	1,2,3,4	1,2,3,4
2	1,2,3	(1,2,3)[†]
3	1,2,3,4,5	1,2,3,4,5
4	1,3,4,5,6,7	1,3,4,5,7
5	3,4,5,6	(3,4,5)[†]
6	4,5,6,7,8	4,5,7,8
7	4,6,7,8	(4,7,8)[†]
8	6,7,8,9	7,8,9
9	8,9	(8,9)[†]

* A comunidade 6 não pode servir como local de clínica.
[†] Subconjuntos de locais potenciais.

conjunto de comunidades servidas a partir de cada local. Seria feita uma afirmação equivalente de que esse conjunto, a não ser por qualquer comunidade que não pudesse servir como um local, representa o conjunto de locais que cobririam a comunidade em questão para o serviço em um alcance de 30 quilômetros. Dessa forma, para a comunidade 5, o posicionamento da clínica nos locais 3, 4 ou 5 atenderia ao limite máximo de percurso.

A terceira coluna da Tabela 10.11 representa o conjunto de locais potenciais que cobririam uma determinada comunidade. Entretanto, vários desses conjuntos foram colocados entre parênteses porque representam subconjuntos de outras localizações potenciais. Por exemplo, como a comunidade 2 pode ser servida somente pelos locais 1, 2 e 3, um deles deverá ser escolhido para a localização da clínica. Identificar esses subconjuntos reduz o tamanho do problema e assegura que as restrições sejam satisfeitas.

Note que, em função do nosso desejo de minimizar o número de clínicas para atender todas as comunidades, qualquer localização que atenda a dois ou mais desses subconjuntos é uma excelente candidata para a seleção. Nesse caso, os locais 3, 4 e 8 são candidatos. Por análise, vemos que, se os locais 3 e 8 forem escolhidos, todos os subconjuntos serão atendidos; desse modo, todas as comunidades podem ser cobertas por apenas essas duas clínicas. Identificamos, ainda, a região de serviço para cada clínica; a clínica localizada na comunidade 3 servirá às comunidades 1 a 5, e a clínica localizada na comunidade 8 servirá às comunidades 6 a 9.

O problema de definição da área de cobertura da localização frequentemente fornece mais de uma solução. Nesse exemplo, se a distância máxima percorrida fosse definida em 40 quilômetros, os seguintes cinco pares de locais para a instalação das clínicas dariam cobertura: (3, 8), (3, 9), (4, 7), (4, 8) e (4, 9).

Resumo

A localização das instalações desempenha um papel importante na estratégia de uma empresa de serviços mediante sua influência sobre as dimensões competitivas da flexibilidade, do posicionamento competitivo, do gerenciamento da demanda e do foco. Estratégias como a aglomeração competitiva são comuns para a compra de produtos, e o marketing de saturação tem sido bem-sucedido para algumas pequenas lojas de varejo. Além disso, o uso de intermediários de marketing pode separar o fornecedor e o consumidor. Se a interação presencial entre funcionário e cliente não for necessária, como é ilustrado pelos provedores de serviços da Internet, a substituição do transporte físico pela comunicação eletrônica torna-se possível.

A discussão sobre técnicas de localização de instalações começou com o problema de uma única instalação. A abordagem da mediana cruzada identificou uma localização ótima para minimizar a distância total percorrida pelos clientes. A localização de um único ponto de vendas de varejo com o objetivo de maximizar os lucros é uma decisão importante, analisada por David

Huff por meio de um modelo de centro de gravidade para prever a atração dos clientes em relação a uma loja com base no seu tamanho e na sua localização. Para os problemas de localização de múltiplas instalações, o conceito de definição da área de cobertura é fundamental para a compreensão das muitas abordagens de identificação de locais.

Benchmark em serviços

Saturar uma cidade com lojas pode dar bons resultados

A ideia da aglomeração competitiva ou marketing de saturação é uma realidade e foi adotada entusiasticamente por muitas empresas, como Au Bon Pain, Benetton e Starbucks. Em uma primeira análise, a noção de instalar várias lojas de uma companhia em uma pequena área geográfica, algumas vezes a uma quadra da outra, parece arriscada. Para a Au Bon Pain, uma rede conhecida por seus sanduíches especiais e pães, as vantagens superaram as desvantagens.

O marketing de saturação reduz a necessidade de propaganda – por que fazer propaganda quando os prováveis clientes não conseguem caminhar uma quadra, ou, algumas vezes, apenas um andar em uma loja de departamentos, sem passar por uma loja de roupas da Benetton ou uma cafeteria Starbucks? A Au Bon Pain também descobriu que é mais fácil supervisionar as lojas quando elas estão localizadas próximas umas das outras. O marketing de saturação tem mais sucesso em locais urbanos de alta densidade, particularmente para negócios como a Starbucks e a Au Bon Pain, que não são lojas de destino. Os clientes costumam parar nesses lugares a caminho de outros locais.

A saturação parece funcionar melhor com estabelecimentos de propriedade da empresa em vez de franquias independentes. Se um estabelecimento da empresa tirar um pouco dos negócios de outro estabelecimento nas mesmas condições, isso não afetará a receita final da empresa. Se uma franquia independente tirar negócios de outra, no entanto, isso será motivo de preocupação para o proprietário independente, que sai perdendo.

Palavras-chave e definições

Aglomeração competitiva: agrupamento de competidores (p.ex., revendedores de automóveis) em locais próximos para facilitar a comparação de preços pelos consumidores na hora da compra. *p. 233*

Definição da área de cobertura da localização: abordagem para encontrar o número mínimo e a localização das instalações que servirão a todos os pontos de demanda dentro de uma distância máxima de trajeto especificada. *p. 247*

Distância eletrônica (*E-distance*) barreira encontrada no projeto de *sites* criada pela navegação interna e externa. *p. 235*

Intermediários de marketing: elo no canal de distribuição entre o consumidor final e o prestador do serviço (p.ex., um banco estendendo o crédito para um varejista mediante cartão de crédito). *p. 234*

Marketing de saturação: localização de vários estabelecimentos de uma empresa (p.ex., vendedores de sorvete) muito próximos uns dos outros para criar uma presença significativa e, assim, atrair a atenção dos clientes. *p. 233*

Mediana cruzada: abordagem de localização de uma instalação única utilizando a métrica metropolitana para minimizar a distância total ponderada percorrida. *p. 242*

Métrica metropolitana: medida da distância percorrida supondo deslocamentos retangulares (p.ex., percurso norte–sul e leste–oeste em áreas urbanas). *p. 239*

Modelo de Huff: modelo de localização de varejo baseado em uma analogia com a força gravitacional para mensurar a atração de um cliente em relação a uma instalação. *p. 245*

Tópicos para discussão

1. Escolha um serviço e identifique problemas na escolha de locais para suas instalações.
2. Como você definiria empiricamente uma estimativa para o parâmetro λ no modelo de localização de varejo de Huff para uma agência bancária?
3. Quais são as características de um serviço que fazem da comunicação um bom substituto para o transporte?
4. Quais são as vantagens do uso de intermediários no canal de distribuição de serviços?
5. Acesse http://www.mapinfo.com/ e encontre a definição de *location intelligence* ("inteligência de localização"). Como as informações geográficas podem ser utilizadas?

Exercício interativo

A turma discute as oportunidades de negócios com o uso do Google Earth.

Problemas resolvidos

1. Problema de localização utilizando a mediana cruzada

Enunciado do problema

Uma clínica de saúde está sendo projetada para atender a uma área rural no oeste do Estado do Texas, Estados Unidos. A área de atendimento consiste em quatro comunidades localizadas nas seguintes coordenadas xy, em quilômetros: A(6, 2), B(8, 6), C(5, 9), D(3, 4), com populações de 2.000, 1.000, 3.000 e 2.000 pessoas, respectivamente. Recomende uma localização, por meio da mediana cruzada, para a clínica de saúde, minimizando a distância total metropolitana ponderada percorrida.

Solução

Primeiro, calcule o valor da mediana em milhares:

$$\text{Mediana} = (2 + 1 + 3 + 2)/2 = 4$$

Em segundo lugar, marque as quatro comunidades no gráfico a seguir com a população (em milhares) subscrita.

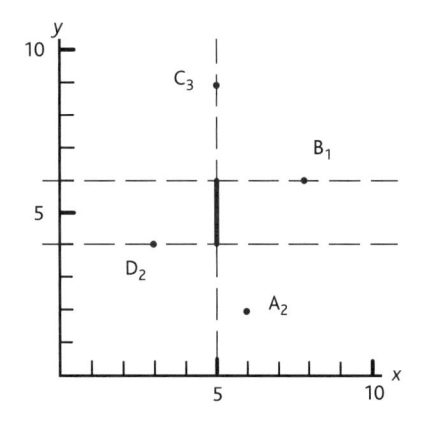

O terceiro passo é desenhar a linha pontilhada da mediana x (isto é, linha vertical) sobre o gráfico, indo da esquerda para a direita, adicionando os pesos até que a soma seja igual ou exceda a mediana (isto é, $D_2 + C_3 = 5$). O resultado é uma linha vertical em $x = 5$. Da direita para a esquerda, adicione os pesos até que a soma seja igual ou exceda a mediana (isto é, $B_1 + A_2 + C_3 = 6$). O resultado é a mesma linha vertical em $x = 5$.

O quarto passo é desenhar de cima para baixo a linha pontilhada da mediana y (isto é, linha horizontal) sobre o gráfico, adicionando os pesos até que a soma seja igual ou exceda a mediana (isto é, $C_3 + B_1 = 4$). O resultado é uma linha horizontal em $y = 6$. De baixo para cima, adicione os pesos até que a soma seja igual ou exceda a mediana (isto é, $A_2 + D_2 = 4$). O resultado é outra linha horizontal em $y = 4$. A localização recomendada resulta em um segmento de linha mostrado como uma linha escura no gráfico com coordenadas xy de (5,4) a (5,6).

2. Localização de uma empresa varejista utilizando o modelo de Huff

Enunciado do problema

A área oeste do Texas, no gráfico anterior, é atendida por uma mercearia na comunidade D. A proposta de uma loja com um espaço três vezes maior está sendo avaliada para localização na comunidade C. Suponha que os gastos mensais médios por consumidor sejam em torno de US$ 100. Então, utilizando a métrica metropolitana para o deslocamento e $\lambda = 2$, use o modelo de Huff para estimar o impacto sobre os gastos mensais e a fatia de mercado para a loja existente na comunidade D, caso a loja proposta na comunidade C venha a ser construída.

Solução

Primeiro, determine as distâncias percorridas utilizando a métrica metropolitana:

Distância percorrida em quilômetros (T_{ij}) (utilizando a métrica metropolitana)

| | Comunidade (i) | | | |
Local (j)	A (6, 2)	B (8, 6)	C (5, 9)	D (3, 4)
Proposto C (5, 9)	8	6	0	7
Existente D (3, 4)	5	7	7	0

Com a equação (14), calcule a matriz de atração com $\lambda = 2$. Por exemplo, a atração da comunidade A pela localização proposta em C (com $S = 3$, para contabilizar o espaço maior da nova loja) seria calculada assim:

$$A_{ij} = \frac{S_j}{T_{ij}^{\lambda}} = \frac{S_1}{T_{11}^2} = \frac{3}{8^2} = \frac{3}{64} = 0{,}0469$$

Observe que é atribuído um valor ∞ para a atração no caso de a loja estar localizada na mesma comunidade ($T_{ij} = 0$ no denominador).

Atração (A_{ij})

Local (j)	Localização da comunidade (i)			
	A	B	C	D
Proposto $S_1 = 3$	0,0469	0,0833	∞	—
Existente $S_2 = 1$	0,0400	0,0204	—	∞
Atração total	0,0869	0,1037		

Em terceiro lugar, com a equação (15), calcule a probabilidade tendo a atração total como denominador. Por exemplo, a probabilidade de residentes da comunidade A se deslocarem até a mercearia proposta localizada em C seria calculada assim:

$$P_{ij} = \frac{A_{ij}}{\sum_{j=1}^{n} A_{ij}} = \frac{A_{11}}{A_{11} + A_{12}} = \frac{0,0469}{0,0469 + 0,04} = 0,54$$

Probabilidade (P_{ij})

Local (j)	Localização da comunidade (i)			
	A	B	C	D
Proposto	0,54	0,80	1,0	0
Existente	0,46	0,20	0	1,0

A seguir, com a equação (16), os gastos mensais são calculados e, com a equação (17), as fatias de mercado são determinadas. Por exemplo, os gastos dos residentes da comunidade A na mercearia proposta localizada na comunidade C seriam calculados assim:

$$E_{jk} = \sum_{i=1}^{m}(P_{ij}C_i B_{ik}) = P_{11}C_1 B_1 = (0,54)(2.000)(100) = \$108.000$$

Despesas mensais (E_{jk}) e fatia de mercado (M_{jk})

Local (j)	Despesas da comunidade				Total mensal	Fatia de mercado %
	A	B	C	D		
Proposto	$108.000	$80.000	$300.000	$0	$488.000	0,61
Existente	92.000	20.000	0	200.000	312.000	0,39
Totais	$200.000	$100.000	$300.000	$200.000	$800.000	1,00

Exercícios

10.1 Reconsidere o serviço de fotocópias do Exemplo 10.1 e suponha que, ao longo dos anos, a demanda mensal dos quatro clientes aumentou para os seguintes pesos: $w_1 = 7$, $w_2 = 9$, $w_3 = 5$ e $w_4 = 7$. Se anteriormente localizamos o serviço de fotocópias no ponto A da Figura 10.6, deveríamos agora considerar uma localização diferente?

10.2 Uma agência de assistência temporária quer abrir um escritório no subúrbio de uma grande cidade. Foram identificados cinco grandes escritórios como clientes potenciais. As localizações desses escritórios, em quilômetros, no gráfico de coordenadas xy para a área são $c_1 = (4, 4)$, $c_2 = (4, 11)$, $c_3 = (7, 2)$, $c_4 = (11, 11)$ e $c_5 = (14, 7)$. A demanda esperada para a assistência temporária por parte desses clientes é ponderada como: $w_1 = 3$, $w_2 = 2$, $w_3 = 2$, $w_4 = 4$ e $w_5 = 1$. A agência reembolsa os empregados por despesas de deslocamentos durante a execução de suas tarefas; então, recomende uma localização (isto é, coordenadas *xy*) para a agência que minimize a distância total metropolitana ponderada para o percurso relativo ao trabalho.

10.3 Quatro hospitais localizados em um município estão cooperando a fim de estabelecer uma instalação centralizada de banco de sangue para servir a todos. Em um gráfico de coordenadas *xy* do município, os hospitais estão nas seguintes localizações: $H_1 = (5, 10)$, $H_2 = (7, 6)$, $H_3 = (4, 2)$ e $H_4 (16, 3)$. O número esperado de entregas por mês do banco de sangue para cada hospital é estimado em 450, 1.200, 300 e 1.500, respectivamente. Adotando a métrica metropolitana, recomende uma localização do banco de sangue que minimizará a distância total percorrida.

10.4 Um serviço de entrega de pizza decidiu abrir uma filial perto de uma área de moradia de estudantes fora do *campus*. O gerente do projeto identificou cinco complexos de apartamentos de estudantes na área noroeste da cidade. As localizações de cada um em um gráfico de coordenadas *xy* em quilômetros são: $C_1 = (1, 2)$, $C_2 = (2, 6)$, $C_3 = (3, 3)$, $C_4 (4, 1)$ e $C_5 = (5, 4)$. A demanda esperada é ponderada como: $w_1 = 5$, $w_2 = 4$, $w_3 = 3$, $w_4 = 1$ e $w_5 = 5$. Adotando a métrica metropolitana, recomende a localização da filial que minimizará a distância total percorrida.

10.5 O aeroporto de uma pequena cidade é atendido por quatro companhias aéreas. O terminal é distribuído com áreas de embarque localizadas em um gráfico de coordenadas *xy* em $A = (1, 4)$, $B = (5, 5)$, $C = (8, 3)$ e $D = (8, 1)$. O número de voos por dia, de capacidade aproximadamente igual, é $A = 28$, $B = 22$, $C = 36$ e $D = 18$. Uma nova área central de retirada de bagagens está em construção. Adotando a métrica metropolitana, recomende uma localização para a nova área de retirada de bagagens que minimizará a distância total ponderada das áreas de embarque.

10.6 Solicitaram que você ajudasse a localizar um fornecedor de um serviço de bufê no distrito comercial central da cidade. As localizações dos clientes potenciais em um gráfico de coordenadas *xy* são $P_1 (4, 4)$, $P_2 = (12, 4)$, $P_3 = (2, 7)$, $P_4 = (11, 11)$ e $P_5 = (7, 14)$. A demanda esperada é ponderada como: $w_1 = 4$, $w_2 = 3$, $w_3 = 2$, w_4 4 e $w_5 = 1$. Adotando a métrica metropolitana, recomende uma localização para o serviço de bufê que minimizará a distância total ponderada percorrida para servir aos clientes.

10.7 Reconsidere a análise de Huff do serviço de fotocópias do Exemplo 10.2. Calcule novamente os gastos mensais dos clientes e a fatia de mercado para o centro de cópias proposto na localização B se a nova loja tiver o *triplo* da capacidade da loja existente na localização A e se os novos pesos das demandas forem os mesmos do Exercício 10.1.

10.8 Uma loja de departamentos de proprietários locais escolheu dois clientes de cada uma de cinco áreas geográficas para estimar os gastos dos clientes em seu departamento de utensílios domésticos. Considera-se que esses clientes são uma boa amostra dos 10 mil atendidos pela loja. O número de clientes em cada área é $C_1 = 1.500$, $C_2 = 2.500$, $C_3 = 1.000$, $C_4 = 3.000$ e $C_5 = 2.000$. É observado que os dois clientes têm os seguintes orçamentos em dólares para utensílios domésticos por ano: $B_{11} = 100$, $B_{12} = 150$; $B_{21} = 75$, $B_{22} = 100$; $B_{31} = 125$, $B_{32} = 125$; B_{41} 100, $B_{42} = 120$; e $B_{51} = 120$, $B_{52} = 125$.

a. Adotando o modelo de Huff para a localização de varejos, estime as vendas anuais de utensílios domésticos para a loja.

b. Em um *shopping* próximo à loja, foi aberta uma filial da Bull's-Eye, uma rede de lojas de departamentos. A filial da Bull's-Eye é três vezes maior do que a loja dos proprietários locais. Os tempos de deslocamento, em minutos, das cinco áreas para as duas lojas (*j* = 1 para a loja dos proprietários locais, *j* = 2 para a Bull's-Eye) são: $T_{11} = 20$, $T_{12} = 15$; $T_{21} = 35$, T_{22} 20; $T_{31} = 30$, $T_{32} = 25$; $T_{41} = 20$, $T_{42} = 25$; e $T_{51} = 25$, $T_{52} = 25$. Com o modelo de Huff para a localização de varejos, estime os gastos anuais dos consumidores na seção de utensílios domésticos de cada loja, supondo que $\lambda = 1$.

10.9 Uma comunidade atualmente é abastecida por um único posto de gasolina de autoatendimento com seis bombas. Um concorrente está abrindo uma nova instalação, com 12 bombas, no outro lado da cidade. A Tabela 10.12 mostra os tempos de deslocamento, em minutos, das quatro áreas da comunidade até os locais e com o número de clientes em cada área.

a. Com o modelo de Huff para a localização de varejos e presumindo que $\lambda = 2$, calcule a probabilidade de um cliente se deslocar de cada área para cada um dos locais.

b. Estime a proporção do mercado existente que será perdida para o novo competidor.

Tabela 10.12   Tempos de percurso a postos de gasolina

Área	1	2	3	4
Posto de gasolina antigo	5	1	9	15
Novo concorrente	20	8	12	6
Número de clientes	100	150	80	50

10.10 Retome o Exemplo 10.3, sobre clínicas médicas rurais, e suponha que cada comunidade deve estar no máximo a 25 quilômetros da clínica mais próxima. Quantas clínicas seriam necessárias e quais poderiam ser suas localizações? Dê todas as soluções de localizações possíveis.

10.11 Um banco está planejando atender às comunidades rurais mostradas na Figura 10.8 com caixas automáticos. O tempo de percurso em minutos entre as comunidades na área de serviço é mostrado na rede da Figura 10.8. O banco está interessado na determinação do número e das localizações dos caixas automáticos necessários para servir às comunidades de maneira que pelo menos uma máquina fique a, no máximo, 20 minutos de qualquer comunidade.

10.12 O departamento voluntário de bombeiros que serve as comunidades da Figura 10.8 comprou recentemente dois carros de bombeiros usados, leiloados em uma cidade vizinha.

a. Selecione todos os pares possíveis de comunidades em que os carros de bombeiro seriam localizados, garantindo que todas as comunidades fossem alcançadas em 30 minutos ou menos.

b. Que considerações adicionais poderiam ser usadas para fazer a seleção final da localização entre os pares de comunidades encontrados no item *a*?

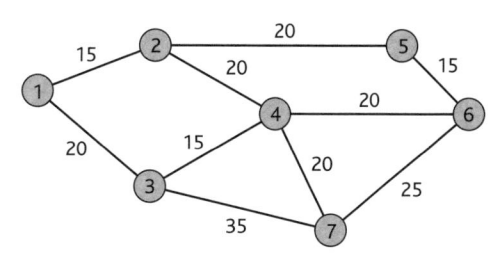

Figura 10.8 Rede de área de atendimento.

Organização de serviços de saúde (C) — Estudo de caso 10.1

Joan Taylor, a administradora da companhia de seguros Life-Time, estabelecida em Buffalo, Nova York, foi encarregada de instalar uma clínica satélite da Organização de Serviços de Saúde (OSS) em Austin, Texas. O conceito da OSS ofereceria aos habitantes de Austin uma alternativa ao sistema tradicional de serviços médicos com pagamentos pelos serviços. Os indivíduos se inscreveriam na OSS voluntariamente e, por uma taxa fixa, usufruiriam desses serviços. O pagamento da taxa seria antecipado.

Taylor planejou cuidadosamente os trabalhos preliminares necessários para estabelecer a nova clínica em Austin, e, quando ela chegou, a maioria dos arranjos estava concluída. Porém, a localização do centro ambulatorial (clínica) não tinha sido definida. Os dados preliminares sobre os números estimados de inscritos

Tabela 10.13 Número estimado de inscritos potenciais por área de censo

Área de censo	Matriculados (em milhares)	Área de censo	Matriculados (em milhares)
1	5	13.02	4
2	4	14	5
3	3	15.01	6
4	1	15.02	4
5	2	15.03	5
6	1	16.01	3
7	4	16.02	2
8	1	18.03	5
9	2	20	2
10	4	21.01	4
11	2	21.02	3
12	2	23.01	4
13.01	3		

Figura 10.9 Mapa das áreas recenseadas de Austin, Texas.

em potencial na OSS haviam sido determinados por áreas de censo e são descritos na Tabela 10.13. Adotando a abordagem da mediana cruzada e o mapa das áreas de censo da Figura 10.9, recomende uma localização para a clínica.

Athol Furniture, Inc.[10]   Estudo de caso 10.2

A Athol Furniture Inc. é uma rede regional de lojas de móveis e eletrodomésticos que está em crescimento. A gerência tem cogitado a pequena cidade de Lake Bluff como a próxima localização de uma loja de vendas a varejo. Embora a população total seja, atualmente, de 21 mil pessoas, é esperado que Lake Bluff cresça nas próximas décadas em função do aumento da mineração nas colinas ao seu redor.

O departamento de marketing da Athol fez uma análise geral do potencial de expansão do mercado em Lake Bluff, mas a tarefa de definir o melhor local para a loja foi dada a Carlos Gutierrez. Após obter os dados de mercado de Lake Bluff, Carlos constatou que seria apropriado utilizar o modelo de localização de Huff no desenvolvimento de uma recomendação para a gerência da companhia. Ele fez essa escolha porque há vários competidores instalados e muitos lugares potenciais a serem considerados.

A Figura 10.10 é um mapa de Lake Bluff que apresenta as principais ruas e autoestradas, a estrada de ferro (a Athol levará suas mercadorias à cidade por trilhos a partir de um armazém a 1.200 quilômetros de distância), o rio Crystal, o lago Bluff e os grupos de quadras do censo (numerados de 1 a 12). A Tabela 10.14 fornece o número de unidades domiciliares, a renda anual média por unidade domiciliar e os gastos médios anuais em móveis/eletrodomésticos por unidade domiciliar para cada grupo de quadras do censo.

Na Figura 10.10, as letras A e B mostram as localizações dos competidores locais da Athol, e a Tabela 10.15 indica o tamanho das lojas existentes com pelo menos 500 metros quadrados de área de vendas. As letras X, Y e Z na Figura 10.10 mostram os locais que Carlos julgou serem aptos para a Athol instalar o seu ponto de venda. Os limites de tamanho máximo (isto é, área de venda) de cada localização potencial são apresentados na Tabela 10.16.

Com base nas velocidades médias das principais ruas e avenidas, obtidas no departamento de planejamento da cidade, Carlos desenvolveu uma matriz de tempos de percurso entre os locais varejistas existentes e potenciais e o centro de cada grupo de quadras do censo. Esses tempos de percurso estão na Tabela 10.17.

Da experiência com outras localizações da Athol, Carlos desenvolveu um conhecimento relativamente apurado da relação entre o tamanho da loja (isto é, área de vendas) e as margens

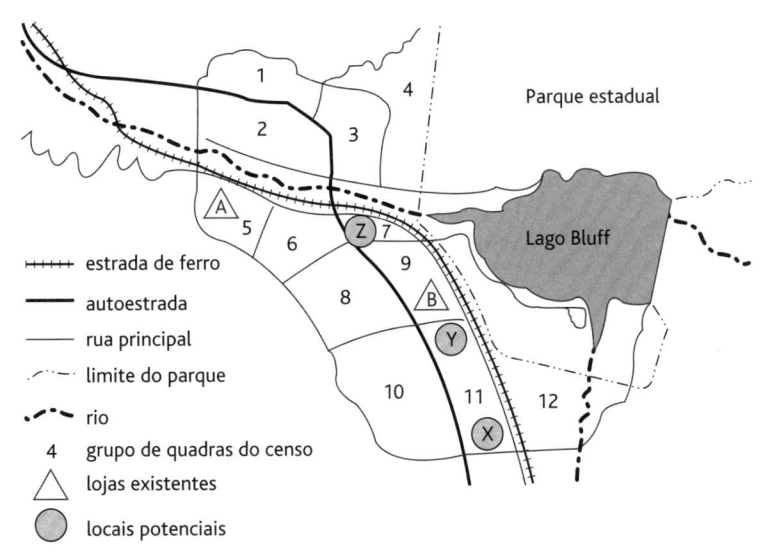

Figura 10.10 Lago Bluff.

Tabela 10.14 Dados de mercado

Grupo de quadros do censo	Número de unidades domiciliares	Renda média anual (US$)	Gastos médios anuais em móveis/eletrodomésticos por unidade domiciliar (US$)
1	730	65.000–70.000	180
2	1.130	45.000–50.000	125
3	1.035	80.000–85.000	280
4	635	150.000+	350
5	160	25.000–30.000	75
6	105	20.000–25.000	50
7	125	20.000–25.000	60
8	470	40.000–45.000	115
9	305	30.000–35.000	90
10	1.755	85.000–90.000	265
11	900	75.000–80.000	215
12	290	150.000+	370
	7.640		

nas vendas, os gastos e os lucros operacionais líquidos antes de descontar os impostos. Essas informações são apresentadas na Tabela 10.18.

Questões

1. Com uma versão plana do modelo de localização de Huff (com $\lambda = 1,0$), recomende um tamanho de loja e uma localização para a Athol. Supondo que a Athol não pretenda considerar uma loja de menos de 1.000 metros quadrados, calcule as dimensões da loja (com base em incrementos de 500 metros quadrados) até alcançar o limite máximo permitido de área de vendas para cada local potencial.

2. Quais são o lucro líquido de operação antes dos impostos e a fatia de mercado esperados para o ponto de venda que você recomendou? Defenda sua recomendação.

3. Tente outros dois valores de λ (p.ex., 0,5 e 5,0) para medir a sensibilidade à propensão de deslocamento do cliente nas localizações que você recomendou.

4. Resumidamente, especifique qualquer falha que você tenha percebido nesse modelo.

Tabela 10.15 Tamanho das lojas dos concorrentes

Loja	Área de venda (metros quadrados)
A	1.000
B	1.500

Tabela 10.16 Limite máximo de tamanho das lojas Athol

Local	Área de vendas (metros quadrados)
X	1.500
Y	2.000
Z	1.000

Tabela 10.17 Tempo mínimo de percurso, em minutos, entre as localizações potenciais e existentes e os grupos de quadras

Local	Grupo de quadras de censo											
	1	2	3	4	5	6	7	8	9	10	11	12
A	7	5	5	9	1	3	4	5	7	10	14	17
B	10	8	8	10	7	3	3	2	1	4	2	5
X	16	14	14	16	13	8	7	6	4	3	2	2
Y	12	10	10	12	9	5	4	3	2	3	2	4
Z	7	5	5	7	4	2	1	4	3	8	10	13

Tabela 10.18 Relação entre o tamanho da loja e as margens de vendas, os gastos e o lucro operacional líquido como porcentagem das vendas

Área de venda (metros quadrados)	Dados operacionais		
	Margem de venda	Gastos	Lucro operacional líquido, antes dos impostos
1.000	16,2	12,3	3,9
1.500	15,6	12,0	3,6
2.000	14,7	11,8	2,9

Bibliografia selecionada

Chhajed, D., R. L. Francis and T. J. Lowe: "Contributions of Operations Research to Location Analysis." *Location Science* 1, no. 4 (1993), pp. 263–87.

Craig, C. S, A. Ghosh and S. Mclafferty: "Models of the Retail Location Process: A Review." *Journal of Retailing* 60, no. 1 (Spring 1984), pp. 5–36.

Fitzsimmons, James A. and B. N. Srikar: "Emergency Ambulance Location Using the Contiguous Zone Search Routine." *Journal of Operations Management* 2, no. 4 (August 1982), pp. 225–37.

Mandell, Marvin B. "Modeling Effectiveness-Equity Trade-offs in Public Service Delivery Systems." *Management Science* 37, no. 4 (April 1991), pp. 467–82.

Min, H. "Location Planning of Airport Facilities Using the Analytic Hierarchy Process." *Logistics and Transportation Review* 30, no. 1 (March 1995), pp. 79–94.

Price, W. L. and M. Turcotte: "Locating a Blood Bank," *Interfaces* 16, no. 5 (1986), pp. 17–26.

Schmenner, Roger W. "The Location Decisions of New Services." In *New Service Development,* eds. J. A. Fitzsimmons and M. J. Fitzsimmons. Thousand Oaks, Calif.: Sage Publications, 2000, pp. 216–38.

Swersey, Arthur J. and Lakshman S. Thakur: "An Integer Programming Model for Locating Vehicle Emissions Testing Stations." *Management Science* 41, no. 3 (March 1995), pp. 496–512.

Notas

1. D. A. Lopez and P. Gray, "The Substitution of Communication for Transportation: A Case Study," *Management Science* 23, no. 11 (July 1977), pp. 1149–60.
2. S. E. Kimes and J. A. Fitzsimmons, "Selecting Profitable Hotel Sites at La Quinta Motor Inns," *Interfaces* 20, no. 2 (March 1990), pp. 12–20.
3. Suzanne Alexander, "Saturating Cities with Stores Can Pay," *The Wall Street Journal,* September 11, 1989, p. B1.
4. James H. Donnelly, "Marketing Intermediaries in Channels of Distribution for Services," *Journal of Marketing* 40, January 1976, pp. 55–70.
5. Julie E. Kendall, "E-distance and the Theatres of South Jersey," *Decision Line,* March 2003, pp. 13–15.
6. S. E. Kimes and J. A. Fitzsimmons, "Selecting Profitable Hotel Sites at La Quinta Motor Inns," *Interfaces* 20, no. 2 (March 1990), pp. 12–20.
7. Christian Harder, *ArcView GIS Means Business,* Redlands, Calif.: Environmental Research Systems, Inc., (1997), pp. 125.
8. W. J. Abernathy and J. C. Hershey, "A Spatial-Allocation Model for Regional Health Services Planning," *Operations Research* 20, no. 3 (May–June 1972), pp. 629–42.
9. David L. Huff, "A Programmed Solution for Approximating an Optimum Retail Location," *Land Economics,* August 1966, pp. 293–303.
10. Esse estudo de caso foi preparado por James H. Vance, com a orientação do Prof. James A. Fitzsimmons.

Parte III

Gerenciamento de operações de serviços

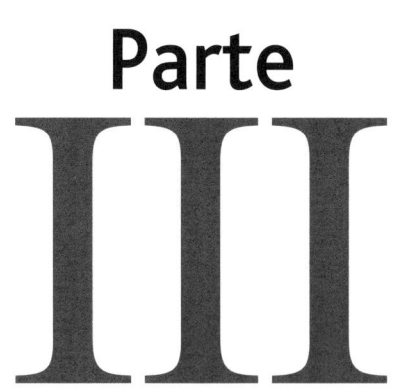

A operação cotidiana de um serviço é um desafio permanente, pois os objetivos da organização, as necessidades do cliente e a atenção aos fornecedores do serviço devem ser gerenciados simultaneamente em um ambiente em constante mudança. Na terceira parte deste livro, começamos explorando as estratégias para compatibilizar a capacidade e a demanda. Esse desafio ilustra a inseparabilidade do marketing e das operações no gerenciamento de serviços. Uma combinação perfeita raramente é possível, e o resultado são clientes esperando. Portanto, o gerenciamento de filas de espera para evitar a percepção de uma experiência ruim do serviço é uma habilidade importante. Modelos de filas são usados para planejar a capacidade adequada de serviço a fim de equilibrar o custo da espera do cliente com o custo do fornecimento do serviço.

Descobrimos que a cadeia de suprimentos se torna um desafio no gerenciamento de relações devido à natureza da dualidade cliente-fornecedor. Fazemos uma discussão do crescimento dos serviços no ambiente competitivo global de hoje. Concluímos a Parte III com uma discussão sobre o gerenciamento de projetos.

Capítulo 11

Gerenciamento de capacidade e demanda

Objetivos de aprendizagem

Ao final deste capítulo, você deverá estar apto a:

1. Descrever as estratégias para equilibrar a capacidade com a demanda em serviços.
2. Determinar a estratégia de *overbooking* (superlotação) de capacidade para um serviço, buscando minimizar as perdas esperadas.
3. Utilizar um modelo de programação linear para preparar uma escala semanal de trabalho por turnos com dois dias consecutivos de folga para cada empregado.
4. Preparar uma escala de trabalho para empregados que trabalham meio turno.
5. Explicar o que é gestão de rendimento, quando seu uso é apropriado e como pode ser realizado utilizando o critério de quantil crítico.

Depois que as decisões em investimentos de capacidade fixa são tomadas (p ex., número de quartos de hotel a serem construídos ou de aeronaves a serem compradas), os leitos do hotel devem ser ocupados e os assentos das aeronaves vendidos para que as operações diárias se tornem lucrativas. O tema deste capítulo é o desafio enfrentado pelos gerentes para equilibrar a prestação de um serviço com as demandas diárias dos clientes em um ambiente dinâmico.

A capacidade dos serviços é uma *commodity* perecível. Por exemplo, uma aeronave voando com lugares vagos perdeu para sempre a oportunidade de gerar renda com o transporte desses passageiros ausentes. A American Airlines foi a primeira empresa do setor a abordar esse problema e avaliar corretamente o potencial de utilização do que hoje conhecemos como *gestão de rendimento*, que já abordamos rapidamente no Capítulo 3 e que agora explicaremos com mais profundidade e detalhes. A utilização da tecnologia da informação para sustentar a gestão de rendimento não deixou de ser percebida por Donald Burr, CEO da People Express, cuja empresa de aviação, que passou por um insucesso, foi comprada pela Texas Air em 1986. Ele teria dito a respeito: "Sou o principal exemplo de um homem eliminado por um *chip* de computador".[1]

Ao contrário dos produtos armazenados em depósitos para consumo futuro, um serviço é uma experiência pessoal intangível que não pode ser transferida de uma pessoa a outra. Em vez disso, o serviço é produzido e consumido ao mesmo tempo. Quando a demanda por um serviço é menor do que a capacidade disponível, temos instalações e funcionários ociosos. Além disso, a variabilidade na demanda de serviços é muito grande e, na verdade, nossos hábitos e cultura contribuem para essas flutuações. Por exemplo, a maior parte das pessoas faz as refeições no mesmo horário e usufrui as férias preferencialmente em janeiro e fevereiro; estudos em hospitais indicam baixa utilização dos serviços nos períodos de verão e outono. Essas variações naturais na demanda dos serviços criam períodos de ociosidade em certas épocas e clientes na fila de espera em outras.

APRESENTAÇÃO DO CAPÍTULO

Começamos com uma discussão de duas estratégias genéricas: nível de capacidade e adequação à demanda. Para a estratégia de nível de capacidade, apresentamos estratégias orientadas pelo marketing, como incentivos nos preços, o que pode suavizar a demanda de clientes para melhor utilizar a capacidade fixa. Para a estratégia de adequação à demanda, consideramos estratégias orientadas pelas operações, como a programação de turnos de trabalho para variar a capacidade a fim de combiná-la com os diferentes níveis de demanda. Concluindo, exploramos uma estratégia híbrida chamada gestão de rendimento, que utiliza sofisticados sistemas de informações em tempo real para maximizar a receita.

ESTRATÉGIAS GENÉRICAS DE NÍVEL DE CAPACIDADE OU DE ADEQUAÇÃO À DEMANDA

Há duas estratégias genéricas para o gerenciamento da capacidade: nível de capacidade e adequação à demanda. A Tabela 11.1 ilustra as vantagens e desvantagens dessas duas estratégias. Os serviços públicos praticam a forma pura de *nível de capacidade* porque as estações geradoras de energia são caras, implicam grandes incrementos e os clientes esperam obter um serviço ininterrupto. A forma pura de *adequação à demanda* é bem ilustrada pelas centrais de atendimento ao cliente, que programam o número de funcionários de acordo com as variações esperadas na demanda. A maioria dos serviços, no entanto, consegue trabalhar com uma estratégia híbrida. Por exemplo, a capacidade de leitos de hotel é fixa, mas a equipe de funcionários pode variar de acordo com a demanda sazonal. As próximas duas seções abordam as estratégias mostradas na Figura 11.1 para o gerenciamento da demanda quando um nível de capacidade é mantido e estratégias para o gerenciamento da capacidade quando se busca adequação à demanda.

ESTRATÉGIAS PARA O GERENCIAMENTO DA DEMANDA

Variabilidade induzida pelo cliente[2]

A variabilidade nas taxas de chegadas de clientes é um desafio bem conhecido para os gerentes de serviços que tentam combinar a capacidade com a demanda. Frances Frei descreve cinco fontes de variabilidade induzida pelo cliente em operações de serviços. A *variabilidade de chegada* resulta em funcionários ociosos ou em clientes esperando, pois as decisões independentes dos clientes não são distribuídas uniformemente ao longo do tempo. O nível de conhecimento do cliente, a capacidade física e a habilidade criam a *variabilidade de capacitação,* porque alguns clientes desempenham tarefas com facilidade, ao passo que outros necessitam de auxílio. A *variabilidade de solicitação* resulta das demandas únicas dos clientes, que criam tempos de atendimento desequilibrados, por exemplo, um cliente bancário que deseja comprar um CD e outro que pretende descontar um cheque. Quando se espera que os clientes desempenhem um papel em uma interação de serviço (p. ex., devolver um carrinho de supermercado ao seu lugar original), o nível de comprometimento resulta em *variabilidade de esforço*. Finalmente, a expectativa do que significa ser bem tratado varia entre os clientes, o que resulta em *variabilidade de preferência subjetiva*. Por exemplo, um cliente

Tabela 11.1 Vantagens e desvantagens das estratégias de nível de capacidade e adequação à demanda

Dimensão estratégica	Nível de capacidade	Adequação à demanda
Espera do cliente	Geralmente baixa	Moderada
Utilização dos funcionários	Moderada	Alta
Nível de qualificação dos funcionários	Alta	Baixa
Rotatividade dos funcionários	Baixa	Alta
Necessidade de treinamento de funcionário	Alta	Baixa
Condições de trabalho	Agradáveis	Agitadas
Necessidade de supervisão	Baixa	Alta
Previsão	Longo prazo	Curto prazo

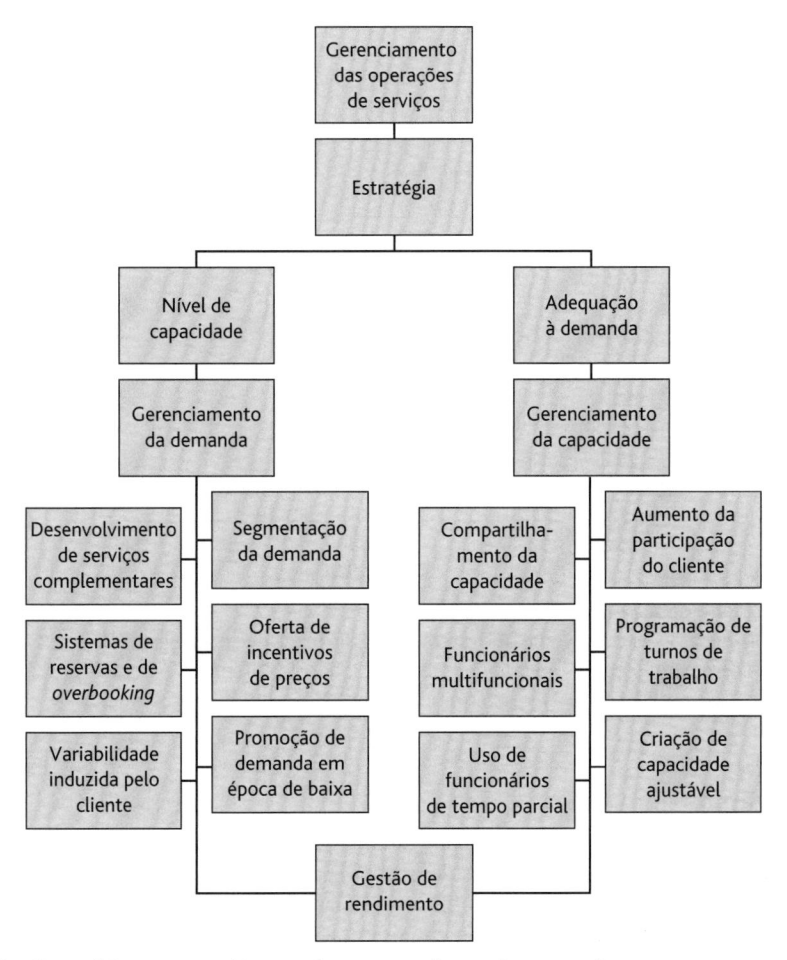

Figura 11.1 Estratégias para combinar a oferta com a demanda por serviços.

pode apreciar que um garçom se apresente pelo primeiro nome, enquanto outro talvez se ressinta com uma suposta intimidade. As preferências pessoais introduzem imprevisibilidade, tornando difícil atender a uma grande clientela de modo uniforme.

As estratégias para gerenciar a variabilidade induzida pelo cliente dividem-se em duas categorias: acomodação e redução. As estratégias de acomodação favorecem mais a experiência do cliente do que a eficiência operacional. A estratégia de redução favorece mais a simplicidade operacional do que a experiência do serviço. Estratégias criativas híbridas que permitem que o cliente escolha alcançam uma simplicidade operacional sem comprometer a experiência do serviço (p. ex., as companhias aéreas oferecem o *check-in* na modalidade de autoatendimento ou com o auxílio de um funcionário). Exemplos de estratégias para gerenciar a variabilidade induzida pelo cliente estão na Tabela 11.2.

Tabela 11.2 Estratégias para gerenciar a variabilidade induzida pelo cliente

Tipo de variabilidade	Acomodação	Redução
Chegada	Disponibilizar um bom número de funcionários	Solicitar reservas
Capacitação	Adaptar-se às capacidades do cliente	Voltar-se a clientes com base em suas capacitações
Solicitação	Dar treinamento multifuncional dos empregados	Limitar a amplitude do serviço
Esforço	Trabalhar em prol dos clientes	Bonificar o aumento de esforço
Preferência subjetiva	Diagnosticar expectativas e adaptar-se a elas	Persuadir os clientes a adaptarem suas expectativas

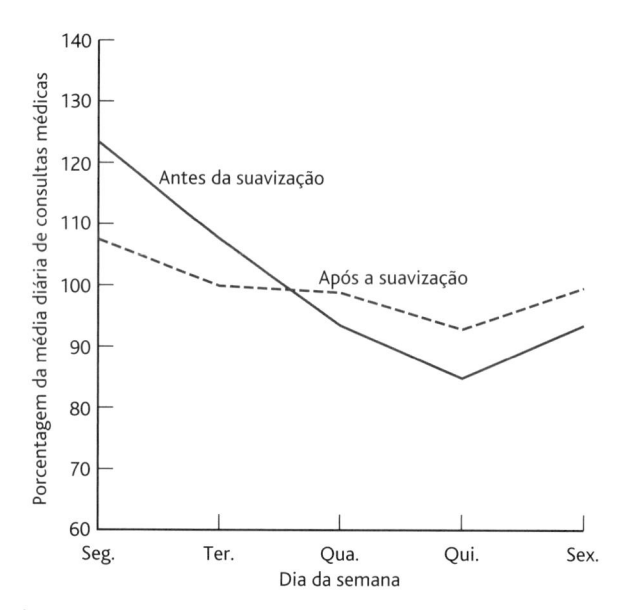

Figura 11.2 Efeito da suavização das consultas médicas.
Fonte: E. J. Rising, R. Baron, and B. Averill, "A Systems Analysis of a University Health-Service Outpatient Clinic." Impressa com permissão de *Operations Research* 21, no. 5, September-October 1973, p. 1035, Operations Research Society of America. Não é permitida a reprodução sem o consentimento do detentor dos direitos autorais.

Segmentação da demanda

A demanda por um serviço raramente procede de uma fonte homogênea. Por exemplo, a demanda das companhias aéreas varia entre viagens de negócios em dias de semana e de lazer em finais de semana. A demanda em geral é agrupada em ocorrências aleatórias e planejadas. Por exemplo, um banco pode esperar clientes com contas comerciais em um índice diário regular e aproximadamente no mesmo horário, mas também esperar clientes com contas pessoais em um fluxo aleatório.

Uma análise da demanda de uma clínica de saúde realizada por E. J. Rising, R. Baron e B. Averill mostrou que o número de chegadas de pacientes sem consulta marcada era maior nas segundas-feiras do que em outros dias da semana.[3] Enquanto a demanda sem consulta marcada não é controlável, a demanda de pacientes com consulta marcada é. Assim, a marcação de consultas na parte final da semana não seria uma maneira de equilibrar a demanda? Utilizando os dados da mesma semana do ano anterior, esses pesquisadores anotaram o número de pacientes sem consulta marcada para cada dia da semana. Ao subtrair esse número de pacientes da capacidade diária dos médicos, obtém-se o número de consultas marcadas necessárias a cada dia para ajustar a demanda. Para a amostra semanal, apresentada na Figura 11.2, esse procedimento gerou o número de consultas marcadas por dia mostrado na Tabela 11.3.

A suavização da demanda diária foi ainda mais controlada pela marcação de consultas em horários específicos do dia. Após um período de transição de dois meses, a demanda suavizada produziu os seguintes benefícios:

1. O número de pacientes atendidos cresceu 13,4%.

Tabela 11.3 Suavização da demanda pelo agendamento de consultas

Dia	Agendamentos
Segunda-feira	84
Terça-feira	89
Quarta-feira	124
Quinta-feira	129
Sexta-feira	114

Tabela 11.4 Sugestão de programa de taxas diferenciadas

Tipo de experiência	Dias e semanas da temporada de acampamento	Número de dias	Taxa diária
1	Sábados e domingos, das semanas 10 a 15, Dominion Day (feriado canadense) e feriados cívicos	14	$ 6,00
2	Sábados e domingos, das semanas 3 a 9 e 15 a 19, e o Victoria Day (feriado canadense)	23	2,50
3	Sextas-feiras, das semanas 3 a 15, e todos os outros dias das semanas 9 a 15 que não estiverem incluídos nas experiências 1 ou 2	43	0,50
4	O restante da temporada de acampamento	78	Gratuito

2. Esse crescimento na demanda de pacientes foi atendido mesmo com uma redução de 5,1% nos horários disponíveis para consulta.
3. O tempo total utilizado pelos médicos com os pacientes aumentou 5% devido ao aumento do número de consultas marcadas.
4. O tempo médio de espera dos pacientes permaneceu o mesmo.
5. Uma equipe de sociólogos concluiu que a motivação dos médicos aumentou.

Oferta de incentivos de preços

Existem muitos exemplos de diferenciação de preços. Consideremos os seguintes:

1. Tarifas noturnas e de fim de semana para ligações telefônicas de longa distância.
2. Preços mais baratos durante a semana nos cinemas.
3. Diárias de hotéis em baixa temporada.
4. Preço diferenciado em horário de pico em companhias de serviços públicos.

Preços diferenciados têm sido sugeridos em *campings* públicos a fim de estimular uma melhor utilização desse recurso. Por exemplo, J. C. Nautiyal e R. L. Chowdhary desenvolveram um sistema de preços diferenciados para garantir que as taxas de acampamento refletissem exatamente o benefício marginal do último local de acampamento em um determinado dia.[4]

Eles identificaram quatro experiências, diárias e semanais, das temporadas de acampamento. A Tabela 11.4 contém um programa de taxas diárias para cada tipo de experiência.

Essas modalidades de experiência foram determinadas com base na ocupação diária total do parque, supondo que a ocupação é diretamente afetada pela disponibilidade dos períodos de lazer e pelo clima. Foram entrevistados campistas de cada modalidade de experiência para determinar seus custos de viagem. O visitante marginal foi definido como o campista com o mais alto custo para chegar ao local de recreação. Essa informação foi utilizada para desenvolver uma curva de demanda para cada tipo de experiência e, com base no número disponível de *campings*, as taxas de uso foram determinadas pelas médias dessas curvas de demanda. A Tabela 11.5 compara o faturamento gerado pelo sistema atual àquele estimado quando são utilizadas as taxas diferenciadas. Observa-se que, com essa proposta, são atraídos mais campistas, mas com uma correspondente redução no faturamento total. Durante os 78 dias de acampamento gratuito, entretanto, uma economia no custo de mão de obra é possível, pois nenhum guarda florestal é necessário para cobrar as taxas. Mesmo assim, para que o arranjo funcione com eficácia na alteração da demanda, ele deve ser bem divulgado e incluir um sistema de reservas.

Tabela 11.5 Comparação entre o faturamento atual e o faturamento projetado pelos preços diferenciados

	Taxa atual de US$ 2,50		Taxa diferenciada	
Tipo de experiência	Locais de acampamento ocupados	Faturamento	Locais do acampamento ocupados (estimativa)	Faturamento
1	5.891	$ 14.727	5.000	$ 30.000
2	8.978	22.445	8.500	21.250
3	6.129	15.322	15.500	7.750
4	4.979	12.447	—	—
Total	25.977	$ 64.941	29.000	$ 59.000

Observe que o crescimento projetado na demanda da experiência tipo 3 é devido à substancial redução nas taxas. O resultado de usar preços diferenciados em períodos de baixa temporada foi suprir uma demanda latente dos campistas, em vez de redistribuir a demanda de pico nos períodos de baixa. Desse modo, os preços diferenciados preencheram os vales (isto é, os períodos de baixa demanda) em vez de nivelar os picos. O resultado é a melhor utilização global de um recurso escasso e, para uma empresa do setor privado, o potencial de crescimento na lucratividade (supondo que as taxas cubram os custos variáveis). Empresas privadas, entretanto, também desejariam evitar o direcionamento de clientes que pagam altas taxas para programas de taxas reduzidas. Por exemplo, as companhias aéreas excluem os passageiros a negócio dos descontos em passagens mediante restrições, como a exigência de que os viajantes permaneçam em seus destinos em um fim de semana.

Promoção em períodos de baixa demanda

A utilização criativa da capacidade em períodos de baixa resulta da busca por diferentes fontes de demanda. Um exemplo é a utilização de um hotel de férias durante a baixa temporada como um local para convenções de empresários ou de grupos de profissionais. Outro exemplo é uma estação de esqui que se torna uma área de treinamento de equipes durante o verão. As companhias telefônicas oferecem tarifas menores para estimular ligações de longa distância à noite ou nos fins de semana, quando os equipamentos são subutilizados.

A estratégia de promover a demanda em períodos de baixa serve para desencorajar a superocupação das instalações em outros períodos. A chamada de uma loja de departamentos para "antecipar suas compras e evitar a correria do Natal" e a oferta de descontos em um supermercado às quartas-feiras são exemplos disso.

Desenvolver serviços complementares

Os restaurantes descobriram os benefícios dos serviços complementares com a inclusão de um bar. Encaminhar para o bar os clientes que esperam durante os períodos de maior ocupação pode aumentar a lucratividade do restaurante, além de acalmar os clientes ansiosos. Os cinemas sempre venderam pipoca e refrigerante, mas ultimamente têm instalado videogames em seus saguões. Esses exemplos ilustram casos de serviços complementares oferecidos para preencher a espera dos clientes.

As lojas de conveniência expandiram seus serviços para incluir máquinas de café de autoatendimento e refeições do tipo *fast-food*. O conceito da medicina holística, que combina a aplicação da medicina tradicional com cuidados nutricionais e psiquiátricos, é outro exemplo. O desenvolvimento de serviços complementares é uma forma natural de expandir um determinado mercado, o que é particularmente atrativo se as novas demandas por serviços forem contracíclicas e resultarem em uma demanda agregada mais uniforme (isto é, quando a demanda pelo novo serviço está alta, a demanda do serviço original está baixa). Isso explica por que quase todas as empresas de calefação também oferecem serviços de ar-condicionado.

Sistemas de reserva e *overbooking*

Fazer reservas significa vender antecipadamente um serviço potencial. Quando se fazem reservas, a demanda adicional é desviada para outro período de tempo na mesma instalação ou para outras instalações dentro da mesma organização. Cadeias de hotéis com um sistema nacional de reservas regularmente hospedam os clientes em hotéis próximos, pertencentes a sua própria rede, quando a primeira escolha do cliente não estiver disponível.

As reservas também beneficiam os clientes, reduzindo a espera e garantindo a disponibilidade dos serviços. Problemas surgem, entretanto, quando os clientes desistem das reservas (são chamados de *no-show*, ou clientes que "não comparecem"). Em geral, o cliente que cancela uma reserva não precisa arcar com custos, o que pode levar a um comportamento indesejável, como no caso de passageiros que fazem diversas reservas em voos para cobrir eventualidades. Essa era uma prática comum dos passageiros de negócios, que não sabiam exatamente quando poderiam viajar; com múltiplas reservas, eles assegurariam que um voo partiria assim que estivessem liberados. Entretanto, todas as reservas sem utilização resultam em assentos vazios, a menos que a companhia aérea seja notificada dos cancelamentos com antecedência. Para controlar os passageiros que não comparecem aos voos com descontos, as companhias aéreas agora emitem passagens não restituíveis e

Tabela 11.6 Experiência de não comparecimento de hóspedes no hotel Surfside

Não comparecimento d	Probabilidade P(d)	Reservas sobrepostas por overbooking x	Probabilidade cumulativa P(d < x)
0	0,07	0	0
1	0,19	1	0,07
2	0,22	2	0,26
3	0,16	3	0,48
4	0,12	4	0,64
5	0,10	5	0,76
6	0,07	6	0,86
7	0,04	7	0,93
8	0,02	8	0,97
9	0,01	9	0,99

os hotéis exigem que a reserva seja cancelada antecipadamente, do contrário uma diária é cobrada no cartão de crédito do cliente.

Para contrabalançar os voos com assentos vazios devido ao não comparecimento, as companhias aéreas adotaram a estratégia de *overbooking* (reservas maiores do que a capacidade). Por aceitarem mais reservas do que a disponibilidade de assentos, as companhias aéreas previnem-se contra o alto número de não comparecimentos; entretanto, se reservarem muito mais assentos do que os disponíveis, o risco de deixarem passageiros com reservas sem seus voos aumentará. Devido aos abusos nesse procedimento, a FAA (Federal Aviation Administration) nos Estados Unidos, instituiu regras impondo às companhias aéreas o reembolso aos passageiros prejudicados e a realocação nos próximos voos disponíveis. Da mesma forma, muitos hotéis realocam seus hóspedes com reservas não atendidas para hotéis próximos, de qualidade idêntica, sem despesas para os clientes. Uma boa estratégia de *overbooking* deve minimizar os custos de oportunidade esperados pela ociosidade da capacidade de um serviço, bem como o custo esperado pelo não atendimento das reservas. Portanto, a adoção dessa estratégia requer o treinamento do pessoal da linha de frente (p. ex., atendentes da recepção de um hotel) para lidar gentilmente com os hóspedes cujas reservas não foram honradas. No mínimo, um transporte de cortesia deveria ser disponibilizado para conduzir o cliente a outro hotel após serem realizadas as tratativas para garantir um quarto equivalente.

Exemplo 11.1 Hotel Surfside

Durante a temporada turística passada, o Hotel Surfside não atingiu uma ocupação muito alta, apesar de contar com um sistema de reservas projetado para manter uma lotação completa. Aparentemente, os possíveis

Tabela 11.7 Tabela de perda por *overbooking*

Não comparecimentos	Probabilidade	Reservas sobrepostas por *overbooking*									
		0	1	2	3	4	5	6	7	8	9
0	0,07	0	100	200	300	400	500	600	700	800	900
1	0,19	40	0	100	200	300	400	500	600	700	800
2	0,22	80	40	0	100	200	300	400	500	600	700
3	0,16	120	80	40	0	100	200	300	400	500	600
4	0,12	160	120	80	40	0	100	200	300	400	500
5	0,10	200	160	120	80	40	0	100	200	300	400
6	0,07	240	200	160	120	80	40	0	100	200	300
7	0,04	280	240	200	160	120	80	40	0	100	200
8	0,02	320	280	240	200	160	120	80	40	0	100
9	0,01	360	320	280	240	200	160	120	80	40	0
Perda esperada ($)	—	121,60	91,40	87,80	115,00	164,60	231,00	311,40	401,60	497,40	560,00

hóspedes fizeram reservas que, por alguma razão, não honraram. Uma revisão dos registros da recepção durante o período de pico atual, quando o hotel estava com reservas completas, apresenta o registro de hóspedes que não compareceram, conforme apresentado na Tabela 11.6.

Um quarto que permanece vago devido a um não comparecimento resulta em uma perda de oportunidade de $ 40, relativa à contribuição desse quarto. O número esperado de não comparecimentos é calculado a partir da Tabela 11.6 como:

$$0(0,07) + 1(0,19) + 2(0,22) + \cdots + 8(0,02) + 9(0,01) = 3,04$$

Isso produz uma perda de oportunidade esperada de 3,04 × $ 40, ou $ 121,60 por noite. Para evitar algumas dessas perdas, a gerência está considerando uma política de *overbooking*; entretanto, haverá outros custos se a reserva de um hóspede não for honrada devido ao *overbooking*. O Hotel Surfside fechou um acordo com um hotel próximo a fim de pagar pelos quartos de hóspedes que não conseguir acomodar. Uma multa é associada à perda da boa vontade do cliente e ao impacto disso nos negócios futuros. A gerência estimou essa perda total em aproximadamente $ 100 por hóspede não atendido. Uma boa estratégia de *overbooking* deve estabelecer um equilíbrio entre o custo da oportunidade de ficar com um quarto vago e o custo de não honrar uma reserva: a melhor estratégia de *overbooking* deve minimizar o custo esperado no longo prazo.

A Tabela 11.7 mostra a perda associada a cada possível alternativa de *overbooking*. Note que não existe custo ao longo da diagonal da tabela porque, para cada caso, o número de reservas que foram superestimadas iguala-se ao número de não comparecimentos para aquele dia (p. ex., se quatro reservas foram superestimadas e quatro hóspedes não compareceram, então todos os hóspedes que chegaram puderam ser acomodados; logo, o hotel ficou completamente ocupado, o que caracteriza uma situação sem perdas). Os valores acima da diagonal são determinados aumentando o custo por um múltiplo de $ 100 a cada reserva que não puder ser honrada à medida que nos movemos ao longo de cada linha, pois ocorreu um número menor de não comparecimentos do que o esperado. Por exemplo, consideremos a primeira linha, que está associada à ocorrência de zero não comparecimentos, observando que uma perda de $ 100 é associada ao *overbooking* de uma reserva. Os valores abaixo da diagonal são apresentados aumentando em múltiplos de $ 40 à medida que nos movemos para baixo em cada coluna, pois houve um maior número de não comparecimentos do que o esperado, o que resulta em quartos vagos à noite. Por exemplo, consideremos a primeira coluna, que está associada à não implementação de estratégias de *overbooking*; verificamos as implicações do crescimento dos custos devido à confiança de que os hóspedes honrariam suas reservas.

Para cada estratégia de reservas de *overbooking*, a perda esperada é calculada multiplicando a perda de cada possibilidade de não comparecimento por sua probabilidade de ocorrência e, então, somando esses valores. Por exemplo, a perda esperada pelo *overbooking* de duas reservas é calculada pela multiplicação das probabilidades da coluna 2 (isto é, Probabilidade) pelas perdas da coluna 5 (isto é, *Overbooking* de duas reservas), como segue:

$$0,07(\$200) + 0,19(\$100) + 0,22(\$0) + 0,16(\$40) + 0,12(\$80) + 0,10(\$120) \\ + 0,07(\$160) + 0,04(\$200) + 0,02(\$240) + 0,01(\$280) = \$87,80$$

A Tabela 11.5 indica que uma política de *overbooking* de dois quartos minimizará a perda esperada de longo prazo. Se essa política for adotada, teremos um ganho de $ 33,80 por noite de *overbooking*. Essa é a diferença da perda esperada entre não utilizar o *overbooking* a $ 121,60 e a perda esperada pelo *overbooking* de dois quartos a $ 87,80. Esse valor substancial explica por que essa é uma estratégia popular em empresas de serviços com restrição de capacidade, como companhias aéreas e hotéis.

No Capítulo 18, o critério do *quantil crítico* é derivado de bens perecíveis, que aplicamos para a nossa quantidade de quartos:

$$P(d < x) \leq \frac{C_u}{C_u + C_o} \qquad (1)$$

onde:

C_u = os $ 40 de contribuição por quarto perdido quando uma reserva não é honrada (isto é, o número de não comparecimentos é *subestimado*)

C_o = os $ 100 da oportunidade perdida associada à não existência de um quarto disponível para um hóspede em *overbooking* (isto é, o número de não comparecimentos é *superestimado*)

d = número de não comparecimentos baseado na experiência passada

x = o número de quartos em *overbooking*

Essa probabilidade crítica, baseada em análise marginal, também serve para identificar a melhor estratégia de *overbooking*. Portanto, o número de quartos em *overbooking* deve somente cobrir a probabilidade acumulada dos não comparecimentos e nada mais, como mostrado a seguir:

$$P(d < x) \le \frac{\$40}{\$40 + \$100} \le 0{,}286$$

Pela Tabela 11.5, uma estratégia de *overbooking* de dois quartos satisfaz o critério do quantil crítico devido à probabilidade cumulativa $P(d < x) = 0{,}26$ e, portanto, confirma a decisão anterior, baseada na minimização da perda esperada por *overbooking*.

ESTRATÉGIAS PARA O GERENCIAMENTO DA CAPACIDADE

Definição de capacidade de serviço

A capacidade de serviço é definida em unidades de produção por unidade de tempo (p. ex., transações por dia para um caixa bancário *atarefado*). Observe que, para os provedores de serviços, nossa medida de capacidade baseia-se em um funcionário atarefado, e *não* na produção observada, que sempre deve ser menos do que a capacidade, conforme discutido no Capítulo 12. No entanto, a capacidade de serviço também é definida em termos da instalação de apoio, como número de leitos de um hotel ou assentos disponíveis a nível de sistema para as companhias aéreas. No exemplo da empresa área, vemos que a capacidade é limitada por vários fatores, como mão de obra disponível considerando a qualificação necessária (pilotos, comissários de bordo, equipe de solo e pessoal de manutenção), equipamento (quantidade e tipo de aeronaves) e disponibilidade de portões de embarque. O exemplo da companhia aérea também ilustra um desafio comum das operações de serviços: a distribuição da capacidade a diferentes localizações de forma apropriada.

Para diversos serviços, a demanda não pode ser amenizada de maneira muito eficiente. Por exemplo, vejamos a demanda de telefonistas em uma central de atendimento ao cliente, mostrada na Figura 11.3. Esses dados representam taxas de ligações a cada meia hora, durante as 24 horas de um dia comum. Verificamos que o volume máximo (2.500 ligações) ocorre às 10h30, enquanto o volume mínimo (20 ligações) ocorre às 5h30. A variação máximo-mínimo é de 125 para 1. Provavelmente, nenhuma ação será capaz de modificar de forma substancial esse padrão de demanda; por essa razão, devem ser implementados controles para o ajuste da oferta do serviço à sua demanda. Diversas estratégias são utilizadas para atingir essa meta.

Programação diária de turnos de trabalho

Com a programação cuidadosa dos turnos de trabalho durante o dia, o perfil da oferta de serviços será ajustado para aproximar-se da demanda. A programação dos turnos de trabalho representa um importante problema de pessoal para muitas organizações de serviços que lidam com uma demanda cíclica, como companhias telefônicas, hospitais, bancos e departamentos de polícia.

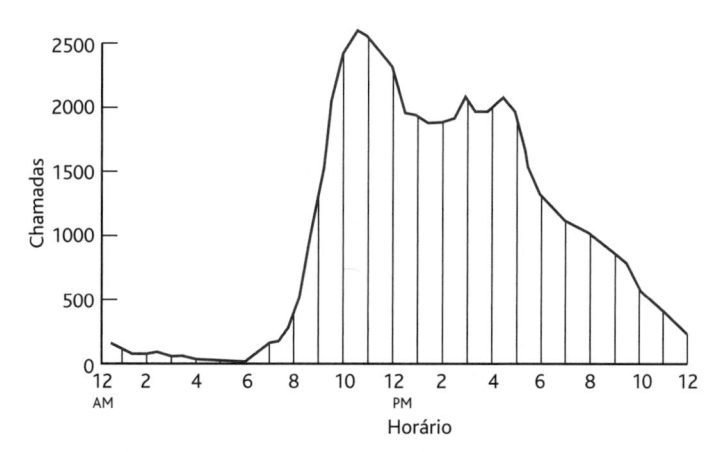

Figura 11.3 Demanda diária por telefonistas.
Fonte: E. S. Buffa, M. J. Cosgrove and B. J. Luce, "An Integrated Work Shift Scheduling System," *Decision Sciences* 7, no. 4, October 1976, p. 622. Reimpressa com permissão do Decision Sciences Institute, Georgia State University.

A abordagem geral começa com uma previsão da demanda por hora, convertida em necessidade de pessoal por hora. O intervalo de tempo pode ser menor do que uma hora; por exemplo, intervalos de 15 minutos são utilizados por restaurantes de *fast-food* para programar a carga de trabalho durante os horários de refeição. A seguir, um programa de revezamentos, ou turnos, é desenvolvido para adequar-se ao perfil das necessidades dos funcionários tanto quanto possível. Finalmente, os funcionários são distribuídos nos turnos. O problema do quadro de telefonistas será utilizado para demonstrar a análise requerida em cada passo; entretanto, a abordagem pode ser generalizada para qualquer organização de serviços.

Previsão de demanda
A demanda diária é prevista em intervalos de meia hora, como mostra a Figura 11.3, e deve considerar tanto as variações semanais e de finais de semana quanto os ajustes sazonais. A carga de ligações aos sábados e domingos foi calculada em aproximadamente 55% da carga comum dos dias de semana. Nos meses de verão, verifica-se uma demanda em geral mais baixa. Dias comemorativos com demanda elevada, como o Dia das Mães e o Natal, foram levados em consideração.

Conversão para as necessidades operacionais
É desenvolvido um perfil de necessidades operacionais a cada meia hora com base na previsão de demanda diária e na distribuição de chamadas. O nível de serviço-padrão requer que, em 89% das vezes, uma ligação seja respondida dentro de 10 segundos. As necessidades operacionais em intervalos de meia hora são, então, determinadas por meio de um modelo convencional de filas (encontrado no Capítulo 16), garantindo que, para cada meia hora, o nível de serviço seja atingido.[5] O resultado é um perfil de telefonistas a cada meia hora, como mostrado na Figura 11.4.

Programação de turnos
Os turnos, representando vários inícios e términos de períodos de trabalho, devem ser alocados de modo a se adequar ao perfil de demanda máxima, mostrado na Figura 11.4. Cada turno consiste em duas sessões de trabalho, separadas por um período de descanso ou de refeição (p.ex., das 9h às 13h, parada para almoço, das 14h às 18h). O conjunto de possibilidades de turnos é definido por leis estaduais e federais, acordos sindicais e políticas das empresas. Uma heurística computacional preparada especialmente para este problema escolhe os turnos do conjunto permitido de maneira que a diferença absoluta entre a necessidade de telefonistas e o número de telefonistas alocados seja minimizada quando somados todos os "n" períodos de meia hora. Se R_i é o número de telefonistas necessários no período i e W_i é o número de telefonistas alocados no período i, então o objetivo seria declarado assim:

$$\text{Minimizar} \quad \sum_{i=1}^{n} |R_i - W_i| \qquad (2)$$

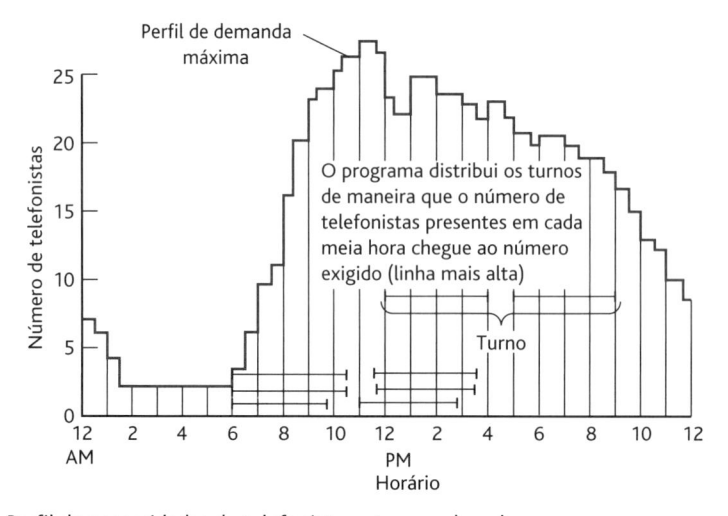

Figura 11.4 Perfil de necessidades de telefonistas e turnos alocados.
Fonte: E. S. Buffa, M. J. Cosgrove and B. J. Luce, "An Integrated Work Shift Scheduling System," *Decision Sciences* 7, no. 4, October 1976, p. 626. Reimpressa com permissão do Decision Sciences Institute, Georgia State University.

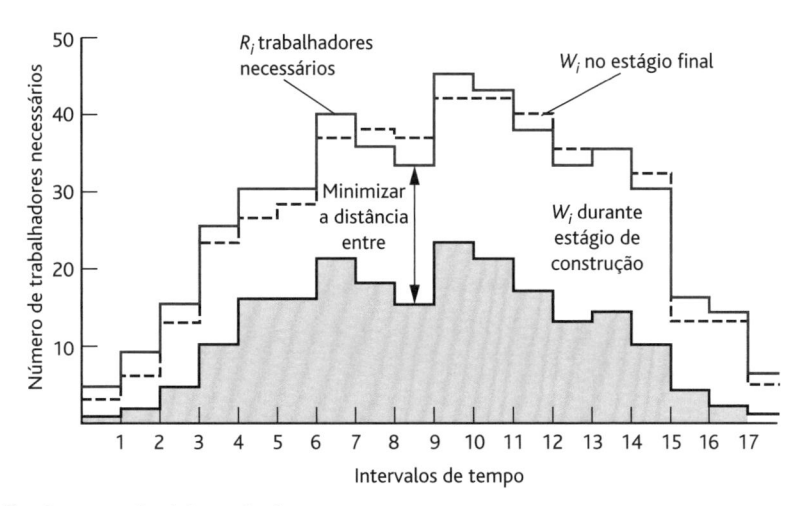

Figura 11.5 Processo de elaboração de um cronograma.
Fonte: E. S. Buffa, M. J. Cosgrove and B. J. Luce, "An Integrated Work Shift Scheduling System," *Decision Sciences* 7, no. 4, October 1976, p. 622. Reimpressa com permissão do Decision Sciences Institute, Georgia State University.

O processo de elaboração do cronograma é descrito esquematicamente na Figura 11.5. A cada iteração, é selecionado um turno por vez a partir dos turnos possíveis. O turno selecionado em cada etapa é o que melhor se ajusta aos critérios apresentados na equação (2). Como esse procedimento favorece os turnos menores, as diferentes durações dos turnos são ponderadas nos cálculos para evitar esse viés. O resultado é uma lista de turnos necessários para atender à previsão de demanda, bem como uma programação de períodos de almoço e de descanso durante esses turnos.

Distribuição de telefonistas nos turnos
Identificado o conjunto de turnos necessários, a distribuição de telefonistas nos turnos é complicada pelo fato de a operação realizar-se 24 horas por dia, sete dias por semana. Questões de equidade aumentam quando são considerados os dias de folga e as horas extras, que envolvem pagamento adicional. Além disso, quando as agendas de trabalho entram em conflito repetidamente com outras prioridades, como o cuidado com os filhos e compromissos médicos, o resultado pode ser pouca motivação, faltas e atritos. Uma abordagem popular para esse desafio é o uso de um sistema baseado na Web de organização de turnos. O sistema dá aos telefonistas a possibilidade de ofertar diretamente o turno específico desejado por meio de leilões *on-line* usando bonificação, tempo de serviço e classificação em relação aos demais funcionários. A pontuação é ganha com base em critérios como desempenho do funcionário, trabalho anterior em turnos menos populares ou falta de sucesso em obter os turnos desejados durante o tempo de serviço. O uso de critérios claramente definidos resulta na percepção de justiça e na satisfação de fazer parte do processo de organização dos turnos de trabalho.

Programação semanal de turnos de trabalho com restrição relativa aos dias de folga

Como observado, a determinação de turnos adequados ao perfil de demanda diária é apenas uma parte do problema. Muitos serviços públicos, como polícia, bombeiros e emergências hospitalares, devem estar disponíveis 24 horas por dia, todos os dias da semana. Para essas organizações, um funcionário comum trabalha cinco dias por semana, com dois dias de folga consecutivos a cada semana, mas não necessariamente sábado e domingo. A gerência preocupa-se em desenvolver programas de trabalho e descobrir a quantidade de empregados necessários para os dias úteis e finais de semana, com o menor número possível de funcionários.

Esse problema pode ser formulado como um modelo de programação linear inteira (PLI). Para começar, é determinado o número desejado de empregados para cada dia da semana. O problema passa a ser, então, a determinação do número mínimo de empregados necessários para alocação em cada um dos sete turnos possíveis. Cada turno consiste em cinco dias de trabalho e dois dias de folga; cada um começará em um dia diferente da semana, seguido de cinco dias consecutivos de trabalho. Consideremos a formulação genérica desse problema a seguir como um modelo de PLI.

Definição das variáveis:

x_i = número de empregados alocados ao turno i, sendo que a folga de dois dias consecutivos começa no dia i (p. ex., empregados alocados ao turno 1 têm o domingo e a segunda-feira como dias de folga)

b_j = número de empregados desejados para o dia j

Função objetiva:

Minimizar $x_1 + x_2 + x_3 + x_4 + x_5 + x_6 + x_7$

Restrições:

$$
\begin{aligned}
\text{Domingo} \quad & x_2 + x_3 + x_4 + x_5 + x_6 \geq b_1 \\
\text{Segunda} \quad & x_3 + x_4 + x_5 + x_6 + x_7 \geq b_2 \\
\text{Terça} \quad & x_1 + x_4 + x_5 + x_6 + x_7 \geq b_3 \\
\text{Quarta} \quad & x_1 + x_2 + x_5 + x_6 + x_7 \geq b_4 \\
\text{Quinta} \quad & x_1 + x_2 + x_3 + x_6 + x_7 \geq b_5 \\
\text{Sexta} \quad & x_1 + x_2 + x_3 + x_4 + x_7 \geq b_6 \\
\text{Sábado} \quad & x_1 + x_2 + x_3 + x_4 + x_5 \geq b_7 \\
& x_i \geq 0 \text{ e inteiro}
\end{aligned}
$$

Exemplo 11.2 Sala de emergência hospitalar

A sala de emergência funciona 24 horas por dia, sete dias por semana. O dia é dividido em três turnos de oito horas. O número total de enfermeiras necessárias durante os turnos diários é:

Dia	Dom	Seg	Ter	Qua	Qui	Sex	Sáb
Enfermeiras	3	6	5	6	5	5	5

O diretor da sala de emergência está interessado em desenvolver a programação do pessoal que minimizará o número necessário de enfermeiras. As enfermeiras trabalham cinco dias por semana e têm dois dias consecutivos de folga por semana.

O modelo de PLI é formulado com os valores restritivos apropriados do lado direito da equação (isto é, b_1 = 3, b_2 = 6,..., b_6 = 5, b_7 = 5), sendo que sua solução produz os seguintes resultados: x_1 = 1, x_2 = 1, x_3 = 2, x_4 = 0, x_5 = 3, x_6 = 0, x_7 = 1. Isso significa que temos uma enfermeira com folga no domingo e na segunda-feira, uma com folga na segunda-feira e na terça-feira, duas com folga na terça-feira e na quarta-feira, três com folga na quinta-feira e na sexta-feira e uma com folga no sábado e no domingo. O número programado de empregados é mostrado na Tabela 11.8, com excesso de pessoal ocorrendo somente no domingo e no sábado.

Esses problemas de programação comumente resultam em múltiplas soluções ótimas. Por exemplo, neste caso, a solução x_1 = 1, x_2 = 1, x_3 = 1, x_4 = 1, x_5 = 1, x_6 = 1, x_7 = 2 é viável e também requer oito enfermeiras. Por que esta segunda solução seria preferida em relação àquela apresentada na programação da Tabela 11.8?

Aumento da participação do cliente

A estratégia de aumentar a participação dos clientes é mais bem ilustrada pelos restaurantes de *fast-food*, que eliminaram o pessoal que serve e limpa as mesas. O cliente (agora como um coprodutor) não somente realiza o pedido a partir de um cardápio limitado, como também limpa a mesa após a refeição. Naturalmente, o cliente espera um serviço rápido e refeições mais baratas para compensar seu auxílio; entretanto, o provedor do serviço beneficia-se de formas muito mais sutis: existem menos funcionários para supervisionar e pagar, mas, mais importante, o cliente, como coprodutor, fornece trabalho somente no momento em que ele é solicitado. Desse modo, a capacidade de atendimento varia diretamente com a demanda, em vez de permanecer fixa.

Alguns problemas com o autoatendimento existem, pois a qualidade do trabalho não fica inteiramente sob o controle do gerente de serviços. Um cliente de um posto de gasolina com autoatendimento pode esquecer-se de verificar a pressão dos pneus e o nível de óleo regularmente, o que

Tabela 11.8 Programa semanal do quadro de enfermeiras, x = dia de trabalho

Enfermeira	Dom	Seg	Ter	Qua	Qui	Sex	Sáb
A	...	...	x	x	x	x	x
B	x	...	...	x	x	x	x
C	x	x	...	...	x	x	x
D	x	x	...	...	x	x	x
E	x	x	x	x	...	...	x
F	x	x	x	x	...	...	x
G	x	x	x	x	...	...	x
H	...	x	x	x	x	x	...
Total	6	6	5	6	5	5	7
Necessário	3	6	5	6	5	5	5
Excesso	3	0	0	0	0	0	2

trará problemas no futuro. O autoatendimento de alimentos "a granel" nos mercados (p ex., cereais, grãos, mel, geleias) talvez gere contaminação do produto e perdas devido a derramamento.

Criação de capacidade ajustável

Por meio do design, uma parte da capacidade pode ser configurada como variável. As companhias aéreas rotineiramente movimentam a divisória entre a primeira classe e a classe econômica para adaptar a aeronave a um *mix* de passageiros constante modificação. Um restaurante inovador, o Benihana, de Tóquio, modificou a distribuição do seu salão para acomodar áreas de alimentação que servem duas mesas de oito pessoas cada. Em cada área, são alocados cozinheiros que preparam a refeição na mesa de uma forma teatral, com facas reluzentes e movimentos animados. Assim, o restaurante consegue ajustar sua capacidade, tendo somente o número necessário de cozinheiros em serviço.

A capacidade dos períodos de pico pode ser expandida pela utilização efetiva dos horários de folga. A realização de tarefas de apoio durante os períodos de baixa demanda permite que os funcionários se concentrem nas tarefas essenciais durante os períodos de maior movimento. Essa estratégia requer treinamento multifuncional dos empregados para permitir o desenvolvimento de tarefas não relacionadas ao atendimento dos clientes. Por exemplo, os garçons de um restaurante podem enrolar os talheres nos guardanapos ou limpar o estabelecimento quando a demanda estiver baixa; assim, eles estarão livres dessas tarefas durante os períodos de maior movimento.

Capacidade compartilhada

Um serviço com sistema de entrega requer um grande investimento em equipamentos e instalações. Durante períodos de baixa utilização, é viável encontrar outros usos para sua capacidade. As companhias aéreas têm cooperado dessa forma há muitos anos. Em aeroportos pequenos, elas compartilham os mesmos portões, rampas, equipamentos destinados à bagagem e a equipe de solo. Também é comum algumas companhias aéreas alugarem suas aeronaves para outras companhias durante a baixa temporada; os acordos de aluguel de aeronaves incluem a pintura do logotipo próprio e a reforma do seu interior.

Treinamento de empregados multifuncionais

Alguns sistemas de serviços são constituídos por diversas operações. Quando uma operação está ocupada, outra pode estar ociosa. Contar com empregados multifuncionais para executar tarefas em diversas operações cria uma capacidade flexível para atender a picos localizados de demanda.

Os ganhos com os empregados multifuncionais são verificados nos supermercados. Quando se formam filas nos caixas, o gerente solicita aos funcionários que organizam as prateleiras que operem nos caixas até que a maior demanda passe. Do mesmo modo, durante períodos de baixa, alguns dos caixas se ocupam arrumando as prateleiras. Essa abordagem também ajuda a construir um espírito de equipe e atenuar a monotonia do pessoal em alguns períodos. Nos restaurantes de *fast-food*, o treinamento multifuncional cria flexibilidade na capacidade, pois as tarefas podem ser realocadas a poucos empregados durante os períodos de baixa (temporariamente ampliando as atividades), tornando-se mais especializadas durante os períodos de alta demanda (divisão do trabalho).

Utilização de empregados de jornada parcial

Quando os picos de atividade são persistentes e previsíveis, como no caso de restaurantes nos horários de refeições ou de bancos em dias de pagamento, o auxílio de funcionários de meio turno complementa o trabalho dos empregados regulares. Se as habilidades e o treinamento exigidos forem mínimos, então um grupo de trabalho de jornada parcial pode ser disponibilizado para estudantes do ensino médio e de universidades, bem como a quem estiver interessado em complementar sua principal fonte de renda.

Outra fonte de auxílio em horário parcial é fornecida pelos empregados em licença, que são colocados como quadro de apoio. Companhias aéreas e hospitais frequentemente pagam a seu pessoal um adicional para restringir suas atividades e estar disponível para o trabalho se for necessário.

Programação de caixas de jornada parcial em um banco do tipo *drive-in*[6]

Os bancos do tipo *drive-in* apresentam variações previsíveis de atividade nos diferentes dias da semana. A Figura 11.6 mostra os caixas necessários para uma semana comum com base nas variações da demanda dos clientes. Esse banco normalmente empregava caixas suficientes para atender aos picos de demanda nas sextas-feiras; entretanto, tal política criava uma considerável ociosidade dos caixas nos dias de baixa demanda, em especial nas terças e quintas-feiras. Para reduzir os custos com caixas, a gerência decidiu empregar caixas em horário parcial e reduzir o quadro de funcionários para um nível que atendesse somente à demanda de terça-feira. Além disso, para promover o equilíbrio nas horas trabalhadas, a gerência decidiu que o caixa de jornada parcial deveria trabalhar pelo menos dois, e não mais do que três, dias na semana.

O objetivo principal de programar funcionários de jornada parcial é suprir as necessidades com o número mínimo de caixas por dia. O objetivo secundário é dispor de um número mínimo de caixas de tempo parcial. Essa abordagem é ilustrada aqui utilizando caixas de banco, mas o mesmo procedimento serve para programar funcionários de jornada parcial em muitos outros serviços.

Determinar o número mínimo necessário de caixas de jornada parcial
A Figura 11.6 mostra que, com dois caixas em horário integral, permanece a necessidade de 12 caixas para cobrir o restante da demanda na semana. Com uma programação de três dias, verificamos que cinco caixas na sexta-feira determinam o mínimo viável para esse caso.

Desenvolver um histograma de demanda decrescente
Na Figura 11.6, observamos as necessidades diárias de caixas de tempo parcial. Sequenciamos novamente os dias, ordenando a demanda de forma decrescente, como mostrado na Figura 11.7.

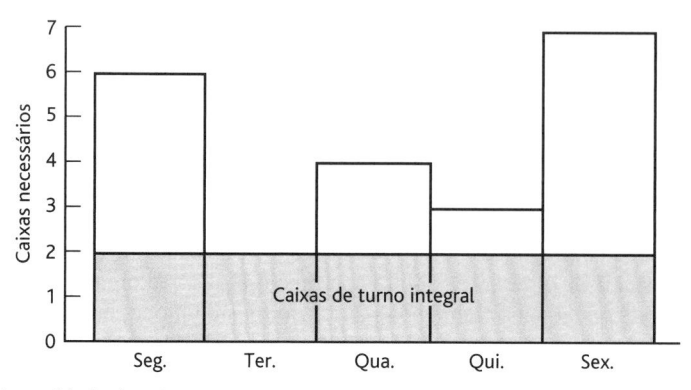

Figura 11.6 Necessidade de caixas.

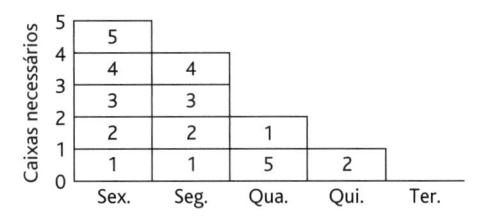

Figura 11.7 Histograma de redução da demanda de caixas em tempo parcial.

Distribuir os caixas no histograma
Começando com o primeiro caixa de jornada parcial, o associamos, na Figura 11.7, ao primeiro bloco da sexta-feira, o segundo caixa ao segundo bloco, e assim por diante. Repetimos a sequência para a segunda-feira e associamos os caixas remanescentes à quarta-feira. A Tabela 11.9 resume o programa diário de trabalho em tempo parcial resultante, o qual consiste em dois grupos de três dias de trabalho distribuídos nos caixas 1 e 2 e em três grupos de dois dias de trabalho para os caixas 3, 4 e 5.

GESTÃO DE RENDIMENTO[7]

Desde que a desregulamentação permitiu que as companhias aéreas definissem seus próprios preços, uma nova abordagem para a maximização de receitas – chamada *gestão de rendimento* – surgiu. A gestão de rendimento é, na realidade, um sistema abrangente que incorpora muitas das estratégias discutidas neste capítulo (p. ex., sistemas de reservas, *overbooking* e divisão da demanda).

Devido à natureza perecível dos assentos das aeronaves (isto é, assim que um avião decola, o rendimento potencial de um assento vazio é perdido para sempre), oferecer descontos nas passagens para lotar a aeronave torna-se atrativo. Vender todos os assentos com desconto, entretanto, impediria a possibilidade de vender alguns pelo preço integral. A gestão de rendimento procura alocar a capacidade fixa de assentos para que ela atenda à demanda potencial dos vários segmentos de mercado (p. ex., classe econômica, turista e supereconômica) da maneira mais lucrativa. Apesar de terem sido as companhias aéreas as primeiras a desenvolver a gestão de rendimento, outros setores de serviços com restrição de capacidade (p. ex., hotéis, locadoras de carros e cruzeiros marítimos) também estão adotando essa prática.

A motivação econômica por trás da gestão de rendimento é vista na Figura 11.8, que ilustra o preço de um assento econômico em um voo internacional. A Figura 11.8a ilustra a tradicional relação de preço fixado entre uma curva de demanda descendente e a quantidade vendida. A quantidade de assentos vendidos Q é menor ou igual à quantidade de assentos disponíveis. O total arrecadado no voo é P (preço) $\times$ Q (quantidade de assentos vendidos) $= PQ$. O resultado comum são assentos vazios e um grande excedente de consumidores (muitos passageiros dispostos a pagar um valor consideravelmente mais alto pelo voo do que o preço fixado).

A Figura 11.8b mostra a mesma curva de demanda com preços diferentes para três mercados segmentados: P_1 para passagem integral, P_2 para compra antecipada e P_3 para compra especial pela Internet. Um número restrito de passageiros está disposto a pagar um adicional pela "passagem integral", pois a passagem pode ser comprada a qualquer momento e é totalmente reembolsável. As passagens na compra antecipada devem ser compradas com 14 dias de antecedência e não são reembosáveis. A compra especial pela Internet é feita no *site* da companhia aérea, não é reembosável, e está disponível sempre que o voo não tiver previsão de lotação total (isto é, uma oportunidade de

Tabela 11.9 Programa diário de trabalho em tempo parcial, x = dia de trabalho

Caixa	Segunda	Terça	Quarta	Quinta	Sexta
1	x	...	x	...	x
2	x	...	...	x	x
3, 4	x	...	...	...	x
5	...	...	x	...	x

a. Preço fixado tradicional

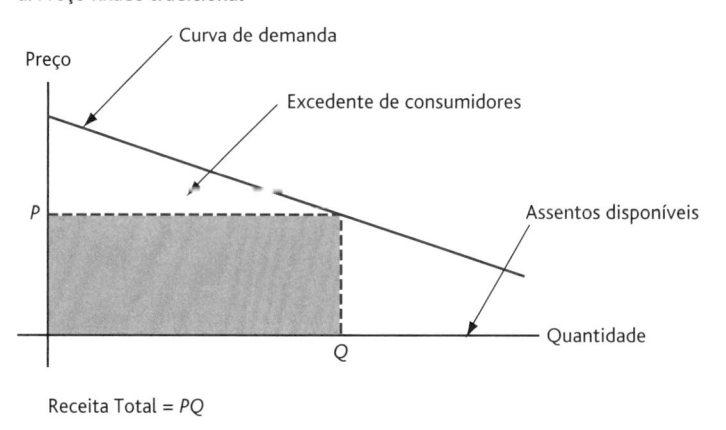

[Gráfico: Curva de demanda decrescente com Preço no eixo vertical e Quantidade no eixo horizontal. Retângulo sombreado com altura P e largura Q representa a Receita Total. Setas indicam "Curva de demanda", "Excedente de consumidores" e "Assentos disponíveis".]

Receita Total = PQ

b. Múltiplos preços utilizando a gestão de rendimento

[Gráfico: Curva de demanda decrescente com três faixas de preço P_1, P_2, P_3 correspondendo a quantidades Q_1, Q_2, Q_3. Setas indicam "Curva de demanda", "Excedente de consumidores" e "Assentos disponíveis". Caixas identificam os segmentos: "Passagem integral", "Compra antecipada", "Compra especial pela Internet".]

Receita Total = $P_1Q_1 + (Q_2 - Q_1)P_2 + (Q_3 - Q_2)P_3$

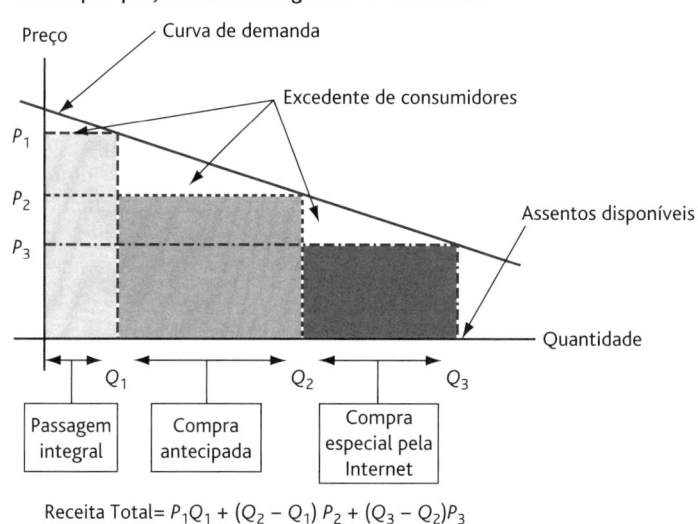

Figura 11.8 Preço para um assento em classe econômica em um voo internacional.

vender assentos excedentes com desconto). Para a gestão de rendimento, a *receita total* é a soma do (preço) × (quantidade) para passageiros em cada segmento: $P_1Q_1 + (Q_2-Q_1)P_2 + (Q_3-Q_2)P_3$. O resultado explica por que os passageiros encontram poucos assentos vazios no mercado atual. Somado a isso, as compras que excedem a capacidade têm sido reduzidas significativamente, rendendo uma receita maior para as companhias aéreas.

A gestão de rendimento é mais apropriada para empresas de serviços que possuem as seguintes características:

Capacidade relativamente fixa. As empresas de serviços com um substancial investimento em instalações (p. ex., hotéis e companhias aéreas) são consideradas de capacidade restrita. Uma vez vendidos todos os assentos de um voo, demandas adicionais serão atendidas somente pelo agendamento de passageiros em um voo posterior. Cadeias de hotéis com múltiplos estabelecimentos na mesma cidade, entretanto, dispõem de alguma flexibilidade de capacidade, pois os hóspedes que tentam encontrar quartos em um local podem ser conduzidos para outro lugar dentro da mesma empresa.

Capacidade para segmentar mercados. Para uma efetiva gestão de rendimento, as empresas prestadoras de serviços devem estar aptas a segmentar seus mercados em diferentes classes de consumidores. Pela exigência da estadia na noite de sábado em passagens com desconto, as companhias aéreas conseguem discriminar entre um viajante a negócios para quem o tempo é importante e um cliente para quem o preço é o diferencial. O desenvolvimento de diversas

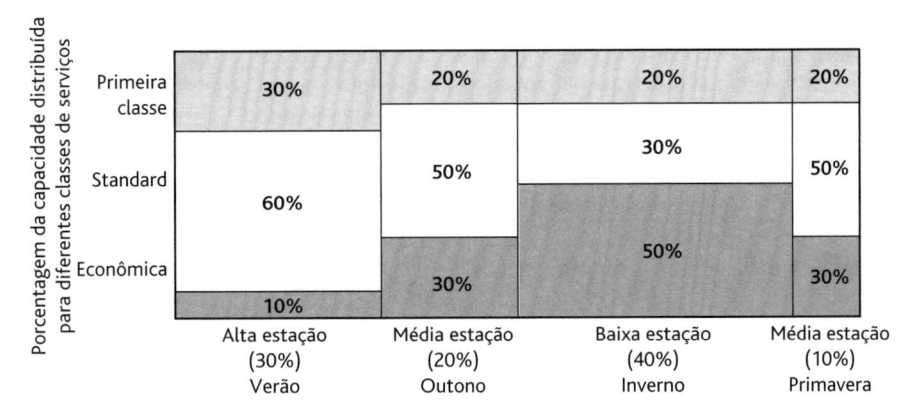

Figura 11.9 Alocação sazonal de quartos por classe de serviço de um hotel do tipo *resort*.
Fonte: Adaptado de Christopher H. Lovelock, "Strategies for Managing Demand in Capacity-Constrained Service Organizations," *Service Industries Journal* 4, no. 3, November 1984, p. 23.

classes de serviços sensíveis ao preço é o maior desafio de marketing para uma empresa que utiliza a gestão de rendimento. A Figura 11.9 mostra como um hotel do tipo *resort* segmenta seu mercado em três classes de clientes e ajusta a alocação de quartos disponíveis para cada classe tendo como base as estações do ano.

Estoque perecível. Para empresas de serviço com restrição de capacidade, cada quarto ou assento é referido como uma *unidade* de estoque a ser vendida (na verdade, para ser alugada). Como observado no caso das companhias aéreas, o lucro de um assento não vendido é perdido para sempre. As companhias aéreas tentam minimizar o estoque disponível ao incentivar listas de espera de passageiros. Dada a natureza perecível de uma poltrona de companhia aérea, qual é o custo para a companhia quando um passageiro é premiado com uma passagem gratuita em um voo que tem pelo menos um assento vazio?

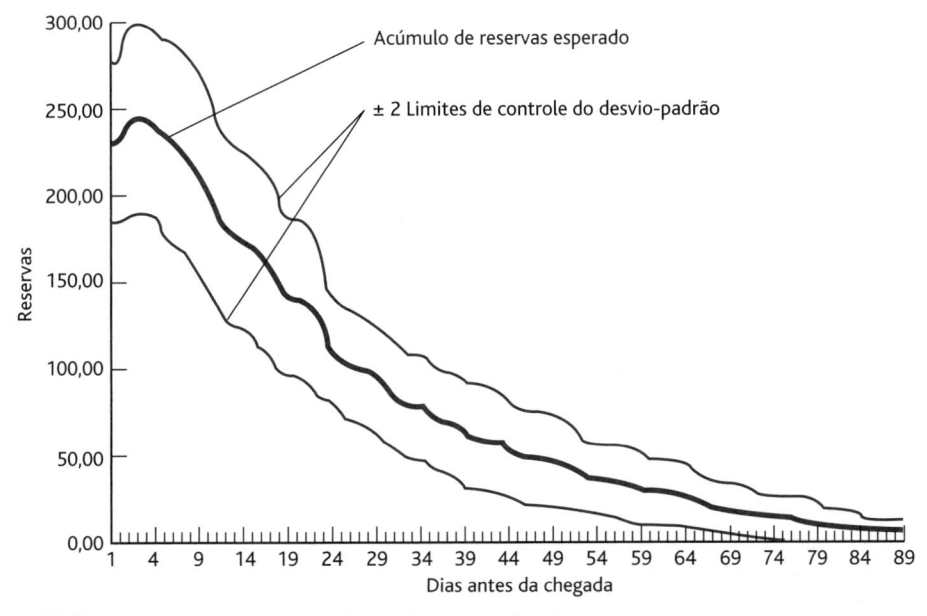

Figura 11.10 Gráfico de controle da demanda para um hotel.
Fonte: Adaptado de Sheryl E. Kimes, "Yield Management: A Tool for Capacity-Constrained Service Firms," *Journal of Operations Management* 8, no. 4 (October 1989), p. 359. Reimpressa com permissão, The American Production and Inventory Society.

Produto vendido antecipadamente. Os sistemas de reservas são adotados por empresas de serviço para vender a capacidade antes da utilização; entretanto, os gerentes precisam lidar com a incerteza de aceitar uma reserva antecipada feita por um preço com desconto ou esperar para vender a unidade de estoque a um cliente que pague mais. Na figura 11.10, um cartão de controle de demanda para um hotel (lembre-se dos cartões de controle do Capítulo 6) é desenhado com base nas reservas antigas de um dia específico de uma semana, em uma dada estação do ano. Como algumas variações na demanda são esperadas, um intervalo de aceitação (neste caso, ±2 desvios-padrão) é desenhado paralelamente à curva acumulada de reservas esperadas. Se a demanda for maior do que a esperada, as taxas para as classes econômicas serão eliminadas e somente reservas para as taxas padrão serão aceitas. Se o acumulado de reservas posicionar-se abaixo do intervalo de aceitação, então reservas de quartos com taxas para a classe econômica serão aceitas.

Flutuação da demanda. Com a previsão de demanda, a gestão de redimento permite que os gerentes aumentem a utilização durante os períodos de baixa demanda e aumentem os rendimentos durante os períodos de alta demanda. Controlando a disponibilidade de taxas econômicas, os gerentes conseguem maximizar a receita total de um serviço restrito. A gestão de rendimento é implementada em tempo real pela abertura e/ou pelo fechamento de seções de reservas – mesmo por hora, se necessário.

Baixos custos marginais de venda e altos custos marginais de modificação na capacidade. O custo de vender uma unidade adicional de estoque deve ser baixo, como o custo desprezível de um lanche para um passageiro de uma companhia aérea. O custo marginal para o aumento de capacidade é elevado devido à necessidade de um grande investimento nas instalações (isto é, a ampliação de um hotel deve ser de, no mínimo, 100 quartos).

Exemplo 11.3 Blackjack Airline

Durante o recente período de declínio da economia, a Blackjack Airline percebeu que as aeronaves de sua rota Los Angeles – Las Vegas estavam voando com mais assentos vazios do que o normal. Para estimular a demanda, decidiu oferecer uma "passagem especial para jogadores", não reembolsável, vendida com 14 dias de antecedência, por apenas $ 49 em um único pagamento, para viagem de ida e volta. A passagem integral somente de ida custa $ 69. O Boeing 737 utilizado pela Blackjack, como mostrado na Figura 11.11, tem capacidade para 95 passageiros, e a gerência quer limitar o número de assentos vendidos com a tarifa de desconto a fim de vender passagens de tarifa integral para passageiros que não fizeram planos antecipados de viagem. Considerando a experiência recente, a demanda por passagens de tarifa integral parece ter uma distribuição normal, com uma média de 60 e um desvio-padrão de 15.

O problema da gestão de rendimento será analisado com o modelo de quantil crítico, empregado anteriormente neste capítulo [equação (1)] para o problema do *overbooking*.

$$P(d < x) \leq \frac{C_u}{C_u + C_o}$$

onde:

x = assentos reservados para passageiros com tarifa integral

d = demanda por passagens com tarifa integral

C_u = perda de receita associada à reserva de poucos assentos de tarifa integral (isto é, demanda subestimada). A perda de oportunidade é a diferença entre as tarifas ($ 69 − $ 49 = $ 20), pois supomos que o passageiro não econômico, disposto a pagar a tarifa integral, comprou um assento por um preço com desconto.

C_o = custo de reservar assentos demais para tarifas integrais (isto é, demanda superestimada). Supomos que o assento vazio destinado à tarifa integral poderia ter sido vendido a um preço com desconto de $ 49.

O valor do quantil crítico é $P(d < x)$ = $ 20/($ 20 + $ 49) = 0,29 (ver Figura 11.12). Conforme o Apêndice A, "Áreas de uma distribuição normal padrão", o valor z para uma probabilidade cumulativa de 0,29 é −0,55. Logo, o número de assentos com tarifa integral a serem reservados é determinado:

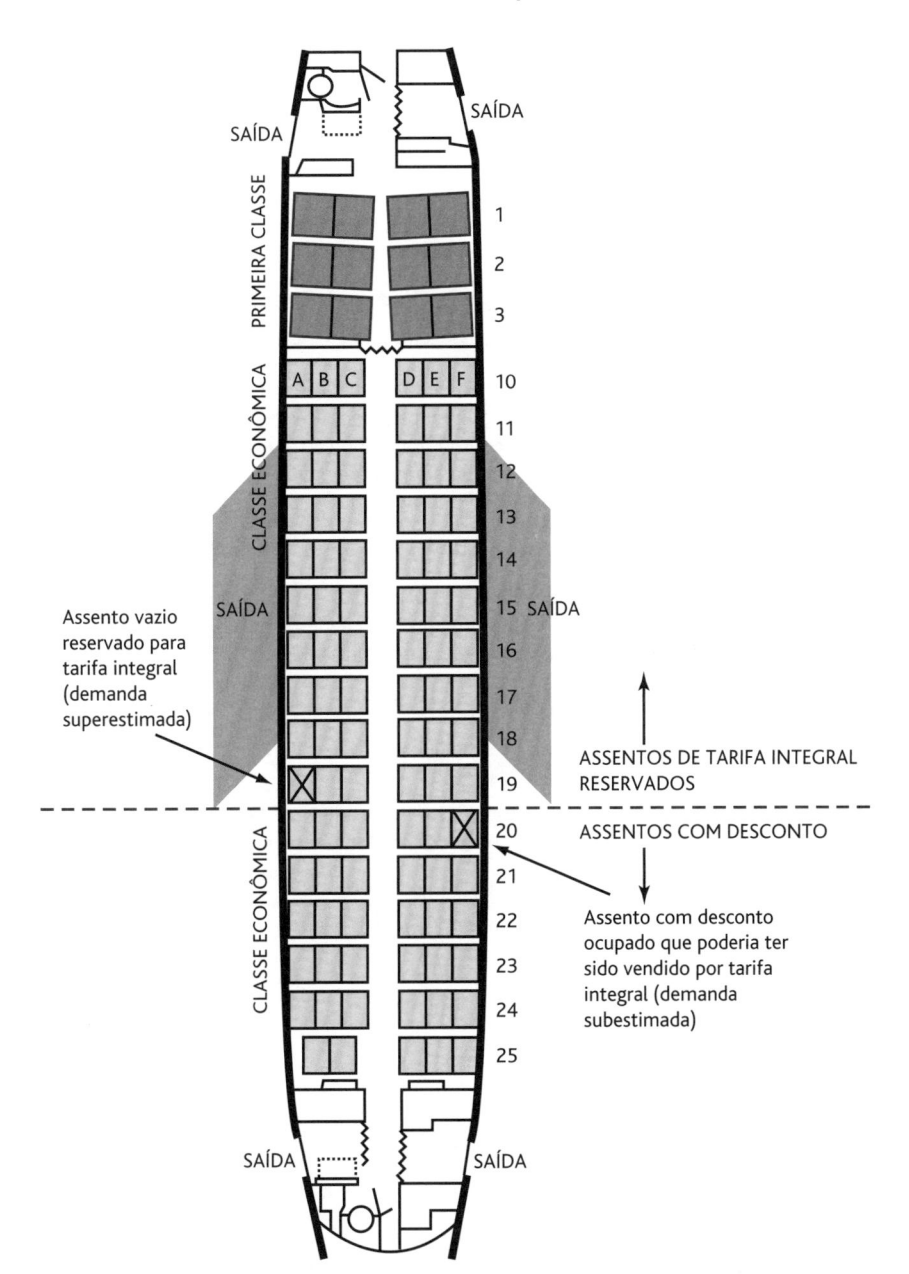

Capítulo 11 Gerenciamento de capacidade e demanda **279**

Figura 11.11 Cabine do Boeing 737.

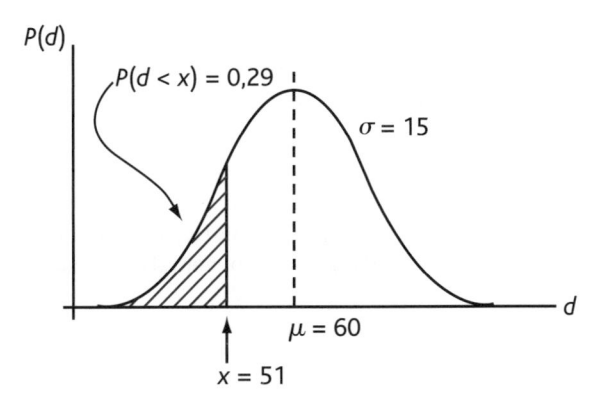

Figura 11.12 Quantil crítico para a empresa Blackjack Airline.

$$\text{Assentos de tarifa integral reservados} = \mu + z\sigma$$
$$= 60 + (-0{,}55)(15)$$
$$= 51$$

Phillip E. Pfeifer observou que o modelo de quantil crítico poderia ser modificado para levar em consideração a porcentagem de compradores (isto é, clientes à procura de um desconto).[8] O valor para C_o assumiria agora dois valores, dependendo do comportamento de compra do passageiro que teria comprado o assento se este não estivesse reservado para a tarifa integral. Em nosso exemplo,

$$C_o = \begin{cases} \$49 & \text{se o passageiro é da classe econômica} \\ -(\$69 - \$49) & \text{se o passageiro não é da classe econômica} \end{cases}$$

Para o caso do passageiro não econômico, o custo é reduzido pela diferença entre tarifas, pois a companhia aérea lucra com o não econômico, que não fez a compra, pagando a tarifa integral, e não a econômica. Para estabelecer um valor esperado para C_o, porém, precisamos da proporção p de passageiros da classe econômica. Nesse caso, uma pesquisa de mercado determinou que aproximadamente 90% dos passageiros querem descontos; então, o valor esperado para o custo do excesso torna-se:

$$C_o = (0{,}9)(\$49) - (1-0{,}9)(\$69 - \$49) = \$42{,}10$$

O valor do quantil crítico é $P(d < x) = \$20/(\$20 + \$42.10) = 0{,}32$. Conforme o Apêndice A, "Áreas de uma distribuição normal padrão", o valor z para uma probabilidade cumulativa de 0,32 é $-0{,}47$. Então, o número de assentos com tarifa integral a serem reservados é determinado como segue:

$$\text{Assentos de tarifa integral reservados} = \mu + z\sigma$$
$$= 60 + (-0{,}47)(15)$$
$$= 53$$

Substituindo os símbolos pelos valores usados no exemplo anterior, derivamos uma expressão simples para determinar o número de assentos a serem reservados com tarifa integral.

$$P(d < x) \leq \frac{(F - D)}{p \cdot F} \tag{3}$$

onde:

x = assentos reservados para passageiros com tarifa integral

d = demanda por passagens com tarifa integral

F = preço da tarifa integral

D = preço da tarifa com desconto

p = probabilidade de um passageiro ser da classe econômica

Observe que a disponibilidade de informações sobre a porcentagem de passageiros econômicos permitiu reservar mais assentos com tarifa integral.

Aplicações da gestão de rendimento

A discussão a seguir proporciona uma amostra de como a gestão de rendimento é utilizada por outras empresas que vêm se defrontando com altos custos fixos/baixos custos variáveis, perecibilidade e desequilíbrio temporário da demanda, a fim de atingir as mesmas metas proporcionadas pela determinação de preços e pelos sistemas de gestão de rendimento.

Otimização das reservas do Holiday Inn (HIRO) [9]

O setor hoteleiro é similar ao setor aeronáutico, pois os hotéis têm custos extremamente altos investidos em imóveis e manutenção, capacidade temporária e demanda não equilibrada. Desequilíbrios, como variabilidade, sazonalidade, perecibilidade e quartos não alugados em uma noite representam oportunidades perdidas de receitas. O hotel Holliday Inn reconheceu esse problema clássico e utilizou o gerenciamento tanto da demanda quanto da capacidade para maximizar seus rendimentos.

Para alcançar seus objetivos corporativos – assegurar que a ocupação máxima e a rentabilidade sejam alcançadas em cada hotel e que os hóspedes, os franqueados e os funcionários experimentem o mais alto nível de satisfação –, o Holliday Inn estabeleceu o HIRO (Holliday Inn Reservation Optimization ou "Otimização das reservas do Holiday Inn"). A meta de maximizar a ocupação e o rendimento significa alugar o maior número de quartos possível, pelo melhor preço que o mercado aceitar. Com mais de 500 mil quartos na equação, um sistema de gestão de rendimento otimizado conseguiria aumentar muito a receita.

O HIRO, similar ao SABRE (Semi-Automated Business Research Environment, ou ambiente semiautomatizado de pesquisa em negócios) da American Airlines, utiliza o comportamento passado e o atual das reservas para analisar as necessidades de quartos em cada hotel. A equação de otimização da gestão de rendimento inclui padrões sazonais de ocupação, eventos locais, ciclos semanais e tendências atuais para desenvolver um preço mínimo (isto é, o ponto mais baixo em que os quartos poderiam ser reservados em um determinado hotel). O sistema prevê a ocupação completa dos hotéis e "filtra" os pedidos de descontos. O HIRO utiliza até o *overbooking* para equilibrar os cancelamentos e os não comparecimentos. Como qualquer sistema de gestão de rendimento no setor de serviços, o HIRO auxilia o gerente do hotel a equilibrar a possibilidade de cobrar o preço integral por um quarto e, ainda assim, manter a satisfação da base de clientes leais.

O RyderFirst da Ryder[10]
A Ryder precisa gerenciar os mesmos problemas logísticos enfrentados por qualquer companhia de transportes, e o setor de caminhões e cargas pode utilizar a gestão de rendimento para maximizar as receitas com eficiência. Mais uma vez, vemos o problema clássico de um negócio com altos custos fixos/baixos custos variáveis, uma frota expansível de caminhões, uma capacidade temporária, um desequilíbrio da demanda resultante da sazonalidade dos embarques (isto é, feriados e outros períodos com picos de geração de estoque), o perigo da deterioração e uma valiosa capacidade não utilizada.

Com o auxílio do Grupo de Decisão Tecnológica da American Airlines, a Ryder implementou um sistema de gestão de rendimento, de definição de preços e de logística que a auxilia a reagir rapidamente à competição e a obter vantagens na elasticidade de preços dos seus diferentes segmentos de clientes. O sistema de gestão de rendimento permite que a Ryder desloque a capacidade de seus caminhões de áreas saturadas para as áreas com demanda mediante a modelagem dos padrões históricos de utilização em cada mercado.

Software para abastecimento de restaurantes[11]
As técnicas de gestão de rendimento estão sendo incorporadas em software para uso no setor de abastecimento de restaurantes, com o objetivo de garantir a utilização eficiente de suas cozinhas de alto padrão. Os software de gestão de rendimento alertam os operadores para o potencial de crescimento de atendimento sem reserva ou agendamentos durante dias com previsão de baixa demanda no interior da loja, incrementando, assim, a lucratividade global. Os modelos computacionais também incluem a manipulação dos preços com base nas flutuações de demanda. Por exemplo, um restaurante pode reduzir os preços dos itens do cardápio para aumentar o número de clientes e a rentabilidade global. Da mesma forma, em períodos de pico de demanda, os preços dos itens podem crescer para aumentar a rentabilidade média verificada. A gestão de rendimento auxilia na suavização do padrão de demanda flutuante no setor de abastecimento de restaurantes por meio da previsão de quando a demanda temporária e os desequilíbrios da capacidade ocorrerão.

Amtrak[12]
Já em 1988, a empresa de transporte ferroviário Amtrak introduziu um sistema de determinação de preços e gestão de rendimento idêntico ao das companhias aéreas. Esse sistema de gestão do rendimento emprega uma estrutura de níveis de tarifas, *overbooking*, política de descontos e gerenciamento de tráfego para maximizar as receitas e a utilização da capacidade. A exemplo das companhias aéreas, a Amtrak usa as informações de mercado e a gestão de rendimento para decidir quais roteiros serão introduzidos e quanta capacidade é necessária para atender à demanda. A capacidade flexível da Amtrak permite realizar ajustes de capacidade de última hora muito mais facilmente do que no setor aeronáutico ao conectar e desconectar vagões de diferentes classes.

Resumo

A variabilidade inerente à demanda cria um desafio para os gerentes, que tentam fazer o melhor uso da sua capacidade de serviços. O problema é abordado a partir de duas estratégias genéricas: nível de capacidade e adequação à demanda.

Com a estratégia de nível de capacidade, o foco está na suavização da demanda dos clientes, permitindo a utilização plena da capacidade fixa de serviço. Várias alternativas para o gerenciamento da demanda estão disponíveis, como a segmentação da demanda, o oferecimento de descontos nos preços, a promoção da utilização fora do pico e o desenvolvimento de serviços complementares e de sistemas de reservas.

Com a estratégia de adequação à demanda, o foco está nas oportunidades para ajustar a capacidade às mudanças nos níveis de demanda. Muitas alternativas foram propostas para adequar a capacidade de serviço, incluindo programação de turnos de trabalho, uso de funcionários em turno parcial, funcionários multifuncionais, aumento da coprodução do cliente e compartilhamento da capacidade com outras empresas.

Uma estratégia mista, ou híbrida, é bem ilustrada pelo uso da gestão de rendimento, que maximiza a receita por meio da variação de preço e da distribuição da capacidade em tempo real.

Benchmark em serviços

Pague adiantado e aproveite

Procurando um pouco de aventura? Experimente comprar em um *site* de descontos, como Priceline.com ou Hotwire.com, onde você agenda reservas para um feriado dos sonhos em um *resort* ou um voo para um local exótico por um preço promocional. A palavra-chave aqui é *desconto*, que significa "fazer um pagamento sem reembolso e aceitar o inesperado". É claro, antes que você se comprometa com o seu suado $$$, é possível estabelecer alguns parâmetros para sua aventura, como destino final, acomodações de qualidade e, algumas vezes, uma área particular da cidade; mas você não sabe o que o espera até chegar lá.

Se um hotel, uma companhia aérea ou uma empresa de aluguel de veículos tem quartos, assentos ou carros não requisitados, eles perdem dinheiro. Os *sites* de desconto representam uma oportunidade para que essas empresas tenham algum retorno proveniente desses recursos disponíveis (*ou* sobre sua capacidade excedente) sem provocar a ira de clientes que pagam as taxas de costume.

Palavras-chave e definições

Adequação à demanda: estratégia de ajustar a capacidade para combiná-la com as flutuações da demanda. p. 262

Gestão de rendimento: sistema abrangente voltado à maximização das receitas para serviços com restrição de capacidade, que utiliza sistemas de reservas, *overbooking* e segmentação da demanda. p. 275

Nível de capacidade: estratégia de manter a capacidade fixa, permitindo a subutilização e acarretando alguma espera para os clientes. p. 262

Overbooking: realização de reservas em número maior do que a capacidade disponível, prevendo o não comparecimento de clientes. p. 267

Quantil crítico: probabilidade cumulativa da demanda formada pela razão do custo de *subestimar* a demanda, dividida pela soma dos custos de *subestimar* e de *superestimar* a demanda. p. 268

Tópicos para discussão

1. Quais problemas organizacionais podem surgir com a utilização de empregados em turno parcial de trabalho?
2. De que forma um sistema de reservas computacional aumenta a utilização da capacidade do serviço?
3. Exemplifique como um dado serviço implementou estratégias bem-sucedidas, tanto de gerenciamento da demanda quanto de gerenciamento da capacidade.
4. Quais são os possíveis riscos associados ao desenvolvimento de serviços complementares?
5. A ampla utilização da gestão de rendimento acabará eliminando o conceito de preços fixos para qualquer serviço?
6. Acesse http://en.wikipedia.org/wiki/Yield_management e discuta as questões éticas associadas à gestão de rendimento.

Exercício interativo

Assista à apresentação em PowerPoint relativa à experiência de *overbooking* no Doubletree Hotel em Houston, Texas. De que outra forma seria possível lidar com essa situação?

Problemas resolvidos

1. Problema de *overbooking*

Enunciado do problema

Uma pousada familiar está estudando a utilização do *overbooking*, pois a frequência de não comparecimentos, listada a seguir, deixou muitos quartos vazios na última temporada de verão. Um quarto vazio representa um custo de oportunidade de $ 69, que é a taxa média cobrada por um quarto. Entretanto, acomodar um hóspede excedente devido ao *overbooking* é caro, pois um quarto em um *resort* próximo custa em média $ 119 e a pousada precisa pagar essa diferença. Qual deveria ser o ganho esperado por noite devido à adoção do *overbooking*?

Não comparecimentos	0	1	2	3
Frequência	4	3	2	1

Solução

Inicialmente, crie uma tabela de perdas por *overbooking*, utilizando $ 69 como o custo de um quarto vazio e $ 119 – $ 69 = $ 50 como o custo de não atender a um hóspede.

Não comparecimentos	Probabilidade	Reservas sobrepostas por *overbooking*			
		0	1	2	3
0	0,4	0	50	100	150
1	0,3	69	0	50	100
2	0,2	138	69	0	50
3	0,1	207	138	69	0
Perda esperada		$ 69,00	$ 47,60	$ 61,90	$ 100,00

A seguir, calcule a perda esperada multiplicando cada coluna de *overbooking* pela probabilidade correspondente de não comparecimentos e, então, some os valores. Para 0 (nenhuma) reservas sobrepostas (em *overbooking*), tem-se:

$(0)(0,4) + (69)(0,3) + (138)(0,2) + (207)(0,1) = 69$

Observando a linha da perda esperada, verificamos que o *overbooking* de uma reserva minimizará a perda esperada e resultará em um ganho esperado por noite devido ao *overbooking* de $ 69 − $ 47,60 = $ 21,40.

2. Programação semanal de turnos de trabalho

Enunciado do problema

O departamento de reservas por telefone de uma grande locadora de carros tem a seguinte necessidade de operadores por dia:

Dia	Dom	Seg	Ter	Qua	Qui	Sex	Sáb
Operadores	4	8	8	7	7	6	5

Elabore um programa semanal de turnos de trabalho com dois dias consecutivos de folga.

Solução

Formule o problema como um modelo de programação linear inteira e resolva-o utilizando o Solver do Excel.

Função objetiva:

Minimizar $x_1 + x_2 + x_3 + x_4 + x_5 + x_6 + x_7$

Restrições:

Domingo $\quad x_2 + x_3 + x_4 + x_5 + x_6 \geq 4$
Segunda $\quad x_3 + x_4 + x_5 + x_6 + x_7 \geq 8$
Terça $\quad x_1 + x_4 + x_5 + x_6 + x_7 \geq 8$
Quarta $\quad x_1 + x_2 + x_5 + x_6 + x_7 \geq 7$
Quinta $\quad x_1 + x_2 + x_3 + x_6 + x_7 \geq 7$
Sexta $\quad x_1 + x_2 + x_3 + x_4 + x_7 \geq 6$
Sábado $\quad x_1 + x_2 + x_3 + x_4 + x_5 \geq 5$

$x_i \geq 0$ e inteiro

Com o Solver do Excel, obtém-se o seguinte: $x_1 = 2, x_2 = 0, x_3 = 0, x_4 = 0, x_5 = 3, x_6 = 1, x_7 = 4$.

O programa semanal de turnos de trabalho correspondente é:

| Trabalhador | Matriz do cronograma, x = dia de trabalho ||||||||
	Dom	Seg	Ter	Qua	Qui	Sex	Sáb
A	...	...	x	x	x	x	x
B	...	...	x	x	x	x	x
C	x	x	x	x	...	...	x
D	x	x	x	x	...	...	x
E	x	x	x	x	...	...	x
F	x	x	x	x	x	...	...
G	...	x	x	x	x	x	...
H	...	x	x	x	x	x	...
I	...	x	x	x	x	x	...
J	...	x	x	x	x	x	...
Total	4	8	10	10	7	6	5
Necessário	4	8	8	7	7	6	5
Excesso	0	0	2	3	0	0	0

3. Gestão de rendimento

Enunciado do problema

Um *resort* de uma estação de esqui está planejando uma promoção de final de ano, oferecendo um fim de semana especial por $ 159 por pessoa, para ocupação de quartos duplos. O preço de alta temporada para esses quartos, incluindo bilhetes de teleférico, normalmente é de $ 299 por pessoa. A gerência quer manter alguns quartos para viajantes de última hora, dispostos a pagar o preço da alta temporada. Se a proporção de esquiadores dispostos a pagar a taxa integral é de aproximadamente 20% e sua demanda média de final de semana apresenta uma distribuição normal com média 50 e desvio-padrão 10, quantos quartos com preço integral deveriam ser reservados?

Solução

Utilizando a equação (3), determinamos o quantil crítico como segue:

$$P(d < x) \leq \frac{(F - D)}{p \cdot F} = \frac{(299 - 159)}{(0,8)(299)} \leq 0,58$$

Recorrendo às áreas da distribuição normal padrão no Apêndice A, o valor de z para uma probabilidade cumulativa de 0,58 é 0,02. Assim, o número de quartos que deve ser reservado para os esquiadores dispostos a pagar a taxa integral é:

$$\mu + z\sigma = 50 + (0,02)(10)$$
$$= 52 \text{ quartos}$$

Exercícios

11.1 Um pronto-atendimento médico manteve um registro dos pacientes sem consulta marcada durante o último ano. A tabela a seguir mostra o número esperado de pacientes sem consulta marcada por dia da semana:

Dia	Segunda	Terça	Quarta	Quinta	Sexta
Pacientes sem consulta marcada	50	30	40	35	40

A clínica dispõe de cinco médicos e cada um pode examinar, em média, 15 pacientes por dia.

  a. Qual é o número máximo de consultas que deveriam ser marcadas a cada dia se o objetivo for suavizar a demanda da semana?

  b. Por que você não recomendaria a marcação de consultas em seu nível máximo?

  c. Se a maioria dos pacientes sem consulta marcada chega pela manhã, quando deveriam ser agendadas as consultas para evitar a espera excessiva?

11.2 Reconsidere o Exemplo 11.1 (Hotel Surfside), pois o aumento dos custos agora tem resultado em uma perda de oportunidade de $ 100 para cada não comparecimento. Suponha que a experiência dos não comparecimentos não tenha mudado significativamente e que a perda resultante quando um hóspede fica em *overbooking* ainda seja de $ 100. O Hotel Surfside deveria revisar sua política de não comparecimentos?

11.3 Uma companhia aérea que transporta executivos utiliza um *overbooking* de um passageiro em todos os seus voos (isto é, o agente de viagem fará sete reservas em uma aeronave com somente seis lugares). A experiência com não comparecimentos nos últimos 20 dias é mostrada a seguir:

Não comparecimentos	0	1	2	3	4
Frequência	6	5	4	3	2

Utilizando o quantil crítico $P(d < x) \leq C_u/(C_u + C_o)$, encontre a máxima perda de oportunidade C_o devido ao *overbooking*, se a receita C_u gerada por um passageiro é de $ 20.

11.4 Crazy Joe opera um serviço de aluguel de caiaques no rio Guadalupe. Atualmente, ele aluga 15 caiaques de um distribuidor de uma cidade próxima a um custo de $ 10 por dia. Nos finais de semana, quando o nível do rio está alto, ele leva os caiaques até o ponto de lançamento, onde os aluga para os canoístas por $ 30 por dia. Recentemente, os canoístas têm se queixado da não disponibilidade de caiaques, de maneira que Crazy Joe registrou a demanda por caiaques e encontrou a seguinte experiência, relativa aos últimos 20 dias:

Demanda diária	10	11	12	13	14	15	16	17	18	19	20
Frequência	1	1	2	2	2	3	3	2	2	1	1

Recomende um número apropriado de caiaques que ele deve disponibilizar.

11.5 Uma companhia aérea que opera nos aeroportos Internacional de Denver e Steamboat Springs, Colorado, está estudando o uso de *overbooking* em seus voos para evitar voar com assentos vazios. O agente de viagens está pensando em fazer, por exemplo, sete reservas para uma aeronave que tem somente seis assentos. Durante o mês passado, a experiência com não comparecimentos foi a seguinte:

Não comparecimentos	0	1	2	3	4
Porcentagem	30	25	20	15	10

Os custos operacionais associados a cada voo são: piloto, $ 150; copiloto, $ 100; combustível, $ 30; taxa de aeroporto, $ 20.

Qual seria a sua recomendação para *overbooking* se uma passagem de ida é vendida por $ 80 e o custo de não honrar uma reserva é um cupom no valor de $ 50 e mais um assento no próximo voo? Qual é o lucro esperado por voo pela sua estratégia de *overbooking*?

11.6 Reconsidere o Exemplo 11.2 (sala de emergência do hospital) para determinar se mais enfermeiras serão adicionadas ao quadro de funcionários, uma vez que as necessidades dos turnos diários foram revisadas.

Dias	Dom.	Seg.	Ter.	Qua.	Qui.	Sex.	Sáb.
Enfermeiras	3	6	5	6	6	6	5

Elabore um programa semanal de turnos de trabalho estabelecendo dois dias consecutivos de folga por semana para cada enfermeira. Formule o problema como um modelo de programação linear inteira para minimizar o número de enfermeiras necessárias, e resolva-o com o Solver do Excel. Se mais enfermeiras forem necessárias em relação ao quadro atual (oito), sugira uma alternativa à contratação de enfermeiras em tempo integral.

11.7 Foi solicitado a um chefe de polícia o aumento do número de patrulhas nos finais de semana nas regiões dos lagos durante os meses de verão. O chefe de polícia propôs o seguinte programa semanal, deslocando os agentes dos dias de semana para os finais de semana:

Dias	Dom.	Seg.	Ter.	Qua.	Qui.	Sex.	Sáb.
Agentes	6	4	4	4	5	5	6

Elabore um programa semanal de turnos de trabalho para o patrulhamento, estabelecendo dois dias consecutivos de folga por semana para cada oficial. Formule o problema como um modelo de programação linear inteira para minimizar o número de agentes necessários e resolva-o com o Solver do Excel.

11.8 Reconsidere o Exemplo 11.3 (Blackjack Airline). Após o sucesso inicial com a rota Los Angeles – Las Vegas, a demanda da Blackjack por passagens de tarifa integral cresceu para uma média de 75, com o desvio-padrão permanecendo em 15. A experiência anterior da Blackjack permitiu realizar uma estimativa melhor do percentual de passageiros que buscam descontos, o qual parece ser de 80%. Consequentemente, a empresa decidiu elevar o preço de todas as passagens em $ 10. Sob essas novas condições, quantos assentos destinados à tarifa integral devem ser reservados pela Blackjack?

11.9 A empresa Town and Country tem experimentado um crescimento elevado no volume de negócios devido à recente guerra de tarifas entre os maiores transportadores aéreos. A Town and Country opera um único escritório em um grande aeroporto internacional, com uma frota de 60 carros compactos e 30 de tamanho médio. Estudos recentes levaram a gerência a repensar a sua política interna de reservas. A tabela a seguir contém dados obtidos a partir da experiência da Town and Country com aluguéis:

Carro	Tarifa de aluguel	Tarifa com desconto	Clientes que buscam descontos, %	Demanda diária	Desvio-padrão
Compacto	$ 30	$ 20	80	50	15
Médio	$ 40	$ 30	60	30	10

A demanda diária parece seguir uma distribuição normal; entretanto, observou-se que os clientes de carros médios não optam por alugar um compacto quando não há um carro médio disponível. A tarifa com desconto está disponível para pessoas dispostas a reservar um carro com pelo menos 14 dias de antecedência e que concordam em pegá-lo até duas horas depois da chegada dos seus voos. Caso contrário, um débito não reembolsável será efetuado em seus cartões de crédito. A política atual de reservas mantém 40 carros compactos e 25 carros médios para os clientes dispostos a pagar a tarifa integral.

a. Utilizando a gestão de rendimento, determine o número ótimo de carros compactos e médios que devem ser reservados para os clientes que pagam a tarifa integral.

b. Dada a sua política ótima de reservas determinada aqui, você pensaria em uma expansão da frota?

River City National Bank

Estudo de caso 11.1

O banco comunitário River City National Bank, no mercado há 10 anos, encontra-se em acelerado crescimento. Seu presidente, Gary Miller, assumiu o cargo há cinco anos em um esforço para restabelecer o banco. Ele é um dos mais jovens presidentes de banco do Sudoeste, e sua energia e entusiasmo explicam seu rápido progresso. Miller tem sido o fator-chave por trás do elevado *status* do banco e da manutenção de altos padrões. Uma das razões para isso é o fato de os clientes terem prioridade para o Sr.Miller. Para ele, um dos objetivos principais do banco é servir melhor os seus clientes.

O saguão principal do banco abriga um caixa comercial e três caixas para pagamentos e recebimentos. O saguão foi projetado para ter espaço para eventuais filas. Vinculados ao banco principal, há seis caixas do tipo *drive-in* (um, somente comercial) e uma janela ao lado do *drive-in* para pessoas a pé. Devido ao rápido crescimento do banco, as vagas do *drive-in* e o saguão estão constantemente lotados, apesar de o banco ser um dos que permanecem abertos por mais tempo na cidade. O saguão é aberto das 9 até as 14h, de segunda a sábado, reabrindo das 16 às 18h nas sextas-feiras. O *drive-in* fica aberto das 7h até a meia-noite de segunda à sexta e nos sábados das 7 até as 19h. Muitos clientes fiéis, no entanto, reclamaram do longo tempo de espera na fila e também da sensação de que os caixas estavam se tornando muito mal-humorados.

Isso deixou o Sr. Miller preocupado, mesmo que a causa do problema fosse o crescimento dos negócios. Desse modo, foi por sua insistência que a diretoria finalmente aprovou a construção de um banco tipo *drive-in* remoto, no final da rua. Como a Figura 11.13 mostra, esse *drive-in* pode ser acessado pelos dois lados, dispondo de quatro pistas de cada lado. A primeira pista em ambos os lados é para uso exclusivamente comercial, e a última pista construída ainda não está em operação. O horário de funcionamento dessa instalação é das 7 às 19h, de segunda a sábado.

O banco emprega caixas de turno integral e parcial. Os caixas do saguão e os caixas da manhã (das 7 às 14h) são considerados funcionários de horário integral, enquanto os caixas do *drive-in* no turno da tarde (das 14 às 19h) e no turno da noite (das 19h até a meia-noite) são considerados de tempo parcial. Os caixas realizam serviços tradicionais de banco: pagamento de cheques, recebimento de depósitos, verificação do saldo de depósitos, venda de ordens de pagamento e de cheques de viagem e pagamento de bônus do governo.

Atualmente, a maior parte da superlotação foi eliminada. O pior problema enfrentado na resolução da situação foi manter os clientes informados a respeito da nova instalação. Seis meses depois, os caixas do *drive-in* remoto ainda ouviam os clientes falarem. "Não imaginava que aqui era assim. Vou começar a vir mais frequentemente!".

Agora, em vez de lidar com situações de superlotação, o banco está enfrentando problemas com a flutuação da demanda. O River City National Bank raramente enfrentava esse problema até a adição da capacidade extra de caixas e pistas para *drive-in* na nova estrutura construída.

Dois caixas de horário integral e quatro de horário parcial são empregados no *drive-in* remoto, de segunda a sexta-feira. A programação dos sábados não é problema, pois os seis caixas realizam escalas de turnos, trabalhando em um sábado e folgando no outro. Nos dias de pagamento e nas sextas, os carros fazem filas na rua para utilizar o *drive-in* remoto. Uma elevada demanda por dinheiro e serviço bancário é a razão principal para esse dilema, mas certamente não é a única. Muitos clientes não estão preparados quando vão ao banco. Eles necessitam de uma caneta ou de uma guia de depósito, ou seus cheques não estão preenchidos ou endossados, o que acarreta tempo ocioso para os caixas. Há também outros problemas com clientes que tomam tempo, como a explicação de que sua conta ficará negativa e, por essa razão, seus cheques de pagamento devem ser depositados, e não sacados. Além disso, há muitos não clientes que tentam sacar a folha de pagamento ou cheques pessoais. Essas pessoas se tornam bastante inquietas e consomem muito tempo ao descobrir que seus cheques não poderão ser sacados. As transações levam em média 30 segundos, variando de 10 segundos para depósitos diretos até 90 segundos para o saque de um bônus e consumindo até três minutos para descontos de cheques de viagem (que ocorrem muito raramente).

Comparado aos dias de pico, o restante da semana é muito tranquilo. O saguão principal permanece ocupado, mas não lotado. Por outro lado, os negócios no *drive-in* remoto são extraordinariamente lentos. A supervisora do *drive-in*, Shang-ling Chen, estudou o número médio de transações que os seus caixas realizam. O cenário de um mês comum é mostrado na Tabela 11.10.

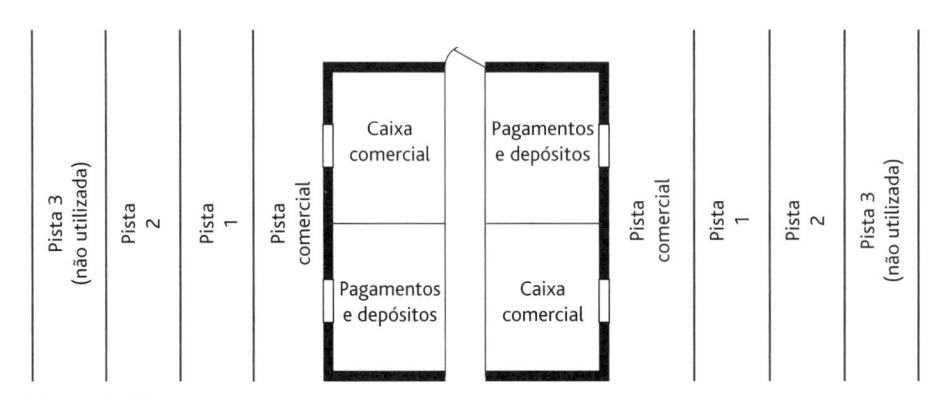

Figura 11.13 Leiaute do *drive-in* remoto.

Tabela 11.10 Transações em um mês comum no *drive-in* remoto

Dia da semana	Primeira semana		Segunda semana	
	Turno da manhã	Turno da tarde	Turno da manhã	Turno da tarde
Segunda-feira	...	...	175	133
Terça-feira	...	...	120	85
Quarta-feira	200	195	122	115
Quinta-feira	156	113	111	100
Sexta-feira	223*	210	236*	225
Sábado	142	127	103	98
Dia da semana	Terceira semana		Quarta semana	
	Turno da manhã	Turno da tarde	Turno da manhã	Turno da tarde
Segunda-feira	149	120	182	171
Terça-feira	136	77	159	137
Quarta-feira	182	186	143	103
Quinta-feira	172	152	118	99
Sexta-feira	215*	230	206*	197
Sábado	147	150	170	156
Dia da semana	Quinta semana			
	Turno da manhã	Turno da tarde		
Segunda-feira	169	111		
Terça-feira	112	89		
Quarta-feira	92	95		
Quinta-feira	147	163		
Sexta-feira	259*	298		

* A maioria dessas transações ocorreu após as 10h.

Mais uma vez, os clientes estão descontentes. Quando os caixas do *drive-in* remoto fecham às 19h das sextas-feiras, sempre deixam de atender pessoas enquanto realizam o processo de balanço interno. Esses clientes têm requisitado a Miller que mantenha o novo *drive-in* aberto pelo menos até as 21h na sexta-feira. Os caixas não apoiam a ideia, mas o corpo de diretores está começando a se tornar favorável a ela. Miller quer manter seus clientes felizes, mas sente que deve haver alguma outra forma de resolver essa situação. Portanto, ele requisitou que a Sra. Chen avaliasse o problema *in loco* e fizesse recomendações para uma solução.

Tarefa

Como assistente da Sra. Chen, você foi incumbido de analisar a situação e recomendar uma solução. Esta é sua oportunidade de servir à sua companhia e à comunidade, bem como de ganhar pontos para uma promoção e um aumento.

Gateway International Airport[13]

Estudo de caso 11.2

O Aeroporto Internacional Gateway (AIG) tem vivenciado um crescimento substancial nas operações (aterrissagem ou decolagem) de aviação (comercial e em geral) durante os últimos anos. Devido ao início do novo serviço comercial no aeroporto, que é programado para muitos meses no futuro, a FAA (Federal Aviation Administration) concluiu que o crescimento das operações e as modificações associadas à distribuição de horários de decolagens e aterrissagens exigirão um programa de trabalho inteiramente novo em relação ao atual quadro de controle do tráfego aéreo (ATC, Air Traffic Control). A FAA sente que o Gateway terá de contratar pessoal adicional para o ATC, pois o quadro atual, composto por cinco funcionários, provavelmente não será suficiente para lidar com a demanda esperada.

Após examinar os vários planos de serviço que cada companhia aérea comercial submeteu para o período dos próximos seis meses, a FAA desenvolveu uma previsão da demanda média horária para o total de operações (Figura 11.14) e uma previsão semanal de variação da demanda média diária (Figura 11.15). Um assistente do gerente de operações recebeu a tarefa de desenvolver as necessidades de pessoal e os turnos de trabalho para o ATC, a fim de manter um nível adequado de segurança operacional com o mínimo de excesso na sua "capacidade".

As várias restrições são apresentadas a seguir:
1. Cada controlador trabalhará em um turno contínuo de oito horas (ignorando qualquer intervalo para refeições), que sempre iniciará em uma hora cheia, a qualquer período do

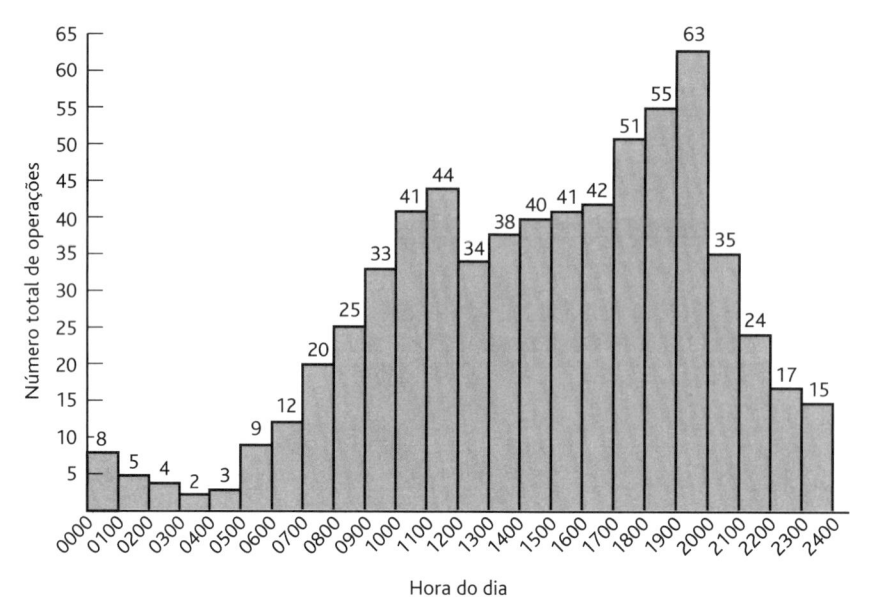

Figura 11.14 Demanda por hora para as operações.

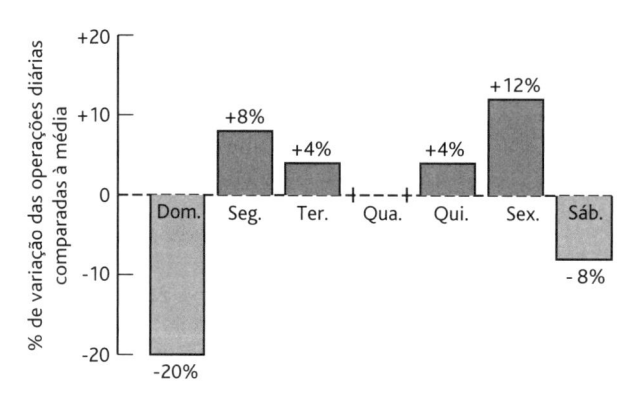

Figura 11.15 Variação da demanda diária em relação à média.

dia (isto é, qualquer turno começará às Xhoras), sendo que o controlador deverá ter, pelo menos, 16 horas de folga antes de reassumir seu trabalho.
2. Cada controlador trabalhará exatamente cinco dias por semana.
3. Cada controlador terá direito a dois dias consecutivos de folga, servindo, para tanto, qualquer par de dias consecutivos.
4. As normas da FAA regularão as necessidades de pessoal do Gateway, de modo que a razão entre o total de operações e o número de controladores disponíveis em qualquer horário do dia não pode exceder 16.

Questões
1. Suponha que você seja o assistente do gerente de operações da FAA. Utilize as técnicas de programação de turnos de trabalho para analisar as necessidades totais de pessoal e a programação de dias de folga. Para as análises preliminares, considere que:

   a. As necessidades de operadores serão baseadas no perfil de demanda do turno (isto é, oito horas).
   b. Existirão exatamente três turnos separados por dia, sem sobreposição de turnos.
   c. A distribuição da demanda horária na Figura 11.14 é constante para cada dia da semana, mas os níveis da demanda horária variam durante a semana, como mostrado na Figura 11.15.

2. Com base na sua análise preliminar, discuta as implicações potenciais nas necessidades de força de trabalho e na programação dos dias de folga se as suposições a e b anteriores forem minimizadas, de modo que a análise seja baseada somente na demanda horária, sem as restrições de um número predeterminado de turnos e sem sobreposição de turnos. Em outras palavras, discuta os efeitos de analisar as necessidades da demanda em uma base horária, considerando que cada posição do ATC tem, essencialmente, seu próprio turno, o qual pode sobrepor-se a qualquer outro turno do ATC a fim de atender à demanda.

3. Você acha que isso resultaria em maior ou menor grau de dificuldade para atingir as quatro restrições genéricas? Por quê?

4. Quais sugestões adicionais você pode fazer ao gerente de operações para minimizar as necessidades da força de trabalho e a dificuldade da programação das folgas?

O analista de gestão de rendimento[14] — Estudo de caso 11.3

Na manhã de 10 de novembro de 2002, Jon Thomas, analista de marketing para os centros de lazer do México, cancelou mais de 300 lugares "ilegalmente" reservados em dois voos para Acapulco. Todas as poltronas dos voos de Jon para Acapulco foram reservadas pelo mesmo representante de vendas, em nome de uma corporação, a Uniden Corporation. Jon percebeu que o representante de vendas reservou espaço para um passageiro de cada vez, utilizando a tarifa apropriada disponível; alguns lugares foram reservados em tarifas de ida e volta de mais de $ 2.000 por pessoa. No campo especial para nomes de empresas, o representante de vendas utilizou uma técnica comum para ludibriar e bloquear os programas de autocancelamento e de pagamento instantâneo da compra, exigido para todas as reservas individuais pelo SABRE, o sistema da American Airlines (AA) para reservas de clientes. Jon achou justificável o cancelamento desse espaço, pois ele tinha negado previamente a requisição da reserva de espaço para o grupo, sendo que o representante de vendas em seguida violou as regras estabelecidas a respeito da reserva de espaço para grandes grupos.

Não mais do que 24 horas depois de Jon ter cancelado o espaço da Uniden Corporation, ele recebeu um telefonema irritado de Patty Dial, a gerente de vendas regional da área de Dallas-Fort Worth. A Uniden, uma companhia local de Fort Worth, necessitava de mais de 300 assentos para Acapulco para a sua viagem anual de incentivo a vendas. Jon confronta-se com o conflito de aceitar ou negar grandes grupos todos os dias, e ele compreende que seu julgamento de mercado faz parte do gerenciamento da rentabilidade para cada voo. A questão do grupo da Uniden foi conduzida para níveis mais altos da administração quando a Uniden, um dos maiores clientes corporativos da AA, verificou que o espaço prometido pelo representante de vendas havia sido cancelado. Tendo em mente a questão do relacionamento com os clientes, Jon entrou em um processo de negociação com Patty a fim de realocar o espaço.

O procedimento normal de reservas para grupos requer que o representante de vendas envie uma mensagem eletrônica para o analista de gestão de rendimento, requisitando um bloco de lugares em um voo. É prerrogativa do analista de gestão de rendimento aprovar ou negar o pedido e o bloco de lugares para o grupo. O analista de gestão de rendimento utiliza uma variedade de sistemas de apoio à decisão, com base na atividade histórica do mercado, para tomar sua posição. Na perspectiva do representante de vendas, fechar com esse grupo é uma vitória, pois isso direciona a fatia do mercado no sentido de um crescimento no volume de vendas na região. Na perspectiva do analista de gestão de rendimento, preencher uma aeronave com um grupo pagando a mesma tarifa em um período de pico de voos é uma oportunidade perdida de utilizar o excesso de demanda e a capacidade limitada do mercado para maximizar a renda por passageiro. Infelizmente, os representantes de vendas conseguem enganar o SABRE aceitando reservas de grupos sem a aprovação do gerente de rentabilidade. Como no caso de Jon, o representante de vendas pode reservar assentos em blocos de menos de 10 passageiros, inserir um nome de corporação no campo de reservas, o que suspende todos os programas de autocancelamento, estabelecer um contrato de vendas e negociar um preço especial para a tarifa de um grupo, independentemente dos preços listados em cada reserva.

Os objetivos corporativos conflitantes dos representantes de vendas e dos gerentes de rentabilidade são uma grande fonte de frustração para um analista de gestão de rendimento. Os representantes de vendas da AA estabelecem metas mensais de rendimento e número de passageiros a fim de alcançar o objetivo de uma fatia de mercado progressivamente maior. Os representantes de vendas mantêm relacionamentos com grandes clientes corporativos e agências de viagens, sendo que eles implementam programas de descontos baseados em volume e rendimento para grandes contas de corporações e de agências de viagens. O analista de gestão de rendimento da AA esforça-se para maximizar a utilização da aeronave (rendimento por passageiro e taxa de ocupação ao mesmo tempo) para elevar o rendimento global de mercado. Além disso, tem muito pouco contato com o cliente final e utiliza sistemas de apoio à decisão para manipular a formação de preços e os programas de alocação de inventários. A meta dos representantes de vendas é estimular as vendas, enquanto a meta do analista de gestão de rendimento é otimizá-las. O conflito entre Jon e Patty evidencia uma situação na qual os objetivos da gestão de rendimento e das vendas entram em conflito direto, e o sistema falha.

A gestão de rendimento é uma estratégia operacional ideal para companhias que se deparam com o desequilíbrio temporário entre a capacidade e a demanda, a perecibilidade (isto é, um produto que deve ser utilizado imediatamente) e altos custos fixos/baixos custos variáveis. A gestão de rendimento habilita as companhias a maximizarem o uso da capacidade produtiva restrita mediante um olhar discriminatório sobre a rentabilidade do produto. A cada dia, Jon depara-se com a escolha entre preencher uma aeronave mais cedo com tarifas mais baixas ou reservar espaço para passageiros de rendimento elevado.

GESTÃO DE RENDIMENTO NO SETOR AERONÁUTICO

A demanda dos passageiros frequentemente ultrapassa a capacidade durante os picos das estações, dos dias e de outros períodos, como no caso de Jon com o mercado de Acapulco. As companhias aéreas enfrentam desequilíbrios temporários entre capacidade e demanda diariamente. Na situação com que Jon se deparou, somente a Aeromexico, a Mexicana e a AA oferecem voos diretos para o México partindo de Dallas. Durante os períodos de baixa temporada, é difícil ocupar esses voos, enquanto na alta temporada há mais demanda do que a capacidade total que o mercado pode suportar. De fato, a AA enfrenta altos custos fixos e baixos custos variáveis, pois adicionar um passageiro em um voo custa muito pouco se comparado aos custos fixos de fornecer e manter o programa do serviço aéreo. Por fim, uma vez que o avião deixa o portão, os assentos vazios nunca mais poderão ser vendidos, resultando em uma perda irreversível. Quando se depara com excesso de demanda e capacidade limitada, o analista de gestão de rendimento pode "escolher" qual negócio é mais desejável, a fim de otimizar a rentabilidade total de cada voo. Os diferentes níveis de sofisticação da gestão de rendimento entre as companhias aéreas são fonte de vantagem em alguns mercados altamente competitivos.

Da metade de novembro até o final de maio, o mercado de lazer para o México entra na estação de pico e proporciona uma excelente oportunidade para as estratégias dos manuais de gestão de rendimento. Durante o período coberto por este estudo de caso, a AA tinha um total de nove voos diários de ida e volta para Acapulco, Cancun e Puerto Vallarta. Jon tem a responsabilidade de definir todas as tarifas que conectam o México ao resto do mundo, bem como de gerenciar o controle do inventário. Cada mercado origem-destino, como Dallas–Cancun, implica o gerenciamento de mais de 30 tarifas. Em geral, todas as companhias aéreas utilizam a discriminação de preços e a gestão de rendimento para maximizar as receitas. Mantendo uma estrutura de níveis de tarifas, o analista de gestão de rendimento pode forçar os passageiros a pagarem preços mais elevados nos períodos de grande demanda.

Jon auxilia a AA a manter uma estrutura de níveis de tarifas baseada no mercado, que alavanca a sensibilidade dos preços e a flexibilidade do seu segmento de clientes de negócios e de lazer. As regras para tarifas e preços são diferenciadas com base no horário e na data do voo, na origem do passageiro e nos padrões históricos de demanda nesse mercado. A Tabela 11.11 esboça a diferença de comportamento entre dois segmentos de passageiros.

Devido à perecibilidade, aos altos custos fixos/baixos custos variáveis e ao desequilíbrio temporário da demanda, as companhias aéreas utilizam *tanto* o gerenciamento da demanda quanto o gerenciamento da capacidade, a fim de maximizar as receitas. As companhias aéreas utilizam três ferramentas da gestão de rendimento para maximizar a receita e vender a tarifa "certa" para o passageiro "certo": "*overbooking*, alocação de desconto e gerenciamento de tráfego."[15] Para executar a discriminação dos preços com uma estrutura de níveis de tarifas, a capacidade da aeronave é dividida em diferentes seções, independentemente de onde o passageiro sentar (a menos que o passageiro seja da classe executiva ou da primeira classe). O analista de gestão de rendimento distribui as tarifas disponíveis às seções (isto é, alocação de descontos) e utiliza as estratégias do *overbooking* e do gerenciamento de tráfego para maximizar as receitas.

Disponibilizar reservas de passageiros além da capacidade real da aeronave para garantir a lotação do voo é tido como *overbooking*. Essa estratégia considera os não comparecimentos esperados, os cancelamentos de última hora e as conexões perdidas, por meio da modelagem da sazonalidade dos dados históricos. O *overbooking* gera um importante incremento da receita para a companhia aérea e fornece aos passageiros maiores oportunidades de escolha. Mais voos e tarifas são disponibilizados para um maior número de passageiros. No mercado de lazer para o México, gerido por Jon, os níveis médios de *overbooking* são de aproximadamente 25% acima da capacidade e podem atingir 50%. Os níveis de *overbooking* começam altos seis meses antes da data de embarque de um voo e lentamente declinam com as modificações das reservas, restringem ao excesso de vendas e forçam as vendas durante os períodos de proximidade da partida.

A alocação de descontos é usada em conjunto com o gerenciamento de tráfego a fim de distribuir os níveis de tarifas ao longo das diferentes seções do avião. A política de distribuição de descontos esforça-se para disponibilizar assentos de valor mais elevado para os clientes de negócios de última hora, dispostos a pagar mais do que a tarifa com desconto. O Boeing 737 da AA, aeronave utilizada por Jon nos mercados do México, tem capacidade para 100 passageiros: 12 na primeira classe e 88 na classe normal. Em um voo comum, Jon pode ter duas ou três tarifas para os passageiros da primeira classe e 25 tarifas diferentes para os passageiros da classe econômica. O gerenciamento de tráfego ou o sistema de indexação da AA automaticamente divide as tarifas de Jon ao longo das seções do avião a fim de fornecer mais estoque de reservas para as passagens mais caras e menos estoques de reservas para as passagens mais baratas quando há excesso de demanda. O gerenciamento de tráfego ou o sistema de indexação da AA também valoriza os passageiros de longas distâncias, de valor mais elevado, em relação aos passageiros de curtas distâncias, o que proporciona maior disponibilidade de passagens com as tarifas mais altas.

Os níveis de *overbooking* e de alocação de descontos são ajustados diferentemente, com base nos padrões históricos da demanda conforme o horário de voo, o dia da semana, o número

Tabela 11.11 Comportamento dos segmentos de passageiros de companhias aéreas

Passageiro de lazer	Passageiro de negócios
Sensível ao preço	Insensível ao preço
Reserva antecipada	Reserva de última hora
Dia e horário flexíveis	Dia e horário inflexíveis
Viagens longas	Viagens curtas
Viagem discricionária	Viagens dependentes do tempo
Consulta agentes de viagens	Viaja frequentemente e o destino é conhecido
Viaja nos finais de semana	Viaja somente nos dias de semana
Viagens sazonais	Viagens menos sazonais
Pouca fidelidade	Fidelidade baseada no crédito de cliente frequente

de dias até a partida e a época do ano. Os níveis modificam-se diariamente para cada voo no sistema expansivo da AA, baseado na flutuação da demanda. Jon é responsável por aprovar as decisões do sistema, bem como por implementar novas e diferentes estratégias de alocação de descontos e gerenciamento de tráfego para a melhoria do rendimento médio por passageiro e a taxa de ocupação de seu mercado. Especificamente, Jon decide quais tarifas serão destinadas para cada grupo de passageiros, quais restrições se aplicam a cada tarifa, quantos assentos serão disponibilizados para as tarifas mais caras e mais baratas, o aumento da disponibilidade para os voos de longa distância e para os mercados de maior demanda e a restrição dos assentos existentes para tarifas de valor mais baixo.

O SABRE disponibiliza a venda de voos mais de 300 dias antes da data de partida. A manutenção da rentabilidade em um mercado volátil como o mercado de lazer para o México, que Jon coordena, é acrescida de incerteza devido às grandes flutuações e à natureza menos previsível dos padrões históricos dessa demanda. O mercado de lazer para o México é especialmente imprevisível, pois os frequentes, ainda que moderados, movimentos dos grupos de turistas distorcem as projeções do sistema de apoio à decisão no que se refere à relação de assentos, à demanda média, níveis de *overbooking* e à alocação de assentos com desconto.

Tarefa

Leia a seguir as instruções para o "Jogo da gestão de rendimento". O seu instrutor fornecerá dados sobre os passageiros e uma planilha de cálculos para um exercício em aula no "dia do jogo".

O jogo da gestão de rendimento

O jogo da gestão de rendimento ilustra a opção entre o *overbooking* (vender mais do que a capacidade) e a perecibilidade (ter capacidade ociosa), com o objetivo de maximizar a receita quando se está diante de uma demanda em excesso na forma de várias receitas por passageiro e diferentes volumes de passageiros. Esse jogo concentra-se no gerenciamento de capacidade das companhias aéreas, mas é aplicável a todos os serviços com capacidade fixa (p. ex., hotéis e navios para cruzeiros).

Na alocação de assentos para futuros passageiros, o analista de gestão de rendimento enfrenta o problema de maximizar a receita total para cada voo. Isso inclui fechar o *mix* ideal de passageiros com desconto e passageiros *premium*, com a utilização da capacidade integral e sem vender em excesso para muitos clientes. O objetivo da maximização da receita é simples (preencher o avião com os passageiros que pagam mais), mas a incerteza torna isso um desafio.

Especificamente, as tendências históricas de reservas na indústria de companhias aéreas indicam que os viajantes a lazer ou com desconto, mais flexíveis, fazem reservas muito antes do seu embarque, ao passo que os viajantes de negócios ou *premium* esperam até o último minuto, muitas vezes até o momento de deslocamento para o aeroporto. Para explorar o comportamento desses passageiros, as companhias aéreas realizaram a discriminação de preços para diferenciar os passageiros que haviam feito sua compra antecipadamente, com dia e horário para embarcar e exigências de tempo de permanência. Embora a discriminação de preços ajude a companhia aérea a gerenciar o seu recurso restrito de capacidade, ela não lida com a definição da quantidade de assentos a serem vendidos para cada segmento de clientes – passageiros a negócios ou a lazer.

Para complicar ainda mais a tarefa do analista de gestão de rendimento de maximizar a receita total, os cancelamentos de última hora, os passageiros que perdem as conexões e os não comparecimentos ameaçam a "programação" dos assentos (assentos vazios) e podem gerar perda de receita potencial. Você usará as estratégias de *alocação de descontos* e *overbooking* para lidar com esse problema.

A alocação de descontos é necessária porque um avião pode ser lotado muito antes do embarque com os passageiros com desconto – o que claramente não é uma estratégia de maximização das receitas. Portanto, o analista de gestão de rendimento busca "poupar" assentos para a demanda de passageiros *premium* de último hora ao alocar somente um determinado montante de assentos para passageiros que viajam a lazer com reservas antecipadas. Embora o *overbooking* ajude a superar a perecibilidade, ele abre a possibilidade de vendas em excesso. O analista de gestão de rendimento faz uma tentativa de ponderação do custo de uma venda em excesso em relação ao custo de "perder" assentos ou perder uma receita potencial de uma venda adicional. O analista prefere vender passagens em excesso até o ponto em que o custo da venda em excesso seja igual à receita adicional relacionada ao acréscimo de um passageiro.

Nesse jogo, você, como analista de gestão de rendimento, é responsável por um voo. Com base no padrão histórico de reservas para o seu voo, a demanda dos passageiros a lazer, geralmente grandes grupos, surge a partir de 100 dias antes do embarque até 14 dias antes do embarque. A demanda de passageiros de negócios ocorre mais perto do embarque, de aproximadamente nove dias até o momento do embarque. Outras estatísticas históricas de mercado para o seu voo mostram que a taxa média de perdas de conexões, não comparecimentos e cancelamentos para esse voo de alta temporada é de 20%, e a receita média por passageiro é de $ 400.

Tanto as vendas em excesso quanto a perecibilidade de assentos representam custos para a receita da companhia aérea: as vendas em excesso são uma despesa direta, enquanto a perecibilidade é uma receita potencial perdida. Quanto mais alto o número de vendas em excesso, mais dinheiro os agentes da empresa nos portões de embarque têm de pagar para conseguir tirar os passageiros do avião. O seu objetivo é maximizar a receita total gerada com esse voo.

Números do jogo

Capacidade do avião: 100 assentos
Informações históricas de mercado:
Média de não comparecimentos, perda de conexões e cancelamentos: 20%
Receita média por passageiro: $ 400

1 – 5 vendas em excesso	$ 200 por passageiro
6 – 10	$ 500
10 – 15	$ 800
16+	$ 1.000

Penalidade por venda em excesso: $ 200 para cada assento vazio
Penalidade por perecimento:

Fases do jogo
O jogo será realizado em três fases, refletindo os diferentes períodos de tempo antes do embarque. *A Fase I* é a demanda total de passageiros recebida fora do período de 13 dias antes do embarque. *A Fase II* é a demanda total de passageiros entre 13 dias antes do embarque e o dia do embarque. Tendências históricas de mercado sugerem que os grandes grupos e as famílias fazem as reservas durante a Fase I, enquanto os passageiros individuais e a negócios fazem as reservas durante a Fase II. *A Fase III* mostra o número de passageiros que realmente aparecem para o voo e a sua contribuição na receita resultante.
Objetivo: maximizar a receita total!

Sequoia Airlines — Estudo de caso 11.4

A Sequoia Airlines é uma companhia aérea regional bem estabelecida que atende aos Estados da Califórnia, de Nevada, do Arizona e de Utah. A Sequoia compete com companhias aéreas muito maiores nesse mercado regional, e a sua administração entende que o preço, a frequência do serviço de voo, a capacidade de atender à programação, os cuidados com a bagagem e a imagem projetada pelos seus comissários de voo são os fatores de marketing mais importantes que os passageiros consideram quando decidem usar uma companhia aérea.

Em cada uma dessas áreas, a Sequoia está alcançando os seus objetivos. No entanto, manter a sua equipe de comissários de voo nos níveis desejados foi difícil no passado, e muitas vezes a empresa teve de solicitar aos comissários de voo que trabalhassem horas extras pela escassez de funcionários. Isso resultou em custos excessivos de pessoal e alguns problemas de moral baixo entre os comissários. Uma razão para as ocorrências de escassez de trabalhadores é uma taxa de rotatividade mais alta do que a média da indústria, resultado da contratação de comissários experientes por outras companhias aéreas. Isso não se deve totalmente a problemas de moral baixo; essa causa parece tornar-se importante somente durante períodos sazonais de pico de demanda, quando a escassez de funcionários é particularmente ruim. Ao fazer entrevistas com o pessoal disponível, a Sequoia descobriu que as companhias regionais concorrentes (cujos programas de treinamento não são tão desenvolvidos) têm contratado uma proporção significativa da equipe da Sequoia ao oferecer salários líquidos um pouco mais altos, pacotes de benefícios indiretos atraentes e garantias de um número mínimo de horas de voo nos períodos de demanda fora da alta estação.

Para começar, a administração da Sequoia pediu uma análise de seis meses das condições de contratação e treinamento das equipes de comissários de voos, começando no mês seguinte (julho). Uma investigação da programação de operações indica que são necessárias 14 mil horas de trabalho dos comissários em julho, 16 mil em agosto, 13 mil em setembro, 12 mil em outubro, 18 mil em novembro e 20 mil em dezembro. O programa de treinamento da Sequoia para novos contratados exige um mês inteiro de preparação em sala de aula antes que eles sejam designados para o serviço de voo regular. Como comissários de voo novatos, eles permanecem em um estágio probatório por mais um mês. Periodicamente, ocorre algum deslocamento do pessoal da equipe de comissários de voo em atividade para a equipe que supervisiona o treinamento de novos empregados. A Figura 11.16 mostra as relações e porcentagens de movimentos intraequipes.

Quando não ocorrem episódios de escassez de pessoal, cada novo comissário de voo normalmente trabalha uma média de 140 horas por mês e recebe um salário de $ 1.050 durante o período probatório. Durante o período de treinamento, cada novo empregado recebe $ 750. Os comissários de voo experientes recebem um salário médio de $ 1.400 e trabalham uma média de 125 horas por mês. Cada instrutor recebe um salário de $ 1.500 por mês.

O segredo nem tão secreto do programa de treinamento personalizado da Sequoia é que o número de comissários em treinamento é limitado a não mais do que cinco por instrutor. Os instrutores que não são necessários em um dado mês (isto é, excedentes) podem ser aproveitados como comissários de voo.

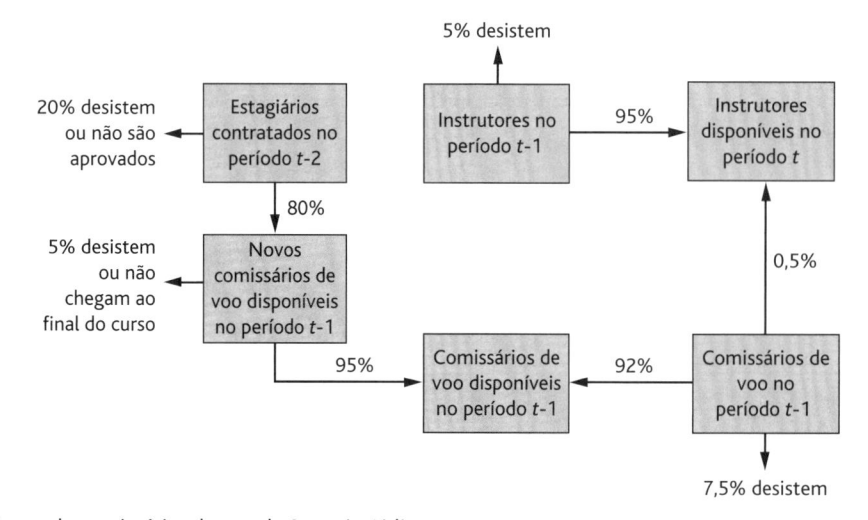

Figura 11.16 Fluxos de comissários de voo da Sequoia Airlines.

Para assegurar um alto nível de qualidade no serviço de voo, a Sequoia exige que a proporção de horas de trabalho de comissários novatos não exceda 25% do total de horas de trabalho de qualquer mês (isto é, dos novatos e dos experientes).

Em maio, a Sequoia contratou 10 novos empregados para entrar no programa de treinamento e, neste mês, contratou mais 10. No início de junho, havia 120 comissários de voo experientes e seis instrutores na equipe da Sequoia.

Seja T_t = número de comissários em treinamento contratados no início do período t, com $t = 1, 2, 3, 4, 5, 6$

J_t = número de comissários de voo novatos disponíveis no início do período t, com $t = 1, 2, 3, 4, 5, 6$

F_t = número de comissários disponíveis no início do período t, com $t = 1, 2, 3, 4, 5, 6$

I_t = número de instrutores disponíveis no início do período t, com $t = 1, 2, 3, 4, 5, 6$

S_t = número de instrutores excedentes disponíveis como comissários de voo no início do período t, com $t = 1, 2, 3, 4, 5, 6$

Questões

1. Para o período previsto (isto é, julho a dezembro), determine o número de novos comissários em treinamento que devem ser contratados no início de cada mês de maneira que os custos totais com pessoal para a equipe de comissários de voo e programa de treinamento sejam minimizados. Formule o problema como um modelo de PL e resolva-o.
2. Como você lidaria com resultados não inteiros?
3. Discuta como você usaria o modelo de PL para tomar a sua decisão de contratação para os próximos seis meses.

Bibliografia selecionada

Aksin, Zeynep; Mor Armony; and Vijay Mehrotra. "The Modern Call Center: A Multi-Disciplinary Perspective on Operations Management Research." *Production and Operations Management* 16, no. 6 (November–December 2007), pp. 665–88.

Antle, D. W., and R. A. Reid. "Managing Service Capacity in an Ambulatory Care Clinic." *Hospital & Health Services Administration* 33, no. 2 (Summer 1988), pp. 201–11.

Baker, Timothy K., and David A. Collier. "The Benefits of Optimizing Prices to Manage Demand in Hotel Revenue Management Systems." *Production and Operations Management* 12, no. 4 (Winter 2003), pp. 502–18.

Belobaba, Peter P. "Application of a Probabilistic Decision Model to Airline Seat Inventory Control." *Operations Research* 37, no. 2 (March–April 1989), pp. 183–97.

Bitran, G. R., and S. V. Mondschein: "An Application of Yield Mangement to the Hotel Industry Considering Multiple Day Stays." *Operations Research* 43, no. 3 (May–June 1995), pp. 427–43.

Carroll, William J., and Richard C. Grimes: "Evolutionary Change in Product Management: Experiences in the Car Rental Industry." *Interfaces* 25, no. 5 (September–October 1995), pp. 84–104.

Chevalier, Philippe, and Jean-Christophe Van den Schrieck. "Optimizing the Staffing and Routing of Small-Size Hierarchical Call Centers." *Production and Operations Management* 17, no. 3 (May–June 2008), pp. 306–19.

Crandall, Richard E., and Robert E., Markland: "Demand Management—Today's Challenge for Service Industries." *Production and Operations Management* 5, no. 2 (Summer 1996), pp. 106–20.

Dana, James D. Jr. "New Directions in Revenue Management Research." *Production and Operations Management* 17, no. 4 (July–August 2008), pp. 399–401.

Dietrich, Brenda; Giuseppe A. Paleologo and Laura Wynter. "Revenue Management in Business Services." *Production and Operations Management* 14, no. 4 (July–August 2005), pp. 475–80.

Easton, Fred F.; Donald F. Rossin; and William S. Borders. "Analysis of Alternative Scheduling Policies for Hospital Nurses." *Production and Operations Management* 1, no. 2 (Spring 1992), pp. 159–74.

Goodale, John C., and Enar Tunc. "Tour Scheduling with Dynamic Service Rates." *International Journal of Service Industry Management* 9, no. 3 (1998), pp. 226–47.

———; Rohit Verma; and Madeleine E. Pullman. "A Market Utility-Based Model for Capacity Scheduling in Mass Service." *Production and Operations Management* 12, no. 2 (Summer 2003), pp. 164–85.

Kimes, Sheryl E.: A Tool for Capacity-Constrained Service Firms." *Journal of Operations Management* 8, no. 4 (October 1989), pp. 348–63.

———. "The Basics of Yield Management." *Cornell HRA Quarterly,* November 1989, pp. 14–19.

———. "The Relationship between Product Quality and Revenue per Available Room at Holiday Inn." *Journal of Service Research* 2, no. 2 (November 1999), pp. 138–44.

———, and Richard B. Chase. "The Strategic Levers of Yield Management." *Journal of Service Research* 1, no. 2 (November 1998), pp. 156–66.

———, and Jochen Wirtz. "Has Revenue Management Become Acceptable? Findings From an International Study on the Perceived Fairness of Rate Fences." *Journal of Service Research* 6, no. 2 (November 2003), pp. 125–35.

Mabert, Vincent A., and Michael J. Showalter: "Measuring the Impact of Part-Time Workers in Service Organizations." *Journal of Operations Management* 9, no. 2 (April 1990), pp. 209–29.

Malhotra, Manoj K., and Larry P. Ritzman. "Scheduling Flexibility in the Service Sector: A Postal Case Study." *Production and Operations Management* 3, no. 2 (Spring 1994), pp. 100–17.

Metters, Richard, and Vicente Vargas: "Yield Management for the Nonprofit Sector." *Journal of Service Research* 1, no. 3 (February 1999), pp. 215–26.

Mookherjee, Reetabrata and Terry L. Friesz. "Pricing, Allocation, and Overbooking in Dynamic Service Network Competition When Demand Is Uncertain" *Production and Operations Management* 14, no. 4 (July–August 2005), pp. 455–74.

Ng, Irene C. I.; Jochen Wirtz; and Khai Sheang Lee: "The Strategic Role of Unused Service Capacity." *International Journal of Service Industry Management* 10, no. 2 (1999), pp. 211–38.

Queenan, Carrie Crystal; Mark Ferguson; Jon Higbie; and Rohit Kapoor. "A Comparison of Unconstraining Methods to Improve Revenue Management Systems." *Production and Operations Management* 16, no. 6 (November–December 2007), pp. 729–46.

Radas, Sonja, and Steven M. Shugan. "Managing Service Demand: Shifting and Bundling." *Journal of Service Research* 1, no. 1 (August 1998), pp. 47–64.

Relihan, Walter J., III. "The Yield-Management Approach to Hotel-Room Pricing." *Cornell HRA Quarterly,* May 1989, pp. 40–45.

Sampson, Scott E. "Optimization of Volunteer Labor Asignments". *Journal of Operations Management* 24, no.4 (June 2006), pp. 363–77.

Shemwell, D. J., and J. J. Cronin. "Services Marketing Strategies for Coping with Demand/Supply Imbalances." *Journal of Services Marketing* 8, no. 4 (1994), pp. 14–24.

Shen, Zuo-Jun Max, and Xuanming Su. "Customer Behavior Modeling in Revenue Management and Auctions: A Review and New Research Opportunities." *Production and Operations Management* 16, no. 6 (November–December 2007), pp. 713-28.

Smith, Barry C.; John F. Leimkuhler; and Ross M. Darrow: "Yield Management at American Airlines." *Interfaces* 22, no. 1 (January–February 1992), pp. 8–31.

Thompson, Gary M. "Labor Scheduling, Part 1: Forecasting Demand." *Cornell Hotel and Restaurant Administration Quarterly,* October 1998, pp. 22–31.

———. "Labor Scheduling, Part 2: Knowing How Many On--Duty Employees to Schedule." *Cornell Hotel and Restaurant Administration Quarterly,* December 1998, pp. 26–37.

———. "Labor Scheduling, Part 3: Developing a Workforce Schedule," *Cornell Hotel and Restaurant Administration Quarterly,* February 1999, pp. 86–96.

———. "Labor Scheduling, Part 4: Controlling Workforce Schedules in Real Time," *Cornell Hotel and Restaurant Administration Quarterly,* June 1999, pp. 86–96.

———, and Robert J. Kwortnik Jr. "Pooling Restaurant Reservations to Increase Service Efficiency." *Journal of Service Research* 10, no. 4 (May 2008), pp. 335–46.

Whitt, Ward. "Staffing a Call Center with Uncertain Arrival Rate and Absenteeism," *Production and Operations Management* 15, no. 1 (Spring 2006), pp. 88–102.

Wirtz, Jochen, and Sheryl E. Kimes. "The Moderating Role of Familiarity in Fairness Perceptions of Revenue Management Pricing," *Journal of Service Research,* 9, no. 3 (February 2007), pp. 229–40.

Xia, Cathy H. and Parijat Dube. "Dynamic Pricing in e-Services under Demand Uncertainty." *Production and Operations Management* 16, no. 6 (November–December 2007), pp. 701-12.

Notas

1. R. L. Rose and J. Dahl, "Skies Are Deregulated, but Just Try Starting a Sizable New Airline," *The Wall Street Journal,* July 19, 1989, p. 1.

2. Frances X. Frei, "Breaking the Trade-Off Between Efficiency and Service," *Harvard Business Review* 84, no. 11 (November 2006), pp. 92–101.

3. E. J. Rising, R. Baron, and B. Averill, "A Systems Analysis of a University Health-Service Outpatient Clinic," *Operations Research* 21, no. 5 (September 1973), pp. 1030–47.

4. J. C. Nautiyal and R. L. Chowdhary, "A Suggested Basis for Pricing Campsites: Demand Estimation in an Ontario Park," *Journal of Leisure Research* 7, no. 2 (1975), pp. 95–107.

5. O modelo de filas *M/M/c* é usado conforme descrito no Capítulo 16. Esse modelo permite o cálculo de probabilidades de que o cliente espere por diferentes números de operadores.

6. De V. A. Mabert and A. R. Raedels, "The Detail Scheduling of a Part-Time Work Force: A Case Study," *Management Science* 8, no. 1 (July 1977), pp. 109-20.

7. De Sheryl E. Kimes, "Yield Management: A Tool for Capacity-Constrained Service Firms," *Journal of Operations Management* 8, no. 4 (October 1989), pp. 348–63.

8. Phillip E. Pfeifer, "The Airline Discount Fare Allocation Problem," *Decision Sciences* 20, Winter 1989, p. 155.

9. Lenny Leibmann, "Holiday Inn Maximizes Profitability with a Complex Network Infrastructure," *LAN Magazine,* 10, no. 6 (June 1995), p.123.

10. "On the Road to Rebound," *Information Week,* September 3, 1991, p. 32.

11. Michael Kasavana, "Catering Software: Problems for Off-Premise Bookings Can Greatly Increase Operational Efficiency," *Restaurant Business* 90, no. 13 (September 1, 1991), p. 90.

12. "Travel Advisory: Amtrak Adopts Fare System of Airlines," *New York Times,* December 4, 1989, Section 3, p. 3.

13. Esse estudo de caso foi preparado por James H. Vance, com a orientação do professor James A. Fitzsimmons.

14. Adaptado com permissão de Kevin Baker and Robert B. Freund, "The Yield Management Analyst," University of Texas at Austin, 1994.

15. Citado de Barbara Amster, ex-vice-presidente do departamento de precificação e gestão de rendimento da American Airlines.

Capítulo 12

Gerenciamento de filas

Objetivos de aprendizagem

Ao final deste capítulo, você deverá estar apto a:

1. Descrever a economia das filas de espera usando exemplos.
2. Descrever como as filas se formam.
3. Aplicar as duas "leis do serviço" de Maister.
4. Descrever a psicologia dos componentes de espera e sugerir estratégias de gerenciamento para lidar com cada um deles.
5. Descrever os quatro princípios do gerenciamento de filas com exemplos.
6. Descrever as características essenciais de um sistema de filas.
7. Descrever a relação entre uma distribuição exponencial negativa de tempo entre as chegadas e uma distribuição de Poisson das taxas de chegada.

Em 14 de junho de 1972, o United States of America Bank (de Chicago) lançou uma oferta especial de aniversário. A mercadoria à venda era dinheiro, e cada uma das primeiras 35 pessoas poderia "comprar" uma nota de 100 dólares por 80 dólares em dinheiro. Os próximos da fila obteriam bônus semelhantes, mas com valores decrescentes: os 50 seguintes ganhariam $10 cada um; outros 75 ganhariam $4 cada; mais 100 ganhariam $2 cada um; e as próximas 100 pessoas receberiam $1. Cada uma das 100 pessoas seguintes poderia adquirir uma nota de $2 por $1,60 e, finalmente, outras 800 (parece que esse número foi posteriormente ampliado para 1.800) ganhariam 50 centavos de dólar. O tempo de espera estimado nesse evento incomum era imprevisível; por outro lado, era fácil avaliar o valor em dinheiro da mercadoria que estava sendo distribuída.

Os primeiros da fila foram quatro irmãos, de 16, 17, 19 e 24 anos. Como o menor tinha 1,85m, ninguém tentaria roubar os seus lugares na fila. "Calculei", disse Carl, o irmão mais novo, "que gastamos 17 horas para lucrar 20 dólares. Isso dá cerca de $1,29 por hora."

"Dá para ganhar mais que isso lavando pratos", acrescentou um dos outros irmãos. Se eles tivessem se informado melhor, poderiam ter esperado menos tempo. A 35ª pessoa da fila chegou por volta da meia-noite, esperou apenas nove horas e foi a última a ganhar $20 – ou seja, $2,22 por hora. Para assegurar seus direitos, ela fez uma lista de todos os que estavam à sua frente na fila.

"Por que estou aqui?", ela perguntou. "Bem, esses $20 correspondem a um dia de trabalho para mim, e nem preciso declará-los no imposto de renda. É um presente, não é?".[1]

A experiência descrita demonstra que os que esperaram na fila consideraram o tempo de espera como o custo para conseguir uma mercadoria "de graça". Embora a espera tenha uma série de interpretações econômicas, seu verdadeiro custo sempre é difícil de determinar. Por essa razão, o *trade-off* entre o custo de espera e o custo de prestação do serviço raramente é explícita. Ainda assim, os fornecedores de serviços, ao tomarem decisões, devem levar em conta os aspectos físicos, comportamentais e econômicos da experiência de espera do consumidor.

APRESENTAÇÃO DO CAPÍTULO

Nosso estudo sobre filas de espera começa com uma discussão dos aspectos econômicos, partindo da perspectiva do fornecedor e do cliente, seguida de uma discussão sobre como as filas se formam. Descobriremos que a percepção da espera normalmente é mais importante para o cliente do que o tempo real que ele gastou esperando, o que sugere que devem ser encontradas maneiras inovadoras de amenizar os aspectos negativos da espera. Por fim, são descritas as características essenciais de um sistema de serviço, sendo também definida uma terminologia de filas.

A ECONOMIA DA ESPERA

O custo econômico da espera é considerado sob duas perspectivas. Para uma empresa, o custo de manter um funcionário (isto é, um cliente interno) esperando é medido por salários improdutivos. Para os clientes externos, o custo da espera é a perda do uso alternativo daquele tempo. Somam-se a esses aspectos os custos do tédio, da ansiedade e de outros desgastes psicológicos.

Em um mercado competitivo, a espera excessiva – ou mesmo a expectativa de longas esperas – pode levar à perda de vendas. Quantas vezes você já dirigiu até um posto de gasolina, observou vários carros enfileirados nas bombas e, por isso, decidiu não parar? Uma estratégia para evitar a perda das vendas é disfarçar a fila para os clientes que estão chegando. No caso dos restaurantes, isso é feito ao desviar as pessoas para o bar, uma tática que frequentemente resulta em aumento de vendas. Os parques de diversões, como a Disneylândia, aconselham as pessoas a comprarem seus ingressos fora do parque, de onde elas não podem ver as filas de espera existentes no interior. Os cassinos dispõem as filas de espera para as apresentações das boates ao longo da área das máquinas caça-níqueis, com o objetivo de disfarçar sua extensão real e também de incentivar as apostas por impulso.

O consumidor é considerado um recurso com o potencial de participação no processo de serviço. Por exemplo, é possível solicitar a um paciente que está esperando uma consulta médica que preencha um formulário de histórico médico, dessa forma economizando um tempo valioso para o médico (isto é, capacidade do serviço). O período de espera também pode ser usado para educar as pessoas sobre bons hábitos de saúde, o que seria feito disponibilizando publicações e filmes sobre saúde. Em outro exemplo, os restaurantes são bastante inovadores nas suas abordagens para engajar os clientes diretamente na prestação do serviço. Em muitos restaurantes, após fazer o pedido ao garçom, o cliente é convidado a ir ao balcão de saladas preparar sua própria salada, que ele come enquanto o cozinheiro prepara a refeição.

A espera do cliente pode ser vista como uma contribuição para a produtividade ao permitir uma maior utilização da capacidade limitada. A situação de clientes esperando por um serviço em uma fila é análoga à do estoque de peças em processamento para uma empresa de manufatura. A empresa de serviço, na realidade, está estocando clientes para aumentar a eficiência total do processo. Em sistemas de serviço, uma maior utilização das instalações é adquirida pelo preço da espera do cliente. São encontrados exemplos nos serviços públicos, como correios, clínicas médicas e escritórios de assistência social, em que a alta utilização é atingida com longas filas.

SISTEMAS DE FILA

Uma *fila* é uma linha de clientes em espera que necessitam dos serviços de um ou mais prestadores. Contudo, a fila não é necessariamente uma linha física de pessoas na frente de um servidor. Ela pode ser formada por estudantes sentados em frente a terminais de computador espalhados pelo *campus* ou por pessoas colocadas em "espera" por uma telefonista. Comumente, os servidores são considerados estações individuais nas quais os clientes recebem o serviço. O estereótipo da fila – pessoas esperando por um serviço em uma linha formal – é observado nos caixas de supermercados e bancos, ainda que os sistemas de fila ocorram nas mais variadas formas. Consideremos as seguintes variações:

1. Os servidores não precisam estar limitados a atender um cliente por vez. Os sistemas de transporte, como ônibus, aviões e elevadores, são serviços de grande porte.
2. Nem sempre é necessário que o cliente vá ao local do serviço; em alguns sistemas, é o servidor quem vai até o consumidor. Um exemplo dessa abordagem são os serviços urbanos, como bombeiros, proteção policial e serviços de ambulância.

Qual é o custo econômico da triagem nos aeroportos para a sociedade?
Getty Images/Digital Vision

3. O serviço pode consistir em estágios de filas em série ou em uma rede mais complexa de filas. Por exemplo, na casa mal-assombrada, em parques de diversões como a Disneylândia, as filas são organizadas de forma que os visitantes sejam processados em grupos e entretidos durante o período de espera (p. ex., inicialmente na calçada, depois no salão de entrada e por fim no passeio em si).

Em qualquer sistema de serviço, uma fila se forma quando a demanda excede a capacidade do servidor. Isso ocorre quando os servidores estão tão ocupados que os clientes que chegam não podem receber o serviço imediatamente. Tal situação é possível em qualquer sistema em que as chegadas ocorrem em tempos variados e em que os tempos de atendimento também variam.

A espera faz parte da vida de todos nós e envolve um período de tempo inacreditável. Por exemplo, um dia comum inclui a espera em vários semáforos, a espera para ser atendido ao telefone, para ser servido em um restaurante, para entrar no elevador, para pagar as compras no supermercado – e a lista não para por aí.

A PSICOLOGIA DA ESPERA[2]

Se a espera faz parte de nossas vidas, por que ela nos causa tanta aflição? David H. Maister apresenta algumas perspectivas interessantes sobre o assunto.

Ele sugere duas "leis de serviço". A primeira trata das expectativas dos clientes *versus* suas percepções. Se um cliente recebe um serviço melhor do que o esperado, fica feliz, satisfeito, e o serviço se beneficiará da propaganda boca a boca (isto é, o cliente satisfeito contará aos amigos sobre o bom serviço). Contudo, devemos observar que o efeito boca a boca também tem o efeito contrário: um serviço pode ganhar uma má reputação desse jeito (e criar histórias mais interessantes para o cliente passar adiante).

A segunda lei de Maister afirma que as primeiras impressões influenciam o restante da experiência do serviço; assim, um serviço que precisa que seus clientes esperem seria aconselhado a tornar a espera agradável. Para fazer o "impossível" – tornar a espera ao menos tolerável e, melhor ainda, prazerosa e produtiva –, uma gerência criativa e competitiva deve considerar os aspectos da psicologia da espera apresentados a seguir.

Aquele velho sentimento de vazio

Assim como a "natureza abomina o vácuo", as pessoas detestam "tempos ociosos". Tempos ociosos, ou vazios, são tenebrosos. Eles nos impedem de realizar outras atividades produtivas; muitas vezes, são fisicamente desconfortáveis; fazem-nos sentir impotentes e à mercê dos servidores, que aparentemente não se importam conosco; e, talvez, o pior de tudo, eles parecem não ter fim. O desafio da organização de serviços é óbvio: preencher esse tempo de uma maneira positiva, o que pode exigir nada mais do que cadeiras confortáveis e uma nova pintura para melhorar o ambiente. A mobília de uma área de espera afeta indiretamente a percepção de espera. Os assentos fixos, como nos terminais de trens e ônibus, desencorajam a conversação. Uma organização arejada, com mesas e cadeiras móveis, no estilo dos cafés europeus, com mesinhas na calçada, aproxima as pessoas e proporciona oportunidades de socialização. Em outra situação, uma música tocando já é o suficiente para ocupar alguém que espera ao telefone e, ao mesmo tempo, assegurar que a ligação não foi desconectada.

Talvez a estratégia mais registrada na literatura seja a de instalar espelhos próximos aos elevadores. Os hotéis, por exemplo, registram poucas reclamações por esperas excessivas de elevadores que são rodeados por espelhos. Os espelhos permitem que as pessoas ocupem seu tempo verificando suas roupas e furtivamente observando os outros que também esperam.

Os serviços também podem tornar os tempos de espera produtivos e ao mesmo tempo prazerosos. Em vez de fazer o cliente esperar ao telefone escutando Mozart ou Madonna, o serviço pode transmitir alguns comerciais. Tal prática envolve risco, contudo, porque algumas pessoas se ressentem ao serem submetidas a essa tática enquanto esperam. Nos restaurantes Olive Garden, os clientes que esperam por mesas podem passar o tempo no bar, o que beneficia o restaurante com vendas extras, ou esperar no saguão e assistir a um *chef* preparando massas frescas, estimulando o apetite. Cada cliente chega à sua mesa com alegria, já imaginando uma experiência agradável, e não resmungando "até que enfim!".

Os serviços constituídos de diversos estágios, como uma clínica de diagnóstico, podem disfarçar a espera solicitando que as pessoas deem caminhadas entre um estágio e outro. Há incontáveis outras maneiras de preencher o tempo: material para leitura, aparelhos de televisão, entretenimento ao vivo, cartazes, obras de arte, brinquedos para ocupar as crianças, biscoitos e café. Os passatempos são limitados somente pela imaginação e pelo desejo da gerência de servir os clientes com eficácia.

Com o pé na porta

Como já observado, algumas distrações simplesmente preenchem o tempo de espera, de forma que este não pareça tão longo, enquanto outras conferem à organização alguns benefícios adicionais. Clientes felizes provavelmente gerarão mais lucro do que clientes infelizes. Contudo, outro aspecto dos passatempos é importante.

Maister aponta que as distrações "relacionadas ao próprio serviço", como entregar cardápios a clientes que esperam ou formulários de histórico médico a pacientes, "transmitem a sensação de que o serviço teve início". O nível de ansiedade da pessoa diminui consideravelmente quando o serviço começa. De fato, as pessoas em geral toleram esperas maiores, dentro do razoável, quando sentem que o serviço já começou, do que quando o serviço ainda não teve início. Outra visão é de que os clientes se tornam insatisfeitos mais rapidamente com uma espera inicial do que com esperas subsequentes após o serviço ter começado.

A luz no fim do túnel

Há muitas causas de ansiedade antes de o serviço começar. Fui esquecido? Anotaram meu pedido? Esta fila parece não andar; será que algum dia serei atendido? Se eu for ao banheiro, perderei minha vez? Quando o encanador chegará? Será que o encanador chegará? Racional ou não, a ansiedade talvez seja o maior fator a influenciar o cliente que espera.

Os gerentes devem reconhecer essas ansiedades e desenvolver estratégias para amenizá-las. Em alguns casos, a estratégia é simplesmente um funcionário reconhecer a presença do cliente. Outras vezes, dizer ao cliente quanto tempo terá de esperar é uma garantia suficiente de que a espera acabará em algum ponto. A sinalização serve muito bem a esse propósito. Por exemplo, à medida que as pessoas se aproximam do terminal de balsas em Port Aransas, no Texas, elas veem placas ao longo da fila mostrando quantos minutos ainda terão de esperar.

Quando apropriado, agendar horários é uma estratégia de redução do tempo de espera, mas não é à prova de falhas. Podem ocorrer imprevistos, ou os horários anteriores talvez demorem mais do que o esperado. Se a hora marcada chega e passa, vem a ansiedade de não saber quanto tempo durará a espera – junto com alguma irritação pelo "insulto" de ter sido enganado. Porém, uma simples explicação e um pedido de desculpas pelos atrasos normalmente restabelecem a boa vontade do cliente.

Desculpe, mas cheguei primeiro

Esperas incertas e não explicadas criam ansiedade e, conforme observado, ocasionalmente causam algum ressentimento nos clientes. Contudo, no momento em que o cliente vê alguém que chegou depois ser atendido primeiro, a ansiedade da espera se transforma em raiva pela injustiça do evento. Isso pode levar a uma situação de irritação – quando não de explosão –, e o prestador do serviço tem tanta probabilidade de ser o alvo de tal raiva quanto o usurpador.

Uma estratégia simples para evitar violações da política da ordem de chegada (ou política FCFS, de *first-come, first-served*) é o sistema de retirada de senha. Por exemplo, clientes que entram em um açougue pegam no balcão uma ficha com um número e esperam que esse número seja chamado. O número atendido no momento pode ser mostrado em uma tela, de forma que o cliente possa prever quanto tempo terá que esperar. Com essa simples medida, a gerência alivia a ansiedade do cliente quanto à duração da espera – e quanto à possibilidade de ser tratado injustamente. Como um benefício adicional, essa medida também encoraja a "compra por impulso" ao permitir que o cliente circule pela loja em vez de ter de proteger seu lugar na fila. Contudo, por mais igualitário que seja, esse sistema não está totalmente livre de produzir ansiedade; ele requer que o cliente permaneça alerta aos números que estão sendo chamados, sob pena de perder o lugar na fila.

Outra estratégia simples para proteger o sistema FCFS quando houver múltiplos servidores é o uso da fila única. Bancos, agências do correio e *check-in* de companhias aéreas costumam empregar essa técnica. O cliente que entrar em um desses estabelecimentos irá para o fim da fila; a primeira pessoa da fila será atendida pelo próximo servidor disponível. A ansiedade é amenizada porque as pessoas não temem que alguém "fure a fila"[3]. Normalmente, os clientes que já "garantiram" seus lugares dessa maneira relaxam e conversam uns com os outros. Observe que tal procedimento também ocupa o tempo livre do cliente e faz o tempo de espera parecer menor. As configurações das filas são examinadas com mais detalhes mais adiante neste capítulo.

Contudo, nem todos os serviços podem ser conduzidos por uma priorização tão direta. O serviço de polícia é um exemplo; por razões óbvias, um policial a caminho de uma chamada sobre o "cachorro barulhento do vizinho" mudará de prioridade quando solicitado a atender a um "roubo em andamento". Neste caso, a telefonista consegue amenizar a ansiedade de espera da pessoa da chamada do "cachorro barulhento" ao explicar a política de conduta do departamento e oferecer a essa pessoa uma expectativa razoável da espera pela chegada de um policial.

Outros serviços desejam dar tratamento preferencial a clientes especiais. Considere o *check-in* expresso para grandes apostadores em cassinos nos hotéis de Las Vegas ou para passageiros de primeira classe nos balcões das companhias aéreas. Tenhamos em mente, no entanto, que tais "casos" especiais também podem gerar irritação entre os desfavorecidos que estão esperando nas longas filas próximas. Uma gerência sensível às preocupações de todos os seus clientes tomará medidas para evitar uma imagem óbvia de discriminação. Nesse exemplo, uma solução seria "disfarçar" o tratamento preferencial, ao localizá-lo em uma área separada da fila de serviço regular.

PRINCÍPIOS DE GERENCIAMENTO DE FILAS

O gerenciamento de filas no Burger King representa um processo de refinamento em evolução. Quando esses estabelecimentos começaram suas atividades, usavam um sistema convencional de filas, em que os clientes se dirigiam a uma única caixa registradora que anotava os pedidos. Os montadores preparavam os pedidos e os entregavam aos clientes no final do balcão. Essa forma convencional de filas frequentemente é chamada de "cobra", como no seguinte artigo do *The Wall Street Journal*.[4]

Louis Kane odeia cobras.

> Por "cobras", o executivo do ramo de restaurantes refere-se àquelas filas únicas que distribuem um cliente por vez a um grupo de caixas. Ele acha que as cobras são "institucionais" demais. Além disso, diz que

preferiria tentar adivinhar qual das filas seria mais rápida. Mas as pesquisas mostram que os clientes preferem cobras a filas múltiplas porque odeiam "ficar encalhados atrás de alguém pedindo nove cappuccinos, cada um com alguma coisa diferente na cobertura", diz Louis Kane, copresidente da cadeia Au Bon Pain de sopas e sanduíches, com sede em Boston.

Os clientes venceram. Nos últimos dois anos, a Au Bon Pain instituiu cobras em todos os restaurantes com espaço suficiente. Mas o debate continua. "Discutimos muito sobre isso", diz Louis Kane.

A questão são as filas. Os especialistas sugerem que nenhum aspecto do serviço ao cliente é mais importante do que a espera na fila para ser atendido. O ato de esperar — seja pessoalmente ou por telefone — "tem um impacto desproporcionalmente alto" nos clientes, diz David Maister, consultor de Boston especialista em psicologia da espera. "A espera pode destruir uma experiência de serviço que, de outra maneira, seria perfeita."

Um cliente esperando em uma fila é, potencialmente, um cliente perdido. De acordo com um estudo, até 27% dos clientes que não são atendidos por telefone vão comprar em outro lugar ou cancelar totalmente a operação, diz Rudy Oetting, sócio sênior da Oetting & Co, empresa de Nova York que presta consultoria sobre o uso do telefone. Russell James, da agência de aluguel de carros Avis, acrescenta: "Se você for superado por um concorrente em termos de linhas telefônicas, perderá negócios".

Os clientes de hoje também estão mais exigentes do que nunca. "A diferença drástica entre 1980 e 1990 pode ser descrita em uma palavra: velocidade", diz N. Powell Taylor, gerente do GE Answer Center, central de atendimento da General Eletric Co. que recebe 3 milhões de ligações por ano. "As pessoas esperam respostas mais rápidas. Ninguém mais tem tempo."

Nos últimos anos, muitas companhias têm se dedicado ao trabalho de encurtar as esperas – ou, pelo menos, de torná-las mais toleráveis. A seguir, apresentamos alguns métodos adotados.

Animar

Alguns concordam que uma espera não é uma espera se for divertida. Na Macy's, em Nova York, a fila para ver o Papai Noel passa por cenários de ursinhos de pelúcia que dançam, duendes e trens elétricos. "Faz parte da aventura de ir ver o Papai Noel", diz Jean McFaddin, vice-presidente dessa grande loja de departamentos, onde 300 mil pessoas veem o Papai Noel em 30 dias.

Na Disneylândia e no Walt Disney World, as esperas – que podem durar 90 minutos – são planejadas em conjunto com as atrações. Os visitantes que esperam nas filas para os brinquedos passam por exibições animadas, planejadas para serem vistas à medida que as pessoas andam. As esperas pelos *shows* de teatro incluem atrações como cantores e demonstrações de malabarismo apresentadas a plateias que ficarão esperando no mesmo lugar por 30 minutos. Na verdade, as esperas são chamadas "pré-*shows*". Para Norman Doerges, vice-presidente executivo da Disneylândia, "isso é o que faz o tempo passar, é o entretenimento".

No Omni Park Central Hotel, em Nova York, quando uma fila tem mais de seis pessoas, assistentes da gerência vão ao restaurante do hotel para buscar sucos de laranja e de uva para servir a essas pessoas. "Com isso, tentamos dizer aos hóspedes: 'sabemos que vocês estão aqui'", diz Philip Georgas, gerente-geral e vice-presidente regional.

Entretanto, nem todas as distrações são agradáveis. Muitas pessoas que estão ao telefone não gostam de ouvir gravações enquanto esperam. A GE toca o tema da corporação para os clientes que esperam, mas não usa a linha para tocar comerciais gravados. "Tentamos nos manter longe de comerciais", diz N. Powell Taylor, pois teme que os clientes pensem que os funcionários "estão sentados sem fazer algo", só para que os clientes esperem e tenham de ouvir os comerciais.

Priorizar

"O segredo não é apenas retirar as pessoas da fila", diz Russell James, da Avis. "O segredo é quem você retira da fila." Nos últimos dois anos, clientes constantes da Avis tiveram a opção de assinar um contrato de aluguel permanente adiantado; assim, são levados diretamente aos carros escolhidos quando chegam a muitas das lojas Avis. Locadores menos frequentes passam por um quiosque próximo ao estacionamento. Outras empresas de locação de automóveis estão oferecendo serviços preferenciais similares.

Tais serviços são cada vez mais comuns nos setores de viagem, bancário e de cartão de crédito. Mas "é preciso muita criatividade nessa área" para que os clientes menos favorecidos não se sintam ofendidos, diz o consultor Maister. "Os negócios que desejam servir clientes prioritários mais rapidamente são aconselhados a fazer isso fora da vista dos clientes regulares." Ele cita algumas companhias aéreas que posicionam seu serviço de *check-in* da primeira classe longe dos balcões da classe econômica. "Não queremos esfregar isso na cara dos passageiros da classe econômica."

Automatizar

Ainda que as técnicas de linha de montagem acelerem as operações de manufatura, muitas vezes elas atrasam a prestação de serviços. Quando a pessoa que telefona precisa falar com muitas pessoas até obter uma resposta completa, está estabelecida uma "interferência da equipe", diz Warren Blanding, editor do periódico Customer Service Newsletter, em Silver Spring, Maryland. "A maneira mais eficiente de fazer um trabalho é ter apenas uma pessoa fazendo esse trabalho." Dessa forma, a Employers Health Insurance, localizada em Green Bay, Wisconsin, montou um complexo banco de dados de roteiros que podem ser lidos pelos funcionários para os clientes ao telefone. O funcionário digita o nome do cliente, a localização e o tipo de pergunta sobre seguro-saúde. O computador, então, mostra um formato de pergunta e resposta que pode ser lido.

"Sabemos que 75% das ligações que recebemos são sobre questões frequentes", diz Sterling L. Phaklides, vice-presidente assistente da divisão de reclamações. "Como as pessoas estão em frente aos roteiros, elas fornecem informações atualizadas" sem consultar técnicos, diz ele. Mas as pessoas que telefonam sobre questões que não são cobertas pelos roteiros são encaminhadas a um especialista a qualquer momento. "Isso economiza tempo ao telefone", diz o funcionário. O setor de reclamações atende a cerca de 3.700 ligações por dia; apenas 1% dos clientes desliga antes de ser conectado – o que é melhor do que a média, diz ele.

Confundir

O consultor Maister diz que, em geral, a espera percebida é mais importante do que a espera real. Em um artigo sobre a psicologia da espera, ele observa que alguns restaurantes deliberadamente anunciam tempos de espera maiores, dando, assim, satisfação ao cliente quando a espera real é menor. Na Disneylândia, em Anaheim, Califórnia, as filas fazem um ziguezague, diz Maister. Dessa forma, as pessoas prestam atenção na velocidade da fila e não no seu tamanho.

A Disneylândia afirma que o seu objetivo não é enganar. Eles expõem o tempo de espera no início de cada fila. "Um grande perigo de dissimular uma fila é que as pessoas não sabem onde estão entrando", diz Doerges. "Se você faz isso sem a preparação adequada, elas ficam frustradas."

Ainda assim, alguns acham que até essa informação será muito deprimente. Embora exista uma tecnologia capaz de anunciar a posição de um cliente na fila de chamadas, Penny Rhode, vice-presidente do serviço ao cliente no First Gibralter Bank, em Dallas, decidiu não usá-la. "Achei melhor (...) focalizar os pontos positivos em vez de dizer que há 14 pessoas na sua frente."

No sistema do First Gibralter, depois de 12 minutos, uma voz ao telefone oferece ao cliente as opções de continuar esperando ou deixar uma mensagem. Desde o início do sistema, em outubro, o banco atingiu uma média de cerca de 100 mensagens por dia, oriundas de 3.000 a 3.200 ligações.

A insatisfação com a lentidão do sistema de fila única levou o Burger King a tentar a fila de "hospitalidade", na qual as caixas registradoras são espaçadas ao longo do balcão e o cliente escolhe uma fila (na prática, apostando em qual das muitas filas o atendimento será mais rápido). Nesse sistema, o caixa que anota o pedido também o prepara. Apesar de a fila da hospitalidade se mostrar mais flexível no atendimento nos períodos de pico de demanda, ela tende a exigir trabalho mais intensivo do que a fila tradicional. Consequentemente, o Burger King implantou outra mudança, desta vez a chamada fila "multiconvencional", que é um híbrido dos dois sistemas anteriores. O restaurante voltou a ter uma única fila, mas uma nova caixa registradora agora permite o registro de até seis pedidos ao mesmo tempo. Os montadores preparam os pedidos e os distribuem no final do balcão. A volta da fila simples garantiu equidade, pois os clientes são atendidos pela ordem de chegada. Além disso, os clientes dispõem de bastante tempo para fazer a escolha da refeição sem retardar o processo de recebimento dos pedidos.

A preocupação do Burger King em reduzir o tempo de espera do consumidor representa uma tendência à prestação de um serviço mais rápido. Em muitos casos, a velocidade da prestação do serviço é vista como uma vantagem competitiva no mercado. Por exemplo, muitos hotéis atualmente fecham a conta e a colocam por baixo da porta do quarto na última noite da estadia do hóspede, atingindo, dessa maneira, "tempo zero de espera" na recepção para o *check-out*.

É difícil lidar com as flutuações na demanda por serviços, já que a sua produção e o seu consumo ocorrem simultaneamente. Os clientes costumam chegar de modo aleatório e apresentam uma demanda imediata por serviços disponíveis. Se a capacidade de serviço está sendo utilizada no momento de sua chegada, espera-se que o cliente aguarde pacientemente na fila. Variações nas taxas de chegada e nos tempos de serviço resultam na formação de filas (isto é, filas de clientes esperando a sua vez). O gerenciamento de filas é um desafio constante para os gerentes de serviços.

ASPECTOS ESSENCIAIS DOS SISTEMAS DE FILAS

A Figura 12.1 aponta os aspectos essenciais dos sistemas de filas. 1) população demandante; 2) processo de chegada; 3) configuração da fila; 4) disciplina da fila; 5) processo de serviço.

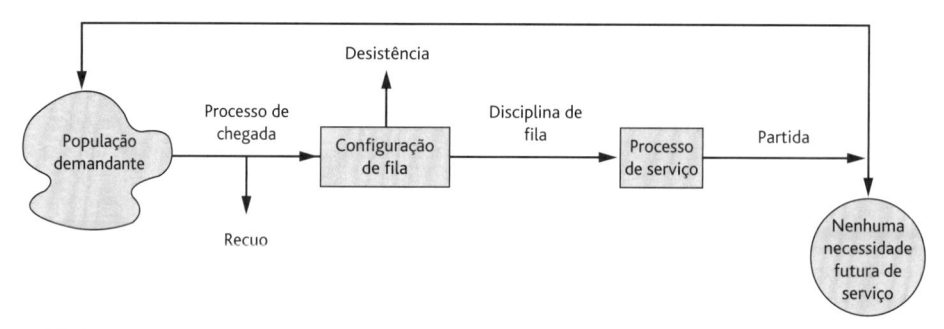

Figura 12.1 Sistema de fila.

Os serviços obtêm clientes a partir de uma *população demandante*. A taxa em que os clientes chegam é determinada pelo *processo de chegada*. Se os servidores estão desocupados, então o cliente é imediatamente atendido; de outra forma, o cliente é direcionado para uma fila, que pode ter várias configurações. Nesse ponto, pode ocorrer o *recuo*: alguns clientes, quando se defrontam com uma fila de espera longa e lenta, recuam e saem para buscar serviço em outro lugar. Outros clientes, depois de se juntarem à fila, talvez considerem o atraso como intolerável e, então, ocorre a *desistência*, isto é, deixam a fila antes da prestação do serviço. Quando um atendente fica disponível, um cliente da fila é selecionado e o serviço começa. A política que governa a seleção é conhecida como *disciplina da fila*. O serviço pode ser feito sem servidores (isto é, autoatendimento), por um ou mais servidores ou por arranjos complexos de servidores em série ou em paralelo. Uma vez finalizado o serviço, o cliente deixa o local. Nesse momento, o cliente pode, ainda, juntar-se novamente à população demandante para um futuro retorno ou sair sem intenção de voltar.

Agora, discutiremos com mais detalhes cada uma dessas cinco características essenciais dos sistemas de filas.

População demandante

A população demandante não precisa ser homogênea; ela pode ser composta por muitas subpopulações. No caso de um ambulatório, por exemplo, há pacientes com hora marcada, sem hora marcada e emergenciais. Cada tipo de paciente exigirá coisas diferentes do serviço. Mais importante, porém, é que a expectativa de espera de cada um será bastante distinta.

Em alguns sistemas de fila, a fonte de demandas é limitada a um número finito de pessoas. Por exemplo, consideremos as demandas por uma copiadora de escritório usada por um grupo de três secretárias. Nesse caso, a probabilidade de chegadas futuras depende do número de pessoas que estão no sistema buscando o serviço. Por exemplo, a probabilidade de uma futura chegada é nula assim que a terceira secretária se junta à fila da copiadora. No entanto, a menos que a população seja realmente pequena, contar com chegadas independentes ou presumir que uma população seja infinita em geral já basta. A Figura 12.2 mostra uma classificação da população demandante.

Processo de chegada

Qualquer análise de um sistema de serviço deve começar com um completo entendimento da distribuição temporal e espacial da demanda por aquele serviço. Normalmente, coletam-se dados registrando os tempos reais das chegadas. A seguir, esses dados servem para calcular os tempos entre as chegadas. Muitos estudos empíricos indicam que a distribuição dos tempos entre as chegadas será exponencial; a forma da curva da Figura 12.3 é típica de uma *distribuição exponencial*. Observe a alta frequência na origem e a longa cauda que se estende para a direita. A distribuição exponencial também é reconhecida ao notar que a média e o desvio-padrão são teoricamente iguais ($\mu=2,4$ e $\sigma=2,6$ para a Figura 12.3).

A distribuição exponencial tem uma função densidade de probabilidade contínua da forma

$$f(t) = \lambda e^{-\lambda t} \qquad t \geq 0 \tag{1}$$

onde λ = taxa média de chegadas dentro de um determinado intervalo de tempo (p. ex., minutos, horas, dias)

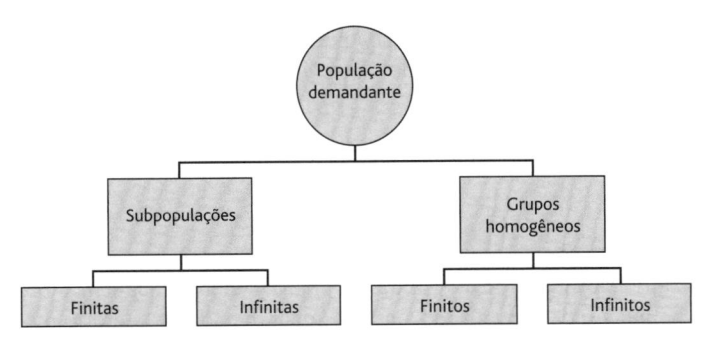

Figura 12.2 Classificação da população demandante.

t = tempo entre as chegadas
e = base de logaritmos naturais (2,718...)
média = $1/\lambda$
variância = $1/\lambda^2$

A função de distribuição cumulativa é:

$$F(t) = 1 - e^{-\lambda t} \qquad t \geq 0 \qquad (2)$$

A equação (2) dá a probabilidade de que o tempo entre as chegadas será t ou menor. Note que λ é o inverso do tempo médio entre as chegadas. Assim, para a Figura 12.3, o tempo médio entre as chegadas é de 2,4 minutos, o que implica que λ é $1/2,4 = 0,4167$ chegadas por minuto (isto é, uma taxa média de 25 pacientes por hora). Substituindo 0,4167 por λ, a distribuição exponencial para os dados apresentados na Figura 12.3 é

$$f(t) = 0{,}4167\, e^{-0{,}4167t} \qquad t \geq 0$$

com uma distribuição cumulativa de

$$F(t) = 1 - e^{-0{,}4167t} \qquad t \geq 0$$

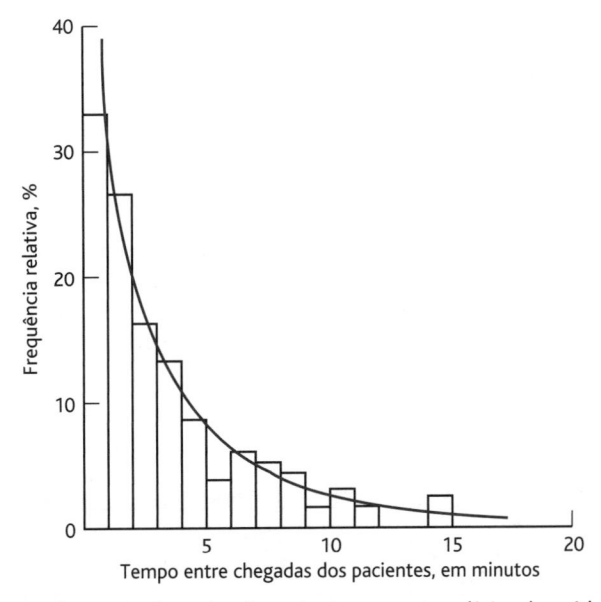

Figura 12.3 Distribuição dos intervalos entre chegadas de pacientes para uma clínica de saúde universitária.
Fonte: E.J. Rising, R. Baron, and B. Averill, "A Systems Analysis of a University Health – Service Outpatient Clinic". Impressa com permissão de *Operations Research* 21, no. 5, September-October 1973, p. 1038, Operations Society of America. Nenhuma reprodução é permitida sem a autorização do proprietário dos direitos autorais.

Essa distribuição cumulativa pode ser usada para encontrar a probabilidade de que, dado que um paciente já chegou, outro chegue nos próximos cinco minutos. Simplesmente, substituímos t por 5, e, então,

$$F(5) = 1 - e^{-0,4167(5)}$$
$$= 1 - 0,124$$
$$= 0,876$$

Assim, há uma probabilidade de 87,6% de que outro paciente chegue nos próximos cinco minutos. Teste esse fenômeno na próxima vez em que você for a um consultório médico.

Outra distribuição, conhecida como *distribuição de Poisson*, tem um relacionamento singular com a distribuição exponencial. A distribuição de Poisson é uma função de probabilidade discreta da forma

$$f(n) = \frac{(\lambda t)^n e^{-\lambda t}}{n!} \qquad n = 0, 1, 2, 3, \ldots \qquad (3)$$

onde λ = taxa média de chegadas dentro de um determinado intervalo de tempo (p. ex., minutos, horas, dias)

t = número de períodos de tempo de interesse (normalmente $t=1$)

n = número de chegadas (0, 1, 2,...)

e = base de logaritmos naturais (2,718...)

média = λt

variância = λt

A distribuição de Poisson fornece a probabilidade de n chegadas durante o intervalo de tempo t. Para os dados da Figura 12.3, substituindo $\lambda=25$ e $t=1$, uma descrição equivalente do processo de chegada é

$$f(n) = \frac{[(25)(1)]^n e^{-(25)(1)}}{n!} \qquad n = 0, 1, 2, 3, \ldots$$

Isso resulta na probabilidade de 0, 1, 2,... pacientes chegarem durante qualquer intervalo de uma hora de duração. Note que optamos por converter $\lambda = 0,4167$ chegadas por minuto para $\lambda=25$ chegadas por hora. Essa função pode ser usada para calcular a probabilidade de que nenhum paciente chegue durante um intervalo de uma hora ao substituir n por 0, como mostrado a seguir:

$$f(0) = \frac{[(25)(1)]^0 e^{-(25)(1)}}{0!} = e^{-25} = 1,4 \times 10^{-11}, \text{ uma probabilidade muito pequena}$$

A Figura 12.4 mostra a relação entre a distribuição de Poisson (isto é, chegadas por hora) e a distribuição exponencial (isto é, minutos entre chegadas). Como pode ser visto, elas representam visões alternativas do mesmo processo. Assim, uma distribuição exponencial de tempos entre chegadas com uma média de 2,4 minutos é equivalente a uma distribuição de Poisson do número de chegadas por hora com uma média de 25 (isto é, 60/2,4).

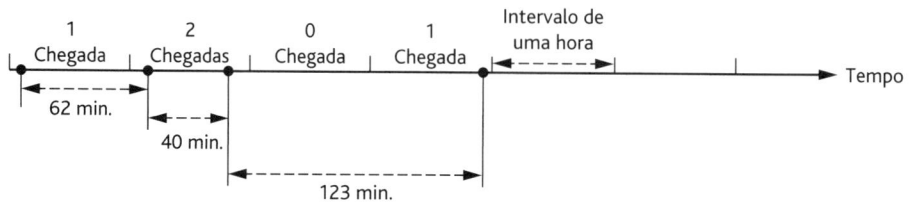

Os dados da demanda de serviço em geral são coletados automaticamente (p. ex., por sensores nas estradas), sendo o número de chegadas em um período dividido pelo número de intervalos de

Figura 12.4 Equivalência entre as distribuições exponencial e de Poisson.

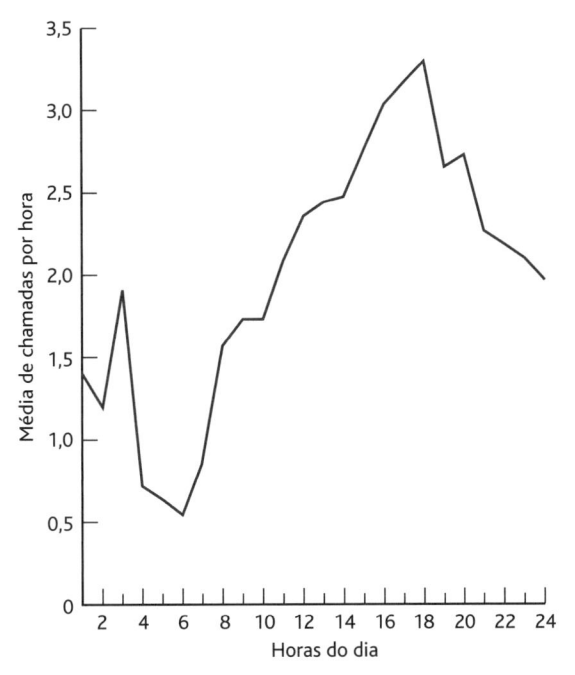

Figura 12.5 Chamadas de ambulâncias por hora do dia.
Fonte: Reimpressa com permissão de James A. Fitzsimmons, "The Use of Spectral analysis to Validate Planning Models", *Socio-Economic Planning* 8, no. 3, June 1974, p. 127. Direitos autorais reservados, 1974, Pergamon Press Ltd.

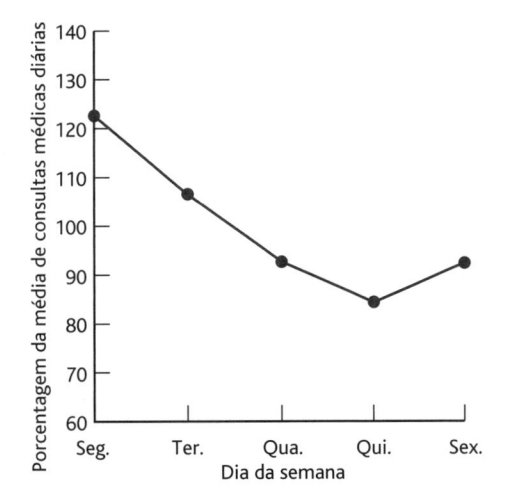

Figura 12.6 Chegadas em uma clínica médica por dia da semana.
Fonte: E.J. Rising, R. Baron and B. Averill, "A Systems Analysis of a University Health – Service Outpatient Clinic". Reimpressa com permissão de *Operations Research* 21, no. 5, September-Octber 1973, p. 1035, Operations Society of America. Nenhuma reprodução é permitida sem a autorização do proprietário dos direitos autorais.

tempo para obter uma taxa média por unidade de tempo. A taxa de demanda durante a unidade de tempo deveria ser estacionária em relação ao tempo (isto é, lambda [λ] é uma constante); de outro modo, as flutuações subjacentes à taxa de demanda como uma função do tempo não serão levadas em conta. Essa característica dinâmica da demanda é ilustrada na Figura 12.5 para horas em um dia, na Figura 12.6 para dias na semana e na Figura 12.7 para meses no ano.

A variação na intensidade da demanda afeta diretamente a necessidade de capacidade do serviço. Quando possível, a capacidade de serviço é ajustada para atender às mudanças na demanda, talvez ao variar o número de trabalhadores. Outra estratégia é amenizar a demanda ao solicitar aos clientes que

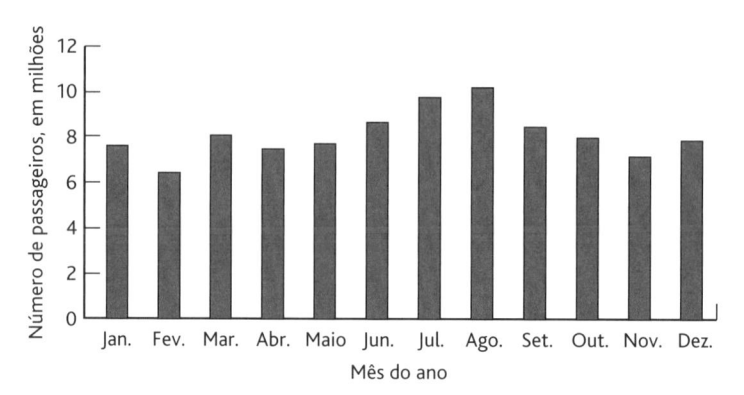

Figura 12.7 Viagens de passageiros de companhias aéreas entre os Estados Unidos e o mundo em 1994. Fonte: http://www.bts.goc/oai/international/ table1.txt.

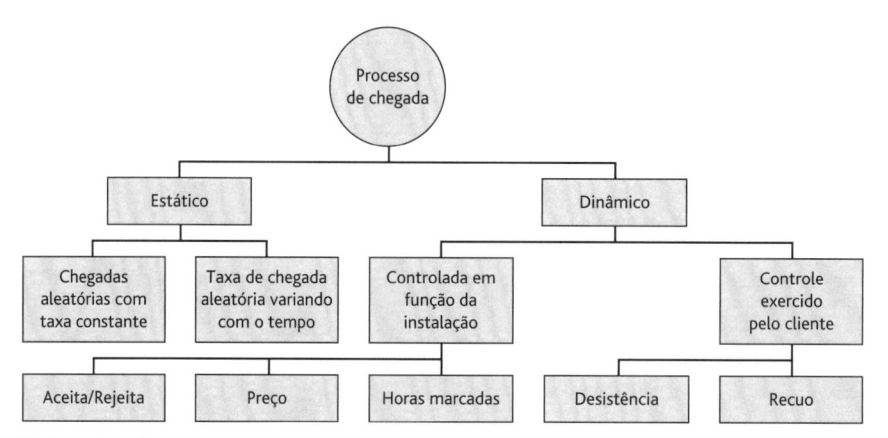

Figura 12.8 Classificação do processo de chegada.

marquem hora ou façam reservas. Preços diferenciais são usados pelas companhias telefônicas para encorajar os usuários a aproveitarem horários fora de pico, e os cinemas dão descontos nas entradas em determinados horários. A Figura 12.8 apresenta uma classificação dos processos de chegada.

Nossa discussão focou a frequência da demanda como uma função do tempo, mas a distribuição espacial da demanda também pode variar. Isso se verifica particularmente na demanda por ambulâncias em uma área urbana, que apresenta um deslocamento espacial resultante dos deslocamentos temporários da população de áreas residenciais para áreas comerciais e industriais durante as horas de trabalho.

Configuração da fila

A *configuração das filas* refere-se ao número de filas, suas localizações, suas necessidades espaciais e seus efeitos sobre o comportamento do consumidor. A Figura 12.9 ilustra três configurações alternativas de espera para um serviço, como um banco, uma agência dos correios ou um balcão de uma empresa aérea, onde muitos servidores estão disponíveis.

Para a alternativa de filas múltiplas, mostrada na Figura 12.9*a*, o cliente que chega deve decidir em qual fila entrará. A decisão não precisa, porém, ser irrevogável, pois o cliente pode trocar de fila. Essa atividade de troca de fila é chamada *atravessamento*. Em qualquer situação, ver a fila próxima àquela em que se está andar com mais rapidez é uma fonte de irritação, mas a configuração de filas múltiplas tem as seguintes vantagens:

1. O serviço prestado pode ser diferenciado. O uso de caixas expressos em supermercados é um bom exemplo. Os clientes com pequena demanda por serviços são isolados e atendidos rapidamente, evitando, dessa forma, longas esperas por um pequeno serviço.
2. A divisão do trabalho é possível. Por exemplo, os bancos com sistemas *drive-in* designam o caixa mais experiente para a via comercial.

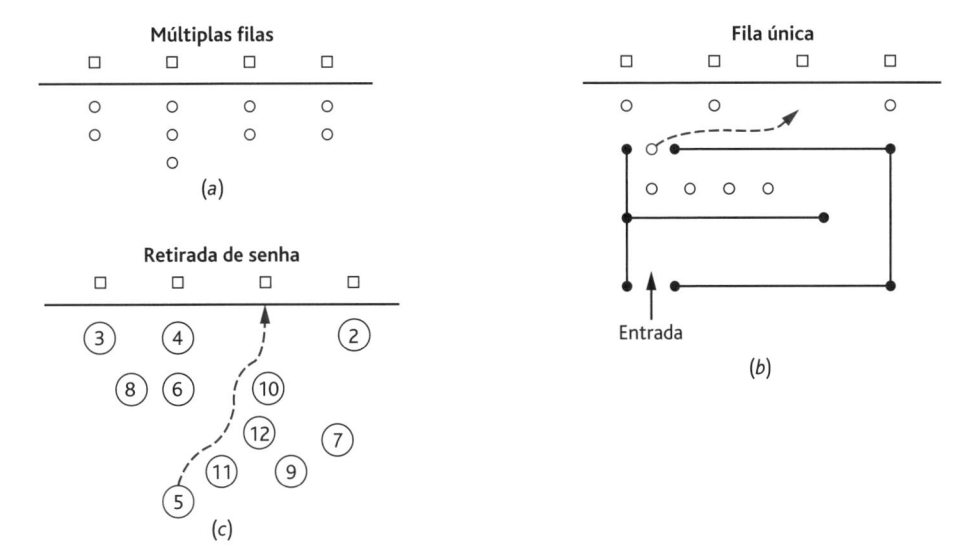

Figura 12.9 Configurações alternativas de área de espera.

3. O cliente tem a opção de escolher um atendente de sua preferência.
4. É possível minimizar as desistências. Quando os clientes chegam e distinguem uma fila única e enorme em frente ao serviço, frequentemente interpretam o fato como uma evidência de que a espera será longa, decidindo não se juntar àquela fila.

A Figura 12.9b ilustra o sistema comum de pequenos pedestais ligados por uma corda, forçando os recém-chegados a se juntarem a uma fila sinuosa. Sempre que um servidor fica disponível, a primeira pessoa da fila se dirige até o seu balcão. Esse é o sistema mais usado em saguões de bancos, agência dos correios e parques de diversões. Suas vantagens são as seguintes:

1. A garantia de justiça ao assegurar a regra de que o primeiro a chegar será o primeiro a ser atendido e que isso se aplicará a todos.
2. Há uma única fila; dessa forma, não existe ansiedade associada a se ter ou não escolhido a fila mais rápida.
3. Com apenas uma entrada na fila, o problema de passar à frente é resolvido e as desistências tornam-se mais difíceis.
4. A privacidade é aumentada, pois a transação é conduzida sem alguém esperando imediatamente atrás da pessoa que está sendo atendida.
5. Esse sistema é mais eficiente para reduzir o tempo médio que os clientes gastam esperando na fila.

A Figura 12.9c ilustra uma variação da fila única, na qual o cliente chega e pega um número que indica o seu lugar na fila. Ao utilizar esses números para a indicação das posições em uma fila, elimina-se a necessidade de uma fila formal. Os clientes ficam livres para circular, iniciar uma conversa, relaxar na cadeira ou procurar qualquer outra distração. Infelizmente, como já mencionado, os clientes devem se manter alertas para ouvir a chamada dos seus números, sob pena de perderem a vez de serem atendidos. As padarias fazem uso do sistema de "retirada de senha" para aumentar as vendas. Os clientes que têm a oportunidade de circular em meio a tantas delícias frequentemente acabam comprando mais do que o pão fresco que foram buscar.

A "fila virtual" é, talvez, a mais frustrante de todas, já que não há indicação visível da posição do indivíduo na fila. Quando tem que esperar para ser atendida ao telefone, a pessoa reluta em desligar, pois a chamada pode ser atendida, mas também se sente frustrada por não fazer uso produtivo desse tempo de espera. Alguns centros de atendimento ao cliente trataram esse problema ao informar periodicamente a posição do cliente na fila.

Se a área de espera for inadequada para acomodar todos os clientes que desejam o serviço, eles não poderão entrar. Essa condição é conhecida como *fila finita*. Restaurantes com estacionamento limitado passam por esse problema. Um estacionamento é um exemplo clássico, porque, uma vez ocupada a última vaga, futuras chegadas serão rejeitadas com a palavra *LOTADO* até que um carro seja retirado.

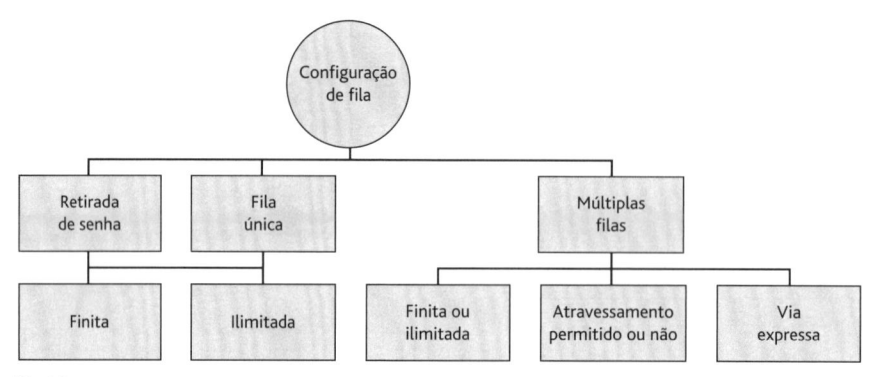

Figura 12.10 Classificação de configurações de filas.

Finalmente, o "disfarce" das filas de espera por si só pode impedir que os clientes recuem. Os parques de diversões sempre processam os clientes em estágios. O primeiro estágio é uma fila do lado de fora da entrada, o segundo é a espera em uma área de vestíbulo interna, e o estágio final é a espera por um veículo vazio para transportar o grupo para a atração. A Figura 12.10 mostra uma classificação de configurações das filas.

Disciplina da fila

A *disciplina da fila* é uma política estabelecida pela gerência para selecionar o próximo cliente da fila a ser atendido. A disciplina mais popular de serviço é a regra "primeiro a chegar, primeiro a ser atendido" (FCFS), do inglês *first-come, first-served*. Ela representa uma abordagem igualitária para com os consumidores que esperam pelo serviço, pois todos os clientes são tratados da mesma forma. A regra é considerada estática, porque nenhuma informação além da posição na fila é usada para identificar o próximo cliente a obter o serviço.

As disciplinas dinâmicas de fila são baseadas em alguns atributos do cliente ou no estado da fila de espera. Por exemplo, um professor que tem uma fila de alunos na porta de sua sala durante seu período de trabalho pode selecionar o próximo estudante com base na probabilidade de o tempo da atividade ser curto (p. ex., entrega de um trabalho). Essa regra de menor tempo de processamento (MTP) tem a importante característica de minimizar o tempo médio que um cliente gasta no sistema (ou seja, para esperar e ser atendido). Contudo, essa regra não costuma ser usada na sua forma pura, pois os trabalhos que exigem grandes tempos de operação seriam continuamente postos de lado por conta de demandas menores.

Uma disciplina de fila dinâmica mais sofisticada é a regra de prioridade $c\mu$, onde "c" é uma taxa de custo de demora linear e "μ" é a taxa de clientes atendidos por unidade de tempo. Essa regra de prioridade tem o objetivo de otimização social de maximizar a soma de benefícios para o cliente e para o provedor do serviço. A regra dá prioridade a clientes na ordem crescente de seu índice $c\mu$ (isto é, alto custo e curto tempo de atendimento passam o cliente para a frente da fila). Observe como isso aborda o problema da regra MTP ao combinar o custo da demora com o tempo de processamento do serviço $1/\mu$. A regra de prioridade é ideal para atender a clientes dentro da mesma organização, pois o valor de c é facilmente determinado.

Geralmente, as chegadas são definidas em classes de prioridade com base em algum atributo, e a regra FCFS é usada dentro de cada classe. Um exemplo é o caixa expresso dos supermercados, onde compras com até 10 itens são processadas. Isso permite que grandes lojas segmentem seus clientes e, dessa forma, concorram com as lojas locais de conveniência, que oferecem serviço rápido.

Em um ambiente médico, o procedimento conhecido como *triagem* serve para dar prioridade àqueles que seriam beneficiados por um tratamento de emergência. A mais sensível das disciplinas de fila é a regra da prioridade da precedência. De acordo com essa regra, o serviço em andamento é interrompido para atender um cliente recém-chegado com uma prioridade mais alta. Essa regra normalmente é reservada para os serviços de emergência, como bombeiros e ambulâncias. Uma ambulância que está a caminho do hospital para transportar um paciente em transferência de rotina interromperá essa missão para atender a uma chamada de suspeita de ataque cardíaco.

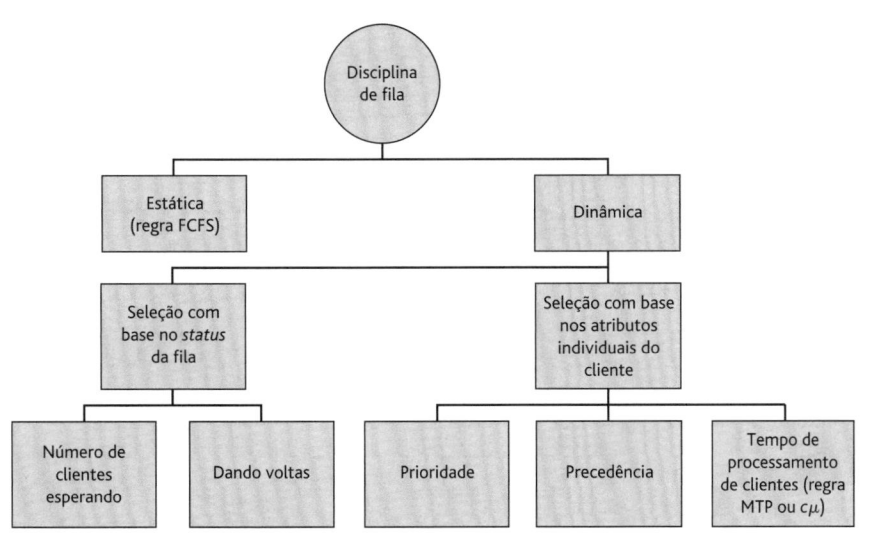

Figura 12.11 Classificação de disciplina de fila.

As disciplinas de filas dinâmicas criativas tiram vantagem do *status* da fila. Considere o conceito de serviço usado por um dentista com várias salas de exame. Por exemplo, um paciente recebe anestesia local antes de extrair um dente. Enquanto o anestésico faz efeito, o dentista passa para outro paciente, que precisa fazer uma radiografia. Assim, os clientes compartilham o provedor do serviço ao alternar tempos de espera e de atendimento. Quando o número de clientes na fila aumenta muito, a opção de usar a regra MTP em uma disciplina FCFS pode ser aceitável em uma fila socialmente agradável. Deve-se observar que, para filas múltiplas, quando o atravessamento é permitido, a regra FCFS não pode ser garantida. A Figura 12.11 mostra uma classificação das disciplinas de filas.

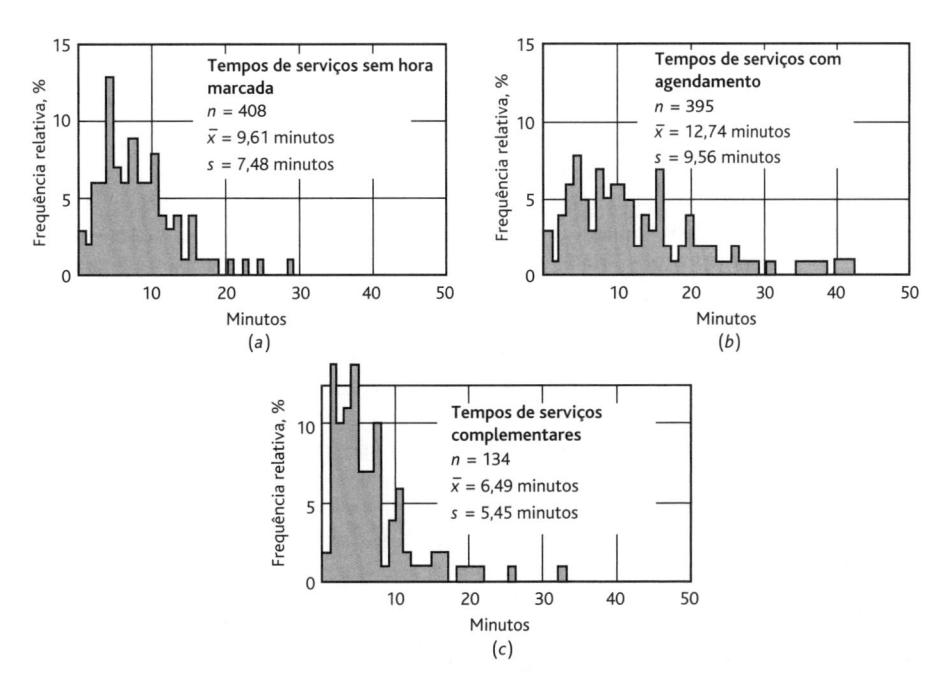

Figura 12.12 Histogramas de tempos de atendimento a pacientes ambulatoriais.
Fonte: E.J. Rising, R. Baron and B. Averill, "A Systems Analysis of a University Health – Service Outpatient Clinic". Reimpressa com permissão de *Operations Research* 21, no. 5, September-October 1973, p. 1039, Operations Society of America. Nenhuma reprodução é permitida sem a autorização do proprietário dos direitos autorais.

Tabela 12.1 Organizações de instalações de serviços

Instalação de serviço	Organização do provedor
Estacionamento	Autoatendimento
Cafeteria	Servidores em série
Bilheterias	Servidores em paralelo
Supermercado	Autoatendimento, primeiro estágio; servidores paralelos, segundo estágio
Hospital	Serviços paralelos e em série, nem todos usados pelo paciente

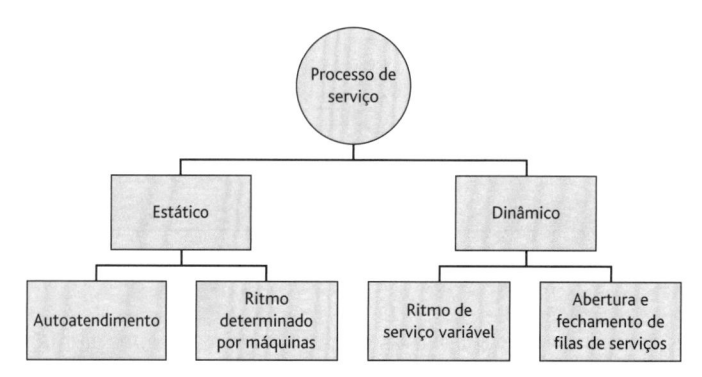

Figura 12.13 Classificação de processos de serviço.

Processo do serviço

A distribuição dos tempos de serviço, a organização dos atendentes, as políticas de gerenciamento e o comportamento do servidor contribuem para o desempenho do serviço. A Figura 12.12 contém histogramas de várias distribuições de tempos de serviço em um ambulatório com $\bar{x} = 1/\mu$. Como mostra a figura, a distribuição dos tempos de serviço assume qualquer forma. O tempo de serviço poderia ser uma constante, como o tempo para processar um carro em um lava-carros automatizado; contudo, quando o serviço é breve e simples de ser executado (p. ex., preparar pedidos em um restaurante de *fast-food*, cobrar pedágio em uma ponte ou passar itens em um caixa de supermercado), a distribuição dos tempos de serviço costuma ser exponencial (ver a Figura 12.3). O histograma para os tempos de serviços complementares (realizados em segundos), na Figura 12.12c, aproxima-se mais de uma distribuição exponencial. Os tempos de serviços complementares representam aqueles breves encontros nos quais, por exemplo, um médico prescreve um medicamento ou verifica o resultado dos exames do paciente. A distribuição dos tempos de serviço é um reflexo das variações das necessidades dos clientes e dos desempenhos dos servidores.

A Tabela 12.1 ilustra as variações possíveis de arranjos das instalações de serviço. Com servidores em paralelo, a gerência ganha flexibilidade para atender às variações na demanda pelo serviço. A gerência consegue variar efetivamente a capacidade de serviço ao abrir e fechar filas de atendimento para adaptar-se às mudanças na demanda. Em um banco, caixas adicionais são abertos quando as filas se tornam excessivas. Funcionários com treinamento multifuncional também contribuem para essa flexibilidade. Por exemplo, em supermercados, os supervisores de estoque em geral são utilizados como caixas quando as filas se tornam longas demais. Outra vantagem dos servidores paralelos é que eles podem atender mesmo quando ocorrem falhas em equipamentos.

O comportamento dos funcionários para com os clientes é fundamental para o sucesso da organização. Sob a pressão de longas filas de espera, um servidor consegue aumentar a velocidade de atendimento e gastar menos tempo com cada cliente; infelizmente, um atendimento que deveria ser tranquilo e cortês tende a ser rude e impessoal. A pressão sofrida para ser mais rápido poderá aumentar a taxa de processamento de clientes, mas também sacrificará a qualidade. Esse comportamento por parte do servidor sob pressão também pode ter um efeito prejudicial nos outros servidores do sistema. Por exemplo, um telefonista que atende ao serviço de emergência e que está sob pressão é capaz de despachar um carro antes de conseguir identificar o verdadeiro grau de emergência da chamada; nessa situação, o telefonista deveria ter gasto mais tempo do que o usual para garantir que os recursos escassos dos carros-patrulha tivessem sido despachados para os casos mais críticos. A Figura 12.13 sugere uma classificação dos processos de serviço.

Resumo

Um entendimento do fenômeno das filas é necessário antes de passar a estudar abordagens criativas do gerenciamento de sistemas de serviços. A identificação e a análise das implicações comportamentais de manter os clientes esperando revelam que a percepção de espera muitas vezes é mais importante do que a demora efetiva. A espera também tem implicações econômicas para a empresa de serviços e para os seus clientes.

Um modelo esquemático de filas permitiu que fossem identificadas as características essenciais dos sistemas de filas: população demandante, processo de chegada, configuração da fila, disciplina da fila e processo de serviço. O entendimento de cada característica gera ideias e identifica opções de gerenciamento para melhorar o serviço ao cliente.

Benchmark em serviços

Cinco minutos na fila duram mais do que cinco minutos de trabalho duro

O tempo passa devagar quando você está em uma fila – esta é uma lei. Os parques temáticos da Disney estão fugindo dessa lei sempre que podem e a desafiando quando não conseguem escapar dela.

A Disney instituiu o "Fast Pass", um sistema computadorizado de bilhetes que permite que os clientes façam determinados passeios com pouca ou nenhuma espera em filas. Para adquirir um Fast Pass, o cliente insere um bilhete de admissão comum em uma catraca e um computador interno imprime um bilhete para um dado período de uma hora. Quando o cliente chega ao brinquedo durante o período designado, ele pode entrar direto, normalmente sem espera alguma.

Outra maneira pela qual a Disney tenta minimizar o problema da espera em filas é permitir que os hóspedes dos hotéis do Walt Disney Resort entrem em qualquer parque da Disney 90 minutos antes dos visitantes diários regulares. Os hóspedes dos hotéis com bilhetes para vários dias têm direito à entrada após o horário regular, e entretenimentos, como grupos musicais, são colocados próximos a algumas atrações para aliviar o tempo de espera. Quadros de avisos em cada parque exibem os tempos de espera de todas as atrações, de maneira que os visitantes possam planejar suas visitas.

Muitas companhias aéreas agora oferecem, em alguns aeroportos, quiosques que permitem que os passageiros façam o seu *check-in* sem precisar esperar nas filas costumeiras. Fala-se, ainda, em emitir identificações computadorizadas para os passageiros pré-checados, as quais permitirão a passagem ao lado das filas normais para o controle de segurança nos portões de embarque de passageiros.

Palavras-chave e definições

Atravessamento: prática de clientes, em um sistema de múltiplas filas, de desistir de uma fila e entrar em outra. *p. 306*

Desistência: ocorre quando um cliente da fila vai embora antes de obter o serviço. *p. 302*

Disciplina da fila: regra para selecionar o próximo cliente da fila a ser atendido (p. ex., FCFS). *p. 308*

Distribuição de Poisson: distribuição independente que descreve as chegadas e partidas aleatórias de um servidor ocupado por intervalo de tempo (p. ex., hora). *p. 304*

Distribuição exponencial: distribuição contínua que descreve o tempo entre chegadas ou os tempos de serviço. *p. 302*

População demandante: fonte de clientes para o serviço em uma área de mercado. *p. 302*

Recuo: ocorre quando um cliente recém-chegado vê uma longa fila e decide não fazer uso do serviço. *p. 302*

Tópicos para discussão

1. Sugira algumas estratégias para controlar a variabilidade nos tempos de serviço.
2. Sugira "distrações" que poderiam tornar a espera menos cansativa.
3. Selecione uma experiência de espera boa e uma ruim e compare as situações em relação à estética do ambiente, às distrações, às pessoas esperando e à atitude dos servidores.
4. Como a administração de serviços pode influenciar os tempos de chegada dos clientes?
5. Quando a fila fica longa em alguns restaurantes de *fast-food*, um funcionário percorre a fila anotando os pedidos. Quais são os benefícios dessa política?

Exercício interativo

A turma é dividida em pequenos grupos, cada um com pelo menos um estudante que tenha experiência de viagem para o exterior, se possível. Com base nessa viagem para o exterior, cada grupo relata observações de comportamento de espera a partir de uma perspectiva cultural.

Problemas resolvidos

Enunciado do problema

Um restaurante de *fast-food* está interessado em estudar os padrões de chegada dos clientes. Durante o movimentado horário de almoço, eles registraram uma média de chegada de 20 clientes por hora, segundo a distribuição de Poisson.
    a. Se um cliente recém entrou no estabelecimento, qual é a probabilidade de que outro apareça nos próximos 10 minutos?
    b. Qual é a probabilidade de dois clientes chegarem em um período de cinco minutos?

Solução

    a. Utilizamos a equação (2) com $\lambda = 20/60 = 1/3$ chegadas por minuto, pois nosso foco é no próximo intervalo de tempo $t = 10$ minutos.

$$F(t) = 1 - e^{-\lambda t} = 1 - e^{-(1/3)(10)} = 0,96 \text{ quase uma certeza}$$

    b. Utilizamos a equação (3) com $\lambda = 20/60 = 1/3$ chegadas por minuto, pois nosso foco é no próximo intervalo de tempo $t = 5$ minutos.

$$f(n) = \frac{\lambda t^n e^{-\lambda t}}{n!} = \frac{[(1/3)(5)]^2 e^{-(1/3)(5)}}{2!} = 0,26$$

Exercícios

12.1 Você chega cedo para comprar ingressos para um *show*, mas se depara com uma longa fila. Alguém lhe diz que o tempo médio entre as chegadas tem sido de 15 minutos.
    a. Qual é a chance de você perder o lugar se, logo após chegar, você sair por cinco minutos para ir ao banheiro?
    b. Qual é a probabilidade de haver zero, uma ou duas chegadas nesse intervalo de cinco minutos?

12.2 Crie um histograma de Poisson em um intervalo de zero a nove chegadas por hora para uma distribuição com média de 4 chegadas por hora. A distribuição é simétrica em relação à média?

12.3 Utilizando a equação (2), determine a distribuição exponencial cumulativa para os intervalos entre as chegadas de pacientes mostrados na Figura 12.3, com uma média de 0,4167 chegadas por minuto. Plote a distribuição no intervalo de zero a dez minutos, em incrementos de um minuto. Qual é o limite superior da distribuição?

Locadora de automóveis Thrifty   Estudo de caso 12.1

A locadora de automóveis Thrifty tornou-se uma das maiores empresas do ramo no sudoeste dos Estados Unidos, apesar de competir com muitas empresas nacionais. Ela é definitivamente a maior companhia regional, com escritórios e postos em 19 cidades e cinco Estados, operando principalmente a partir dos terminais de aeroportos das maiores cidades. A frota de aluguel da Thrifty é composta quase totalmente de carros econômicos, compactos e subcompactos. Sua clientela utiliza esses veículos para turismo e negócios, obtendo o serviço em qualquer localidade, com ou sem reserva. A Thrifty perde clientes nas ocasiões em que os veículos desejados não estão disponíveis em uma determinada localidade, mas essa situação de "falta de estoque" ocorre em menos de 10% das vezes.

O balcão de serviço onde os clientes são atendidos pelos funcionários da Thrifty apresenta um projeto simples. Antigamente, ele variava apenas no número de armários que mantinham os vários formulários ao alcance direto dos funcionários. Hoje, os armários e formulários deram lugar aos terminais de computador, para um serviço mais rápido. O número de atendentes varia de acordo com o tamanho do mercado local e o nível da demanda em momentos específicos. Em mercados menores, a Thrifty necessita de três pessoas atrás do balcão ao mesmo tempo. Em mercados maiores, porém, esse número chega a oito nos momentos de pico de demanda. Normalmente, esses momentos refletem a programação de chegadas e partidas dos voos no aeroporto; quando ocorrem, um ou mais atendentes podem lidar exclusivamente com os clientes que tenham reservado carros ou com aqueles que estão devolvendo os veículos. Nesses casos, esses atendentes identificam seus guichês para indicar à clientela suas funções especiais de serviço. Como a velocidade do serviço ao cliente é um fator importante para manter a competitividade da Thrifty, a gerência e os funcionários trabalham duro para garantir que cada cliente seja atendido sem atrasos desnecessários.

Outro fator crucial na competitividade da Thrifty é a capacidade de lidar com os veículos recém-chegados e rapidamente prepará-los para outros clientes. Os passos a seguir são necessários para transformar um veículo devolvido em um carro pronto para uma nova viagem: 1) confirmação da leitura do odômetro; 2) reabastecimento e confirmação do combustível gasto; 3) inspeção visual de danos; 4) determinação de prioridade; 5) limpeza interior; 6) avaliação de manutenção; 7) manutenção e *check-out*; 8) limpeza e polimento exteriores; 9) reabastecimento e estacionamento; 10) entrega ao cliente.

Quando um cliente devolve um veículo em qualquer localidade, um funcionário da equipe da Thrifty verifica a leitura do odômetro, dirige cerca de 200 metros até à área de serviço e confirma a quantidade de gasolina usada, completando o tanque do carro. Em alguns casos, o membro da equipe processa todas essas informações em um computador portátil, evitando que o cliente fique esperando. Em localidades menos privilegiadas, o membro da equipe repassa as informações para os outros atendentes imediatamente, de maneira que o cliente possa efetuar o pagamento e ser liberado no menor prazo possível. (Se um membro da equipe nota qualquer dano no interior ou no exterior do veículo, ele notifica o gerente; o cliente deve esclarecer sua responsabilidade nessas circunstâncias, e o atendimento pode demorar um pouco mais.) Após a etapa da inspeção de danos, o supervisor de frota atribui uma ordem de prioridade para os carros, que chegam à garagem da empresa com base na demanda conhecida, isto é, prevista e na política de reservas (para clientes sem reservas): o tratamento de alta prioridade é conferido a carros que são necessários dentro do período das próximas seis horas, enquanto o tratamento normal é dado a qualquer outro; os veículos de alta prioridade têm tratamento preferencial.

Depois de o interior do veículo estar completamente limpo e borrifado com um *spray* perfumado, um mecânico examina os registros de manutenção, faz um teste de direção e anota em um formulário todas as ações de manutenção necessárias. A Thrifty tem certas políticas de manutenção periódica, como troca de filtro e de óleo, balanceamento e rodízio dos pneus, lubrificação, substituição do fluido de refrigeração e regulagem do motor. Ações mais especiais de manutenção, como conserto de freios, ajuste ou reparo da transmissão ou do ar-condicionado, são realizadas conforme necessário.

Geralmente, uma garagem do sistema Thrifty tem um projeto padrão de três estações de trabalho lado a lado: duas delas são usadas para a manutenção normal e a terceira é usada tanto para manutenção normal quanto para manutenção especial. Cerca de 20% do tempo são gastos em manutenção especial na terceira estação. A Thrifty utiliza uma equipe de cinco mecânicos em suas garagens: um mecânico-mestre (que é o gerente da garagem), dois mecânicos e dois aprendizes. Eles são alocados para trabalhar nos veículos em cada um dos compartimentos laterais e se alternam para trabalhar nos veículos na estação de trabalho do meio. Os mecânicos oficiais são responsáveis por todas as outras manutenções e também se alternam servindo o veículo no compartimento central.

Após o serviço, os veículos são levados para a área de lavagem e uma equipe de dois lavadores lava, seca e dá polimento ao exterior para garantir a boa aparência. Já que o ciclo de enxágue inclui um componente líquido do tipo cera, o veículo normalmente não necessita de um polimento demorado. A partir desse ponto, o tanque de combustível é abastecido e o veículo é colocado no pátio de estacionamento. Quando o veículo é requisitado por um atendente, um motorista leva-o à área de aluguel para o cliente.

Tarefa

Com base na sua experiência e na descrição das operações da Thrifty, descreva as cinco características essenciais dos sistemas de fila no balcão do cliente, na garagem e na lavagem do carro.

Já daremos uma olhadinha[5]

Estudo de caso 12.2

A Sra. F chega 15 minutos adiantada para a sua consulta (marcada para as 13h30) no seu oftalmologista, o Dr. X, em Austin, Texas. A sala de espera está vazia e todos os nomes anteriores na lista de chamada estão riscados. A recepcionista olha, mas não percebe sua presença. A Sra. F, inconsciente do drama que estava para se desenrolar, imagina, otimista, que não terá de esperar muito além da sua hora marcada e se senta em uma cadeira para ler o livro que trouxe consigo. Grandes janelas permeiam três lados da sala de espera. A recepcionista senta-se atrás de uma grande abertura na parede remanescente. Obras de arte atraentes decoram o espaço disponível na parede, e plantas trepadeiras descansam em uma prateleira acima da abertura da recepção. É uma sala de espera atraente e confortável.

Às 13h25, outro paciente, Jack, chega. A Sra. F sabe que seu nome deve ser Jack porque a recepcionista o chama pelo primeiro nome, e os dois se cumprimentam amigavelmente. Jack se senta e começa a dar uma olhada em uma revista.

Às 13h40, uma mulher muito agitada entra e se aproxima da recepcionista. Ela explica que sente muito por ter perdido a sua consulta das 13h e pergunta se seria possível o Dr. atendê-la de qualquer maneira. A recepcionista responde muito friamente:

"Você está enganada. Sua consulta era às 11h".

"Mas eu anotei 13h!" responde a paciente, cuja agitação transformou-se em aflição.

"Bem, você está enganada".

"Puxa, não há alguma maneira de eu ser atendida?", suplica a paciente.

"Veremos. Sente-se."

A Sra. F e seus dois "companheiros" esperam até as 13h50, quando uma segunda pessoa da equipe (PE2) abre a porta entre a sala de espera e o corredor que leva às várias áreas de tratamento. Ela chama Jack, e eles riem juntos à medida que ela o acompanha. A Sra. F pensa consigo mesma: "Eu estava aqui primeiro, mas talvez ele tenha apenas chegado tarde para uma consulta anterior", e retorna ao seu livro. Cinco minutos depois, a Srta. PE2 aparece na porta e chama a paciente aflita. Nesse momento, a Sra. F vai até a área interna (ela é uma paciente antiga e conhece o território), procura pela Srta. PE2 e diz: "Imagino que eu tenha sido esquecida. Cheguei aqui antes daquelas duas pessoas que foram chamadas antes de mim".

A Srta. PE2 responde muito bruscamente: "Já pegamos seu arquivo. Volte a se sentar".

Mais uma vez ocupando uma sala de espera vazia, a Sra. F retorna à leitura. Às 14h15 (nenhum paciente havia voltado da área de tratamento), a Srta. PE2 finalmente chama a Sra. F e a leva para a sala 1, onde ela usa dois instrumentos para fazer algumas medidas preliminares dos olhos da Sra. F. Esse é um procedimento-padrão na prática do Dr. X. Também é um padrão medir os óculos atuais do paciente com um terceiro instrumento na sala 1. A Sra. F entrega seus óculos para a Srta. PE2, mas a Srta. PE2 passa por ela e diz secamente: "Por aqui". A Sra. F, então, é levada para sentar-se na "área de dilatação", apesar de não ter recebido nenhuma gota nos olhos para começar a dilatação.

A luz na área de dilatação é fraca, para proteger os olhos dilatados, mas a Sra. F é capaz de continuar lendo seu livro. Ninguém mais está sentado na área de dilatação. Às 14h45min, a Srta. PE2 reaparece, diz "por aqui" (uma mulher de poucas palavras a Srta. PE2) e dirige-se para a sala de exames 3. "Espere aqui", ela ordena, deixando a Sra. F sentar-se na sala escurecida.

A Sra. F consegue ouvir o Dr. X e Jack rindo na sala de exames ao lado. Às 14h55min, ela ouve os dois homens se despedirem e deixarem a sala. A Sra. F espera que o Dr. X entre logo na sala. Às 15h15, contudo, ele ainda não havia aparecido. Ela sai e interrompe a Srta. PE2, a recepcionista, a contabilista e a Srta. PE3, que estão conversando. "Desculpem-me, mas fui esquecida?" pergunta. A Srta. PE2 vira a cabeça e responde: "Não, ele está ocupado. Vá se sentar".

A Sra. F, perplexa, volta para o lugar determinado. Ela está ali, principalmente, por um problema visual específico, não apenas para um exame de rotina.

Porém, tudo o que é bom acaba, inclusive a paciência e a tolerância da Sra. F ao tratamento desrespeitoso. Assim, às 16h, a Sra. F resolve caminhar por conta própria – mais especificamente, até o balcão de recepção, onde comunica às senhoritas reunidas – de PE1 a PE4 – que está esperando desde as 13h30, que esteve nas salas internas durante duas horas e meia e que em nenhum momento dessa longa espera alguém da equipe se dignou a perguntar qual era o seu problema, a dizer quanto tempo mais ela teria de esperar ou se, na verdade, não haviam se esquecido dela. Acrescenta que não pretende esperar mais e que se sente forçada a procurar os serviços de outro médico capaz de cuidar verdadeiramente de sua saúde. Nesse momento, há muitos pacientes sentados na sala de espera, ouvindo tudo.

Há um epílogo para este caso. A Sra. F foi diretamente para casa e escreveu a seguinte carta ao Dr. X, relatando o tratamento que (não) recebeu em seu consultório e afirmando que ela e sua família procurarão cuidados em outro lugar.

5 de janeiro de 2005

———, M.D.
Austin, Texas
Prezado Dr. ———:

É com imenso pesar que estou procurando atendimento oftalmológico, junto com minha família, em outro consultório médico e gostaria que o senhor tomasse conhecimento dos motivos da minha decisão.

São 16h22 e acabei de voltar para casa de uma consulta marcada para as 13h30 com (sem) o senhor. Marquei a consulta porque havia recebido os resultados negativos de um exame oftalmológico feito recentemente no Seton Hospital. Fizeram-me esperar na área de dilatação e na sala de exames 3 por mais de duas horas e meia. Durante esse período, nenhum membro da sua equipe me deu qualquer explicação pelo atraso, nem garantiu que eu não havia sido esquecida. Quando finalmente perguntei se havia sido esquecida, fui tratada asperamente ("como me atrevi a perguntar!") e, ainda assim, não recebi explicação alguma sobre o atraso ou qualquer estimativa de quanto tempo ainda teria de esperar. Em consequência, saí sem ver o senhor.

Como afirmei, faço essa troca com muito pesar, porque valorizo a sua competência e o tratamento que o senhor, pessoalmente, deu a nós quatro nos últimos anos. Mas não posso tolerar o tratamento insensível da sua equipe.

Cordialmente,
Sra. F ———

Questões

1. Neste capítulo, fizemos referência à primeira e à segunda lei dos serviços de Maister. Como elas se relacionam com este caso?

2. Quais características de um bom processo de espera são evidentes no consultório do Dr. X? Liste as deficiências observadas.

3. Você acha que a Sra. F é um exemplo típico de pessoas esperando por um serviço? Justifique sua resposta.

4. Se o Dr. X estivesse preocupado em manter a família F como paciente, como poderia ter respondido à carta da Sra. F? Escreva uma carta em nome do Dr. X para a Sra. F.

5. De que forma o Dr. X poderia evitar tais incidentes no futuro?

6. Liste maneiras construtivas de os clientes responderem quando os serviços não conseguem atender às suas necessidades e expectativas.

Estudo de campo

Estudo de caso 12.3

Munido de uma prancheta, saia para observar e estudar uma experiência real de espera (p. ex, nos Correios, em um restaurante de *fast-food*, em um banco...). Comece fazendo um esboço da configuração da fila. Descreva as características da população demandante e identifique a disciplina da fila. Para o processo de chegada, selecione uma amostra considerável do tempo (em minutos) entre as chegadas e determine se há uma distribuição exponencial (ou uma distribuição de Poisson para o número de chegadas por hora). Examine uma amostra dos tempos de serviço para determinar se eles são distribuídos exponencialmente.

Bibliografia selecionada

Cayirli, Tugba; Emre Veral; and arry Rosen. "Assessment of Patient Classification in Appointment System Design." *Production and Operations Management* 17, no. 3 (May–June 2008), pp. 338–53.

Chambers, Chester, and Panagiotis Kouvelis. "Modeling and Managing the Percentage of Satisfied Customers in Hidden and Revealed Waiting Line Systems." *Production and Operations Management,* 15, no. 1 (Spring 2006), pp. 103–16.

Conway, R. W.; W. L. Maxwell; and L. W. Miller. *Theory of Scheduling.* Reading, MA: Addison-Wesley, 1967.

Davis, Mark M., and Janelle Heineke. "How Disconfirmation, Perception and Actual Waiting Times Impact Customer Satisfaction." *International Journal of Service Industry Management* 9, no. 1 (1998), pp. 64–73.

———, and Michael J. Maggard. "An Analysis of Customer Satisfaction with Waiting Times in a Two-Stage Service Process." *Journal of Operations Management* 9, no. 3 (August 1990), pp. 324–34.

Durrande-Moreau, Agnes. "Waiting for Service: Ten Years of Empirical Research." *International Journal of Service Industry Management* 10, no. 2 (1999), pp. 171–89.

———, and Jean-Claude Usunier. "Time Styles and the Waiting Experience: An Exploratory Study." *Journal of Service Research* 2, no. 2 (November 1999), pp. 173–86.

Evangelist, Shane; Badger Godwin; Joey Johnson; Vincent Conzola; Robert Kizer; Stephanie Young-Helou; and Richard Metters. "Linking Marketing and Operations: An Application at Blockbuster, Inc." *Journal of Service Research* 5, no. 2 (November 2002), pp. 91–100.

Hassin, R., and M. Haviv. *To Queue or Not to Queue.* Boston: Kluwer, 2003.

Jones, Peter, and Emma Peppiatt. "Managing Perceptions of Waiting Times in Service Queues." *International Journal of Service Industry Management* 7, no. 5 (1996), pp. 47–61.

Katz, K. L.; B. M. Larson; and R. C. Larson. "Prescription for the Waiting-in-Line Blues: Entertain, Enlighten, and Engage." *Sloan Management Review* 32, no. 2 (Winter 1991), pp. 44–53.

Larson, Richard C. "Perspectives on Queues: Social Justice and the Psychology of Queuing." *Operations Research* 35, no. 6 (November–December 1987), pp. 895–905.

Maister, D. H. "The Psychology of Waiting Lines." In *The Service Encounter,* eds. J. A. Czepiel, M. R. Solomon, and C. F. Surprenant. Lexington, Mass.: Lexington Press, 1985, pp. 113–23.

Mondschein, Susana V., and Gabriel Y. Weintraub. "Appointment Policies in Service Operations: A Critical Analysis of the Economic Framework." *Production and Operations Management* 12, no. 2 (Summer 2003), pp. 266–86.

Nie, Winter. "Waiting: Integrating Social and Psychological Perspectives in Operations Management." *Omega* 28, 2000, pp. 611–29.

Rafaeli, Anat; Greg Barron; and Keren Haber. "The Effects of Queue Structure on Attitudes." *Journal of Service Research* 5, no. 2 (November 2002), pp. 125–39.

Schultz, Carl R. "Economic Service Quotas." *Journal of Service Research* 5, no. 2 (November 2002), pp. 154–63.

Stidham, S. Jr. "Analysis, Design, and Control of Queuing Systems." *Operations Research* 50, no. 1 (2002), pp. 197–216.

Tansik, David A., and Robert Routhieauz. "Customer Stress-Relaxation: The Impact of Music in a Hospital Waiting Room." *International Journal of Service Industry Management* 10, no. 1 (1999), pp. 68–81.

Taylor, Shirley. "Waiting for Service: The Relationship between Delays and Evaluations of Services." *Journal of Marketing* 58, April 1994, pp. 56–69.

Van Mieghem, Jan A. "Dynamic Scheduling with Convex Delay Costs: The Generalized $c\mu$ Rule." *Annuals of Applied Probability* 5, no. 3 (1995), pp. 809–33.

Whiting, Anita, and Naveen Donthu. "Managing Voice-to-Voice Encounters: Reducing the Agony of Being Put on Hold." *Journal of Service Research* 8, no. 3 (February 2006), pp. 234–44.

Notas

1. Yoram Barzel, "A Theory of Rationing by Waiting," *Journal of Law and Economics* 17, no. 1 (April 1974), p. 74.

2. Adaptado de David H. Maister, "The Psychology of Waiting Lines." In J. A. Czepiel, M. R. Solomon, and C. F. Surprenant (eds.), *The Service Encounter.* Lexington, Mass.: Lexington Press, 1985, chap. 8, pp. 113–23.

3. Para uma discussão sobre o comportamento em filas, ver Richard C. Larson, "Perspectives on Queues: Social Justice and the Psychology of Queuing," *Operations Research* 35, no. 6 (November–December 1987), pp. 895–905.

4. Amanda Bennett, "Their Business Is on the Line," *The Wall Street Journal,* December 7, 1990, p. B1. Reimpresso com a permissão de *The Wall Street Journal,* © 1989, Dow Jones & Company, Inc. Todos os direitos reservados no mundo.

5. Esse caso, é triste dizer, é verdadeiro em sua totalidade. Os nomes do médico e de seu pessoal foram omitidos, mas não para protegê-los, porque tal tratamento para com os pacientes é tão presente no sistema de saúde dos Estados Unidos que de nada serviria identificá-los. Apresentamos o caso por duas razões: primeiro, porque ele é muito instrutivo no que diz respeito ao material deste capítulo; segundo, porque desejamos mostrar que clientes e prestadores devem trabalhar juntos na nossa emergente sociedade de serviços. Os prestadores de serviços têm de ser sensíveis às necessidades dos clientes, e os clientes precisam exigir e reconhecer o bom serviço.

Capítulo 13

Gerenciamento das relações de fornecimento de serviços

Objetivos de aprendizagem

Ao final deste capítulo, você deverá estar apto a:

1. Comparar a cadeia de fornecimento de bens físicos com as relações de fornecimento de serviços.
2. Identificar as fontes de valor em uma relação de fornecimento de serviço.
3. Discutir as implicações administrativas de relacionamentos bidirecionais.
4. Identificar os três fatores que impulsionam a lucratividade de uma empresa de serviços profissionais.
5. Classificar a aquisição de serviços empresariais com base no foco do serviço e sua importância para a organização terceirizadora.
6. Discutir as considerações administrativas a serem abordadas em serviços terceirizados.

O gerenciamento da cadeia de fornecimento é uma abordagem global de sistemas no fornecimento de produtos manufaturados para o consumidor final. Usando a tecnologia da informação para coordenar todos os elementos da cadeia de fornecimento, desde os fornecedores de componentes até os varejistas, consegue-se um nível de integração que se torna uma vantagem competitiva não disponível em sistemas de logística tradicional.

Consideremos, por exemplo, a decisão da Hewlett-Packard de fabricar uma impressora DeskJet genérica e permitir aos distribuidores customizá-la para diferentes países, acrescentando os manuais e cabos de alimentação apropriados. O resultado foi uma redução significativa do estoque de produtos acabados, já que a demanda foi consolidada em uma impressora genérica, o que eliminou a necessidade de estoques independentes para cada país. Essa estratégia de adiamento também produziu economias inesperadas nos custos de envio, pois impressoras genéricas podem ser embaladas de forma mais compacta.[1]

A Taco Bell optou por uma abordagem análoga à da Hewlett-Packard para sua rede de fornecimento. O primeiro estágio da cadeia de fornecimento da Taco Bell consiste nos recursos naturais provenientes da agricultura (p.ex., carne, legumes, temperos e grãos). Esses ingredientes são comprados a granel e mantidos em centros regionais de distribuição para suprir as lojas. Como é muito difícil prever a demanda final, havia um desperdício considerável de alimentos nas lojas. A mudança da cozinha para um ponto central (e não mais na loja de varejo) permitiu a consolidação da demanda e a redução do desperdício. O processo de produção nas lojas passou de produção conforme os pedidos para montagem conforme os pedidos. Os clientes estão satisfeitos, pois os tempos de espera foram reduzidos, as instalações estão mais limpas e há mais espaço para as pessoas fazerem as refeições.

APRESENTAÇÃO DO CAPÍTULO

O gerenciamento da cadeia de fornecimento de bens manufaturados traz vantagens decorrentes da visão global de sistemas da cadeia de valor, desde o projeto de produtos até o serviço pós-venda ao cliente. A tecnologia da informação tem sido a força motriz por trás da capacidade de coordenar as muitas atividades inter-relacionadas normalmente desempenhadas por empresas independentes. O gerenciamento do fornecimento de serviços, no entanto, é mais bem descrito como uma relação, e não como uma cadeia de atividades, devido à dualidade cliente-fornecedor aí observada. Um exemplo de serviço de assistência médica domiciliar demonstra as fontes de valor em uma relação de fornecimento de serviço. São abordadas as características únicas dos serviços profissionais e o capítulo encerra com uma discussão sobre a terceirização e suas considerações administrativas.

GERENCIAMENTO DA CADEIA DE FORNECIMENTO

A diminuição dos ciclos de vida dos produtos e a globalização cada vez maior dos mercados exigem uma visão global de sistemas de toda a cadeia de fornecimento. Atualmente, muitos produtos de alta tecnologia são introduzidos quase obsoletos; portanto, é desafiador fazer planos de capacidade de fabricação, entrar em acordo sobre os cronogramas de produção e estabelecer níveis de estoque, já que não existem dados históricos de vendas. O mau planejamento pode resultar em perdas de oportunidades de vendas ou em perdas de estoque por fim de vida útil. As pressões competitivas exigem que as empresas pensem em termos globais ao buscarem fornecedores ou procurarem locais para as operações de manufatura. Por exemplo, um computador pessoal pode ter linhas de produção manufaturadas nos Estados Unidos, com componentes fornecidos pela Ásia e a montagem final para pedidos próxima dos clientes na Europa.

O desafio do gerenciamento da cadeia de fornecimento é equilibrar as exigências de entrega confiável e pontual para os clientes com os custos de estoque e manufatura. O modelo de cadeias de fornecimento capacita os administradores a avaliarem quais opções proporcionarão o maior aprimoramento na satisfação dos clientes a custos razoáveis. A cadeia de fornecimento é modelada como uma rede que captura a relação entre os custos de ativos (isto é, estoque e bens de equipamento) e as características temporais dos serviços ao cliente (ou seja, receptividade e confiabilidade no fornecimento ao cliente).

Uma visão de sistemas global e abrangente e que incorpore as interações entre os participantes facilitará a busca colaborativa por medidas eficazes de atendimento às demandas dos clientes. A oferta pouco confiável aumenta os investimentos em estoques de segurança ou resulta em clientes insatisfeitos e vendas perdidas. O sucesso, no entanto, é alcançado somente com a formação de parcerias eficientes e a cooperação entre os participantes ao longo de toda a cadeia de fornecimento. Cadeias de fornecimento não coordenadas criam um *efeito chicote*, no qual uma pequena mudança nos pedidos de varejo é aumentada à medida que retrocedemos na cadeia de fornecimento para o distribuidor e, finalmente, para o fabricante. Os estágios independentes da cadeia de fornecimento, desconhecendo a verdadeira natureza da demanda final, reagem exageradamente aos pedidos dos clientes adiante, e os atrasos nas colocações de pedidos criam as oscilações nos estoques, que então são propagadas. A falta de coordenação na cadeia de fornecimento resulta na desestabilização autoimposta do sistema, criando simultaneamente um estoque exagerado em um ponto no tempo, seguido por faltas de estoque posteriores.

Modelo em rede

A cadeia de fornecimento de bens físicos pode ser vista como uma rede de estágios de processamento de materiais que agregam valor, cada um definido com insumos de fornecimento, transformação de materiais e produção de demanda. Conforme a Figura 13.1, esses estágios (fornecimento, manufatura, distribuição, venda no varejo e reciclagem) são conectados a flechas que descrevem o fluxo de material com os estoques entre cada estágio. O estágio de manufatura representa a operação tradicional em que a matéria-prima e os componentes chegam a partir de fornecedores externos; o material é transformado de alguma maneira para agregar valor, criando um estoque de bens acabados que é transportado aos distribuidores e, depois, para os lojistas, de quem os consumidores compram o item.

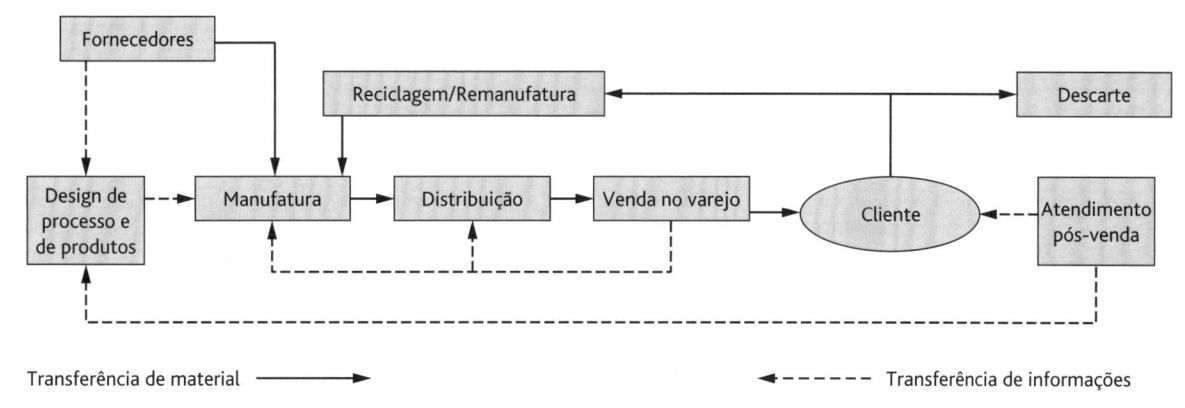

Figura 13.1 Cadeia de fornecimento de bens físicos.

As preocupações com a sustentabilidade ambiental têm despertado os fabricantes para a necessidade de administrar o ciclo de vida do produto. Desse modo, no final do ciclo, vemos um aumento no número de produtos projetados para serem reciclados ou reutilizados, em vez de serem descartados em aterros. Por exemplo, produtos usados, como cartuchos velhos de impressoras, são reutilizados, e latas de alumínio são recicladas devido ao seu valor inerente. Vários governos na Europa exigem que os automóveis sejam projetados tendo em vista a facilidade na reciclagem do material de seus componentes.

A transferência de informações flui conforme mostram as linhas tracejadas na Figura 13.1, abrangendo atividades dos fornecedores, design de processo e de produto e atendimento pós-venda. Um benefício significativo da coordenação da cadeia de fornecimento é a utilização das informações. Por exemplo, os fabricantes de automóveis muitas vezes descobrem falhas de design no atendimento pós-venda. Dados dos pontos de venda agregados no nível de distribuição servem, por exemplo, para alertar a fabricação quanto ao planejamento de produção, de forma a evitar acúmulo de estoque ou perda de vendas.

Gerenciamento da incerteza

Gerenciar uma cadeia de fornecimento seria uma tarefa simples, exceto pela incerteza originária de três fontes: desempenho do fornecedor, confiabilidade na manufatura e demanda dos clientes. O estoque é usado como uma garantia neste mundo incerto. Para atender aos objetivos de nível de serviço dos clientes (p.ex., experimentar faltas de estoque menos do que 5% das vezes), um pouco de material extra ou estoques de segurança devem ser mantidos, de maneira que haja possibilidade de realizar as entregas aos clientes quando algo dá errado no processo anterior.

Um sem-número de eventos causa variabilidade na pontualidade das entregas dos fornecedores: tempestades atrasando um embarque, problemas de qualidade, falhas em máquinas ou o atraso no fornecimento de matérias-primas. Com o tempo, uma distribuição da pontualidade do desempenho na entrega pode ser estabelecida para cada fornecedor e usada nas negociações de compra, pois quanto mais confiável for um fornecedor, menor será o estoque de segurança exigido para proteger a operação à frente. A confiabilidade da manufatura é influenciada pelos mesmos problemas enfrentados pelos fornecedores e também por atrasos em cronogramas internos causados pela competição de vários produtos por recursos compartilhados (p.ex., guindaste em uma oficina). A incerteza global é capturada por uma distribuição histórica de probabilidade de desempenho pontual. A variabilidade da demanda dos clientes é o fator mais difícil de determinar. No entanto, com os curtos ciclos de vida dos produtos, há pouco tempo para construir distribuições históricas de demanda. A pesquisa de mercado e a experiência passada com produtos similares servem para prever distribuições de demanda futuras.

Iniciativas estratégicas diminuem o impacto da incerteza e, desse modo, melhoram o serviço aos clientes. Por exemplo, a implementação de técnicas de controle de qualidade total, como o controle estatístico de processos, incrementa a confiabilidade da manufatura. Modos de transporte mais confiáveis também podem ser avaliados. Mudanças no projeto de produto permitem que produtos inacabados sejam estocados pelas operações de manufatura, adiando a customização final e, desse modo, aumentando o grau de resposta aos pedidos dos clientes.

Tabela 13.1 Impacto do gerenciamento da cadeia de fornecimento de bens físicos na Walmart e na Procter & Gamble

Elemento ou vínculo	Antes	Depois
Relações de canal	Independentes/competitivas; muitos fornecedores e distribuidores competindo entre si	Interdependentes; alguns fornecedores e distribuidores escolhidos como parceiros
Fluxo de bens	Produção empurrada	Produção puxada
Fluxo de informações (para trás)	Produção puxada, incompleto, parcial, manual; obstruído por numerosos elos humanos na cadeia; vagaroso, na ordem de semanas ou meses; dados mais recentes de demanda e cronogramas de produção não disponíveis	Produção empurrada, planejado, automatizado; alto nível de conectividade e transparência para todos os participantes na cadeia; rápido, em alguns casos, instantâneo; acesso aos dados de demanda à frente mais recentes e aos cronogramas de produção
Fluxo de informações (para a frente)	Pouca ou nenhuma informação de rastreamento de produtos	Rastreamento de produtos por meio de RFID; aviso antecipado de embarque
Processos do negócio	Predominantemente na própria empresa; localmente otimizados para eficiência	Na própria empresa para processos-chave, outros terceirizados para flexibilidade; integrados e sincronizados para ajustar a oferta com a demanda
Gerenciamento da demanda	Previsão reativa usada para o planejamento de capacidade; segmentado	Gerenciamento proativo para remover a volatilidade; gerenciamento da relação com os clientes
Estoque	Alto; usado como um amortecedor contra a incerteza e a falta de informações; *efeito chicote* comum	Baixo; a conectividade de informações reduz os amortecedores de estoque devido à transparência; a diferenciação postergada é usada com mais eficiência para dividir o risco e reduzir ainda mais o estoque; melhor posicionamento do estoque na cadeia de fornecimento
Produção	Inflexível; longos tempos de espera; dominada pelo planejamento de exigências de material (MRP); produção empurrada; produção para estoque	Flexível; redução no tempo de espera; produção puxada (p.ex., *just in time*); customização em massa (produtos baseados em componentes comuns posicionados na localização certa na cadeia de fornecimento para atender aos tempos de espera dos clientes); produção sob encomenda
Distribuição	Rede de armazenagem tradicional; amplia MRP para distribuição; planejamento de exigências de distribuição; sistema empurrado	Ideias de produção puxada ampliadas para a distribuição em programas como resposta rápida, reabastecimento contínuo; estoque gerenciado pelo vendedor; centros de distribuição e logística; entrega direta é mais viável
Design de produto	Produto é projetado sem dados da manufatura ou da distribuição	Maior ênfase no design para manufatura e no gerenciamento da cadeia de fornecimento
Precificação	Forte ênfase na precificação promocional	Maior ênfase na precificação fixa [Preço baixo todo dia (EDLP)]

Exemplo 13.1 Procter & Gamble e Wal-Mart

A Procter & Gamble e a Wal-Mart tinham a mesma meta de melhorar a eficácia e a lucratividade de seu sistema de produção/distribuição, mas cada uma, trabalhando de modo independente com autoatendimento, prejudicou temporariamente o setor. A coluna de "antes" na Tabela 13.1 abrange muitos dos problemas enfrentados por fornecedores e lojistas na cadeia de fornecimento. Por exemplo, quando a Procter & Gamble iniciou uma promoção de preço para os produtos Pampers a fim de aumentar a participação no mercado, a Wal-Mart fez um grande estoque de Pampers a baixo custo. A intenção da Wal-Mart era melhorar suas margens comprando durante um período de desconto e vendendo posteriormente a preços regulares, quando a promoção terminasse (processo chamado de compra antecipada). O resultado desse comportamento independente é um "efeito chicote" autoinduzido no nível dos estoques de produtos acabados na cadeia de fornecimento. A compra antecipada criou grandes flutuações no volume de fabricação, pois a Wal-Mart não fez mais pedidos durante meses. Os custos adicionais de retenção do estoque pela Wal-Mart e as descontinuidades na programação de fabricação levaram à colaboração entre a Wal-Mart e a Procter & Gamble, o que passou a cadeia de fornecimento para a coluna de "depois" mostrada na Tabela 13.1. A Procter & Gamble concordou em interromper as promoções, e a Wal-Mart lançou o *slogan* de marketing "preço baixo todo dia".

RELAÇÕES DE FORNECIMENTO DE SERVIÇOS[2]

Dualidade consumidor-fornecedor

A natureza dos serviços cria uma dualidade consumidor-fornecedor que resulta em relações de fornecimento de serviços diferentes da cadeia de fornecimento observada no caso dos produtos manufaturados, em que um objeto físico é passado de uma entidade para outra. Os serviços são considerados agentes sobre as *mentes* (p.ex., educação, entretenimento, religião), os *corpos* (p.ex., transporte, alojamento, saúde), os *pertences* (p.ex., mecânica de carros, lavagem a seco, bancos) e as *informações* das pessoas (p.ex., preparação de impostos, seguro, defesa jurídica). Desse modo, todos os serviços agem sobre algo disponibilizado pelo cliente. O resultado é que os consumidores também agem como fornecedores na troca de serviços, daí a dualidade consumidor-fornecedor. Essa dualidade é apresentada na Figura 13.2 como as relações *bidirecionais* entre a empresa, seus fornecedores e o consumidor.

Exemplos de cadeias elementares de fornecimento de serviços de nível único (isto é, não há um fornecedor presente) são mostrados na Tabela 13.2. Em cada caso, a transação do serviço é levada adiante diretamente entre o cliente e o fornecedor do serviço, sem a necessidade de fornecedores auxiliares. Por exemplo, um paciente vai ao dentista devido a uma dor de dente, e o dente afetado é restaurado.

A Tabela 13.3 mostra exemplos de cadeias de fornecimento de serviços de dois níveis, conforme descritas na Figura 13.2. Em cada exemplo, o prestador do serviço exige a assistência de um fornecedor terceirizado para concluir o serviço. Por exemplo, um paciente sentindo-se doente vai a um médico; este coleta seu sangue e o envia para análise a um laboratório em outro local. Após receber o resultado do exame do laboratório, o médico faz o diagnóstico.

A dualidade consumidor-fornecedor e a relação bidirecional resultante são centrais para o entendimento da natureza das relações de serviços. Serão feitas várias observações que evidenciam as implicações das relações de fornecimento de serviços para o gerenciamento.

Relações de fornecimento de serviços são eixos convergentes, não cadeias

No caso da relação de fornecimento mais comum, aplica-se o conceito de produção e consumo simultâneos. Por exemplo, quando se vai ao dentista para fazer a limpeza dos dentes, a relação de fornecimento é condensada em uma única transação entre dentes e dentista. Como observado na Tabela 13.3, a cadeia de fornecimento pode ser ampliada e incluir um fornecedor para o prestador do serviço; no entanto, as relações de fornecimento de serviços que vão além de dois níveis são um tanto raras. Na realidade, a relação de fornecimento de serviços se parece mais com um eixo do que com uma cadeia, porque o prestador do serviço faz as vezes de agente para o cliente ao lidar com

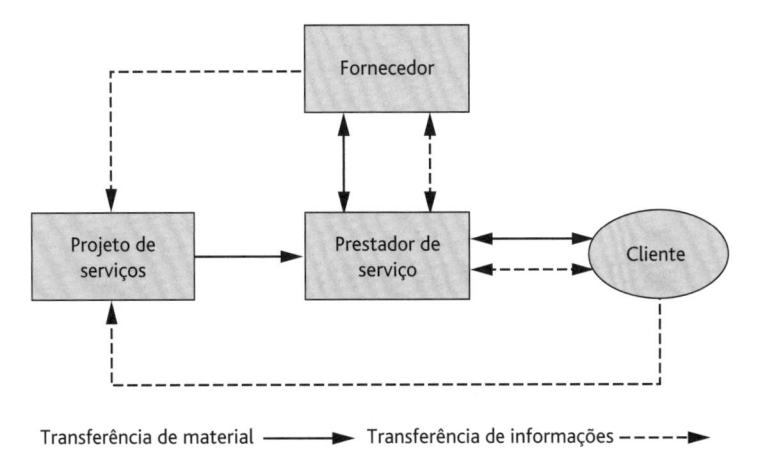

Figura 13.2 Relações bidirecionais de fornecimento de serviços.

Tabela 13.2 Relações de fornecimento de serviços bidirecionais de nível único

Categoria de serviço	Cliente-fornecedor	> *Entrada/Saída* >	Prestador do serviço
Mentes	Estudante	> *Mente*/Conhecimento >	Professor
Corpos	Paciente	> *Dente*/Obturação >	Dentista
Pertences	Investidor	> *Dinheiro*/Juros >	Banco
Informações	Cliente	> *Documentos*/Declaração do Imposto de Renda >	Contador

Tabela 13.3 Relações de fornecimento de serviços bidirecionais de dois níveis

Categoria de serviço	Cliente-fornecedor	> Entrada/Saída >	Prestador do serviço	> Entrada/Saída >	Fornecedor do prestador do serviço
Mentes	Paciente	> Transtornado/Tratado >	Terapeuta	> Receita/Medicamento >	Farmácia
Corpos	Paciente	> Sangue/Diagnóstico >	Médico	> Amostra/Resultado do teste >	Laboratório
Pertences	Motorista	> Carro/Consertado >	Oficina	> Motor/Reconstruído >	Loja de peças
Informações	Comprador de um imóvel	> Propriedade/Financiamento >	Financeira	> Localização/Matrícula do imóvel >	Cartório de registro de imóveis

fornecedores externos. Eixos são mais desejáveis do que cadeias porque existem menos oportunidades para atrasos e as informações são compartilhadas com mais facilidade. A compra cooperativa ou autônoma entre um prestador de serviços e o seu fornecedor é uma prática comum, pois tanto as eficiências financeiras quanto as de processos são alcançadas (p.ex., um médico e um laboratório).

A capacidade de serviço é análoga ao estoque

Nas cadeias de fornecimento de bens, o estoque é usado para amortecer as variações na demanda final do cliente e permitir a utilização completa da capacidade produtiva. No caso dos serviços, os subsídios fornecidos pelo cliente em geral são ocorrências aleatórias com expectativas de processamento imediato. Por exemplo, os visitantes de um restaurante de *fast-food* raramente esperam mais do que alguns minutos por um serviço. Como os serviços não podem ser inventariados, uma capacidade em excesso deve ser mantida em reserva para atender às expectativas. Alternativamente, quando possível, os sistemas de reservas podem ser empregados para programar a chegada de clientes de forma compatível à capacidade.

Subsídios fornecidos por consumidores (entradas) podem variar em qualidade

Os subsídios dos consumidores podem ser incompletos (p.ex., documentos de impostos), despreparados (p.ex., estudantes) ou ter expectativas irreais (p.ex., paciente com câncer). Essa falta de coerência na qualidade dos subsídios fornecidos pelo consumidor representa um desafio para o prestador do serviço ao comprometer-se com seu trabalho quando os subsídios são questionáveis. Essa situação torna mais importante a comunicação eficiente. Conversar abertamente com os clientes antes do serviço sobre expectativas que agregam valor evitará confusões.

GERENCIAMENTO DE RELAÇÕES DE SERVIÇOS

Exemplo 13.2 Gerenciamento de relações de serviços em assistência médica domiciliar

O aumento incontido no custo da saúde motivou métodos alternativos e criativos para fornecer o atendimento com um custo mais baixo. A assistência médica domiciliar (*home care*) é uma forma de administrar o custo do atendimento, evitando a hospitalização ou a permanência em asilos. A relação de serviço de assistência médica domiciliar tem a propriedade adicional de os prestadores do serviço (enfermeiras, nutricionistas e terapeutas) serem fornecedores móveis, já que se deslocam até o cliente.

A Tabela 13.4 resume as características de um serviço de atendimento com mobilidade (ir ao cliente) bem-gerenciado (na coluna "depois") em comparação com a abordagem tradicional de atendimento (na coluna "antes"). O gerenciamento da cadeia de serviços adquire valor a partir de três fontes: otimização bidirecional, gerenciamento da capacidade produtiva e gerenciamento do tempo ocioso do serviço (perecibilidade).

Otimização bidirecional

A *otimização bidirecional* implica a possibilidade de fazer o que é melhor a partir da perspectiva do cliente enquanto se faz o melhor para o empreendimento de serviço. Na assistência médica domiciliar, o paciente é um participante ativo do serviço. O envolvimento direto do cliente facilita a

Tabela 13.4 O impacto do gerenciamento de relações de serviços na assistência médica domiciliar

Elemento	Antes	Depois
Beneficiário do serviço	Passivo	Ativo como um coprodutor
Fluxo de serviço	Disponível, esperando pela demanda	Ativado com a demanda
Fluxo de informações (para trás)	Produção empurrada: relatório manual dos dados de demanda resulta em uma resposta atrasada do gerenciamento	Produção puxada: alto nível de conectividade e transparência com acesso rápido ou instantâneo aos dados de demanda mais recentes
Fluxo de informações (para a frente)	Pouco ou nenhum conhecimento da distribuição de recursos	Rastreamento e expedição em tempo real
Gerenciamento da demanda	Limitado ao uso de marcações de consulta e reservas	Proativo, envolvendo o consumidor na programação do cronograma para alcançar a otimização bidirecional
Gerenciamento da capacidade	Limitado ao uso de funcionários de meio expediente	Uso criativo de funcionários capazes de exercer diferentes funções, terceirização e autoatendimento do cliente
Prestação do serviço	Inflexível; padronizada e impessoal	Flexível; pessoal com possível customização
Roteiro e programação	Estáticos; programação diária fixa	Dinâmicos; baseados na conectividade do sistema e na visibilidade do processo
Design do novo serviço	Iniciativas de marketing baseadas na percepção pela empresa das necessidades dos clientes	Desenho da cadeia de valor virtual com as informações do banco de dados dos clientes orientando os novos serviços
Precificação	Fixa	Variável; gestão de rendimento promove a demanda fora do período de alta e evita a capacidade ociosa

Fonte: James Fitzsimmons; Edward Anderson; Douglas Morrice; and G. Edward Powell. "Managing Service Supply Relationships," *International Journal of Services Technology and Management* 5, no. 3, 2004, pp. 221–32. Todos os direitos reservados.

otimização bidirecional, uma otimização simultânea tanto da oferta quanto da demanda pelo serviço. Isso se traduz no fornecimento de um serviço altamente individualizado para o paciente, o que é muito eficiente em termos de custos para a organização.

Escolhas de rotas dinâmicas dos serviços móveis evitam tempo improdutivo de deslocamento.
Royalty-Free/Corbis.

No caso de um serviço móvel, uma "janela de tempo" é reservada para que cada cliente esteja disponível para um prestador desempenhar o serviço solicitado. Os clientes veem as janelas de tempo muito amplas como uma grande inconveniência que desperdiça o seu tempo em prol de um prestador de serviço ineficiente. Os administradores desse tipo de serviço em geral pedem que os clientes estejam disponíveis por amplas janelas de tempo (p.ex., entre o meio-dia e as cinco da tarde), pois as rotas, a sequência de clientes e as frequentes atualizações do *status* de trabalho do prestador do serviço não são inseridas em um sistema de informações funcionalmente integrado. O gerenciamento da cadeia de serviços usa dados de previsão na construção de um plano diário inicial para cada trabalhador. São oferecidas aos clientes várias opções de horários com base em um cálculo pré-otimizado de uma solução otimizada para todo o grupo de prestadores do serviço em uma área geográfica definida. O cálculo da solução otimizada considera as preferências dos clientes e as exigências do serviço (isto é, idioma, habilidades e licença do prestador e material de trabalho no veículo), junto com as informações geográficas, como o lugar em que os prestadores do serviço estarão um pouco antes e um pouco depois da hora marcada com um determinado cliente.

Capacidade produtiva

Uma consideração essencial sobre a *capacidade produtiva* para os trabalhadores que vão ao encontro do cliente é o montante de tempo gasto entre as atividades, que está correlacionado à distância entre os locais de desempenho da função. Como o valor é criado predominantemente durante o tempo em que o trabalhador móvel está no local do cliente, o tempo gasto no deslocamento resulta em uma capacidade produtiva perdida. Tal circunstância cria a oportunidade de um aumento considerável da capacidade da força de trabalho por meio de um melhor gerenciamento da cadeia de serviço, o que resulta em mais tempo cumulativo para os trabalhadores com os seus clientes. As estratégias para melhorar a capacidade produtiva do prestador do serviço incluem transferência, substituição e melhoria das habilidades do cliente.

A *transferência* é uma abordagem de disponibilização do conhecimento para os clientes de maneira que o valor seja transferido com um custo muito baixo. Um exemplo é um banco de dados de perguntas frequentes (FAQ, de *frequently asked questions*) em um *site*. Essa ferramenta de transferência de informações substitui recursos humanos mais caros, além de estar disponível em qualquer horário. Por exemplo, os pacientes podem acessar áreas específicas sobre doenças em um *site* e obter informações sobre efeitos colaterais de remédios, explicações de sintomas ou procedimentos a serem seguidos.

A *substituição* é uma estratégia que busca colocar a tecnologia no lugar dos recursos humanos. Um exemplo é a medição da pressão arterial. No caso de pacientes com necessidade de medir a pressão arterial três vezes ao dia, um sistema automatizado substitui a visita de uma enfermeira. Um aparelho digital de medição da pressão arterial é fácil de ser usado pelos pacientes e custa menos do que uma única visita de uma enfermeira em casa.

A *melhoria das habilidades do cliente* para capacitá-lo ao autosserviço é uma terceira estratégia de incremento da capacidade produtiva do sistema de assistência médica domiciliar. Em algumas circunstâncias, é interessante ensinar o paciente ou membro de uma família a trocar o curativo cirúrgico. Essa melhoria das habilidades do cliente exige um tempo adicional de enfermagem no início, mas diminui significativamente o uso subsequente desses recursos se, por exemplo, a ferida for crônica e exigir trocas diárias por um amplo período de tempo. Em um cenário como esse, a enfermeira pode verificar o ferimento em tratamento a cada três dias em vez de diariamente, resultando em uma redução de 66% no montante de tempo de enfermagem exigido para cuidar do paciente.

Perecibilidade

O gerenciamento da *perecibilidade* é a abordagem usada no gerenciamento da cadeia de serviços para minimizar o impacto negativo do tempo ocioso sobre a capacidade produtiva da força de trabalho distribuída. A capacidade produtiva de um prestador de serviço é limitada ao tempo que ele passa na residência do cliente com as ferramentas e habilidades certas e com o conhecimento das necessidades e preferências desse cliente.

Para a força de trabalho móvel, gerenciar a perecibilidade implica dois enfoques. O primeiro é um sistema de distribuição de tempo que ofereça janelas de tempo aos clientes com base no "melhor uso" dos trabalhadores. Nos sistemas de gerenciamento de cadeias de serviços que usam software de otimização de cronogramas dinâmicos, os cronogramas são construídos e revisados até o último momento possível antes de um trabalhador ser enviado a um trabalho. Os sistemas de serviços sem infraestrutura de comunicação são limitados à criação de um cronograma fixo para cada trabalhador móvel no início do dia de trabalho. Os sistemas de serviços com comunicações de dados móveis, no entanto, produzem cronogramas em "tempo real", de maneira que um trabalhador fica sabendo do seu próximo compromisso somente após terminar o trabalho atual. A alocação dinâmica de trabalhos entre os prestadores do serviço minimiza o tempo ocioso (isto é, perecível).

O gerenciamento da perecibilidade também envolve o processo de treinamento, aperfeiçoamento e ampliação de habilidades e capacidades dos trabalhadores. Na medida em que o tempo ocioso potencial dos trabalhadores é identificado e direcionado para o treinamento de atividades, a capacidade produtiva será recuperada futuramente. Essa estratégia beneficia a empresa ao alocar atividades que incrementam as habilidades para espaços de tempo ocioso, o que deixa o trabalhador disponível durante o tempo em que os tradicionais esforços de treinamento teriam consumido a capacidade produtiva. O trabalhador móvel com ferramentas de comunicação de dados móveis pode obter treinamento modular baseado em computador, certificação e material de teste *on-line* (usando o terminal móvel de dados do veículo de serviços), maximizando, dessa maneira, a estratégia.

EMPRESAS DE SERVIÇOS PROFISSIONAIS[3]

Os serviços profissionais são atraentes devido ao desafio intelectual, ao potencial para crescimento na profissão e à boa remuneração. Exemplos de fornecedores de serviços profissionais incluem arquitetos, advogados, consultores, contadores e engenheiros. Os profissionais detêm um conjunto específico de conhecimentos e em geral pertencem a uma associação que licencia seus membros com base em competência comprovada. Alguns profissionais trabalham isoladamente, mas muitos optam por trabalhar em grupo, em atividades de natureza individual ou multidisciplinar. Para os fins desta discussão, os provedores de serviços profissionais são os sócios que possuem e administram a empresa e os profissionais da categoria júnior que recebem salário e aspiram a tornar-se sócios.

Atributos dos serviços profissionais

O termo *serviços profissionais* descreve um serviço oferecido por trabalhadores com conhecimento específico e tem quatro características. Primeiro, o trabalho envolve um alto nível de especialização e customização. O trabalho altamente especializado e customizado cria questões administrativas diferentes daquelas que ocorrem na abordagem padronizada de mercado de massa em outros serviços. Principalmente, a administração de um serviço profissional requer a capacidade de gerir atividades e informações sem rotinas estabelecidas, que são comuns em outros tipos de trabalho.

Em segundo lugar, a frequência e a importância das interações presenciais com os clientes exigem uma atenção especial. A natureza pessoal do trabalho muda a forma como a qualidade e o nível do serviço são percebidos e mensurados. Além disso, a habilidade comportamental, como o gerenciamento de clientes, pode ser tão importante quanto a própria competência técnica.

Em terceiro lugar, os serviços profissionais são fornecidos por pessoas com alto nível de instrução que representam o ativo da empresa. A organização, portanto, deve dedicar muita atenção tanto aos aspectos internos (ou seja, o recrutamento) quanto aos aspectos externos (isto é, os clientes) do serviço.

Finalmente, de acordo com James Brian Quinn, Philip Anderson e Sydney Finkelstein, o verdadeiro profissional domina um conjunto de conhecimentos que opera em quatro níveis de importância crescente.[4]

> *Conhecimento cognitivo* (saber o que) é o domínio básico de uma disciplina alcançado por meio de extenso treinamento e certificação. Tal conhecimento é necessário, mas não suficiente, para o sucesso comercial.
>
> *Habilidades avançadas* (saber como) traduzem a "aprendizagem dos livros" em uma execução eficiente. A capacidade de aplicar as regras de uma disciplina a problemas complexos do mundo real é o nível de habilidade profissional mais amplo para a criação de valor.
>
> *Compreensão de sistemas* (saber o porquê) é o conhecimento profundo da rede de relações de causa e efeito que serve como base para uma disciplina. Os profissionais com esse tipo de

compreensão conseguem antecipar interações sutis e consequências indesejadas. A expressão decisiva da compreensão de sistemas é a intuição altamente treinada.

Criatividade automotivada (importar-se com o porquê) consiste em vontade, motivação e adaptabilidade para o sucesso. Sem criatividade automotivada, os líderes intelectuais podem perder sua vantagem de conhecimento devido à complacência.

Desse modo, a orientação obtida por meio dos sócios do negócio e o investimento na educação continua sao as expectativas de quem ingressa em uma empresa de serviços profissionais.

Características operacionais

As empresas de serviços profissionais costumam organizar-se como sociedades, e não como corporações. Os sócios têm participação na empresa e, como grupo, representam a diretoria. O trabalho cotidiano da empresa é realizado por uma equipe de profissionais assalariados de nível júnior.

O sucesso econômico de uma sociedade é mensurado em termos de lucro por sócio, o que deriva de três fatores: margem, produtividade e alavancagem, conforme a seguinte relação:

$$Lucro\ por\ sócio = \left(\frac{Lucro}{Honorários}\right)\left(\frac{Honorários}{Equipe}\right)\left(\frac{Equipe}{Sócios}\right)$$
$$= (Margem)(Produtividade)(Alavancagem)$$

Margens

As margens são o fator mais utilizado para medir a lucratividade de departamentos em empresas de serviços profissionais. Infelizmente, no entanto, as margens costumam ser indicadores imprecisos e enganosos.

A margem é igual à porcentagem de lucro para cada dólar de honorários cobrados (ou seja, a margem é igual aos honorários menos os custos como razão dos honorários). Essa razão é afetada por muitos fatores, incluindo a *produtividade* (isto é, razão honorários por equipe) e a *alavancagem* (razão equipe por sócio) da empresa. Por exemplo, uma empresa mais produtiva incorrerá em menor custo para cada dólar de honorários do que uma empresa menos produtiva. Menor custo se traduz em maior lucro por dólar de honorários, o que significa margens maiores.

Fora a produtividade e a alavancagem, os custos gerais indiretos (p.ex., apoio administrativo, espaço de escritório e equipamento) influenciam as margens. Se esses custos não são mantidos sob controle, as margens são afetadas. No entanto, simplesmente cortar os custos gerais não é suficiente para a obtenção dos resultados desejados a longo prazo.

Produtividade

A produtividade é subdividida em dois fatores que afetam o sucesso da empresa a curto e longo prazo: honorário por hora (valor) e utilização de equipe profissional, conforme mostrado a seguir.

$$Produtividade = \frac{Honorários}{Equipe} - \left(\frac{Honorários}{Horas}\right)\left(\frac{Horas}{Equipe}\right)$$
$$= (Valor)(Utilização)$$

A *utilização* é a razão entre o número de horas cobrado e o número de horas cobráveis possíveis. Supondo que a maioria dos profissionais trabalha pelo menos 40 horas por semana, uma semana com 30 horas cobradas teria uma utilização de 30/40, ou 75%.

A utilização é afetada por dois aspectos das empresas de serviços profissionais. Primeiro, equilibrar a demanda e a capacidade é um desafio especial para os profissionais. Os desafios derivam do fato de os clientes geralmente desejarem um serviço imediato de pessoas muito especializadas. Sempre que um projeto ou contrato é finalizado e não há outro trabalho agendado, a equipe deve usar o tempo "não cobrável" até que chegue um novo trabalho. Como os clientes tendem a ser impacientes, é difícil manter uma agenda de trabalhos futuros.

Várias estratégias são adotadas para maximizar a utilização, combinando a capacidade com a demanda. Primeiro, as empresas encontram maneiras de programar trabalhos futuros. Embora os clientes queiram atenção imediata, as empresas podem dar a eles incentivos ou "segurá-los" na agenda. Os incentivos incluem níveis diferenciados de preços e descontos por demora. Para "segurar" o cliente na agenda, é possível construir um banco de dados de conhecimentos sobre o cliente, associar serviços e produtos e ter a propriedade dos processos e *designs* do cliente.

Outra estratégia para maximizar a utilização é difundir os conhecimentos e habilidades pessoais em toda a organização. Essa estratégia é útil quando um cliente sistematicamente solicita o trabalho de determinadas pessoas da equipe, o que restringe a possibilidade de a empresa gerenciar a capacidade. É muito mais provável que uma empresa mantenha uma alta abrangência se tiver pessoas com conhecimentos interdisciplinares à disposição para qualquer tarefa do que se tiver uma alta porcentagem de indivíduos excessivamente utilizados.

Um segundo fator que afeta a utilização é a importância de atividades não cobráveis. Essas atividades incluem desenvolvimento da empresa, treinamento e administração geral. Nenhuma delas gera receita, mas todas são vitais para o futuro da empresa. Por exemplo, as firmas de consultoria possuem grupos funcionais formados por seis a dez membros de equipe. Se um gerente dedicado é destinado a um grupo de nove pessoas cobráveis, a utilização do grupo imediatamente cai para 9/10, ou 90%, no máximo. Sem o gerente, o grupo pode ser mais lucrativo a curto prazo, mas rapidamente se desorganizaria e se tornaria menos competitivo a longo prazo.

Outro fator na produtividade de uma empresa de serviços profissionais é a quantidade de *valor* que se pode oferecer e captar nas taxas. O aumento do valor dos serviços é alcançado por meio de várias atividades de construção de valor. Primeiro, a empresa pode identificar as ofertas de serviços que os clientes valorizam, o que envolveria desenvolvimento de produto, pesquisa de mercado e *feedback* do cliente. Segundo, as empresas podem demandar honorários mais altos ao criar maneiras de se especializar e se diferenciar da concorrência. Isso exige investimento na contratação e no desenvolvimento de talentos que ofereçam conhecimento especializado.

Alavancagem
A *alavancagem* é a razão entre o número de membros da equipe profissional e o número de sócios, um fator essencial na determinação do lucro por sócio. Os sócios obtêm lucro de duas fontes: das altas taxas que um membro sênior da equipe cobra pelos serviços e, mais importante, da capacidade de empregar uma equipe profissional e remunerá-la com o que cobra dos clientes em múltiplos do salário pago. Uma empresa bem-sucedida maximizará sua alavancagem enquanto mantém sua capacidade de finalizar projetos com sucesso.

O gerenciamento da alavancagem de uma empresa envolve combinar o nível de habilidade da equipe profissional com as exigências do contrato ou projeto. Veremos três categorias comuns de projetos:

- *Projetos intelectuais* envolvem a solução de problemas do cliente que são o foco do conhecimento técnico ou profissional. No mínimo, os projetos intelectuais implicam extrema complexidade e precisam de profissionais da equipe que tenham capacidade de criar, inovar e lançar novas abordagens para a resolução de problemas. Uma empresa que busca esses projetos deve anunciar-se como a mais habilidosa e talentosa em seu ramo. Em essência, o apelo da empresa ao mercado é "contrate-nos porque somos inteligentes".

  Os projetos intelectuais raramente são padronizados ou passíveis de repetição. Além disso, as exigências de nível de habilidade da equipe profissional são altas, e os sócios são especialistas em sua profissão. A incapacidade de padronização e as exigências de altas habilidades dificultam a alavancagem.

- *Projetos estruturados* também exigem alto nível de conhecimento e customização, mas envolvem menos criatividade e inovação do que os projetos intelectuais. O desafio de gerenciar um projeto estruturado é semelhante ao do gerenciamento de projetos intelectuais, mas o marketing é diferente.

  Os projetos estruturados exigem conhecimento e discernimento, mas podem ser padronizados e repetidos, principalmente quando uma empresa se especializa em certo tipo de projeto, como a implementação de sistemas integrados de gestão (ERPs). Como as empresas de projetos estruturados já realizaram projetos semelhantes, certas tarefas podem ser previstas e delegadas à equipe júnior. A estratégia de marketing é "contrate-nos porque já fizemos isso antes".

Tabela 13.5 Táticas de lucratividade

TÁTICA	CATEGORIA
Baixar custos fixos (despesas gerais)	Margem
Melhorar o ciclo financeiro	
Reduzir espaço de escritório e equipamentos	
Reduzir a equipe administrativa e de apoio	
Elevar os preços e diferenciar-se	Produtividade
Especializar-se, inovar e agregar valor	
Buscar trabalhos de valor mais alto	
Investir em treinamento	
Investir em serviços de valor mais alto	
Abordar projetos com desempenho inferior	Produtividade
Abandonar trabalhos não lucrativos	
Abandonar clientes não lucrativos	
Aumentar o volume	Produtividade
Aumentar a utilização	
Baixar custos variáveis	Alavancagem
Melhorar o envolvimento da administração	
Aumentar a alavancagem dos profissionais	
Aumentar o uso de profissionais de apoio	

- *Projetos de procedimento* envolvem um projeto reconhecido e padronizado, como a realização de uma auditoria. Esses projetos implicam algum nível de customização, mas a execução torna-se tão conhecida que pode ser considerada programática (isto é, o projeto tem passos definidos para a análise necessária, o diagnóstico e a conclusão). Tais projetos são facilmente delegados à equipe júnior. Os clientes de projetos de procedimento em geral procuram empresas que conseguem realizar o trabalho com rapidez e custo baixo. As empresas que comercializam projetos de procedimento costumam vender sua eficiência, precisão, procedimentos e disponibilidade, e seu apelo ao mercado é "contrate-nos porque sabemos como fazer isso e podemos fazê-lo com eficiência".

A chave para administrar com sucesso as operações e, assim, a lucratividade de uma empresa de serviços profissionais é gerenciar as margens, a produtividade e a alavancagem. A Tabela 13.5 apresenta táticas para o aumento da lucratividade englobando esses três fatores.

TERCEIRIZAÇÃO

Como observado anteriormente na Figura 13.2, os próprios prestadores de serviços têm relações com outras empresas de serviços que contribuem para a satisfação do cliente. Por exemplo, um médico que usa um laboratório independente para realizar exames de sangue de um paciente de seu consultório está terceirizando esse serviço.

Entretanto, há custos de transação na procura e manutenção da *terceirização*. Há três tipos de custos de transação:

- Custos de *procura* são gerados na busca de um fornecedor competente.
- Custos de *barganha* estão associados à obtenção de um acordo aceitável com a outra parte e à elaboração de um contrato.
- Custos de *execução* são incorridos ao fiscalizar a adesão da outra parte aos termos do contrato e ao procurar recurso legal se o contrato for quebrado.

Vantagens e riscos da terceirização

Há muitas razões para terceirizar uma atividade de serviço em vez de realizar a tarefa. Por exemplo, a terceirização:

- Permite que a empresa se concentre em sua competência essencial. O Exército Americano voluntário, por exemplo, não exige mais o "plantão de cozinha" de seus soldados.
- Diminui os custos por meio da compra de uma fonte externa, em vez da execução na própria empresa. Por exemplo, os serviços de zeladoria são bons candidatos à terceirização por um prestador especializado porque o serviço de limpeza deve permanecer competitivo no mercado.
- Proporciona acesso à mais recente tecnologia, sem investimento. Hospitais regionais raramente investem em caros equipamentos de diagnóstico, como aparelhos de ressonância magnética; em vez disso, contratam esse serviço de uma fonte externa especializada.
- Alavanca os benefícios de um fornecedor que tem economias de escala. As concessionárias de automóveis não costumam ter uma capacitação de consertos internamente porque a demanda é errática; assim, é difícil manter especialistas de altos honorários ocupados o tempo inteiro.

Naturalmente, a terceirização deve ser realizada com cautela, devido às seguintes considerações:

- Perda de controle direto sobre a qualidade.
- Ameaça à lealdade dos funcionários devido ao temor da perda de emprego.
- Exposição de informações e questões de privacidade dos clientes.
- A dependência de um fornecedor compromete a futura alavancagem da negociação.
- Despesa adicional com coordenação e atrasos.
- Atrofia da capacitação interna de realizar os serviços terceirizados.

O modelo de processo de terceirização é mostrado na Figura 13.3 e consiste em identificação de necessidade, busca de informações, seleção da empresa terceirizada e avaliação de desempenho. Os serviços terceirizados, porém, apresentam desafios devido à sua natureza intangível. Por exemplo, o desenvolvimento de especificações para o serviço desejado é um desafio. Além disso, é difícil julgar se os serviços oferecidos correspondem às expectativas, uma vez que não estão sujeitos a uma cuidadosa avaliação. Por exemplo, como saber se o terceirizado que fornece serviços de segurança à empresa está sendo eficiente? Os bens materiais podem ser inspecionados na entrega, mas essa oportunidade não existe na aquisição de serviços terceirizados.

A terceirização também é complicada pela necessidade de satisfazer um número maior de pessoas afetadas. Os serviços contratados, como reservas de viagens, serviços de zeladoria e fornecimento de alimentos, afetam todos os funcionários pessoalmente, mas não da maneira isolada como ocorre com os bens materiais adquiridos para uso no processo de produção.

Os serviços empresariais muitas vezes precisam ser customizados para atender às necessidades de uma organização, em especial no caso de serviços de apoio ao processo de fabricação. Os serviços empresariais também tendem a ter uma natureza mais tecnológica do que os serviços ao consumidor devido à maior complexidade das necessidades organizacionais.

O processo de decisão também difere, dependendo do serviço a ser adquirido. Por exemplo, o desenvolvimento terceirizado de software envolverá a participação ativa dos usuários, e a seleção final será baseada em muitos atributos difíceis de quantificar, como a facilidade de uso. Já a tercei-

Identificação da necessidade	Busca de informações	Escolha do fornecedor
• Definição do problema • Análise "faça *versus* compre" • Envolvimento das partes interessadas • Desenvolvimento de especificações	• Referências • Contato pessoal • Recomendações • Relação de empresas	• Experiência • Custo • Reputação • Localização • Referências • Tamanho

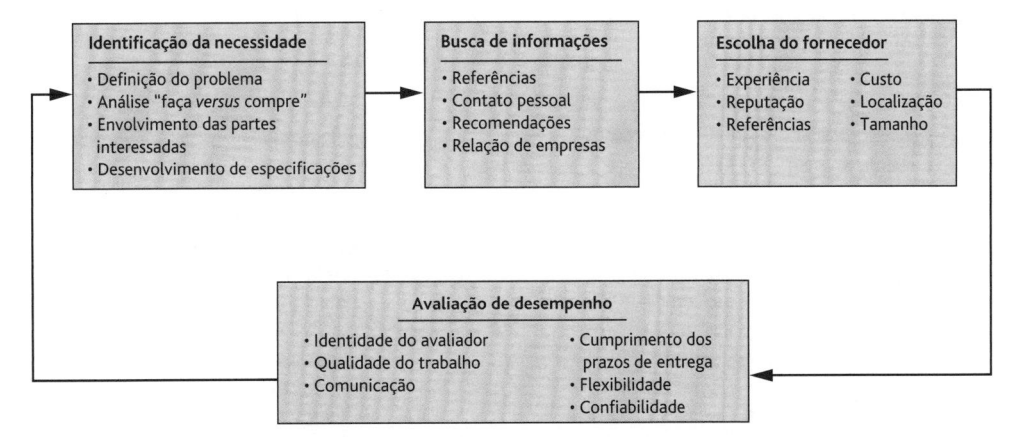

Avaliação de desempenho
• Identidade do avaliador   • Cumprimento dos prazos de entrega • Qualidade do trabalho • Comunicação   • Flexibilidade   • Confiabilidade

Figura 13.3 Processo de terceirização.

rização de serviços de descarte de resíduos pode ser tratada de forma rotineira, sendo o custo um critério preponderante. Devido à responsabilidade legal associada ao descarte de resíduos, é crucial selecionar um terceirizado criterioso, com conhecimento e experiência em lixo industrial. Por essa razão, desenvolvemos uma classificação de serviços para auxiliar no processo de aquisição.

Classificação dos serviços empresariais

Os serviços empresariais muitas vezes são classificados de acordo com o grau de tangibilidade. O grau de tangibilidade descreve até que ponto o serviço tem propriedades de produção mensuráveis fisicamente. Alguns serviços, como limpeza e lavanderia, são altamente tangíveis e têm uma produção bem-definida e mensurável. Outros serviços, como relações públicas ou propaganda, têm uma produção menos mensurável e mais difícil de definir.

A diferenciação dos serviços com base na tangibilidade indica o nível de dificuldade enfrentado pelo comprador, mas o grau de tangibilidade não consegue fornecer ao comprador informações suficientes para auxiliá-lo na decisão de compra do serviço. Desse modo, o enfoque do serviço empresarial (propriedade, pessoas e processo) é usado como a principal dimensão para a taxonomia. O grau de tangibilidade do serviço será um atributo a ser considerado ao adquirir serviços em cada uma dessas categorias. Em geral, no entanto, a tangibilidade do serviço diminuirá à medida que o enfoque do serviço se desloca da propriedade para as pessoas e, finalmente, para o processo.

Uma segunda dimensão a ser considerada na decisão de compra é a importância do serviço para a empresa compradora. A importância do serviço é alta ou baixa dependendo da relação do serviço com a atividade principal da empresa. Serviços que forem importantes vão atrair o envolvimento dos gerentes de nível mais alto na decisão de compra, pois a conveniência em relação às metas da corporação é crítica e envolve uma exposição substancial ao risco se uma falha ocorrer. Isso é óbvio para áreas sensíveis, como testes de produtos, cuidados médicos, relações públicas e propaganda. Outros serviços, como lavanderia, tratamento de lixo, segurança de fábricas e reservas de viagens, talvez sejam considerados menos importantes para o negócio principal de uma empresa.

Ver um serviço como de baixa importância é um ponto de vista relativo, no entanto. Por exemplo, os uniformes das pessoas que trabalham em salas higienizadas de fabricantes de semicondutores devem ser lavados sob condições rigorosas para evitar contaminação no processo de manufatura. Desse modo, uma empresa, com base em suas próprias circunstâncias, modifica a classificação de um serviço de acordo com a importância.

A Tabela 13.6 mostra uma matriz de seis células dessa classificação em duas vias. Cada célula tem um título descritivo para a categoria de serviço empresarial, ou seja, apoio a instalações, apoio a equipamentos, apoio aos funcionários, desenvolvimento de funcionários, facilitador e profissional.

Tabela 13.6 Taxonomia para terceirização

		Importância do serviço	
		Baixa	Alta
Foco do serviço	Propriedade	**Apoio a instalações:** • Lavanderia • Limpeza • Tratamento de lixo	**Apoio a equipamentos:** • Consertos • Manutenção • Teste de produtos
	Pessoas	**Apoio a funcionários:** • Alimentação • Segurança de fábricas • Pessoal temporário	**Desenvolvimento de funcionários:** • Treinamento • Educação • Cuidados médicos
	Processo	**Facilitador:** • Contabilidade • Reservas de viagens • Central de atendimento ao cliente	**Profissional:** • Propaganda • Relações públicas • Assessoria jurídica

Tabela 13.7 Considerações sobre terceirização

Foco na propriedade
Serviço de apoio a instalações
• Baixo custo
• Identificação da parte responsável para avaliar o desempenho
• Especificações precisas por escrito
Serviço de apoio a equipamentos
• Experiência e reputação do fornecedor
• Disponibilidade do fornecedor para atendimento de emergência
• Designação da pessoa para solicitar o serviço e conferir se está satisfatório
Foco nas pessoas
Serviço de suporte aos funcionários
• Clientes dos fornecedores contatados para referências
• Especificações preparadas com subsídios do usuário final
• Desempenho avaliado periodicamente
Serviço de desenvolvimento aos funcionários
• A experiência com uma indústria específica é importante
• Envolvimento dos altos níveis da administração na identificação e na escolha de fornecedores
• Clientes dos fornecedores contatados para referências
• Funcionários avaliam o desempenho dos fornecedores
Foco no processo
Serviço facilitador
• Importância do conhecimento de fornecedores alternativos
• Envolvimento do usuário final na identificação de fornecedores
• Utilidade das referências ou das avaliações de terceiros
• Especificações precisas por escrito
Serviço profissional
• Envolvimento da alta administração na identificação e na escolha de fornecedores
• Alta importância da reputação e experiência
• Avaliação de desempenho pela alta administração

Considerações administrativas da terceirização

As considerações referentes à terceirização para cada categoria de serviço empresarial são encontradas na Tabela 13.7, agrupadas por foco de serviço.

Serviços de apoio a instalações (propriedade/baixa importância)
Os serviços na categoria de apoio a instalações são tratados como a compra de bens. Especificações rigorosas podem ser feitas, e a escolha do fornecedor é, então, baseada no custo baixo. Mesmo que a compra desses serviços seja direta, uma pessoa interessada na organização deve ficar responsável por avaliar o desempenho do serviço prestado, com particular atenção à qualidade e à pontualidade. Por exemplo, devido ao grau mais alto de tangibilidade, é possível mensurar o desempenho com base em uma comparação antes/depois (como roupas sujas/roupas limpas ou equipamentos quebrados/equipamentos consertados). Os compradores atribuem uma importância maior ao preço quando avaliam serviços menos críticos e à qualidade quando se trata de serviços mais críticos. Muitos serviços não críticos, como serviços de limpeza, alimentação e contabilidade, são considerados serviços de mercadorias, com a decisão de compra orientada pelo preço.

Serviços de apoio a equipamentos (propriedade/alta importância)
Os serviços de apoio a equipamentos criam um problema adicional, pois o fornecedor deve estar localizado próximo o suficiente para prestar serviços de emergência. Alguém da organização tem de ser identificado no contrato de serviço como a pessoa com autoridade para solicitar o serviço de emergência. Devido à natureza crítica da manutenção e do conserto de equipamentos industriais ou testes de produtos, os potenciais fornecedores devem ser limitados a prestadores com experiência

no setor do comprador. A reputação e as referências do fornecedor são importantes critérios de escolha. Além da qualidade do trabalho desempenhado, a avaliação de desempenho incluirá uma análise de problemas de comunicação e confiabilidade.

Serviços de apoio aos funcionários (pessoas/baixa importância)
No caso dos serviços que atendem a pessoas, os subsídios dos usuários são importantes para definir as especificações. Os pedidos para serviços de apoio a funcionários normalmente originam-se de um departamento funcional (p.ex., uma solicitação de pessoal temporário); desse modo, a especificação da necessidade será desenvolvida com o seu subsídio. A avaliação do serviço fornecido deve ser feita periodicamente pelo mesmo departamento, configurando uma condição para a renovação de contrato. O processo da escolha do fornecedor deve incluir a obtenção de referências de seus clientes, uma prática comum em serviços de ajuda temporária.

Desenvolvimento de funcionários (pessoas/alta importância)
Os pedidos de serviços de desenvolvimento de funcionários também se originam dentro de um departamento funcional e normalmente envolvem o departamento pessoal ou um nível mais alto da administração. O desenvolvimento dos funcionários é um investimento importante no capital humano da empresa e exige conhecimento na orientação da compra do serviço. Por exemplo, mudar a empresa que administra o plano de saúde dos funcionários tem muitas ramificações, e a escolha dos fornecedores não é uma decisão trivial. Os altos níveis da administração devem estar envolvidos no desenvolvimento das especificações das necessidades e na escolha dos fornecedores. O conhecimento de fora muitas vezes é procurado, e a reputação e a experiência dos fornecedores com a indústria específica são considerações importantes. Os funcionários afetados pelo serviço também são úteis no processo de avaliação.

Serviço facilitador (processo/baixa importância)
A classificação menos tangível de serviços lida com atividades relacionadas a processamento de informações que apoiam a missão ou o processo da organização. O serviço facilitador envolve o processamento de informações de rotina, como contabilidade e reservas de passagens. Os usuários finais devem ser capazes de listar especificações detalhadas das necessidades e identificar possíveis fornecedores. Por exemplo, a escolha de uma agência de viagem beneficia-se de subsídios dos funcionários levando em conta os serviços secundários (como pagamento com cartão de crédito). Análises publicadas (p.ex., críticas sobre software de processamento de textos) ou outras formas de comparação entre os fornecedores são úteis na identificação de possíveis fontes e na escolha de critérios apropriados.

Quando os critérios de decisões não são adequadamente formulados, os compradores buscam sugestões no ambiente. Nesse caso, é mais provável que a escolha final seja feita com base em considerações secundárias. Por exemplo, quando se escolhe entre várias agências de viagem de boa reputação que fornecem o mesmo serviço básico de reserva de passagens, a escolha final será feita com base nos serviços secundários oferecidos, como a entrega das passagens e a cobrança mensal em vez do pagamento no momento da compra. Outra consideração secundária envolve a relação interpessoal entre o fornecedor e o comprador.

Serviço profissional (processo/alta importância)
Como o serviço profissional tem um impacto significativo sobre o futuro estratégico da organização, a alta administração deve demonstrar envolvimento desde o início. O processo começa com a identificação da necessidade e prossegue por todos os estágios da compra, incluindo, o que é fundamental, a avaliação de desempenho. A confiança no fornecedor é um fator crucial, de maneira que sua reputação e sua experiência podem ser os únicos critérios de escolha relevantes. Conforme a customização aumenta, é mais provável que o fornecimento de um serviço como consultoria, relações públicas ou treinamento de funcionários seja ampliado ao longo de um período de tempo. Como resultado, a avaliação do desempenho do fornecedor será necessariamente postergada.

Resumo

A dualidade cliente-fornecedor em serviços cria uma rede de relações, e não uma cadeia, como ocorre nos processos de fabricação. Descobrimos que a otimização bidirecional, o gerenciamento da capacidade produtiva e a administração da perecibilidade são fontes de valor nas relações de fornecimento de serviços. Os serviços profissionais têm características peculiares que exigem liderança criativa para atingir a lucratividade. O crescente uso de terceirização em serviços foi explorado com a ajuda de uma taxonomia para a aquisição de serviços empresariais.

Benchmark em serviços

Os cidadãos vêm em primeiro lugar em Lynchburg

A cidade de Lynchburg, no Estado norte-americano da Virginia, tem uma história do tipo antes e depois. No começo, os 11 departamentos municipais de Lynchburg trabalhavam independentemente e comunicavam-se uns com os outros somente por telefonemas e memorandos escritos. Logo, um cidadão teria de esperar semanas ou meses para saber o resultado de uma solicitação de permissão para reformar uma casa. Nem o pessoal do governo nem os cidadãos estavam felizes com a situação. A prefeitura, portanto, comprometeu-se a fornecer todos os serviços de que os cidadãos precisavam.

A história posterior começou quando a comunidade passou a utilizar o módulo de serviços SuiteResponse. O software deu apoio ao Centro de Informações Cidadãos em Primeiro Lugar de Lynchburg e concedeu poder aos funcionários para desenvolverem um serviço aos clientes que gerou elogios em vez de reclamações. O módulo de serviços permite que os funcionários da central de chamadas acumulem todas as informações necessárias a respeito de quem está ligando e rapidamente designem a tarefa aos departamentos apropriados. Também fornece um rastreamento eletrônico de operações do pedido inicial de informações à resolução final. Como o módulo de serviços está conectado à Internet, os cidadãos conseguem fazer suas "consultas" em casa e obter atualizações sobre o progresso do seu pedido de informações.

Os cidadãos de Lynchburg estão vivendo felizes para sempre.

Palavras-chave e definições

Alavancagem: razão entre o número de membros da equipe profissional e o número de sócios. Fator essencial na determinação do lucro por sócio. *p. 327*

Capacidade produtiva: mensurada pelas horas de trabalhador disponíveis para atender aos clientes. *p. 324*

Efeito chicote: fenômeno observado nas cadeias de fornecimento físicas. Ocorre quando uma variação na demanda final é propagada para trás ao longo da cadeia de fornecimento, em uma amplitude cada vez maior. *p. 318*

Melhoria das habilidades do cliente: capacitar o cliente ao autoatendimento é uma estratégia para melhorar a capacidade produtiva. *p. 324*

Otimização bidirecional: ocorre quando o prestador do serviço e o cliente concordam sobre o tempo em que um serviço deve ser fornecido, levando em consideração as necessidades de ambas as partes. *p. 322*

Perecibilidade: resultado da incapacidade de estocar a capacidade produtiva de um trabalhador de serviços, ocorrendo, desse modo, a perda de capacidade durante períodos de ociosidade. *p. 324*

Substituição: estratégia para disponibilizar a tecnologia de autosserviço para uso dos clientes, em vez da atenção pessoal. *p. 324*

Terceirização: contratar um fornecedor externo para prestar um serviço que era fornecido internamente. *p. 328*

Transferência: abordagem para disponibilizar conhecimento aos clientes a um custo baixo. *p. 324*

Tópicos para discussão

1. Como um gerenciamento eficaz da cadeia de fornecimento de bens pode apoiar a sustentabilidade ambiental?
2. Explique por que a analogia com uma cadeia de fornecimento de bens não é apropriada para serviços.
3. Discuta as implicações da terceirização de serviços para os funcionários, os acionistas, os clientes e a economia do país estrangeiro quando uma empresa terceiriza uma central de atendimento ao cliente fora do país.

Exercício interativo

A turma é dividida em pequenos grupos e os participantes fornecem exemplos de relações bidirecionais de serviços (isto é, relações do fornecedor de serviço com três níveis ou mais). Esteja preparado para argumentar por que tais relações são tão raras.

Boomer Consulting, Inc.[5]

Estudo de caso 13.1

A Boomer Consulting, Inc. (BCI) começou como uma divisão de uma pequena empresa regional de auditoria da Varney & Associates. A divisão era dirigida por um único sócio, L. Gary Boomer. Em 1995, quando as receitas da divisão aumentaram, a empresa separou as atividades de consultoria e contabilidade, criando uma subsidiária integral, dirigida por Boomer e chamada de Boomer Consulting. Em 1997, Boomer comprou sua parte na sociedade e, como CEO, transformou a BCI em uma companhia para serviços empresariais.

L. Gary Boomer é reconhecido na área de contabilidade como a maior autoridade em gerenciamento empresarial e tecnológico. Desde 1995, ele é apontado pela *Accounting Today* como uma das 100 pessoas mais influentes no mundo da contabilidade. Além de realizar consultoria e palestras internacionais sobre tópicos relacionados à administração e tecnologia, como planejamento estratégico e tecnológico, desenvolvimento e cultura de treinamento/aprendizagem, ele atua como facilitador de planejamento, fornece treinamento e trabalha em vários conselhos administrativos.

O SETOR DE CONTABILIDADE

Até 1989, o setor de contabilidade era dividido entre as "Oito Maiores" e "o resto". Graças à consolidação do setor e a grandes escândalos (sendo mais notável o da Arthur Andersen e da Enron), a divisão passou a ser entre as "Quatro Maiores" e "o resto". Os escândalos recentes também resultaram em maior controle (p.ex., a lei Sarbanes Oxley) e preocupação com litígios. Essas questões afetaram tanto o custo de trabalhar com uma das grandes firmas de contabilidade quanto a carga de trabalho exigida dos funcionários dessas empresas. Como resultado, clientes e funcionários estão passando para empresas menores nacionais e regionais (ou seja, "o resto").

Os escândalos também aumentaram a atenção do setor a tópicos de ética e de administração. As principais questões no setor incluem maior regulação corporativa (à medida que as empresas passam de um modelo de sociedade para uma estrutura mais próxima da administração corporativa), gerenciamento de documentos e manutenção de registros, planejamento de sucessão, preparação de devolução de impostos internacionais, planejamento estratégico e tópicos administrativos gerais, como recursos humanos e salários. O setor também se destaca por ser um dos últimos a adotar tecnologia que estimule interesse considerável entre os clientes, seja em hardware ou software.

AS PRIMEIRAS OPERAÇÕES DA BCI

A clientela da Boomer Consulting, Inc. compreende uma variedade de firmas de auditoria em termos de tamanho e geografia. Os clientes incluem tanto empresas de grande porte que estão logo abaixo das "Quatro Maiores" quanto firmas com apenas alguns funcionários. Geograficamente, os clientes podem estar distribuídos em todos os Estados Unidos, no Reino Unido, na Austrália, no Canadá e na Índia. Os clientes geralmente contratam a BCI para uma série de serviços, que vão dos tradicionais trabalhos individuais até a participação nos Boomer Technology Circles. A ampla gama de serviços torna a BCI uma parte dos processos de planejamento estratégico de muitas empresas e a posiciona como mentora para muitos no setor.

Nos primórdios da BCI, um voo de Kansas City para Nova York nos domingos à tarde era uma rotina para Boomer. Os clientes estavam dispersos por todo o território dos Estados Unidos e do Canadá. Assim, ele poderia estar em Nova York na segunda e na terça-feira; em San Diego na quarta; em Jackson, no Mississipi, na quinta e novamente em casa na noite de sexta. Essa agenda era necessária para permitir a consultoria individual com clientes em seus escritórios, que era o método de fornecimento de serviços de consultoria naquela época. Essa programação era cansativa para uma pessoa, de modo que Boomer buscava maneiras de reduzir o número de viagens. Percebendo que muitos de seus clientes, especialmente as empresas de porte semelhante, apresentavam questões em comum, ele procurou um modo de padronizar o fornecimento de seu conhecimento e de sua experiência.

Então, os serviços da BCI evoluíram, passando de projetos individuais específicos de cada cliente para um conjunto de serviços mais padronizado. Hoje, essas ofertas estão reunidas em uma solução de cinco fases orientada para o processo, chamada de Processo de Liderança em Tecnologia, conforme mostra a Figura 13.4.

BOOMER TECHNOLOGY CIRCLES: UMA INOVAÇÃO EM SERVIÇOS

Em um esforço para reduzir as viagens e padronizar o processo, Boomer desenvolveu uma oferta única de serviços que transformou o modelo empresarial da BCI. Em vez de viajar constantemente até o cliente para projetos de um ou dois dias, ele criou os Boomer Technology Circles, em que os clientes vão até a BCI.

Os Boomer Technology Circles foram construídos a partir do conceito de "mesas-redondas", em que os clientes compartilham interesses e soluções comuns. As reuniões são realizadas em um hotel em Kansas City, Missouri, o que oferece uma localização central para a clientela geograficamente dispersa. Os participantes são colocados em um de dez grupos diferentes, e cada grupo se reúne três vezes por ano, para conferências de um dia e meio. Cada grupo consiste em dois funcionários de cada uma das 15 ou 20 empresas de porte semelhante, o que aumenta a probabilidade de terem questões e interesses em comum. A BCI evita reunir no mesmo grupo clientes que sejam concorrentes diretos em uma região, a menos que as partes concordem com isso.

As reuniões do Circle destinam-se a atingir uma série de objetivos, como: questões que Boomer considera tópicos importantes no setor de contabilidade, compartilhamento de informações entre clientes por meio de sessões de discussão e apresentações conduzidas pelos participantes, responsabilização por meio do plano de ação de 90 dias, relatórios de progresso e planejamento de futuras reuniões.

O foco das reuniões é o compartilhamento de informações entre os membros do Circle. Durante as sessões de discussão e nas apresentações feitas pelos participantes, estes partilham as questões mais prementes em suas empresas e as soluções que estão buscando. As sessões de discussão têm somente de cinco

Fase 1: *Workshop*	Fase 2: Revisão	Fase 3: *Blueprint*	Fase 4: Equipe	Fase 5: *Coach*
A **Technology Leadership Workshop™** é uma conferência gratuita individual, com duração de uma hora, com consultores da Boomer Consulting, Inc. Durante o encontro, abordamos questões relativas às percepções da empresa, suas necessidades e expectativas.	A **Strategic Review™** é programada para primeiramente identificar as ameaças à sua empresa, suas oportunidades e pontos fortes; depois, são fornecidas a visão e a estratégia necessárias para garantir o retorno sobre seu investimento e oferecer uma grande vantagem competitiva. A **Technical Review™** avalia sua atual situação tecnológica e oferece *feedback* em áreas que ajudarão sua empresa a ser mais produtiva e lucrativa. A **Executive Analysis™** é uma combinação das revisões estratégica e técnica. É o melhor dos mundos técnico e administrativo. O **Consultants Training Program™** ensina sobre os componentes necessários para criar uma prática de consultoria, de forma que sua empresa se torne uma líder no uso de tecnologia.	O **Technology Leadership Blueprint™** auxilia sua empresa a mapear uma estratégia de tecnologia. O produto final é um plano por escrito que inclui objetivos, prioridades, estratégias, prazos e responsabilidades. O **Technology Leadership Budget™** produz um orçamento detalhado para três anos, específico para as necessidades, perspectivas e expectativas de sua empresa.	O **Kolbe Team Success Program™** ajuda a diagnosticar problemas de produtividade da sua organização e oferece prescrições para o sucesso. Esse seminário possibilita que suas equipes tenham um formato interativo, em que sejam explorados os modos como diferentes pontos fortes instintivos se opõem. Os resultados desse seminário informativo preveem a força, bem como a probabilidade de sucesso em equipe.	Os **Boomer Technology Circles™** são grupos exclusivos de empresas que se reúnem para examinar questões atuais e compartilhar interesses comuns no que se refere a desafios de tecnologia e administração que estão enfrentando. O **Firm Summit™** é uma oportunidade de ter o encontro administrativo anual de sua empresa facilitado pela Boomer Consulting. Temos mais de 20 anos de experiência com empresas de auditoria e contabilidade para ajudá-lo a tirar o máximo proveito desse tempo valioso.

Figura 13.4 Processo de liderança em tecnologia

a sete participantes e propiciam um ambiente intimista para a transferência de conhecimento. As apresentações são atribuídas aos membros na reunião anterior e abrangem tópicos do setor escolhidos pelos participantes.

Os funcionários da BCI desempenham o papel de facilitadores durante a conferência, somente apresentando informações aos clientes em duas das doze horas de duração do encontro. Essa prática ajuda a manter os clientes a par das principais questões atuais do setor de contabilidade e proporciona aos funcionários da BCI algum tempo "de exposição" durante os encontros.

A responsabilidade é atingida utilizando um plano de ação de 90 dias e relatórios de progresso. No final de cada reunião, cada participante preenche o formulário do plano de ação de 90 dias, que inclui metas de curto prazo para os próximos três meses. Esses planos são compartilhados entre os participantes nas sessões de discussão. No início da reunião seguinte, cada participante preenche um relatório de progresso, que o faz refletir sobre as metas atingidas e sobre as que requerem trabalho adicional. Os relatórios de progresso também são compartilhados entre os participantes durante as sessões de discussão. Esse processo cria responsabilidade pelas metas e acrescenta um elemento de pressão por parte dos pares.

Os Circles também envolvem os membros no processo de planejamento da reunião seguinte. A BCI facilita as sugestões e as decisões principais da agenda do próximo encontro, mas as ideias e decisões são fornecidas pelos participantes do Circle. Esse processo também ajuda a garantir que o conteúdo seja novo e relevante, porque é proposto pelos participantes, que trabalham diretamente no setor.

RELACIONAMENTOS E IMAGEM

A BCI desenvolve relacionamentos de longo prazo com seus clientes ao posicionar-se como mentora de firmas de contabilidade e assegurar que o conteúdo das reuniões do Circle seja oportuno e relevante. Eventos sociais fazem parte de cada encontro para fortalecer os relacionamentos: o café da manhã é servido antes de a reunião começar e momentos opcionais para coquetel e jantar oferecem oportunidades adicionais de os participantes interagirem. Essas atividades dão aos clientes a chance de terem discussões individuais com os funcionários da Boomer Consulting.

Toma-se cuidado especial para garantir que todos os elementos dos Circles promovam uma imagem de prestígio e exclusividade. As reuniões são realizadas no The Fairmont on the Plaza, em Kansas City, um dos melhores hotéis da cidade, e a maioria dos participantes se hospeda lá. Consegue-se exclusividade ao fornecer aos participantes acesso a uma seção especial no *site* da Boomer (www.boomer.com) e a diversas ferramentas que não estão disponíveis a clientes que não fazem parte do Circle.

Questões

1. Como o Boomer Technology Circle ilustra o conceito de relacionamento bidirecional de fornecimento de serviços?
2. Como a Boomer Consulting, Inc. tornou o cliente um coprodutor no processo de fornecimento de serviços?
3. Como o conceito de "alavancagem" é atingido pela Boomer Consulting?
4. O sistema dos Boomer Consulting Circles pode ser aplicado a outros setores? Cite alguns dos riscos dessa estratégia.

Peapod – Smart Shopping for Busy People[6] — Estudo de caso 13.2

Escondido entre a miríade de *sites* da Internet, está um potencial poupador de tempo, o Peapod® – Smart Shopping for Busy People® (ou "compras inteligentes para pessoas ocupadas"). O Peapod utiliza a tecnologia interativa para mudar a experiência tradicional de compras em supermercados. Uma pesquisa de mercado da Andersen Consulting indica que 42% dos compradores gostariam de fazer pedidos para o supermercado em sua própria casa. Então, em 1989, Thomas e Andrew Parkinson passaram a operar *on-line* o Peapod, supermercado virtual com serviço de entrega. O Peapod começou com uma clientela formada por 400 famílias em Evanston, no Estado norte-americano de Illinois, e relatou em 2008 ter uma base de 330 mil clientes.

ANÁLISE DE MERCADO

Estudos indicam que as compras de supermercado *on-line* têm um grande potencial de mercado. Os consumidores consideram as compras de supermercado uma perda de tempo e as classificam como a atividade doméstica menos desejada. Pesquisas de marketing da Consumer Direct Cooperative (1997) mostraram que 65% dos consumidores estão frustrados com a experiência tradicional de compras no supermercado e que 41% dizem estar insatisfeitos com os caixas. Os consumidores estão interessados na entrega dos suprimentos em casa, com 47% afirmando que isso facilitaria as compras. Além disso, dado o aumento no comércio eletrônico e o maior número de computadores pessoais nas casas, os empreendedores estão buscando formas de oferecer serviços pessoais de compras na Internet.

COMPRAS *ON-LINE VERSUS* COMPRAS TRADICIONAIS

As descobertas das análises de mercado estão levando as empresas a eliminar os aspectos negativos das compras em supermercados e a torná-las uma atividade mais eficiente. No entanto, existem vantagens e desvantagens entre a experiência de compras tradicional de ir ao supermercado e o serviço *on-line* de compras, como mostrado na Tabela 13.8. Alguns aspectos importantes da experiência tradicional incluem interagir com as pessoas, saborear amostras de produtos e estimular os sentidos da visão, do tato, do olfato, do paladar (p.ex., amostras de produtos) e da audição, o que influencia as decisões de compra. Apesar das vantagens das compras tradicionais em supermercados, a insatisfação dos consumidores com essa experiência abre oportunidades para empresas como a Peapod.

MODELO DE NEGÓCIOS PEAPOD

A visão dos Parkinson para o Peapod inclui três metas:
1. Melhorar a vida das pessoas ao proporcionar a compra de supermercado interativa para um mercado consumidor mais amplo.
2. Ser líder mundial no fornecimento de serviços de compra interativa de supermercados locais.
3. Surpreender e satisfazer todos os consumidores.

A estratégia do Peapod é oferecer serviços customizados em grande escala, ao alavancar o amplo alcance da Internet. O

Tabela 13.8 Comparação entre compra tradicional e compra *on-line*

	Compra *on-line*	Compra tradicional
Vantagens	É conveniente Poupa tempo A compra por impulso é reduzida	Os cinco sentidos influenciam a compra Compra-se exatamente o que se quer Os cupons são trocados imediatamente A memória é estimulada Pode-se provar produtos Interação com outras pessoas Exposição a novos itens
Desvantagens	Pode haver problemas com o computador ou para baixar o programa Menos controle (preço, escolha) Risco de esquecer alguns itens Taxa de entrega	Consome tempo Filas no estacionamento e no caixa É necessário carregar as compras para casa O cliente está sujeito à compra por impulso Preocupação com segurança pessoal

Peapod tem como alvo as famílias com educação superior, hábeis tecnologicamente e com renda dupla, e está construindo sua credibilidade ao aliar-se a uma cadeia de supermercados em cada um dos seus mercados. Os clientes podem fazer pedidos por telefone, fax ou Internet, apesar de a Internet ser o principal enfoque da empresa. A empresa gera receita por meio dos pedidos e das taxas dos membros. A estrutura de preço para os serviços do Peapod é apresentada na Tabela 13.9. Para atingir suas metas, os Parkinson fizeram investimentos significativos em sistemas de informação. Embora menos de 1% dos consumidores façam suas compras *on-line* e a empresa ainda não tenha obtido lucro algum, a administração está comprometida a canalizar os recursos para tecnologias da informação, na esperança de que o Peapod vá colher um sucesso futuro.

Tabela 13.9 Estrutura de preços do Peapod

	Taxa mensal	Cobrança por pedido
Residencial	$ 4,95 – $ 6,95	$ 6,95-$9,95 mais 5% do valor do pedido
Comercial	Nenhuma	$ 9,95 mais 9% do valor do pedido

Tabela 13.10 Demonstrativo financeiro do Peapod

Demonstrativo dos resultados (em milhares e não auditado)				
	Trimestre encerrado em 31 de dezembro		Ano encerrado em 31 de dezembro	
	1997	1996	1997	1996
Receitas brutas				
Venda de produtos, sem retornos	$13.885	$7.188	$43.487	$22.015
Serviços de varejos e de associados	3.534	1.939	13.898	6.088
Serviços de marketing interativo	617	384	2.222	1.069
Receita total	$18.036	$9.511	$59.607	$29.172
Custos e despesas				
Custo dos produtos vendidos	13.885	7.188	43.487	22.015
Operações de supermercado	5.163	2.889	17.496	8.141
Gerais e administrativas	485	786	4.129	2.919
Marketing e vendas	2.591	1.641	6.514	3.984
Desenvolvimento de sistemas/manutenção	639	348	1.696	1.492
Depreciação e amortização	278	209	1.234	651
Total de custos e despesas	$23.041	$13.061	$74.556	$39.202
Lucro operacional	(5.005)	(3.550)	(14.949)	(10.030)
Outros lucros (despesa)				
Receitas de juros	842	175	2.052	537
Despesa com juros	(25)	(18)	(83)	(73)
Lucro líquido	$(4.188)	$(3.393)	$(12.980)	$(9.566)
Dados do balanço patrimonial (em milhares e não auditado)				
			Ano encerrado em 31 de dezembro	
			1997	1996
Caixa e equivalentes de caixa			$62.876	$13.039
Capital circulante			52.350	7.356
Total de ativos			69.110	16.528
Obrigações de longo prazo			701	340
Patrimônio líquido total dos acionistas			54.802	8.403
Dados operacionais				
			Ano encerrado em 31 de dezembro	
			1997	1996
Associados			71.500	33.300
Pedidos (para o ano encerrado)			396.600	201.100
Número de mercados			8	4
Lares na área de atendimento			6.488.000	3.581.000

No início, o Peapod era um sistema baseado em DOS com gráficos. Em 1995, no entanto, a empresa introduziu uma nova versão do software em uma plataforma Windows, com fotos de vários produtos. Dados de clientes, como nome, endereço e listas de compras prévias, são armazenados em bancos de dados para pedidos futuros dos clientes. A retaguarda do Peapod fica conectada ao computador do supermercado com o qual tenha formado uma parceria, para fornecer aos clientes números de identificação e preços das unidades em estoque (SKU, de *stock-keeping unit*) instantaneamente.

Os clientes *on-line* têm acesso a todos os itens do supermercado, podendo compilar listas de compras por categoria, item, marca ou itens em promoção. Essa característica permite que os clientes criem suas próprias gôndolas virtuais. Dentro de cada categoria, a lista pode ser organizada por marca, valor nutricional, tamanho, preço por quilo ou preço unitário. Também é permitido ao cliente dar instruções específicas, como "substituição permitida", para cada um dos itens escolhidos. Após terem terminado suas compras, os clientes clicam em "Pronto", e o pedido é enviado ao Peapod. Os clientes também têm de escolher um tempo de entrega dentro de janelas de 30 a 90 minutos. O comprador pessoal do Peapod busca os itens das prateleiras do supermercado, calcula o total e armazena as compras em uma localização central na temperatura apropriada, até que outro funcionário do Peapod as apanhe para entrega.

A Tabela 13.10 apresenta um demonstrativo financeiro do Peapod para 1996-1997. Apesar dos muitos competidores locais, como Streamline e Hannaford's HomeRuns, o Peapod continua a ser o serviço *on-line* de compras de supermercado mais destacado nos Estados Unidos.

Questões

1. Onde estão as oportunidades para otimização bidirecional no Peapod?
2. De que forma o Peapod poderia gerenciar o tempo ocioso do serviço?
3. De que forma o Peapod poderia gerenciar a capacidade produtiva?
4. Sugira razões pelas quais o Peapod ainda não se tornou lucrativo.

Jogo do serviço de hipoteca[7]

Estudo de caso 13.3

Fazer uma hipoteca é, muitas vezes, uma experiência frustrante que consome tempo do comprador de uma casa. O processo envolve múltiplos estágios, com muitas participações de organizações independentes fornecendo serviços especializados (p.ex., avaliação da propriedade e de seus documentos). O jogo do serviço de hipoteca é uma simulação computadorizada do processo no qual o jogador controla as decisões de uma entidade e o computador toma as decisões pelos outros atores. Esse jogo explora a dinâmica de um processo de serviço em série.

A Figura 13.5 descreve um diagrama em bloco da cadeia de fornecimento da hipoteca. Cada aplicação percorre quatro estágios, como mostrado do lado direito da figura: *análise de crédito* (comprovação de emprego e análise do histórico de crédito), *vistoria* (estabelecimento dos limites da propriedade, verificação de suas condições e leis de zoneamento aplicáveis), *avaliação* (estabelecimento do valor da propriedade mediante comparativos) e *análise de documentos* (garantia de que a propriedade é legítima e não está sendo disputada na justiça). Como todos os estágios são modelados de uma maneira similar, apenas um estágio, o de pesquisa, será descrito como exemplo do processamento.

Observe que a coluna do meio do diagrama em bloco contém uma sequência de "caixas de pedidos" (filas de trabalho em andamento), representando o movimento de requerimentos pelo processo até seu término. No momento em que todos os requerimentos tiverem sido conferidos para o crédito da pessoa interessada (análise de crédito), o requerimento sai do grupo das inscrições que estão à espera de análise (pedido de análise de crédito) para juntar-se aos pedidos em carteira de vistoria (pedido de vistoria). A cada semana, com base no pedido de vistorias – que é a única informação disponível para o jogador que está controlando o estágio de vistoria do sistema, usando uma estratégia descentralizada –, o jogador estabelece a meta de capacidade do sistema, decidindo contratar ou despedir funcionários: nesse caso, examinadores. No entanto, leva tempo para encontrar, entrevistar e contratar ou, de maneira contrária, comunicar e despedir funcionários; portanto, a capacidade *real* de vistoria terá em média uma defasagem de um mês em relação à *meta da capacidade de vistoria*. Os examinadores que atualmente são funcionários na empresa de vistoria realizarão quantas vistorias conseguirem durante a semana seguinte. No diagrama de bloco, isso é mostrado como uma "gravata-borboleta", representando uma válvula que controla o fluxo de requerimentos entre os pedidos de vistoria e os pedidos de avaliação. Finalmente, à medida que a vistoria de requerimento for terminada (vistoria), o requerimento deixa o pedido de vistoria para juntar-se ao próximo pedido à frente – nesse caso, o Pedido de avaliação.

Embora a proposta de cada uma dessas análises seja eliminar requerimentos que sejam muito arriscados, vamos supor que cada requerimento seja aprovado em última análise. Esse é um pressuposto razoável porque, apesar de uma taxa de sobrevivência aleatória para cada estágio realmente complicar o gerenciamento da cadeia de serviços, os problemas de controle dinâmico essenciais são derivados de outras fontes. O maior problema surge porque uma empresa separada costuma gerenciar cada estágio do processo. Cada uma dessas empresas controla a sua própria capacidade; porém, elas normalmente veem apenas os seus próprios pedidos quando tomam decisões, e não a taxa global de requerimentos novos ou os pedidos de outros estágios. Essa situação cria um fenômeno similar ao efeito chicote observado nas cadeias de fornecimento de bens físicos, apesar de aqui os "estoques" serem estritamente solicitações. Como em qualquer serviço, não há como fazer um estoque de bens acabados antecipadamente para amortecer a demanda flutuante. Em vez disso, cada estágio tem de controlar os seus pedidos inteiramente pelo gerenciamento do tamanho da sua capacidade, isto é, o número de trabalhadores que emprega. Como cada funcionário

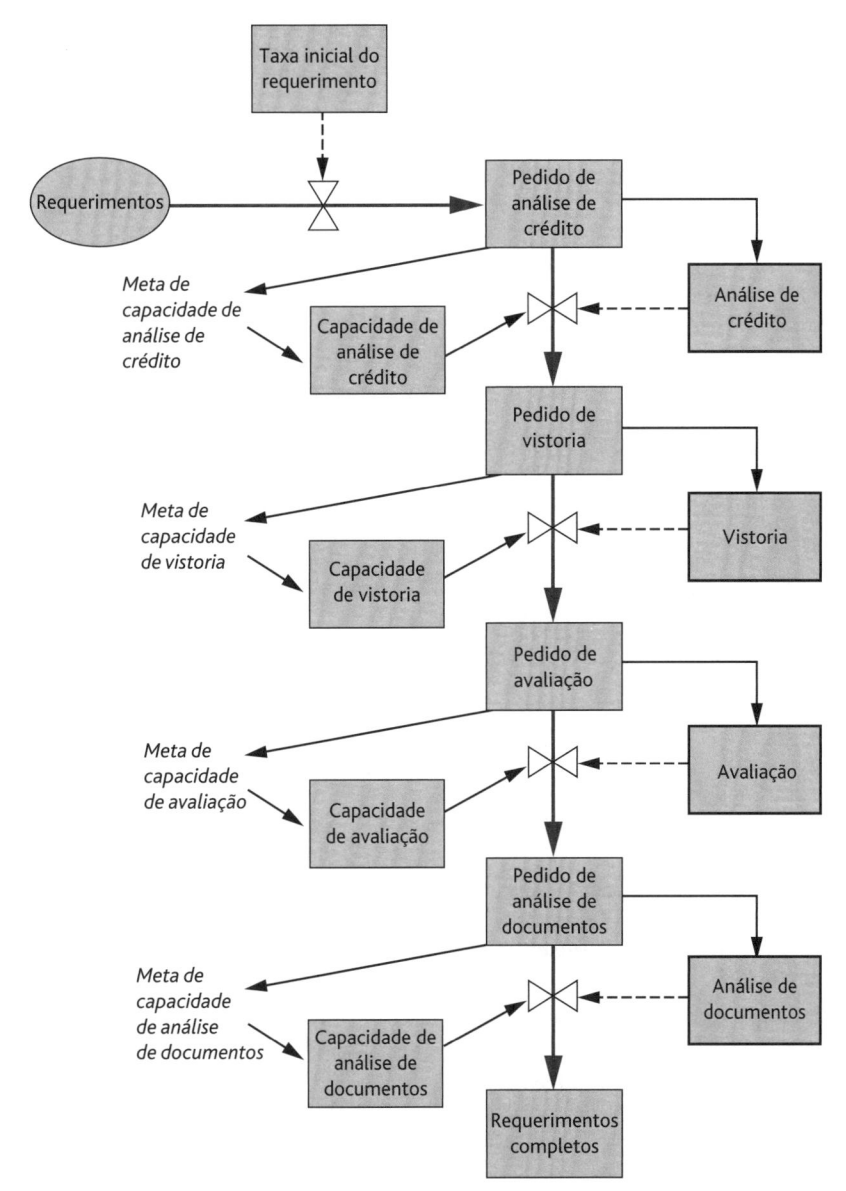

Figura 13.5 Diagrama em bloco do jogo do serviço de hipoteca.

tem a taxa de produtividade de quatro requerimentos por dia, a taxa de término de requerimentos em qualquer estágio é restrita ao mínimo da capacidade, conforme medido pelo número de funcionários ou de pedidos em estoque mais qualquer fluxo de entrada do estágio anterior.

No início de cada semana, cada estágio (empresa) pode mudar a sua meta de capacidade, decidindo contratar ou despedir funcionários. No entanto, leva tempo para anunciar, entrevistar e contratar funcionários, de maneira que a taxa de mudança de capacidade não é atingida imediatamente, levando vários dias. Isso se traduz em uma lacuna média para contratar (ou despedir funcionários) de 20 dias ou quatro semanas. Se o jogador fizer outra mudança antes de o ajuste original ter sido alcançado, a meta anterior será descartada e a capacidade começará a ajustar-se no dia seguinte, a partir do seu valor atual, avançando em direção à nova meta.

META

O objetivo é minimizar o custo total para toda a cadeia de fornecimento que resulta dos salários de funcionários e dos atrasos de serviço. Você terá que operar em um dos quatro estágios (análise de crédito, vistoria, avaliação e análise de documentos) e o computador desempenhará os outros estágios no processo. Toda a rede de fornecimento começa em equilíbrio, com cada estágio tendo 200 pedidos, taxa de chegada de 100 por semana, capacidade de 100 por semana e capacidade-alvo de 100 pedidos por semana. Cada funcionário custa $ 2.000 para ser contratado ou despedido e $ 1.000 por semana para ser empregado (ou $ 50 por requerimento, quando totalmente utilizado). Cada requerimento em carteira custa $ 100 por semana em alienação de clientes potenciais. Joga-se por um período de 50 semanas.

Bibliografia selecionada

Akkermans, Henk, and Bart Vos. "Amplification in Service Supply Chains: An Exploratory Case Study from the Telecom Industry." *Production and Operations Management* 12, no. 2 (Summer 2003), pp. 224–45.

Bhapu, Anita D., and Ulrike Schultze. "The Role of Relational and Operational Performance in Business-to-Business Customers' Adoption of Self-Service Technology." *Journal of Service Research* 8, no. 4 (May 2006), pp. 372–85.

Fruchter, Gila E., and Simon Pierre Sigue. "Managing Relational Exchanges." *Journal of Service Research* 7, no. 2 (November 2004), pp. 142–54.

Gutek, Barbara A.; Markus Groth, and Bennett Cherry. "Achieving Service Success through Relationships and Enhanced Encounters." *Academy of Management Executive* 16, no. 4 (2002), pp. 132–44.

Mills, Peter K.; James H. Morris; and Dan S. Moshavi. "Professional Concern: Managing Knowledge-Based Service Relationships." *International Journal of Service Industry Management* 10, no. 1 (1999), pp. 48–67.

Moeller, Sabine. "Customer Integration-A Key to an Implementation Perspective of Service Provision." *Journal of Service Research* 11, no. 2 (November 2008), pp. 197–210.

Neu, Wayne A., and Stephen W. Brown. "Forming Successful Business-to-Business Services in Goods-Dominant Firms." *Journal of Service Research* 8, no. 1 (August 2005), pp. 3–17.

Ryals, Lynette J., and Andrew S. Humphries. "Managing Key Business-to-Business Relationships: What Marketing Can Learn From Supply Chain Management." *Journal of Service Research* 9, no. 4 (May 2007), pp. 312-26.

Vargo, Stephen L. "Customer Integration and Value Creation: Paradigmatic Traps and Perspectives." *Journal of Service Research* 11, no. 2 (November 2008), pp. 211–215.

Xue, Mei, and Joy M. Field. "Service Coproduction with Information Stickiness and Incomplete Contacts: Implications for Consulting Services Design." *Production and Operations Management* 17, no. 3 (May-June 2008), pp. 357–372.

Notas

1. Tom Davis, "Effective Supply Chain Management," *Sloan Management Review* 34, no. 4 (Summer 1993), pp. 42–43.

2. De Scott E. Sampson, "Customer-Supplier Duality and Bidirectional Supply Chains in Service Organizations," *International Journal of Service Industry Management* 11, no. 4 (2000), pp. 348–64.

3. Preparado por Tom Leuschen com a orientação do Prof. James A. Fitzsimmons.

4. De James Brian Quinn; Philip Anderson; and Sydney Finkelstein, "Managing Professional Intellect: Making the Most of the Best," *Harvard Business Review*, (March-April 1996), pp. 71–80.

5. Preparado por Eric Baur, Jim Boomer, Chad Turner e Matt Wallace com a orientação do Prof. James A. Fitzsimmons.

6. Preparado por Naomi Chen, Vashti Forbes e Regina Lucas com a orientação do Prof. James A. Fitzsimmons.

7. De Edward G. Anderson and Douglas J. Morrice, "A Simulation Game for Service-Oriented Supply Chain Management: Does Information Sharing Help Managers with Service Capacity Decisions?" *Journal of Production and Operations Management* 9, no. 1 (2000), pp. 40–55.

Capítulo 14

Globalização dos serviços

Objetivos de aprendizagem

Ao final deste capítulo, você deverá estar apto a:

1. Identificar e diferenciar as quatro estratégias de expansão e de crescimento doméstico.
2. Discutir a natureza das franquias do ponto de vista do franqueador e do franqueado.
3. Diferenciar entre as três estratégias genéricas internacionais.
4. Discutir os três fatores a serem considerados no planejamento de operações transnacionais.
5. Discutir os cinco Cs que devem ser equilibrados em um mundo sem fronteiras.
6. Identificar e diferenciar as cinco estratégias globais de serviços.

No início de outubro de 2001, no primeiro dia sagrado muçulmano depois que os aviões norte-americanos começaram a campanha de bombardeio no Afeganistão, milhares de manifestantes se espalharam pelas ruas de Karachi, no Paquistão.[1] Armados com varas e bastões, intermitentemente gritando "morte aos Estados Unidos", eles percorreram as ruas, quebrando vitrines e incendiando um ônibus e vários carros ao longo do caminho. O alvo dos manifestantes era o consulado dos Estados Unidos. Entretanto, barricadas da polícia e gás lacrimogêneo os fizeram recuar e procurar a segunda melhor opção – Coronel Sanders (KFC).

Não importava para os manifestantes que o KFC mais próximo fosse de propriedade local. A logomarca em vermelho, azul e branco era justificativa suficiente. Os proprietários procuraram cobrir a logomarca, tentando proteger seu investimento, mas seu esforço foi inútil, e os manifestantes incendiaram o restaurante antes de serem dispersados pela polícia.

A Tricon Global Restaurants, agora chamada de YUM (seu símbolo na bolsa de valores), é proprietária da KFC, da Pizza Hut e da Taco Bell. A Tricon está comprometida com o crescimento internacional e tornou-se global com grande abrangência, tendo lojas em mais de 80 países, dentre eles Japão, Austrália, México, Malásia, Arábia Saudita, e por toda a Europa. Na China, onde há mais de 500 restaurantes KFC, em média 10 novas lojas são abertas por mês. Desde sua aquisição pela PepsiCo, a Tricon abriu mais de 5.100 restaurantes, dos quais 3.200 estão em outros países. A organização planeja abrir mais de 1.000 lojas por ano em países estrangeiros no futuro próximo.

Como a maioria das empresas de sucesso global, a Tricon acredita que sua empresa é local. Em termos práticos, restaurantes Tricon em outros países não podem ser clones dos restaurantes dos Estados Unidos. Os restaurantes devem ser adaptados aos gostos locais. O KFC, por exemplo, vende tiras crocantes de *teriyaki* no Japão, dá ênfase ao molho no norte da Inglaterra, oferece arroz com molho de soja na Tailândia, prepara croquetes de batata com cebola na Holanda e, na China, o frango fica mais temperado à medida que nos deslocamos para o interior do país.

O sucesso da Tricon no estrangeiro seguiu o comprovado modelo de franquia, que permite flexibilidade aos operadores locais ao mesmo tempo em que mantém o controle de qualidade e uma mensagem de marketing centralizada. A Tricon fecha as franquias que não atendem aos padrões da empresa e introduz novos produtos no mercado, indo além do conceito "frango frito". Nas céticas França, Holanda e Alemanha, a Tricon primeiro estabeleceu restaurantes de sua propriedade, para demonstrar sucesso e incentivar novos franqueados.

APRESENTAÇÃO DO CAPÍTULO

Este capítulo começa com uma visão do crescimento e da ampliação em serviços no contexto de estratégias de expansão de múltiplos locais e de múltiplos serviços. Utilizando essas dimensões, colocamos os serviços em quatro classificações: serviço focalizado, rede focalizada, serviços agrupados (*clusters*) e rede diversificada.

Para serviços de conceito bem-definido, a franquia pode ser uma estratégia eficaz de expansão em múltiplos locais. Exploraremos os benefícios para o franqueado e as responsabilidades do franqueador em arranjos organizacionais sustentados por contrato.

À medida que o nosso mundo fica cada vez mais "sem fronteiras", a expansão dos serviços não pode se restringir exclusivamente ao desenvolvimento do mercado doméstico. Entretanto, a expansão para outros países apresenta desafios singulares, como a transferência cultural do serviço e as práticas protecionistas dos governos estrangeiros para defenderem os seus serviços domésticos da competição.

CRESCIMENTO DOMÉSTICO E ESTRATÉGIAS DE EXPANSÃO

A perspectiva de uma inovação empresarial vem da aprovação inicial do conceito do serviço, seguida pelo crescimento das demandas dos clientes. A necessidade de expandir um serviço inovador bem-sucedido com frequência é imposta ao proprietário pela pressão do potencial de mercado e pelo desejo de proteger dos competidores o conceito do serviço mediante a construção de barreiras à entrada. Para entender melhor as várias formas que uma empresa tem para expandir seus conceitos, consideremos a Figura 14.1, que mostra as estratégias de expansão fundamentais disponíveis para as empresas de serviços. Vamos explorar cada uma dessas estratégias e discutir os riscos envolvidos e as implicações para o gerenciamento.

Serviço focalizado

Geralmente, as inovações em serviços começam em um único local, com um conceito de serviço inicial. Esse conceito é uma visão bem-definida, focalizada na prestação de um serviço novo e singular. Por exemplo, a ideia de Fred Smith para a Federal Express era o uso de uma única rede centro-radial para garantir a entrega de encomendas da noite para o dia.

O sucesso conduz ao aumento da demanda, o que requer uma expansão da capacidade no local; a instalação é expandida, e o número de funcionários é aumentado.

A empresa bem-sucedida também atrairá a concorrência e necessitará construir uma posição de preferência para o maior número possível de clientes na área do mercado local. Acrescentar serviços periféricos é uma abordagem para avançar no mercado ou manter a fatia atual diante da competição. Exemplos de serviços periféricos em restaurantes incluem bufês de saladas ou sistemas tipo *drive-thru*. Entretanto, o serviço fundamental para o sucesso dos restaurantes costuma ser sua excelente comida.

	Único serviço	Múltiplos serviços
Local único	*Serviços focalizados:* • Dentista • Loja de varejo • Restaurante familiar	*Serviços agrupados:* • Universidade de Stanford • Clínica Mayo • USAA Insurance
Múltiplos locais	*Rede focalizada:* • Federal Express • McDonald's • Red Roof Inns	*Rede diversificada:* • NationsBank • American Express • Accenture

Figura 14.1 Estratégias de expansão de múltiplos locais e múltiplos serviços.

Os riscos inerentes a serviços estabelecidos em um único local incluem a dependência do futuro crescimento econômico da área e a vulnerabilidade a competidores que podem mudar-se para o local e tomar sua fatia de mercado. O gerenciamento e o controle da empresa, entretanto, são muito mais simples do que em qualquer outra estratégia de crescimento.

Existem muitos exemplos bem-sucedidos de serviços focalizados. Considere o caso de restaurantes sofisticados, como o Chez Panisse, em Berkeley, ou o Antoine's, em New Orleans. Um *serviço focalizado* em geral limita-se a um único local devido ao pessoal talentoso, como um *chef* premiado ou um cirurgião cardíaco com reconhecimento nacional. Se o local for um elemento-chave do serviço, como a enseada é para uma marina, ele não será facilmente duplicado em qualquer lugar.

Rede focalizada

As empresas de serviços que têm necessidade de estar prontamente acessíveis aos clientes (p.ex., restaurantes de *fast-food*) devem pensar em aumentar o número de locais para atingir um crescimento significativo. Para empresas como o McDonald's, uma *rede focalizada* permite que a gerência mantenha o controle, o que assegura a coerência do serviço em toda a rede. Para serviços como o da Federal Express e os de outras empresas de transportes ou de comunicações, a existência de uma rede é uma condição necessária para que o serviço funcione. Além disso, uma empresa empreendedora que tenha um conceito de serviço bem-definido e de sucesso e que queira alcançar um mercado de massa pode prevenir-se da imitação de seus competidores pela aquisição de localizações estratégicas em áreas geográficas diferentes.

Entretanto, o conceito de serviço deve ser bem focalizado para ser facilmente duplicável, com rigoroso controle da qualidade e dos custos do serviço. O conceito de padronização das unidades de serviço é empregado na construção das instalações, nos manuais de operação e no treinamento do pessoal. A franquia é utilizada para alcançar o objetivo de crescimento rápido, com investimento de capital pelos franqueados e motivação de operadores independentes. Uma discussão mais completa sobre franquias é apresentada no decorrer deste capítulo.

No caso de um único local, o fundador está fisicamente presente para gerenciar os recursos da empresa, a venda do serviço e o treinamento do pessoal, bem como para assegurar a integridade do conceito do serviço. Especialmente no início, a expansão pode ocorrer em uma base incremental. Com o crescimento do número de locais, o controle gerencial evolui lentamente da informalidade para a formalidade, de modo que o proprietário pode, então, controlar as operações com eficiência, mesmo que esteja ausente dos outros locais.

Entretanto, gerenciar uma rede de pontos de serviços requer habilidades gerenciais diferenciadas, envolvendo o desafio de utilizar formas sofisticadas de comunicação e de controle. Acima de tudo, o conceito de serviço deve ser racionalizado e comunicado aos gerentes e ao pessoal das unidades, os quais, então, devem executar diariamente um serviço coerente. Uma expansão em múltiplos locais precisa ser precedida por muito planejamento, como preparar o treinamento e os manuais de operação, fixar o conceito em uma marca e lançar um esforço nacional de marketing.

Utilizar a estratégia de múltiplos locais para o crescimento dos serviços é algo muito atrativo devido à sua capacidade de alcançar rapidamente o mercado de massa, mas os riscos de expansão exagerada e perda do controle têm resultado em muitas falhas. Mesmo assim, as "filas" quilométricas de franquias encontradas em quase todas as cidades evidenciam o sucesso da prestação de um serviço focalizado por meio de uma rede de múltiplos locais.

Por fim, a existência de diversos estabelecimentos em diferentes localidades geográficas reduz o risco financeiro de a empresa enfrentar uma severa crise econômica localizada. Um estudo longitudinal de ocupação do hotel La Quinta Motor Inns durante os anos 1980 ilustrou os benefícios da diminuição dos riscos devido à localização geográfica. Fundado no Texas, o La Quinta Motor Inns tornou sua presença ampla, com hotéis em todas as maiores cidades do Estado, por volta de 1980. Durante o *boom* do petróleo e da gasolina, no início da década de 1980, o La Quinta iniciou uma estratégia de expansão, seguindo as atividades de exploração nos Estados produtores de petróleo, como Colorado, Louisiana, Oklahoma e Wyoming. Com o final do *boom* do petróleo e da gasolina, em meados dos anos 1980, a ocupação de muitos dos seus novos hotéis, e mesmo de muitos outros hotéis no Texas, despencou. Entretanto, o desastre financeiro para a empresa foi evitado porque outros hotéis La Quinta, que não estavam associados ao setor de petróleo e gasolina, continuaram a prosperar.[2]

Serviços agrupados

As empresas do setor de serviços que possuem amplas estruturas fixas muitas vezes decidem crescer pela diversificação do serviço oferecido. Por exemplo, durante os anos 1970, muitas faculdades pequenas tornaram-se universidades regionais com cursos de quatro anos a fim de acomodar a demanda crescente por diplomas universitários. Outro exemplo é a United Services Automobile Association (USAA), fundada originalmente para vender pelo correio apólices de seguro de automóvel para oficiais do exército. Agora, ela atende toda a comunidade militar. Localizada em San Antonio, Texas, a USAA é atualmente uma das maiores empregadoras; suas instalações físicas estão situadas em uma área de 281 acres, semelhante a um *campus*, e possui cinco escritórios regionais. Hoje, os serviços oferecidos pela USAA expandiram-se, incluindo operações bancárias, fundos mútuos, seguros para proprietários de automóveis e residências, serviços de viagem e serviços de compras. Grandes complexos médicos, como a Clínica Mayo, a M. D. Anderson e o Massachusetts General Hospital, são exemplos clássicos de serviços múltiplos instalados em um único local, ou seja, *serviços agrupados*. Todos esses exemplos compartilham a característica de ter um mercado de atuação que não é definido pela sua localização. Portanto, em tais centros médicos e em universidades, os clientes estão dispostos a viajar até a localidade de prestação do serviço e ali passar um tempo considerável (mesmo anos, no caso dos estudantes universitários). Para outros, como a USAA, viajar é desnecessário, pois os negócios são feitos sem a interação física com o cliente.

Um dos principais riscos da diversificação dos serviços é a perda potencial do foco e a negligência para com o serviço essencial. Por exemplo, um *resort* em uma estação de esqui decide utilizar as instalações, ociosas durante o verão, para congressos; entretanto, a estrutura montada para acomodar e fornecer alimentação e bebidas para os esquiadores talvez seja inadequada para receber esses eventos. O ponto favorável dessa situação é que, pelo menos, os diferentes segmentos de mercado permanecem separados pelas estações do ano. O gerenciamento das instalações torna-se extremamente complexo quando é feita a tentativa de atender, ao mesmo tempo, mais de um segmento de mercado. Por exemplo, os hotéis que hospedam tanto clientes de turismo quanto de negócios talvez tenham dificuldades em satisfazer a ambos os mercados.

A fim de evitar a perda do foco, tem sido defendida a estratégia de "diversificação concêntrica".[3] A diversificação concêntrica limita a expansão, permitindo somente aqueles serviços com uma lógica sinérgica em relação à atividade fundamental. A evolução das lojas de conveniência é um excelente exemplo. Tendo começado com uma limitada seleção de produtos de conveniência para compras rápidas, essas lojas acrescentaram bombas de gasolina de autoatendimento, lava-rápidos, locadoras de vídeos e refeições prontas para micro-ondas. A diversificação concêntrica cria economias de escala, pois os serviços adicionais requerem somente aumentos marginais nos custos variáveis (p.ex., nenhum caixa adicional é necessário).

Rede diversificada

As empresas de serviço que crescem por meio de aquisições muitas vezes combinam a estratégia de múltiplos locais e a de múltiplos serviços. Vários anos atrás, a United Airlines adquiriu hotéis e locadoras de automóveis, acreditando que havia sinergia suficiente ao longo do seu sistema de reservas Apollo para direcionar os seus passageiros-clientes a esses diversos negócios. Entretanto, o rendimento previsto nunca se concretizou, tendo como consequência a venda desses serviços periféricos e o retorno ao seu principal negócio, a aviação. A administração de uma *rede diversificada* é uma tarefa muito complexa, como a United Airlines e muitas outras empresas perceberam.

Os sucessos ocorrem quando os serviços são oferecidos com uma marca nominal que estabelece uma imagem de comercialização mais ampla. A American Express tem sido particularmente bem-sucedida gerenciando uma rede de serviços global que oferece serviços financeiros e de viagem com uma verdadeira sinergia.

FRANQUIA

A *franquia* é uma alternativa à expansão pela utilização dos lucros gerados internamente ou pela captação de fundos nos mercados de capital. Entretanto, a franquia é um veículo comum para a duplicação geográfica de um serviço ao atrair investidores que se tornam proprietários e operadores independentes, limitados por um acordo contratual. Para serviços em múltiplos locais, a incorporação do atributo de conformidade com a qualidade no conceito do serviço tem sido a marca registrada dos acordos de franquia. O franqueador garante um serviço coerente, pois o conceito é padronizado no projeto, na operação e na política de preços. Como não se faz distinção entre produtos da mesma marca, os clientes esperam serviços idênticos em qualquer loja franqueada. Todas as lojas tiram proveito dessa coerência no serviço, pois os clientes desenvolvem uma fidelidade à marca, o que não é limitado pela geografia. Por exemplo, os turistas norte-americanos na Alemanha podem comer um lanche do McDonald's com batatas fritas, hambúrguer e Coca-Cola idêntico àquele servido em San Francisco, Tóquio e, agora, em Moscou.

Qual é esta cidade? As franquias são criticadas por tornarem homogênea a paisagem norte-americana.
David Barber/PhotoEdit

A natureza da franquia

A Associação Internacional de Franquias (International Franchise Association) define a franquia como um sistema pelo qual uma empresa (a franqueadora) concede a outras (as franqueadas) os direitos e a licença (a franquia) para vender um produto ou serviço e, possivelmente, utilizar o sistema de negócios desenvolvido pela empresa.

Os franqueados adquirem o negócio por meio do pagamento de uma taxa de franquia e compram as instalações e os equipamentos, assumindo a responsabilidade por todas as atividades normais de operação, incluindo a contratação de funcionários, a tomada diária de decisões e a escolha da publicidade local. O investimento inicial varia, dependendo do capital requerido. Por exemplo, uma franquia da H & R Block pode custar somente $ 5.000, mas uma franquia do McDonald's pode custar até $ 500.000. Ao franqueado, geralmente é concedido um direito de exclusividade ou uma licença para prestar o serviço em uma região específica do mercado, a fim de protegê-lo contra a diluição de vendas por outros franqueados da mesma marca. Por exemplo, o Hardee's, um restaurante de *fast-food*, concorda em não licenciar outro franqueado Hardee's em um raio de 2,5 quilômetros dos restaurantes existentes.

O franqueador detém o direito de definir as condições. Os procedimentos operacionais padrão devem ser seguidos. As matérias-primas são compradas ou do próprio franqueador, ou de um fornecedor aprovado. Nenhum desvio da linha de produtos é permitido: as sessões de treinamento devem ser acompanhadas e o pagamento das taxas de *royalties* (p. ex., 4% das vendas brutas, no caso do Wendy's) precisa ser feito continuadamente.

Benefícios para o franqueado

Como franqueado, o proprietário abre mão de certa independência e controle pessoal, tendo como compensação um relacionamento baseado na expectativa de maiores ganhos como membro de um grupo. Ao franqueado é dada a oportunidade de adquirir um pequeno negócio que tem um risco de fracasso menor do que o normal devido à identificação com uma marca bem estabelecida. Ser membro da organização franqueadora também inclui muitos outros benefícios.

Treinamento gerencial
Antes de abrir uma nova loja, muitos franqueadores fornecem um amplo programa de treinamento. Por exemplo, os franqueados do McDonald's precisam passar duas semanas na Universidade do Hambúrguer, em um subúrbio de Chicago, aprendendo a maneira McDonald's de preparar a comida e servir aos clientes. Esse treinamento contempla dois objetivos. Primeiro: o franqueado capacita-se para operar o negócio lucrativamente; segundo: o McDonald's assegura que seus proce-

dimentos serão seguidos a fim de garantir a coerência entre as unidades. O treinamento subsequente costuma ser fornecido por meio de vídeos e visitas de consultores.

Marca
O franqueado adquire reconhecimento imediato do cliente quando trabalha com uma marca conhecida nacionalmente. Como resultado, a atração de clientes é ampliada e mais imediata; assim, o ponto de equilíbrio é alcançado com maior rapidez do que em um empreendimento novo tradicional.

Propaganda nacional
Apesar de o franqueado ter de contribuir com aproximadamente 1% das vendas brutas para os anúncios nacionais, os resultados beneficiam todos os operadores. Além disso, para negócios como restaurantes de *fast-food* e hotéis, uma proporção significativa das vendas está relacionada a clientes que chegam de outras regiões geograficamente próximas.

Aquisição de um negócio sólido
Tradicionalmente, os proprietários independentes enfrentam um alto índice de risco de fracasso, o que um franqueado espera evitar. O franqueador possui um histórico para a seleção de locais apropriados, para a operação de um sistema contábil confiável e, mais importante, para a prestação de um conceito de serviço que já foi aceito pelo público.

Economias de escala
Como membro de uma rede franqueadora, o franqueado beneficia-se de compras centralizadas e de economias no custo de materiais e equipamentos, o que não é possível para um proprietário independente.

Considerações para o franqueador

Franquear é uma alternativa à expansão gerada de modo interno para uma empresa que está procurando desenvolver uma rede focalizada composta de unidades geograficamente dispersas. A franquia permite à empresa expandir-se com rapidez com uma necessidade mínima de capital, mediante a venda do conceito do negócio para empreendedores interessados. A franquia confia na motivação dos proprietários investidores, o que permite à empresa crescer sem o custo de desenvolver gestores-chave. É claro que selecionar os franqueados potenciais deve ir além do requerimento mínimo de simplesmente possuir o capital necessário. Por exemplo, o Benihana, de Tóquio, percebeu que muitos de seus primeiros franqueados não estavam qualificados para gerenciar um autêntico restaurante temático japonês.

Outras questões abrangem decisões quanto ao grau de autonomia do franqueado, à natureza do contrato de franquia e ao processo de resolução de conflitos.

Autonomia do franqueado
A autonomia do franqueado representa o grau de liberdade permitido na operação de uma unidade. O grau de autonomia é uma função da extensão da programação das operações definidas no contrato de franquia e, também, do sucesso alcançado pela propaganda nacional da marca.

A extensão da programação das operações é importante para garantir a adequação aos padrões uniformes de qualidade e serviço por toda a cadeia. Se para alguns franqueados for permitido operar em níveis abaixo dos padrões, a imagem da cadeia inteira poderá ser comprometida. Uma operação altamente programada inclui:

1. Especificações do franqueador em procedimentos operacionais do dia a dia, seleção do local, projeto das instalações, sistema contábil, fornecedores utilizados e suas fontes, política de preços e, no caso de restaurantes, itens do cardápio.
2. Inspeções frequentes das instalações.
3. O direito de recompra do estabelecimento devido ao não cumprimento de especificações.

A marca reforçará a programação operacional pelo claro estabelecimento das expectativas dos clientes, das quais é difícil, para um franqueado individual, se desviar. Além disso, uma marca bem-sucedida conduz a grandes potenciais de lucratividade, à redução de riscos e a uma maior procura por investimentos posteriores.

Contrato de franquia
O controle e o poder tendem a concentrar-se nas mãos do franqueador, o que levanta questões a respeito do relacionamento entre o franqueador e o franqueado, bem como a questão de abuso de poder. O contrato de franquia é o veículo de promoção do relacionamento com base na continuidade. Tais contratos costumam incluir obrigações específicas para o franqueado, mas são ambíguos a respeito das responsabilidades do franqueador, sendo que, às vezes, nenhuma atenção é dada aos direitos do franqueado. Por exemplo, têm aumentado os litígios em relação às estipulações dos contratos sobre o estabelecimento do valor de revenda da franquia e sobre o requerimento contratual que obriga a comprar os suprimentos do franqueador.

O objetivo dos contratos de franquia deve ser evitar litígios futuros, que podem impedir o desenvolvimento de um relacionamento cooperativo. Os contratos de franquia têm de ser preparados para proteger ambas as partes e preservar o poder competitivo de toda a organização de franquias.

Resolução de conflitos
Um contrato de franquia inteligente e justo será o meio mais eficaz de reduzir conflitos potenciais. Entretanto, devido à diferença nos objetivos do franqueador e do franqueado, frequentemente surgem conflitos envolvendo as seguintes questões:

1. Como deveriam ser estabelecidas as taxas e distribuídos os lucros?
2. Quando deveriam ser melhoradas as instalações do franqueado e como deveriam ser compartilhados os custos?
3. Até onde o franqueador deveria prosseguir na saturação de uma única área de mercado com suas lojas?

O sistema de franquia é uma superorganização que requer gerenciamento interorganizacional. Por isso, uma tarefa crítica do franqueador é o desenvolvimento de políticas e procedimentos para lidar com conflitos antes que estes dividam e enfraqueçam o sistema inteiro.

GLOBALIZAÇÃO DOS SERVIÇOS

Devido à crescente demanda de envio de encomendas para a Europa e a Ásia, a Federal Express decidiu, em 1988, duplicar seus serviços em outros continentes, resultando, em 1991, no primeiro prejuízo operacional trimestral da empresa. Infelizmente, a Federal Express chegou bem depois dos competidores, a DHL e a TNT, que haviam copiado o conceito da Federal Express no final dos anos 1970, tendo fornecido serviços expressos de entrega para essas regiões por mais de uma década. Além disso, a Federal Express estava despreparada para as regulamentações governamentais e formalidades burocráticas utilizadas para proteger as empresas já estabelecidas. Por exemplo, ela levou três anos para conseguir permissão do Japão para operar voos diretos da central de Memphis para Tóquio, um ponto-chave para o sistema transoceânico. Entretanto, somente alguns dias antes do início do serviço, a Federal Express foi notificada de que nenhuma encomenda pesando mais de 70 libras (aproximadamente 31,75 kg) poderia passar por Tóquio – uma iniciativa para proteger as empresas de transporte locais.

A obsessão da empresa em manter um estreito controle central também contribuiu para acentuar os problemas. Até recentemente, todas as notas de embarque eram impressas em inglês e o prazo final para a coleta de pacotes terminava às 17h, conforme praticado nos Estados Unidos. Entretanto, na Espanha, em geral se trabalha até as 20h, após um intervalo mais longo ao meio-dia. A Federal Express agora está relaxando seu método centralizado de controle dos negócios, que foi bem-sucedido nos Estados Unidos. Os períodos de coleta, os pesos-padrão e a tecnologia agora mudarão conforme o país, e pensa-se em *joint ventures* com empresas locais, as quais realizarão as entregas e o marketing.[4]

Outra questão é a frequente falta de estrutura de apoio, algo que não ocorre nos Estados Unidos, mas que é uma realidade em alguns países. Por exemplo, a abertura do primeiro McDonald's em Moscou necessitou de substancial desenvolvimento dos fornecedores. A administração, além de estabelecer um representante a fim de preparar todos os produtos para o restaurante, precisou mostrar aos fazendeiros como plantar e armazenar os produtos necessários (p.ex., batatas e alface).

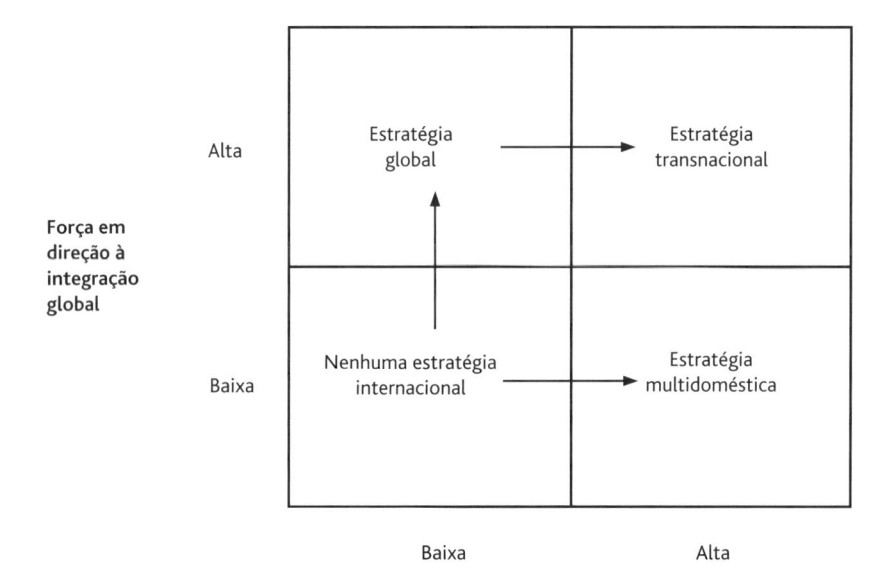

Figura 14.2 Estratégias internacionais genéricas.

Estratégias internacionais genéricas

Bartlett e Ghoshal desenvolveram a estrutura geral mostrada na Figura 14.2 para classificar estratégias internacionais sob várias condições.[5] A estratégia apropriada dependerá da intensidade de duas forças: a integração global e a resposta local. A força para a integração global refere-se a fatores como a presença de economias de escala ou oportunidades de explorar globalmente certos bens ou vantagens competitivas. A força para a resposta local reflete a necessidade de a customização do serviço se adaptar à cultura ou às necessidades locais, o que inclui o controle governamental do país. A Figura 14.2 sugere que as empresas de serviços no quadrante inferior esquerdo terão menos interesse em uma estratégia internacional, ao passo que outras precisarão decidir que direção tomar no mercado internacional.

Estratégia global
Para a estratégia global, o mundo é visto como um grande mercado que pode ser abordado de forma homogênea ou, pelo menos, integrada em diferentes países. Essa estratégia é seguida por empresas com marca forte e identidade especial, como a Ikea, da Suécia, varejista internacional no setor de mobiliário, ou companhias aéreas nacionais, como a Singapore Airlines. O Citibank posicionou-se como banco internacional de varejo que permite que os clientes usufruam seus serviços bancários de qualquer maneira, em qualquer lugar e a qualquer momento.

Estratégia multidoméstica
Empresas de serviços profissionais, como a firma de advocacia Fulbright & Jaworski, a empresa de consultoria Booz Allen Hamilton e a editora McGraw-Hill, costumam seguir a estratégia multidoméstica. Escritórios em outros países formam uma confederação de unidades autônomas que atendem às necessidades do país em que se localizam; os funcionários e a gerência também são locais.

Estratégia transnacional
A estratégia transnacional é adotada quando há benefícios com a alavancagem de certos ativos corporativos, como pesquisa e conhecimento especializado, mas o fornecimento do serviço deve ser adaptado às necessidades locais. A Toys "R" Us, diferentemente da Ikea, dá aos gerentes locais grande flexibilidade para abordar os gostos locais em termos de brinquedos, mas dentro de um leiaute padrão para as lojas e aquisição centralizada. Algumas empresas, como o McDonald's, estão se afastando da posição de estratégia global e movendo-se em direção à estratégia transnacio-

nal, alterando, por exemplo, os cardápios para apelar aos gostos e costumes locais (p.ex., sanduíche vegetariano na Índia e cerveja na Alemanha).

A natureza do mundo sem fronteiras[6]

Kenichi Ohmae, reconhecido escritor da área de gerenciamento estratégico, argumenta que estamos vivendo, hoje, em um mundo sem fronteiras, onde os clientes de qualquer lugar estão conscientes dos melhores produtos e serviços e esperam comprá-los sem se importar com a sua nacionalidade. Nessa visão estratégica, todas as empresas competem em uma economia mundial interligada e, para serem eficientes, precisam equilibrar os cinco Cs do planejamento estratégico: clientes, concorrentes, empresa, moeda corrente e país (do inglês *customers*, *competitors*, *company*, *currency* e *country*).

Clientes
Quando as pessoas vão às compras, estão interessadas em qualidade, preço, *design*, valor e gosto pessoal. Os símbolos de marca, como os "arcos dourados", estão se propagando por todo o mundo, e as notícias sobre os desempenhos dificilmente podem ser ocultadas. A disponibilidade de informações, particularmente nos mercados industrializados da "tríade" América do Norte – Europa – Japão, deu poderes aos clientes e estimulou a competição.

Concorrentes
Direitos de propriedade não duram muito tempo. Os fornecedores de equipamentos e software disponibilizam seus produtos e serviços para uma variedade de clientes, e o resultado é uma rápida dispersão da tecnologia disponível para todas as empresas. Dois fatores, o tempo e "largar na frente", tornam-se agora os elementos estratégicos mais críticos. Além disso, uma única empresa não pode estar no topo de todas as tecnologias. Assim, operar globalmente significa operar com parcerias, uma lição que a Federal Express aprendeu.

Empresa
A automação ocorrida nos últimos anos tem levado as empresas de um ambiente de custos variáveis para um ambiente de custos fixos. Assim, o foco da administração passou da tática de aumentar os lucros pela redução dos custos de materiais e mão de obra para o aumento das vendas a fim de cobrir os custos fixos, o que se verifica particularmente em muitas empresas de serviços (p.ex., companhias aéreas e negócios em comunicações), as quais, em sua maioria, atuam com custos fixos

Quando um negócio de sucesso em um país se expande para outro, muitas vezes são modificados alguns aspectos do pacote de serviços para que se ajustem à cultura local.
The McGraw-Hill Companies, Inc./Christopher Kerrigan, fotógrafo

enormes associados a investimentos em instalações e equipamentos. A procura por um mercado maior tem dirigido essas empresas rumo à globalização.

Entretanto, a cultura corporativa de uma empresa determina o grau de eficácia com que seus serviços viajarão para outros continentes. O sucesso doméstico da Federal Express foi construído sobre uma atitude do tipo "faça tudo sozinho", apoiada por funcionários não sindicalizados, que propunham ideias de redução de custos, e pelo acesso direto ao CEO, Fred Smith, para quaisquer reclamações. Já a UPS, que opera com trabalhadores sindicalizados e normas rígidas de trabalho, expandiu-se para outros continentes sem muitos problemas.

Moeda corrente
As empresas globais têm buscado neutralizar sua exposição às flutuações das taxas cambiais ajustando os custos aos seus rendimentos e tornando-se fortes em todas as regiões da Tríade, de maneira que, se uma região estiver negativa, a situação pode ser atenuada por outras que estejam positivas. As empresas também têm empregado técnicas financeiras internacionais, como *hedging* e opções. Então, a fim de neutralizar os efeitos da moeda corrente, as empresas são forçadas à expansão global.

País
Ter presença forte em todas as regiões da Tríade produz benefícios estratégicos adicionais que vão além das questões monetárias. Primeiro: como observado, a exposição a reveses econômicos em uma região pode ser atenuada pelas operações em outras economias. Segundo: a venda no mercado doméstico de seu concorrente neutraliza a opção dele de empregar uma estratégia de utilização dos lucros excessivos obtidos no seu mercado doméstico protegido para realizar sua expansão internacional. Por exemplo, com cooperação governamental, as empresas japonesas exploraram essa estratégia e foram criticadas pelos seus parceiros comerciais.

Entretanto, somente empresas verdadeiramente globais atingem uma "localização global" (expressão cunhada por Akio Morita, da Sony) e, portanto, são aceitas como empresas locais enquanto mantêm os benefícios de operações mundiais. Para alcançar esse nível, as empresas devem ficar bem próximas dos clientes nos países estrangeiros e adaptar-se às necessidades singulares dos serviços. No caso dos restaurantes de *fast-food*, descobrir os hábitos alimentares do país anfitrião é decisivo para o sucesso; então, em vez de esperar que os alemães gostem de beber Coca-Cola com o Big Mac, o McDonald's acrescentou cerveja ao cardápio. Deve-se incentivar a permissão para que a administração local modifique o serviço, dentro de certos limites, para adequar-se aos gostos locais, mesmo com o risco de introduzir certas incoerências em relação às outras unidades. Um exemplo extremo é o do Mr. Donut, no Japão, que modificou tudo em seu produto e no serviço, menos o logotipo.

Planejamento de operações multinacionais

A visão estratégica de serviços para operações domésticas, introduzida no Capítulo 3, exige modificação para dar conta dos elementos culturais que influenciam o sucesso das operações em outros países. Na Tabela 14.1, novas questões são propostas para internacionalizar os elementos da visão estratégica de serviços. Três delas – transferência cultural, leis trabalhistas e políticas do governo anfitrião – serão abordadas com maior profundidade.

Transferência cultural
Talvez o maior dilema para a globalização de serviços seja a necessidade de equilibrar a padronização global com a customização local. Os bancos comerciais parecem culturalmente neutros, pois as necessidades financeiras e as transações associadas a negócios são relativamente homogêneas em todo o mundo. Entretanto, uma exceção é o Oriente Médio, onde o pagamento de juros por empréstimo não é permitido pela fé muçulmana; por isso, os bancos precisam ajustar-se, criando encargos pelos serviços, os quais incluem, sem mencionar, os custos dos juros. Os serviços aos clientes também se confrontam com a óbvia barreira do idioma e com os hábitos comportamentais que afetam a prestação do serviço (p.ex., a necessidade de áreas para não fumantes nos restaurantes norte-americanos).

Entretanto, nos serviços relacionados à alimentação, o desejo costuma ser o de emular as experiências culturais de uma região estrangeira. O sucesso nos Estados Unidos do Benihana, de Tóquio, em parte resulta da criação da ilusão de um jantar japonês, enquanto ainda se serve comida

Tabela 14.1 Elementos internacionais da visão estratégica de serviços

Sistema de prestação de serviço	Estratégia de operação	Conceito do serviço	Segmentos do mercado-alvo
Tecnologia disponível?	Prática administrativa apropriada?	Quais são as expectativas do cliente?	Quais são os segmentos do mercado?
Infraestrutura?	Participativa?	Percepção de valor?	Doméstico?
Serviços de utilidade pública?	Autocrática?	Ética no serviço?	Multinacional?
Leis trabalhistas?	Instituições do mercado de trabalho?	Encontro em serviço?	Turístico?
Disponibilidade de espaço?	Regulamentações governamentais?	Língua?	Quais são as diferenças culturais importantes?
Interação com fornecedores?	Sindicatos?	Aceitação do autoatendimento?	Língua?
Educação dos clientes?	Políticas do governo anfitrião?	Quais são os padrões de uso?	Estilo de vida?
	Língua?	Transferência cultural?	Renda disponível?
	Front office		Qual é a demografia da força de trabalho?
	Back office		Habilidades?
			Distribuição etária?
			Atitudes?
			Ética no trabalho?

familiar. Do mesmo modo, para muitos não norte-americanos, comer no McDonald's e beber Coca-Cola são oportunidades de experimentar algo "norte-americano". Em contrapartida, a Benetton, varejista e fabricante de roupas italiana, busca uma imagem universal e não nacional.

Leis trabalhistas
As leis e os costumes trabalhistas do mercado vão além das diferenças linguísticas. Geert Hofstede conduziu uma ampla pesquisa em aproximadamente 50 países sobre valores relacionados ao trabalho, capturando diferenças por meio de cinco dimensões.[7]

- O *Índice de distância do poder (ou índice de distância social) (IDP)* concentra-se no grau de igualdade ou desigualdade entre as pessoas na sociedade do país. Uma classificação *alta* na distância do poder indica que se desenvolveram desigualdades de poder e riqueza na sociedade. Essas sociedades têm maior probabilidade de seguir um sistema de castas, que não permite mobilidade ascendente significativa aos cidadãos. Uma classificação *baixa* na distância do poder indica que a sociedade não enfatiza as diferenças entre o poder e a riqueza de seus cidadãos. Nessas sociedades, destacam-se a igualdade e a oportunidade para todos.
- *Individualismo (IDV)* significa até onde uma sociedade reforça a realização individual ou coletiva e as relações interpessoais. Uma classificação *alta* no individualismo indica que a individualidade e os direitos individuais são valores importantes em uma sociedade. Nessas sociedades, pode haver tendência de os indivíduos formarem um maior número de relacionamentos mais independentes. Uma classificação *baixa* no individualismo tipifica sociedades de natureza mais coletivista, com laços mais fortes entre os indivíduos. Essas culturas reforçam as grandes famílias e os coletivos em que todos são responsáveis pelos componentes do grupo.
- *Masculinidade (MAS)* é o grau em que a sociedade reforça, ou não, o modelo tradicional de trabalho masculino de realização, controle e poder. Uma *alta* classificação em masculinidade indica que o país apresenta um alto grau de diferenciação de gênero. Nessas culturas, os homens dominam uma porção significativa da sociedade e da estrutura do poder, enquanto as mulheres são controladas pelo domínio masculino. Já uma *baixa* classificação nessa dimensão indica que o país tem um baixo nível de diferenciação e discriminação entre gêneros. Nessas culturas, as mulheres são tratadas do mesmo modo que os homens em todos os aspectos da sociedade.
- O *Índice de aversão à incerteza (IAI)* concentra-se no nível de tolerância à incerteza e à ambiguidade em uma sociedade (ou seja, situações não estruturadas). A *alta* classificação no IAI aponta que o país tem baixa tolerância à incerteza e à ambiguidade. Isso cria uma sociedade

orientada por regras, instituindo leis, regulamentações, regras e controles a fim de reduzir a incerteza. Uma classificação *baixa* nessa dimensão indica que o país não se preocupa tanto com a ambiguidade e a incerteza e que tolera mais a variedade de opiniões. Isso se reflete em uma sociedade menos orientada por regras, que aceita mais prontamente a mudança e assume maiores riscos.

- *Orientação de longo prazo (OLP)* refere-se ao grau em que a sociedade adere, ou não, aos valores tradicionais de longo prazo com vistas ao futuro. A *alta* classificação na orientação de longo prazo indica que o país corrobora os valores e compromissos de longa duração e o respeito pela tradição. Acredita-se que isso sustente uma forte ética de trabalho, na qual se esperam recompensas em longo prazo como resultado do trabalho realizado no presente. No entanto, os negócios podem levar mais tempo para se desenvolverem nessa sociedade, em especial quando se trata de "alguém de fora". Uma classificação *baixa* nessa dimensão demonstra que o país não reforça o conceito de orientação tradicional de longo prazo. Nessa cultura, as mudanças podem ocorrer com mais rapidez, uma vez que os compromissos e as tradições não são impedimentos à mudança.

Quando a Coopers & Lybrand (agora Price Waterhouse Coopers, adquirida pela IBA) abriu seu escritório na Hungria, após a queda do regime comunista, ficou diante de um grupo muito diverso de contadores. A Coopers trouxe funcionários dos seus escritórios europeus, tanto expatriados (isto é, húngaros que trabalhavam em um país estrangeiro) quanto repatriados (ou seja, húngaros que voltaram do estrangeiro). A empresa também contratou contadores locais (alguns eram ativos no partido comunista e outros haviam lutado contra os comunistas). Além disso, havia o desafio da barreira linguística, pois muitos húngaros não falavam inglês. Os funcionários húngaros também tinham diferentes expectativas de trabalho e não entendiam o conceito de auditoria da forma como ela é praticada em uma economia capitalista.

Supor que as normas de trabalho são as mesmas no mundo todo é um engano. A Disney, por exemplo, surpreendeu-se com a falta de aceitação, por trabalhadores locais, das práticas empresariais estrangeiras quando abriu seu parque temático nas proximidades de Paris. Os trabalhadores franceses resistiam a representar o papel dos personagens da Disney e a manter os padrões de higiene definidos porque consideravam que essas práticas eram uma restrição à sua individualidade. O problema de ignorar as normas locais também estende-se aos clientes. Por exemplo, bebidas alcoólicas não são servidas nos parques Disney nos Estados Unidos e no Japão; por isso, vinho não era oferecido na França, onde o costume de beber vinho junto às refeições é fonte de orgulho nacional.

Políticas do governo anfitrião

Os governos anfitriões exercem um papel significativo na restrição do crescimento da globalização de serviços. Isso inclui, mas não se limita a, aumentar as dificuldades para repatriar os fundos (ou seja, enviar os lucros para fora do país anfitrião). A discriminação tem assumido diversas formas criativas, como proibir as vendas de apólices de seguros por empresas estrangeiras, dar tratamento preferencial para transportadores locais, impor restrições ao fluxo internacional de informações e criar atrasos no processamento dos contratos de licenciamento. A restrição dos direitos das companhias aéreas estrangeiras de pousar e embarcar passageiros em uma escala intermediária (isto é, diferente de um porto de entrada) protege as transportadoras nacionais, que normalmente são de propriedade do governo.

Os países percebem uma ameaça tanto econômica quanto cultural na importação de serviços estrangeiros sem restrições. Os serviços baseados em informações são um alvo, na medida em que os governos criam regulamentações sobre os bancos internacionais, proibições sobre a propriedade privada de receptores de satélites (p.ex., China, Cingapura e Arábia Saudita) e restrições ao acesso à Internet. Entretanto, serviços intensivos em termos de mão de obra são bem-vindos, pois criam oportunidades de empregos locais.

Na Disneylândia de Paris, os trabalhadores locais inicialmente resistiram a representar os personagens, alegando que isso restringia sua individualidade.
Cedric Plessis/Corbis Sygma

ESTRATÉGIAS GLOBAIS PARA SERVIÇOS[8]

As empresas e os setores devem prestar atenção à necessidade de estratégias globais competitivas para seus serviços. O alinhamento com a estratégia global da empresa é fator de maior peso na decisão de globalizar as operações de um serviço. A organização de serviços que responde a uma competição elevada é percebida de uma maneira diferente da de suas antecessoras. Como ela estará focalizada estrategicamente, terá um eficiente sistema de prestação de serviços, um produto de alta qualidade e uma estrutura de custos flexível.

São identificadas cinco estratégias básicas de globalização: (1) expansão para vários países, (2) importação de clientes, (3) acompanhamento dos clientes, (4) exteriorização de funções e (5) serviço a qualquer hora (*beating-the-clock*). Entretanto, essas estratégias não são mutuamente excludentes: pode-se pensar em inúmeras combinações (p. ex., combinar expansão para vários países com o serviço a qualquer hora).

A Tabela 14.2 mostra de que maneira cada estratégia é afetada pelos fatores da globalização enfrentados pelas empresas de serviço multinacionais. Com essa tabela, os gerentes conseguem analisar como esses fatores afetariam a implementação das diversas estratégias e sua probabilidade de sucesso para um negócio específico em um país ou região-alvo. A Tabela 14.2 também resume as principais oportunidades e os problemas potenciais de cada fator de globalização para cada estratégia global de serviço. São discutidas as estratégias de serviço e as implicações gerenciais da globalização, começando pela estratégia de expansão para vários países.

Expansão para vários países

A expansão para múltiplos locais tem sido atingida por meio de franquias para atrair investidores e uma abordagem padronizada para clonar rapidamente os serviços em várias localidades. Essa estratégia de expansão é necessária quando o mercado do serviço é definido pela necessidade de deslocamento físico dos clientes até as instalações do prestador do serviço. Além disso, a exportação de um serviço bem-sucedido para outro país, sem modificar o serviço, pode ser feita ao explorar a ideia de vender "a experiência cultural do país", como ilustrado pelo sucesso do McDonald's na Europa e, em especial, pela sua experiência em Moscou. Entretanto, a adaptação cultural requer alguma modificação no conceito do serviço, como visto na venda de cerveja no McDonald's da Alemanha.

Tabela 14.2 Considerações na seleção de uma estratégia global de serviço

Fatores da globalização	Estratégias competitivas em serviços				
	Expansão para vários países	Importação de clientes	Acompanhamento dos clientes	*Offshoring* (exteriorização de funções)	*Beating-the-clock*
Contrato com o cliente	Treinamento de funcionários locais	Desenvolvimento de habilidades na língua estrangeira e sensibilidade cultural	Desenvolvimento de clientela estrangeira	Especialização nos componentes de serviço de retaguarda	Fornecimento de mais horas de serviço
Adaptação ao cliente	Geralmente um serviço padrão	Oportunidade estratégica	Remodelagem local	Qualidade e coordenação	Maior necessidade de confiabilidade e coordenação
Complexidade	Geralmente rotina	Oportunidade estratégica	Modificação das operações	Oportunidade para focalizar	Compressão de tempo
Intensidade da informação	Rede de satélites	Vantagens locais	Deslocamento de gerentes experientes	Investimentos em treinamento	Oportunidade a explorar
Adaptação cultural	Modificação dos serviços	Acomodação dos clientes estrangeiros	Necessidade de alcançar escala	Compreensão cultural	Necessidade de linguagem comum
Intensidade de trabalho	Redução de custos de mão de obra	Aumento do custo da mão de obra	Contratação de pessoal local	Custos reduzidos de mão de obra	Custos reduzidos de mão de obra
Outros	Restrições governamentais	Administração logística	Infraestrutura inadequada	Motivação do funcionário que trabalha em casa	Investimentos de capital

Fonte: Adaptada de Curtis P. McLaughlin and James A. Fitzsimmons, "Strategies for Globalizing Service Operations," *International Journal of Service Industry Management* 7, no. 4, 1996, pp. 45–59.

Muitas questões estratégicas são levantadas no deslocamento de uma operação de serviço pelo mundo, ou *expansão para vários países*. A duplicação de um serviço em escala mundial é mais bem-executada quando envolve serviços rotineiros, como no exemplo do McDonald's. Entretanto, o contato com o cliente e as operações de atendimento requerem sensibilização em relação à cultura local. A melhor abordagem aparentemente seria a contratação e o treinamento de pessoal local para aprender uma parte do processo em consultorias com aqueles que dominam as abordagens bem-sucedidas em outros países.

Com exceção de serviços profissionais, a customização e a complexidade não são questões importantes, considerando a natureza rotineira de muitos serviços prestados a clientes em múltiplos locais (p. ex., *fast-food*). Da mesma forma, a intensidade das informações não é tão essencial, mas gerenciar uma rede global de locais de serviços talvez exija comunicação por satélite.

A adaptação cultural, entretanto, é uma questão relevante no projeto do serviço. Ela deve ser centralizada ou gerenciada em cada país? Essas questões foram apontadas pela Kentuchy Fried Chicken, como verificado na seguinte citação, que explica a situação no final dos anos 1960, com a qual sucessivos grupos de gerentes profissionais da Heublein e da RJ Reynolds se envolveram por mais 20 anos:[9]

> Os gerentes de cada país eram como governadores romanos enviados para governar províncias distantes com nada além da exortação para manter a força e a reputação do Império Romano. Poucos tinham qualquer conhecimento operacional, sendo oferecido a eles um reduzido pessoal de apoio, e a única atenção prestada às operações estava nos esforços pessoais do Coronel Sanders para manter a qualidade original de seus produtos. O gerente em cada país contava somente consigo mesmo para alcançar o sucesso do seu empreendimento, e muitos tiveram de aprender sobre o negócio a partir do zero.

Infelizmente, o quadro corporativo parecia ter pouco a oferecer, exceto pela tentativa de adequar as operações estrangeiras ao modelo norte-americano. No final das contas, a "razão de ser" das franquias desmorona devido à adaptação à cultura local. Os gerentes regionais estavam bem conscientes, entretanto, de que a abordagem padronizada também não funcionaria.

Importação de clientes

Para que a estratégia de múltiplos serviços em um único local seja bem-sucedida internacionalmente, os clientes devem se dispor a viajar longas distâncias e permanecer por um longo período de tempo, ou as telecomunicações devem substituir as viagens físicas. Muitos serviços, como faculdades e universidades de prestígio, centros médicos (p.ex., Clínica Mayo) e atrações turísticas (p.ex., Disney World), atendem a essas especificações. Quando existe uma atração turística singular em um determinado local (p.ex., Mt. Crested Butte, no Colorado), surgem serviços focados nessa atração, como o atendimento de esquiadores no inverno e de ciclistas no verão. Em vez de exportar o serviço, como em uma estratégia de múltiplos locais, a estratégia de múltiplos serviços envolve a *importação de clientes*.

Ao decidir manter um serviço em sua localização e atrair clientes de todo o mundo, será enfrentada a necessidade de desenvolver habilidades em línguas estrangeiras e de sensibilizar culturalmente seu pessoal de contato com o cliente. Talvez seja preciso pagar mais para adquirir essas habilidades. As características únicas do local (p.ex., atração turística ou reputação do serviço) devem ditar a seleção dessa estratégia. A diferenciação ocorrerá por meio da customização e da complexidade do serviço, e o gerenciamento da infraestrutura de transporte e de logística será necessário para acomodar os clientes visitantes. Por exemplo, a ilha holandesa de Bonaire, próxima do litoral venezuelano, é visitada por mergulhadores e é atendida uma vez por semana por um voo da KLM, direto de Amsterdã.

Acompanhamento dos clientes

Muitas empresas de serviços abrem escritórios em outros continentes não para servir aos mercados locais, mas para acompanhar seus clientes corporativos no exterior e continuar a atendê-los. Entretanto, para atrair os clientes locais, pode ser necessário fazer modificações no pacote de serviços, bem como contratar pessoas que estejam familiarizadas com as práticas locais.

Para implementar essa estratégia de *acompanhamento dos clientes*, uma das maiores agências de viagens de negócios formou parcerias em quase todas as áreas do mundo. Seus clientes corporativos desejam que seus funcionários sejam atendidos adequadamente em qualquer lugar. Por exemplo, o representante local da Península Arábica conseguiu liberar os viajantes do Kuwait antes da invasão do Iraque em agosto de 1990.

Da mesma forma que as firmas de advocacia se expandiram para várias cidades a fim de se aproximar de suas contas corporativas, as empresas de serviços são levadas a operar nos mesmos países que seus clientes. A verdadeira empresa global necessita e exige serviços verdadeiramente globais de seus agentes de viagens, auditores e consultores, entre outros.

O ponto fraco dessa estratégia para uma empresa já comprometida com operações em outros continentes é o fato de ignorar o amplo mercado representado pelo rápido crescimento da classe média de muitos países. Isso também libera as empresas que servem essas populações para crescerem sem competição, até que alcancem qualidade e escala suficientes para se tornarem uma ameaça internacionalmente.

Em geral, o volume de vendas disponível devido a visitantes ou expatriados em um país estrangeiro é pequeno, o que proporciona alternativas interessantes ao gestor do serviço – devo projetar meus serviços para seguir meus clientes e atender às suas necessidades, adaptá-los à cultura local ou fazer um meio-termo e tentar balancear o atendimento para os dois grupos? Todo o conhecimento dos gerentes de operação sobre serviços parece argumentar contra a probabilidade de um atendimento bem-sucedido aos dois grupos de clientes. Logo, os gerentes têm de enfrentar questões interessantes de foco e escala em termos de quando servir expatriados e visitantes e quando suprir a demanda de clientes locais. Onde os mercados expatriados forem pequenos e o mercado local exigir considerável adaptação, parcerias com pequenas organizações parecem uma boa alternativa. Mesmo quando um novo modelo de serviço não é necessário para as atividades de alto contato com o cliente, talvez seja conveniente adaptar as operações ao ambiente e chamar gerentes flexíveis e experientes a fim de realizar o trabalho de transposição diante da infraestrutura local e das complexidades do sistema social.

Offshoring (exteriorização de funções)

A *exteriorização de funções (offshoring)* é uma espécie de terceirização que se distingue pela localização estrangeira do provedor terceirizado. Consequentemente, a exteriorização de funções é considerada uma estratégia de serviços global. Algumas empresas de serviços economizam custos de mão de obra ao enviar as operações de retaguarda via Internet para localizações em outros países e focalizar em atividades locais de contato com os clientes. Por exemplo, um serviço de corretagem pode realizar suas atividades rotineiras de transação de mercado e manutenção de conta de clientes em outro país, mas reter as atividades de consultoria profissional customizada em seu país de origem. A mudança das centrais de atendimento ao cliente norte-americanas para a Índia é um exemplo de serviço remoto realizado no exterior que aproveita o conhecimento da língua inglesa por parte da população. No entanto, alguns problemas de qualidade começam a surgir quando jovens mal treinados que trabalham no turno da noite (para corresponder ao horário comercial nos Estados Unidos) falam com os clientes. Queixas de clientes corporativos da Dell Computer fizeram algumas centrais de atendimento ao cliente retornarem aos Estados Unidos.

Embora a economia nos custos com mão de obra seja um incentivo atraente para as atividades de retaguarda no exterior, existem custos de investimento a serem considerados no que se refere ao treinamento, à compreensão da cultura e à abordagem de fatores adversos à motivação dos funcionários.

A prática de exteriorizar funções continuará porque muitos países apresentam grandes contingentes de pessoas instruídas que falam inglês e estão desempregadas ou subempregadas. Muitas dessas pessoas possuem altos níveis de treinamento técnico, em especial as que têm habilidades quantitativas e conseguem se adaptar a um nível de serviço elevado. Alguns dos atuais segmentos de mercado propícios para a exteriorização de funções incluem atendimento ao cliente, análise financeira, preparação de imposto de renda, serviços de pagamento, funções administrativas e desenvolvimento de software.

Benchmark em serviços

Mundo pequeno e outros mitos

Em apenas algumas horas, podemos estar em uma ilha do outro lado do mundo ou em outro continente e nos surpreendermos com quão pequeno é o nosso mundo. Mesmo para empresas que fazem negócios em outros países, o mundo é pequeno tendo em vista a rapidez de uma viagem e a rapidez ainda maior da comunicação via computadores e telecomunicações.

Ao considerarmos os aspectos humanos e culturais de fazer negócios em diversos países, no entanto, fica fácil acreditar que a Terra está se expandindo junto com o universo. As diferenças entre as culturas algumas vezes parecem insuperáveis. Até há pouco tempo, nos países do bloco oriental, por exemplo, os produtos eram escassos, e quem os vendia tinha poder. Os clientes sentiam-se subservientes a essas pessoas, que transmitiam essa atitude junto com os produtos. Hoje, as prateleiras estão repletas como nunca se viu, mas tanto clientes quanto prestadores de serviços têm dificuldades em compreender o conceito de "o cliente sempre tem razão". Suspeita-se de um atendente sorridente, e os clientes nem sempre têm paciência com um funcionário que tem dificuldades com as novas formas de fazer negócios.

Em outros casos, as diferenças foram ajustadas, muitas vezes para o benefício e a diversão de diferentes culturas. Em alguns lugares, o McDonald's recebeu o crédito por trazer um nível mais elevado de limpeza dos banheiros para uma comunidade no exterior – de certa forma, um embaixador da "pureza dos banheiros".

Serviço a qualquer hora (*beating-the-clock*)

O *serviço a qualquer hora* descreve as vantagens competitivas obtidas por meio da superação das restrições do relógio e dos fusos horários locais, incluindo leis e regulamentos trabalhistas locais que ditam as jornadas de trabalho. As empresas nos Estados Unidos há muito tempo reconhecem que combinar a demanda de múltiplos fusos horários melhora a produtividade de seus atendentes e vendedores por telefone. A Quarterdeck, uma empresa de software da Califórnia que foi adquirida pela Symantec em 1998, fornecia suporte técnico a seus clientes norte-americanos mais ao leste pela transferência de suas chamadas telefônicas matinais para o centro de suporte técnico da Quarterdeck europeia, na Irlanda. A vantagem derivava da prestação de serviço para os clientes da Costa Leste quando o escritório da Califórnia estava fechado. A vantagem de estar apto a prestar um serviço 24 horas, apesar das normas trabalhistas locais ou das regulamentações governamentais em mercados fechados, tem auxiliado a produzir uma verdadeira globalização dos mercados de ações.

Os projetos podem ser acelerados aproveitando a coordenação de atividades por todo o globo. Por exemplo, um banco da Carolina do Norte está tendo seus sistemas de registro de empréstimos expandidos e reprogramados por uma empresa indiana. Os indianos nos Estados Unidos comunicam-se diariamente com os programadores na Índia via satélite. A administração do banco está satisfeita, pois o trabalho acontece rapidamente, na medida em que os funcionários na Índia programam em uma metade do dia e os funcionários na Carolina do Norte fazem os testes e reparam os programas durante a outra metade.

As vantagens da compressão do tempo no processo de desenvolvimento de um software provavelmente não passarão despercebidas em várias situações. A competição com base no tempo é uma estratégia muito aceita na manufatura. No mundo dos serviços em tempo real, existem muitas razões para esperar outras inovações no uso da "velocidade da luz" a fim de "ganhar do relógio" por todo o mundo e obter uma vantagem competitiva.

Os gerentes devem examinar seus processos de serviço a fim de encontrar formas de utilizar os meios eletrônicos para "ganhar do relógio". Uma vez identificados esses meios, os gerentes precisam iniciar o desenvolvimento de uma estratégia ofensiva ou defensiva. Essa análise deve incluir considerações sobre o impacto potencial dos turnos por fuso horário no marketing, nas operações ou nos aspectos de recursos humanos dos serviços. Tais mudanças podem (1) resultar em economias de operação?; (2) oferecer maior acessibilidade para clientes estrangeiros e domésticos?; (3) apoiar a competição com base no tempo das operações?; ou (4) aumentar a criatividade disponível no processo sem torná-lo mais demorado? As estratégias defensivas envolveriam a formação de alianças estratégicas em regiões com outros fusos horários. As atividades ofensivas poderiam envolver o deslocamento para regiões de fuso horário diferente ou a modificação das operações nesses locais para cobrir novos mercados ou melhorar os existentes, a fim de superar a concorrência do serviço a qualquer hora.

A necessidade de maior confiabilidade e coordenação entre os locais e os fusos horários talvez requeira um acréscimo substancial de investimento em treinamento, em métodos de operação e em telecomunicações. As telecomunicações certamente serão necessárias para tornar transparentes ao cliente as mudanças nos locais e para aproveitar ao máximo as vantagens provenientes do tempo.

Resumo

Uma inovação bem-sucedida em serviços pode crescer por dois caminhos fundamentais: (1) duplicação dos serviços em diferentes locais geográficos com uma estratégia de múltiplos locais de "rede focalizada", (2) incorporação de diferentes serviços à sede original, utilizando uma estratégia de múltiplos serviços e, assim, configurando "serviços agrupados". Apesar de não ser necessariamente um objetivo desejado, algumas empresas de serviços maduras combinam ambas as estratégias e se tornam uma "rede diversificada".

As franquias tornaram-se o método mais comum e rápido de implementação de uma estratégia de múltiplas localidades, utilizando o capital fornecido pelos investidores proprietários. Para os empreendedores interessados, as franquias são atraentes devido às muitas vantagens de adotar um conceito comprovado e em especial à diminuição do risco de fracasso.

Vivemos agora em um "mundo sem fronteiras", com as informações sobre produtos e serviços disponíveis para os clientes de todo o mundo. Para muitos serviços, a presença global não é mais uma opção, mas uma necessidade a fim de continuar atendendo aos clientes. A expansão para outros continentes apresenta riscos e desafios, dependendo da possibilidade de transferência cultural do serviço, do desenvolvimento de uma rede de serviços em terras estrangeiras e das discriminações governamentais contra serviços estrangeiros.

Palavras-chave e definições

Acompanhamento dos clientes: conceito que envolve a expansão para outros continentes, a fim de prestar serviço a clientes que já estabeleceram suas operações multinacionais. *p. 355*

Expansão para vários países: estratégia de crescimento na qual um serviço é replicado para mais de um país, utilizando a fórmula de franquias, com pouca adaptação à cultura local. *p. 354*

Exteriorização de funções: envio das atividades de retaguarda para o exterior a fim de economizar custos com mão de obra. *p. 355*

Franquia: método de duplicação de um conceito de serviço pela atração de investidores que se tornam proprietários-operadores, limitados por um acordo para prestar o serviço de uma maneira sistemática. *p. 345*

Importação de clientes: abordagem de crescimento que atrai clientes para um local preexistente, em vez de construir sedes em outros continentes. *p. 354*

Rede diversificada: situação em que muitos serviços são oferecidos em múltiplos locais (p.ex., agências bancárias). *p. 344*

Rede focalizada: serviço único oferecido em diversos locais, com frequência pelo uso de franquias (p.ex., rede de hotéis). *p. 343*

Serviço a qualquer hora (*beating-the-clock*): utilização de locais de serviço espalhados pelo mundo para fornecer um serviço disponível 24 horas. *p. 356*

Serviço focalizado: serviço único oferecido em uma única sede (p.ex., restaurante familiar). *p. 343*

Serviços agrupados: situação em que muitos serviços são oferecidos em uma única sede (p.ex., um hospital). *p. 344*

Tópicos para discussão

1. Lembre-se de que as operações de serviços são classificadas como o processamento de pessoas, de produtos ou de informações. Que desafios são enfrentados em cada categoria ao empreender a globalização?
2. A Chili's, cadeia de restaurantes sediada nos Estados Unidos que oferece comida mexicana, tem o seu maior restaurante em Monterrey, México. Por que a Chili's faz tanto sucesso em Monterrey?
3. Qual é o conflito inerente aos acordos de franquias?
4. O que explica o contínuo superávit do comércio de serviços nos Estados Unidos?

Exercício interativo

A turma é dividida em pequenos grupos, cada um com pelo menos um estudante que tenha experiência de viagem para o exterior, se possível. Com base nessa experiência internacional, o grupo descreve aspectos da vida cotidiana que considera diferentes daqueles do seu país de origem e modelos a serem seguidos.

Goodwill Industries International, Inc.[10] — Estudo de caso 14.1

"Toda vez que você faz uma doação à Goodwill, você permite que alguém mude sua vida ao conseguir um trabalho...Quem diria que uma camiseta que você usou no ano passado poderia virar trabalho para outra pessoa?" —*Helping! Magazine*, uma publicação da Goodwill Industries International, Inc., inverno de 1998.

HISTÓRIA DA EMPRESA

A Goodwill Industries of Central Texas foi fundada em 1958 para ajudar as pessoas com problemas físicos a levarem vidas produtivas. No início, contou com uma equipe de quatro pessoas, que administravam uma pequena operação de varejo e um centro de serviços vocacionais. Hoje, a Goodwill Industries gera $ 20 milhões de receita bruta, com 11 lojas no varejo, 25 locais de doações, quatro departamentos e 500 funcionários durante o período de alta de emprego. As vendas continuaram a subir à medida que a empresa obteve um crescimento de 20% na receita bruta durante os anos de 1996 e 1997. A Figura 14.3 apresenta um gráfico da receita bruta e do crescimento no número de funcionários.

A Goodwill Industries of Central Texas é uma organização não lucrativa gerenciada e operada de maneira independente, mas é afiliada à Goodwill Industries International, Inc. (GIII), uma organização que ajuda as Goodwills individuais em questões associadas a recursos, campanhas de marketing internacional, buscas de informações executivas e campanhas de *lobby* com o poder legislativo federal. Atualmente, existem 184 Goodwills na América do Norte e 237 Goodwills por todo o mundo – todas concentradas na mesma missão.

DE DOAÇÕES A DÓLARES

A Goodwill Industries opera fundamentalmente por meio da generosidade de pessoas e empresas na comunidade local. O departamento de bens doados representa a maior fonte da sua receita bruta. A organização depende muito de doações de roupas usadas, utensílios domésticos, aparelhos eletrônicos, produtos esportivos e quaisquer outros itens vendáveis, a fim de gerar a receita bruta necessária para fornecer os seus serviços. Na verdade, esperava-se que a venda de bens doados gerasse em torno de $ 12 milhões em 1998, enquanto o orçamento total para a organização naquele ano era de $ 18 milhões. A Figura 14.4 exibe a receita bruta real de 1997 por fonte, com uma distribuição típica dos últimos anos.

O DESAFIO À FRENTE

A administração da Goodwill reconhece a emergência de um mercado cada vez mais competitivo na arena econômica, fato que está forçando a organização a mudar a forma de fazer seus negócios. Nos últimos tempos, tem havido uma pressão crescente para que as lojas tenham um desempenho cada vez melhor a cada ano, apesar da competição muito mais acirrada por funcionários e doações. Como resultado, algumas lojas não têm conseguido alcançar as metas de receita bruta. Para aumentar o problema, o giro de funcionários em algumas lojas da Goodwill em 1997 chegou a 160%, sendo que as taxas de desemprego local estavam próximas de 2,5%. A missão da Goodwill é ajudar as pessoas a encontrarem um emprego melhor, mas quando uma pessoa é contratada como um funcionário das operações de varejo, a organização tenta mantê-la para criar uma força de trabalho estável e altamente qualificada.

A COMPETIÇÃO

A Goodwill enfrenta competição em duas frentes – a competição por doações e a competição pela venda dessas doações. Até poucos anos atrás, a Goodwill Industries sofria pouca competição por sua matéria-prima fundamental – bens usados doados. As pessoas doavam para a Goodwill porque não havia outra saída a não ser o monte de lixo. O Exército da Salvação surgiu como um competidor e era o único concorrente a atuar no nicho. Entretanto, isso começou a mudar com o surgimento e a popularização das lojas de consignação e de objetos usados. As pessoas começaram a ter mais escolhas sobre para quem doar ou vender os seus itens usados. Essas operações menores não apenas desviam as pequenas doações, mas também aumentam a competição pelas vendas. O mercado de bens usados tornou-se muito mais competitivo no final dos anos 1990.

Existe também uma ameaça emergente: as lojas de bens usados com fins lucrativos (FPT – *for profit thrift*), como a Thrift Town, que busca ativamente bens usados da mesma população que a Goodwill. A Thrift Town é uma subsidiária da TGV, empre-

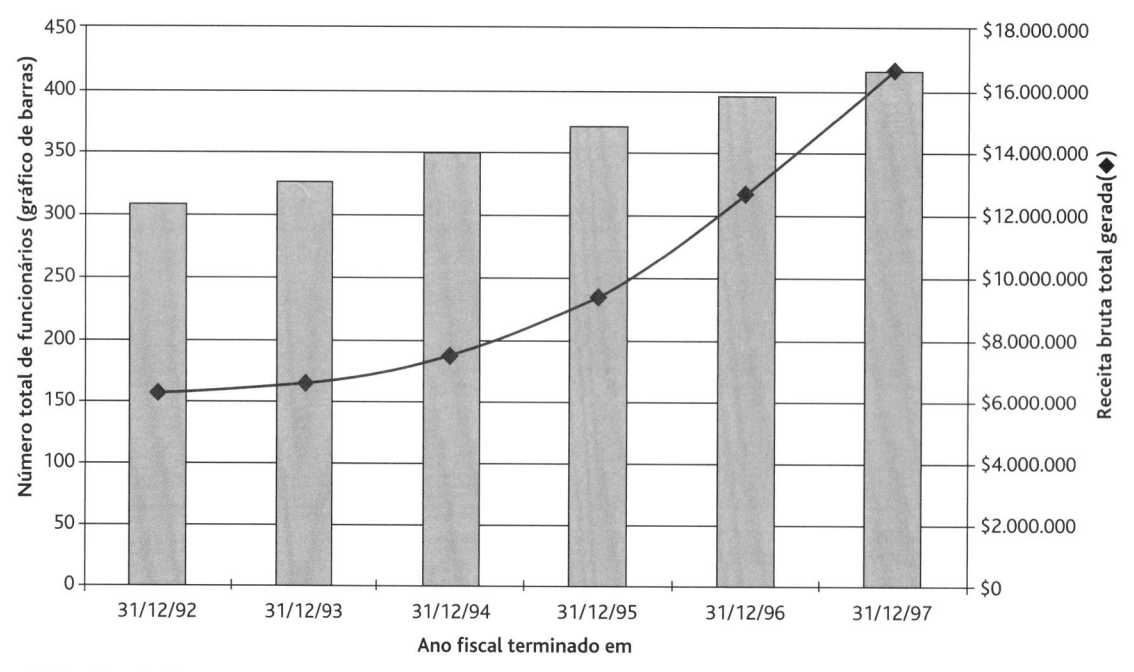

Figura 14.3 Receita bruta e número de funcionários.

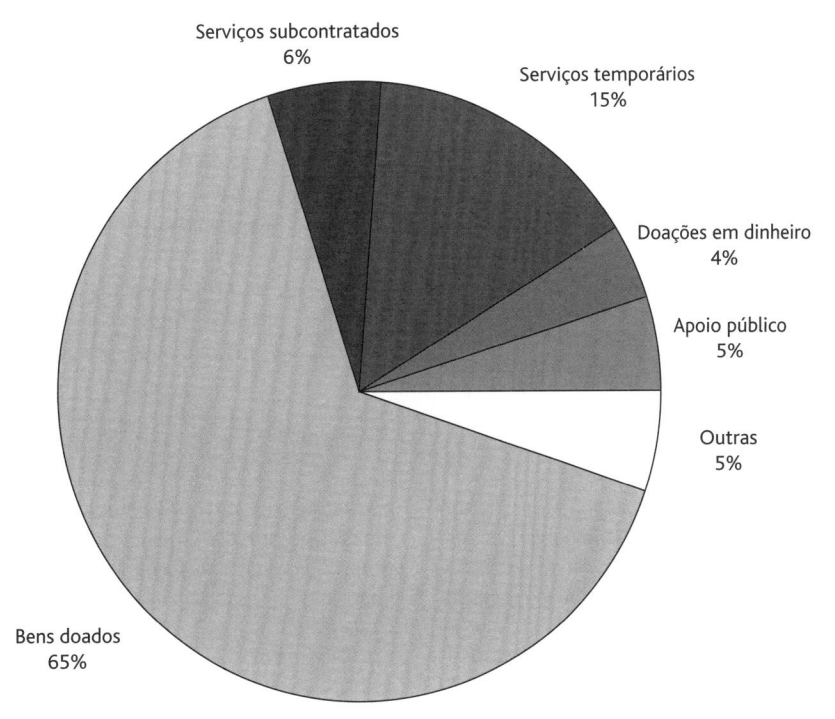

Figura 14.4 Fontes de receita bruta de 1997.

Fatias do gráfico:
- Bens doados 65%
- Serviços subcontratados 6%
- Serviços temporários 15%
- Doações em dinheiro 4%
- Apoio público 5%
- Outras 5%

sa de capital aberto cujo plano de negócios exigia uma expansão internacional até o final da década. A TGV concluiu uma ampla pesquisa de mercado para determinar os pontos fracos das organizações não lucrativas locais e estava entrando nessas áreas como parte da sua estratégia de crescimento.

Apesar do aumento na competição local, as operações varejistas da Goodwill Industries International Inc. cresceram 20% em 1997, ano em que duas lojas foram inauguradas, com expansões significativas em duas outras. A Goodwill Industries International Inc. tem uma estratégia explícita de expansão das suas operações, abrindo e operando novas lojas em todo o território de 15 municípios pelo qual é responsável. É esperado um crescimento de 20% na receita bruta por ano nos próximos três anos.

O QUE SUSTENTOU O CRESCIMENTO?

A Goodwill desenvolveu uma estratégia única para competir no mercado varejista local mais amplo. Ela escolheu não concorrer diretamente com outras varejistas pelos dólares gastos em compras nos feriados tradicionais (isto é, a temporada de Natal), mas criar um nicho próprio ao vender fantasias e decorações de Halloween. As lojas são decoradas com o tema, e os funcionários são incentivados a trabalhar fantasiados. Aproximadamente 45% do orçamento de propaganda anual eram direcionados a promoções de Halloween. Essa estratégia parecia estar funcionando, porque o mês de outubro era responsável por quase 30% da receita anual de varejo. Por outro lado, isso também indicava que um Halloween financeiramente ruim poderia significar um ano ruim para a organização.

A Goodwill Industries contou com sua capacidade de abrir lojas em locais de alto tráfego, que estejam próximas à população que doa para as suas lojas e faz compras nelas. Não existe um processo formal para a busca de novos locais – a decisão é de responsabilidade da administração das operações de varejo após visitar os locais potenciais. Recentemente, a Goodwill construiu a sua primeira loja em uma comunidade de um subúrbio em desenvolvimento. Essa foi uma mudança significativa na filosofia de longa data de arrendar ou comprar propriedades com um histórico de produtividade.

Finalmente, a Goodwill tentou dar um polimento na sua imagem junto ao público ao tentar parecer mais uma loja de departamentos do que uma loja de bens usados. As lojas compraram novos acessórios e melhoraram a aparência exterior com sinalizações e pintura nova. Um cuidado maior está sendo dado para assegurar que os provadores de roupas sejam limpos regularmente e que os locais de entrega das doações sejam atraentes e organizados. O departamento de transporte recentemente pintou os seus caminhões com o logotipo da Goodwill e a frase "aquele *jeans* que você doou deu emprego para uma pessoa".

QUESTÕES RELATIVAS AOS CLIENTES

Uma crítica frequente do público é a dificuldade enfrentada por aqueles que tentam fazer uma doação para a organização. Tempos atrás, a Goodwill ofereceu um serviço de busca e transporte de doações, mas parou de fazê-lo devido a uma dificuldade muito grande de coordenação. A organização também estava preocupada com o montante de "lixo" com que os trabalhadores tinham de lidar ao buscar essas doações. Atualmente, os doadores devem levar as doações para o local de entrega mais próximo. Essa política passou a ser praticada em 1995, mas as pessoas ainda não tinham conhecimento da mudança, possivelmente por terem um contato esporádico com a Goodwill. A maioria das buscas nas casas normalmente era por móveis ou objetos de pessoas que estavam se mudando e que não haviam conseguido vendê-los, o que talvez motivasse o doador a entrar em contato com a Goodwill apenas a cada cinco ou seis anos.

Outra área de preocupação em relação aos clientes era a política de varejo da Goodwill de não aceitar a devolução de mercadorias. Os clientes reclamavam da possibilidade de comprar um item que funciona durante os testes em uma loja, mas falha ao ser operado em casa. A política de não devolução significava que era impossível conseguir um ressarcimento, mas o gerente tinha o poder de oferecer uma troca na loja. Essas trocas raramente eram feitas. Parte da razão para essa política era a dificuldade de provar que os itens que estavam sendo devolvidos foram comprados da Goodwill.

Questões

1. Quem são os clientes da Goodwill e como o seu perfil demográfico se modificou com o tempo?
2. De que forma a introdução das lojas de bens usados com fins lucrativos deve afetar a decisão da Goodwill sobre o papel do serviço aos clientes?
3. Como a Goodwill pode diferenciar-se dos seus concorrentes?
4. Visite o site http://shopgoodwill.com/, onde a Goodwill faz leilões de itens de interesse especial, e argumente por que essa loja *on-line* tem um grande potencial de lucro.

Federal Express: aquisição da Tiger International[11] Estudo de caso 14.2

A empresa que se tornou uma das histórias de maior sucesso norte-americano iniciou suas operações em Memphis, Tennessee, há quase duas décadas. Aqueles que conheceram a ideia de Fred Smith não imaginavam que sua pequena empresa fosse revolucionar o setor de cargas aéreas.

Em 1972, o Civil Aeronautics Board (Conselho de Aviação Civil) determinou que as aeronaves de operadores aéreos com peso total menor do que 75.000 libras (aproximadamente 35 toneladas) seriam classificadas como táxi-aéreo, e não seria exigida para a sua operação a obtenção de um certificado de "conveniência e necessidade pública". Esse fato possibilitou a entrada da Federal Express (FedEx) no setor altamente entrincheirado de fretes aéreos. A FedEx encomendou uma frota de 33 aviões Dassault Falcon em 1972, começando a operar um ano mais tarde. Em 17 de abril de 1973, a empresa entregou 18 encomendas, tornando-se a primeira a oferecer entregas nacionais para o dia seguinte.

Um dos princípios fundamentais da FedEx era a utilização do sistema centro-radial, no qual todos os pacotes eram enviados inicialmente para Memphis, classificados durante a noite e embarcados para seus destinos na manhã seguinte. Esse sistema permitia à FedEx atender a muitas cidades com um número mínimo de aeronaves. Também proporcionava um controle rígido e a eficiência das operações de solo, o que se tornou ainda mais importante quando foi instalado o sistema de localização de encomendas.

Durante os dois primeiros anos de operação, a FedEx perdeu dinheiro, mas o faturamento ultrapassou a marca dos $ 5 bilhões no exercício fiscal de 1989, em parte devido à aquisição da Tiger International.

Como mostra a Tabela 14.3, a FedEx iniciou a expansão global em 1984, quando comprou a Gelco International. A FedEx continuou essa expansão com seu primeiro voo para a Europa, em 1985, estabelecendo um escritório europeu em Bruxelas, Bélgica, no mesmo ano.

As operações domésticas também foram ampliadas. Em 1986, centrais regionais foram estabelecidas em Oakland, Califórnia, e em Newark, New Jersey. Em 1987, um centro de classificação foi aberto em Indianápolis, e Honolulu foi escolhida como sede dos escritórios centrais do Extremo Oriente. Naquele mesmo ano, foram concedidos à FedEx os direitos a uma rota de pe-

Tabela 14.3 Linha do tempo da Federal Express Corporation

1973	Iniciou as atividades com *fan-jets* da Falcon, de Memphis para 25 cidades, em abril.
1977	Desregulamentação do setor de transporte aéreo de cargas.
1978	Comprou seu primeiro Boeing 727 e tornou-se uma empresa de capital aberto.
1980	Recebeu seu primeiro McDonnell Douglas DC10 e implementou um sistema computadorizado de localização.
1981	Introduziu a Carta Noturna, um serviço de entrega de documentos de menor custo. Inaugurou a expansão do supercentro em Memphis.
1982	Encurtou o compromisso de entrega até o dia seguinte para o de entrega até as 10h30 da manhã em todos os grandes mercados.
1983	Inaugurou o primeiro Centro de Serviços de Negócios. Tornou-se a primeira empresa a atingir rendimentos anuais de $ 1 bilhão em menos de 10 anos de existência.
1984	Comprou a Gelco International e realizou seu primeiro voo transatlântico programado para a Europa. Estabeleceu o escritório central europeu em Bruxelas.
1986	Aumentou a capacidade de rastreabilidade e de informação com a introdução do SuperTracker. Adquiriu a Lex Wilkinson Ltda., do Reino Unido, e a Cansica, do Canadá.
1987	Adquiriu o centro de Indianápolis. Conseguiu a concessão exclusiva de rotas de pequenas cargas para o Japão.
1988	Programou seu primeiro voo transpacífico para o Japão. Adquiriu nove empresas de transporte estrangeiras.
	Anunciou os planos para comprar a Tiger International.
1989	Concretizou a compra da Tiger International e realizou a fusão da Flying Tigers ao sistema, tornando-se a maior companhia aérea de serviço completo de cargas gerais do mundo.

quenas cargas para o Japão, e, no ano seguinte, a empresa estava regularmente fazendo voos programados para a Ásia.

A expansão internacional não resultou, porém, em um imediato sucesso internacional. Na Ásia, as aeronaves estavam voando com metade da capacidade devido às restrições do contrato, e uma carência de aviões de apoio nas operações na América do Sul prejudicava as entregas garantidas quando as aeronaves regulares se encontravam no solo. E o pior é que muitos gerentes das empresas adquiridas na Europa haviam deixado a empresa.

Como solução para esses gargalos internacionais, a FedEx realizou um movimento drástico em dezembro de 1988, anunciando os planos de comprar a Tiger International, empresa proprietária da Flying Tigers, a maior companhia aérea de carga pesada do mundo. O preço de compra estava em torno de $ 880 milhões.

Essa ação lançou a FedEx para a linha de frente do mercado internacional de cargas, concedendo a ela os direitos de pouso em mais 21 países; entretanto, a compra da Tiger International não deixou de ter seus desafios. Por exemplo, com a aquisição, as dívidas de longo prazo da Federal Express aumentaram mais do que o dobro, para aproximadamente $ 2 bilhões. Além disso, no pacote a FedEx havia comprado o negócio de entrega de cargas pesadas, sendo que muitas delas não eram enviadas até o dia seguinte, o que representava um significativo afastamento do tradicional nicho de mercado da FedEx. Um dos maiores dilemas enfrentados pela empresa, logo após a fusão, foi como integrar as duas forças de trabalho.

MAIORES CONCORRENTES DOMÉSTICOS NO SETOR DE CARGA AÉREA

A Federal Express é a maior transportadora nacional que presta serviços para o dia seguinte, com mais de 40% do mercado norte-americano. A United Parcel Service (UPS), a Emery Air Freight, a DHL (transportadora internacional com sede em Bruxelas) e outras poucas transportadoras atendem à fatia de mercado restante. A FedEx teve um faturamento de $ 3,9 bilhões e um lucro líquido de $ 188 milhões em 1988. Entretanto, a empresa perdeu aproximadamente $ 74 milhões em seus negócios internacionais desde 1985, o que motivou a compra da Tiger International. A aquisição, que recebeu a aprovação do governo norte-americano em 31 de janeiro de 1989, concedeu à FedEx uma forte posição de entrada no mercado de cargas pesadas, bem como o acesso a mais 21 países.

A guerra de preços, que começou com a entrada da UPS no negócio de fretes para o dia seguinte, reduziu o faturamento por encomenda da FedEx, desde 1984, em 15%. Outro revés foi a perda de $ 350 milhões no Zapmail, desativado em 1986. Como serviço de transmissão de documentos que fornecia informações via satélite, o Zapmail rapidamente tornou-se obsoleto devido aos aparelhos de fax.

Entretanto, a FedEx oferece a seus clientes vários outros benefícios que não são disponibilizados pelos concorrentes. Por exemplo, ela conta com um serviço de coleta em uma hora acionado por telefone que, mediante seu sistema de informações em banco de dados (COSMOS), garante a localização de qualquer encomenda sob sua responsabilidade dentro de 30 minutos. A FedEx considera que esse tipo de segurança para o cliente auxilia na manutenção do seu crescimento contínuo.

A NATUREZA DA COMPETIÇÃO

O setor de cargas aéreas passou por uma série de fusões, resultantes da recente guerra de preços que agitou o segmento. Além disso, foram formadas alianças de marketing entre transportadoras domésticas e estrangeiras para tirar maiores vantagens do comércio internacional e criar novas rotas e serviços (p. ex., localização de encomendas).

Quando a UPS entrou no mercado de encomendas para o dia seguinte, em 1982, a competição elevou-se substancialmente, iniciando uma guerra constante de preços que afetou todos os competidores do mercado de cargas aéreas. A receita média por encomenda da FedEx diminuiu 30,3% entre 1983 e 1988.

Felizmente, a estratégia de cortes de preços parece ter chegado ao seu fim. Quando a UPS, que desencadeou a guerra de preços, anunciou outro corte de tarifas em outubro de 1988, seus competidores recusaram-se a acompanhá-la e, em janeiro de 1993, a UPS anunciou seu primeiro aumento de preços em quase seis anos, um acréscimo de 5% nas tarifas para os serviços de cargas entregues no dia seguinte. Entretanto, diversos fatores, como o contínuo excesso de capacidade, os baixos custos de troca e as altas barreiras de saída, manterão o setor de cargas aéreas extremamente competitivo.

CONCLUSÕES SOBRE O AMBIENTE DE CARGAS AÉREAS

Embora a situação esteja melhorando, a competição e a rivalidade dentro do setor permanecem como a principal restrição ao segmento de cargas aéreas. Com o excesso de capacidade, as empresas, que estão desesperadas para preencher os aviões, continuam a perceber a diminuição da rentabilidade nas encomendas que transportam.

Além disso, as empresas de transporte de passageiros estão entrando no mercado de cargas aéreas com muita força, o que complica a situação. Todos esses fatores levam os atuais competidores a consolidarem suas operações, na esperança de atingir um aumento nas economias de escala.

A tecnologia trabalha tanto como aliada quanto como inimiga do setor de cargas aéreas. Os aparelhos de fax ocupam um grande nicho do segmento dos documentos transportados à noite; por outro lado, a melhoria dos bancos de dados está capacitando as empresas a oferecerem a seus clientes outro serviço valioso: o aprimoramento das informações sobre o rastreamento de embarques importantes.

Até agora, os inúmeros transportadores têm garantido tarifas cada vez mais baixas aos compradores dos serviços; ocorre que, devido ao fato de estarem dispersos por uma imensa área, os compradores não conseguem controlar com eficácia as empresas de cargas aéreas. Da mesma forma, as empresas de cargas aéreas continuam tendo uma vantagem em relação aos seus fornecedores. A capacidade de comprar aeronaves usadas mantém essas empresas menos dependentes dos fabricantes de aviões e a grande mão de obra não qualificada ajuda a manter baixos os custos dos centros de distribuição. A ausência de disponibilidade de infraestrutura aeroportuária, no entanto, representa um sério problema para o setor. A necessidade de espaço em aeroportos não é problema apenas nos Estados Unidos, pois conseguir acesso a centros internacionais superlotados e controlados por governos representa um grande desafio.

DISTRIBUIÇÃO MUNDIAL

À medida que as distâncias no globo terrestre "diminuem" e as economias ficam interdependentes, os clientes demandam novos serviços para facilitar os processos de produção remodelados. Um dos mais divulgados é o sistema *just-in-time* (JIT), que muitas empresas norte-americanas "tomaram por empréstimo" de seus concorrentes japoneses. Os sistemas JIT buscam a eliminação das tradicionais pilhas de estoques, comuns à manufatura, incluindo os estoques de matérias-primas, de produtos em processo e de produtos acabados. Sem dúvida, esse sistema depende de se ter sempre o componente certo no lugar certo e no momento certo.

O serviço de entrega aérea vem demonstrando ser confiável ao entregar os materiais necessários no prazo certo. A FedEx e os seus concorrentes conseguiram, por meio de contrato com os fabricantes, o fornecimento adequado da logística especializada de que dependem para o suporte de suas estruturas JIT. Essencialmente, os aviões são transformados em armazéns voadores. À medida que essa área cresce, a aquisição da Tiger pela FedEx só poderia se traduzir em uma ampla rentabilidade, devido à capacidade da primeira em lidar com os carregamentos mais pesados produzidos pela indústria mundial. Por exemplo, é cada vez maior o número de componentes fabricados na Ásia e destinados aos Estados Unidos para a montagem final.

POWERSHIP

Para facilitar ainda mais a penetração nos negócios dos clientes, a FedEx desenvolveu o Powership, um programa que instala terminais no estabelecimento dos clientes, permitindo que a FedEx conheça as suas necessidades. A fim de simplificar o processo de embarque diário, um programa automático monitora os embarques, fornece informações de preços e imprime faturas. Esse dispositivo auxilia na eliminação da necessidade administrativa de conferir a lista de cargas com as faturas. Atualmente, mais de 7.000 clientes da FedEx que trabalham com volumes elevados estão integrados ao sistema Powership.

Na Federal Express, espera-se que a automação dos clientes exerça um papel fundamental e cada vez maior. Associando as inovações tecnológicas às entregas no momento certo, a FedEx está atingindo o objetivo de se aproximar dos seus clientes.

CULTURA CORPORATIVA

Muitos acreditam que a FedEx não conseguiria ter chegado à sua dimensão atual se tivesse sido forçada a lidar com a pressão adicional de negociar com uma força de trabalho organizada. A FedEx nunca empregou trabalhadores sindicalizados, apesar de várias tentativas de organização terem sido feitas. Em 1976, a International Association of Machinists and Aerospace Workers (Associação Internacional de Maquinistas e Trabalhadores das Empresas Aeroespaciais) tentou sindicalizar os mecânicos da empresa, que rejeitaram a oferta. Da mesma forma, os pilotos da FedEx rejeitaram a oferta da Airline Pilots Association (Associação de Pilotos Comerciais) durante o mesmo período. Em 1978, os Teamsters esforçaram-se para organizar os classificadores do centro de cargas, mas não conseguiram assinaturas suficientes para uma votação.

Apesar de um admirável histórico dos recursos humanos, o cenário para a manutenção da performance do passado não está claro para a FedEx. Devido à aquisição da Tiger International, a empresa teve de fundir a força de trabalho sindicalizada da Flying Tigers com o seu próprio quadro não sindicalizado. Anteriormente, a disposição dos funcionários da FedEx para ultrapassar o desempenho esperado de suas funções vinha dando à empresa uma vantagem de mercado sobre a UPS, a maior empregadora nacional de membros da United Brotherhood of Teamsters. Entretanto, à medida que a fusão FedEx–Tiger se consolidou, muitas questões permaneceram sem resposta.

AQUISIÇÃO DA TIGER INTERNATIONAL

Em dezembro de 1988, a FedEx anunciou a sua intenção de comprar a Flying Tigers e, no início de 1989, anexou a empresa e seus mais de 40 anos de experiência em cargas aéreas. Além de propiciar à FedEx sua entrada em mais 21 nações, a fusão com a Tigers possibilitou diversas outras vantagens. Quase de um dia para o outro, a FedEx tornou-se proprietária da maior companhia aérea de serviço completo de cargas gerais do mundo, com aproximadamente três vezes o tamanho de seu competidor mais próximo. Já que a FedEx poderia utilizar sua grande frota nas rotas adquiridas, ela não seria mais forçada a contratar outros transportadores de fretes para atender a mercados não servidos anteriormente.

O acréscimo do frete pesado ao *mix* de serviços da FedEx serviu como alavanca do seu tradicional negócio de entrega expressa de encomendas. A fusão ajustou-se aos planos de focalização em encomendas de margem elevada (transporte de objetos), enquanto o transporte de malotes de documentos era deixado de lado. Durante os dois anos que precederam a fusão, o transporte de objetos havia aumentado 53%, gerando algo em torno de 80% do faturamento e uma estimativa de 90% dos lucros.

Por outro lado, como anteriormente verificado, a dívida de $ 2 bilhões gerada pela fusão e a necessidade de alta capitalização, característica do negócio de carga pesada, deixou a empresa mais vulnerável às oscilações da economia. Apesar de a fusão ter se adequado bem aos seus planos, a FedEx não deixava de ser inexperiente no mercado de cargas pesadas.

Outro obstáculo era o fato de muitos dos antigos clientes da Flying Tigers serem competidores que a utilizavam para entrar em mercados nos quais eles, da mesma forma que a FedEx, não tinham serviços ou não podiam estabelecê-los.

Por fim, a FedEx precisaria integrar os 6.500 funcionários sindicalizados da Tigers aos costumes de uma empresa que não admitia qualquer sindicato de trabalhadores. Embora a Flying Tigers tivesse sido fundada com o mesmo espírito empreendedor apreciado na FedEx, a transportadora passou a ter, no início da fusão, parte de sua força de trabalho filiada a sindicatos.

No período de concretização da fusão, os laços da Tigers com os sindicatos foram rompidos. A FedEx prometeu encontrar colocação para todos os funcionários da Tigers, mas os críticos sentiam que o passado sindicalista dos trabalhadores da Tigers poderia diluir a cultura corporativa da Federal Express. Assim, a continuação da história de sucesso da FedEx parecia depender, a essa altura, da sua capacidade de impregnar os trabalhadores oriundos da Tigers com o seu estilo de vida, e não o contrário.

Questões

1. Descreva a estratégia de crescimento da Federal Express. Qual foi a diferença entre essa estratégia e a de seus competidores?
2. Quais foram os riscos envolvidos na aquisição da Tiger International?
3. Além da questão de unir o grupo de pilotos da Federal Express com os da Flying Tiger, quais outros problemas poderiam ser previstos para o período de concretização da aquisição?
4. Sugira um plano de ação que poderia ter sido utilizado por Fred Smith para atenuar os problemas potenciais da aquisição apresentados na sua resposta à pergunta anterior.

Bibliografia selecionada

Donthu, Naveen, and Boonghee Yoo. "Cultural Influences on Service Quality Expectations." *Journal of Service Research* 1, no. 2 (November 1998), pp. 178–86.

Haywood-Farmer, J., and J. Garcelon. "The Theoretical Issues Propagated by International Trade in Services." *Operations Management Review* 9, no. 1 (1992), pp. 18–27.

———, and J. Nollet. "Growth and Strategy." *Services PLUS*. Boucherville, Quebec, Canada: G. Morin Publisher Ltd., 1991, chap. 8, p. 119–36.

Heskett, J. L. "The Multinational Development of Service Industries." *Managing in the Service Economy*. Boston: Harvard Business School Press, 1986, chap. 8, pp. 135-52.

Johnson, Michael D.; Andreas Herrmann; and Frank Huber. "Growth Through Product-Sharing Services." *Journal of Service Research* 1, no. 2 (November 1998), pp. 167-77.

Lovelock, Christopher H.; and George S. Yip. "Developing Global Strategies for Service Businesses." *California Management Review* 38, no. 2 (Winter 1996), pp. 64–86.

McLaughlin, C. P., and J. A. Fitzsimmons. "Strategies for Globalizing Service Operations." *International Journal of Service Industry Management* 7, no. 4 (1996), pp. 45–59.

Ohmae, Kenichi. *The Borderless World.* New York: Harper Business, 1990.

Pullman, Madeline E.; Rohit Verma; and John C. Goodale. "Service Design and Operations Strategy Formulation in Multicultural Markets." *Journal of Operations Management* 19, 2001, p. 239–54.

Tate, Wendy L.; Lisa M. Ellram; and Stephen W. Brown. "Offshore Outsourcing of Services: A Stakeholder Perspective," *Journal of Service Research* 12, no. 1 (August 2009), pp. 56–72.

Voss, Christopher A.; Aleda V. Roth; Eve D. Rosenzweig; Kate Blackmon; and Richard B. Chase. "A Tale of Two Countries' Conservatism, Service Quality, and Feedback on Customer Satisfaction." *Journal of Service Research* 6, no. 3 (February 2004), pp. 212–30.

Notas

1. De Brian O'Keefe, "The New Future: Global Brands," *Fortune,* November 26, 2001. http://www.fortune.com/indexw.jhtml?channel=artcol.jhtml&doc_id=205047
2. S. E. Kimes and J. A. Fitzsimmons, "Selecting Profitable Hotel Sites at La Quinta Motor Inns," *Interfaces* 20, no. 2 (March 1990) pp. 12–20.
3. M. Carman and Eric Langeard, "Growth Strategies for Service Firms," *Strategic Management Journal* 1 no. 1 (January–March 1980), p. 19.
4. De Daniel Pearl, "Federal Express Finds Its Pioneering Formula Falls Flat Overseas," *The Wall Street Journal,* April 15, 1991, p. 1.
5. De Christopher A. Bartlett and Sumantra Ghoshal, *Managing Across Borders: The Transnational Solution,* 2nd ed. (Boston: Harvard Business School Press, 1998).
6. De Kenichi Ohmae, *The Borderless World* (New York: Harper Business 1990), p. 19.
7. De Geert Hofstede, "Cultural Dimensions," on ITIM Creating Cultural Dimensions Web site, http://www.geert-hofstede.com, June 30, 2004.
8. De Curtis P. McLaughlin and James A. Fitzsimmons, "Strategies for Globalizing Service Operations," *International Journal of Service Industry Management* 7, no. 4 (1996), pp. 45–59.
9. Kentucky Fried Chicken (Japan) Limited, case no. 9-387-043, Harvard Business School, Boston, 1993, p. 1.
10. Preparado por Steve Callahan, Cindy Gage, and Kathleen Woodhouse com a orientação do Prof. James A. Fitzsimmons.
11. Preparado por Garland Wilkinson com a orientação do Prof. James A. Fitzsimmons.

Capítulo 15

Gerenciamento de projetos

Objetivos de aprendizagem

Ao final deste capítulo, você deverá estar apto a:

1. Descrever a natureza do gerenciamento de projetos.
2. Ilustrar a utilização de um gráfico de Gantt e discutir suas limitações.
3. Construir uma rede de projeto.
4. Realizar a análise do caminho crítico em uma rede de projeto.
5. Alocar recursos limitados para um projeto.
6. Acelerar atividades para reduzir o tempo total do projeto.
7. Analisar um projeto com tempos de atividade indefinidos, de forma a determinar a distribuição para a realização do projeto.
8. Monitorar um projeto em termos de tempo, custo e variação no cronograma usando um gráfico de valor agregado.
9. Discutir as razões pelas quais os projetos falham ao tentar alcançar os objetivos de desempenho (qualidade), tempo e custos.

Os projetos variam em complexidade, recursos, tempo necessário para finalização e risco envolvido. Por exemplo, os projetos que uma empresa aérea venha a realizar: abrir uma nova rota, restaurar uma aeronave, implementar uma nova estratégia de marketing, instalar um novo sistema de processamento de dados, adquirir uma nova frota aérea, modificar o serviço de bordo e instalar um novo sistema de controle de inventário. No contexto atual de competição, baseado na velocidade, o gerenciamento bem-sucedido de um projeto faz os novos produtos chegarem mais rapidamente ao mercado, ultrapassando os concorrentes e conquistando fatias de mercado. Por exemplo, na indústria de construção civil, Lehrer McGovern Bovis tornou-se famoso pelo seu serviço de gerenciamento das construções, poupando um tempo considerável ao usar um processo de superposição das fases do projeto de construção, em que a fundação era feita antes que estivessem acabados os desenhos finais.

Os riscos inerentes a um projeto ameaçam a sobrevivência de uma empresa. Por exemplo, a ineficiência na conclusão de um projeto dentro do prazo pode levar uma pequena empresa de construção à falência se no contrato estiver incluída uma penalidade financeira por atraso. As vantagens e os riscos potenciais associados a um projeto são fatores que devem ser considerados na formação da equipe do projeto, na escolha do líder e no desenvolvimento de uma estratégia para concluí-lo com sucesso.

APRESENTAÇÃO DO CAPÍTULO

O capítulo inicia com uma visão geral da natureza dos projetos e dos desafios enfrentados pelo gerente de projetos. O planejamento do projeto começa com uma divisão do cronograma de trabalho e a formação de uma equipe. Os tradicionais métodos de gráfico de barras para o cronograma de projetos são apresentados e discutidos. Também introduzimos o conceito de rede de projeto e descrevemos e ilustramos os métodos para análise. O Microsoft Project for Windows serve para ilustrar a facilidade de uso e o potencial de um software de gerenciamento de projetos. Questões sobre o planejamento de projetos, como a administração das restrições de recursos, a aceleração de atividades e a incorporação da incerteza ao processo de planejamento, são exploradas. Concluímos o capítulo com as técnicas de monitoramento dos projetos para alcançar os objetivos relativos ao tempo, aos custos e ao desempenho.

A NATUREZA DO GERENCIAMENTO DE PROJETOS

Características de projetos

Um *projeto* pode ser visto como a alocação de recursos direcionados a um objetivo específico, seguindo uma abordagem planejada e organizada. O gerenciamento de projetos lida com o planejamento, a programação e o controle das atividades de projetos para alcançar o seu término no tempo previsto, dentro do orçamento e atendendo às expectativas de desempenho. O gerenciamento de projetos é um desafio porque os três objetivos (isto é, custo, tempo e desempenho) estão em conflito. Mais tempo poderia incrementar o desempenho ou a qualidade, por exemplo, mas uma data de término contratual seria sacrificada e os custos excederiam o orçamento.

Todos os projetos apresentam as seguintes características em comum:

1. *Propósito.* O projeto normalmente é uma atividade única com objetivos claros. Uma exceção, por exemplo, incluiria a manutenção periódica que as companhias aéreas realizam nas suas aeronaves.
2. *Ciclo de vida.* Cada projeto segue um ciclo de vida de tarefas, o que inclui a concepção, a escolha do projeto a ser seguido, o planejamento, a programação, o monitoramento, o controle das atividades e, finalmente, o término do projeto.
3. *Interdependências.* Os projetos envolvem muitas atividades que devem ser desempenhadas em uma sequência específica. A sequência geralmente é ditada por considerações tecnológicas ou estratégicas. Para projetos de grande escala, como o desenvolvimento da aeronave 787 da Boeing, os vários parceiros necessitam de uma grande coordenação.
4. *Singularidade ou unicidade.* Normalmente, cada projeto tem características novas que exigem uma atenção customizada por parte do gerenciamento. Muitos elementos dos projetos, no entanto, são comuns, com possibilidade de transferência de aprendizado.
5. *Conflito.* Muitos *stakeholders* (p. ex., um cliente, a organização controladora, os parceiros e as áreas funcionais) têm objetivos conflitantes. Desse modo, durante a sua vida, os projetos envolvem um compromisso substancial de recursos e atenção do gerenciamento.

Processo de gerenciamento de projetos

As organizações desencadeiam projetos por uma série de motivos, como construir uma nova instalação, introduzir um novo serviço ou realizar um projeto de consultoria. Todos esses motivos são catalisadores que levam ao início de um projeto. As funções gerenciais de planejamento, programação e controle são ativamente desenvolvidas desde a concepção até a finalização do projeto.

Planejamento
Um projeto tem início com uma especificação claramente definida do trabalho e dos objetivos acordados por todas as partes. Trata-se de uma descrição por escrito dos objetivos, contendo uma programação preliminar que especifica as datas de início e término, bem como o orçamento proposto. A esfera de ação do projeto é dividida e subdividida em pacotes de trabalho. O que auxilia o planejamento é o desenvolvimento de uma *estrutura analítica do projeto* (WBS, de *work breakdown structure*), que é uma árvore hierárquica, ou linha geral, de intenção dos esforços necessários para alcançar os objetivos. Uma WBS é desenvolvida estabelecendo o objetivo final e subdividindo sucessivamente o trabalho em componentes gerenciáveis, como tarefas, subtarefas e elementos de trabalho. Consideremos a WBS apresentada na Figura 15.1, com o projeto de transferência de um hospital para uma nova localização em uma cidade. O projeto, ou programa (se for um projeto de mais de um ano), é definido como "transferir o hospital". Uma tarefa é "transferir os pacientes". Uma subtarefa é "providenciar ambulâncias para o transporte". Um elemento de trabalho é "preparar os pacientes para o deslocamento". A definição detalhada do projeto com a WBS ajuda na identificação das habilidades necessárias para atingir as metas do projeto, além de fornecer uma estrutura para a definição do orçamento.

```
1.0 Transferir o hospital (Projeto)
    1.1 Transferir os pacientes (Tarefa)
        1.1.1 Providenciar ambulâncias (Subtarefa)
            1.1.1.1 Preparar os pacientes para a transferência (Elemento de trabalho)
            1.1.1.2 Embalar os pertences dos pacientes (Elemento de trabalho)
    1.2 Transferir os móveis (Tarefa)
        1.2.1 Contratar uma empresa de mudança
                            •
                            •
                            •
```

Figura 15.1 Estrutura analítica do projeto.

Programação
A programação começa com as estimativas de tempo e custos para cada elemento de trabalho ou atividade e uma determinação das relações de precedência entre as atividades. Um diagrama em rede do projeto é preparado para fornecer um quadro visual do cronograma do projeto. Então, o gerenciamento do projeto é usado para determinar as datas de início e término para cada atividade do projeto. As alocações de recursos para as atividades específicas também são planejadas nesse momento, um processo que pode influenciar os custos e a duração do projeto.

Controle
A programação final fornece as bases sobre as quais o projeto é implementado e monitorado para avançar em direção à finalização, percorrendo as etapas intermediárias (chamadas de "marcos"). Os gastos em relação ao orçamento também são acompanhados, utilizando a programação do projeto. O controle preocupa-se em garantir que todos os aspectos da implementação do projeto estejam sendo desenvolvidos de acordo com o tempo e com o orçamento. Se isso não estiver ocorrendo, o programa e o plano são revisados conforme a necessidade para garantir que os seus objetivos sejam alcançados.

Escolha do gerente do projeto

Gerenciar um projeto exige habilidades especiais, pois as metas de tempo, custo e desempenho são conflitantes. Devem ser considerados os seguintes atributos dos candidatos:

- *Credibilidade* – a experiência técnica e administrativa.
- *Sensibilidade* – habilidades de solução de conflitos interpessoais e políticos.
- *Capacidade de lidar com o estresse* – capacidade de gerenciar múltiplos objetivos dentro de um ambiente incerto.
- *Liderança* – capacidade de comunicar a consecução de metas com integridade e entusiasmo.

Construção da equipe do projeto

É preciso tempo para construir relações pessoais que resultem em aceitar as diferenças, estar aberto para a discordância e apreciar a participação em atividades conjuntas. Em projetos, pessoas que nunca trabalharam juntas muitas vezes são designadas para a mesma equipe. Esse grupo de indivíduos tem de formar uma equipe eficiente para alcançar o objetivo do projeto. B. W. Tuckman definiu quatro estágios sequenciais para o desenvolvimento de uma equipe: formação, debate, normatização e desempenho.[1]

Formação
A formação é a fase em que os membros da equipe se conhecem, de modo semelhante à fase inicial de uma relação. Os membros da equipe normalmente têm expectativas positivas e estão ansiosos para começar, mas estão incertos a respeito dos seus papéis na equipe. Os sentimentos característicos desse estágio incluem entusiasmo, expectativa, suspeita, ansiedade e hesitação. O gerente do projeto precisa proporcionar orientação e estrutura. Durante as reuniões de orientação, o objetivo do projeto, a área de atuação do trabalho, o cronograma e os procedimentos operacionais devem ser comunicados claramente. A discussão sobre a formação da equipe e a indicação de habilidades

e conhecimentos complementares ajudarão a solucionar a ansiedade quanto aos papéis a serem desempenhados pelos membros da equipe. Para assegurar a adesão de todos à ideia, é aconselhável envolver a equipe no desenvolvimento dos planos do projeto.

Debate
Neste estágio, o trabalho começa de verdade e a realidade se apresenta, embora ela não corresponda necessariamente às expectativas. Os membros da equipe tornam-se insatisfeitos tanto com as restrições do projeto quanto com a dependência da orientação e da autoridade do gerente. Surgem conflitos, as tensões aumentam e o moral é baixo durante esse estágio, que é caracterizado por sentimentos de frustração, raiva e hostilidade. O gerente do projeto precisa chegar a um acordo sobre os métodos de administração e solução de conflitos. Esse é o momento em que o gerente do projeto deve proporcionar um ambiente de apoio e compreensão. A insatisfação e o conflito devem ser abordados para evitar um comportamento disfuncional futuro.

Normatização
Após passar pelo estágio de debate, começa a desenvolver-se uma coesão na equipe do projeto e o ambiente operacional é aceito. O controle e a tomada de decisões são transferidos do gerente para a equipe. Um sentimento de parceria emerge à medida que a confiança se desenvolve, fazendo os membros da equipe compartilharem informações e confiarem uns nos outros. Podem ser desenvolvidas amizades pessoais que vão além do ambiente de trabalho. O gerente do projeto assume um papel de apoio e reconhece o progresso realizado pela equipe. O desempenho no trabalho e a produtividade aceleram durante essa fase.

Desempenho
No estágio final, a equipe está de fato comprometida e ansiosa por alcançar os objetivos do projeto. A confiança é alta e um sentimento de unidade e orgulho emerge em relação às conquistas. A equipe sente-se plenamente capaz de desenvolver seu trabalho, e os membros colaboram para solucionar problemas e ajudar na implementação. Durante esse estágio, o gerente do projeto delega a responsabilidade e a autoridade para a equipe, mas monitora o seu progresso em relação ao desempenho, ao orçamento e ao cronograma. Se o progresso real estiver atrasado, o gerente do projeto facilita e apoia o desenvolvimento e a implementação de medidas corretivas. Resumindo, o gerente está na posição de ensinar e apoiar o desenvolvimento profissional das pessoas que trabalham no projeto.

Princípios do gerenciamento eficaz de projetos

As diretrizes gerais desenvolveram-se a partir da experiência no gerenciamento de projetos. Alguns princípios que devem ser mantidos em mente são:

1. Dirigir as pessoas individualmente e como uma equipe.
2. Reforçar o entusiasmo pelo projeto.
3. Manter todos informados.
4. Construir acordos que revitalizem os membros da equipe (isto é, gerenciar conflitos saudáveis).
5. Conceder poder a si mesmo e aos membros da equipe.
6. Incentivar a tomada de riscos e a criatividade.

A importância dos projetos atraiu muita atenção ultimamente, gerando técnicas para ajudar os gerentes. A nossa discussão começa com os gráficos de Gantt e é concluída com um software para analisar projetos modelados como redes.

TÉCNICAS PARA O GERENCIAMENTO DE PROJETOS

Projetos em gráficos de Gantt

Desenvolvido por Henry Gantt em 1916, o *gráfico de Gantt* serve para determinar o início e a duração das atividades individuais em um projeto. O gráfico marca uma linha de tempo para cada atividade em relação a um *calendário*. Os gráficos de Gantt são uma ferramenta útil para o acompanhamento visual da programação das atividades e para o monitoramento do avanço do projeto em relação ao planejado.

O primeiro passo na utilização do gráfico de Gantt é decompor o projeto em atividades discretas. "Discreta" significa que cada atividade tem um início e um fim distintos. Após decompor o projeto em atividades, é hora de determinar a sequência dessas atividades. Contudo, essa é uma tarefa mais fácil na teoria do que na prática. Há uma série de estratégias possíveis para realizar o projeto e talvez não seja óbvio definir qual delas é a mais indicada. A habilidade do gerente de projeto, junto com as informações das outras pessoas interessadas, determina a sequência a ser adotada. Um gráfico de Gantt também pede uma estimativa do tempo para a realização de cada atividade. A duração das atividades é determinística e conhecida, ou seja, supomos conhecer a quantidade de tempo necessário para cada atividade. É claro que isso não representa a realidade, mas fornece estimativas úteis para o gerenciamento do projeto.

Exemplo 15.1 Serviços em um Boeing 747

Um gráfico de Gantt pode ser utilizado para programar um projeto periódico ou repetitivo, pois a sequência de atividades é bem conhecida e as experiências passadas determinam quanto tempo é necessário para cada atividade. Considere as atividades associadas a um voo de 50 minutos em um Boeing 747 para o transporte de passageiros. A Figura 15.2 é um gráfico de Gantt que apresenta cada atividade, com as barras horizontais indicando a duração da atividade em minutos e a sua programação com os tempos iniciais e finais. Muitas atividades, como o serviço de cozinha, são realizadas simultaneamente a outras, porque as barras horizontais correspondentes estão sobrepostas a outras e, assim, estão programadas para serem desenvolvidas durante o

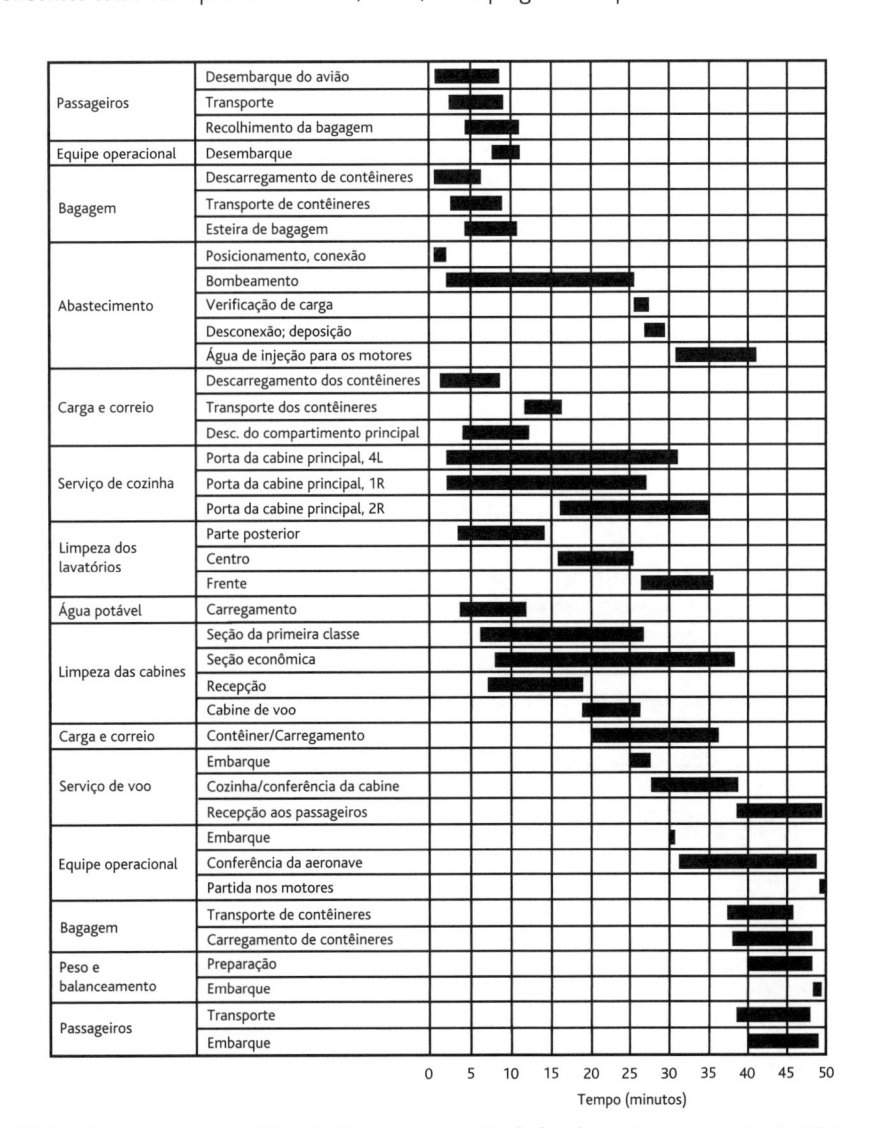

Figura 15.2 Cronograma do gráfico de Gantt para as atividades de serviço em um Boeing 747.

mesmo período de tempo. No caso dos serviços relacionados aos lavatórios, porém, a parte posterior, o centro e a frente são feitos em sequência, não simultaneamente. O gráfico serve para determinar os recursos de pessoal e de equipamentos necessários para concluir o projeto a tempo. No decorrer do projeto, as atividades que estão em atraso na programação são identificadas ao traçar uma linha vertical que representa o instante atual e ao avaliar quais atividades não foram concluídas conforme o programado e, consequentemente, exigem atenção para que se cumpra o prazo e o projeto seja finalizado em 50 minutos.

Uma crítica aos gráficos de Gantt

Os gráficos de Gantt apresentam uma série de aspectos atrativos que explicam sua grande aceitação por parte dos gerentes de projetos. Eles são visuais, de fácil construção e entendimento. Porém, o mais importante é que eles forçam o gestor a realizar um planejamento. Para construir um gráfico, o gerente do projeto é levado a pensar em detalhes sobre o planejamento das atividades e as necessidades de recursos.

Apesar de seus aspectos atraentes, os gráficos de Gantt não são adequados para projetos complexos de grande escala, pois não mostram com clareza a interdependência das atividades. Por exemplo, na Figura 15.2, os serviços de abastecimento da cozinha que utilizam a porta da cabine principal 2R são atrasados, pois o acesso a essa porta fica bloqueado pelas operações de carga e correio. Logo, é difícil avaliar os efeitos de mudanças na implementação do projeto que podem ocorrer devido ao retardamento de atividades ou a alterações na sequência. Além disso, esses gráficos não fornecem indicadores sobre a importância relativa das atividades individuais na finalização do projeto dentro do prazo (isto é, quais atividades podem ser atrasadas sem retardar o projeto inteiro). Então, como a importância relativa das atividades individuais é a base para a alocação de recursos e de atenção gerencial, os gráficos de Gantt são ineficientes para projetos grandes e complicados. Por isso, foram desenvolvidas técnicas baseadas em rede para superar as deficiências dos gráficos de Gantt.

Construção de uma rede de projeto

Uma rede consiste em um conjunto de círculos, chamados nós, e em uma série de setas. As setas conectam os nós para proporcionar uma representação visual da sequência de atividades. Em um método conhecido como *atividades sobre os nós* (AON, de *activity on node*), os nós representam as atividades do projeto, enquanto as setas indicam a sequência das atividades. No segundo método, conhecido como *atividades sobre as setas* (AOA, de *activity on arrow*), as setas representam as atividades do projeto. Os nós são *eventos*, que representam o início ou o término de uma atividade. Um evento ocorre em um instante de tempo, enquanto uma atividade ocorre em um intervalo de tempo. Os métodos AON e AOA são igualmente úteis, mas, com o passar do tempo, o AON tornou-se o mais popular. Ele é simples no desenho e não precisa do artifício de inclusão de atividades fantasma, como as encontradas nos diagramas AOA. Ambos os diagramas serão ilustrados aqui, mas, para todas as análises de caminhos críticos, será usada a convenção AON, que será chamada de *diagrama PERT* (nome consagrado que se refere aos diagramas de gerenciamento de projetos).

Um pressuposto importante à análise de caminho crítico é que uma atividade não pode começar até que *todas* as atividades imediatamente precedentes estejam concluídas. Além disso, um diagrama PERT costuma apresentar um nó individual que indica o início do projeto e outro que indica o término. Os diagramas PERT são *conectados* e *acíclicos*. "Conectado" significa que é possível chegar a qualquer nó da rede saindo do nó inicial e seguindo as setas. "Acíclico" significa que a sequência de atividades prossegue sem interrupções do nó inicial ao final, sem retornos que tranquem o processo andando em círculos.

Exemplo 15.2 Torneio de tênis – rede de projeto

Planejar um torneio de tênis é uma oportunidade para utilizar o gerenciamento de projetos. A meta é realizar, em uma data futura, um torneio de final de semana bem-sucedido cujos preparativos exigem que todas as atividades sejam identificadas. Precisamos estimar a duração dessas atividades e anotar qualquer restrição na sequência ou na precedência. A Tabela 15.1 lista as atividades necessárias para o torneio, acompanhadas de suas exigências de precedência e duração.

A Figura 15.3 mostra uma rede de projeto AOA para o torneio de tênis. Observe o uso de três atividades fantasma (isto é, as setas pontilhadas) para garantir que a precedência das atividades não seja violada. Por exemplo, a atividade fantasma unindo os nós 3 e 7 garante que a atividade F seja iniciada após a finalização

Tabela 15.1 Atividades para o torneio de tênis

Descrição da atividade	Código	Predecessor imediato	Duração estimada (dias)
Negociar a localização	A	—	2
Contatar os jogadores ranqueados	B	—	8
Planejar a promoção	C	A	3
Localizar os juízes	D	C	2
Enviar os convites RSVP	E	C	10
Assinar os contratos com os jogadores	F	B, C	4
Comprar bolas e troféus	G	D	4
Negociar com fornecedores de serviços	H	E, F	1
Preparar o local	I	E, G	3
Torneio	J	H, I	2

das atividades C e B. As atividades fantasma não consomem tempo, sendo incluídas apenas para assegurar a sequência correta das atividades. O comprimento de uma seta de atividade não tem significado, embora cada atividade seja subscrita para anotar sua duração. Os nós são numerados de acordo com uma convenção: o nó na extremidade pontiaguda de uma seta deve ter um número maior do que o nó na cauda da seta, para indicar a direção de uma atividade. Por exemplo, se a seta que representa a atividade fantasma que une os nós 3 e 7 estivesse invertida (isto é, apontando para o nó 3 em vez do nó 7), a interpretação da precedência mudaria (isto é, a atividade D seguiria a atividade B, o que não está correto). Preparar uma rede AOA requer muito cuidado, pois é uma ação propensa a erros.

A Figura 15.4 é um diagrama PERT (rede AON) do mesmo projeto do torneio de tênis. Nesse caso, as setas representam a sequência de atividades, enquanto os nós indicam as próprias atividades. Preparar um diagrama PERT é uma simples questão de desenhar os nós em uma sequência do início ao fim e uni-los utilizando setas com as direções apropriadas. Algumas vezes, um nó final e um inicial são adicionados, como no exemplo do torneio de tênis. Deve ficar claro que as redes AOA e AON descrevem a mesma sequência de atividades.

Método do caminho crítico

O *método do caminho crítico* (CPM, de *critical path method*) é uma abordagem para determinar as datas de início e de conclusão de cada atividade em um projeto. Um dos resultados desse método é a identificação de um *caminho crítico*, ou uma cadeia contínua de atividades do início ao fim de um projeto. Um atraso no início de qualquer atividade do caminho crítico resulta em um atraso na finalização de todo o projeto. Em razão de sua importância para a conclusão do projeto, as *atividades críticas* recebem prioridade máxima na alocação de recursos e de esforços gerenciais. No espírito do *gerenciamento por exceção*, as atividades críticas são as exceções que precisam de um exame mais atento.

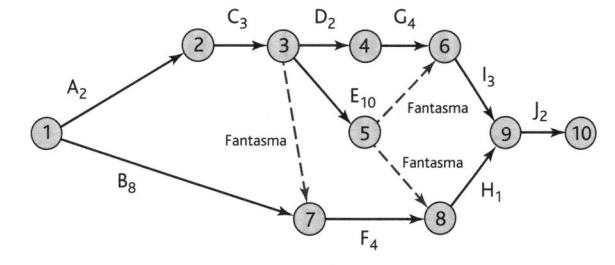

Figura 15.3 Rede AOA para o torneio de tênis.

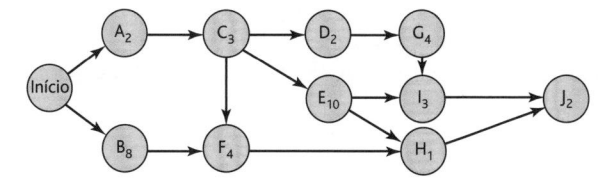

Figura 15.4 Diagrama PERT (rede AON) para o torneio de tênis.

Tabela 15.2 Convenções para o método do caminho crítico

Item	Símbolo	Definição
Duração esperada de uma atividade	t	Duração esperada da atividade
Início antecipado ou *early start*	ES	O primeiro momento em que uma atividade pode iniciar se todas as atividades precedentes forem iniciadas em seus tempos de início antecipados
Finalização antecipada ou *early finish*	EF	O primeiro momento em que uma atividade pode ser finalizada se esta tiver sido iniciada em seu tempo de início antecipado
Início tardio ou *late start*	LS	O último momento em que uma atividade pode iniciar sem atrasar a finalização do projeto
Finalização tardia ou *late finish*	LF	O último momento em que uma atividade pode ser finalizada se tiver começado em seu tempo inicial tardio
Folga total	TS	O tempo que uma atividade pode ser atrasada sem atrasar a finalização do projeto

O CPM envolve alguns cálculos simples, e a Tabela 15.2 lista as notações empregadas nessa análise. Observe que não indicamos de que modo é determinada a duração esperada da atividade *t*. Em muitos casos, esses valores são tidos como determinísticos (isto é, constantes) e baseados no julgamento de especialistas e em experiências passadas. Em outros casos, as durações esperadas são as médias aritméticas de distribuições de probabilidades conhecidas. Discutiremos primeiro o caso determinístico e, mais tarde, as distribuições de probabilidades.

O CPM envolve o cálculo das datas de início e término mais cedo (ES e EF), das datas de início e término mais tarde (LS e LF) e de um tempo de folga (TS). Os tempos mais cedo são calculados para cada atividade, começando com a primeira delas e percorrendo a rede para a frente, sucessivamente, até a atividade final. Então, os tempos mais cedo (*ES* e *EF*) são calculados usando um *percurso para a frente* no sentido do projeto. A data de início mais cedo para a primeira atividade é definida como igual a zero, e os tempos mais cedo para uma atividade específica são calculados como segue:

$$ES = EF_{predecessor} \tag{1}$$

$$ES = EF + t \tag{2}$$

Observe que $EF_{predecessor}$ é a finalização mais cedo de uma atividade imediatamente predecessora e que *t* é a duração da atividade que está sendo considerada. Quando há várias atividades *predecessoras* imediatas, é utilizada a que tiver a *maior* data de finalização mais cedo. A finalização mais cedo para a última atividade é a finalização mais cedo para o projeto como um todo.

Os tempos de início mais tarde (*LS* e *LF*) são calculados para cada atividade, começando pela última atividade da rede e percorrendo sucessivamente a rede para trás, até a primeira atividade. Os tempos de início mais tarde, então, são calculados usando um *percurso para trás* no projeto. Por convenção, a finalização mais tarde para a última atividade é definida como igual à finalização mais cedo (isto é, *LF* = *EF*). Se for conhecida uma data para a finalização do projeto, então ela poderá ser utilizada como a finalização mais tarde para a última atividade. Para qualquer atividade específica, os tempos de início mais tarde são calculados como segue:

$$LF = LS_{sucessor} \tag{3}$$

$$LS = LF - t \tag{4}$$

Note que $LS_{sucessor}$ é o início mais tarde de uma atividade imediatamente sucessora. Quando há várias atividades *sucessoras* imediatas, é utilizada a que tiver o *menor* início mais tarde.

Os tempos de folga são determinados pelos tempos de início mais cedo e mais tarde. A folga total (*TS*) para uma atividade pode ser calculada a partir de uma das duas maneiras equivalentes a seguir:

$$TS = LF - EF \text{ ou} \tag{5}$$

$$TS = LF - ES \tag{6}$$

A folga é um dos aspectos mais importantes da análise do caminho crítico. As atividades com folga zero são críticas, o que significa que não podem ser atrasadas sem que atrasem a conclusão do projeto. Quando disposto em um gráfico de Gantt, o conjunto das atividades críticas sempre forma um caminho completo e contínuo (desde o nó inicial até o nó de finalização da rede) referido como *caminho crítico*; em termos do tempo de duração, esse é o caminho mais longo da rede. Um projeto em rede apresenta *pelo menos* um caminho crítico, mas pode ter dois ou mais.

Exemplo 15.3 Torneio de tênis – análise do caminho crítico

O diagrama PERT para o torneio de tênis é apresentado na Figura 15.5. Cada nó está indicado com o código da atividade, com a duração em subscrito. Perto de cada nó, há uma cruz para ser preenchida com os tempos das atividades programadas. Esses tempos são calculados conforme mostrado a seguir (note que t representa o tempo da atividade):

$$TS = LS - ES$$

$ES = EF_{predecessor}$	$EF = ES + t$
$LS = LF - t$	$LF = LS_{sucessor}$

Os tempos mais cedo são calculados começando pelo nó "inicial" (isto é, percurso para frente) e são registrados no campo superior da cruz de cada atividade; assim, verificamos que o projeto precisará de 20 dias para ser finalizado (isto é, *EF* para a última atividade). Precisamos ter um cuidado especial ao selecionar o predecessor com o *maior EF* como representante do tempo de *ES* da atividade em questão, o que ocorre quando mais de uma seta chega a um nó (isto é, as atividades E e F convergem para o nó H). Como não há um nó individual iniciando o projeto, uma atividade artificial ou um nó "inicial" com duração zero é criado. Utilizando essa convenção, temos um único "início" e um único "final" para o projeto. (Os nós artificiais de "final" são utilizados quando não temos no projeto uma atividade única de finalização.)

A Figura 15.6 mostra a análise completa do caminho crítico. Por convenção, o final mais tarde para a última atividade é definido como igual a 20 dias. Esse valor é o ponto inicial para o cálculo dos tempos de início mais tarde (isto é, percurso para trás), que são anotados no campo inferior da cruz de cada atividade. Mais uma vez, devemos ter prudência ao selecionar o sucessor com o *menor LS* como representante do tempo de *LF* da

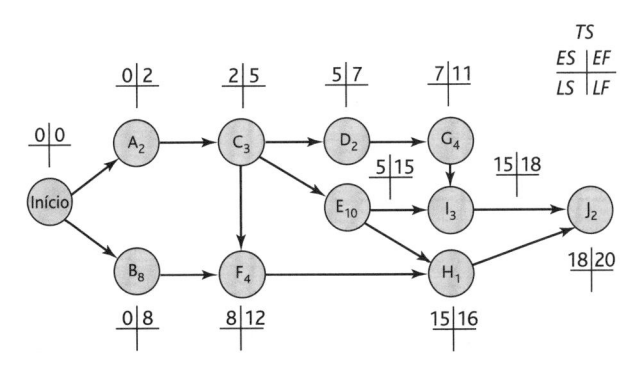

Figura 15.5 Diagrama PERT para o torneio de tênis com cálculos do tempo mais cedo.

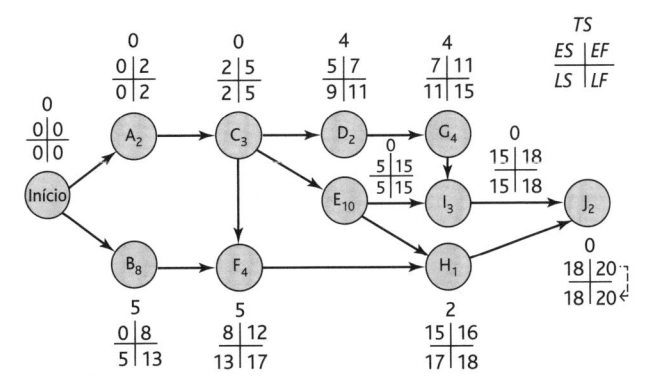

Figura 15.6 Análise completa do caminho crítico para o torneio de tênis.

atividade em questão, o que ocorre quando mais de uma seta parte de um nó (isto é, as atividades D, E e F partem do nó C).

As atividades críticas têm folga zero, o que é facilmente visto como a diferença entre *ES* e *LS* ou entre *EF* e *LF*; portanto, essas atividades não dispõem de flexibilidade de programação. O caminho crítico é definido pelas atividades críticas A-C-E-I-J. Conforme mostra a Figura 15.7, o caminho crítico representa uma linha contínua de atividades do início ao fim do projeto. Qualquer atraso nas atividades desse caminho retardará o prazo de finalização do projeto, que é de 20 dias.

A Figura 15.7 é um diagrama PERT modificado com atividades em setas (AOA volte à Figura 15.3), sem setas fantasma. No diagrama, cada atividade está desenhada como uma seta igual à sua duração em dias e programada para começar na data de início mais cedo. As linhas pontilhadas que seguem as atividades G, F e H representam a folga em caminhos não críticos. A figura proporciona uma representação visual do programa de um projeto. Por exemplo, a atividade G tem quatro dias de folga total. O início dessa atividade pode ser atrasado, ou sua duração levar mais tempo do que o esperado, até um total de quatro dias, sem afetar o tempo de finalização do projeto. Note que os cinco dias de folga total das atividades B e F incluem os dois dias de folga total da atividade H. Portanto, se usada em seu limite máximo, a folga total de uma atividade pode tornar crítica uma atividade seguinte. Por exemplo, se o início da atividade F for atrasado em cinco dias, até o início do dia 14, então a atividade H deve ser realizada no dia 18, sem possibilidade de folga. Contudo, a atividade F pode ser atrasada em três dias sem afetar o *ES* da atividade seguinte (isto é, H). O comprimento das linhas pontilhadas que sucedem as atividades F, G e H representa o que é chamado *folga livre*, pois esses atrasos não têm efeito no tempo mais cedo das atividades seguintes.

Análise utilizando o Microsoft Project for Windows

O torneio de tênis também pode ser analisado com um software chamado Microsoft Project for Windows. Os dados são introduzidos usando o formato gráfico de Gantt mostrado na Figura 15.8, com um calendário contendo as datas e os dias da semana. As durações e as relações de precedência de cada atividade são introduzidas no modelo, criando uma programação de início mais cedo logo após terem sido feitas as entradas dos dados da última atividade. As atividades críticas são barras que começam imediatamente uma após a outra e que, juntas, somam os 20 dias de duração do projeto, incluindo os finais de semana (isto é, sábados e domingos).

Um diagrama PERT do Microsoft Project for Windows é representado na Figura 15.9. O caminho crítico é apresentado com caixas e setas em destaque. Correspondendo ao gráfico de Gantt, as datas programadas de início e de fim (isto é, dia inicial e dia final) são anotadas para cada atividade

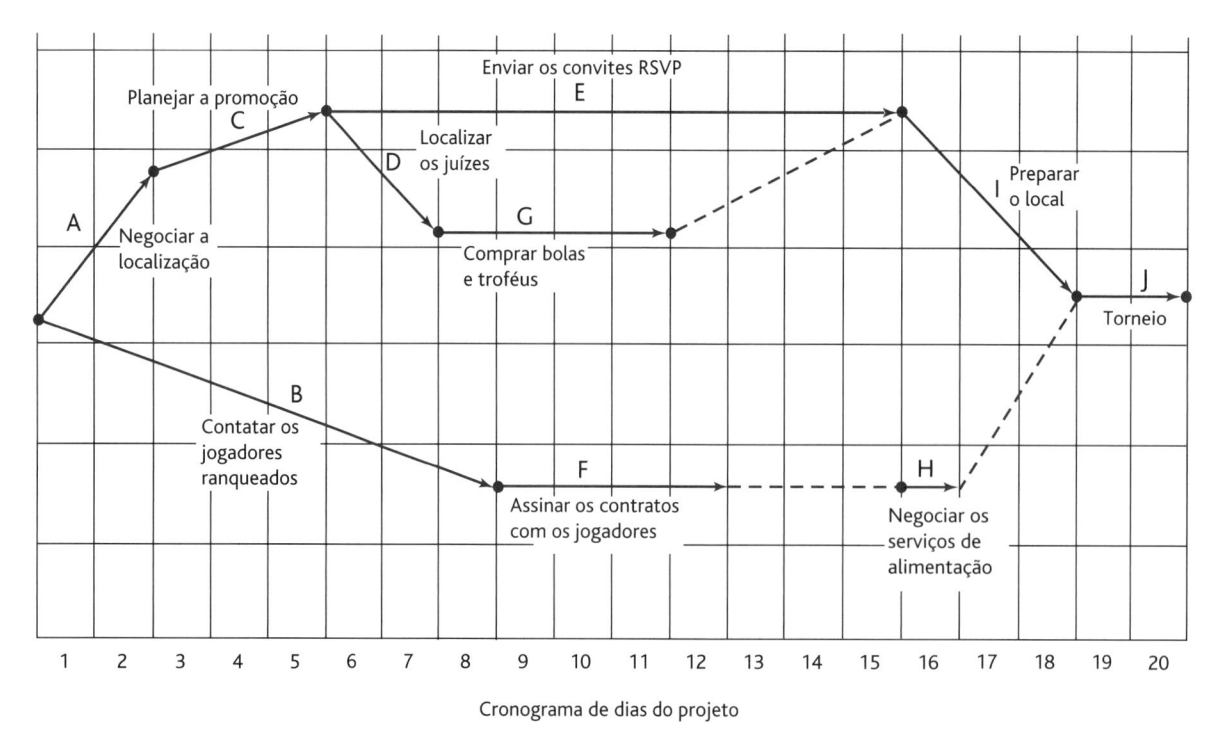

Figura 15.7 Programação PERT de início mais cedo para o torneio de tênis.

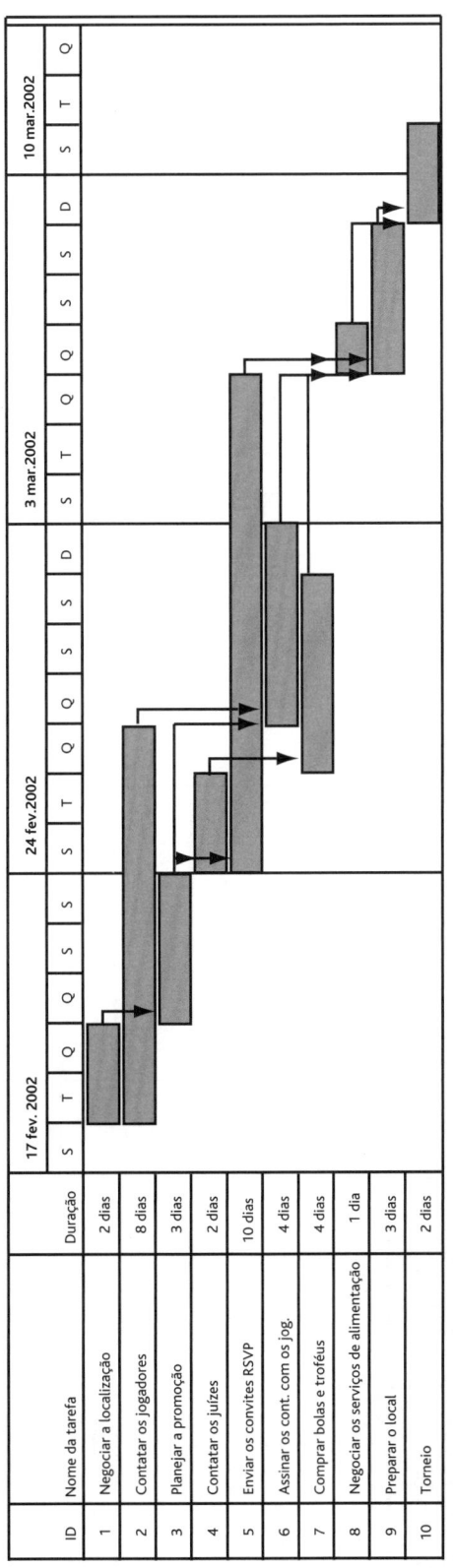

ID	Nome da tarefa	Duração
1	Negociar a localização	2 dias
2	Contatar os jogadores	8 dias
3	Planejar a promoção	3 dias
4	Contatar os juízes	2 dias
5	Enviar os convites RSVP	10 dias
6	Assinar os cont. com os jog.	4 dias
7	Comprar bolas e troféus	4 dias
8	Negociar os serviços de alimentação	1 dia
9	Preparar o local	3 dias
10	Torneio	2 dias

Figura 15.8 Gráfico de Gantt do Microsoft Project for Windows.

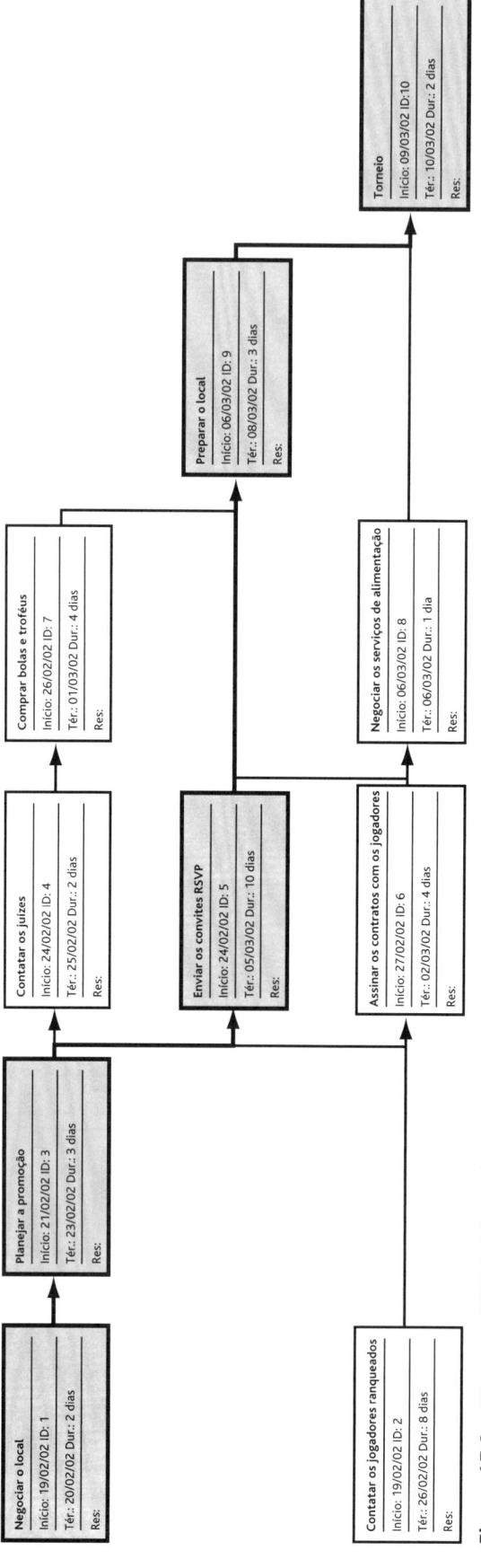

Figura 15.9 Diagrama PERT do Microsoft Project for Windows.

sob seu número de identificação (ID). Os dias de duração para cada atividade também são anotados. Por exemplo, a primeira atividade, "Negociar a localização", que necessita de dois dias para ser executada, começa no início do dia 19/02/2002 e é finalizada no final do dia 20/02/2002.

Qual é o valor das informações fornecidas pela análise do caminho crítico? Primeiro, sabemos quais atividades determinarão o tempo para a finalização do projeto, desde que tudo corra conforme o planejado. Identificamos as atividades que não poderão ser atrasadas e que, consequentemente, requerem maior atenção gerencial. Também constatamos atividades não críticas com alguma flexibilidade de programação que podem ser aproveitadas para obter uma vantagem (p. ex., a folga nos quatro dias programados para comprar bolas e troféus seria usada para fazer bons negócios mediante pesquisa de preço). É claro que a alocação de recursos também está relacionada a isso. Por exemplo, aqueles que estão trabalhando em atividades com folga podem ser deslocados para atividades críticas a fim de reduzir o risco de atraso de um projeto ou recuperar atrasos.

RESTRIÇÕES DE RECURSOS

Até este ponto de nossa análise de redes de projetos, pressupomos que há recursos disponíveis para desenvolver várias atividades simultaneamente. Conforme mostra a Figura 15.9, nosso diagrama PERT revela três caminhos em paralelo, com apenas o mais longo sendo crítico e, desse modo, determinando o tempo de finalização do projeto. Por exemplo, enquanto os convites RSVP estão sendo enviados (uma atividade do caminho crítico), bolas e troféus estão sendo comprados e os contratos com os jogadores estão sendo assinados. Durante esse período de tempo, se fosse preciso uma pessoa para desenvolver cada tarefa, seriam necessárias no mínimo três pessoas para sustentar essa programação. Além dos trabalhadores, outras restrições de recursos incluiriam a disponibilidade de equipamentos (p. ex., guindaste de construção), as instalações compartilhadas (p. ex., laboratório) e os especialistas (p. ex., programadores de computador). Ignorar o efeito de restrições de recursos pode inviabilizar a finalização do projeto; desse modo, a data de conclusão esperada seria inatingível.

Retornando ao exemplo do torneio de tênis, um gráfico de Gantt para início mais cedo é mostrado na Figura 15.10. Um programa de início mais cedo é criado simplesmente começando cada atividade em seu tempo de início mais cedo (isto é, cada linha é desenhada o mais à esquerda possível). Na Figura 15.10, as atividades do caminho crítico são desenhadas com uma linha mais forte, indicando que a programação dessas atividades não poderá ser alterada se desejamos finalizar o projeto em 20 dias. As atividades dos caminhos não críticos (isto é, aquelas que possuem folgas) são desenhadas com uma linha mais fina, indicando que existe flexibilidade em sua programação. Supondo que é necessária uma pessoa para desenvolver cada atividade, adicionamos à parte inferior a linha "Necessidade de pessoal" para indicar o número de funcionários para cada dia no projeto. Conforme mostrado, o uso programado de recursos varia bastante: de uma pessoa durante os últimos quatro dias, para três pessoas do sexto ao 11º dia.

Com a flexibilidade de programação das atividades não críticas, é possível criar um programa de recursos nivelados, como mostrado na Figura 15.11. Todas as atividades não críticas, exceto a B, apresentam suas datas de início atrasadas, com as atividades F e H começando em suas datas de início mais tarde. No entanto, se apenas duas pessoas estão disponíveis para organizar esse torneio, a duração do projeto terá de ser estendida em um dia, porque nossa programação nivelada mostra que três pessoas são necessárias no dia 14. Conforme esperado, as restrições de recursos resultam em um aumento nos prazos para a finalização do projeto.

ACELERAÇÃO DE ATIVIDADES

Os projetos de construção muitas vezes são empreendidos com datas de finalização definidas, as quais são fundamentais para o cliente. Por exemplo, considere a construção de um alojamento para estudantes em uma universidade. Se o projeto não estiver pronto para ocupação até a última semana de fevereiro, poderá ocorrer uma série de problemas. Em uma determinada universidade, os estudantes foram alojados temporariamente em um hotel local, com as despesas pagas pelo construtor. Por essa razão, os contratos de construção muitas vezes contêm cláusulas de gratificação para projetos concluídos antes do prazo ou de penalização para projetos atrasados.

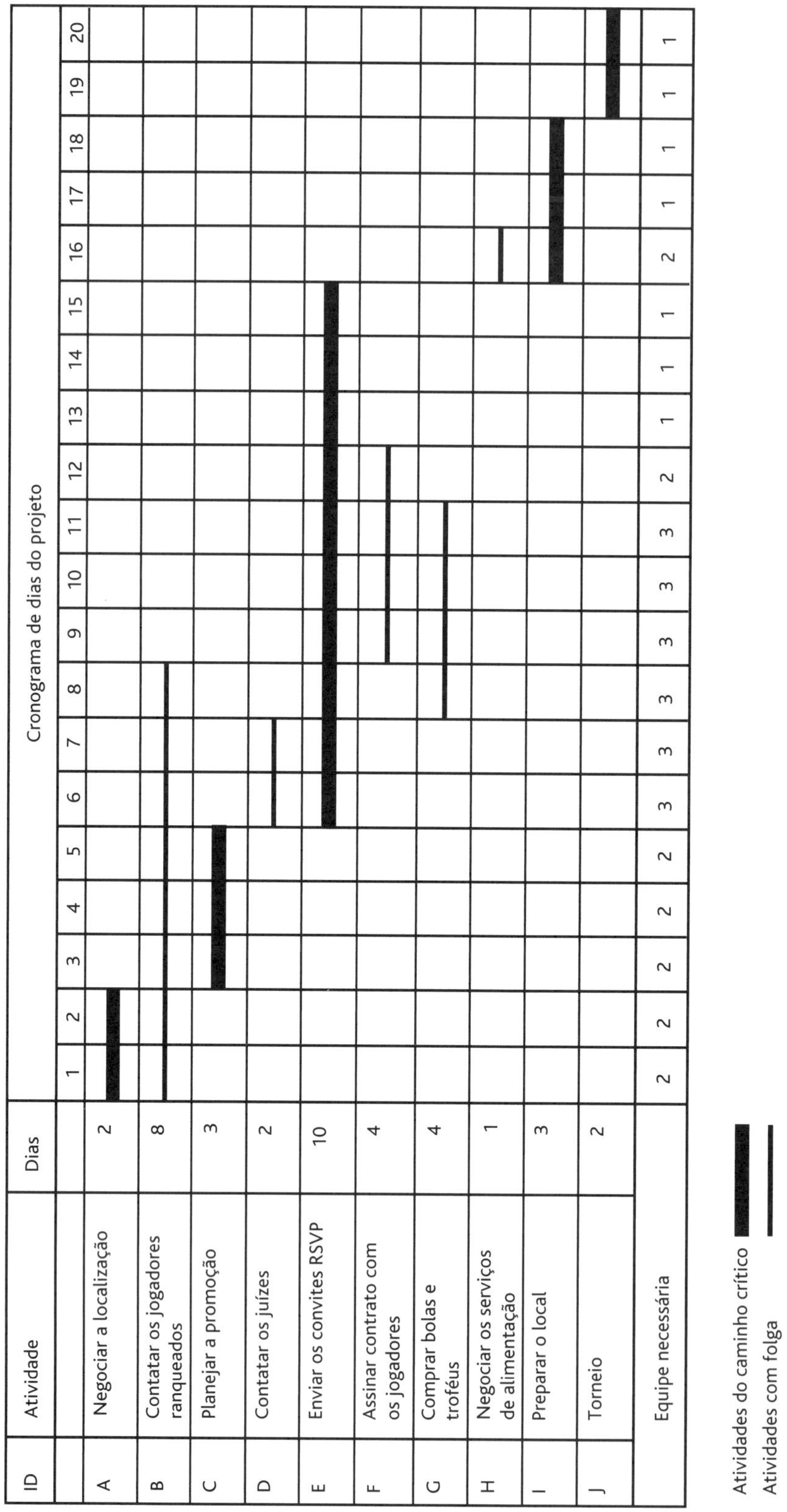

ID	Atividade	Dias	1	2	3	4	5	6	7	8	9	10	11	12	13	14	15	16	17	18	19	20
A	Negociar a localização	2	██	██																		
B	Contatar os jogadores ranqueados	8			▬	▬	▬	▬	▬	▬	▬	▬										
C	Planejar a promoção	3			██	██	██															
D	Contatar os juízes	2						▬	▬													
E	Enviar os convites RSVP	10						██	██	██	██	██	██	██	██	██	██					
F	Assinar contrato com os jogadores	4									▬	▬	▬	▬								
G	Comprar bolas e troféus	4							▬	▬	▬	▬										
H	Negociar os serviços de alimentação	1																▬				
I	Preparar o local	3																██	██	██		
J	Torneio	2																			██	██
Equipe necessária			2	2	2	2	2	3	3	3	3	3	3	2	1	1	1	2	1	1	1	1

Atividades do caminho crítico ██
Atividades com folga ▬

Figura 15.10 Gráfico de Gantt para o início mais cedo.

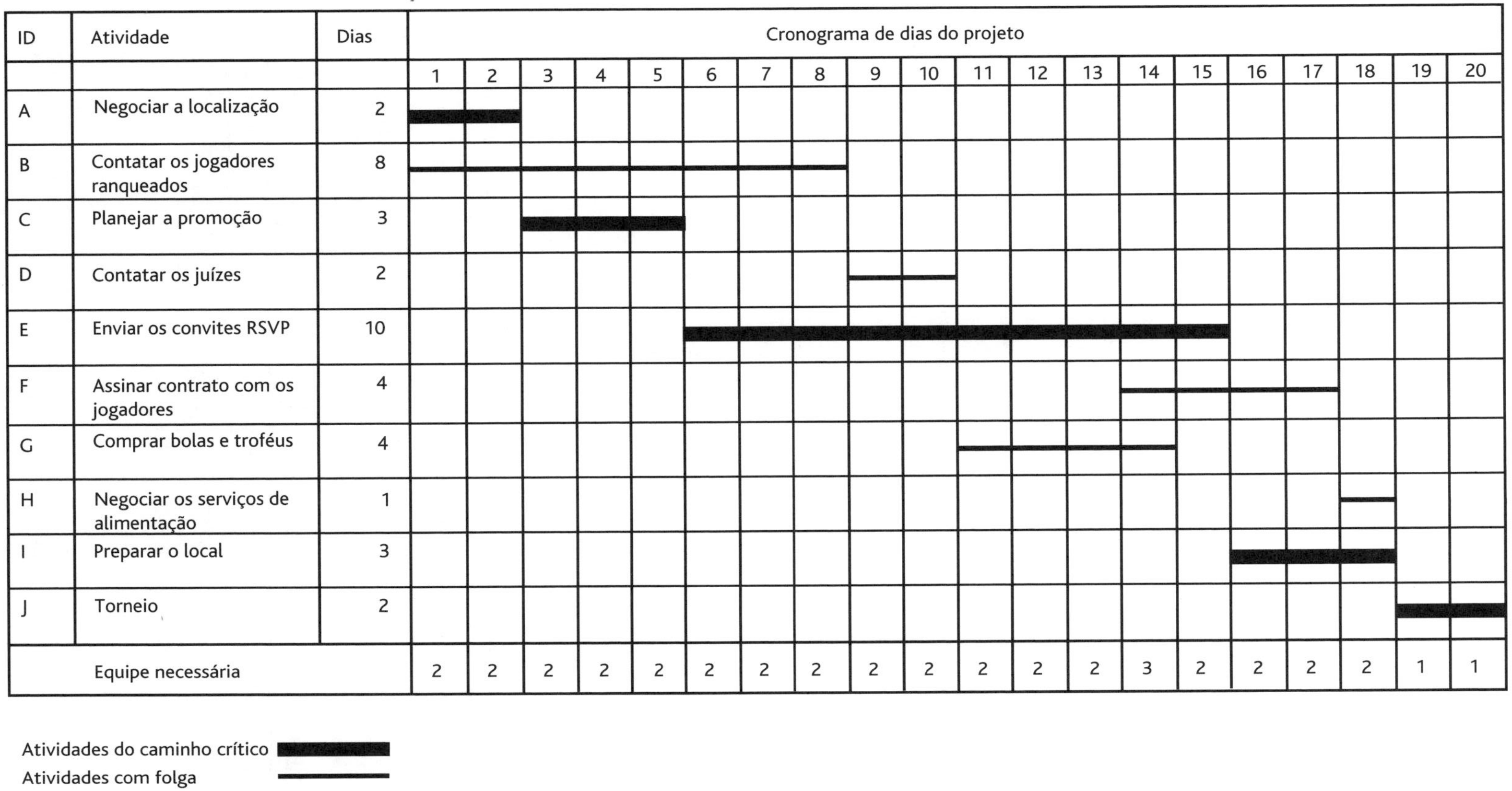

Capítulo 15 Gerenciamento de projetos 379

ID	Atividade	Dias	1	2	3	4	5	6	7	8	9	10	11	12	13	14	15	16	17	18	19	20
A	Negociar a localização	2	■	■																		
B	Contatar os jogadores ranqueados	8			■	■	■	■	■	■	■	■										
C	Planejar a promoção	3			■	■	■															
D	Contatar os juízes	2									■	■										
E	Enviar os convites RSVP	10						■	■	■	■	■	■	■	■	■	■					
F	Assinar contrato com os jogadores	4											■	■	■	■						
G	Comprar bolas e troféus	4											■	■	■	■						
H	Negociar os serviços de alimentação	1																	■			
I	Preparar o local	3																■	■	■		
J	Torneio	2																			■	■
Equipe necessária			2	2	2	2	2	2	2	2	2	2	2	2	2	3	2	2	2	2	1	1

■ Atividades do caminho crítico
■ Atividades com folga

Figura 15.11 Programa com recursos nivelados.

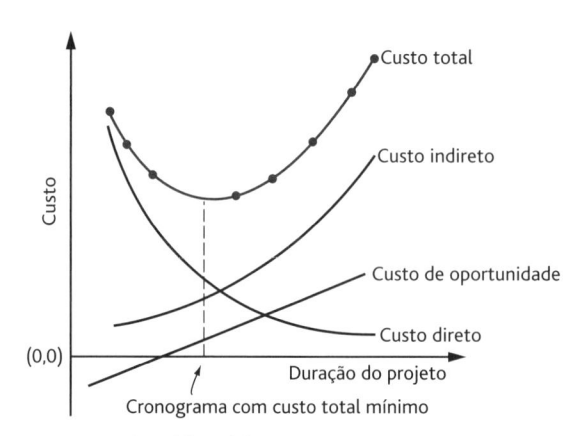

Figura 15.12 Custos para um projeto hipotético.

A Figura 15.12 mostra os custos de um projeto hipotético em função de sua duração. Como esperado, os custos indiretos de aluguel de equipamentos, supervisão e seguro aumentam com a duração do projeto. A curva do custo de oportunidade reflete o bônus contratual de uma finalização antecipada (mostrado como um custo negativo) e as penalidades por atrasos. O custo direto de mão de obra relaciona-se inversamente com o tempo do projeto, pois concluir um projeto mais rapidamente requer a aplicação de mais mão de obra do que o normal nas atividades críticas a fim de acelerar a sua conclusão. A soma de todos esses custos resulta em uma curva de custo total convexa, que identifica a duração de um projeto de custo mínimo considerando o olhar do contratante. Observe que essa duração não coincide necessariamente com a data-alvo de finalização do cliente. Então, como essa discrepância poderia ser resolvida?

Exemplo 15.4 Torneio de tênis – aceleração de atividades

Apesar de nosso torneio de tênis não ser um projeto de construção, ele será usado para ilustrar uma análise de aceleração de atividades, pois para esse caso já foram feitas todas as análises de caminho crítico. Uma atividade é considerada "acelerada" quando é finalizada em um tempo menor do que o normal pela aplicação de mão de obra ou de equipamentos adicionais. Por exemplo, se for utilizada uma equipe normal de pintores com duas pessoas, o interior de uma casa será finalizado em quatro dias; porém, se tivéssemos uma equipe de quatro pintores, poderíamos "acelerar" o trabalho para dois dias. Essas informações de tempos e de custos para cada atividade do torneio de tênis são apresentadas na Tabela 15.3. A última coluna dessa tabela contém um cálculo chamado "custo de aceleração". A Figura 15.13 ilustra o balanço entre custo e tempo para a atividade E. A inclinação da linha que une o ponto de aceleração ao ponto normal fornece o custo por dia para apressar a atividade, supondo uma taxa constante de aumento de custo. Os valores para o "custo de aceleração" são calculados com a equação (7), que é a razão entre a diferença de custos (acelerado − normal) e a diferença de durações (normal − acelerada), resultando em um "custo de aceleração" por dia.

Tabela 15.3 Estimativa de custos e tempos para o torneio de tênis

Atividade	Estimativa de tempo (dias)		Custo direto ($)		Custo de aceleração ($/dia)
	Normal	Acelerada	Normal	Acelerada	
A	2	1	5	15	10
B	8	6	22	30	4
C	3	2	10	13	3
D	2	1	11	17	6
E	10	6	20	40	5
F	4	3	8	15	7
G	4	3	9	10	1
H	1	1	10	10	—
I	3	2	8	10	2
J	2	1	12	20	8
			115		

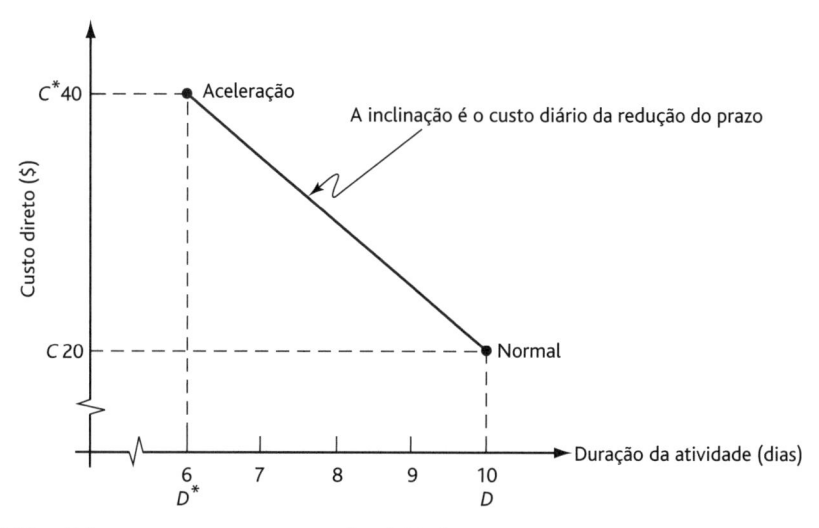

Figura 15.13 Balanço entre custo e tempo da atividade.

$$S = \frac{C^* - C}{D - D^*} \quad (7)$$

onde:
C = custo da atividade (* para custo acelerado)
D = duração da atividade (* para duração acelerada)

Para desenvolver uma análise completa que resulte na determinação do custo total para vários tempos de duração do projeto, é necessária uma programação para custos indiretos e para custos de oportunidade. A Tabela 15.4 mostra a programação de custos indiretos, variando de $ 45 a $ 13, e os custos de oportunidade, variando de $ 8 a − $ 8. A análise começa com a primeira linha, que mostra a duração normal do projeto e os custos (o custo direto de 115 vem da Tabela 15.3). A duração do projeto é gradualmente reduzida em um dia por vez pela aceleração de uma atividade do caminho crítico. Utilizando o "custo de aceleração" como guia, a atividade crítica com o menor "custo de aceleração" é selecionada (p. ex., para o caminho crítico A-C-E-I-J, constatamos que a atividade I custa apenas $ 2 para acelerar um dia).

A Tabela 15.5 é utilizada para acompanhar as mudanças em *todos* os caminhos do projeto à medida que reduzimos o tempo das atividades no(s) caminho(s) crítico(s). Observe que a atividade I está marcada com um asterisco, pois não pode ser acelerada (isto é, apenas um dia está disponível) e, dessa forma, não é uma candidata para a aceleração. Na Tabela 15.5, abaixo da coluna I*, temos as durações revisadas do caminho para o projeto e constatamos que o caminho A-C-E-I-J, com uma duração de 19 dias, continua sendo o único caminho crítico. A seguir, analisamos a atividade C para acelerá-la em um dia e, em seguida, a aceleração da atividade E em três dias, até criarmos dois caminhos críticos de 15 dias de duração. Com ambos os caminhos A-C-E-I-J e B-F-H-J sendo críticos, qualquer redução na duração do projeto requer uma redução simultânea na duração dos dois caminhos. As possibilidades incluem a seleção da atividade E em um caminho e a B em outro, com um custo combinado de $ 9, ou da atividade J, que é comum aos dois caminhos, com um custo de $ 8. Como se vê

Tabela 15.4 Cálculos do custo total

Duração do projeto	Atividade acelerada	Custo direto ($)	Custo indireto ($)	Custo de oportunidade ($)	Custo total ($)
20	Normal	115	45	8	168
19	I*	117	41	6	164
18	C*	120	37	4	161
17	E	125	33	2	160
16	E	130	29	0	159
15	E	135	25	−2	158
14	J*	143	21	−4	160
13	E*,B	152	17	−6	163
12	A*,B*	166	13	−8	171

Tabela 15.5 Durações dos caminhos do projeto após a aceleração

Caminhos do projeto	Duração normal	Duração após acelerar a atividade							
		I*	C*	E	E	E	J*	E*, B	A*. B*
A-C-D-G-I-J	16	15	14	14	14	14	13	13	12
A-C-E-I-J	20	19	18	17	16	15	14	13	12
A-C-E-H-J	18	18	17	16	15	14	13	12	11
A-C-F-H-J	12	12	11	11	11	11	10	10	9
B-F-H-J	15	15	15	15	15	15	14	13	12

na Tabela 15.5, fazer mais acelerações envolve múltiplos caminhos críticos. Uma vez que a duração do projeto tenha alcançado 12 dias, ela não poderá mais ser reduzida, pois o caminho crítico A-C-E-I-J agora apresenta asteriscos em todas as atividades (isto é, não há mais candidatas a serem aceleradas). Porém, pela Tabela 15.4, observamos que uma duração de 15 dias alcança um custo total mínimo de $ 158. Essa duração seria aceitável pelo cliente, pois recebe-se um bônus de $ 2 se o projeto for finalizado em 15 dias.

O procedimento de aceleração é resumido como segue:

1. Calcular o "custo de aceleração" para cada atividade utilizando a equação (7).
2. Listar todos os caminhos da rede do projeto e seus tempos normais de duração.
3. Acelerar em um dia a atividade de menor custo (isto é, "custo de aceleração" mínimo) no caminho crítico, ou a combinação de atividades de menor custo em caminhos críticos comuns. Registrar o custo do programa acelerado.
4. Atualizar a duração para cada caminho da rede do projeto.
5. Se uma atividade alcançou o seu tempo de aceleração, marcá-la com um asterisco e não considerá-la novamente como candidata.
6. Se um caminho crítico contiver todas as atividades marcadas com um asterisco, PARAR; caso contrário, VOLTAR para o item 3.

INCORPORAÇÃO DE INCERTEZAS AOS TEMPOS DAS ATIVIDADES

No Exemplo 15.4, admitimos que a duração t das atividades era uma constante. Porém, em muitas situações, em função das incertezas envolvidas na condução das atividades, esse pressuposto não é viável. Essas durações geralmente são variáveis aleatórias que estão associadas a distribuições de probabilidade. Portanto, não conhecemos antecipadamente a duração exata de todas as atividades; assim, não podemos determinar o tempo exato para a finalização do projeto.

Estimativa das distribuições para o tempo de duração das atividades

Até aqui, em nossas análises, pressupomos que a duração de cada atividade era conhecida com precisão. Porém, para projetos que requerem criatividade e experimentação (p. ex., encenar um musical na Broadway) ou para projetos de construção em locais adversos (p. ex., oleoduto no Alas-

$$t = \frac{A + 4M + B}{6}$$

$$\sigma = \frac{B - A}{6}$$

$P(\text{duração} < A) = 0{,}01$

$P(\text{duração} > B) = 0{,}01$

A — Tempo otimista
M — Tempo mais provável
t — Tempo médio
B — Tempo pessimista

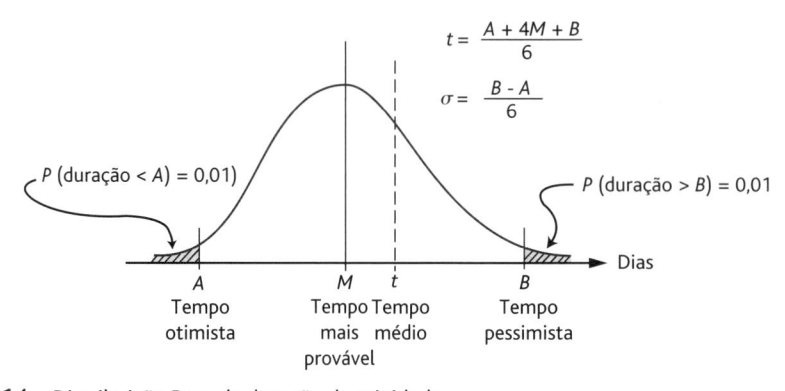

Figura 15.14 Distribuição Beta da duração da atividade.

ca), a duração das atividades é uma variável aleatória. A Figura 15.14 mostra uma distribuição Beta comum normalmente usada para descrever a duração de atividades incertas. Essa distribuição Beta captura a inclinação na distribuição da duração da atividade que costuma ter uma média maior do que a moda. Além disso, a distribuição Beta pode ser aproximada por fórmulas simples que requerem apenas três estimativas de tempos críticos:

1. *Tempo otimista (A)*: é a duração de uma atividade caso não ocorram complicações ou problemas. Como regra, deve existir aproximadamente 1% de chance de a duração real ser menor do que *A*.
2. *Tempo mais provável (M)*: é a duração mais provável. Em termos estatísticos, *M* é o valor modal.
3. *Tempo pessimista (B)*: é a duração de uma atividade caso surjam problemas fora do comum. Como regra, deve existir aproximadamente 1% de chance de a duração real exceder *B*.

Com esses três tempos estimados, as seguintes fórmulas servem para calcular a média e a variância da distribuição de cada atividade. A fórmula para a média é uma média ponderada, sendo dado ao valor modal um peso 4:

$$t = (A + 4M + B)/6 \qquad (8)$$

Lembre-se de que nossas definições de tempos otimistas e pessimistas estipulam que 98% da distribuição deve estar contida no intervalo $A - B$. Então, a fórmula do desvio-padrão supõe que a diferença entre o tempo otimista *A* e o tempo pessimista *B* corresponde a seis desvios-padrão.

$$\sigma = (B - A)/6 \qquad (9)$$

A variância da atividade, que será usada no cálculo da distribuição do tempo para a finalização do projeto, é igual a:

$$\sigma^2 = (B - A)^2/36 \qquad (10)$$

Distribuição para o tempo de conclusão do projeto

Como cada atividade apresenta uma distribuição, o projeto em si terá uma distribuição do tempo para a finalização baseada no caminho de maior duração. Os passos envolvidos na análise são os seguintes:

1. Para cada atividade, obter os valores estimados de *A, M* e *B*.
2. Empregar a equação (8) para calcular as durações esperadas das atividades e desenvolver a análise do caminho crítico utilizando os tempos esperados de duração *t* das atividades.
3. O tempo *T* esperado para a finalização do projeto é entendido como a soma das durações esperadas das atividades do caminho crítico.
4. A variância do tempo de finalização do projeto σ_T^2 é entendida como a soma das variâncias das atividades do caminho crítico. Essas variâncias são calculadas por meio da equação (10).
5. O tempo de finalização do projeto é entendido como normalmente distribuído.[2]
6. Probabilidades que dizem respeito ao tempo para a finalização do projeto podem ser determinadas por tabelas normais padrão. (*Veja* o Apêndice A, "Áreas de distribuição normal padrão").

Exemplo 15.5 Torneio de tênis – distribuição do tempo para a finalização do projeto

Vamos trabalhar mais uma vez com o projeto do torneio de tênis, mas agora supondo que as durações das atividades são incertas e que os três tempos estimados estão registrados na Tabela 15.6. Como as instalações onde acontecerá o torneio de tênis são agendadas para outras competições, você deve encontrar a probabilidade de finalizar o torneio 24 dias após o início das negociações (isto é, de finalizar o projeto inteiro).

As variâncias e durações esperadas das atividades são calculadas por meio das equações (8) e (10) e são apresentadas na Tabela 15.6. Observe que as durações esperadas das atividades são idênticas aos valores empregados na análise do caminho crítico desenvolvida no Exemplo 15.3. Desse modo, o caminho crítico A-C-E--I-J, identificado anteriormente na Figura 15.15, será o foco de nossa determinação da distribuição do tempo para a finalização do projeto.

Tabela 15.6 Variâncias e durações esperadas das atividades

Atividade	Estimativas de tempo			Variância, σ^2	Duração esperada, t
	A	M	B		
A	1	2	3	4/36	2
B	5	8	11	36/36	8
C	2	3	4	4/36	3
D	1	2	3	4/36	2
E	6	9	18	144/36	10
F	2	4	6	16/36	4
G	1	3	11	100/36	4
H	1	1	1	0	1
I	2	2	8	36/36	3
J	2	2	2	0	2

Esperamos que a soma das durações das atividades nesse caminho leve 20 dias e, assim, determinamos o tempo esperado T para a finalização do projeto. A variância do tempo de finalização do projeto é calculada somando as variâncias associadas às atividades críticas. Isso resulta em:

$$\sigma_T^2 = 4/36 + 4/36 + 144/36 + 36/36 + 0 = 188/36 = 5{,}2$$

Agora podemos usar T e σ_T^2 para determinar a probabilidade de finalizar o projeto em até 24 dias. O valor Z para o desvio-padrão normal é calculado com a equação (11):

$$Z = \frac{X - \mu}{\sigma} \qquad (11)$$

Então, para o torneio de tênis:

$$Z = \frac{X - \mu}{\sigma} = \frac{24 - T}{\sigma_T} = \frac{24 - 20}{\sqrt{5{,}2}} = 1{,}75$$

Utilizando a tabela normal padronizada, com $Z = 1{,}75$, constatamos que a probabilidade de finalização do projeto em até 24 dias é de aproximadamente 0,96. A Figura 15.15 mostra a distribuição normal do tempo para a finalização do projeto com uma probabilidade de 0,04 de exceder os 24 dias de duração.

Uma crítica à análise do tempo para a conclusão do projeto

O pressuposto-chave na análise que nos levou a uma distribuição do tempo de finalização do projeto é que o caminho crítico calculado a partir das durações esperadas das atividades será o verdadeiro caminho crítico. Esse é um pressuposto crucial porque sugere que conhecemos o caminho crítico antes mesmo da conclusão de todas as atividades incertas. Na realidade, o próprio caminho crítico é uma variável aleatória que não é conhecida com certeza até a finalização do projeto. Sabemos que a duração do caminho crítico é incerta e tem uma distribuição de probabi-

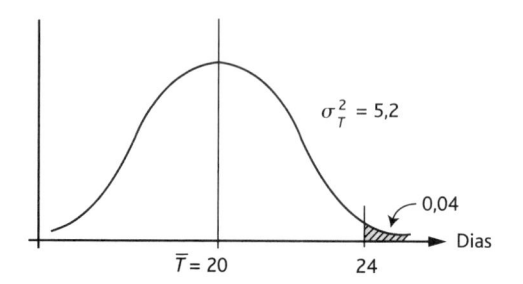

Figura 15.15 Distribuição para o tempo de conclusão do projeto.

lidade associada a ela. Da mesma forma, as durações dos outros caminhos são incertas. Logo, é possível que um caminho com uma duração esperada menor do que a do caminho crítico venha a se tornar o caminho crítico realizado, porque as atividades nesse caminho levaram mais tempo do que o esperado. O efeito líquido é que um caminho que não tenha sido identificado como crítico poderia determinar a finalização do projeto. Assim, as estimativas do tempo de finalização esperado e da variância do tempo de finalização para o projeto são tendenciosas quando se baseiam apenas em um único caminho crítico. Para a variância, o viés pode ser tanto para mais quanto para menos, mas o tempo esperado para a finalização do projeto sempre apresenta uma tendência otimista. Isto é, o verdadeiro tempo esperado para a finalização do projeto será sempre maior ou igual ao estimado.

Uma simples diretriz ajuda a identificar a precisão das estimativas: se a duração esperada do caminho crítico for muito maior do que a de qualquer outro caminho, as estimativas certamente serão boas. Nesse caso, o caminho crítico muito provavelmente determinará o tempo para a finalização do projeto. Entretanto, se a rede do projeto contiver caminhos não críticos com um tempo total de folga muito pequeno, esses caminhos poderão ter influência sobre o prazo para a finalização do projeto. Essa situação é chamada de *viés de nó de fusão*. Isto é, o nó de finalização do projeto tem muitos caminhos chegando até ele, e qualquer um deles pode ser o caminho crítico que determina o tempo para a finalização do projeto. Em nossa análise, somente o caminho mais provável é tido como crítico; assim, a nossa distribuição do tempo para a finalização do projeto apresenta uma tendência otimista, porque outros caminhos quase críticos são ignorados. O Exemplo 15.6 ilustra o efeito que ocorre sobre a probabilidade de finalização de um projeto quando um caminho quase crítico contém uma atividade com uma grande variância.

Exemplo 15.6 Torneio de tênis – viés de nó de fusão

Alguns dias após o início do projeto, descobrimos que a compra de bolas e troféus (isto é, atividade G) pode levar mais tempo do que o esperado, com estimativas revisadas de $A = 2$, $M = 3$ e $B = 28$. Qual será o efeito disso sobre a probabilidade de finalização do projeto em 24 dias?

Primeiro, recalculamos a duração esperada e a variância da atividade G utilizando as equações (8) e (10) e constatamos que $t = 7$ e $\sigma^2 = 676/36$. Lembre-se, tendo em mente a Figura 15.7, de que a atividade G tinha uma duração esperada de quatro dias e uma folga total também de quatro dias. Desse modo, com uma duração revisada de sete dias, a atividade G ainda é não crítica, com um $TS = 1$. A grande variância da atividade G, entretanto, terá um impacto sobre a probabilidade de o caminho A-C-D-G-I-J tornar-se crítico. Uma distribuição do tempo de finalização do projeto para esse caminho quase crítico é determinada da seguinte forma:

Caminho quase crítico	t	σ^2
A	2	4/36
C	3	4/36
D	2	4/36
G	7	676/36
I	3	36/36
J	2	0
	$T = 19$	$\sigma^2_T = 724/36 = 20$

Agora empregamos T e σ^2_T do caminho quase crítico para determinar a probabilidade de finalização do projeto em 24 dias. O valor Z para o desvio-padrão normal é calculado com a equação (11):

$$Z = \frac{X - \mu}{\sigma} = \frac{24 - T}{\sigma_T} = \frac{24 - 19}{\sqrt{20}} = 1,12$$

Verificando a tabela normal padrão, com $Z = 1,12$, constatamos que a probabilidade de finalização do projeto em 24 dias é de aproximadamente 0,87. A distribuição do tempo de finalização para esse caminho quase crítico é mostrada na Figura 15.16. Dessa maneira, um caminho quase crítico com uma atividade de alta variância não deve ser ignorado, pois, na verdade, esse caminho pode vir a ser crítico e atrasar o prazo de finalização do projeto. A simulação computacional (ver o Suplemento do Capítulo 16) é uma abordagem mais precisa para determinar a distribuição de tempo de finalização do projeto.

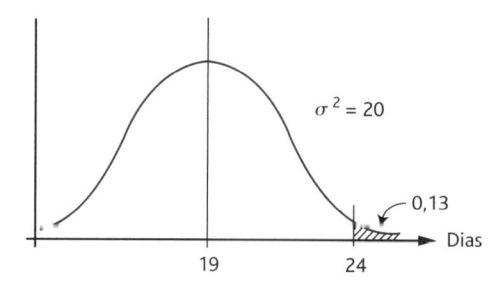

Figura 15.16 Distribuição do tempo de conclusão com caminho quase crítico.

PROBLEMAS COM A IMPLEMENTAÇÃO DA ANÁLISE DO CAMINHO CRÍTICO

Os mecanismos da análise do caminho crítico tornam a utilização dos modelos em rede ilusoriamente simples. Afinal, os cálculos são diretos. No entanto, a análise de rede não resolve todos os problemas inerentes ao gerenciamento de projetos. As duas maiores preocupações são o desenvolvimento da rede do projeto e a determinação das estimativas de tempos para as atividades.

A rede do projeto indica a sequência em que as atividades serão desenvolvidas. Para muitos projetos, várias estratégias podem ser adotadas. Os fatores tecnológicos, junto com a influência das pessoas interessadas no projeto, determinarão qual estratégia será escolhida. À medida que o projeto é implementado, a rede do projeto fica sujeita a revisões e eventuais modificações, que talvez sejam necessárias se algumas atividades estiverem fora do programado ou se alguns recursos não estiverem disponíveis quando for preciso.

A revisão e a modificação da rede do projeto podem consumir bastante tempo. Os indivíduos envolvidos com o projeto devem ser consultados sobre as mudanças previstas. O processo de revisão e modificação da rede do projeto é contínuo e facilitado com o uso de um software.

A segunda preocupação no uso de modelos de rede é a determinação das estimativas de tempos para as atividades. Obviamente, estimativas precárias causariam impactos na exatidão do planejamento do projeto. Muitas vezes, especialistas são procurados por sua experiência em projetos passados. No entanto, é difícil conseguir boas estimativas de tempo em função das discordâncias entre as pessoas e da dificuldade na obtenção de consenso.

Outro problema são os vieses introduzidos nas estimativas dos tempos de duração das atividades. Por exemplo, um indivíduo imagina que consegue, de fato, realizar uma atividade em oito dias, mas dá uma estimativa de 10 dias. Desse modo, ele obtém alguns dias de reserva ao dilatar a estimativa. Para evitar esses problemas, uma base de dados de tempos reais em projetos passados poderia ser desenvolvida a fim de fornecer os tempos estimados para as atividades comuns. Por exemplo, a pintura das paredes de uma sala seria estimada com base nos tempos por metro quadrado relativos a experiências passadas.

MONITORAMENTO DE PROJETOS

Lidar com a incerteza é a chave do gerenciamento de projetos. Os planos e as expectativas originais raramente são realizados, pois os projetos costumam ser empreendimentos pioneiros. Monitorar o progresso tendo como base os planos é uma atividade importante para o gerente do projeto, uma vez que a rápida detecção dos problemas levará a correções oportunas, evitando falhas. A Tabela 15.7 contém exemplos de problemas inesperados nas áreas de custo, tempo e desempenho.

Gráfico de valor agregado

As ferramentas de gerenciamento de projetos, como o diagrama de rede do projeto, são projetadas para serem naturalmente visuais, de forma a comunicar com rapidez o *status* do projeto para os clientes e membros da equipe. O gráfico de valor agregado, mostrado na Figura 15.17, é um método eficaz de visualização do *status* do projeto em relação aos objetivos de tempo e custos. A linha contínua representa as despesas de custo programadas (isto é, linha de base) em função do tempo. A linha de custo real tracejada nesse exemplo é desenhada acima da linha de despesas de custo

Capítulo 15 Gerenciamento de projetos **387**

Tabela 15.7 Fontes de problemas inesperados

Custo	Tempo	Desempenho
As dificuldades exigem mais recursos	Ocorreram atrasos devido a dificuldades técnicas	Surgem problemas técnicos inesperados
Aumenta o escopo de ação do trabalho	As estimativas iniciais de tempo foram otimistas	Não há recursos suficientes disponíveis
Ofertas ou estimativas iniciais foram muito baixas	A sequência de tarefas foi incorreta	Há dificuldades técnicas insuperáveis
Os relatórios foram mal feitos ou prematuros	Os recursos exigidos não estavam disponíveis quando necessário	Ocorrem problemas de qualidade ou confiabilidade
O orçamento foi inadequado	As tarefas anteriores necessárias não foram concluídas	O cliente exige mudanças nas especificações
O controle corretivo não foi exercido no tempo certo	Houve mudanças geradas pelo cliente	Surgem complicações com áreas funcionais
Houve mudanças de preços nos insumos	O governo instituiu regulamentações imprevistas	Há uma inovação tecnológica

programadas, para ilustrar um projeto que está excedendo as estimativas de custo para o trabalho realizado. A linha contínua em negrito, abaixo da linha de despesas de custo programadas, representa o valor do trabalho realizado.

Três fontes de variância são mostradas no gráfico de valor agregado: tempo, custo e cronograma. Como o projeto está acima do orçamento e atrasado em relação ao cronograma, todas as variâncias são negativas. Observemos que as variâncias negativas indicam problemas que necessitam de atenção imediata. Com o uso de um software de gerenciamento de projetos, como o Microsoft Project, para monitorar o progresso de projetos, o relatório de valor agregado é gerado automaticamente. As variâncias são definidas como segue:

Variância no tempo = STWP − ATWP

STWP (*Scheduled time for work performed*) = Tempo programado para o trabalho realizado
ATWP (*Actual time used for work performed*) = Tempo real usado para o trabalho realizado

Variância de custo = BCWP − ACWP

BCWP (*Budgeted cost for work performed*) = Custo orçado para o trabalho realizado
ACWP (*Actual cost of work performed*) = Custo real do trabalho realizado

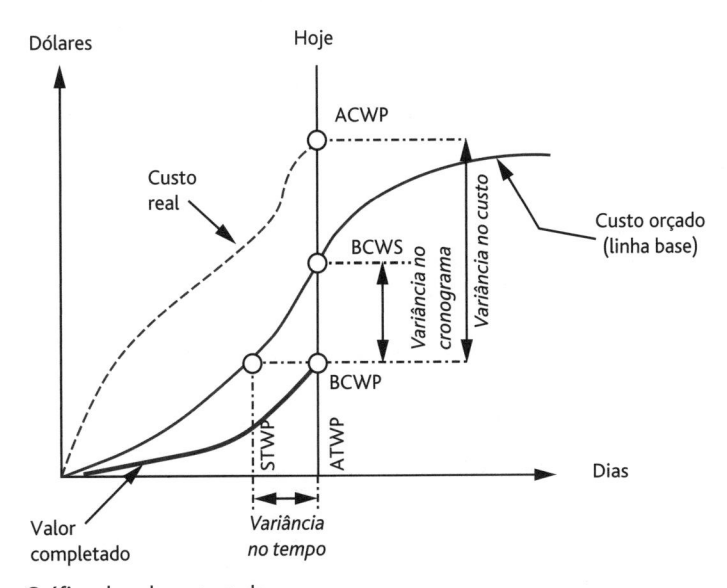

Figura 15.17 Gráfico de valor agregado.

Variância no cronograma = BCWP − BCWS
BCWP (*Budgeted cost of work performed*) = Custo orçado para o trabalho realizado
BCWS (*Budgeted cost of work scheduled to be performed to date*) = Custo orçado do trabalho programado a ser realizado até a data

Conclusão do projeto

Nem todos os projetos são bem-sucedidos, e sua conclusão pode ocorrer de várias maneiras. Após a conclusão de um projeto, no entanto, a preparação de um relatório com seu histórico torna-se um documento de aprendizado para a melhoria no gerenciamento de projetos futuros. As formas de conclusão de um projeto incluem as seguintes etapas:

Extinção: concluído com sucesso ou extinto.
Acréscimo: o projeto bem-sucedido é institucionalizado como parte da organização que o criou.
Integração: o projeto bem-sucedido é desmantelado e distribuído na organização geradora.
Inanição: morte lenta por meio de cortes no orçamento.

Histórico do projeto

O histórico do projeto documenta a experiência adquirida e proporciona oportunidades de aprendizado a partir dos erros e acertos. Um histórico deve incluir:

Desempenho do projeto: comparação da proposta com a avaliação de conclusão.
Desempenho administrativo: comentários sobre as práticas eficientes e ineficientes.
Estrutura organizacional: que qualidade apresentou?
Equipes do projeto e da administração: avaliação confidencial dos membros da equipe.
Técnicas para o gerenciamento de projetos: buscar recomendações para melhoria.

Resumo

Os gerentes de organizações, além de estarem imersos nos detalhes das operações de projetos em andamento, são responsáveis pela geração de novos projetos. A vitalidade de uma organização é vista na maneira como os projetos são concebidos e realizados. Para organizações dinâmicas, o gerenciamento de projetos tem dimensões cruciais que envolvem o planejamento, a programação e o controle das atividades necessárias para a realização de um projeto bem-sucedido.

Em projetos pequenos e pouco complicados, o gráfico de Gantt é uma boa ferramenta para auxiliar os gerentes. Já em projetos maiores, englobando muitas atividades interdependentes, o gráfico de Gantt apresenta falhas. As técnicas de rede, como CPM e PERT, foram desenvolvidas como ferramentas de auxílio para os gerentes de projetos complexos. A maioria das técnicas de rede adota uma metodologia similar, conhecida como a análise de caminho crítico. A PERT aborda especificamente o problema da duração incerta de atividades, permitindo que o gerente identifique probabilidades em relação ao atendimento dos objetivos do projeto.

As técnicas de rede são ferramentas fundamentais para o gerenciamento de projetos. Elas indicam as atividades que provavelmente afetarão o tempo de conclusão do projeto e facilitam a avaliação de mudanças na sua implementação. Além disso, estão sendo feitos avanços no que diz respeito à exatidão e à eficiência das abordagens de rede. Associados à disponibilidade de recursos computacionais mais rápidos e mais baratos, esses avanços tornarão as técnicas de rede mais valiosas para os gerentes de operações de serviços.

Benchmark em serviços

A casa que Warren construiu

Você acredita que uma casa com quatro quartos pode ser construída em quatro horas? Warren Jack achou que sim e, então, começou a trabalhar com os software ProChain e Microsoft Project para tornar isso possível. O programa Habitat for Humanity patrocinou o projeto.

O software ProChain foi usado iterativamente para desenvolver um plano final e ordenar as tarefas, dada a mão de obra disponível. Durante a fase de planejamento, o tempo do caminho crítico foi mantido abaixo de três horas, excluindo o tempo de sobra para eventuais atrasos.

Como esperado, ocorreram problemas técnicos. A conclusão do banheiro estava programada para ocorrer em 30 minutos, mas levou 90. Um segundo problema técnico ocorreu quando uma rede elétrica pré-montada para o teto foi colocada pela armação do telhado pelo lado errado. O problema só foi descoberto depois da fixação do beiral, impedindo a retirada da rede. A solução do problema também levou um tempo extra, mas o Pro-Chain já havia previsto um pulmão de tempo para compensar eventuais excessos.

No final, a casa construída por Warren ficou pronta para sua nova família em 3 horas, 44 minutos e 59 segundos, um novo recorde para o Habitat for Humanity.

[Nota: Para saber mais sobre a inserção de pulmões de tempo em um plano de um projeto, leia Eliyahu M. Goldratt, *Critical Chain*, citado na "Bibliografia selecionada".]

Palavras-chave e definições

Atividades críticas: atividades do caminho crítico que, se atrasadas, resultam em um atraso no projeto como um todo. p. 371

Caminho crítico: sequência de atividades em um projeto que apresenta a maior duração, definindo, então, o tempo para a finalização desse projeto. p. 371

Diagrama PERT: representação gráfica do relacionamento entre atividades, utilizando setas para a indicação da precedência e nós para a descrição de atividades. p. 370

Estrutura analítica do projeto: subdivisão em árvore de família de esforços requeridos para alcançar o objetivo do projeto. p. 366

Gráfico de Gantt: representação gráfica da programação do projeto, com cada atividade sendo representada por barras horizontais cujo comprimento corresponde à duração da atividade. p. 368

Método do caminho crítico (CPM): processo para a definição das datas de início e de fim para cada atividade, gerando, então, o *caminho crítico* do projeto. p. 371

Predecessoras: atividades que devem preceder outra atividade. p. 372

Projeto: conjunto de atividades relacionadas, ou etapas, que são realizadas em uma sequência especificada com o propósito de atingir uma meta definida e não rotineira. p. 366

Sucessoras: atividades que se seguem a outra atividade. p. 372

Tópicos para discussão

1. Dê um exemplo que demonstre o *trade-off* inerente aos projetos em termos de custo, tempo e desempenho.
2. Ilustre os quatro estágios da construção de uma equipe a partir da sua própria experiência.
3. Os gráficos de Gantt ainda são ferramentas viáveis para o gerenciamento de projetos? Explique.
4. Explique por que a estimativa de PERT da duração esperada de um projeto é sempre otimista. É possível ter uma noção da dimensão desse viés?
5. Discuta as diferenças entre variância de tempo, variância de custo e variância no cronograma.
6. Acesse *http://www.people.hbs.edu/besty/projfinportal/index.htm* e encontre oportunidades de emprego em finanças de projetos. Qual é o papel das finanças nos projetos?

Exercício interativo

Prepare uma estrutura analítica de projeto (WBS) para uma festa de formatura.

Problemas resolvidos

1. Análise do caminho crítico

Enunciado do problema

Você foi chamado para liderar uma equipe especial de projeto no McDonald's com o objetivo de lançar um novo lanche, chamado McWaffle. Você preparou o diagrama em rede a seguir, apresentando as atividades necessárias com os seus tempos esperados em dias. Calcule os tempos de programação ES, LS, EF e LF e o tempo de folga TS para cada atividade. Quais são o caminho crítico e a duração do projeto?

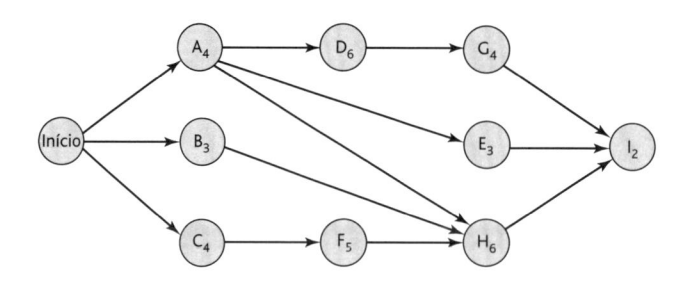

Solução

		Percurso para frente		Percurso para trás		
Atividade	Tempo	ES	EF	LF	LS	TS = LS − ES
A	4	0	4	5	1	1
B	3	0	3	9	6	6
C	4	0	4	4	0	0
D	6	4	10	11	5	1
E	3	4	7	15	12	8
F	5	4	9	9	4	0
G	4	10	14	15	11	1
H	6	9	15	15	9	0
I	2	15	17	17	15	0

As atividades do caminho crítico são C, F, H e I, pois, em cada uma, $TS = 0$. A duração do projeto é de 17 dias, que é a soma dos tempos das atividades do caminho crítico.

2. Aceleração de atividades

Enunciado do problema

Para a rede anterior, suponha que o "custo de aceleração" diário de uma atividade (em dólares por dia) é igual ao tempo da atividade (p. ex., o custo de redução do tempo da atividade H em um dia é $ 6). Além disso, suponha que cada atividade possa ser acelerada em apenas um dia. Quais atividades devem ser aceleradas para reduzir a duração do projeto em três dias com o menor custo?

Solução

Na tabela a seguir, os números circulados representam a duração do projeto, iniciando com 17 dias. Após a atividade C ser acelerada, dois caminhos se tornam críticos; dessa forma, duas atividades devem ser aceleradas (uma em cada caminho) para obter um projeto com tempo total igual a 14 dias.

		Atividades aceleradas		
Caminhos do projeto	Tempo normal	I	C	F&A ou F&G
A-D-G-I	16	15	⑮	⑭
A-E-I	9	8	8	8 ou 7
A-H-I	12	11	11	11 ou 10
B-H-I	11	10	10	10
C-F-H-I	⑰	⑯	⑮	⑭

3. Incorporação de incertezas aos tempos das atividades

Enunciado do problema

Suponha que os tempos de algumas das atividades do projeto McWaffle apresentem incertezas, conforme mostrado a seguir. Calcule a média e a variância para todas as atividades e determine a probabilidade de finalização do projeto em 20 dias, sem acelerar qualquer atividade.

Solução

Primeiro, calcule a média e a variância para cada atividade utizando as equações (8) e (10):

Atividade	A	M	B	Média	Variância
A	3	4	5	4	4/36
B	3	3	3	3	0
C	3	4	5	4	4/36
D	4	6	8	6	16/36
E	2	3	4	3	4/36
F	2	4	12	5	100/36
G	3	4	5	4	4/36
H	4	5	12	6	64/36
I	2	2	2	2	0

Em seguida, determine o caminho crítico. Esse cálculo produz médias de atividade que são idênticas àquelas do enunciado original do problema. Assim, o caminho crítico é C-F-H-I, com um tempo esperado de $T = 17$ dias. A variância do tempo de finalização do projeto é a soma das variâncias das atividades críticas. Isso resulta em $\sigma^2_T = 4/36 + 100/36 + 64/36 + 0 = 168/36 \approx 4,67$. Com a equação (11), calculamos o valor Z para uma finalização do projeto em 20 dias:

$$Z = \frac{X - \mu}{\sigma} = \frac{20 - T}{\sigma_T} = \frac{20 - 17}{\sqrt{4,67}} = 1,39$$

No Apêndice A, "Áreas de uma distribuição normal padrão", encontramos uma probabilidade de $0,5 + 0,4177 = 0,9177$, ou aproximadamente 92% de chance de finalizar o projeto em 20 dias.

Exercícios

15.1 Uma concessionária de energia elétrica está planejando o seu projeto anual de fechamento de uma das caldeiras a vapor para manutenção e conserto. Uma análise desse projeto identificou atividades principais e seus tempos esperados e relacionamentos como segue:

Atividade	Tempo (dias)	Predecessor imediato
A	4	—
B	3	—
C	4	—
D	6	A
E	3	A
F	5	C
G	4	D
H	6	A, B, F
I	2	E, G, H

a. Prepare o diagrama da rede do projeto.
b. Calcule a folga total e os tempos de programação para cada atividade.
c. Liste as atividades do caminho crítico e a duração do projeto.
d. Supondo que seja necessário um trabalhador para cada atividade, prepare um programa nivelado por recursos. Qual é o número máximo de trabalhadores necessários para finalizar o projeto no prazo?

15.2 Uma empresa de consultoria está planejando um projeto de reengenharia para um cliente. Foram identificadas as seguintes atividades e estimativas de tempo:

Atividade	Tempo (dias)	Predecessor imediato
A	1	—
B	2	—
C	2	—
D	2	A, B
E	4	A, C
F	1	C
G	4	D
H	8	G, E, F

a. Prepare o diagrama da rede do projeto.
b. Calcule a folga total e os tempos de programação para cada atividade.
c. Liste as atividades do caminho crítico e a duração do projeto.
d. Supondo que seja necessário um trabalhador para cada atividade, prepare um programa nivelado por recursos. Qual é o número máximo de trabalhadores necessários para finalizar o projeto no prazo?

15.3 A universidade Slippery Rock está planejando um campeonato de basquete. As seguintes informações foram coletadas para cada atividade do projeto:

Atividade	Tempo (dias)	Predecessor imediato	Descrição
A	3	—	Selecionar as equipes
B	5	A	Enviar os convites
C	10	—	Providenciar as acomodações
D	3	B, C	Planejar a promoção
E	5	B, C	Imprimir os ingressos
F	10	E	Vender os ingressos
G	8	C	Concluir os arranjos
H	3	G	Desenvolver o programa
I	2	D, H	Treinar
J	3	F, I	Realizar o torneio

a. Desenhe o diagrama de rede desse projeto e classifique as atividades e os eventos.
b. Calcule os tempos programados e as folgas totais para cada atividade. Qual é o caminho crítico?
c. Quando deve começar a seleção das equipes se o campeonato for programado para ter início na manhã de 27 de dezembro? Inclua sábado e domingo como dias de trabalho.

15.4 Uma rede simples que consiste em quatro atividades tem o seguinte diagrama:

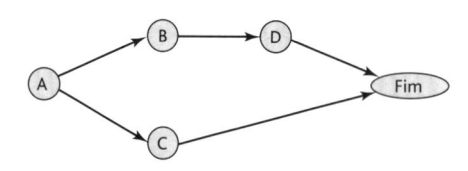

As relações custo/tempo para as atividades são:

Atividade	Tempo mínimo (semanas)	Tempo máximo (semanas)	Relação custo/tempo ($1.000)
A	5	10	100 − (3 × tempo da atividade)
B	5	10	100 − (2 × tempo da atividade)
C	10	30	100 − (2 × tempo da atividade)
D	10	15	100 − (5 × tempo da atividade)

Por exemplo, se concluída em cinco semanas, a atividade A exigiria $ 85.000 e, se concluída em 10 semanas, $ 70.000.
a. Qual seria o custo mínimo da finalização desse projeto em 20 semanas?

b. Se o tempo desejado para a finalização fosse de 33 semanas e a margem de lucro fosse de 20% sobre o custo, qual deveria ser o valor desse projeto?

15.5 A rede de projeto e a tabela a seguir fornecem os tempos e custos normais, bem como os tempos e custos de aceleração de atividades necessárias para finalizar o projeto. Acelere o tempo de finalização para um nível mínimo.

Atividade	Tempo normal (semanas)	Custo	Tempo de aceleração (semanas)	Custo
A	4	$2.500	2	$6.000
B	5	4.000	4	5.000
C	2	3.000	1	5.000
D	2	2.000	1	3.000
E	6	3.000	4	4.000
F	3	2.000	1	5.000
G	1	2.000	1	2.000

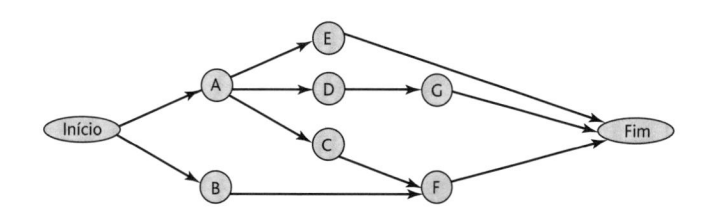

15.6 Uma empresa de construção foi contratada para renovar parte do oleoduto do Alasca, que tem apresentado alguns problemas. As atividades do projeto, seus tempos estimados e relacionamentos são:

Atividade	Código	Tempo (dias)	Predecessor imediato
Montar a equipe de trabalho	A	10	—
Criar estoque com a linha antiga	B	28	—
Medir e esboçar a linha antiga	C	2	A
Desenvolver a lista de materiais	D	1	C
Erguer o andaime	E	2	D
Identificar o tubo	F	30	D
Identificar as válvulas	G	45	D
Desativar a linha antiga	H	1	B, D
Remover a linha antiga	I	6	E, H
Pré-fabricar a linha nova	J	5	F
Colocar as válvulas	K	1	E, G, H
Instalar a nova tubulação	L	6	I, J
Soldar a tubulação	M	2	L
Conectar as válvulas	N	1	K, M
Isolar	O	4	K, M
Teste de pressão	P	1	N
Remover o andaime	Q	1	N, O
Limpar	R	1	P, Q

a. Prepare uma rede de projeto.
b. Liste as atividades do caminho crítico e a duração esperada do projeto.
c. Determine os tempos de programação e folga total para todas as atividades.
d. Conforme o contrato, um bônus de $ 100.000 será pago para cada dia a menos de duração do projeto em relação ao esperado. Avalie as seguintes alternativas de redução da duração do projeto e, então, faça uma recomendação:

1. Acelerar a atividade B em quatro dias a um custo de $ 100.000.
2. Acelerar a atividade G em um dia a um custo de $ 50.000.
3. Acelerar a atividade O em dois dias a um custo de $ 150.000.
4. Acelerar a atividade O em dois dias, tirando os recursos da atividade N e, com isso, estendendo o tempo de N em dois dias.

15.7 As atividades a seguir foram identificadas por uma firma de consultoria que está desenvolvendo um sistema de informações para uma empresa seguradora realizar uma transição e tornar-se uma organização "sem papéis".

Atividade	Predecessor imediato	Duração da atividade (meses)		
		Otimista	Mais provável	Pessimista
A	—	4	6	8
B	—	1	2	3
C	A	4	4	4
D	A	4	5	6
E	B	7	10	16
F	B	8	9	10
G	C	2	2	2
H	D, E, G	2	3	7
I	F	1	3	11

a. Desenhe a rede do projeto, apresentando as atividades e os seus tempos esperados.
b. Quais são o caminho crítico e a duração esperada do projeto?
c. Qual é a probabilidade de finalizar o projeto em dois anos?

15.8 As seguintes atividades são necessárias para a finalização de um projeto:

Atividade	Predecessor imediato	Duração da atividade (dias)		
		Otimista	Mais provável	Pessimista
A	—	3	6	15
B	—	2	5	14
C	A	6	12	30
D	A	2	5	8
E	C	5	11	17
F	D	3	6	15
G	B	3	9	27
H	E,F	1	4	7
I	G	4	19	28
J	H,I	1	1	1

a. Desenhe um diagrama de rede desse projeto, apresentando as atividades e seus tempos de duração esperados.
b. Quais são o caminho crítico e o tempo de finalização esperado do projeto?
c. Qual é a probabilidade de finalizar o projeto em 41 dias ou menos?

15.9 A rede de projeto e a tabela a seguir mostram o número esperado de semanas para concluir uma série de atividades e as variâncias correspondentes:

Atividade	Duração esperada (semanas)	Variância (semanas)
A	5	1
B	10	2
C	4	1
D	7	1
E	6	2
F	8	1
G	4	2
H	3	1
I	5	1
J	7	2
K	8	3

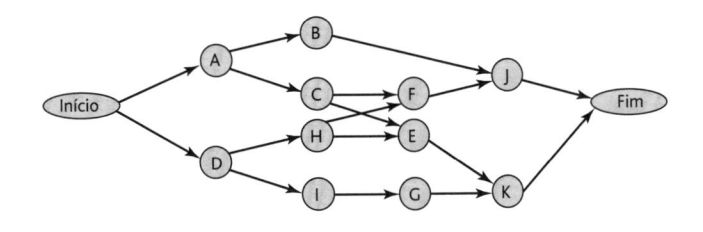

a. Determine o caminho crítico e o menor tempo de finalização esperado.

b. Qual é a probabilidade de finalizar o projeto em 24 semanas ou menos?

15.10 Você foi chamado para planejar as seguintes operações de cobertura para a AIC (Anime International Company):

Atividade	Predecessor imediato	Duração da atividade (dias)		
		Otimista	Mais provável	Pessimista
A	—	1	2	3
B	A	3	3	3
C	B	4	6	8
D	A	2	8	8
E	A	6	9	12
F	D, C	4	7	10
G	D	10	10	16
H	D, E	4	5	6
I	F, G, H	2	2	2

a. Desenhe um diagrama de rede para esse projeto.
b. Calcule o tempo esperado e a variância para cada atividade.
c. Determine o caminho crítico e o tempo de finalização esperado para o projeto.
d. Qual é a probabilidade de o projeto levar mais de 25 dias para ser finalizado?

Info-Systems, Inc.

Estudo de caso 15.1

A Info-Systems é uma empresa em rápida ascensão, especializada em consultoria na área de sistemas da informação. No passado, seus projetos tinham prazos relativamente curtos e não exigiam extensa programação ou supervisão gerencial. Porém, recentemente, a Info-Systems assinou um contrato para desenvolver e implementar um sistema integrado de gestão para uma empresa de manufatura.

Durante o estudo inicial da proposta, a Info-Systems determinou que a atual configuração do *hardware* da empresa era inadequada para atender às suas necessidades de longo prazo, e foram desenvolvidas novas especificações gerais. Então, como parte de suas obrigações, a Info-Systems terá de efetuar a avaliação e a seleção de fornecedores desse novo *hardware*. O estudo inicial também propôs que o sistema deveria compreender uma combinação de processamento *on-line* e em lotes e estimou um prazo mínimo de um ano para a finalização.

A Info-Systems planeja dividir o projeto em quatro áreas principais que envolvam as atividades de suporte: 1) seleção e instalação de *hardware*, 2) desenvolvimento do processamento em lotes, 3) desenvolvimento do processamento *on-line*, 4) conversão do sistema antigo para o novo. Além disso, a empresa sente que o uso de um sistema de gerenciamento de projeto seria útil para fornecer uma estimativa mais precisa da conclusão do projeto, controlar o projeto em andamento e recrutar pessoas nos momentos apropriados. Assim, a Info-Systems recrutou vários funcionários de seu quadro sênior para elaborar uma lista detalhada de tarefas, representada a seguir.

Tarefas		Duração do trabalho (dias)	Predecessor imediato
A.	Avaliar e selecionar o *hardware*.	30	—
B.	Desenvolver as especificações para o sistema de processamento em lotes (p. ex., definição de dados, volume de transação).	60	—
C.	Desenvolver as especificações para o processamento *on-line* (p. ex., os tempos de resposta).	40	—
D.	Definir as necessidades específicas do *hardware*; pedir e receber equipamentos.	100	A,B,C
E.	Projetar o leiaute das telas para o sistema em lotes.	30	B
F.	Projetar os formulários de entrada para o sistema em lotes.	20	E
G.	Projetar o leiaute das telas para o sistema *on-line*.	25	C
H.	Projetar o leiaute dos arquivos.	20	F,G
I.	Preparar as especificações do programa para ciclos de lotes *diários*.	30	H
J.	Preparar as especificações do programa para ciclos de lotes *semanais*.	20	H
K.	Preparar as especificações do programa para ciclos de lotes *mensais*.	15	H
L.	Preparar as especificações do programa para o processamento *on-line*.	20	H
M.	Instalar e testar o novo *hardware*.	15	D
N.	Codificar os programas para ciclos de lotes *diários*.	20	I
O.	Codificar os programas para ciclos de lotes *semanais*.	15	J
P.	Codificar os programas para ciclos de lotes *mensais*.	10	K
Q.	Codificar os programas para ciclos *on-line*.	18	L
R.	Documentar o sistema em lotes.	35	I,J,K
S.	Documentar o sistema *on-line*.	25	L
T.	Testar os ciclos *diários*.	20	M,N
U.	Testar os ciclos *semanais*.	15	M,O
V.	Testar os ciclos *mensais*.	12	M,P
W.	Testar o processamento *on-line*.	15	M,Q
X.	Testar o sistema total.	20	T,U,V,W
Y.	Projetar as conversões necessárias, os programas e os arquivos.	30	H
Z.	Preparar os programas de conversão.	20	Y
AA.	Testar os programas de conversão.	15	Z
BB.	Rodar a conversão real.	3	X,AA
CC.	Operar o sistema em paralelo e treinar os usuários.	60	R,S,BB
DD.	Ter a aceitação dos usuários.	5	CC
EE.	Implementar o sistema de produção.	5	DD

Questões

1. Com o Microsoft Project for Windows, prepare uma rede e identifique as atividades do caminho crítico, a duração esperada do projeto e os tempos programados para todas as atividades.

2. O tempo para a entrega do *hardware* é estimado em 90 dias. O tempo para a finalização do projeto seria afetado se a entrega do *hardware* fosse atrasada em 30 dias? O caminho crítico mudaria?

3. Utilizando a rede e o caminho crítico originais, quais estratégias poderiam ser consideradas pelo gerenciamento para finalizar o projeto no prazo se a atividade B fosse atrasada em algumas semanas?

Hospital Municipal de Whittier — Estudo de caso 15.2

Após quase 50 anos na atual localização, o Hospital Municipal de Whittier está se preparando para transferir suas instalações, em um futuro próximo, para um novo prédio, no momento em que os equipamentos e a construção estiverem finalizados. O conselho de diretores do hospital definiu um comitê especial de gerenciamento para controlar todos os procedimentos, incluindo a coordenação com as agências externas e com os departamentos internos. Como primeiro passo dessa missão, o comitê deseja desenvolver uma base de informações que será usada para 1) estabelecer um esboço inicial do plano de procedimentos para as fases detalhadas de planejamento e mudança e 2) dispor de uma ferramenta fundamental de gerenciamento e programação para as operações do dia a dia durante o período de transição.

A equipe de gerenciamento acredita que uma análise PERT de um esboço do plano seria muito útil para o entendimento do comitê sobre o processo de mudança. Por isso, iniciou o desenvolvimento de uma rede de atividades e de estimativas da duração da tarefa. Após consultar o empreiteiro contratado para a construção da instalação, estimou-se que a finalização da construção e a verificação dos novos equipamentos instalados provavelmente levariam mais 50 dias, sendo as estimativas otimista e pessimista de 40 e 60 dias, respectivamente. Nesse ponto, a instalação seria desocupada pelo empreiteiro e disponibilizada para o conselho.

Antes que isso ocorra, porém, um plano detalhado de atividades para cada departamento do hospital deve ser definido para a aprovação do Comitê de Mudança (como é formalmente conhecido). A equipe estima que levará no mínimo 10, não mais do que 20, e provavelmente 15 dias para o desenvolvimento e a aprovação.

Uma vez que o plano detalhado tenha recebido o pontapé inicial, a equipe terá uma série de atividades para realizar antes que uma rodada experimental e subsequentes avaliações do plano sejam possíveis. São elas:

1. Desenvolver e divulgar um relatório informativo para todos os funcionários do hospital, delineando os procedimentos gerais e tendo os procedimentos específicos de cada departamento anexados; é estimado que essa atividade leve no mínimo três, provavelmente quatro e, no máximo, sete dias.

2. Desenvolver as informações e gerar uma cobertura de imprensa para os eventos programados; essa atividade levará no mínimo (e provavelmente) dois dias e no máximo três dias.

3. Negociar com os serviços locais e privados de ambulância a transferência dos pacientes; é estimado para essa atividade o mínimo de 10, provavelmente 14 e o máximo de 20 dias.

4. Negociar com as empresas de mudança a transferência de equipamentos, registros e suprimentos; é estimado que essa atividade leve no mínimo quatro, provavelmente cinco e, no máximo, oito dias.

5. Coordenar os procedimentos com a polícia local e determinar as responsabilidades dela e do corpo de bombeiros; é estimado que essa atividade leve no mínimo três, provavelmente cinco e, no máximo, 10 dias.

6. Coordenar com outros hospitais das proximidades as admissões e os procedimentos de transferência durante o período de transição; essa atividade levará no mínimo dois, provavelmente três e, no máximo, cinco dias.

Uma vez concluídas a construção e a verificação das instalações, o prédio deve ser limpo pela equipe do hospital antes da mudança efetiva, de maneira que fique conforme os níveis exigidos pela instituição. Depois de o empreiteiro desocupar o local, os funcionários serão orientados sobre o leiaute e o funcionamento do novo prédio. Como esse processo de orientação é muito importante, a equipe de gestão quer garantir que ele seja iniciado após a distribuição do relatório informativo e concluído antes da rodada experimental da mudança. A equipe estima que a limpeza e a orientação possam ocorrer ao mesmo tempo, sem problemas. A limpeza levará no mínimo dois, provavelmente três e, no máximo, cinco dias; a orientação dos funcionários levará no mínimo quatro, provavelmente cinco e, no máximo, sete dias.

Apesar de o tempo da rodada experimental levar de fato um dia, a atividade inteira, incluindo a avaliação, é estimada em no mínimo (e provavelmente) três dias e em no máximo cinco dias, caso ocorram imprevistos. Uma vez finalizada essa etapa, a coordenação do planejamento e da programação final envolvendo o transporte de pacientes e equipamentos, agências locais e hospitais das redondezas deverá levar dois dias (três no máximo). Por fim, a programação completa e os procedimentos serão discutidos em cada departamento do hospital no dia anterior à mudança, esperando que essa discussão leve o dia todo, devido às programações normais de trabalho e às tarefas que todos os funcionários estarão realizando.

Para o dia da mudança, a equipe fracionou o processo inteiro em sete atividades a fim de esquematizar o plano:

Atividade	Duração da atividade (dias)		
	Otimista	Mais provável	Pessimista
Administração, contabilidade e serviços de escritório	0,25	0,5	1,0
Biblioteca e registros médicos/de pessoal	0,25	0,5	0,75
Laboratório e compras/depósito	0,3	0,8	1,0
Serviços de limpeza e alimentação	0,5	0,75	1,3
Outros equipamentos e suprimentos que devem ser transportados no mesmo dia que os pacientes	0,8	1,0	1,2
Transferência dos pacientes	0,4	1,0	1,0
Equipamentos e suprimentos (não críticos) que serão transportados depois dos pacientes	1,0	2,0	2,5

A equipe acredita que as operações básicas estarão totalmente encaminhadas na nova localização uma vez finalizadas as primeiras seis atividades, e essa é a meta crítica estabelecida pela diretoria do hospital. A nova localização, é claro, só estará em funcionamento total depois que os equipamentos e suprimentos não críticos forem transportados.

Questões

1. Suponha que você faça parte da equipe de gerenciamento cuja tarefa é desenvolver esse esboço de plano. Com o Microsoft Project for Windows, desenvolva a rede PERT, identifique o caminho crítico e determine o tempo esperado para atingir a situação operacional básica na nova instalação.

2. O conselho de diretores disse que gostaria de fazer a mudança no domingo para minimizar a interferência do trânsito normal da semana. Se houver domingos dentro de 46, 53, 60, 67 e 74 dias, contando a partir de agora, determine a probabilidade (utilizando uma distribuição normal) de atingir a situação operacional básica da nova instalação nos dois domingos que estiverem mais próximos do tempo esperado que você calculou previamente.

3. Resumidamente, avalie os problemas potenciais que você identifica na aplicação da análise do caminho crítico para esboçar o plano da mudança do Hospital Municipal de Whittier.

Bibliografia selecionada

Branch, M. A. "Where Do Wal-Marts Come From?" *Progressive Architecture* 9, 1993, pp. 66–69.

Brassard, Michael, and Diane Ritter. *The Memory Jogger II*. Methuen, Mass.: GOAL/QPC, 1994.

Cleland, David I. "The Age of Project Management." *Project Management Journal* 22, no. 1 (March 1991), pp. 19–24.

Fersko-Weiss, Henry. "Project Management Software Gets a Grip on Usability." *PC Magazine,* July 1992, pp. 323–69.

Goldratt, Eliyahu M. *Critical Chain*. Great Barrington, Mass.: The North River Press, 1997.

Gray, Clifford F., and Erik W. Larson. *Project Management*. New York: Irwin/McGraw-Hill, 2000.

Katzenbach, Jon R., and Douglas K. Smith. *The Wisdom of Teams*. New York: HarperBusiness, 1994.

Lientz, Bennet P., and Kathryn P. Rea. *Project Management for the 21st Century*. San Diego, Calif.: Academic Press, 1995.

Meredith, Jack R., and Samuel J. Mantel Jr. *Project Management*. 3rd ed. New York: Wiley, 1995.

Randolph, W. A., and Barry Z. Posner. "What Every Manager Needs to Know about Project Management." *Sloan Management Review,* Summer 1988, pp. 65–73.

Notas

1. B. W. Tuckman, "Developmental Sequence in Small Groups," *Psychological Bulletin* 63, 1965, pp. 384–99.
2. Essa suposição baseia-se no teorema do limite central da estatística, que afirma que a soma de muitas variáveis aleatórias independentes é uma variável aleatória que tende a ser distribuída normalmente. Nesse caso, o tempo para a finalização do projeto é a soma das durações individuais das atividades do caminho crítico.

Parte IV

Modelos quantitativos para administração de serviços

Os capítulos finais introduzem modelos quantitativos que têm valiosas aplicações nas operações de serviços. Começamos explorando o uso de modelos de filas para o planejamento da capacidade de atendimento. O conhecimento da demanda esperada permite que o número de funcionários necessários para a capacidade de atendimento seja definido antecipadamente a fim de alcançar níveis aceitáveis de tempo de espera dos clientes. A previsão da demanda esperada em serviços, que pode variar por mês, dia e hora, é o tema do capítulo seguinte. Concluímos com o tópico de modelos de estoque e sistemas de controle.

Capítulo 16

Modelos de filas e planejamento de capacidade

Objetivos de aprendizagem

Ao final deste capítulo, você deverá estar apto a:

1. Discutir o papel estratégico do planejamento de capacidade.
2. Descrever um modelo de filas utilizando a notação A/B/C.
3. Utilizar modelos de filas para calcular indicadores de desempenho de sistemas.
4. Descrever as relações entre as características dos sistemas de filas.
5. Realizar um planejamento de capacidade utilizando os modelos de filas e diversos critérios de decisão.

As decisões de planejamento de capacidade envolvem um *trade-off* entre os custos do fornecimento de um serviço e os custos ou inconvenientes que a espera pelo serviço representa para o cliente. O custo da capacidade de atendimento (fornecimento) é determinado pelo número de servidores disponíveis, ao passo que o inconveniente causado ao cliente é medido pelo tempo de espera. A Figura 16.1 ilustra isso, supondo que a espera seja medida em termos de custo monetário. Um aumento da capacidade de atendimento costuma resultar em custos de espera menores e custos operacionais maiores. Se o custo combinado para a empresa constitui o critério de planejamento, então uma capacidade ótima de serviço será aquela que minimizar os custos de serviço em relação à espera.

A Xerox Corporation viveu esse dilema ao introduzir seu Sistema de Fotocópias Modelo 9200[1]. Sua operação de serviço e manutenção, constituída por representantes técnicos isolados que cuidavam de territórios específicos, deixou de ter as condições que haviam dado à empresa uma decisiva vantagem técnica competitiva. Comprometer o nível dos serviços significava que os clientes teriam

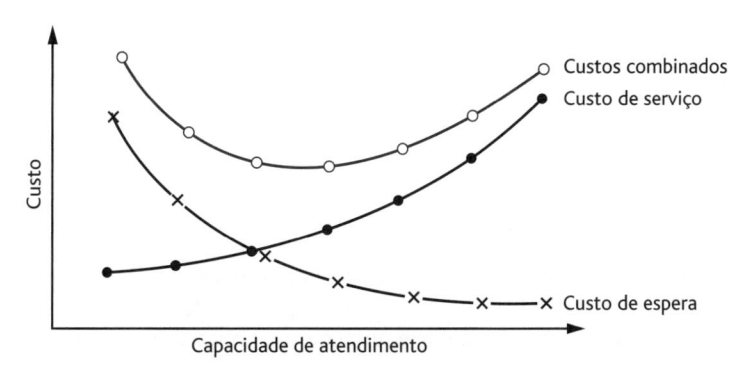

Figura 16.1 *Trade-off* econômico no planejamento da capacidade.

de esperar, o que, por sua vez, levaria a uma perda de receita para os clientes (e, indiretamente, para a Xerox). Portanto, a Xerox fez uma análise de filas para determinar a melhor maneira de resolver esse dilema. Restrições iniciais, principalmente envolvendo fatores humanos – perda de autonomia pelos técnicos, clientes ressentidos com a redução do atendimento "personalizado" –, levaram a empresa a estudar a criação de miniequipes capazes de proporcionar serviços mais rápidos a um número maior de clientes.

O custo para os clientes da Xerox era direto, pois o Modelo 9200 estava sendo utilizado para substituir um sistema anterior de impressão em *offset*. Assim, cada máquina Xerox que ficasse "parada" representaria uma perda de rendimentos. O problema que a Xerox enfrentou nesse ponto foi a determinação do número apropriado de integrantes para cada equipe. A empresa utilizou a análise de filas para minimizar tanto o custo da espera do cliente quanto o seu custo de serviço, chegando a uma solução ótima com três representantes em cada equipe. O custo monetário do atraso para um cliente costuma ser mais difícil de calcular do que nesse exemplo, existindo inclusive circunstâncias em que fica impossível determiná-lo. Em um hospital, por exemplo, o custo de manter uma equipe cirúrgica à espera do parecer do patologista pode ser igual aos salários combinados dos membros da equipe mais o custo da sala de operação. No entanto, não é fácil calcular o custo de manter um paciente esperando por um médico na recepção, pois muitas circunstâncias afetam a maneira como o cliente percebe a espera.

O *trade-off* entre a espera do cliente e a capacidade de atendimento está presente diariamente. Por exemplo, uma ambulância do serviço de emergência raramente fica ocupada por mais de 30% do tempo. Essa baixa utilização, no entanto, é indispensável para permitir o atendimento imediato. O excesso de capacidade da ambulância é necessário, pois o custo implícito da espera por esse serviço pode ser exorbitante em termos de vidas humanas. Já a rotina em uma agência dos correios é a de filas de pessoas impacientes esperando atendimento. Nesse caso, considerou-se que os custos implícitos de espera não são críticos e certamente não ameaçam a vida; além disso, os clientes têm poucas alternativas. Outra consequência dessa estratégia é um pessoal geralmente sobrecarregado e, por isso mesmo, incapaz de oferecer o melhor serviço sob a pressão de clientes exigentes. O desejo dos clientes de serem poupados da espera, no entanto, não passou despercebido no escritório de arrecadação de impostos do município de Travis, no Texas, onde, por um dólar a mais, os proprietários de automóveis conseguem renovar suas licenças pelo correio, evitando, assim, o comparecimento ao escritório.

APRESENTAÇÃO DO CAPÍTULO

O capítulo começa com uma discussão sobre o papel estratégico do planejamento da capacidade para as empresas de serviços. A falta de controle sobre as demandas dos clientes por serviços e a presença do cliente no processo dificultam o planejamento da capacidade. No caso dos serviços, é necessário prever o grau de espera dos clientes em relação aos diferentes níveis de capacidade. Este capítulo aborda diversos modelos analíticos de filas que podem ser aproveitados para o desenvolvimento das previsões de tempo de espera. Os modelos são analíticos, e foram derivadas equações para cada caso. Dada uma quantidade mínima de elementos – em específico, a taxa média de chegada e a taxa média de atendimento –, essas equações geram as características de um determinado sistema, como o tempo médio de espera que um cliente deveria esperar. A partir desses cálculos, as decisões de planejamento de capacidade (p. ex., a definição do tamanho de um estacionamento) podem ser tomadas utilizando diversos critérios. Além disso, esses modelos ajudam a explicar o fenômeno da fila. Por exemplo, eles conseguem prever os resultados do aumento de servidores em um sistema com múltiplos servidores, como mostrado no caso da Xerox, ou mostrar o efeito da redução da variação do tempo de serviço sobre o tempo de espera.

PLANEJAMENTO DE CAPACIDADE

A capacidade é a possibilidade de prestar um serviço em um determinado período de tempo. Para os serviços, o período de tempo pode variar de décadas (p. ex., a decisão de construir um hotel do tipo *resort*) a horas (p. ex., a composição da equipe de funcionários em uma lanchonete durante a hora do almoço). A capacidade é determinada pelos recursos disponíveis para a organização na forma de instalações, equipamentos e mão de obra. O planejamento de capacidade é o processo de definição dos tipos e montantes de recursos exigidos para implementar o plano estratégico de negócios de uma organização. O objetivo do planejamento estratégico de capacidade é determinar o nível adequado da capacidade de atendimento ao especificar o *mix* apropriado de instalações, equipamentos e mão de obra necessários para atender à demanda prevista.

O planejamento de capacidade é um desafio para as empresas de serviços devido à natureza de sistemas abertos das operações de serviços e, desse modo, à impossibilidade de criar um fluxo estável de atividade para utilizar totalmente a capacidade. Para os sistemas de serviços, a capacidade ociosa (p. ex., os prestadores de serviços esperando por clientes) é sempre uma realidade. Como observado no Capítulo 12, as chegadas de clientes podem flutuar de um minuto para o outro (p. ex., uma central de atendimento ao cliente), sendo variável também o tempo durante o qual os clientes são atendidos (p. ex., pessoas jantando em um restaurante sofisticado). Devido à incapacidade dos serviços de controlar as demandas exigidas, a capacidade é normalmente mensurada em termos de dados de entrada (p. ex., número de quartos do hotel) em vez de dados de produção (p. ex., as diárias de hóspedes).

A decisão sobre a capacidade é ainda mais complicada porque os clientes são participantes no processo de serviço, além de o nível de congestionamento ter um impacto sobre a qualidade da experiência do serviço. O recente aumento nas reclamações de clientes a respeito de experiências em viagens aéreas está diretamente relacionado ao sucesso das companhias aéreas em lotar as suas aeronaves (p. ex., considere a sua ansiedade ao esperar que ninguém sente ao seu lado na poltrona do meio). Por outro lado, as pessoas buscam a diversão de uma danceteria cheia.

Papel estratégico das decisões sobre capacidade

As decisões sobre capacidade nos serviços têm uma importância estratégica baseada no período de tempo em questão. A decisão de construir um hotel de luxo em uma cidade talvez seja um golpe antecipado contra um competidor, já que a demanda de mercado para hóspedes é tão limitada que apenas um hotel pode sobreviver. Isso ocorre porque a capacidade das instalações fixas se dá em proporções economicamente viáveis (p. ex., um hotel de luxo de 500 quartos *versus* um hotel econômico de 100 quartos). Desse modo, se um hotel de luxo for viável com uma ocupação média de 60%, um mercado estimado de 300 diárias de hóspedes sustentará somente um hotel. Por essa razão, raramente encontramos os hotéis Ritz Carlton e Four Seasons em uma mesma cidade de porte médio.

Um planejamento falho das necessidades de capacidade de curto prazo, como o número de funcionários para a hora do almoço, pode gerar clientes para os concorrentes. Isso ocorre especialmente quando os clientes conseguem avaliar o tempo de espera ao observar o tamanho da fila, fazendo-os desistir ou se frustrar e procurar atendimento em outro local.

Investimentos financeiros significativos e irreversíveis (p. ex., construir um hotel) resultam de uma tomada de decisão sobre a capacidade que deve ser medida em comparação com os custos de vendas perdidas se a capacidade for inadequada, ou em relação às perdas operacionais se a demanda não estiver à altura das expectativas. Como a capacidade física (isto é, instalações e equipamentos) é adicionada em unidades discretas (p. ex., acrescentar outra aeronave a uma frota), a possibilidade de adequação da capacidade à demanda é infrutífera, e uma estratégia de construir prevendo a demanda futura muitas vezes é utilizada para evitar a perda de clientes. Os prestadores de serviços de comunicação, como a America Online, por exemplo, aprenderam que uma campanha de marketing bem-sucedida pode levar à hostilidade por parte dos clientes se não houver capacidade para lidar com a demanda crescente.

Exemplo 16.1   Planejamento de capacidade para a Cookies & Cream – abordagem ingênua

Um estudante empreendedor está considerando abrir uma loja de biscoitos e sorvetes Cookies & Cream em um espaço disponível em uma praça de alimentação. As observações do movimento durante a hora do almoço sugerem uma demanda de pico potencial de 50 clientes, cada um pedindo em média um *sundae*, seis biscoitos e um refrigerante, permanecendo 20 minutos na mesa.

Uma forma acomoda uma dúzia de biscoitos, e o tempo de preparo é de 10 minutos. Um servidor precisa em média de 6 minutos para anotar um pedido, preparar os biscoitos, cobrar, preparar o *sundae* e montar o pedido. As necessidades de capacidade são determinadas pelo cálculo das unidades da instalação, dos equipamentos e da mão de obra exigidos para acomodar a demanda de pico esperada.

As necessidades da instalação incluem os lugares necessários para acomodar os clientes. Usaremos uma relação chamada de "Little's Law", discutida mais adiante no capítulo, para calcular os lugares necessários. A Little's Law estabelece que o número médio de clientes em um sistema (L) é igual à taxa de chegada (λ) multiplicada pelo tempo médio de espera (E), ou $L = \lambda E$. Com 50 clientes chegando durante a hora de pico e cada um permanecendo aproximadamente 20 minutos, ou um terço de uma hora, precisamos de (50)(20/60) = 16,7 lugares.

Os equipamentos necessários incluem o cálculo do número de fôrmas de biscoitos necessárias. Isso é determinado pela divisão do número total de biscoitos pedidos por hora pela capacidade de uma fôrma de biscoitos, que é utilizada durante apenas 10 minutos por fornada (isto é, reutilizada seis vezes por hora). Considere que os pedidos possam ser combinados para completar uma fôrma.

$$\text{Número de fôrmas de biscoitos necessárias} = \frac{(50 \text{ clientes/hora})(6 \text{ biscoitos/pedido})}{(12 \text{ biscoitos/fôrma})(6 \text{ ciclos/hora})} = 4{,}17$$

A necessidade de mão de obra concentra-se sobre o cálculo do número de servidores necessários. Como nos cálculos de equipamento, dividimos o total de minutos do tempo dos servidores necessários para a hora por uma unidade de capacidade de atendimento (isto é, 60 minutos disponíveis por hora).

$$\text{Número de servidores necessários} = \frac{(50 \text{ clientes/hora})(6 \text{ minutos cada})}{(60 \text{ minutos/hora})} = 5{,}0$$

É preciso ter cuidado na implementação dos resultados de um exercício de planejamento de capacidade tão simples. Há a necessidade de ter capacidade excessiva em um sistema de serviço porque a variabilidade das chegadas de clientes e dos tempos de serviço é esperada, criando uma capacidade ociosa que é perdida. Como veremos na seção sobre modelos de fila, a capacidade de atendimento deve *exceder* a taxa de chegada para evitar filas de espera fora de controle. Como os cálculos para as necessidades de capacidade são baseados em médias, os resultados representam uma solução impraticável para as nossas necessidades de capacidade. A nossa análise do planejamento de capacidade da Cookies & Cream será revista com uma análise de filas mais sofisticada após a discussão sobre modelos de filas.

MODELOS ANALÍTICOS DE FILAS

Existem vários modelos diferentes de filas. Um sistema popular classifica os modelos de filas com servidores paralelos e utiliza a seguinte notação, na qual três características são identificadas: *A/B/C; A* representa a distribuição de tempo entre chegadas; *B*, a distribuição de tempos de atendimento; e *C*, o número de servidores paralelos (p. ex.: caixas em um supermercado). Os símbolos descritivos utilizados para as distribuições de chegada e de serviço incluem:

M = distribuição exponencial entre chegadas ou tempos de atendimento (ou a distribuição de Poisson equivalente para taxas de chegada ou de serviço)

D = tempo de atendimento ou entre chegadas determinístico ou constante

E_k = distribuição de Erlang com parâmetro de forma k (se $k = 1$, então a distribuição de Erlang é equivalente à exponencial; se $k = \infty$, Erlang é equivalente a um parâmetro determinístico)

G = distribuição geral com média e variância (p. ex., distribuição normal, uniforme ou empírica)

Assim, *M/M/*1 representa um modelo de filas com um único servidor, com taxa de chegada de Poisson e distribuição exponencial dos tempos de atendimento. A notação *A/B/C* será utilizada aqui para definir a classe à qual um modelo de filas pertence. Questões particulares associadas ao modelo em discussão serão observadas, por exemplo, se o tamanho da fila é *finito* devido ao pequeno espaço (p. ex.: um estacionamento) ou ao número de clientes potenciais (p. ex.: uma cafeteria em um escritório). A Figura 16.2 classifica os seis modelos analíticos de filas que estudaremos neste capítulo de acordo com essas características, empregando a notação *A/B/C*. Cada modelo de filas (isto é, *M/M/*1) também terá um número romano associado (p. ex., I, II, III) para indicar um conjunto de equações para aquele modelo. Essas equações serão repetidas no Apêndice D.

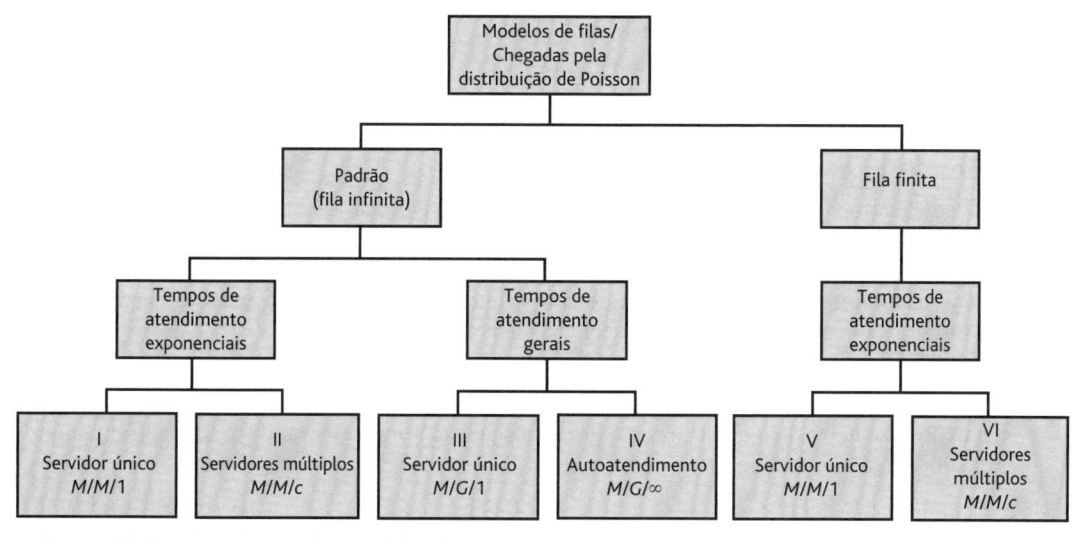

```
                    Modelos de filas/
                    Chegadas pela
                    distribuição de Poisson
                           │
              ┌────────────┴────────────┐
          Padrão                    Fila finita
        (fila infinita)                 │
              │                         │
        ┌─────┴─────┐             Tempos de
    Tempos de    Tempos de        atendimento
    atendimento  atendimento      exponenciais
    exponenciais gerais                │
        │            │                 │
     ┌──┴──┐      ┌──┴──┐          ┌───┴───┐
     I     II    III    IV          V       VI
  Servidor Servidores Servidor Autoatendimento Servidor Servidores
   único  múltiplos  único    M/G/∞         único   múltiplos
   M/M/1  M/M/c     M/G/1                   M/M/1   M/M/c
```

Figura 16.2 Classificação dos modelos de filas.

Uma consideração final envolve os conceitos de *estado transitório* e *estado permanente*. Em um estado transitório, os valores das características operacionais de um sistema dependem do tempo. Em um estado permanente, as características do sistema são independentes do tempo, e considera-se que o sistema está em equilíbrio estatístico. Devido à dependência das condições iniciais de operação, as características do sistema costumam ser transitórias durante os primeiros estágios de operação. Por exemplo, comparemos as condições iniciais de uma loja de departamentos no horário de abertura em um dia de semana normal e no dia de início da liquidação de final de ano, quando as multidões "atropelam" os atendentes. O número de pessoas na fila inicialmente será bastante grande, mas, dado um período de tempo grande o suficiente, o sistema por fim se estabilizará. Uma vez atingidas as condições normais, alcança-se um equilíbrio estatístico no qual o número de pessoas na fila assume uma distribuição independente das condições iniciais. Todas as equações para os modelos de fila apresentadas no Apêndice D supõem que o estado permanente do sistema tenha sido alcançado. A maioria dos sistemas opera em um ambiente dinâmico, com taxas de chegada que algumas vezes variam a cada hora; assim, um estado permanente raramente é alcançado. Entretanto, os modelos de estado permanente fornecem projeções úteis sobre o desempenho do sistema para decisões de longo prazo que envolvam planejamento de capacidade.

Para cada modelo de fila, são registrados os pressupostos subjacentes à sua derivação. A utilidade de um modelo analítico para uma dada situação é limitada por esses pressupostos. Caso estes não sejam válidos para uma determinada situação, busca-se como alternativa uma abordagem de simulação computacional (ver o suplemento do capítulo). As aplicações desses modelos de filas para situações de tomada de decisão empregam as equações encontradas no Apêndice D, "Equações para os modelos de filas selecionados". Os símbolos adotados nesses modelos e suas definições são os seguintes:

n = número de clientes no sistema

λ = [lambda] taxa média de chegadas (p. ex., número de chegadas de clientes por hora)

μ = [mu] taxa média de serviço por servidor ocupado (p. ex., a capacidade de atendimento medida em clientes por hora)

ρ = [rho](λ/μ) número médio de clientes em atendimento

N = número máximo permitido de clientes no sistema

c = número de servidores

P_n = probabilidade de existirem exatamente n clientes no sistema

L_s = número médio de clientes no sistema

L_q = número médio de clientes em fila

L_b = número médio de clientes em fila para um sistema ocupado

W_s = tempo médio que o cliente gasta no sistema
W_q = tempo médio que o cliente gasta na fila
W_b = tempo médio que o cliente gasta na fila para um sistema ocupado

Relações entre características dos sistemas

Antes de começarmos a discussão sobre os modelos de filas, é necessário apontar algumas relações gerais entre as características médias dos sistemas que existem em todos os modelos. As primeiras duas relações são definições por natureza.

Primeiro, o número esperado de clientes no sistema deve ser igual ao número esperado de clientes em fila mais o número esperado de clientes em atendimento, ou

$$L_s = L_q + \rho \tag{1}$$

Segundo, o tempo esperado no sistema deve ser igual ao tempo esperado em fila mais o tempo esperado em atendimento, ou

$$W_s = W_q + \frac{1}{\mu} \tag{2}$$

onde $1/\mu$ é o inverso da taxa de serviço.

Existem as seguintes relações entre o número esperado de clientes no sistema e o tempo esperado no sistema:

$$W_s = \frac{1}{\lambda} L_s \tag{3}$$

Essa relação, conhecida como Little's Law, quando representada como $L = \lambda W$, também se verifica para o número esperado de clientes na fila e para o tempo de espera previsto:[2]

$$W_q = \frac{1}{\lambda} L_q \tag{4}$$

As características de um sistema ocupado são valores condicionais baseados na probabilidade de o sistema estar ocupado, ou $P(n \geq c)$. Assim, o número esperado de clientes em fila para um sistema ocupado é simplesmente o número esperado sob todos os estados do sistema, dividido pela probabilidade de o sistema estar ocupado, ou

$$L_b = \frac{L_q}{P(n \geq c)} \tag{5}$$

Da mesma forma, o tempo esperado de permanência em fila para um sistema ocupado é

$$W_b = \frac{W_q}{P(n \geq c)} \tag{6}$$

Quando as equações (1) e (6) são aplicadas a sistemas com fila finita, deve ser utilizada uma taxa efetiva de chegadas para λ. Para um sistema com uma fila finita, a taxa efetiva de chegadas é $\lambda(1 - P_N)$.

Essas relações são muito úteis, pois permitem que todas as características médias de um sistema sejam derivadas do conhecimento de uma característica obtida a partir da análise ou da coleta de dados sobre o desempenho do sistema real.

Modelo padrão M/M/1

Cada modelo requer pressupostos específicos relativos às características do sistema de filas (isto é, população demandante, processo de chegadas, configuração da fila, disciplina da fila e processo de serviço). Assim, a aplicação de qualquer modelo de fila deve incluir uma validação em relação a esses pressupostos. A derivação do modelo padrão M/M/1 requer o seguinte conjunto de pressupostos em relação ao sistema de filas em questão:

1. *População demandante.* Uma população infinita ou muito grande de clientes chegando. Os clientes são independentes uns dos outros e não são influenciados pelo sistema de filas (p. ex., não é necessário marcar horário).
2. *Processo de chegada.* Distribuição exponencial negativa de tempos entre chegadas ou distribuição de Poisson para taxas de chegadas.
3. *Configuração de fila.* Fila de espera única sem restrições de tamanho, nem frustrações ou desistências.
4. *Disciplina de fila.* Primeiro a chegar, primeiro a ser atendido (FCFS, sigla em inglês).
5. *Processo de serviço.* Um servidor com tempos de atendimento conforme uma distribuição exponencial negativa.

A Figura 16.3 mostra um esquema para o modelo de filas *M/M/*1, com o funcionário único representado como um círculo dentro de um quadrado, o que denota um cliente em atendimento. A taxa de chegada de Poisson tem uma média de λ, e uma seta indica que os clientes futuros vão para o final da fila. A taxa média de serviço de μ é mostrada com uma seta abaixo do funcionário. A ilustração apresenta três clientes na fila (L_q) e quatro clientes no sistema (L_s). Esse esquema deve ser evocado à medida que exploramos as aplicações das fórmulas para o sistema de filas com um único funcionário.

As equações descritas no Apêndice D servem para calcular as características de desempenho do sistema com base somente na taxa média de chegadas λ e na taxa média de atendimentos por funcionário μ. Essas equações indicam claramente por que a taxa média de chegadas λ deve sempre ser menor do que a taxa média de atendimentos μ para um modelo com um único funcionário. Se essa condição não for verdadeira e λ for igual a μ, os valores médios para as características de operação serão indefinidos, pois o denominador de todas as equações associadas a médias é igual a $(\mu - \lambda)$. Teoricamente, o sistema nunca alcançaria um estado permanente. A capacidade do sistema, que é representada por $c\mu$ (isto é, o número de funcionários multiplicado pela taxa de serviço por funcionário), deve sempre exceder a taxa de demanda λ.

Exemplo 16.2 Rampa para barcos

O lago Travis dispõe de uma rampa próxima à barragem para as pessoas que rebocam os seus pequenos barcos para a área de recreação. Um estudo a respeito dos carros que chegam à cidade com barcos indicou uma distribuição de Poisson com uma taxa média de λ = seis barcos por hora durante as descidas da manhã. Um teste realizado com os dados coletados sobre os tempos de descida sugere que uma distribuição exponencial com uma média de 6 minutos por barco (a taxa de serviço equivalente é μ = 10 barcos por hora) é um ajuste bom. Se os demais pressupostos para o modelo *M/M/*1 se aplicam (isto é, população demandante infinita, nenhuma restrição associada ao tamanho da fila, nenhuma frustração ou desistência e uma fila com disciplina FCFS), então as equações encontradas no Apêndice D (e repetidas aqui) servem para calcular as características do sistema.
(Nota: $\rho = \lambda/\mu = 6/10 = 0{,}6$.)

Probabilidade de que o sistema esteja ocupado e um cliente que chega tenha de esperar (isto é, $k = 1$):

$$P(n \geq k) = \rho^k = \rho^1 = 0{,}6^1 = 0{,}6 \qquad (I.2)$$

Probabilidade de encontrar uma rampa desocupada:

$$P_0 = 1 - \rho = 0{,}4 \qquad (I.1)$$

Número médio de barcos no sistema:

$$L_s = \frac{\lambda}{\mu - \lambda} = \frac{6}{10 - 6} = 1{,}5 \text{ barco} \qquad (I.4)$$

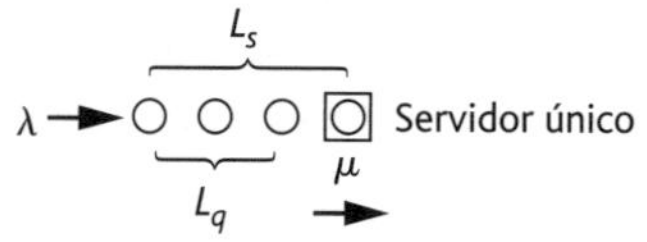

Figura 16.3 *M/M/*1 Configuração de fila.

Número médio de barcos em fila:

$$L_q = \frac{\rho \lambda}{\mu - \lambda} = \frac{(0,6)(6)}{10 - 6} = 0,9 \text{ barco} \tag{I.5}$$

Tempo médio no sistema:

$$W_s = \frac{1}{\mu - \lambda} = \frac{1}{10 - 6} = 0,25 \text{ hora (15 min.)} \tag{I.7}$$

Tempo médio na fila:

$$W_q = \frac{\rho}{\mu - \lambda} = \frac{0,6}{10 - 6} = 0,15 \text{ hora (9 min.)} \tag{I.8}$$

Pelos nossos cálculos, constatamos que a rampa permanece ocupada em 60% do tempo. Assim, os clientes obtêm acesso imediato à rampa sem esperar em 40% do tempo (isto é, quando a rampa estiver desocupada). Os cálculos são internamente coerentes, pois o tempo médio no sistema (W_s) de 15 minutos é a soma do tempo médio em fila (W_q) de 9 minutos e o tempo médio de atendimento de 6 minutos. Cada cliente que chega deve esperar encontrar 1,5 barco no sistema (L_s) e 0,9 barco na fila de espera (L_q). O número esperado de barcos em fila mais o número esperado de barcos sendo lançados deveria ser igual ao número esperado de barcos no sistema. No entanto, o número esperado de barcos em descida não é igual a 1 (o número de funcionários), sendo calculado como:

$$\begin{aligned}
\text{Número esperado} &= \text{número esperado} + \text{número esperado} \\
\text{sendo servido} &\quad\;\; \text{quando ocioso} \quad\;\; \text{quando ocupado} \\
&= P_0(0) \qquad\qquad + P(n > 0)(1) \\
&= (1 - \rho)(0) \qquad + \rho(1) \\
&= \rho
\end{aligned}$$

Somando $\rho = 0,6$ pessoa no processo de descida de um barco e 0,9 barco em média na fila, chegamos ao número esperado de 1,5 barco no sistema.

Observe que o número de clientes no sistema, n, é uma variável randômica com uma distribuição de probabilidade dada pela equação (I.3), a qual é encontrada no Apêndice D e repetida aqui com $(1 - \rho)$ em vez de P_0

$$P_n = (1 - \rho) \rho^n \tag{I.3}$$

O número de clientes no sistema também pode ser utilizado para identificar os estados do sistema. Por exemplo, quando $n = 0$, o sistema está ocioso. Quando $n = 1$, o funcionário está ocupado, mas não existe fila; quando $n = 2$, o servidor está ocupado e existe uma fila de um cliente. A distribuição de probabilidades para n é muito útil na determinação do espaço adequado para uma sala de espera (isto é, o número de cadeiras necessárias na sala) de modo a acomodar os clientes que chegam, com certa probabilidade de que cada cliente que chega encontre uma cadeira disponível.

Para o exemplo da rampa de barcos, determine o número de vagas necessárias para garantir que, em 90% do tempo, os clientes que chegarem à rampa encontrarão uma vaga para estacionar enquanto esperam. Utilizando repetidamente a distribuição de probabilidades para os estados do sistema para valores crescentes de n, acumulamos as probabilidades de estado do sistema até que o índice de 90% de garantia seja ultrapassado. A Tabela 16.1 contém esses cálculos e indica que um estado do sistema com $n = 4$ ou menos ocorrerá em 92% do tempo. Esse valor sugere que vagas para quatro barcos deveriam ser fornecidas, pois, em 92% do tempo, os clientes que chegam encontrarão três pessoas (isto é, quatro menos a que está sendo atendida) ou menos esperando na fila para a descida.

Modelo padrão M/M/c

A Figura 16.4 ilustra um esquema para o modelo de filas $M/M/c$, que mostra "c" funcionários em paralelo (utilizando o símbolo •), cada um atendendo um cliente. Temos a taxa de chegada de Poisson com uma média de λ, e uma seta indica que os clientes futuros entram em uma fila única. Uma seta tracejada aponta que o primeiro cliente da fila deve se dirigir ao primeiro funcionário disponível. A taxa média de serviço de μ aparece com uma seta abaixo do funcionário e significa que cada funcionário é idêntico. A ilustração conta com três clientes na fila (L_q) e cinco clientes no sistema (L_s), presumindo-se dois funcionários. Esse esquema deve ser evocado à medida que exploramos as aplicações das fórmulas para o sistema de fila única com múltiplos funcionários.

Tabela 16.1 Determinação do número necessário de vagas no estacionamento

n	P_n	P (número de clientes $\leq n$)
0	$(0{,}4)(0{,}6)^0 = 0{,}4$	0,4
1	$(0{,}4)(0{,}6)^1 = 0{,}24$	0,64
2	$(0{,}4)(0{,}6)^2 = 0{,}144$	0,784
3	$(0{,}4)(0{,}6)^3 = 0{,}0864$	0,8704
4	$(0{,}4)(0{,}6)^4 = 0{,}05184$	0,92224

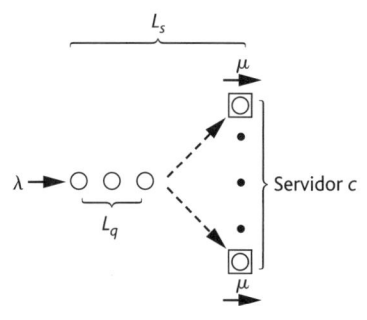

Figura 16.4 Configuração de fila $M/M/c$.

Os pressupostos para o modelo-padrão $M/M/c$ são os mesmos do modelo-padrão $M/M/1$, com a definição de que as taxas de atendimento por meio dos canais são independentes e iguais (isto é, todos os funcionários são considerados idênticos). Como anteriormente, $\rho = \lambda/\mu$; contudo, ρ agora deve ser menor do que c, o número de funcionários no sistema, para que ocorram resultados de estado permanente. Se definirmos o fator de utilização do sistema como $\lambda/c\mu$, então, para qualquer sistema em estado permanente, o fator de utilização deve estar entre 0 e 1. A Figura 16.5 ilustra as curvas características para Ls como uma função do fator de utilização e de c, o número de funcionários em paralelo. Essas curvas demonstram graficamente o excessivo congestionamento que ocorre devido à tentativa de obter a utilização total da capacidade de atendimento.

As curvas também demonstram o ganho desproporcional que ocorre com a redução do congestionamento ao acrescentar funcionários em paralelo. Por exemplo, considere um sistema com funcionário único ($c = 1$) com um fator de utilização de 0,8. Da Figura 16.5, o valor de L_s é 4. Ao adicionar outro funcionário idêntico, teremos um sistema com dois canais, e o fator de utiliza-

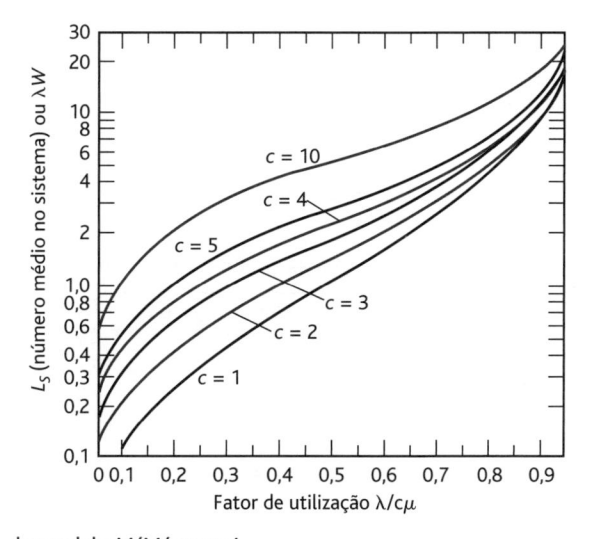

Figura 16.5 Curvas do modelo $M/M/c$ para L_s.

ção será reduzido à metade: 0,4. A Figura 16.5 apresenta um $L_s \approx 1$, e uma redução de 400% no congestionamento de pessoas no sistema é obtida simplesmente com a duplicação do número de funcionários.

Agora, em vez de criar um sistema com dois canais, dupliquemos a taxa de atendimento de um único funcionário e, então, o fator de utilização do funcionário fica reduzido a 0,4. A Figura 16.5 apresenta um $L_s \approx 0{,}67$ para esse sistema de superservidor; entretanto, esse ganho adicional na redução do L_s é obtido ao custo de aumentar o número previsto de pessoas na fila (de $L_q = 0{,}15$ para 0,27), como mostra a Tabela 16.2. Isso não causa surpresa, pois um sistema com um único funcionário deixaria mais pessoas esperando em fila. Em um sistema com vários funcionários de igual capacidade, mais pessoas são atendidas ao mesmo tempo; assim, menos pessoas esperam na fila. Então, a decisão associada à utilização de um superservidor ou de capacidade equivalente com mais de um funcionário em paralelo depende do foco de preocupação existente, associado ao tempo de espera em fila (L_q/λ) ou ao tempo total no sistema (L_s/λ). Como apresentado no Capítulo 12, a preocupação com a redução do tempo de espera em fila em geral é recomendada, em especial nos casos em que as pessoas devem estar fisicamente na fila. Além disso, uma vez iniciado o atendimento, o comportamento do cliente em relação ao tempo muda, pois agora ele é o centro das atenções. Por exemplo, nos primórdios do uso de supercomputadores, uma comunidade universitária era atendida por um computador central porque o curto tempo de resposta (isto é, tempo no sistema) e a grande memória eram características muito importantes.

A consolidação da capacidade total de atendimento em um único superservidor é uma abordagem que gera economias de escala para o serviço prestado. Outro conceito é o de grupos de servidores, obtidos por meio da reunião de servidores independentes em uma localização central para formar uma única base com múltiplos servidores.

Exemplo 16.3   Grupo de secretárias

Uma pequena faculdade de administração contratou uma secretária para cada um dos seus quatro departamentos: contábil, financeiro, marketing e administração. Cada secretária prepara o material para as aulas e correspondências somente para o departamento para o qual foi contratada. Entretanto, o diretor da faculdade recebeu algumas queixas do corpo docente, em especial do departamento contábil, a respeito de atrasos na realização do trabalho. Assim, o diretor designou uma assessora para coletar dados sobre as taxas de chegadas e os tempos de atendimento. Após analisar os dados, a assessora relatou que os trabalhos de secretaria chegam conforme uma distribuição de Poisson, com uma taxa média de λ = dois pedidos por hora para todos os departamentos, exceto o contábil, ao qual as solicitações de trabalho chegam a uma taxa de λ = três pedidos por hora. O tempo médio para completar uma tarefa é de 15 minutos, independentemente de sua fonte, e os tempos de atendimento são distribuídos exponencialmente.

Devido às limitações de orçamento, o diretor não pode contratar outras secretárias. Ele acredita, entretanto, que o serviço seria melhorado se todas as secretárias fossem reunidas e treinadas para receber trabalhos de todo o corpo docente da faculdade. Todas as solicitações de trabalho seriam recebidas em uma central e processadas por ordem de chegada pela primeira secretária que estivesse disponível, independentemente de seu departamento. Antes de propor essa estratégia ao corpo docente da faculdade, o diretor pediu à assessora que coletou os dados para analisar o desempenho do sistema atual e compará-lo com a alternativa proposta.

O sistema atual é caracterizado por quatro sistemas M/M/1 independentes, de filas únicas, cada um com uma taxa de atendimento de μ = quatro solicitações por hora. O medidor apropriado do desempenho é o tempo esperado no sistema – ou o tempo de permanência, do ponto de vista do corpo docente. A diferença nas taxas de chegada deveria explicar por que particularmente o corpo docente da contabilidade está preocupado

Tabela 16.2   Efeitos da duplicação da capacidade de atendimento

Característica do sistema	Sistema com servidor único	Sistema com dois servidores	Sistema com um superservidor
ρ	0,8	0,8	0,4
$(\lambda/c\mu)$*	0,8	0,4	0,4
L_s	4,0	0,95	0,67
L_q	3,2	0,15	0,27

*Fator de utilização

com os atrasos. Utilizando a equação $W_s = 1/(\mu - \lambda)$ para sistemas M/M/1, constatamos, para o sistema atual com secretárias independentes para os departamentos, que os membros do corpo docente da contabilidade têm um tempo médio de permanência no sistema igual a $W_s = 1/(4 - 3) = 1$ hora, ou 60 minutos, e, para os demais departamentos, teremos $W_s = 1/(4 - 2) = 0{,}5$ hora, ou 30 minutos.

A proposta de agrupamento das secretárias cria um sistema com servidores múltiplos e fila única ou um sistema M/M/4 neste caso. A taxa de chegada é a combinação das chegadas (2 + 2 + 2 + 3) em cada departamento, ou $\lambda = 9$ pedidos por hora.

Como os cálculos associados ao modelo M/M/c são bastante cansativos, em geral utilizamos o Apêndice C, "Valores de L_q para o modelo de filas M/M/c" para solucionar L_q. Para este problema, com $c = 4$ e $\rho = 9/4 = 2{,}25$, encontramos $L_q = 0{,}31$ por interpolação e, assim, $L_s = L_q + \rho = 2{,}56$.

A partir da equação (5), temos:

$$W_s = \frac{L_s}{\lambda} = \frac{2{,}56}{9} = 0{,}28 \text{ hora, ou 17 minutos}$$

A redução substancial no tempo de permanência de 30 minutos (sendo 60 minutos para o corpo docente da contabilidade) para 17 minutos deveria conquistar facilmente a aprovação do corpo docente.

Os benefícios obtidos com essa proposta são decorrentes da melhor utilização das secretárias ociosas. No sistema com departamentos isolados, existem quatro filas independentes, o que permite que, em determinado momento, uma secretária em um dado departamento tenha uma longa fila de trabalhos a realizar, enquanto outra secretária em outro departamento esteja ociosa. Se uma das solicitações de trabalho for transferida para a secretária ociosa, a tarefa será processada imediatamente. Assim, a troca para um sistema com fila única evita o problema de utilização, impedindo que uma secretária fique ociosa enquanto existirem solicitações em processamento.

O sucesso do agrupamento dos servidores decorre da compreensão de que o congestionamento dos sistemas resulta da variação das taxas de chegada e dos tempos de atendimento. De uma perspectiva global do processo, a ociosidade temporária causada por um aumento brusco na demanda em um posto pode ser utilizada para reduzir o congestionamento em outro. Assim, a ociosidade de servidores que poderiam ser utilizados, mas não são, representa uma perda de capacidade de atendimento e leva à diminuição da qualidade do serviço, conforme medida pela espera do cliente. O conceito de agrupamento não se aplica apenas a servidores que estão em diferentes locais. A prática comum de bancos e agências de correio nas quais os clientes aguardam em uma fila única em vez de uma fila dedicada exclusivamente a um guichê é um exemplo de aplicação do conceito de agrupamento. Teoricamente, o tempo médio de espera é diminuído quando são utilizados servidores múltiplos com fila única. Entretanto, o tamanho da fila aumenta consideravelmente, talvez passando aos clientes que chegam a impressão de que o tempo de espera é elevado. Essa é a razão que levou a rede de lanchonetes McDonald's a abandonar o conceito de múltiplos servidores com fila única: houve a preocupação de que as filas frustrariam a entrada de clientes.

Os recursos agrupados em um único local devem ser utilizados com cuidado quando os clientes precisam se deslocar até o local onde o serviço é prestado. Nesse caso, quando a proposta é avaliada, o tempo esperado de deslocamento até o serviço deve ser incluído no tempo de espera em fila. No caso dos serviços de emergência, servidores distribuídos por determinadas áreas de atendimento são mais apropriados do que o agrupamento de todos os serviços em uma central. Um atendimento de emergência com ambulâncias é um bom exemplo da necessidade de distribuição física dos servidores para minimizar o tempo de resposta.

Modelo M/G/1

Para o modelo M/G/1, pode ser escolhida qualquer distribuição geral de tempo de serviço com média $E(t)$ e variância $V(t)$. A condição de que ρ seja menor do que 1 ainda se aplica para o estado permanente, onde ρ agora é igual a $\lambda E(t)$. Todos os pressupostos associados ao modelo-padrão M/M/1, exceto a generalidade da distribuição dos tempos de serviço, se aplicam. Infelizmente, não existe uma equação para determinar as probabilidades de estado do sistema; entretanto, a lista do Apêndice D contém equações para L_s, L_q, W_s e W_q. A equação (III.2) é repetida aqui, pois a ocorrência do termo associado à variância do tempo de atendimento $V(t)$ $V(t)$ proporciona reflexões interessantes:

$$L_q = \frac{\rho^2 + \lambda^2 V(t)}{2(1 - \rho)} \quad \text{(III.2)}$$

Percebe-se que o número previsto de clientes esperando por atendimento relaciona-se à variabilidade nos tempos de atendimento. Essa afirmação sugere que a espera dos clientes pode ser reduzida por meio do controle da variabilidade dos tempos de atendimento. Por exemplo, o cardápio reduzido dos restaurantes de *fast-food* contribui para o seu sucesso, pois a redução do número de variedades disponíveis permite a padronização do serviço.

Lembremos, com base no Capítulo 12, que a variância da distribuição exponencial é $1/\mu^2$; ao substituir esse valor por $V(t)$ na equação (III.2), teremos $L_q = \rho^2/(1 - \rho)$, o que é equivalente à equação (I.5) para o modelo-padrão *M/M*/1. Agora, consideremos o modelo *M/D*/1, com um tempo de atendimento determinístico e variância zero. Novamente, de acordo com a equação (III.2), quando $V(t) = 0$, então $L_q = \rho^2/[2(1 - \rho)]$. Assim, metade do congestionamento medido por L_q é explicado pela variação nos tempos de atendimento. Isso implica que a variabilidade no tempo entre chegadas contribui para formar o restante do congestionamento. Dessa forma, existe um potencial considerável para a redução de congestionamentos simplesmente mediante a utilização de um sistema de marcação de horários ou reservas para controlar a variabilidade das chegadas. O congestionamento em um sistema de filas é causado tanto pela variabilidade nos tempos de atendimento quanto pela variabilidade nos tempos entre chegadas de clientes; por isso, estratégias para controlar congestionamentos devem atacar as duas fontes causadoras.

Modelo geral de autoatendimento *M/G/*∞

Quando um sistema do tipo múltiplos servidores dispõe de um número infinito de servidores, ou se os clientes que chegam servem a si mesmos, nenhum cliente necessita esperar atendimento. Isso, é claro, descreve o conceito que tornou os supermercados modernos tão populares. Pelo menos durante a etapa de compras (excluindo o pagamento), os clientes não precisam esperar. O número de clientes no processo de compras varia devido às chegadas aleatórias e aos diferentes tempos de atendimento, sendo que a distribuição de probabilidade do número de clientes no sistema é calculada pela equação (IV.1), repetida a seguir.

Observe que essa distribuição para P_n é de fato uma Poisson, com a média, ou L_s, igual a ρ. Além disso, esse modelo não é limitado a uma distribuição exponencial de tempos de atendimento.

$$P_n = \frac{e^{-\rho}}{n!}\rho^n \quad \text{onde} \quad L_s = \rho \tag{IV.1}$$

O modelo também é útil como uma aproximação para descrever circunstâncias nas quais a espera raramente pode ocorrer (p. ex., serviços de atendimento de emergências). Com a distribuição de Poisson do número de clientes no sistema, calculamos o número de servidores necessários para garantir que a probabilidade de espera seja bastante pequena.

Exemplo 16.4 Supermercado

Um supermercado padrão é considerado como dois sistemas de fila em série. Os clientes que chegam pegam um carrinho e iniciam as compras, escolhendo os produtos nas prateleiras. Após concluir essa atividade, o cliente segue para um sistema com uma fila única (uma nova ideia para reduzir esperas causadas por múltiplas filas) para o caixa.

O caixa calcula o valor da conta, dá o troco e empacota as mercadorias. Então, o cliente deixa esse sistema, às vezes com a ajuda de algum empregado do mercado. Como as saídas do sistema-padrão de filas *M/M/c* também são distribuídas conforme Poisson, o supermercado pode ser analisado como dois sistemas independentes em série. O primeiro é o sistema de autoatendimento, em que o cliente realiza as compras, ou *M/M/*∞, e o segundo (no caixa) é um sistema *M/M/c*. A observação do comportamento dos clientes indica que as chegadas têm uma distribuição de Poisson, com uma taxa de 30 clientes por hora, e as compras são concluídas em 20 minutos em média, conforme uma distribuição exponencial. Os clientes, então, se dirigem para a fila única atrás dos três caixas e aguardam até que um deles fique disponível. O tempo no caixa é, em média, de 5 minutos, distribuído exponencialmente.

Para a experiência de compras, a aplicação do modelo *M/M/*∞, com $\rho = 30/3$, resulta em $L_s = 10$ clientes em média fazendo compras. No estudo do sistema de atendimento no caixa, utilizamos o Apêndice C com $c = 3$ e $\rho = 30/12 = 2,5$, de forma que teremos $L_q = 3,5$. O número médio de clientes na área dos caixas é $L_s = L_q + \rho = 6$ clientes. Somando os valores, encontramos uma média de 16 clientes no supermercado. O tempo esperado que um cliente gasta no supermercado é de 20 minutos realizando as compras, mais 12 minutos (isto é, $L_s/\lambda = 6/30 = 0,2$ hora) no caixa, totalizando 32 minutos.

Modelo M/M/1 com fila finita

Uma modificação no modelo-padrão M/M/1 é feita ao introduzir uma restrição associada ao número de clientes permitidos no sistema. Suponhamos que N represente o número máximo de clientes permitidos ou, em um modelo com um único servidor, que $N - 1$ indique o número máximo de clientes na fila. Assim, se um cliente chegar em um determinado momento em que o sistema já possui N clientes, ele sairá do sistema sem buscar atendimento. Um exemplo desse tipo de *fila finita* é uma central telefônica, na qual os clientes são atendidos até que todas as linhas estejam utilizadas; a partir daí, qualquer cliente que telefonar receberá um sinal de ocupado. Exceto em relação à capacidade finita do sistema, todos os demais pressupostos associados ao modelo-padrão M/M/1 são mantidos. Observe que a intensidade do tráfego ρ agora pode exceder a unidade. Além disso, P_N representa a probabilidade de não se juntar ao sistema, e λP_N é o número esperado de clientes que serão perdidos.

Esse modelo específico é muito útil para estimar vendas perdidas devido a áreas de espera inadequadas ou a filas excessivamente longas. No Exemplo 16.2 da rampa de barcos, vamos supor que a área de espera acomode apenas dois barcos; assim, $N = 3$ para esse sistema. Com as equações (V.1) e (V.3), encontradas no Apêndice D e repetidas aqui, calculamos as probabilidades de 0, 1, 2 e 3 clientes estarem no sistema quando $N = 3$ e $\rho = 0,6$:

$$P_0 = \frac{1 - \rho}{1 - \rho^{N+1}} \quad \text{para } \lambda \neq \mu \tag{V.1}$$

$$P_n = P_0 \rho^n \quad \text{para } n \leq N \tag{V.3}$$

n	Cálculo	P_n
0	$\dfrac{1 - 0,6}{1 - 0,6^4}(0,6)^0$	0,46
1	$(0,46)(0,6)^1$	0,27
2	$(0,46)(0,6)^2$	0,17
3	$(0,46)(0,6)^3$	0,10
		1,00

Observe que a soma dos resultados é igual a 1, o que indica que contabilizamos todos os possíveis estados do sistema. O estado do sistema $n = 3$ ocorre em 10% do tempo. Com uma taxa de chegada de seis pessoas por hora, 0,6 pessoa por hora ($6 \times 0,10$) não encontrará espaço para esperar, devendo procurar outro local para partidas. Com a equação (V.4), repetida a seguir, calculamos o número esperado de clientes no sistema (L_s): 0,9. Esse valor é bem menor do que o encontrado no caso com fila infinita, pois, em média, apenas 90% das chegadas são processadas.

$$\begin{aligned}L_s &= \frac{\rho}{1 - \rho} - \frac{(N + 1)\rho^{N+1}}{1 - \rho^{N+1}} \quad \text{para } \lambda \neq \mu \\ &= \frac{0,6}{1 - 0,6} - \frac{4(0,6)^4}{1 - (0,6)^4} \\ &= 1,5 - 0,6 \\ &= 0,9\end{aligned} \tag{V.4}$$

Modelo M/M/c com fila finita

Esse modelo M/M/c com fila finita é similar ao modelo M/M/1, com a exceção de que N, o número máximo de clientes no sistema, deve ser igual ou maior do que c, o número de servidores. Um cliente que chega será rejeitado se o número de clientes no sistema for igual a N ou se o tamanho da fila for $N - c$. Todos os demais pressupostos para o modelo-padrão M/M/c permanecem, exceto para ρ, que agora pode ser maior do que c. Devido à rejeição de clientes além da capacidade, o sistema consegue alcançar o estado permanente mesmo quando a capacidade é inadequada para atender à demanda total (isto é, $\lambda = c\mu$).

Uma variação interessante desse modelo é a situação na qual não existe fila, que ocorre quando a espera não é possível – devido à inexistência de uma área apropriada. Essa situação pode ser modelada como um sistema de fila finita com $N = c$. Um estacionamento é um exemplo desse tipo de situação sem fila. Se considerarmos cada vaga para estacionamento como um servidor, quando o estacionamento estiver lotado, não existe a possibilidade de novos atendimentos e as futuras chegadas (caso o estacionamento permaneça lotado) serão rejeitadas. Se c for igual ao número de vagas, o estacionamento pode ser modelado como uma variação sem fila do modelo de fila finita $M/M/c$.

CRITÉRIOS DE PLANEJAMENTO DE CAPACIDADE

A teoria de filas indica que, no longo prazo, a capacidade de atendimento deve exceder a demanda. Se tal critério não for alcançado, pelo menos um dos seguintes ajustes deve ocorrer:

1. A espera excessiva dos clientes levará a desistências (isto é, o cliente deixa a fila antes de ser atendido) e, assim, à redução da demanda.
2. A espera excessiva, se conhecida ou observada por clientes em potencial, irá levá-los a reconsiderar a sua necessidade desse serviço e, assim, a demanda será reduzida.
3. Sob a pressão das longas filas, os servidores podem acelerar o atendimento, gastando menos tempo com cada cliente, aumentando, assim, a capacidade de atendimento. Um atendimento gentil e atencioso, entretanto, agora se torna impessoal e rude.
4. A pressa no atendimento pode resultar na eliminação de características que consomem tempo e na realização do mínimo necessário e, assim, a capacidade de atendimento será aumentada.

Essas situações não controladas advêm de uma capacidade inadequada de atendimento e são evitadas mediante o planejamento racional da capacidade.

Várias abordagens de planejamento de capacidade são exploradas com base em diferentes critérios para a avaliação do desempenho dos sistemas de serviço. A determinação do nível desejado de capacidade de atendimento implica uma ponderação entre o custo do serviço e o custo associado à espera do cliente, como sugere a Figura 16.1. Logo, a análise de capacidade utilizará modelos de filas para prever a espera do cliente associada a vários níveis de capacidade de serviço.

Tempo médio de espera dos clientes

O critério de tempo médio de espera do cliente para o planejamento da capacidade pode ser adequado em várias circunstâncias. Por exemplo, o dono de um restaurante deseja promover a venda de bebidas alcoólicas no bar e, portanto, estipula que o cliente deva esperar por uma mesa 5 minutos em média. Esse tempo foi sugerido porque o tempo de espera costuma ser dividido em intervalos de 5 minutos. As pessoas que estão aguardando não estão conscientes de quanto tempo estão esperando até que pelo menos 5 minutos tenham transcorrido. Então, ao projetar um sistema de *drive-in* bancário, é aconselhável que o cliente não tenha de esperar mais do que 5 minutos em média pelo serviço. Nesses casos, seria apropriada a utilização do modelo $M/M/c$ para identificar a capacidade de atendimento em termos do número de servidores que garantiriam o tempo de espera desejado para os clientes.

Exemplo 16.5 *Drive-in* bancário

O congestionamento excessivo é um problema no horário do meio-dia, durante a semana, em um *drive-in* bancário no centro da cidade. Os diretores do banco receiam que os clientes fechem suas contas e procurem outro banco se o serviço não for melhorado. Um estudo para a avaliação das chegadas de clientes ao meio-dia indicou uma taxa média de 30 clientes por hora, conforme uma distribuição de Poisson. As transações bancárias levam em média 3 minutos, conforme uma distribuição exponencial. Devido ao projeto das instalações do *drive-in*, os clientes que chegam devem escolher uma entre três pistas para realizar as transações. Uma vez que o cliente entra em uma pista, é impossível desistir ou mudar de pista devido às separações existentes. Vamos supor que os clientes selecionem as pistas aleatoriamente. Assim, trataremos o sistema como paralelo, independente, com fila única e com taxa de chegada dividida uniformemente entre os caixas. Se os diretores

Tabela 16.3 Tempo de espera na fila para alternativas de caixas de banco

Número de caixas	λ por caixa	μ	W_b, min.
3	10	20	6
4	7,5	20	4,8

do banco concordarem com o critério de que os clientes não devem esperar mais do que 5 minutos em média, quantos caixas serão necessários? Como estamos preocupados apenas com os clientes que realmente esperam, a equação (I.9), repetida a seguir, é apropriada:

$$W_b = \frac{1}{\mu - \lambda} \qquad (I.9)$$

Para o sistema atual com três caixas, as chegadas por caixa são $\lambda = 30/3 = 10$ por hora. Então, $W_b = 1/(20 - 10) = 0,1$ hora, ou 6 minutos. A Tabela 16.3 mostra que um caixa adicional é necessário para atender ao critério do serviço.

Exemplo 16.6 Planejamento de capacidade para a Cookies & Cream – análise de fila

No planejamento de capacidade ingênuo descrito no Exemplo 16.1, usamos médias para determinar a existência de uma necessidade de 16,7 lugares, 4,17 fôrmas para biscoitos e cinco funcionários. Destacamos que esses valores seriam inadequados devido à natureza dos serviços que exigem capacidade em excesso em relação à demanda esperada. Suponha que o nosso critério para um serviço aceitável seja um tempo de espera previsto de um minuto para os clientes na fila (isto é, $W_Q = 1/60$ hora) para cada recurso (lugares, fôrmas para biscoitos e funcionários). Utilizando a Little's Law, um tempo de espera de um minuto, dada uma taxa de chegada de $\lambda = 50$ por hora, traduz-se em $L_Q = \lambda W_Q = 50/60 = 0,833$. A Tabela 16.4 contém a análise de filas utilizando o Apêndice C para encontrar o valor para LQ onde possível (isto é, $\rho < 8$); no caso do número de lugares, voltamos às equações para o modelo M/M/c encontradas no Apêndice D.

Conforme a análise de fila indica, precisamos de muito mais recursos do que a análise ingênua indicou. Isso torna-se óbvio quando percebemos que a análise ingênua era somente um exercício para determinar o valor para $\rho = \lambda/\mu$. Mas, para colocar em prática os sistemas de filas, o número de funcionários tem de exceder o valor de ρ.

Probabilidade de espera excessiva

Para os serviços públicos que encontram dificuldade em identificar o custo econômico da espera, muitas vezes é especificado um nível de atendimento. Esse nível de atendimento é expresso de modo que P ou uma porcentagem maior de todos os clientes deve passar por uma espera de T unidades de tempo. Por exemplo, uma diretriz federal estabelece que o tempo de resposta para 95% de todas as chamadas de ambulância deve ter um prazo de atendimento inferior a 10 minutos para sistemas urbanos e inferior a 30 minutos para sistemas rurais. A Comissão de Serviços Públicos definiu um critério similar para os serviços telefônicos de modo que, em 89% das ligações, a chamada seja atendida no máximo em 10 segundos. Uma distribuição de probabilidade de esperas é necessária para identificar os níveis de atendimento que cumprirão essas probabilidades de não ultrapassar um determinado tempo de espera excessivo definido, e as equações para essas probabilidades de

Tabela 16.4 Análise de fila para a Cookies & Cream

Recurso	μ em clientes/hora	$\rho = 50/\mu$	Número necessário para $L_Q < 0,833$
Lugares	$\dfrac{60 \text{ min / h}}{20 \text{ min / cliente}} = 3$	16,7	22*
Fôrmas de biscoitos	$\dfrac{(60 \text{ min / h})(12 \text{ biscoitos})}{(10 \text{ min / cliente})(6 \text{ biscoitos})} = 12$	4,17	6
Servidores	$\dfrac{60 \text{ min / h}}{6 \text{ min / cliente}} = 10$	5,0	7

*$L_Q = 0,582$ utilizando as equações (II.1), (II.4) e (II.5) do Apêndice D.

espera estão disponíveis para o modelo-padrão $M/M/c$. Nos casos em que nenhuma espera é aceitável ($T = 0$), a equação (II.3) serve para encontrar um valor para c, de modo que a probabilidade de atendimento imediato seja de pelo menos $P\%$.

Exemplo 16.7 Posto de gasolina de autoatendimento

Um distribuidor de gasolina planeja construir um posto com autoatendimento em uma propriedade localizada no caminho de um novo complexo residencial. Com base em informações sobre o tráfego na área, o distribuidor prevê uma demanda média de 24 carros por hora. Um estudo de tempos conduzido em outros locais revelou uma média de tempo de autoatendimento de 5 minutos por motorista para completar o tanque, efetuar o pagamento no caixa e deixar o posto. Os tempos de atendimento são distribuídos exponencialmente, e a experiência com esse tipo de serviço justifica a opção por uma taxa de chegada definida conforme uma distribuição de Poisson. O distribuidor acredita que o sucesso do posto com autoatendimento resulta dos preços competitivos e do desejo do cliente por um serviço rápido. Consequentemente, o distribuidor deseja instalar bombas de gasolina suficientes para garantir que os clientes encontrem uma bomba desocupada 95% das vezes. Utilizamos a equação (II.3) para calcular a probabilidade de espera de um cliente para vários valores de c, e os resultados para até seis bombas estão na Tabela 16.5. Quando $c = 6$, o $P(n \geq c)$ alcança o valor de 0,02 e, assim, atende ao critério de que menos de 5% dos clientes que chegam tenham de esperar. Esse resultado sugere que seis bombas devem ser instaladas.

Minimização da soma dos custos de serviço e de espera dos clientes

Se tanto os clientes quanto os servidores são membros da mesma organização, os custos de fornecimento de serviços e de espera dos empregados são igualmente importantes para a eficiência da organização. Tal situação ocorre, por exemplo, quando a organização depende de um serviço cativo, como um grupo de secretárias ou um serviço de fotocópias. Nesses casos, o custo do tempo de espera dos empregados é pelo menos igual ao seu salário médio e, na realidade, esse custo poderia ser consideravelmente maior se fossem avaliadas todas as implicações da espera, como a frustração por não concluir uma tarefa ou o efeito da espera em outros funcionários da organização.

O *trade-off* econômico representado na Figura 16.1 descreve melhor essa situação, na qual a capacidade de atendimento pode ser aumentada por meio da inclusão de mais servidores. À medida que se adicionam servidores, o custo de serviço aumenta, mas esse custo é compensado por um decréscimo correspondente no custo de espera. A soma de ambos os custos resulta em uma curva convexa de custo total para a organização, que identifica a capacidade do serviço com o mínimo custo combinado. Os modelos de fila servem para prever o tempo de espera dos empregados para diferentes níveis de capacidade, e os valores são substituídos aqui na função de custo total.

Pressupondo funções lineares de custo para o serviço e para a espera e comparando alternativas baseadas no desempenho em estado permanente, calculamos o custo total por unidade de tempo (hora) como:

Custo total por hora = Custo horário de atendimento + Custo horário de espera

$$\text{TC} = C_s C + C_w \lambda W_s \qquad (7)$$
$$= C_s C + C_w L_s \text{ (da Little's Law)}$$

onde:
C = número de servidores

Tabela 16.5 Probabilidade de encontrar todas as bombas de gasolina ocupadas

c	P_0	$P(n \geq c)$
3	0,11	0,44
4	0,13	0,27
5	0,134	0,06
6	0,135	0,02

C_s = custo horário por servidor
C_w = custo horário do cliente que espera

Para a equação (7), a espera é definida como o tempo no sistema; entretanto, se a espera na fila for mais apropriada, então L_s é substituído por L_q. Em situações de autoatendimento, como a utilização de uma copiadora ou fax, a espera em fila pode ser justificada.

Exemplo 16.8 Aluguel de terminais de computador

O diretor de uma grande equipe de engenheiros está avaliando o aluguel de vários terminais de computador que permitirão à equipe fazer uma análise de problemas de projetos estruturais. Com base em uma pesquisa sobre a equipe de engenheiros, o diretor concluiu que o departamento gerará, em média, oito pedidos de serviços por hora; além disso, os engenheiros estimaram o tempo médio de análise no computador em 15 minutos. O aluguel de um terminal que atende a essas necessidades custa $ 10 por hora. Ao considerar a média salarial dos engenheiros, o custo da ociosidade de um engenheiro é $ 30 por hora. Para uma análise preliminar, o diretor determinou que as solicitações de serviço têm uma distribuição de Poisson, e o tempo de utilização do terminal tem uma distribuição exponencial. Além disso, a equipe de engenheiros é grande o suficiente para assumir uma população demandante infinita. Utilizando o modelo-padrão M/M/c com $\rho = 8/4 = 2$ e o Apêndice C para calcular L_q, o diretor obteve os resultados apresentados na Tabela 16.6.

Observe que L_q é utilizado em vez de L_s nos cálculos, pois o engenheiro é produtivo enquanto utiliza o terminal. Os resultados indicam que quatro terminais vão minimizar os custos combinados do aluguel dos terminais e do salário relativo à espera dos engenheiros.

Nossa hipótese de custos de espera lineares em relação ao tempo, como mostrado na equação (7), é suspeita, pois, à medida que a espera aumenta, um maior percentual de clientes torna-se insatisfeito, possivelmente levando a uma perda generalizada de clientes. Primeiro, quanto maior for a espera, mais irritado fica o cliente e maior é a probabilidade de que ele procure uma alternativa no mercado. Além disso, ele contará a seus familiares e amigos a péssima experiência que teve, o que afetará as vendas futuras da empresa. Por fim, a perda de uma venda imediata tem menor significado se comparada à perda do fluxo de rendimentos futuros decorrente da perda de um cliente para sempre. Na prática, entretanto, a hipótese de linearidade geralmente é aceita devido à dificuldade na determinação da função de custo da espera do cliente.

Probabilidade de vendas perdidas devido à inadequação da área de espera

Este critério de planejamento diz respeito à capacidade da área de espera, e não à capacidade de atendimento. Uma área de espera inadequada pode fazer clientes potenciais desistirem e buscarem outros serviços similares. Esse problema é especialmente preocupante quando o cliente que chega consegue visualizar a área de espera, como no estacionamento de um restaurante ou em um *drive-in* bancário. As análises desses sistemas utilizam o modelo de fila finita M/M/c para estimar o número de clientes que se frustram e desistem.

Se N é o número máximo de clientes permitidos no sistema, então P_N é a probabilidade de um cliente chegar e encontrar o sistema lotado. Assim, P_N representa a probabilidade de vendas perdidas devido a uma área de espera inadequada, e λP_N representa o número esperado de vendas perdidas por unidade de tempo. O custo das vendas perdidas devido à área de espera inadequada agora pode ser comparado ao potencial investimento associado à expansão da área de espera.

Tabela 16.6 Custo total das alternativas de aluguel de terminais de computador

C	L_q	$C_s C$	$C_w L_q$	TC
3	0,88	$ 30	$ 26,4	$ 56,4
4	0,17	40	5,1	45,1
5	0,04	50	1,2	51,2
6	0,01	60	0,3	60,3

Exemplo 16.9 Estacionamento central

Um estacionamento é um sistema com múltiplos servidores sem uma fila; isto é, o estacionamento é considerado um sistema no qual cada vaga é um servidor. Quando o estacionamento está lotado, as chegadas subsequentes são rejeitadas, pois o sistema não possui uma área para espera. Assim, um estacionamento é um sistema com fila finita em que a capacidade da fila é zero, pois $N = c$.

Pensando nesse modelo, um estudante empreendedor avaliou a disponibilidade de um terreno na área central da cidade. O estudante foi informado de que o proprietário está disposto a alugar a propriedade para um estacionamento por \$ 50 por dia até encontrar um comprador. Após algumas considerações a respeito do trânsito na região, o estudante concluiu que aproximadamente 10 carros por hora têm dificuldades em encontrar espaço para estacionar na garagem da loja de departamentos que fica em frente ao terreno avaliado. O empregado da garagem informou que os clientes ficam aproximadamente 1 hora fazendo compras na loja. Para calcular a viabilidade desse negócio, o estudante pressupôs que as chegadas ocorrem conforme uma distribuição de Poisson e o tempo de compra, conforme uma distribuição exponencial. O estudante está interessado em avaliar o potencial de negócios perdidos, já que o terreno tem espaço para apenas seis vagas.

Esse estacionamento é considerado um sistema com fila finita $M/M/c$ sem previsão de fila. Então, as equações para o modelo $M/M/c$ com fila finita são calculadas com $c = N$. Substituindo $c = N$ nas equações (VI.1), (VI.2), (VI.4) e (VI.7), teremos os resultados a seguir para o caso em que *não existe* fila (ou seja, $L_Q = W_Q = 0$). Nenhuma outra equação é aplicável.

$$P_0 = \frac{1}{\sum_{i=0}^{N} \frac{\rho^i}{i!}} \qquad (8)$$

$$P_n = \frac{\rho^n}{n!} P_0 \qquad (9)$$

$$L_s = \rho(1 - P_N) \qquad (10)$$

$$W_s = \frac{1}{\mu} \qquad (11)$$

Com $\lambda = 10$, $N = 6$ e $\mu = 1$, calculamos $P_0 = 0{,}000349$ por meio da equação (8) e calculamos $P_6 = 0{,}48$ com a equação (9). Assim, das 10 chegadas de clientes por hora, aproximadamente metade (10 × 0,48 = 4,8) encontram o estacionamento lotado. Portanto, esse terreno com capacidade de seis carros atenderá aproximadamente à metade da demanda.

Resumo

Quando seus pressupostos são atendidos, os modelos analíticos de filas ajudam os gerentes dos sistemas de serviços a avaliar possíveis alternativas de ação mediante a previsão das estatísticas de tempo de espera. Os modelos também proporcionam reflexões que de certa forma explicam algumas questões associadas a filas, como os agrupamentos, o efeito de filas finitas na demanda atendida, os efeitos não proporcionais da adição de servidores ao tempo de espera e a importância do controle da demanda, como foi visto pela redução na variância dos tempos de atendimento. A abordagem de planejamento de capacidade depende do critério de desempenho do sistema que está sendo utilizado. Além disso, os modelos de fila são úteis na análise devido à sua capacidade de prever o desempenho do sistema. Entretanto, se os pressupostos do modelo de fila não são atendidos ou se o sistema é muito complexo, surge a necessidade da modelagem mediante simulação em computador (encontrada no suplemento deste capítulo).

Benchmark em serviços

Quando mais é melhor

Uma fila única garante que o primeiro cliente a chegar será o primeiro a ser atendido, uma marca da justiça social. Contudo, às vezes a justiça não é o único aspecto a ser considerado no que se refere ao atendimento ao cliente.

Rothkopf e Rech[1] argumentam que as filas múltiplas são uma melhor opção do que as filas únicas ocasionalmente; por exemplo, quando permitem que o cliente escolha a melhor posição. Observe que nem todas as filas múltiplas permitem essa escolha... um cliente na fila do banco ou do caixa do supermercado pode mudar de fila facilmente, mas um motorista em um *drive-in* bancário com servidores múltiplos ou em um pedágio de uma rodovia é obrigado a permanecer na primeira fila que escolheu.

O segredo para mudar de fila de maneira bem-sucedida é escolher a fila com o menor tempo de atendimento à sua frente. A seleção é relativamente fácil em um supermercado – você entra na fila atrás de um cliente com um carrinho cheio de compras ou de um cliente com dois itens e um bebê choramingando no colo? Porém, a escolha da fila em bancos e agências de correio nem sempre é fácil: uma pessoa na fila do banco parece ter somente um cheque para descontar... isso é rápido..., mas quando ela começa a ser atendida, você descobre que ela quer fazer uma transferência internacional e comprar cheques de viagem; ou então, a mulher na fila do correio tem somente uma carta para postar, mas ela quer ver todos os vários selos disponíveis.

As filas múltiplas têm um apelo especial porque os clientes podem escolher seu servidor favorito e isso reduz o tempo de atendimento porque uma relação foi estabelecida previamente. Além disso, as filas múltiplas permitem uma especialização, por exemplo, as filas rápidas (10 itens ou menos) nos supermercados. Embora os clientes tenham a possibilidade de trocar de fila em um sistema de filas múltiplas, pode haver um custo psicológico se a primeira fila escolhida avançar mais rápido.

[1] Michael Rothkopf and Paul Rech, "Combining Queues is not Always Beneficial," *Operations Research*, vol. 35, n°. 6 (Novembro–Dezembro) 1987, pp. 906–909.

Palavras-chave e definições

Estado permanente: condição de um sistema quando a distribuição de suas características, como o número de clientes em fila, se tornam estacionárias em relação ao tempo (isto é, o sistema partiu de um estado inicial transitório e alcançou o equilíbrio estatístico). *p. 407*

Estado transitório: (período de aquecimento) condição de um sistema quando as características operacionais dependem do tempo. *p. 407*

Fila finita: fila limitada fisicamente (p. ex., um número limitado de espaços para estacionamento). *p. 415*

Notação $A/B/C$: em que A diz respeito à distribuição de chegadas; B, à distribuição dos tempos de atendimento; e C, ao número de servidores em paralelo no sistema. *p. 406*

Tópicos para discussão

1. Discuta como poderia ser determinado o custo econômico de manter clientes esperando.

2. O Exemplo 16.1 apresentou um exercício de planejamento de capacidade "ingênuo" e foi criticado por utilizar médias. Lembre o conceito de "gargalo" do Capítulo 7 e sugira outras restrições a respeito desse exercício de planejamento.

3. Para um sistema de filas com uma fila finita, a taxa de chegadas pode exceder a capacidade de atendimento. Utilize um exemplo para explicar como isso é possível.

4. Quais são as desvantagens associadas ao conceito de recursos agrupados?

5. Discuta como o modelo $M/G/\infty$ poderia ser utilizado para determinar o número de ambulâncias necessárias para atender a uma comunidade.

Problemas resolvidos

1. Cálculo das características do sistema

Enunciado do problema

A Sunset Airlines está revisando seu procedimento de *check-in* antes de iniciar a promoção de tarifas denominada "dois pelo preço de um". Atualmente, um único atendente leva em média 3 minutos por passageiro para despachar a bagagem e imprimir o cartão de embarque. Os tempos de atendimento seguem uma distribuição exponencial negativa, e as chegadas de passageiros seguem uma distribuição de Poisson, com uma média prevista de 15 por hora durante operações de voo.

a. Qual é a probabilidade de um passageiro chegar ao balcão e ser atendido sem espera?

Solução

Observe que temos um sistema *M/M/*1 com $\lambda = 15$ por hora e $\mu = 60/3 = 20$ por hora. Utilizando a equação (I.1):

$$P(\text{sistema ocioso}) = P_0 = 1 - \rho$$
$$= 1 - (15/20)$$
$$= 0,25$$

b. A área imediatamente à frente do balcão da Sunset acomoda apenas três passageiros, inclusive o que está sendo atendido. Qual é o percentual de tempo no qual essa área será insuficiente para os passageiros que aguardam atendimento?

Solução

Utilizando a equação (I.2):

$$P \text{ (área de espera inadequada)}$$
$$= P(n \geq 4) = \rho^4 = (15/20)^4 = 0,316$$

Assim, a área de espera será inadequada em 32% do tempo.

c. Prevendo um aumento da demanda, a Sunset decidiu adicionar um atendente ao balcão quando os passageiros estiverem esperando em média 17 minutos na fila. Uma vez que as taxas de chegada são monitoradas no balcão de *check-in*, determine qual taxa de chegada por hora indicaria a necessidade de outro atendente.

Solução

Iguale a equação (I.8) a 17/60 horas, substitua $\mu = 20$ e resolva λ:

$$W_q = \frac{\rho}{\mu - \lambda} = \frac{\lambda}{20}\left[\frac{1}{20 - \lambda}\right] = \frac{\lambda}{400 - 20\lambda} = \frac{17}{60}$$

Portanto, $\lambda = 17$ por hora

2. Planejamento de capacidade

Enunciado do problema

A taxa média de chegadas alcançou o patamar de 20 clientes por hora, e a Sunset Airlines deve aumentar a capacidade de seu sistema de *check-in* adicionando um atendente. Com base em uma pesquisa com os clientes, $ 15 por hora é considerado o custo de oportunidade da espera na fila. Os atendentes recebem $ 10 por hora e ainda levam 3 minutos para atender a um passageiro. Avalie as seguintes alternativas para o sistema de *check-in* de modo a encontrar a alternativa menos cara, utilizando os custos horários totais dos atendentes e o custo de espera dos clientes na fila.

a. Considere uma configuração com múltiplas filas em que as filas sejam separadas e os clientes não possam mudar de fila. Pressupondo que a demanda é dividida igualmente entre os dois atendentes, qual o é custo horário total dessa alternativa?

Solução

Considere cada fila como um sistema de filas independentes *M/M/*1, com o custo total do sistema sendo igual a duas vezes o custo de uma fila única. Calcule o valor de L_q utilizando a equação (I.5) e substitua na equação (7) para determinar o custo da fila:

$$L_q = \frac{\rho\lambda}{\mu - \lambda}$$
$$= \frac{10}{20}\left[\frac{10}{20 - 10}\right]$$
$$= 0,5$$

Assim, o custo total do sistema = 2[10 + 15(0,5)] = $ 35 por hora.

b. Considere o acréscimo de uma máquina automática de emissão de bilhetes com um tempo de serviço constante de 3 minutos para auxiliar o único atendente. Suponha que a demanda seja dividida igualmente entre o atendente e a máquina. Qual é o custo horário total desse arranjo se os custos de operação referentes à máquina forem desconsiderados?

Solução

Considere cada fila independentemente, uma sendo *M/M/*1 como na parte a, com $L_q = 0,5$, e a outra sendo *M/D/*1 (serviço constante da máquina). Primeiro, calcule o L_q para a fila da máquina usando a equação (III.2) com $V(t) = 0$:

$$L_q = \frac{\rho^2 + \lambda^2 V(t)}{2(1 - \rho)}$$
$$= \frac{0,5^2 + 10^2(0)}{2(1 - 0,5)}$$
$$= 0,25$$

Portanto, o custo total do sistema = atendente único + máquina = 10 + 15(0,5) + 0 + 15(0,25) = $ 21,25 por hora.

b. Considere o arranjo de fila única com dois atendentes. Qual é o custo total por hora desse arranjo?

Solução

Do Apêndice C, com $c = 2$ e $\rho = 20/20 = 1$, encontramos $L_q = 0,333$, de forma que o custo total do sistema = 10(2) + 15(0,333) = $ 25 por hora.

Exercícios

16.1 Uma oficina mecânica dispõe de um mecânico especialista na instalação de silenciadores. A demanda por esse serviço ocorre a uma taxa de chegada de dois clientes por hora, conforme uma distribuição de Poisson. O tempo médio para instalar um silenciador é de 20 minutos, de acordo com uma distribuição exponencial negativa.

   a. Quando um cliente chega à oficina, quantos clientes devem se encontrar no sistema?
   b. A gerência da oficina está interessada na contratação de outro mecânico quando o tempo médio dos clientes no sistema exceder 90 minutos. Se a demanda da oficina continuar a crescer, para qual taxa por hora um novo mecânico será necessário?

16.2 Uma faculdade de administração está avaliando a possibilidade de substituir sua copiadora por um modelo mais recente. Os registros históricos demonstram que a taxa média de chegada de estudantes é de 24 por hora com distribuição de Poisson, e o tempo de serviço tem distribuição exponencial. O comitê de avaliação de compra foi instruído a analisar apenas máquinas que resultam em um tempo médio de permanência (isto é, tempo esperado no sistema) de 5 minutos ou menos. Qual é a menor taxa de processamento por hora que pode ser considerada?

16.3 A Lower Colorado River Authority (LCRA) está estudando o congestionamento na rampa de descida de barcos perto da represa Mansfield. Nos fins de semana, a taxa média de chegada é de cinco barcos por hora, com distribuição de Poisson. A taxa média de descida ou retorno de um barco é de 10 minutos com uma distribuição exponencial negativa. Suponha que apenas um barco possa descer ou retornar por vez.

   a. A LCRA planeja adicionar outra rampa quando o tempo médio de permanência no sistema exceder 90 minutos. Para qual taxa média de chegada por hora a LCRA deve considerar a construção de uma nova rampa?
   b. Se existisse espaço para estacionar apenas dois barcos no topo da rampa, esperando a descida, com que frequência um recém-chegado encontraria espaço insuficiente para estacionar?

16.4 Em média, quatro clientes por hora utilizam o telefone público na área de detenção da delegacia, conforme uma distribuição de Poisson. O tempo da ligação varia conforme uma distribuição exponencial negativa, com uma média de 5 minutos. O delegado irá instalar um segundo telefone quando o usuário tiver de esperar 3 minutos ou mais para utilizar o aparelho.

   a. Qual deve ser o aumento da taxa de chegada por hora para justificar a instalação de um segundo telefone?
   b. Suponha que o critério para justificar um segundo telefone tenha mudado para o seguinte: deve-se instalar um segundo telefone quando a probabilidade de espera exceder 0,6. De acordo com esse critério, qual deve ser o aumento na taxa de chegada por hora para justificar a instalação do telefone adicional?

16.5 Uma empresa dispõe de um serviço centralizado de fotocópias. A procura por esse serviço ocorre conforme uma distribuição de probabilidade de Poisson, com uma taxa média de 15 por hora. Os tempos de serviço seguem uma distribuição exponencial. Com a máquina atual, o tempo médio de serviço é de 3 minutos. Uma nova máquina está disponível, com um tempo médio de serviço de 2 minutos. O salário médio das pessoas que trazem documentos para copiar é de $ 8 por hora.

   a. Se a nova máquina puder ser alugada por $ 10 por hora, além do custo da máquina antiga, a empresa deve alugar a máquina? Considere o tempo de produção perdido dos empregados igual ao tempo gasto em espera na fila, dado que a copiadora é um dispositivo de autoatendimento.
   b. Para a antiga copiadora, qual é a probabilidade, quando uma pessoa chega, de encontrar outros empregados já aguardando na fila? (Seja cuidadoso para identificar corretamente o número de clientes que devem estar presentes para essa situação ocorrer.)
   c. Suponha que uma nova copiadora tenha sido alugada. Quantas cadeiras deveriam ser providenciadas para os empregados que aguardam na fila, se desejarmos que existam cadeiras suficientes por pelo menos 90% do tempo?

16.6 A Sea Dock, uma empresa privada, oferece um serviço de descarga no Golfo do México para petroleiros que entregam óleo bruto para as refinarias da área de Port Arthur, Texas. Os registros mostram que, em média, dois petroleiros chegam por dia, segundo uma distribuição de Poisson. Os navios são descarregados um de cada vez, conforme sua chegada (primeiro a chegar, primeiro a ser atendido – FCFS). O processo de descarga leva aproximadamente 8 horas de um dia de trabalho de 24 horas, e respeita uma distribuição exponencial.

   a. A Sea Dock providenciou espaço para a ancoragem de três navios. Isso é suficiente para atender à exigência da Guarda Costeira dos Estados Unidos, que diz que pelo menos 19 de 20 navios que chegam ao porto devem encontrar espaço para atracar?

b. A Sea Dock pode aumentar a sua capacidade de descarga para uma taxa de quatro navios por dia mediante a contratação de operários a um custo de $ 480 por dia. Considerando a taxa de espera cobrada da Sea Dock para manter um petroleiro esperando (isso inclui o tempo de descarga e o tempo de espera na fila), que é igual a $ 1.000 por dia, os administradores deveriam considerar essa oportunidade de expansão?

16.7 O Last National Bank está preocupado com o nível de serviço de seu único caixa *drive-in*. Um estudo associado às chegadas dos clientes durante a utilização do caixa revelou que, em média, 20 clientes chegam por hora, conforme uma distribuição de Poisson. E esses clientes recebem atendimento FCFS (primeiro a chegar, primeiro a ser atendido), exigindo uma média de 2 minutos, com os tempos de atendimento apresentando uma distribuição exponencial negativa.

   a. Qual é o número esperado de clientes aguardando na fila?
   b. Se o banco estiver utilizando um caixa automático com uma taxa de serviço constante de 2 minutos, qual será o número esperado de clientes *drive-in* no sistema?
   c. Existe espaço para três carros no sistema (incluindo o que está sendo atendido). Qual é a probabilidade de o tráfego na rua ser bloqueado por carros que aguardam para entrar no banco?
   d. O Last National está considerando a utilização de mais caixas no *drive-in* bancário. O custo da espera do cliente no sistema foi estimado em $ 5 por hora. O custo horário de um caixa é de $ 10. A taxa média de chegada alcançou 30 clientes por hora. Com base no custo total horário dos caixas e da espera dos clientes, quantos caixas você recomendaria para o serviço? Suponha que, com a utilização de tubos pneumáticos, os caixas consigam atender aos clientes mesmo que eles estejam em uma fila única.

16.8 O aeroporto de Green Valley está em operação há vários anos e começa a enfrentar problemas de congestionamento de voos. Um estudo das operações do aeroporto revelou que os aviões chegam a uma taxa média de 12 por hora, conforme uma distribuição de Poisson. Na pista única, um avião pode aterrissar e ser liberado a cada 4 minutos em média, e os tempos de atendimento respeitam uma distribuição exponencial. Os aviões são atendidos conforme um sistema FCFS (primeiro a chegar, primeiro a ser atendido), com partidas ocorrendo entre as aterrissagens. Os aviões que estão aguardando para aterrissar são instruídos a sobrevoar o aeroporto.

   a. Qual é o número esperado de aviões sobrevoando o aeroporto, esperando na fila pela liberação para aterrissar?
   b. Um novo sistema de radar de terra aprovado pela Administração Federal de Aviação está sendo avaliado como uma alternativa para reduzir o congestionamento. Com esse sistema, os aviões podem ser processados a taxas constantes de 15 por hora (isto é, a variância é zero). Qual seria o número esperado de aviões circulando o aeroporto, esperando para aterrissar, se esse sistema fosse utilizado?
   c. Suponha que o custo de manter um avião no ar seja de aproximadamente $ 70 por hora. Se o custo do sistema de radar proposto fosse de $ 100 por hora, você recomendaria a sua adoção?

16.9 O Community Bank planeja expandir seu atendimento *drive-in*. Observações associadas ao caixa único existente revelaram que os clientes chegam a uma taxa média de 10 por hora, com uma distribuição de Poisson, e são atendidos em uma base FCFS, com um tempo médio de transação de 5 minutos. Os tempos de atendimento têm uma distribuição exponencial negativa. O Community Bank decidiu adicionar outro caixa e instalar quatro estações remotas com tubos pneumáticos que ligam as estações aos caixas, localizados em uma construção de vidro. O custo de manter um cliente em espera no sistema é representado por $ 5 por hora em perda de fundo de comércio. O custo horário de um caixa é de $ 10.

   a. Suponha que cada caixa seja responsável por duas estações exclusivamente, que a demanda seja dividida igualmente entre as estações e que não seja permitido ao cliente trocar de caixa. Qual é o número médio de clientes esperando em todo o sistema?
   b. Se, pelo contrário, ambos os caixas atenderem a todas as estações e o cliente que estiver aguardando por mais tempo for atendido pelo próximo caixa disponível, qual será o número médio de clientes no sistema?
   c. Qual é a economia horária alcançada com o agrupamento dos caixas?

16.10 Considere um posto de gasolina com uma única bomba que satisfaça os pressupostos para o modelo *M/M/*1. Estima-se que, em média, os clientes procurem o posto quando os tanques de seus carros estão com 1/8 de sua capacidade ocupada. O tempo médio para atender a um cliente é de 4 minutos, e a taxa de chegada é de seis clientes por hora.

   a. Determine o tamanho da fila e o tempo esperado no sistema.
   b. Suponha que os clientes percebam uma escassez de gasolina no mercado (mesmo que não ocorra realmente) e resolvam modificar o seu critério de abastecimento para mais de 1/8 em média. Supondo que as variações em λ sejam inversamente proporcionais às variações no critério de abastecimento, compare os resultados quando o critério para abastecer o carro for o combustível chegar a 1/4 do tanque com aqueles resultados obtidos na letra "a".
   c. Formulando o mesmo pressuposto definido em "b", compare os resultados obtidos quando o critério de abastecimento for definido para 1/2 tanque. Temos, então, a formação de um comportamento negativo induzido pela falta de gasolina?
   d. É razoável entender que o tempo de atendimento de um cliente diminui à medida que o critério de abastecimento aumenta. Sob condições "normais", o cliente

leva, em média, 2 minutos para abastecer e 2 minutos para limpar o vidro dianteiro, verificar o óleo e pagar pelo abastecimento. Refaça os itens b e c admitindo que o tempo de abastecimento varie proporcionalmente às modificações no critério de abastecimento.

Houston Port Authority
Estudo de caso 16.1

A Houston Port Authority (Autoridade Portuária) contratou você como consultor para avaliar possíveis mudanças no manuseio do trigo exportado. Atualmente, um grupo de estivadores, utilizando uma correia de transporte, descarrega vagões com trigo dentro de navios de carga transoceânicos. O grupo leva em média 30 minutos para descarregar um vagão e recebe salário de $ 50 por hora. Chegam, em média, 12 vagões a cada turno de 8 horas. A ferrovia cobra uma taxa de espera, desde o momento da chegada de um vagão até a sua liberação, de $ 15 por hora. Os vagões descarregados parcialmente em um turno são os primeiros a serem descarregados no turno seguinte.

Uma análise do qui-quadrado da "aderência de dados" das taxas de chegada para os últimos meses indica uma distribuição de Poisson. Os dados de tempos de descarga para esse período seguem uma distribuição exponencial negativa.

Devido ao custo excessivo das taxas de espera, foi proposta a contratação de mais uma equipe de estivadores. Uma visita à área de trabalho indica que ambas as equipes de estivadores estarão impossibilitadas de trabalhar em conjunto no mesmo vagão devido ao congestionamento; entretanto, dois vagões podem ser descarregados simultaneamente com uma equipe por vagão.

Durante suas deliberações, o engenheiro de produção relatou que existia um sistema de manuseio pneumático. Esse sistema transfere trigo dos vagões para os navios a uma taxa constante de três vagões por hora, 24 horas por dia, com a ajuda de um operador qualificado que recebe $ 15 por hora. Tal sistema custa $ 400.000 para ser instalado. A administração utiliza uma taxa de juros de 10% para o capital empregado em projetos de melhorias. O porto está em operação 24 horas por dia, 365 dias por ano. Para essa análise, suponha um horizonte de planejamento de 10 anos e prepare uma recomendação para a autoridade portuária.

Freedom Express
Estudo de caso 16.2

A Freedom Express (FreeEx), afetuosamente conhecida como Filibuster Fly, é uma pequena empresa aérea com sede em Washington, D.C., que atende à Costa Leste dos Estados Unidos. Ela realiza voos diretos entre várias cidades e o Reagan National Airport (DCA).

Frequentemente, o DCA está congestionado, e, nesses momentos, os aviões são aconselhados a voar "empilhados" sobre o aeroporto. Em outras palavras, os aviões em processo de aterrissagem e aqueles que estão esperando permissão para aterrissar são distribuídos acima do campo.

A gerência da FreeEx está interessada em determinar quanto tempo seus aviões terão de esperar, para poder definir uma quantidade de combustível suficiente para o tempo de viagem entre as cidades e para o tempo de espera. O abastecimento excessivo representa um custo desnecessário, pois reduz a capacidade de transporte de cargas pagas. Igualmente importante é o custo atual do combustível, $ 2,8 por galão, sendo a taxa média de consumo de 20 galões por minuto.

A taxa de chegada para todos os aviões no DCA varia de hora em hora. A taxa de chegadas e o tempo de espera atingem seus níveis mais altos em dias úteis entre 16h e 17h; portanto, a FreeEx escolheu esse período para um estudo inicial.

O estudo indicou que a taxa média de chegadas é de 20 aviões por hora, ou um a cada 3 minutos. A variância em torno dessa média, resultante de voos cancelados, bem como de voos fretados ou particulares, é representada por uma distribuição de Poisson.

Nos períodos de tempo bom, a torre de controle do DCA permite aterrissar um avião por minuto, ou 60 aviões por hora. As aterrissagens não podem exceder essa taxa, para preservar a segurança aérea. Quando as condições climáticas estão ruins, a taxa de aterrissagens é de 30 aviões por hora. Ambas as taxas médias de aterrissagens, com tempo bom e ruim, têm uma distribuição de Poisson. Os voos da FreeEx são curtos o suficiente para permitir que o administrador preveja, antes de um voo partir de uma cidade para Washington, quando a taxa de aterrissagem no DCA será ou não reduzida devido a problemas relacionados às condições climáticas.

Quando um avião está com pouco combustível, a sua aterrissagem será priorizada dentre os aviões que aguardam no espaço aéreo. As regras do DCA, entretanto, deixam bem claro que o aeroporto não irá tolerar abusos dessa condição especial. Consequentemente, a FreeEx garante que seus aviões levem combustível suficiente para aproveitar essa condição especial no máximo uma vez a cada 20 aterrissagens.

Questões

1. Durante os períodos de mau tempo, em comparação com os períodos de tempo bom, quantos galões adicionais de gasolina, em média, a FreeEx deve esperar consumir devido ao congestionamento aéreo?

2. Dadas as políticas da FreeEx de garantir que seus aviões não ficarão com problemas de combustível mais de uma vez a cada 20 esperas no espaço aéreo, quantos galões de reserva (isto é, galões acima do gasto esperado de combustível) devem ser abastecidos para voos com tempo bom? E para voos com tempo ruim?

3. Durante o tempo ruim, a FreeEx tem a opção de instruir o controle aéreo de Washington a colocar seus voos em um padrão de espera no qual os aviões são dirigidos para aterrissar tanto no Reagan National quanto no Dulles International, dependendo do aeroporto que se tornar disponível. Suponha que a taxa de aterrissagem no Dulles para mau tempo também seja de 30 aviões por hora, com distribuição de Poisson, e que a taxa de chegada combinada para ambos os aeroportos seja de 40 por hora. Se a FreeEx tiver de pagar $ 200 por voo para garantir um ônibus a fim de transportar seus passageiros do aeroporto Dulles para o Reagan National, os administradores da FreeEx deveriam avaliar a opção de aterrissagem dos aviões no Dulles em períodos de mau tempo? Suponha que, se essa opção for utilizada, os aviões da FreeEx serão desviados para o Dulles metade das vezes.

Renaissance Clinic (A)

Estudo de caso 16.3

A Renaissance Clinic dedica-se a cuidados com a saúde feminina e está localizada na região montanhosa em torno da cidade de Austin, Texas, oferecendo um ambiente único. No momento da consulta, a paciente é levada pela recepcionista para ser atendida por uma enfermeira ou pela Dra. Margaret Thompson. Em algumas ocasiões, a paciente pode ser atendida pela enfermeira e pela médica. No caso da Renaissance Clinic (B), usamos um modelo de simulação computacional para determinar a alocação de recursos.

Para este caso, desejamos aplicar a teoria de filas na prática da Dra. Thompson. Os dados da Tabela 16.7 foram reunidos por meio da avaliação de vários dias de atividades comuns, e os histogramas indicam que as taxas de chegada e de serviços se encaixam em uma distribuição de Poisson. A Figura 16.6 mostra o fluxo de pacientes durante visitas de rotina ao consultório.

Tarefas

1. Suponha que as filas de espera da recepcionista, da enfermeira e da médica sejam gerenciadas independentemente, com uma prioridade de FCFS (primeira a chegar, primeira a ser atendida). Utilizando as fórmulas de filas e o pressuposto de que as pacientes que saem de uma atividade seguem uma distribuição de Poisson, faça uma estimativa das estatísticas a seguir:

   a. Tempo de espera médio em cada uma das filas (isto é, recepcionista, enfermeira e médica).

   b. Tempo médio em todo o sistema para cada um dos três fluxos possíveis de pacientes.

   c. Tempo médio total no sistema (isto é, tempo esperado para uma paciente que esteja chegando).

   d. Tempo ocioso médio em minutos por hora de trabalho para a recepcionista, a enfermeira e a médica.

2. Quais são os pressupostos fundamentais envolvidos na análise realizada no item anterior? Discuta a pertinência de cada um nessa situação.

3. Qual seria o impacto, sobre os cálculos anteriores, de acrescentar uma segunda médica à clínica e compartilhar a fila para a médica entre elas em uma base "primeira médica disponível"?

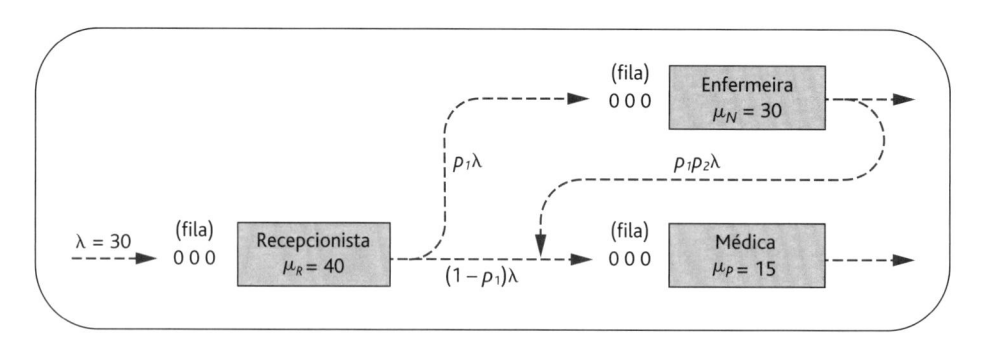

Figura 16.6 Fluxo de pacientes na Renaissance Clinic.

Tabela 16.7 Taxas de chegada e de atendimento na Renaissance Clinic

Parâmetro do modelo	Descrição	Expectativas
λ	Taxa de chegada das pacientes	30 por hora
p_1	Fração de pacientes encaminhadas à enfermeira	2/3
p_2	Fração de pacientes da enfermeira que também consultam com a médica	0,15
μ_R	Taxa de atendimento da recepcionista	40 por hora
μ_N	Taxa de atendimento da enfermeira	30 por hora
μ_P	Taxa de atendimento da médica	15 por hora

4. A clínica está considerando adotar um sistema de prioridade de fila que é determinado pelo momento de entrada no sistema e contato com a recepcionista. De que forma as pacientes que estão esperando pela médica podem reagir a essa política?

Suplemento do Capítulo 16

Simulação computacional

A simulação computacional fornece à administração um laboratório experimental no qual é possível estudar um modelo de um sistema real e determinar como esse sistema reagirá a mudanças em políticas, níveis de recursos ou demanda de clientes. Um sistema, para nossos fins, é definido como uma combinação de elementos que interagem para alcançar um objetivo. A simulação de sistemas serve para responder a questões do tipo "o que aconteceria se" a respeito de sistemas existentes ou propostos. Por exemplo, e se outro caixa for acrescentado no saguão do banco? E se alguns caixas atenderem somente depositantes? E se um caixa automático for colocado do lado de fora do banco? A reação do sistema a essas mudanças é "observada" durante um período ampliado por meio de simulação. Sem ter de mudar o sistema real, um modelo de simulação gera estimativas de desempenho do sistema, como o tempo de espera médio dos clientes para cada cenário de interesse. Uma simulação com animação feita em um computador pessoal permite que os tomadores de decisões vejam a atividade do sistema (p. ex., o fluxo de clientes) em um tempo acelerado.

Os sistemas de prestação de serviços são dinâmicos e variáveis em sua natureza. Um sistema *dinâmico* é aquele influenciado por ações ao longo do tempo. O comportamento da fila em um terminal de uma companhia aérea, por exemplo, é sujeito à chegada de passageiros, à equipe de atendentes e aos cronogramas da companhia aérea. Um sistema é *variável* ou *estocástico* devido à natureza probabilística subjacente de um sistema com eventos que ocorrem a partir de uma distribuição de probabilidades. Lembremos que a distribuição de Poisson de chegadas de clientes é um processo aleatório, porque a chegada de qualquer cliente futuro é imprevisível, apesar de o número médio de chegadas durante 1 hora poder ser conhecido. A Tabela 16.8 mostra exemplos de aplicações de simulações em serviços.

Simulação de sistemas

Basicamente, a simulação é uma ferramenta para avaliar ideias. O processo para desenvolver uma simulação de sistemas é um empreendimento substancial, facilitado com a disponibilidade de um software de modelagem, como o ServiceModel, a ser discutido posteriormente. A natureza experimental da simulação de sistemas é apresentada na Figura 16.7.

Metodologia de simulação

Desenvolver uma definição precisa e concisa dos problemas é importante, pois essa atividade envolve o cliente no processo e facilita a implementação dos resultados. A declaração de objetivos segue naturalmente e proporciona uma estrutura para o alcance do modelo e medidas de desempenho do sistema. Um problema, por exemplo, envolveria a melhoria do serviço bancário com o objetivo de reduzir os tempos de espera.

A reunião dos dados e o desenvolvimento dos modelos muitas vezes são feitos paralelamente para poupar tempo. Para sistemas em funcionamento, os dados históricos, como a distribuição das chegadas dos clientes, podem estar disponíveis ou ser reunidos no próprio local. Para sistemas que ainda não existem, os dados, é claro, também não existem, mas outros dados de sistemas similares podem estar disponíveis. O desenvolvimento do modelo começa com uma abstração conceitual do sistema, talvez na forma de um fluxograma de processo. À medida que o processamento de eventos e as relações entre eles são definidos, o modelo conceitual torna-se um modelo lógico.

Depois de desenvolvido um modelo preliminar, ele é conferido ou *verificado*, para ter certeza de que funciona da forma

Tabela 16.8 Exemplos de aplicações de simulações em serviços

Aplicação	Objetivo da simulação
Estabelecer equipe de caixas	Considerar o tempo de espera dos clientes ao determinar o número de caixas para um turno de trabalho
Estabelecer localização de ambulâncias de emergência	Analisar as implicações do tempo de resposta das opções de localização
Definir fluxos de pacientes ao hospital	Desenvolver procedimentos para gerenciar fluxos de pacientes e utilização de recursos
Fazer processamento de pedidos	Analisar procedimentos de processamento de pedidos para apoio de embarques *just-in-time*
Realizar manutenção de aeronaves	Determinar o impacto sobre o tempo de parada para manutenções preventivas
Determinar o manuseio de resíduos perigosos	Analisar a capacidade das instalações de reciclagem e as necessidades de transporte
Estabelecer programação de patrulhas policiais	Investigar o impacto de concentrar-se em áreas de crime para sua prevenção
Estabelecer o gerenciamento de projetos	Determinar a distribuição do tempo de realização de projetos quando os tempos das atividades são incertos
Implementar instalações recreativas	Prever o impacto de diferentes políticas de operação sobre as instalações

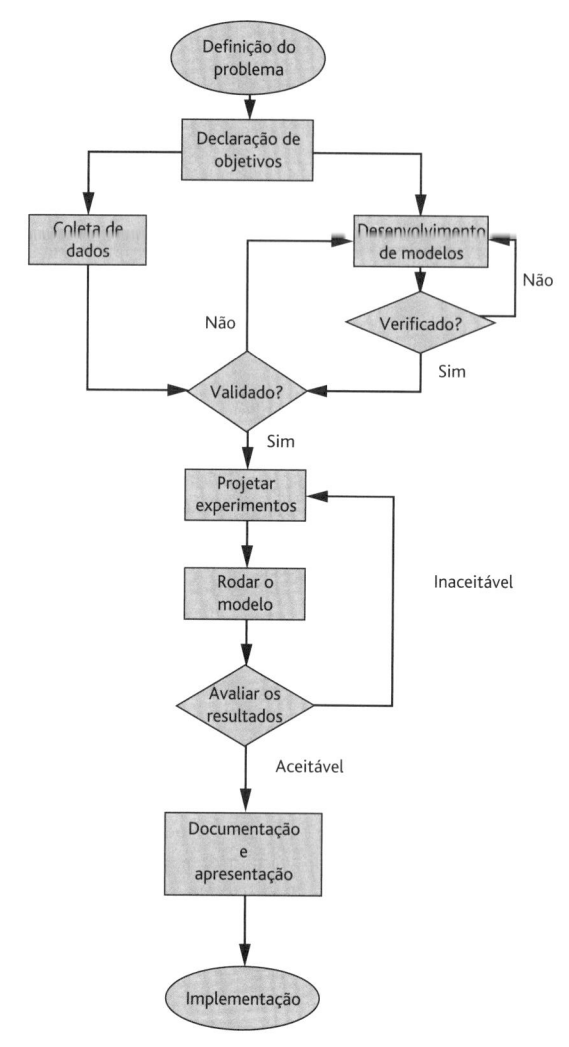

Figura 16.7 O processo de simulação de sistemas.

esperada. A verificação é realizada ao conferir o modelo passo a passo para garantir que a lógica intencionada está sendo seguida. Outro método utilizado é a realização de alguns cálculos a mão para verificar se estão de acordo com o resultado do computador. A maioria dos modelos complexos exigirá alguns "ajustes" para corrigir problemas na lógica.

A validação confirma se o modelo reflete as operações do sistema real em estudo com detalhes suficientes para lidar com o problema. Os dados reunidos sobre o sistema real são comparados aos resultados gerados pelo modelo. Na validação de um modelo de ambulâncias de emergência, por exemplo, a distribuição histórica dos tempos de atendimento é comparada à previsão dessa distribuição pelo modelo. A previsão dos tempos de atendimento é importante, porque o interesse do estudo está em saber como diferentes distribuições de ambulâncias afetariam os tempos de atendimento. O estágio da validação também é um excelente momento para envolver o cliente, devido à sua familiaridade com o sistema e à necessidade de ser convencido da credibilidade do modelo.

Os experimentos de simulação são, então, projetados usando as ideias preliminares a respeito de alternativas a serem avaliadas. Procedimentos e testes de análise e comparação das alternativas são formulados. Os estudos envolvendo elementos estocásticos devem ser controlados para assegurar que cada experimento esteja sujeito às mesmas variações ao projetar uma série comum de números aleatórios que produzem uma sequência idêntica de eventos. Esse controle de dados de entrada para a simulação garantirá que os resultados observados sejam consequência do "tratamento", e não desordenados pelas variações no ambiente. O modelo é aplicado a um determinado número de replicações, e o tempo de aquecimento (ou transitório) é identificado para só então as estatísticas serem registradas. Os resultados da simulação muitas vezes sugerem experimentos adicionais. No caso do estudo da ambulância de emergência, além dos níveis de equipe, a identificação de quais hospitais receberiam pacientes foi considerada importante para atender às flutuações de demanda durante o dia e a noite.

Todas as configurações do modelo e os seus resultados associados devem ser documentados para referências futuras. As capacidades gráficas do software de simulação produzem uma representação visual eficiente dos resultados do modelo que podem ser autoexplicáveis.

A implementação dos resultados precisa ser assegurada no momento em que o cliente está envolvido, desde o início e durante o processo de simulação. Finalmente, um exame posterior do estudo de simulação poderia gerar ideias para melhorar o próximo projeto.

Simulação de Monte Carlo

A simulação de sistemas é usada para a análise de modelos complexos que não podem ser solucionados por meio de métodos analíticos. Tais modelos muitas vezes são estocásticos para levar em consideração as realidades do sistema. A simulação de Monte Carlo é um método que permite a elaboração de modelos com variáveis aleatórias, com suas distribuições de probabilidades associadas.

A simulação de Monte Carlo baseia-se em valores amostrais das distribuições de probabilidades associadas a variáveis aleatórias. Os valores das variáveis aleatórias são escolhidos ao acaso a partir das distribuições apropriadas para então serem usados na simulação. Essas observações das variáveis aleatórias são feitas repetidamente para imitar o comportamento das variáveis.

Existem vários métodos para a escolha de observações de variáveis aleatórias a partir das suas distribuições de probabilidades, mas todos são baseados no uso de números aleatórios. Um *número aleatório* (*RN*, de *random number*) é uma variável aleatória especial uniformemente distribuída entre 0 e 1. Isso significa que todos os valores no intervalo [0, 1] têm igual probabilidade de seleção.

As simulações baseadas em computadores, na realidade, utilizam números *pseudoaleatórios*. Estes são valores que se comportam como números aleatórios, apesar de serem gerados por meio de uma função matemática. Embora os números pseudoaleatórios não sejam verdadeiramente aleatórios, eles apresentam essa aparência, e têm a vantagem de não exigir grandes espaços nos arquivos dos computadores. Mais importante, eles viabilizam a replicação exata das condições experimentais ao permitir que a mesma série de números seja obtida a partir de uma "semente" aleatória. A Tabela 16.9 contém uma amostra de alguns números pseudoaleatórios gerados pela função RAND() do Excel que retorna um RN uniformemente distribuído entre 0-1.

Geração de variáveis aleatórias

De que forma os números aleatórios servem para obter observações de variáveis aleatórias? Primeiro, precisamos perceber que as variáveis aleatórias podem ser *descontínuas* (p. ex., o número de clientes chegando durante uma hora) ou *contínuas* (p. ex., o tempo que um cliente gasta sendo atendido). O processo de gerar observações, em ambos os casos, faz uso da característica única de qualquer variável aleatória – a sua distribuição cumulativa sempre soma 1,0.

Variável aleatória descontínua

Considere a distribuição de passageiros de companhias aéreas, mostrada na primeira coluna da Tabela 16.10, esperando para embarcar em um ônibus de uma determinada locadora de carros. A terceira coluna da Tabela 16.10 contém a distribuição cumulativa de passageiros determinada pela soma sucessiva das probabilidades de cima para baixo [p. ex., $F(2) = p(1) + p(2) = 0,02 + 0,03 = 0,05$]. A distribuição cumulativa dá a probabilidade de o número de passageiros ser menor ou igual ao valor específico. As probabilidades devem variar de 0 a 1. Lembre que o número aleatório *RN* é uniformemente distribuído no intervalo [0, 1]. Essa relação entre a distribuição cumulativa e *RN* é a base para gerar observações de variáveis aleatórias.

Agora, é possível fazer algumas observações sobre os passageiros que embarcam no ônibus usando a distribuição cumulativa e os números aleatórios. Essa abordagem para gerar observações de variáveis aleatórias, conhecida como *método de transformação inversa*, vai direto ao ponto:

1. Escolha qualquer número aleatório *RN* da Tabela 16.9.
2. Equacione a distribuição cumulativa para o número aleatório. Na Tabela 16.10, por exemplo, use a última coluna para encontrar o intervalo dentro do qual se encontra *RN*.
3. Interprete a primeira coluna para o número de passageiros embarcando que equaciona a distribuição cumulativa para o número aleatório. Esse valor é a observação utilizada na simulação.

Tabela 16.9 Números aleatórios uniformemente distribuídos [0, 1]

0,65481	0,32533	0,60527	0,73407
0,90124	0,04805	0,59466	0,41994
0,74350	0,68953	0,45973	0,25298
0,09893	0,02529	0,46670	0,20539
0,61196	0,99970	0,82512	0,61427
0,15474	0,74717	0,12472	0,58021
0,94557	0,10805	0,29529	0,19255
0,42481	0,77602	0,39333	0,33440
0,23523	0,32135	0,20106	0,57546
0,04493	0,45753	0,42941	0,21615

Como exemplo, comece pelo canto superior esquerdo da Tabela 16.9 e escolha o primeiro número aleatório $RN = 0,65481$. Usando a Tabela 16.10, observe que o nosso RN está no limite de variação [0,50 ≤ RN < 0,70] e que esse limite de variação é associado a cinco passageiros. O processo é ilustrado graficamente na Figura 16.8, sendo a distribuição cumulativa exibida por um gráfico de barras. Observe que a porção de cada barra exposta para o eixo vertical é igual à probabilidade da variável aleatória associada. Para fazer outra observação, devemos descer a coluna na Tabela 16.9 até o próximo número aleatório $RN = 0,90124$. Interpretando a Tabela 16.10 na coluna de designação de número aleatório em [0,85 ≤ RN < 0,93], encontramos sete passageiros embarcando como segunda observação. Se repetirmos esse processo várias vezes, 2% das observações do tempo de atendimento serão um passageiro, 3% serão dois passageiros, e assim por diante, imitando a distribuição real.

Variável aleatória contínua

A abordagem para a escolha de variáveis aleatórias a partir de distribuições contínuas equacionará RN para a função de distribuição cumulativa e solucionará o valor da variável aleatória. Ilustramos essa abordagem para três distribuições de variáveis aleatórias contínuas comuns: uniformes, exponenciais negativas e normais.

1. *Distribuição uniforme*: para uma variável aleatória uniformemente distribuída entre os valores a e $b (b > a)$, a função que retorna um valor x dado RN é

$$x = a + RN(b - a) \quad (12)$$

Suponha, por exemplo, que a distribuição do tempo de viagem do ônibus de um estacionamento remoto ao terminal do aeroporto seja uniforme dentro do limite de 10 a 20 minutos. Para esse caso, a nossa função da variável aleatória é

$$x = 10 + RN(20 - 10)$$

2. *Distribuição exponencial negativa*: lembre do Capítulo 12 que a distribuição cumulativa para a distribuição exponencial negativa é dada pela equação (2) como:

$$F(x) = 1 - e^{-\lambda x}$$

Determine $RN = F(x) = 1 - e^{-\lambda x}$ e solucione para obter $e^{-\lambda x} = 1 - RN$. Tomando logaritmos na base e e solucionando x, obtemos a seguinte função, que retorna uma variável aleatória com distribuição exponencial negativa x dado um RN:

$$x = -\frac{1}{\lambda} \log_e(1 - RN) \quad \text{ou simplesmente}$$

$$x = -\frac{1}{\lambda} \log_e RN \quad (13)$$

Suponha, por exemplo, que a distribuição das chegadas dos clientes à parada de ônibus seja de Poisson, com uma média de 15 chegadas por hora. Se quisermos gerar o tempo entre as chegadas, a distribuição exponencial negativa é apropriada. Desse modo, o tempo entre as chegadas mensurado em horas é obtido a partir da função da variável aleatória:

$$x = -\frac{1}{15} \log_e RN$$

3. *Distribuição normal*: como a distribuição normal não tem uma expressão com forma fechada para a distribuição cumulativa, usamos uma propriedade do teorema de limite central para obter um método e gerar um desvio-padrão normal z com $\mu = 0$ e $\sigma = 1$. Iniciamos com duas considerações. Primeiro, lembre, tendo em mente o teorema de limite central, que a distribuição de médias de qualquer fonte possui uma distribuição normal. Segundo, o número aleatório RN é uniformemente distribuído entre 0 e 1. Para uma distribuição uniforme entre os valores de a e b, a média e a variação são

$$\mu = a + \frac{(b - a)}{2} \quad \text{e} \quad \sigma^2 = \frac{(b - a)^2}{12}$$

Assim, o número aleatório RN tem $\mu = \frac{1}{2}$ e $\sigma^2 = \frac{1}{12}$. Para gerar um desvio normal aleatório com uma média 0 e uma variância 1, portanto, simplesmente somamos 12 RNs e subtraímos 6, como mostrado:

Tabela 16.10 Distribuição de probabilidades de passageiros e atribuição de números aleatórios

Passageiros x	Probabilidade p(x)	Distribuição cumulativa F(x)	Designação de número aleatório
1	0,02	0,02	0,00 ≤ RN < 0,02
2	0,03	0,05	0,02 ≤ RN < 0,05
3	0,15	0,20	0,05 ≤ RN < 0,20
4	0,30	0,50	0,20 ≤ RN < 0,50
5	0,20	0,70	0,50 ≤ RN < 0,70
6	0,15	0,85	0,70 ≤ RN < 0,85
7	0,08	0,93	0,85 ≤ RN < 0,93
8	0,05	0,98	0,93 ≤ RN < 0,98
9	0,02	1,00	0,98 ≤ RN < 1,00

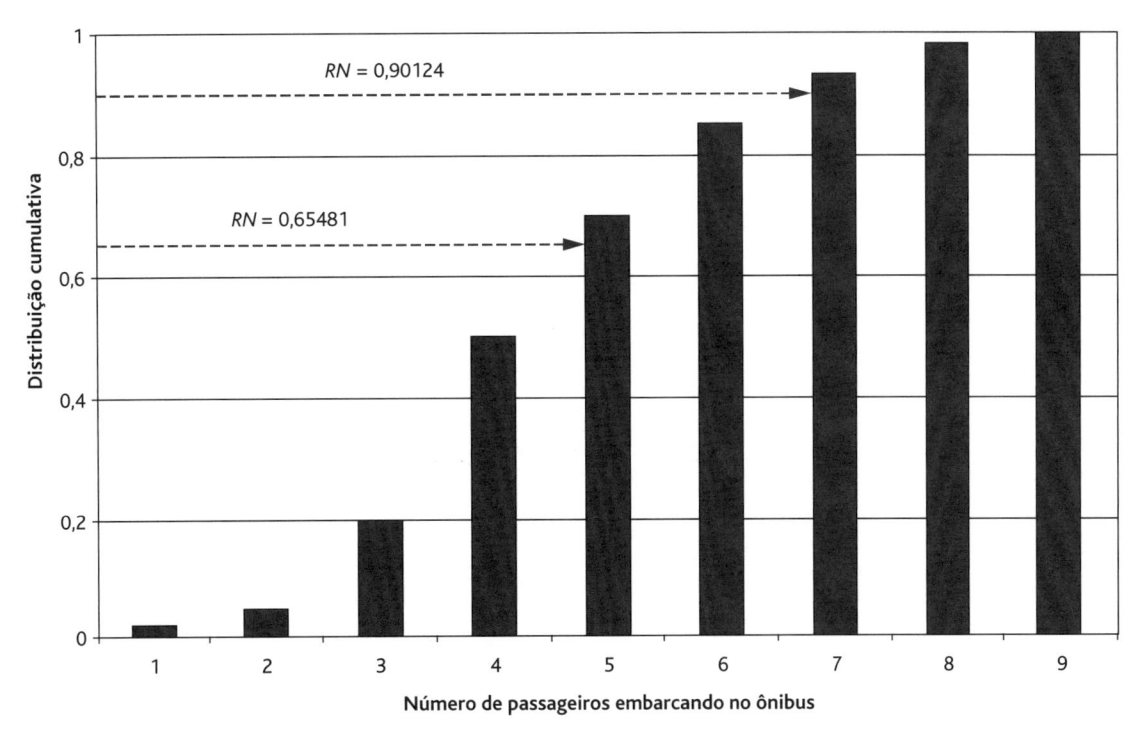

Figura 16.8 Distribuição cumulativa de passageiros.

$$\frac{x - \mu}{\sigma} = \sum_{i=1}^{12} RN_i - 6 \quad \text{ou}$$

$$x = \mu + \sigma\left[\sum_{i=1}^{12} RN_i - 6\right] \quad (14)$$

Suponhamos que os tempos de deslocamento para o nosso ônibus tenham uma distribuição normal com uma média de 15 minutos e um desvio-padrão de 2 minutos. Então, a função da variável aleatória é

$$x = 15 + 2\left[\sum_{i=1}^{12} RN_i - 6\right]$$

Simulação de eventos discretos

Uma simulação de eventos discretos é orientada por eventos que ocorrem em determinados pontos no tempo, como a chegada de um cliente ou o término de um atendimento. Quando ocorre um evento, o estado do sistema se modifica. A chegada de um cliente aumenta o número de clientes no sistema, por exemplo, enquanto a saída de um cliente (isto é, o término do atendimento) reduz o número no sistema. O computador mantém um dispositivo para cronometrar o tempo, conhecido como relógio de simulação, que avança com cada evento que está ocorrendo. Após a ocorrência de cada evento, são registradas as expressões do estado do sistema.

A Figura 16.9 mostra o fluxograma de uma simulação de eventos discretos para o balcão de passagens de uma companhia aérea. Primeiro, o tempo de chegada do próximo cliente é gerado com base em uma distribuição do tempo entre as chegadas usando o método da transformação inversa. O relógio de simulação, que começa no momento 0, é acertado com o tempo do próximo evento cronológico. Se o próximo evento for uma chegada, então o cliente ou usufruirá o serviço, ou esperará na fila, dependendo do *status* do prestador do serviço. Se o próximo evento for uma saída (isto é, o término do atendimento), então um novo cliente usufruirá o serviço, ou o prestador do serviço ficará ocioso, dependendo do status da *fila* de espera. A situação do sistema é atualizada em resposta ao evento, e o tempo no relógio é comparado a um tempo máximo pré-especificado. Se o tempo no relógio for maior ou igual ao tempo máximo, então são calculadas e impressas estatísticas de resumo descrevendo o sistema, e a simulação é concluída. Caso contrário, o relógio avança para o próximo evento.

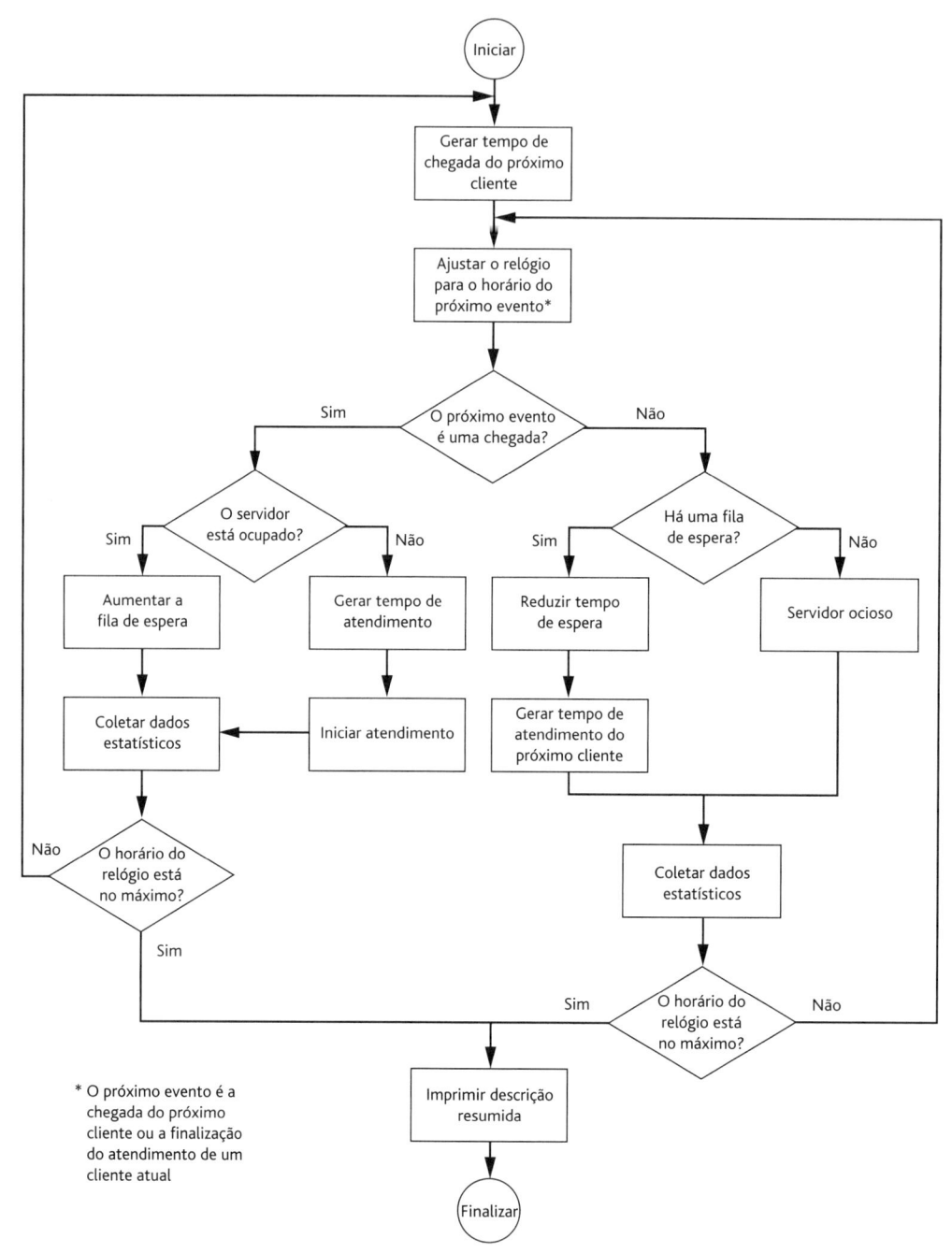

Figura 16.9 Fluxograma da simulação de eventos discretos no balcão de passagens de uma companhia aérea.

Exemplo 16.10 Simulação do balcão de passagens de companhia aérea

Uma simulação de eventos discretos será utilizada para observar as atividades em um balcão de passagens de uma companhia aérea. O sistema conta com um único agente de passagens, e os clientes são atendidos na base "primeiro a chegar, primeiro a ser atendido". Nessa simulação, estamos preocupados com o número de clientes esperando, o seu tempo de espera e o *status* do agente de passagens (isto é, ocupado ou ocioso).

A Tabela 16.11 exibe os tempos de atendimento e tempos entre as chegadas de clientes dos primeiros 10 clientes. Os tempos de atendimento e os tempos entre as chegadas foram gerados a partir de distribuições de probabilidades apropriadas, usando o método de transformação inversa.

O relógio de simulação começa no tempo 0. A Tabela 16.12 apresenta os tempos de chegada de cada cliente, o momento em que passam a usufruir o serviço e quando o atendimento é finalizado. Por exemplo, o primeiro cliente chega no tempo 5, imediatamente

Tabela 16.11 Tempos entre chegadas e tempos de atendimento para os primeiros 10 clientes

Cliente	Tempo entre chegadas (min.)	Tempo de atendimento (min.)
1	5	4
2	4	3
3	4	6
4	5	4
5	3	2
6	4	5
7	5	4
8	5	6
9	4	4
10	3	5

Tabela 16.12 Simulação dos primeiros 10 clientes (tempo em minutos)

Cliente	Tempo de chegada	Tempo de atendimento começa	Tempo de atendimento termina	Tempo na fila	Tempo no sistema	Tempo de agente ocioso
1	5	5	9	0	4	5
2	9	9	12	0	3	0
3	13	13	19	0	6	1
4	18	19	23	1	5	0
5	21	23	25	2	4	0
6	25	25	30	0	5	0
7	30	30	34	0	4	0
8	35	35	41	0	6	1
9	39	41	45	2	6	0
10	42	45	50	3	8	0

passa a usufruir o serviço e vai embora no tempo 9. O cliente 4, no entanto, chega no tempo 18 e encontra o prestador do serviço ocupado. Esse cliente passa a usufruir o serviço no tempo 19 e termina de ser atendido no tempo 23. O tempo total de espera na fila para os 10 clientes é de 8 minutos. Isso resulta em uma média de tempo de espera de 0,8 minuto por cliente. Constatamos que o agente de passagens ficou ocioso por um total de 7 minutos de uma simulação de 50 minutos, ou uma ociosidade de 14%.

Software de simulação ServiceModel[3]

O ambiente operacional do Windows permitiu o desenvolvimento de modelos de simulação gráfica, sem necessidade de programação, com menu para a construção do modelo. Com um computador pessoal, sistemas complexos podem ser simulados com uma animação gráfica do processo. O leiaute de planejamento de melhorias de um escritório é mostrado na Figura 16.9. Esse modelo está no arquivo Training do ServiceModel e é usado em um tutorial para aprender como construir modelos de simulação animados.

Os modelos são definidos ao concluir os módulos necessários do menu Construção. Esses módulos consistem em tabelas de edição e caixas de diálogo usadas para estruturar os parâmetros exigidos para o modelo. O menu Construção (Build) contém 11 elementos, mas apenas Localizações (Locations), Entidades (Entities), Processamento (Processing) e Chegadas (Arrivals) são obrigatórios. O leiaute do escritório apresentado na Figura 16.10 ilustra os elementos que seguem.

Localizações

Pontos fixos, como uma mesa de recepção ou sofás na área de espera, são definidos como localizações. O número de entidades que podem estar na localização em um momento é definido como a sua capacidade. A disciplina da fila para as áreas de espera, como "primeiro a chegar, primeiro a ser atendido", é especificada aqui. Os gráficos usados para representar as localizações podem ter seu tamanho alterado e ser posicionados na área do leiaute do modelo (p. ex., observe a organização das mesas e cadeiras).

Entidades

Os clientes, o trabalho burocrático e qualquer elemento que exija recursos e que seja processado pelo sistema são entidades. Cada entidade (p. ex., um cliente) pode ser representada por vários ícones gráficos, dependendo dos diferentes estados de processamento, como estar sentado esperando ou de pé caminhando. Uma velocidade é definida para as pessoas em deslocamento no processo.

Redes de caminhos

Os caminhos de uma localização a outra são definidos como redes de caminhos (isto é, linhas no leiaute entre localizações). Entidades autotransportáveis, como os clientes, seguem esses caminhos por si próprias. O deslocamento pode ser definido em termos de tempo ou pela inclusão de velocidade e de parâmetros de distância. Várias entidades e recursos compartilham uma rede de caminhos comum.

Recursos

Um veículo de entrega que necessariamente faça alguma ação e não permaneça em uma localização fixa, por exemplo, é definido como um recurso. Uma recepcionista é considerada um recurso, pois ela acompanha os clientes até o escritório apropriado. Os recursos deslocam-se por caminhos predeterminados. Gráficos alternativos servem para representar o estado de um recurso, como estar sentado ou caminhando.

Processamento

O processamento é definido para cada tipo de entidade em cada localização onde ela passa por alguma ação ou espera para ser processada. A lógica é fornecida para definir as operações desempenhadas e inclui a distribuição no tempo e o caminho adiante com o nome da próxima localização para a qual a entidade se deslocará. Ao entrar, as entidades vão para a mesa de recepção; sentam-se na área de espera; então, se deslocam para o auditor, para o escritório de financiamentos ou para o escritório de serviços e, finalmente, vão embora.

Chegadas

As chegadas (p. ex., novos clientes aparecendo no ponto de Entrada) representam a introdução de entidades no sistema. O tempo entre as chegadas normalmente é definido como uma distribuição exponencial negativa de probabilidades. É possível obter um cronograma de chegadas, no entanto, a partir de uma planilha externa. Chegadas cíclicas, como a variação durante as horas das chegadas de clientes, podem ser definidas por meio de um ciclo de chegadas.

Turnos

Os recursos e as localizações são determinados a partir de cronogramas de turnos de trabalho específicos; os intervalos durante os turnos também são especificados.

Outros elementos

Elementos opcionais, como variáveis, atributos e ciclos de chegadas, são encontrados aqui.

Informações gerais

Para fins de animação, como o deslocamento de clientes no leiaute do gráfico, padrões para o tempo e as unidades de distância, são determinados. Várias bibliotecas contendo ícones gráficos (p. ex., cadeiras e pessoas) são fornecidas. Observações a respeito da simulação, como parâmetros de cenários, data de revisão e outros detalhes relevantes, são inseridas nesse módulo.

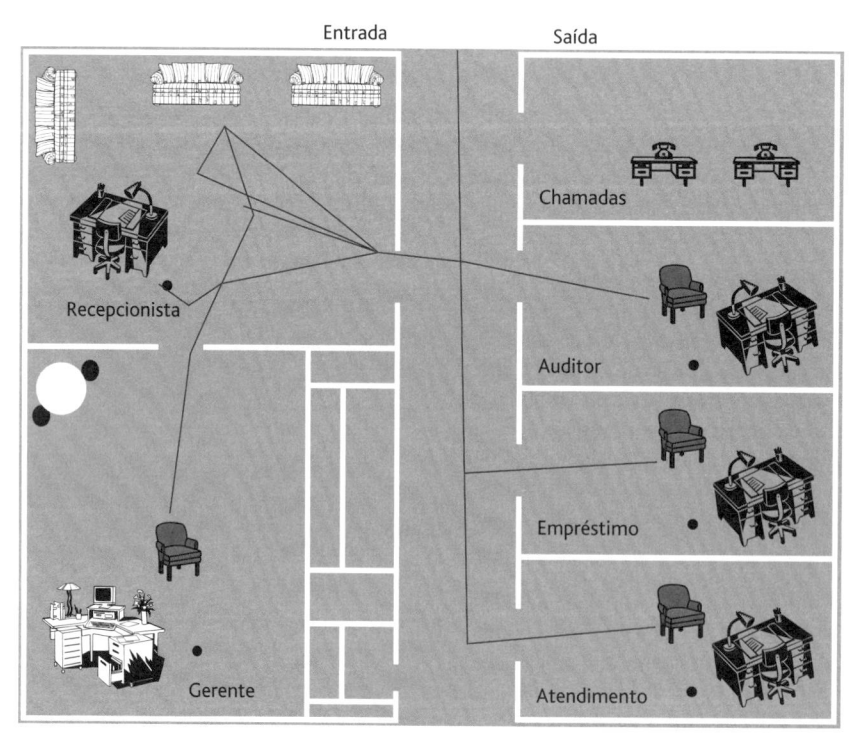

Figura 16.10 Leiaute de escritório de planejamento de benefícios.

Custos

Objetos como localizações, recursos e entidades recebem uma taxa operacional por unidade de tempo.

Gráficos de fundo

A fim de criar uma animação mais realista, o design de fundo ou os desenhos da instalação podem ser importados, sendo fixados à frente ou atrás da grade do sistema. Na Figura 16.10, vemos, como gráfico de fundo, o leiaute para o escritório de planejamento de benefícios.

A barra de ferramentas do ServiceModel também inclui os seguintes módulos: Visão (View), para mostrar as características do modelo; Simulação (Simulation), onde o modelo é operado; Resultado (Output), para verificar as estatísticas da operação da simulação; Ferramentas (Tools), onde o Stat:Fit é encontrado; e Ajuda (Help), para quando surgirem problemas.

Demonstração: central de atendimento ao cliente

Operar uma central de atendimento ao cliente é um desafio para as empresas de serviços devido ao alto custo de mão de obra e à resposta imediata esperada pelos clientes que buscam informações. As centrais de atendimento ao cliente devem equilibrar o investimento em capacidade com os tempos de espera dos clientes. É comum que se peça a um analista que determine como uma central de atendimento pode ser operada de maneira mais eficiente.

Clique duas vezes no ícone ServiceModel com o botão esquerdo do mouse. Aparecerá uma caixa do ServiceModel Student Version. Clique em OK. Clique duas vezes em "run demo model", percorra a lista à esquerda e clique duas vezes em "customer service call center". Clique em OK para "low call volume", na caixa Scenarios. Maximize seu leiaute e observe a tela dividida com o atual estado à esquerda (CSRs em duas linhas) e o estado futuro à direita (CSRs em dois semicírculos), com fila de espera e caixa de estatística abaixo de cada um. Repare que a chave de *status* do operador é uma luz verde para ocupado e azul para ocioso acima de cada CSR. Abra o menu Simulation e selecione Run. Uma caixa de descrição do modelo aparecerá, devendo ser lida observando a adição de uma VRU (Voice Response Unit) que os clientes no estado futuro ouvirão ao teclar o número da central. Clique em OK para iniciar a simulação animada. Você pode experimentar a barra de velocidade (com o modelo em andamento, a barra de velocidade aparece logo abaixo da barra de menu) clicando nas setas ou arrastando para acelerar ou diminuir a velocidade da animação. Observe como a fila para o estado atual cresce consideravelmente em comparação à fila do estado futuro, que mal se forma. Os telefones coloridos na fila representam pagamento de conta (marrom), pergunta sobre a conta (azul) e chamadas para vendas (amarelo). Deixe o modelo rodar até o final (20 horas) e compare as estatísticas atuais e futuras.

Quais são suas conclusões? Por que a média de duração de chamada em cada categoria deve ser idêntica para o estado atual e para o estado futuro? Para ver resultados mais detalhados, clique "Yes" quando terminado. Você verá informações sobre a utilização de diferentes localizações e recursos, os tempos de processamento em várias localizações e diversas páginas de outros dados úteis. Para uma representação mais visual dos dados, selecione "bar graph", na barra de menu, e plote a utilização da localização. O que você conclui quando compara a utilização CRS futura com a utilização CRS atual? A seguir, selecione "time series plot", na barra de menu, e depois "Avg_Hold_Time_1 Value History", usando a seta dirigida para a direita. Observe que, depois de aumentar nas primeiras 6 horas de simulação, o valor nivela-se em aproximadamente 5,5 minutos. O que isso significa? Por que esse fenômeno é importante quando se criam experimentos de simulação do tipo "e se"?

Mapeamento de eventos

Para ver o que a lista de eventos está fazendo, tente executar novamente o modelo Customer Service Call Center. Desta vez, selecione Trace, no menu Options, e use o mouse para executar Step Trace. Esse procedimento abrirá uma barra na parte inferior da tela, mostrando o tempo exato no modelo e o evento que está ocorrendo naquele momento. Assim que o evento termina, o modelo vai adiante para o próximo evento quando você clica no botão esquerdo do mouse. Desabilite o rastreamento selecionando Options e Trace/Off.

Análise do processo: célula de manufatura

Agora que temos uma ideia de como os modelos de simulação funcionam, vamos ver como utilizá-los. Este exercício exige que você identifique gargalos e decida o que fazer a respeito deles. Por definição, um gargalo é uma localização ou um recurso que restringe nosso resultado. Normalmente, essa localização será usada no limite da capacidade ou próximo dele. Com frequência, veremos peças sendo empilhadas enquanto esperam para serem processadas na localização de gargalo; em um ambiente de serviço, veremos os clientes esperando para serem atendidos no ponto de gargalo; para melhorar nossos resultados, devemos fazer algo para reduzir as restrições no gargalo. As melhorias realizadas em atividades distantes do gargalo podem economizar custos, mas não vão melhorar a produção. Talvez você deseje usar o gráfico Location Utilization para identificar o gargalo. Então, terá a oportunidade de decidir qual é o meio mais eficaz em termos de custo para atingir sua meta.

Abra o modelo chamado WIDGETS e leia toda a explicação da situação.

Sua empresa recém conseguiu um contrato que exigirá que você aumente a produção de sua célula de fabricação de peças para pelo menos 89 unidades por dia. Revisando relatórios de produção anteriores, você sabe que agora a produção é de 74 peças por dia de 8 horas. Por diversas razões, nem o acréscimo de um segundo turno, nem o trabalho em horas extras são possíveis. Você tem certeza de que a meta é atingível, mas também percebe que há a necessidade de mais investimento. Para remediar a situação, seu chefe sugere a compra de alguns equipamentos novos, que custarão $250.000 para a empresa. Você sugere que a simulação pode levar a uma solução que economizará dinheiro. Sua equipe foi designada para analisar um modelo de simulação da célula e recomendar possíveis soluções para o problema.

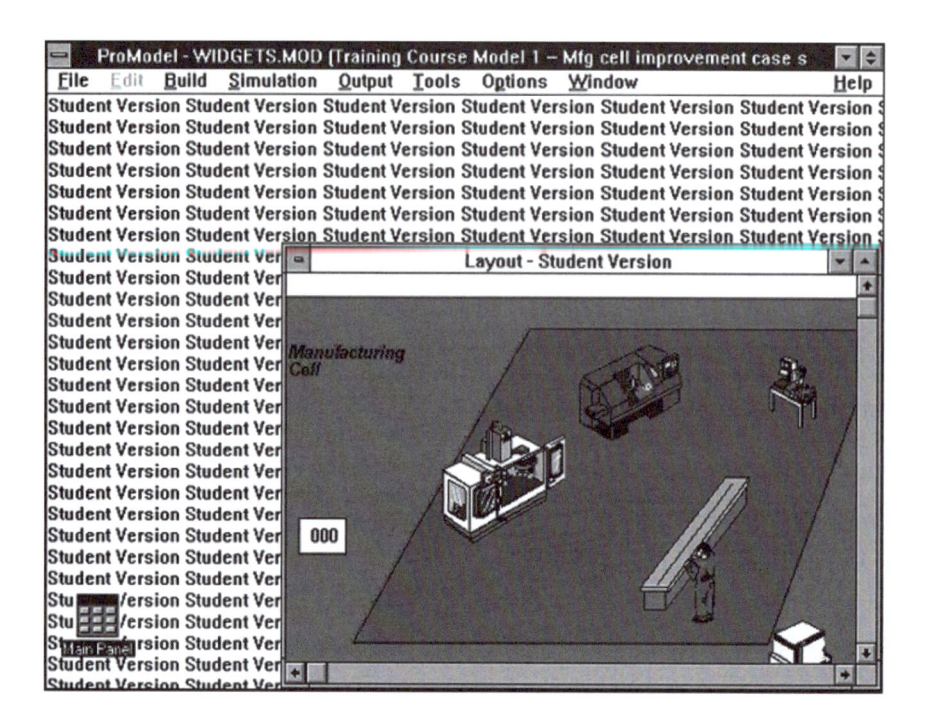

A área de armazenamento de matéria-prima (Stores) tem capacidade para 100 peças, e você começará o modelo com essa localização cheia. A partir da localização "Stores", as peças vão para Process 1, onde precisam, em média, de 5 minutos para serem processadas, embora esse tempo possa variar para 1 minuto a mais ou a menos. As peças saem de Process 1 e vão para Process 2, onde precisam ficar por 6 minutos, com uma variação de 2 minutos a mais ou a menos. O próximo passo é a "Inspection", que leva 3 minutos, com desvio-padrão de 1 minuto. O último passo é realizado em "Packing". Essa operação exige entre 3 e 5 minutos, sendo a média de 4 minutos. O operador da célula faz a movimentação das peças entre cada localização, mas o processo em cada localização é automático (ou seja, sem participação do operador). Cada localização tem capacidade para uma unidade, exceto "Packing", que é uma esteira que opera com até 10 peças por vez.

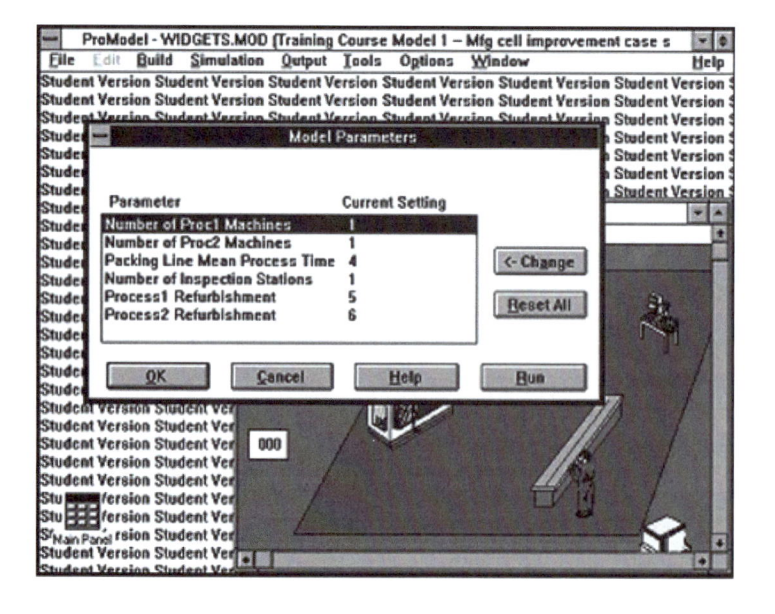

O modelo foi estabelecido para você mudar os seguintes parâmetros:

Adicionar uma nova máquina para Process 1	$ 100.000
Adicionar uma nova máquina para Process 2	$ 100.000
Renovar a máquina para Process 1 (20% de redução no tempo médio)	$ 30.000
Renovar a máquina para Process 2 (20% de redução no tempo médio)	$ 50.000
Adicionar uma nova estação de inspeção	$ 30.000
Renovar a linha de embalagem (Packaging) (50% de redução no tempo médio)	$ 20.000

Execute WIDGET por 8 horas, estude os resultados e determine a mudança ou as mudanças a serem recomendadas. Você pode fazer essas mudanças facilmente no modelo indo para Simulation/Model Parameters. Com esse instrumento, é possível criar cenários com diferentes combinações de mudanças para determinar qual delas permitirá atingir a meta de custo mínimo. Depois, selecione Run em Model Parameters para simular o cenário e comparar o resultado.

Problemas resolvidos

1. Simulação de Monte Carlo

Enunciado do problema

Uma editora de livros didáticos está considerando o lançamento de três livros no próximo ano. Devido a um problema de fluxo de caixa, a empresa está interessada em prever a receita esperada e o seu limite de variação com as vendas desses livros. Usando o método de Monte Carlo, simule 10 realizações da experiência de vendas do primeiro ano.

Livro	Vendas esperadas no primeiro ano	Preço de venda
A	200	$ 25
B	1.000	10
C	3.000	5

Desvio das vendas esperadas, %	Probabilidade
80	0,1
90	0,2
100	0,4
110	0,2
120	0,1

Solução

Etapa 1: Prepare uma distribuição cumulativa para os desvios nas vendas e uma tabela com a designação de números aleatórios.

Desvio das vendas, %	Probabilidade	Probabilidade cumulativa	Designação de números aleatórios
80	0,1	0,1	$0,0 \leq RN < 0,1$
90	0,2	0,3	$0,1 \leq RN < 0,3$
100	0,4	0,7	$0,3 \leq RN < 0,7$
110	0,2	0,9	$0,7 \leq RN < 0,9$
120	0,1	1,0	$0,9 \leq RN < 1,0$

Etapa 2: Prepare uma tabela de simulação de Monte Carlo com RN escolhido no Apêndice B, começando pelo topo da primeira coluna e seguindo para baixo em sequência.

Realização da receita de vendas	RN	$ 5.000 esperados do Livro A	RN	$ 10.000 esperados do Livro B	RN	$ 15.000 esperados do Livro C	Receita total de vendas $
1	0,06785	4.000	0,81075	11.000	0,98544	18.000	33.000
2	0,31479	5.000	0,12484	9.000	0,23882	13.500	27.500
3	0,23897	4.500	0,40374	10.000	0,73622	16.500	31.000
4	0,36952	5.000	0,11510	9.000	0,12719	13.500	27.500
5	0,99407	6.000	0,32694	10.000	0,42780	15.000	31.000
6	0,00633	4.000	0,38490	10.000	0,22363	13.500	27.500
7	0,54105	5.000	0,31786	10.000	0,47556	15.000	30.000
8	0,70850	5.500	0,64791	10.000	0,21424	13.500	29.000
9	0,77524	5.500	0,39867	10.000	0,87641	16.500	32.000
10	0,51653	5.000	0,75057	11.000	0,88287	16.500	32.500

A receita de vendas esperada é de $ 30.100, com uma variação de $ 27.500 a $ 33.000.

2. Simulação de eventos discretos

Enunciado do problema

Swift é veterinário e tem o seguinte cronograma de consultas para a manhã de sábado.

Paciente	Hora da consulta	Duração esperada, (min)
A	9:00	10
B	9:15	20
C	9:30	30
D	10:00	10
E	10:15	30
F	10:45	20
G	11:00	10
H	11:15	30

A sua secretária pesquisou registros passados e determinou as seguintes distribuições:

Tempo de chegada	Frequência	Duração da consulta, % do tempo esperado	Frequência
20 min mais cedo	10	80	5
10 min mais cedo	20	90	25
No horário exato	50	100	30
10 min mais tarde	10	110	25
Não apareceu (NA)	10	120	15
	100		100

Dois dias atrás, Swift recebeu um telegrama de Nova York avisando que sua mãe estava seriamente doente. Ele reservou passagem para a Costa Leste em um voo às 14 horas de sábado. A fim de chegar ao aeroporto a tempo, ele sabia que precisaria deixar o consultório ao meio-dia. Desenvolva um modelo de simulação de evento discreto para auxiliar Swift a determinar a probabilidade de completar sua manhã de consultas a tempo de pegar o voo. Faça um teste do modelo com a simulação considerando a experiência de um sábado.

Solução

Etapa 1: Preparar um fluxograma de simulação.

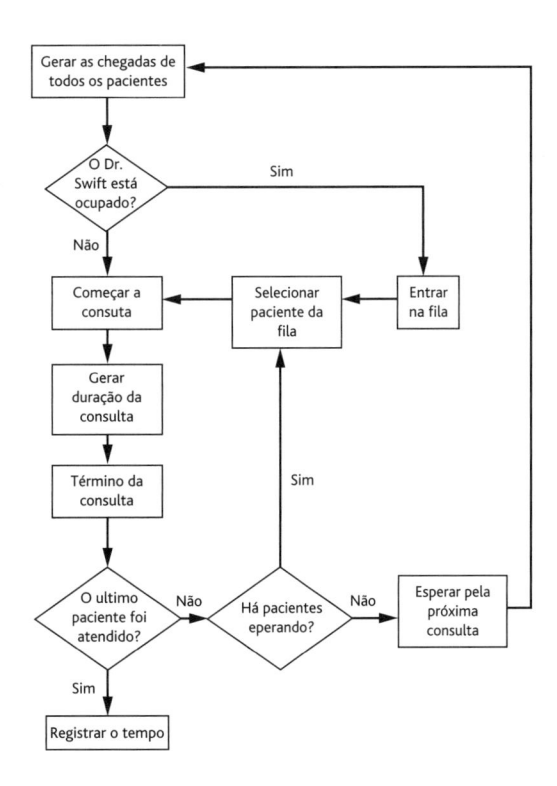

Etapa 2: Preparar uma tabela de designação de números aleatórios.

Chegada do paciente	Probabilidade cumulativa	Designação de RN	Duração da consulta, %	Probabilidade cumulativa	Designação de RN
−20	0,1	$0,0 \leq RN < 0,1$	80	0,05	$0,00 \leq RN < 0,05$
−10	0,3	$0,1 \leq RN < 0,3$	90	0,30	$0,05 \leq RN < 0,30$
No horário	0,8	$0,3 \leq RN < 0,8$	100	0,60	$0,30 \leq RN < 0,60$
+10	0,9	$0,8 \leq RN < 0,9$	110	0,85	$0,60 \leq RN < 0,85$
NA	1,0	$0,9 \leq RN < 1,0$	120	1,00	$0,85 \leq RN < 1,0$

Etapa 3: Preparar uma tabela de realização e fazer uma simulação.

Chegada do paciente	RN	Tempo de chegada	RN	Duração da consulta	Horário de início	Horário de término
A	0,06785	8:40	0,73622	11	8:40	8:51
B	0,81075	9:25	0,36952	20	9:25	9:45
C	0,98544	NA	0,14510	27	—	—
D	0,31479	10:00	0,12719	9	10:00	10:09
E	0,12484	10:05	0,99407	36	10:09	10:45
F	0,23882	10:35	0,32694	20	10:45	11:05
G	0,23897	10:50	0,42780	10	11:05	11:15
H	0,40374	11:15	0,00633	24	11:15	11:39

Para essa realização da manhã de sábado, Swift pode deixar o consultório às 11h39. No entanto, muitas outras simulações seriam necessárias para obter uma distribuição de saídas do consultório a fim de avaliar a probabilidade de sair ao meio-dia.

Exercícios

16.11 Uma associação varejista solicitou o desenvolvimento de um programa de controle de estoque para ser usado em um computador pessoal. O desenvolvimento do programa exige a conclusão das três atividades a seguir em sequência. Você está preocupado com a probabilidade de terminar o projeto nos 10 dias prometidos.

Atividade	Descrição	Tempo esperado, (dias)	Desvio do tempo esperado, (dias)	Probabilidade
A	Criar o programa	5	+2	0,1
B	Limpar o programa	2	+1	0,2
C	Escrever o manual do usuário	3	0	0,3
			−1	0,4

Usando o método de Monte Carlo, simule 10 experiências de desenvolvimento do programa. Com base nos resultados de simulação, qual é a probabilidade de conclusão do projeto em 10 dias?

16.12 A construção de uma distribuição da demanda durante o *lead time* de reabastecimento é dificultada se o próprio *lead time* for variável. Considere a seguinte distribuição para um sistema de inventário de ponto de reabastecimento.

Demanda diária	
Demanda	Probabilidade
0	0,1
1	0,2
2	0,3
3	0,4

Lead time	
Dias	Probabilidade
1	0,1
2	0,5
3	0,4

a. Qual é o limite de variação das demandas possíveis durante o *lead time* variável?

b. Usando o método de Monte Carlo e os números aleatórios do Apêndice B, faça uma simulação de 10 demandas durante o *lead time* de reabastecimento que poderiam ser usadas para formar um histograma.

16.13 O escoamento da distribuição da Dell Factory tem a seguinte demanda diária por caixas para carregamento de laptops.

Demanda	Probabilidade
0	0,1
1	0,2
2	0,3
3	0,25
4	0,15
5 ou mais	0

Faça uma simulação de 5 dias de vendas a varejo usando a política de estoque descrita a seguir. Se o estoque final de caixas é 0 ou 1, faça um pedido de unidades suficientes, de maneira que o estoque inicial no próximo dia seja de cinco caixas. As unidades encomendadas chegam na manhã seguinte e são estocadas antes de a loja abrir. Se ocorrer uma falta de estoque, as vendas são perdidas.

A estrutura de custo é a seguinte:

Custo de armazenagem = $ 0,10/unidade/dia

Custo de falta no estoque = $ 5/unidade

Custo do pedido = $ 3/pedido

Preencha a seguinte tabela de simulação usando os números aleatórios fornecidos.

Dia	Estoque inicial	Número aleatório	Demanda diária	Estoque final	Custo de armazenagem	Custo de falta de estoque	Custo do pedido	Custo diário total
1	4	0,153						
2		0,379						
3		0,821						
4		0,962						
5		0,731						

16.14 A Guarda Costeira mantém uma boia iluminada na entrada do porto para alertar os barcos a respeito de um recife perigoso. O sinal luminoso contém duas lâmpadas de halogênio de quartzo de alta intensidade. O fornecedor passou os seguintes dados sobre a vida útil das lâmpadas:

Vida (meses)	Probabilidade
1	0,05
2	0,15
3	0,20
4	0,30
5	0,20
6	0,10

O custo estimado de enviar uma lancha com uma equipe até a boia para remover e substituir a cobertura à prova de intempéries sobre as lâmpadas é de $ 50, e as lâmpadas custam $ 10 cada. O tempo gasto para substituir uma lâmpada é desprezível.

Os regulamentos da Guarda Costeira exigem que ambas as lâmpadas funcionem o tempo inteiro.

a. Desenvolva um modelo de simulação de Monte Carlo que auxilie a Guarda Costeira a decidir dentre as seguintes políticas de substituição: (1) substituir apenas a lâmpada que queimar ou (2) substituir ambas as lâmpadas quando uma queimar.

b. Simule 5 anos de atividades usando a tabela de números aleatórios do Apêndice B. Discuta algumas questões de design experimental apresentadas por este problema.

c. Você consegue pensar em outras políticas de substituição de lâmpadas para testar?

16.15 A rede do projeto para construção de uma garagem é mostrada na Figura 16.11 e inclui dados sobre tempos de atividades e seus desvios.

a. Desenvolva um modelo de simulação de Monte Carlo que possa ser usado para gerar uma distribuição de tempos de término do projeto (caminho mais longo do nó 1 ao 8).

b. Simule cinco experiências de conclusão de projetos usando os números aleatórios do Apêndice B. Qual é o tempo esperado de duração do projeto?

16.16 Considere a rede de deslocamento mostrada na Figura 16.12, na qual as probabilidades de escolher uma rota a partir de cada nó são mostradas entre parênteses.

a. Desenvolva um modelo de simulação de Monte Carlo para determinar o tempo de deslocamento esperado do nó 1 para o nó 7.

b. Simule 10 viagens e calcule o tempo de viagem esperado.

16.17 O número de ocorrências de incêndios durante um dia de 24 horas segue uma distribuição de Poisson com uma média de quatro incêndios por dia, como mostrado na tabela. Ao examinar registros passados, o chefe dos bombeiros descobre que 75% de todos os incêndios exigem somente um caminhão, e o montante de tempo necessário para extinguir um incêndio é normalmente distribuído com uma média de 3 horas e um desvio-padrão de 0,5 hora. Os outros 25% dos incêndios relatados exigiram dois caminhões, e o tempo para extingui-los é normalmente distribuído com uma média de 4 horas e um desvio-padrão de 1 hora. Suponha que o distrito disponha de 10 caminhões e utilize uma amostra de simulação de 10 dias para determinar a média diária de utilização dos caminhões.

Incêndios por dia	0	1	2	3	4	5	6	7	8	9
Probabilidade	0,02	0,07	0,15	0,20	0,20	0,16	0,10	0,06	0,03	0,01

Atividade	Tempo esperado (dias)	Desvio de tempo da atividade esperada (dias)	Probabilidade
A	3	+2	0,2
B	5	+1	0,3
C	2	0	0,4
D	4	−1	0,1
E	3		
F	4		
G	2		
H	4		
I	3		
J	2		

16.18 A Electronic Cardiogram (ECG), uma empresa especializada no diagnóstico de problemas em motores de automóveis, planeja abrir um novo centro de serviços com dois espaços para diagnóstico. Com base na experiência em outras instalações da ECG, descobriu-se que o tempo de serviço do diagnóstico é uma distribuição uniforme entre 40 e 60 minutos. Com base na sua experiência histórica e na demografia da nova localização, a ECG acredita que o tempo médio entre as chegadas dos clientes será de 60 minutos, com uma distribuição exponencial negativa. Simule 8 horas (480 minutos) de operações em uma instalação com dois espaços para serviços, registrando o tempo de espera dos clientes. A ECG supõe que os clientes deverão esperar enquanto os seus carros estiverem sendo examinados e planeja promover uma garantia incondicional de que os clientes que esperarem mais do que 60 minutos receberão um certificado com um bônus. A partir da sua simulação, quantos certificados com bônus serão distribuídos por dia?

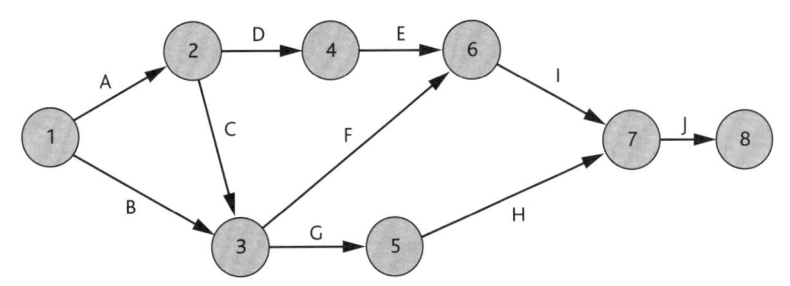

Figura 16.11 Rede do projeto para a instalação de um novo computador.

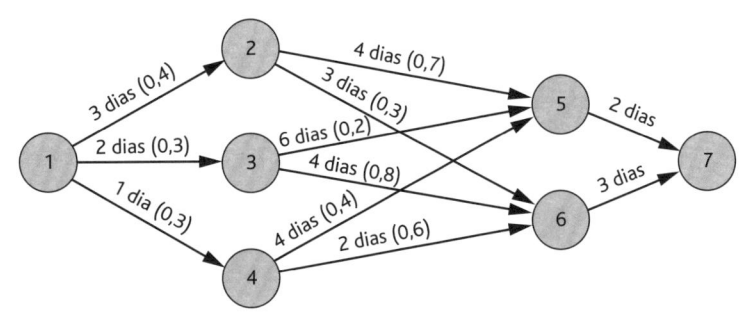

Figura 16.12 Rede de deslocamento.

Pronto Pizza
Estudo de caso 16.4

A Pronto Pizza é um serviço de entrega de pizzas que promete a entrega dentro de 40 minutos após o pedido ou um desconto de $ 2 no preço. A Pronto emprega um único cozinheiro, que recebe $ 10 por hora, e que consegue fazer, em média, uma pizza a cada 3 minutos. Esse tempo de serviço tem uma distribuição exponencial negativa. As pizzas são colocadas em um grande forno com capacidade para 10 pizzas, com preparo estimado em 12 minutos. O tempo de viagem de ida para entregar uma pizza na área de cobertura é, em média, 10 minutos, com uma distribuição exponencial negativa. Os pedidos por pizzas ocorrem, em média, a cada 5 minutos, com uma distribuição exponencial negativa. Os motoristas, que usam carros próprios, recebem $ 8 por hora para entregar pizzas para um cliente de cada vez.

Tarefas
1. Desenhe um diagrama de fluxo de processo e identifique a operação gargalo.
2. Calcule o tempo de espera previsto na fila de preparação de pedidos usando a fórmula de filas I.8, descrita no Apêndice D. Compare esse valor com o resultado da sua simulação e comente qualquer diferença.
3. Use o software de simulação ServiceModel e o arquivo Pronto.pkg para determinar o número de motoristas que minimiza o custo total de salários e descontos de garantia.
4. Com base no nível recomendado de equipe da simulação, qual é a probabilidade de obter lucro sobre a garantia?
5. O que você pensa da política de garantia desse serviço?
6. Que outras sugestões operacionais ou de design poderiam incrementar o desempenho e o serviço aos clientes da Pronto Pizza?

Renaissance Clinic (B)
Estudo de caso 16.5

Na encosta de um morro em Rollingwood, uma comunidade a sudeste de Austin, Texas, a Renaissance Clinic oferece serviços de obstetrícia e ginecologia. O tratamento médico nessa instalação é cercado de um ambiente físico exclusivo e que é singular em Austin. A Dra. Margaret Thompson presta serviços médicos em uma instalação eficiente e agradável. A atenção dada ao ambiente é refletida em um interior pintado com cores vivas, o que faz as pacientes se sentirem melhor logo ao entrar. Uma atmosfera relaxante prevalece nas salas de parto, que são grandes o suficiente para receber vários membros da família, em uma atmosfera caseira de piso de madeira e colchas bordadas. O trabalho é realizado de forma pessoal – apenas uma recepcionista e uma enfermeira auxiliam a Dra. Thompson. A recepcionista foi treinada para selecionar as pacientes e direcioná-las para a sala de espera da enfermeira ou para a sala de espera da Dra. Thompson. Algumas pacientes, após um exame preliminar realizado pela en-

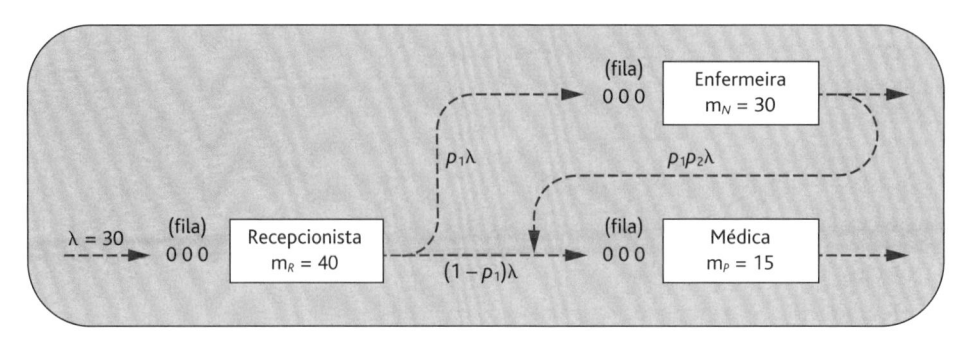

Figura 16.13 Fluxo de pacientes durante visitas de rotina ao consultório.

fermeira, serão orientadas a ir para a fila de espera para aguardar a consulta com a Dra. Thompson. A Figura 16.13 mostra o fluxo de pacientes durante visitas de rotina ao consultório. Concluiu-se que a taxa de chegada por hora tinha uma distribuição de acordo com Poisson [E(tempo entre chegadas em minutos)] e que os tempos de serviços em minutos eram uniformemente distribuídos [U(variação)] para a recepcionista e normalmente distribuídos [N(μ,σ)] para a enfermeira e a médica. Os dados da Tabela 16.13 foram coletados considerando vários dias de atividade rotineira.

Tarefas

1. Suponha que as filas de espera para atendimento com a recepcionista, a enfermeira e a médica sejam gerenciadas independentemente, com uma prioridade "primeira a chegar, primeira a ser atendida". Elabore um modelo usando o ServiceModel para determinar a utilização de cada recurso (recepcionista, enfermeira e médica) e a distribuição do tempo no sistema para uma paciente que está chegando. Comece selecionando o menu Construção (Build) – Gráfico de Fundo (Background graphic) – Grade Oculta (Behind grid). Então, escolha o menu Editar (Edit) – Importar Gráfico (Import grafic) – Pracmod, o que gerará um plano do piso do escritório sobre o qual você pode arrumar os móveis.

2. Se você pudesse contratar mais uma pessoa para incrementar a equipe, qual posição você escolheria (recepcionista, enfermeira ou médica)? De que forma mudariam as medidas de desempenho da clínica que você determinou anteriormente?

3. Que outros conselhos você daria à Dra. Thompson sobre a operação da sua clínica?

Tabela 16.13 Dados de processamento na Renaissance Clinic

Parâmetro do modelo	Descrição	Expectativas
λ	Taxa de chegada das pacientes	30 por hora ou E(2)
p_1	Fração de pacientes encaminhadas à enfermeira	2/3
p_2	Fração de pacientes da enfermeira que também consultam com a médica	0,15
μ_R	Taxa de atendimento da recepcionista	40 por hora ou U(1,2)
μ_N	Taxa de atendimento da enfermeira	30 por hora ou N(2,1)
μ_P	Taxa de atendimento da médica	15 por hora ou N(4,2)

Bibliografia selecionada

Grassman, W. K. "Finding the Right Number of Servers in Real-World Queuing Systems." *Interfaces* 18, no. 2 (1988), p. 94-104.

Kolesar, Peter J., and Linda V. Green. "Insights on Service System Design from a Normal Approximation to Erlang's Delay Formula." *Production and Operations Management* 7, nº 3 (Fall 1998), p. 282-93.

PROMODEL Corporation. *ServiceModel*. Versão 7.0. Orem, Utah, 2006.

Pullman, Madeleine E.; John C. Goodale; and Rohit Verma. "Service Capacity Design with an Integrated Market Utility-Based Method." In *New Service Development,* eds. J. A. Fitzsimmons and M. J. Fitzsimmons. Thousand Oaks, Calif.: Sage Publications, 2000, p. 111-37.

Rothkopf, M. H., and P. Rech. "Perspectives on Queues: Combining Queues Is Not Always Beneficial." *Operations Research* 35, nº 6 (November-December 1987), p. 906-09.

van Dijk, Nico M., and Erik van der Sluis. "To Pool or Not to Pool in Call Centers" *Production and Operations Management* 17, nº 3 (May–June 2008), p. 296–305.

Notas

1. W. H. Bleuel, "Management Science's Impact on Service Strategy," Interfaces 6, n° 1 (November de 1975), part 2, p. 4–12.

2. J. D. C. Little, "A Proof of the Queuing Formula: $L = \lambda W$," *Operations Research* 9, n° 3 (May–June 1961), p. 383–87. Também W. S. Jewell, "A Simple Proof of $L = \lambda W$," *Operations Research* 15, n° 6 (November–December 1967), p. 1109–116; S. Stidham, Jr., "A Last Word on $L = \lambda W$," *Operations Research* 22, n° 2 (March–April 1974), p. 417–21.

3. De R. E. Bateman, R. G. Bowden, T. J. Gogg, C. R. Harrell, and J. R. A. Mott, *System Improvement Using Simulation,* 5ª ed. Orem, Utah: PROMODEL Corporation, 1997.

Capítulo 17

Previsão de demanda por serviços

Objetivos de aprendizagem

Ao final deste capítulo, você deverá estar apto a:

1. Recomendar o método de previsão de demanda apropriado para uma determinada situação.
2. Conduzir um exercício de previsão do tipo Delphi.
3. Descrever as características do modelo de suavização exponencial que o tornam um método atraente para a previsão de séries temporais.
4. Conduzir uma previsão por séries temporais utilizando o modelo de suavização exponencial com ajustes sazonais e de tendências.

A Hyper-Active Technologies está oferecendo aos restaurantes de *fast-food* um meio de dar aos funcionários da cozinha uma noção de quais pedidos esperar ao utilizar câmeras instaladas no teto para monitorar os carros que entram no estacionamento e no *drive-thru*. Por meio de dados históricos, as previsões são feitas a partir do tipo de veículo (p. ex., uma minivan indica muitas bocas para alimentar) e ocupantes (p. ex., adolescentes ou adultos) para determinar a preferência dos pedidos (hambúrguer com fritas ou sanduíche de frango). A cozinha usa essas informações para preparar os alimentos antes de o pedido ser feito.

Por exemplo, suponhamos que durante uma promoção do Big Mac, do McDonald's, cinco carros se acumulem no *drive-thru* durante seis minutos. Sabemos, com base nos dados históricos, que há 100% de chance de alguém pedir um Big Mac nos próximos três minutos. No negócio de *fast-food*, não basta saber que serão vendidos 120 hambúrgueres na hora do almoço nos dias úteis. Os gerentes têm que saber que alimentos a cozinha precisa preparar, antecipando-se à demanda em um período de 20 minutos. Se a quantidade for subestimada, filas começarão a se formar e o atendimento fica lento; se for superestimada, haverá perda de lucros com o alimento desperdiçado. Os resultados iniciais desse software de reconhecimento têm mostrado que o desperdício foi reduzido pela metade e que o tempo de espera no *drive-thru* passou para 25 a 40 segundos – uma eternidade no setor de *fast-food*.[1]

APRESENTAÇÃO DO CAPÍTULO

O capítulo inicia com uma visão geral dos métodos de previsão e dos critérios de escolha. A discussão começa com os modelos subjetivos usados no estágio inicial de planejamento para um projeto ou uma campanha de marketing quando um horizonte de longo prazo é considerado. A técnica Delphi será ilustrada por meio de uma aplicação ao planejamento de uma política governamental relacionada à energia nuclear. Os modelos causais empregam a análise de regressão para definir uma relação linear entre variáveis independentes e uma variável dependente de interesse. A seleção de um local para uma creche serve para demonstrar o modelo causal quando se prevê a demanda geográfica.

A discussão sobre os modelos de séries temporais começa com o modelo de média móvel com N períodos. Uma abordagem mais sofisticada, denominada *suavização exponencial*, é introduzida com a capacidade de considerar dados de tendências e sazonais.

A ESCOLHA DO MÉTODO DE PREVISÃO

As técnicas de previsão permitem que transformemos as inúmeras informações disponíveis nos bancos de dados em estratégias que resultem em uma vantagem competitiva para a empresa de serviços. As técnicas descritas aqui são classificadas em três modelos básicos: subjetivas, causais e séries temporais. Deve ser observado, entretanto, que alguns serviços adotarão apenas um ou outro modelo, enquanto outros utilizarão dois ou mais, dependendo da aplicação definida. Por exemplo, um restaurante de *fast-food* talvez se interesse por um modelo de previsão por meio de séries temporais para definir a demanda diária para os itens do cardápio. A demanda para serviços hospitalares, entretanto, apresenta características tanto temporais quanto espaciais, requerendo, assim, modelos causais e temporais. Ocasionalmente, as empresas de serviços escolhem modelos subjetivos para avaliar o impacto futuro de mudanças demográficas, como o envelhecimento de uma população. Além disso, o horizonte de tempo torna-se menor à medida que nos deslocamos de modelos subjetivos para modelos causais e para modelos de séries temporais. Os modelos, suas características e suas possíveis aplicações são apresentados na Tabela 17.1.

MODELOS SUBJETIVOS

A maioria das técnicas de previsão, como séries temporais e modelos causais, baseia-se em dados cujo comportamento é relativamente estável ao longo do tempo, de modo que podemos esperar uma previsão razoavelmente útil. Em certos casos, porém, há poucos (ou simplesmente não há) dados disponíveis para trabalhar ou, ainda, possuímos dados que apresentam relações e comportamentos definidos apenas no período inicial e, portanto, não são úteis para previsões de longo prazo.

Quando existe carência de dados apropriados para a previsão, recorremos a métodos de previsão subjetivos ou qualitativos. Nesses métodos, estão incluídos o método Delphi, a análise de impacto cruzado e a analogia histórica.

Tabela 17.1 Características dos métodos de previsão

Método	Dados necessários	Custos relativos	Horizonte de previsão	Aplicação
Modelos subjetivos:				
Método Delphi	Resultados de pesquisa	Altos	Longo prazo	Previsão tecnológica
Análise de impacto cruzado	Correlação entre eventos	Altos	Longo prazo	Previsão tecnológica
Analogia histórica	Análise histórica de dados para uma situação similar	Altos	Médio a longo prazo	Projeção de demanda de ciclo de vida
Modelos causais:				
Regressão	Todos os dados do passado para todas as variáveis	Moderados	Médio prazo	Previsão de demanda
Econométrico	Todos os dados do passado para todas as variáveis	Moderados a altos	Médio a longo prazo	Condições econômicas
Modelos de séries temporais:				
Média móvel	As N observações mais recentes	Muito baixos	Curto prazo	Previsão de demanda
Suavização exponencial	Valores ajustados previamente e observação mais recente	Muito baixos	Curto prazo	Previsão de demanda

Método Delphi

Desenvolvido na Rand Corporation por Olaf Helmer, o *método Delphi* é baseado na opinião de especialistas. Na sua forma mais simples, pessoas com conhecimento em uma determinada área são questionadas individualmente, sem interagir com os demais participantes. Geralmente, as pessoas são convidadas a realizar estimativas numéricas. Por exemplo, pode ser pedido a elas que prevejam a maior média da Dow Jones para o próximo ano.

O administrador do teste vai organizar os resultados em quartis e fornecê-los aos especialistas, que então reconsiderarão as suas respostas diante das novas informações. Além disso, os participantes cujas respostas foram enquadradas nos dois quartis externos terão de justificar sua resposta. Todas as informações dessa etapa de questões são novamente organizadas e repassadas aos participantes. Dessa vez, cada participante cuja resposta permanecer fora dos quartis centrais (ou seja, a amplitude interquartil) precisará fornecer um argumento de por que ele acredita que as respostas no extremo oposto estão incorretas.

O processo continua por várias iterações com o objetivo de que os especialistas cheguem a um consenso a ser utilizado no planejamento futuro. Nesse método, o trabalho é intenso, sendo necessárias informações de pessoas com um alto grau de conhecimento. Obviamente, o método Delphi é muito caro, consome muito tempo e é prático apenas para previsões de longo prazo.

Exemplo 17.1 Estudo Delphi para energia nuclear

Um exemplo da utilização do método Delphi aparece em estudos do setor de energia nuclear.[2] Foram 98 as pessoas que concordaram em participar desse estudo. Elas detinham funções-chave em empresas de arquitetura e engenharia, de construção de reatores e de utilidades no setor industrial associadas à energia nuclear, além de agências estaduais reguladoras, comissões estaduais de energia, congressos e agências reguladoras do setor público.

Na primeira rodada, utilizou-se um questionário com 37 questões, 11 relacionadas à evolução histórica da indústria nuclear e 26 voltadas para o futuro do setor. As questões foram respondidas empregando uma escala Likert de sete níveis, desde "concordo plenamente", passando por "indeciso", até "não concordo de maneira alguma", como mostrado a seguir:

É desejável que as empresas prestadoras de serviços públicos consigam integrar os custos de investimentos de capital mais agressivamente na construção dos preços.

Sem resposta	Não concordo de maneira alguma	Não concordo	Não concordo em parte	Indeciso	Concordo em parte	Concordo	Concordo totalmente

O questionário também solicitava comentários adicionais.

Na segunda etapa desse estudo, o administrador apresentou um resumo das respostas obtidas na primeira etapa em relação às 11 questões envolvendo a evolução e o passado do setor e um resumo dos comentários a respeito do futuro. O número de respostas relacionadas à questão está registrado a seguir, com a mediana (M) e a amplitude interquartis (definida pelas barras verticais) mostradas abaixo das respostas:

1	6	5	6	15	35	8
Sem resposta	Não concordo de maneira alguma	Não concordo	Não concordo em parte	Indeciso	Concordo em parte	Concordo	Concordo totalmente

|..M....|

As 11 questões referentes ao passado foram retiradas da segunda rodada do questionário, e 11 novas questões foram adicionadas, definidas a partir dos comentários realizados na primeira rodada. Nos casos em que as opiniões dos participantes não estavam contidas na amplitude interquartil, eles foram convidados a "defender" suas posições com comentários.

Para a terceira rodada, a última desse estudo, o administrador forneceu informações aos participantes, desta vez relacionadas à segunda rodada, e convidou-os a "votarem" novamente nas mesmas questões. A figura a seguir mostra como as opiniões dos participantes evoluíram a cada rodada, apresentando a mediana e a amplitude interquartil, chegando finalmente a um consenso para essa questão:

Sem resposta	1 Não concordo de maneira alguma	6 Não concordo	5 Não concordo em parte	6 Indeciso	15 Concordo em parte	35 Concordo	8 Concordo totalmente
1ª Rodada			|.. M..... |				
2ª Rodada				|........................... M....................|.			
3ª Rodada					|............................ M..... |		

Como observado, algumas das questões solicitavam definições sobre o estado do setor no passado e na atualidade. Outras não apenas questionavam os especialistas sobre a direção a ser tomada, mas também abordavam questões como as formas pelas quais a alocação de recursos e as políticas afetariam o futuro da energia nuclear. Como mostrado, o método Delphi é uma ferramenta útil para situações em que os dados quantificáveis não estão disponíveis.

Análise de impacto cruzado

A *análise de impacto cruzado* supõe que um evento futuro está relacionado à ocorrência de um evento anterior. Assim como no método Delphi, um grupo de especialistas estuda um conjunto de correlações entre eventos apresentados em uma matriz. Essas correlações definem a base de estimativa para a probabilidade de ocorrência de um evento futuro.

Por exemplo, consideremos uma previsão definida em 2003 que supõe o preço da gasolina em $ 3 dólares/galão no ano 2010 (evento A) e o correspondente aumento de 100% na taxa de passageiros de transporte coletivo em 2020 (evento B). Inicialmente, pode ser determinado que, dado A, a probabilidade condicional de B é de 0,7 e que, dado B, a probabilidade condicional de A é de 0,6. Essas probabilidades estão na matriz a seguir:

Evento	Probabilidade do evento	
	A	B
A	—	0,7
B	0,6	—

Vamos supor que a probabilidade incondicional da previsão de duplicação na taxa de passageiros de transporte coletivo para 2020 seja de 1,0 e que a probabilidade incondicional da previsão de $ 3 dólares/galão para a gasolina em 2010 seja de 0,8. Esses novos valores são estatisticamente incoerentes com os valores da matriz. As incoerências seriam apontadas para os especialistas no painel para que, em uma série de iterações, eles revisassem suas estimativas. Assim como no método Delphi, é necessário um administrador para chegar a uma matriz satisfatória de probabilidades condicionais a ser utilizada para gerar uma previsão.

Analogia histórica

A analogia histórica supõe que a introdução e o padrão de crescimento de um novo serviço imitarão o comportamento de um conceito similar para o qual existam dados disponíveis. A analogia histórica é comumente adotada para prever a penetração no mercado ou o ciclo de vida de um novo serviço. O conceito de ciclo de vida de um produto, como utilizado em marketing, envolve estágios, como introdução, crescimento, maturidade e declínio.

Um exemplo famoso de utilização de analogia histórica é a previsão da penetração no mercado da televisão em cores com base na experiência da introdução da televisão em preto e branco poucos anos antes. É claro que a analogia apropriada nem sempre é tão óbvia como nesse caso. Por exemplo, o crescimento da demanda por diaristas poderia seguir a curva de crescimento por serviços de babás. Devido à possibilidade de várias interpretações do comportamento de dados prévios e do questionamento associado à analogia definida, há certa desconfiança quanto à credibilidade das previsões associadas a esse método. A aprovação de uma previsão feita a partir de uma analogia histórica depende muito da definição de uma analogia convincente.

MODELOS CAUSAIS

É mais fácil realizar previsões de curto prazo quando tratamos de dados sem complexidade. Algumas vezes, porém, uma organização de serviços competitiva precisa lidar com uma ampla gama de informações estatísticas, algumas das quais são relevantes para a definição de previsões proveitosas, enquanto outras são irrelevantes. Nessas situações, também é mais provável que as previsões devam ser realizadas para o próximo ano – ou para a próxima década – do que para o próximo dia, semana ou mês. Obviamente, uma previsão de longo prazo tem o potencial de levar a empresa ao sucesso ou ao fracasso total. Assim, precisamos encontrar uma maneira de separar as informações críticas e processá-las para realizar uma previsão adequada.

Os modelos causais têm alguns pressupostos similares àqueles associados aos modelos de séries temporais (os quais serão considerados mais adiante): os dados seguem um comportamento identificável ao longo do tempo e existem relações identificáveis entre as informações que desejamos prever e outros fatores. Esses modelos variam desde os mais simples, para os quais a previsão é baseada em uma técnica chamada *análise de regressão,* até aqueles conhecidos como *modelos econométricos,* os quais empregam um sistema de equações.

Modelos de regressão

Um modelo de regressão é um relacionamento entre o fator a ser previsto, definido como *variável dependente* (ou *Y*), e os fatores que determinam o valor de *Y*, definidos como *variáveis independentes* (ou X_i). Se existem *n* variáveis independentes, então o relacionamento entre a variável dependente *Y* e as variáveis independentes X_i será expresso como:

$$Y = a_0 + a_1 X_1 + a_2 X_2 + \cdots + a_n X_n \tag{1}$$

Os valores $a_0, a_1, a_2, \ldots, a_n$ são coeficientes determinados pelo programa computacional sendo utilizado. Se os cálculos forem feitos a mão, os valores serão determinados por meio de equações de regressão definidas nos livros elementares de estatística.

Exemplo 17.2 Definição da localização de uma creche

A qualidade da análise de localização de uma instalação de serviços está na avaliação precisa da demanda geográfica pelo serviço (isto é, demanda por área geográfica). A avaliação requer a seleção de uma unidade geográfica que divida a área de atendimento (p. ex., dados do censo ou CEP) e de um método para prever a demanda a partir de cada uma das divisões (p. ex., os varejistas que perguntam o CEP dos clientes).

Para demonstrar o processo de avaliação da demanda geográfica, consideremos o desafio de definir a localização de uma creche. A população-alvo consiste em famílias com crianças menores de cinco anos e com pelo menos um adulto empregável. Uma unidade do censo é selecionada como unidade geográfica porque os dados demográficos dos residentes já estão disponíveis na forma digital no U.S. Census Bureau. A variável dependente Y_i é a porcentagem de famílias da unidade do censo *i* com necessidade de assistência diária. A análise estatística por meio de um software já disponível, como o SAS, resulta no seguinte modelo de regressão:

$$Y_i = 0{,}58\, X_{1i} + 0{,}43\, X_{2i} + 0{,}85\, X_{3i}$$

onde:

Y_i = porcentagem de famílias da unidade do censo *i* com necessidade de assistência diária

X_{1i} = porcentagem de famílias da unidade do censo *i* com crianças menores de cinco anos

X_{2i} = porcentagem de famílias da unidade do censo *i* com uma mulher solteira como responsável

X_{3i} = porcentagem de famílias da unidade do censo *i* em que ambos os pais trabalham

A porcentagem Y_i estimada para cada unidade do censo é multiplicada pelo número de famílias na unidade do censo e pelo número médio de crianças com menos de cinco anos por família. O resultado é a estimativa do número de crianças que necessitam de serviço de creche em cada unidade do censo (ou seja, demanda geográfica por cuidados diários).

O desenvolvimento de um modelo de regressão requer uma coleta extensiva de dados para satisfazer as necessidades da organização, o que envolve tempo considerável e custo elevado. Além disso, a definição das variáveis independentes e dependentes exige conhecimento especializado para garantir uma relação que tenha uma interpretação lógica e significativa. Por tais razões, os modelos de regressão são apropriados para previsões de médio e longo prazo.

Modelos econométricos

Os modelos econométricos são versões dos modelos de regressão que envolvem um sistema de equações. As equações são relacionadas entre si, e os coeficientes são definidos como demonstrado nos modelos de regressão mais simples. Um modelo econométrico consiste em um conjunto de equações simultâneas que representam uma variável dependente em termos de inúmeras variáveis independentes. A criação de modelos econométricos envolve uma ampla coleta de dados e uma análise sofisticada; assim, eles geralmente são adequados para previsões de longo prazo.

MODELOS DE SÉRIES TEMPORAIS

Os modelos de séries temporais servem para fazer previsões de curto prazo quando os valores das observações ocorrem seguindo um padrão de comportamento identificável ao longo do tempo. Eles vão desde simples *modelos de média móvel com N períodos* até modelos mais sofisticados, como o de *suavização exponencial*.

Os modelos de suavização exponencial são especialmente úteis porque podem ser adaptados para mapear os componentes de uma previsão (isto é, média, tendência e sazonalidade). A média é uma estimativa da média subjacente de uma variável aleatória (p. ex., demanda do cliente), a tendência é um incremento crescente ou decrescente em cada período, e a sazonalidade é um círculo recorrente, como a demanda diária em um restaurante ou a demanda anual em um hotel turístico. Observe que cada um desses componentes é de natureza estocástica e que o valor subjacente pode mudar com o tempo (p. ex., a tendência passaria de positiva para negativa). Com a suavização exponencial, cada componente é mapeado e os resultados são combinados para obter uma previsão. Começamos nosso estudo de modelos de séries temporais com a média móvel simples com N períodos.

Média móvel com *N* períodos

Às vezes, as observações realizadas em um período de tempo parecem ter um comportamento aleatório; logo, não podemos basear nossas previsões em tais dados. Considere os dados da Tabela 17.2 para um hotel com 100 quartos em uma cidade universitária. Decidimos prever a ocupação dos quartos apenas nos sábados, pois a demanda para cada dia da semana, é influenciada por diferentes fatores. Por exemplo, nos dias de semana, a demanda é formada por viajantes a negócios, mas nos finais de semana, os hóspedes em geral são pessoas em férias ou visitando amigos.

A seleção do período a ser tratado na previsão é uma consideração importante e deve ser baseada na natureza da demanda e na capacidade de utilização dessa informação. Por exemplo, a previsão de demanda dos restaurantes de *fast-food* é dada por faixa horária.

O proprietário do hotel observou o crescimento da ocupação nos últimos dois sábados e deseja preparar-se para o próximo final de semana (isto é, 12 de setembro), talvez para acabar com a prática de oferecer descontos. Os números relacionados a uma maior ocupação indicam uma mudança na média subjacente das ocupações? Para responder a essa questão, precisamos encontrar uma maneira de eliminar o "ruído" causado por ocasionais variações no padrão, para evitar que reajamos excessivamente a uma mudança que é mais aleatória do que permanente e significativa.

Tabela 17.2 Ocupação de um hotel de 100 quartos aos sábados

Sábado		Período	Ocupação	Média móvel de três períodos	Previsão
Ago.	1	1	79		
	8	2	84		
	15	3	83	82	
	22	4	81	83	82
	29	5	98	87	83
Set.	5	6	100	93	87
	12	7			93

O método da média móvel de N períodos é aplicado neste exemplo para suavizar as variações randômicas e produzir uma estimativa mais confiável da média de ocupação. O método calcula uma média móvel MA_t para o período t avaliando N das mais recentes observações A_t, como mostra a equação (2):

$$MA_t = \frac{A_t + A_{t-1} + A_{t-2} + \cdots + A_{t-N+1}}{N} \quad (2)$$

Se definimos N igual a 3, não podemos começar o cálculo antes do terceiro período (isto é, 15 de agosto), em que somamos a ocupação definida nos três sábados mais recentes (isto é, 1, 8 e 15 de agosto) e dividimos a soma por 3 para chegar à média móvel de três períodos de [(83 + 84 + 79)/3] = 82. Utilizamos esse valor para prever a ocupação no próximo sábado (isto é, 22 de agosto). O método da média móvel suavizou as flutuações randômicas para rastrear com maior eficiência a ocupação média, que será utilizada para a previsão do próximo período. Cada nova *previsão da média móvel* com três períodos envolve a adição dos três períodos mais recentes e sua divisão por 3. Por exemplo, para chegar à média móvel para 22 de agosto, devemos eliminar o valor de 1º de agosto, adicionar o valor de 22 de agosto e recalcular a média, chegando a um valor de 83. Continuando com esse processo iterativo para os dados remanescentes, observamos como a média de ocupação de cerca de 82% para sábados em agosto cresceu recentemente, refletindo-se na ocupação dos últimos dois finais de semana. Se o time de futebol da universidade, após realizar duas partidas em casa, está programado para jogar fora da cidade no dia 12 de setembro, qual é a sua confiança na previsão de 93% de ocupação para o próximo final de semana?

Embora nosso modelo de média móvel de N períodos tenha identificado uma variação na média de ocupação, o método nos faz reagir lentamente, pois atribui o mesmo peso para os dados do passado e para os dados recentes (isto é, $1/N$) no cálculo das médias. Os dados mais recentes talvez sejam indicadores melhores de mudanças; assim, podemos atribuir mais peso para observações recentes. Em vez de atribuir arbitrariamente pesos para os dados do modelo, vamos utilizar um método de previsão mais sofisticado, que define de forma sistemática os pesos dos dados pela sua idade. O próximo tópico, suavização exponencial, também permite a avaliação de tendências e de sazonalidade associada aos dados.

Suavização exponencial simples

O método de suavização exponencial simples é o método de séries temporais mais utilizado para a previsão de demanda. O método, além de "suavizar" os picos nos dados, possui três vantagens se comparado ao método da média móvel de N períodos: (1) os dados anteriores não são perdidos ou ignorados, (2) o peso definido para os dados passados é progressivamente menor e (3) seu cálculo é simples e requer apenas os dados mais recentes.

O método da suavização exponencial simples baseia-se no conceito de retroalimentação do *erro de previsão* para corrigir o valor anterior previsto. Na equação (3) a seguir, S_t é o valor suavizado para o período t, A_t é o valor real observado para o período t, e α é a constante de suavização que geralmente recebe um valor entre 0,1 e 0,5.

$$S_t = S_{t-1} + \alpha(A_t - S_{t-1}) \quad (3)$$

O termo $(A_t - S_{t-1})$ representa o erro da previsão, porque é igual à diferença entre a observação real e o valor suavizado calculado no período anterior. Uma fração α desse erro de previsão é adicionada ao valor suavizado anterior para obter o novo valor suavizado S_t. Observe como esse método é autocorrigível ao considerar que os erros de previsão podem ser tanto positivos quanto negativos.

Nossa análise da média móvel dos dados de ocupação apresentados na Tabela 17.2 indicou um aumento real na média de ocupação nos dois sábados mais recentes. Os mesmos dados de ocupação estão na Tabela 17.3, com o valor real para cada período (A_t) na terceira coluna. Com o método de suavização exponencial simples, demonstraremos novamente que ocorreu uma modificação significativa na média de ocupação.

Como devemos iniciar em algum ponto, vamos definir o valor da primeira observação, ou o valor real A_t em uma série de dados, como igual ao primeiro valor suavizado S_t. Então, como mostra a Tabela 17.3, S_1 para 1º de agosto é igual a A_1 para 1º de agosto, ou 79,00. O valor suavizado para o dia 8 de agosto (S_2) pode, então, ser derivado do valor real do dia 8 (A_2) e do valor suavizado anterior para o dia 1º de agosto (S_1) de acordo com a equação (3). Selecionamos um α igual a 0,5, pois, como será apresentado mais tarde, isso resultará em uma previsão similar àquela obtida no método de média móvel. Para 8 de agosto, teremos:

$$S_2 = S_1 + \alpha(A_2 - S_1)$$
$$= 79,00 + 0,5(84 - 79,00)$$
$$= 81,50$$

São feitos, então, cálculos similares para determinar os valores suavizados (S_3, S_4, S_5, S_6) para os períodos sucessivos.

A suavização exponencial simples supõe que o padrão de comportamento dos dados seja distribuído em torno de uma média constante. Então, o valor suavizado calculado no período t é utilizado como uma previsão para o período ($t + 1$) arredondado para um número inteiro, conforme mostrado a seguir:

$$F_{t+1} = S_t \qquad (4)$$

Nossa melhor estimativa para a ocupação de 15 de agosto será de 81,50, o valor suavizado mais recente no final do dia 8 de agosto. Observe que o erro da previsão (84-79) foi positivo e igual a 5 (isto é, subestimamos a demanda em 5) e que metade desse erro foi adicionado ao valor suavizado anterior para aumentar a nova estimativa da média de ocupação. Esse conceito de retroalimentação do erro para corrigir estimativas anteriores é derivado da teoria de controle.

Os valores ajustados, apresentados na Tabela 17.3, foram calculados com um valor α de 0,5. Entretanto, como observado, se desejarmos que o valor ajustado se torne menos dependente dos últimos dados, podemos definir um valor menor para α. A Figura 17.1 demonstra graficamente como um α de 0,1 e de 0,5 suaviza a curva dos valores reais. É fácil visualizar, nessa figura, que a curva suavizada, particularmente com um α de 0,5, reduziu os valores extremos (isto é, pico e baixa da demanda) e respondeu ao aumento de ocupação dos últimos dois sábados. Assim, basear as previsões em dados suavizados evita que reajamos exageradamente aos valores reais extremos observados.

A equação (3) pode ser reescrita como segue:

$$S_t = \alpha(A_t) + (1 - \alpha)S_{t-1} \qquad (5)$$

A base para o nome "suavização exponencial" é observada nos pesos atribuídos aos dados do passado na equação (5). Vemos que para A_t é atribuído um peso α na determinação de S_t, e demonstramos por substituição que para A_{t-1} é atribuído um peso de α(1 − α). Em geral, para o valor real A_{t-n} é dado um peso α(1 − α)^n. A Figura 17.2 Contém um gráfico ilustrando como os pesos atribuídos caem exponencialmente para uma série de observações ao longo do tempo. Note que as observações mais antigas não desaparecem por completo do cálculo de S_t como ocorre no método da média móvel com N períodos, mas gradualmente assumem menor importância.

Tabela 17.3 Suavização exponencial simples: ocupação do hotel aos sábados (α = 0,5)

Sábado		Período	Ocupação real	Valor suavizado	Previsão	Erro	Erro absoluto	Erro médio quadrático	Erro percentual
		t	A_t	S_t	F_t	$A_t - F_t$	$|A_t - F_t|$	$(A_t - F_t)^2$	$\frac{|A_t - F_t|}{A_t}$
Ago.	1	1	79	79,00					
	8	2	84	81,50	79	5	5	25	6
	15	3	83	82,25	82	1	1	1	1
	22	4	81	81,63	82	-1	1	1	1
	29	5	98	89,81	82	16	16	256	16
Set.	5	6	100	94,91	90	10	10	100	10
					Total	31	33	383	34
					Erro de previsão	CFE 31	MAD 6,6	MSE 76,6	MAPE 6,8

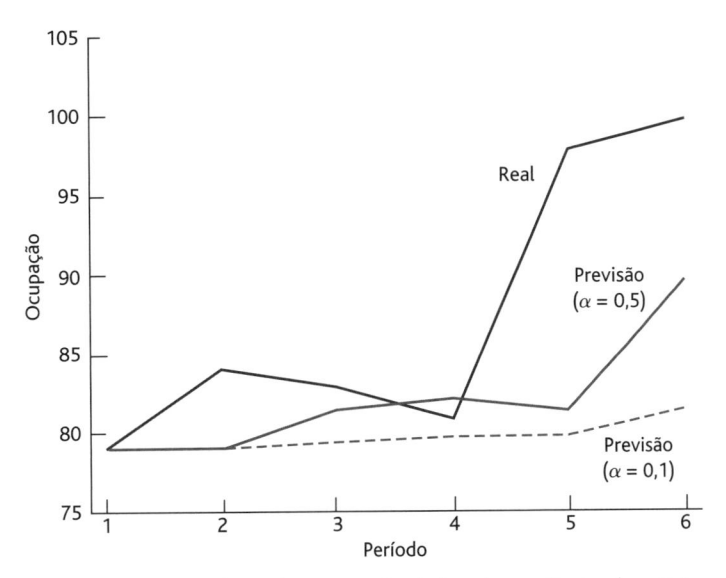

Figura 17.1 Suavização exponencial simples: ocupação do hotel aos sábados ($\alpha = 0,1$ e $\alpha = 0,5$).

Relação entre α e N

A seleção do valor de α frequentemente está baseada no modelo dos dados históricos, com valores grandes atribuindo muito peso para dados recentes na antecipação de mudanças. Para ajudar na escolha de α, é definida uma relação entre o número de períodos (N) do método da média móvel e a constante do ajuste exponencial α. Se entendermos que os dois métodos são similares quando as idades médias dos dados passados forem iguais, teremos a seguinte relação:

Média móvel:

$$\text{Idade média} = \frac{(0 + 1 + 2 + \cdots + N - 1)}{N}$$
$$= \frac{(N-1)(N/2)}{N}$$
$$= \frac{N-1}{2}$$

Suavização exponencial:

$$\text{Idade média} = 0(\alpha) + 1(\alpha)(1-\alpha) + 2(\alpha)(1-\alpha)^2 + \cdots$$
$$= \frac{(1-\alpha)}{\alpha}$$

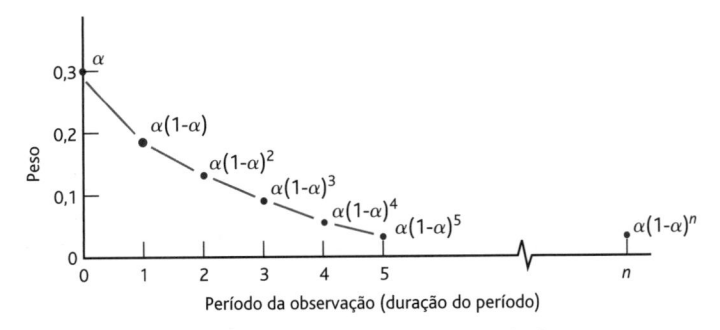

Figura 17.2 Distribuição de pesos para os dados passados no método de suavização exponencial ($\alpha = 0,3$).

A idade média para a suavização exponencial é uma série geométrica com soma igual a:

$$\frac{ar}{(1-r)^2} \quad \text{para } a = \alpha \quad \text{e} \quad r = 1 - \alpha$$

Quando as idades médias para a suavização exponencial e para a média móvel são equacionadas, o resultado é:

$$\alpha = \frac{2}{(N+1)} \quad \text{ou} \quad N = \frac{(2-\alpha)}{\alpha}$$

A utilização dessa relação resulta nos seguintes valores de amostragem para equacionar α e N:

α	0,05	0,1	0,2	0,3	0,4	0,5	0,667
N	39	19	9	5,7	4	3	2

Como mostrado, a atribuição usual de um valor de suavização entre 0,1 e 0,5 é razoável quando comparada ao número de períodos para uma previsão equivalente utilizando o método da média móvel. O valor particular definido para α é uma ponderação entre uma reação exagerada a flutuações aleatórias em torno da média e a detecção de uma mudança no valor da média. Valores maiores para α são mais sensíveis a mudanças devido ao alto peso atribuído a dados recentes. Na prática, o valor de α frequentemente é selecionado para minimizar o erro de previsão como medido pela média dos desvios absolutos (MAD, *mean absolute deviation*).

Erro de previsão

Embora fique claro, na Figura 17.1, que as curvas de previsão suavizaram os picos e os vales dos dados reais, o processo ocorreu com certa defasagem. De que forma medir a precisão das previsões?

Primeiro, deveríamos esperar uma previsão não enviesada com respeito ao rastreamento da média real dos dados. Deste modo, a soma dos erros das previsões deveria tender a zero, levando em conta as diferenças positivas e negativas. Caso isso ocorra, devemos procurar tendências ou sazonalidades subjacentes e considerá-las explicitamente. Para os resultados apresentados na Tabela 17.3, utilizando a fórmula 6, o *erro de previsão acumulado* (CFE, *cumulative forecast error*) é 31.

$$\text{Erro de previsão acumulado (CFE)} = \sum A_t - F_t \tag{6}$$

Um método comum para o erro de previsão é a *média do desvio absoluto* (MAD, *mean absolute deviation*) calculada utilizando a equação 7. Na Tabela 17.3, a média dos desvios absolutos (MAD) é 6,6. Continuaremos a usar a média do desvio absoluto, o que dá um peso igual para cada erro, como medida de *erro de previsão* no restante do capítulo.

$$\text{Média do desvio absoluto (MAD)} = \sum \frac{|A_t - F_t|}{n} \tag{7}$$

Se erros maiores são particularmente graves, elevar os erros ao quadrado dará a eles mais peso. O *erro quadrático médio* (MSE, *mean squared error*) para os resultados da Tabela 17.3 é calculado por meio da fórmula 8 e resulta no valor de 76,6, refletindo os erros maiores nos períodos 5 e 6.

$$\text{Erro quadrático médio (MSE)} = \sum \frac{(A_t - F_t)^2}{n} \tag{8}$$

O erro percentual absoluto médio (MAPE, *mean absolute percentage error*) é utilizado quando os erros precisam ser colocados em perspectiva. Por exemplo, um erro absoluto de 2 em uma previsão de 10 é muito grande se comparado a um erro absoluto de 2 para uma previsão de 1.000, que é insignificante. Utilizando a fórmula 9 para os dados da Tabela 17.3, temos um erro percentual absoluto médio aceitável de 6,8.

$$\text{Erro percentual absoluto médio (MAPE)} = \frac{\sum \frac{|A_t - F_t|}{A_t}}{n} (100) \tag{9}$$

Lembremos que os valores previstos para esse exemplo foram derivados dos valores suavizados calculados com α = 0,5, porque esse método é similar ao da média móvel para três períodos. Para a previsão definida anteriormente com o método da média móvel para três períodos, o valor da MAD é de 9,7. Nesse caso, o método da suavização exponencial simples resulta em uma previsão mais precisa do que o método correspondente da média móvel para três períodos. Porém, se utilizarmos α igual a 0,1, o valor da MAD será de 8,8, refletindo a diminuição da capacidade de resposta às mudanças com constantes de suavização pequenas. Deveria ser observado que a seleção de um α que minimize a MAD para um conjunto de dados pode ser realizada por meio do Solver do Excel.

Esse valor positivo de 31 para CFE sugere que existe uma tendência ascendente nos dados e que nossas previsões definidas com o método de suavização exponencial simples estão aquém da ocupação real do hotel. Assim, devemos incorporar um ajuste de tendência em nossa previsão.

Suavização exponencial com ajuste de tendência

A *tendência* em um conjunto de dados é a taxa média na qual os valores observados mudam de um período para o outro ao longo do tempo. As mudanças criadas pela tendência são tratadas com a utilização de uma adaptação do método da suavização exponencial simples.

A Tabela 17.4 segue a experiência de uma nova companhia aérea de voos domésticos durante suas primeiras oito semanas de negócios. As médias semanais de ocupação (isto é, os percentuais de assentos vendidos) mostram um aumento constante, de aproximadamente 30% na primeira semana para 70% na oitava semana. Nesse exemplo, o valor suavizado S_t é calculado com a equação (10), que é a equação (5) modificada pela soma de um valor de tendência T_{t-1} ao valor suavizado anterior S_{t-1} para levar em consideração a taxa de crescimento semanal na ocupação.

$$S_t = \alpha(A_t) + (1 - \alpha)(S_{t-1} + T_{t-1}) \qquad (10)$$

Para incorporar um ajuste de tendência ao nosso cálculo, usaremos β como uma constante de suavização. Essa constante em geral supõe um valor entre 0,1 e 0,5 e pode ser igual ou diferente de α. A tendência para um dado período t é definida por $(S_t - S_{t-1})$, a taxa de mudança no valor suavizado de um período para o outro (isto é, a inclinação da curva de demanda). A tendência suavizada T_t então é calculada no período t por meio da equação (11), que é uma modificação da equação básica da suavização exponencial – equação(5) – com a tendência observada $(S_t - S_{t-1})$ utilizada no lugar de A_t.

$$T_t = \beta(S_t - S_{t-1}) + (1 - \beta)T_{t-1} \qquad (11)$$

Para antecipar os fluxos de caixa durante o período inicial do negócio, os donos da companhia de voos domésticos estão interessados em prever as futuras taxas de ocupação semanais. Após observar as duas primeiras semanas de atividade, é necessário realizar uma previsão para a terceira semana. Os valores suavizados, os valores de tendência e as previsões da Tabela 17.4 são calculados mediante um método em etapas. Para a primeira observação de uma série, neste caso a primeira

Tabela 17.4 Suavização exponencial com ajuste de tendência: taxa de ocupação em companhia aérea de voos domésticos (α = 0,5, β = 0,3)

Semana	Taxa de ocupação real	Valor suavizado	Tendência suavizada	Previsão	Erro de previsão
t	A_t	S_t	T_t	F_t	$\|A_t - F_t\|$
1	31	31,00	0,00		
2	40	35,50	1,35	31	9
3	43	39,93	2,27	37	6
4	52	47,10	3,74	42	10
5	49	49,92	3,47	51	2
6	64	58,69	5,06	53	11
7	58	60,88	4,20	64	6
8	68	66,54	4,63	65	3
					MAD 6,7

semana, o valor suavizado S_1 é igual ao valor real A_1 e a tendência T_1 é definida como zero. A previsão para a segunda semana é calculada por meio da equação (12). Neste caso, arredondado para um valor inteiro, $F_2 = 31 + 0,00 = 31$.

$$F_{t+1} = S_t + T_t \tag{12}$$

Para calcular os valores suavizados para a semana 2 e a previsão para a semana 3, admitiremos um $\alpha = 0,5$ e um $\beta = 0,3$. Inicialmente, o valor suavizado S_2 para a semana 2 é calculado por meio da equação (6):

$$\begin{aligned} S_2 &= (0,5)(40) + (1 - 0,5)(31 + 0,00) \\ &= 35,50 \end{aligned}$$

Agora, calculamos a tendência para a semana 2 com a equação (7):

$$\begin{aligned} T_2 &= (0,3)(35,50 - 31,00) + (1 - 0,3)0,00 \\ &= 1,35 \end{aligned}$$

A etapa final é definir a previsão para a terceira semana de acordo com a equação (8):

$$F_3 = 35,5 + 1,35 = 36,85 \cong 37$$

Quando os dados reais para as semanas seguintes são recebidos, podem ser realizados cálculos similares para o valor suavizado, a tendência, a previsão e o erro de previsão. Para todas as previsões mostradas na Tabela 17.4, a MAD é 6,7.

A soma dos valores de erro de previsão (positivos e negativos) é um medidor do viés da previsão. Para esse exemplo, $\Sigma(A_t - F_t) = 9 + 6 + 10 - 2 + 11 - 6 + 3 = 31$. A soma dos erros das previsões para uma previsão não enviesada deveria se aproximar de zero (isto é, os valores positivos e negativos de erro devem se cancelar).

Na Figura 17.3, as taxas de ocupação real são mostradas em comparação às previsões. Observe que, mesmo com o ajuste de tendência, a previsão encontra-se defasada em relação à taxa real, com exceção das semanas 5 e 7.

Suavização exponencial com ajuste sazonal

Para considerar os efeitos da sazonalidade em um conjunto de dados, utilizamos outra adaptação do método da suavização exponencial simples. Em linhas gerais, em primeiro lugar, removemos a sazonalidade; depois, suavizamos os dados, como já aprendemos a fazer; finalmente, "devolvemos" a sazonalidade aos dados para determinar uma previsão.

Aplicaremos esse ajuste sazonal aos dados da Tabela 17.5, que informa o número de passageiros por mês que utilizaram uma balsa para uma ilha do Caribe nos anos de 2009 e 2010. Geralmente, definimos um ciclo L como a duração de uma estação. L pode ter qualquer duração de tempo, mesmo as 24 horas de um dia, mas, frequentemente, e também nesse caso, é de 12 meses. Observe

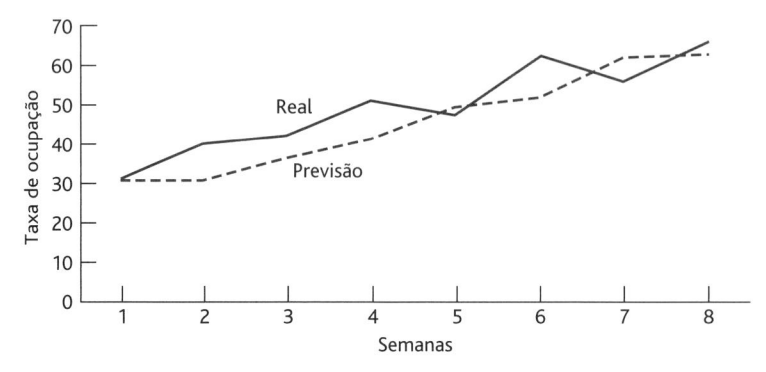

Figura 17.3 Suavização exponencial com ajuste de tendência: taxa de ocupação de uma companhia aérea de voos domésticos ($\alpha = 0,5$, $\beta = 0,3$).

Tabela 17.5 Suavização exponencial com ajuste sazonal: passageiros levados de balsa até uma ilha ($\alpha = 0{,}2$, $\gamma = 0{,}3$)

Período	t	Número real de passageiros A_t	Valor suavizado S_t	Índice I_t	Previsão F_t	Erro de previsão $|A_t - F_t|$
			2009			
Janeiro	1	1.651	—	0,837	—	
Fevereiro	2	1.305	—	0,662	—	
Março	3	1.617	—	0,820	—	
Abril	4	1.721	—	0,873	—	
Maio	5	2.015	—	1,022	—	
Junho	6	2.297	—	1,165	—	
Julho	7	2.606	—	1,322	—	
Agosto	8	2.687	—	1,363	—	
Setembro	9	2.292	—	1,162	—	
Outubro	10	1.981	—	1,005	—	
Novembro	11	1.696	—	0,860	—	
Dezembro	12	1.794	1794,00	0,910	—	
			2010			
Janeiro	13	1.806	1.866,74	0,876	—	—
Fevereiro	14	1.731	2.016,35	0,721	1.236	495
Março	15	1.733	2.035,76	0,829	1.653	80
Abril	16	1.904	2.064,81	0,888	1.777	127
Maio	17	2.036	2.050,28	1,013	2.110	74
Junho	18	2.560	2.079,71	1,185	2.389	171
Julho	19	2.679	2.069,06	1,314	2.749	70
Agosto	20	2.821	2.069,19	1,363	2.820	1
Setembro	21	2.359	2.061,38	1,157	2.404	45
Outubro	22	2.160	2.078,95	1,015	2.072	88
Novembro	23	1.802	2.082,23	0,862	1.788	14
Dezembro	24	1.853	2.073,04	0,905	1.895	42
						MAD 110

que precisamos de dados reais para pelo menos uma estação inteira antes de iniciarmos os cálculos de suavização e previsão.

Um *índice de sazonalidade* I_t é utilizado para eliminar a sazonalidade dos dados em um dado ciclo L. Inicialmente, I_t é estimado ao calcular a razão entre o valor real para o período t, A_t, dividido pelo valor da média $\bar{A}$ para todos os períodos no ciclo L como mostra a equação (13):

$$I_t = \frac{A_t}{\bar{A}} \tag{13}$$

onde $\bar{A} = (A_1 + A_2 + ... + A_L)/L$

No exemplo dos passageiros da balsa, $\bar{A} = 1.971{,}83$ (média de passageiros por mês em 2009) e, substituindo esse valor na equação (13), conseguimos calcular o índice I_t para cada período na primeira estação de 12 períodos. Os índices resultantes para os meses de 2009, apresentados na coluna 5 da Tabela 17.5, servem, então, para eliminar a sazonalidade dos dados para os meses correspondentes de 2010 de acordo com a equação (14), que corresponde a nossa equação básica do método da suavização exponencial, mas com uma pequena modificação—equação (5)—com A_t ajustado para levar em conta a sazonalidade utilizando o índice I_{t-L}.

$$S_t = \alpha \frac{A_t}{I_{t-L}} + (1 - \alpha) S_{t-1} \tag{14}$$

Para esse exemplo, são empregados dados para os 12 meses de 2009 a fim de definir as estimativas iniciais dos índices de sazonalidade. Assim, não podemos começar a calcular os novos dados suavizados até o 13º período (isto é, janeiro de 2010). Para iniciar o processo, vamos supor que S_{12} é igual a A_{12}, como mostra a Tabela 17.5, com um valor de 1.794,00. O valor suavizado para janeiro de 2010 agora pode ser calculado por meio da equação (14), com $I_{t-L} = 0{,}837$ (isto é, o índice I_t de 12 meses atrás para janeiro de 2009) e $\alpha = 0{,}2$:

$$S_{13} = (0{,}2)\frac{1{,}806}{0{,}837} + (1 - 0{,}2)1.794{,}00$$
$$= 1.866{,}74$$

A previsão para fevereiro (período $t + 1$), então, é feita adicionando a sazonalidade ao valor suavizado para janeiro, de acordo com a fórmula a seguir:

$$F_{t+1} = (S_t)(I_{t-L+1}) \tag{15}$$

Observe que o fator de sazonalidade I_{t-L+1} neste caso é o índice I_t para fevereiro de 2009. Então, nossa previsão para fevereiro de 2010 é:

$$F_{14} = (1.866{,}74)(0{,}662)$$
$$= 1.235{,}78 \cong 1.236$$

Se os índices de sazonalidade são estáveis, as previsões baseadas em apenas um ciclo, L, serão confiáveis. Se, entretanto, os índices não são estáveis, eles podem ser ajustados, ou suavizados, à medida que novos dados se tornam disponíveis. Após o cálculo do valor suavizado S_t para um valor real A_t no período mais recente t, podemos registrar uma nova observação para um índice de sazonalidade no período t como (A_t/S_t). Para aplicar o conceito da suavização exponencial ao índice, utilizamos uma nova constante γ, que em geral supõe um valor entre 0,1 e 0,5. A estimativa suavizada do índice de sazonalidade, então, é calculada a partir da equação a seguir:

$$I_t = \gamma \frac{A_t}{S_t} + (1 - \gamma)I_{t-L} \tag{16}$$

Agora, continuamos os cálculos de 2010 na Tabela 17.5 por meio da equação (16), atualizando os índices de sazonalidade de cada mês para utilização futura. Lembre-se, entretanto, de que, na prática, valores suavizados, índices e previsões para cada período (isto é, mês) nessa nova estação de L períodos seriam calculados mensalmente à medida que valores mais recentes se tornassem disponíveis. Aqui, de acordo com a equação (16), o novo índice de sazonalidade suavizado para janeiro de 2010, I_{13}, utilizando $\gamma = 0{,}3$, é:

$$I_{13} = 0{,}3\frac{1.806}{1.866{,}74} + (1 - 0{,}3)0{,}867 = 0{,}876$$

A MAD de fevereiro a dezembro de 2010 é 110, o que indica um ajuste muito bom das previsões aos dados reais que apresentam uma sazonalidade definida. Mas é possível realizar previsões ainda mais precisas?

Suavização exponencial com ajuste de tendência e de sazonalidade

A resposta para a pergunta anterior – é possível realizar previsões ainda mais precisas? —é sim (algumas vezes). Em certos casos, ajustar apenas a tendência ou a sazonalidade levará à melhor estimativa da média; em outros, a previsão pode ser melhorada considerando ambos os fatores. Podemos incluir *tanto* os ajustes de tendência *quanto* os ajustes de sazonalidade em uma suavização exponencial ao ponderar um valor *base* suavizado pelos índices de tendência e sazonalidade a fim de prever o período seguinte. As equações apropriadas para isso são as seguintes:

$$S_t = \alpha \frac{A_t}{I_{t-L}} + (1-\alpha)(S_{t-1} + T_{t-1}) \qquad (17)$$

$$T_t = \beta(S_t - S_{t-1}) + (1-\beta)T_{t-1} \qquad (18)$$

$$I_t = \gamma \frac{A_t}{S_t} + (1-\gamma)I_{t-L} \qquad (19)$$

$$F_{t+1} = (S_t + T_t)I_{t-L+1} \qquad (20)$$

Os valores da Tabela 17.6 mostrados em negrito são o resultado de fórmulas do Excel. A Tabela 17.7 contém as fórmulas para fevereiro de 2010 mostradas na linha 20 da Tabela 17.6. Essas fórmulas são automaticamente repetidas para as linhas 21 a 30, por meio do comando "copiar" do Excel. Observemos o uso de $B$1, $B$2 e $B$3 para congelar a referência da célula para os parâmetros de suavização (alfa, beta, gama) quando as fórmulas são copiadas. Essa ferramenta permite a modificação desses parâmetros e o recálculo das previsões para encontrar os valores para α, β e γ que minimizam a MAD. A MAD resultante de 160 indica que, nesse caso, não conseguimos qualquer melhoria em nossa previsão ao acrescentar um ajuste de tendência ao ajuste sazonal usado na Tabela 17.5. A Figura 17.4 demonstra graficamente os resultados do tratamento dos dados reais somente com um ajuste sazonal e com os ajustes sazonal e de tendência em conjunto.

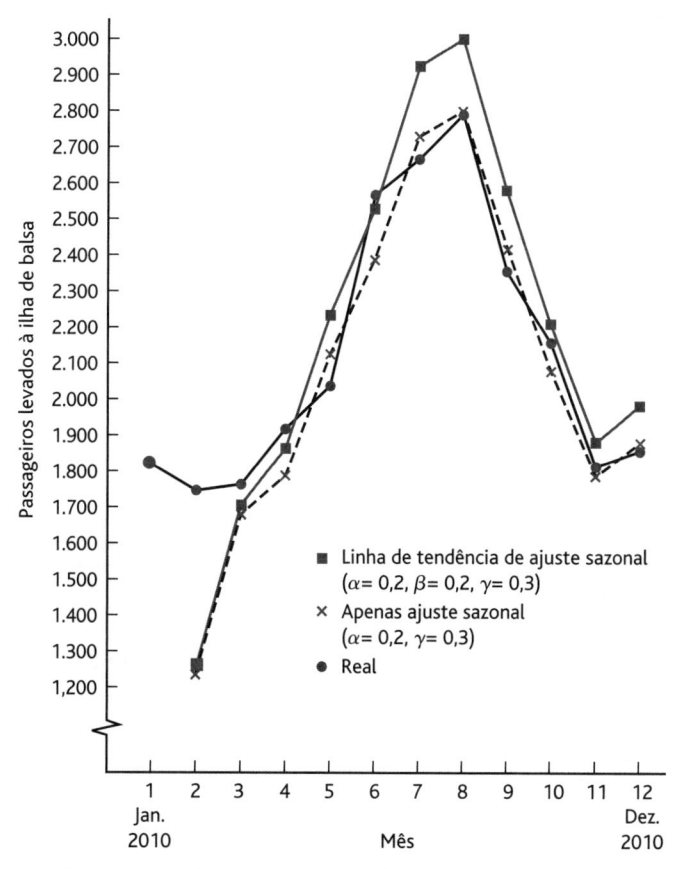

Figura 17.4 Suavização exponencial com ajuste sazonal.

Parte IV Modelos quantitativos para administração de serviços

Tabela 17.6 Suavização exponencial com ajustes de tendência e sazonalidade: exemplo de uso da planilha do Excel Passageiros levados de balsa até uma ilha (*alfa* = 0,2, *beta* = 0,2, *gama* = 0,3)

	A	B	C	D	E	F	G	H
1	alfa	0,2						
2	beta	0,2						
3	gama	0,3						
4			Real	Suavizado	Tendência	Índice	Previsão	Erro
5	Período	t	A_t	S_t	T_t	I_t	F_t	$|A_t - F_t|$
6				2009				
7	Janeiro	1	1.651			0,837		
8	Fevereiro	2	1.305			0,662		
9	Março	3	1.617			0,820		
10	Abril	4	1.721			0,873		
11	Maio	5	2.015			1,022		
12	Junho	6	2.297			1,165		
13	Julho	7	2.606			1,322		
14	Agosto	8	2.687			1,363		
15	Setembro	9	2.292			1,162		
16	Outubro	10	1.981			1,005		
17	Novembro	11	1.696			0,860		
18	Dezembro	12	1.794	1.794,00	0,00	0,910		
19	Janeiro	13	1.806	1.866,74	14,55	0,876		
20	Fevereiro	14	1.731	2.027,99	43,89	0,719	1.245	486
21	Março	15	1.733	2.080,19	45,55	0,824	1.699	34
22	Abril	16	1.904	2.136,79	47,76	0,878	1.856	48
23	Maio	17	2.036	2.146,07	40,07	1,000	2.233	197
24	Junho	18	2.560	2.188,39	40,52	1,166	2.547	13
25	Julho	19	2.679	2.188,42	32,42	1,293	2.947	268
26	Agosto	20	2.821	2.190,61	26,37	1,340	3.027	206
27	Setembro	21	2.359	2.179,61	18,90	1,138	2.576	217
28	Outubro	22	2.160	2.188,66	16,93	1,000	2.210	50
29	Novembro	23	1.802	2.183,54	12,52	0,850	1.897	95
30	Dezembro	24	1.853	2.164,10	6,13	0,894	1.998	145
31								
32							MAD	160

Tabela 17.7 Fórmulas do Excel para fevereiro de 2010 encontradas na Tabela 17.6

Célula	Valor	Fórmula	Representação no Excel
D20	2.027,99	(17)	=C20/F8*$B$1+ (1-$B$1)*(D19+E19)
E20	43,89	(18)	=$B$2*(D20-D19) + (1-$B$2)*E19
F20	0,719	(19)	=$B$3*C20/D20 + (1-$B$1)*F8
G20	1.245	(20)	=(D19-E19)*F8
H20	486	—	=ABS(G20-C20)

Benchmark em serviços

Dando um "google" no futuro

Os profissionais de marketing têm uma nova ferramenta: Googler Trends, um índice de buscas para palavras determinadas que é atualizado diariamente. Essa informação pode ser um indicador importante sobre o futuro comportamento de compras do consumidor, pois captura o esforço de pesquisa antes da compra. Pegue o exemplo das palavras "Ford" e "veículo" e as vendas correspondentes de veículos leves da Ford nos anos de 2004-2008.

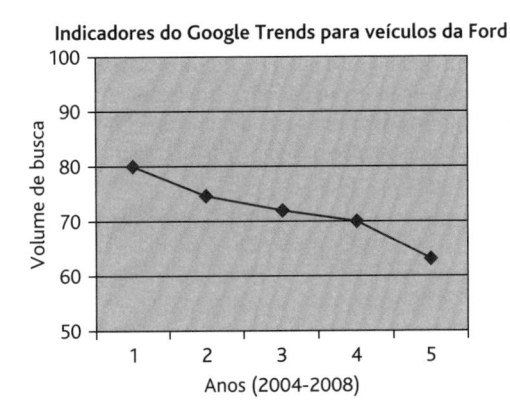

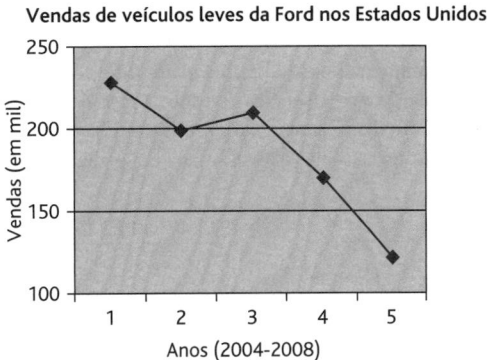

O poder do Google Trends vem sendo aproveitado pelos departamentos de turismo. Por exemplo, um grande volume de buscas por "Hong Kong" feitas por pessoas nos Estados Unidos, Grã--Bretanha e Austrália está relacionado a visitas futuras de turistas.

Fonte: Relatado em "Googling the Future," *The Economist*, April 18, 2009, p. 82.

Resumo da suavização exponencial

O método da suavização exponencial é uma maneira relativamente fácil e direta de realizar previsões de curto prazo. Suas vantagens incluem as seguintes:

- São considerados todos os dados do passado no processo de suavização.
- Dados recentes recebem um peso maior do que dados antigos.
- Somente os dados mais recentes são necessários para atualizar uma previsão.
- O modelo é de fácil implementação em um computador pessoal, utilizando uma planilha eletrônica.
- As constantes de suavização permitem alterar a taxa na qual o modelo responde a mudanças no padrão subjacente aos dados.

Resumo

As decisões relacionadas à definição de um novo conceito de serviço costumam exigir um julgamento subjetivo sobre as necessidades futuras dos clientes. Os modelos subjetivos, como o método Delphi, permitem que muitos especialistas apresentem suas posições sobre o futuro e, por meio de algumas iterações, cheguem a um consenso. Na análise de localização de serviços, os modelos de regressão têm sido aplicados devido à necessidade de considerar inúmeras variáveis independentes que contribuem para a geração de demanda. Concluímos nossa discussão sobre previsão com uma análise relacionada aos modelos de séries temporais. Embora o método da média móvel seja direto, descobrimos que os métodos de suavização exponencial apresentam muitas vantagens e têm sido mais aceitos na prática. As considerações de tendência e de sazonalidade são características importantes dos métodos de previsão de demanda em serviços e são incorporadas facilmente pelos métodos de suavização exponencial.

Palavras-chave e definições

Análise de impacto cruzado: método de previsão que supõe que algum evento futuro está relacionado a um evento anterior com uma probabilidade estimada. *p. 450*

Erro de previsão: diferença entre o valor real e o valor previsto. *p. 456*

Erro de previsão acumulado (CFE, *cumulative forecast error***):** soma dos erros de previsão que deveriam se aproximar de zero para uma previsão não enviesada. *p. 456*

Erro percentual absoluto médio (MAPE, *mean absolute percentage error***):** coloca o erro previsto em perspectiva. *p. 456*

Erro quadrático médio (MSE, *mean squared error***):** na medida da precisão da previsão, dá mais peso aos erros maiores. *p. 456*

Média do desvio absoluto (MAD, *mean absolute deviation***):** medida da precisão da previsão, calculada como a média dos erros absolutos de previsão. *p. 456*

Método Delphi: método de previsão que utiliza um grupo de especialistas para chegar a um consenso sobre o futuro. *p. 449*

Previsão da média móvel método simples de previsão para séries temporais, calculada somando os dados mais recentes e dividindo pelo número de observações. *p. 453*

Suavização exponencial: série temporal de previsões baseada no conceito de ajuste de uma previsão anterior por meio da realimentação de um percentual do erro associado à previsão. *p. 452*

Tópicos para discussão

1. Quais são as características das empresas de serviços que tornam a acurácia da previsão de demanda importante?

2. Para cada um dos três métodos de previsão (isto é, séries temporais, causal e subjetivo), quais são os custos associados ao desenvolvimento e à utilização do modelo de previsão? Quais custos estão associados ao erro da previsão?

3. O número de clientes em um banco provavelmente varia entre as horas do dia e entre os dias do mês. Quais são as implicações disso na escolha do modelo de previsão?

4. Sugira algumas variáveis independentes para um modelo de regressão a fim de prever o volume potencial de vendas de um dado local de uma loja de varejo (p. ex., videolocadora).

5. Por que o modelo de média móvel com N períodos ainda é de uso comum se o modelo de suavização exponencial simples apresenta qualidades superiores?

6. Que mudanças você recomendaria em α, β e γ para incrementar o desempenho da previsão do ajuste sazonal da linha de tendência mostrada na Figura 17.4?

Exercício interativo

Realize um exercício de previsão utilizando o método Delphi para obter um consenso a respeito do ano em que uma mulher será eleita presidente dos Estados Unidos.

Problemas resolvidos

1. Suavização exponencial simples

Enunciado do problema

A demanda da primeira semana para um novo hambúrguer é a seguinte:

Dia	Demanda (hambúrgueres)
Segunda	22
Terça	27
Quarta	38
Quinta	32
Sexta	34

Qual é a demanda prevista para a próxima segunda-feira, com uma constante de suavização α = 0,3?

Solução

Utilizando a equação (5) com α = 0,3, temos um modelo de suavização exponencial simples, onde $S_t = 0,3(A_t) + 0,7(S_{t-1})$ com $F_{t+1} = S_t$. Os cálculos estão na tabela a seguir:

Dia	Período t	A_t Real	S_t Suavizado	F_t Previsão	Erro $|A_t - F_t|$
Seg.	1	22	22	—	—
Ter.	2	27	23,5	22	5
Qua.	3	38	27,85	24	14
Qui.	4	32	29,095	28	4
Sex.	5	34	30,5665	29	5
Seg.				31	MAD = 7,0

2. Suavização exponencial com tendência

Enunciado do problema

Recalcule a previsão para a próxima segunda-feira, utilizando um ajuste de tendência com β = 0,2. Com o indicador MAD, compare a qualidade da previsão com ajuste de tendência àquela definida no Exercício 1, de suavização exponencial simples.

Solução

Por meio das equações (6), (7) e (8) com α = 0,3 e β = 0,2, chegamos ao modelo de suavização exponencial com ajuste de tendência descrito a seguir. Os cálculos estão na tabela.

$$S_t = 0,3(A_t) + 0,7(S_{t-1} + T_{t-1})$$
$$T_t = 0,2(S_t - S_{t-1}) + 0,8(T_{t-1})$$
$$F_{t+1} = S_t + T_t$$

Dia	Período t	A_t Real	S_t Suavizado	Tendência T_t	Previsão F_t	Erro $|A_t - F_t|$
Seg.	1	22	22	0	—	—
Ter.	2	27	23,5	0,3	22	5
Qua.	3	38	28,06	1,15	23,8 ≅ 24	14
Qui.	4	32	30,047	1,3174	29,21 ≅ 29	3
Sex.	5	34	31,55508	1,355536	31,3644 ≅ 31	3
Seg.					32,9106 ≅ 33	MAD = 6,25

3. Suavização exponencial com ajuste sazonal

Enunciado do problema

Nos dados mostrados a seguir para a segunda semana, parece existir um ciclo durante a semana com um pico na quarta-feira. Recalcule a previsão para a segunda-feira da próxima semana utilizando um ajuste sazonal com γ = 0,3.

Dia	Demanda (hambúrgueres)
Segunda	25
Terça	31
Quarta	42
Quinta	34
Sexta	32

Solução

Por meio das equações (13), (14), (15) e (16) com α = 0,3 e γ = 0,2 chegamos ao modelo de suavização exponencial com ajuste de tendência descrito a seguir.

$$I_t = \frac{A_t}{\bar{A}}$$
$$S_t = 0,3\frac{A_t}{I_{t-L}} + 0,7(S_{t-1})$$
$$F_{t+1} = (S_t)(I_{t-L+1})$$
$$I_t = 0,2\frac{A_t}{S_t} + 0,8(I_{t-L})$$

Primeiro, o valor da média $\overline{A}$ para a primeira semana é calculado para ser usado na fórmula (9).

$$\overline{A} = (22 + 27 + 38 + 32 + 34)/5 = 30,6$$

Depois, pela fórmula (9), os índices iniciais de sazonalidade são calculados para a primeira semana, conforme mostra a tabela a seguir:

Dia	Período t	A_t Real	S_t Suavizado	Índice I_t
Seg.	1	22	—	0,72
Ter.	2	27	—	0,88
Qua.	3	38	—	1,24
Qui.	4	32	—	1,05
Sex.	5	34	34	1,11

Em terceiro lugar, os valores suavizados, o índice sazonal atualizado e a previsão são encontrados por meio das fórmulas (14), (15) e (16), conforme a tabela:

Dia	Período t	A_t Real	S_t Suavizado	Índice I_t	Previsão F_t	Erro $|A_t - F_t|$
Seg.	6	25	34,217	0,74	—	—
Ter.	7	31	34,520	0,88	30,11 = 30	1
Qua.	8	42	34,325	1,24	42,80 = 43	1
Qui.	9	34	33,742	1,04	36,04 = 36	2
Sex.	10	32	32,268	1,09	37,45 = 37	5
Seg.	11				23,88 = 24	MAD = 2,25

Exercícios

17.1 Em setembro de 2009, um determinado banco tinha 1.035 correntistas. A previsão para setembro, feita em agosto, era de 1.065 correntistas. Utilize um α de 0,1 para atualizar a previsão para outubro.

17.2 Durante o meio-dia da última quarta-feira, um restaurante de *fast-food* vendeu 72 lanches. O valor suavizado calculado na semana anterior foi 67. Atualize a previsão para a próxima quarta-feira com o método da suavização exponencial simples e um α de 0,1.

17.3 Para os dados do Exercício 17.2, atualize a previsão do restaurante de *fast-food*, dado que um valor de tendência de 1,4 foi calculado para a semana anterior. Empregue um β de 0,3 para atualizar a tendência para esta semana e determine a previsão para a próxima quarta-feira por meio do método de suavização exponencial com ajuste de tendência.

17.4 A demanda por certo medicamento em um hospital tem crescido ultimamente. Para os seis últimos meses, a seguinte demanda foi observada:

Mês	Demanda (unidades)
Janeiro	15
Fevereiro	18
Março	22
Abril	23
Maio	27
Junho	26

Utilize uma média móvel de três meses para prever a demanda de julho.

17.5 Para os dados do Exercício 17.4, utilize um α de 0,1 para prever a demanda de julho.

17.6 Para os dados do Exercício 17.4, utilize um α de 0,1 e um β de 0,2 para prever a demanda de julho e agosto. Calcule a MAD para suas previsões de janeiro a junho.

17.7 Prepare um modelo de planilha de cálculo para os dados da Tabela 17.3 referentes à ocupação do hotel no sábado, e recalcule a previsão utilizando um α de 0,3. Qual é a nova MAD?

17.8 Prepare um modelo de planilha de cálculo para os dados da Tabela 17.4 referentes à taxa de ocupação semanal da companhia aérea de voos domésticos, e recalcule as previsões utilizando um α de 0,2 e um β de 0,2. Você conseguiu melhorar a MAD original?

17.9 Prepare um modelo de planilha de cálculo para os dados da Tabela 17.5 referentes aos passageiros da balsa e recalcule as previsões utilizando um α de 0,3 e um γ de 0,2. Essas modificações nas constantes de suavização melhoraram a MAD?

17.10 Prepare um modelo de planilha de cálculo para os dados da Tabela 17.6 referentes aos passageiros da balsa e recalcule as previsões utilizando um α de 0,3, um β de 0,1 e um γ de 0,2. Essas modificações nas constantes de suavização melhoraram a MAD?

Centro de Avaliação Médica Oak Hollow[3]   Estudo de caso 17.1

O Centro de Avaliação Médica Oak Hollow é uma instituição sem fins lucrativos que oferece serviços de diagnóstico multi-disciplinares para estudar crianças portadoras de necessidades especiais ou com problemas em seu desenvolvimento. O centro avalia os pacientes quanto a necessidades físicas, psicológicas ou sociais. As taxas para os serviços são baseadas em um plano que considera a capacidade de pagamento do cliente.

O centro de avaliação sobrevive em um meio altamente competitivo. Muitas organizações públicas estão competindo por recursos escassos (isto é, a síndrome da proposição 13), e muitos grupos, como médicos particulares, psicólogos e organizações que prestam serviços sociais, também estão "competindo" pelos mesmos pacientes. Como resultado, a situação financeira do centro está se tornando cada vez mais vulnerável.

O Sr. Abel, diretor do centro, está cada vez mais preocupado com a capacidade da instituição de atrair fundos adequados e servir às necessidades da população. Agora, Abel precisa desenvolver uma estimativa precisa do número futuro de pacientes, do pessoal necessário e das despesas operacionais, como parte de uma estratégia destinada a atrair fundos para o centro. Para isso, Abel contratou um professor de pesquisa operacional da universidade local para desenvolver uma previsão envolvendo o número de pacientes, o pessoal necessário para o atendimento e o orçamento para o próximo ano. O professor pediu que você o ajude no projeto. As Tabelas de 17.8 a 17.11 fornecem dados pertinentes.

Tarefas

1. Dadas as informações disponíveis e o seu conhecimento sobre diferentes técnicas de previsão, recomende uma técnica específica para este estudo. Considere as vantagens e desvantagens da técnica que você recomendou e identifique quais informações adicionais, se existirem, o Sr. Abel precisaria.

2. Desenvolva previsões para o volume de pacientes, pessoas contratadas e orçamento para o próximo ano.

Tabela 17.8   Número anual de exames realizados em pacientes*

Teste	2004	2005	2006	2007	2008
Exame físico	390	468	509	490	582
Audição e fala	102	124	180	148	204
Testes psicológicos	168	312	376	386	437
Entrevista com assistente social	106	188	184	222	244

* Todos os pacientes que chegam são submetidos a exames físicos. A seguir, os pacientes são agendados para a realização de exames complementares, se necessário.

Tabela 17.9   Custos anuais

Área	2004	2005	2006	2007	2008
Exames neurológicos e físicos	$ 18.200	$ 24.960	$ 32.760	$ 31.500	$ 41.600
Testes de audição e fala	2.040	2.074	3.960	3.950	4.850
Testes psicológicos	6.720	12.480	16.450	16.870	20.202
Entrevista com assistente social	3.320	3.948	4.416	5.550	7.592
Subtotal	$ 30.280	$ 43.462	$ 57.586	$ 57.870	$ 74.244
Outros custos	46.559	48.887	51.820	55.447	59.883
Total	$ 76.839	$ 92.349	$ 109.406	$ 113.317	$ 134.127

Tabela 17.10 Demanda mensal de pacientes, setembro de 2007 a dezembro de 2008

	Exame físico	Testes de audição e fala	Testes psicológicos	Entrevista com assistente social
2007				
Setembro	54	16	42	24
Outubro	67	21	54	31
Novembro	74	22	48	33
Dezembro	29	9	23	13
2008				
Janeiro	58	20	44	24
Fevereiro	52	18	39	22
Março	47	16	35	20
Abril	41	14	31	17
Maio	35	12	26	15
Junho	29	10	22	12
Julho	23	8	17	10
Agosto	29	10	22	12
Setembro	65	24	48	27
Outubro	81	29	61	34
Novembro	87	31	66	37
Dezembro	35	12	26	14

Tabela 17.11 Capacidade atual de pessoal*

Médicos	2 em tempo parcial, 18 horas por semana
Clínicos para testes de audição e fala	1 em tempo parcial, 20 horas por semana
Psicólogos	1 em tempo integral, 38 horas por semana
	1 em tempo parcial, 16 horas por semana
Assistente social	1 em tempo integral, 40 horas por semana

* O Centro de Avaliação Médica Oak Hollow opera 50 semanas por ano.

Gnomial Functions, Inc.[4]

Estudo de caso 17.2

A Gnomial Functions, Inc. (GFI) é uma empresa de consultoria de médio porte com sede em San Francisco especializada no desenvolvimento de previsões de demanda de produtos, vendas, consumo e de outras informações para seus clientes. Em uma escala menor, a empresa também desenvolveu modelos de uso interno para os clientes. Quando procurada por um cliente potencial, a GFI em geral estabelece um contrato básico de trabalho com a direção da empresa, o qual define os objetivos gerais do produto final, as pessoas de ambas as empresas responsáveis pelo contato inicial e um esboço do projeto (incluindo qualquer restrição de tempo para suas etapas e uma estimativa inicial do custo para o contratante). Em seguida, um grupo de pessoas da GFI é designado para definir a técnica de previsão mais apropriada e desenvolver um programa de trabalho mais detalhado, que será utilizado como base para as negociações finais do contrato. Esse grupo, que varia em tamanho de acordo com o escopo do projeto e as necessidades do cliente, realizará as atividades estabelecidas pelo programa de trabalho em conjunto com quaisquer pessoas da empresa contratante que tenham sido incluídas na equipe.

Recentemente, a GFI foi contatada pela DynaSol, empresa da região em rápido crescimento que produz, vende e instala equipamentos de aquecimento solar de água para residências e estabelecimentos comerciais. As vendas da DynaSol cresceram mais de 200% nos últimos 18 meses, e ela deseja obter uma estimativa confiável das suas vendas para os próximos 18 meses. Os administradores da empresa esperam que as vendas cresçam muito devido aos custos competitivos da energia solar, ao crédito disponível e, fundamentalmente, à mudança na atitude da população da região em relação aos chamados "sistemas solares exóticos". A empresa também observa um crescimento da competição nesse mercado. Para lidar com essa situação, é necessário tomar decisões estratégicas associadas ao futuro da empresa. Quando a GFI foi contatada, a DynaSol havia quase alcançado o seu limite de capacidade atual e, se desejar continuar a crescer com o mercado, ela deverá se expandir com a transferência da empresa para um novo local ou a construção de uma segunda fábrica. Cada uma das opções envolve custos, com vantagens e desvantagens. Os principais fatores desconhecidos com os quais os administradores estão preocupados são o crescimento do mercado para esse tipo de produto e o tamanho da fatia de mercado que a empresa poderá conquistar.

A Tabela 17.12 contém as informações preliminares disponíveis para a GFI, associadas às vendas da DynaSol no passado.

Tarefas

1. Dadas as informações disponíveis e o seu conhecimento sobre as diferentes técnicas de previsão, recomende uma técnica específica de previsão para um estudo subsequente. A contratação final da GFI ainda não foi definida, então é importante que você avalie as vantagens e as desvantagens da técnica escolhida, estabeleça de que modo ela será utilizada para tratar o problema e aponte qualquer informação adicional que você gostaria de obter.

2. Suponha que você seja um membro do pequeno departamento de marketing da DynaSol e que as negociações com a GFI fracassaram irrevogavelmente. A direção da empresa decidiu utilizar os seus conhecimentos para desenvolver uma previsão para os próximos seis meses (e, talvez, para mais seis meses após esse período), pois ela precisa de informações que apoiem as decisões sobre sua expansão. Desenvolva essa previsão e, para o benefício da direção, destaque todos os cuidados ou qualificações que achar necessários para um bom uso e entendimento das informações.

Tabela 17.12 Vendas mensais da DynaSol, setembro de 2006 a fevereiro de 2008

Mês	Vendas da DynaSol (unidades)	Vendas ($)	Vendas no mercado regional (unidades)	Vendas ($)
2006				
Setembro	24	$ 44.736	223	$ 396.048
Outubro	28	52.192	228	404.928
Novembro	31	59.517	230	408.480
Dezembro	32	61.437	231	422.564
2007				
Janeiro	30	57.998	229	418.905
Fevereiro	35	67.197	235	429.881
Março	39	78.621	240	439.027
Abril	40	80.637	265	484.759
Maio	43	86.684	281	529.449
Junho	47	94.748	298	561.479
Julho	51	110.009	314	680.332
Agosto	54	116.480	354	747.596
Setembro	59	127.265	389	809.095
Outubro	62	137.748	421	931.401
Novembro	67	148.857	466	1.001.356
Dezembro	69	153.300	501	1.057.320
2008				
Janeiro	74	161.121	529	1.057.320
Fevereiro	79	172.007	573	1.145.264

Bibliografia selecionada

Davis, C. H., and J. A. Fitzsimmons. "The Future of Nuclear Power in the United States." *Technological Forecasting and Social Change* 40, no. 2 (September 1991), pp. 151–64.

Kimes, S. E., and J. A. Fitzsimmons. "Selecting Profitable Hotel Sites at La Quinta Motor Inns." *Interfaces* 20, no. 2 (January–February 1990), pp. 12-20.

Neter, John; William Wasserman; and Michael H. Kutner. *Applied Linear Regression Models*. Homewood, Ill.: Irwin, 1989.

Wilson, J. Holton, and Barry Keating. *Business Forecasting*. Homewood, Ill.: Irwin, 1990.

Notas

1. Charles Sheehan, "Business hungry for speed adds recognition technology," *Austin American-Statesman*, September 8, 2004, p. C3.

2. C. H. Davis and J. A. Fitzsimmons, "The Future of Nuclear Power in the United States," *Technological Forecasting and Social Change* 40, no. 2 (September 1991), pp. 151–64.

3. Preparado por Frank Krafka com a orientação do Prof. James A. Fitzsimmons.

4. Preparado por Frank Krafka com a orientação do Prof. James A. Fitzsimmons.

Capítulo 18

Gerenciamento de estoque

Objetivos de aprendizagem

Ao final deste capítulo, você deverá estar apto a:

1. Discutir o papel da tecnologia da informação no gerenciamento de estoques.
2. Descrever a função, as características e os custos de um sistema de estoque.
3. Determinar o tamanho do pedido para várias aplicações de estoques.
4. Determinar o ponto de reposição e a margem de segurança para sistemas de estoque com demanda incerta.
5. Projetar um sistema de controle de estoque com revisão contínua ou periódica.
6. Fazer uma análise ABC dos itens do estoque.
7. Utilizar análise incremental ou análise de valor esperado para determinar a quantidade a ser pedida para o modelo de estoque de período único.
8. Descrever a fundamentação lógica do modelo de desconto para o varejo.

Todos nós concordamos que prateleiras cheias, com os produtos corretos, deixam os clientes satisfeitos, mas será que isso vale também para os fornecedores? Pensemos em uma farmácia com uma prateleira cheia de um determinado medicamento que só pode ser vendido mediante receita médica. Se esse remédio não for vendido rapidamente, seu prazo de validade expirará, e a farmácia não terá mais como vendê-lo. O problema está em manter o estoque disponível na mesma proporção da demanda. A farmácia certamente não pretende deixar um cliente insatisfeito por não ter o medicamento solicitado; por outro lado, também não faz parte do seu planejamento o prejuízo decorrente de um estoque de remédios com prazo de validade vencido.

Antigamente, o gerenciamento de estoque obrigava os funcionários a controlarem as vendas e o estoque disponível e, conforme "parecesse" aconselhável, a pedir a reposição por via postal ou telefônica. O sistema muitas vezes resultava em excesso de estoque ou escassez do produto (isto é, a síndrome da prateleira vazia). O gerenciamento da informação, no entanto, transformou a administração dos estoques em um processo que permite o atendimento da demanda do cliente sem causar gastos desnecessários. A adoção de sistemas de informação computadorizados para o gerenciamento dos estoques representa uma das primeiras e mais bem-sucedidas aplicações da tecnologia da informação. Todos nós estamos familiarizados com o código de barras, representado na Figura 18.1, encontrado em quase todos os itens de estoques que compramos no varejo. O código de barras fornece informações que permitem à gerência saber como está o estoque e qual é a velocidade de saída. Por exemplo, a maioria dos supermercados possui um sistema computadorizado para manter automaticamente um registro de estoque baseado na verificação por *ponto de venda (POS, point-of-sale)* dos códigos de barras de cada artigo. Quando os níveis dos estoques estão baixos (ou atingem o ponto de reposição predeterminado), um pedido de compra a um fornecedor selecionado é automaticamente emitido, mediante um *intercâmbio eletrônico de dados (EDI, electronic data interchange)*. Quando o pedido é recebido, o estoque é ajustado. Neste caso, a tecnologia da informação reduz os custos ao evitar o consumo de papel, facilitar a administração do caixa e criar um sistema que responde com rapidez a necessidades de estoque relacionadas a fornecedores, prestadores de serviços e clientes.

Figura 18.1 Aplicações do código de barras.

O rastreamento de unidades de manutenção de estoque (SKUs, *stock keeping units*) com códigos de barras em uma loja de varejo é muito eficaz quando se trata de itens individuais. No entanto, rastrear um palete na cadeia de fornecimento enquanto ele passa de um contêiner de navio para um caminhão, é descarregado em um depósito e, finalmente, é embarcado em outro caminhão para entrega a um varejista é facilitado com o uso da identificação por radiofrequência (RFID, *radio frequency identification*). A RFID é um novo conceito, no qual um pequeno dispositivo de rádio é incorporado ao palete e transmite informações que identificam seu conteúdo automaticamente à medida que o palete passa por uma esteira. Existem muitas oportunidades para a aplicação de RFID em serviços, como pulseiras médicas para pacientes nos hospitais.

À medida que é feita a leitura digital, o código de barras identifica o preço e registra o novo nível de estoque. Pedidos de reposição são feitos automaticamente quando os níveis de estoque ficam abaixo de um ponto predeterminado.
Nick Koudis/Getty Images

APRESENTAÇÃO DO CAPÍTULO

Gerenciar os bens facilitadores que fazem parte de um serviço envolve *trade-offs* de custos, serviço ao cliente e sistemas de informação. Este capítulo começa com uma discussão sobre a função do estoque em serviços, suas características e custos. Uma questão fundamental para o gerenciamento do estoque está relacionada ao volume dos pedidos, sendo desenvolvidos modelos de pedidos por quantidade para as várias aplicações de inventários.

O momento de emitir um pedido (denominado *ponto de reposição*) é outra questão do gerenciamento de estoques. Essa decisão torna-se ainda mais complicada quando os serviços enfrentam incertezas na demanda, surgindo a necessidade dos estoques de segurança para garantir a capacidade de reposição. O sistema de revisão contínua e o sistema de revisão periódica são sistemas de informação computadorizados para implementar essas tomadas de decisão. Os parâmetros de projeto para cada um desses sistemas são desenvolvidos com exemplos. A classificação ABC dos itens de inventário é utilizada para identificar o sistema computacional de estoque que deve ser instalado.

O capítulo termina com a discussão sobre duas situações especiais de estocagem. Para bens perecíveis, é desenvolvido um modelo capaz de identificar a quantidade ótima do pedido a fim de equilibrar o custo de oportunidade de uma demanda subestimada com o investimento perdido em um estoque resultante de uma estimativa de demanda superior à real. Por fim, é proposto um modelo de descontos para o varejo de itens que não estão tendo saída, a fim de gerar caixa para a compra de produtos mais populares.

TEORIA DO ESTOQUE

A teoria do estoque contempla vários aspectos da armazenagem de mercadorias e materiais, com destaque para o seu papel na operação de um serviço, as características dos vários sistemas de estocagem e os custos representados pela manutenção dos estoques.

A função do estoque em serviços

Nas organizações de serviços, o estoque desempenha variadas funções, como o desacoplamento dos estágios no ciclo de distribuição, a acomodação de uma demanda sazonal forte e a manutenção do abastecimento de materiais como margem de proteção contra aumentos de custos precipitados. Mais adiante, estudaremos essas e outras funções de maneira mais detalhada; antes, examinaremos o sistema de distribuição de estoques.

Estoque de desacoplamento: consideremos o sistema de distribuição de bens físicos apresentado na Figura 18.2. O sistema tem dois tipos de fluxo. Um é o fluxo de informação, que começa no cliente e vai até a fonte original de mercadorias ou serviços; o outro é o movimento efetivo de mercadorias – nesse caso, do produtor para o cliente – por intermédio de reservas de estoques em cada estágio do sistema.

Seguindo o diagrama, percebemos que o cliente cria uma demanda; para os objetivos de nossa análise, consideraremos essa demanda uma variável aleatória com uma correspondente distribuição de probabilidades. Por exemplo, quando ocorre a demanda por um pacote de cereais em um varejista, o item é retirado do estoque disponível – na prateleira ou no depósito da loja. À medida que essa demanda cresce, o estoque precisa ser reabastecido, o que é feito emitindo-se um pedido ao distribuidor. No entanto, do momento da emissão do pedido até o recebimento da mercadoria, o estoque disponível continua a diminuir. Esse período é denominado *intervalo para o reabastecimento* e pode variar de um dia a uma semana ou mais, bem como de um pedido para outro. Esse fluxo de informações com origem na demanda do cliente é direcionado, por sua vez, ao longo do canal de distribuição para o produtor.

Se acompanharmos a movimentação de um item, verificaremos que ele percorre seu caminho pelo canal de distribuição com paradas em vários locais de estocagem, onde é mantido em reserva para a próxima etapa da sua jornada até o cliente. Cada um desses estágios de estocagem funciona como um armazenador temporário, permitindo que cada organização interdependente do sistema opere com relativa independência e sem interrupções. Aqui observamos a *função de desacoplamento* dos sistemas de estocagem. O varejista, o distribuidor, o atacadista e a fábrica são os estágios

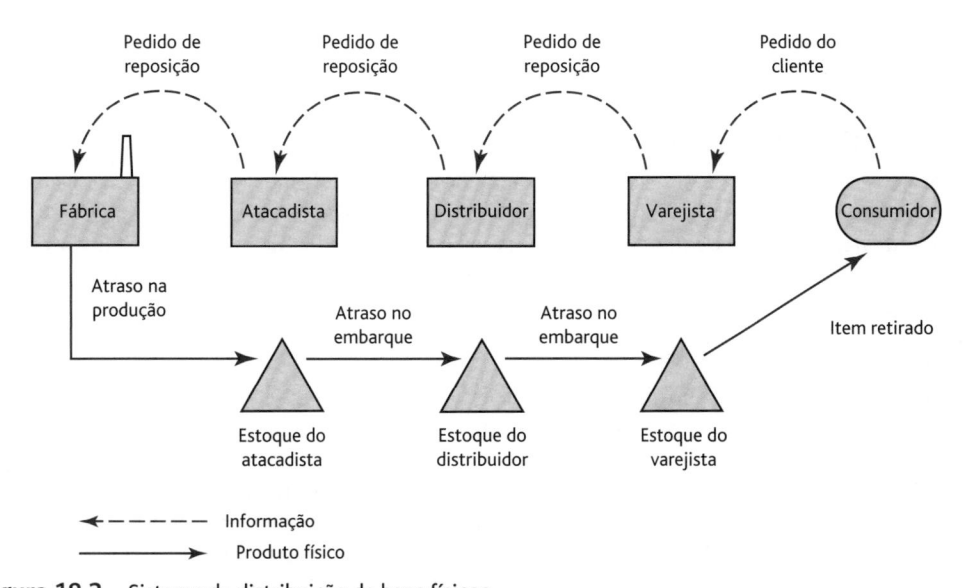

Figura 18.2 Sistema de distribuição de bens físicos.

de um sistema, e a falta de produto em qualquer dos estágios acarretaria consequências imediatas e drásticas para os demais. Os estoques, entretanto, desacoplam esses estágios e ajudam a evitar interrupções dispendiosas do serviço.

Estoques sazonais: alguns serviços enfrentam demandas sazonais significativas. Consideremos as lojas de brinquedos e as festas de fim de ano, os varejistas de artigos para acampamento e o período de férias do verão, ou as lojas de jardinagem e o período de plantio na primavera. Os serviços que apresentam períodos cíclicos de alta demanda podem acumular grandes estoques antecipadamente para atender a seus clientes.

Estoques especulativos: um serviço que recebe a informação antecipada sobre um aumento significativo no custo de uma mercadoria pode concluir que é mais econômico acumular e manter um grande estoque com os preços atuais do que solicitar reabastecimento a seus fornecedores após o aumento. A estratégia de manter um estoque especulativo é conhecida como *compra antecipada*. O inverso dessa estratégia ocorreu na primavera de 1996, quando as companhias de petróleo dos Estados Unidos conseguiram prever o reingresso do Iraque no mercado internacional de petróleo, o que reduziria o valor de mercado desse recurso. As companhias não queriam manter grandes reservas do caro petróleo "pré-Iraque", já que o preço cairia; por essa razão, deixaram suas reservas (isto é, seu estoque) diminuir drasticamente – *protegendo-se antecipadamente*.

Estoques cíclicos: o termo *estoque cíclico* refere-se às variações normais do nível de estoques. Em outras palavras, o nível de estoque é máximo logo após o recebimento de um pedido e diminui até o ponto mínimo imediatamente antes do recebimento de um novo pedido.

Estoques em trânsito: o termo *estoque em trânsito* é utilizado para itens já encomendados, mas ainda não recebidos.

Estoque de segurança: um serviço eficiente mantém um inventário de itens que seja capaz de atender à demanda esperada. Entretanto, os serviços operam em um ambiente dinâmico, o que significa que sempre haverá incertezas quanto ao intervalo de reabastecimento e quanto à demanda. Para trabalhar com essas flutuações inesperadas, muitos serviços mantêm um estoque, além daquele que seria necessário para atender à demanda esperada. Esse excesso é denominado *estoque de segurança*.

O gerenciamento de estoques lida com três questões básicas:

1. Qual deveria ser o *tamanho do pedido*?
2. Quando um pedido deveria ser emitido (denominado *ponto de reposição*)?
3. Quantos itens deveriam ser mantidos no *estoque de segurança*?

Posteriormente, veremos que a determinação do ponto de reposição está relacionada à determinação do estoque de segurança. Ambos são influenciados pelo *nível de serviço,* isto é, a probabilidade de que toda a demanda durante o intervalo de reabastecimento seja atendida (p. ex., se a probabilidade de ocorrer a falta de um produto é de 5%, então o nível de serviço é igual a 95%).

Características dos sistemas de estoque

Para projetar, implementar e gerenciar um sistema de estoque, devemos considerar as características dos itens armazenados e entender os atributos dos vários sistemas de estoque disponíveis.

Tipo de demanda do cliente: quando avaliamos o tipo de demanda, em primeiro lugar procuramos quaisquer tendências, ciclos ou sazonalidades. A demanda aumentou regularmente, sem quedas significativas, durante o período de observação, ou verifica-se um ciclo mensal no qual a demanda começa alta e diminui ao final do mês? Conforme apresentado, a demanda também pode ser sazonal.

Também é importante considerar outros atributos da demanda. A demanda pode ocorrer em unidades discretas, como o número de máscaras de mergulho vendidas por dia, ser contínua, como litros de água consumidos, ou ocorrer como uma "carga", como os passageiros de um voo. Se a demanda do cliente final pode ser descrita como uma distribuição de probabilidades, ela é denominada *demanda independente*, e, então, conseguimos prever a demanda futura. Em outros casos, a demanda por um tipo de item do estoque está relacionada à demanda por outro; por exemplo, a demanda por *ketchup* no restaurante McDonald's é dependente do número de lanches e batatas fritas vendidos. Esse tipo de demanda é chamada de *demanda dependente*.

Planejamento de longo prazo: a administração deve avaliar se vai estocar um item específico indefinidamente ou se a necessidade do item é temporária. Por exemplo, um hospital sempre necessitará de cilindros de oxigênio, mas um varejista de roupas esportivas não precisará de um fornecimento infinito de camisetas das Olimpíadas de Atenas.

Intervalo de reabastecimento: o intervalo de reabastecimento tem um impacto evidente sobre as necessidades de estoque. Se esperamos que o tempo transcorrido entre a emissão do pedido e a sua entrega seja relativamente longo, precisaremos de um estoque maior do que se prevêssemos um intervalo curto, em especial quando se trata de artigos essenciais. Se o intervalo é aleatório, com uma probabilidade de distribuição associada, utilizamos essa informação para determinar nossas necessidades de estoque durante o intervalo de reabastecimento.

Restrições e custos relevantes de estoque: algumas restrições são diretas. Por exemplo, o espaço disponível para armazenamento determina a quantidade máxima de mercadorias que podemos guardar, e a vida útil desses produtos limita o número de itens perecíveis a serem mantidos em estoque. Outras restrições são mais complexas, como os custos de manutenção de um estoque, havendo custos óbvios, como o capital empregado na armazenagem, seja em um depósito ou em um caminhão refrigerado. Os itens mantidos em estoque também representam um capital comprometido (isto é, eles são um custo de oportunidade de capital). Outros custos incluem aqueles relativos a pessoal e manutenção exigidos para administrar o estoque, assim como os custos "incidentais", como seguro e taxas sobre os bens em estoque. Outro custo a ser considerado é aquele necessário para superar as restrições existentes (p. ex., quanto custaria aumentar o tamanho do depósito ou do refrigerador?).

Custos relevantes de um sistema de estoque

O desempenho de um sistema de estoque costuma ser medido por seu custo médio anual. Os custos a serem levados em conta incluem os custos de manutenção, de pedido, de falta de produtos e de compra dos itens; a Tabela 18.1 fornece uma lista detalhada das fontes desses custos. O custo de manutenção do estoque varia com o número de itens armazenados. O custo de oportunidade associado ao capital investido no estoque é o maior componente do custo de manutenção. Outros componentes são o custo do seguro, o custo de obsolescência, o custo de deterioração e o custo do manuseio direto. O custo do pedido varia com o número de pedidos que forem emitidos. A preparação do pedido, o transporte, o recebimento e a inspeção na chegada são os principais componentes do custo do pedido de compras dos fornecedores. O custo de falta de produto varia com o número de unidades demandadas que não estavam no estoque, e esse custo inclui a margem de uma venda perdida e a perda potencial de vendas futuras. O custo de compra de um item pode depender do tamanho do pedido quando o fornecedor oferece descontos por quantidades.

Na próxima seção, desenvolveremos modelos para determinar o tamanho adequado do pedido, com base na minimização do custo anual total do sistema de estoque.

MODELOS DE PEDIDO POR QUANTIDADE

Muitos modelos têm sido desenvolvidos para responder à questão: quanto temos de pedir? Todos esses modelos utilizam os custos relevantes de estoque como critério para medir o desempenho; no entanto, cada um deles está relacionado a uma situação específica de estoque, que é mais bem descrita por um gráfico que representa o nível de estoque ao longo do tempo. A Figura 18.3 apresenta o registro de estoque real (isto é, o comportamento do estoque) durante um ano para um item de uma loja de autopeças. Conforme verificado, a taxa de demanda é considerada aproximadamente constante; portanto, os pedidos de reposição (nesse caso, 40 unidades) podem ter a chegada definida para quando as unidades em estoque se aproximarem de zero, mas ainda forem suficientes para evitar uma falta de produtos.

O comportamento do estoque ao longo do tempo em geral é modelado considerando os custos de manutenção e de pedido do estoque durante um ano comum. Por meio de cálculos, a forma funcional dos custos de estoque é diferenciada a fim de obter um valor ideal para a quantidade ótima a

Tabela 18.1 Custos do gerenciamento de estoques

Custos do pedido
- Definição das especificações dos itens a serem comprados
- Localização ou identificação de fornecedores potenciais e solicitação de preços
- Avaliação de preços e seleção de fornecedores
- Negociação de preços
- Preparação das ordens de compra
- Emissão ou transmissão das ordens de compra aos fornecedores externos
- Acompanhamento para garantir que as ordens de compras foram recebidas pelos fornecedores

Custos de recebimento e inspeção
- Transporte, expedição e recebimento
- Preparação e manuseio de registros de recibos e outros documentos
- Exame das embalagens a fim de verificar danos visíveis
- Processo para desembalar os itens
- Contagem ou pesagem de itens a fim de garantir que a quantidade correta tenha sido entregue
- Coleta de amostras e encaminhamento para organismos de inspeção e teste
- Inspeção e teste dos itens a fim de garantir que estejam em conformidade com as especificações de compras
- Transferência dos itens para as áreas de armazenagem

Custos de manutenção
- Encargos financeiros associados aos estoques
- Custo de oportunidade do capital associado a itens do estoque, depósitos e outros componentes do sistema de estoque
- Taxas e seguro
- Movimentação dos itens para dentro e fora da área de estocagem e manutenção dos registros das movimentações
- Furto ou roubo
- Fornecimento de sistemas de segurança para proteção dos estoques
- Quebra, danos e deterioração
- Obsolescência das peças e descarte de materiais com prazo de validade vencido
- Depreciação
- Espaço de armazenamento e instalações (normalmente, o dimensionamento é baseado no estoque máximo, e não na média)
- Necessidade de ambientes com controle de temperatura, umidade, limpeza, etc.
- Gerenciamento (tarefas como supervisão do pessoal do estoque, quantificação periódica do inventário físico, verificação e correção de registros, etc.)

Custos por estoque esgotado
- Vendas e lucros perdidos
- Insatisfação e má vontade do cliente; perda de clientes
- Penalidades por atraso na entrega ou por não entregar mercadorias
- Expedição de pedidos para reabastecer estoques esgotados

ser pedida, a qual é referida como Q^*. O modelo de estoque mais conhecido é uma fórmula simples que determina um lote econômico de compra para os pedidos.

Lote econômico de compra

O modelo simples do *lote econômico de compra (LEC, ou EOQ, de "economic order quantity")* que supõe uma taxa de demanda constante e a inexistência de falta de produtos, é um modelo surpreendentemente exato para itens de varejo, como açúcar, farinha e outros produtos do dia a dia. Nessa situação, a demanda apresenta-se constante, pois muitos clientes fazem compras periódicas em pequenas quantidades, e a falta desses produtos não é permitida. A Figura 18.4 representa o estoque ao longo do tempo para esse sistema simples, com um ciclo que se repete a cada fração de Q/D (isto é, quantidade do pedido/demanda anual) de um ano. Por exemplo, se Q é 100 unidades e a demanda anual D é 1.200, então o ciclo será repetido mensalmente. Queremos determinar Q^*, a

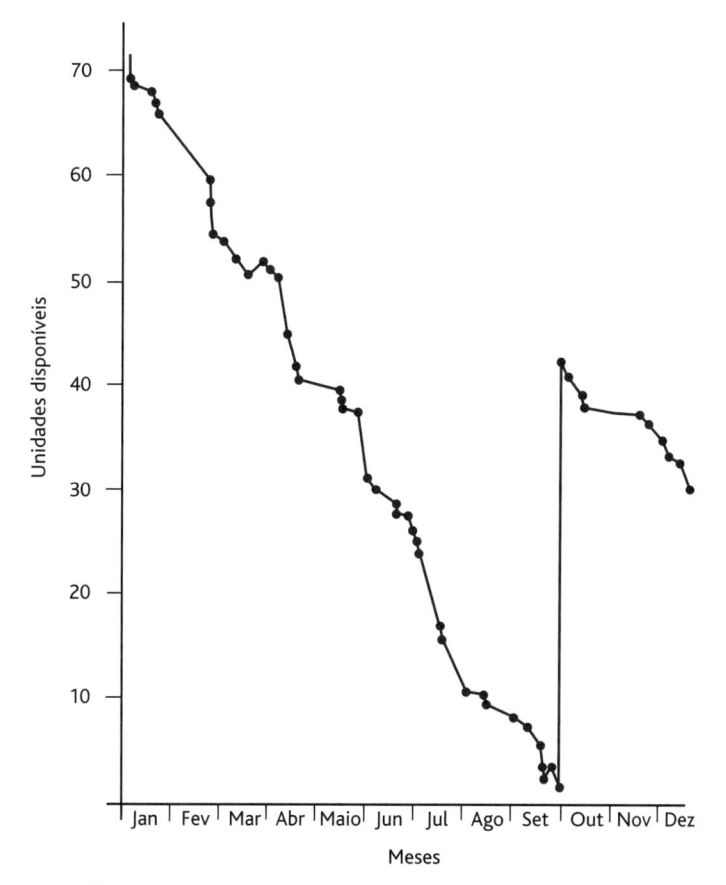

Figura 18.3 Registro de estoque real para uma loja de autopeças.

quantidade que minimiza os custos relevantes. Não há custos associados a estoque esgotado, pois isso não ocorre. Além disso, excluiremos o custo anual da compra do item, pois supomos que o custo unitário é constante e, portanto, não será afetado pelo tamanho do pedido a ser feito. Com isso, ficam dois custos incrementais (isto é, custos que variam com a quantidade a ser pedida): o custo do pedido e o custo de manutenção do estoque. A função do *custo total do lote de compra* (TC_p, de "*total cost purchase lot*") para um sistema de estoque *LEC* de um ano é:

$$TC_p = \text{custo do pedido mais custo médio de manutenção} \quad (1)$$

Podemos expressar a equação (1) de forma mais aplicável. Primeiro, definimos algumas notações:

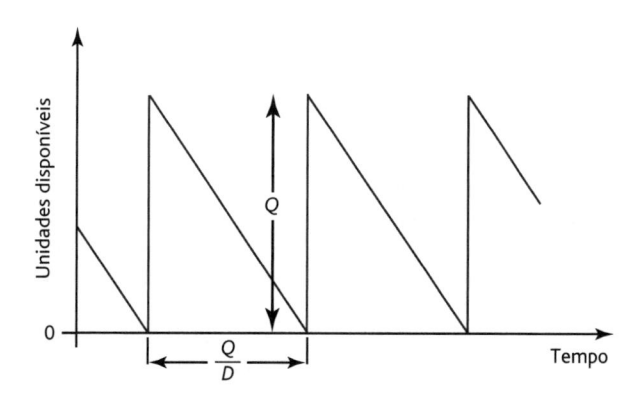

Figura 18.4 Níveis de estoque para o modelo *LEC*.

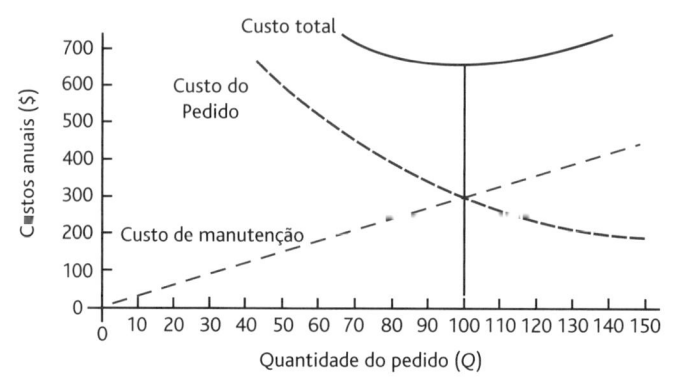

Figura 18.5 Custos anuais relevantes para o modelo *LEC*.

D = demanda em unidades por ano

H = custo de manutenção em dólares por unidade por ano

S = custo de emissão de um pedido em dólares por pedido

Q = quantidade do pedido em unidades

Observe que D e H devem ser expressos nas mesmas unidades de tempo (p. ex., meses, anos).

O custo anual do pedido é facilmente identificado. Como toda a demanda D deve ser atendida com pedidos de tamanho Q, então pedidos D/Q são emitidos anualmente. Um pedido é feito a cada vez, a um custo de S dólares, e isso resulta em um custo anual do pedido de $S(D/Q)$. O custo anual para manter o estoque também é simples. Se uma unidade é mantida em estoque por um ano, o custo de manutenção é H dólares. Considerando a Figura 18.4, o saldo máximo do estoque é Q, enquanto o saldo mínimo é zero. Isso gera um nível médio de estoque de $Q/2$ unidades. Portanto, o custo anual de manutenção do estoque é $H(Q/2)$.

Agora, podemos reescrever o custo anual relevante do sistema de estoque com a compra de lotes como

$$TC_p = S(D/Q) + H(Q/2) \quad (2)$$

Como apresentado na Figura 18.5, tanto o custo de manutenção quanto o custo do pedido variam para diferentes valores de Q, e a curva de custo total tem a forma côncava. Portanto, há um único valor de Q que fornece um custo anual total mínimo para o sistema de estoque. Esse valor naturalmente é o *LEC*; outros valores próximos a Q são apenas levemente mais caros.

Há várias formas de determinar o *LEC*. Por exemplo, podemos derivar a equação (2) em relação a Q, igualar a derivada a zero e resolver *LEC*.[1] No entanto, há uma forma mais fácil de determinar *LEC*. Observe que o TC_p mínimo ocorre quando o custo do pedido é igual ao custo de manutenção do estoque. Portanto, igualamos os dois custos e resolvemos *LEC*.

$$S(D/Q) = H(Q/2)$$
$$Q^2 = 2DS/H$$
$$EOQ = \sqrt{\frac{2DS}{H}} \quad (3)$$

Exemplo 18.1 Rocky Mountain Power—*LEC*

A Rocky Mountain Power (RMP) mantém um estoque de peças sobressalentes de valor estimado em $ 8 milhões. Esse estoque é constituído por milhares de unidades mantidas em estoque (SKUs), utilizadas para a geração de energia e a manutenção de linhas, e os saldos do estoque são atualizados em um sistema de informação computadorizado.

Os isoladores de vidro (isto é, SKU 1341) possuem uma taxa de utilização relativamente estável, em média 1.000 itens por ano. A RMP compra esses isoladores de um fabricante a um custo de $ 20 por unidade entregue

Tabela 18.2 Tabulação dos custos do estoque

Quantidade do pedido Q	Custo do pedido ($ 30)	Custo de manutenção do estoque ($ 6)	Custo total TC_p
70	428,57	210,00	638,57
80	375,00	240,00	615,00
90	333,33	270,00	603,33
100	300,00	300,00	600,00
110	272,73	330,00	602,73
120	250,00	360,00	610,00
130	230,77	390,00	620,77

no depósito de Denver. Um pedido de reposição é feito sempre que o saldo do estoque atingir um ponto de reposição predeterminado. O custo estimado associado à emissão de um pedido é de $ 30, incluindo o custo de processamento do pedido, o recebimento e a distribuição para as subestações distantes.

Estima-se que o custo anual de manutenção do estoque para o SKU 1341 seja de $ 6 por unidade. Esse custo de manutenção representa um custo de oportunidade do capital de 30%. O SKU 1341 é essencial, e a RMP deve evitar que o seu estoque se esgote. Queremos determinar o tamanho do pedido de reposição para o SKU 1341 que minimize os custos relevantes de estocagem.

Da descrição do problema, sabemos o seguinte:

D = 1.000 unidades por ano

S = $ 30 por pedido

H = $ 6 por unidade por ano

Para saber o que acontece com o custo anual total, substituímos a variável Q na equação (2) por valores numéricos. Da Tabela 18.2, verificamos que, à medida que Q aumenta em 70 unidades, o TC_p diminui, até atingir um mínimo de $ 600. Desse ponto em diante, o TC_p aumenta. Quando desenhados na Figura 18.5, esses valores demonstram que a curva do custo anual total tem a forma côncava. Obviamente, podemos calcular o LEC por meio da equação (3), que resulta em

$$EOQ = \sqrt{\frac{2DS}{H}}$$

$$EOQ = \sqrt{\frac{2(1.000)(30)}{6}} = 100 \text{ unidades}$$

O custo anual relevante quando Q^* = 100 unidades, conforme apresentado na Tabela 18.2, é de $ 600, igualmente divididos entre os custos do pedido e de manutenção. No entanto, valores próximos a Q seriam considerados mais apropriados. Por exemplo, um pedido de 120 unidades (10 caixas de 12 unidades) apresenta um TC_p que excede o LEC por apenas $ 10 ao ano.

Modelo de estoque com descontos por quantidade

Os fornecedores têm interesse no tamanho do pedido. A produção incorre em custos de organização, e isso muitas vezes define um lote de tamanho econômico. Por exemplo, o tempo e o esforço exigido para produzir um lote de quatro dúzias de biscoitos com pedaços de chocolate não é muito superior ao tempo necessário para assar um lote de uma dúzia. Do mesmo modo, as empresas de manufatura têm interesse em incentivar os clientes a comprar o lote inteiro. Além disso, é possível economizar nos custos com transporte ao utilizar navios que cobram um valor mais baixo caso os contêineres sejam completamente preenchidos com as mercadorias. Oferecer um desconto por unidade aos clientes que solicitam grandes quantidades do produto possibilita economias tanto na produção quanto no transporte. Frequentemente, o desconto ocorre para uma quantidade muito superior ao LEC do cliente. Nesse caso, há um *trade-off* entre a economia feita na compra do estoque e no gasto para manter uma quantidade maior do que a desejada. Para estudar esse *trade-off*, devemos reconhecer que agora o preço do item é uma variável e deve ser incluída na função do custo anual total. Assim, a nossa equação (2) de TC_p é modificada pela adição do custo de compra, e essa nova equação é denominada *custo total com descontos por quantidade* (TC_{qd}).

Custo total = custo de compra + custo do pedido + custo de manutenção

$$TC_{qd} = CD + S(D/Q) + I(CQ/2) \tag{4}$$

onde C = custo unitário do item em dólares
 I = custo anual de manutenção do estoque expresso como um percentual do custo do item (nota: $IC = H$)

Para demonstrar a análise de *trade-off* na avaliação de uma oferta de desconto por quantidade, retomaremos o exemplo da Rocky Mountain Power.

Exemplo 18.2 Rocky Mountain Power – o problema do desconto por quantidade

O fornecedor dos isoladores de vidro (SKU 1341) está negociando com a RMP a definição de pedidos de reposição com quantidades superiores às 100 unidades atuais. O seguinte plano de descontos por quantidade foi proposto:

Tamanho do pedido	Preço unitário ($)
1–239	20,00
240-599	19,50
≥600	18,75

Como a RMP deve reagir? Como o preço do item agora varia com a quantidade do pedido, o modelo de custo de estoque apropriado se torna a equação (4), utilizando I = 30%. No entanto, como utilizar a equação (4) para determinar a quantidade de pedido que minimiza o custo anual total do estoque, que agora inclui o custo de compra, bem como os custos de manutenção e de pedido? A Figura 18.6 ilustra uma opção, que é plotar o custo total como uma função da quantidade a ser solicitada e identificar o ponto inferior da curva *descontínua* resultante (nesse caso, no desconto para 240 unidades).

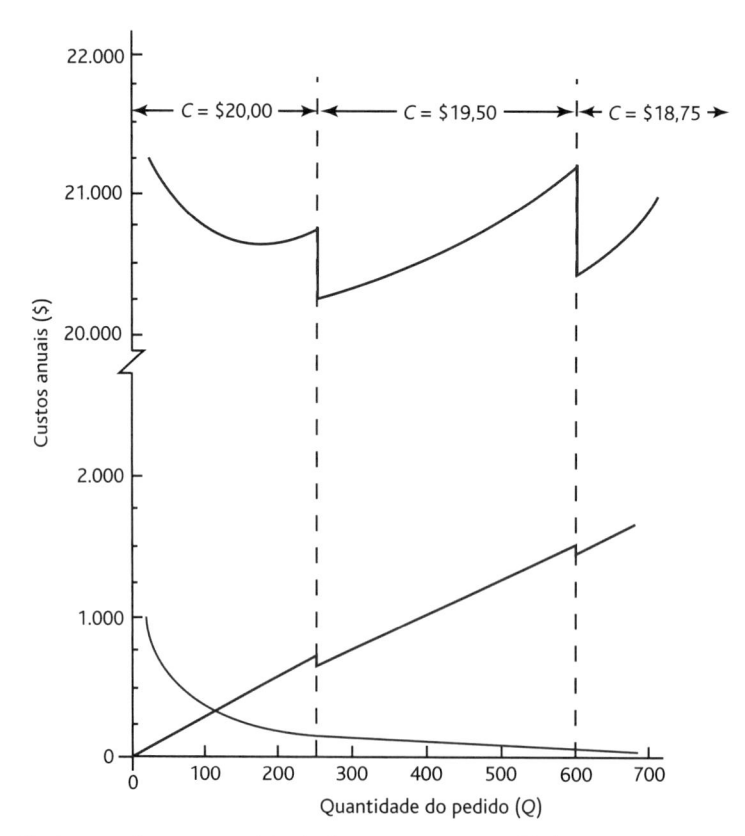

Figura 18.6 Custos anuais para o modelo de descontos por quantidade.

No entanto, podemos chegar a essa mesma conclusão por meio das seguintes etapas analíticas:

1. Calcule o *LEC* para o *menor* preço por unidade, substituindo *IC = H* na equação (3):

$$LEC = \sqrt{\frac{2DS}{IC}}$$

$$LEC = \sqrt{\frac{2(1\,000)(30)}{(0,30)(18,75)}}$$

= 103, mas o preço de $ 18,75 é apropriado somente para LEC ≥ 600.

2. Se o *LEC* está fora da faixa de preço apropriada (como ocorreu no último parágrafo), então calculamos novamente o *LEC* para o preço mais baixo seguinte e assim procedemos até que esteja na faixa de preço apropriada. Portanto, calculamos novamente o *LEC* para o preço de $ 19,50 (isto é, substituímos 19,50 por *C*) e obtemos um *LEC* corrigido de 101. Porém, esse resultado não é útil, pois o *LEC* de 101 está fora da faixa apropriada de 240 a 599 para um preço unitário de $ 19,50. A seguir, calculamos o *LEC* com *C* = $ 20 e obtemos um valor de 100, o qual é apropriado, pois se encontra dentro da faixa de 1 a 239 para um preço unitário de $ 20. A tabela a seguir resume a série de cálculos realizados até chegar ao *LEC* apropriado.

Tamanho do pedido	Preço unitário ($)	LEC
≥600	18,75	103
240-599	19,50	101
1–239	20,00	100 (*LEC* apropriado)

3. Calcule o TC_{qd} com a equação (4) para o *LEC* encontrado na etapa 2 e compare com o TC_{qd} quando a substituição é realizada apenas pelos *Qs* que obtêm os maiores descontos de preço (os pontos de descontinuidade na função TC_{qd} apresentada na Figura 18.6). Selecione o *Q* que minimiza o TC_{qd}.

TC_{qd} (*LEC* = 100) = 20(1.000) + 30(1.000)/100 + 0,30(20)(100)/2
(*C* = 20)

= 20.000 + 300 + 300

= 20.600

TC_{qd} (*Q* = 240) = 19,50(1.000) + 30(1.000)/240 + 0,30(19,50)(240)/2
(*C* = 19,50)

= 19.500 + 125 + 702

= 20.327

TC_{qd} (*Q* = 600) = 18,75(1.000) + 30(1.000)/600 + 0,30(18,75)(600)/2
(*C* = 18,75)

= 18.750 + 50 + 1.687,5

= 20.487,5

Os custos anuais totais são minimizados com um pedido de 240 unidades.

Modelo de estoque com faltas planejadas

Quando os clientes se dispõem a tolerar a falta de produto, é possível a utilização de um sistema de estoque com faltas planejadas. Por exemplo, uma loja de pneus pode não estocar todos os tamanhos de pneus de alto desempenho por saber que um cliente se dispõe a esperar um ou dois dias se o pneu em questão não estiver disponível em estoque. No entanto, para os clientes aceitarem essa estratégia, a data de entrega definida deve ser cumprida e estar dentro de um período de tempo razoável. Caso contrário, os clientes abandonariam o varejista por falta de confiança.

Por meio do intercâmbio eletrônico de dados (EDI) e da previsão de entregas dos fornecedores, é possível implementar uma estratégia de estoque mínimo. Os benefícios de tal estratégia são capturados pelo *trade-off* entre o custo de manutenção do estoque e o custo associado às faltas que podem ser *postergadas*. Um *pedido postergado* é quando um cliente se dispõe a esperar pela repo-

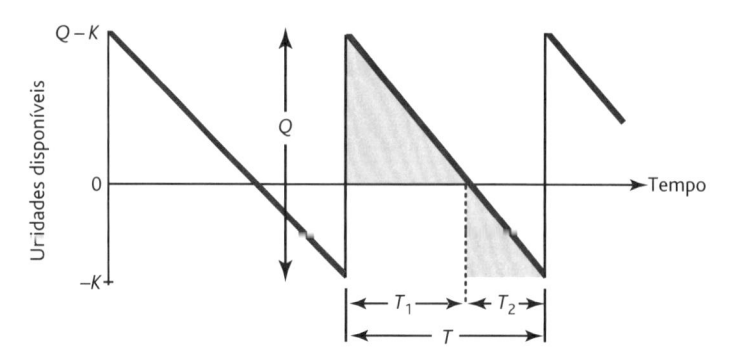

Figura 18.7 Níveis de estoque para o modelo de faltas planejadas.

sição do item e sua entrega; desse modo, a venda não é perdida. No entanto, um custo subjetivo decorre do incômodo causado ao cliente. As empresas de software levaram ao extremo essa tolerância à falta de produtos pela criação de um "vaporware", um software planejado, mas que ainda não está disponível. Assim, uma companhia anunciaria esse software para estimar o nível de demanda; no entanto, a utilização excessiva dessa estratégia expõe a credibilidade da empresa frente aos clientes. Para os varejistas, essa estratégia pode atrair clientes quando as economias no custo de estoque são transferidas para os produtos, diminuindo seus preços.

A Figura 18.7 ilustra o comportamento idealizado para um sistema de estoque com faltas planejadas, supondo uma taxa de demanda constante e clientes que esperarão até que o próximo pedido de quantidade Q seja recebido para satisfazer aos pedidos postergados acumulados até um máximo de K unidades. Uma nova equação para o custo total do estoque, denominada *custos totais com pedidos postergados* (TC_b, *total costs with backorders*), é necessária.

TC_b = custo de pedido *mais* custo de manutenção *mais* custo de postergar

$$= S\frac{D}{Q} + H\frac{(Q-K)^2}{2Q} + B\frac{K^2}{2Q} \quad (5)$$

onde K = número de faltas que resultam em entregas postergadas quando o pedido é recebido
B = custo de postergar, em dólares, por unidade por ano

Utilizando o argumento da semelhança dos triângulos da geometria (isto é, os lados e as alturas dos triângulos retângulos são proporcionais) e observando que o estoque é mantido fisicamente apenas para uma fração do ciclo do inventário, a expressão para o estoque médio pode ser derivada assim:

$$\text{estoque médio mantido durante o ciclo do inventário} = \left(\frac{Q-K}{2}\right)\left(\frac{T_1}{T}\right) \text{mas, pela}$$

semelhança dos triângulos, $T_1/T = (Q-K)/Q$ e, por substituição, obtemos $(Q-K)^2/2Q$.

Igualmente, podemos derivar a expressão para a média de pedidos postergados assim:

$$\text{número médio de pedidos postergados mantidos durante o ciclo do inventário} = \left(\frac{K}{2}\right)\left(\frac{T_1}{T}\right) \text{mas,}$$

pela semelhança dos triângulos, $T_2/T = K/Q$ e, por substituição, obtemos $K^2/2Q$.

Como a expressão do custo total do estoque apresentada na equação (5) contém duas variáveis de decisão, Q e K, devemos realizar derivadas parciais e solucionar cada variável a fim de obter os seguintes valores para o tamanho do pedido e para o número de pedidos pendentes:[2]

$$Q^* = \sqrt{\frac{2DS}{H}\left(\frac{H+B}{B}\right)} \quad (6)$$

Tabela 18.3 Valores para Q* e K* como uma função do custo do pedido postergado

B	Q^*	K^*	Níveis de estoque
$B \to \infty$	$\sqrt{\dfrac{2DS}{H}}$	0	
$0 < B < \infty$	$\sqrt{\dfrac{2DS}{H}\left(\dfrac{H+B}{B}\right)}$	$Q^*\left[\dfrac{H}{H+B}\right]$	
$B \to 0$	Não definido	Q^*	

$$K^* = Q^*\left(\frac{H}{H+B}\right) \quad (7)$$

O modelo das faltas planejadas e as equações (6) e (7) resultantes fornecem uma percepção considerável dos sistemas de estoques quando o custo B do pedido postergado puder assumir valores de 0 a ∞ conforme apresentado na Tabela 18.3. Substituir B por ∞ na equação (6) a reduzirá à clássica equação (3) para o *LEC*. Portanto, quando uma empresa utiliza o *LEC* clássico, a implicação é que o custo do pedido pendente é infinitamente grande e a falta de produto não deveria ocorrer. No entanto, como o custo de um pedido pendente tem um valor finito, a utilização da equação *LEC* resulta em um sistema de estoque com custo maior do que o necessário.

Fazer o custo do pedido pendente diminuir até zero resulta em um valor indefinido para o *LEC* devido à divisão por zero. No entanto, existem modelos de estoque que se ajustam a essa situação. Por exemplo, consideremos pacientes à espera de transplantes de coração. Como os doadores não podem ser inventariados, temos uma fila ou estoque de receptores em situação de "antecipação" de pedidos esperando um doador disponível.

Exemplo 18.3 Rocky Mountain Power – o problema das faltas planejadas

Suponha que o custo de um pedido pendente para um isolador de vidro é o preço de uma entrega FedEx da noite para o dia de $ 50. Com as equações (6) e (7), vamos calcular um novo tamanho de pedido e o acúmulo máximo de pedidos pendentes. Em comparação com a abordagem clássica do *LEC*, houve economia no custo anual total?

$$Q^* = \sqrt{\frac{2DS}{H}\left(\frac{H+B}{B}\right)} = \sqrt{\frac{2(1.000)(30)}{6}\left(\frac{6+50}{50}\right)} = 106$$

$$K^* = Q^*\left(\frac{H}{H+B}\right) = 106\left(\frac{6}{6+50}\right) = 11$$

$$TC_b = S\frac{D}{Q} + H\frac{(Q-K)^2}{2Q} + B\frac{K^2}{2Q}$$

$$= 30\frac{1.000}{106} + 6\frac{(106-11)^2}{2(106)} + 50\frac{11^2}{2(106)}$$

$$= 283 + 255 + 29 = 567$$

Lembremos que o TC_p para o *LEC* de 100 era $ 600, um valor que excedia em $ 33 o TC_b calculado anteriormente. Portanto, utilizar o modelo simples do *LEC* pode ser mais caro devido à suposição de que a falta de produtos não pode ocorrer. Observe que, em uma base anual, tanto os custos de pedido quanto os custos de manutenção foram reduzidos significativamente abaixo do valor de $ 300 para o modelo *LEC* para um custo de $ 29 por pedido pendente.

GERENCIAMENTO DE ESTOQUE SOB INCERTEZAS

A fórmula simples de *LEC* não considera incertezas na taxa de demanda ou no intervalo de reposição. A cada vez em que se faz um pedido, essas incertezas representam um risco de haver falta de produtos antes de se concretizar a reposição. Para reduzir o risco de faltas durante esse tempo, pode ser mantido um estoque extra em quantidade, além da demanda esperada durante o intervalo de reposição. No entanto, existe um *trade-off* entre o custo do investimento e da manutenção de um estoque excessivo e o custo da falta de produtos. Na maioria dos casos, exceto por uma grande sorte, sobrará algum estoque ou ocorrerá a falta de produtos, e as prateleiras estarão vazias quando o pedido de reposição chegar.

A chave para o gerenciamento de estoque sob incerteza é o conceito de *nível de serviço*. Trata-se de um termo voltado ao cliente e definido como o percentual de demanda que o estoque é capaz de atender durante um determinado intervalo de tempo. Algumas abordagens analíticas para a determinação do nível ótimo de serviço têm sido sugeridas, mas, na prática, a escolha de um nível de serviço é uma decisão política. Considere, por exemplo, uma loja de conveniência. Dependendo da competição e da paciência dos clientes, a cerveja gelada pode exigir um nível de serviço de 99%, mas um nível de serviço de 95% pode ser adequado para um pão fresco.

O nível de serviço serve para determinar o *ponto de reposição* (*ROP, reorder point*), que representa o nível de estoque disponível quando se emite um pedido. O ponto de reposição é estabelecido para alcançar um nível de serviço pré-especificado. Isso, obviamente, requer informações sobre a distribuição de frequência da demanda durante o intervalo de reposição (*LT*). Quando estabelecemos o ponto de reposição, também determinamos o nível de *estoque de segurança* (*SS, safety stock*), que é o excesso de estoque mantido durante o intervalo de reposição para alcançar o nível de serviço desejado. O ponto de reposição é igual ao nível do estoque de segurança mais a *demanda média durante o intervalo* (d_L), ou seja,

$$ROP = SS + d_L \tag{8}$$

A demanda durante o intervalo pode ser descrita na forma geral mostrada a seguir, em que a demanda diária tem uma média μ e um desvio-padrão σ:

$$d_L = \mu(LT) \tag{9}$$

$$\sigma_L = \sigma\sqrt{LT} \tag{10}$$

O teorema do limite central permite supor que a distribuição de demanda durante o intervalo de reabastecimento seja representada por uma distribuição normal, independentemente de qual seja a distribuição de demanda diária. O estoque de segurança pode, agora, ser calculado utilizando a equação a seguir, em que z_r é o desvio-padrão normal para um nível de serviço de $r\%$

$$SS = z_r \sigma \sqrt{LT} \tag{11}$$

A Figura 18.8 ilustra o conceito de estabelecer uma distribuição de demanda durante o intervalo para o caso em que a demanda diária tem uma média de 3 e desvio-padrão de 1,5, considerando um intervalo de quatro dias. Note que o *ROP* é o nível de estoque disponível quando um pedido é colocado e, portanto, deveria ser suficiente para satisfazer $r\%$ da demanda durante o intervalo. Presumimos que a demanda diária seja uma variável independente. O pressuposto de independência permite a soma das médias e variâncias das demandas diárias individuais para obter uma demanda total durante o intervalo, que segue uma distribuição normal baseada no teorema do limite central.

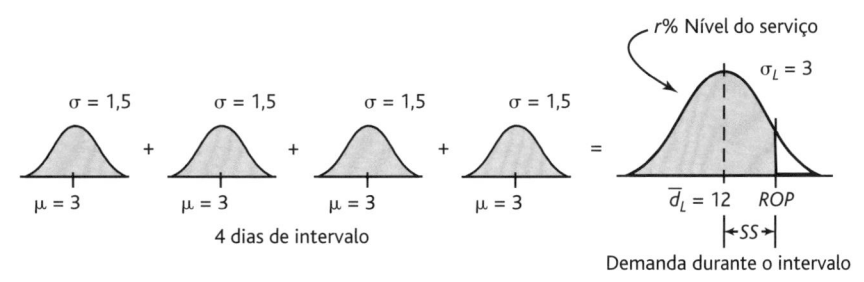

Figura 18.8 Demanda durante o intervalo de reabastecimento.

Exemplo 18.4   Rocky Mountain Power – ponto de reposição

Considere o item em estoque SKU 1341, o isolador de vidro. O sistema de informação computadorizado da RMP rastreou a taxa de demanda diária para esse item. A demanda diária parece ser distribuída normalmente com uma média $\mu = 3$ e desvio-padrão $\sigma = 1,5$. O intervalo de reabastecimento é uma constante de quatro dias. Como o SKU 1341 é um item importante para a linha de manutenção de instalações, a política da empresa é manter um nível de serviço de 95% para esse item. Que pontos de reposição e estoque de segurança devem ser recomendados?

Utilizando as equações (9) e (10), a demanda durante o intervalo para a RMP é:

$$d_L = \mu(LT) = 3(4) = 12$$
$$\sigma_L = \sigma\sqrt{LT} = 1,5\sqrt{4} = 3$$

Então, consultamos a Distribuição Normal Padrão, no Apêndice A, para constatar que $z = 1,645$ deixa uma cauda de 5% para garantir um nível de serviço de 95%. O estoque de segurança necessário para garantir o nível de serviço desejado é calculado pela equação (11):

$$SS = z_r\sigma\sqrt{LT}$$
$$= (1,645)(1,5)\sqrt{4}$$
$$= 5$$

Por meio da equação (8), encontramos o ponto de reposição para a RMP:

$$ROP = SS + d_L$$
$$= 5 + 12$$
$$= 17$$

SISTEMAS DE CONTROLE DE ESTOQUES

Diversos sistemas de controle de estoques são utilizados na prática. Eles diferem em relação aos métodos para determinar o tamanho do pedido e o momento em que um pedido de reposição deve ser feito. Restringiremos nossa discussão aos dois sistemas mais comuns: o sistema de revisão contínua (Q, r) e o sistema de revisão periódica (isto é, *order-up-to*). Em todos os sistemas de controle de estoques, duas perguntas devem ser respondidas: 1) quando um pedido deve ser feito e 2) qual deve ser a quantidade pedida. Como os sistemas de controle de estoque convivem com a incerteza da demanda, concluímos que, quando uma dessas questões for respondida utilizando um valor fixo, a resposta para a outra deve considerar a incerteza da demanda.

Sistema de revisão contínua

A Figura 18.9 representa balanços de estoque para o sistema de revisão contínua. O nível do estoque diminui de forma variável devido à incerteza da demanda até um nível predeterminado, o ponto de reposição *ROP*. Quando o balanço de estoque atinge o *ROP*, um pedido de reposição é encaminhado ao fornecedor. Para esse sistema, o tamanho do pedido *LEC* é fixo (isto é, as unidades do *LEC* sempre são encomendadas a cada vez que um pedido é feito). Um exemplo desse sistema de "duas caixas" é o balcão de cartões de felicitações da Hallmark. Ele contém um cartão de reposição

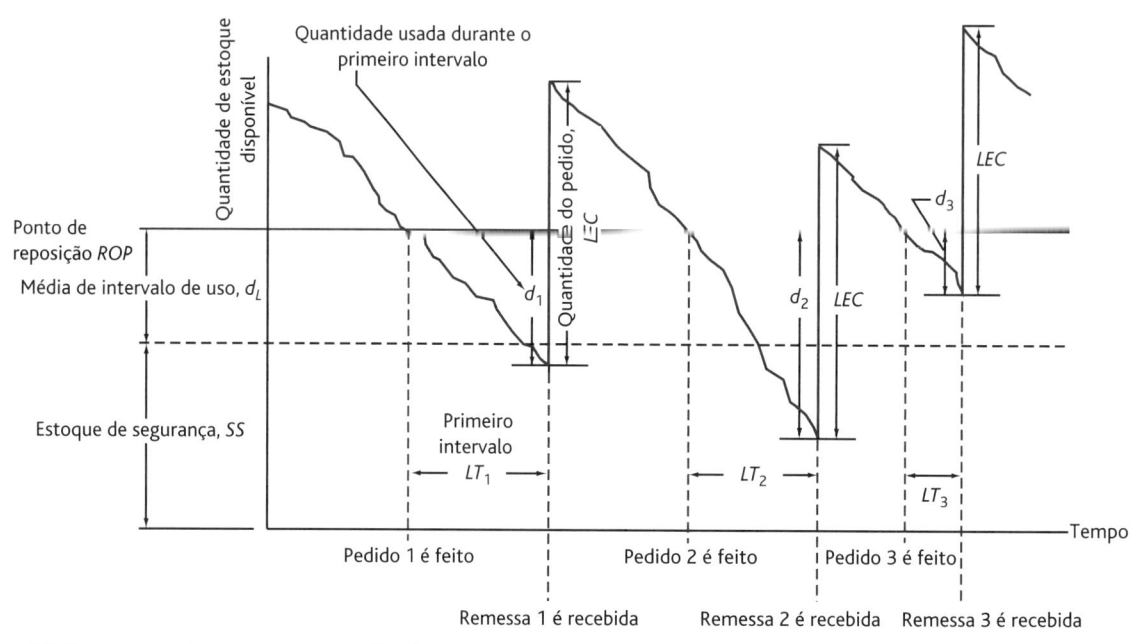

Figura 18.9 Sistema de revisão contínua (Q, r).

com o número do item no estoque atrás do expositor, para lembrar o varejista de pedir a reposição dos cartões antes que os últimos sejam vendidos.

A partir do momento em que o ponto de reposição é atingido até o recebimento da reposição, o nível do estoque continua a diminuir. Geralmente, haverá algum estoque remanescente antes de a reposição ser recebida. O balanço médio do estoque quando ocorre a reposição é o nível do estoque de segurança SS. Esse estoque é mantido como prevenção de faltas resultantes de níveis de demanda acima dos usuais e/ou de um intervalo de reabastecimento maior do que o esperado. Nessas situações, entretanto, pode ocorrer a falta de produtos. Para esse sistema, uma demanda não satisfeita durante o período de reposição fica postergada até o recebimento da reposição pedida, quando os itens que haviam sido postergados são separados e a parte restante do *LEC* é armazenada no estoque.

Observe que, para o sistema de revisão contínua, o tamanho do pedido é fixo, mas o tempo de ciclo entre os pedidos varia. Um sistema de informações computadorizado utilizando código de barras para cada SKU consegue rastrear o balanço de estoque continuamente para indicar quando o ponto de reposição é atingido. Varejistas como a Wal-Mart utilizam o *ponto de venda (POS, point-of-sale)* em caixas registradoras para acompanhar o *status* dos níveis de estoque, minuto a minuto, gerando, no final do dia, um relatório com todos os itens que tenham atingido seus pontos de reposição. Em muitos casos, o pedido de compra é gerado automaticamente pelo computador e enviado ao fornecedor ou, no caso da Wal-Mart, ao seu centro de distribuição, encarregado da próxima remessa.

Novamente, as equações para o sistema de revisão contínua são:

$$EOQ = \sqrt{\frac{2DS}{H}}$$
$$ROP = SS + \mu LT$$
$$SS = z_r \sigma \sqrt{LT}$$

Sistema de revisão periódica

A Figura 18.10 representa os balanços de estoque para o sistema de revisão periódica. Os pedidos de reposição são feitos depois de transcorrido um período fixo de revisão *RP* (*review period*). O tamanho do pedido varia, sendo calculado para alcançar o nível do estoque total (isto é, disponível e

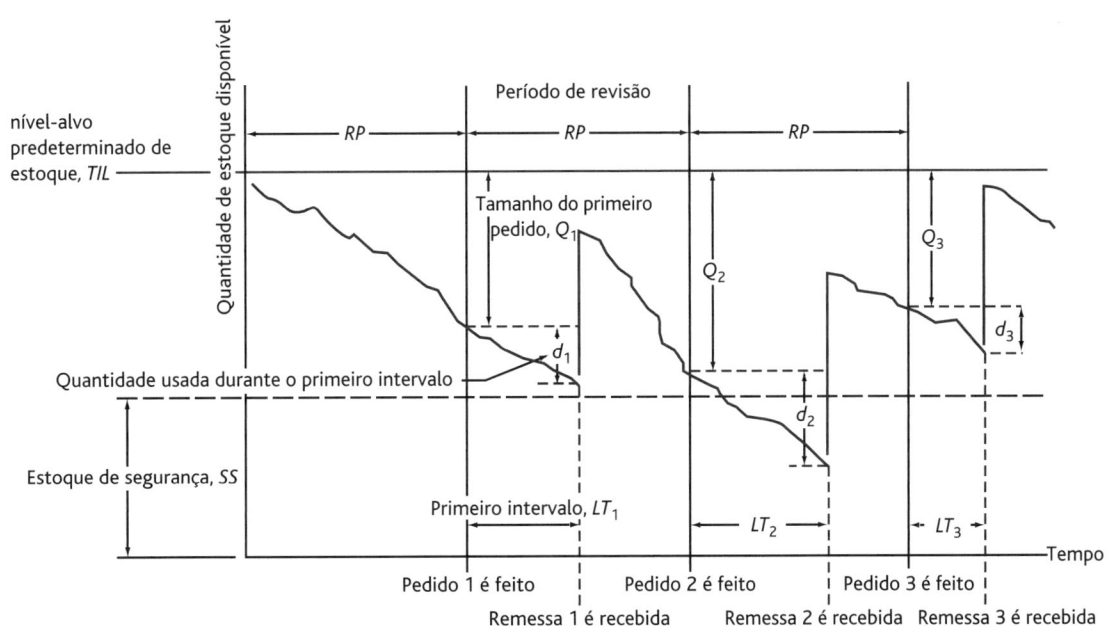

Figura 18.10 Sistema de revisão periódica (*order-up-to*).

sob encomenda) até o ponto de atingir um nível-alvo predeterminado de estoque *TIL* (*target inventory level*). Nesse sistema, podem ocorrer pedidos pendentes, exatamente como no caso do sistema de revisão contínua. Com o sistema de revisão periódica, o tamanho do pedido varia em resposta à taxa de demanda, enquanto o tempo de ciclo entre os pedidos é fixo.

Para determinar o período de revisão fixo, primeiro calculamos um *LEC e* depois dividimos o valor resultante pela demanda diária média para chegar a um tempo de ciclo esperado. O período de revisão resultante equilibra os custos de manutenção e de pedido, a fim de atingir um custo incremental total mínimo para o sistema.

O sistema de revisão periódica geralmente é utilizado quando os pedidos de muitos SKUs diferentes são consolidados para a reposição por um distribuidor ou armazém regional que efetua reabastecimentos periódicos (p. ex., reabastecimento de uma loja de conveniência uma vez por semana).

As equações de parâmetro para o sistema de revisão periódica são apresentadas a seguir, onde a demanda diária apresenta uma média μ e um desvio-padrão σ. Observe que a exposição a uma falta de produtos para o sistema de revisão periódica é o período de revisão mais o intervalo em que ocorre a falta (isto é, $RP + LT$), em vez de apenas o intervalo (LT) como no sistema de revisão contínua. Portanto, manter um estoque extra é o custo pago pela falta de informações contínuas sobre sua situação de estoque.

$$RP = EOQ/\mu \tag{12}$$

$$TIL = SS + \mu(RP + LT) \tag{13}$$

$$SS = z_r\sigma\sqrt{RP + LT} \tag{14}$$

Exemplo 18.5 Rocky Mountain Power – sistema de revisão periódica

Lembre-se do Exemplo 18.4 que, para o item de estoque SKU 1341, o isolador de vidro, a demanda diária é distribuída normalmente com uma média $\mu = 3$ e desvio-padrão $\sigma = 1,5$. No Exemplo 18.1, o *LEC* calculado é igual a 100 unidades. O intervalo de reabastecimento era uma constante de quatro dias. Novamente, como o SKU 1341 é um item importante para a manutenção de linhas, a norma da companhia é alcançar um nível de serviço de 95% para esse item. Se for selecionado um sistema de revisão periódica para controlar o estoque do isolador de vidro, quais serão o período de revisão, o nível-alvo de estoque e o estoque de segurança recomendados?

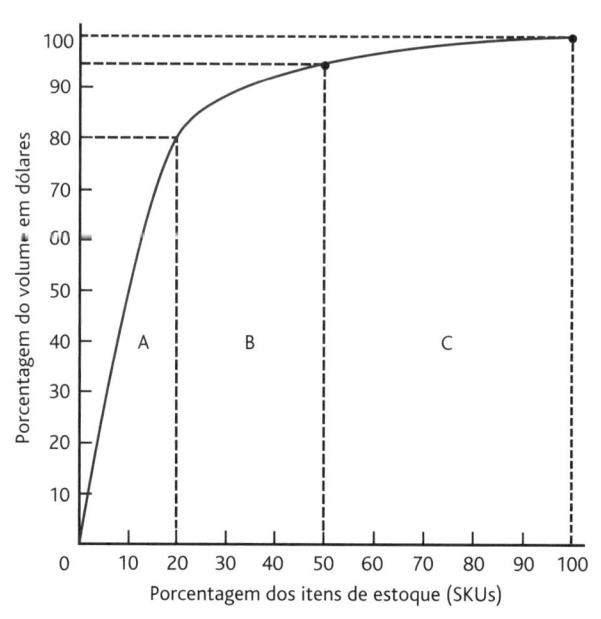

Figura 18.11 Classificação ABC de itens de estoque.

Por meio da equação (12), o período de revisão é $RP = 100/3 = 33$ dias, ou aproximadamente uma vez por mês. O estoque de segurança é calculado pela equação (14):

$$SS = z_r \sigma \sqrt{RP + LT} = (1{,}645)(1{,}5)\sqrt{33 + 4} = 15$$

O nível-alvo de inventário é determinado pela equação (13):

$$TIL = SS + \mu(RP + LT) = 15 + 3(33 + 4) = 126$$

Portanto, uma vez por mês, o estoque de SKU 1341 disponível é observado e um pedido é feito. O tamanho do pedido é igual à diferença entre a quantidade observada no estoque e o nível-alvo de 126 unidades.

A curva ABC do controle de estoque

Em geral, alguns itens, ou SKUs, são responsáveis pela maior parte do valor do estoque medido em dólares (isto é, a demanda multiplicada pelo custo do item). Portanto, devemos dar atenção a esses poucos itens que controlam a maior parte do valor do estoque. A regra 80/20, ou análise de Pareto, é útil para a classificação do estoque. O sistema de classificação ABC, apresentado graficamente na Figura 18.11, é utilizado com frequência para organizar os SKUs em três grupos, de acordo com seus valores. A classe A contém cerca de 20% dos itens do estoque, mas responde por 80% do volume em dólares. Esses itens precisam de mais atenção. No outro extremo, estão os itens da classe C, que perfazem 50% dos itens do estoque, mas respondem apenas por cerca de 5% do volume em dólares. No centro, está a classe B, que representa 30% dos itens e 15% do volume em dólares. Antes da escolha de um sistema de controle de estoque, é comum realizar uma classificação ABC. A escolha do sistema apropriado deve basear-se na importância dos itens do estoque.

A Tabela 18.4 apresenta os itens de estoque de uma loja de equipamentos eletrônicos, organizados em ordem decrescente de volume em dólares, para realizar uma classificação ABC. Nesse caso, dois itens (isto é, computadores e *home theaters*) compreendem 20% dos SKUs e respondem por 74% do volume total em dólares. Esses são os poucos itens A de grande valor que exigem atenção especial da administração, pois representam uma importante oportunidade de venda perdida se não estiverem disponíveis no estoque. Para esses itens, deve ser utilizado um monitoramento intensivo dos níveis de estoque via computador, tal como encontrado no sistema de revisão contínua.

Tabela 18.4 Itens de estoque listados em ordem decrescente de volume ($)

Item de estoque	Custo unitário ($)	Vendas mensais (unidades)	Volume ($)	Porcentagem do volume em dólares	Porcentagem dos itens de estoque (SKUs)	Classe
Home theaters	5.000	30	150.000	74	20	A
Computadores	2.500	30	75.000			
Aparelhos de televisão	400	60	24.000	16	30	B
Refrigeradores	1.000	15	15.000			
Monitores	250	40	10.000			
Caixas de som	150	60	9.000	10	50	C
Câmeras	200	40	8.000			
Software	50	100	5.000			
Pen drives	5	1.000	5.000			
CDs	10	400	4.000			
Total			305.000	100	100	

Como de hábito, 50% dos itens são responsáveis por um pequeno percentual do volume do valor do estoque em dólares (nesse caso, 10%). Esses são os itens C, baratos, que podem ser administrados menos cuidadosamente, pois uma falta não representa uma séria perda de receita. Para esses itens, é possível adotar um sistema de revisão periódica. O período de revisão pode ser relativamente longo também, o que resulta em pedidos pouco frequentes de grandes quantidades de itens de baixo valor.

Os três itens B não são tão caros que exijam atenção especial da administração, nem tão baratos para serem estocados em excesso. Tanto o sistema de revisão contínua quanto o de revisão periódica são adequados para administrá-los. Hoje, no entanto, os códigos de barras e os sofisticados sistemas de pontos de venda reduzem os custos de monitoramento dos níveis de estoque, possibilitando o uso de um sistema de revisão contínua de estoque para todos os itens.

MODELO DE PERÍODO ÚNICO PARA PRODUTOS PERECÍVEIS

Algumas vezes, as empresas acumulam um estoque, prevendo vendas futuras que ocorrerão durante um curto período de tempo; após esse período, os itens não vendidos têm seu valor drasticamente reduzido. Exemplos para varejistas incluem árvores de Natal, massas frescas, frutas e vegetais frescos, revistas e jornais. Com base em alguns dados sobre experiências de vendas passadas, a questão é: quanto estocar? Se estocarmos poucos produtos, a quantidade do pedido pode resultar em vendas perdidas. No entanto, se o pedido for muito grande, o estoque não vendido representa um investimento perdido que pode ter um valor mínimo de recuperação.

Essa decisão sobre quanto estocar será ilustrada com o clássico "problema do vendedor de jornais" (porém, para um jornal caro). Começamos com a notação, seguindo com uma distribuição de vendas esperadas incluindo $P(D < Q)$:

D = jornais demandados

Q = jornais estocados

P = preço de venda do jornal, $ 10

C = custo do jornal, $ 4

S = valor recuperado do jornal, $ 2

C_u = contribuição unitária da venda, $P - C$ = $ 6 (custo de oportunidade da demanda *sub*estimada)

C_o = perda unitária por não vender, $C - S$ = $ 2 (custo da demanda *super*estimada)

$P(D < Q)$ = probabilidade de não vender todos os jornais estocados
$P(D > Q)$ = probabilidade de vender todos os jornais estocados

D	Frequência	p(D)	Q	P(D < Q)
2	1	0,028	2	0,000
3	2	0,055	3	0,028
4	3	0,083	4	0,083
5	4	0,111	5	0,166
6	5	0,139	6	0,277
7	6	0,167	7	0,416
8	5	0,139	8	0,583
9	4	0,111	9	0,722
10	3	0,083	10	0,838
11	2	0,055	11	0,916
12	1	0,028	12	0,971

Análise de valor esperado

A Tabela 18.5 apresenta o resultado financeiro de cada combinação de jornais realmente demandados e níveis de estoque selecionados (por conveniência, limitaremos Q a valores entre 6 e 10). Utilizando a probabilidade do número de jornais a serem demandados, será calculado um lucro esperado para cada coluna da tabela de remuneração (isto é, nível de estoque Q). O nível de estoque que fornece o lucro máximo esperado será o que melhor equilibrar o custo de oportunidade de vendas perdidas com o custo de investimento em jornais não vendidos. A tabela de remuneração é mais bem construída iniciando pela célula superior esquerda. Para a célula ($D = 2$, $Q = 6$), temos o seguinte resultado financeiro:

Vendas:	2($ 10)	=	$ 20
Valor salvo:	(6 − 2)($ 2)	=	8
Renda total:			$ 28
Menos custo:	6($ 4)	=	−24
Lucro:			$ 4

Observe que, à medida que nos movemos pelas linhas, o lucro diminui em $(S - C) = 2 - 4 = -\$ 2$, pois mais um jornal não vendido deve ser salvo. Movendo-se pelas colunas de cima para baixo, o lucro aumenta em $(P - S) = 10 - 2 = \$ 8$, pois mais uma unidade não salva é vendida. Esse aumento no lucro permanece até a diagonal, onde $D = Q$ é alcançado; depois disso, o lucro permanece o mesmo, pois todo o estoque disponível é vendido e a demanda adicional não é atendida.

O lucro esperado para cada nível de estoque Q de 6 a 10 é calculado e apresentado na base da tabela. O lucro esperado para $Q = 6$ é calculado ao multiplicar a probabilidade da demanda $p(D)$ na primeira coluna pelos rendimentos na coluna 3 sob $Q = 6$:

Lucro esperado (para $Q = 6$) =
$0,028(4) + 0,055(12) + 0,083(20) + \cdots + 0,055(36) + 0,028(36) = \$31,54$

Para esse exemplo, um estoque de nove jornais ($Q^* = 9$) maximizará o lucro esperado em $ 35,99 por período.

Análise marginal

Outra abordagem para o problema do jornaleiro emprega um princípio econômico denominado *análise marginal*. O argumento é que o jornaleiro deveria continuar aumentando o estoque (tamanho de Q) até que a receita esperada da última unidade estocada excedesse a perda esperada sobre a última venda. A partir desse princípio, extraímos uma probabilidade muito útil, denominada *quantil crítico:*

Tabela 18.5 Tabela de remuneração do jornaleiro

			Estoque Q				
p(D)	D		6	7	8	9	10
0,028	2		4	2	0	−2	−4
0,055	3		12	10	8	6	4
0,083	4		20	18	16	14	12
0,111	5		28	26	24	22	20
0,139	6		36	34	32	30	28
0,167	7		36	42	40	38	36
0,139	8		36	42	48	46	44
0,111	9		36	42	48	54	52
0,083	10		36	42	48	54	60
0,055	11		36	42	48	54	60
0,028	12		36	42	48	54	60
Lucro esperado:			$ 31,54	$ 34,43	$ 35,77	$ 35,99	$ 35,33

$$E(\text{rendimento sobre a última venda}) \geq E(\text{perda sobre a última venda})$$
$$P(\text{rendimento})(\text{rendimento unitário}) \geq P(\text{perda})(\text{perda unitária})$$
$$P(D \geq Q) C_u \geq P(D < Q) C_o$$
$$[1 - P(D < Q)] C_u \geq P(D < Q) C_o \qquad (15)$$
$$P(D < Q) \leq \frac{C_u}{C_u + C_o}$$

onde:

C_u = contribuição unitária por venda de jornal (custo de oportunidade da demanda *sub*estimada)

C_o = perda unitária por não vender o jornal (custo da demanda *super*estimada)

D = demanda

Q = jornais estocados

Por meio da equação (15), encontramos $P(D < Q) \leq 6/(6 + 2) \leq 0{,}75$. Portanto, o estoque $Q = 9$, pois, como apresentado na Figura 18.12, a demanda de jornais de 2 até 8 totaliza uma pro-

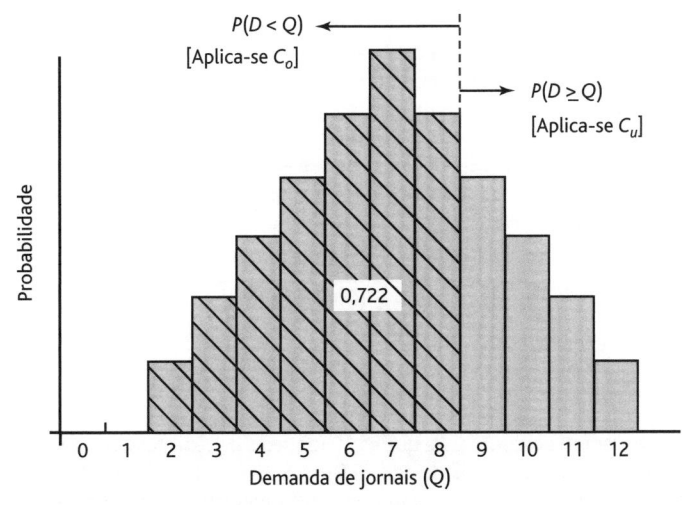

Figura 18.12 Quantil crítico para o problema do jornaleiro.

babilidade cumulativa de 0,722. Examinando a linha do lucro esperado na tabela de rendimento, confirmamos o princípio da análise marginal. A cada vez que aumentamos Q, começando com um valor de 6 na nossa tabela resumida, há um aumento correspondente no lucro até o valor de 9, após o qual o lucro diminui com a décima unidade, gerando uma perda esperada de $ 0,66.

MODELO DE DESCONTO PARA O VAREJO

Mesmo com o melhor planejamento, tentar prever a demanda por determinado produto é uma tarefa complexa. A camisa sem mangas que pareceu um grande acontecimento de moda no comércio em Las Vegas simplesmente não agradou na cidade de Peoria. Essas camisas ficaram nas prateleiras por meses, juntando poeira e impedindo o varejista de usar tal espaço para itens que seriam vendidos mais rápido. Oferecer esses itens com descontos significa perder alguma margem de lucro, e, além disso, qual seria o desconto apropriado? De qualquer forma, o varejista certamente nunca venderia os itens por um valor inferior ao custo. Esse dilema é resolvido pela determinação do ponto de equilíbrio de desconto que esvaziará o estoque de camisas rapidamente e, assim, gerará capital para investir em estoque de itens que girarão com rapidez. No varejo, o lucro é uma função dos preços multiplicados pela rotatividade. Os termos a seguir serão utilizados para a determinação do preço com desconto:

S = preço de venda atual

D = preço com desconto

P = margem de lucro sobre o custo (o percentual do preço como um decimal)

Y = número médio de anos para vender o estoque completo de camisas ao preço corrente (número total de anos para esvaziar o estoque dividido por 2)

N = *giro de estoque,* isto é, o número de vezes que o estoque de mercadorias gira durante o ano

O ponto de equilíbrio de desconto no preço será encontrado ao equacionar a perda por item e o ganho proveniente do investimento dos lucros obtidos em bons estoques:

$$\text{Perda por item} = \text{Ganho proveniente dos lucros}$$
$$S - D = D(PNY)$$

Portanto, o desconto no preço é:

$$D = \frac{S}{(1 + PNY)} \qquad (16)$$

Exemplo 18.6 Sportstown

A raquete de tênis Titanium Princess Terminator não tem vendido bem, talvez pela distribuição insatisfatória do seu peso. No entanto, ela é fabricada com qualidade e vendida no varejo a $ 29,95, com 40% de margem sobre o custo. No último ano, foi realizada apenas uma venda e 10 raquetes ficaram sobrando no estoque. Os modelos mais populares venderam em torno de 25 por ano.

O percentual sobre o custo em decimais é P = 0,40, com um preço de venda S = $ 29,95. Com vendas correntes de uma por ano, o número médio de anos para esvaziar o estoque de 10 raquetes é Y = 10/2 = 5. Se fossem boas raquetes, então 25/10 = 2,5 lotes seriam vendidos por ano; portanto, N = 2,5. Utilizando a equação (16), o preço com desconto é:

$$D = \frac{29,95}{[1 + (0,40)(2,5)(5)]}$$
$$= \frac{29,95}{6}$$
$$= \$4,99$$

Portanto, deveria haver um desconto para que as 10 raquetes de tênis fossem vendidas a $ 4,99 cada. Observe que teremos uma perda de oportunidade de $(S - D)$ = ($ 29,95 – $ 4,99) = $ 24,96 por item; no entanto, por $ 4,99, o estoque será imediatamente colocado em movimentação. O preço de $ 4,99 será remarcado em

40% e, portanto, retornará $ 2,00 cada vez que uma raquete for vendida – (0,40)($ 4,99). No entanto, um bom estoque gira 2,5 vezes em um ano, comparado a um produto ruim que vende um item por ano e, portanto, faz 2,5($ 2,00) = $ 5,00 em um ano. Como levará cinco anos em média para esgotar os produtos ruins, o ganho total de renda a partir do reinvestimento dos lucros é 5($ 5,00) = $ 25,00.

Em outras palavras, podemos manter os produtos ruins e ao final vendê-los por $ 29,95, ou vender todos imediatamente a $ 4,99, aplicar o dinheiro (isto é, $ 50,00) em estoques adequados e recuperar nossas perdas em cinco anos. Deve-se observar que o preço com desconto resulta em um ponto de equilíbrio no qual não há geração de dinheiro, e não precisamos oferecer descontos em níveis tão extremos. Como o preço no atacado era $ 29,95/1,4 = $ 21,39, poderíamos vender as raquetes inicialmente por $ 19,95. Se as raquetes forem vendidas rapidamente, vamos gerar receita, apesar de o preço de venda ser menor do que o custo, pois o dinheiro "empatado" no estoque está, agora, sendo movimentado.

Benchmark em serviços

Uma batata frita vendida no tempo certo não estraga

Hoje, software, computadores e sistemas de telecomunicação transformaram a distribuição de produtos e serviços. Os computadores da Rubbermaid "falam" com as caixas registradoras da Wal-Mart, e a Rubbermaid envia automaticamente mais vasilhas de plástico quando necessário.

A vida é um pouco mais complicada para a Frito-Lay, Inc., porque suas batatas fritas são perecíveis. Não é suficiente encher as prateleiras de um supermercado com batatas fritas e esperar até que elas sejam vendidas para repor o fornecimento. Na verdade, os representantes de vendas da Frito-Lay têm de monitorar o estoque, remover batatas fritas vencidas e substituí-las por suprimentos novos. Os representantes de vendas também devem acompanhar as promoções de cada loja, já que uma promoção afeta as vendas de um item. Outros detalhes, como os retornos, também entram nessa questão.

Para organizar e acompanhar todas essas informações, a Frito-Lay fornece a cada representante de vendas um computador portátil e instala uma impressora em cada caminhão de entrega, de maneira que os representantes imprimam notas fiscais e recibos para o supermercado. Ao final de cada dia, o computador do representante transmite por telefone os dados do dia para o sistema do computador central da empresa. As informações são então enviadas para as operações de manufatura e distribuição. Outra opção da Frito-Lay é conectar-se diretamente ao computador de um cliente.

Resumo

O gerenciamento de estoque influencia significativamente o sucesso de uma organização. Para algumas organizações, o grau de concretização de seus objetivos é afetado pelo sistema de estoque adotado. O bom gerenciamento de estoque de mercadorias é caracterizado pela preocupação com custos de manutenção do estoque, custos de pedido, custos derivados da escassez e preço de compra dos itens. Além disso, o intervalo de reposição e o nível de serviço apropriado devem ser considerados.

Devido ao uso difundido do código de barras, é uma prática comum o monitoramento do estoque por meio de computadores. Isso simplifica a manipulação de grandes quantidades de dados relevantes para as decisões relacionadas ao estoque.

Palavras-chave e definições

Estoque de segurança: estoque mantido em excesso, além da demanda esperada durante a reposição, para satisfazer a um nível de serviço desejado. *p. 484*

Giro do estoque: número de vezes que um estoque é vendido por ano, calculado mediante a divisão da demanda anual pelo estoque médio mantido. *p. 492*

Intercâmbio eletrônico de dados (*EDI, electronic data interchange*) transferência computadorizada de dados entre organizações que elimina documentos em papel. *p. 471*

Intervalo para o reabastecimento: tempo, normalmente em dias, decorrido entre a emissão de um pedido e a sua entrega pelo fornecedor. *p. 473*

Lote econômico de compra (*LEC*, ou *EOQ*, de *economic order quantity*) tamanho do pedido que minimiza o custo incremental de manutenção do estoque e o custo de pedidos para reabastecimento. *p. 476*

Nível de serviço: probabilidade de que a demanda seja atendida durante o intervalo de reposição. *p. 484*

Pedido postergado: demanda que não é satisfeita de imediato devido à falta de produtos, mas é satisfeita posteriormente, pois o cliente está disposto a esperar até que o item de reposição chegue e seja entregue. *p. 481*

Ponto de reposição: (ROP, *reorder point*) nível do estoque (itens disponíveis e pedidos) no momento em que um pedido de reposição de uma quantidade fixa é efetuada. *p. 484*

Ponto de venda: (POS, de *point-of-sale*) conexão *on-line* de transações de vendas, utilizando caixas registradoras computadorizadas, leitoras de códigos de barras ou de cartão de crédito, com um computador central permitindo a atualização imediata das informações de vendas, do estoque e preços. *p. 471*

Quantil crítico: probabilidade cumulativa de que a demanda será menor do que o nível de estoque, que constitui a garantia de que a receita marginal será, ainda que minimamente, superior ao custo marginal do último item estocado. *p. 490*

Tópicos para discussão

1. Discuta as funções do estoque para as diferentes organizações na cadeia de fornecimento (isto é, fábrica, fornecedores, distribuidores e varejistas).
2. Como poderiam ser encontrados os valores para os custos de gerenciamento do estoque?
3. Compare um sistema de estoque com revisão contínua e um sistema com revisão periódica.
4. Discuta como a tecnologia da informação ajuda a criar uma vantagem competitiva mediante o gerenciamento do estoque.
5. Qual é a validade das suposições feitas para o modelo simples do *LEC*?
6. Como é determinado o nível de serviço para a maioria dos itens de estoque?
7. A capacidade de atendimento (p. ex., os assentos de uma aeronave) tem características semelhantes às dos estoques. Que modelo de estoque poderíamos aplicar?

Exercício interativo

A turma se reúne para estimar o custo de uma lata de Coca-Cola em várias situações (p. ex., em um supermercado, uma loja de conveniência, um restaurante de *fast-food*, um restaurante convencional e um parque). O que explica essas diferenças?

Problemas resolvidos

1. Sistema de revisão contínua (Q, r)

Enunciado do problema

Um hotel planeja instalar um sistema computadorizado de estoque para gerenciar os itens complementares de higiene dos hóspedes, como sabonete e xampu. A taxa diária de utilização de sabonetes é distribuída normalmente com média $\mu = 16$ e desvio-padrão $\sigma = 3$. Uma vez feito o pedido, passa-se uma semana inteira até a entrega. O esforço para fazer um pedido e recebê-lo corresponde ao tempo de cerca de uma hora para uma pessoa do quadro de funcionários, a qual recebe $ 10 por hora. O custo de oportunidade do capital é de 20% ao ano. Um sabonete tem o preço de aproximadamente $ 0,25. Existe uma preocupação com a falta desses itens fundamentais e, portanto, uma intenção de nivelar o serviço em 94%. Recomende uma quantidade (Q) para o pedido e o ponto de reposição (r) para um sistema de revisão contínua.

Solução

Primeiro, calcule o valor de Q por meio da equação (3) para os parâmetros a seguir:

$$D = (16)(365) = 5.840 \text{ por ano}$$
$$S = 10$$
$$H = IC = (0,20)(0,25) = 0,05$$
$$EOQ = \sqrt{\frac{2DS}{H}} = \sqrt{\frac{2(5.840)(10)}{0,05}} = 1.528,4 \cong 1.500$$

Depois, determine a demanda durante o intervalo de distribuição por meio das equações (9) e (10):

$$d_L = \mu(LT) = (16)(7) = 112$$
$$\sigma_L = \sigma\sqrt{LT} = 3\sqrt{7} = 7,94 \cong 8$$

Em seguida, calcule o estoque de segurança utilizando a equação (11) e encontre o valor de z no Apêndice A, com a probabilidade de 0,06 em uma cauda:

$$SS = z_r\sigma\sqrt{LT} = (1{,}555)(8) = 12{,}44 \cong 13 \text{ (arredonde para ser mais fácil)}$$

Finalmente, o ponto de reposição é a soma do estoque de segurança e da demanda média durante o intervalo:

$$ROP = SS + d_L = 13 + 112 = 125$$

2. Sistema *order-up-to* (revisão periódica)

Enunciado do problema

O gerente de um hotel não estava interessado no monitoramento contínuo da utilização dos itens complementares do banheiro, os quais ele considerava itens C, de baixo valor. Desse modo, ele solicitou que fosse utilizado um sistema de revisão periódica. Recomende um período de revisão e estabeleça o nível-alvo de inventário para um sistema com um nível de serviço de 94%.

Solução

Primeiro, calculamos o período de revisão por meio da equação (12) com base no *LEC* do problema 1:

$$RP = EOQ/\mu = 1.500/16 = 93{,}75 \text{ dias (ou a cada três meses)}$$

Depois, calculamos o estoque de segurança utilizando a equação (14):

$$SS = z_r\sigma\sqrt{RT + LT} = (1{,}555)(3)\sqrt{94 + 7} = 46{,}9 \cong 47 \text{ unidades}$$

Finalmente, calculamos o nível-alvo de estoque por meio da equação (13):

$$TIL = SS + \mu(RP + LT) = 47\ (16)(94 + 7) = 1.663 \text{ unidades}$$

3. Bens perecíveis

Enunciado do problema

Uma empresa aérea direcionada a voos domésticos orgulha-se do serviço prestado aos seus clientes, com diferenciais como oferecer o *The Wall Street Journal* a seus passageiros da manhã. O jornal custa $ 1,50 por exemplar para assinantes. O preço de banca é $ 2,50. Quantas assinaturas devem ser feitas se um avião pequeno, com apenas seis assentos, apresentar a distribuição de demanda a seguir?

Passageiros	2	3	4	5	6
Probabilidade	0,1	0,2	0,2	0,3	0,2

Solução

Primeiro, preparamos uma distribuição $P(D < Q)$ conforme apresentado:

Q	2	3	4	5	6
P(D<Q)	0	0,1	0,3	0,5	0,8

Depois, identificamos o custo de subestimar a demanda como C_u = $ 2,50, o custo de comprar um jornal na banca para o passageiro que ficou sem jornal.

Em terceiro lugar, identificamos o custo de superestimar a demanda como C_o = $ 1,50, o custo de um jornal não lido.

Finalmente, por meio da equação (15), determinamos o quantil crítico $P(D < Q) \leq C_u/(C_u + C_o) \leq 2{,}5/(2{,}5 + 1{,}5) \leq 0{,}625$. Desse modo, deve-se adquirir uma assinatura de cinco exemplares do *The Wall Street Journal*.

Exercícios

18.1 A demanda anual de pastas vendidas pela Ted's Stationery Shop é de 10.000 unidades. A Ted's funciona 200 dias por ano. O custo unitário de uma pasta é $ 2, e o custo de solicitação de um pedido é $ 0,40. O custo para

manter uma pasta em estoque por um ano corresponde a 10% do seu valor.
   a. Qual deve ser o *LEC*?
   b. Quantos pedidos são feitos por ano?
   c. Quantos dias de trabalho transcorrem entre os pedidos?

18.2 O Deep Six Seafood é um restaurante aberto 360 dias por ano e especializado em lagostas frescas do Maine, a um custo de $ 10 cada. O frete de cargas aéreas tem aumentado significativamente, custando hoje $ 48 pela colocação de um pedido. Como as lagostas são embarcadas vivas em um tonel de água salgada, o custo do pedido não é afetado pelo seu tamanho. O custo de manter uma lagosta viva até o momento necessário é cerca de $ 0,02 por dia. A demanda de lagostas durante o intervalo de um dia é apresentada a seguir:

Demanda durante o intervalo	Probabilidade
0	0,05
1	0,10
2	0,20
3	0,30
4	0,20
5	0,10
6	0,05

   a. O Deep Six gostaria de reconsiderar o tamanho de seus pedidos. Qual seria o *LEC* recomendado?
   b. O distribuidor do Maine está disposto a oferecer um desconto de $ 0,50 por lagosta se os pedidos forem colocados em lotes de 360 unidades. O Deep Six deve aceitar essa oferta?
   c. Se o Deep Six insistir na manutenção de um estoque de segurança de duas lagostas, qual será o nível de serviço?

18.3 A Dutch Farms importa queijo em caixas da Holanda para distribuição em suas lojas do Texas. Durante o ano (360 dias), a Dutch Farms vende 1.080 caixas de queijo. Devido à deterioração, a empresa estima que o custo de armazenamento de uma caixa de queijo seja de $ 6 por ano. O custo de realizar um pedido é de cerca de $ 10. O nível de serviço desejado é 98%. A demanda por queijo durante o intervalo de um dia é apresentada a seguir.

Demanda durante o intervalo (caixas)	Probabilidade
0	0,02
1	0,08
2	0,20
3	0,40
4	0,20
5	0,08
6	0,02

   a. Calcule o *LEC* para a Dutch Farms.
   b. Quantas caixas a Dutch Farms deve manter como estoque de segurança para prevenir-se da falta de produtos?
   c. A Dutch Farms possui um depósito refrigerado com capacidade de 152 m^2. Se cada caixa de queijo requer 3 m^2 e necessita de refrigeração, quanto a Dutch Farms poderia gastar por ano com aluguel de um espaço adicional?

18.4 O distribuidor local da Macho Heavy Beer está reconsiderando suas normas de estoque agora que apenas pequenos barris serão vendidos. A previsão de vendas para o próximo ano (200 dias) é de 600 barris. O custo de armazenamento de um barril da Macho em um depósito refrigerado é de aproximadamente $ 3 por ano. A colocação de um pedido custa cerca de $ 4. A demanda pela Macho durante o intervalo de um dia é:

Demanda durante o intervalo (barris)	Probabilidade
0	0,03
1	0,12
2	0,20
3	0,30
4	0,20
5	0,12
6	0,03

   a. Recomende um *LEC* para a Macho Heavy Beer.
   b. Se os pedidos forem feitos em lotes grandes de 200 barris, a cervejaria dispõe-se a conceder ao distribuidor local um desconto de $ 0,25 sobre o preço total de cada barril. Com base na análise dos custos variáveis totais do estoque, essa oferta é atrativa?
   c. Qual é o estoque de segurança recomendado se a Macho desejar um nível de serviço de 85%?

18.5 A Books-to-Go, Inc. enfrenta problemas para esvaziar suas prateleiras dos livros de capa dura sempre que são lançadas as edições de livros de bolso. Os livros de capa dura ocupam espaço, e as vendas são lentas. O mais importante, no entanto, é que eles ocupam o recurso financeiro com o qual poderiam ser comprados novos *best-sellers*. Normalmente, os *best-sellers* de capa dura são vendidos no varejo pelo preço inicial de $ 39,95, em uma quantidade de cerca de 30 exemplares por mês durante o período inicial. Logo que os livros de bolso ficam disponíveis, as vendas de livros de capa dura caem para aproximadamente três unidades por mês. O preço de etiqueta dos *best-sellers* corresponde a 50% a mais sobre o custo.

   a. Recomende um preço com desconto para a versão em capa dura, caso a versão em livro de bolso fosse vendida por $ 12,95 e 15 livros de capa dura estivessem em estoque.
   b. Explique por que razão o preço com desconto não é influenciado pelo número de livros de capa dura em estoque.

18.6 A Spanish Interiors importa do México ladrilhos para pisos cerâmicos com vários padrões, prevendo as necessidades das empreiteiras. Esses ladrilhos costumam ser solicitados um ano antes de sua entrega, e a produção de cada padrão de ladrilho requer um molde distinto. Logo, os pedidos devem ser grandes para compensar o custo do molde. Como os pedidos são feitos muito antes das necessidades dos clientes, a companhia deve prever o que as empreiteiras vão desejar e encomendar antecipadamente os padrões para essas demandas. Ocasionalmente, alguns padrões de ladrilhos não vão agradar, e a Spanish Interiors ficará com estoques de baixa movimentação. A margem de lucro corresponde a 30% do custo do ladrilho, e a rotatividade do estoque normalmente é de cerca de três vezes por ano. Há dois padrões de ladrilhos com baixa movimentação de estoque, e a administração estima que serão necessários dois anos para que sejam comprados. Atualmente, o padrão *sunburst* é vendido no varejo a $ 0,70 o metro quadrado, e o padrão *saguaro cactus*, por $ 1,05. Calcule o menor preço com desconto para cada padrão a fim de que o estoque seja consumido rapidamente.

18.7 A demanda mensal de um item de estoque é uma variável aleatória normalmente distribuída com média de 20 unidades e variância de 4. A demanda segue essa distribuição todos os meses, 12 meses por ano. Quando o estoque alcança um nível predeterminado, é feito um pedido de reposição. O custo fixo de pedido é de $ 60 por pedido. Os itens custam $ 4 por unidade, e o custo anual de manutenção do estoque é 25% do valor médio do estoque. O intervalo de reposição é de exatamente quatro meses.

   a. Determine o *LEC*.
   b. Suponha que haverá um desconto de 10% para todas as unidades se o tamanho do pedido for igual ou maior do que 100. Que tamanho de pedido seria recomendado, considerando essa oferta?
   c. Determine o ponto de reposição e o estoque de segurança necessários para atingir um nível de serviço de 90%.

18.8 A demanda diária de um item é normalmente distribuída com média igual a 5 e variância 2. O custo para colocar um pedido é de $ 10, e a taxa de manutenção por dia é estimada em 10% do valor do estoque. O fornecedor ofereceu o seguinte plano de compra:

$$\text{Custo por unidade} = \begin{cases} \$15 \text{ se} & Q < 10 \\ \$14 \text{ se} & 10 \leq Q < 50 \\ \$12 \text{ se} & Q \geq 50 \end{cases}$$

   a. Recomende o tamanho ótimo de pedido que minimizará os custos totais do estoque (pedido e manutenção) somado ao custo de compra das unidades. Embora não seja necessário, suponha que o ano tem 360 dias.
   b. Determine o ponto de reposição e o estoque de segurança que levará a um nível de serviço de 95%, dado um intervalo de entrega constante de dois dias. Suponha que a demanda diária seja uma variável independente.

18.9 A River City Cement Co. mantém um estoque de cal, que é comprada de um fornecedor local. A River City utiliza anualmente em média 200.000 libras de cal em suas operações de manufatura (calcule 50 semanas de operação por ano). A cal é comprada de um fornecedor a um custo de $ 0,10 por libra. O custo de manutenção do estoque é 30% do valor médio do estoque, e o custo de um pedido de reposição é estimado em $ 12 por pedido.

   a. Suponha que a River City encomenda 10.000 libras de cal a cada vez que faz um pedido de reposição. Qual é o custo médio anual para manter o estoque?
   b. Determine o *LEC*. Se a previsão de demanda anual for 10% inferior à real, quanto é o "extra" que a River City está pagando anualmente devido à imprecisão de sua previsão de demanda (note que isso significa que a demanda real para a cal é uma média de 220.000 libras)?
   c. Suponha que o fornecedor ofereça à River City um desconto de 10% se a quantidade do pedido for de 13.000 libras ou mais. Além disso, suponha que a demanda anual de cal seja, em média, de 200.000 libras. Qual é o melhor tamanho para o pedido?

18.10 Um item popular estocado pela Fair Deal Department Store tem uma demanda anual de 600 unidades. O custo de compra é de $ 20 por unidade e de $ 12 para preparar um pedido de compra. O custo anual de manutenção do estoque é 20% do custo de compra. O gerente tenta manter a probabilidade de falta de produtos em 5% ou menos. A demanda durante o intervalo é uniforme, entre 30 e 70 (isto é, a probabilidade do intervalo é 1/41 = 0,0244 para a demanda = 30, 31,..., 70).

   a. Calcule o *LEC*.
   b. Calcule o ponto de reposição.
   c. Calcule o estoque de segurança.
   d. Se comprarmos 80 unidades ou mais, o custo unitário de compra diminui para $ 19. Calcule o *LEC* para tal caso de desconto por quantidade.

18.11 A Supermart Store está prestes a emitir um pedido de bombons para o Dia dos Namorados. A caixa de bombons é comprada a $ 1,40 e vendida a $ 2,90 até o Dia dos Namorados. Após essa data, as caixas restantes são vendidas a $ 1,00 cada. Todas as caixas excedentes podem ser vendidas a esse preço reduzido. A demanda ao preço de varejo normal é uma variável aleatória com a seguinte distribuição de probabilidade discreta:

Demanda (caixas)	Probabilidade
8	0,15
9	0,15
10	0,30
11	0,30
12	0,10

a. Determine a demanda esperada de caixas de bombons ao preço de varejo normal.
b. Determine o número ótimo de caixas para o estoque utilizando a abordagem de quantil crítico.
c. Qual é o lucro esperado para o pedido na parte b?

18.12 Suponha que a empresa XYZ, com uma demanda anual de 12.000 unidades, um custo de pedido de $ 25 e um custo anual de manutenção de $ 0,50 por unidade, decide operar com uma política de estoque de faltas planejadas, com o custo de pedido pendente estimado em $ 5 por unidade por ano.

a. Determine o *LEC*.
b. Determine o número máximo de pedidos pendentes.
c. Determine o nível máximo de estoque.
d. Determine o tempo de ciclo em dias de trabalho (suponha 250 dias de trabalho por ano).
e. Determine o custo total do estoque por ano.

18.13 A loja A & M Hobby Shop mantém uma linha de carrinhos de corrida controlados por rádio. Suponha que a demanda desses carros apresente uma taxa constante de 40 carros por mês. O custo dos carros é de $ 60 cada, e os custos de pedido são de, aproximadamente, $ 15 por pedido, independentemente do tamanho do pedido. Os custos de manutenção do estoque são de 20% anualmente.

a. Determine o *LEC* e os custos anuais totais, considerando que não são permitidos pedidos pendentes.
b. Com um custo de pedido pendente de $ 45 por unidade por ano, determine a política de estoque de custo mínimo e o custo anual total.
c. Qual é o número máximo de dias que um cliente teria de esperar por um pedido pendente, considerando a política utilizada na parte b? Suponha que a Hobby Shop esteja aberta para vendas 300 dias por ano.
d. Você recomendaria uma política de estoque com ou sem pedido pendente para esse produto? Explique.
e. Se o intervalo for de seis dias, qual é o ponto de reposição em termos de estoque disponível para ambas as políticas de estoque – com e sem pedido postergado?

18.14 A J & B Card Shop vende calendários com fotos de recifes de corais diferentes para cada mês do ano. O calendário de cada ano chega em setembro. Por experiências anteriores, a demanda desses calendários nos meses de setembro até julho pode ser aproximada por uma distribuição normal, com média 500 e desvio-padrão 120. O custo dos calendários é de $ 1,50 cada, e a J & B vende-os a $ 3 cada.

a. Se a J & B descartar todos os calendários não vendidos ao final de julho (isto é, o valor salvo é zero), quantos calendários deveriam ser encomendados?

b. Se a J & B reduzir o preço do calendário para $ 1 ao final de julho e puder vender todos os calendários excedentes a esse preço, quantos calendários deveriam ser encomendados?

18.15 A Gilbert Air Conditioning Company está avaliando a compra de uma remessa especial de aparelhos de ar-condicionado portáteis do Japão. Cada unidade custará à Gilbert $ 80 e será vendida por $ 125. A Gilbert não deseja manter aparelhos excedentes para o ano seguinte. Portanto, todo abastecimento será vendido a um atacadista que concordou em aceitar as unidades excedentes por $ 50 cada. Dada a distribuição de probabilidade para os aparelhos de ar-condicionado a seguir, recomende o tamanho do pedido e o lucro previsto, utilizando a análise do valor esperado:

Demanda	Probabilidade estimada
0	0,30
1	0,35
2	0,20
3	0,10
4	0,05

18.16 Para restringir a dependência do petróleo importado, a Four Corners Power Company decidiu cobrir uma parte fixa da demanda regional de eletricidade empregando carvão mineral. A demanda anual de carvão mineral está estimada em 500.000 toneladas, as quais são utilizadas uniformemente durante todo o ano. O carvão mineral pode ser extraído perto da usina e entregue com uma instalação que exige dois dias, a um custo de $ 2.000 por jornada de mineração. Os custos de manutenção do estoque de carvão mineral são de cerca de $ 3,00 por tonelada ao ano.

a. Determine o tamanho econômico de pedido de carvão mineral considerando 250 dias de trabalho por ano.
b. Supondo que a demanda diária de carvão mineral seja normalmente distribuída com média de 2.000 toneladas e desvio-padrão de 500 toneladas, que quantidade deveria ser estabelecida como estoque de segurança a fim de garantir um nível de serviço de 99%?
c. Se o carvão mineral fosse extraído em quantidades de 50.000 toneladas por pedido, uma economia de US$ 0,01 por tonelada poderia ser obtida pela companhia. A Four Corners Power Company deveria reavaliar a quantidade de carvão mineral produzida calculada na parte a?
d. Qual seria a base para determinar o custo de falta de carvão mineral para a Four Corners Power Company?

18.17 Um atacadista depara-se com uma demanda constante de 200 caixas de sabão em pó por semana de seus varejistas. Ele obtém o produto de um fabricante a $ 10 por caixa, após o pagamento dos custos de transporte. O custo médio para colocar cada pedido é de $ 5, e ele calcula as despesas de manutenção do estoque como 20% do valor médio do estoque disponível no período de um ano.

a. Calcule o *LEC* para esse produto.
b. Supondo um intervalo constante de cinco dias para esse produto, qual é o ponto de reposição mínimo que permitirá ao atacadista fornecer 100% de serviço ao cliente? Considere cinco dias de operação por semana.
c. Determine o custo anual total desse produto para o atacadista.
d. O fabricante oferece ao atacadista um desconto de $ 1 por caixa para a compra em quantidade de 400 ou mais caixas. O atacadista deveria aproveitar esse desconto?

18.18 A Leapyear Tire está interessada em manter deliberadamente um número insuficiente de pneus com baixo preço. Se um cliente solicitar um orçamento de um pneu com baixo preço que não está disponível, um funcionário tentará vender um pneu substituto mais caro, mas, se essa estratégia falhar, o cliente será colocado em uma lista de espera e notificado quando a encomenda chegar do distribuidor. A Leapyear Tire deseja projetar um sistema de encomenda que permita que os pedidos postergados se acumulem até aproximadamente um décimo da quantidade do pedido de reposição até o momento em que a entrega chegue do distribuidor. O custo para manter um pneu em estoque por um ano é de $ 2, e o custo de fazer um pedido junto ao distribuidor é de $ 9.

a. Qual é o custo implícito de fazer o cliente esperar por um pedido?
b. Qual seria a quantidade recomendada para o pedido de um pneu 195HR14 com uma demanda anual de 1.000 unidades?

Consultoria A.D. Small — Estudo de caso 18.1

A A.D. Small, Inc. oferece serviços de consultoria na área de administração com escritórios localizados em mais de 300 cidades nos Estados Unidos e no exterior. O recrutamento da sua equipe é feito considerando os melhores estudantes de programas de MBA reconhecidos. Após ingressar na empresa, o novato passa por um programa de dois meses de treinamento intensivo na sede em Boston e, depois de ter completado o programa de treinamento com sucesso, é designado para uma equipe de consultoria em um escritório.

Para ter certeza de que o programa de treinamento cobre novos conceitos e técnicas de administração, a A.D. Small mantém em seu quadro professores internacionalmente reconhecidos da Harvard Business School e da Sloan Scholl of Management da MIT para conduzir o programa. Os professores recebem um pagamento fixo por seus serviços, de maneira que o custo do programa de treinamento, excluindo os salários pagos aos novatos enquanto cumprem o programa, não dependa do número de novos empregados participantes. Os salários dos professores e outras despesas do programa de treinamento chegam a um total de aproximadamente $ 850.000.

Devido à tendência de o pessoal da área de consultoria ser bem qualificado e desenvolver muitos contatos com organizações por meio do processo de consultoria, os membros da equipe da A.D. Small têm acesso a muitas oportunidades lucrativas de emprego em cargos permanentes nas empresas clientes. A fim de manter uma relação harmoniosa com os seus clientes, a A.D. Small não tem como desencorajar o assédio à sua equipe. Como resultado, a A.D. Small tem de contratar em torno de 180 novos profissionais por ano para substituir os membros da equipe que saem da empresa. Esse fato ocorre na A.D. Small com uma taxa essencialmente uniforme durante todo o ano. A taxa de desgaste é de cerca de 3,5 pessoas por semana.

Thornton McDougall, diretor de recursos humanos da A.D. Small, estava discutindo os problemas de pessoal com o presidente, Lou Carlson. "Lou, estive vendo alguns números, e parece que devemos repensar o nosso programa de treinamento. Como você sabe, precisamos de cerca de 180 novas pessoas a cada ano e adquirimos o hábito de trazer 180 novos profissionais todo mês de junho para o nosso programa de treinamento anual. No entanto, no dia da formatura, temos 180 pessoas na folha de pagamento além de nossa necessidade, cada uma ganhando em torno de $ 90.000 ao ano. Durante o ano, é claro, as posições tornam-se disponíveis para esses novos profissionais devido ao processo de desgaste natural, mas até que as posições sejam abertas, ficamos carregando um excedente de uma mercadoria muito cara. Talvez seja prudente conduzir mais de um programa de treinamento por ano, com menos participantes. Dessa forma, conseguiríamos reduzir o período entre o momento em que um indivíduo está na folha de pagamento e o momento em que essa pessoa realmente é necessária".

Lou Carlson respondeu: "Thornton, essa é uma ideia interessante. Parece que existem duas questões fundamentais a serem abordadas. A primeira questão é com que frequência devemos conduzir um programa de treinamento. A segunda questão é quantas pessoas devem ser inscritas em cada sessão. Além disso, temos de reconhecer as nossas obrigações com os nossos clientes. Precisamos ter certeza de sempre ter um número suficiente de pessoas treinadas disponíveis para atender às nossas contas. O único risco que não podemos correr é ter uma escassez de pessoal qualificado".

Tarefa

Use modelos de estoque para trabalhar as questões de Lou Carlson. Dê suporte às suas recomendações com uma justificativa de custos.

Last Resort[3]

Estudo de caso 18.2

O restaurante Last Resort é famoso por sua sobremesa de creme especial chamada Doce Vingança. Feita com camadas de massa recheadas com creme e licor de café e uma cobertura delicada de baunilha e chocolate escuro, a sobremesa é baseada na receita de Thomas Quinn, famoso *chef* que serviu no exército inglês na Bélgica durante as guerras napoleônicas.

Infelizmente, devido aos delicados ingredientes de laticínios frescos, a Doce Vingança deve ser servida no dia em que é feita. Isso representa um problema para o proprietário, porque ele deve instruir o *chef* sobre quantas sobremesas preparar a cada dia. O proprietário e bisneto, Martin Quinn, determinou que a contribuição para os custos fixos e o lucro de cada porção de Doce Vingança é de $ 2,95, baseado em um preço de cardápio de $ 3,95 menos um custo de $ 1,00 para a produção.

Quinn acredita que a falta de estoque da sobremesa prejudica a reputação do restaurante. Embora ele sinta que talvez seja difícil provar esse fato, ele acredita que a falta de estoque da sobremesa seja aceitável para 80% dos clientes. Ele também acredita que 20% das pessoas ficariam realmente chateadas com a situação e estima que metade dessas pessoas ficaria chateada o suficiente a ponto de não voltarem ao Last Resort por algum tempo. A perda de negócios referente a esse grupo seria de aproximadamente $ 20 por pessoa decepcionada. A outra metade do grupo decidiria nunca mais voltar. O valor presente dos negócios futuros perdidos para esse grupo é estimado em $ 100 por pessoa decepcionada.

Quinn reuniu dados sobre a quantidade de sobremesas especiais pedidas a cada dia para um período representativo mostrado na Tabela 18.6. Ele acredita que não há uma tendência sazonal ou diária para a demanda.

Questões

1. Presumindo que o custo da falta de estoque é a contribuição perdida de uma sobremesa, quantas porções o *chef* deve preparar a cada dia da semana?
2. Com base na estimativa de Martin Quinn a respeito de outros custos de falta de estoque, quantas porções o *chef* deve preparar?
3. Se, historicamente, as sobremesas foram preparadas para cobrir 95% da demanda, qual foi o custo implícito da falta de estoque?

Tabela 18.6 Demanda semanal para a Doce Vingança

Segunda	Terça	Quarta	Quinta	Sexta
250	275	260	300	290
235	250	295	310	360
240	275	286	236	294
289	315	340	256	311

Elysian Cycles[4]

Estudo de caso 18.3

Localizada em uma das principais cidades do sudoeste dos Estados Unidos, a Elysian Cycles (EC) é uma distribuidora atacadista de bicicletas e peças de bicicletas. Seus principais varejos estão localizados em oito cidades, em um raio de 640 quilômetros do centro de distribuição. Esses varejistas em geral recebem as encomendas para estoque adicional até dois dias após notificarem o centro de distribuição (se as mercadorias estiverem disponíveis). A administração da companhia sente que essa é uma ferramenta de marketing valiosa, que contribui para sua sobrevivência em um setor muito competitivo.

A EC distribui uma grande variedade de bicicletas, baseadas em cinco *designs* em diversos tamanhos. A Tabela 18.7 discrimina as opções de produtos disponíveis no varejo.

A EC recebe os diferentes estilos de um único fabricante no exterior, e as remessas podem demorar quatro semanas a partir do momento em que o pedido é colocado via telefone ou telex. Incluindo os custos de comunicação, papel e taxas de liberação, a EC estima que o montante para cada pedido chegue a $ 65. O custo por bicicleta é de aproximadamente 60% do preço de etiqueta sugerido para qualquer um dos modelos disponíveis.

A demanda para essas bicicletas apresenta um caráter um tanto sazonal, sendo maior na primavera e no início do verão e diminuindo no outono e no inverno (exceto por um grande pico nas seis semanas que antecedem o Natal). Uma análise do ano anterior dos negócios com o varejo forma a base para o plano de operações anuais da EC. Um fator de crescimento (positivo ou negativo) serve para refinar a estimativa de demanda, refletindo o mercado anual por vir. Por meio do desenvolvimento de um plano anual e de sua atualização quando apropriado, a EC consegue estabelecer uma base razoável para a obtenção de qualquer financiamento bancário necessário. A demanda mensal do último ano para os diferentes modelos de bicicletas que a EC distribui é apresentada na Tabela 18.8.

Tabela 18.7 Preços e opções de bicicletas disponíveis

Estilo do quadro	Tamanhos disponíveis (polegadas)	Marchas (nº)	Preço sugerido (US$)
A	16, 20, 24	10	99,95
B	16, 20, 24	15	124,95
C	16, 20, 24, 26	15	169,95
D	20, 24, 26	15	219,95
E	20, 24, 26	21	349,95

Devido ao aumento da popularidade das bicicletas para fins de recreação e também para substituir um pouco o uso do automóvel, a EC acredita que seu mercado pode crescer em torno de 25% no próximo ano. No entanto, houve anos em que o crescimento esperado não se concretizou. Por isso, a EC decidiu basear seu plano em um fator de crescimento mais moderado, de 15%, a fim de permitir variações nos hábitos de compra do consumidor e assegurar que não aumentará demasiadamente o seu estoque se a expectativa de venda não se concretizar. Os custos de manutenção associados ao estoque de qualquer tipo de bicicleta estão estimados em cerca de 0,75% do custo unitário mensal de uma bicicleta.

Tarefa

Desenvolva um plano de controle de estoque que sirva de base para o planejamento da EC no próximo ano. Justifique suas razões para a escolha de um tipo específico (ou combinação de tipos) de sistema(s). Com base no seu plano, especifique as exigências do estoque de segurança se a EC instituísse uma política de manutenção com um nível de serviço de 95%.

Tabela 18.8 Demanda mensal de bicicletas

	Estilo do quadro					
Mês	A	B	C	D	E	Total
Janeiro	0	3	5	2	0	10
Fevereiro	2	8	10	3	1	24
Março	4	15	21	12	2	54
Abril	4	35	40	21	3	103
Maio	3	43	65	37	3	151
Junho	3	27	41	18	2	91
Julho	2	13	26	11	1	53
Agosto	1	10	16	9	1	37
Setembro	1	9	11	7	1	29
Outubro	1	8	10	7	2	28
Novembro	2	15	19	12	3	51
Dezembro	3	30	33	19	4	89
Total	26	216	297	158	23	720

Bibliografia selecionada

Chiang, W.; J. A. Fitzsimmons; Z. Huang; and S. X. Li. "A Game-Theoretic Approach to Quantity Discount Problems." *Decision Sciences* 25, no. 1 (January–February 1994), p. 153–68.

Dutta, Amitava; Hau L. Lee; and Seungjin Whang. "RFID and Operations Management: Technology, Value, and Incentives." *Production and Operations Management* 16, no. 5 (September–October 2007), p. 646–55.

Gallego, Guillermo; Robert Phillips; and Ozge Sahin. "Strategic Management of Distressed Inventory." *Production and Operations Management* 17, no. 4 (July–August 2008), p. 402–15.

Nair, Suresh K., and Richard G. Anderson. "A Specialized Inventory Problem in Banks: Optimizing Retail Sweeps." *Production and Operations Management* 17, no. 3 (May–June 2008), p. 285–95.

Tedlow, Richard S. *New and Improved: The Story of Mass Marketing in America.* Boston: Harvard Business School, 1996.

Vollmann, T. E.; W. L. Berry; and D. C. Whybark. *Manufacturing Planning and Control Systems,* 4th ed. New York: Irwin/McGraw-Hill, 1997.

Notas

1. $dTC_p/dQ = -DS/Q^2 + H/2 = 0$, de forma que $Q^2 = 2DS/H$ e $Q^* = \sqrt{2DS/H}$.

2. Tomando a derivativa parcial da equação (5) com relação a K temos $-2H(Q-K)/2Q + 2BK/2Q$, que é estabelecido = 0 e resolvido para $K^* = Q[H/(H+B)]$. Observe que $Q - K = Q[B/(H+B)]$ e substituindo por K em (5) tem-se um $TC_b = DS/Q + H[BQ/(H+B)]^2/2Q + B[HQ/(H+B)]^2/2Q$. Tomando-se a derivativa parcial com relação a Q temos $-DS/Q^2 + HB^2/2(H+B)^2 + BH^2/2(H+B)^2$, que é estabelecido = 0 resolvido para $Q^* = \sqrt{2DS(H+B)/HB}$.

3. Adaptado de Earl Sasser, R. Paul Olsen, and D. Daryl Wyckoff, *Management of Service Operations* (Boston: Allyn and Bacon, 1978), p. 102–3.

4. Esse estudo de caso foi preparado por James H. Vance, com a orientação do professor James A. Fitzsimmons.

Apêndice A

Áreas de distribuição normal padrão[1]

Uma entrada na tabela é a área sob a curva que fica entre $z = 0$ e um valor positivo de z. A área na extremidade pode ser encontrada ao subtrair 0,5 da entrada da tabela. As áreas para os valores negativos de z são obtidas pela simetria. Por exemplo, a área na extremidade direita para um z positivo de 1,65 é $(0,5 - 0,4505) = 0,0495$.

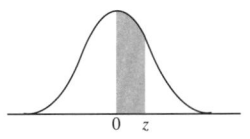

z	0,00	0,01	0,02	0,03	0,04	0,05	0,06	0,07	0,08	0,09
0,0	0,0000	0,0040	0,0080	0,0120	0,0160	0,0199	0,0239	0,0279	0,0319	0,0359
0,1	0,0398	0,0438	0,0478	0,0517	0,0557	0,0596	0,0636	0,0675	0,0714	0,0753
0,2	0,0793	0,0832	0,0871	0,0910	0,0948	0,0987	0,1026	0,1064	0,1103	0,1141
0,3	0,1179	0,1217	0,1255	0,1293	0,1331	0,1368	0,1406	0,1443	0,1480	0,1517
0,4	0,1554	0,1591	0,1628	0,1664	0,1700	0,1736	0,1772	0,1808	0,1844	0,1879
0,5	0,1915	0,1950	0,1985	0,2019	0,2054	0,2088	0,2123	0,2157	0,2190	0,2224
0,6	0,2257	0,2291	0,2324	0,2357	0,2389	0,2422	0,2454	0,2486	0,2517	0,2549
0,7	0,2580	0,2611	0,2642	0,2673	0,2703	0,2734	0,2764	0,2794	0,2823	0,2852
0,8	0,2881	0,2910	0,2939	0,2967	0,2995	0,3023	0,3051	0,3078	0,3106	0,3133
0,9	0,3159	0,3186	0,3212	0,3238	0,3264	0,3289	0,3315	0,3340	0,3365	0,3389
1,0	0,3413	0,3438	0,3461	0,3485	0,3508	0,3531	0,3554	0,3577	0,3599	0,3621
1,1	0,3643	0,3665	0,3686	0,3708	0,3729	0,3749	0,3770	0,3790	0,3810	0,3830
1,2	0,3849	0,3869	0,3888	0,3907	0,3925	0,3944	0,3962	0,3980	0,3997	0,4015
1,3	0,4032	0,4049	0,4066	0,4082	0,4099	0,4115	0,4131	0,4147	0,4162	0,4177
1,4	0,4192	0,4207	0,4222	0,4236	0,4251	0,4265	0,4279	0,4292	0,4306	0,4319
1,5	0,4332	0,4345	0,4357	0,4370	0,4382	0,4394	0,4406	0,4418	0,4429	0,4441
1,6	0,4452	0,4463	0,4474	0,4484	0,4495	0,4505	0,4515	0,4525	0,4535	0,4545
1,7	0,4554	0,4564	0,4573	0,4582	0,4591	0,4599	0,4608	0,4616	0,4625	0,4633
1,8	0,4641	0,4649	0,4656	0,4664	0,4671	0,4678	0,4686	0,4693	0,4699	0,4706
1,9	0,4713	0,4719	0,4726	0,4732	0,4738	0,4744	0,4750	0,4756	0,4761	0,4767
2,0	0,4772	0,4778	0,4783	0,4788	0,4793	0,4798	0,4803	0,4808	0,4812	0,4817
2,1	0,4821	0,4826	0,4830	0,4834	0,4838	0,4842	0,4846	0,4850	0,4854	0,4857
2,2	0,4861	0,4864	0,4868	0,4871	0,4875	0,4878	0,4881	0,4884	0,4887	0,4890
2,3	0,4893	0,4896	0,4898	0,4901	0,4904	0,4906	0,4909	0,4911	0,4913	0,4916
2,4	0,4918	0,4920	0,4922	0,4925	0,4927	0,4929	0,4931	0,4932	0,4934	0,4936
2,5	0,4938	0,4940	0,4941	0,4943	0,4945	0,4946	0,4948	0,4949	0,4951	0,4952
2,6	0,4953	0,4955	0,4956	0,4957	0,4959	0,4960	0,4961	0,4962	0,4963	0,4964
2,7	0,4965	0,4966	0,4967	0,4968	0,4969	0,4970	0,4971	0,4972	0,4973	0,4974
2,8	0,4974	0,4975	0,4976	0,4977	0,4977	0,4978	0,4979	0,4979	0,4980	0,4981
2,9	0,4981	0,4982	0,4982	0,4983	0,4984	0,4984	0,4985	0,4985	0,4986	0,4986
3,0	0,4987	0,4987	0,4987	0,4988	0,4988	0,4989	0,4989	0,4989	0,4990	0,4990

[1] Com o Microsoft Excel, essas probabilidades são geradas com a equação NORMS DIST (z) − 0,5

Apêndice B

Números aleatórios uniformemente distribuídos [0,1]

0,06785	0,39867	0,90588	0,17801
0,81075	0,87641	0,67964	0,43877
0,98544	0,51653	0,44093	0,79428
0,31479	0,75057	0,28248	0,26863
0,12484	0,88287	0,78805	0,00907
0,23882	0,82137	0,51759	0,24723
0,23897	0,93060	0,94078	0,44676
0,40374	0,57000	0,33415	0,90000
0,73622	0,85896	0,36825	0,31500
0,36952	0,39367	0,09426	0,79517
0,14510	0,05047	0,01535	0,46997
0,12719	0,35159	0,55903	0,01268
0,99407	0,53816	0,64881	0,64309
0,32694	0,57237	0,74242	0,68045
0,42780	0,54704	0,63281	0,92243
0,00633	0,87197	0,90597	0,95629
0,38490	0,27804	0,06567	0,49591
0,22363	0,96354	0,25298	0,88459
0,54105	0,62235	0,93190	0,66122
0,31786	0,84724	0,04084	0,98260
0,47556	0,38855	0,52135	0,34085
0,70850	0,55051	0,86505	0,21192
0,64791	0,89438	0,83997	0,00898
0,21424	0,34592	0,77920	0,16675
0,77524	0,41976	0,08429	0,71506

Apêndice C

Valores de L_q para o modelo de filas $M/M/c$

ρ	c = 1	c = 2	c = 3	c = 4	c = 5	c = 6	c = 7	c = 8
0,15	0,026	0,001						
0,20	0,050	0,002						
0,25	0,083	0,004						
0,30	0,129	0,007						
0,35	0,188	0,011						
0,40	0,267	0,017						
0,45	0,368	0,024	0,002					
0,50	0,500	0,033	0,003					
0,55	0,672	0,045	0,004					
0,60	0,900	0,059	0,006					
0,65	1,207	0,077	0,008					
0,70	1,633	0,098	0,011					
0,75	2,250	0,123	0,015					
0,80	3,200	0,152	0,019					
0,85	4,817	0,187	0,024	0,003				
0,90	8,100	0,229	0,030	0,004				
0,95	18,050	0,277	0,037	0,005				
1,0		0,333	0,045	0,007				
1,1		0,477	0,066	0,011				
1,2		0,675	0,094	0,016	0,003			
1,3		0,951	0,130	0,023	0,004			
1,4		1,345	0,177	0,032	0,006			
1,5		1,929	0,237	0,045	0,009			
1,6		2,844	0,313	0,060	0,012			
1,7		4,426	0,409	0,080	0,017			
1,8		7,674	0,532	0,105	0,023			
1,9		17,587	0,688	0,136	0,030	0,007		
2,0			0,889	0,174	0,040	0,009		
2,1			1,149	0,220	0,052	0,012		
2,2			1,491	0,277	0,066	0,016		
2,3			1,951	0,346	0,084	0,021		
2,4			2,589	0,431	0,105	0,027	0,007	
2,5			3,511	0,533	0,130	0,034	0,009	
2,6			4,933	0,658	0,161	0,043	0,011	
2,7			7,354	0,811	0,198	0,053	0,014	

(Continua)

ρ	c = 1	c = 2	c = 3	c = 4	c = 5	c = 6	c = 7	c = 8
2,8			12,273	1,000	0,241	0,066	0,018	
2,9			27,193	1,234	0,293	0,081	0,023	
3,0				1,528	0,354	0,099	0,028	0,008
3,1				1,902	0,427	0,120	0,035	0,010
3,2				2,386	0,513	0,145	0,043	0,012
3,3				3,027	0,615	0,174	0,052	0,015
3,4				3,906	0,737	0,209	0,063	0,019
3,5				5,165	0,882	0,248	0,076	0,023
3,6				7,090	1,055	0,295	0,091	0,028
3,7				10,347	1,265	0,349	0,109	0,034
3,8				16,937	1,519	0,412	0,129	0,041
3,9				36,859	1,830	0,485	0,153	0,050
4,0					2,216	0,570	0,180	0,059
4,1					2,703	0,668	0,212	0,070
4,2					3,327	0,784	0,248	0,083
4,3					4,149	0,919	0,289	0,097
4,4					5,268	1,078	0,337	0,114
4,5					6,862	1,265	0,391	0,133
4,6					9,289	1,487	0,453	0,156
4,7					13,382	1,752	0,525	0,181
4,8					21,641	2,071	0,607	0,209
4,9					46,566	2,459	0,702	0,242
5,0						2,938	0,810	0,279
5,1						3,536	0,936	0,321
5,2						4,301	1,081	0,368
5,3						5,303	1,249	0,422
5,4						6,661	1,444	0,483
5,5						8,590	1,674	0,553
5,6						11,519	1,944	0,631
5,7						16,446	2,264	0,721
5,8						26,373	2,648	0,823
5,9						56,300	3,113	0,939
6,0							3,683	1,071
6,1							4,394	1,222
6,2							5,298	1,397
6,3							6,480	1,598
6,4							8,077	1,831
6,5							10,341	2,102
6,6							13,770	2,420
6,7							19,532	2,796
6,8							31,127	3,245
6,9							66,055	3,786
7,0								4,447
7,1								5,270
7,2								6,314
7,3								7,675
7,4								9,511
7,5								12,109
7,6								16,039
7,7								22,636
7,8								35,898
7,9								75,827

Apêndice D

Equações para modelos de filas selecionados

DEFINIÇÃO DOS SÍMBOLOS

- n = número de clientes no sistema
- λ = [lambda] taxa média de chegadas (p. ex., número de chegadas de clientes por hora)
- μ = [mi] taxa média de serviço por funcionário ocupado (p. ex., a capacidade de atendimento medida em clientes por hora)
- ρ = [rô] (λ/μ) número médio de clientes em atendimento
- N = número máximo permitido de clientes no sistema
- c = número de funcionários
- P_n = probabilidade de existirem exatamente n clientes no sistema
- L_s = número médio de clientes no sistema
- L_q = número médio de clientes na fila
- L_b = número médio de clientes na fila para um sistema ocupado
- W_s = tempo médio que o cliente gasta no sistema
- W_q = tempo médio que o cliente gasta na fila
- W_b = tempo médio que o cliente gasta na fila para um sistema ocupado

I. MODELO M/M/1 PADRÃO ($0 < \rho < 1{,}0$)

$$P_0 = 1 - \rho \tag{I.1}$$

$$P(n \geq k) = \rho^k \tag{I.2}$$

$$P_n = P_0 \rho^n \tag{I.3}$$

$$L_s = \frac{\lambda}{\mu - \lambda} \tag{I.4}$$

$$L_q = \frac{\rho\lambda}{\mu - \lambda} \qquad (I.5)$$

$$L_b = \frac{\lambda}{\mu - \lambda} \qquad (I.6)$$

$$W_s = \frac{1}{\mu - \lambda} \qquad (I.7)$$

$$W_q = \frac{\rho}{\mu - \lambda} \qquad (I.8)$$

$$W_b = \frac{1}{\mu - \lambda} \qquad (I.9)$$

II. MODELO *M/M/c* PADRÃO (0 < ρ < c)

$$P_0 = \frac{1}{\left(\sum_{i=0}^{c-1} \frac{\rho^i}{i!}\right) + \frac{\rho^c}{c!(1 - \rho/c)}} \qquad (II.1)$$

$$P_n = \begin{cases} \dfrac{\rho^n}{n!} P_0 & \text{para } 0 \leq n \leq c \\ \dfrac{\rho^n}{c!\, c^{n-c}} P_0 & \text{para } n \geq c \end{cases} \qquad (II.2)$$

$$P(n \geq c) = \frac{\rho^c \mu c}{c!(\mu c - \lambda)} P_0 \qquad (II.3)$$

$$L_s = \frac{\rho^{c+1}}{(c-1)!(c-\rho)^2} P_0 + \rho \qquad (II.4)$$

$$L_q = L_s - \rho \qquad (II.5)$$

$$L_b = \frac{L_q}{P(n \geq c)} \qquad (II.6)$$

$$W_s = \frac{L_q}{\lambda} + \frac{1}{\mu} \qquad (II.7)$$

$$W_q = \frac{L_q}{\lambda} \qquad \text{(II.8)}$$

$$W_b = \frac{W_q}{P(n \geq c)} \qquad \text{(II.9)}$$

III. MODELO *M/G/*1 PADRÃO (*V*(*t*) = VARIÂNCIA DO TEMPO DE SERVIÇO)

$$L_s = L_q + \rho \qquad \text{(III.1)}$$

$$L_q = \frac{\rho^2 + \lambda^2 V(t)}{2(1 - \rho)} \qquad \text{(III.2)}$$

$$W_s = \frac{L_s}{\lambda} \qquad \text{(III.3)}$$

$$W_b = \frac{L_q}{\lambda} \qquad \text{(III.4)}$$

IV. MODELO *M/G/*∞ DE AUTOATENDIMENTO (*e* = 2,718, A BASE DE LOGARITMOS NATURAIS)

$$P_n = \frac{e^{-\rho}}{n!}\rho^n \quad \text{para } n \geq 0 \qquad \text{(IV.1)}$$

$$L_s = \rho \qquad \text{(IV.2)}$$

$$W_s = \frac{1}{\mu} \qquad \text{(IV.3)}$$

V. MODELO *M/M/*1 COM FILA FINITA

$$P_0 = \begin{cases} \dfrac{1 - \rho}{1 - \rho^{N+1}} & \text{para } \lambda \neq \mu \\ \dfrac{1}{N + 1} & \text{para } \lambda = \mu \end{cases} \qquad \text{(V.1)}$$

$$P(n > 0) = 1 - P_0 \tag{V.2}$$

$$P_n = P_0 \rho^n \quad \text{para } n \leq N \tag{V.3}$$

$$L_s = \begin{cases} \dfrac{\rho}{1-\rho} - \dfrac{(N+1)\rho^{N+1}}{1-\rho^{N+1}} & \text{para } \lambda \neq \mu \\ \dfrac{N}{2} & \text{para } \lambda = \mu \end{cases} \tag{V.4}$$

$$L_q = L_s - (1 - P_0) \tag{V.5}$$

$$L_b = \frac{L_q}{1 - P_0} \tag{V.6}$$

$$W_s = \frac{L_q}{\lambda(1 - P_N)} + \frac{1}{\mu} \tag{V.7}$$

$$W_q = W_s - \frac{1}{\mu} \tag{V.8}$$

$$W_b = \frac{W_q}{1 - P_0} \tag{V.9}$$

VI. MODELO *M/M/C* COM FILA FINITA

$$P_0 = \frac{1}{\left(\displaystyle\sum_{i=0}^{c}\frac{\rho^i}{i!}\right) + \left(\dfrac{1}{c!}\right)\left(\displaystyle\sum_{i=c+1}^{N}\frac{\rho^i}{c^{i-c}}\right)} \tag{VI.1}$$

$$P_n = \begin{cases} \dfrac{\rho^n}{n!} P_0 & \text{para } 0 \leq n \leq c \\ \dfrac{\rho^n}{c!\, c^{n-c}} P_0 & \text{para } c \leq n \leq N \end{cases} \tag{VI.2}$$

$$P(n \geq c) = 1 - P_0 \sum_{i=0}^{c-1} \frac{\rho^i}{i!} \tag{VI.3}$$

$$L_s = \frac{P_0 \rho^{c+1}}{(c-1)!(c-\rho)^2}\left[1 - \left(\frac{\rho}{c}\right)^{N-c} - (N-c)\left(\frac{\rho}{c}\right)^{N-c}\left(1 - \frac{\rho}{c}\right)\right] + \rho(1 - P_N) \tag{VI.4}$$

$$L_q = L_s - \rho(1 - P_N) \qquad (VI.5)$$

$$L_b = \frac{L_q}{P(n \geq c)} \qquad (VI.6)$$

$$W_s = \frac{L_q}{\lambda(1 - P_N)} + \frac{1}{\mu} \qquad (VI.7)$$

$$W_q = W_s - \frac{1}{\mu} \qquad (VI.8)$$

$$W_b = \frac{W_q}{P(n \geq c)} \qquad (VI.9)$$

Índice de nomes

Abernathy, William J., 241, 256–257n
Adams, Cary W., 147–148, 208
Akaka, Melissa Archpru, 30, 35–36n
Akkermans, Henk, 340
Aksin, Zeynep, 292–293
Alexander, Suzanne, 256–257n
Almagor, Yair, 229–230n
Amster, Barbara, 294n
Anderson, Edward, 323–324, 340n
Anderson, Eugene W., 228
Anderson, Philip, 325–326, 340n
Anderson, Richard G., 501–502
Andreassen, Tor Wallin, 147
Antle, D.W., 292–293
Antonides, Gerrit, 228–229
Apte, Uday M., 13–16, 16n
Aquilano, N.J., 84
Armony, Mor, 292–293
Armour, G.C., 177–178n
Arnold, Todd J., 228
Arnould, Eric J., 228–229
Aubert-Gamet, Veronique, 177–178
Aubry, C.A., 130
Averill, B., 263–265, 294n, 302–306, 309–310

Bagchi, Uttarayan, 119
Bailey, John, 4
Baker, Kevin, 294n
Baker, Timothy K., 292–293
Baldrige, Malcolm, 189
Banker, Rajiv D., 51, 63–64n, 208
Baron, R., 263–265, 294n, 302–306, 309–310
Baron, Steve, 228
Barron, Greg, 315
Barrow, Brian, 63–64n
Bartlett, Christopher A., 363n
Baruch, J.J., 4
Barzel, Yoram, 315n
Bateman, R.E., 444–445n
Bateson, John E.G., 111–112, 228, 229–230n
Baur, Eric, 340n
Beatty, Sharon E., 112, 147–148
Behara, R.S., 91
Bell, Daniel, 6, 8, 16n
Bell, Simon J., 147, 147–148
Belobaba, Peter P., 292–293
Bennett, Amanda, 315n
Bennett, Laura, 112–113n
Bergeron, Jasmin, 35–36
Berry, Leonard L., 91, 116, 149n, 177–178
Berry, William L., 501–502
Bettencourt, Lance A., 228
Bezos, Jeffrey, 108
Bhapu, Anita D., 340

Bienstock, Carol C., 147
Biese, Eivor, 126, 128, 149n
Bird, Sarah, 112–113n
Bitner, Mary Jo, 4, 93n, 111–112, 153–154, 177–178, 177–178n, 228–229, 229–230n
Bitran, Gabriel R., 228, 292–293
Blackmon, Kate, 148, 363
Blackstone, John H., Jr., 177–178
Bleuel, W.H., 444–445n
Blum, E.H., 35–36n
Bolton, Ruth N., 148
Boomer, Jim, 340n
Boomer, L. Gary, 334
Booms, B.H., 228–229, 229–230n
Boone, Tonya, 91
Boonghee, Yoo, 362–363
Borders, William S., 293–294
Boshoff, Christo, 147
Bossidy, Larry, 190
Bott, Harold S., 63n
Bowden, R.G., 444–445n
Bowen, David E., 92, 112, 147, 228
Boyer, Kenneth K., 111–112
Bradford, Bryan, 63–64n
Brady, Diane, 63–64n
Brady, Michael K., 147
Branch, M.A., 397–398
Brassard, Michael, 208n, 397–398
Brown, Stephen W., 228–229, 340, 363
Brown, Tom J., 228
Bryson, J.R., 13, 16
Buffa, Elwood S., 47–48, 63n, 177–178n, 269–271
Burke, Paul, 93
Burr, Donald, 261–262
Butcher, Ken, 228

Callahan, Dan, 229–230n
Callahan, Steve, 363n
Carlzon, Jan, 56, 209, 213, 229–230n
Carman, J.M., 363n
Carr, L.P., 147
Carroll, William J., 292–293
Castro, Michelle L., 10
Cayirli, Tugba, 315
Chai, Kah-Hin, 92
Chambers, Chester, 315
Chandon, Jean-Louis, 228
Charnes, Abraham, 50, 201–202, 208
Chase, Richard B., 16, 35–36, 54, 55, 63, 63–64n, 70, 82–84, 92, 93n, 112, 148, 149n, 293–294, 363
Chebat, Jean-Charles, 147, 177–178
Chen, Ja-Shen, 92
Chen, Naomi, 340n
Cheng, T.C. Edwin, 149

Cherry, Bennett, 340
Chevalier, Philippe, 292–293
Chhajed, D., 256
Chiang, W., 501–502
Chowdhary, R.L., 265–266, 294n
Chung, Chen H., 35–36
Clark, Colin, 6, 16n
Clark, Graham., 92
Clausing, D., 149n
Cleland, David I., 397–398
Coates, R., 196–200, 208n
Codjovi, Isabelle, 147
Cohen, R.C., 35–36n
Collier, David A., 35–36n, 98, 112n, 292–293
Collier, Joel E., 147
Conway, R.W., 315
Conzola, Vincent, 315
Cook, David, 35–36
Cook, L.S., 92, 112
Cooper, William W., 50, 201–202, 208
Corbett, Charles, 208
Cosgrove, M.J., 269–271
Cox, J., 177–178
Craig, C.S., 256
Craighead, Christopher W., 137, 148
Crandall, Richard E., 292–293
Cronin, J.J., 147, 293–294
Curran, James M., 112
Czepiel, J.A., 177–178, 177–178n, 228–229, 229–230n, 315n

Dabholkar, Pratibha A., 112
Dagger, Tracey, 147
Dahl, J., 63n, 294n
Dallimore, Karen S., 228
Dana, James D., Jr., 293–294
Danaher, Peter J., 228
Daniels, P.W., 13, 16
Darrow, R.M., 63n, 294
Dasu, Sriram, 92, 112, 228
Davidow, Moshe, 147
Davidow, W.H., 43, 63n
Davis, Charles H., 469–470, 469–470n
Davis, Mark M., 16, 315
Davis, Stanley M., 229–230n
Davis, Tom, 340n
DeCarlo, Thomas E., 148
deHogg, Arnoud N., 228–229
Deibler, Sheila L., 228–229
DeJonge, Peter, 112–113n
deMatos, Celso Augusto, 147
Deming, W. Edwards, 179–181, 188, 208n
deRuyter, Ko, 112, 228
Dessler, Gary, 208
DeWitt, Tom, 147–148
Diamantopoulos, Adamantios, 148
Dietrich, Brenda, 293–294
Dietz, Joerg, 228–229
Dillee, Jason, 63–64n
Donnelly, James H., 228–229, 234, 256–257n
Donthu, Naveen, 315, 362–363
Doucet, Lorna, 148
Dubé, Laurette, 147–148
Dube, Parijat, 294
Duffy, JoAnn, 92, 147–148

Durrande-Moreau, Agnes, 315
Dutta, Amitava, 501–502
Dworin, Diana, 57
Dwyre, Lauren, 126, 128, 149n

Easton, Fred F., 293–294
E Cunha, Joao Falcao, 92
Eddeston, Kimberly A., 228
Edvardsson, B., 228–229
Eisingerich, Andreas, 92, 147–148
Ellis, Rich, 35–36n
Ellram, Lisa M., 363
Engel, Ernst, 8
Estelami, Hooman, 147–148
Evangelist, Shane, 315
Evans, Kenneth R., 228
Evans, Philip, 63

Fahnrich, Klaus-Peter, 93
Falk, Tomas, 112
Farrow, D.L., 208
Fassnacht, Martin, 147–148
Ferguson, Mark, 293–294
Ferrell, Robert, 63–64n
Fersko-Weiss, Henry, 397–398
Field, Joy M., 340
Finch, Byron, 112
Finkelstein, Sydney, 325–326, 340n
Fisk, Raymond P., 92
Fitzsimmons, James J., 4, 35–36n, 47–48, 63n, 63–64n, 70, 91–93, 98, 110–112, 112–113n, 125, 126, 128, 147–148, 149n, 177–178n, 228–229, 229–230n, 237, 256–257, 256–257n, 294, 304–306, 323–324, 340n, 363, 363n, 444–445, 469–470, 469–470n, 501–502, 501–502n
Fitzsimmons, Mona J., 70, 91–93, 93n, 147–148, 228–229, 256–257, 444–445
Foote, Nelson N., 6, 16n
Forbes, Vashti, 340n
Fox, Paul, 192
Frambach, Ruud T., 112
Francis, R.L., 256
Freeman, L., 196–200, 208n
Frei, Francis X., 92, 208, 294n,
Freund, Robert B., 294n
Friege, Christian, 148
Friesz, Terry L., 293–294
Froehle, Craig M., 35–36, 96, 112n
Fruchter, Gila E., 340

Gage, Cindy, 363n
Gagne, Bridgett, 229–230n
Gallego, Guillermo, 501–502
Gantt, Henry, 368
Garcelon, J., 362–363
Garino, Jason, 112
Gaudard, M., 196–200, 208n
George, Michael L., 208
Gerstner, Eitan, 148
Geurs, Susan E., 147–148
Ghosh, A., 256
Ghoshal, Sumantra, 363n
Gilmore, James H., 12, 16n
Godwin, Badger, 315
Gogg, T.J., 444–445n
Goh, Chon-Huat, 35–36

Goldratt, Eli, 162, 177–178, 389, 397–398
Goldstein, Susan Meyer, 92, 228
Goodale, John C., 92, 93, 293–294, 363, 444–445
Grant, John A., 228
Grassman, W.K., 444–445
Gray, Clifford F., 398–399
Gray, Paul, 231, 256–257n
Grayson, Kent, 228
Green, Linda V., 444–445
Gremler, Dwayne D., 147–148, 228
Grimes, Richard C., 292–293
Gronroos, Christian, 4
Groth, Markus, 340
Grove, Stephen J., 228–229
Gruhl, Daniel, 4
Gryna, F.M., Jr., 149n
Guile, Bruce E., 5
Gulati, Ranjay, 112
Gummesson, Evert, 35–36n, 228–229
Gupta, Praveen, 147–148, 208
Gupta, Sudheer, 92
Gustavsson, B., 228–229
Gutek, Barbara A., 340
Gutman, E.G., 229–230n
Gwinner, Kevin, 228

Haber, Karen, 315
Hadjinicola, George C., 148
Hallowell, Roger, 111–112
Hansen, David E., 228
Harder, Christian, 256–257n
Harker, Patrick T., 208
Harrell, C.R., 444–445n
Harris, Kim, 228
Hart, Christopher W.L., 134, 149n, 229–230n
Hartline, Michael D., 217–218, 229–230n
Harvey, Jean, 147–148
Hassin, R., 315
Hatt, Paul K., 6, 16n
Hauser, J.R., 149n
Haviv, M., 315
Hayes, R.H., 54, 55, 63–64n
Hays, Julie M., 147–148
Haywood-Farmer, John, 362–363
Hearnsberger, Jason, 229–230n
Heim, Gregory, 112
Heineke, Janelle, 16, 315
Helliker, Kevin, 63n
Helmer, Olaf, 449
Henrique, Jorge Luiz, 147
Herrmann, Andreas, 363
Hershey, John C., 241, 256–257n
Heskett, James L., 39, 46, 49, 63, 63–64n, 93n, 221, 228–229, 229–230n, 363
Hewa, M.A., 149n
Higbie, Jon, 293–294
Hill, Arthur V., 147–148
Hill, Terry, 46, 63, 63n
Hoech, Johannes, 228
Hofstede, Geert, 350–351, 363n
Hogreve, Jens, 147–148
Holloway, Betsy Bugg, 112, 147–148
Hostage, G.M., 35–36n, 187, 208n
Hoy, Wayne K., 229–230n
Huang, Astrid Ya-Hui, 92

Huang, Z., 501–502
Huber, Frank, 363
Huff, David L., 245, 249, 256–257n
Hull, Frank M., 92
Humphries, Andrew S., 340
Hyvonen, Tina, 126, 128, 149n

Iacobucci, Dawn, 208
Iglesias, Victor, 147–148

Johansson, Wayne C., 111–112
Johnson, Joey, 315
Johnson, Lester W., 147
Johnson, Michael D., 147–148, 363
Johnson, Perry, 208
Johnson, Susan P., 70, 92
Johnston, Robert, 92, 147–148, 149n
Jones, Peter, 315
Jones, Thomas O., 147–148, 221, 229–230n
Juran, J.M., 129, 130, 149n

Kahn, Alfred, 47–48
Kannan, P.K., 112
Kaplan, Steven, 112
Kapoor, Rohit, 293–294
Karande, Kiran, 147–148
Karmarkar, Uday, 13–16, 16n, 63
Karwan, Kirk R., 137, 148
Kasavana, Michael, 294n
Kastle, Bill, 208
Katz, K.L., 315
Katzenbach, Jon R., 398–399
Keating, Barry, 469–470
Kellogg, D.L., 149
Kelly, J., 228–229
Kendall, Julie E., 235, 256–257n
Kidder, Deborah L., 228
Kim, Gijun, 229–230n
Kimes, S.E., 237, 256–257n, 276–278, 293–294, 294n, 363n, 469–470
Kirmani, Amna, 228
Kirsch, David A., 208
Kizer, Robert, 315
Knowles, Patricia A., 228–229
Koese, Ibrahim, 147–148
Kolesar, Peter J., 444–445
Koljonen, Leong, 126
Kottkamp, Robert B., 229–230n
Koulianos, Mikes, 126, 128, 149n
Kouvelis, Panagiotis, 315
Krafka, Frank, 469–470n
Kraus, Mark, 148
Kutner, Michael H., 469–470
Kwortnik, Robert J., Jr., 35–36, 294

Lai, Kee-hung, 149
Lai-Ping, Elsa, 126
Lampo, Sandra K., 91
Langeard, Eric, 363n
Largo, Stephen L., 35–36
Lariviere, Bart, 228–229
Laroche, Michael, 35–36
Larson, B.M., 315
Larson, Erik W., 487
Larson, Richard C., 315, 315n

Lawler, E.L., 228
Lee, Hau L., 501–502
Lee, Khai Sheang, 293–294
Lee, Sang M., 87, 93n
Leibmann, Lenny, 294n
Leimkuhler, J.F., 63n, 294
Leo, Pierre-Yves, 228
Leonard, Dorothy, 92
Leong, Jason, 147
Leuschen, Tom, 340n
Levitt, Theodore, 93n
Lewis, Peter, 63–64n
Li, S.X., 501–502
Lientz, Bennet P., 398–399
Little, J.D.C., 444–445n
Litzky, Barrie E., 228
Lohr, Steve, 177–178n
Loomis, Carol J., 212, 229–230n
Lopez, David A., 231, 256–257n
Louviere, Jordan J., 93
Lovelock, Christopher H., 4, 25–29, 35–36n, 276–278, 363
Loveman, Gary W., 228–229, 229–230n
Lowe, T.J., 256
Lucas, Regina, 340n
Luce, B.J., 269–271
Luddington, James A., 147
Lunemann, Ulrich F., 148
Lusch, Robert F., 35–36

Mabert, V.A., 293–294, 294n
Maggard, Michael J., 315
Maglio, Paul, 4, 35–36
Magnini, Vincent P., 147–148
Maister, David, 297–301, 315, 315n
Malhotra, Arvind, 148, 229–230n, 293–294
Malone, Thomas W., 228–229
Mandell, Marvin B., 256
Mantel, Samuel J., Jr., 398–399
Markland, Robert E., 292–293
Marriott, J. Willard, 21–22
Marshall, Roger, 147–148
Martin, Judith, 223
Massiah, Carolyn A., 228–229
Mattila, Ana S., 148
Maurer, G., 125, 149n
Maxwell, W.L., 315
McBridge, R., 35–36n
McCarthy, Michael J., 50, 63–64n
McClung, Chris, 63–64n
McDougall, Gordon H.G., 35–36
McLafferty, S., 256
McLaughlin, Curtis P., 363, 363n
Mehra, Sandy, 147–148
Mehrotra, Vijay, 292–293
Menor, L.J., 70, 92
Menor, Larry S., 92
Meredith, Jack R., 398–399
Metters, Richard, 208, 228–229, 293–294, 315
Meuter, Matthew L., 111–112
Miller, Greg, 63–64n
Miller, Janis, 137, 148
Miller, L.W., 315
Mills, Peter K., 228–229, 340

Min, H., 256–257
Mintzberg, Henry, 229–230n
Moeller, Sabine, 340
Mohr, L.A., 228
Mondschein, Susan V., 292–293, 315
Mookherjee, Reetabrata, 293–294
Moore, William L., 92
Moores, Brian, 148
Morey, R.C., 51, 63–64n
Morgan, Ivor, 228–229
Morrice, Douglas J., 340n
Morrin, Maureen, 177–178
Morris, Charles, 177–178n
Morris, James H., 228–229, 340
Moser, Martin R., 144, 145
Moshavi, Dan S., 340
Mott, J.R.A., 444–445n

Nair, Suresh K., 501–502
Nasar, J.L., 177–178
Nautiyal, J.C., 265–266, 294n
Naveh, Eitan, 147–148
Neter, John, 469–470
Neu, Wayne A., 340
Ng, Irene C., 293–294
Nguyen, Doan T., 147–148
Nie, Winter, 315
Nollet, J., 363
Normann, Richard, 209, 229–230n
Nyquist, J.D., 228–229, 229–230n

O'Brian, Bridget, 167–169
O'Brien, Kate, 167–168
Ohmae, Kenichi, 349–350, 363, 363n
Okada, Jorge, 110, 111–112
O'Keefe, Brian, 363n
Oliver, Richard W., 93
Olsen, R. Paul, 501–502n
O'Reilly, Brian, 229–230n
Orman, Neil, 63–64n
Ostrom, Amy L., 111–112

Paleologo, Giuseppe A., 293–294
Paquette, P.C., 4
Parasuraman, A., 112–113n, 116, 148, 149n, 229–230n
Pareto, Vilfredo, 183, 488
Parish, Janet Turner, 177–178
Patricio, Lia, 92
Patterson, Paul, 148
Pearl, Daniel, 149n, 363n
Peppiatt, Emma, 315
Pfeifer, Phillip E., 278, 294n
Philippe, Jean, 228
Phillips, Robert, 501–502
Pickett, Gregory M., 228–229
Pine, B. Joseph, II, 12, 16n
Pinto, Allison, 177–178n
Pitbladdo, R., 63
Porter, Michael E., 41, 43, 44, 63n
Posner, Barry Z., 398–399
Posselt, Thorsten, 148
Powell, G. Edward, 323–324
Price, Linda L., 228–229
Price, W.L., 256–257

Prokesch, Steven, 63
Prudhomme, Thomas, 35–36n
Pugh, S. Douglas, 228–229
Pullman, Madeleine E., 92, 293–294, 363, 444–445

Queenan, Carrie Crystal, 293–294
Quinn, James Brian, 4, 5, 325–326, 340n

Raajpoot, Nusser, 148
Radas, Sonja, 293–294
Radic, Dubravko, 148
Raedels, A.R., 294n
Rafaeli, Anat, 148, 177–178, 315
Randolph, W.A., 398–399
Rangarajan, Devarajan, 112
Rao, Jay, 92, 228–229
Ravi, Lavanya, 193
Rayport, Jeffrey F., 63, 63–64n, 92
Rea, Kathryn P., 398–399
Reale, Will, 63–64n
Rech, P., 421, 444–445
Reichheld, Frederick F., 112
Reid, Richard A., 126, 292–293
Reimann, Martin, 148
Reinders, Machiel J., 112
Relihan, Walter J. III, 293–294
Renaghan, Leo Mark, 147–148
Reynolds, Trent, 63–64n
Reynoso, Javier, 148
Rhodes, E., 50, 201–202, 208
Rhone, Matt, 112–113n
Rising, E.J., 263–265, 294n, 302–306, 309–310
Ritter, Diane, 208n, 397–398
Ritzman, Larry P., 293–294
Robertson, Nichola, 112
Root, Elihu, 216–217
Rose, R.L., 63n, 294n
Rosen, Harry, 315
Rosenbaum, Mark S., 228–229
Rosenzweig, Eve D., 148, 363
Rossin, Donald F., 293–294
Roth, Aleta V., 63, 70, 92, 96, 111–112, 112n, 148, 363
Rothkopf, M.H., 421, 444–445
Routhieauz, Robert, 315
Rowlands, David, 208
Rubera, Gaia, 92
Rust, Roland T., 93, 112
Ryals, Lynette J., 340

Sahin, Ozge, 501–502
Sampson, S.E., 35–36, 92, 340n
Sarin, Rakesh V., 47–48, 63n
Sasser, W. Earl, 39, 63, 93n, 147–148, 221, 228–229, 229–230n, 501–502n
Sawhney, Mohanbir, 112
Schechter, Daniel, 228–229
Schefter, Phil, 112
Schillewaert, Niels, 112
Schlesinger, Leonard A., 39, 63, 93n, 221, 228–229, 229–230n
Schmenner, Roger, 24–26, 256–257
Schneider, Benjamin, 220, 228–229, 229–230n
Schoefer, Klaus, 148
Schultz, Carl R., 315

Schultze, Ulrike, 340
Schwartz, H.M., 229–230n
Schwepker, Charles H., Jr., 217–218, 229–230n
Scott, Sampson, 293–294
Sebold, Michael, 229–230n
Segal, Mara, 93n
Seifert, Matthias, 92
Seiford, Laurance M., 208
Shardanand, Sandhya, 229–230n
Shaw, Robin, 112
Sheehan, Charles, 469–470n
Shemwell, D.J., 293–294
Shen, Zuo-Jun Max, 294
Shingo, Shigeo, 121, 149n
Shostack, G. Lynn, 74, 75, 93n
Showalter, Michael J., 293–294
Shugan, Steven M., 293–294
Shulver, Mike, 92
Sigue, Pierre, 340
Simons, Jacob V., Jr., 148
Simons, Robert, 213, 228–229
Sinha, Kingshuk K., 112
Skinner, S., 228–229
Smith, Amy K., 148
Smith, Barry C., 63n, 294
Smith Douglas K., 398–399
Smith, Frederick W., 67, 350–351
Smith, Jameson, 177–178n
Smith, William L., 228–229
Solomon, M.R., 177–178, 177–178n, 228–229, 229–230n, 315n
Soteriou, Andreas C., 148
Sousa, Rui, 148
Sparks, Beverley A., 228
Spath, Dieter, 93
Spohrer, James, 4, 35–36
Srikar, B.N., 256
Stauss, Bernd, 148
Stewart, Douglas M., 92, 112, 148, 149n
Stidham, S. Jr., 315
Stiles, Shane, 112–113n
Stone, Gregory P., 217–218, 229–230n
Strati, A., 177–178
Streukens, Sandra, 112
Stuart, F. Ian, 93
Su, Xuanming, 294
Sulin, Ba, 111–112
Summers, D.C.S., 181
Surprenant, C.F., 112, 177–178, 177–178n, 228–229, 229–230n, 315n
Sviokla, John J., 63, 63–64n
Sweeney, Jillian C., 147
Swersey, Arthur J., 256–257

Taguchi, Genichi, 120, 149n
Tam, Leona, 147–148
Tan, Kay-Chuan, 92
Tansik, D.A., 92, 112, 228–230, 315
Tarter, C. John, 229–230n
Tate, Wendy L., 363
Tatikonda, M.V., 92
Taylor, Andrew C., 229–230n
Taylor, S.A., 147
Taylor, Shirley, 315

Teas, Kenneth R., 148
Tedlow, Richard S., 501–502
Thakur, Lakshman S., 256–257
Thompson, Gary M., 35–36, 93, 294
Thornton, R., 35–36n
Tone, K., 208
Tsou, Hung Tai, 92
Tuckman, B.W., 367, 398–399n
Tunc, Enar, 293–294
Turcotte, M., 256–257
Turner, Chad, 340n
Tyre, Peg, 177–178n

Urquidi, Laura, 229–230n
Usunier, Jean-Claude, 315
Uttal, B., 43, 63n

Vajic, Mirjana, 92
vanBeuningen, Jacqueline, 112
Vance, James, 256–257n, 294n, 501–502n
Van den Schrieck, Jean-Christophe, 292–293
van der Sluis, Erik, 444–445
van der Velde, M., 63
van Dijk, Nico M., 444–445
Van Mieghem, Jan A., 315
Vargas, Vicente, 208, 293–294
Vargo, Stephen L., 30, 35–36n, 340
Veral, Emre, 315
Verhoef, Peter C., 228–229
Verma, Rohit, 92, 93, 293–294, 363, 444–445
Vilnai-Yavetz, Iris, 177–178
Vitale, Michael, 103, 112n
Vollman, T.E., 177–178n, 501–502
Vos, Bart, 340
Voss, Christopher, 63, 148, 363

Wade, Marion E., 212
Wagenheim, Florian V., 149
Walker, J.A., 229–230
Wallace, Matt, 340n
Ward, Bernie, 63n
Ward, Whitt, 294
Warf, B., 13, 16
Wasserman, William, 469–470
Weatherly, Kristopher A., 229–230

Weijters, Bert, 112
Weill, Peter, 103, 112n
Weintraub, Gabriel Y., 315
Welch, Jack, 190
Wemmerlov, Urban, 77
Wener, Richard, 152, 177–178, 177–178n
Werbach, Kevin, 112
Wessel, David, 208n
Wetzels, Martin, 112, 228
Whang, Seungjin, 501–502
White, T., 35–36n
Whiting, Anita, 315
Whybark, D.C., 501–502
Wilkinson, Garland, 363n
Wilson, J. Holton, 469–470
Wirtz, Jochen, 293–294, 294
Womack, James P., 208n
Wood, Michael, 149
Woodhouse, Kathleen, 363n
Woolf, Jules, 177–178n
Wright, J.W., 4
Wurster, Thomas, 63
Wyckoff, D. Daryl, 208n, 501–502n
Wynter, Laura, 293–294

Xia, Cathy H., 294
Xue, Mei, 340

Yan, Zhiyoug, 35–36
Yanaza, Marly, 35–36n
Yeung, Andy C., 149
YinLam, Shun, 177–178
Yip, George S., 363
Yong, Cao, 111–112
Youngdahl, William E., 92, 149
Young-Helou, Stephanie, 315

Zakaria, Fareed, 229–230n
Zeithaml, Valerie A., 4, 61, 93n, 116, 148, 149n, 229–230n
Zhanag, Jun, 92
Zhao, Hao, 111–112
Ziklik, Lital, 148
Zilmer, Jeanne, 149n
Zimbler, D.A., 130

Índice

7–Eleven, 103
   estudo de caso, 108–112
3M, 14–15

A

A carta de reclamação, estudo de caso, 144–145
Abordagem da mediana cruzada, 242–244, 249
Abordagem de linha de produção, 78–81, 87
Abordagem de manufatura, 79
Aceleração de atividades, 366, 377–382
   exemplo de torneio de tênis-aceleração de atividades, 380–382
Acompanhamento dos clientes
   (*ver* Crescimento e expansão)
Adaptação cultural, 353–354
Administração de serviços, 22–23, 31
   com base em fatos, 180–181
   desafios para, 19–21, 24–26, 28, 79, 96, 159, 261–263, 298, 322–323, 343
   estratégias de, 343
   gerenciamento de fornecimento
      (*Ver* Capacidade)
   gestão de rendimento, 46–47, 58, 261–262, 274–283
   liderança, 190
   percepções da, 117
   tomada de decisão, 180–181
   treinamento, 187
   (*Ver também* Análise por envelopamento de dados; Estoque; Gerenciamento de estoques; Sistemas de estoques)
Agendamentos
   (*Ver* Demanda)
Aglomeração competitiva, 232, 233, 236, 249
Agregação de valor, 5, 14–15, 30, 51, 74, 97, 193, 318–319, 322–323
Alamo Drafthouse, estudo de caso, 61–63
Alaska Airlines, 81
Alavancagem, 327–329, 333
   (*Ver também* Sociedades; Serviços profissionais)
Allied Signal, 190
Amazon.com, 40, 72, 74, 95, 100–101, 103, 104, 235
   estudo de caso, 108–109
Ambiente de serviço, 40–41
America Online (AOL), 405–406
American Airlines, 42, 45, 56, 103, 261–262, 289–290
   Grupo de Decisão Tecnológica da American Airlines, 281–282
   Sistema SABRE, 47–48, 103, 280–281, 289–290
American Express, 42, 49, 344–345
American Home Shield, 49
American Hospital Association, 139
American Hospital Supply, 47–48
Amtrak, 281–282
Análise de causa raiz, 131
Análise de filas, 403, 404
   exemplo de planejamento de capacidade para a Cookies & Cream – análise de fila, 417

Análise de impacto cruzado
   (*Ver* Modelos de previsão)
Análise de localização no setor privado, 240, 243
Análise de Pareto, 183, 185, 195–196
Análise de processo, 159–164
   conteúdo total de mão de obra direta, 162, 169
   fluxo, 159, 164
   lotes, 159
   tempo de fluxo livre, 162, 169
   terminologia, 161–164
   utilização da mão de obra direta, 163–164, 169
Análise de sequência de operações, 166–169
Análise de valor esperado, 490
Análise do caminho crítico
   (*Ver* Método do caminho crítico)
Análise do tipo espinha de peixe, 181, 184–185, 195–196
Análise estratégica, 43, 124
Análise marginal, 268–269, 490–492
Análise por envelopamento de dados (DEA), 50–51, 58, 179–180
   conjunto de eficiência de referência, 203–204
   e eficiência, 201, 204, 206
   entradas, 201–204, 206
   fronteira de produtividade, 203–204
   matriz estratégica, 207–208
   medição da produtividade, 201–208
   modelo, 201–204, 206–207
   múltiplas unidades, 201
   preços-sombra, 204, 206
   saídas, 201–204, 206
   suplemento, 201–208
   tamanho da amostra, 202–204, 206–207
Análise SWOT, 38, 44–45, 58
Análises estatísticas, 180–181, 192
Apoio a instalações, 330–331
Aprendizado organizacional, 51
ArcView, 236–238
Área de cobertura/de mercado, 342
Áreas de espera, 156, 165–166, 307–308, 415, 416
   exemplo de estacionamento central, 419–420
Artefatos, 153–156
   (*Ver também* Servicescapes)
Associação Internacional de Franquias, 345
Athol Furniture, Inc., estudo de caso, 253–256
Atividade econômica, 4
   cinco estágios da, 6–8
   crescimento, 343
   evolução da, 5–6
   liderança, 9
Atividades críticas, 371, 377, 389
Atividades de *back office*, 18, 19, 71, 78, 83, 98, 102, 104–105, 116, 130, 233, 234, 354–355
Atividades de *front office*, 18, 71, 102, 104–105, 233, 234, 353–354
Atividades sobre as setas (AOA, *activity on arrow*), 370
Atividades sobre os nós (AON, *activity on node*), 370–371

Ativo de banco de dados, 27, 49, 70, 73, 84, 231, 324–325
  e tecnologia da informação, 84–85, 100–101, 324–325, 448
  mineração, 70
  privacidade, 329–330
  segurança, 329–330
  venda de informações, 49
  (*Ver também* Bancos de dados relacionais)
Atmosfera ética, 216–218
Ato de prestação de serviços
  classificação do, 25–31
  natureza do, 25–27
Au Bon Pain, 233, 249
Auditoria ambiental, 124
Auditoria nas instalações, 116, 124–129, 139–140
  como um instrumento diagnóstico, 128
  projeto de, 125–128
Aumento da receita, 18, 262–263
Autoatendimento, 19–20, 71, 74, 75, 78, 81–82, 97–98, 104, 152, 155, 218, 234, 263–264, 266–267, 272–273, 301–302, 324–325, 344–345, 414–415
  e benefícios do cliente, 7–8, 272–273
  e comunicação de curto alcance (NFC), 97
  e custos de mão de obra, 97
  tecnologia (SST), 97
Automação, 78, 97–98, 349–350
  classificação de, 96
  substituição de pessoas, 78, 97

B

Banc One, 151, 222
Bancos de dados relacionais, 85
Bank of America, 104–105, 234
Barnes & Nobles, 51, 69, 71, 100–101, 108–109, 235
Barreiras
  à entrada, 4, 19–20, 37, 40, 46–47, 232, 234, 235, 240, 241, 342
  distância eletrônica, 235
  e tecnologia da informação, 46–47
  saída, 40
Bartlett and Ghoshal, 347–348
Benchmarking, 186, 195–196
Benetton, 249, 350–351
Benihana of Tokyo, 272–273, 345–346, 350–351
Bennigan's, 134, 135
Bens facilitadores, 17, 18, 21–24, 30, 78, 79, 117, 120, 121, 471
  (*Ver também* Estoque)
Bens periféricos, 17
Blockbuster Video, 44, 246–247
Blueprinting, 74–77, 87
  linha de interação, 75, 76
  linha de visibilidade, 75, 76, 83, 87
Boeing, 369
  exemplo de serviços em um Boeing, 369–370
Boomer Consulting, Inc., estudo de caso, 334–336
Booz Allen Hamilton, 347–348
Borden, Inc., 49
British Airways, 135
Bronson Methodist Hospital, 139
Burger Bug Killers, Inc., 135

C

Cadeia de lucro dos serviços, 220
Cadeia de valor, 51–54, 58, 317–318
  estágios da, 52–54
  visão de sistemas da, 317–318

Cafeteria Starbucks, 11, 70, 86, 98, 100–101, 249
Calvary Mortuary, 70
Caminho crítico, 162, 371, 374, 389
Canais de serviço, 84, 100–101
Canal de distribuição, 4, 100–101, 234, 235
Canal suplementar, 100–101
Canibalização
  (*Ver* Demanda)
Capacidade, 73, 81, 103, 162–164, 169, 232, 322–323, 326–327
  adequação à demanda, 262–263
  ajustável, 19–20, 272–274, 304–306
  bem perecível, 81, 261–262, 405–406
  capacidade ótima de serviço, 403
  compartilhamento, 273–274
  curto prazo, 405–406
  definição, 268–270
  e adequação à demanda, 261–263
  e analogia com o estoque, 322–323
  e demanda, 18, 19, 81, 261–282, 405–406
  e *trade-offs* de custos, 403, 404, 418–420
  entradas, 405–406
  excesso, 406
  fixa, 261–262, 275–276
  flexível, 273–274, 281–282
  gerenciamento, 18, 73, 232, 261–282
  necessidades, 75
  nível de, 28
  nível de estratégia 261–263, 282–283
  ociosa, 266–267, 405–406, 413
  perdida, 413
  período de pico, 272–273, 310–311
  produtiva
    (*Ver* Relações de fornecimento de serviços)
  restrições, 274–275, 403
  saídas, 405–406
  utilização, 19–20, 81, 83, 162, 169, 261–262, 265–266, 281–282, 296, 301–302, 322–323
  (*Ver também* Planejamento de capacidade; Conceito de serviço; Estratégia)
Capacidade de atendimento, 12
Capacidade do processo, 162, 169
  utilização, 162, 169
Capacidade produtiva
  (*Ver* Relações de fornecimento de serviços)
Casa da qualidade, 122–124
Centrais de atendimento ao cliente, 6, 78, 97, 104, 235, 236, 262–263, 354–355, 405–406
  simulação, 434–436
Central Market, 57
  estudo de caso, 176–178
Centralização no cliente, 73, 87
Centro de Pesquisas da IBM, Almaden, CA, 31
Century 21, 42
Chez Panisse, 343
Ciclo de vida de um produto, 317–318, 450
  (*Ver* Previsão, Relações de fornecimento de serviços)
Ciência dos serviços, 31
Cinemark Theater, 11
Citibank, 135, 347–348
Clean Sweep, Inc., estudo de caso, 142–144
Cleveland Regional Medical Center, 107
Cliente(s)
  atitudes do, 104–105, 154, 210, 215–216, 218
  baixo custo, 41
  banco de dados, 70, 100–101

colaboração, 53–54
como coprodutor, 11, 19–20, 31, 72, 81–82, 87, 101, 104–105,
  218–219, 272–273
comportamento, 51, 96, 152, 158, 210, 215–216, 218, 233, 266–267
condição de membro, 27
conhecimento, 262–263
contato, 20–21, 27, 29, 32, 77–79, 82, 87, 96, 102, 209, 344–345,
  353–355
conteúdo gerado pelo, 82
controle, 152, 210, 218
conveniência, 27, 28, 74, 81, 98, 163–164, 218, 231–234, 403, 404
delegação de poder, 73, 84, 96
demografia, 70
educando, 217–218
encontro dominado pelo, 211–212
entrada, 192, 322–323
espera, 19–20, 82, 96, 116, 161, 164, 261–263, 266–267, 295–311,
  403–406, 413 (*Ver também* Fila)
ética, 217–218
expectativas de, 18–22, 43, 56, 72, 74, 75, 96, 101, 115, 122–124,
  210–212, 215–216, 262–263, 297, 301–302, 322–323, 346–347
experiência,17, 18, 32, 82, 130, 152, 261–263
feedback, 115, 117, 135, 327–328
habilidades, 262–263
hábitos, 98
importação, 352–354
interação entre os empregados, 20–21, 24–25
interface, 96
lealdade, 37, 40, 72, 73, 83, 104, 115, 135, 136, 152, 220–222,
  280–281, 345
necessidades, 24–25, 27, 37, 43, 71, 74, 101, 124, 152, 165–166,
  180–181, 193, 211–212, 309–310, 324–325
orientação de serviço ao, 71
participação, 11, 18–19, 27, 32, 79, 102, 104–105, 116, 124, 210,
  272–273, 296, 322–323, 404–406
percepções, 18, 20–23, 27, 32, 73, 74, 76, 82, 101, 115, 117, 154,
  158, 209, 219, 297
personalizado, 217–218
poder de barganha, 44
poupando, 211–212
preferências, 21–22, 28, 235, 262–263, 323–325
repetição, 152, 154
satisfação, 19–20, 37, 78, 104, 115, 116, 119, 130, 135, 136, 180–
  181, 192, 209–212, 216–217, 222, 280–281, 317–319, 328–329
segmentação, 308–309
segurança, 46
Clínica Mayo, 344–345, 353–354
Club Med, 11, 40, 117, 118, 136
Códigos de barras, 105–106, 471, 472
Comércio eletrônico
  (*Ver e-business*)
Commuter Cleaning – Proposta de um novo empreendimento, 87–90
Competição
  ambiente competitivo, 17, 37, 40–41, 296
  com base no tempo, 365
  e estratégia, 41–45
  e ganhadores de pedidos, 46
  e nível de serviço, 56
  e perdedores de pedidos, 46
  e qualificadores, 46
  e tecnologia da informação, 46–51
  em *e-business*, 236
  estágios de, 54–56
  global, 6, 354–355
  posicionamento, 122–123

redução, 19–20
vantagem competitiva, 27, 30, 32, 72, 115, 233, 300–301, 317–318,
  342, 343, 347–348, 356, 405–406, 448
(*Ver também* Conceito de serviço; Estratégia)
Complexidade, 74, 87, 353–354
  dimensões de, 74–75
  estágios de, 74–75
  (*Ver também* Divergência)
Compra antecipada, 320
  (*Ver também* Estoque)
Compra autônoma, 321
Comunicação de curto alcance (NFC), 97
Comunicações
  como susbtituto para o transporte, 233, 234
  comunicação de curto alcance (NFC), 97
  e nova tecnologia, 100–101
  eletrônica, 5, 28, 96, 97, 231, 234, 322–323, 325–326
  global, 3, 343, 353–354
Conceito de serviço, 19–20, 22–23, 37–39, 75, 152, 155, 342, 343,
  345–346
  elementos estruturais do, 72
  elementos gerenciais do, 73
  marca, 345–346, 343
  (*Ver também* Estratégia)
Conceito de sistema aberto, 18, 19, 405–406
Configuração da fila, 299, 301–302, 306–309, 408, 409
Conhecimento do mercado, 232
Conjunto produto-serviço, 17
Conquistando clientes, 38
Consultoria A.D. Small, 499–501
Conteúdo total de mão de obra direta, 162, 169
Controle de projeto, 366, 367
  marcos, 367
Controle do processo de serviços
  (*Ver* Ferramentas de controle da qualidade)
Controle estatístico do processo, 319–320
  (*Ver também* Ferramentas de controle da qualidade)
Controle governamental do país, 347–348
Coopers & Lybrand, 352
Coordenadas cartesianas, 238–240
Coordenador de informações virtuais, 103, 107
Coprodução, 218, 223–224
  (*Ver também* Cliente, como coprodutor)
Costco, 41, 104–105
CRAFT
  (*Ver* Técnica de alocação relativa computadorizada de instalações)
Craigslist.com, 82
Crescimento e expansão, 342–345
  acompanhando seus clientes, 352–355, 357
  classificação, 342
  conceito de padronização, 343, 353–354
  diversificação concêntrica, 344–345
  expansão para vários países, 352–354, 357
  exteriorização de funções, 352–355, 357
  importação de clientes, 352–354, 357
  marca, 345–346, 343
  múltiplos locais, 342, 344–345
  múltiplos serviços, 342, 344–345, 353–354
  mundo sem fronteiras, 349–353
  operações transnacionais, 341–342
  rede diversificada, 342, 344–345, 357
  rede focalizada, 343–346, 357
  riscos, 342
  serviço a qualquer hora, 352–353, 356, 357
  serviços agrupados, 342, 344–345, 357

serviços focalizados, 78, 342–343
único local, 343, 353–354
(*Ver também* Franquias)
Cronograma de projetos, 365–367, 369, 377
divisão do cronograma de trabalho, 366–367
Cronograma de trabalho, 19–20, 31, 79, 273–275
Cultura Organizacional, 54, 70, 179–180, 192, 212, 223–224, 349–350
Custo de aceleração, 380–382
Custo total
com descontos por quantidade, 480–481
com pedidos postergados, 482–484, 493
(*Ver também* Estoque)
Customização de serviços, 18, 21–22, 24–29, 45, 74, 77, 78, 81, 102, 164, 186, 210, 325–326, 329–330, 347–348, 353–354
Custos
controle de, 343
de barganha, 328–329
de busca, 328–329
de falha interna, 130
de mão de obra, 349–350
de materiais, 349–350
de oportunidade, 266–267
de prevenção, 130
de transação, 328–329
despesas gerais, 326–327
detecção de, 343
economias, 234
execução, 328–329
falha externa, 130
fixos, 349–350
marginais, 103, 278, 326–327
trade-off de, 472
variáveis, 103, 231, 344–345, 349–350
Custos de controle da qualidade
detecção, 130
falha externa, 130
falha interna, 130
prevenção, 130
Custos de oportunidade, 266–269, 274–275, 280–283
(*Ver também* Aceleração de atividades)
Custos de troca, 47–47, 58

D

Dayton Hudson, 213
DEA
(*Ver* Análise por envelopamento de dados)
Decisão de compra de serviços
(*Ver* Perdedores de serviços; Ganhadores de serviços; Estratégia)
Delegação de poder
(*Ver* Funcionário, delegação de poder ao)
Dell Computer, 101, 103, 354–355
Delta Air Lines, 47–48, 70
Demanda, 18–20, 164, 240, 241, 245, 317–320, 326–327, 342
adequação da, 262–263, 282–283
agendamentos, 19–20, 82, 263–265, 299, 304–306, 323–324
canibalização, 232, 233
cíclica, 19–20, 269–270, 473–475
contínua, 474–475
contracíclica, 266–267
crescimento da, 450
curva de, 265–266
dependente, 474–475
diária, 448
discreta, 474–475
distribuição de frequência de, 182
e capacidade, 10, 31, 81, 262–263
e chegada de clientes, 165–166, 301–302
e curva acumulada de reservas esperadas, 278
e estoque
(*ver* Estoque)
e intervalo, 485
e preço diferencial, 19–20, 264–265, 304–306, 326–327
e preços diferenciados, 264–266
e serviços complementares, 236, 266–267
e variabilidade induzida pelo cliente, 262–264
estratégias, 262–263
flutuação, 12, 13, 19–20, 28, 29, 40, 261–262, 278, 281–282, 301–302
geográfica, 447
gerenciamento da, 19–20, 232, 261–282
gráfico de controle, 276–278
histograma, 183
incentivos nos preços, 264–266
independente, 474–475
período de pico, 28, 273–274, 281–282, 300–301
períodos de baixa demanda, 82, 19–20, 265–267
previsão, 269–270, 317–318, 323–324, 447–463
(*Ver também* Previsão)
produção puxada, 194
programação, 24–25
sazonal, 19–20, 262–263, 473–475
segmentação, 263–265, 274–275
suavização, 19–20, 31, 81–82, 261–262, 264–265, 269–270, 281–282, 304–306
suavização exponencial, 19–20, 31, 81–82, 261–262, 264–265, 269–270, 281–282, 304–306
variabilidade, 165–166, 261–264, 278, 297, 304–306, 310–311, 319–320
capacidade, 262–263
esforço, 262–263
induzida pelo cliente, 262–264
preferência subjetiva, 262–263
solicitação, 262–263
(*Ver também* Estoque; Sistemas de reserva; Conceito de serviços; Estratégia)
Demografia, 14–15, 179–180, 232, 448
Desacoplamento
clientes, 79
operações, 42
operações *off-line*, 42
processo de produção, 19
Desconto, 281–282
Desdobramento da função qualidade, 116, 122–124, 139–140
Para o exemplo da Village Volvo, 122–124
Desempenho de papéis, 215–217
Desenvolvimento de novos serviços, 14–15, 67–86
ciclo, 70
ciclo do processo, 70
estágio de análise, 70, 71
estágio de desenvolvimento, 70, 71
estágio de lançamento, 70, 71
estágio de projeto, 67, 70, 71
habilitadores, 70
inovação no, 67
testes de produto, 14–15
Desenvolvimento de pessoal, 179–180
Design das instalações, 18, 27, 72, 78, 79, 151, 152, 156–159, 179–180
adequação do, 157
arranjos, 310–311

considerações ambientais, 158–159
considerações sobre a comunidade, 158–159
(*Ver também* Conceito de serviço; Estratégia; Instalações de apoio)
Desistência, 301–302, 307–308, 311, 405–406, 416
(*Ver também* Fila)
Desregulamentação 47–48, 157, 274–275
DHL Worldwide Express, 346–347
Diagrama de causa e efeito, 181, 184–185, 195–196
Diagrama de fluxo de processo, 160–162
Diagrama PERT, 370–371, 374, 389
Diagramas de controle da qualidade, 131–134, 139–140, 181
  atributos (gráfico p), 132–133
  causa e efeito, 184–185
  construção, 131–132
  diagrama de dispersão, 185
  diagrama tipo espinha de peixe, 184–185
  gráfico de controle, 185
  na Midway Airlines, 182
  Pareto, 183, 185, 195–196
  variável (gráfico X), 131–134
Diferenciação, 12, 37, 42–43, 58, 104, 327–328, 330–331, 353–354
  (*Ver também* Estratégia)
Disciplina da fila, 301–302, 308–311, 408, 409
  classificação, 308–310
  prioridade da precedência, 308–309
  regra da prioridade cμ, 308–309
  tempo de processamento menor, 308–309
  triagem, 308–309
Disney World, 11, 353–354
Disneylândia, 153–154, 296, 297
Distância eletrônica, 235, 249
Distância máxima de serviço, 246–247
Distância percorrida, 167–169
Distribuição
  bimodal, 183
  canais de, 101, 234, 235, 473–474
  de Erlang, 406
  determinística, 406, 414–415
  duração da atividade, 382–383
  exponencial entre chegadas, 302–303
  exponencial negativa, 430–431
  frequência, 182
  geral, 406
  normal, 430–431
  normal padrão, 131, 192, 280–281
  probabilidade, 372, 473–474
  serviço, 182, 309–310
  uniforme, 430–431
Distribuição cumulativa, 429
  (*Ver* Processo de chegada)
Distribuição de Poisson, 304–306, 311, 406, 409, 410, 414–415
  (*Ver também* Processo de chegada; Modelos de filas)
Distribuição exponencial, 302–306, 309–311, 406
  (*Ver também* Processo de chegada)
Divergência, 74, 87
  grau de, 74–75, 77, 78
  (*Ver também* Complexidade)
Diversificação concêntrica, 344–345
Divisão do cronograma de trabalho, 365
Divisão do trabalho
  (*Ver* Mão de obra)
Domino's Pizza, 104–105, 134, 135, 186
Doubletree Hotel, 282–283
Dualidade consumidor-fornecedor, 318–321

Dun & Bradstreet, 49
Duração do projeto, 380
Duração esperada da atividade (*t*), 371, 374, 377, 382–383

E

eBay, 31, 95, 103, 104, 235
E-business, 14–15, 100–103, 234
  canais de, 101
  considerações sobre o local, 235
  dimensões do processo, 102
  dimensões do produto, 101–102
  modelos, 103
  navegações em sites de, 235
Economia da experiência, 4, 11–13
Economia(s)
  agrícola, 6
  classificação da, 6
  crescimento, 5, 6
  de escala, 20–21 37, 40, 42, 82, 329–330, 345–348
  de escopo, 344–345
  desenvolvimento, estágios de, 6–8
  desenvolvimento global, 5
  e resistência à recessão, 10
  evolução da, 6–8
  experiência, 4, 11–13, 15
  industrial, 6–8, 15
  mundial, 349–350
  pós-industrial, 6–8, 15
  pré-índutrial, 6–8, 15
  setor de serviços, 5
  setor extrativista, 6
  setor manufatureiro, 5
Eddie Bauer, 158
Efeito chicote
  (*Ver* Estoque; Relações de fornecimento de serviços)
Eficiência
  considerações, 79, 210, 262–263
  mensuração, 179–180
  (*Ver também* Análise por envelopamento de dados)
Eficiência organizacional, 220
Elysian Cycles, estudo de caso, 500–502
Empregos
  crescimento dos, 98
  progressão, 187
  projeto, 117
  satisfação, 155
  tarefas, 187
Encontro em serviços, 11, 73, 75, 96, 209–222
  dominado pela organização de serviços, 211–212
  dominado pelo cliente, 211–212
  dominado pelo pessoal da linha de frente, 211–212
  e planejamento, 218–219
  e tecnologia, modos de, 96–97
  gerenciamento, 211–212
  instrumento E-S-QUAL, 211–212
  memorável, 11
  mensuração, 211–212
  on-line, 211–212
  tríade, 210–212, 223–224
  (*Ver também* Conceito de serviços; Estratégia; Tecnologia)
Enfoque técnico, 79, 82
Enterprise Rent-A-Car, 20–21
  estudo de caso da, 224–227

Environmental Research Institute, Inc., 236
Equação de valor ao cliente, 73–74
Erro do Tipo I, 130–131
Erro do Tipo II, 130–131
Escalabilidade, 103–104, 107
  e *e-business*, 104
  economia de, 103–104
  infinita, 103
Espaço de mercado, 51, 52
Especialização da mão de obra
  (*Ver* Mão de obra)
Espelho de satisfação, 220, 221
Esquire Department Store, estudo de caso, 175–176
Estado permanente, 406, 407, 409, 416, 421
  (*Ver também* Modelos de filas)
Estado transitório, 406, 407, 421
  (*Ver também* Modelos de filas)
Estoque, 10, 18, 31, 317–318
  compra antecipada, 320, 473–474
  custos de, 320, 472–473
    comprar, 474–475
    estoque, 472–473
    falta de produtos, 474–476, 484
    inspeção, 475–476
    manutenção, 474–478, 482, 484
    oportunidade, 472–475
    pedido, 475–476
  e analogia com a capacidade, 322–323
  excesso, 471, 473–474
  falta de produtos, 319–320, 471, 473–475, 484
  fim de vida útil, 318–319
  monitoramento, 105–106, 471
  níveis de estoque, 320
  nível-alvo, 487–488
  papel em serviços, 10, 19, 80–81, 472–473
    armazenador temporário, 473–474
    cíclico, 473–474
    em trânsito, 473–474
    especulativo, 473–474
    estoque de segurança, 319–320, 473–474, 484, 493–494
    função de desacoplamento, 19, 82, 472–474
    intervalo de reposição, 473–475, 493–494
    perecível, 472–473
    sazonal, 472–474
    sistema de distribuição, 472–473
    status, 50
  pedidos postergados, 482–484, 493
  proteção, 473–474
  restrições, 474–475
Estoque de segurança, 319–320, 473–474, 484, 493–494
  (*Ver também* Estoque)
Estoque de serviços
  (*Ver* Estoque)
Estratégia(s)
  acomodações, 262–263
  acompanhando seus clientes
    (*Ver* Crescimento e estratégias de expansão)
  adequação à demanda, 261–263
  adiamento, 317–318
  aglomeração competitiva, 232, 233
  aumento da receita, 18, 262–263
    (*Ver* Servitização)
  cliente como coprodutor, 81–82
    (*Ver também* Cliente)

conceito de estratégia em serviços, 19–20, 22–23, 37–39, 75, 152, 155, 342, 343, 345–346
conquistando clientes, 38
diferenciação, 68, 151
e competição, 41–45, 74, 81
e foco, 37, 74, 151
foco de mercado, 261–262
gerenciamento da capacidade, 268–269, 274–275
gerenciamento da variabilidade induzida pelo cliente, 263–264
gestão de rendimento
  (*Ver também* Gestão de rendimento)
liderança em custos, 151, 211–212, 218
liderança global em custos, 37, 41–42, 58, 81, 151, 211–212, 218
marketing de saturação, 232, 233
mercado-alvo, 27
múltiplos locais, 353–354
nicho, 74
nível de capacidade, 261–263, 282–283
operacional, 37–39
overbooking, 266–269, 274–275, 280–283
para combinar a oferta com a demanda, 263–264
para globalização, 352–356
redução, 262–263
segmentação da demanda
  (*Ver* Demanda)
sistemas de reserva
  (*Ver* Reservas)
visão estratégica de serviços, 37
  (*Ver também* Franquias; Serviços, classificação dos)
Estratégia de liderança em custos, 37, 41–42, 58, 81, 151, 211–212, 218
  (*Ver também* Estratégia)
Estrutura analítica de projeto (WBS), 366–367, 369
  (*Ver também* Projetos; Cronograma de projetos)
Estrutura organizacional, 156–157
Estudo de caso Centro de Avaliação Médica Oak Hollow, 467–469
Estudo de caso da Amy's Ice Cream 223–225
Estudo de caso da casa de sushi 100 Yen, 87–88
Estudo de caso da Consultoria A.D. Small, 302-303
Estudo de caso da Delegada do Condado de Senora, 195–197
Estudo de caso da Freedom Express, 425–426
Estudo de caso da Gnomial Functions, Inc., 468–470
Estudo de caso da Golfsmith, 90–91
Estudo de caso da Goodwill Industries International, Inc., 357–358
Estudo de caso da Houston Port Authority, 425–426
Estudo de caso da Info-Systems, Inc., 396–397
Estudo de caso da Locadora de Automóveis Thrifty, 312–313
Estudo de caso da Organização de serviços de saúde (A), 174–175
Estudo de caso da Organização de serviços de saúde (B), 174–175
Estudo de caso da Organização de serviços de saúde (C), 253–254
Estudo de caso da Pronto Pizza, 443–444
Estudo de caso da Renaissance Clinic (A), 425–427
Estudo de caso da Renaissance Clinic (B), 443–445
Estudo de caso da Sequoia Airlines, 291–293
Estudo de caso da Xpresso Lube, 34–35
Estudo de caso do analista de gestão de rendimento, 289–292
Estudo de caso do Gateway International Airport, 287–288
Estudo de caso do Hospital Municipal de Whittier, 396–398
Estudo de caso do Museu de Arte e Design de Helsinki, 146–147
Estudo de caso do Peapod – Smart Shopping for Busy People, 336
Estudo de caso do Restaurante Last Resort, 500–501
Estudo de caso do Restaurante Mega Bytes, 196–201
Estudo de caso do River City National Bank, 286–287
Estudo de caso do United Commercial Bank e El Banco, 59–61

Estudo de caso Já daremos uma olhadinha, 313–314
Estudo de caso sobre estudo de campo, 314
EuroDisney, 352
Everdream.com, 103, 104
Exemplo da rampa de barcos, 409–410
Exemplo da Rocky Mountain Power – com descontos por quantidade, 480–481
Exemplo da Rocky Mountain Power – LEC, 478–479
Exemplo da Rocky Mountain Power – ponto de reposição, 485
Exemplo da Rocky Mountain Power – problema das faltas planejadas, 483–484
Exemplo da Rocky Mountain Power – sistema de revisão periódica, 487–488
Exemplo da Sportstown, 492–493
Exemplo das linhas de ônibus Mid-Atlantic, 207–208
Exemplo de aluguel de terminais de computador, 419–420
Exemplo de Centro de Formação de Condutores, 163–164
Exemplo de clínicas médicas rurais, 246–248
Exemplo de *drive-in* bancário, 416–417
Exemplo de estacionamento central, 419–420
Exemplo de localização de uma creche, 451–452
Exemplo de sala de emergência de hospital, 271–273
Exemplo de serviço de fotocópias – análise de Huff, 246–247
Exemplo de serviço de fotocópias, 243, 245
Exemplo de serviço de hipoteca, 160–161
Exemplo de serviços em um Boeing 747, 369–370
Exemplo de simulação do balcão de passagens de companhia aérea, 432–433
Exemplo de supermercado, 414–415
Exemplo do Burger Palace, 202–204, 206–207
Exemplo do estudo Delphi para energia nuclear, 449–450
Exemplo do Gráfico de controle para atributos (gráfico p), 132–133
Exemplo do Gráfico de controle para variáveis (gráfico X), 131–133
Exemplo do grupo de secretárias, 412–413
Exemplo do Hotel Surfside, 266–269
Exemplo do parque temático Ocean World, 165–169
Exemplo do posto de gasolina de autoatendimento, 418
Exemplo do torneio de tênis – aceleração de atividades, 380–382
Exemplo do torneio de tênis – análise do caminho crítico, 373–374
Exemplo do torneio de tênis – distribuição do tempo para a finalização do projeto, 383–384
Exemplo do torneio de tênis – rede do projeto, 370–371
Expansão, 157, 232, 342–345
Expansão do mercado, 266–267
Expansão para vários países
 (*Ver* Crescimento e expansão)
Expedia.com, 104–105

F

Fábricas de serviço, 24–26
Falha no serviço, 117, 216–217
 encontro, 122
 preparação, 122
 resolução, 122
Falta de produtos, 318–320, 472–473, 481, 486
 (*Ver também* Estoque)
Fatia de mercado, 47–48, 342, 343, 365
Federal Express, 41, 43, 51, 52, 54, 56, 67, 68, 85, 104–105, 135, 136, 186, 192, 212, 235, 342, 343, 346–347, 349–350
 Customer Operations Service Master On-line System (COSMOS), 56
 e Flying Tigers, 360–363

Federal Express: estudo de caso da Tiger e aquisição da Tiger International, 360–363
Feedback, 20–21, 135, 189
Ferramentas de controle da qualidade, 179–180
 controle do processo de serviço, 116
 controle estatístico de processo, 116, 130–134, 138–140, 319–320
 fluxograma, 183–184
 gráficos de controle, 182, 183
 histograma, 182
 planilha de controle, 182
Fidelity Investments, 104–105, 235
Fila(s), 161, 162, 295–311, 405–406
 agrupamento, 412–413
 analogia com a fila de espera, 296, 406, 413
 comportamento em filas, 299
 desistência, 301–302, 307–308, 311, 405–406, 416
 e estoque em serviços, 472–476
 espera excessiva, 416–420
 expressa, 308–309
 finita, 307–308, 414–415, 421
 frustração, 301–302, 306–307, 311, 405–406, 413
 gerenciamento, 21–22, 79
  economia da espera, 295, 296
  filas de espera, princípios das, 299
  lei dos serviços de Maister, 297
  psicologia da espera, 297–299
 mudança de fila, 306–309, 311, 416
 múltiplos, 299, 306–307
 primeiro a chegar, primeiro a ser atendido (FCFS), 165–166, 299, 307–309
 sistema de retirada de senha, 299, 307–308
 Trade-off de custos, 418–420
 único, 299, 307–308
 virtual, 307–308
Filosofia de Deming, 188
 ciclo, 180–181
 prêmios, 179–180
 programa de 14 pontos, 188
 programas de melhoria da qualidade, 179–180
Finalização mais cedo (EF), 372–374
Finalização mais tarde (LF), 372–374
First Interstate Bank of California, 115
Flexibilidade, 78
Fluxo de valor, 193
Fluxograma, 125, 180–181, 183, 193
 (*Ver também* Fluxograma de processo)
Fluxograma de processo, 159–161
 gargalo, 159
 swim lane, 159–161
Flying Tigers, 360–363
Foco, 43, 58, 78, 232, 330–331, 344–345
 estratégia 43, 58, 151
 grupo de, 104, 122–123
 (*Ver também* Conceito de serviço; Estratégia)
Foco de mercado, 37
Folga, 272–273
Folga total (TS)
 (*Ver* Folga)
Ford Motor Company, 186
Fornecimento
 (*Ver* Capacidade)

Forum shops, *shopping center*, 11
Franquias, 19–20, 81, 152, 280–281, 341, 343–347, 353–354
  autonomia, 345–346
  benefícios das, 345
  considerações para o franqueado, 345–346
  considerações para o franqueador, 345–347
  contrato, 345–347
  controle de qualidade, 341
  flexibilidade, 341
  marca, 345–347
  marketing, 341
  natureza das, 345
  propaganda, 345–346
  resolução de conflitos, 345–347
  riscos, 342, 345
  treinamento gerencial, 345–346
Frito-Lay, Inc., 50
Frontier Airlines, 47–48
Frustração, 301–302, 306–307, 311, 405–406, 413
Fulbright & Jaworski, 347–348
Função densidade de probabilidade contínua, 302–303
  (*Ver também* Processo de chegada)
Função objetivo
  (*Ver* Análise por envelopamento de dados)
Funcionário
  atitudes, 20–21, 187, 211–212, 220
  atritos, 271–272
  capacidade, 220
  como cliente interno, 104–105, 154
  comportamento, 152, 156, 310–311
  contato com o cliente
    (*Ver* Cliente)
  delegação de poder ao, 56, 71, 74, 78–81, 72, 74, 75, 84–85, 136, 194, 209–212, 215–216, 301–302
  deslocamento, 231
  e interação com os clientes
    (*Ver* Cliente, contato)
  educação, 188
  empatia, 214–215
  encontro dominado, 211–212
  expectativas, 72
  faltas, 271–272
  flexibilidade, 99–100, 194
  habilidades interpessoais, 75, 78, 79, 83, 105–106, 130, 214–217, 325–326
  habilidades técnicas, 78, 99–100, 104, 236
  jornada parcial, 19–20, 28, 273–274
  manutenção, 71, 117, 187, 210, 213, 222
  moral, 271–272, 354–355
  motivação, 78, 115, 152, 213
  nível de habilidade, 78, 164, 192, 232, 269–270, 324–325
  padrões de desempenho, 115, 187
  participação nos lucros, 188
  produtividade, 220, 222
  progressão, 187
  satisfação, 78, 152, 155, 211–212, 220, 222, 231, 271–272
  seleção, 71, 117, 187, 210, 213, 214–216
  tempo ocioso, 19, 21–22, 163–164, 261–263, 273–274, 296, 301–302, 324–325
  trabalhadores especializados, 3, 117, 324–326
  trabalho em equipe, 188
  treinamento, 20–22, 32, 42, 70, 71, 73, 83, 104, 117, 159, 164, 180–181, 187, 188, 192, 194, 210, 213, 215–217, 220, 231, 266–267, 324–325, 343, 354–355
  treinamento multifuncional, 272–274, 326–327
Funcionários em paralelo, 410–413
  (*Ver também* Processo de serviços; Fila)

G

Galeria de casas, 81
Ganhadores de serviços, 38, 46, 58
Garantia de serviço, 56, 115, 116, 134–135, 139–140, 342
  (*Ver também* Qualidade)
Gargalo, 159–161, 163–164, 169
General Electric, 15, 190
General Electric Supply, 103
General Motors, 97
Geração de receita, 47–49, 74, 240
  e tecnologia da informação, 49
Gerenciamento de estoques, 471–493
  ciclo de distribuição, 472–473
  compra antecipada, 320, 473–474
  custos de, 472–476
  efeito chicote, 318–320
  estoque de segurança, 319–320, 472–474, 484, 493–494
  estoque sob incerteza, 484–485
  falta de produtos, 318–320, 472–473, 481, 486
  intervalo de reposição, 473–475, 484, 486, 493–494
  planejamento de longo prazo, 474–475
  ponto de reposição, 80–81, 471–474, 484, 493–494
  proteção, 473–474
  tamanho do pedido, 472–476, 486
  (*Ver também* Método *Just-in-time*)
Gerenciamento de projetos, 365–389
  desafios, 365
  natureza do, 366–368
  princípios do, 368
  processo, 366–367
  Projetos em gráficos de Gantt
    (*Ver* Projetos em gráficos de Gantt)
  seleção, 367
  técnicas, 368–377
    (*Ver também* Método do caminho crítico; Projetos em gráficos de Gantt)
  viés de nó de fusão, 385–386
    exemplo do torneio de tênis, 385–386
Gestão de rendimento, 46–47, 58, 261–262, 274–283
  aplicações, 280–282
Giro do estoque, 492–493
GIS
  (*Ver* Sistema de informações geográficas)
Global Positioning System (GPS), 21–22, 97
Globalização, 318–319, 341–357
  adaptação cultural, 353–354
  controle governamental do país, 347–348, 350–351
  elementos internacionais da visão estratégica de serviços, 351–352
  estratégias globais para serviços, 352–356
    acompanhamento dos clientes, 352–355
    expansão para vários países, 352–354
    exteriorização de funções, 352–355
    importação de clientes, 352–354
    serviço a qualquer hora, 352–353, 356, 357

estratégias internacionais, 347–350
  global, 347–348
  multidoméstica, 347–348
  transnacional, 347–350
integração, 321
localização global, 350–351
operações transnacionais, 350–353
  leis trabalhistas, 350–352
  transferência cultural, 350–351
política do governo anfitrião, 352–353
resposta local, 347–348
Google.com, 14–15, 21–22, 86
  Google Trends, 463
GPRS
  (*Ver* Serviço geral de radiocomunicação por pacotes)
GPS
  (*Ver* Global Positioning System)
Gráfico de Ishikawa
  (*Ver* Análise modelo espinha de peixe)
Gráfico de Pareto, 183
  (*Ver também* Diagramas de controle de qualidade)
Gráfico de processo
  (*Ver* Fluxograma)
Gráfico de valor agregado, 386–388
Gráfico *p*, 132–133
Gráfico X, 131–133
Greyhound, 207–208
GTE Spacenet, 37

H

H & R Block, 41, 74, 211–212, 345
Hallmark, 485
Hampton Inns, 115, 135, 186
Hardee's, 345
Hartford Steam Boiler Inspection and Insurance Co., 42
HealthGrades, 139
Heterogeneidade, 20–21
Heublein, 353–354
Hewlett-Packard, 317–318
Hierarquia das necessidades de Maslow, 8
Hipótese Clark-Fisher, 6, 15
Home Depot, 101, 151, 155
Honeywell, 190
Hoover's.com, 103
Hospital M.D. Anderson, 344–345
Hotéis Hilton, 104–105
Hotéis Hyatt Regency, 71
Hotéis Marriott, 20–21, 40, 56, 187, 213
Hotéis Ritz Carlton, 405–406
Hotel Four Seasons, 405–406
Hotwire.com, 44, 282–283
HTTP
  (*Ver* Protocolo de transferência de hipertexto)
Hyper-Active Technologies, 447

I

Identificação de radiofrequência (RFID), 105–107, 471
IHOP
  (*Ver* International House of Pancakes)

IKEA, 347–348
Importação de clientes
  (*Ver* Crescimento e expansão)
Incentivos nos preços, 45, 82, 261–262, 264–266
Índice de capabilidade do processo, 191, 195–196
  (*Ver também* Seis Sigma)
Índice de sazonalidade, 459–463
  (*Ver também* Suavização exponencial; Previsão)
InfoHub.com, 104
Infraestrutura, 4
Início antecipado (ES), 372–374
Início tardio (LS), 372–374
Inovação, 12, 14–15, 29, 74, 79, 188, 342
  características da, 69
  e informação, 14–15
  incremental, 69, 70
  nova tecnologia, 14–15
  protótipos, 69
  radical, 69, 70
  substituição para o serviço, 40
  tecnológica
    (*Ver* Tecnologia)
  teoria empurrada, 14–15
  teoria puxada, 14–15
  (*Ver também* Inovações em serviços)
Inovações de serviço, 12, 68–69, 74
  e mudanças demográficas, 14–15
  e pesquisa e desenvolvimento, 68
Insights estratégicos, 25–31
Instalações de apoio, 18, 21–24, 120, 121, 128, 151–169, 268–269
Insumos em serviços
  (*Ver* Clientes)
Intangibilidade dos serviços, 19–22, 42
Intercâmbio eletrônico de dados (EDI), 219, 471, 482, 493–494
Intermediários de marketing, 233, 234, 249
International House of Pancakes (IHOP), 151, 156
Internet, 14–15, 19, 29, 30, 51, 74, 78, 81, 82, 85, 95, 96, 100–104, 232, 233, 234, 274–275
  e localização das instalações, 235
  protocolo (IP), 100–101, 107
  telefonia IP, 100–101
Intervalo de reposição, 473–474
  (*Ver também* Estoque)
IP
  (*Ver* Internet, protocolo)
iPhone, 100–101
ISO 9000, 179–180, 190, 193, 195–196
IVR
  (*Ver* Sistema de reconhecimento de voz)

J

Jiffy Lube, 211–212
Jogo do serviço de hipoteca, 337–338

K

Kelly Blue Book, 103, 104
Kentucky Fried Chicken (KFC), 86, 341, 353–354
Kmart, 37
Kraft USA, 49

L

L.L. Bean, 134
La Quinta Motor Inns, 232, 233, 236, 343–345
Lacunas
    análise de, 74, 115, 117–119
    comunicação, 119
    conformidade, 117, 119
    modelo, 119
    na percepção da administração, 117, 128
    na percepção do cliente, 117, 128
    na qualidade, 117–119
    pesquisa de mercado, 117, 119
    projeto de serviços, 117, 119
Lean Service, 179–180, 193–196
Leiaute das instalações, 79, 152, 156, 163–169
    fatores estéticos, 158
Leiaute por processo, 164–169
Leiaute por produto, 163–164, 169
    Abordagem de linha de serviço, 163–164
Leilão, 95, 235, 271–272
Limite Inferior de Controle (LIC), 131
Limite Inferior de Especificação (LIE), 191
    (*Ver também* Seis Sigma)
Limite superior de controle (LSC), 131
Limite superior de especificação (LSE), 191
    (*Ver também* Seis Sigma)
Linha de visibilidade, 75, 76, 83, 87
LinkedIn, 100–101
Little's Law, 405–406, 408, 418
Localização
    (*Ver também* Localização das instalações)
Localização das instalações, 27, 72, 78, 79, 231–248
    abordagem da mediana cruzada, 242–244, 249
    abordagem de portfólio, 232
    aglomeração competitiva, 232, 233, 236, 249
    análise de regressão, 236
    área de cobertura da localização, 246–249
    classificação da, 232
    considerações estratégicas, 232–236
    critérios de otimização, 240–241
    disponibilidade de áreas, 157
    distância eletrônica, 235, 249
    e competição, 232, 233
    e distância percorrida, 241
    e expansão, 157, 232, 236
    e Internet, 235
    e previsão, 236
    e setor privado, 240, 243
    e setor público, 240–241, 243, 246–248
    exemplo de clínicas médicas rurais, 246–248
    exemplo de serviço de fotocópias, 243–245
    flexibilidade, 232
    gerenciamento, 344–345
    intermediários de marketing, 233, 234, 249
    marketing de saturação, 232, 233, 249
    métrica metropolitana, 238–239, 242–244, 249
    modelo de Huff, 245–247, 249
    modelos, 238–241
    número de, 240
    ociosas, 344–345
    questões, 238, 239
    representação geográfica de, 238–240
    seleção do local, 231, 232
    sistema de informações geográficas, 232
    técnicas, 242–248
    tomada de decisão, 236, 238, 239
    único local, 232, 242, 243, 342–345
    urbanização, 157
    utilização, 241
    vários locais, 28, 49–51, 119, 187, 204, 206–207, 232, 243, 246–248, 342–345
    (*Ver também* Conceito de serviço; Estratégia)
Localizador Uniforme de Recursos (URL), 100–101
Lógica dominante do serviço, 30–31
Loja de departamentos Filene, 233
Loja de departamentos Kohl, 104–105
Loja de departamentos Macy's, 158
Loja física, 101
Lojas de artigos para casa Lowe's, 151, 155
Lojas de departamento Nordstrom, 42, 104–105, 158, 186
Lojas de serviços, 24–26
Lote econômico de compra (LEC)
    (*Ver* Modelos de pedido por quantidade)
Lotus Development Corporation, 53–54

M

Manpower, Inc., 135
Mão de obra
    baixo custo, 3, 235
    conhecimento, 3, 12
    custos de, 179–180, 265–266, 349–350, 354–355
    divisão de, 7–8, 80–81, 163–164, 273–274, 306–307
    e capacidade, 405–406
    especialização da, 269–270, 325–326
    estoque esgotado, 179–180
    intensidade, nível de, 18, 20–21, 24–26, 102
    jornada parcial, 273–274
    migração, 3
    nível de habilidade, 236
    sindicatos, 7–8, 234, 350–351
Margem operacional, 236
Marketing, 20–21
    alvo
        (*Ver* Estratégia, mercado-alvo)
    análise SWOT, 38, 44–45
    de massa, 343
    e foco, 37
    e globalização, 317–318
    estratégia, 365
    geradores, 232
    intermediários, 233, 234
    internacional, 347–348
    modelo das cinco forças, 38, 43–44
    variável, 24–25
Marketing de saturação, 232, 233, 249
Massachusetts General Hospital, 344–345
Matriz de custo, 167–168
Matriz de fluxos, 167–168
Matriz do processo de serviços, 24–25
Maximização da receita, 274–275
    (*Ver também* Gestão de rendimento)
McGovern Bovis, 365
McGraw-Hill/Irwin, 347–348
McKesson, 47–48
Meals on Wheels, 238
Média do desvio absoluto (MAD)
    (*Ver* Previsão)
Melhoria contínua, 56, 179–181, 192
    e aprendizado compartilhado, 179–180
    fundamentos da, 180–181

garantia de qualidade, 187–188
ISO 9000, 179–180, 190
Lean Service, 179–180, 193–194
Planejar, Executar, Verificar, Agir (PDCA), 179–180
Prêmio Nacional de Qualidade Baldrige, 179–180, 189
Programa de 14 pontos de Deming, 188
programas de pessoal, 187–188
Seis Sigma, 179–180, 190–193
solução de problemas, 181
Mercado, 38, 45–46, 51, 52, 115, 216–217, 365
Conquistando clientes, 45–46
Merrill Lynch, 14–15
Metas organizacionais, 20–21, 154
Método da média móvel
(*Ver* Modelos de previsão)
Método de sete etapas, 196–201
Método do caminho crítico (CPM), 162, 371, 377, 389
exemplo do torneio de tênis – análise do caminho crítico, 373–374
gerenciamento por exceção, 371
notação, 372
problemas, 386
Método *Just-in-time* (JIT), 193
(*Ver também* Estoque)
Métodos Taguchi, 116, 120–121, 139–140
função de perda quadrática, 121
Métrica de distância, 240
(*Ver também* Localização das instalações)
Métrica euclidiana, 239–240
(*Ver também* Localização das instalações)
Métrica metropolitana, 239, 240, 242–244, 249
(*Ver também* Localização das instalações)
Micromarketing, 49, 50
Microsoft Project, 365, 374–377, 389
Mid-Columbia Medical Center, 156
Midway Airlines, 182
Modelo das cinco forças, 38, 43–44, 58
Modelo de desconto para o varejo, 472–473, 492
Modelo de descontos por quantidade, 479–481
custos anuais para, 480–481
(*Ver também* Modelos de estoque)
Modelo de falha na qualidade em serviços, 119
Modelo de gravidade, 245–247
Modelo de Huff, 245–247, 249
Modelo de localização de varejo, 245–247
Modelo de período único para produtos perecíveis, 489–492
Modelos de estoque
com descontos por quantidade, 479–481
custo total com descontos por quantidade, 480–481
Exemplo da Rocky Mountain Power – exemplo do problema dos descontos por quantidade, 480–481
desconto para o varejo, 492–493
Exemplo da Sportstown, 492–493
giro de estoque, 492–494
estoque com faltas planejadas, 481–484
custos totais com pedidos postergados, 482–484, exemplo de problema, 483–484
Exemplo da Rocky Mountain Power – problema das faltas planejadas, 483–484
estudo de caso da Consultoria A.D. Small, 499–501
para produtos perecíveis, 489–492
análise de valor esperado, 490
análise marginal, 490–492
problema do jornaleiro, 489–492
quantil crítico, 491–493

tamanho do pedido, 474–484
custo total do lote de compra, 477–478
Exemplo da Rocky Mountain Power – o problema do desconto por quantidade, 478–479
Modelos de filas, 406–416
características do sistema, 408
classificação A/B/C, 406–407, 421
equações
M/G/1, 413–415
M/M/c, fila finita, 415–416, 419–420
M/M/c, padrão, 410–413
M/G/∞, geral de autoatendimento, 414–415
M/M/1, fila finita, 406, 414–415
M/M/1, padrão, 408–410
equilíbrio estatístico, 407
estado permanente, 406, 407, 409, 416, 421
estado transitório, 406, 407, 421
estudo de caso da Renaissance Clinic (A), 425–427
exemplo da rampa de barcos, 409–410
exemplo de posto de gasolina com autoatendimento, 418
exemplo do grupo de secretárias, 412–413
exemplo do supermercado, 414–415
fator de utilização do sistema, 411–413
funcionários em paralelo, 410–413
notação, 406
número esperado
na fila, 408
no sistema, 408, 413
superservidor, 412
tempo esperado, 408
único servidor, 408–410
Modelos de pedido por quantidade, 473–476
Lote econômico de compra (LEC), 475–479
Modelos de previsão
causais, 447, 451–452
econométrico, 451–452
exemplo de localização de uma creche, 451–452
regressão, 451–452
de séries temporais, 448, 451–463
média móvel com N períodos, 448, 451–453, 464
estudo Delphi para energia nuclear, 449–450
subjetivos, 447
análise de impacto cruzado, 448, 450, 464
analogia histórica, 448, 450
técnica Delphi, 447, 449–450, 464
(*Ver também* Suavização exponencial)
Modelos para otimização restrita
(*Ver* Análise por envelopamento de dados)
Momento da verdade, 116, 209, 210, 214–215
Mondex USA, 70
Montagem conforme o pedido, 317–318
Motorola, 189, 190
Mr. Donut, 350–351
mudança de fila, 306–307, 311, 416
(*Ver também* Fila)
Múltiplos serviços, 342
Mundo sem fronteiras, 342, 349–353
clientes, 349–350
concorrentes, 349–350
empresa, 349–351
moeda corrente, 350–351
país, 350–351
planejamento estratégico, 349–351
Museu de Arte e Design de Helsinki, 125–129
MySpace.com, 103

N

Não comparecimentos, 266–269
  (*Ver também Overbooking*; Sistemas de reserva)
Netflix, 14–15, 43–44
Newegg.com, 100–101, 104–105
NFC
  (*Ver* Comunicação de curto alcance; Autoatendimento)
Níveis de estoque, 78
Nível de serviço, 473–474, 484, 493–494
  (*Ver também* Giro de estoque)
Nível-alvo de estoque (TIL), 487–488

O

Operações de serviços, 18, 82, 156, 159
  alto contato com o cliente, 82
  baixo contato com o cliente, 82–83
  características das, 18–21, 82
  desacoplamento, 82
  eficiência, 152
Operações em múltiplos locais, 28, 49–51, 119, 187, 204, 206–207, 232, 246–248, 342
Oportunidade de vendas, 83
Organização de serviços, 211–215
  cultura, 211–212, 223–224
  sistemas de controle, 213–215
  valores, 212
Organização de Serviços de Saúde (OSS), 234
Orientação
  função, 152
  lugar, 152
Orientação ambiental, 154–156
Orientação de serviço voltada ao cliente, 219–220
Otimização bidirecional
  (*Ver* Relações de fornecimento de serviços)
Otimização das reservas do Holiday Inn (HIRO), 280–281
Otis Elevator, 5, 17, 46–47
Overbooking, 266–269, 274–275, 280–283
  (*Ver também* Capacidade)

P

Pacote de serviços, 17, 18, 21–24, 30, 79, 120, 156, 472
Padrão, 55
Padrões de desempenho, 187
  (*Ver também* Serviços, mensuração de saída)
Padronização
  de serviços, 24–25, 77, 78, 80–81, 117, 211–212, 327–328, 414–415
  e customização, 24–25, 41, 42
  Procedimentos operacionais padrão (POPs), 56, 121, 345
Papéis estratégicos, 155
Parcerias, 321
PDCA
  (*Ver* Planejar, Executar, Verificar, Agir)
Pedido pendente, 482–484, 493
Penetração no mercado, 74, 450
People Express, 47–48, 261–262
Pepsico, 341
Percurso para frente, 372–374
Percurso para trás, 372–374
Perdedores de serviços, 46
Perecibilidade, 18–20, 28, 159, 261–262, 274–278, 322–326
  (*Ver* Relações de fornecimento de serviços)
Pesquisa aplicada, 68, 87
Pesquisa básica, 68, 87

Pesquisa e desenvolvimento, 68, 87
Pizza Hut, 81, 341
Planejamento, 218–219
Planejamento de capacidade, 73, 403–420
  critério, 416–420
  decisões a longo prazo, 407
  estudo de caso da Freedom Express, 425–426
  estudo de caso da Houston Port Authority, 425–426
  exemplo de aluguel de terminais de computador, 419–420
  exemplo de estacionamento central, 419–420
  exemplo de planejamento de capacidade para a Cookies and Cream- -abordagem ingênua, 405–406
  exemplo de planejamento de capacidade para a Cookies and Cream- -análise de fila, 417
  papel estratégico, 404–406
  recursos, 405–406
  tempo previsto de espera para o cliente, 416–420
Planejamento de projeto, 365–367
Planejamento estratégico, 204, 206–208
Planejar, Executar, Verificar, Agir (PDCA), 179–181, 195–196
Plano estratégico de negócios, 405–406
PLI
  (*Ver* Programação linear inteira)
Poder de barganha, 44
Poka-yoke, 116, 121–122, 139–140
  tangível, 122
  tarefa, 122
  tratamento, 122
Ponto de reposição (ROP), 473–474, 484, 493–494
Ponto de venda (POS), 47–48, 471, 486, 489, 493–494
Pontos de falha, 75, 76
População demandante, 311, 408, 409
  (*Ver também* Processo de chegada)
Posicionamento, 74
  (*Ver também* Marketing)
Posicionamento estratégico, 74–75, 79
Posicionamento no mercado, 74
Preços diferenciados
  (*Ver* Demanda)
Preços-sombra, 204, 206
Predecessor, 372–374, 389
Prêmio Nacional de Qualidade Malcolm Baldrige, 107, 139, 179–180, 189, 193,
  195–196
Previsão
  dados, 323–324, 448
  demanda, 447–463
  e localização das instalações, 236
  erro (MAD), 452–464
  erro de previsão acumulado, 456, 464
  erro percentual absoluto médio (MAPE), 456, 464
  erro quadrático médio (MSE), 456, 464
  Estudo de caso Centro de Avaliação Oak Hollow, 467–469
  estudo de caso da Gnomial Functions, Inc., 468–470
  longo prazo, 447, 449–450, 464
  média dos desvios absolutos (MAD), 456–464
  métodos, características dos, 447, 448
  programação de turnos de trabalho, 269–273, 324–325
  sazonal, 448
  séries temporais, 448
  tendências, 448
Price Waterhouse Coopers, 352
Priceline.com, 44, 282–283
Primeiro a chegar, primeiro a ser atendido (FCFS), 165–166
  (*Ver também* Fila)

Prioridade da precedência, 308–309
  (*Ver também* Disciplina da fila)
Privacidade, 156
Probabilidade crítica, 268–269
Problema da área de cobertura máxima, 246–248
Problema de balanceamento de linha, 163–164
Problema de definição da área de cobertura da localização, 246–247, 249
Problema de localização relativa, 164–169
Problema do balanceamento da linha, 163–164
Problema do jornaleiro, 489–490
Processamento de informações, 78
Processo de chegada, 161, 301–307, 408, 413
  (*Ver também* Distribuição; Sistemas de fila)
Processo de compra, 329–330
Processo de prestação do serviço, 17, 24–25, 31, 51, 75, 104, 125, 136, 232
Processo de serviços, 32, 74, 124, 151–169, 309–311, 408
  classificação, 310–311
  estrutura do, 74–75
  fluxo, 151–169
  leiaute, 158
  objeto do, 78
  projeto de, 119
  qualidade, 74
  taxonomia, 77, 82
  tipos de, 159
  variação, 192
Processo em lotes, 79
Procter & Gamble, 319–320
Produção de acordo com o pedido, 317–318
Produtividade, 161, 326–328
  e tecnologia da informação, 179–180
  incremento da, 32, 47–51, 81
  mensuração da, 201–208
  (*Ver também* Análise por envelopamento de dados; Sociedades; Serviços profissionais)
Programa de melhoria da qualidade, 56, 179–181, 187–194
  Análise de Pareto, 181
  de pessoal, 187–188
  garantia de qualidade, 187–188
  Gráfico de Pareto, 183
  ISO 9000, 179–180, 190
  Lean Service, 193–194
  Prêmio Nacional de Qualidade Malcolm Baldrige, 189
  Programa de 14 pontos de Deming, 188
    (*Ver* Filosofia de Deming)
  Seis Sigma, 190–193
Programação de turnos de trabalho, 269–273, 324–325
  o processo de elaboração de cronograma, 270–271
  restrição dos dias de folga, 271–273
Programação linear inteira (PLI), 271–273
Programas de fidelidade, 27
Progressive Corporation, 222
Projeto do processo, 164
Projeto em serviços, 11, 82, 234, 353–354
  abordagem de linha de produção, 78
  abordagem do tipo contato com o cliente, 82–84
  lacuna, 117
  matriz, 83–84
Projeto(s), 366, 389
  aceleração de atividades, 366, 377–382
    exemplo de torneio de tênis-aceleração de atividades, 380–382
  atraso, 377
  características de, 366
  ciclo de vida, 366
  complexidade, 365
  conclusão, 388
  conflito, 366
  custo, 366
  equipes, 365, 367–368
  Estudo de caso da Info-Systems, Inc., 396–397
  Estudo de caso do Hospital Municipal de Whittier, 396–398
  incerteza, 366, 382–386
  monitoramento, 366, 369, 386–388
    gráfico de valor agregado, 386–388
  necessidade de recursos, 365, 366, 377
  relatório histórico, 388
  restrições, 377
  riscos, 365
  software Microsoft Project, 365, 366
Projetos em gráficos de Gantt, 368–370, 374, 389
  exemplo de serviços em um Boeing 747, 369–370
Propriedade intelectual, 85–87
Proteção ambiental, 8
Protocolo de transferência de hipertexto (HTTP), 100–101
Psicologia ambiental, 152
Publix, 104–105

Q

Qualidade, 20–21, 28, 45, 78, 115–139, 209, 310–311, 322–323, 343, 405–406
  a partir do projeto, 138
  Análise de Pareto, 183, 185, 195–196
  casa da, 122–124
  confiabilidade, 116
  custo de, 74, 129, 130, 138, 180–181
    (*Ver também* Custos de controle da qualidade)
  dimensões da, 115–117, 119, 122–123
  e consistência, 28, 42, 74, 78–81, 190
  e pacote de serviços, 120
  estágio de desenvolvimento, 138
    escada da qualidade, 138
  gerenciamento da, 43
  intervenção de controle, 19
  lacunas, 115, 117–119
  melhoria da, 56, 179–181
  mensuração da, 119–124
  meta, 129
  Métodos Taguchi
    (*Ver* Métodos Taguchi)
  percepções da, 209
  planilha de controle, 181
  programas de garantia, 119
    garantia incondicional de serviço, 134–135
    Organização Internacional para Padronização (ISO), 179–180, 190, 193, 195–196
    Prêmio Nacional de Qualidade Malcolm Baldrige, 179–180, 189, 193, 195–196
    Programa de 14 pontos de Deming, 188
  programas para atingir as metas, 56, 179–181, 187–194
    eliminação de defeitos, 180–181
  recuperação, 116
  risco do consumidor, 130–131
  risco do produtor, 130–131
  tendências, 119
Qualificadores de serviços, 46, 58, 190
  (*Ver também* Perdedores de serviços; Ganhadores de serviços; Estratégia)

Quantil crítico, 268–269, 278, 282–283
Quarterdeck, 356
Questionamento abstrato, 214–215, 223–224
Questões situacionais, 214–216, 223–224

R

Rainforest Café, 12
Rand Corp., 449
Reciclagem, 318–319
Reclamações, 137
Recuperação de serviços, 136–137, 139–140
   abordagens para, 136–137
   estrutura, 136–137
   fase de acompanhamento, 136
   fase de pré-recuperação, 136
   fase imediata, 136
Recursos em serviços
   (*Ver* Bens facilitadores, Funcionários, Mão de obra)
Recursos humanos, 187
Rede centro-radial, 41–42, 54, 67, 157, 179–180, 342
Rede diversificada
   (*Ver* Crescimento e expansão)
Rede do projeto, 367
   atividades sobre as setas, 370
   atividades sobre os nós, 370–371
   construção, 370–371
   diagrama PERT, 370–371
   exemplo do torneio de tênis – rede do projeto, 370–371
Rede focalizada
   (*Ver* Crescimento e estratégias de expansão)
Regra do menor tempo de processamento (STP), 80–81
   (*Ver também* Fila)
Regulamentações, 19–20
Relacionamento com os clientes, 27
Relações de fornecimento de serviços, 317–333
   aquisição de serviços empresariais
      (*Ver* Serviços empresariais)
   bidirecional, 321
   ciclo de vida do produto, 318–319
   como eixos convergentes, 321–323
   compra autônoma, 321
   dualidade consumidor-fornecedor, 318–321
   e capacidade produtiva, 324–325
   e incerteza, 319–320
   e perecibilidade, 322–325, 333
   elementos das
      capacidade, 324–325
      otimização bidirecional, 322–325, 333
      perecibilidade, 318–321
   em parceria, 321
   estudo de caso da Boomer Consulting, Inc., 334–336
   estudo de caso do jogo do serviço de hipoteca, 337–339
   estudo de caso do Peapod – Smart Shopping for Busy People, 336–338
   exemplo de gerenciamento de relações de serviços em assistência médica domiciliar, 322–323
   gerenciamento, 317–320, 322–326
   melhorar a capacidade produtiva, 324–325
      capacidade produtiva, 324–325, 333
      melhoria, 324–325, 333
      otimização bidirecional, 322–325, 333
      substituição, 324–325, 333
      transferência, 324–325, 333
   modelo em rede, 318–320
   otimização bidirecional, 322–325, 333

   serviços móveis, 322–323, 325–326
   visão de sistemas, 318–319
Reliance Electric, 186
Reparação, 129
   (*Ver também* Qualidade)
Representação geográfica, 228–230
Restaurante Antoine's, 343
Restaurantes Burger King, 14–15, 28, 42, 299–300
Restaurantes Magic Pan, 43
Restaurantes McDonald's, 24–25, 40–43, 78–81, 86, 151, 156, 157, 211–212, 234, 343, 345, 347–351, 353–354, 356, 413, 447, 474–475
Restaurantes Olive Garden, 104–105, 298
Restaurantes Tricon Global, 341, 342
Restrições, 201–203
   orçamento, 404
   recursos, 404
   (*Ver também* Análise por envelopamento de dados)
Restrições de recursos, 365, 366, 377
Revista *Fortune*, 139
Risco, 42
RJ Reynolds, 353–354
Rubbermaid, 493
Ryder Trucks RyderFirst, 281–282

S

Sam's Wholesale Club, 41
Scandinavian Airlines System (SAS), 56, 209, 213
Segmento do mercado, 38–39, 43, 78, 84, 274–278, 344–345
Segurança, 156–158, 179–180
Seis Sigma, 179–180, 190–196
   índice de capabilidade do processo, 191
   limite inferior de especificação (LIE), 191
   limite superior de especificação (LSE), 191
Sempra Energy, 104–105
Service-Master, 212, 213
Servicescapes, 152–156
   ambiente, 155
   artefatos, 153–156
   complexidade dos, 152
   comportamentos em, 153–154
   dimensões ambientais dos, 154–156
   funcionalidade, 155
   leiaute espacial, 155
   símbolos, 153–156
   sinais, 153–156
   tipologia dos, 152–154
Serviço a qualquer hora
   (*ver* Crescimento e expansão)
Serviço fundamental, 17, 102, 156, 167–169, 330–331, 343–345
Serviço geral de radiocomunicação por pacotes (GPRS), 100–101
Serviço(s)
   ambiente, 17
   apoio, 100–101
   canais, 84, 234
   capacidade, 12
   característica de não propriedade dos serviços, 20–22
   carreiras, 10
   classificação de, 22–23, 329–330
   cliente, 11
   complementares, 266–267
   conceito, 342
   confiabilidade, 45
   conjunto de, 17
   de grande porte, 296

de massa, 24–26
definições, 4
disponibilidade, 45
elementos dos, 122–124
emprego em, 3
encontro
    (*Ver* Encontro em serviços)
entradas, 102
escopo dos, 74
evolução econômica dos, 4
experiência, 21–22, 128
explícito, 18, 21–24, 32, 79, 120, 121
facilitadores, 17
habilitadores, 99–100
implícito, 18, 21–24, 32, 79, 120, 121, 156
infraestrutura, 4
intangibilidade dos, 20–22, 25–26, 42, 101–102, 234, 261–262, 329–332
interpessoais, 153–154
mensuração de saída, 32
múltiplos locais, 342, 345
múltiplos serviços, 342
natureza dos, 17–31, 156
negócio, 4, 10–13, 330–331
padronização dos, 24–25, 77, 78, 80–81, 117, 211–212, 327–328, 414–415
papel dos, 4–5
perecibilidade, 18
periféricos, 342–345
produção e consumo simultâneos dos, 10, 19, 81, 102, 234, 261–262, 301–302, 321
profissionais, 10, 22–26, 153–154
qualidade
    (*Ver* Qualidade)
recuperação, 116, 117, 136–137
remotos, 152
resistência à recessão, 9–10
sociais/pessoais, 4–5
tempo, determinístico, 406, 414–415
único, 342
versus produtos, 17
visão, 342, 351–352
Serviços agrupados, 413
    (*Ver também* Crescimento e expansão)
Serviços ao consumidor
    (*Ver* Serviços, cliente)
Serviços complementares, 236
    (*Ver também* Demanda)
Serviços de longa distância da Sprint, 42
Serviços empresariais, 330–333
    apoio, 330–333
    classificação, 330–333
Serviços explícitos, 18, 21–24, 32, 79, 120, 121
Serviços físicos, 101–102
Serviços focalizados
    (*ver* Crescimento e expansão)
Serviços implícitos, 18, 21–24, 32, 79, 120, 121, 156
Serviços periféricos, 343–345
Serviços profissionais, 153–155, 162, 318–319, 325–329
    atributos dos, 325–326
    características operacionais, 325–329
Serviços remotos, 152
Serviços TNT, 346–347
Serviços virtuais, 101–102
Servitização, 18

SERVQUAL, 116, 119–120, 139–140
Setor de serviços, 9–10, 97
    crescimento do, 13–15
Setor público
    e espera excessiva, 417–418
    e programação de turnos de trabalho, 271–272
    localização, 240–241, 243, 246–248
Shouldice Hospital, 43, 72–73, 122, 156
    elementos de conceito de serviço, 72
    elementos gerenciais, 73
Simulação computacional, 162
    evento discreto, 430–431
    exemplo de simulação do balcão de passagens de companhia aérea, 432–433
    metodologia, 427–429
    Monte Carlo, 429
    processo, 428, 435–436
    Pronto Pizza, estudo de caso, 443–444
    Renaissance Clinic (B), estudo de caso, 443–445
    sistema dinâmico, 427
    sistema variável ou estocástico, 427
    sistemas, 427–433
    Software Service Model, 433–437
    solicitação/inscrição/aplicação, 427
    suplemento, 426–437
    validação, 428
    verificação, 428
Simultaneidade
    (*Ver* Serviços, produção e consumo simultâneos dos)
Sinalização, 75, 152, 154
Singapore Airlines, 70, 186, 347–348
Sistema de destribuição *Konbini*, 103
    estudo de caso do, 108–112
Sistema de distribuição de tempo, 324–325
Sistema de gerenciamento da qualidade, 190
    padrões, 190
    (*Ver também* ISO 9000)
Sistema de informações geográficas (GIS), 232, 236–238
Sistema de prestação de serviços, 20–29, 38–39, 72, 79, 83, 104–105, 117, 128, 155, 179–180, 347–348
    design do, 116, 120, 231
    padronizado, 211–212
    (*Ver também Blueprinting*; Projeto das instalações; Leiaute das instalações; Localização das instalações; Ato de prestação de serviços; Conceito de serviços; Estratégia)
Sistema de prestação de serviços(s)
    (*Ver* Processo de prestação do serviço)
Sistema de reconhecimento de voz (IVR), 97
Sistema de reservas Apollo, 344–345
Sistema de revisão contínua, 472–473, 485–486
Sistema de revisão periódica, 472–473, 486–488
Sistema fechado, 19, 31
Sistema(s) de serviços
    projeto de, 79–85
    (*Ver também* Conceito de serviço; Demanda)
Sistemas de controle de estoques, 485–489
    curva ABC de, 472–473, 488–489
    sistema de revisão contínua, 472–473, 485–486
    sistema de revisão periódica, 472–473, 486–488
        Exemplo da Rocky Mountain Power – sistema de revisão periódica, 487–488
    (*Ver também* Método *Just-in-time*)
Sistemas de estoques, 474–475
    custo anual relevante dos, 474–475, 479
    princípios dos, 473–475

Sistemas de fila
  características dos, 301–311
  configuração da fila, 299, 301–302, 306–309, 408, 409
  disciplina da fila, 301–302, 308–310, 408, 409
  população demandante, 301–302, 311, 408, 409
  princípios dos, 296
  processo de chegada, 301–307, 406, 408, 409
  (*Ver também* Processo de chegada; População demandante; Disciplina da fila; Processo de serviços)
Sistemas de reserva, 22–23, 47–48, 76, 82, 83, 97, 103, 266–269, 274–275, 278, 304–306, 322–323, 365
  curva acumulada, 278
Sistemas especialistas, 46–47, 58, 98–100, 107
Sistemas integrados de gestão, 327–328
Sleep Inn, 179–180
Sociedade industrial, 7–8, 15
Sociedade pós-industrial, 8, 15
Sociedade pré-industrial, 7–8, 15
Sociedades, 325–329
  custos gerais indiretos, 326–327
  custos marginais, 326–327
  e produtividade, 326–329
  projetos de procedimento, 327–328
  projetos estruturados, 327–328
  projetos intelectuais, 327–328
  utilização, 326–327
  (*Ver também* Serviços profissionais)
Software para abastecimento de restaurantes, 281–282
Software ProChain, 389
Sony, 350–351
Southwest Airlines, 38, 43–44, 81, 104–105, 182, 222
Suavização exponencial, 448, 451–464
  com ajuste de tendência, 451–452, 457–458
  com ajuste de tendência e de sazonalidade, 460–463
    (*Ver também* Previsão)
  com ajuste sazonal, 451–452, 458–460
  e erro de previsão, 452–464
  índice de sazonalidade, 459–463
  modelos, 451–463
  simples, 452–457
Sucessor, 372–374
Superservidor, 412
Suporte técnico, 101, 356
Sustentabilidade ambiental, 318–319
Symantec, 356

T

Tabela de remuneração, 491
Taco Bell, 213, 317–318, 341
Tamanho da amostra
  (*Ver* Análise por envelopamento de dados, medição da produtividade)
Táticas de lucratividade, 328–329
  (*Ver também* Sociedades; Serviços profissionais)
Taxas de chegada, 161, 262–263, 297, 301–302, 322–323, 405–406, 408, 409, 413–415, 427
Técnica de alocação relativa computadorizada de instalações (CRAFT), 167–169
Técnica Delphi
  (*Ver* Modelos de previsão)
Tecnologia, 95–112, 328–329, 349–350
  adoção de nova, 104–105
  autoatendimento, 20–21, 81, 96, 97
  automação, 20–21, 82, 96
  avanços, 71, 96
  desenvolvimento, 14–15
  e produtividade, 104
  enriquecimento, 101
  escâner, 49, 84, 104–106, 155, 157–158, 471
  inovação, 104–106
  intelectual, 69
  modos de, 96–97
  monitoramento, 72
  novos produtos, 14–15, 96
  papel da, 490
  paradoxos, 105–106
  prontidão, 105–107
  propriedade, 69
  substituição de pessoas, 96, 97
  substituição pela comunicação, 234
  videoconferência, 102
  (*Ver também* Tecnologia da informação, Encontro em serviços)
Tecnologia da informação, 8, 13–15, 18, 21–24, 46–51, 101, 120, 121, 157, 213, 317–318, 349–350, 471–473
  aplicações da, 54, 471
  avanços na, 79, 96
  características anticompetitivas da, 47–48, 53–54
  como facilitador, 54, 261–262
  como substituta de pessoas, 80–81, 96, 97, 324–325
  delegação de poder, 79, 84–85
  e agregação de valor, 5, 14–15, 30, 51, 74, 97, 193, 318–319, 322–323
  e ativo de bancos de dados, 49, 324–325
  e competição, 46–51
  e confiabilidade, 54
  e geração de receita, 49
  e gestão de rendimento, 261–262
  e incremento da produtividade, 213
  e justiça, 53–54
  e privacidade, 53–54, 329–330
  e segurança, 53–54, 329–330
  em uma economia de serviços, 8
  limites para, 53–54
  videoconferência, 102
Tecnologia de escaneamento
  (*Ver* Tecnologia, êscaner)
Telecomunicações
  (*Ver* Comunicações)
Tempo de ciclo, 160–161, 163–164, 169
  (*Ver também* Análise de processo)
Tempo de fluxo livre, 162, 169
Tempo de folga, 372–374, 377
Tempo de processamento, 160–162, 169
Tempo entre as chegadas, 302–303, 406, 414–415
Tempo otimista, 365, 383–384
Tempo para a finalização do projeto, 365, 383–384
  análise, 383–386
  Exemplo do torneio de tênis – distribuição do tempo para a finalização do projeto, 383–384
Tempo pessimista, 383
Tendência(s)
  nos dados, 182
  (*Ver também* Suavização exponencial; Previsão)
Teorema do limite central, 131, 484–485
Teoria de filas, 416
Teoria do estoque, 472–475
  (*Ver também* Estoque)

Terceirização, 103, 328–333
   benefícios, 328–330
   competência essencial. 328–329
   gerenciamento, 330–331
      apoio a equipamentos, 331–333
      apoio a funcionários, 332–333
      apoio a instalações, 330–332
      desenvolvimento de funcionários, 332–333
      serviço facilitador, 332–333
      serviço profissional, 332–333
   modelo de processo, 329–330
   processo de compra, 329–330
   riscos, 328–330
Texas Air, 261–262
Toyota, 122–123, 186, 193
Toys "R" Us, 347–348
Trabalho em equipe, 188
Trabalho sob encomenda, 79
Trailways Bus, 207–208
Transferência cultural, 342, 350–351
Transferência de dados, 103
Transferências eletrônicas de fundos, 18, 78, 99–100, 104–105, 234
Treeloot.com, 101
Treinamento multifuncional
   (*Ver* Funcionários, treinamento multifuncional)
Triagem, 308–309
   (*Ver também* Disciplina da fila)
Twitter, 100–101

U

Unidades mantidas em estoque (SKUs), 472
United Airlines, 47–48, 344–345
   Sistema de reservas Apollo, 344–345
United Parcel Service (UPS), 350–351
United Services Automobile Association (USAA), 41, 43, 52, 222, 344–345
United States of America Bank, 295
URL
   (*Ver* Localizador uniforme de recursos)
Utilização da mão de obra direta, 163–164
Utilização das instalações, 19, 261–262, 296

V

Valores organizacionais, 212
Vantagem estratégica, 47–48, 68, 104
Varejistas tradicionais e virtuais, 100–101, 235
Variabilidade de serviços, 262–264
Variações de desempenho, 191
Variáveis
   aleatórias, 384, 429–431, 451–463, 472–473
   contínuas, 131
   dependentes, 236, 447, 451
   independentes, 236, 447, 451
Videoconferência, 102
Viés de nó de fusão, 385–386
   Exemplo do torneio de tênis, 385–386
Village Volvo
   estudo de caso, 32–34
   exemplo de desdobramento da função qualidade, 122–124
Visão de serviços, 342
Visão estratégica de serviços, 37–40, 58
   elementos de, 39
Visão/perspectiva de sistema aberto, 31–32

W

Walmart, 15, 41, 44, 46–47, 319–320, 492
Walt Disney Corp., 11, 21–22, 56, 212
Website, desconto, 282–283
Wells Fargo, 70
Wendy's, 345
Wikipedia.com, 82
World wide web, 14–15, 100–101, 107

X

Xerox Corp., 222, 403–404

Y

Yahoo!, 95
YouTube, 100–101

IMPRESSÃO:

Pallotti

Santa Maria - RS - Fone/Fax: (55) 3220.4500
www.pallotti.com.br